LEHRBUCH *der* KABBALA

Grundlagentexte zur Vorbereitung auf das Studium
der authentischen Kabbala

Dritte Auflage

Laitman Kabbalah
Publishers

Titel der hebräischen Originalausgabe:
Kabbala le Matchil

©2023 by Michael Laitman
Bnei Baruch/Laitman Kabbalah Publishers

Michael Laitman
Lehrbuch der Kabbala

ISBN: 978-1-77228-147-7

Cover Design:	Morian & Bayer-Eynck
Layout & Satz:	Rami Yaniv
Editor:	Eduard Yusupov
Diagramme:	Valerij Baratheli, Ilya Ivanenko, Elisabeth Prelog-Igler
Druck:	Westermann Druck Zwickau GmbH
Übersetzung & Lektorat:	Esther Barsley, Birgit Bär, Matthias Bornefeld, Sonja Durski, Christian Friedl, Antonio Hernandez, Elisabeth Prelog-Igler, Christiane Reinstrom, Maureen Schön, Eti Shani, Masha Shayovich, Oskar Speth, Astrid Wildenauer, Eduard Yusupov

© Laitman Kabbalah Publishers

Inhaltsverzeichnis

Vorwort	5
Der Baum des Lebens - ein Gedicht	7
Zeit zur Spirituellen Erkenntnis	9
Zeit zu handeln	11
Enthüllung von einem Teil und Verhüllung von Zwei Teilen	13
Das Wesen der Religion und ihr Ziel	18
Das Wesen der Wissenschaft Kabbala	27
Die Lehre der Kabbala und deren Wesen	37
Analytischer Vergleich zwischen Kabbala und Philosophie	59
Exil und Erlösung	69
Horn des Messias	73
Eine Dienerin, die zur Erbin ihrer Herrin wird	76
Artikel zum Abschluss des Buches Sohar	81
Einführung in das Buch Sohar	95
Kabbalisten über die Weisheit der Kabbala	137
Das Gebet vor dem Gebet	167
Spirituelle Erkenntnis	171
Shamati 1: Es gibt nichts außer Ihm	173
Shamati 4: Der Grund für die Schwierigkeit, sich vor dem Schöpfer zu annullieren	177
Shamati 5: LiShma bedeutet Erwecken von Oben, und warum brauchen wir auch ein Erwecken von Unten?	179
Shamati 6: Was bedeutet in spiritueller Arbeit „Hilfe der Tora"?	183
Shamati 7: Die Gewohnheit wird zur zweiten Natur	187
Shamati 8: Unterschied zwischen dem Schatten der Heiligkeit (Kedusha) und dem Schatten der Anderen Seite (Sitra Achra)	188
Shamati 12: Die hauptsächliche Arbeit des Menschen	191
Shamati 20: LiShma	192
Shamati 21: Wenn der Mensch fühlt, dass er sich in einem spirituellen Aufstieg befindet	195
Shamati 23: Die ihr den Ewigen liebet, hasset das Böse	197
Gleichnis über die Erhebung des Sklaven durch die Minister	199
Vier gingen in den PaRDeS	202
Zu sitzen und nichts zu tun ist vorzuziehen	205
Wenn ich mir nicht selbst helfe - wer wird mir helfen?	206
Auf dem Weg der Wahrheit gehen	209
Wo die Gedanken eines Menschen sind, dort ist auch er	213
Gleichnis über den Sohn eines Reichen im Keller	214
Der Schöpfer ist dein Schatten	217
Das Wichtigste ist die Anstrengung	221
Verbindung der Eigenschaften von Rachamim und Din	222
Die Gemeinschaft als Ursache für spirituelle Erkenntnis	225
Matan Tora (Gabe der Tora)	227
Arwut (Gegenseitige Bürgschaft)	239

Der Frieden	249
Die Botschaft in Matan Tora	267
Der Frieden in der Welt	271
Einheit von Freunden	289
Freundesliebe	290
Einfluss der Umgebung auf einen Menschen	291
Das Ziel der Gemeinschaft (1)	295
Bezüglich der Liebe zu Freunden	297
Der Mensch helfe seinem Freund	299
Das Ziel der Gemeinschaft (2)	300
Was gibt uns das Gesetz „Liebe deinen Nächsten wie Dich selbst"?	302
Liebe zu Freunden	304
Entsprechend der Erklärung bezüglich „Liebe deinen Nächsten"	305
Welches Ausführen der Gebote reinigt das Herz?	309
Wann hört man auf, wiedergeboren zu werden?	311
Die erste Stufe, auf der ein Mensch geboren wird	313
Die Wichtigkeit der Gruppe	315
Über die Wichtigkeit von Freunden	318
Die Ordnung einer Gruppenversammlung	321
Stufen der Erkenntnis	**323**
Einführung zu Talmud Esser haSefirot	325
Die Freiheit	387
Verhüllung und Enthüllung des Angesichts des Schöpfers (Teil 1)	415
Verhüllung und Enthüllung des Angesichts des Schöpfers (Teil 2)	419
Vorwort zum Buch Sohar	421
Vorwort zum Buch Panim Meirot uMasbirot	447
Materie und Form in der Wissenschaft der Kabbala	487
Dies ist für Yehuda	489
Die handelnde Vernunft	493
Körper und Seele	495
Vorwort zum Buch „Mund des Weisen"	501
Einleitung zur „Einführung in die Weisheit der Kabbala"	511
Die Wissenschaft der Kabbala – Studium der Erkenntnis	**519**
Vorwort zur Einführung in die Weisheit der Kabbala	521
Einführung in die Weisheit der Kabbala	587
Abbildungen der Spirituellen Welten	637
Anhang A: Glossar kabbalistischer Begriffe	681
Anhang B: Akronyme und Abkürzungen	757
Geschichte der Kabbala	759
Über Bnei Baruch	770

Vorwort

Warum bin ich hier? Was erwartet mich in der Zukunft? Wie können wir Leid vermeiden und uns ruhig und sicher fühlen? Dies sind die Fragen, auf die wir alle gerne eine Antwort hätten. Die Weisheit der Kabbala hat Antworten auf diese Fragen und auf viele andere mehr. Sie erlaubt uns, jegliche Fragen zu stellen und die vertraute, tiefe Erfüllung zu erfahren, die durch die Antworten zu uns kommt. Daher wird sie auch „verborgene Weisheit" genannt.

Die Kabbala lehrt uns, dass wir alle nach Genuss streben. Kabbalisten nennen diesen Wunsch „das Verlangen, Genuss und Freude zu empfangen", oder einfach „Verlangen zu empfangen". Dieses Verlangen steuert all unsere Handlungen, Gedanken und Gefühle. Die Kabbala zeigt uns, wie wir unsere Wünsche erkennen und erfüllen können.

Obwohl die Weisheit der Kabbala oft technisch oder verworren erscheint, ist es wichtig, sich daran zu erinnern, dass es sich um eine sehr praktisch orientierte Wissenschaft handelt. Die Menschen, die sie gemeistert und darüber geschrieben haben, waren Leute wie Sie und ich. Sie suchten nach Antworten auf dieselben Fragen, die wir alle haben: „Warum wurden wir geboren?", „Was geschieht, nachdem wir sterben?", „Warum gibt es Leid?" und „Kann ich anhaltenden Genuss bekommen, und wenn ja – wie?" Und nachdem sie die Antworten gefunden und sie in ihrem eigenen Leben umgesetzt hatten, verfassten sie die Texte dieses Buches für die Nachwelt.

In dieser Sammlung werden Sie genaue Erklärungen finden, wie Sie dieses feine Gespür für unendliche Freude und völlige Kontrolle über Ihr Leben erwerben können.

Die Kabbala lehrt, wie wir unser Leben hier und jetzt genießen können. Sie erklärt Konzepte wie „nächste Welt", „Seelen", „Reinkarnation" und „Leben und Tod".

Wie können wir Anfänger solche Wahrnehmungen erfahren? Wie können wir das wahre Bild der Wirklichkeit erkennen?

Jeder von uns setzt Prioritäten in seinem Leben. Manches ist für uns wichtiger, manches weniger wichtig und manches brauchen wir gar nicht. Doch egal welche Wichtigkeit etwas hat, wir setzen unsere Prioritäten entsprechend einer einzigen Größe: dem Sinn unseres Lebens.

Manche Menschen suchen unermüdlich nach Liebe, andere streben nach Geld und wieder andere sehnen sich nach Ehre und Wissen. Doch die meisten Menschen ziehen es vor, nicht alles auf ein Pferd zu setzen, um ihre Verlangen zu erfüllen. Sie investieren überall ein wenig und unterdrücken jeglichen starken Wunsch, der in ihnen entsteht und möglicherweise zuviel Aufmerksamkeit fordern könnte.

Die Kabbalisten, welche die Texte, die Sie hier lesen werden, geschrieben haben, sind kompromisslos. Sie setzten sich ein klares Ziel: der Menschheit zu zeigen, wie man ewiges Leben erreicht – erfüllt von Freude und grenzenlosem Glück. Um dies zu erreichen, studierten sie das „Verlangen zu empfangen", das in jedem von uns existiert.

Die größten Kabbalisten unserer Zeit erklärten die Regeln der Weisheit der Kabbala auf klare und einfache Weise. Die beiden wichtigsten Kabbalisten, deren Schriften in diesem Buch zusammengefasst wurden, sind Rav Yehuda Ashlag, bekannt als *Baal HaSulam* wegen seines *Sulam*-Kommentars zum Buch *Sohar* und sein Sohn Rav Baruch Ashlag, der die Erklärungen seines Vaters weiter ausführte und interpretierte.

Ihre Schriften handeln vom spirituellen Aufstieg des Menschen; sie erläutern uns erhabene spirituelle Konzepte abseits materieller Begrifflichkeit:

Die *Tora* beispielsweise ist ein Synonym für das Höhere Licht, das ein Mensch durch das Studium kabbalistischer Texte und den Wunsch nach persönlicher Veränderung auf sich zieht. Dieses Licht erhebt den Menschen auf eine höhere Stufe der Wahrnehmung.

Gebote haben nichts mit weltlichen Handlungen zu tun, sondern beziehen sich auf spirituelle Handlungen, die mithilfe des *Massach*, einer Widerstandskraft gegen das Empfangen, ausgeführt werden.

Israel und die *Völker der Welt* beschreiben Eigenschaften und innere Wünsche des Menschen, wobei *Israel* dem Streben nach der Offenbarung des verborgenen Schöpfers entspricht und *die Völker der Welt* für egoistische Verlangen stehen.

Die nachfolgenden Texte sind wortgetreue Übersetzungen der authentischen Texte aus dem Hebräischen.

Ich wünsche Ihnen Freude und Erfüllung in Ihrem Studium und ein schnelles spirituelles Wachstum.

Rav. Dr. Michael Laitman

Der Baum des Lebens - ein Gedicht

Wisse, bevor die Emanationen emanierten und die Geschöpfe erschaffen wurden,

Gab es nur das Einfache Höhere Licht, welches die ganze Wirklichkeit ausfüllte.

Und es gab keinen leeren Raum und keine unausgefüllte Atmosphäre,

Sondern es war alles mit diesem unendlichen Einfachen Licht erfüllt.

Und es gab weder Anfang noch Ende,

Und alles war eins: Einfaches, vollkommen gleichmäßiges Licht,

Und dieses hieß „Licht von Ejn Sof (Unendlichkeit)".

Und als in Seinem einfachen Willen der Wunsch erwachte, die Welten zu erschaffen

Und die Emanationen auszuströmen und die Vollkommenheit Seiner Taten,

Seiner Namen und Bezeichnungen ans Licht zu bringen,

Was der Grund für die Erschaffung der Welten war,

Schränkte sich Ejn Sof in seinem zentralen Punkt ein, exakt im Zentrum,

Und Er begrenzte jenes Licht und entfernte sich nach außerhalb der Ränder dieses Mittelpunkts,

Und es blieb ein leerer Raum, leere Luft, ein Vakuum, an diesem mittleren Punkt zurück.

Und siehe, diese Einschränkung war vollkommen gleichmäßig

Um diesen leeren mittleren Punkt herum.

So, dass jener leere Raum von allen Seiten in vollkommener Gleichmäßigkeit kreisförmig wurde.

Und siehe, nach der Einschränkung, nachdem der leere Raum und das Vakuum entstanden,

Im exakten Zentrum des Lichts Ejn Sof,

Formte sich ein Raum, in dem Geschöpfe und Emanationen und Kreaturen existieren konnten.

Dann kam aus dem Licht von Ejn Sof ein einziger Lichtstrahl,

Und stieg herab ins Innere jenes Raumes.
Und entlang dieses Strahls erschuf, formte und kreierte Er alle Welten.
Vor diesen vier Welten gab es nur das Licht von Ejn Sof, dessen Name Eins ist,
In einer herrlichen und verborgenen Einheit,
Dass sogar den Engeln, die Ihm am nächsten stehen,
Die Kraft zur Erkenntnis der Unendlichkeit fehlt,
Und es gibt keinen Verstand, der Ihn erfassen könnte,
Denn Er hat keinen Ort, keine Grenzen, keinen Namen.

Der ARI, Baum des Lebens – Ez Chaim, Teil 1, Tor 1

ZEIT ZUR SPIRITUELLEN ERKENNTNIS

Zeit zu handeln

Rav Yehuda Ashlag

Seit langer Zeit belastet mich mein Gewissen mit der Forderung, aus meiner Verborgenheit herauszutreten und ein grundlegendes Werk über das Wesen des Judentums, der Religion und der Weisheit der Kabbala zu erstellen, und dieses im Volk zu verbreiten, damit die Menschen dieses erhabene Thema in seiner wahren Bedeutung kennen lernen und richtig verstehen können.

Vor der Revolution im Buchdruck gab es keine trügerischen Bücher bezüglich des Wesens des Judentums, da es unter uns fast keinen Schriftsteller gab, der nicht hinter seinen Worten stehen konnte, weil solch unverantwortlich handelnde Autoren in den meisten Fällen unbekannt waren.

Und selbst wenn es einer zufällig gewagt hätte, ein solches Werk zu schreiben, hätte kein Abschreiber es vervielfältigt, da sich der sicherlich erhebliche Aufwand ganz einfach nicht gelohnt hätte. Daher wäre ein solches Unterfangen von Anfang an zum Scheitern verurteilt gewesen.

Zur damaligen Zeit hatten die Kabbalisten kein Interesse daran, ein solches Buch zu schreiben, da die Menschen jener Zeit dieses Wissen nicht benötigten. Das Gegenteil war der Fall; die Kabbalisten hatten ein Interesse daran, es hinter verschlossenen Türen versteckt zu halten, weil „die Herrlichkeit Gottes verborgen werden muss". Das Gebot damals lautete, die Seele der Kabbala vor denjenigen zu verbergen, die sie nicht brauchen, und auch vor solchen, die ihrer unwürdig sind, um diese Weisheit nicht zu erniedrigen, indem wir sie wie eine Perle vor die Säue werfen. Das gebietet die Herrlichkeit des Schöpfers.

Nachdem jedoch die handschriftliche Abschrift durch den billigeren Buchdruck unnötig geworden war, eröffnete sich für verantwortungslose Autoren die Möglichkeit, Bücher nach ihrem eigenen Gutdünken für Geld und Ruhm zu veröffentlichen. Sie haben jedoch ihre eigenen Handlungen nicht hinterfragt und die Folgen ihrer Arbeit nicht bedacht.

Von da an nahm die Zahl an Veröffentlichungen derartiger, unglaubwürdiger Bücher immer mehr zu – ohne Unterricht, ohne mündliche Überlieferung eines dazu befähigten Lehrers und selbst ohne das Wissen aus früheren Werken. Diese Autoren fabrizierten Theorien, die nur ihren eigenen leeren Hüllen entsprachen, und sie kombinierten ihre eigenen Thesen mit den erhabensten Themen. Sie meinten auf diese Art den Anspruch erheben zu können, den Kern und wunderbaren Schatz unseres Volkes zu beschreiben. Diese Narren haben keine Ahnung von einem sorgfältigen Umgang [mit der Kabbala], und sie durchdringen ganze Generationen mit fehlerhaften Sichtweisen. Jedoch fällt ihre banale Machtgier auf sie zurück, und die Folge ihres Handelns ist Verfehlung, und kommende Generationen der Völker werden durch sie zur Verfehlung verführt.

Da sie ihre Krallen in die Weisheit der Kabbala versenkten, stieg ihr Gestank zum Himmel auf, denn sie beachteten nicht, dass diese Weisheit bis in unsere Tage hinein hinter Tausenden von Türen verschlossen gewesen war, sodass Uneingeweihte die wahre Bedeutung selbst eines einzigen Wortes nicht verstehen, geschweige denn einen Zusammenhang der Worte herstellen können. Dies kommt daher, dass in den wenigen bis heute existierenden Quellen nur Hinweise gegeben werden, die nur knapp ausreichen, einen klugen Schüler die wahre Bedeutung dessen, was aus dem Mund eines weisen und vertrauenswürdigen Kabbalisten kommt, verstehen zu lehren. Zudem hat sich die Zahl der unwürdigen Autoren, die sich einen Spaß aus dem Schreiben machen, vervielfacht, sodass es diejenigen anekelt, die dessen ansichtig werden.

Einige von ihnen erdreisteten sich sogar, die Führungsrolle innerhalb ihrer Generation einzunehmen, und gaben vor zu wissen, welche der für uns verfügbaren Bücher es wert seien, studiert zu werden. Dies ist frustrierend und auch ärgerlich, da bis heute die Gabe des Unterscheidungsvermögens von Wert und Unwert auf eine von zehn Führungspersönlichkeiten innerhalb einer Generation beschränkt ist. Heutzutage geben sich Unwissende als Weise aus.

Daher wurden die Vorstellungen über die Kabbala in der Öffentlichkeit stark verzerrt. Zudem ist eine Atmosphäre der Oberflächlichkeit entstanden, und die Leute meinen, dass dem Studium von solch Erhabenem mit einem kurzen Überfliegen in der Freizeit Genüge getan sei. Nachlässig streifen sie mit einem kurzen Blick über die gewaltigen Tiefen der Weisheit und über die Essenz des Judentums, und je nach momentaner Laune ziehen sie ihre Schlussfolgerungen. Die angeführten Gründe veranlassten mich, von meiner bisherigen Verschwiegenheit abzugehen, und ich habe entschieden, dass es nun an der Zeit sei, „für den Ewigen" zu retten, was noch zu retten ist. So habe ich es auf mich genommen, bestimmte Aspekte dieser wahren Essenz des oben behandelten Themas zu enthüllen und sie im Volk zu verbreiten.

Enthüllung von einem Teil und Verhüllung von zwei Teilen

Rav Yehuda Ashlag

In der Regel, wenn große und berühmte Kabbalisten beabsichtigen, etwas zu enthüllen, das über einen tiefen Sinn verfügt, beginnen sie den Artikel mit den Worten: „Ich enthülle einen Teil und verhülle dabei zwei Teile." Unsere Vorgänger haben sich sehr davor gehütet, ein Wort zu viel zu sagen, wie die Weisen uns anwiesen: „Reden ist Silber, Schweigen ist Gold."

Das bedeutet, dass, wenn du ein teures Wort hast, dessen Wert Silber gleicht, wisse, dass die Verschwiegenheit darüber Gold gleicht. Die Rede ist von denen, die mit überflüssigen Worten um sich werfen, die keinen Sinn und keine praktische Anwendung haben, und das tun sie nur, um die Sprache für den Genuss des Lernenden zu schmücken. Wie es jedem bekannt ist, der die Werke unserer Vorgänger studiert, war das in ihren Augen strengstens verboten, was ich in den folgenden Kapiteln beweisen werde. Und daher müssen wir unsere konzentrierte Aufmerksamkeit dem Verständnis ihrer bildreichen Wortwahl schenken, die für sie üblich war.

DREI ARTEN DER VERHÜLLUNG DER WISSENSCHAFT

Die Geheimnisse der Kabbala unterteilen sich in drei Teilbereiche, und jeder der Teilbereiche hat einen besonderen Grund für die Verhüllung dessen, was sich in ihm befindet. Sie werden wie folgt bezeichnet:

1. Nicht notwendig
2. Unmöglich
3. Geheimnis des Schöpfers – für diejenigen, die Ihn fürchten

Und es gibt keinen kleinsten Teil in dieser Wissenschaft, den man nicht einem dieser drei Teilbereiche zuordnen könnte. Erklären wir sie einen nach dem anderen.

1. NICHT NOTWENDIG

Das bedeutet, dass eine Enthüllung keinerlei Nutzen bringen wird. Dabei ist klar, dass der Grund dafür nicht in der Mangelhaftigkeit, sondern in der Beibehaltung der Reinheit des Wissens besteht. Man muss sich vor solchen Handlungen hüten, die mit „und was ist schon dabei" definiert werden, das heißt: „Was ist schon dabei, dass ich es getan habe, es richtet doch keinen Schaden an?"

Doch wisse, dass dieses „und was ist schon dabei" in den Augen der Weisen als ein schlimmeres Werkzeug der Zerstörung gilt als alle anderen. Alle Weltzerstörer, die erschaffen wurden oder die noch in der Zukunft erschaffen werden, stellen nichts anderes als jene Sorte von Menschen dar, die glauben: „Und was ist schon dabei?" Sie beschäftigen sich selbst mit Dingen, für die keine Notwendigkeit besteht, und zwingen ihre Nächsten ebenfalls dazu. Und daher nahmen die Weisen keinen einzigen Schüler an, bevor sie nicht sicher waren, dass er in seinen Handlungen vorsichtig sein wird und nicht etwas enthüllt, was nicht notwendig ist.

2. UNMÖGLICH

Das bedeutet, dass es keine Sprache gibt, die fähig wäre, auch nur das Geringste von den Eigenschaften zum Ausdruck zu bringen – infolge ihrer ungewöhnlichen Feinheit und Spiritualität. Und dementsprechend führt jeder Versuch, sie in Worte zu hüllen, den Studierenden nur in die Irre und verwirrt ihn, indem er ihn auf den falschen Weg lenkt, was als ein ernsthaftes Vergehen gilt. Um daher den Studierenden etwas zu enthüllen, braucht man eine Erlaubnis von Oben, und das ist der zweite Grund für die Verhüllung der Wissenschaft. Doch diese Erlaubnis erfordert eine Erklärung.

ERLAUBNIS VON OBEN

Das wird in den Werken von *ARI* (Rabbi Izchak Luria) erklärt; in dem Teil, welcher zu den Artikeln des *Rashbi* (Rabbi Shimon Bar Yochai) gehört, dem Artikel „*Mishpatim*" des Buches *Sohar* auf Seite 100: „Wisse, dass es Seelen von Gerechten gibt, die zum Aspekt des Umgebenden Lichts (*Or Makif*) gehören, und solche, die zum Aspekt des Inneren Lichts (*Or Pnimi*) gehören. Diejenigen von ihnen, die zum Umgebenden Licht gehören, verfügen über die Kraft, über das Verborgene und die Geheimnisse der *Tora* mittels einer großen Verhüllung und Verdeckung zu sprechen; bis zum völligen Unverständnis, damit niemand sie erkennen würde außer denen, die ihrer würdig sind.

Die Seele von *Rashbi* war von der Art des *Umgebenden Lichts*, und daher verfügte er über die Kraft, sich so auszudrücken, dass er nicht von der Masse verstanden werden würde, sondern nur von denjenigen, die es verdienen, zu verstehen.

Daher wurde die „Erlaubnis", das Buch *Sohar* zu verfassen, ihm und nicht seinen Lehrern und Vorgängern gegeben, obwohl sie zweifellos über größere Kenntnisse verfügten als er, doch sie hatten nicht die Kraft, es so auszudrücken, wie er es konnte. Daraus sollst du die Größe dessen verstehen, was in dem von *Rashbi* verfassten Buch

Enthüllung von einem Teil und Verhüllung von zwei Teilen

Sohar verborgen liegt, dass nämlich bei weitem nicht jeder fähig ist, das Gesagte zu verstehen.

Die Schlussfolgerung aus dem, was er sagte, besteht kurzgefasst darin, dass die Offenbarung der wahren Wissenschaft überhaupt nicht von der Größe oder Bedeutsamkeit eines Kabbalisten abhängt, sondern von der Erweckung einer besonderen Seele, wobei diese Erweckung der Seele die „Erlaubnis von Oben" darstellt, die Höhere Weisheit zu offenbaren. Und denjenigen, die solch einer Erlaubnis nicht für würdig befunden wurden, ist es verboten, diese Wissenschaft zu erklären, da sie es nicht vermögen, feine Dinge mit entsprechenden Worten so zum Ausdruck zu bringen, dass es den Studierenden nicht verwirrt.

Aus diesem Grunde gab es vor dem Buch *Sohar* kein systematisiertes Buch zur Kabbala. Alle vorausgegangenen Bücher zur Kabbala können nicht als Erklärungen der Wissenschaft bezeichnet werden und stellen lediglich Andeutungen dar, die außerdem die Ordnung von Ursache und Folge nicht einhalten, und daher ist auch das Verständnis von dem, was in ihnen gesagt wird, entsprechend.

Und entsprechend dem, was ich aus den Büchern und von Lehrern erfahren habe, ist es notwendig hinzuzufügen, dass es seit den Zeiten von *Rashbi* und seinen Schülern, die das Buch *Sohar* verfassten, bis hin zu *ARI* keinen Autor gab, der das im Buch *Sohar* und in den dazugehörigen *Korrekturen* Gesagte so wie *ARI* verstanden hätte. Und alle, die ihm vorausgingen, erkannten lediglich Anspielungen auf die Wissenschaft der Kabbala. Im Grunde sind auch die Bücher von *RAMAK* (Rabbi Moshe Cordovero) dieser Art.

Und über *ARI* selbst wäre es richtig, dasselbe auszusagen, was über *Rashbi* gesagt wurde, dass nämlich seinen Vorgängern keine Erlaubnis von Oben gegeben wurde, die Deutungen der Wissenschaft zu enthüllen, während dem *ARI* eine solche Erlaubnis gegeben wurde. Doch das definiert überhaupt nicht die Größe oder Bedeutsamkeit von Erkenntnissen, da es durchaus möglich ist, dass die Größe der Erkenntnisse der Vorgänger in unvergleichbarer Weise jene von *ARI* überstieg, ihnen aber keine Erlaubnis zur Enthüllung gewährt wurde. Aus diesem Grunde hüteten sie sich davor, Erklärungen zu verfassen, die zum Wesen der Wissenschaft gehörten, und gaben sich mit kurzen, nicht miteinander verbindbaren Andeutungen zufrieden.

Deswegen ließen alle, die sich mit der Wissenschaft der Kabbala beschäftigten, ab dem Zeitpunkt, als sich in der Welt die Bücher des *ARI* offenbarten, von den Büchern des *RAMAK* ab, sowie von den Büchern der *Rishonim* (Ersten) und *Geonim* (Weisen), die *ARI* vorausgingen, und konzentrierten sich allein auf das Studium der Werke von *ARI*. Somit stellen das Buch *Sohar* und die dazugehörigen *Korrekturen* die Basis für Erklärungen der Wissenschaft der Kabbala dar, wie diese sein sollen, und danach folgen die Werke von *ARI*.

3. GEHEIMNIS DES SCHÖPFERS – FÜR DIEJENIGEN, DIE IHN FÜRCHTEN

Das bedeutet, dass sich die Geheimnisse der *Tora* nur denjenigen offenbaren, die den Schöpfer fürchten, die Seine Größe mit ihrer ganzen Seele und ihrem ganzen Wesen hüten, die niemals üble Nachrede gegenüber dem Schöpfer zulassen werden. Und das ist der dritte Teilbereich in der Verhüllung der Wissenschaft.

Dieser Teil ist am strengsten in Bezug auf die Verhüllung, da die vielen Enthüllungen dieser Art Laien zu Fall brachten, was der Grund für das Auftauchen aller Beschwörer und Götzendiener war – Anhänger der praktischen Kabbala, die offen Seelen jagten, und anderen mysteriösen Künstlern, die Legenden nutzten, die nachlässigen Schülern durch die Finger rutschten. Sie alle strebten nur danach, materiellen Nutzen für sich oder für andere zu erringen, weswegen die Welt so viel litt und noch leidet.

Und wisse, dass ursprünglich nur dieser Teilbereich die Basis und Wurzel der Verhüllung war. Er ist die Quelle für zusätzliche Strenge der Weisen bei der Überprüfung der Schüler, wie die Weisen (im *Talmud, Chagiga*, 13) sagten: „Wenn der Mensch nicht Vorsitzender des Gerichts ist und nicht über ein sorgendes Herz verfügt, lehrt man ihn nicht einmal die Überschriften", und auch: „Den Schöpfungsakt (*Maase Bereshit*) lehrt man nicht mehr als zwei Menschen, und *Maase Merkawa* nicht mehr als einen", und solche Aussagen findest du im Überfluss.

Der Grund für diese Angst besteht im oben Gesagten, und daher gibt es wenige Auserwählte, die dieser Wissenschaft würdig wurden, und sogar diejenigen, die sieben Prüfungen bestanden, schwören einen schrecklichen Schwur, diese drei Teilbereiche niemandem zu offenbaren. (Siehe Vorwort von Rabbi Moshe Butril zum *Buch der Schöpfung – Sefer Yezira*).

Doch denke nicht fälschlicherweise, dass ich die Verhüllung der Kabbala in drei Teilbereiche aufgeteilt und damit sozusagen behauptet habe, dass sich die Wissenschaft der Kabbala selbst in diese drei Teilbereiche aufteilt. Ich habe gemeint, dass es in allen, sogar den kleinsten Details, in allen Bereichen dieser Wissenschaft kein einziges Wort gibt, aus welchem nicht diese drei Arten von Verhüllung resultieren würden, weil sie drei Arten der Erklärung darstellen, die immer in dieser Wissenschaft gelten.

Doch hier muss man hinterfragen: Wenn die Verhüllung der Wissenschaft der Kabbala eine solche Stufe erreichte, woher stammt dann diese Unzahl von Schriften, die in dieser Wissenschaft existieren?

Die Antwort besteht darin, dass ein Unterschied zwischen den ersten zwei Teilbereichen und dem letzten Teilbereich besteht. Der Schwerpunkt liegt, wie oben erläutert wurde, nur auf dem dritten Teilbereich, und bezüglich der ersten zwei Teilbereiche gibt es kein ständiges Verbot, da sich im Teil „nicht notwendig" manchmal etwas verändert, aus irgendeinem Grunde aus dem Rahmen von „nicht notwendig" fällt und notwendig wird. Genauso wird auch der Teilbereich „unmöglich" manchmal möglich. Das geschieht aus zweierlei Gründen: entweder infolge der Entwicklung der Generation oder gemäß einer Erlaubnis von Oben, wie in den Fällen von *Rashbi* und *ARI* oder in kleinerem Maße von ihren Vorgängern. Aus diesen Gründen entstehen alle wahren kabbalistischen Bücher.

Das war im Satz gemeint: „Ich habe einen Teil enthüllt und verhüllte dabei zwei Teile." Gemeint war, dass es sich für ihn ergab, etwas Neues zu enthüllen, was sich seine Vorgänger nicht vorstellen konnten. Damit deutet er an, dass es sich nur um Eines handelt, das heißt, den ersten Teil von den drei Teilen der Verhüllung enthüllt er hier, und zwei Teile lässt er verhüllt.

Er weist darauf hin, dass mit ihm etwas geschah, was als Grund für eine solche Offenbarung diente. Entweder nahm etwas, was nicht notwendig war, die Form von Notwendigem an, oder es wurde ihm eine Erlaubnis von Oben gewährt, wie ich oben bereits erklärt habe.

Und ihr, die ihr diese Artikel studiert, sollt wissen, dass ich ein Jahr lang über deren Erschaffung nachgedacht habe. Und alles, was in ihnen dargelegt ist, ist neu, und ihr Inhalt wird in keinem der Bücher meiner Vorgänger so klar und exakt dargebracht. Ich empfing diese Kenntnisse „von Mund zu Mund" von meinem Lehrer, der das Recht zu sprechen hat, das heißt, auch er empfing es von seinem Lehrer „von Mund zu Mund" usw.

Auch ich empfing sie unter den gleichen Bedingungen von Verhüllung und Bewahrung. Doch aus der Notwendigkeit, von welcher ich im Artikel „*Zeit zu handeln*" sprach, wandelte sich der Teil „nicht notwendig" in mir zu „notwendig" um. Daher enthüllte ich mit vollkommener Erlaubnis einen Teil, doch zwei Teile werde ich aufbewahren, wie ich angewiesen wurde.

Das Wesen der Religion und ihr Ziel

Rav Yehuda Ashlag

Ich möchte hier drei Fragen beantworten:
1. Worin besteht das Wesen der Religion?
2. Wird ihr Ziel in dieser Welt oder in der zukünftigen Welt erreicht?
3. Ist das Ziel der Religion das Wohl des Schöpfers oder das Wohl der Geschöpfe?

Auf den ersten Blick wird sich der Leser über meine Worte wundern und diese drei Fragen nicht verstehen, die ich als Thema für diesen Artikel wählte. Denn wer weiß nicht, was Religion ist? Und wer weiß denn nicht, dass man sich deren Belohnung und Bestrafung hauptsächlich in der zukünftigen Welt erwartet und erhofft? Geschweige denn die dritte Frage. Alle wissen, dass sie auf das Wohl der Geschöpfe ausgerichtet ist – sie mit Gutem und mit Reichtum zu verwöhnen. Und was kann man dem noch hinzufügen?

Und tatsächlich habe ich dem nichts hinzuzufügen. Weil jedoch diese drei Fragen so bekannt und üblich sind, von der Kindheit an eingesaugt, kann man im Verlauf des gesamten Lebens weder etwas zu ihnen hinzufügen noch in ihnen Klärung finden. Das zeugt jedoch von der Unkenntnis dieser erhabenen Begriffe, die tatsächlich die Grundlagen des Fundaments sind, auf welchem das gesamte religiöse „Gebäude" aufgebaut ist und worauf es sich stützt.

Und wenn dem so ist, dann sagt mir: Wie ist es möglich, dass ein Jugendlicher von zwölf oder vierzehn Jahren schon reif genug ist, um in die ganze Tiefe dieser drei Begriffe einzudringen und sie zu verstehen? Dies auch noch in einem solch ausreichenden Maß, dass er dem im Laufe seines ganzen Lebens nicht mehr irgendeine Meinung und Kenntnis hinzufügen muss?

Hier genau liegt das Problem! Denn eine solch oberflächliche Annahme führte auch zu einem oberflächlichen Wissen und zu Schlussfolgerungen wildesten Charakters, welche die Welt unserer Generation erfüllten, und uns zu einem Zustand führten, dass die zweite Generation unserem Einfluss fast schon entglitten ist.

DAS ABSOLUT GUTE

Um den Leser nicht mit langen Ausführungen zu ermüden, werde ich mich nur nach dem richten, was in den vorausgehenden Artikeln geschrieben wurde, hauptsächlich nach dem Artikel „*Gabe der Tora*" – nach allem, was eine Einleitung zu diesem erhabenen Thema bietet, welches wir besprechen. Ich werde mich kurz und einfach ausdrücken, damit es jedem verständlich wird.

Zu Beginn muss man verstehen, dass der Schöpfer das absolut Gute ist. Es ist also unmöglich, dass er jemandem irgendein Leid zufügen würde, und das nehmen wir als das wichtigste Gesetz wahr. Der gesunde Menschenverstand zeigt uns klar, dass die Grundlage aller schlechten Taten nichts anderes als der „*Wille zu empfangen*" ist.

Das bedeutet, dass die leidenschaftliche Jagd nach eigenem Wohlergehen, die vom *Willen zu empfangen* hervorgerufen wird, der Grund dafür ist, dem Nächsten Leid anzutun, da der *Wille zu empfangen* danach strebt, sich zu füllen. Und zwar so, dass, wenn das Geschöpf eine Befriedigung zu seinem eigenen Wohl fände, es niemanden in der Welt gäbe, der seinem Nächsten Leid antun würde. Und wenn wir manchmal auf irgendein Geschöpf treffen, welches seinesgleichen nicht aus dem Willen heraus, Genuss für sich zu empfangen, Leid antut, so tut es dies nur aus der Gewohnheit heraus, die ursprünglich durch den *Willen zu empfangen* ins Leben gerufen wurde. Und diese Gewohnheit ist nun die einzige Ursache und befreit von der Suche nach einem anderen Grund.

Da der Schöpfer von uns hinsichtlich seines Wesens als vollkommen wahrgenommen wird und keine Hilfe benötigt, in Seiner Perfektion allem Seienden vorausgehend zu sein, ist klar, dass es in Ihm keinerlei *Willen zu empfangen* gibt. Und da es in Ihm nichts vom *Willen zu empfangen* gibt, fehlt auch jeder Grund, jemandem Schaden zuzufügen. Und das ist ganz einfach zu verstehen.

Doch außerdem haben wir auch mit dem ganzen Herzen in endgültiger Vollkommenheit angenommen, dass Er etwas hat, das als „*Wille zu geben*" bezeichnet wurde. Es ist der Wille, dem Nächsten – Seinen Geschöpfen – Gutes zu tun, was mit aller Offensichtlichkeit aus der von Ihm erschaffenen, erhabenen Schöpfung resultiert, die sich unseren Augen darstellt. Denn in Wirklichkeit gibt es in unserer Welt Geschöpfe, die entweder gute oder schlechte Empfindungen haben. Und was sie auch empfinden, wird tatsächlich vom Schöpfer verursacht. Nachdem endgültig geklärt und als Gesetz angenommen wurde, dass der Schöpfer keine Absicht hat, Böses zuzufügen, wird klar, dass alle Geschöpfe von Ihm in Wirklichkeit nur Gutes bekommen, denn Er erschuf sie nur, um ihnen Genuss zu bereiten.

Somit haben wir geklärt, dass der Schöpfer nur über einen Wunsch, Gutes zu geben, verfügt, und Sein Gesetz es keinesfalls erlaubt, jemandem auch nur ein Gramm Schaden oder Leid zuzufügen. Es ist unmöglich, dass es von Ihm ausgehen würde, und daher gaben wir Ihm den Namen des „Absolut Guten". Nachdem wir dies erkannt haben, werden wir hinabsteigen und uns die Realität anschauen, die von Ihm gelenkt und kontrolliert wird, und die Weise, wie Er nur Gutes tut.

DIE LENKUNG DES SCHÖPFERS IST EINE ZIELGERICHTETE LENKUNG

Das wird aus der Entwicklung der Objekte der uns umgebenden Wirklichkeit selbst klar. Wenn wir uns jedes noch so kleine Geschöpf vornehmen, welches einer der vier Arten angehört – bewegungslos, pflanzlich, tierisch, sprechend (Mensch) – werden wir sehen, dass sowohl das Einzelwesen als auch seine Art als Ganzes zielgerichtet gelenkt werden. Das heißt, die langsame und stufenweise Entwicklung, die durch den Rahmen von Ursache und Wirkung bedingt ist, gleicht der Frucht eines Baumes, deren Lenkung ein gutes Endziel verfolgt – sie süß und angenehm im Geschmack zu machen.

Fragt die Botaniker, wie viele Zustände diese Frucht vom Moment der Entstehung an bis zur Erreichung ihres Ziels – der endgültigen Reife – durchläuft. Und alle Zustände, die dem endgültigen vorausgehen, entbehren nicht nur der Andeutung auf den endgültigen, schönen und süßen Zustand, sondern zeigen uns im Gegenteil (als wollten sie uns ärgern) eher den Gegensatz zu ihrer Endform.

Je süßer die Frucht am Ende ist, desto bitterer und hässlicher ist sie in den vorausgehenden Stufen ihrer Entwicklung. Genauso auf den Stufen „tierisch" und „sprechend" (Mensch): Ein Tier, dessen Verstand auch bei Abschluss des Wachstums klein bleibt, durchläuft keine bedeutenden Veränderungen im Entwicklungsprozess, während im Menschen, dessen Verstand sich am Ende seiner Entwicklung vielfach vergrößert, riesige Veränderungen stattfinden. Ein eintägiges Kalb wird bereits als Stier bezeichnet, da es über die Kraft verfügt, auf den Beinen zu stehen und zu laufen, sowie auch über den Verstand, Gefahren zu meiden, die auf seinem Weg vorkommen.

Der Mensch dagegen gleicht, wenn er einen Tag alt ist, einem Geschöpf, dem viele solcher Sinne fehlen. Und wenn jemand, der die Realität dieser Welt nicht kennt, diese zwei Neugeborenen betrachten und versuchen würde, die Situation zu beschreiben, so würde er natürlich vom Säugling sagen, dass aus diesem nie etwas werde, und vom Kalb würde er sagen, dass ein großer Held auf die Welt gekommen sei – wenn er denn nach dem Entwicklungsstand des Verstandes des Kalbs und des Neugeborenen, welches nichts versteht und nichts fühlt, urteilen würde.

Somit springt klar ins Auge, dass die Lenkung der Wirklichkeit, die der Schöpfer erschuf, nichts anderes als eine Form von „zielgerichteter Lenkung" ist, welche die Reihenfolge von Entwicklungsstufen nicht in Betracht zieht. Ganz im Gegenteil versucht sie scheinbar, uns mit deren Hilfe absichtlich zu täuschen, indem sie uns immer Zustände zeigt, die ihrer Endvariante entgegengesetzt sind.

Das meinen wir, wenn wir sagen: „Es gibt keinen klügeren Menschen als den Erfahrenen." Denn nur ein Mensch, der Erfahrung erlangt hat und über die Möglichkeit verfügt, das Geschöpf in allen Entwicklungsstadien bis zum letzten vollkommenen Zustand zu beobachten, kann die Gemüter beruhigen. Dann fürchtet man sich nicht vor all diesen verdorbenen Bildern, in welchen sich das Geschöpf in seinen unterschiedlichen Stadien der Entwicklung befindet, und kann an die Schönheit und die Vollkommenheit der abgeschlossenen Entwicklung glauben.

Und nun wurden die Lenkungswege des Schöpfers in unserer Welt deutlich, und zwar, dass diese Lenkung ausschließlich zielgerichtet ist. Doch das Gute wird im Ganzen nicht erkannt, solange das Geschöpf nicht seinen Endpunkt erreicht hat, das heißt die vollendete Form und die endgültige Entwicklung. Ganz im Gegenteil hüllt es sich bis dahin stets in eine Hülle aus Verdorbenem gegenüber dem Betrachter. Doch es ist klar, dass der Schöpfer Seinen Geschöpfen immer nur Gutes tut, und dieses Gute, welches von Ihm ausgeht, wird zielgerichtet gelenkt.

ZWEI WEGE: WEG DES LEIDENS UND WEG DER TORA

Auf diese Weise wurde geklärt, dass der Schöpfer das „Absolut Gute" ist. Er lenkt uns zielgerichtet, ausgehend von Seiner Perfektion des absolut Guten und ohne jede Beimischung von Bösem. Das bedeutet, dass die Zielgerichtetheit Seiner Lenkung uns verpflichtet, die Reihenfolge des Durchlaufens unterschiedlicher Zustände auf uns zu nehmen, die durch das Gesetz von Ursache und Wirkung bedingt sind, bis wir schließlich würdig werden, das erwünschte Gute zu empfangen, wodurch wir das Ziel unserer Schöpfung erreichen – wie eine prächtige Frucht am Ende ihrer Reifung. Somit ist klar, dass das Resultat absolut jedem von uns gewährt ist. Und wenn du damit nicht einverstanden bist, so wirfst du dadurch einen Schatten auf die Lenkung des Schöpfers, indem du sagst, dass sie angeblich unzureichend zur Erlangung des Ziels sei.

Die Weisen sagten, dass die „*Shechina* bei den Niederen eine große Notwendigkeit" ist. Da die Lenkung des Schöpfers zielgerichtet ist, wird sie uns am Ende zu einer Verschmelzung mit Ihm führen, damit Er in uns wohnt. Und das wird als eine große Notwendigkeit bezeichnet. Das heißt, wenn wir das nicht erreichen, so würde sich dadurch sozusagen ein Mangel an Seiner Lenkung offenbaren.

Und das gleicht einem mächtigen König, der im Greisenalter einen Sohn bekam und diesen sehr liebte. Und daher hat sich der König vom Tag der Geburt seines Sohnes an vorgenommen, ihm alles zu geben. Zu diesem Zweck sammelte er alle wertvollen Bücher an und brachte alle hervorragenden Weisen zusammen, die es im Lande gab, und baute ihm ein Lehrhaus (*Beit Midrash*) zur Erreichung von Weisheit. Und er rief berühmte Bauleute zusammen und baute ihm Lustpaläste und versammelte alle Sänger und Musiker, damit sie ihn Musik und die Kunst des Singens lehren würden, und er rief die geschicktesten Köche und Konditoren zusammen, damit sie ihm die schmackhaftesten Gerichte der Welt bereiten würden.

Und so wuchs der Sohn heran und wurde zum Mann. Doch er stellte sich als dumm heraus und ohne Drang zur Wissenschaft. Und er ist blind und sieht nicht und spürt nicht die Pracht der Gebäude. Und er ist taub und hört nicht das Singen und die Stimmen der Instrumente. Und er ist krank und kann es sich nicht erlauben, das für ihn Zubereitete zu essen, und er ernährt sich nur von einem Stück Brot mit Getreidekleie. Scham und Schande!

Solch eine Situation kann sich bei einem irdischen König ergeben, doch man kann solches unmöglich über den Schöpfer sagen, dem natürlich kein Betrug eigen ist. Und weil dem so ist, bereitete er für uns zwei Wege der Entwicklung vor:

Einer von ihnen ist der Weg des Leidens. Dieser stellt die Reihenfolge der eigenständigen Entwicklung des Geschöpfes dar. Das Geschöpf ist dazu verpflichtet, ihr zu folgen, indem es von einem Zustand zum anderen übergeht, welcher mit dem vorausgehenden kausal, also durch die Abhängigkeit von Ursache und Wirkung, verbunden ist. So entwickeln wir uns sehr langsam bis hin zum Bewusstsein der Notwendigkeit, das Gute zu wählen, das Schlechte abzulehnen und uns für eine zielgerichtete Verbindung würdig zu zeigen, die vom Schöpfer erwünscht ist.

Dieser Weg ist allerdings lang hinsichtlich der Zeit und voller Leiden und Schmerz. Darum bereitete Er uns den leichten und angenehmen Weg der *Tora* und der Gebote, welcher in der Lage ist, uns in einer kurzen Zeit und ohne Leiden unserer Bestimmung würdig zu machen.

Daraus folgt, dass unser Endziel eine Reinigung zum Zweck der Verschmelzung mit dem Schöpfer ist, damit Er in uns wohnen kann. Und dieses Ziel ist verpflichtend und es gibt keinerlei Möglichkeit, ihm zu entkommen. Denn die Höhere Kraft lenkt uns streng auf zwei Wegen, die, wie erläutert wurde, der Weg der Leiden und der Weg der *Tora* sind. Doch in der uns umgebenden Wirklichkeit sehen wir, dass Er uns auf beiden Wegen lenkt, die von den Weisen als der „Weg der Bräuche (wortwörtlich: Weg der Erde)" und der „Weg der *Tora*" bezeichnet werden.

DAS WESEN DER RELIGION IST ES, IN UNS DEN SINN FÜR DIE ERKENNTNIS DES BÖSEN ZU ENTWICKELN

Und hier die Worte der Weisen: „Was für einen Unterschied macht es für den Schöpfer, ob man das Vieh am Nacken oder am Hals schlachtet? Denn die Gebote sind zu nichts anderem gegeben, als die Geschöpfe durch sie zu reinigen." Was die „Reinigung" ist, wurde gut im Artikel *„Gabe der Tora"* (Punkt 12) erläutert. Und schau nach, was dort geschrieben steht. Hier werde ich aber erklären, was das Wesen dieser Entwicklung ist, die durch die Beschäftigung mit der *Tora* und den Geboten erreicht wird.

Wisse, dass es die Erkenntnis des sich in uns befindlichen Bösen ist. Die Erfüllung der Gebote kann langsam und allmählich denjenigen, der sie erfüllt, feiner und erhabener machen. Und die wahre Höhe der Stufe der Verfeinerung besteht im Grad der *Erkenntnis des Bösen* in uns.

Denn seitens der Natur ist der Mensch bereit, alles Böse von sich abzustoßen und auszurotten. Darin sind sich alle Geschöpfe gleich, und der einzige Unterschied zwischen ihnen besteht lediglich in der *Erkenntnis des Bösen*. Ein weiter entwickeltes Geschöpf ist sich eines höheren Grades des Bösen in sich bewusst, es unterscheidet das Böse und stößt es von sich in einem größeren Maß ab. Und ein weniger entwickeltes Geschöpf verspürt in sich eine kleinere Stufe des Bösen und stößt daher nur ein geringeres Maß des Bösen ab, während es den ganzen Schmutz in sich lässt, da es diesen nicht als Schmutz empfindet.

Um den Leser nicht zu verwirren, werden wir erläutern, was die Basis von Gut und Böse ausmacht, wie davon im Artikel „*Gabe der Tora*" (Punkt 12) die Rede war. Die Basis alles Bösen ist nichts anderes als die Liebe zu sich selbst, die als „Egoismus" bezeichnet wird. Ihr Naturell ist dem Schöpfer entgegengesetzt, in Dem es keinen Willen gibt, für Sich zu empfangen, denn Er ist nichts anderes als der *Wille zu geben*.

Und wie im Artikel „*Gabe der Tora*" (Punkt 9 und 11) erklärt wurde, besteht das Wesen des Genusses im Grad der Ähnlichkeit mit den Eigenschaften des Schöpfers. Und das Wesen der Leiden und der Ungeduld besteht im qualitativen Unterschied zum Schöpfer. Dementsprechend ist uns der Egoismus zuwider, und es schmerzt uns das Bewusstsein, dass wir uns von den Eigenschaften des Schöpfers unterscheiden.

Doch dieses Gefühl der Widerwärtigkeit des Egoismus ist in jeder Seele unterschiedlich. Denn ein wilder, unentwickelter Mensch hält den Egoismus keineswegs für eine negative Eigenschaft und benutzt ihn daher öffentlich grenzenlos und ohne jede Scham. Vor den Augen aller beraubt und ermordet er skrupellos jeden, der sich in seiner Reichweite befindet. Ein etwas weiter Entwickelter empfindet seinen Egoismus bereits bis zu einem gewissen Grad als böse und schämt sich, sich dieses Egoismus öffentlich zu bedienen – die Menschen zu bestehlen und zu ermorden, wo man es sehen kann – begeht aber weiterhin seine Verbrechen.

Und ein noch weiter Entwickelter empfindet den Egoismus tatsächlich als Gräuel, sodass er ihn in sich nicht mehr dulden kann und ihn von sich stößt und ihn entsprechend dem Grad seiner *Erkenntnis des Bösen* gänzlich vertreibt, sodass er es nicht mehr wollen und können wird, auf Kosten anderer zu genießen. Und dann beginnen in ihm Funken der Liebe zum Nächsten zu erwachen, die als „Altruismus" bezeichnet werden, welcher die allgemeine Eigenschaft des Guten ist.

Das entwickelt sich in ihm ebenfalls stufenweise. Zunächst entwickelt sich in ihm das Gefühl der Liebe zur Familie und zu seinen Nächsten sowie der Wunsch, sich um sie zu kümmern, wie es heißt: „Vor dem eigenen Fleisch kann man nicht fliehen." Und wenn er sich noch mehr entwickelt, so wächst in ihm der Grad des Gebens an alle, die ihn umgeben, an die Bewohner seiner Stadt und an sein Volk.

Und so wächst er heran, bis sich in ihm schließlich die Nächstenliebe zur gesamten Menschheit entwickelt.

BEWUSSTE UND UNBEWUSSTE ENTWICKLUNG

Und wisse, dass zwei Kräfte uns anstoßen und dazu antreiben, aufzusteigen, indem wir die Stufen der erwähnten Leiter erklimmen, bis wir ihre Spitze im Himmel erreichen – das Endziel der Gleichheit unserer Eigenschaften mit denen des Schöpfers. Der Unterschied zwischen diesen zwei Kräften besteht darin, dass eine von ihnen uns „unbewusst" von hinten antreibt. Diese Kraft stößt uns von hinten an, und dies bezeichneten wir als den „Weg der Leiden" oder den „Weg der Erde" (*Derech Erez*).

Daraus entspringt die Philosophie der Moral, welche als Ethik bezeichnet wird. Sie basiert auf der empirischen Erkenntnis, das heißt auf der Prüfung mithilfe des praktischen Verstandes. Und das ganze Wesen dieses Systems stellt nichts anderes als die Summe der Schäden dar, welche vor unseren Augen von den keimenden Samen des Egoismus hervorgebracht wurden.

Diese empirischen Erfahrungen gelangten zu uns auf zufällige Weise, das heißt „für uns unbewusst" und nicht durch unsere Wahl. Dennoch dienen sie ihrem Ziel recht überzeugend, da der Grad des Bösen, der in unseren Empfindungen in Erscheinung tritt und wächst, insofern wir uns seines Schadens bewusst sind, uns dazu zwingt, ihn zu meiden, und dadurch erreichen wir eine höhere Stufe der Leiter.

Die zweite Kraft treibt uns auf die „bewusste" Weise an, das heißt diese Kraft wählen wir selbst. Diese Kraft zieht uns von vorn, und wir bezeichneten dies als den „Weg der *Tora* und der *Mizwot* (Gebote)". Denn durch die Erfüllung der Gebote sowie durch die Arbeit mit der Absicht, dem Schöpfer Genuss zu bereiten, entwickelt sich in uns diese Empfindung der *Erkenntnis des Bösen* mit riesiger Geschwindigkeit, wie dies im Artikel „*Gabe der Tora*" (Punkt 13) beschrieben wurde.

Und hier gibt es einen doppelten Vorteil:

Erstens brauchen wir nicht zu warten, bis die Lebenserfahrungen beginnen, uns von hinten anzutreiben, denn jeder Stoß bedeutet Schmerz und Zerstörungen, die uns durch die Enthüllung des Bösen in uns zugefügt werden. Die Arbeit des Schöpfers dagegen entwickelt in uns die gleiche Erkenntnis des Bösen, doch ohne vorausgehende Leiden und Zerstörungen. Im Wohlbehagen und in der Freude, die wir während der reinen Ergebenheit für den Schöpfer verspüren, um Ihm Vergnügen zu schenken, entwickelt sich in uns ein relatives Verhältnis, welches uns erlaubt, die Niederträchtigkeit dieser Funken der Eigenliebe zu erkennen. Wir begreifen, wie sehr ihr Vorhandensein uns daran hindert, auf unserem Weg den Geschmack des Genusses am Beschenken des Schöpfers zu verspüren. Denn die stufenweise Empfindung der Enthüllung des Bösen entwickelt sich in uns vor dem Hintergrund der Empfindung von Genuss und völliger Ruhe, das heißt durch den Empfang des Genusses während der Arbeit für den Schöpfer. Und diese genussvolle und behagliche Empfindung entsteht in uns durch die Übereinstimmung mit dem Schöpfer.

Zweitens gewinnen wir Zeit, da Er „an unserem Bewusstsein" arbeitet, und uns somit hilft, mehr zu tun und die Zeit nach unserem Wunsch zu beschleunigen.

DIE RELIGION DIENT NICHT DEM NUTZEN DER GESCHÖPFE, SONDERN DEM NUTZEN DESJENIGEN, DER SICH BEMÜHT

Viele irren sich und vergleichen unsere heilige *Tora* fälschlicherweise mit der Ethik und Moral. Doch das geschieht aus dem Grunde, dass sie seinerzeit nicht den Geschmack der Religion gekostet haben. Und ich rufe sie auf: „Kostet und sehet, dass der Schöpfer gut ist." Ehrlich gesagt, sind sowohl die Ethik als auch die Religion auf eines ausgerichtet: den Menschen aus dem Schmutz der vergiftenden Eigenliebe auf die erhabene Höhe der Nächstenliebe zu erheben.

Und damit sind sie so weit voneinander entfernt, wie die Gedanken des Schöpfers von den Gedanken der Geschöpfe. Denn die Religion entstammt den Gedanken des Schöpfers, und die Moral ist Frucht der Gedanken von Fleisch und Blut und ihrer Lebenserfahrung. Der Unterschied zwischen ihnen ist offensichtlich, sowohl in den benutzten Mitteln als auch im Endziel.

Denn die Erkenntnis von Gut und Böse, welche sich in uns bei der Nutzung des ethischen Systems entwickelt und entfaltet, hat einen relativen Bezug zum Erfolg der Gesellschaft, während die Nutzung der Religion in unserer Erkenntnis von Gut und Böse einen relativen Bezug zum Schöpfer allein hat – das heißt von der Unterscheidung vom Schöpfer bis hin zur Identifikation mit Seinen Eigenschaften, was als „Verschmelzung" bezeichnet wird, wie das im Artikel „*Gabe der Tora*" (Punkt 9 - 11) erläutert wurde.

Und der Grad der Entfernung des einen vom anderen wird durch die unterschiedlichen Ziele bestimmt. Das Ziel der Ethik besteht im Glück der Gesellschaft, wie es vom praktischen Verstand, welcher sich auf die Lebenserfahrung stützt, verstanden wird. Und letzten Endes verspricht das Ziel demjenigen, der es zu erreichen versucht, keinen Gewinn über den von der Natur vorgeschriebenen Rahmen hinaus. Wenn dem so ist, verlässt dieses Ziel nicht die Reichweite der Kritik, denn wer kann ein für alle Mal dem Individuum die Gerechtigkeit des Maßes an Wohl beweisen, über welches es verfügt, um es zu zwingen, auf einen Teil des ihm nach seinem Verständnis Zukommenden zugunsten der Gesellschaft zu verzichten?

Im Unterschied dazu verspricht das religiöse Ziel demjenigen, der danach strebt, das Glück für den Menschen selbst. Denn wie wir bereits wissen, befindet sich ein Mensch, der die Liebe zum Nächsten erkannte, nach dem Gesetz der Gleichheit der Eigenschaften in der Verschmelzung mit dem Schöpfer und tritt gemeinsam mit Ihm aus seiner engen

Welt, die voller Leiden und Stolpersteine ist, heraus in die weite und ewige Welt des Gebens an den Schöpfer und an die Geschöpfe.

Noch ein berühmter und sehr in die Augen stechender Unterschied, der für die *Tora* spricht, besteht darin, dass sich das ethische System nach dem Prinzip richtet, das Wohlwollen der Menschen zu erreichen, was einer Pacht (Miete) gleicht, die am Ende abgezahlt ist. Und die Gewohnheit des Menschen an solche Arbeit lässt ihn noch nicht einmal auf die Stufen der Ethik aufsteigen, da er an Arbeit gewöhnt ist, die von der Umgebung, die für seine guten Taten zahlt, gut belohnt wird.

Derjenige aber, der sich mit der *Tora* und den Geboten beschäftigt, um dem Schöpfer Genuss zu schenken, ohne jegliche Belohnung zu erhalten, erklimmt tatsächlich die Stufen der Moral, wie dies auch erforderlich ist. Denn er bekommt keinerlei Bezahlung auf seinem Wege, während er Körnchen um Körnchen das Notwendige sammelt, um eine große Rechnung für den Erwerb einer anderen Natur zu begleichen – des Gebens an den Nächsten – ohne jegliches Empfangen für sich, außer zur Aufrechterhaltung der eigenen Existenz.

Nur dann werden wir uns tatsächlich von allen Zwängen der Natur befreien. Denn wenn einem Menschen jegliches Empfangen für sich zuwider ist und seine Seele von allen überflüssigen und kleinlichen Vergnügungen des Körpers frei ist und er nicht danach strebt, Ehre oder Ähnliches zu erlangen, dann lebt er frei in der Welt des Schöpfers. Und es ist garantiert, dass ihm hier niemals Schaden drohen wird. Denn der ganze Schaden, den der Mensch verspürt, ereilt ihn nur dann, wenn er für sich empfängt – was in ihn eingemeißelt ist – und das muss man gut verstehen.

Somit ist klar, dass das Ziel der Religion darin besteht, dem Menschen zu dienen, der sich bemüht und sie ausübt, und nicht etwa den Geschöpfen und deren Nutzen. Und sogar wenn alle seine Handlungen zu deren Nutzen dienen und sie alle seine Handlungen bestimmen, so ist dies lediglich ein Mittel zur Erreichung des erhabenen Ziels – der Übereinstimmung mit dem Schöpfer. Und somit ist auch klar, dass das Ziel der Religion in dieser Welt im Leben selbst verwirklicht wird. Und man lese aufmerksam den Artikel „*Gabe der Tora*", denjenigen Teil, in dem von den Zielen der Gesellschaft und des Individuums die Rede ist.

Das Wesen der Wissenschaft Kabbala

Rav Yehuda Ashlag

Bevor ich zur Beschreibung der Grundlagen der Wissenschaft der Kabbala schreite, die viele zu erklären versuchten, erachte ich es als notwendig, zuvor das Wesen ihrer Weisheit gut zu erklären, über welches meiner Meinung nach wenige Bescheid wissen. Und natürlich darf man nicht von den Ausgangspunkten eines Gegenstandes sprechen, bevor wir nichts vom Gegenstand selbst erfahren.

Obwohl dieses Wissen breit und tief wie ein See ist, werde ich trotzdem mit aller Kraft und allem Wissen, welches ich in diesem Bereich erlangte, versuchen, das wahre Forschen zu beschreiben und es von allen Seiten zu beleuchten, in einer für jede Seele ausreichenden Art, damit sie richtige Schlüsse daraus ziehen kann, so, wie sie in Wahrheit sind, und damit den Betrachtern keine Möglichkeit bleibt, sich zu täuschen, wie es häufig in dieser Sache vorkommt.

WOVON HANDELT DIE WISSENSCHAFT DER KABBALA?

Diese Frage entsteht natürlich bei jedem vernünftigen Menschen. Um eine befriedigende Antwort auf diese Frage zu geben, werde ich eine richtige Definition anführen, welche eine Prüfung durch die Zeit bestanden hat. Diese Weisheit stellt nicht mehr und nicht weniger als die Reihenfolge von Wurzeln dar, die (von Oben nach unten) gemäß Ursache und Wirkung (kausal) herabhängen und die ständigen und absoluten Gesetzen unterworfen sind, welche sich verbinden und auf ein sehr erhabenes Ziel ausgerichtet sind, welches „die Offenbarung der Göttlichkeit des Schöpfers Seinen Geschöpfen in dieser Welt" genannt wird.

Und hier wirkt das Allgemeine und Besondere:

Das Allgemeine besteht darin, dass die ganze Menschheit am Ende ihrer Entwicklung unvermeidlich zur Offenbarung des Schöpfers kommen und, einen langen Entwicklungsweg zum Abschluss bringend, das erreichen muss, wovon die Weisen schrieben: „Und es füllte sich die Erde mit dem Wissen des Schöpfers, wie die Wasser das Meer bedecken. Und es wird kein Mensch mehr seinen Nächsten und seine Brüder die Erkenntnis des Schöpfers lehren, weil alle Mich kennen werden, von Jung bis Alt". Und es steht geschrieben: „Und dein Lehrer wird sich nicht mehr verbergen, und deine Augen werden deinen Lehrer erblicken" (Jesaja, 30:20).

Das Besondere besteht darin, dass es schon vor dem Erreichen dieses perfekten Zustandes durch die ganze Menschheit in jeder Generation Auserwählte gibt, die Ihn als Erste erreichen. Das sind jene einzelnen Persönlichkeiten in jeder Generation, die der Erkenntnis bestimmter Stufen in der Offenbarung des Schöpfers würdig wurden. Es sind Propheten und Diener des Schöpfers. Wie die Weisen sagten: „Es gibt keine Generation, in welcher es keine solchen wie Abraham und Jakob gäbe."

Denn nach den Worten der Weisen findet die Offenbarung des Schöpfers in jeder Generation statt. In dieser Hinsicht gibt es seitens unserer Weisen keine Uneinigkeit, und wir verlassen uns auf ihre Worte.

DIE VIELFALT DER SPIRITUELLEN KÖRPER (PARZUFIM), DER *SEFIROT* UND DER WELTEN

Demgemäß entsteht jedoch eine Frage: Wenn, wie zuvor geklärt wurde, diese Wissenschaft nur eine besondere Mission hat, woraus resultiert dann die Vielfalt an spirituellen Körpern, *Sefirot* und ihre Wechselbeziehung, mit welchen die kabbalistischen Bücher gefüllt sind?

Betrachten wir beispielsweise irgendein kleines Tier, dessen ganze Aufgabe darin besteht, sich zu ernähren und eine bestimmte Zeit auf der Welt zu verweilen, um sich fortzupflanzen und damit den Fortbestand seiner Art zu gewährleisten, dann kann man, wenn man aufmerksam hinschaut, sehen, dass es aus einer komplexen Verbindung von Tausenden von Fasern und Sehnen besteht, was auch Physiologen und Anatomen in Untersuchungen festgestellt haben. Und darüber hinaus gibt es noch zehntausende Verbindungen, die dem Menschen noch nicht bekannt sind. An diesem Beispiel kann man nachvollziehen, wie viele unterschiedliche Themen und Kanäle miteinander verbunden werden müssen, um dieses erhabene Ziel zu enthüllen und zu erreichen.

ZWEI PFADE: VON OBEN NACH UNTEN UND VON UNTEN NACH OBEN

Im Grunde wird die Wissenschaft der Kabbala in zwei parallele Pfade der Erkenntnis der Höchsten lenkenden Kraft unterteilt. Sie sind gleichwertig wie zwei Tropfen Wasser, und es gibt keinen Unterschied zwischen ihnen, außer dass der eine Pfad von Oben nach unten bis zu dieser Welt führt und der zweite Pfad in dieser Welt beginnt und von unten nach Oben dieselben Stufen erklimmt, die der erste Pfad während seines Abstiegs von der Wurzel von Oben nach unten gebildet hat.

Der erste Pfad heißt in der Sprache der Kabbala „die Reihenfolge des Abstiegs der Welten, *Parzufim* und *Sefirot*", seien sie konstant oder veränderlich. Der zweite Pfad heißt in der Kabbala „die Erkenntnis oder Stufen der Prophezeiung und des Höheren Lichts".

Jener Mensch, der der Höchsten Kraft würdig wird, muss demselben Weg von unten nach Oben folgen, indem er nach und nach jedes Detail und jede Stufe erkennt – in völliger Übereinstimmung mit den Gesetzen, die bei dem Abstieg der Höchsten Kraft von Oben nach unten festgelegt wurden.

Die vollkommene Erkenntnis des Schöpfers findet jedoch nicht so wie bei materiellen Dingen unmittelbar statt, sondern sie tritt in den Empfindungen des Menschen im Verlauf einer bestimmten Zeit hervor, abhängig vom Grad der Korrektur des Erkennenden, bis sich ihm die Vielfalt aller Stufen, die von Oben nach unten geordnet wurden, offenbart. Deren Erkenntnis ist vorbestimmt und findet konsequent statt, eine nach der anderen, und jede folgende Erkenntnis ist höher als die vorherige, sodass sie einer Leiter ähneln und daher als Stufen bezeichnet wurden.

ABSTRAKTE BEZEICHNUNGEN

Viele meinen, dass alle Worte und Begriffe, die in der Wissenschaft der Kabbala benutzt werden, zur Kategorie des Abstrakten gehören, und zwar weil die Kabbala die Verbindung mit dem Schöpfer und spirituelle Welten erforscht, die sich außerhalb von Zeit und Raum befinden, was sogar in der gewagtesten Vorstellung nicht erfassbar ist. Daher beschließen sie, dass alles, was zur spirituellen Kategorie gehört, selbstverständlich rein abstrakte Namen sind oder noch erhabenere und verschlossenere Begriffe als abstrakte Namen, die sogar von ihren angeblichen Wurzeln vollkommen losgelöst sind.

Das ist jedoch nicht wahr, sondern ganz im Gegenteil: Die Kabbala benutzt keine anderen Namen und Bezeichnungen als diejenigen, die real und greifbar sind. Dies ist ein eisernes Gesetz aller Weisen der Kabbala: **„Alles, was wir nicht erfassen, können wir nicht beim Namen nennen oder mit Worten definieren."**

Und hier musst du verstehen, dass das Wort „Erkenntnis" die letzte Stufe des Verständnisses bedeutet. Das resultiert aus dem Ausspruch: „Und deine Hand wird erfassen" (Hebr. Ki Tasig Jadcha). Das heißt: Solange keine absolut klare Einsicht erreicht ist, so als würde man sie mit den Händen fassen können, bezeichnen die Kabbalisten sie nicht als Erkenntnis, sondern geben ihr andere Bezeichnungen wie Verständnis, Wissen usw.

ECHTHEIT DER WISSENSCHAFT DER KABBALA

Aber auch in unserer materiellen Wirklichkeit, die sich uns in unseren Empfindungen offenbart, existieren ebenfalls reale Dinge, deren Wesen wir noch nicht einmal mithilfe unserer Vorstellungskraft erkennen können, wie zum Beispiel solche Erscheinungen wie Elektrizität und Magnetismus, die als „Ströme" bezeichnet werden.

Wer kann behaupten, dass sie nicht real sind, während wir zu unserer vollkommenen Zufriedenheit ihre Funktionalität erkennen und es uns gleichgültig ist, dass wir eigentlich keinerlei Erkenntnis von deren Wesen haben, wie zum Beispiel vom Wesen der Elektrizität.

Aber diese Bezeichnung ist so real und uns so nah, dass der Begriff „Elektrizität" sogar kleinen Kindern genauso geläufig ist wie die Bezeichnungen „Brot", „Zucker" usw.

Und mehr als das: Wenn du dich in Erkenntnis ein wenig üben wolltest, würde ich dir sagen, dass in dem Maß, in dem wir nicht fähig sind, das Wesen des Schöpfers zu begreifen, wir genauso wenig fähig sind, das Wesen der von Ihm hervorgebrachten Schöpfungen zu begreifen. Und sogar die materiellen Dinge, die wir mit Händen anfassen können, und unsere ganzen Beziehungen zu Freunden und Verwandten in der Welt der Tat, die vor uns liegt, sind nichts anderes als ein „Umgang mit Handlungen", der durch ihr Zusammenwirken mit unseren Sinnesorganen erzeugt wird. Und das stellt uns vollkommen zufrieden, obwohl wir keine Vorstellung von ihrem Wesen bekommen.

Darüber hinaus bist du nicht einmal fähig, das Wesen deiner selbst zu begreifen, und alles, was du von dir und über dich weißt, ist nichts weiter als der Ablauf der Handlungen, die aus deinem Wesen hervorgehen.

Nun wirst du leicht verstehen, dass alle Bezeichnungen und Begriffe, die wir in den kabbalistischen Büchern antreffen, ebenfalls real und greifbar sind, ungeachtet der Tatsache, dass wir keinerlei Erkenntnis von deren Wesen haben, weil sich nämlich bei den Lernenden das Gefühl der vollkommenen Befriedigung vom vollen und vollendeten Wissen einstellt, obwohl es hierbei lediglich um einen Umgang mit den Handlungen geht, der sich als Ergebnis des Zusammenwirkens des Höheren Lichts und des das Licht erkennenden Menschen entfaltet.

Aber das reicht vollkommen aus, da das Gesetz existiert: „Alles, was von Seiner Lenkung bestimmt wird und von Ihm ausgeht, wird, sobald es die Wirklichkeit der Natur der Geschöpfe erreicht, von ihnen als eine volle Befriedigung wahrgenommen". Ähnlich wie der Mensch keinen Bedarf an einem sechsten Finger verspürt, weil ihm fünf Finger vollkommen genügen.

MATERIELLE WERTE UND BEZEICHNUNGEN VON KÖRPERTEILEN, DIE IN BÜCHERN DER KABBALA ANZUTREFFEN SIND

Jeder klar denkende Mensch erkennt, dass dort, wo die Rede von Spiritualität – und nicht zu vergessen – vom Göttlichen ist, es keine Buchstaben und keine Worte gibt, um sie auszudrücken. Denn unser ganzer Wortschatz ist nichts anderes als die Verbindung von Buchstaben, unserer Einbildung und der Empfindungen unserer Sinnesorgane. Und wie kann man sich dort darauf verlassen, wo es weder Platz für die Einbildung noch für die Empfindungen unserer Sinnesorgane gibt?

Selbst wenn man die feinsten Worte nimmt, welche man in diesen Fällen benutzen kann, zum Beispiel die Worte „Höheres Licht" oder „Einfaches Licht", so sind diese dennoch Begriffe aus der Phantasie, da sie das Ergebnis der Analogie mit dem Licht der Sonne oder einer Kerze sind oder mit dem „hellen" Gefühl der Befriedigung verglichen werden, welches beim Menschen bei der Auflösung eines ihn quälenden Zweifels entsteht. Wie kann man davon bei der Beschreibung der Spiritualität und der Göttlichen Vorsehung Gebrauch machen? Sie würde zu nichts anderem als zu Lüge und Betrug der Studierenden führen.

Umso schwieriger ist es dann, wenn wir mit diesen Worten ein genaues Wissen, das im Laufe der mündlichen Überlieferung erlangt wurde, überbringen müssen, denn so ist es in den Erforschungen dieser Wissenschaft üblich, und der Kabbalist muss sich absolut genauer Definitionen bedienen, um diese an die Erkennenden zu vermitteln. Und wenn der Weise nur in einem einzigen misslungenen Wort versagt, verursacht er dadurch Verwirrung der Kenntnisse bei den Studierenden, und sie werden nicht verstehen, was er sagt, weder das vor und nach diesem Wort Gesagte, noch das, was mit diesem Wort in Verbindung steht. Dies ist allen, die kabbalistische Bücher aufmerksam lesen, bekannt.

Und stell dir die Frage: Wie könnten Kabbalisten mit diesen lügnerischen Worten die Verbindungen in der Kabbala erklären? Denn wie bekannt ist, gibt es keine Definition durch falsche Namen, da Lügen kurze Beine haben und ihnen die Basis fehlt.

Bevor wir voranschreiten, müssen wir also das Gesetz von Wurzel und Zweig studieren, welches die Verhältnisse zwischen den Welten bestimmt.

DAS GESETZ VON WURZEL UND ZWEIG IN BEZUG AUF DIE WELTEN

Die Weisen der Kabbala haben festgestellt, dass die vier Welten, die von Oben nach unten als *Azilut*, *Brija*, *Yezira* und *Assija* bezeichnet werden, beginnend mit der höchsten von ihnen, der Welt *Azilut*, bis hin zu unserer greifbaren körperlichen Welt *Assija*, in ihrer Form einander in allen Details und Geschehnissen gleichen. Das heißt, dass die ganze Wirklichkeit und all ihre Erscheinungsformen, die in der ersten Welt existieren, auch in der zweiten, der darunter befindlichen, niedrigeren Welt vorkommen, ohne irgendwelche Abweichungen. Und so ist es in allen folgenden Welten, bis hin zur unseren, der von uns empfundenen Welt.

Und es gibt keine Unterschiede zwischen den Welten – außer in der Qualität des Materials der Erscheinungen der Realität, was eben auch die Höhe jeder der Welten bestimmt, sodass das Material der Erscheinungen der Wirklichkeit der ersten, höchsten Welt am „feinsten" im Vergleich zu allen niedrigeren ist. Und das Material der Erscheinungen der Wirklichkeit der zweiten Welt ist „gröber" als das Baumaterial der ersten Welt, aber feiner als das aller im Verhältnis zu ihr niedrigeren Stufen.

Und diese Abstufung wird beibehalten, bis hin zu unserer Welt, in der die Materie der Erscheinungsformen der Wirklichkeit gröber und „dunkler" ist als in allen ihr vorangehenden Welten. Zugleich sind die Erscheinungsformen der Wirklichkeit in allen Welten konstant und gleichen sich in allen Einzelheiten, sowohl in der Qualität als auch in der Quantität, ohne Unterschied.

Das kann man mit einem Stempel und seinem Abdruck vergleichen, wenn die kleinsten Formen vom Stempel in sämtlichen Details und in Genauigkeit auf das von ihm Abgedruckte übergehen. Genauso ist es mit den Welten: Jede niedere Welt ist ein Abdruck der verhältnismäßig höheren Welt. Und alle Formen, die in der höheren Welt existieren, werden sowohl qualitativ als auch quantitativ in der unteren Welt abgedruckt.

Also gibt es in der unteren Welt kein einziges Detail der Wirklichkeit oder deren Erscheinung, für welches es nicht ein Muster in der höheren Welt gäbe, und welche sich wie zwei Tropfen Wasser vollkommen gleichen würden. Das heißt *„Wurzel und Zweig"* und bedeutet, dass die in der unteren Welt befindliche Ausprägung als „Zweig" des in der oberen Welt befindlichen Musters bezeichnet wird, das gleichsam die „Wurzel" der unteren Ausprägung ist, weil diese Ausprägung der höheren Welt entspringt und in der unteren abgedruckt wird.

Das meinten die Weisen, wenn sie schrieben, dass „es keinen einzigen Grashalm unten gibt, welcher kein Schicksal und keinen Aufseher Oben hätte, der ihn schlagen und dabei sagen würde: Wachse!" Das heißt, dass die Wurzel, die „Schicksal" genannt wird, ihn dazu zwingt, qualitativ sowie quantitativ zu wachsen, indem der Grashalm sich die Eigenschaften aneignet, die für den Abdruck des Stempels charakteristisch sind. Das ist das Gesetz von Wurzel und Zweig, welches in jeder Welt gültig ist, in allen Erscheinungsformen der Realität in Bezug auf die jeweils höhere Welt.

DIE SPRACHE DER KABBALISTEN IST DIE *SPRACHE DER ZWEIGE*

Das bedeutet, dass die Zweige aufgrund der Anweisungen von Wurzeln, die deren Muster sind und unbedingt in der höheren Welt existieren, erschaffen wurden. Denn es gibt nichts in der niederen Welt, das nicht seinen Anfang in der jeweils höchsten Welt nehmen und nicht daraus resultieren würde, ähnlich wie ein Abdruck die Form des Stempels wiederholt. Die Wurzel, die sich in der höheren Welt befindet, zwingt den entsprechenden Zweig in der niederen Welt dazu, ihre Form und ihre Eigenschaften anzunehmen. So schrieben die Weisen: „Das Schicksal aus der höheren Welt, welches für den Grashalm in der niederen Welt bestimmt ist, schlägt diesen Grashalm und zwingt ihn dabei, entsprechend seiner Bestimmung zu wachsen." Und dementsprechend spiegelt jeder Zweig in dieser Welt genau das Muster wieder, welches sich in der höheren Welt befindet.

So fanden die Weisen der Kabbala für ihre Zwecke einen breiten beeindruckenden Wortschatz, der für die Umgangssprache vollkommen ausreicht, weil er es ihnen erlaubt, miteinander über die spirituellen Wurzeln der höheren Welten zu sprechen, indem sie einfach untereinander die Bezeichnung des niederen Zweiges erwähnen, der unseren Empfindungen dieser Welt genau bekannt ist.

Dies erlaubt es dem Zuhörer, die höhere Wurzel, auf die der Zweig zeigt, zu verstehen, weil dieser materielle Zweig klar darauf verweist, da er im Grunde ein Abdruck dieser Wurzel ist. So liefert uns jedes Objekt der von uns wahrgenommenen Welt samt allen seinen Erscheinungsformen eine genaue Bezeichnung und Definition, die auf die höheren spirituellen Wurzeln verweisen, obwohl es nicht möglich ist, die Wurzel selbst mit einem Wort oder einem Laut auszudrücken, weil sie sich jenseits jeglicher Vorstellungskraft befindet. Dank der Existenz der Zweige, die der Wahrnehmung unserer Welt zugänglich sind, hat jedoch die verbale Artikulation der höchsten Wurzeln ein Existenzrecht erlangt.

So ist das Wesen der Umgangssprache der Kabbalisten, mit deren Hilfe ihre höchsten Erkenntnisse von einem zum anderen, von Generation zu Generation, mündlich und schriftlich weiter gereicht werden. Und das gegenseitige Verständnis ist vollkommen ausreichend, weil diese Sprache über einen solchen Grad der Genauigkeit verfügt, wie es für die Kommunikation und die Forschungen im Bereich dieser Wissenschaft notwendig ist. Das heißt, dass ein sehr exakter Rahmen erschaffen wurde, der es nicht erlaubt, sich zu irren, weil jeder Zweig seine natürliche Definition hat, die nur für ihn charakteristisch ist und deshalb mit absoluter Genauigkeit auf seine spirituelle Wurzel verweist.

Und wisse, dass die *Sprache der Zweige* der Kabbala für die Erklärung der Begriffe dieser Wissenschaft im Vergleich zu allen unseren gewöhnlichen Sprachen, deren Worte durch den gewohnheitsmäßigen Gebrauch verwaschen sind, am bequemsten ist. Wie aus der *Tora* bekannt ist, wird das als Nominalismus bezeichnet. Durch die häufige Verwendung der Worte wird ihre Bedeutung ausgehöhlt, was zur Entstehung großer Schwierigkeiten in der Vermittlung genauer Folgerungen von einem zum anderen sowohl mündlich als auch schriftlich führt.

Dem ist aber in der *Sprache der Zweige* der Kabbala nicht so, die aus Bezeichnungen der Geschöpfe und ihrer Erscheinungsformen zusammengesetzt ist, die sich uns auf bestimmte Weise gemäß den Gesetzen der Natur darstellen und sich niemals verändern. Und man muss nicht befürchten, dass die Zuhörer oder Leser sich im Verständnis des in den Worten eingeschlossenen Sinns irren werden, da die Naturgesetze absolut und unveränderlich sind.

DIE WEITERGABE AUS DEM MUNDE EINES WEISEN KABBALISTEN AN EINEN VERSTEHENDEN EMPFÄNGER

RAMBAM schrieb im Vorwort zu seinem Kommentar der *Tora*: „Und ich schließe darin einen Bund mit jedem, der in dieses Buch blickt, und verkünde, dass niemand, über welchen Verstand er auch verfügen würde, eine von den Andeutungen, mit welchen ich die Geheimnisse der *Tora* beschreibe, verstehen wird, und es werden meine Worte nur aus dem Munde eines weisen Kabbalisten an das Ohr eines verstehenden Empfängers erkannt." Darüber schrieb auch Chaim Vital im Vorwort zum Buch *Baum des Lebens*. Und wie die Weisen schrieben (*Chagiga*, 11): „Man kann Kabbala nicht alleine studieren, außer wenn man weise ist und sie mit seinem eigenen Verstand versteht."

Ihre Worte sind im Bezug darauf verständlich, dass man aus dem Munde eines erkennenden Kabbalisten empfangen soll. Was bedeutet aber die ebenso verpflichtende Bedingung, dass auch noch der Schüler bereits zuvor klug sein muss und selbst verstehen soll? Und wenn dies nicht der Fall ist, so darf man ihn nicht unterrichten, selbst wenn er der größte Gerechte wäre. Wenn er aber bereits so klug ist und selbst versteht, so hat er es nicht nötig, bei anderen zu lernen.

Vereinfacht muss man das von den Weisen oben Gesagte so verstehen, dass alle Worte, die laut von einem Munde ausgesprochen werden, nicht in der Lage sind, das Wesen selbst eines einzigen spirituellen Begriffes aus jenem Göttlichen zu übermitteln, welches sich außerhalb von Zeit, Raum und allem Eingebildeten befindet. Und nur eine besondere Sprache, die speziell dazu bestimmt ist - die „*Sprache der Zweige*" -, ist fähig, die Relationen zwischen Zweigen und ihren spirituellen Wurzeln auszudrücken.

Obwohl diese Sprache jedoch über unvergleichbar mehr Möglichkeiten als jede andere gewöhnliche Sprache in den Erforschungen der Wissenschaft der Kabbala verfügt, kann sie nur von einem gehört werden, der selbst klug ist, das heißt von jemandem, der die Verbindungen zwischen den Wurzeln und den Zweigen kennt und versteht. Denn es ist nicht möglich, diese Verbindungen von unten nach Oben zu verstehen, das heißt, es ist vollkommen unmöglich, bei der Betrachtung von niederen Zweigen eine Analogie zu den höheren Wurzeln zu finden oder sie sich Kraft der Phantasie auszumalen.

Im Gegenteil, der Niedere lernt vom Höheren. Das heißt, er muss zunächst die höheren Wurzeln, deren Zahl im Spirituellen jede Vorstellung übertrifft, erkennen, und zwar wirklich jenseits der Einbildung in reiner Erkenntnis erfassen. Und erst nach der eigenen Erkenntnis der Wurzeln kann er die Zweige ansehen, die er in dieser Welt wahrnimmt, und die ganze Komplexität, Qualität und Quantität der Zusammenhänge zwischen jedem Zweig und seiner Wurzel verstehen.

Und erst, nachdem er all das weiß und gut versteht, gibt es eine gemeinsame Sprache zwischen ihm und seinem Lehrer, nämlich die Sprache der Zweige. Mit deren Hilfe ist der weise Kabbalist in der Lage, ihm alle Erkenntnisse der Weisheit und sein Wissen über das Geschehen in den höchsten spirituellen Welten zu vermitteln, sowohl das, was er von seinen Lehrern empfangen hat, als auch das, was er selbst erkannt hat, denn nun haben sie eine gemeinsame Sprache und verstehen einander.

Wenn aber der Schüler noch unzureichend klug ist und diese Sprache noch nicht versteht, dass heißt, wenn er nicht versteht, wie die Zweige auf ihre Wurzeln verweisen, so ist klar, dass sein Lehrer keine Möglichkeit hat, ihm auch nur ein Wort aus dieser spirituellen Weisheit zu erklären. Und es ist nicht möglich, mit ihm über die Erforschungen der Kabbala zu sprechen, weil die beiden keine gemeinsame Sprache haben und sie beide sprachlos sind. Das heißt, es gibt keinen anderen Weg, die Kenntnisse der Kabbala zu vermitteln, als an jemanden, der bereits selbst Wissen und Verstand besitzt.

Es entsteht jedoch eine weitere Frage: Wie soll der Schüler dementsprechend selbstständig die Weisheit erlangen und die Relationen zwischen Wurzel und Zweig begreifen, wenn er bislang erst danach strebt, die höheren Wurzeln zu erkennen? Die Antwort ist wie folgt: Die Rettung wird zu einem Menschen kommen, wenn er der Hilfe des Schöpfers bedürfen wird. Und derjenige, der in Seinen Augen Gnade findet, erfüllt sich mit Ihm, indem er sich mit eben jenem Licht *Chochma*, *Bina* und *Daat* erfüllt, während er das Höhere erkennt. Es ist unmöglich, hier mit etwas Irdischem zu helfen. Erst nachdem er der Gnade des Schöpfers und der höchsten Erkenntnis gewürdigt wird, kann er die grenzenlose Weisheit der Kabbala aus dem Munde eines wissenden Kabbalisten erhalten, weil sie nun eine gemeinsame Sprache haben.

BEZEICHNUNGEN, DIE DEM MENSCHLICHEN GEIST FREMD SIND

Das oben Gesagte in Betracht ziehend, muss man verstehen, warum in Büchern der Kabbala manchmal Termini und Bezeichnungen anzutreffen sind, die dem Geist eines Menschen vollkommen fremd sind. Am häufigsten wiederholen sie sich in grundlegenden Büchern der Kabbala wie im *Sohar* und in dessen Ergänzungen sowie in den Büchern von *ARI*. Und es ist verwunderlich: Warum benutzten die Weisen solch niedere Termini, um so erhabene und heilige Ideen auszudrücken?

Nachdem man sich jedoch diese Kenntnisse angeeignet hat, die oben angeführt wurden, wird der Kern der Dinge klar. Es stellt sich nämlich heraus, dass es vollkommen unmöglich ist, sich zur Erklärung dieser Wissenschaft einer anderen Sprache der Welt zu bedienen, außer der besonderen „*Sprache der Zweige*", die speziell dafür bestimmt ist und ihren höheren Wurzeln entspricht. Daher ist es unmöglich, auf jeglichen Zweig oder dessen Äußerung aufgrund seines niederen Niveaus zu verzichten, und ihn nicht zur Beschreibung von Verbindungen in der Kabbala zu benutzen, weil in unserer Welt kein anderer Zweig existiert, den man stattdessen nehmen könnte.

Wie es keine zwei Härchen gibt, die sich von einer Wurzel ernähren, gibt es auch bei uns keine zwei Zweige, die zu einer Wurzel gehören. Und wenn man auf die Verwendung einer bestimmten Bezeichnung verzichten würde, würden wir nicht nur den ihr entsprechenden Begriff aus der höheren spirituellen Welt verlieren, weil es kein anderes Wort im Austausch für sie gibt, welches fähig wäre, sie in der Beschreibung dieser Wurzel zu ersetzen, sondern würden auch der gesamten Wissenschaft als Ganzes einen Schaden zufügen. Denn auf diese Weise würde ein Bindeglied aus der Gesamtkette der Wissenschaft herausfallen.

Deswegen würde der ganzen Wissenschaft ein Schaden zugefügt werden, weil es keine andere Wissenschaft in der Welt gibt, deren Komponenten nach dem Gesetz von Ursache und Wirkung so eng miteinander verflochten und verbunden sind wie die Wissenschaft der Kabbala, die tatsächlich von Anfang bis Ende wie eine lange Kette verbunden ist. Wenn auch nur eine kleine Kenntnis vor uns verborgen ist, verdunkelt sich die ganze Weisheit, weil alle ihre Teile so miteinander verflochten sind, dass sie zu einem Ganzen verschmelzen.

Jetzt sollte die Benutzung unangemessener fremder Bezeichnungen nicht verwundern, weil es keine Freiheit in ihrer Wahl gibt, und man kann nicht die eine durch eine schlechte und eine schlechte durch eine gute ersetzen. Man muss immer exakt, gemäß der Notwendigkeit, den Zweig oder die Erscheinung auswählen, die auf ihre höheren Wurzeln verweisen, in dem Maße, wie es für die Sache notwendig ist. Man ist auch verpflichtet, eine ausführliche Deutung zu liefern, indem man eine exakte Definition formuliert, die für das Verständnis der Studierenden ausreicht.

Die Lehre der Kabbala und deren Wesen

Rav Yehuda Ashlag

WAS IST DIE WISSENSCHAFT DER KABBALA?

Im Grunde stellt die Wissenschaft der Kabbala die Offenbarung des Schöpfers auf allen Wegen, in allen Seinen Eigenschaften und Erscheinungsformen, die in den Welten in Erscheinung treten und die noch in der Zukunft in Erscheinung treten müssen, und mit allen Mitteln, die man nur je zur Entdeckung (von Ihm) in den Welten anwenden kann, bis zum Ende aller Generationen dar.

DAS SCHÖPFUNGSZIEL

So, wie es keinen Arbeiter gibt, der ohne ein Ziel arbeitet, so hatte zweifellos auch der Schöpfer ein Ziel bezüglich der Schöpfung, die sich vor uns erstreckt. Und von all der existierenden Vielfalt dieser Wirklichkeit, ist die Empfindungwelche der Tierwelt eigen ist, von besonderer Bedeutung, damit jedes Tier sich existierend fühlt, und die wichtigste aller Empfindungen ist die Empfindung der Vernunft, die ausschließlich dem Menschen gegeben ist, dank welcher er auch die Leiden und Sorgen seines Nächsten fühlt. Und wenn dem so ist, dann ist es auch natürlich, wenn der Schöpfer schon über ein Ziel für diese Schöpfung verfügt, dessen Objekt der Mensch ist. Und **von ihm heißt es**: „Alles, was der Schöpfer tat, ist für ihn."

Doch noch immer bleibt zu klären, zu welchem Zweck der Schöpfer all diese Schwere schuf. Um das Geschöpf auf eine bedeutendere und wichtigere Stufe zu erheben, damit es den Schöpfer genauso wahrnehmen kann wie bei der menschlichen Empfindung, die ihm bereits eigen ist. Und im gleichen Maße, wie es den Wunsch seines Freundes kennt und fühlt, könnte es auch die Wege des Schöpfers erlernen, wie es bei *Moshe Rabeinu* (Moses) heißt: „Und der Schöpfer sprach mit Moses von Angesicht zu Angesicht, genauso wie ein Mensch mit seinem Freund spricht."

Und jeder Mensch kann wie Moses sein. Und zweifellos wird jeder, der die Entwicklung der Schöpfung betrachtet, die vor uns liegt, jenen riesigen Genuss eines Arbeitenden begreifen und klar verstehen, dessen Wirkung sich zu solch einem

Grade entwickelt, dass ihm jene wundervolle Empfindung gewährt wird, wenn er mit dem Schöpfer studieren und sich mit Ihm beschäftigen kann, genauso wie ein Mensch mit seinem Freund spricht.

VON OBEN NACH UNTEN

Bekanntlich wohnt der Abschluss der Handlung dem ursprünglichen Plan inne, genauso wie ein Mensch – bevor er beginnt, darüber nachzudenken, wie er ein Haus bauen soll – sich gedanklich eine Wohnung in diesem Haus ausmalt, welche eben sein Ziel ist. Und danach studiert er den Bauplan, damit dieses Ziel erfolgreich erreicht werden kann.

Genauso bei uns: Nachdem uns das Ziel klar wurde, wird uns damit einher erklärt, dass die ganze Reihenfolge der Schöpfung in allen ihren Erscheinungsformen von vornherein und nur gemäß diesem Ziel bestimmt ist, dem entsprechend sich die Menschheit entwickeln und in ihren Eigenschaften nach oben aufsteigen wird, so weit, bis sie schließlich fähig wird, den Schöpfer genauso zu verspüren wie sie den Nächsten spürt.

Und diese Eigenschaften sind wie Stufen einer Leiter. Sie sind zahlreich, und der Mensch erklimmt sie, indem er eine nach der anderen überwindet, bis er schließlich sein Ziel erreicht. Und wisse, dass die Anzahl und die Qualität dieser Stufen durch zwei Wirklichkeiten definiert werden:

1. die Wirklichkeit der Materie und
2. die Wirklichkeit der spirituellen Vernunft.

In der Sprache der Kabbala heißen sie „**von Oben nach unten**" und „**von unten nach Oben**", das heißt: Die Wirklichkeit der Materie ist die Reihenfolge der Enthüllung des Lichts des Schöpfers von **Oben nach unten**, ausgehend von der Urquelle, die das Maß und die Qualität des Lichts bestimmt, welches aus dem Wesen des Schöpfers resultiert. Dieses Licht durchläuft Verhüllungen, eine nach der anderen, bis daraus schließlich die materielle Wirklichkeit und materielle Geschöpfe entstehen.

VON UNTEN NACH OBEN

Danach beginnt die Reihenfolge **von unten nach Oben**, welche die Stufen der Leiter darstellt, entsprechend welcher sich die Menschheit entwickelt, indem sie diese erklimmt und aufsteigt, bis sie das Schöpfungsziel erreicht. Und diese zwei Wirklichkeiten werden in allen ihren partikulären Erscheinungsformen und Einzelheiten in der Wissenschaft der Kabbala erforscht.

DIE PFLICHT, DIE WISSENSCHAFT DER KABBALA ZU STUDIEREN

Gegner könnten sagen, dass, wenn dem so sei, diese ganze Wissenschaft für diejenigen bestimmt sei, die bereits einer gewissen Stufe der Offenbarung des Schöpfers würdig wurden. Und welche Verpflichtung und welchen Bedarf kann die Mehrheit des Volkes am Studium dieser erhabenen Wissenschaft haben?

Doch im Volk existiert eine allgemeine Meinung, dass das Wesen der *Tora* und der Religion lediglich in der Richtigkeit der Handlung besteht, und alles Erwünschte nur von der Ausführung praktischer Geboten abhängt, ohne jegliche zusätzliche Dinge, die sie begleiten oder daraus resultieren. Und wenn es so stünde, dann wären natürlich diejenigen im Recht, die sagen, dass ihnen das Studium des offenen Teils der *Tora*, dessen, was die Tat (die Praxis) angeht, allein ausreicht.

In Wirklichkeit ist das nicht so. Die Weisen sagten bereits: „Was für einen Unterschied macht es für den Schöpfer, wie das Opfertier geschlachtet wird – vom Hinterkopf oder vom Hals? Denn Gebote sind zu keinem anderen Zweck gegeben, als die Geschöpfe durch sie zu reinigen." Es gibt ein Ziel außer der Einhaltung der Gebote, und Handlungen sind lediglich eine Vorbereitung auf die Erreichung dieses Ziels. Und wenn dem so ist, dann gilt natürlich, dass, wenn Handlungen nicht auf die Erreichung des erwünschten Ziels ausgerichtet sind, es so ist, als hätte [die Person] nichts gemacht. Und daher steht im *Sohar*: „Ein Gebot ohne eine Absicht ist wie ein Körper ohne Seele." Darum muss die Handlung von einer Absicht begleitet werden.

Und es ist ebenfalls klar, dass die Absicht der Handlung wahrhaftig und der Handlung würdig sein muss, wie die Weisen das Gesagte erklärten: „Ich werde euch von anderen Völkern trennen und mir weihen, damit diese Trennung in Meinem Namen wäre. Damit ein Mensch nicht sagen würde, dass man kein Schweinefleisch essen kann, sondern damit er sagen würde, dass man ja kann, aber was soll ich tun, der Schöpfer hat mir befohlen". Denn wenn jemand sich aus Abscheu vor der Unreinheit des Schweinefleisches weigert, dieses zu verzehren, so wird eine solche Absicht ihm nicht dabei helfen, als jemand zu gelten, der das Gebot erfüllt hat. Und so ist es bei jedem Gebot, und erst dann wird [der Mensch] durch die Erfüllung von Geboten gereinigt, was das geforderte Ziel ist.

Deswegen reicht es nicht aus, die Ausführung von **körperlichen Handlungen** zu studieren; wir müssen das studieren, was uns zu einer **wünschenswerten Absicht** bringt, um alles mit dem Glauben an die *Tora* und den Geber der *Tora* zu erfüllen, denn es gibt ein Gericht, und es gibt einen Richter.

Und nur ein Narr wird nicht verstehen, dass der Glaube an die *Tora*, die Belohnung und die Bestrafung, welche ein wundervolles Mittel dieser großen Sache darstellen, ein seriöses Studium entsprechender Bücher voraussetzen. Somit ist noch vor der Handlung ein Studium notwendig, welches dem Körper dabei helfen wird, Glauben an den Schöpfer, Seine *Tora* und Seine Lenkung zu erlangen. Und darüber heißt es: „Ich schuf den *Bösen Trieb*; Ich schuf ihm die *Tora* als Gewürz." Denn es heißt nicht: „Ich schuf ihm die *Mizwot* (Gebote) als Gewürz", da „Deine Bürgschaft Bürgen bedarf", und der *Böse Trieb*, der das Joch von sich abwerfen will, wird es nicht erlauben, Gebote zu erfüllen.

TORA ALS EIN GEWÜRZ

Die *Tora* ist das einzige Gewürz, welches fähig ist, den *Bösen Trieb* zu annullieren und ihn zu unterwerfen, wie es geschrieben steht: „Ihr Licht führt an die Quelle zurück."

DIE MEISTEN WORTE DER *TORA* MÜSSEN TIEFGRÜNDIG ERGRÜNDET WERDEN

Dadurch wird erklärt, warum in der *Tora* so ausführlich diejenigen Teile dargelegt sind, welche nicht die Tat betreffen, sondern lediglich zum vertieften Studium bestimmt sind, das heißt, das Vorwort *Maase Bereshit* (die Urtat [der Schöpfung]), welches das ganze Buch *Bereshit* (Genesis) umfasst, sowie das Buch *Shmot* (Exodus) und noch vieles andere – sowie natürlich nicht zu vergessen die *Agadot* (Erzählungen) und *Midrashim* (Gleichnisse). Mithilfe des Lichts, welches in ihnen enthalten ist, wird sich der Körper reinigen, wird der *Böse Trieb* besiegt werden und der Mensch wird zum Glauben an die *Tora*, an Belohnung und Strafe gelangen, was die erste Stufe in der Ausführung der Arbeit ist.

DIE *MIZWA* IST EINE KERZE, DIE *TORA* – DAS LICHT

Wie es geschrieben steht: „Die *Mizwa* (Gebot) ist eine Kerze, und die *Tora* – das Licht" – was einem Menschen gleicht, der Kerzen hat, aber kein Licht, um diese anzuzünden, und daher sitzt er im Dunkeln, wie auch einer, der Gebote hat, aber keine *Tora*, im Dunkeln sitzt, weil die *Tora* das anzündende Licht ist, welches das Dunkel des Körpers erleuchtet.

NICHT ALLE TEILE DER *TORA* SIND HINSICHTLICH DES IN IHNEN ENTHALTENEN LICHTS GLEICH

Wenn man die *Tora* als ein wundersames Mittel betrachtet, hinsichtlich des darin enthaltenen **Lichts**, dann muss man sie in Stufen unterteilen, gemäß dem Licht, welches **der Mensch empfangen kann**, während er die *Tora* studiert – besonders dann, wenn der Mensch nachdenkt und in der *Tora* das studiert, was mit der Offenbarung des Schöpfers gegenüber unseren Vorvätern u. Ä. in Verbindung steht, denn das bringt dem Studierenden ein größeres **Licht**, weil er praktische Handlungen studiert, und diese sind am wichtigsten.

Doch hinsichtlich des Lichts ist zweifellos die Offenbarung des Schöpfers unseren Vorvätern gegenüber noch wichtiger. Und das ist allen bekannt, die mit dem Herzen streben, die versuchen, das **Licht** aus der *Tora* zu erbitten und zu empfangen.

DIE PFLICHT UND DIE WEGE ZUR VERBREITUNG DER WISSENSCHAFT

Da die ganze Wissenschaft der Kabbala vom Geheimnis der Offenbarung des Schöpfers berichtet, ist selbstverständlich, dass es keine andere Wissenschaft gibt, die ihr in ihrer Wichtigkeit und ihrem Erfolg gleichkommen könnte. Und die Absicht der Weisen der *Tora* bestand darin, ein System der Erkenntnis zu kreieren, welches sich dazu eignet, sich damit zu beschäftigen. Sie taten das insgeheim (aus bekannten Gründen wurde beschlossen, die Kabbala zu verbergen), doch dies musste nur eine bestimmte Zeit andauern, und nicht immer, wie es im *Sohar* heißt: „Und die Weisheit der Kabbala wird sich am Ende der Tage offenbaren, auch den Kindern."

Aus dem, was wir gesagt haben, folgt, dass diese Wissenschaft nicht auf die Sprache der Kabbala beschränkt ist, weil ihr Prinzip das spirituelle Licht ist, welches vom Wesen des Schöpfers ausgeht und sich im Geheimnis des Gesagten offenbart: „Und Er wird Blitze senden, und sie werden sich vor dich stellen und dir sagen: Hier bin Ich." Das heißt auf zwei Wegen: **Von Oben nach unten und von unten nach Oben**.

Und alle diese Begriffe und Stufen finden Ausdruck und verbreiten sich durch eine Sprache, die ihnen entspricht, wobei sie tatsächlich das Wesen der Geschöpfe und ihres Verhaltens in dieser Welt darstellen – der Welt der Zweige, denn „es gibt keinen Grashalm auf der Erde, über welchem kein Engel vom Himmel stehen würde, der ihn schlagen und ihm befehlen würde: Wachse!". Das heißt: Die Welten treten hervor und bilden einander ab, gleich einem Stempel mit dessen Abdruck; und alles, was es in einer von ihnen gibt, existiert auch in der anderen, und so bis hin zur materiellen Welt, die deren letzter Zweig ist, aber die Höhere Welt in Form eines Stempelabdrucks enthält.

Auf diese Weise wird das Verständnis erleichtert, dadurch, dass man von den Höheren Welten nur entsprechend ihren materiellen, niederen Zweigen sprechen kann, die von ihnen ausgehen, oder deren Verhalten studieren, welches in der Sprache der Heiligen Schrift beschrieben wurde; oder gemäß äußeren Wissenschaften oder aber in Übereinstimmung mit den Geschöpfen, wobei das die Sprache der Kabbalisten ist, oder auch gemäß abgesprochenen Bezeichnungen, wie dies in der Kabbala der *Geonim* seit den Zeiten der Verhüllung des Buches *Sohar* üblich ist.

Dabei stellt sich heraus, dass die Offenbarung des Schöpfers keine einmalige Handlung ist, sondern eine schrittweise Enthüllung aller riesigen Stufen im Verlauf eines dazu ausreichenden Zeitraums, von Oben nach unten und von unten nach Oben. Und am Ende einer jeden Stufe offenbart sich der Schöpfer. Das gleicht einem Kenner aller Länder und Geschöpfe dieser Welt, der nicht sagen kann, dass ihm die ganze Welt enthüllt ist, bevor er nicht das Studium eines letzten Landes und eines letzten Geschöpfes abgeschlossen hat. Und bevor er das nicht erreicht hat, hat er immer noch nicht die ganze Welt erkannt. So findet auch die Erkenntnis des Schöpfers auf Wegen statt, die von vornherein bestimmt wurden, und jeder Bittende ist verpflichtet, diese Wege zu erkennen, beides, in den Höheren Welten und in den niederen. Dabei ist es klar, dass die Höheren Welten darin grundlegend sind, aber auf einen Schlag erkannt werden, weil sie keinerlei Unterschiede in den Eigenschaften haben, sondern lediglich im Material, sodass das Material einer

Höheren Welt feiner und reiner ist. Die Formen aber sind Abdrücke der einen von der anderen, und das, was sich in der Höheren Welt befindet, ist unbedingt in jeder in Bezug dazu niedrigeren Welt vorhanden, weil die niedere einen Abdruck von ihr darstellt. Und wisse, dass diese Wirklichkeiten sowie deren Verhalten, welches der um den Schöpfer Bittende erkennt, eben als Stufen bezeichnet werden und in der Erkenntnis eine über der anderen positioniert sind – wie die Stufen einer Leiter.

AUSDRÜCKE IM SPIRITUELLEN

Das Spirituelle besitzt keinerlei Gestalt, und es gibt daher keinerlei Zeichen, derer man sich bedienen könnte. Und sogar wenn davon allgemein gesagt wird, dass es ein einfaches Licht ist, welches hinabsteigt und von den Studierenden herangezogen wird, bis es sich schließlich in ihn "kleidet" und durch ihn in einem Maße erkannt wird, welches zur Offenbarung des Schöpfers ausreichend ist, so ist das lediglich die Sprache von Allegorien und Gleichnissen, denn alles, was in der spirituellen Welt als Licht bezeichnet wird, gleicht keinesfalls dem Licht der Sonne oder einer Kerze.

Das, was wir in der spirituellen Welt als Licht bezeichnen, wird nach einem Beispiel benannt, welches vom menschlichen Verstand diktiert wird – es gleicht der Fülle des Lichts und der Genüsse im ganzen Körper des Menschen, wenn seine Zweifel gelöst werden. Daher sagen wir manchmal: „Das *Licht des Verstandes*", obwohl das nicht wahr ist. Das Licht leuchtet in Teilen der Materie des Körpers, welche sich nicht zum Empfangen des Lichts eignet, und daher ist dieses Licht natürlich kleiner als der Verstand, weswegen diese niederen und unbedeutenden Organe es empfangen und erkennen können.

Um zugleich dem Verstand einen Namen geben zu können, verleihen wir ihm eben diese Bezeichnung: *„Licht des Verstandes"*, und genauso bezeichnen wir Details der Realität der Höheren Welten als Licht, weil es dem Erkennenden die Fülle des Lichts und der Wonne für den ganzen Körper bringt, vom Kopf bis zu den Füßen. Und daher können wir dem Erkennenden die Bezeichnung *„Verhüllung"* geben, wie der dieses Licht „Einhüllende".

Und man muss es sich nicht mit der Frage schwer machen: Wäre es nicht einfacher, Bezeichnungen zu geben, die dem Verstand verständlich sind, solche, wie „das Studium", „die Erkenntnis", oder Ausdrücke, welche die Erscheinungen des theoretischen Verstandes klarer machen? Es ist jedoch so, dass die Erscheinungen des Verstandes keinerlei Gestalten haben, weil der Verstand ein einzelner, besonderer Zweig unter allen Teilen der Wirklichkeit ist, und daher hat er besondere Äußerungswege, während das, was sich auf den Stufen befindet, alle Teile der Welt umfasst und in sich einschließt.

Und jeder Teil hat einen Weg, der sich von den anderen unterscheidet. Im Großteil der Fälle findet die Erkenntnis von jemandem, der auf einer spirituellen Stufe steht, genauso statt, wie in dem Fall mit dem Körper: Wenn man irgendein Sein erkennt, erkennt man es vollkommen, vom Anfang bis zum Ende.

Wenn man nach dem Gesetz des theoretischen Verstandes urteilt, können wir sagen, dass der Mensch alles erkannt hat, was man in diesem Sein erkennen konnte, sodass er sogar nach tausend Jahren darin nicht um eine Haaresbreite vorankommen wird. Und dennoch sieht der Mensch zu Anfang alles, versteht aber nichts von dem, was er sieht. Doch wegen einer Verzögerung in der Zeit muss er noch viel Zusätzliches erkennen, gleich einem Embryo (*Ibur*), [dem Zustand] der Brustnahrung (*Yenika*), der Erlangung des Verstandes (*Mochin*) und dem sekundären Embryo (*Ibur Bet*).

Dann beginnt er zu fühlen und seine Erkenntnis so zu nutzen wie er will, und dann fügt er tatsächlich nichts mehr der Erkenntnis hinzu, die er zu Anfang erlangte. Sie war seine erste Frucht, die sich noch nicht zum Verzehr eignete, und daher konnte er nichts darin verstehen. Und nun wurde die Reifung abgeschlossen.

Und nun siehst du den großen Unterschied, der zwischen den Wegen der Äußerungen des Verstandes existiert, und daher werden uns die Definitionen, die wir hinsichtlich der Äußerungswege des Verstandes zu nutzen gewohnt sind, nicht ausreichen und wir müssen nur die Wege nutzen, die im Materiellen üblich sind, weil sie sich ihrer Form nach vollkommen gleichen, obwohl sie, gemessen am Ziel, hinsichtlich ihres Materials fern voneinander sind.

DIE VIER SPRACHEN, DIE IN DER WISSENSCHAFT DER KABBALA BENUTZT WERDEN

Die vier Sprachen, die in der Wissenschaft der Kabbala benutzt werden, sind:

1. die Sprache der Heiligen Schrift (des *TaNaCh*) mit all ihren Bezeichnungen und Namen;
2. die Sprache der Gesetze (*Halacha*), die der Sprache der Heiligen Schrift sehr nahe steht;
3. die Sprache der Erzählungen (*Agada*), die der Sprache der Heiligen Schrift (des *TaNaCh*) sehr fern ist, weil sie überhaupt keinen Bezug auf die Wirklichkeit nimmt. In dieser Sprache werden merkwürdige Bezeichnungen und Namen benutzt, die nicht mit dem Gesetz von Wurzel und Zweig übereinstimmen;
4. die Sprache der *Sefirot* und *Parzufim* (Sprache der Kabbala). Die ursprüngliche Absicht der Weisen der Kabbala war es, diese vor den Massen zu verbergen, unter welchen die Meinung verbreitet war, dass die Wissenschaft der Kabbala und *Mussar* (ethische Vorschriften) das Gleiche seien. Daher verbargen die ersten Weisen die Wissenschaft, indem sie in deren Beschreibung solche Bezeichnungen nutzten wie den Punkt, die Linie, das Dach, das Bein etc., was Tausende von Variationen hervorbrachte, die durch die 22 Buchstaben des Alphabets definiert wurden.

DIE SPRACHE DER HEILIGEN SCHRIFT (TANACH)

Die Sprache des TaNaCh ist eine Basis- und Wurzel-Sprache, die sich für deren Zweck sehr gut eignet, weil es in ihr im Großteil der Fälle eine Entsprechung zwischen Zweig und Wurzel gibt und sie zum Verständnis am bequemsten ist. Diese Sprache ist die älteste, und sie ist jene heilige Sprache, die man mit *Adam*, dem ersten Menschen, in Verbindung bringt.

Diese Sprache hat zwei Vorzüge und einen Nachteil. Der erste Vorzug besteht darin, dass sie sogar für Anfänger auf dem Wege der Erkenntnis einfach zu verstehen ist. Ihnen ist alles klar, was für sie notwendig ist. Der zweite Vorzug besteht darin, dass mit ihrer Hilfe die Dinge in Breite und Tiefe besser geklärt werden als mithilfe anderer Sprachen. Und der Mangel dieser Sprache besteht darin, dass man sie unmöglich in Sonderfällen nutzen oder mit ihrer Hilfe Ursachen und Folgen erklären kann, weil man alles in vollem Umfang erklären muss, da es unklar ist, um welches Detail es sich handelt, wenn man sich nicht alles als Ganzes vorstellt. Um daher ein kleineres Detail zu erklären, muss man dazu das ganze Kapitel vorführen, was diese Sprache ungeeignet zur Erklärung kleiner Einzelheiten oder kausaler Verbindungen macht.

Die Sprache der Gebete und der Segenssprüche ist ebenfalls der Sprache des *TaNaCh* entnommen.

SPRACHE DER GESETZE (HALACHA)

Die Sprache der Halacha ist nicht die Sprache der Wirklichkeit, es ist die Sprache der Existenz der Wirklichkeit. Sie ist gänzlich der Heiligen Schrift (*TaNaCh*) entnommen worden, gemäß den dort dargelegten Gesetzen der *Halacha*. Verglichen mit der Schrift (*TaNaCh*) hat sie noch einen Vorzug: Sie erweitert alles sehr stark und zeigt daher genauer die höheren Wurzeln.

Verglichen mit der Sprache des *TaNaCh* hat sie aber einen großen Mangel: Sie ist sehr schwer zu verstehen. Es ist die schwierigste aller Sprachen und man kann sie nicht verstehen, wenn man nicht die volle Erkenntnis besitzt. Selbstverständlich sind ihr auch die Mängel der Sprache des *TaNaCh* eigen, weil sie diesem entnommen wurde.

SPRACHE DER ERZÄHLUNGEN, GLEICHNISSE (AGADA)

Die Sprache der Agada ist leicht zu verstehen, weil sie Gleichnisse benutzt, die sich sehr für das erwünschte Verständnis eignen, und hinsichtlich des oberflächlichen Verständnisses ist sie noch bequemer als die Sprache des *TaNaCh*. Doch für ein volles Verständnis ist diese Sprache zu schwer, weil sie überhaupt nicht die Ordnung von Zweig und Wurzel einhält. Ihr Bilderreichtum und großer Scharfsinn macht sie sehr geeignet zur Beschreibung von fremdartigen und schweren Begriffen, die mit dem Wesen der Stufe selbst zusammenhängen, was man mithilfe der Sprache des *TaNaCh* und der *Halacha* unmöglich erklären kann.

SPRACHE DER KABBALISTEN

Die **Sprache der Kabbalisten** ist eine Sprache im wahrsten Sinne dieses Wortes; sie ist hinsichtlich Wurzel und Zweig, Ursache und Folge sehr genau. Ihr besonderer Vorzug ist die Tatsache, dass man in dieser Sprache auch vom kleinsten Detail ohne Einschränkungen sprechen kann. Mit ihrer Hilfe kann man sich direkt dem uns interessierenden Detail widmen, ohne es mit den ihm vorausgehenden oder nach ihm folgenden in Verbindung zu bringen.

Doch neben all diesen wunderbaren Vorzügen hat sie auch einen sehr großen Mangel: Diese Sprache ist für eine Erkenntnis zu schwer. Es ist fast unmöglich, sie zu verstehen – außer durch die Übermittlung aus dem Munde eines Kabbalisten in den Mund eines verstehenden Schülers. Das heißt: Sogar wenn er selbst die ganze Ausdehnung der Stufen von Oben nach unten und von unten nach Oben versteht, wird er dennoch nichts in dieser Sprache verstehen, bevor er sie nicht aus dem Munde eines Weisen empfängt, der diese Sprache von seinem Lehrer von Angesicht zu Angesicht empfing.

DIE SPRACHE DER KABBALA IST IN ALLEN SPRACHEN EINGESCHLOSSEN

Wisse, dass die Namen, die Bezeichnungen und *Gematria* der Wissenschaft der Kabbala angehören. Und der Grund dafür, dass sie auch in anderen Sprachen vorkommen, liegt darin, dass auch alle Sprachen in der Sprache der Wissenschaft der Kabbala eingeschlossen sind, weil all diese Bezeichnungen Äußerungen besonderer Partikularitäten sind, die allen anderen Sprachen helfen.

Und man sollte nicht denken, diese vier Sprachen, die zur Erklärung der Wissenschaft der Enthüllung des Schöpfers verwendet werden, hätten sich zeitlich eine nach der anderen entwickelt. In Wirklichkeit haben sich diese vier Sprachen gleichzeitig in den Mündern der Weisen der Kabbala offenbart, und in Wirklichkeit schließt jede von ihnen alles in sich ein, sodass es die Sprache der Kabbala auch im *TaNaCh* (der Heiligen Schrift) gibt, wie zum Beispiel die dreizehn Maße der Barmherzigkeit, die in der *Tora* und im Buch Micha anzutreffen sind, die in jedem Teil wahrnehmbar sind, und *Merkawot* bei Jesaja und Hesekiel und über allen das Hohelied, welches vollständig in der Sprache der Kabbala verfasst ist. Gleiches gilt bezüglich der *Halacha* (der Gesetzgebung) und *Agada* (Erzählungen) und umso mehr für heilige unauslöschliche Namen in allen Sprachen, die alle die gleiche Bedeutung haben.

DIE REIHENFOLGE DER ENTWICKLUNG DER SPRACHEN

Alles entwickelt sich stufenweise. Und die Sprache, die am bequemsten für die Benutzung ist, ist diejenige, deren Entwicklung in der Zeit vor den anderen abgeschlossen war. Dementsprechend war die erste Frucht die Sprache des *TaNaCh*. Sie ist sehr einfach im Umgang und war zu jener Zeit sehr verbreitet.

Nach ihr kam die Sprache der *Halacha*. Sie ist komplett der Sprache des *TaNaCh* entnommen und entstand aus dem Grunde, dass sich zu jener Zeit die Notwendigkeit entwickelte, dem Volk Anweisungen zu geben, wie es sich im alltäglichen Leben verhalten solle. Die dritte Sprache ist die Sprache der *Agada*, in welcher ebenfalls nicht wenige Entlehnungen aus der Sprache des *TaNaCh* anzutreffen sind. Doch man benutzt diese Sprache nur als eine Hilfssprache, da ihre Schärfe zwar beschleunigte Aufnahme (Verständnis) fordert, es aber dennoch unmöglich ist, sie als Hauptsprache zu nutzen, weil es in ihr keine genaue Entsprechung von Wurzel und Zweig gibt. Und daher hat man sie nicht so verbreitet genutzt, und sie entwickelte sich nicht weiter.

Die *Agada* wurde zu Zeiten der *Tanaim* und *Amoraim* breit verwendet, doch man nutzte sie lediglich zur Unterstützung der Sprache des *TaNaCh*, gewöhnlich für einen Vorlauf zu den Worten der Weisen, zum Beispiel: „Rav Soundso hat enthüllt ..." usw. (und auch die Endungen). Und in Wirklichkeit begann die breite Verwendung dieser Sprache zu Zeiten der Weisen, zu Beginn der Verhüllung der Sprache der Kabbala, das heißt sowohl in der Zeit von Rabbi Jochanan ben Sakkaj als auch in der Zeit, die ihm vorausging – ungefähr 70 Jahre vor der Zerstörung des Tempels.

Die Sprache der Kabbala hat sich aufgrund der Schwierigkeiten in ihrem Verständnis als letzte entwickelt, denn zusätzlich zur Erkenntnis muss man auch eine Erklärung zu den Worten erhalten. Und daher konnten sogar die Verstehenden sie nicht benutzen, weil sie vor dem Hintergrund der Mehrheit Einzelne in der Generation waren und niemanden hatten, mit dem sie sprechen konnten. Diese Sprache benutzten die Weisen zur Beschreibung der Geheimnisse der Schöpfung – der Wirkungsweise des Systems (*Maase Merkawa*). Es ist eine besondere Sprache, mit deren Hilfe man von Einzelheiten der Bildung von Stufen, eine nach der anderen, spricht, und dies mit keiner anderen.

DIE SPRACHE DER KABBALA GLEICHT JEDER ANDEREN SPRACHE UND IHR VORZUG GRÜNDET SICH AUF DIE KAPAZITÄT EINES JEDEN IHRER WORTE

Oberflächlich betrachtet, sieht die Sprache der Kabbala wie eine Mischung der drei oben genannten Sprachen aus. Doch derjenige, der sie zu benutzen weiß, wird das abstreiten und sagen, dass es eine besondere Sprache an sich ist, vom Anfang bis zum Ende. Und die Rede ist nicht von der Bedeutung der Wörter, sondern davon, worauf sie verweisen. Darin besteht ihr grundlegender Unterschied zu den drei vorausgehenden Sprachen, in denen es fast keine Wörter gibt, die nur auf eines verweisen, das heißt: An einem Wort aus dieser Sprache kann man nicht verstehen, worauf es deutet, dazu muss man es in einer Verbindung mit noch einigen Wörtern betrachten, und manchmal kann man nur mithilfe eines ganzen Kapitels verstehen, wovon die Rede ist. Und der Vorzug der Sprache der Kabbala besteht darin, dass jedes Wort darin dem Studierenden das Wesen und den Verweis in einer nicht geringeren Genauigkeit als jede andere Sprache gibt, die von Menschen benutzt wird. Und jedes Wort verfügt über einen exakten Rahmen, sodass es unmöglich ist, es durch ein anderes zu ersetzen.

DAS VERGESSEN DER WISSENSCHAFT

Seit den Zeiten der Verhüllung des *Sohar* geriet diese Sprache allmählich in Vergessenheit, weil die Anzahl der Menschen schrumpfte, die sie benutzten, und ein Generationenbruch entstand, wenn der empfangende Weise nicht an einen verstehenden Kabbalisten weitergab, und auf diese Weise bildete sich seit jener Zeit ein riesengroßer Mangel, der nicht abzuschätzen ist.

Der Kabbalist Rabbi Moses de Leon war der letzte Kabbalist, der diese Sprache verwendete, und mit seiner Hilfe enthüllte sich das für die Welt, doch er verstand kein einziges Wort in dieser Sprache. Nach den Büchern, in welchen er Auszüge aus dem *Sohar* anbringt, ist verständlich, dass er die Sprache überhaupt nicht versteht. Er kommentierte, indem er die Sprache des *TaNaCh* nutzte, und erschwerte dadurch sehr das Verständnis, obwohl er selbst Kabbalist von einer sehr hohen Stufe war, wie das von ihm Verfasste bezeugt. Und so setzte sich das im Laufe von Generationen fort, als alle Kabbalisten alle ihre Tage der Erkenntnis der Sprache des *Sohar* widmeten und dennoch keinen Erfolg darin hatten, weil sie diese stark mit der Sprache des *TaNaCh* beluden, und deswegen blieb dieses Buch für sie verhüllt, wie auch für Rabbi Moses de Leon selbst.

DIE KABBALA VON *ARI*

Bis schließlich der Kabbalist *ARI* kam, der einzige, dessen Erkenntnis keine Grenzen kannte, der uns die Sprache des *Sohar* enthüllte und einen Übergang in sie gewährte. Und wenn er nicht früh gestorben wäre, gäbe es keine Grenzen für das Licht, welches aus dem *Sohar* hätte geschöpft werden können. Und auch nicht nur, dass wir dessen würdig wurden, es wurden uns ein Weg und ein Aufstieg bereitet und eine sichere Hoffnung darauf, dass sich uns im Verlauf einiger Generationen dessen volles Verständnis offenbaren wird.

Und nun kannst du verstehen, warum alle Großen, die nach *ARI* kamen, all ihre Bücher und die Kommentare dazu, die in jener Sprache verfasst waren, beiseite ließen, um sie noch nicht einmal zu sehen, und ihr ganzes Leben den Büchern des *ARI* widmeten. Und wisse, dass sie das nicht etwa taten, weil sie den Kabbalisten-Vorgängern des *ARI* keinen Glauben schenkten. So darf man nicht denken, denn jeder, der diese Wissenschaft erkannte, sieht, dass die Erkenntnisse dieser großen Kabbalisten grenzenlos sind und nur ein Narr an ihnen zweifeln kann. Nur wurde die ganze Vielfalt der Wissenschaft gemäß den drei vorausgehenden Sprachen beschrieben.

Jede Sprache ist wahr und passend für ihren Platz, doch sie ist der Sprache der Kabbala vollkommen entgegengesetzt, eignet sich überhaupt nicht und führt zu Fehlern im Verständnis der Begriffe der Wissenschaft der Kabbala, die der Schatz des *Sohar* ist. Daher ziehen wir weder die Erklärungen und die Meinung von Moses de Leon heran, noch die jener, die nach ihm kamen, weil ihre Erklärungen des *Sohar* falsch sind. Und wir haben bis zum heutigen Tage keinen anderen Kommentator außer einem einzigen, und das ist *ARI* und niemand sonst.

Gemäß dem oben Gesagten zeigt sich, dass der innere Teil der Wissenschaft der Kabbala nichts anderes darstellt als den inneren Teil der Heiligen Schrift, des *Talmud* und der *Agada*. Und der ganze Unterschied zwischen ihnen besteht nur in den Wegen der Logik, was dem Kopieren der Wissenschaft in vier Sprachen gleicht. Es ist selbstverständlich, dass das Wesen der Wissenschaft der Kabbala sich infolge der Veränderung der Sprache keineswegs veränderte, und dass alles, woran wir denken sollten, die Frage ist, welche Kopie sich am besten zur Übermittlung der Wissenschaft an den Studierenden eignet.

So auch in unserem Fall, wenn die Wissenschaft der Kabbala, das heißt die Wissenschaft von der Offenbarung des Schöpfers auf Seinen Wegen zu den Geschöpfen, so wie die äußeren Wissenschaften, von einer Generation zur nächsten übermittelt werden muss. Jede Generation fügt ein Kettenglied zu den vorausgehenden hinzu, und so entwickelte sich diese Wissenschaft. Damit eignet sie sich immer mehr zur großflächigen Verbreitung.

Daher ist jeder Kabbalist verpflichtet, seinen Studenten und zukünftigen Generationen alles zu übermitteln, was er in dieser Wissenschaft von vorausgehenden Generationen erbte, wobei er hinzufügt, was er selbst zu erkennen gewürdigt wurde. Selbstverständlich kann die spirituelle Erkenntnis selbst, in der Form, wie sie vom Studierenden erkannt wird, unmöglich an einen anderen weitergeleitet und umso weniger in einem Buch zusammengefasst werden, weil sich spirituelle Wesen niemals und unter keinen Umständen durch Buchstaben übermitteln lassen (obwohl geschrieben steht, „mit der Erlaubnis der Propheten habe ich Ähnlichkeiten verwendet", soll das nicht wörtlich verstanden werden).

DIE REIHENFOLGE DER WEITERGABE DER WISSENSCHAFT

Wenn dem aber so ist, warum heißt es dann, dass ein Mensch das, was er erkannte, an seine Schüler und an Generationen übermitteln könne? Wisse, dass dazu nur ein Mittel existiert, und zwar der Weg von Wurzel und Zweig, der lautet, dass der Abstieg aller Welten vom Schöpfer aus sowie deren Erfüllungen in allen Details in einem einzigen, einheitlichen und einzigartigen Gedanken stattgefunden haben und dass der Gedanke selbst diesen Abstieg sowie diese ganze Vielfalt an Welten und Geschöpfen hervorbrachte und ihr Verhalten bestimmt hat, wie es im „*Baum des Lebens*" und in „*Zusätzen zum Sohar*" heißt.

Dementsprechend gleichen sie tatsächlich alle einander, wie ein Abdruck einem Stempel gleicht, wenn der erste Abdruck alle nachfolgenden bestimmt. Aus diesem Grunde werden die Welten, die der Schöpfungsabsicht am nächsten stehen, bei uns als Wurzeln bezeichnet und die entferntesten als Zweige, da „der Abschluss der Handlung im Schöpfungsvorhaben liegt".

Und darin sollst du die Allegorie verstehen, die in der *Agada* üblich ist: „Und er schaut auf die Welt von einem Ende bis zum anderen", denn man müsste sagen – vom Anfang der Welt und bis zu deren Ende. Doch es geht darum, dass es zwei Enden gibt: das Ende gemäß der Entfernung vom Ziel, das heißt die letzten Zweige dieser Welt; und es gibt ein Ende, welches als das Ziel von allem bezeichnet wird, weil sich dieses Ziel am Ende offenbart.

Doch wie wir erläutert haben, wohnt „das Ende der Handlung dem ursprünglichen Gedanken inne", und daher finden wir das Ziel zu Beginn der Welten vor, welcher bei uns als die erste Welt oder der erste Abdruck bezeichnet wird, weil alle Welten aus ihr heraustraten und von ihr abgedruckt wurden. Und darin liegt der Grund dafür, dass alle Geschöpfe der bewegungslosen, pflanzlichen, tierischen und menschlichen Stufen in allen ihren Erscheinungsformen ebenfalls in den Gestalten der ersten Welt zu finden sind; und das, was es dort nicht gibt, kann nicht in der Welt auftauchen, weil der Gebende nichts geben kann, was es nicht in ihm gibt.

WURZEL UND ZWEIG IN DEN WELTEN

Und daraus ist es leicht, das Wesen von Wurzel und Zweig zu verstehen, da der ganzen Vielfalt in den bewegungslosen, pflanzlichen, tierischen und sprechenden Stufen dieser Welt jedes Detail der im Bezug zu ihr Höheren Welt entspricht, ohne jeglichen Unterschied in den Formen, und der ganze Unterschied besteht lediglich in ihrem Material. Das Tier oder der Stein dieser Welt sind materielle Dinge, und das entsprechende „Tier" und der entsprechende „Stein", die sich in der Höheren Welt befinden, sind spirituelles Material außerhalb von Zeit und Raum, doch ihre Form ist natürlich die gleiche.

Und natürlich muss man hier die Beziehung von Material zu Form hinzufügen, was auch die Qualität der Form bedingt. Und daher ist die ganze Vielfalt der unbelebten, pflanzlichen, tierischen und sprechenden Stufen, die sich in der Höheren Welt befindet, auch in der Welt vorhanden, die sich darunter befindet usw. – bis zur ersten Welt, in der sich alle Details in ihrem vollkommenen Zustand aufhalten, wie es geschrieben steht: „Und der Schöpfer sah, dass alles, was Er machte, gut war."

Dabei befindet sich die Welt in der Mitte von allem, wie die Kabbalisten schrieben, um darauf hinzuweisen, dass der Abschluss der Handlung die erste Welt ist, das heißt das Ziel, und die Entfernung vom Ziel wird als der Abstieg der Welten bezeichnet, von Dem, Der sie erschuf, bis hin zu unserer materiellen Welt, die vom Ziel am weitesten entfernt ist. Doch der Abschluss alles Materiellen ist es, sich allmählich zu entwickeln und ein Ziel zu erreichen, welches der Schöpfer für es bestimmte, das heißt die erste Welt. In Bezug zu dieser Welt, in der wir uns befinden, ist die erste Welt die letzte Welt, die von uns erreicht wird, das heißt, sie ist der Abschluss von allem. Und daher scheint es, dass die Welt, die wir gemäß dem Ziel erreichen müssen, die letzte Welt sei, und wir Menschen dieser Welt uns in der Mitte zwischen ihnen befinden.

WESEN DER WISSENSCHAFT DER KABBALA

Und damit ist klar, dass genauso wie die Enthüllung der Tierwelt in dieser Welt und die Ordnung ihrer Existenz eine wundersame Wissenschaft ist, auch die Enthüllung des Lichts des Schöpfers in der Welt, sowohl der Wirklichkeit der Stufen als auch der Weisen ihrer Einwirkung, eine wunderbare Wissenschaft ergibt, das Wunder der Wunder – eine Wissenschaft, die unendlich viel wertvoller als die Physik ist, da die Physik lediglich eine Sonderform des Wissens ist, welches sich in einer Sonderwelt befindet, und sie nur im Bezug auf das eigene Feld besonders ist, und es keine andere Wissenschaft gibt, die in sie eingeschlossen wäre.

Nicht so in der Wissenschaft der Kabbala. Ihre Basis ist die allgemeine Kenntnis aller Stufen: der bewegungslosen, der pflanzlichen, der tierischen und der sprechenden sowie aller ihrer Sondererscheinungen, die in das Vorhaben des Schöpfers eingeschlossen sind; das heißt alles, was mit dem Ziel in Übereinstimmung steht, und daher sind alle Wissenschaften in der Welt, von den kleinsten bis zu den größten, in sie auf wunderbare Weise eingeschlossen, sodass sie alle Arten von Wissenschaften gleichsetzt, die sich voneinander unterscheiden und sich wie Osten und Westen fern stehen, und zwar setzt sie diese in einer für alle allgemeinen Ordnung gleich, sodass jede Wissenschaft mit ihr in Übereinstimmung sein muss.

So entspricht zum Beispiel die Physik exakt der Reihenfolge von Welten und *Sefirot*, und die Astronomie entspricht der gleichen Reihenfolge, ebenso die Musik etc, sodass wir in ihr vorfinden, dass alle Wissenschaften entsprechend einer einzigen Verbindung und einem einzigen Kontakt geordnet sind und alle ihr gleichen – wie ein Sohn seinen Eltern gleicht. Und daher sind sie voneinander abhängig, das heißt, die Wissenschaft der Kabbala hängt von allen Wissenschaften ab, die ihrerseits von ihr abhängen. Und daher werden wir keinen einzigen wahren Kabbalisten finden, der nicht über ein breites Wissen in allen der Welt bekannten Wissenschaften verfügt, infolge der Tatsache, dass man sie ausgehend vom Wesen der Wissenschaft der Kabbala erlangt, weil alle Wissenschaften in ihr eingeschlossen sind.

DAS GEHEIMNIS DER EINHEIT

Das hauptsächliche Wunder dieser Wissenschaft ist die gegenseitige Durchdringung, die in ihr eingeschlossen ist, das heißt: Alle Teilchen der riesigen Wirklichkeit, die von ihren Gesetzen gelenkt werden, schließen sich ineinander ein, vereinigen sich und verbinden sich, bis sie schließlich ein einziges Ganzes zusammensetzen – alles ist ineinander eingeschlossen und zu einem verbunden.

Sodass wir von Beginn an in ihr vorfinden, dass alle Wissenschaften des Universums ihr unterworfen und gemäß ihrer Ordnung geordnet sind. Und nach all dem finden wir vor, dass alle Welten und die Wissenschaft der Kabbala selbst, deren Zahl unendlich ist, in nur zehn Wirklichkeiten vereint sind, welche die *Zehn Sefirot* heißen. Und erst danach bilden die *Zehn Sefirot* eine Reihenfolge gemäß den vier Buchstaben des Vierbuchstabennamens des Schöpfers. Und danach ordnen sich diese vier Buchstaben und schließen sich in *Kuzo shel Yud* (Spitze des Buchstaben *Yud*) ein, welche auf die Welt der Unendlichkeit deutet, und zwar auf so eine Weise, dass derjenige, der sein Studium der Kabbala beginnt, bei der Spitze des Buchstaben *Yud* beginnen und von dort an weiter zu den *Zehn Sefirot* gehen muss, die sich in der ersten Welt befinden, welche als die Welt *Adam Kadmon* bezeichnet wird. Von dort sieht und findet er, auf welche Weise die unzählbaren Details, die in der Welt *Adam Kadmon* existieren, sich fortsetzen und verbreiten, indem sie sich unbedingt der Ordnung von Ursache und Folge unterwerfen, nach gleichen Gesetzen, wie wir sie in der Astronomie und Physik finden. Das heißt, die eingeführten Gesetze sind absolut gegenseitig verpflichtend, und das Gesetz der etappenweisen Entwicklung eines aus dem anderen kann nicht gebrochen werden: von der Spitze des Buchstaben *Yud* zu der ganzen Vielfalt, die sich in der Welt *Adam Kadmon* befindet; von ihr drucken sich wie ein Stempelabdruck die vier Welten eine von der anderen ab und verbreiten sich, bis wir schließlich die ganze Vielfalt erreichen, die sich in dieser Welt befindet, und anschließend zurückkehren, uns ineinander einschließend, bis wir alle die Welt *Adam Kadmon* erreichen, danach die *Zehn Sefirot* und danach den Vierbuchstabennamen des Schöpfers (Tetragramm) und die Spitze des Buchstaben *Yud*.

Und man könnte sich fragen, wie man sich mit einem Material auf dem Wege der Logik beschäftigen könne, wenn dieses doch unbekannt ist. Ähnliches wirst du in jeder Wissenschaft finden, zum Beispiel, wenn wir uns mit der Anatomie beschäftigen, mit einzelnen Organen oder deren Zusammenwirken, denn diese Organe haben keinerlei Vorstellung vom Gesamtsubjekt, dass es ein lebendiger und ganzer Mensch ist, doch im Laufe der Zeit, wenn wir diese Wissenschaft bis in die Feinheiten erkennen, kann man bereits aus dem Einzelnen auf eine allgemeine Regel schließen, welche das Verhalten des Organismus als Ganzen bedingt.

So auch in diesem Fall: Das allgemeine Thema ist die Offenbarung des Schöpfers an die Geschöpfe im Sinne der Bestimmung, wie es heißt: „Und die Erde füllte sich mit dem Wissen des Schöpfers." Doch einer, der das Studium erst beginnt und der natürlich über keinerlei Wissen in diesem allgemeinen Bereich verfügt, welches von der Einheit aller bedingt ist, ist daher verpflichtet, alle Einzelheiten und Details sowie die Ordnung ihres Zusammenwirkens zu erkennen und auch die Faktoren von Ursache und Folge, bis er schließlich die ganze Weisheit erlangt. Und wenn er alles bis in die Feinheiten wissen und seine Seele sich gereinigt haben wird, wird er natürlich letzten Endes des allgemeinen Wissens gewürdigt.

Und sogar wenn er nicht gewürdigt wird, ist es schließlich ein großer Verdienst, wenigstens irgendein Verständnis dieser riesigen Weisheit zu erlangen. Dann wird er ihre Überlegenheit gegenüber anderen Wissenschaften hinsichtlich ihres Inhaltes sehen, und entsprechend dem, wie man die Vorzüge des Schöpfers im Vergleich zu den von Ihm Erschaffenen schätzt, wird er sehen, dass auch die Wissenschaft, deren Studiengegenstand der Schöpfer ist, höher und wichtiger ist als die Wissenschaft, deren Studiengegenstand das von Ihm Erschaffene darstellt.

Und nicht etwa, weil es keiner Erkenntnis unterliegt, studiert man es nicht in der Welt, denn auch ein Astronom hat keinerlei Vorstellung von Sternen und Planeten, sondern er studiert Prozesse, die mit ihnen stattfinden – eine wunderbare Wissenschaft, die von Anfang an kreiert wurde und die korrigiert ist, sowie die wunderbare Lenkung. So auch bei Kenntnissen der Wissenschaft der Kabbala – sie sind nicht mehr verhüllt als das. Diese Prozesse sind sogar für Anfänger gut erklärt, doch wurde ihre Erkenntnis verhindert, weil die Kabbalisten diese wichtigste Wissenschaft vor der Welt verbargen.

GEWÄHRUNG DER ERLAUBNIS

Ich bin froh, in einer solchen Generation erschaffen worden zu sein, in der es bereits erlaubt ist, die Wissenschaft der Kabbala zu veröffentlichen. Und wenn ihr mich fragt, woher ich weiß, dass es erlaubt ist, werde ich euch antworten: weil mir die Erlaubnis zu enthüllen gewährt wurde; das heißt, so wie bis zur Gegenwart keinem einzigen Weisen jene Wege offenbart wurden, mit deren Hilfe man öffentlich mit dem ganzen Volk studieren und den Charakter eines jeden Wortes erklären könnte, so schwor auch ich meinem Lehrer, wie alle Schüler vor mir, dass ich nicht enthüllen werde. Doch dieser Schwur und dieses Verbot erstrecken sich nur auf das, was wörtlich übermittelt wird, von einer Generation zur nächsten, bis hoch zu den Propheten und weiter, weil diese Wege, würden sie den Volksmassen offenbart werden, zu einem großen Verlust führen würden, aus Gründen, die uns verhüllt sind.

Jener Weg jedoch, auf den ich in meinem Buch verweise, ist ein erlaubter Weg, und hinsichtlich dieses Weges habe ich, ganz im Gegenteil, von meinem Lehrer die Anweisung bekommen zu verbreiten, soweit es mir möglich sei. Dieser Weg heißt bei uns: der Weg der Einkleidung der Dinge. Und studiere den Artikel von *Rashbi*, der diesen Weg als die **Darbietung einer Lösung** bezeichnet. Das ist es, was mir der Schöpfer in vollem Maße schenkte. Wie es bei uns üblich ist, hängt dies nicht von der Genialität des Weisen selbst ab, sondern vom Zustand, in dem sich eine Generation befindet, wie die Weisen sagten: „Der junge Samuel war dessen würdig, doch seine Generation war nicht dessen würdig" – und daher sagte ich, dass mein ganzer Verdienst in der Enthüllung meiner Generation liegt.

ABSTRAKTE BEZEICHNUNGEN

Es ist ein großer Fehler zu denken, die Sprache der Kabbala benütze abstrakte Bezeichnungen; ganz im Gegenteil berührt sie nichts außer dem Konkreten. Und tatsächlich existieren in der Welt reale Dinge, die wir zwar nicht erkennen können, wie zum Beispiel Magnetismus, Elektrizität usw. Aber nichtsdestotrotz wird nur ein Narr behaupten, diese Bezeichnungen seien abstrakt. Denn wir sind gut mit ihren Auswirkungen vertraut, und was interessiert es uns, dass es uns unbekannt ist, was ihr Wesen darstellt, denn *schließlich geben wir der Erscheinung eine Bezeichnung entsprechend den Handlungen, die sie bewirkt, und es ist eine konkrete Bezeichnung.* Und sogar ein Kleinkind, welches gerade zu sprechen beginnt, kann sie beim Namen nennen, sobald es ihre Wirkungen wahrgenommen hat. Und das ist unser Gesetz: **„Alles was nicht erkannt wurde, können wir nicht beim Namen nennen."**

DIE UNMÖGLICHKEIT, DAS WESEN IM MATERIELLEN ZU ERKENNEN

Nicht nur das; sogar hinsichtlich der uns vorstellbaren Dinge, wie zum Beispiel ein Stein oder ein Baum, bleibt uns, was das Wesen ihrer Begriffe angeht, selbst nach gewissenhafter Untersuchung dennoch keinerlei Erkenntnis, da wir dieses nicht erkennen können. Wir erkennen nur ihre Erscheinungen, die mit unseren Sinnesorganen zusammenwirken.

DIE SEELE

Zum Beispiel, wenn die Kabbala sagt, dass drei Kräfte existieren:

1. der Körper,
2. die tierische Seele,
3. die heilige Seele,

dann ist damit nicht das Wesen der Seele gemeint, da das Wesen der Seele ein Fluidum ist. Das ist das, was die Psychologen als das „Ich" bezeichnen und der Materialisten als „elektrisch".

Und über deren Wesen zu philosophieren, ist leerer Zeitvertreib, da keine Erkenntnis daraus folgt, weil es sich hinter der Grenze der Wahrnehmung durch unsere Sinnesorgane befindet, genauso wie das Wesen des Materiellen. Doch weil wir drei Arten der Wirkung des Wesens des Fluidums in spirituellen Welten sehen und wir sie gut unterscheiden können, gemäß ihren einzelnen Bezeichnungen und praktischen Wirkungen in Höheren Welten, so gibt es hier keinerlei abstrakte Bezeichnungen; sie sind vollkommen konkret, im wahrsten Sinne des Wortes.

VORZUG MEINES KOMMENTARS VERGLICHEN ZU DEN VORANGEHENDEN

Zur Deutung der Wissenschaft der Kabbala kann man sich der Hilfe äußerer Wissenschaften bedienen, da die Wissenschaft der Kabbala die Wurzel von allem ist und alles in ihr eingeschlossen ist. Es gibt solche, die zur Hilfe der Anatomie griffen, indem sie versuchten, den Ausspruch zu erklären: „In meinem Fleische liegt die Stütze des Schöpfers." Es gibt solche, welche sich der Philosophie bedienten, und zuletzt jene, die am breitesten die Psychologie benutzten. Doch alle ihre Versuche können nicht als eine wahre Deutung betrachtet werden, weil sie keinerlei Erklärung für die Wissenschaft der Kabbala liefern, sondern uns nur demonstrieren, wie andere Wissenschaften in sie eingeschlossen sind. Und daher können die Studierenden nicht eines mit dem anderen verbinden – ungeachtet der Tatsache, dass die Wissenschaft der Arbeit für den Schöpfer die Wissenschaft ist, die von allen äußeren Wissenschaften der Wissenschaft der Kabbala am nächsten steht.

Es ist überflüssig zu sagen, dass man keineswegs Hilfe von Erklärungen gemäß der Anatomie und der Philosophie erhalten kann, und daher sagte ich, dass ich der Erste bin, der gemäß Wurzel und Zweig, Ursache und Folge erklärt. Und wenn jemand etwas aus meinem Kommentar versteht, dann kann er sicher sein, dass er, wenn er die gleiche Frage an jeder Stelle im *Sohar* oder in den Korrekturen finden wird, Hilfe beziehen kann, genauso, wie er die Hilfe der Deutungen des offenen Teils zum Verständnis anderer Stellen nutzt.

Und die Deutung gemäß äußeren Wissenschaften ist ein Zeitverlust, weil sie lediglich einen Beweis der Wahrhaftigkeit des einen verglichen mit dem anderen liefert. Doch die äußere Wissenschaft bedarf keiner Bezeugungen, da die Lenkung zur Bezeugung fünf Sinnesorgane bereitet hat, aber hinsichtlich der Kabbala müsste man (dennoch) die Argumente von jemandem verstehen, der sich in ihr auskennt, bevor man Beweise dafür anbringt.

DER STIL DER DEUTUNG GEMÄß ÄUßEREN WISSENSCHAFTEN

Darin liegt die Quelle des Irrtums von *Rav Shem Tov*[1], der den „Lehrer der Verwirrten"[2] gemäß der Wissenschaft der Kabbala deutete, doch er wusste nicht, oder tat, als wüsste er nicht, dass man mithilfe der Wissenschaft der Kabbala sowohl die Medizin als auch jede andere Wissenschaft nicht schlechter deuten könnte als

---

1 Nicht zu verwechseln mit Baal Shem Tov.
2 More Nevuchim, eines der zentralen Werke von *RAMBAM*, einem spanischen Kabbalisten des 13. Jahrhunderts.

mithilfe der Philosophie, weil alle Wissenschaften in die Kabbala wie Abdrücke eines Stempels eingeschlossen sind.

Doch natürlich meinte der „Lehrer der Verwirrten" nicht das, was *Rav Shem Tov* erklärte, und er wußte nicht wie: Im *„Buch Yezira"* deutete er die Kabbala aus der Sicht der Philosophie. Und ich bewies bereits, dass solche Deutungen nichts anderes als pure Zeitverschwendung sind, da äußere Wissenschaften keiner Beweise bedürfen, und in der Wissenschaft der Kabbala hat es keinen Sinn, Bezeugungen des Beweises der Wahrhaftigkeit des in ihr Gesagten anzubringen, bevor nicht gedeutet wurde, was in ihr gesagt wird.

Das gleicht einem Kläger, der es noch nicht geschafft hat, seine eigenen Ansprüche zu verdeutlichen, und schon Zeugen bringt, um die Wahrhaftigkeit seiner Behauptungen zu bezeugen – eine Ausnahme sind die Bücher, die sich mit dem Studium der Arbeit für den Schöpfer beschäftigen, da die Weisheit der Arbeit für den Schöpfer tatsächlich der Zeugen ihrer Wahrhaftigkeit und ihres Erfolges bedarf, und es ist notwendig, sich der Hilfe der Wissenschaft der Kabbala zu bedienen. Doch alle Bücher in diesem Stil sind nicht umsonst verfasst worden, denn nachdem wir die Erklärung der Wissenschaft als solche gut verstehen werden, wird es uns sehr bei der Klärung von Schwierigkeiten helfen, auf welche Weise alle Wissenschaften in sie eingeschlossen sind, auf welche Weise sie zu ersuchen sind usw.

GEHEIMNIS DER ERKENNTNIS DER WEISHEIT

Es gibt drei Komponenten der Wissenschaft der Kabbala:

1. Erstquelle der Wissenschaft, die keinerlei menschlicher Hilfe bedarf, da sie ganz Geschenk des Schöpfers ist, und in die sich niemand auch nur teilweise einmischen kann.

2. Verständnis dieser Erstquelle als des vom Höheren Erkannten. Das gleicht dem, wie die ganze Welt mit allem, was es in ihr gibt, vor dem Menschen liegt, er aber dennoch viel Fleiß zeigen muss, um diese Welt zu verstehen, obwohl er alles mit seinen Augen sieht. Es gibt Narren und es gibt Weise. Dieses Verständnis wird als die wahre Weisheit bezeichnet. Adam, der erste Mensch, war der Erste, der die Ordnung der Kenntnisse annahm, welche zum Verständnis, zur Erreichung des Erfolges und zur vollen Nutzung dessen ausreichten, was er mit seinen Augen sah und erkannte.

    Diese Kenntnisse können nicht anders übergeben werden als vom Munde zum Munde. Und ihnen wohnt eine solche Ordnung der Entwicklung inne, dass jeder seinen Freund ergänzen oder auch verringern kann (während im ersten Aspekt alle gleich empfangen, ohne jegliche Hinzufügung oder Reduzierung; das gleicht dem, wie ein Mensch die in dieser Welt existierende Wirklichkeit wahrnimmt. Darin, sie zu sehen, sind alle gleich, nicht jedoch darin, wie sie verstanden wird; es gibt solche, die sich von Generation zu Generation entwickeln, und solche, die sich zurückentwickeln). Und die Ordnung der Weitergabe, die manchmal als die *Übermittlung des konkreten Namens* bezeichnet wird, wird beim Einhalten vielerlei Bedingungen weitergeleitet, doch nur mündlich und nicht schriftlich.

3. Dies ist eine niedergeschriebene Ordnung. Es ist eine neue Erscheinung, da außer dem, dass sie die breitesten Möglichkeiten zur weiteren Entwicklung der Wissenschaft bietet, wenn jeder mit ihrer Hilfe die ganze Bandbreite seiner Erkenntnisse an die nach ihm folgenden Generationen vererbt, darin eine wunderbare Eigenschaft eingeschlossen ist: Jedem, der sich damit beschäftigt, erlaubt sie, obwohl er das Geschriebene noch nicht versteht, sich mit Hilfe der Höheren Lichter, die sich ihm nähern, zu reinigen. Zur Äußerung dieser Ordnung existieren vier Sprachen, wie oben gesagt wurde, und die Sprache der Kabbala übertrifft alle.

DIE REIHENFOLGE DER WEITERGABE DER WISSENSCHAFT

Der effektivste Weg für denjenigen, der danach strebt, diese Wissenschaft zu studieren, besteht darin, einen wahren Weisen – Kabbalisten – zu finden, sich allem zu fügen, was dieser ihm auferlegen wird, bis er würdig wird, die Wissenschaft mit seiner Hilfe zu verstehen, das heißt: wie von der Erstquelle, wonach er der Aufnahme vom Munde zum Munde würdig wird, was die zweite Komponente darstellt. Und danach: des Verständnisses des Geschriebenen, welches die dritte Komponente ist. Erst dann wird er leicht von seinem Lehrer die ganze Weisheit und die Instrumente erben, und dann wird ihm nur bleiben, sie zu erweitern und zu entwickeln.

Doch in Wirklichkeit existiert ein zweiter Weg, wenn, infolge seines riesigen Strebens, sich ihm das Antlitz der Himmel auftut, und er dann selbst die Urquelle erkennt, welche die erste Komponente ist; doch auch danach wird er sich viel bemühen und riesige Anstrengungen unternehmen müssen, bis er schließlich einen Lehrer – Weisen – findet, damit er sich diesem beugen kann und ihm lauschen und die Weisheit mittels der Übergabe von Angesicht zu Angesicht empfangen kann, welche die zweite Komponente ist, und danach – der dritten Komponente.

Und weil er nicht von Beginn an zur Seite eines weisen Lehrer stand, werden seine Erkenntnisse durch große Mühen erreicht, die viel Zeit in Anspruch nehmen, und es wird ihm gar nicht viel Zeit bleiben, um sich darin zu entwickeln. Und manchmal kommt es vor, dass die Weisheit mit einer Verspätung kommt, wie es geschrieben steht: „Sie starben, bevor sie weise wurden", und von solchen gibt es 99%, die wir als „kommen herein und treten nicht heraus" bezeichnen, und sie gleichen Dummen und Unwissenden in dieser Welt, welche die Welt sehen, die vor ihnen liegt, aber diese überhaupt nicht verstehen, außer dem Brot für den eigenen Magen.

Die Lehre der Kabbala und deren Wesen

Doch auch unter solchen, die den ersten Weg gehen, erreichen nicht alle den Erfolg, weil die Mehrzahl, nachdem sie einer Erkenntnis würdig wurde, sich nach der eigenen Meinung richtet, und nicht fähig ist, sich zu beugen und ihrem Lehrer zu lauschen, wie es sich gebührt. Da sie nicht zu einer Übermittlung der Weisheit an sie geeignet sind, ist in diesem Fall der Weise gezwungen, das Wesen der Wissenschaft vor ihnen zu verbergen. „Und starben, ohne weise zu werden" und „kommen herein und treten nicht heraus" – und das alles nur, weil zur Übermittlung der Weisheit strengste Bedingungen existieren, die aus der äußersten Notwendigkeit resultieren. Und daher gibt es sehr wenige von jenen, welche so einen Erfolg in den Augen ihrer Lehrer erreichen, dass diese sie für würdig zur Übermittlung halten. Und glücklich ist der würdig Gewordene.

Analytischer Vergleich zwischen Kabbala und Philosophie

Rav Yehuda Ashlag

WAS IST SPIRITUALITÄT?

Die Philosophie hat sich viel Arbeit gemacht, um zu beweisen, dass das Materielle ein Erzeugnis des Spirituellen sei und die Seele den Körper erzeuge. Doch auch danach wird das, was sie behauptet, weder vom Herzen noch vom Verstand angenommen. Ihr Hauptfehler bestand in der Wahrnehmung des Spirituellen, darin, dass es, wie sie behauptete, das Materielle gebar, was zweifellos erfunden ist.

Jeder Vater muss seinem Nachkömmling irgendwie ähneln, und solch ein Verhältnis ist die Handlungsweise und der Weg, den seine Nachkommenschaft fortsetzen wird. Denn jeder Arbeiter muss ein Verhältnis zum eigenen Tun haben, welches zu einer Verbindung zwischen ihnen führen wird. Und wenn du sagst, dass das Spirituelle keinerlei Bezug zum Materiellen hat, so gibt es keinen Weg und kein Mittel, welches dem Spirituellen eine Möglichkeit gäbe, einen Kontakt zum Materiellen zu haben und es in Bewegung zu versetzen.

Doch das Wesen des Wortes „spirituell" hat keinerlei Bezug zur Philosophie, denn wie kann man etwas besprechen, was man niemals gesehen oder wahrgenommen hat? Worauf basiert es?

Denn wenn es irgendeine Definition gibt, die es erlaubt, das Spirituelle zu unterscheiden und es vom Materiellen zu trennen, dann kann sie niemand anderer geben als jene, die einmal das Spirituelle erkannt und wahrgenommen haben, und das sind wahre Kabbalisten. Daher bedürfen wir der Wissenschaft der Kabbala.

PHILOSOPHIE AUS DEM WESEN DES SCHÖPFERS

Und nun – das Wesen des Schöpfers, mit dem sich die Philosophie so gern beschäftigt, indem sie alle Gesetze des nicht darin Vorhandenen beweist. Die Kabbala beschäftigt sich überhaupt nicht damit, denn wie kann man in etwas, was zu verstehen und zu erkennen absolut unmöglich ist, etwas definieren? Denn etwas Fehlendes festzustellen ist nicht von geringerem Wert, als etwas Vorhandenes zu bestimmen. Denn wenn du etwas von weitem anschaust und darin alle Komponenten des Fehlenden erkennst, d. h. alles, was nicht da ist, so gilt das doch auch als Bezeugung und ein gewisses Sehen und Erkennen, denn wäre es weit genug entfernt, könnte man darin noch nicht einmal das Fehlende unterscheiden.

Zum Beispiel: Wenn wir von Weitem ein dunkles Bild anschauen und dann bestimmen, dass es weder Mensch noch Vogel ist, wird das etwa nicht als Sehen bezeichnet? Wäre es noch weiter weg gewesen, hätten wir nicht klar sagen können, dass es sich nicht um einen Menschen handelt.

Daraus resultieren ihre ganze Nichtigkeit und das Wirrwarr. Die Philosophie rühmt sich, alles Negative über das Wesen des Schöpfers verstehen zu können, während die Kabbalisten an dieser Stelle völlig stumm bleiben und Ihm noch nicht einmal eine einfache Bezeichnung geben, denn **alles, was wir nicht erkennen, können wir weder beim Namen noch beim Wort nennen**. Denn ein Wort verweist bereits auf den Ansatz einer Erkenntnis. Die Kabbalisten jedoch sprechen sehr viel vom Licht des Schöpfers in der Wirklichkeit, d.h. die Rede ist von all jenen Erscheinungen des Lichts, in welchen sie einer tatsächlichen Erkenntnis würdig wurden, Erkenntnissen im Materiellen gleich.

DAS SPIRITUELLE IST EINE KRAFT, DIE IN KEINE KÖRPER EINGEKLEIDET IST

Das, was die Kabbalisten mit dem Wort „spirituell" bestimmen und wovon sie sprechen, steht in keinerlei Verbindung zur Zeit oder zum Raum und hat keinen materiellen Wert. (Meiner Meinung nach hat sich die Philosophie mit fremden Federn geschmückt, indem sie einige Definitionen aus der Wissenschaft der Kabbala stahl und daraus Kostbarkeiten für den menschlichen Verstand machte. Und wäre es nicht deswegen gewesen, wäre es ihnen nicht in den Kopf gekommen, sich solch eine Wissenschaft wie diese auszudenken). Sie stellt eben einfach eine Kraft dar: das heißt, eine Kraft, die nicht in einen Körper eingehüllt ist, wie wir das in dieser Welt gewohnt sind, sondern einfach eine Kraft ohne Körper.

DAS SPIRITUELLE *KLI* WIRD ALS EINE KRAFT BEZEICHNET

Hier ist es notwendig anzumerken, dass, wenn die Rede von einer Kraft im Spirituellen ist, nicht das spirituelle Licht als solches gemeint ist, weil das spirituelle Licht direkt vom Wesen des Schöpfers ausgeht. Und wenn dem so ist, dann ist es dem Wesen des Schöpfers gleich. Das heißt, wir sind auch nicht fähig, das spirituelle Licht so zu verstehen und zu erkennen, dass wir dem irgendeine Bezeichnung und Definition geben könnten, dass sogar der entliehene Begriff „Licht" metaphorisch und nicht wahr ist. Dementsprechend muss man wissen, dass sich diese Bezeichnung – „Kraft" ohne Körper – auf das „Spirituelle *Kli*" bezieht.

LICHTER UND *KELIM*

Man sollte daher nicht nachfragen, wie die Weisen der Kabbala, die die Wissenschaft mit ihren Erkenntnissen und unterscheidenden Definitionen füllen, die verschiedenen Lichter unterscheiden. Diese Definitionen zeugen nicht vom Wesen der Lichter, sondern sie beziehen sich auf die Erfahrungen des *Kli* (welches die oben genannte Kraft darstellt), die es während des Zusammentreffens mit dem Licht im eigenen Inneren macht.

KELIM UND LICHTER (BEDEUTUNG DER WORTE)

Und hier muss man die Frage nach dem Unterschied zwischen dem Geschenk und der dadurch erzeugten Liebe hinzufügen. Lichter, d. h. den Eindruck des *Kli*, kann man erkennen, und das heißt: „Materie und Form" zusammen, da der Eindruck die „Form" und die oben genannte Kraft die „Materie" ist.

Doch die erzeugte Liebe wird als **Form ohne Materie** definiert. Das heißt, wenn wir die Liebe von der Materie des Geschenkes lösen, als wäre sie niemals in ein konkretes Geschenk gehüllt und stelle lediglich eine abstrakte Bezeichnung – Liebe des Schöpfers – dar, dann wird sie als Form definiert. Und die Beschäftigung mit ihr wird als **Empfangen der Form** bezeichnet. Und das ist konkret, ohne jegliche Phantasien formeller Philosophie, da der Geist dieser Liebe tatsächlich in der Erkenntnis ein vom Geschenk völlig gelöster Begriff bleibt, d. h. das Wesen des Lichts ist.

MATERIE UND FORM IN DER KABBALA

Ungeachtet der Tatsache, dass diese Liebe Ergebnis des Geschenkes ist, ist sie unschätzbar wichtiger als das Geschenk selbst. Das gleicht dem, wie ein großer König den Menschen mit einem kleinen Geschenk ehrt, und obwohl die Sache an sich keinen besonderen Wert hat, verleihen ihr die Liebe und die erwiesene Aufmerksamkeit vonseiten des Königs unendlichen Wert und Bedeutung. Daher löst sich die Liebe komplett von der Materie, die das Licht und das Geschenk darstellt, in solchem Maße, dass nur die Erkenntnis der Liebe übrig bleibt und das Geschenk vergessen und scheinbar aus dem Herzen gelöscht wird. Dementsprechend trägt dieser Teil der Wissenschaft die Bezeichnung „**Die Kabbala der Formen**" und ist in der Tat ein wichtigerer Teil der Wissenschaft.

ABYA

In dieser Liebe unterscheidet man vier Stufen, die den Stufen der menschlichen Liebe ähneln. Wenn der Mensch zum ersten Mal ein Geschenk erhält, sieht er im Schenkenden noch nicht einen Geliebten, schon gar nicht, wenn es sich um eine wichtige Person handelt und der Empfänger ihr nicht ebenbürtig ist.

Dennoch zeichnet sich bei der Vergrößerung der Menge der Geschenke und bei deren ständigem Eintreten ab, dass man auch eine wichtige Person als ebenbürtig wahrnehmen und sie tatsächlich lieben kann, denn das Gesetz der Liebe lautet, dass Liebende Gleichheit untereinander verspüren müssen.

Dementsprechend werden hier vier Stufen der Liebe hervorgehoben. Das Beschenken heißt die Welt *Assija*; die Vergrößerung der Zahl der Geschenke nennt sich die Welt *Yezira*; die Erscheinung der Liebe heißt die Welt *Brija*.

Hier beginnt das Studium der **Form in der Weisheit der Kabbala**, weil sich in diesem Stadium die Liebe vom Geschenk löst. Darin liegt das Geheimnis des Gesagten: „Und erschafft die Finsternis." Das heißt, das Licht wird aus der Welt *Yezira* entfernt, und die Liebe bleibt ohne Licht, ohne ihre Geschenke.

Und anschließend *Azilut*. Nachdem die Liebe es gekostet und die Form von der Materie endgültig gelöst hat- im Geheimnis des Gesagten „Und erschafft die Finsternis" – wird der Mensch würdig, sich auf die Stufe der Welt *Azilut* zu erheben. Auf dieser kehrt die Form zurück und verwirklicht sich in der Materie, das heißt, das Licht und die Liebe werden gleichzeitig wahrgenommen.

URSPRUNG DER SEELE

Alles Spirituelle wird von uns als eine vom Körper gelöste Kraft wahrgenommen, weil es keine materielle Gestalt besitzt. Darum bleibt es völlig von der materiellen Welt getrennt und isoliert. Wie kann es dann in diesem Zustand etwas Materielles in Bewegung versetzen, geschweige denn etwas Materielles erschaffen, wenn es doch keinerlei Bezug zu etwas hat, mit dessen Hilfe ein Kontakt mit dem Materiellen erreicht werden könnte?

SAUERSTOFFBASIS

Doch in Wirklichkeit ist die „Kraft" an und für sich wahre Materie, nicht weniger als die gesamte restliche Materie der wirklichen Welt. Obwohl sie nicht über eine Gestalt verfügt, die für die Wahrnehmung durch menschliche Sinnesorgane annehmbar wäre, vermindert diese Tatsache nicht den Wert der Substanz, die „Kraft" heißt.

Nehmen wir Moleküle des Sauerstoffs, der ein Bestandteil der meisten Stoffe in der Welt ist. Wenn man eine Flasche mit reinem Sauerstoff betrachtet, während dieser sich in keinem Zusammenwirken mit einem anderen Stoff befindet, dann wird diese Flasche leer aussehen. Es ist unmöglich, Sauerstoff wahrzunehmen, weil er sich in gasförmigem Zustand befindet. Man kann ihn nicht mit Händen greifen, er ist unsichtbar für das Auge.

Wenn wir den Korken aus der Flasche ziehen und daran riechen, so werden wir keinerlei Geruch feststellen. Und wenn wir ihn kosten, werden wir in ihm keinerlei Geschmack finden. Und stellen wir ihn auf die Waage, so wird er nicht mehr wiegen als die leere Flasche. So verhält sich auch Wasserstoff – er hat weder Geschmack noch Geruch oder Gewicht.

Wenn man jedoch diese zwei Stoffe verbindet, so verwandeln sie sich umgehend in eine Flüssigkeit. Und das ist bereits Wasser, das zum Trinken geeignet ist, über einen Geschmack und ein Gewicht verfügt. Wenn man sodann das Wasser auf ungelöschten Kalk gießt, wird es unmittelbar eingezogen, und die Flüssigkeit wird zu einem festen Stoff wie Kalk selbst.

So werden chemische Elemente wie Sauerstoff und Wasserstoff, die an sich nicht zu spüren sind, zu einem festen Stoff. Wie kann man dementsprechend etwas bestimmen und über die Kräfte, die in der Natur wirken, aussagen, dass sie nicht Materie sind? Das alles doch nur, weil es keiner sinnlichen Erkenntnis unterliegt, denn wir sehen klar, dass der Großteil der wahrgenommenen Stoffe der Realität von Anfang an auf der Basis des Sauerstoffs aufgebaut ist, welchen unsere menschlichen Sinnesorgane wahrzunehmen und zu spüren nicht in der Lage sind!

Überdies können sich in der greifbaren Realität feste und flüssige Körper, die zweifellos in unserer reellen Welt erkennbar sind, bei Erwärmung in Gas verwandeln, und ein Gas, das auf eine bestimmte Temperatur abgekühlt wird, kann zu festem Stoff werden.

Und wenn dem so ist, so kann man sich nur wundern: **Wie kann man etwas geben, was man selbst nicht besitzt?** Denn wir haben klar gesehen, dass alle wahrgenommenen Bilder aus Elementen resultieren, die nicht fassbar sind und die keine Materialien darstellen, welche an und für sich existieren. Ebenso sind alle fixierten Bilder, die uns bekannt sind und mithilfe welcher wir eben Stoffe definieren, unbeständig und existieren nicht von allein aus eigener Kraft. Ihre Formen sind lediglich Derivate von Einflüssen wie Wärme und Kälte.

Folglich ist die Basis der Materie die „Kraft", die in ihr eingeschlossen ist. Allerdings können wir diese Kräfte noch nicht unterscheiden, wie wir es bei chemischen Elementen können. Wahrscheinlich wird sich uns irgendwann auch ihr eigentliches Wesen offenbaren, so wie auch die chemischen Elemente erst in letzter Zeit entdeckt wurden.

EINE KRAFT, DIE IM SPIRITUELLEN UND IM MATERIELLEN GLEICH IST

Mit einem Wort: Alle Bezeichnungen, die wir der Materie zuschreiben, sind vollkommen erdacht. Sie sind ausgehend von der sinnlichen Wahrnehmung in unseren fünf Sinnesorganen gegeben worden, unbeständig und von allein nicht existent. Andererseits wäre aber auch jede Definition, die wir einer reinen Kraft gäben und mit der wir ihre Verbindung zur Materie verneinten, ebenso erdacht. Auch wenn sich die Wissenschaft bis zu ihrer perfekten Form entwickeln würde, dürften wir nur die konkrete Wirklichkeit in Betracht ziehen. Mit anderen Worten: Alle physischen Handlungen, die wir sehen und empfinden, müssen in Verbindung mit dem sie Vollziehenden gesehen werden, der ebenfalls eine Substanz ist, genauso wie die Handlung selbst. Zwischen ihnen besteht eine Verbindung, ohne die nichts wird.

Und man muss wissen, dass diese fälschliche Trennung des Ausführenden von seiner Handlung aus der formellen Philosophie stammt, die darauf bestand, nachzuweisen, dass eine spirituelle Handlung die körperliche beeinflusst. Daher gelangte man zu irrtümlichen Annahmen, wie oben beschrieben, während die Kabbala all das nicht braucht.

KÖRPER UND SEELE BEI DEN HÖHEREN

Die Meinung der Kabbala in dieser Hinsicht ist klar und exakt, ohne jegliche Beimischung von Philosophie. Denn auch die spirituellen, verstandesbegabten, zusammengesetzten Wesen, denen die Philosophie jede Körperlichkeit abspricht, bestehen, obwohl sie tatsächlich spirituell, erhabener und abstrakt sind, dennoch aus Körper und Seele, genauso wie ein Mensch.

Und wundere dich nicht darüber, wie man zweimal den gleichen Wechsel einlösen könne, indem man sagt, dass er ein zusammengesetzter sei. Und noch etwas: Nach Meinung der Philosophie hat jede Verbindung irgendwann ein Ende und zerfällt, stirbt also. Und wenn dem so ist, wie kann man dann sagen, dass sie zusammengesetzt und zur selben Zeit ewig sei?

LICHTER UND *KELIM*

Deshalb sind ihre Gedanken nicht die unseren, da der Weg der Weisen der Kabbala darin besteht, wirkliche Beweise der Erkenntnisse zu finden, welches eine Widerlegung durch intellektuelles Nachdenken unmöglich macht. Ich werde alle diese Behauptungen erläutern, damit sie jedem verständlich werden.

Zu Beginn sollte man wissen, dass der Unterschied zwischen den Lichtern und den *Kelim* sich bereits im ersten Geschöpf offenbart, welches sich von *Ejn Sof* (Unendlichkeit) abtrennt. Natürlich ist das erste Geschöpf auch erfüllter und feiner als jedes darauf folgende. Und zweifellos empfängt es all die Vollkommenheit und Wonne vom Wesen des Schöpfers, Der es mit der ganzen Wonne und dem ganzen Genuss zu füllen wünscht.

Es ist bekannt, dass der *Wille zu empfangen* das Maß für den Genuss ist. Denn alles, was unser Wille am liebsten empfangen möchte, wird in uns als größter Genuss verspürt. Deswegen müssen wir in der ersten Erschaffung zwei Kategorien unterscheiden: den *Willen zu empfangen*, jenes empfangende Wesen, sowie das Wesen des eigentlich Empfangenen.

Dabei muss man wissen, dass der *Wille zu empfangen* bei uns als der Körper des Geschöpfes gilt, das heißt sein Urwesen, welches das *Kli* zum Empfangen Seiner Güte ist. Und das zweite ist die Essenz, das Wesen dieser empfangenen Güte, das Licht des Schöpfers, welches stets nach außen an das Geschöpf ausgeströmt wird.

Und man muss unbedingt zwei Eigenschaften unterscheiden, die ineinander eindringen, sogar auf den höheren Niveaus des Spirituellen als jene, über welche man nachdenken und Überlegungen anstellen kann. Das widerspricht dem, was die Philosophie für sich ausgedacht hat, die glaubt, dass von der Materie abgetrennte Wesen nicht zusammengesetzt seien. Denn den *Willen zu empfangen*, der sich unbedingt im Geschöpf befindet (und ohne welchen es keinen Genuss, sondern nur Zwang gibt, ohne Andeutung eines Genusses), gab es im Wesen des Schöpfers nicht. Daher wurde er als Geschöpf bezeichnet, etwas, was es im Schöpfer nicht gibt, denn von wem könnte Er empfangen?

Während die empfangene Fülle unbedingt Teil des Wesens des Schöpfers ist, und im Bezug darauf sollte es nichts Neues geben. Und wenn dem so ist, sehen wir eine riesige Entfernung zwischen dem neu erschaffenen Körper und der empfangenen Fülle, welche dem Wesen des Schöpfers gleicht.

WIE KANN DAS SPIRITUELLE MATERIE ERZEUGEN?

Doch auf den ersten Blick fällt es schwer zu verstehen, wie das Spirituelle etwas Materielles erzeugen und unterhalten kann. Diese Frage ist eine uralte philosophische, und es wurde viel Tinte zu deren Erklärung vergossen.

Doch ist dies eigentlich nur für die Philosophen eine schwierige Frage, weil sie dem Spirituellen eine Definition ohne jeglichen Bezug zum Materiellen gaben. Daraus folgt tatsächlich eine schwierige Frage: Wie kann das Spirituelle etwas Materielles erzeugen oder wie kann aus ihm etwas Materielles resultieren?

Doch für Kabbalisten stellt diese Frage keinerlei Schwierigkeiten dar, weil das, was sie erkennen, ein vollkommener Gegensatz zu den Vorstellungen der Philosophen ist. Ihrer Meinung nach gleicht jede Eigenschaft des Spirituellen vollkommen einer Eigenschaft des Materiellen – wie zwei Wassertropfen. Und wenn dem so ist, dann ist die Beziehung zwischen ihnen sehr nahe, und zwischen ihnen bestehen keine Unterschiede, außer im Baustoff – das Spirituelle besitzt natürlich die spirituelle Materie, und das Materielle die körperliche Materie.

Doch alle Eigenschaften, die im spirituellen Baustoff wirken, wirken ebenfalls im materiellen Baustoff, wie dies im Artikel „Das Wesen der Wissenschaft Kabbala" verdeutlicht wurde.

Doch drei Behauptungen der alten Philosophie stellen mir Hindernisse auf den Weg der Erklärungen. Als Erstes die Behauptung, dass die Kraft des vernünftigen Denkens im Menschen die unsterbliche Seele, das Wesen des Menschen sei; zweitens die Behauptung, dass der Körper die Fortsetzung und das Ergebnis der Seele sei; und drittens die Behauptung, dass spirituelle Wesen einfach und nicht zusammengesetzt seien.

MATERIALISTISCHE PSYCHOLOGIE

Und hier ist kein Platz für Streitereien über diese erdachten Vermutungen, weil ihre Zeit bereits vorbei ist und die Macht jener, die sich an diese Vermutungen halten, zu Ende ist. Dafür sollte man den materialistischen Psychologen danken, die ihre Lehre auf der Zerstörung der Philosophie aufbauten und auf diese Weise die Gesellschaft eroberten. Alle wissen bereits von der Nichtigkeit der Philosophie, da sie keine reale Basis hat.

Dabei wurde diese alte Doktrin zum Stolperstein und ein tödlicher Splitter für die Weisen der Kabbala, da man, anstatt sich der Wissenschaft der Kabbala zu fügen und Absonderung und Vorsicht, Heiligkeit und Reinheit auf sich zu nehmen, noch bevor die Weisen begannen, etwas vom Spirituellen zu enthüllen, von der formellen Philosophie kostenlos das bekam, worum man bat, und maßlos von der Quelle ihrer [der Philosophen] Weisheit trank; dadurch schloss man die Möglichkeit aus, sich um die Wissenschaft der Kabbala zu bemühen, sodass diese Wissenschaft im Volk *Israel* fast in Vergessenheit geriet. Daher sind wir der materialistischen Psychologie dankbar, welche der Philosophie den niederschmetternden Schlag verpasste.

ICH BIN SALOMON

Das gleicht einem Gleichnis der Weisen: „Ashmodai vertrieb Shlomo (den König Salomon) aus Jerusalem auf Entfernung von 400 *Parssaot*, ohne Geld und ohne Sachen, und setzte sich auf seinen Thron in Gestalt von Salomon. Salomon aber ging von Tür zu Tür und sagte überall, wohin er auch kam: ‚Ich bin Kohelet.' Doch man glaubte ihm nicht. So ging er von Stadt zu Stadt und erklärte: ‚Ich bin Shlomo!' Und als er zum *Sanhedrin* kam, sagten die Weisen: ‚Ein Verrückter wiederholt nicht ständig den gleichen Schwachsinn und sagt: Ich war König.'"

Es ist klar, dass nicht der Name wichtig ist, sondern derjenige, der ihn trägt. Doch wenn dem so ist, wie kann es sein, dass man in ihm nicht Salomon erkannte? Überdies hätte ein Mensch, der seinen Namen respektiert, ihnen wem seine Weisheit zeigen müssen.

DREI HINDERNISSE

Es gibt drei Hindernisse beim Erkennen des Namensträgers:
1. Das erste: Infolge ihrer Wahrhaftigkeit eröffnet sich diese Weisheit erst, wenn alle Teile zusammen erscheinen. Und wenn dem so ist, dann wirst du nichts

in der Wissenschaft sehen können, bevor du sie nicht ganz studiert hast. In diesem Fall ist die Verbreitung der Botschaft über ihre Wahrhaftigkeit erforderlich, und damit man von Anfang an an sie glauben kann, muss man dies in ausreichendem Maße tun.

2. Das zweite Hindernis besteht darin, dass der Dämon Ashmodai sich in die Kleider des Königs Salomon kleidete und seinen Thron erbte. So setzte sich auch die Philosophie auf den Thron der Kabbala, denn ihre Behauptungen sind einfacher zu verstehen, da die Lüge schneller aufgenommen wird. Dementsprechend vermehrt sich das Problem. Erstens ist die Wissenschaft der Kabbala tiefgründig und bedarf einer Bemühung, und die Philosophie ist lügnerisch und einfach anzueignen. Und zweitens „besteht keine Notwendigkeit an Kabbala", weil eine volle Befriedigung durch Philosophie vorhanden ist.

3. Drittens: Wie der Dämon behauptete, König Salomon sei ein Verrückter, so lacht auch die Philosophie die Wissenschaft der Kabbala aus und versucht, sie zu stürzen.

Doch solange sich die Kabbala im Erhabenen aufhält, ist sie dem Volk fern. Und da Salomon klüger als alle war, stand er auch höher als alle, und all diese Weisen konnten ihn nicht bis zum Ende verstehen. Und nur die Weisen des *Sanhedrin*, welche er viele Jahre lang lehrte, verstanden ihn und verbreiteten diese Botschaft, sodass sein Name ihm durch die ganze Welt vorauseilte.

Ein kleines Wissen offenbart sich in fünf Sekunden und ist daher jedem Menschen zugänglich und kann sich schnell verbreiten. Ein großes Wissen dagegen bekommt man nicht in einigen Stunden, dazu sind einige Tage oder Jahre erforderlich, entsprechend der geistigen Fähigkeiten. Und jeden großen Weisen wird keiner außer Einzelnen in seiner Generation verstehen, weil der Verstand tiefgründig ist und sich auf zahlreichen vorausgehenden Kenntnissen gründet.

Dementsprechend ist es nicht verwunderlich, dass einer der größten Weisen an einen Ort gelangt, wo man ihn nicht kennt, keinerlei Möglichkeit und Fähigkeit hat, seine Weisheit zu offenbaren oder ein Verständnis davon zu vermitteln, bevor man ihm nicht glaubt, dass er berühmt ist.

So geschah es zu jener Zeit auch mit der Wissenschaft der Kabbala, als die Sorgen und das Exil, die uns zuteil wurden, zu deren Vergessen führten (und wenn es noch Menschen gibt, die sich mit der Kabbala beschäftigen, so schadet das mehr als dass es nutzen würde, weil sie sie nicht von einem Kabbalisten empfangen). Und daher befindet sie sich in dieser Generation wie König Salomon im Exil und behauptet: „Ich bin die Weisheit! In mir liegen alle Geschmäcker der Religion und der *Tora*!" – doch man glaubt ihr nicht.

Dies ist jedoch erstaunlich, denn wenn sie eine echte Weisheit ist, kann sie sich dann nicht wie alle anderen Wissenschaften zeigen? Nein, unmöglich. So wie König

Salomon seine Weisheit den Weisen an den Orten seines Exils nicht offenbaren konnte und gezwungen war, nach Jerusalem, an den Ort des *Sanhedrin* zu kommen, zu denjenigen, die bei ihm lernten und ihn kannten. Sie bezeugten die Tiefe seiner Weisheit. So steht es auch um die Wissenschaft der Kabbala. Sie bedarf großer Weiser, Forscher des Herzens, die sie zwanzig, dreißig Jahre studieren werden, und erst dann über sie Zeugnis ablegen können.

Und so wie König Salomon nicht verhindern konnte, dass Ashmodai seinen Thron einnahm und vorgab, er zu sein, bevor er in Jerusalem ankam, betrachteten die Weisen der Kabbala die philosophische Theologie und beklagten sich, dass diese die äußere Hülle ihrer Weisheit gestohlen hätte, welche sich auch Plato und die griechischen Vorfahren angeeignet hatten, während sie mit den Anhängern der Propheten in Israel studierten.

Sie stahlen die wichtigsten Sätze der Weisheit Israels und schmückten sich mit Federn, die ihnen nicht gehörten. Und bis zum heutigen Tage sitzt die philosophische Theologie auf dem Thron der Kabbala, als Erbin ihrer Herrin.

Und wer wird den Weisen der Kabbala glauben, während andere auf ihrem Thron sitzen? So glaubte man auch nicht König Salomon in den Tagen seines Exils, da alle wussten, dass König Salomon auf seinem Thron saß, der Teufel Ashmodai. Und so wie bei Salomon besteht nicht die geringste Hoffnung auf die Offenbarung der Wahrheit, da die Weisheit tief ist und keine Möglichkeit hat, sich mittels eines Zeugnisses oder eines Experimentes zu zeigen, welches sie prüfen würde. Das können nur diejenigen tun, die sich ihr mit allen Kräften und ihrem ganzen Wesen widmen.

So wie der *Sanhedrin* König Salomon nicht erkannte, solange sich der Betrug Ashmodais nicht enthüllte, so wird auch die Kabbala ihre Natur und Wahrhaftigkeit nicht beweisen können. Und keine Enthüllungen werden der Welt ausreichen sie kennen zu lernen, bevor nicht die Nichtigkeit und die Lüge der philosophischen Theologie aufgedeckt wird, die den Thron erbte.

Somit gab es keine Rettung für *Israel*, bis sich die materialistische Psychologie offenbarte und dem Wesen der philosophischen Theologie einen tödlichen Schlag versetzte. Seitdem ist jeder, der den Schöpfer sucht, verpflichtet, die Kabbala auf ihren Thron und die Krone auf ihren ehemaligen Platz zurückzubringen.

Exil und Erlösung

Rav Yehuda Ashlag

Harmonie zwischen Religion und dem Gesetz der Entwicklung
oder dem blinden Schicksal

Du wirst unter den Völkern keine Ruhe haben und deine Füße werden keine Ruhestatt finden (Deuteronomium, 28:65).

Dazu soll euch fehlschlagen, was euch in den Sinn kommt, wenn ihr sagt: Wir wollen sein wie die Heiden, wie die Völker in den andern Ländern und Holz und Stein anbeten (Ezekiel, 20:32).

Der Schöpfer zeigt uns offensichtlich, dass das Volk *Israel* nicht in der Verbannung existieren kann. Es wird dort keine Ruhe finden wie die restlichen Völker, die sich mit anderen Völkern vermischten und ihre Ruhe fanden, bis sie sich unter ihnen auflösten und keine Spuren hinterließen. Nicht so ist aber das Volk *Israel*! Es wird keine Ruhe unter den anderen Völkern finden, bis sich schließlich die Worte der Schrift in ihm erfüllen: „Wenn du aber dort den HERRN, deinen Gott, suchen wirst, so wirst du ihn finden, wenn du von ganzem Herzen und ganzer Seele nach Ihm verlangst" (Deuteronomium, 4:29).

Man kann das aus der Erkenntnis [der Höheren Lenkung] erklären. Denn für uns wurde bestimmt, was in der Schrift steht, denn die *Tora* ist wahr, und alle ihre Worte sind wahr, und wehe uns, wenn wir an ihrer Wahrhaftigkeit zweifeln und sagen, dass alles, was mit uns geschah und was vorhergesagt wurde, Zufall und blindes Schicksal ist. Dafür gibt es nur eine Arznei – uns wieder Plagen zu schicken, in solchen Ausmaßen, dass wir in ihnen sehen, dass sie kein Zufall sind, sondern die unabwendbare Höhere Lenkung, wie sie aus der *Tora* hervortritt.

Man kann das ausgehend vom Wesen des Entwicklungsgesetzes selbst erklären: Dank der mittels der Kabbala erkannten wahren Handlungsanleitung, die es erlaubt, in der Höheren Lenkung den Weg der Genüsse zu wählen (siehe Art. „*Zwei Wege*"), **fand unsere Entwicklung schneller statt als bei den anderen Völkern.** Und infolge dieser Entwicklung unseres Volkes wurde ihm die Verpflichtung auferlegt, stets vorwärts zu gehen und mit aller Genauigkeit die Anweisungen der Wissenschaft der Kabbala zu erfüllen.

Da man das jedoch nicht tat, sondern den eigenen kleinlichen Egoismus hereinbringen wollte, also das **Empfangen für sich, also *lo liShma*,** führte dies zur Zerstörung des

Ersten Tempels, denn man wollte diese Eigenschaften für den Erhalt von Reichtum und die Einführung der Herrschaft von Kraft über die Gerechtigkeit nutzen, wie dies bei den anderen Völkern der Fall ist.

Doch da die *Tora* all dies verbot, verwarf man ihre Prophezeiungen und übernahm die Bräuche der Nachbarn, um das Leben zu genießen, wie es der Egoismus forderte. Infolge dessen zerfielen die Kräfte des Volkes: Einige folgten den Königen und ihren egoistischen Höflingen und einige denen, die den Weg wiesen. Und diese Teilung zog sich bis zur Zerstörung des Tempels hin.

In der Zeit des Zweiten Tempels wurde das offensichtlicher, weil die Spaltung durch unwürdige Schüler öffentlich gemacht wurde, an deren Spitze Zadok und Bitus standen. Der Grund ihres Aufstandes gegen die Weisen war die Notwendigkeit der Arbeit für den Schöpfer. Wie die Weisen sagten: „Weise, wählt Eure Worte sorgfältig aus!" Doch sie wollten sich nicht vom Egoismus lossagen, und so schufen sie eine Gesellschaft von schlechten Menschen ihrer Art und wurden zu einer großen Sekte, genannt „Sadduzäer". Sie waren reiche und einflussreiche Menschen, die es sich als Ziel setzten, ihre egoistischen Leidenschaften zu befriedigen, was nicht den Postulaten der *Tora* entspricht. Sie kämpften gegen die „Pharisäer", und sie waren es, welche die Herrschaft Roms über das Volk *Israel* herbeiführten. Sie waren es, die keinen Frieden mit den Eroberern machen wollten, wie die Kabbalisten es empfahlen, bis schließlich der Tempel zerstört und die ganze Blüte des Volkes *Israel* in die Verbannung geschickt wurde.

UNTERSCHIED VON ALLTAGSIDEALEN ZU DEN PRINZIPIEN DER RELIGION

Alltägliche Ideale gründen sich auf menschliche Beziehungen und können sich daher nicht über diese erheben. Während hingegen das Prinzip der *Tora*, deren Ursprung im Schöpfer liegt, es erlaubt, sich über die menschlichen Eigenschaften zu erheben. Die Basis des menschlichen Ideals ist die Würde, und Bezahlung für den **Ruhm in den Augen der Menschen** sind seine Taten, die darauf ausgerichtet sind, sich unter den Menschen Ruhm zu verschaffen. Und obwohl er von seinen Zeitgenossen verachtet wird, hofft er dennoch, Anerkennung in den zukünftigen Generationen zu erlangen, und das ist ihm kostbar wie ein Edelstein, der dem Menschen große Befriedigung schenkt, auch wenn niemand davon weiß und ihn schätzt.

Das Prinzip der *Tora* dagegen gründet sich auf das Erlangen von **Ruhm in den Augen des Schöpfers,** und daher kann derjenige, der die *Tora* studiert, sich über die menschlichen Eigenschaften erheben.

So ist es auch unter den Völkern in unserem Exil: Solange wir uns an die Postulate der *Tora* hielten, waren wir geschützt, denn es ist auf der ganzen Welt bekannt, dass wir eine hoch entwickelte Nation sind, und sie wollten unsere Mitarbeit. Sie nahmen uns jedoch je nach ihren egoistischen Wünschen aus, doch besaßen wir innerhalb dieser Nationen noch große Macht, denn nach all der Ausnutzung, blieb immer noch eine ziemlich große Portion übrig, größer als die für die Bürger des Landes.

Doch wegen undisziplinierter Schüler, wegen ihres Strebens, ihre egoistischen Wünsche zu verwirklichen, ging uns der Sinn des Lebens verloren, also die Arbeit an der Erreichung des Schöpfers. Und da dieses Ziel erhaben ist, musste natürlich jeder, der es gegen egoistische Ziele des schönen Lebens tauschte, nachdem er reich wurde, sein Ziel als würdevoll und wunderschön präsentieren. Und während ein Mensch, der die *Tora* studierte, sein letztes Geld für die Verbreitung des Wissens darüber und für gesellschaftliche Zwecke ausgab, gaben erfolgreiche Egoisten ihr Geld für die schönen Dinge des Lebens aus: Essen, Trinken, Kleidung und Schmuck – und glichen sich so den bekannten Persönlichkeiten jenes Volkes an, in dessen Mitte sie lebten.

Damit will ich aufzeigen, dass die *Tora* und das Gesetz der natürlichen Entwicklung und sogar das blinde Schicksal gemeinsam Hand in Hand gehen – in wundervoller Verschmelzung. So liegt der Grund für alle unsere Plagen in der Verbannung (und über die Tage unserer Verbannung können wir vieles erzählen), in unserer gewissenlosen Einstellung zur *Tora*. Und wenn wir ihre Gebote einhielten, stieße uns nichts Schlechtes zu.

ÜBEREINSTIMMUNG UND EINHEIT VON *TORA*, BLINDEM SCHICKSAL UND DER ENTWICKLUNG DER MENSCHLICHEN BERECHNUNGEN

Und demnach schlage ich dem Volk *Israel* vor, unseren Plagen ein Ende zu setzen und sich zu überlegen (auch wenn es sich nur um eine menschliche Überlegung handelt), aufgrund von all dem Übel, welches immer wieder zu uns zurückkehrte, und auch hier auf unserem Land, wieder nach eigenen Gesetzen leben zu wollen, da wir als Volk keine Hoffnung haben, auf diesem Land zu bestehen, solange wir uns nicht ernsthaft dem Studium der Wissenschaft der Kabbala widmen, ohne jegliche Abschwächungen, unter der Einhaltung der kategorischen Bedingung, für den Schöpfer zu arbeiten, und zwar nicht egoistisch, nicht für sich.

Wenn wir das aber nicht befolgen, dann werden Schichten, die in unserer Mitte leben, uns zweifellos zwingen, mal nach links und mal nach rechts auszuschweifen, wie dies mit anderen Völkern geschieht, und noch viel mehr. Denn die Natur von Entwickelten ist derart, dass man sie unmöglich zügeln kann, und die Meinung eines jeden von ihnen ist wichtig, und niemand beugt sich vor einem anderen und will Kompromisse erwägen. Deswegen sagten die Weisen: „*Israel* ist das sturste aller Völker", denn je breiter das Wissen des Menschen ist, desto überzeugter besteht er auf seiner Meinung.

Und das ist ein Gesetz aus der Psychologie. Und wenn ihr mich nicht versteht, dann geht doch und studiert es am Beispiel unseres Volkes. Denn wir hatten kaum zu bauen begonnen und schon zeigten sich in uns Sturheit und Entschlossenheit: Was der eine baut, zerstört der andere.

Dies ist allen bekannt, doch enthalten meine Worte etwas Neues: Sie denken, dass letztendlich die andere Seite die Gefahr einsehen wird, sich beugen und ihre Meinung annehmen wird; ich weiß aber, dass sogar, wenn wir sie in ein Gespann einspannen werden, sie gegenseitig nicht um eine Haaresbreite nachgeben werden. Und niemand wird durch Gefahr davon abgehalten, seine Ambitionen zu verwirklichen.

Mit anderen Worten: Solange wir unsere Ziele nicht über das materielle Leben erheben, werden wir keine Wiederkehr zum materiellen Wohlstand erreichen, da das Spirituelle und das Materielle nicht in uns einhergehen können, denn wir sind Kinder einer Idee. Und obwohl wir in das Materielle eingetaucht sind und das Spirituelle sich hinter neunundvierzig Toren vor uns verbirgt, werden wir dennoch nicht auf die Idee verzichten. Daher besteht unser erhabenes Ziel in der Erreichung des Schöpfers.

Horn des Messias

Rav Yehuda Ashlag

DIE ERLÖSUNG – NUR MITHILFE DER KABBALA

Wisse, dass es das ist, wenn es heißt, dass die Kinder von *Israel* erst erlöst werden, nachdem die verborgene Weisheit in großem Ausmaß enthüllt wurde, so wie es im *Sohar* geschrieben steht: „Durch dieses Werk [*Sohar*] werden die Kinder Israels vom Exil erlöst." Zu dieser Zeit gab es große Hoffnung auf Erlösung, weil die Schriften des *Sohar* zur Zeit der Enthüllung von Bar-Kochba begannen, von welchem Rabbi Akiva, Rashbis[3] Lehrer, sagte: „Es soll ein Stern aus Jakob hervortreten." Nach der Zerstörung von *Beitar* war die Hoffnung besonders groß.

DIE NIEDERSCHRIFT DES *SOHAR* UND SEINE VERHÜLLUNG

Und deswegen erlaubte sich der *Rashbi* die verborgene Weisheit in seinen Büchern, dem *Sohar* und den *Tikunim* freizugeben. Jedoch geschah es mit großer Sorgfalt, weil er es nur Rabbi Abba erlaubte, der im Geheimen enthüllen konnte, sodass nur die Weisen der Kinder Israels verstehen würden und die Weisen der Nationen der Welt nicht verstehen würden, aus Angst, damit die Bösen nicht wissen würden, wie sie ihren Meistern dienen. Als sie deshalb sahen, dass die Zeit für Israels Erlösung zu früh war, verbargen sie die Schriften. Das war zu der Zeit der Weisen, der *Savoraim*, denn es zeigt sich, dass sie viel über Themen aus dem *Sohar* geschrieben haben.

DIE ENTHÜLLUNG DER KABBALA IST GOTTES WILLE

Natürlich war es Gottes Wille, dass sie erscheinen würde. Deshalb gelangte sie zur Witwe von Rabbi Moshe de Leon. Sie erbte das Manuskript von ihrem Ehemann, und er erzählte ihr wahrscheinlich nichts von dem Enthüllungsverbot, und sie bot es zufällig zum Verkauf an.

---

[3] Abkürzung für Rabbi Shimon Bar Yochai.

DIE LEIDEN ISRAELS WEGEN DER ENTHÜLLUNG DER KABBALA

In der Tat richtete es bis zu diesem Tag aus oben erwähnten Gründen viel Schaden im Hause *Israel* an.

NUTZEN DER ENTHÜLLUNG DER KABBALA

Es gibt jedoch nichts Böses ohne Gutes. Und deshalb bewirkte diese Herrschaft, welche die Völker durch Diebstahl der Geheimnisse der *Tora* erlangten, einen großen Schub für die Entwicklung von Heiligkeit. Nach meiner Beurteilung befinden wir uns in einer Generation, welche genau an der Schwelle der Erlösung steht, wenn wir nur wüssten, wie wir die verborgene Weisheit unter den Massen verbreiten können.

ERSTER NUTZEN

Dies ist aus dem einfachen Grund so, weil „Er [...] die Reichen heruntergeschluckt [hat] und [...] sie ausspeien [wird]." Dadurch wird für alle ersichtlich werden, was zwischen mir und meinem Schwiegervater ist, der Unterschied zwischen der Essenz des Kerns und der oberen *Klipa* (Schale), aus welcher sich all die Weisen der Völker herausschälten, denn sicherlich werden all die Lager Israels, die die *Tora* geleugnet haben, zum Schöpfer und Seiner Arbeit zurückkehren.

ZWEITER NUTZEN

Es gibt dafür noch einen weiteren Grund: Wir haben akzeptiert, dass es eine Vorbedingung für die Erlösung gibt – dass alle Völker der Welt das Gesetz Israels anerkennen werden, wie geschrieben steht: „Und das Land wird voll des Wissens sein." Wie in dem Beispiel des Auszugs aus Ägypten, wo es ebenfalls die Vorbedingung gab, dass auch der Pharao Gott und Seine Gesetze anerkennen sollte und ihnen erlauben würde, Ägypten zu verlassen.

ERLÖSUNG DURCH DIE ENTHÜLLUNG DER KABBALA ALLEN VÖLKERN DER WELT

Deshalb steht geschrieben, dass jeder Einzelne aus den Völkern einen jüdischen Mann nehmen und diesen ins Heilige Land führen wird. Und es reicht nicht aus, dass sie von selbst gehen können. Man muss verstehen, wodurch die Völker der Welt zu so einer Kenntnis und so einem Willen gelangen sollen. Wisse, dass das durch die Verbreitung der wahren Weisheit geschieht, damit sie deutlich den wahren Gott und das wahre Gesetz sehen.

VERBREITUNG DER WEISHEIT DER KABBALA IN DER GANZEN WELT

Und die Verbreitung der Weisheit unter den Massen wird „**Horn**" genannt. Wie das Horn, dessen Ton eine große Distanz zurücklegt, wird sich das Echo der Weisheit über die ganze Welt verbreiten, sodass sogar die Völker hören und erkennen werden, dass *Israel* die Weisheit Gottes innehat.

DIE OFFENBARUNG DER KABBALA ALLEN VÖLKERN IST DIE ENTHÜLLUNG VON ELIJAH[4]

Und diese Tätigkeit wurde über Elijah, den Propheten, berichtet, weil die Enthüllung der Geheimnisse der *Tora* immer die „Enthüllung von Elijah" genannt wird, wie es heißt: „Lass es ruhen, bis Elijah kommt", und auch: „Der *Tishbi* wird die Fragen und Probleme beantworten." Aus diesem Grund wird gesagt, dass drei Tage (eine bekannte Andeutung) vor der Ankunft des Messias, Elijah auf die höchsten Hügel steigen und das große Horn blasen wird usw.

DIE OFFENBARUNG DER KABBALA ALLEN VÖLKERN IST EINE BEDINGUNG FÜR DIE VOLLKOMMENE ERLÖSUNG

Man muss diese Andeutungen so verstehen, dass das Prinzip des Horns nicht nur die Enthüllung der verborgenen Weisheit in großem Maße ist, welches eine nötige Vorbedingung ist, die vor der **vollständigen Erlösung** erreicht werden muss.

Und die Bücher, welche durch mich in dieser Weisheit enthüllt wurden, werden bezeugen, dass Themen, die an der Spitze der Welt stehen, wie ein Kleidungsstück für alle sichtbar ausgebreitet wurden, was wirklich ein Zeugnis dafür ist, dass wir bereits an der Schwelle der Erlösung stehen und dass wir die Stimme des großen Horns bereits hören, obgleich noch nicht in großer Entfernung, weil es immer noch sehr leise klingt.

Aber tatsächlich benötigt jede Größe vorher eine Kleinheit, und es gibt keine große Stimme, wenn ihr nicht ein sanfter Ton vorausgeht, weil das der Weg des Horns ist, und es wird stufenweise stärker. Wer weiß besser als ich, dass ich es überhaupt nicht wert bin, auch nur ein Bote zu sein und ein Autor, um solche Geheimnisse zu enthüllen, und noch weniger, sie gründlich zu verstehen. Und warum hat mir der Schöpfer das angetan? Nur, weil die Generation es wert ist, weil es die letzte Generation ist, die genau an der Schwelle der kompletten Enthüllung steht. Und aus diesem Grund lohnt es sich anzufangen, die Stimme des Horns des Messias zu hören, welches die Enthüllung der Geheimnisse ist, wie erklärt wurde.

---

[4] Elijah (heb. Elijahu/Elyahu) war ein biblischer Prophet, der in der Zeit der Könige Ahab und Ahasja im 2. Viertel des 9. Jh. v. u. Z. im Nordreich Israel wirkte. Sein Name bedeutet „Mein Gott ist der Herr (Y-H-W-H)".

Eine Dienerin, die zur Erbin ihrer Herrin wird

Rav Yehuda Ashlag

Dies bedarf einer gründlichen Erklärung. Um es für alle klar zu machen, werde ich diese Materie anhand des Geschehens in unserer Welt interpretieren.

DAS INNERE VOM ÄUßEREN

Die Höheren Wurzeln breiten ihre Kraft aus, indem sie eine nach der anderen herabsteigen und ihre Zweige in dieser Welt in Erscheinung treten, wie es in der Erklärung der Wurzeln und Zweige erläutert wurde. In ihrer Ganzheit werden die Welten als Inneres und Äußeres betrachtet. Dies ist einer schweren Last ähnlich, welche niemand heben oder von einem Platz zu einem anderen bewegen kann. Folglich wird geraten, die Last in kleine Teile zu stückeln und diese dann nacheinander zu tragen.

Bei uns ist es ähnlich, da das Ziel der Schöpfung unschätzbar ist, weil ein kleiner Funken wie die Seele eines Menschen in seiner Erkenntnis höher steigen kann als die dienenden Engel; wie unsere Weisen über diesen Vers sagten „Jetzt wird es Jakob und *Israel* gesagt werden: ‚Was hat Gott gefertigt!'" Man interpretiert, dass die Höheren Engel *Israel* fragen werden: „Was hat Gott gefertigt?"

DIE ENTWICKLUNG ISRAELS (DES INNEREN)
- EINS NACH DEM ANDEREN

Diese Freigiebigkeit wird uns nur zu Eigen, wenn sich eines nach dem anderen entwickelt. Wie im obigen Gleichnis gezeigt wird, kann selbst die schwerste Last gehoben werden, wenn wir sie in Teile zerlegen. Nicht nur der allgemeine Zweck erreicht uns auf diese Weise, sondern sogar das physische Ziel, welches nur eine Vorbereitung auf das allgemeine Ziel ist, erreicht uns durch schrittweise und langsame Entwicklung.

Folglich wurden die Welten in Inneres und Äußeres aufgeteilt, wobei jede Welt Lichter enthält, die dafür geeignet sind, bei langsamer Entwicklung zu wirken. Und diese werden „Innerlichkeit der Welt" genannt.

UNMITTELBARE ENTWICKLUNG DER NATIONEN DER WELT (DAS ÄUSSERE)

Diesen stehen Erleuchtungen gegenüber, welche nur unmittelbar handeln können. Wenn diese daher hier in ihren weltlichen Zweigen erscheinen und ihnen die Lenkung übergeben wird, dann korrigieren diese nicht nur nicht, sondern sie zerstören auch.

Unsere Weisen nennen es „unreif", so wie es über den Baum der Erkenntnis und *Adam haRishon* geschrieben steht, dass sie unreife Früchte aßen. Das bedeutet, dass es wirklich ein leckerer Genuss ist, welcher dazu gedacht ist, den Menschen zu erfreuen, jedoch in der Zukunft und nicht in der Gegenwart, da er weiter wächst und sich entwickelt. Deshalb verglichen sie ihn mit einer unreifen Frucht, da auch die Feige, welche die süßeste und leckerste Frucht ist, den Magen des Menschen verdirbt und zum Tode führen kann, wenn sie im unreifen Zustand gegessen wird.

Wir sollten wirklich fragen: „Wer ist derjenige, der solch eine Handlung in die Welt bringt?" Zumindest ist bekannt, dass es in unserer Welt keine Handlung gibt, die nicht von einem kraftvollen Schlag (*Hakaa*) von einer Höheren Wurzel begleitet wäre. Wisse, dass es das ist, was wir „die Herrschaft des Äußeren" nennen, wie in dem Vers „Gott hat sowohl den einen als auch den anderen erschaffen." Sie enthält eine Kraft, welche in Richtung der Enthüllung der Herrschaft des Inneren drängt und eilt, wie unsere Weisen sagten: „Ich setze einen König wie Haman über sie, und er wird sie dazu zwingen, zum Guten zurückzukehren."

DAS INNERE SIND DIE MENSCHEN ISRAELS

Wenn wir erst einmal die Höheren Wurzeln verdeutlicht haben, werden wir die Wurzeln in dieser Welt erklären. Wisse, dass ein Zweig, der sich aus der Innerlichkeit erstreckt, die Menschen von *Israel* darstellt, die als Helfer für das allgemeine Ziel und die Korrektur auserwählt wurden. Sie haben die für das Wachstum und die Entwicklung nötige Vorbereitung, sodass sie schließlich auch die Nationen der Welt zur Erreichung des gemeinsamen Ziels bringen.

DAS ÄUSSERE SIND DIE NATIONEN DER WELT

Der Zweig, welcher sich vom Äußeren ausdehnt, stellt den Rest der Nationen der Welt dar. Ihnen wurden nicht die Eigenschaften gewährt, mit denen sie würdig wären, sich Schritt für Schritt zum Ziel zu entwickeln. Sie sind eher dazu geeignet, die Korrektur gemäß ihrer Höheren Wurzel sofort und vollständig zu erreichen. Wenn sie daher Herrschaft von ihrer Wurzel erhalten, zerstören sie die Tugenden in den Kindern Israels und verursachen Leiden in der Welt.

EIN SKLAVE UND EINE DIENERIN

Wie wir oben erklärt haben, werden die Höheren Wurzeln, genannt „Äußeres", im Allgemeinen als „Dienerin" und „Sklave" bezeichnet. Damit soll gezeigt werden, dass sie überhaupt keine schlechte Absicht haben, wie es bei oberflächlicher Betrachtung erscheinen könnte. Stattdessen dienen sie dem Inneren so wie ein Sklave und eine Dienerin, welche im Dienst ihrer Herrschaft stehen.

DAS GESETZ DES ÄUßEREN HERRSCHT, WENN ISRAEL NICHT NACH TIEFE IN SEINER ARBEIT VERLANGT

Die oben erwähnte Herrschaft der Äußerlichkeit wird als „Exil Israels unter den Nationen der Welt" bezeichnet. Durch sie fügen sie der Nation Israels viele Arten des Leidens, der Schande und des Ruins zu. Um uns jedoch kurz zu fassen, werden wir nur erklären, was durch eine generelle Beobachtung enthüllt wird und was das allgemeine Ziel ist. Dies ist Götzenanbetung und Aberglaube, wie geschrieben steht: „Doch sie vermischten sich mit den Nationen und lernten von deren Handlungen." Dies ist das schlimmste und gefährlichste Gift, das die Seelen Israels zerstört, da dadurch die Eitelkeit der menschlichen Vernunft näher gebracht wird. In anderen Worten benötigen sie keine große Tiefe und auch kein großes Verständnis, um somit die Grundlagen ihrer Arbeit in die Herzen der Kinder Israels einzupflanzen. Und obwohl ein Mensch Israels kaum dazu fähig ist, ihren Unsinn zu akzeptieren, führen sie Götzendienst und Schmutz ein, bis herunter zu unverhohlener Ketzerei, bis er sagt: „Alle Gesichter sind gleich."

DER GRUND FÜR DIE VERHÜLLUNG DER KABBALA

Nun kannst du die Verhüllung der Weisheit des Verborgenen vor den Augen der Fremden verstehen und was die Weisen sprachen: „Einem Nichtjuden darf die *Tora* nicht gelehrt werden." Es scheint einen Widerspruch zwischen diesem und dem *Tana Debei Elyahu* (einem großen Weisen in den frühen Jahren unserer Zeitrechnung) zu geben, welcher sagte: „Auch wenn ein Nichtjude, ein Sklave und sogar eine Dienerin dasitzen und die *Tora* lernen, so begleitet sie trotzdem die Göttlichkeit." Warum verboten die Weisen folglich den Nichtjuden die *Tora* zu lehren?

DEN NICHTJUDEN DIE TORA LEHREN

Der *Tana Debei Elyahu* bezieht sich tatsächlich auf einen konvertierten Nichtjuden oder zumindest auf einen Menschen, der sich von der Götzenanbetung und dem Aberglauben lossagt. Umgekehrt bezogen sich unsere Weisen auf einen Menschen, der nicht der Götzenanbetung entsagt und Israels Gesetz und Weisheit wissen wollte, um seinen Götzendienst zu stärken und zu festigen. Und man könnte sagen: „Was kümmert es uns, wenn dieser Nichtjude mithilfe unserer *Tora* in seiner Götzenanbetung frommer wurde? Wenn es nicht hilft, welchen Schaden kann es dann anrichten?"

Eine Dienerin, die zur Erbin ihrer Herrin wird

RASHBIS WEINEN

Genau darum weinte *Rashbi*, bevor er ein wichtiges Geheimnis in der Weisheit des Verborgenen erklärte, wie es geschrieben steht: „Rabbi Shimon weinte: ‚Wehe, wenn ich spreche und wehe, wenn ich nichts sage. Wenn ich es verrate, dann werden die Sünder wissen, wie sie ihren Götzen dienen sollen; und wenn ich nichts sage, werden die Freunde dieses Wort verlieren.'"

Er war besorgt, dass dieses Geheimnis in die Hände der Götzenanbeter geriete und sie mit der Kraft dieses Heiligen Gedankens ihre Götzenanbetung ausführen würden. Dies nämlich verlängert unser Exil und bringt uns alle Leiden und Zerstörungen, die wir jetzt erleben, da die Weisen der Nationen der Welt alle Bücher der Kinder Israels studierten und diese in literarische Köstlichkeiten verwandelten, um ihren Glauben zu stärken, das heißt ihre Weisheit, welche „Theologie" genannt wird.

ZWEI SCHÄDEN, DIE DEN NATIONEN DER WELT DURCH DIE ENTHÜLLUNG DER WEISHEIT ISRAELS ENTSTEHEN

Sie haben zwei Fehler begangen:

1. Nachdem sie sich nun mit fremden Federn geschmückt hatten und behaupteten, dass all die Weisheit von der Erkenntnis ihres eigenen heiligen Geistes käme, erreichten diese Nachahmer ihr Ansehen auf unsere Kosten. Folglich untermauern sie ihre falsche Lehre und erreichen die Kraft, unsere Heilige *Tora* zu verleugnen.
2. Uns wurde ein noch größerer Schaden zuteil: Ein Mensch, der sich an ihre Theologie hält, entdeckt in ihr Konzepte und Weisheit über das Handeln Gottes, welche wahrer und authentischer als unsere Weisheit zu sein scheinen.

Und dies aus zwei Gründen:

Der erste ist, dass sie zahlreich sind und sich unter ihnen große und bewanderte Philologen befinden, die genau wissen, was sie tun: ungebildeten Leuten Dinge akzeptierbar zu machen. Philologie kommt von externen Lehren, und eine Gesellschaft von acht Milliarden Menschen bringt bestimmt sehr viele mehr und viel größere Philologen hervor als die unsere mit ihren fünfzehn Millionen. Folglich gerät ein Mensch, der ihre Bücher liest, in Zweifel darüber, ob sie Recht haben könnten, oder Schlimmeres.

Der zweite und wichtigste Grund ist, dass die Weisen von *Israel* auf jegliche Art und Weise die Weisheit der Religion vor den Massen hinter geschlossenen Türen verbergen. Die Weisen jeder Generation bieten den Massen einfache Erklärungen und unterbinden auf trickreiche Art jegliches Verlangen, sich der Weisheit des Verborgenen auch nur zu nähern oder mit ihr in Kontakt zu kommen.

WEHE, WENN ICH SPRECHE

Sie tun dies aus Furcht, dass die Dinge in die Hände der Götzenanbeter fallen würden, wie *Rashbi* schrieb: „Wenn ich spreche, werden die Sünder erfahren, wie sie ihren Götzen dienen sollen." Schließlich leiden wir sehr, selbst aufgrund der kleinen Dinge, die sie aus unseren Gefäßen gestohlen haben, welche trotz aller Bewachung zu ihnen durchgesickert sind.

DER GRUND FÜR DIE VERHÜLLUNG DER KABBALA

Dies stellt klar, was geschehen würde, enthüllten unsere Weisen für alle die Weisheit des Verborgenen. Und da wir verhüllen, solange unser Bürger noch nicht die Reife für die Geheimnisse der *Tora* erreicht hat, besitzt er keine Erkenntnis über die Weisheit der Religion. Folglich ist solch ein Mensch offensichtlich inspiriert und ermutigt, wenn er unbedeutende Weisheiten und Erklärungen in der Theologie findet, deren Essenz nichts weiter als eine Auswahl gestohlener Konzepte aus unserem Verborgenen, gespickt mit zusätzlichen literarischen Leckerbissen, ist. Wenn ein Mensch dies sieht, verleugnet er unser praktisches Gesetz und endet in völliger Ketzerei.

EINE DIENERIN, WELCHE DIE ERBIN IHRER HERRIN IST

Dies wird genannt: „Eine Dienerin, welche die Erbin ihrer Herrin ist", da die wirkliche Kraft der Herrin – die Herrschaft des Inneren – durch die Kraft unserer Weisheit und unseres Wissens existiert, so wie geschrieben steht: „Wir sind auserwählt, ich und Dein Volk, von allen Völkern, die sich auf der Erde befinden." Und nun trat die Dienerin hervor und rühmte sich in der Öffentlichkeit, dass sie die Erbin dieser Weisheit sei. Und man muss wissen, dass sie durch ihre Kraft und Herrschaft die Beine der Kinder Israels im Exil in Fesseln legt.

FESSELN DES EXILS

Folglich kommen die Essenz der Fesseln des Exils und deren Kraft aus der Weisheit und den Geheimnissen der *Tora*, die es ihnen gelang zu stehlen und in ihre Gefäße zu tun, trotz aller achtsamen Wächter, die wir aufgestellt hatten. Damit verführen sie die Massen und sagen, dass ihnen Gottes Arbeit vererbt wurde, und streuen somit auch Zweifel und Ketzerei in die Seelen Israels.

Artikel zum Abschluss des Buches Sohar

Rav Yehuda Ashlag

Es ist bekannt, dass das erwünschte Ziel die Verschmelzung mit dem Schöpfer ist, wie es heißt: „und mit Ihm zu verschmelzen". Und man muss verstehen, worin der Sinn dieser Verschmelzung mit dem Schöpfer besteht. Kann aber etwa der Gedanke den Schöpfer erkennen? Die Weisen kamen mir in dieser schwierigen Frage bereits zuvor, indem sie das Gesagte „und mit Ihm zu verschmelzen" hinterfragten: Wie kann man aber mit Ihm verschmelzen? Ist Er nicht etwa das „verzehrende Feuer"?

Und sie gaben eine Antwort: „Verschmelze mit Seinen Eigenschaften. Wie Er barmherzig ist, so sei auch du barmherzig; wie Er gnädig ist, so sei auch du gnädig" usw. Und auf den ersten Blick ist es schwer zu verstehen, woraus die Weisen solch einen Schluss zogen. Ist es nicht etwa klar gesagt: „und mit Ihm zu verschmelzen"? Denn wenn gemeint wäre: „Verschmelze mit Seinen Eigenschaften", dann müsste man sagen: „Hafte dich an Seine Wege". Warum steht also: „und mit Ihm zu verschmelzen"?

Die Sache ist so, dass bei der Betrachtung materieller Objekte, die Platz im Raum einnehmen, die Verschmelzung von uns als Nähe im Raum wahrgenommen wird, und Trennung von uns als Entfernung im Raum wahrgenommen wird. Was jedoch spirituelle Objekte angeht, die überhaupt keinen Raum einnehmen, so wird unter der Verschmelzung und der Trennung in Bezug auf sie nicht die Nähe oder die Entfernung im Raum verstanden – denn sie nehmen gar keinen Platz ein. Verschmelzung wird von uns als Gleichheit der Eigenschaften zweier spiritueller Objekte verstanden, und deren Unterschied wird von uns als Entfernung verstanden.

Und wie ein Beil einen materiellen Gegenstand zertrennt, ihn entzwei teilt, so kreiert die Verschiedenheit der Eigenschaften eine Unterscheidung in einem spirituellen Objekt und teilt es entzwei. Wenn dabei der Unterschied ihrer Eigenschaften klein ist, dann sagt man, dass sie unbedeutend voneinander entfernt sind. Wenn der Unterschied ihrer Eigenschaften groß ist, dann sagt man, dass sie sehr weit voneinander entfernt sind. Und wenn sie einander qualitativ entgegengesetzt sind, dann sagt man, dass sie voneinander polar entfernt sind.

Zum Beispiel, wenn zwei Menschen einander hassen, wird von ihnen gesagt, dass sie voneinander entfernt sind wie der Osten vom Westen. Und wenn sie einander lieben, dann wird von ihnen gesagt, dass sie wie ein Ganzes miteinander verschmolzen sind. Dabei ist die Rede hier nicht von einer Nähe oder einer Entfernung im Raum; gemeint ist die Gleichheit der Eigenschaften oder deren Unterscheidung. Denn wenn Menschen einander lieben, dann rührt das daher, dass sie über eine Gleichheit der Eigenschaften verfügen. Denn wenn einer alles liebt, was sein Freund liebt, und alles hasst, was sein Freund hasst, dann sind sie zu einem verschmolzen und lieben einander.

Wenn es jedoch zwischen ihnen irgendeinen Unterschied der Eigenschaften gibt, das heißt, wenn einer etwas liebt, obwohl sein Freund es hasst, dann sind sie im Maße dieser Unterscheidung der Eigenschaften einander verhasst und separat und voneinander entfernt. Wenn sie aber einander soweit entgegengesetzt sind, dass alles, was der eine liebt, seinem Freund verhasst ist, dann wird von ihnen gesagt, dass sie getrennt und soweit voneinander entfernt sind, wie der Osten dem Westen fern ist.

Also sehen wir, dass der Unterschied der Form im Spirituellen wie eine zertrennde Axt im Materiellen ist. Und das Maß der räumlichen Entfernung und die Größe ihrer Trennung hängen vom Maß der Unterscheidung ihrer Eigenschaften ab. Das Maß ihrer Verschmelzung hängt dagegen vom Maß der Ähnlichkeit ihrer Eigenschaften ab.

Auf diese Weise verstehen wir, wie gerecht die Worte der Weisen waren, die erklärten, dass das Geschriebene „und mit Ihm zu verschmelzen" die Verschmelzung mit Seinen Eigenschaften ist: „Wie Er barmherzig ist, so sei auch du barmherzig." Und sie verzerrten nicht den Sinn, sondern im Gegenteil, sie deuteten das Geschriebene wörtlich, weil eine spirituelle Verschmelzung überhaupt nicht anders gedeutet wird als „Ähnlichkeit der Eigenschaften". Also verschmelzen wir mit Ihm dadurch, dass wir unsere Eigenschaften den Eigenschaften des Schöpfers angleichen.

Darüber steht geschrieben: „Wie Er barmherzig ist ..." – das heißt: Genauso wie all Seine Handlungen nur darauf ausgerichtet sind, zu geben und dem Nächsten Gutes zu bringen, und keineswegs auf den eigenen Nutzen (denn es mangelt Ihm an nichts, was er ergänzen müsste, und es gibt niemanden, von dem Er empfangen könnte), so sollen auch alle unsere Handlungen zu dem Zweck sein, zu geben und dem Nächsten Nutzen zu bringen. Und darin werden wir unsere Eigenschaften den Eigenschaften des Schöpfers angleichen, was eben spirituelle Verschmelzung (*Dwekut*) ist.

In ihr gibt es eine Angleichung der Eigenschaften des Stadiums „*Mocha*" (Gehirn) und „*Liba*" (Herz). Das Studium der Kabbala für den Schöpfer heißt die Angleichung der Eigenschaften in *Mocha*. Denn wie der Schöpfer nicht an Sich denkt, ob Er existiert, ob Er seine Geschöpfe lenkt, und Er keine Zweifel dergleichen hat, so soll auch derjenige, der eine Gleichheit der Eigenschaften erreichen will, nicht an solche Dinge denken, weil es ihm klar ist, dass der Schöpfer nicht daran denkt. Denn es gibt keinen größeren qualitativen Unterschied als diesen. Daher ist jeder, der an solches denkt, zweifellos vom Schöpfer losgelöst und wird niemals eine qualitative Gleichheit (Ähnlichkeit der Eigenschaften) mit Ihm erreichen.

Davon sagten die Weisen: „Alle deine Taten müssen für den Schöpfer sein, das heißt auf die Verschmelzung mit dem Schöpfer ausgerichtet. Tue nichts, was nicht zu diesem Ziel führt." Das bedeutet, dass der Mensch alle seine Handlungen zu dem Zweck ausführen soll, zu geben und seinem Nächsten Nutzen zu bringen. Dann wird er eine qualitative Ähnlichkeit mit dem Schöpfer erreichen; wie alle Seine Handlungen es sind, zu geben und dem Nächsten Wohl zu bringen, so werden auch alle Handlungen des Menschen nur darauf ausgerichtet sein, zu geben und dem Nächsten Nutzen zu bringen, was eben die volle *Dwekut* (Verschmelzung) darstellt.

Ist es aber etwa möglich, dass der Mensch alle seine Handlungen zum Nutzen eines anderen ausführt, denn er muss doch unbedingt arbeiten, um sich selbst und seine Familie zu ernähren? Die Antwort ist wie folgt: Alle Handlungen, die er aus Notwendigkeit ausführt, das heißt, um das Wenige zu bekommen, was zu seiner Existenz nötig ist, unterliegt weder Verurteilung noch Gutheißung, weil dies nicht als ein für sich selbst Tätigsein angesehen wird.

Und jeder, der sich in das Wesen dieser Worte vertieft, wird sich natürlich wundern: Wie kann ein Mensch absolute Gleichheit der Eigenschaften erreichen, sodass alle seine Handlungen Geben an den Nächsten sind, während die ganze Existenz des Menschen nichts anderes als Empfangen für sich ist? Denn kraft seiner Natur, mit welcher er erschaffen wurde, ist der Mensch nicht fähig, auch nur die kleinste Handlung zum Nutzen eines anderen auszuführen, und wenn er einem anderen gibt, muss er erwarten, dass er im Endeffekt eine würdige Belohnung dafür erhalten wird. Und wenn er durch die Belohnung befriedigt ist, entledigt er sich der Möglichkeit, irgendeine Handlung auszuführen. Ist es also möglich, dass all seine Handlungen nur zu dem Zweck wären, anderen zu geben, und nicht für die Erfüllung der eigenen Bedürfnisse?

Tatsächlich gebe ich zu, dass dies sehr kompliziert ist, und es steht nicht in den Kräften eines Menschen, seine Natur zu verändern, die darin besteht, nur für sich zu empfangen. Und man soll nicht denken, dass man seine Natur in die entgegengesetzte Art verändern kann, um nichts für sich zu empfangen und alle Handlungen nur für das Geben auszuführen.

Aber der Schöpfer gab uns die *Tora* und *Mizwot* [im Sinne von] *liShma* als eine Methodik der Korrektur, damit wir mit deren Hilfe fähig würden, es zu lernen, Handlungen mit der Absicht für den Schöpfer auszuführen. Und wenn da nicht das Studium der *Tora* für den Schöpfer und nicht für den eigenen Gewinn wäre, dann würde uns keine einzige List in der Welt helfen, unsere Natur zu verändern.

Daraus sollte man das ganze Maß der Strenge in den Studien der *Tora* für den Schöpfer verstehen. Denn wenn die Absicht eines Menschen nicht für den Schöpfer, sondern für den eigenen Gewinn sein wird, dann wird er nicht nur seine Natur des *Willens zu empfangen* nicht verändern, sondern im Gegenteil wird sein *Wille zu empfangen* viel größer werden als der, den er von Natur aus hatte. Ich erklärte das im „*Vorwort zum Sulam Kommentar*" im ersten Band (siehe Paragraph 30, 31), und hier besteht keine Notwendigkeit, damit fortzufahren.

Über welche Vorzüge verfügt nun der Mensch, der einer Verschmelzung mit dem Schöpfer würdig wurde? Das wird nirgends klar beschrieben, und es werden nur feine Andeutungen gemacht. Um jedoch das in diesem Artikel Gesagte zu verdeutlichen, muss ich es ein wenig enthüllen, gemäß dem Maß der Notwendigkeit.

Und ich werde es an einem Beispiel erklären. Der Körper mit seinen Organen stellt ein einziges Ganzes dar. Und der Körper tauscht Gedanken und Empfindungen mit jedem einzelnen Organ aus. Wenn zum Beispiel der Organismus denkt, dass eines seiner Organe ihm dienen und Genuss bringen kann, erfährt dieses Organ sofort von diesem Gedanken und bereitet dem Körper jenen Genuss, an welchen er denkt. So auch, wenn irgendein Organ denkt und sich in der Position eingeschränkt fühlt, in der es sich befindet, erfährt der Körper unmittelbar von dessen Gedanken und dessen Empfindung und nimmt eine dafür angenehmere Position ein.

Wenn es jedoch geschah, dass irgendein Organ sich vom Körper abspaltete, dann werden sie zu zwei unterschiedlichen, selbstständigen Teilen, und der Körper kennt nicht mehr die Bedürfnisse dieses einzelnen Organs. Und das Organ kennt nicht mehr die Gedanken des Körpers, um eine Möglichkeit zu haben, ihm zu dienen und Nutzen zu bringen. Wenn jedoch ein Arzt dieses Organ mit dem Körper so verbindet, wie es früher war, wird das Organ wieder die Gedanken und Bedürfnisse des Organismus kennen, und der Organismus wird wieder die Bedürfnisse des Organs kennen.

Aus diesem Beispiel kann man verstehen, über welch einen Vorzug der Mensch verfügt, welcher der Verschmelzung mit dem Schöpfer würdig wurde. Denn ich bewies bereits in meinem „*Vorwort zum Buch Sohar*", S. 9, dass die Seele das Leuchten ist, welches dem Wesen des Schöpfers entspringt. Und dieses Leuchten ist vom Schöpfer dadurch abgetrennt, dass der Schöpfer es in den *Willen zu empfangen* einkleidete, da dieses Schöpfungsvorhaben, die Geschöpfe mit Genuss zu beschenken, in jeder Seele den Wunsch erschuf, Genuss zu empfangen. Das heißt: Diese Form des *Willens zu genießen* spaltete dieses Leuchten vom Wesen des Schöpfers ab und machte es zu einem von Ihm abgetrennten Teil.

Daraus folgt, dass jede Seele vor ihrer Erschaffung in das Wesen des Schöpfers eingeschlossen war. Bei ihrer Erschaffung erfuhr jedoch die Seele mit der Natur des Willens, Genuss zu empfangen, der in ihr eingeprägt ist, eine Unterscheidung der Eigenschaften und löste sich vom Schöpfer, dessen ganzes Wesen nur das Geben ist. Denn wie zuvor gesagt wurde, trennt die Unterscheidung von Eigenschaften im Spirituellen wie eine Axt im Materiellen.

Und nun befindet sich die Seele in einem Zustand, der vollkommen dem im Beispiel Beschriebenen gleicht, wie ein vom Körper abgeschnittenes und abgetrenntes Organ. Und das, obwohl vor der Trennung das Organ und sein Organismus ein Ganzes waren und miteinander Gedanken und Gefühle austauschten. Nachdem jedoch das Organ vom Körper abgeschnitten wurde, wurden dadurch zwei Herrschaften kreiert, und der eine kennt nicht mehr die Gedanken des anderen und seine Bedürfnisse. Und nachdem sich die Seele in den Körper dieser Welt einkleidete, wurden alle Verbindungen getrennt, die sie hatte, bevor sie sich vom Wesen des Schöpfers abspaltete. Und jeder begann scheinbar, über eine eigene Macht zu verfügen.

Dementsprechend wird klar, über welchen Vorzug der Mensch verfügt, der dessen würdig wurde, wieder mit dem Schöpfer zu verschmelzen, was bedeutet, dass er der Ähnlichkeit mit den Eigenschaften des Schöpfers würdig wurde, dadurch, dass er kraft der *Tora* den *Willen zu empfangen*, der in ihm eingeprägt war, ins Gegenteil verwandelte, weil dieser Wille eben das war, was ihn vom Wesen des Schöpfers trennte, und er ihn in den *Willen zu geben* verwandelte. Und alle seinen Handlungen sind nun nur auf das Geben ausgerichtet und darauf, dem Nächsten Nutzen zu bringen. Und dadurch, dass er sich den Eigenschaften des Schöpfers anglich, gleicht er jenem Organ, welches einst vom Körper abgeschnitten war, aber zurückkehrte und sich wieder mit dem Körper verband. Und wieder kennt es die Gedanken des Körpers, wie es sie kannte, bevor es sich vom Körper trennte. So auch die Seele: Nachdem sie eine Schöpferähnlichkeit erreicht, kehrt sie zurück und kennt wieder Seine Gedanken, wie sie diese vor der Trennung von Ihm aufgrund der Unterscheidung der Eigenschaften des *Willens zu genießen* kannte. Und dann erfüllt sich das damit Gesagte: „Erkenne den Schöpfer, deinen Vater", weil sie dann des vollkommenen Wissens gewürdigt wird; sie erkennt die Vernunft des Schöpfers und wird der Offenbarung aller Geheimnisse der *Tora* gewürdigt, da die Gedanken des Schöpfers die Geheimnisse der *Tora* sind.

Wie Rabbi Meir sagte: „Jedem, der *Tora* für den Schöpfer studiert, wird vieles gewährt. Man enthüllt vor ihm die Geheimnisse und ‚Geschmäcker' der *Tora*, und er wird wie eine Quelle, die sich ununterbrochen erneuert." Das heißt, die Beschäftigung mit der *Tora* in der Absicht für den Schöpfer, nicht für den eigenen Nutzen, garantiert dem Menschen eine Verschmelzung mit dem Schöpfer. Das bedeutet, dass er die Ähnlichkeit der Eigenschaften erreichen wird, sodass alle seine Handlungen für den Nutzen des Nächsten sein werden und nicht für sich, also genauso wie der Schöpfer, dessen gesamte Handlungen nur das Geben beinhalten und dem Nächsten Güte bringen sollen.

Und dadurch kehrt der Mensch zur *Dwekut* (Verschmelzung) mit dem Schöpfer zurück, so wie seine Seele vor ihrer Erschaffung war. Deswegen wird ihm vieles zuteil, und es enthüllen sich ihm die Geheimnisse und die „Geschmäcker" der *Tora*. Und er wird zu einer Quelle, die sich ununterbrochen erneuert, da die Schranken beseitigt wurden, die ihn vom Schöpfer trennten, denn er wurde wieder zu einem Ganzen mit Ihm, wie vor seiner Erschaffung.

Tatsächlich stellt jedoch die ganze *Tora* (wie die offene so auch die verhüllte) die Gedanken des Schöpfers dar, ohne jeglichen Unterschied. Das gleicht einem Menschen, der im Fluss ertrinkt. Sein Freund wirft ihm ein Seil zu, um ihn zu retten. Wenn der Ertrinkende das Seil an dem ihm näheren Ende fängt, dann wird sein Freund ihn retten und aus dem Fluss ziehen können.

So gleicht auch die *Tora*, die ganz aus den Gedanken des Schöpfers besteht, einem Seil, welches der Schöpfer den Menschen zuwarf, um sie zu erretten und aus den *Klipot* herauszuziehen. Und das Ende des Seils ist jedem nahe, was die offene *Tora* meint, die keinerlei Absicht und Gedanken bedarf. Mehr als das: Sogar wenn im Streben zur Korrektur bei ihm ein verderblicher Gedanke entsteht, wird das auch vom Schöpfer angenommen, wie es geschrieben steht: „Immer soll der Mensch die *Tora* studieren und Gebote erfüllen, sogar für sich, weil man von der Absicht für sich zur Absicht für den Schöpfer gelangt."

Daher ist die Methodik der Kabbala jenes Ende des Seils, und es gibt in der Welt keinen Menschen, der es nicht festhalten könnte. Und wenn er gut festhält, das heißt, dessen gewürdigt wird, Handlungen für den Schöpfer und nicht für sich auszuführen, erreicht er die Ähnlichkeit mit den Eigenschaften des Schöpfers, was der Sinn des zuvor Gesagten ist: „und mit Ihm zu verschmelzen".

Und dann wird dem Menschen die Erkenntnis aller Gedanken des Schöpfers zuteil, die als Geheimnisse und „Geschmäcker" der *Tora* bezeichnet werden und den übrig gebliebenen Teil des Seils darstellen. Dessen wird er allerdings nicht gewürdigt, bis er, wie oben gesagt, die volle Verschmelzung erreicht.

Und dass wir die Gedanken des Schöpfers, das heißt Geheimnisse und „Geschmäcker" der *Tora*, mit einem Seil vergleichen, rührt daher, dass in der Angleichung an die Eigenschaften des Schöpfers eine Vielzahl an Stufen existiert. Daher gibt es eine Vielzahl an Stufen in dem Teil des Seils, welches in Ihm enthalten ist, das heißt in der Erkenntnis der Geheimnisse der *Tora*.

Dem Maße der Ähnlichkeit mit den Eigenschaften des Schöpfers entspricht das Maß der Erkenntnis der Geheimnisse der *Tora*, das heißt der Kenntnis Seiner Gedanken, die üblicherweise fünf Stufen darstellen: *Nefesh*, *Ruach*, *Neshama*, *Chaja* und *Yechida*. Jede besteht aus allen, und in jeder gibt es fünf Stufen, sodass jede mindestens aus 25 Stufen besteht.

Und sie werden auch als Welten bezeichnet, wie die Weisen sagten: „Der Schöpfer wird jedem Weisen als Geschenk 310 Welten überreichen." Und Stufen der Erkenntnis des Schöpfers werden als Welten bezeichnet, weil der Begriff „Welt" (*Olam*) durch zwei Eigenschaften charakterisiert wird:

Artikel zum Abschluss des Buches Sohar

1. Allen, die in diese Welt gekommen sind, wird das gleiche Gefühl und die gleiche Empfindung gegeben. Und alles, was der eine sieht, hört oder empfindet, sehen, hören und empfinden alle anderen, die in diese Welt gekommen sind.
2. Alle, die in diese „keiner Erkenntnis unterliegenden" Welt kamen, können in keiner anderen Welt etwas erfahren oder erkennen.

Auch der Erkenntnis werden zwei Definitionen gegeben:

1. Jeder, dem irgendeine Stufe zuteil wurde, kennt und erkennt in ihr alles, was alle erkannten, die diese Stufe in allen Generationen erklommen, die waren und die sein werden, und er befindet sich mit ihnen in gemeinsamer Erkenntnis, als würden sie sich in derselben Welt befinden.
2. Alle, die sich auf die gleiche Stufe erheben, können nicht erfahren oder etwas von dem erkennen, was es auf der anderen Stufe gibt, genauso wie sie in dieser Welt nicht etwas von dem erfahren können, was sich in der wahren Welt befindet. Und daher werden die Stufen als „Welten" bezeichnet.

Dementsprechend können diejenigen, die Erkenntnis erlangt haben, Bücher verfassen und ihre Erkenntnisse in Form von verständlichen Deutungen und Beispielen aufschreiben, für jeden, der jener Stufen gewürdigt wurde, von welchen die Bücher sprechen, und sie haben somit eine gemeinsame Erkenntnis miteinander. Derjenige jedoch, dem es nicht zuteil wurde, die Stufe wie die Autoren vollständig zu erkennen, kann ihre Deutungen nicht verstehen. Und es ist nicht notwendig für diejenigen, die keiner Erkenntnis gewürdigt wurden, dass sie davon etwas verstehen, weil es in ihnen keine gemeinsamen Erkenntnisse gibt.

Und es wurde bereits gesagt, dass die volle *Dwekut* (Verschmelzung) und die vollkommene Erkenntnis sich in 125 allgemeine Stufen aufteilen und es daher nicht möglich ist, vor dem Kommen des *Messias* aller 125 Stufen gewürdigt zu werden. Und es exitieren zwei Unterschiede zwischen allen Generationen zur Generation des *Messias*:

1. Und die Generation des Messias unterscheidet sich von allen anderen Generationen dadurch, dass man nur in der Generation des Messias alle 125 Stufen erkennen kann, aber nicht in den übrigen Generationen.
2. In allen Generationen sind die Aufgestiegenen, denen die Erkenntnis und die Verschmelzung zuteil wurden, geringzählig, wie unsere Weisen es mit dem Spruch sagten: „Einen Menschen von tausend fand Ich. Tausend kommen in das Zimmer hinein, und einer geht zum Licht hinaus", das heißt, zur Verschmelzung und Erkenntnis, wie es geschrieben steht: „Und die Erde wird sich mit Wissen des Schöpfers füllen. Und es wird nicht mehr einer den anderen lehren und ein Bruder dem anderen sagen: ‚Erkenne den Schöpfer!', denn alle werden Mich erkennen, von Jung bis Alt."

Das bezieht sich jedoch nicht auf *Rashbi* (Abk. von Rabbi Shimon Bar Yochai) und seine Generation, das heißt, diejenigen, die den *Sohar* erkannten. Sie haben vollständig alle 125 Stufen erkannt, obwohl es noch vor dem Kommen des Messias war. Von ihm und seinen Schülern steht geschrieben: „Der Weise ist einem Propheten vorzuziehen." Daher wird im *Sohar* vielmals gesagt, dass es keine Generation geben wird, die der Generation von *Rashbi* gleichen würde, bis zur Generation des *Messias*. Daher hat sein großes Buch auf diese Welt solch einen starken Eindruck gemacht, denn die Geheimnisse der *Tora*, die darin eingeschlossen sind, umfassen die Höhe aller 125 Stufen.

Und daher steht im Buch *Sohar* selbst geschrieben, dass der *Sohar* sich erst am Ende der Tage offenbaren wird, das heißt, in den Tagen des Messias, weil, wie wir sagten, wenn die Stufen der Studierenden nicht der Stufe des Autors gleich sind, sie seine Andeutungen nicht verstehen können, weil sie keine gemeinsame Erkenntnis haben.

Und da die Stufe jener, die den *Sohar* erkannten, auf der Höhe von allen 125 Stufen war, ist es unmöglich, sie vor dem Kommen des Messias zu erkennen. Folglich gibt es in den Generationen, die der Ankunft des Messias vorausgehen, keine gemeinsame Erkenntnis mit dem Autor des *Sohar*, und daher konnte sich der *Sohar* nicht in den Generationen offenbaren, die der Generation des Messias vorausgingen.

Das ist ein klarer Beweis dafür, dass unsere Generation bereits zur Epoche des Messias gehört, weil zu sehen ist, dass alle früheren Deutungen des *Buches Sohar* kaum zehn Prozent der komplizierten Stellen erläuterten, die darin anzutreffen waren. Und auch in dem wenigen, was sie erklärten, sind ihre Worte nebulös, fast wie die Worte des *Sohar* selbst. Und in unserer Generation wurde uns der Kommentar „Sulam" zuteil, welcher der volle Kommentar zu allem ist, was im *Sohar* steht.

Und außer, dass er im ganzen *Sohar* keine einzige Unklarheit lässt, ohne sie zu erklären, gründen sich seine Erklärungen auch auf den einfachen, gesunden Menschenverstand, und jeder Studierende kann sie verstehen. Und die Tatsache, dass der *Sohar* sich in dieser Generation offenbarte, ist ein klarer Beweis dafür, dass wir bereits am Anfang der Epoche des Messias stehen, und die Generation sind, von der es heißt: „Und die Erde wird sich mit dem Wissen des Schöpfers füllen".

Und man sollte wissen, dass es im Spirituellen nicht so wie im Materiellen ist, wo Geben und Empfangen gleichzeitig stattfinden, da im Spirituellen die Zeit des Gebens und die Zeit des Empfangens voneinander getrennt sind. Zuerst gibt der Schöpfer dem Empfänger, doch dadurch wird ihm nur die Möglichkeit zu empfangen eingeräumt. Der Empfänger hat noch nichts empfangen. Er muss sich zu einem nötigen Grad reinigen und wird dann des Empfangs gewürdigt. Sodass zwischen dem Geben und dem Empfangen viel Zeit verstreichen kann.

Obwohl von dieser Generation geschrieben steht, dass sie bereits den Zustand: „Und die Erde wird sich mit dem Wissen des Schöpfers füllen" erreichte, wurde das nur hinsichtlich des Gebens gesagt. Doch das Empfangen haben wir natürlich noch nicht erreicht. Und sobald wir uns reinigen, es lernen und in erwünschtem Maße Anstrengungen unternehmen, wird die Zeit des Empfangens kommen und sich in uns das Gesagte verwirklichen: „Und die Erde wird sich mit dem Wissen des Schöpfers füllen."

Es ist bekannt, dass Erlösung und Vollkommenheit der Erkenntnis miteinander verflochten sind. Und der Beweis liegt darin, dass jeden, der einen Drang zu den Geheimnissen der *Tora* hat, das Land *Israel* anzieht. Daher ist es uns versprochen, dass „sich das Land (die Erde) mit dem Wissen des Schöpfers füllen wird", erst am Ende der Tage, das heißt, zur Zeit der Erlösung.

Somit wurde uns hinsichtlich der Vollkommenheit der Korrektur noch nicht die Zeit des Empfangens, sondern lediglich die Zeit der Gabe zuteil, genauso auch hinsichtlich der Erlösung, welcher wir nur in Form der Gabe würdig wurden. Denn die Tatsache, dass der Schöpfer unser Land von der Herrschaft von Fremden befreite und es uns zurückgab, bedeutet noch nicht, dass wir dieses Land bekamen, weil noch nicht die Zeit des Empfangens kam, wie auch hinsichtlich der Vollkommenheit der Erkenntnis erklärt wurde.

Somit gab uns der Schöpfer, doch wir haben noch nicht empfangen. Denn wir verfügen über keine wirtschaftliche Unabhängigkeit, und ohne sie kann ein Staat nicht unabhängig sein. Außerdem kann es keine Erlösung des Körpers ohne die Erlösung der Seele geben. Und solange die Mehrheit der Bewohner dieses Landes in Gefangenschaft fremder Kulturen anderer Völker sind und vollkommen unfähig, die Idee des Strebens zum Schöpfer wahrzunehmen, befinden sich auch die Körper in der Gefangenschaft fremder Kräfte. Und in dieser Hinsicht befindet sich dieses Land noch immer in den Händen Fremder, worauf die Tatsache hinweist, dass die Erlösung niemanden sonderlich aufregt, wie dies bei einer Erlösung nach zwei Jahrtausenden sein müsste.

Mehr als das: Die Vertriebenen drängen nicht nur nicht zu uns, um die Erlösung zu genießen, sondern ein bedeutender Teil von jenen, die sich erretteten und bereits unter uns leben, warten mit Ungeduld darauf, von dieser Erlösung befreit zu werden und in die Länder der Zerstreuung zurückzukehren.

Denn ungeachtet der Tatsache, dass der Schöpfer dieses Land aus der Macht anderer Völker befreite und es uns gab, haben wir es noch nicht in Empfang genommen und genießen es nicht. Doch durch diese Schenkung gab uns der Schöpfer eine Möglichkeit der Korrektur, das heißt, uns zu reinigen und die Korrektur unserer Natur zu beginnen, um die Eigenschaften des Schöpfers zu erlangen. Und dann wird der Tempel wieder erbaut werden, und wir werden dieses Land zu unserer Verfügung erhalten. Dann werden wir die Freude der Erlösung empfinden und verspüren.

Solange wir dies jedoch noch nicht erreicht haben, hat sich nichts verändert, und es gibt keinerlei Unterschied zwischen dem Verhalten in diesem Land jetzt und damals, als es in der Herrschaft von Fremden stand: weder in den Gesetzen noch in der Wirtschaft noch hinsichtlich des Strebens zum Schöpfer. Und alles, was wir haben, ist nur die Möglichkeit einer Erlösung.

Aus dem Gesagten folgt, dass unsere Generation die Generation des Messias ist. Deswegen wurden wir der Erlösung unseres Landes von fremder Herrschaft gewürdigt. Und uns wurde auch die Offenbarung des *Buches Sohar* zuteil, was der Beginn der Erfüllung des Gesagten ist: „Und es wird sich die Erde mit der Kenntnis des Schöpfers füllen." „Und es wird nicht mehr einer den anderen lehren ... denn alle werden Mich erkennen, von Jung bis Alt". Das wurde uns jedoch lediglich in Form eines Geschenks des Schöpfers zuteil, doch selbst empfingen wir noch nichts. Dadurch wurde uns lediglich die Möglichkeit gegeben, die spirituelle Erhebung und die Korrektur unserer Natur durch die Absicht für den Schöpfer anzusetzen, und dann werden wir einer großen Erkenntnis gewürdigt werden, alles zu empfangen, was der Generation des Messias versprochen wurde, was alle uns vorausgehenden Generationen nicht kannten: „Vollkommenheit der Erkenntnis" sowie „volle Erlösung".

Also erklärten wir, dass die Antwort der Weisen auf die Frage, wie man mit dem Schöpfer verschmelzen könne, nämlich: „Verschmelze mit Ihm qualitativ (hinsichtlich der Eigenschaften)", aus zwei Gründen der Wahrheit entspricht:

1. Die spirituelle *Dwekut* (Verschmelzung) besteht nicht in räumlicher Nähe, sondern in der Ähnlichkeit der Eigenschaften;
2. Weil sich die Seele nur wegen des *Willens zu genießen*, der ihr vom Schöpfer eingeprägt wurde, vom Schöpfer abspaltete. Doch nachdem sich der *Wille zu empfangen* von der Seele abspaltet, kehrt sie zur anfänglichen Verschmelzung mit dem Wesen des Schöpfers zurück.

Doch all das ist nur Theorie. Praktisch jedoch wurde noch keineswegs der Sinn des Gesagten erläutert: „Verschmelze mit Ihm hinsichtlich der Eigenschaften." Und es bedeutet, den *Willen zu empfangen* abzutrennen, der in der Natur des Geschöpfes eingeprägt ist, und den *Willen zu geben* zu erreichen, der das Gegenteil seiner Natur darstellt.

Doch, wie gesagt, muss der im Fluss Ertrinkende kräftig am Seil festhalten. Und solange er sich noch nicht mit seiner Korrektur in einem solchen Maß beschäftigt, dass er nicht mehr zu seiner Dummheit zurückkehren wird, gilt er nicht als einer, der sich am Seil kräftig festhält. Doch dann entsteht wieder eine Frage: Woher wird er die Energie nehmen, um aus aller Kraft und mit allen Anstrengungen Handlungen nur für den Schöpfer auszuführen? Denn der Mensch kann keine einzige Bewegung machen, ohne irgendwelchen Nutzen für sich daraus zu ziehen, wie eine Maschine nicht ohne Brennstoff arbeiten kann. Wenn er daher keinen Gewinn für sich haben wird, sondern es nur darum gehen wird, dem Schöpfer Genuss zu bereiten, dann wird der Mensch keine Energie für die Arbeit haben.

Die Antwort ist wie folgt: Für jeden, der die Größe des Schöpfers auf die richtige Weise erkennt, wird das Geben, welches er für Ihn ausführt, zu einem Empfangen, wie es im Traktat „*Kidushin*" über einen wichtigen Menschen steht, welchem die Braut Geld gibt, und es dann gilt, als hätte sie von ihm empfangen, und sie wird ihm dadurch angetraut.

Genauso hinsichtlich des Schöpfers: Wenn der Mensch Seine Größe erkennt, gibt es kein größeres Empfangen als die Schenkung des Genusses an den Schöpfer, und das reicht gänzlich für die Energie aus, um sich zu bemühen und mit dem ganzen Herzen und der ganzen Seele und mit dem ganzen Wesen Anstrengungen zu unternehmen, um dem Schöpfer Vergnügen zu bereiten. Es ist jedoch klar, dass, wenn der Mensch Seine Größe noch nicht so erkannt hat wie es sich geziemt, das Bereiten eines Genusses für den Schöpfer für ihn kein Empfangen in einem solchen Maße ist, dass er dem Schöpfer sein ganzes Herz und seine Seele und sein ganzes Wesen geben würde.

Daher wird er jedes Mal, wenn seine Absicht tatsächlich das Geben an den Schöpfer und nicht das Empfangen für sich ist, vollkommen seine Kräfte verlieren und wird nichts tun können. Er wird einem Auto ohne Benzin gleichen, weil der Mensch keinen Finger rühren kann, ohne irgendeinen Nutzen für sich daraus zu ziehen, und er schon gar nicht eine solch große Anstrengung unternehmen kann, seine ganze Seele und sich ganz hineinzulegen, wie die *Tora* dazu verpflichtet. Es besteht kein Zweifel daran, dass er nicht fähig sein wird, dies zu tun, wenn er dabei für sich nicht wenigstens irgendeinen Genuss erhalten wird.

Doch in Wirklichkeit ist die Erkenntnis der Größe des Schöpfers in einem solchen Maße, dass Geben sich in Empfangen verwandeln würde, wie in dem Fall mit der wichtigen Person, gar nicht so kompliziert. Denn alle wissen von der Größe des Schöpfers, der alles erschuf und alles von Beginn bis Ende vollbringt, dessen Größe grenzenlos und endlos ist.

Die Schwierigkeit besteht darin, dass die Bewertung der Größe nicht von einem Individuum, sondern von der Umgebung abhängt. Wenn zum Beispiel ein Mensch über viele gute Eigenschaften verfügt, die Umgebung ihn aber nicht schätzt und respektiert, wird solch ein Mensch immer schlecht gelaunt sein und nicht auf seine guten Eigenschaften stolz sein können, obwohl er nicht an deren Wahrhaftigkeit zweifelt. Und umgekehrt ein Mensch, der über gar keine guten Eigenschaften verfügt, den aber die Umgebung schätzt, als hätte er viele gute Eigenschaften- solch ein Mensch wird mit Stolz erfüllt sein, weil die Bewertung der Wichtigkeit und Größe gänzlich von der Umgebung abhängt.

Und wenn der Mensch sieht, wie leichtsinnig seine Umgebung sich zur Arbeit des Schöpfers verhält und Seine Größe nicht so schätzt, wie es sich geziemt, kann er solch ein Verhältnis der Umgebung nicht allein überwinden. Und dann kann er auch nicht die Größe des Schöpfers erkennen und ist während seiner Arbeit genauso leichtsinnig wie sie. Und weil er keine Basis in der Erkenntnis der Größe des Schöpfers hat, wird er selbstverständlich keine Handlungen für den Schöpfer (und nicht für sich) ausführen können, weil er keine Energie haben wird, eine Anstrengung zu unternehmen, wie es geschrieben steht: „Unternahm keine Anstrengungen und fand – dies sollst du nicht glauben." Und in diesem Fall hat er keinen Ausweg. Entweder muss er für sich empfangen oder gar nichts tun, da der Genuss des Schöpfers für ihn kein wahres Empfangen sein wird.

Und man muss das Gesagte verstehen: „In den Volksmassen liegt der Ruhm des Königs." Denn das Bewusstsein der Größe erhält man von der Umgebung, unter Einhaltung zweier Bedingungen:

1. Das Ausmaß der Wichtigkeit für die Umgebung.
2. Die Umgebung muss groß genug sein. Und daher: „In den Volksmassen liegt der Ruhm des Königs."

Und wegen der großen Schwierigkeit, die sich darin birgt, raten uns die Weisen: „Mache dir einen Rav (hier und im Weiteren: Lehrer, Anm. d. Übers.) und kaufe einen Freund." Das heißt: Der Mensch muss einen wichtigen und berühmten Menschen wählen, der für ihn zu einem Lehrer wird, wodurch er zur Ausführung der Handlungen für den Schöpfer übergehen kann, da es im Hinblick auf einen Lehrer zwei erleichternde Umstände gibt:

1. Da der Lehrer eine wichtige Person ist, kann der Schüler ihm gegenüber Handlungen des Gebens ausführen, sich dabei auf seine Größe gründend. In diesem Fall verwandelt sich das Geben für ihn in Empfangen, was die natürliche Quelle der Energie ist. Und dann wird er jedes Mal die Handlungen des Gebens vermehren können. Und nachdem er sich an Handlungen des Gebens für seinen Lehrer gewöhnt hat, wird er zu Handlungen für den Schöpfer übergehen können, weil die Gewohnheit zur Natur wird.

2. Die Ähnlichkeit der Eigenschaften mit dem Schöpfer hilft nicht, wenn sie nicht auf ewig ist, also „wenn der Schöpfer selbst bezeugt, dass er nicht wieder zu seiner Narrheit zurückkehren würde". Und die Ähnlichkeit der Eigenschaften mit dem Lehrer (da er sich in dieser Welt und Zeit befindet) hilft, ungeachtet der Tatsache, dass sie temporär ist, und er bald danach wieder auf seinen falschen Weg zurückkehren wird.

Folglich erkennt er jedes Mal, wenn er die Ähnlichkeit der Eigenschaften mit seinem Lehrer erreicht und sich für eine Zeit an ihn haftet, im Maße seiner

Verschmelzung das Wissen und die Gedanken seines Lehrers, wie im Beispiel mit dem vom Körper abgeschnittenen und wieder mit ihm vereinten Organ.

Daher kann der Schüler von der Erkenntnis der Größe des Schöpfers durch seinen Lehrer Gebrauch machen, welche das Geben in Empfangen verwandelt und Energie gibt, die dazu ausreicht, um seine ganze Seele und sein ganzes Wesen hineinzulegen. Dann kann auch der Schüler sich mit seinem ganzen Herzen, seiner ganzen Seele und seinem ganzen Wesen auf den Schöpfer ausrichten. Und das ist ein wunderbares Mittel, welches zu einer ewigen Verschmelzung mit dem Schöpfer führt.

Daraus kann man das von den Weisen Gesagte verstehen: „Die Anwendung der Kabbala ist wichtiger als deren Studium, wie es im Fall des Elisha ben Shafat ist, der Wasser auf die Hände von Elyahu goss." Es steht nicht „lernte", es steht „goss". Und auf den ersten Blick ist es merkwürdig, wie einfache Handlungen bedeutender sein können als das Studium der Weisheit und die Erlangung des Wissens. Doch aus dem Gesagten geht klar hervor, dass der Dienst an seinem Lehrer mit Körper und Seele, um ihm Genuss zu bereiten, zu einer Verschmelzung mit dem Lehrer führt, das heißt zur Ähnlichkeit der Eigenschaften. Und der Schüler bekommt dadurch die Kenntnisse und Gedanken seines Lehrers „vom Munde zum Munde", durch die Verschmelzung der Seelen. Dadurch wird er der Erkenntnis der Größe des Schöpfers in einem solchen Maße gewürdigt, dass sich das Geben in Empfangen verwandelt, indem es zu einer Energie wird, die für ihn ausreicht, seine ganze Seele und sein ganzes Wesen hineinzulegen, um die Verschmelzung mit dem Schöpfer zu erreichen.

Im Gegensatz dazu führt das Studium der *Tora* bei seinem Lehrer, wenn es nur zum eigenen Nutzen ist, nicht zu einer Verschmelzung, und das wird als „aus dem Munde in die Ohren" bezeichnet. Somit bringt der Dienst dem Schüler die Gedanken seines Lehrers und das Studium lediglich die Reden seines Rav (Lehrer). Und die Vorzüge des Dienstes stehen über den Vorzügen des Studiums, da die Gedanken des Lehrers wichtiger als seine Reden sind, da „vom Munde zum Munde" wichtiger als „vom Munde zu den Ohren" ist. Jedoch stimmt dies nur dann, wenn der Dienst zu dem Zweck stattfindet, dem Lehrer Genuss zu bereiten. Wenn jedoch sein Studium nur zum eigenen Nutzen ist, kann ein solcher Dienst den Schüler nicht zu einer Verschmelzung mit seinem Lehrer führen, und mit Sicherheit ist dann das Studium bei dem Lehrer wichtiger als der Dienst für ihn.

Jedoch, wie auch im Fall der Erkenntnis der Größe des Schöpfers (wenn die Umgebung Ihn nicht so schätzt, wie es sich geziemt, dann schwächt es das Individuum und hindert seine Erkenntnis des Schöpfers) – auf genau die gleiche Weise geschieht es hinsichtlich seines Lehrers. Eine Umgebung, die den Lehrer nicht auf die angemessene Weise schätzt, verhindert, dass der Schüler auf die angemessene Weise die Größe seines Lehrers erkennen kann.

Daher sagten die Weisen: „Mache dir einen Lehrer und kaufe dir einen Freund", damit der Mensch sich eine neue Umgebung schaffen kann, die ihm dabei helfen kann, die Größe seines Lehrers mithilfe der Liebe der Freunde zu erkennen, die den Lehrer schätzen. Denn in einem kameradschaftlichen Gespräch über die Größe des Lehrers bekommt jeder eine Empfindung für dessen Größe, sodass sich das Geben an den Lehrer in ein Empfangen und die Energie in einem solchen Maße verwandeln wird, dass es zu Handlungen für den Schöpfer führen wird.

Und dadurch wird, wie es geschrieben steht, durch 48 Eigenschaften die *Tora* erworben, durch den Dienst für Weise und die sorgfältige Wahl der Freunde. Denn neben dem Dienst für den Lehrer braucht der Mensch auch eine sorgfältige Wahl der Freunde, das heißt den Einfluss der Freunde, damit sie die Erkenntnis der Größe des Lehrers fördern, da die Erkenntnis der Größe vollständig von der Umgebung abhängt. Und wenn der Mensch allein ist, kann er nichts tun.

Doch zwei Bedingungen müssen bei der Erkenntnis der Größe eingehalten werden:

1. Man muss immer hinhören und die Bewertung der Gesellschaft im Maße ihrer Bemühungen darin annehmen.
2. Die Umgebung muss groß sein, wie es geschrieben steht: „In den Volksmassen liegt der Ruhm des Königs."

Und um die erste Bedingung anzunehmen, muss jeder Schüler sich als der Kleinste von seinen Freunden fühlen. Dann wird er den Grad der Größe von allen erhalten, weil der Größere nicht vom Kleineren empfangen und sich schon gar nicht in seine Reden einfühlen kann, sondern nur der Kleinere wird von der Wertschätzung des Großen begeistert.

Und entsprechend der zweiten Bedingung ist jeder Schüler verpflichtet, die Vorzüge seiner Freunde zu preisen und sie zu ehren, als wären sie die größten Männer der Generation. Dann wird die Umgebung ihn auf eine solche Weise beeinflussen, als wäre sie tatsächlich groß, denn die Qualität ist wichtiger als die Quantität.

Einführung in das Buch Sohar[5]

Rav Yehuda Ashlag

1. Mein Wunsch in dieser Einführung ist es, einige auf den ersten Blick einfache Dinge zu klären, die zu klären praktisch alle versucht haben, wobei viel Tinte dafür vergossen wurde. Dennoch haben wir in ihnen bisher kein klares und hinreichendes Wissen erreichen können. Und die Fragen sind die folgenden:

1. Was ist unser Wesen?
2. Was ist unsere Rolle in der langen Kette der Wirklichkeit, deren kleine Kettenglieder wir sind?
3. Wenn wir uns selbst betrachten, dann fühlen wir uns so verdorben und niederträchtig, als gäbe es niemanden, der verachtungswürdiger wäre. Doch wenn wir Denjenigen betrachten, Der uns erschaffen hat, dann müssten wir an der Spitze von allem sein, höher als alles andere, weil vom vollkommenen Schöpfer nur vollkommene Handlungen ausgehen müssen.
4. Der Verstand verpflichtet uns zuzugeben, dass der Schöpfer absolut gütig ist und nur Gutes tut, sodass es nichts über Ihm gibt. Doch wie konnte Er von Anfang an so viele Geschöpfe erschaffen, deren Bestimmung es ist, alle Tage ihrer Existenz in Leiden und Unglück zu verbringen, also wenn schon nicht gut, dann doch nicht so böse?
5. Wie kann es sein, dass aus dem Ewigen, der weder Anfang noch Ende hat, nichtige, sterbliche und mangelhafte Geschöpfe entstehen?

2. Um das von allen Seiten zu klären, sollten wir im Voraus einige Untersuchungen anstellen, deren Gegenstand der nicht verbotene Bereich sein wird – also nicht das Wesen des Schöpfers, welches zu erkennen unser Geist überhaupt nicht in der Lage ist, weswegen wir von Ihm keinerlei Gedanken und Vorstellungen haben –, sondern ein Bereich, in welchem die Untersuchung zum Gebot wird, das heißt die Erforschung Seiner Taten, wie uns in der *Tora* geboten wurde: „Kenne den Schöpfer

---

5   Anm. d. Hrsg.: Diese Einführung ist die erste von vier Einleitungen, die Rabbi Yehuda Ashlag (Baal HaSulam) seinem Sulam-Kommentar im Sohar vorangestellt hat. Ohne die Kenntnis dieser Einleitungen ist ein Begreifen des Sohar unmöglich.

deiner Väter und diene Ihm." Es heißt auch im „Lied der Einheit": „An Deinen Taten werde ich Dich erkennen."

Erste Untersuchung:

Weswegen stellt sich uns das Geschöpf als etwas Neugebildetes dar, das heißt etwas Neues, welches im Schöpfer vor der Schöpfung nicht existierte, während doch jedem klar Denkenden offensichtlich ist, dass es nichts gibt, was es im Schöpfer nicht gäbe, wie der einfache gesunde Menschenverstand zwingend nahe legt? Denn es kann keinen Gebenden geben, der etwas geben würde, was er selbst nicht besitzt.

Zweite Untersuchung:

Wenn man davon spricht, dass Er alles kann, dann kann Er natürlich etwas aus Nichts erschaffen, das heißt etwas Neues, was es in Ihm überhaupt nicht gibt, doch es entsteht die Frage: Was ist das für eine Wirklichkeit, von der man sagen kann, dass es für sie im Schöpfer keinen Platz gibt, sondern dass sie eine neue Schöpfung ist?

Dritte Untersuchung:

Wie die Kabbalisten sagen, ist die Seele des Menschen Teil des Schöpfers selbst, von Oben eingegeben, sodass es keinen anderen Unterschied zwischen ihm und der Seele gibt als nur den, dass der Schöpfer „das Ganze" ist und die Seele „ein Teil". Man verglich das mit einem Stein, der von einem Fels abgeschlagen wurde, wo es keinen Unterschied zwischen dem Stein und dem Fels gibt, außer dass der Fels „das Ganze" und der Stein „ein Teil" ist. Man kann vermuten, der vom Fels abgetrennte Stein sei durch eine dazu geeignete Axt vom Fels abgeschlagen worden, wie ein Teil vom „Ganzen". Doch wie kann man sich solches im Schöpfer vorstellen, dass sich von Seinem Wesen ein Teil so sehr abspalten würde, dass er aus Seinem Wesen austreten und sich von Ihm unterscheiden würde, das heißt zu einer Seele werden würde, von der man sagen kann, dass sie lediglich Teil des Wesens des Schöpfers sei?

3. Vierte Untersuchung:

Wenn das System unreiner Kräfte und *Klipot* von der Reinheit des Schöpfers fern ist wie ein Pol vom anderen, sodass man sich nichts Ferneres vorstellen kann, wie kann es dann der Reinheit und Heiligkeit des Schöpfers entspringen und daraus entstehen? Mehr als das: Wie unterhält die Heiligkeit des Schöpfers auch noch dessen Existenz?

Fünfte Untersuchung:

Bezieht sich auf die „Wiederbelebung der Toten". Da der Körper so verachtungswürdig ist, ist er vom Moment der Geburt an dazu bestimmt zu sterben und begraben zu werden. Mehr als das: Wie es im *Sohar* heißt, kann die Seele, solange nicht der ganze Körper verwest ist und auch nur irgendein Teil von ihm übrig bleibt, nicht aufsteigen und ihren Platz im Paradies (Garten *Eden*) einnehmen. Und wenn dem so ist, worin besteht die Verpflichtung, zurückzukehren und von den Toten aufzuerstehen? Könnte der Schöpfer den Seelen ohne den Körper keinen Genuss schenken?

Und noch merkwürdiger ist die Aussage der Weisen darüber, dass bei der kommenden Wiederbelebung der Toten die toten Körper in ihren Mängeln auferstehen werden, damit man nicht sagen würde: „Das ist ein anderer Körper" - und dann wird der Schöpfer ihre Mängel heilen. Man muss verstehen, warum es dem Schöpfer wichtig ist, dass man nicht sagt: „Das ist ein anderer Körper" - so sehr, dass er zu diesem Zweck wieder verderbliche (mangelhafte) Körper erschafft und sie wird heilen müssen.

Sechste Untersuchung:

Wie die Weisen sagten, ist der Mensch das Zentrum der gesamten Wirklichkeit, und alle Höheren Welten und unsere materielle Welt und alle sie besiedelnden Objekte sind nur für den Menschen erschaffen.[6] Und man verpflichtete den Menschen zu glauben, dass für ihn die Welt erschaffen wurde.[7] Auf den ersten Blick ist es schwer zu verstehen, wie für solch einen kleinen Menschen, dessen Wert geringer ist als ein Haar, verglichen mit der ganzen Welt – geschweige denn verglichen mit Höheren Welten, deren Erhabenheit nicht beschrieben werden kann-, der Schöpfer sich bemühte, als er sie für ihn erschuf. Und warum all das für den Menschen?

4. Und um all diese Fragen und Untersuchungen zu verstehen, gibt es ein Mittel: auf das Ende der Handlung zu schauen, das heißt auf das Schöpfungsziel, weil es unmöglich ist, etwas in der Mitte des Prozesses zu verstehen, außer wenn man den Abschluss betrachtet.

Denn es ist klar, dass es keinen Handelnden gibt, der ziellos handeln würde. Nur jemand, der nicht bei Verstand ist, handelt ziellos.

Und ich weiß, dass es Klugschwätzer gibt, welche die *Tora* und die *Mizwot* vernachlässigen; welche behaupten, der Schöpfer habe die Wirklichkeit erschaffen, sie jedoch ihrem Schicksal überlassen, und zwar wegen der Nichtigkeit dieser Geschöpfe, und es gebühre doch dem Schöpfer, solch einem Erhabenen, nicht, das Schicksal von Nichtigen und Verachtungswürdigen zu lenken. Doch ihre Reden zeugen nicht von Kenntnis, da es unmöglich ist, etwas über unsere Nichtigkeit und unsere Erbärmlichkeit auszusagen, bevor wir nicht zur Entscheidung gelangen, dass wir uns und unsere verdorbenen und anstößigen Eigenschaften selbst erschufen.

Doch wenn wir beschließen, dass der Schöpfer, ein absolut Vollkommener, unsere Körper so plante und schuf, mit allen ihren guten und schlechten Eigenschaften, so wird doch ein vollkommener Schöpfer niemals eine verächtliche und verdorbene Tat begehen, da jede Tat auf die Eigenschaften des sie Vollziehenden hinweist. Und welche Schuld trägt die verdorbene Kleidung, wenn ein erfolgloser Schneider sie nähte?

---

6 *Sohar*, Abschnitt Tasria, Punkt 40
7 *Talmud, Sanhedrin*, 37

Wie berichtet wird[8], traf Rabbi Elasar, der Sohn von Rabbi Shimon, einst einen äußerst hässlichen Menschen und sagte ihm: „Wie hässlich bist du …". Worauf jener antwortete: „Geh und sage es Demjenigen, Der mich schuf: ‚Wie hässlich ist die Sache, die Du erschaffen hast.'"

Somit bezeugen diese Klugschwätzer lediglich ihre eigene Dummheit, indem sie behaupten, der Schöpfer habe uns aufgrund unserer Verworfenheit und Nichtigkeit verlassen. Stelle dir vor, du träfest einen Menschen, der es von Anfang an planen würde, Geschöpfe zu erschaffen, damit sie alle Tage ihres Lebens leiden und sich quälen würden wie wir; und mehr als das, der sie nach der Erschaffung verlassen würde, ohne sogar nach ihnen sehen zu wollen, um ihnen wenigstens ein wenig zu helfen! Wie würdest du so jemanden verabscheuen und tadeln! Kann man also so etwas vom alles Schaffenden und Belebenden denken?

5) Daher zwingt uns der gesunde Menschenverstand, das Gegenteil des oberflächlich Sichtbaren zu verstehen und zu beschließen, dass wir tatsächlich die besten und höchsten Geschöpfe sind und es keine Grenze für unsere Wichtigkeit gibt, das heißt, wir sind Demjenigen würdig und gerecht, der uns erschuf. Denn jeder Mangel, der dir an unseren Körpern auffällt, verweist nach allen Rechtfertigungen, die du dir nur ausdenken kannst, allein auf den Schöpfer, der uns mit allen unseren Eigenschaften schuf, weil klar ist, dass Er uns geschaffen hat und nicht wir selbst.

Wisse auch, dass all das Folgen sind, die aus unseren schlechten Eigenschaften und Neigungen resultieren, die Er in uns schuf. Doch das ist eine Gelegenheit, bei der wir uns den Abschluss der Handlung anschauen müssen und dann in der Lage sein werden, alles zu verstehen, wie in der Redensart: „Zeige einem Narren keine unvollendete Arbeit".

6. Und wie die Weisen sagten: „Der Schöpfer schuf die Welt nur, um Seinen Geschöpfen Genuss zu schenken."

Hier müssen wir aufmerksam werden und nachdenken, da darin das Ende, der Plan und die Handlung der Erschaffung der Welt liegen. Und denke nach: Wenn die Schöpfungsabsicht darin bestand, den Geschöpfen Genuss zu bescheren, dann verpflichtet dies, in den Seelen einen riesigen Willen nach dem zu erschaffen, was Er ihnen zu geben gedachte. Denn die Größe eines jeden Genusses wird durch die Größe des Wunsches, ihn zu bekommen, gemessen. Und je größer der *Wille zu empfangen* ist, desto größer ist der empfangene Genuss, und je kleiner der *Wille zu empfangen* ist, desto kleiner ist der empfangene Genuss.

Denn das Schöpfungsziel an sich verpflichtet, in den Seelen den größten Wunsch zu erschaffen, der einem riesigen Genuss entsprechen würde, welchen der Schöpfer den Seelen zu geben gedachte, alle Seine Möglichkeiten nutzend. Und der riesige Genuss und der riesige Wille „steigen auf dem gleichen Halm hinauf".

---

[8] *Talmud*, Taanit, Punkt 20

7. Und nachdem wir das erkannt haben, werden wir die zweite Untersuchung gänzlich verstehen können. Denn wir haben untersucht, was es für eine Wirklichkeit ist, von der man klar sagen könnte, dass sie sich nicht im Schöpfer selbst befindet, sondern ein neues Geschöpf ist, welches aus dem Nichts erschaffen wurde. Und nun, nachdem wir festgestellt haben, dass die Schöpfungsabsicht, die darin besteht, den Geschöpfen Genuss zu schenken, dazu verpflichtete, einen Willen zu erschaffen, vom Schöpfer alles Beste zu empfangen, was Er für den Menschen gedachte, so ist klar, dass sich dieser *Wille zu empfangen* natürlich nicht im Schöpfer befand, bevor er in den Seelen erschaffen wurde – denn von wem soll Er empfangen? Denn Er erschuf etwas Neues, das, was es in Ihm nicht gibt. Und gleichzeitig ist aus der Schöpfungsabsicht klar, dass der Schöpfer außer diesem Willen zu empfangen nichts weiter erschaffen musste, da Ihm dieses neue Geschöpf vollkommen ausreicht, um die Schöpfungsabsicht zu erfüllen – uns Genuss zu schenken.

Doch die ganze Erfüllung, die in der Schöpfungsabsicht eingeschlossen ist, das heißt alles Wohl, welches Er uns zu schenken gedachte, geht auf direkte Weise von Seinem Wesen aus, und das muss nicht neu erschaffen werden, weil es als etwas Existentes vom Existierenden zu dem *Willen zu empfangen* der Seelen gelangt. Somit ist uns vollkommen klar, dass das ganze Material des neuen Geschöpfes von Anfang bis Ende nur der *Wille zu empfangen* ist.

8. Nach dem oben Gesagten können wir die Kenntnis der Kabbalisten von der dritten Untersuchung verstehen. Wir haben uns gewundert, wie die Kabbalisten über die Seelen sagen können, sie seien ein Teil des Schöpfers, von Oben eingegeben, gleich einem vom Berg abgeschlagenen Stein, wobei der ganze Unterschied nur darin bestünde, dass das Eine „ein Teil" und das Andere „das Ganze" sei. Es schien uns verwunderlich: Angenommen, man könnte einen Stein vom Berg mit einer dazu geeigneten Axt abtrennen, doch wie kann man solches über das Wesen des Schöpfers (Azmuto) aussagen? Wodurch trennten sich die Seelen vom Wesen des Schöpfers, als sie aus dem Schöpfer austraten und zu Geschöpfen wurden?

Doch aus dem oben Geklärten wird offensichtlich, dass, wie eine Axt in der materiellen Welt eine Sache spaltet und sie zweiteilt, in der spirituellen Welt der „Unterschied der Form" in zwei teilt. So wird zum Beispiel, wenn zwei Menschen einander lieben, gesagt, dass sie zu einem Körper verschmelzen. Und wenn sie einander hassen, so heißt es, dass sie einander fern sind wie Ost und West. Die Rede ist dabei nicht von räumlicher Nähe oder Ferne. Die Rede ist von der Angleichung der Form, wenn jene, die das lieben, was der andere liebt, und hassen, was der andere hasst, als einander liebend und miteinander verschmelzende Menschen gelten. Und wenn es zwischen ihnen irgendeinen Unterschied der Form gibt, das heißt, wenn der eine etwas liebt, obwohl der andere es hasst, so entfernen sie sich im Maß des Unterschieds der Form voneinander und hassen einander. Und wenn sie beispielsweise in gegensätzlicher Form zueinander sind, das heißt, dass alles, was der eine hasst, vom anderen geliebt wird, dann sind sie einander fern wie Ost und West, so wie zwei entgegengesetzte Pole.

9. Somit wirkt im Spirituellen der Unterschied der Form genauso wie eine Axt in unserer Welt, die das Materielle spaltet, und das Maß der Entfernung wird durch das Maß des Unterschieds der Form bestimmt.

Begreife daher, weil in den Seelen der Wunsch Genuss zu empfangen abgedruckt wurde, wie wir bereits klärten, diese Form aber im Schöpfer vollkommen fehlt, denn von wem sollte Er empfangen? Die Unterschiedlichkeit der Form, welche die Seelen erlangten, wirkt wie eine Trennung vom Schöpfer, gleich einer Axt, die den Stein vom Berg abschlägt. Die Seelen trennten sich also durch diesen Unterschied der Form vom Schöpfer und wurden als Geschöpfe unterscheidbar. Doch alles, was die Seelen vom Licht des Schöpfers erfassen, resultiert aus Seinem Wesen (*Azmuto*) wie Seiendes von Seiendem.

Und wenn dem so ist, so finden wir, dass seitens des Lichts des Schöpfers, welches sie in ihrem *Kli* (der *Wille zu empfangen*) empfangen, sich dieses durch nichts vom Wesen des Schöpfers unterscheidet, denn es resultiert auf direkte Weise aus dem Schöpfer, wie Seiendes von Seiendem, direkt aus dem Wesen des Schöpfers. Und der ganze Unterschied zwischen den Seelen und dem Wesen des Schöpfers ist nichts mehr als die Tatsache, dass die Seelen ein Teil des Wesens des Schöpfers sind. Das heißt, dass das Maß des Lichts, welches sie im Inneren des *Kli*, welches der *Wille zu empfangen* ist, empfangen haben, bereits ein vom Schöpfer abgetrennter Teil ist, zumal dieses [Licht] durch den *Willen zu empfangen* seine Form geändert hat, wobei die Änderung der Form die Seele zu einem „Teil" gemacht hat und dadurch aus dem Aspekt des „Ganzen" hervorgegangen ist und zum Aspekt des „Teils" geworden ist. Denn es besteht kein anderer Unterschied zwischen ihnen als nur der, dass das eine das „Ganze" und das andere ein „Teil" ist, wie ein vom Berg abgeschlagener Stein. Und sinne tiefgründig darüber nach, denn es ist unmöglich, solch Erhabenes näher zu erklären.

10. Und nun haben wir die Möglichkeit, die vierte Untersuchung zu verstehen. Wie ist es möglich, dass aus der Heiligkeit des Schöpfers ein System unreiner Kräfte (*Tuma*) und *Klipot* entsteht? Denn es ist äußerst fern von Seiner Heiligkeit, wie ein Pol vom anderen. Und wie ist es möglich, dass Er es erfüllt und belebt?

Zuvor müssen wir notwendigerweise die Existenz des Wesens des Systems unreiner Kräfte und *Klipot* verstehen. Wisse, dass jener riesige *Wille zu empfangen*, von dem wir sagten, dass er eben das Wesen der Seelen ist, die die Geschöpfe darstellen, die bereit sind, die ganze Erfüllung zu empfangen, die es im Schöpfungsplan gibt, in den Seelen nicht in seiner Form bleibt. Denn wenn er in ihnen bliebe, wären die Seelen gezwungen, für immer vom Schöpfer getrennt zu bleiben, denn der Unterschied der Form würde sie vom Schöpfer entfernen.

Und um diese Entfernung (vom Schöpfer) zu korrigieren, welche dem *Kli* der Seelen auferlegt ist, erschuf der Schöpfer alle Welten und unterteilte sie in zwei Systeme (wie es heißt: „Eines gegenüber dem anderen schuf der Schöpfer"): das sind die vier Welten von *ABYA de Kedusha* (*ABYA* der Heiligkeit) und ihnen gegenüber die vier Welten der Unreinheit, *ABYA de Tuma*.

Und Er druckte den Willen zu geben im System von *ABYA de Kedusha* ab und nahm diesem System den Willen, für sich zu empfangen, und gab diesen dem System unreiner Welten *ABYA de Tuma*, welches infolgedessen vom Schöpfer und von allen reinen Welten abgetrennt wurde.

Daher werden die *Klipot* als „Tote" bezeichnet, wie es geschrieben steht: „Opfer der Toten", und auch als Sünder, die von ihnen abstammen, wie die Weisen sagten: „Die Sünder werden noch zu Lebzeiten als Tote bezeichnet", denn der *Wille zu empfangen*, welcher in ihnen abgedruckt ist und welcher der Form der Heiligkeit des Schöpfers entgegengesetzt ist, trennt sie von der Quelle des Lebens. Und sie sind äußerst weit von Ihm entfernt, so wie ein Pol vom anderen entfernt ist, da Er keinerlei Empfangen hat, sondern nur reines Geben. Die *Klipot* andererseits verfügen über keinerlei Geben, sondern können nur für sich empfangen, für ihren Selbstgenuss. Und es gibt keinen größeren Gegensatz als diesen. Und du weißt bereits, dass die spirituelle Entfernung beim geringen Unterschied der Form beginnt und mit deren Entgegengesetztheit endet, welche die letzte Stufe der Entfernung ist.

11. Und die Welten stiegen bis in die Wirklichkeit dieser materiellen Welt hinab, das heißt bis zu dem Ort, wo Körper und Seele existieren, eine Zeit des Verderbens und der Korrektur. Denn der Körper, welcher der Wille, für sich zu empfangen, ist, entspringt seiner Wurzel in der Schöpfungsabsicht und beschreitet den Weg des Systems der unreinen Welten, wie es heißt: „Als wilder Esel wird der Mensch geboren." Und er bleibt in der Macht dieser Ordnung versklavt bis zum Alter von 13 Jahren. Und dies ist die Zeit des Verderbens.

Und mithilfe der Beschäftigung mit den *Mizwot* (Geboten) ab dem Alter von 13 Jahren, um dem Schöpfer Freude zu bereiten, beginnt der Mensch den Willen, „für sich" zu genießen, der in ihm abgedruckt ist, zu reinigen, indem er ihn allmählich in den Willen „für den Schöpfer" umwandelt. Dadurch steigt die heilige Seele von ihrer Wurzel in der Schöpfungsabsicht durch das System reiner Welten hinab und „kleidet sich" in den Körper. Und das ist die Zeit der Korrektur.

Und hier fügt der Mensch hinzu, und er geht, um die Stufen der Heiligkeit von der Schöpfungsabsicht, die in der Unendlichkeit des Schöpfers ist, zu erwerben und zu erfassen, bis sie ihm schließlich helfen werden, den Willen, für sich zu empfangen, welcher in ihm ist, vollkommen in den Willen zu verwandeln, für den Schöpfer – und nicht für den eigenen Nutzen – zu empfangen. Dadurch erreicht der Mensch die qualitative Gleichheit der Form mit dem Schöpfer, da das Empfangen um des Gebens willen als eine Form des reinen Gebens betrachtet wird.

Wie es im Traktat *Kidushin*, Seite 7, heißt, gibt die Braut einem verehrten Menschen den Ring, und dadurch wird der Ehevertrag abgeschlossen. Der Empfang von der Braut mit dem Ziel, ihr Genuss zu bereiten, ist „reines" Geben an sie. Und dann erlangt [der Mensch] eine völlige Verschmelzung mit dem Schöpfer, da die Verschmelzung im Spirituellen nichts anderes als die Angleichung der Form ist. Wie die Weisen fragten: „Wie kann man mit dem Schöpfer verschmelzen? Und sie antworteten darauf: Verschmelze mit Seinen Eigenschaften!" Dadurch wird der Mensch würdig, das ganze Wohl, den ganzen Genuss und die ganze Zärtlichkeit in Empfang zu nehmen, die in der Schöpfungsabsicht eingeschlossen sind.

12. So wird klar, wie der *Wille zu empfangen* zu korrigieren ist, der in den Seelen von der Schöpfungsabsicht abgedruckt wurde. Denn dazu bereitete der Schöpfer zwei Systeme für sie vor, eines gegenüber dem anderen, durch welche die Seelen hinabsteigen, indem sie sich in zwei Aspekte aufteilen: Körper und Seele, welche sich ineinander „einkleiden". Mithilfe der *Tora* und der Gebote verwandeln sie schließlich die Form des „Empfangens" in die Form des „Gebens".

Und dann können sie alles Wohl empfangen, welches in der Schöpfungsabsicht eingeschlossen ist, und damit werden sie einer vollständigen starken Verschmelzung mit dem Schöpfer würdig, da sie durch Arbeit in der Erfüllung der *Tora* und der Gebote die Gleichheit der Form mit dem Schöpfer verdienten. Und das wird als das Ende der Korrektur (*Gmar ha Tikun*) betrachtet.

Und dann, da kein Bedarf mehr an einem System unreiner Kräfte (*Sitra Achra*) besteht, verschwindet es vom Antlitz der Erde, und der Tod schwindet für immer dahin. Und die ganze Arbeit in der *Tora* und den Geboten, die der ganzen Welt im Laufe der 6.000 Jahre ihrer Existenz gegeben wurde sowie jedem Einzelnen persönlich im Laufe seiner 70 Lebensjahre, dient nur dem Zweck, die Endkorrektur – die Angleichung der Form – zu erreichen.

Somit klärten wir, wie das System unreiner Welten und *Klipot* aus der Heiligkeit des Schöpfers entstand und durch Ihn existiert. Denn das musste geschehen, um mit dessen Hilfe Körper zu erschaffen, welche in der Folge durch die Ausführung der *Tora* und der Gebote korrigiert werden würden. Und wenn nicht mithilfe des Systems unreiner Kräfte unsere Körper mit dem unkorrigierten *Willen zu empfangen* erschaffen würden, dann hätten wir niemals die Möglichkeit, diesen zu korrigieren, da der Mensch nicht etwas korrigieren kann, was es in ihm nicht gibt.

13. Doch steht noch eine Frage offen: Wenn der Wille für sich zu empfangen so schlecht und verdorben ist, wie konnte er dann aus der Schöpfungsabsicht in der Unendlichkeit des Schöpfers, dessen Einzigkeit unbeschreiblich ist, entstehen und dort ausgedacht worden sein? Die Antwort besteht darin, dass in Wahrheit der Gedanke des Schöpfers unmittelbar in der Schöpfungsabsicht, die Geschöpfe zu schaffen, alles abgeschlossen hat, da Er keiner Instrumente bedarf, wie es bei uns nötig ist. Augenblicklich traten alle Seelen heraus, entstanden alle Welten und alle zukünftigen Welten, erfüllt mit dem ganzen Genuss und dem ganzen Wohl, welche der Schöpfer für sie beabsichtigte, in ihrer ganzen Endvollkommenheit, welche die Seelen zukünftig am Ende der Korrektur erreichen werden – das heißt, nachdem der *Wille zu empfangen*, welcher in den Seelen ist, vollkommen die ganze Korrektur durchlaufen und sich in reines Geben in völliger Gleichheit der Form mit dem Schöpfer verwandelt haben wird.

Und das, weil in der Ewigkeit des Schöpfers Vergangenheit, Zukunft und Gegenwart eins ist. Die Zukunft ist gegenüber dem Schöpfer wie die Gegenwart, und es gibt keinen Begriff der Zeit in Ihm.

Daher gab es keinen verdorbenen *Willen zu genießen*, der von der Unendlichkeit des Schöpfers in einer Form der Trennung wäre, sondern im Gegenteil: Diese Gleichheit der Form, die sich am Ende der Korrektur offenbaren muss, trat unmittelbar in der Ewigkeit des Schöpfers auf. Und über dieses Geheimnis sagten die Weisen: „Bevor die Welt erschaffen wurde, waren Er und Sein Name eins", da die Form der Trennung im *Willen zu empfangen* sich in den Seelen, die in der Schöpfungsabsicht entstanden, nicht enthüllte. Im Gegenteil: Sie waren mit dem Schöpfer in vollkommener Gleichheit verschmolzen, wie im Geheimnis des gesagten „Er und Sein Name sind eins".

14. Daraus folgen zwingend drei Zustände in den Seelen:

Zustand 1 ist der Zustand ihrer Existenz in der Welt der Unendlichkeit, in der Schöpfungsabsicht, wo die Seelen bereits über die zukünftige Form der Endkorrektur verfügen.

Zustand 2 ist der Zustand ihrer Existenz in den 6.000 Jahren, wenn sie sich mit Hilfe der oben genannten zwei Systeme in Körper und Seele voneinander trennen und ihnen die Arbeit in der *Tora* und den Geboten gegeben wird, um den *Willen zu empfangen* in ihnen in den Wunsch, dem Schöpfer zu geben, zu verwandeln, um Ihm Genuss zu bereiten.

Solange sie sich in diesem Zustand befinden, werden nur die Seelen und nicht die Körper korrigiert, das heißt, man muss aus sich den ganzen Willen, für sich selbst zu empfangen, der ein Aspekt des Körpers ist, beseitigen und nur mit dem *Willen zu geben* verbleiben, der eine Form des Willens in den Seelen darstellt. Und sogar die Seelen der Gerechten können sich nach ihrem Tod nicht im Garten *Eden* vergnügen, sondern erst, nachdem ihre Körper in der Erde verwest sind.

Zustand 3 ist das Ende der Korrektur der Seelen nach der „Wiederbelebung der Toten", wenn auch die volle Korrektur der Körper stattfindet, weil dann das Empfangen für sich, welches die Form des Körpers ist, die Form des reinen Gebens erlangt. Dabei wird man würdig, das ganze Wohl, den ganzen Genuss und die ganze Zärtlichkeit in Empfang zu nehmen, die in der Schöpfungsabsicht eingeschlossen sind.

Dadurch werden sie kraft der Angleichung ihrer Form an den Schöpfer einer starken Verschmelzung würdig werden. Da sie all das Vergnügen nicht aus ihrem

Willen zu empfangen, sondern aus ihrem *Willen zu geben*, um dem Schöpfer Genuss zu schenken, erhalten, denn Er hat doch Genuss daran, wenn man von Ihm empfängt. Um der Kürze willen werden wir diese drei Zustände der Seelen im Weiteren als Zustand eins, Zustand zwei und Zustand drei bezeichnen. Und nun merke dir, was all diese Zustände bedeuten.

15. Wenn wir uns diese drei Zustände anschauen, so finden wir, dass sie einander ihre Existenz zu verdanken haben, und zwar so sehr, dass wenn es möglich wäre, dass etwas von ihnen aufgehoben würde, auch alle anderen Zustände sich auflösen würden.

Wenn sich zum Beispiel der Zustand drei, in welchem die Form zu empfangen sich in die Form zu geben verwandelt, nicht offenbaren würde, so könnte sich der Zustand eins in der Welt der Unendlichkeit nicht offenbaren.

Denn die Vollkommenheit in allem tritt dort nur aus dem Grunde zutage, weil er [der Zustand eins] in der Zukunft zum Zustand drei werden muss und dank der Ewigkeit des Schöpfers bereits als Gegenwart dient; und die ganze Vollkommenheit, die dort in jenem Zustand vorhanden ist, ist nur wie eine Kopie des zukünftigen Zustands in der Gegenwart. Doch wenn es möglich wäre, die Zukunft aufzuheben, so würde es die Wirklichkeit in der Gegenwart nicht geben. Daher bestimmt der Zustand drei die Wirklichkeit des Zustands eins.

Und wenn etwas von Zustand zwei aufgehoben würde, wo die Arbeit stattfindet, welche zukünftig in Zustand drei mündet, das heißt die Arbeit in der Korrektur des verdorbenen Zustands und die Arbeit in der Anziehung spiritueller Stufen, wie könnte dann der Zustand drei eintreten? Somit bestimmt der Zustand zwei das Vorhandensein des Zustands drei.

So auch die Wirklichkeit des Zustands eins, der in der Welt der Unendlichkeit ist, in welchem die ganze Vollkommenheit des Zustands drei wirkt. Dieser Zustand verpflichtet, dass dies mit Sicherheit geschieht, das heißt, dass sich in den Zuständen zwei und drei die gleiche Vollkommenheit offenbart, nicht mehr und nicht weniger. Mit anderen Worten erzwingt der Zustand eins selbst das Auftreten gegensätzlicher Systeme im Zustand zwei, um die Existenz eines Körpers in einem unkorrigierten *Willen zu genießen* mit Hilfe des Systems unreiner Kräfte zu ermöglichen. Und dann haben wir die Möglichkeit, ihn zu korrigieren.

Und wenn das System unreiner Welten nicht existierte, so gäbe es in uns keinen solchen *Willen zu empfangen*, und es gäbe keine Möglichkeit, ihn zu korrigieren und zum Zustand drei zu gelangen, denn „der Mensch korrigiert nicht, was es in ihm nicht gibt". Daher gibt es keinen Platz für die Frage, wie aus dem Zustand eins das System unreiner Kräfte entstanden sei, denn gerade der Zustand eins zwingt zu dessen Existenz und zu ihrer Unterhaltung im Zustand zwei.

16. Doch sollte man aus dem oben Gesagten nicht den Schluss ziehen, dass wir keine freie Wahl hätten, da wir ungewollt verpflichtet seien, in den Zustand drei zu gelangen, weil dieser bereits im Zustand eins veranlagt sei. Es ist nämlich so, dass der Schöpfer uns im Zustand zwei zwei Wege bereitete, um uns zum Zustand drei zu führen:

1. den Weg der Erfüllung der *Tora* und der Gebote;
2. den Weg des Leidens, wenn die Leiden selbst den Körper läutern und uns im Endeffekt zwingen, den *Willen zu empfangen*, der in uns ist, umzuwandeln und die Form des *Willens zu geben* anzunehmen und mit dem Schöpfer zu verschmelzen. Und so sagten die Weisen[9]: „Wenn ihr zum Guten zurückkehrt – gut, und wenn nicht – so werde ich über euch einen König wie Haman einsetzen, und er wird euch unfreiwillig zwingen, zum Guten zurückzukehren." Wie die Weisen darüber schrieben: „*BeIta* (Zu ihrer Zeit) und *Achishena* (Ich werde beschleunigen). Wenn sie es würdig wurden, dann ‚werde ich es beschleunigen', und wenn nicht, dann ‚zu ihrer Zeit'."

Das bedeutet, dass, wenn wir dessen würdig werden, den ersten Weg mit Hilfe der *Tora* und der Gebote zu gehen, wir so unsere Korrektur beschleunigen. Dann brauchen wir keine schweren und bitteren Leiden, und es ist keine Verlängerung der Zeit notwendig, um uns zwangsweise zum Guten zurückzuführen. Und wenn nicht – dann „zu ihrer Zeit". Das heißt: In der Zeit, wenn die Leiden unsere Korrektur abgeschlossen haben werden, wird unsere Korrektur zwangsweise zu uns kommen. Im Allgemeinen ist der Weg der Leiden auch die Bestrafung der Seelen in der Hölle.

Wie auch immer, die Endkorrektur, das heißt der Zustand drei, ist verpflichtend und durch den Zustand eins vorbestimmt. Und unsere ganze freie Wahl besteht nur in der Wahl zwischen dem „Weg des Leidens" und dem „Weg der *Tora* und der Gebote". Dadurch wurde geklärt, wie diese drei Zustände der Seelen miteinander verbunden sind und gegenseitig ihre Existenz bestimmen.

17. Aus dem, was geklärt wurde, werden wir eine Antwort auf die oben gestellte dritte Frage finden: Wenn wir uns selbst anschauen, so finden wir uns verdorben und niederträchtig, und es gibt keine Geschöpfe, die verachtungswürdiger wären. Doch wenn wir Denjenigen anschauen, Der uns erschuf, so müssten wir doch die Spitze von allem sein, gepriesen über allem, gebührend Demjenigen, Der uns erschuf, da es in der Natur eines Vollkommenen liegt, vollkommene Taten auszuführen.

Und aus dem Gesagten ist selbstverständlich klar, dass dieser unser Körper mit allen seinen unbedeutenden Wünschen gar nicht unser wahrer Körper ist, da unser wahrer Körper, das heißt der ewige Körper, der in allem vollkommen ist, bereits in der Welt der Unendlichkeit im Aspekt des Zustands eins existiert, wo er die vollkommene Form von seinem zukünftigen Zustand drei erhält – das heißt das Empfangen in der Form des Gebens, welche in Angleichung der Form der Unendlichkeit gleicht.

---

9 *Talmud, Sanhedrin*, 97

Somit resultiert aus dem Zustand eins selbst, dass uns im Zustand zwei eine verdorbene und verachtungswürdige Hülle (*Klipa*) in Form dieses unseren Körpers gegeben werden muss – der Wille, für sich zu empfangen, welcher die Kraft der Trennung von *Ejn Sof* (die Unendlichkeit) ist, damit wir sie (die Kraft der Trennung) korrigieren, was es uns erlauben wird, tatsächlich unseren ewigen Körper im Zustand drei anzunehmen. Und wir sollten uns überhaupt nicht ärgern, denn unsere Arbeit kann nicht anders ausgeführt werden als in diesem vergänglichen und verdorbenen Körper, denn „der Mensch korrigiert nicht, was es in ihm nicht gibt".

Also befinden wir uns in diesem Zustand zwei in Wahrheit im selben Maße der Vollkommenheit, welche dem vollkommenen Schöpfer entspricht, der uns erschaffen hat, denn dieser Körper schadet uns in keiner Weise, weil er sterben und sich auflösen muss. Er ist uns nur für die notwendige Zeit gegeben, um ihn zu annullieren und unsere ewige Form zu erlangen.

18. Dadurch werden wir die fünfte Frage klären – wie es möglich sei, dass aus dem Ewigen temporäre und vergängliche Handlungen resultieren würden. Aus dem Gesagten ist klar, dass wir uns in Wirklichkeit bezüglich des Schöpfers in einem Zustand befinden, der Seiner Ewigkeit würdig ist, das heißt als ewige Geschöpfe, die in ganzer Vollkommenheit sind. Und seine Ewigkeit setzt zwingend voraus, dass die Hülle des Körpers, die uns nur für die Arbeit gegeben wurde, leicht und vergänglich sein muss, denn wenn sie ewig bleiben würde, würden wir vom Lebensleben auf ewig getrennt bleiben.

Und wie in Punkt 13 gesagt wurde, existiert diese Form unseres Körpers, die den Wunsch, für sich selbst zu empfangen, darstellt, nicht im ewigen Schöpfungsplan, weil wir uns dort im Zustand drei befinden. Sondern sie offenbart sich uns nur im Zustand zwei, um es uns zu erlauben, sie zu korrigieren.

Und es hat keinen Zweck, nach dem Zustand der restlichen Geschöpfe in der Welt, außer dem Menschen, zu fragen, da der Mensch das Zentrum der Schöpfung ist, wie im Weiteren in Punkt 39 geklärt wird. Und alle restlichen Geschöpfe werden nicht in Betracht gezogen und haben an sich keinerlei Wert, sondern nur in dem Maße, wie sie dem Menschen zur Erreichung seiner Vollkommenheit nützlich sind. Und daher steigen und fallen sie gemeinsam mit ihm, ohne an sich in Betracht gezogen zu werden.

19. Gleichzeitig wird auch die vierte Frage, die wir gestellt haben, klar. Da der Schöpfer gut ist und nur Gutes tut – warum hat er dann von vornherein Geschöpfe erschaffen, damit sie leiden und sich im Verlauf ihres ganzen Lebens quälen? Denn wie wir gesagt haben, sind diese Leiden durch den Zustand eins vorbestimmt, in dem unsere vollkommene Ewigkeit aus dem zukünftigen Zustand drei erworben wird, der uns verpflichtet, den Weg der *Tora* oder den Weg der Leiden zu gehen und zu unserer Ewigkeit, welche im Zustand drei ist, zu gelangen (siehe Punkt 15).

Und all diese Leiden herrschen nur über unsere körperliche Hülle, welche zu nichts anderem erschaffen wurde, als zu sterben und begraben zu werden. Dies lehrt uns, dass der Wille, für sich zu empfangen, welcher in ihm [im Körper] ist, lediglich dazu erschaffen wurde, um ihn [den Willen, für sich zu empfangen] auszulöschen und vom Antlitz der Erde zu vertilgen, indem man ihn in den *Willen zu geben* verwandelt. Und die Leiden, die wir empfinden, sind nur zu dem Zweck gegeben, um die Nichtigkeit und den Schaden dieses *Willens zu empfangen* zu enthüllen. Und komm und sieh, wenn alle Menschen der Welt sich damit einverstanden erklärten, ihren Wunsch, für sich selbst zu empfangen, abzuschaffen und auszurotten, und in allen nur der Wille wäre, anderen zu geben, so würden alle Sorgen und Gefahren der Welt aufhören zu existieren. Und jeder wäre eines gesunden und vollen Lebens sicher, weil jeder von uns die ganze große Welt hätte, die sich um ihn und um seine Bedürfnisse kümmerte.

Doch wenn in jedem nur der Wille ist, für sich selbst zu empfangen, resultieren eben daraus alle Sorgen und Leiden, Morde und Kriege, vor denen wir keine Rettung haben. Diese schwächen unseren Körper durch unterschiedliche Krankheiten und Schmerzen. Daraus wird sichtbar, dass alle Leiden, die wir in unserer Welt finden, dazu da sind, um unsere Augen zu öffnen, um uns dazu anzutreiben, die Hülle des bösen Körpers loszuwerden und die vollkommene Form des *Willens zu geben* zu erlangen. Und wie gesagt wurde, ist der Weg der Leiden selbst in der Lage, uns zur erwünschten Form zu führen. Und wisse, dass die Gebote über die Beziehungen zwischen dem Menschen und seinem Nächsten den Geboten der Beziehung zwischen dem Menschen und seinem Schöpfer vorangehen, da das Geben an den Nächsten zum Geben an den Schöpfer führt.

20. Nach allem Geklärten löst sich die erste Frage: Was ist unser Wesen? Denn unser Wesen ist wie das Wesen aller Teile der Schöpfung, die nicht mehr und nicht weniger als den *Willen zu empfangen* darstellen (siehe Punkt 7). Doch nicht in der Gestalt, in welcher er sich uns im Zustand zwei darstellt – als der Wille, nur für sich zu empfangen –, sondern in jener, in der er sich im Zustand eins befindet, in *Ejn Sof Baruch Hu*, das heißt in seiner ewigen Form – dem *Willen zu empfangen*, um dem Schöpfer Genuss zu bereiten (siehe Punkt 13).

Und obwohl wir eigentlich noch nicht den Zustand drei erreicht haben und uns Zeit fehlt, so schädigt dies nicht im geringsten unser Wesen, weil unser Zustand drei uns durch den Zustand eins garantiert wird, und „Derjenige, der in der Zukunft in Empfang nehmen wird, gleicht dem bereits Empfangenden". Denn der Faktor der fehlenden Zeit, welcher als Mangel gilt, gilt nur dort, wo Zweifel bestehen, ob er das, was er vollenden muss, in der dazu bestimmten Zeit vollenden wird.

Und da wir darin keinerlei Zweifel haben, ist es so, als würden wir den Zustand drei bereits erreicht haben. Unser Körper in seiner bösen Form, der uns jetzt gegeben wurde, schädigt nicht unser Wesen, da er samt allem, was er erwarb, gemeinsam mit dem System unreiner Kräfte (*Tuma*), welches seine Quelle ist, verschwinden wird. Und „jeder zu Verbrennende gleicht dem bereits Verbrannten". Und er wird betrachtet, als hätte er niemals existiert.

Doch die in diesen Körper „gekleidete" Seele, deren Wesen ebenfalls nur der Aspekt des Willens ist, aber des *Willens zu geben*, nimmt ihren Anfang im System der vier reinen Welten ABYA *de Kedusha* (siehe Punkt 11). Und sie existiert auf ewig, da diese Form des *Willens zu geben* in Angleichung an die Quelle des Lebens ist, und sie ist unveränderlich. (Die Erklärung dazu findet ab Punkt 32 statt).

21. Und du sollst der Meinung der Philosophen nicht glauben, die behaupten, dass das Wesen der Seele das Material des Verstandes sei, und ihre Lebenskraft resultiere nur aus Erkenntnissen; dass sie dadurch wachsen und dadurch belebt würde, und ihre Unsterblichkeit nach dem Tod des Körpers gänzlich vom Maß erlangter Kenntnisse abhinge, soweit, dass sie ohne diese keine Basis besäße, auf welcher die Unsterblichkeit der Seele ruhe – all das ist bei weitem nicht die Meinung der *Tora*.

Und auch das Herz ist damit nicht einverstanden, und jeder, der wenigstens einmal versucht hat, irgendeine Kenntnis zu erlangen, weiß und fühlt, dass der Verstand ein Erwerb und nicht das Wesen des Erwerbenden ist.

Sondern wie es heißt: Das ganze Material des neuen Geschöpfes – sowohl bei spirituellen als auch bei materiellen Objekten – stellt nicht mehr und nicht weniger als den *Willen zu empfangen* dar. Und obwohl, wie wir sagten, die Seele den *Willen zu geben* darstellt, ist es lediglich eine Folge von deren Korrektur durch die Einkleidung in reflektiertes Licht, welches sie von den Höheren Welten empfängt, aus welchen sie zu uns hinabsteigt; doch das Wesen der Seele ist nur der *Wille zu empfangen*.

Und die ganze Unterscheidung eines Wesens vom anderen, die wir entdecken können, ist nichts anderes als eine Unterscheidung in ihrem *Willen zu empfangen*. Sie bringt in jedem Wesen dessen Bedürfnisse hervor, die ihrerseits Gedanken und Kenntnisse erzeugen – in einem Maß, welches zur Befriedigung der Bedürfnisse notwendig ist, die ihre Entstehung dem *Willen zu empfangen* verdanken.

Und wie sehr sich bei Menschen die *Willen zu empfangen* unterscheiden, so sehr unterscheiden sich auch ihre Gedanken und Kenntnisse. Bei denjenigen zum Beispiel, deren *Wille zu empfangen* nur auf tierische Genüsse beschränkt ist, sind die Bedürfnisse, Gedanken und der Verstand nur auf die völlige Erfüllung dieses tierischen Wunsches ausgerichtet. Und obwohl dazu der Verstand und die Kenntnisse eines Menschen genutzt werden, ist dieser Verstand wie der Verstand eines Tieres, weil er sich in der Sklaverei des tierischen Willens befindet und nur ihm dient.

Und was diejenigen angeht, deren *Wille zu empfangen* hauptsächlich nach menschlichen Genüssen drängt – solchen wie Ehre und Macht über andere, die der tierische Typ nicht hat –, so sind ihre hauptsächlichen Bedürfnisse, Gedanken und Kenntnisse nur darauf ausgerichtet, diesen ihren Wunsch möglichst zu erfüllen. Und bei denjenigen, deren *Wille zu empfangen* hauptsächlich Wissen fordert, dienen ihre hauptsächlichen Bedürfnisse, Gedanken und Kenntnisse nur dazu, diesen Willen gänzlich zu füllen.

22. Und diese drei Arten von Wünschen dominieren in jedem Menschen, nur sind sie in unterschiedlichen Proportionen kombiniert. Daraus resultieren auch alle Unterschiede der Menschen untereinander. Und von materiellen Eigenschaften kann man eine Parallele zu spirituellen Eigenschaften ziehen, gemäß ihrer spirituellen Größe.

23. Somit erlangen die spirituellen Seelen der Menschen durch ihre Einkleidung in reflektiertes Licht, welches aus den Höheren Welten empfangen wird, aus denen sie hinabsteigen, lediglich das Verlangen, dem Schöpfer zu geben – in der Absicht, Ihm Freude zu bereiten. Dieses Verlangen ist das Wesen der Seele. Und nach ihrer Einkleidung in den Körper des Menschen erzeugt sie in ihm Bedürfnisse, Gedanken und Kenntnisse, die auf das Geben ausgerichtet sind, darauf, dem Schöpfer Genuss zu bereiten, gemäß der Größe des Willens der Seele.

24. Das Wesen des Körpers ist nur der Wille, für sich selbst zu empfangen. All seine Erscheinungen sowie alles, was er erwirbt, und alles, was er bekommt, ist lediglich die Erfüllung dieses verdorbenen *Willens zu empfangen*, welcher ursprünglich nur dazu erschaffen wurde, um vollkommen aufgelöst zu werden, um zum vollkommenen Zustand drei am Ende der Korrektur zu gelangen. Daher ist er [der Wille, für sich selbst zu empfangen] sterblich, vergänglich und unvollkommen, wie auch alle seine Anschaffungen, die wie Schatten vergehen, ohne etwas zurückzulassen.

Im Gegenteil dazu ist das Wesen der Seele lediglich der *Wille zu geben*, und alle ihre Erscheinungen und Anschaffungen sind von diesem Wunsch erfüllt, der bereits sowohl im ewigen Zustand eins als auch im zukünftigen Zustand drei existiert. Und somit ist sie und mit ihr alle ihre Erscheinungen unsterblich und unvergänglich, und nichts davon verschwindet, sobald der Körper stirbt. Im Gegenteil – die Abwesenheit des verdorbenen Körpers stärkt sie noch mehr, sodass sie sich ins Paradies (Garten *Eden*) erheben kann.

Auf diese Weise klärten wir, dass der Verbleib der Seele absolut nicht von erworbenen Kenntnissen abhängt, wie die oben genannten Philosophen glauben, sondern ihre Ewigkeit ist in ihrem Wesen veranlagt, das heißt im *Willen zu geben*, welcher ihr Wesen ist. Und die Kenntnisse, welche sie erlangt, sind ihre Belohnung und nicht sie selbst.

25. Daraus werden wir eine vollständige Lösung für die fünfte Untersuchung finden, in welcher wir nachfragten: Wenn der Körper so verdorben ist, dass die Seele in ihrer Reinheit nicht in ihn eintreten kann, bevor er nicht vollständig verwest ist, wozu kehrt er dann zurück und wird durch die Wiederbelebung der Toten wieder lebendig? Darüber sagten die Weisen: „In der Zukunft werden die Toten in ihren Mängeln wiederbelebt, damit man nicht sagen würde: ‚Das ist ein anderer Körper.'"[10]

---

10 *Sohar*, Abschnitt Emor, 17

Und man muss das, ausgehend von der Schöpfungsabsicht, selbst nachvollziehen, das heißt aus dem Zustand eins. Wir sagten, dass, da die Absicht darin bestand, den Geschöpfen Genuss zu bereiten, dies unumgänglich in den Seelen einen riesigen Willen erschuf, diesen Genuss zu empfangen, den es in der Schöpfungsabsicht gibt, da „ein riesiger Genuss einen riesigen Willen erfordert" (siehe Punkt 6 und 7). Wir sagten dort, dass dieser riesige *Wille zu empfangen* das einzige neue Geschöpf ist, welches erschaffen wurde, da absolut keine Notwendigkeit an mehr bestand, um die Schöpfungsabsicht zu erfüllen. Und es liegt in der Natur des vollkommenen Schöpfers, nichts Überflüssiges zu tun, wie es im „Lied der Vereinigung" heißt: „In Deiner ganzen Arbeit hast Du nichts vergessen, nichts ausgelassen und nichts bevorzugt."

Auch sagten wir dort, dass dieser riesige *Wille zu empfangen* vollkommen aus dem System reiner Welten (*Kedusha*) ausgestoßen wurde und dem System unreiner Welten (*Tuma*) beigegeben wurde, welche die Quelle der Entstehung und der Existenz der Körper und aller ihrer Anschaffungen in dieser Welt sind, bevor der Mensch die dreizehn Jahre erreicht und mit Hilfe der *Tora* beginnt, seine heilige Seele zu erfassen. Dann ernährt er sich durch das System reiner Welten, gemäß der Größe der heiligen Seele, welche er erfasste.

Oben wurde ebenfalls gesagt, dass während der 6.000 Jahre, welche uns zur Arbeit in der *Tora* und den Geboten gegeben wurde, keine Korrekturen des Körpers stattfinden, des riesigen *Willens zu empfangen*, der in ihm eingeschlossen ist. Und alle Korrekturen, die Folge unserer Arbeit sind, finden nur mit der Seele statt, welche dadurch die höheren Stufen in Reinheit und Heiligkeit erklimmt, das heißt zur Vergrößerung des *Willens zu geben*, welcher sich mit der Seele vergrößert.

Und daher ist es die Bestimmung des Körpers, am Ende zu sterben, begraben zu werden und zu verwesen, da er keine Korrektur erhalten hat. Aber dies kann nicht so bleiben, denn wenn letztendlich dieser riesige *Wille zu empfangen* aus der Welt verschwinden wird, wird sich die Schöpfungsabsicht nicht erfüllen können. Das heißt, all jene riesigen Genüsse, mit welchen Er seine Geschöpfe beglücken wollte, werden nicht empfangen werden, da „ein riesiger Genuss einen riesigen Willen erfordert". Und in dem Maße, wie sich der *Wille zu empfangen* verkleinern wird, wird sich auch der Genuss am Empfangen verkleinern.

26. Wie bereits gesagt wurde, setzt der Zustand eins die Existenz des Zustandes drei zwingend voraus, der in seiner ganzen Fülle hervortrat, genauso wie der Zustand eins, gemäß der Schöpfungsabsicht. Es fehlt in ihm nichts (siehe Punkt 15).

Daher erzwingt der Zustand eins die Wiederbelebung der toten Körper. Das heißt, ihr riesiger *Wille zu empfangen*, der bereits unbrauchbar wurde und sein Ende fand und im Zustand zwei verweste, ist gezwungen, in seinem ganzen riesigen Umfang wiederbelebt zu werden, in seiner ganzen riesigen Größe, ohne jegliche Beschränkungen, das heißt mit all seinen Mängeln, die es in ihm gab.

Und dann beginnt die Arbeit von neuem, um diesen riesigen *Willen zu empfangen* in den *Willen zu geben* um des Schöpfers willen zu verwandeln. Und dann gewinnen wir doppelt so viel.

Erstens haben wir dann Raum, um all jenes Wohl, den Genuss und die Zärtlichkeit zu empfangen, die in der Schöpfungsabsicht eingeschlossen sind, da wir einen riesigen Körper mit einem riesigen *Willen zu empfangen* haben, der gemeinsam mit diesen Genüssen „einen einzigen Halm" erklimmt.

Zweitens: Da unser Empfangen auf diese Weise nur in dem Maße stattfinden wird, wie wir dem Schöpfer Vergnügen bereiten, wird unser Empfangen als „vollkommenes Geben" angesehen (siehe Punkt 11). Und außerdem erreichen wir die Gleichheit der Eigenschaften mit dem Schöpfer – die Verschmelzung – das heißt unsere Form im Zustand drei, denn der Zustand eins erzwingt unbedingt die Wiederbelebung der Toten.

27. Tatsächlich kann es nicht sein, dass die Wiederbelebung der Toten anders stattfände als vor der Endkorrektur, das heißt am Ende des Zustandes zwei. Denn nachdem wir dessen würdig werden, unseren riesigen *Willen zu genießen* zunichte zu machen, und einen *Willen zu geben* erlangen – nachdem wir durch unsere Arbeit in der Ausmerzung dieses *Willens zu empfangen* all jener herrlichen Stufen der Seele würdig werden, die als *Nefesh, Ruach, Neshama, Chaja, Yechida* bezeichnet werden –, erreichen wir die größte Vollkommenheit, sodass man diesen Körper nun in der ganzen riesigen Größe seines *Willens zu empfangen* wiederbeleben kann. Und nun droht er uns nicht mehr in unserer Verschmelzung zu trennen.

Im Gegenteil, wir überwinden ihn und geben ihm die Form des Gebens, wie oben beschrieben. Und das trifft bezüglich einer jeden schlechten Eigenschaft zu, die wir loswerden wollen. Zunächst müssen wir uns davon vollkommen lossagen – so, dass nichts von ihr übrig bleibt, und dann kann man zurückkehren und sie wieder erhalten und in die mittlere Linie einführen. Doch solange man sich nicht vollkommen von ihr losgesagt hat, kann man sie unmöglich in der erwünschten mittleren Linie nutzen.

28. Die Weisen sagten: „In der Zukunft werden die Toten mit ihren Mängeln wiederbelebt und werden sodann geheilt." Das heißt: Anfangs wird der gleiche Körper zum Leben erweckt – der riesige, durch nichts beschränkte *Wille zu empfangen*, so, wie er durch das System unreiner Welten (*Tuma*) aufgezogen wurde, bevor man würdig wurde, ihn in allen seinen Mängeln durch die *Tora* und die Gebote zu reinigen. Und dann beginnen wir neu daran zu arbeiten, diesem riesigen *Willen zu empfangen* Formen des Gebens zu verleihen. Und dann gesundet er, da er nun die Gleichheit der Eigenschaften erreicht.

Und der Ausdruck „dass man nicht sagen würde: das ist ein anderer Körper" bedeutet, dass man nicht über ihn sagen würde, dass seine Form anders ist als in der

Schöpfungsabsicht. Denn dort befindet sich dieser riesige *Wille zu empfangen* mit der Absicht, das ganze Heil der Schöpfungsabsicht zu empfangen. Sondern nur für eine gewisse Zeit wurde er entweder in die Macht der *Klipot* oder in die Macht der Reinheit gegeben. Doch letzten Endes darf es nicht sein, dass es ein anderer Körper wäre, denn sogar wenn er auf irgendeine Art kleiner wäre, würde er vollkommen anders werden und sich nicht mehr zum Empfang des ganzen Heils der Schöpfungsabsicht eignen, welches er bereits dort empfängt, ausgehend vom Zustand eins.

29. Und aus allem Geklärten heraus bekamen wir nun die Möglichkeit, die zweite Frage zu beantworten: Was ist unsere Rolle in der langen Kette der Wirklichkeit, deren kleine Kettenglieder wir im Verlauf unseres kurzen Lebens sind?

Und wisse, dass sich unsere Arbeit im Verlauf der 70 Jahre unseres Lebens in vier Perioden aufteilt:

In der **ersten Periode** erlangt der Mensch einen riesigen, uneingeschränkten *Willen zu empfangen* in seiner ganzen unkorrigierten Größe, während er in der Macht des Systems der vier unreinen Welten ABYA *de Tuma* steht. Denn wenn es in uns diesen unkorrigierten *Willen zu empfangen* nicht gäbe, könnten wir ihn nicht korrigieren, da man nur etwas korrigieren kann, was man hat.

Daher reicht jener *Wille zu empfangen*, der im Körper von der Quelle seiner Geburt in der Welt vorhanden ist, nicht aus – sondern es muss nicht weniger als bis zum Alter von 13 Jahren das System unreiner Kräfte (*Klipot*) wirken. Das bedeutet, dass diese *Klipot* (unreine Kräfte) den Menschen beherrschen und ihm von ihrem Licht geben müssen, unter dessen Einfluss sein *Wille zu empfangen* wächst, denn die Genüsse, mit welchen die unreinen Kräfte den *Willen zu empfangen* versorgen, erweitern und vergrößern seine Forderungen.

So bestehen zum Beispiel bei der Geburt der Wille und die Lust, nur eine Portion von 100 zu erhalten und nicht mehr. Doch sobald die Böse Seite (*Sitra Achra*) den Willen mit dieser Portion erfüllt, verdoppelt sich der *Wille zu empfangen* augenblicklich und er will 200. Und nachdem die Böse Seite (*Sitra Achra*) die Füllung für die erwünschten 200 gibt, erweitert sich der Wille sofort und will 400. Und wenn der Mensch nicht mit Hilfe der *Tora* und der Gebote den *Willen zu genießen* überwindet und ihn reinigt, indem er ihn in Geben verwandelt, wächst sein *Wille zu empfangen* das ganze Leben lang, bis er schließlich stirbt, ohne die Hälfte seiner Leidenschaft befriedigt zu haben.

Somit untersteht der Mensch der Macht der *Klipot* und der Bösen Seite (*Sitra Achra*), deren Aufgabe darin besteht, seinen *Willen zu empfangen* zu erweitern und zu vergrößern und ihn dadurch unbeschränkt zu machen, um dem Menschen das ganze Material zu zeigen, welches sich in ihm befindet, mit welchem er arbeiten muss und welches er korrigieren muss.

30. Zweite Periode: von 13 Jahren an, wenn dem Punkt, welcher sich im Herzen des Menschen befindet, Kraft verliehen wird. Dieser Punkt ist die umgekehrte Seite der reinen Seele, welche in seinen *Willen zu empfangen* von dem Moment seiner Geburt an eingehüllt ist. Und die Erweckung tritt nicht eher als nach 13 Jahren ein. Dann beginnt der Mensch, in die Macht des Systems reiner Welten (*Olamot haKedusha*) überzugehen, in dem Maße, wie er sich mit der *Tora* und den Geboten beschäftigt.

Die hauptsächliche Rolle dieses Zeitraums ist es, einen spirituellen Willen zu erreichen und ihn zu vergrößern. Denn von Geburt an wohnt dem Menschen kein anderes Streben inne als das nach dem Materiellen, und daher ist sein Wachstum noch nicht abgeschlossen, obwohl er im Laufe von 13 Jahren einen riesigen *Willen zu empfangen* erreicht hat, denn der Abschluss des Wachstums des *Willens zu empfangen* ist nur das Streben nach dem Spirituellen. Denn wenn zum Beispiel sein *Wille zu empfangen* vor dem Alter von 13 Jahren nach dem Empfang des ganzen Reichtums und der ganzen Ehre dieser materiellen Welt strebte, so ist doch allen klar, dass diese Welt nicht ewig ist und sich jeder in ihr lediglich als unbeständiger Schatten befindet – er blinkt auf und dann gibt es ihn nicht mehr. Wenn er dagegen einen riesigen Willen nach dem Spirituellen erlangt, will er das ganze Heil und den ganzen Reichtum der zukünftigen ewigen Welt zu seinem Genuss. Also ist das Wesen eines riesigen *Willens zu genießen* der Wille, das Spirituelle zu erlangen.

31. Im „*Tikunej Sohar*"[11] heißt es über den Vers[12] „ein Blutsauger hat zwei Töchter, welche sagen: Gib! Gib!". Blutsauger bedeutet Hölle (*Gehinom*). Und die Sünder, die in die Fänge der Hölle gelangen, bellen wie Hunde: „Haw – Haw" (Hebr. für „Gib! Gib!"), das heißt, sie wollen den Reichtum beider Welten verschlucken, sowohl den dieser als auch den der kommenden. „Haw" bedeutet: „Gib mir den Reichtum dieser Welt" – die Bitte eines jeden Menschen in unserer Welt. „Haw – Haw" bedeutet: „Gib mir auch noch den Reichtum der kommenden Welt."

Und dennoch ist diese Stufe unvergleichbar viel wichtiger als die erste, denn außer, dass der Mensch das wahre Ausmaß des *Willens zu empfangen* erfasst und ihm das ganze erforderliche Material zur Arbeit gegeben ist, führt diese Stufe zu *liShma*. Wie die Weisen sagten[13]: „Immer soll sich der Mensch mit der *Tora* und den Geboten *lo liShma* (für sich/eigennützig) befassen, denn dadurch wird er zu *liShma* (für den Schöpfer) gelangen."

Und daher wird diese Stufe, die nach 13 Jahren eintritt, als „Heiligkeit" (*Kedusha*) definiert, was der Sinn des Geschriebenen ist: „Eine Magd der Heiligkeit, die ihrer Herrin dient", das heißt die heilige *Shechina*. Das heißt, die Magd führt ihn zur Stufe *liShma*, und so wird er des Strahlens der *Shechina* [der oberen *Malchut*] gewürdigt.

---

11 Neue *Tikunim*, 97:72
12 Sprüche, 30:15
13 *Talmud*, Moed, Traktat Pssachim 50b

Doch der Mensch ist verpflichtet, alle seine Möglichkeiten auszuschöpfen, um zu *liShma* zu gelangen; denn wenn er nicht alle seine Bemühungen darauf ausrichtet und, Gott behüte, nicht den Zustand *liShma* erreichen wird, wird er in der Abfalltonne der „unreinen" Magd (*Shifcha ha tmea*) landen, die das Gegenteil der „heiligen" Magd (*Shifcha de Kedusha*) ist. Denn die Bestimmung der „unreinen" Magd ist es, den Menschen zu verwirren, damit er von *lo liShma* nicht zu *liShma* kommen kann. Und über diese Magd heißt es, dass sie „den Platz ihrer Herrin erbt"[14], da sie den Menschen ihrer Herrin – der heiligen *Shechina* – nicht näher kommen lässt.

Und die letzte Stufe dieses Zeitraums [der zweiten Periode] ist es, dass er in leidenschaftliche Liebe zu Gott verfällt, gleich einem Menschen in unserer Welt, der vom leidenschaftlichen Begehren erfasst ist – so sehr, dass das begehrte Objekt in ihm Tag und Nacht brennt, wie es heißt: „Wenn ich mich an Ihn erinnere, so lässt Er mich nicht schlafen."

Und dann heißt es über ihn: „Ein Baum des Lebens ist ein erfüllter Wunsch"[15], da die fünf Stufen der Seele der „Baum des Lebens" sind, mit der Dauer von 500 Jahren, da jede Stufe 100 Jahre beträgt, was den Menschen zum Empfang aller dieser fünf Stufen *NaRaNCHaY* (*Nefesh*, *Ruach*, *Neshama*, *Chaja*, *Yechida*) führt, die in der dritten Periode erklärt werden.

32. Die **dritte Periode** ist die Arbeit in der *Tora* und den Geboten *liShma*, das heißt um des Gebens willen und nicht, um Belohnung zu erhalten. Diese Arbeit reinigt im Menschen den Willen, für sich zu empfangen, und verwandelt ihn in den Wunsch zu geben. Im Maße der Reinigung des *Willens zu empfangen* wird er würdig und bereit, fünf Teile der Seele zu erhalten, die *NaRaNCHaY* heißen (Erklärung ab Punkt 42), weil sie sich im *Willen zu geben* befinden (siehe Punkt 23) und sich nicht in den Körper einkleiden können, solange noch der *Wille zu empfangen* in ihm herrscht. Dieser [*Wille zu empfangen*] ist in seiner Form der Form der Seele entgegengesetzt oder er unterscheidet sich von ihr. Das ist deshalb so, weil die Einkleidung und die Angleichung der Form Hand in Hand gehen.

Und wenn der Mensch würdig wird, gänzlich zum *Willen zu geben* überzugehen, ohne das kleinste Teil für sich zu empfangen, so erreicht er dadurch die Übereinstimmung der Form mit seinen höheren *NaRaNCHaY*, die aus ihrer Quelle in der Welt der Unendlichkeit (*Ejn Sof*) aus dem Zustand eins durch die Welten der reinen *ABYA de Kedusha* hinabsteigen und sofort zu ihm hinabsteigen und sich gemäß der Stufe in ihn einkleiden.

Die **vierte Periode** ist die Arbeit nach der Wiederbelebung der Toten; das heißt, wenn der *Wille zu empfangen*, der bereits vollständig verschwand, da er starb und begraben wurde, erneut in größter und schlimmster Gestalt zum Leben erweckt wird, wie es heißt: „In der Zukunft werden die Toten mit ihren Mängeln wiederbelebt"

---

14 Sprüche, 30:23
15 Sprüche, 13:12

(siehe Punkt 28), und dann verwandelt man ihn in das Empfangen um des Gebens willen. Doch es gibt einzelne besondere Persönlichkeiten, denen diese Arbeit noch in ihrem Leben in unserer Welt gegeben wird.

33. Und nun bleibt uns nur noch, die sechste Untersuchung zu klären. Wie die Weisen sagten, sind alle Welten, wie die höheren so auch die niederen, zu nichts anderem erschaffen als nur für den Menschen. Und es ist auf den ersten Blick sehr merkwürdig, dass der Schöpfer sich für solch ein unbedeutendes Geschöpf wie den Menschen, der verglichen mit dem ganzen Universum, geschweige denn verglichen mit den höheren spirituellen Welten, in unserer Welt nichtiger als ein dünnes Haar ist, bemühen würde, all das zu erschaffen. Und noch merkwürdiger: Wozu braucht der Mensch all diese erhabenen höheren spirituellen Welten?

Und du musst wissen, dass die ganze Freude des Schöpfers am Genuss der von Ihm Erschaffenen nur so groß ist, wie die Geschöpfe Ihn fühlen, dass Er gibt und Er ihnen Genuss schenkt. Dann ist Er erfreut über uns – wie ein Vater, der mit seinem geliebten Sohn spielt, wenn in dem Maße, wie der Sohn die Größe und die Kraft des Vaters fühlt und erkennt, der Vater ihm alle Schätze zeigt, die er für ihn bereitete, und es heißt[16]: „Ist Efraim nicht Mein teurer Sohn? Ist er nicht Mein geliebtes Kind? Denn jedes Mal, wenn Ich beginne, von ihm zu sprechen, erinnere Ich mich seiner lange Zeit. Daher schmerzt Mein Inneres über ihn, Ich werde mich seiner erbarmen', so sagte Gott."

Schaue bei dem Gesagten genau hin, und du wirst jene erhabenen Vergnügungen des Schöpfers mit jenen Vollkommenen erkennen und erfahren können, die dessen würdig wurden, Seine Größe zu fühlen und zu erkennen, nachdem sie all die Wege beschritten, die Er ihnen bereitete, bis sie schließlich zu der Beziehung zwischen dem Vater und dem geliebten Sohn gelangten. Und alles Geschriebene ist für die Erkennenden. Und es ist nicht vonnöten, weiter davon zu sprechen. Es genügt uns nur zu wissen, dass es sich für Ihn für all diese Genüsse und Vergnügungen mit jenen Vollkommenen lohnte, alle Welten, sowohl die Höheren als auch die niederen, zu erschaffen, wie uns noch zu enthüllen bevorsteht.

34. Um nun die Geschöpfe vorzubereiten, sie fähig zu machen, eine solch hohe, besondere Stufe zu erreichen, wünschte der Schöpfer dies auf vier Stufen zu tun, von welchen eine in die andere übergeht und die wie folgt bezeichnet werden: „bewegungslos (*domem*), pflanzlich (*zomeach*), tierisch (*chaj*), sprechend (*medaber*)". Dabei spiegeln sie vier Stufen des *Willens zu empfangen* wider, in welche sich jede der Höheren Welten aufteilt, in der zwar die vierte Stufe (*Bchina Dalet*) des *Willens zu empfangen* die hauptsächliche ist, es aber unmöglich ist, sie auf einmal zu enthüllen, sondern nur Kraft der drei ihr vorausgehenden Stufen, die in ihr allmählich in Erscheinung treten und sich entwickeln, und dabei der vierten Stufe eine abgeschlossene Form verleihen.

---

16 Jeremia, 31:19

35) Die erste Stufe des *Willens zu empfangen* wird als bewegungslos (*domem*) bezeichnet und stellt den Beginn der Enthüllung des *Willens zu empfangen* in unserer materiellen Welt dar. In ihr gibt es nichts außer der allgemeinen Kraft der Bewegung aller bewegungslosen Arten, aber die Bewegung ihrer Teile ist für das Auge unsichtbar. Denn der *Wille zu empfangen* gebiert Bedürfnisse und Bedürfnisse erzeugen Bewegungen, die dazu ausreichen, das Notwendige zu erreichen. Und da der *Wille zu empfangen* äußerst klein ist, herrscht er nicht gleichzeitig über das Ganze und seine Macht über die Teile wird auch nicht erkannt.

36. Die zweite, pflanzliche Stufe des *Willens zu empfangen* entsteht komplementär zur ersten. Ihre Größe des Willens ist größer als beim Bewegungslosen, und der *Wille zu empfangen* herrscht in all ihren Teilen (den zugehörigen Geschöpfen). Jeder Teil verfügt über eine eigene Bewegung in Länge und in Breite. Auf der pflanzlichen Stufe werden Reaktionen auf den Sonnenaufgang, Ernährung, Tränkung und Ausscheidung beobachtet. Doch es gibt noch keine Empfindung der individuellen Freiheit eines jeden.

37. Die nächste Stufe ist die tierische, die dritte Stufe des *Willens zu empfangen*, dessen Umfang bereits so groß ist, dass er in allen seinen Teilen (dieser Stufe zugehörigen Geschöpfen) die Empfindung der individuellen Freiheit erzeugt, welche ein besonderes Leben jeden Teils darstellt, unterschiedlich von seinesgleichen.

Doch auf dieser Stufe gibt es noch keine Empfindung des Nächsten, das heißt: Es gibt keine Basis, um mit den Leiden des anderen mitzufühlen oder sich über seinen Erfolg zu freuen.

38. Zusätzlich zu allen vorausgehenden Formen besteht die menschliche Art, die vierte Stufe des *Willens zu empfangen*. Und sie ist bereits in ihrer abgeschlossenen und vollkommenen Größe, da im *Willen zu empfangen* dieser Stufe die Empfindung des Nächsten wirkt. Und wenn du absolut genau wissen willst, worin der Unterschied zwischen der dritten Stufe des *Willens zu empfangen*, der tierischen Stufe, und der vierten Stufe des *Willens zu empfangen*, der Stufe Mensch, ist, so werde ich dir sagen, dass sie sich genauso verhalten, wie sich ein einzelnes Geschöpf zum ganzen Universum verhält. Denn der *Wille zu empfangen* der tierischen Stufe, in dem die Empfindung von seinesgleichen fehlt, ist nicht in der Lage, andere Wünsche und Bedürfnisse zu generieren als diejenigen, die durch seine Größe nur in diesem Geschöpf definiert werden.

Im Menschen jedoch, in dem es die Empfindung für den anderen gibt, entsteht auch das Bedürfnis nach all dem, was der andere hat, und er wird von Neid erfüllt und danach streben, alles zu besitzen, was die anderen haben. Und wenn er eine Portion hat, so will er eine doppelte. So multiplizieren sich und wachsen seine Bedürfnisse, bis er schließlich beginnt, alles besitzen zu wollen, was es in der Welt gibt.

39. Und nachdem wir geklärt haben, dass das ganze vom Schöpfer erwünschte Ziel der Erschaffung der Geschöpfe darin besteht, sie mit Genuss zu füllen, damit sie Seine Größe und Wahrheit erkennen und von ihm all jenes Wohl und all jene Genüsse erhalten, die er ihnen bereitet hatte, und im Maße des Gesagten: „Mein teures Kind Efraim, mein geliebter Sohn", sehen wir klar, dass sich dieses Ziel nicht auf bewegungslose Körper bezieht – große Himmelskörper, solche wie Erde, Mond, Sonne, ungeachtet ihrer Größe und Strahlung – und nicht auf die pflanzliche und die tierische Stufe. Denn wie können sie, ohne über die Empfindung anderer zu verfügen, sogar solcher, die ihrer Art gleichen, den Schöpfer und Seine Güte fühlen?

Sondern nur die Stufe der Menschen; nachdem in ihnen die Vorbereitung und Basis zur Empfindung anderer ihresgleichen gelegt wurde, empfangen sie im Prozess der Arbeit in der *Tora* und den Geboten, wenn sie ihren *Willen zu empfangen* in den *Willen zu geben* umwandeln und zur Schöpfergleichheit gelangen, alle Stufen, die ihnen in den Höheren Welten bereitet sind und die als *NaRaNCHaY* bezeichnet werden. Daraus resultierend werden sie fähig, das Schöpfungsziel zu verwirklichen, denn das Ziel der Schöpfungsabsicht der Erschaffung aller Welten ist nur auf den Menschen ausgerichtet.

40. Und ich weiß, dass dies von den Philosophen überhaupt nicht angenommen wird und sie sich nicht damit einverstanden geben können, dass ein Mensch, so nichtig in ihren Augen, das Zentrum der ganzen erhabenen Schöpfung sein soll. Und sie gleichen jenem Wurm, der im Radieschen zur Welt kam, in ihm sitzt und denkt, dass die ganze Welt des Schöpfers genauso bitter, lichtlos und klein wie jenes Radieschen sei, in dem er zur Welt kam.

Doch in dem Moment, wenn er die Schale des Radieschens durchbricht und aus dem Radieschen hinausschaut, ist er erstaunt und ruft aus: „Ich glaubte, dass die ganze Welt dem Radieschen gleichen würde, in dem ich zur Welt kam, doch nun sehe ich vor mir die riesige, leuchtende, wundervolle Welt!"

So auch jene, die sich in der Schale ihres *Willens zu empfangen* befinden, in welcher sie zur Welt kamen, und die nicht versuchten, das besondere Mittel – die *Tora* und die praktischen Gebote – zu empfangen, die fähig sind, diese harte Hülle zu durchbrechen und sie in den Willen zu verwandeln, dem Schöpfer zu geben. Diese beschließen natürlich zwangsweise, sie seien nichtig und leer (wie sie in der Wirklichkeit auch sind), und können sich nicht vorstellen, dass diese ganze riesige Schöpfung nur für sie erschaffen wurde.

Doch wenn sie sich mit der *Tora* und den Geboten in ihrer ganzen reinen Schönheit beschäftigen würden, um dem Schöpfer zu geben, und die Schale des *Willens zu empfangen* durchbrechen würden, mit welchem sie zur Welt kamen, und den *Willen zu geben* erhalten würden, so würden sich ihnen augenblicklich die Augen öffnen und sie würden sowohl sich als auch alle Stufen der Weisheit, der Vernunft und des klaren Wissens sehen und erkennen können – in ihrer ganzen Schönheit und Wonne, die ihnen in den spirituellen Welten bereitet sind, und dann würden sie selbst sagen, was die Weisen sagten: „Ein guter Gast sagt: Alles, was der Gastgeber tat, tat er für mich."

41. Doch es bleibt uns noch zu klären, wozu der Mensch nun all diese Hohen Welten, welche der Schöpfer für ihn schuf, braucht. Welchen Bedarf hat der Mensch an ihnen?

Und man muss wissen, dass die ganze Wirklichkeit, das ganze Universum sich in fünf Welten aufteilt, die heißen:

- *Adam Kadmon*
- *Azilut*
- *Brija*
- *Yezira*
- *Assija*

Und in jeder von ihnen gibt es eine unendliche Zahl von Details, die sich im Grunde auf fünf *Sefirot* zurückführen lässt:

- *Keter*
- *Chochma*
- *Bina*
- *Tiferet*
- *Malchut*

Die Welt *Adam Kadmon* ist *Keter*, die Welt *Azilut* ist *Chochma*, die Welt *Brija* ist *Bina*, die Welt *Yezira* ist *Tiferet* und die Welt *Assija* ist *Malchut*. Und die Lichter, die sich in diese fünf Welten „einkleiden", heißen *NaRaNCHaY*:

- *Das Licht Yechida leuchtet in der Welt Adam Kadmon.*
- *Das Licht Chaja leuchtet in der Welt Azilut.*
- *Das Licht Neshama leuchtet in der Welt Brija.*
- *Das Licht Ruach leuchtet in der Welt Yezira.*
- *Das Licht Nefesh leuchtet in der Welt Assija.*

Und all diese Welten sowie alles, was es in ihnen gibt, sind Teil des heiligen Namens des Schöpfers *Yud Hej Waw Hej* und die Spitze des *Yud*, da die erste Welt – die Welt *Adam Kadmon* – nicht von uns erkannt wird und sie aus diesem Grund nur als der Anfangspunkt des Buchstaben *Yud* im Namen des Schöpfers bezeichnet wird und wir nicht von ihr sprechen, sondern wir sprechen immer nur von den vier Welten *ABYA*:

- *Yud – die Welt Azilut*
- *Hej – die Welt Brija*
- *Waw – die Welt Yezira*
- *der letzte Buchstabe Hej – die Welt Assija*

42. Wir beschrieben also nun die vier Welten, welche die ganze spirituelle Wirklichkeit in sich einschließen, die von der Welt der Unendlichkeit ausgeht und sich bis hin zu unserer Welt zieht. Doch sie schließen einander auch gegenseitig ein, und daher besteht jede der fünf Welten aus fünf *Sefirot*: *Keter, Chochma, Bina, Tiferet, Malchut*, in welchen sich die fünf Lichter *NaRaNCHaY* kleiden, die den fünf Welten entsprechen.

Doch außer den fünf *Sefirot* (*Keter, Chochma, Bina, Tiferet, Malchut*) jeder einzelnen Welt gibt es auch vier spirituelle Aspekte: bewegungslos, pflanzlich, tierisch, sprechend. Die Seele des Menschen gehört zum Aspekt des „Sprechenden" (*medaber*), der Aspekt „Tiere" (*chaj*) sind Engel der Welt dieser Stufe, der Aspekt des „Pflanzlichen" (*zomeach*) wird als „Kleider" bezeichnet und der Aspekt des „Bewegungslosen" wird als „Palast" (*Heichalot*) bezeichnet.

Und diese Stufen kleiden sich ineinander ein. Die Stufe des „Sprechenden", welche die Seelen der Menschen sind, kleidet sich auf die fünf *Sefirot*: *Keter, Chochma, Bina, Tiferet, Malchut*, die Teile des Schöpfers in derselben Welt sind. Die tierische Stufe – die Engel – kleidet sich auf die Seelen; die pflanzliche Stufe, welche „Kleider" sind, kleidet sich auf die Engel; die bewegungslosen Stufen, welche „Paläste" sind, umgibt alle vorausgehenden.

„Einkleidung" bedeutet, dass sie einander dienen und sich dank einander entwickeln, wie wir dies bereits bezüglich der Stufen bewegungslos, pflanzlich, tierisch und sprechend dieser materiellen Welt erläuterten (siehe Punkt 35 bis 38), wo drei Stufen (bewegungslos, pflanzlich, tierisch) nicht für sich erschaffen wurden, sondern nur, damit die vierte Stufe, der Mensch, sich mit ihrer Hilfe entwickeln und erheben könnte. Und daher haben sie keine andere Bestimmung, als nur dem Menschen zu dienen und ihm zu nutzen.

So auch in allen spirituellen Welten, deren drei Stufen (bewegungslos, pflanzlich, tierisch) nur dazu erschaffen wurden, der Stufe des „Sprechenden" – den Seelen der Menschen – zu dienen und zu helfen. Und daher gilt, dass sie alle sich auf die Seele des Menschen „kleiden", das heißt zu seinem Nutzen.

43. Somit hat der Mensch ab dem Moment der Geburt sofort eine „heilige Seele" (*Nefesh de Kedusha*), doch nicht die Seele (*Nefesh*) selbst, sondern den Aspekt ihrer Rückseite, das heißt den letzten Teil, der wegen seiner Kleinheit als „Punkt" bezeichnet wird. Und dieser kleidet sich ins Herz des Menschen, das heißt in den Aspekt seines *Willens zu empfangen* in ihm, der hauptsächlich im Herzen des Menschen in Erscheinung tritt.

Und wisse dieses Gesetz: Alles, was in der ganzen Wirklichkeit wirkt, wirkt auch in jeder Welt, sogar in jedem ihrer Teile, sogar in einem so winzigen, dass er nicht weiter teilbar ist. Wie es fünf Welten gibt, welche die ganze Wirklichkeit bilden, die aus fünf *Sefirot* besteht, *Keter*, *Chochma*, *Bina*, *Tiferet*, *Malchut*, so gibt es fünf *Sefirot*, *Keter*, *Chochma*, *Bina*, *Tiferet*, *Malchut* in jeder der Welten, und es gibt fünf *Sefirot* in jedem winzigsten Teil jeder Welt.

Und wir sagten, dass unsere Welt ebenfalls in die Stufen bewegungslos, pflanzlich, tierisch, sprechend unterteilt ist. Und sie entsprechen vier *Sefirot*: *Chochma*, *Bina*, *Tiferet*, *Malchut*. Die bewegungslose Stufe (*domem*) entspricht *Malchut*, die pflanzliche *Tiferet*, die tierische *Bina*, die sprechende entspricht *Chochma* und die Wurzel aller entspricht *Keter*. Und es wurde ebenfalls gesagt, dass es sogar im kleinsten Teil einer jeden Art jeder dieser Stufen (bewegungslos, pflanzlich, tierisch, sprechend) ebenfalls vier Stufen von bewegungslos, pflanzlich, tierisch, sprechend gibt, sodass es auch in einem Einzelteil der Art Mensch, also in einem einzelnen Menschen, ebenfalls die Stufen bewegungslos, pflanzlich, tierisch und sprechend gibt, welche vier Teile seines *Willens zu empfangen* darstellen, in denen der Punkt der „heiligen Seele" (*Nefesh de Kedusha*) gekleidet ist.

44. Vor „13 Jahren" ist keine klare Erscheinung des *Punktes im Herzen* möglich. Doch nach „13 Jahren", wenn der Mensch beginnt, sich mit der *Tora* und den Geboten zu beschäftigen, sogar ohne jegliche Absicht, das heißt ohne Liebe und Angst, die bei der Ausführung der Wünsche des Schöpfers zugegen sein müssen, sogar, wenn er für sich (*lo liShma* = eigennützig) erfüllt, beginnt der Punkt in seinem Herzen zu wachsen und seine Wirkung tritt in Erscheinung.

Gebote bedürfen keiner Absicht und sogar Handlungen ohne Intention sind fähig, seinen *Willen zu empfangen* zu reinigen, doch nur auf der ersten Stufe, die als bewegungslos bezeichnet wird. In dem Maße wie der Mensch die bewegungslose Stufe seines *Willens zu empfangen* reinigt, baut er 613 Teile (Organe) des Punktes im Herzen auf, was der Stufe der bewegungslosen heiligen Seele (*domem de Nefesh de Kedusha*) entspricht. Und sobald er alle 613 Gebote in Handlungen vollendet hat, hat er dadurch alle 613 Organe des Punktes im Herzen – der bewegungslosen heiligen Seele – perfektioniert.

Ihre 248 spirituellen Organe (*Ewarim*) werden durch die Ausführung der 248 gebietenden *Mizwot* gebildet, und 365 spirituelle Sehnen (*Gidim*) werden mittels der Erfüllung der 365 verbietenden *Mizwot* gebildet, bis sich schließlich ein voller *Parzuf* der heiligen *Nefesh* (*Nefesh de Kedusha*) bildet. Und dann erhebt sich *Nefesh* und „bekleidet" die *Sefira Malchut* der spirituellen Welt *Assija*.

Und alle Teile der spirituellen Stufen dieser Welt – bewegungslos, pflanzlich, tierisch – entsprechen dieser *Sefira* der Welt *Assija* und dienen dem *Parzuf* der *Nefesh* des Menschen und unterstützen ihn, der sich dorthin erhob, das heißt in dem Maße, wie *Nefesh* sie erkennt. Diese Erkenntnis wird für sie zur spirituellen Nahrung, sie bekommt die Kraft zu wachsen und sich zu vergrößern, bis sie schließlich fähig wird, das Licht der *Sefira Malchut* der Welt *Assija* in ganzer Fülle heranzuziehen und mit diesem im Körper des Menschen zu leuchten. Dieses volle Licht hilft dem Menschen dabei, seine Bemühungen in der *Tora* und den Geboten zu vermehren und die restlichen Stufen zu empfangen.

Wie sofort bei der Geburt des Körpers des Menschen ein Punkt des Lichts *Nefesh* geboren und in ihm platziert wird, so auch hier: Sobald nur der *Parzuf* von *Nefesh de Kedusha* entsteht, wird gemeinsam mit ihm auch ein Punkt der höheren Stufe geboren, das heißt das letzte Niveau des Lichts *Ruach* der Welt *Assija*, welches sich in den inneren Teil des *Parzuf Nefesh* einkleidet.

Und so geschieht dies im Verlauf aller Stufen. In jeder neugeborenen Stufe erscheint augenblicklich das letzte Niveau der höheren Stufe. Darin besteht die ganze Verbindung zwischen dem Höheren und dem Niederen, bis hin zu den höchsten Stufen. Und das Vorhandensein dieser wunderbaren Eigenschaft – des Punktes, den es in ihr vom Höheren gibt – macht sie fähig, die höhere Stufe zu erklimmen.

45. Dieses Licht *Nefesh* wird als das Licht der bewegungslosen Stufe der Heiligkeit der Welt *Assija* bezeichnet. Und es ist dementsprechend auf die Reinigung ausgerichtet – die Korrektur der bewegungslosen Stufe des *Willens zu empfangen*, den es im Körper des Menschen gibt. Die Wirkung dieses Lichts in der spirituellen Welt gleicht der bewegungslosen Stufe in der materiellen Welt (siehe Punkt 35), wo es keine individuelle Bewegung der Teile, sondern nur die allgemeine Bewegung gibt, die alle Teile im gleichen Maße umfasst. So auch das Licht des *Parzuf* von *Nefesh* der Welt *Assija*. Ungeachtet der Tatsache, dass es in ihm 613 Organe gibt, die 613 Arten der Veränderung der Form des Empfangens der Fülle (*Shefa*) darstellen, sind in ihm dennoch keine Verschiedenartigkeiten erkennbar, sondern nur das allgemeine Licht, welches im Ganzen auf alle im gleichen Maße einwirkt, ohne Bewusstsein für Einzelheiten in ihm.

46. Und wisse, dass die *Sefirot* zwar etwas Göttliches sind und es in ihnen keinerlei Verschiedenheiten gibt, von der ersten *Sefira Keter* in der Welt AK bis zur letzten *Sefira Malchut* in der Welt *Assija*, so aber dennoch in Bezug auf die Empfänger große Unterschiede existieren, da die *Sefirot* in Lichter und *Kelim* unterschieden werden. Das Licht in den *Sefirot* ist absolute Göttlichkeit, doch die *Kelim*, welche *Keter*, *Chochma*, *Bina*, *Tiferet* und *Malchut* heißen, in jeder ihrer drei unteren Welten *Brija*, *Yezira*, *Assija*, werden nicht als Göttlichkeit erachtet. Sie sind lediglich eine Hülle, welche das Licht der Unendlichkeit, das in ihnen enthalten ist, verhüllen; und sie messen das Maß des zu empfangenden Lichts bezüglich der Empfänger, welche nur im Maße ihrer Reinheit empfangen.

Ungeachtet der Tatsache, dass das Licht selbst einheitlich ist, bezeichnen wir dennoch die Lichter in den *Sefirot NaRaNCHaY*, da sich das Licht entsprechend den Eigenschaften der *Kelim* teilt. *Malchut*, welche die dichteste Abschirmung darstellt, verhüllt das Licht der Unendlichkeit. Und das Licht, welches sie vom Schöpfer zu den Empfängern durchleitet, ist im geringen Maß. Es ist nur zur Reinigung der bewegungslosen Stufe des menschlichen Körpers bestimmt und wird daher als *Nefesh* bezeichnet.

Das *Kli Tiferet* ist verglichen mit dem *Kli Malchut* viel feiner, und das Licht, welches es aus der Unendlichkeit durchleitet, ist zur Reinigung der pflanzlichen Stufe im Körper des Menschen bestimmt, da es in ihm in größerem Maße als das Licht *Nefesh* wirkt, und wird als Licht *Ruach* bezeichnet.

Das *Kli Bina* ist feiner als das *Kli Tiferet*, und das Licht, welches es aus der Unendlichkeit durchleitet, ist zur Reinigung der tierischen Stufe im Körper des Menschen bestimmt und wird als das Licht *Neshama* bezeichnet.

Das *Kli Chochma* ist von allen das feinste, und das Licht, welches es aus der Unendlichkeit durchleitet, ist zur Reinigung der sprechenden Stufe im Körper des Menschen bestimmt und wird als das Licht *Chaja* bezeichnet, dessen Wirkung uneingeschränkt ist.

47. Wie bereits gesagt wurde, ist im *Parzuf Nefesh*, welchen der Mensch erlangte, indem er sich mit der *Tora* und den Geboten ohne jegliche Absicht befasste, bereits ein Punkt vom Licht *Ruach* eingekleidet. Und wenn sich der Mensch in der Erfüllung der *Tora* und der Gebote mit der erwünschten Absicht beschäftigt, so reinigt und korrigiert er den pflanzlichen Teil des *Willens zu empfangen*, den es in ihm gibt. Und in diesem Maße erbaut er aus dem Punkt *Ruach* einen *Parzuf*; durch die Erfüllung von 248 gebietenden *Mizwot*, zusammen mit einer Absicht, dehnt sich der Punkt in 248 spirituelle Organe (*Ewarim*) aus, und durch die Erfüllung der 365 verbietenden *Mizwot* dehnt sich der Punkt in seinen 365 Sehnen (*Gidim*) aus.

Und sobald die Erschaffung aller 613 Organe des *Parzuf* abgeschlossen ist, erhebt er [der Punkt] sich und kleidet sich in die *Sefira Tiferet* der spirituellen Welt *Assija*, welche ihm ein noch wichtigeres Licht aus der Unendlichkeit durchleitet, welches als das Licht *Ruach* bezeichnet wird und entsprechend der Reinheit zur Korrektur des Teils des Pflanzlichen bestimmt ist, den es im Körper des Menschen gibt. Und alle Einzelheiten der Arten von bewegungslos, pflanzlich und tierisch in der Welt *Assija*, die zur Stufe der *Sefira Tiferet* gehören, helfen dem *Parzuf Ruach* des Menschen, Lichter von der *Sefira Tiferet* in ganzer Fülle zu erhalten, wie zuvor mit dem Licht *Nefesh* erklärt wurde. Daher heißt der *Parzuf Ruach* „spirituelle Pflanze der Heiligkeit".

Die Natur seines Leuchtens ist wie auf der pflanzlichen Stufe der materiellen Welt, wo es bereits Veränderungen der Bewegung gibt, die bei jedem einzelnen Individuum unterscheidbar sind. Und das spirituelle Licht der pflanzlichen Stufe verfügt bereits über eine große Kraft, jedem der 613 Organe des *Parzuf Ruach* auf besondere Weise zu leuchten, wobei jede dieser Weisen eine Wirkungskraft zeigt, die sich auf dieses

Organ bezieht. Und mit Entstehung des *Parzuf Ruach* entsteht in ihm ein Punkt der höheren Stufe, ein Punkt des Lichts *Neshama*, der sich in sein Inneres kleidet.

48. Und indem der Mensch die Geheimnisse der *Tora* und die Geschmäcker der Gebote studiert, korrigiert er die tierische Stufe seines *Willens zu empfangen* und vergrößert und erbaut in diesem Maße den Punkt *Neshama*, der sich in ihm in seine [des Punktes] 248 Organe und 365 Sehnen einkleidet. Und sobald der Bau abgeschlossen wird und er zum *Parzuf* wird, erhebt er sich und kleidet sich in die *Sefira Bina* der spirituellen Welt *Assija* – ein *Kli*, welches viel feiner als die vorausgegangenen *Kelim Tiferet* und *Malchut* ist. Und daher lässt es aus der Unendlichkeit ein größeres Licht an den Menschen durch, welches *Or Neshama* heißt.

Alle Einzelheiten von bewegungslos, pflanzlich und tierisch der Welt *Assija*, die zur Stufe *Bina* gehören, helfen und dienen dem *Parzuf Neshama* des Menschen, um sein ganzes Licht von der *Sefira Bina* in Vollkommenheit zu empfangen. Der *Parzuf* wird auch *Chaj de Kedusha* (Lebender der Heiligkeit) genannt, weil er der Korrektur der tierischen Stufe im Körper des Menschen entspricht. Und so ist die Natur seines Leuchtens, wie in der oben betrachteten tierischen Stufe der materiellen Welt (siehe Punkt 37), welche jedem der 613 Organe des *Parzuf* das Gefühl von Individualität gibt, frei und lebendig, ohne jegliche Abhängigkeit vom Rest des *Parzufs*, so sehr, dass seine 613 Organe zu 613 *Parzufim* (Plural von *Parzuf*,) werden, jedes einzig in seinem Licht, auf seine eigene Weise.

Der Vorteil dieses Lichts gegenüber dem Licht *Ruach* im Spirituellen entspricht dem Unterschied zwischen der tierischen Stufe im Vergleich zur pflanzlichen und bewegungslosen Stufe in der materiellen Welt. Und von dort dehnt sich ein Punkt des Lichts *Chaja de Kedusha* (*Chaja* der Heiligkeit) aus, welches das Licht der *Sefira Chochma* ist, und es nistet sich bei der Entstehung des *Parzuf Neshama* in ihm ein.

49. Sobald der Mensch solch eines großen Lichts würdig wurde, welches *Or Neshama* heißt, wenn bereits jedes der 613 Organe dieses *Parzufs* mit seinem vollen Licht leuchtet, welches für dieses Organ bestimmt ist, jedes wie ein separater *Parzuf*, eröffnet sich für ihn die Möglichkeit, sich mit jedem Gebot mit dessen wahrer Absicht zu beschäftigen, denn jedem Organ des *Parzuf Neshama* leuchtet das Licht eines jeden Gebotes, welches diesem Organ entspricht.

Und mit der großen Kraft dieser Lichter korrigiert er den „sprechenden" Teil, den es in seinem *Willen zu empfangen* gibt, und verwandelt ihn in den *Willen zu geben*. Und in diesem Maße wird der Punkt des Lichts *Or Chaja* aufgebaut, der in ihm in den 248 spirituellen Organen und 365 spirituellen Sehnen des Punktes gekleidet ist.

Sobald der *Parzuf* vollkommen abgeschlossen ist, erhebt sich der Punkt und „kleidet" sich in die *Sefira Chochma* der Welt *Assija*. Und dieses *Kli* ist unermesslich fein und lässt daher an den Menschen ein riesiges Licht aus der Unendlichkeit durch, welches *Or Chaja* oder „*Neshama* zur *Neshama*" (Seele zur Seele) heißt. Und alle Teile der Welt *Assija*, das heißt Bewegungsloses, Pflanzliches und Tierisches, die zur *Sefira Chochma* gehören, helfen dem Menschen, das Licht der *Sefira Chochma* vollständig zu empfangen.

Dieses heißt „Sprechender der Heiligkeit" (*Medaber de Kedusha*) und ist im Grunde auf die Korrektur (Reinigung) des sprechenden Teils ausgerichtet, den es im Körper des Menschen gibt. Und der Wert dieses Lichts im Göttlichen entspricht dem Wert des Sprechenden in den vier Stufen bewegungslos, pflanzlich, tierisch und sprechend der materiellen Welt, das heißt, er erwirbt die Fähigkeit, den Nächsten zu fühlen. Und die Größe dieses Lichts übertrifft die Lichter der bewegungslosen, pflanzlichen und tierischen Stufen im Spirituellen – wie die Art Mensch, verglichen mit bewegungslosen, pflanzlichen und tierischen Arten in der materiellen Welt. Und der Aspekt des Lichts der Unendlichkeit, welches in diesen *Parzuf* „eingehüllt" ist, wird als *Or Yechida* bezeichnet.

50. Doch wisse, dass alle diese fünf Lichter *NaRaNCHaY*, die von der Welt *Assija* empfangen werden, lediglich *NaRaNCHaY* des Lichts *Nefesh* sind, und es in ihnen nichts vom Licht *Or Ruach* gibt, weil es *Or Ruach* nur in der Welt *Yezira* gibt und *Or Neshama* in der Welt *Brija*, *Or Chaja* in der Welt *Azilut* und *Or Yechida* in der Welt *AK*.

Doch alles, was es in der allgemeinen Schöpfung gibt, offenbart sich auch in jedem, selbst dem kleinsten ihrer Teile. Daher gibt es alle fünf Aspekte von *NaRaNCHaY* in der Welt *Assija*, doch das ist *NaRaNCHaY* des Lichts *Nefesh*. Und genauso gibt es alle fünf Aspekte *NaRaNCHaY* in der Welt *Yezira*, die lediglich fünf Teile des Lichts von *Ruach* sind. Ebenfalls gibt es fünf Aspekte *NaRaNCHaY* in der Welt *Brija*, und sie sind nur fünf Teile des Lichts von *Neshama*. Und in der Welt *Azilut* gibt es ebenfalls fünf Aspekte *NaRaNCHaY*, und sie sind nur fünf Teile des Lichts von *Or Chaja*. Es gibt auch fünf Aspekte *NaRaNCHaY* in der Welt *AK*, und sie sind nur fünf Teile des Lichts von *Or Yechida*. Und der Unterschied zwischen jeder einzelnen Welt ist der gleiche wie der Unterschied zwischen den einzelnen Lichtern von *NaRaNCHaY* in der Welt *Assija*, wie wir dies oben untersucht haben.

51. Und wisse, dass der Wunsch, sich spirituell zu erheben und sich zu reinigen, vom Schöpfer nur dann angenommen wird, wenn er stetig ist und eine völlige Sicherheit darin besteht, dass der Mensch nicht mehr zu seiner Narrheit zurückkehren wird. Wie es heißt: „Bis der Schöpfer selbst bezeugt, dass er nicht mehr zu seiner Narrheit zurückkehren wird." Und wir finden vor, wie bereits gesagt wurde, dass, wenn der Mensch die bewegungslose Stufe seines *Willens zu empfangen* korrigiert, des *Parzuf Nefesh* würdig wird, sich erhebt und die *Sefira Malchut* der Welt *Assija* „kleidet", er natürlich der vollkommenen Korrektur der bewegungslosen Stufe gewürdigt wird, sodass er nicht mehr zu seiner Narrheit zurückkehren wird. Dann kann er in die spirituelle Welt *Assija* aufsteigen, da es in ihm nun Reinigung und absolute Übereinstimmung der Form mit jener Welt gibt.

Doch was die restlichen Stufen *Ruach*, *Neshama*, *Chaja* und *Yechida* der Welt *Assija* angeht, so muss man zum Empfangen ihres Lichts die pflanzliche, tierische und menschliche Stufe in Bezug auf den *Willen zu genießen* korrigieren. Die Reinigung (Korrektur) muss nicht unbedingt vollendet sein, „bevor der Schöpfer nicht selbst bezeugt, dass er nicht mehr zu seiner Narrheit zurückkehren wird".

Der Grund liegt darin, dass die ganze Welt *Assija* in jeder ihrer fünf *Sefirot* (*Keter*, *Chochma*, *Bina*, *Tiferet* und *Malchut*) nichts anderes als der Aspekt von *Malchut* selbst ist, die sich nur auf die Reinigung der bewegungslosen Stufe bezieht. Und die fünf *Sefirot* sind nur fünf Teile von *Malchut*. Und da der Mensch bereits endgültig der Korrektur des „bewegungslosen" Teils des *Willens zu empfangen* würdig wurde, verfügt er über eine Übereinstimmung der Form mit der ganzen Welt *Assija*, da jede *Sefira* der Welt *Assija* von der ihr entsprechenden *Sefira* der in Bezug auf sie höheren Welten empfängt.

So empfängt zum Beispiel die *Sefira Tiferet* der Welt *Assija* von der Welt *Yezira*, welche *Tiferet* und das Licht *Or Ruach* darstellt. Und die *Sefira Bina* der Welt *Assija* empfängt von der Welt *Brija*, die *Neshama* darstellt. Die *Sefira Chochma* der Welt *Assija* empfängt von der Welt *Azilut*, die *Chochma* und das Licht *Or Chaja* darstellt. Und dementsprechend hat er zwar noch nichts außer dem „bewegungslosen" Teil endgültig korrigiert, wenn er aber dennoch die restlichen drei Teile seines *Willens zu empfangen* korrigierte, wenn auch nicht endgültig, kann er die Lichter *Ruach*, *Neshama*, *Yechida* von *Tiferet*, *Bina* und *Chochma* der Welt *Assija* empfangen, wenn auch nicht ständig, denn sobald einer dieser drei Teile seines *Willens zu empfangen* wach wird, verliert er diese Lichter sofort.

52. Und nachdem er den pflanzlichen Teil seines *Willens zu empfangen* für immer korrigiert und gereinigt hat, steigt der Mensch endgültig in die Welt *Yezira* auf und erkennt dort ein für alle Mal die Stufe *Ruach* und kann dort auch die Lichter *Or Neshama* und *Chaja* von den *Sefirot Bina* und *Chochma* erfassen, die als *Neshama* und *Chaja* der Stufe *Ruach* definiert werden – sogar bevor er der endgültigen Korrektur der Teile „Tier" und „sprechend" seines *Willens zu empfangen* würdig wird, ähnlich, wie es oben in der Welt *Assija* erklärt wurde. Doch dies ist nicht permanent, da er, nachdem er die Korrektur und Reinigung des pflanzlichen Teils seines *Willens zu empfangen* erreicht, sich dadurch bereits in Angleichung der Form mit der ganzen Welt *Yezira* bis hin zu deren höchsten Stufen befindet, wie dies am Beispiel der Welt *Assija* erklärt wurde.

53. Nachdem er den „tierischen" Teil seines *Willens zu empfangen* korrigiert und ihn in den *Willen zu geben* verwandelt hat – so weit, dass „der Schöpfer selbst bezeugt, dass er nicht wieder zu seiner Narrheit zurückkehren wird" - erreicht er dadurch eine Übereinstimmung der Form mit der Welt *Brija*, steigt auf und erhält dort in ständiger Weise das Licht *Neshama*. Sobald er den „sprechenden" Teil in seinem Körper korrigiert, kann er sich bis zur *Sefira Chochma* erheben und auch das *Or Chaja* erhalten, welches sich dort befindet; ungeachtet der Tatsache, dass er diesen Teil nicht endgültig gereinigt hat, wie wir dies in den Welten *Yezira* und *Assija* betrachtet haben; doch dieses Licht leuchtet ihm – wie oben beschrieben – nicht permanent.

54. Und sobald er dessen würdig wird, den „sprechenden" Teil seines *Willens zu empfangen* ein für alle Mal zu korrigieren, wird er dadurch der Angleichung der Form an die Welt *Azilut* würdig und steigt auf und empfängt dort das Licht *Chaja* immerfort. Wenn ihm noch mehr zuteil wird, so erkennt er das Licht der Unendlichkeit, und das Licht *Or Yechida* „kleidet sich" in *Or Chaja*. Und hier gibt es nichts mehr hinzuzufügen.

55. Auf diese Weise klärten wir die Fragen, die wir zuvor gestellt haben: Wozu braucht der Mensch all diese Höheren Welten, die der Schöpfer für ihn erschuf? Und welchen Nutzen hat der Mensch an ihnen? Denn nun ist klar, dass es dem Menschen nur mit Hilfe all dieser Welten möglich ist, das Geben an den Schöpfer zu erreichen, denn im Maße der Korrektur des *Willens zu empfangen*, den es in ihm gibt, erkennt er die Lichter und Stufen seiner Seele, die *NaRaNCHaY* genannt werden. Und alle Lichter der Stufe, die er erkennt, helfen ihm bei der Reinigung (Korrektur).

Und so erklimmt er die Stufen, bis ihm schließlich zuteil wird, alle Genüsse zu erreichen, die für ihn in der Schöpfungsabsicht vorbereitet waren (siehe Punkt 33). Und im *Sohar* (Abschnitt Noah, Punkt 63) wird hinsichtlich des Ausspruchs nachgefragt: „Demjenigen, der sich reinigen kommt, hilft man" – worin hilft man ihm? Und [der *Sohar*] antwortet: „Man gibt ihm eine heilige Seele", da es unmöglich ist, die erwünschte Korrektur (Reinigung) zur Erlangung der Schöpfungsabsicht anders zu erreichen, als mit Hilfe der Stufen *NaRaNCHaY* der Seele.

56. Man muss unbedingt wissen, dass all diese Stufen *NaRaNCHaY*, von denen bisher gesprochen wurde, jene fünf Teile sind, aus denen die ganze Wirklichkeit besteht. Und alles, was es im Ganzen gibt, existiert auch im kleinsten Teil der Wirklichkeit. So kann man zum Beispiel sogar im bewegungslosen Teil der spirituellen Welt *Assija* die fünf Teile von *NaRaNCHaY* erkennen, die zu den fünf Teilen *NaRaNCHaY* der ganzen Schöpfung in Relation stehen.

Und es ist unmöglich, sogar das Licht der bewegungslosen Stufe der Welt *Assija* zu erkennen, wenn man nicht vier Teile der Arbeit ausführt, sodass es keinen Menschen aus *Israel* gibt, der sich von der Beschäftigung mit allen Teilen, entsprechend seiner Stufe, lösen könnte. Und er muss sich mit der *Tora* und den Geboten mit einer Absicht beschäftigen, um dementsprechend die Stufe *Ruach* zu empfangen, und er muss sich mit den Geheimnissen der *Tora* entsprechend seiner Stufe beschäftigen, um dementsprechend die Stufe *Neshama* zu erhalten. Und so verhält es sich auch mit den Geschmäckern der Gebote (*Taamei Mizwot*), denn ohne diese ist es nicht möglich, dass auch nur das kleinste spirituelle Licht vollkommen wäre.

57. Aus dem oben Gesagten kann man die Öde und Finsternis verstehen, die in unserer Generation vorzufinden sind, was es in allen vorausgehenden Generationen nicht gab. Und das, weil sogar die Diener des Schöpfers aufgehört haben, sich mit den Geheimnissen der *Tora* zu beschäftigen.

Der *RAMBAM* spricht davon, indem er ein Beispiel aus dem Leben bringt: „Wenn eine Kolonne aus tausend Blinden einen Weg beschreitet und es am Kopf der Kolonne wenigstens einen Sehenden gibt, so sind sie sich alle dessen sicher, dass sie auf dem geraden Weg gehen und nicht in Gruben fallen werden und auf Hindernisse stoßen werden, weil sie von einem geführt werden, der den Weg sieht. Doch wenn es am Kopf der Kolonne keinen sehenden Führer gibt, dann werden sie sich zweifellos vom Weg verirren und sich verlieren."

So auch in unserem Fall. Wenn sich zumindest Diener des Schöpfers mit dem inneren Teil der *Tora* beschäftigen und das volle Licht der Unendlichkeit anziehen würden, dann würde die ganze Generation ihnen folgen, und alle wären sich sicher, dass sie auf diesem Weg keine Fehler machen werden. Doch wenn sich auch die Diener des Schöpfers von dieser Weisheit entfernen, dann ist es nicht verwunderlich, dass die ganze Generation ihretwegen versagt. Und aufgrund meines großen Kummers bin ich nicht in der Lage, weiter davon zu sprechen!

58. Doch ich weiß, dass der Grund dafür darin besteht, dass der Glaube schwand, insbesondere das Vertrauen in die großen Weisen der Generationen, und die Bücher der Kabbala und das Buch *Sohar* wimmeln von materiellen Beispielen, die unserer Welt entnommen sind. Daher entsteht bei jedem die Angst, es würde mehr Schaden als Nutzen geben, weil man – Gott behüte! – leicht beginnen könnte, sich verdinglichte Gestalten vorzustellen.

Und das ist es, was mich dazu verpflichtete, ausführliche Kommentare zu Werken des großen *ARI* und nun zum heiligen *Sohar* zu verfassen. Und damit habe ich die Angst vollkommen zunichte gemacht, da ich alle spirituellen Begriffe erklärt und bewiesen habe, indem ich sie von jeglicher materiellen Vorstellung löste und sie hinter die Schranken von Zeit und Raum führte, wie sich die Studierenden überzeugen werden, um es jedem aus dem Hause *Israel* zu erlauben, das Buch *Sohar* zu studieren und sich in seinem heiligen Licht zu wärmen.

Und diese Kommentare nannte ich „*Sulam*" (die „Leiter"), um zu zeigen, dass ihre Bestimmung dieselbe wie die einer Leiter ist, denn wenn es eine prachtvolle Höhe vor dir gibt, dann mangelt es nur an einer „Leiter", um zu ihr aufzusteigen, und dann werden alle Schätze der Welt in deinen Händen sein. Doch die „Leiter" ist kein Zweck an sich, denn wenn du auf ihren Stufen stehen bleibst und nicht aufsteigst, dann wird sich das von dir Gedachte nicht erfüllen.

So auch mit meinen Kommentaren zum *Sohar*: Mein Ziel war es nicht, die ganze Tiefe des *Sohar* so zu erklären, dass es nicht möglich wäre mehr auszudrücken, sondern den Weg zu weisen und aus diesen Kommentaren eine Handlungsanleitung für jeden Menschen zu machen, damit er sich mit ihrer Hilfe erheben könnte, in die Tiefe dringen und das Wesen des Buches *Sohar* sehen könnte. Nur darin besteht das Ziel meiner Kommentare.

59. Alle, die sich im Buch *Sohar* auskennen, sind sich einig, dass das Buch vom großen Rabbi Shimon Bar Yochai verfasst wurde. Und nur die Menschen, die dieser Weisheit fern sind und eben aus diesem Grunde daran zweifeln, erlauben es sich, die Meinung zu äußern, die auf der Meinung von Gegnern dieser Weisheit basiert: dass nämlich das Buch *Sohar* von Rabbi Moses de Leon verfasst wurde oder von jemand anderem, der zu jener Zeit lebte.

60. Doch ab dem Tage, an dem ich des Lichts des Schöpfers würdig wurde und sah, was im Buch *Sohar* geschrieben steht, entstand in mir nicht das Bedürfnis, hinsichtlich der Urheberschaft Nachforschungen anzustellen – aus dem einfachen Grunde, dass der Inhalt des Buches in meinem Herzen die Größe von Rabbi Shimon in unerreichbare Höhe über alle anderen Kabbalisten hob. Doch sollte ich herausfinden, dass der Autor des Buches ein anderer ist, zum Beispiel Rabbi Moses de Leon, so würde in mir die Größe dieses Kabbalisten über alle anderen steigen, einschließlich Rabbi Shimon.

Doch ehrlich gesagt, gemäß der Tiefe der Weisheit des Buches, wenn ich herausfinden würde, dass dessen Autor einer der 48 Propheten ist, würde sich mein Herz eher damit einverstanden geben, als damit, dass ein Kabbalist-*Tana* solch ein Buch verfasste. Und sollte ich herausfinden, dass Moses dieses Buch auf dem Berg Sinai vom Schöpfer selbst erhielt, so würde ich mich vollkommen beruhigen, so groß ist dieses Buch. Und da ich dessen gewürdigt wurde, einen Kommentar zu kreieren, welcher sich für alle eignet, die zu verstehen wünschen, was im Buch selbst steht, so denke ich, dass ich bereits alles erfüllt habe, um mich in Zukunft von solchen Werken und Nachforschungen zurückzuziehen, da niemand, der sich im Buch auskennt, sich mit jemand anderem als Rabbi Shimon als Autor zufrieden geben wird.

61. Doch dementsprechend entsteht die Frage, warum das Buch *Sohar* vor den ersten Generationen verhüllt war, obwohl sie zweifellos größer als die letzten Generationen waren und das Studium dieses Buches mehr verdienten. Waren sie dessen nicht würdig? Und gleichzeitig muss man fragen: Warum wurde ein Kommentar zum *Sohar* weder von *ARI* noch von den Kabbalisten enthüllt, die ihm vorausgingen? Doch am merkwürdigsten ist: Warum wurden die Kommentare zum *Sohar* und zu Werken des *ARI* von seinen Tagen bis zu unserer Generation nicht offenbart?

Und die Antwort ist so: Die Welt im Verlauf von 6.000 Jahren ihrer Existenz gleicht einem *Parzuf*, der drei Teile hat: *Rosh, Toch, Sof*, das heißt *CHaBaD, CHaGaT*,

NeHJ. Wie die Weisen sagten: „Die ersten 2.000 Jahre sind Chaos, die zweiten 2.000 Jahre sind die Zeit der *Tora* und die letzten 2.000 Jahre sind die Tage des Messias."[17]

Und das, weil in den ersten 2.000 Jahren, welche *Rosh* und *CHaBaD* sind, die Lichter sehr gering waren, sodass sie als *Rosh* ohne *Guf* angesehen werden, wenn es in ihm nur das Licht *Or Nefesh* gibt, da eine umgekehrte Abhängigkeit zwischen *Kelim* und Lichtern existiert, weil es nämlich bei den *Kelim* die Regel gibt, nach der die ersten *Kelim* im *Parzuf* zuerst wachsen. Das Gegenteil gilt bei den Lichtern – die niederen Lichter kleiden sich zuerst in den *Parzuf*. Und solange es im *Parzuf* nur die höheren *Kelim* gibt, das heißt die *Kelim CHaBaD*, so steigen dort nur die Lichter von *Nefesh*, welche die niedersten Lichter sind, herab, um diese *Kelim* zu erfüllen.

Daher wird von den ersten 2.000 Jahren der Welt als vom Zustand des Chaos gesprochen. Und in den zweiten 2.000 Jahren der Welt, welche der Aspekt von *CHaGaT* der *Kelim* sind, steigt in die Welt das Licht *Or Ruach* hinab, welches als das Licht der *Tora* bezeichnet wird. Und daher heißt es über die mittleren 2.000 Jahre, sie seien die „Zeit der *Tora*". Die letzten 2.000 Jahre sind *NeHJM* der *Kelim*, und daher steigt in dieser Zeit ab und kleidet sich in die Welt das Licht *Or Neshama*, welches ein noch größeres Licht ist. Dies sind die Tage des Messias.

So ist auch die Reihenfolge für jeden einzelnen *Parzuf*. In den *Kelim CHaBaD*, *CHaGaT* bis zum *Chase* des *Parzuf* sind die Lichter bedeckt und die enthüllten *Chassadim* beginnen nicht offen zu leuchten, dessen Bedeutung die Enthüllung des Leuchtens von *Chochma* ist, sondern ab seinem *Chase* und weiter unten, das heißt in den *Kelim NeHJM*. Und der Grund dafür liegt darin, dass, bevor die *Kelim NeHJM* angefangen haben, im *Parzuf* der Welt in Erscheinung zu treten, das heißt in den letzten 2.000 Jahren, die Weisheit des *Sohar* im Allgemeinen und die Wissenschaft der Kabbala im Besonderen vor der Welt verhüllt waren.

Und erst in den Zeiten von *ARI*, als die Zeit der Vollendung der *Kelim* von *Chase* und weiter unten kam, enthüllte sich das Leuchten der höheren Weisheit in Verborgenheit mittels der göttlichen Seele von Rabbi Izchak Luria, der bereit war, dieses riesige Licht zu empfangen. Daher offenbarte er die Größe des *Sohar* und der Weisheit der Kabbala, wobei er alle zur Seite rückte, die ihm vorausgingen.

Doch da diese *Kelim* noch nicht endgültig vollendet waren [wie bekannt ist, starb er im Jahre 5332 (1572 unserer Zeit)], war die Welt noch nicht für die Offenbarung des von ihm Gesagten bereit. Seine heiligen Sachen dienten nur ausgewählten Einzelnen, denen es nicht erlaubt war, diese der Welt zu offenbaren.

Und nun, zu Zeiten unserer Generation, wenn wir uns bereits dem Abschluss der letzten 2.000 Jahre genähert haben, wurde dementsprechend die Erlaubnis gegeben, sowohl das von ihm Verfasste als auch das, was im *Sohar* steht, in der Welt in sehr

---

17 Traktat *Sanhedrin*, 97a

wichtigem Maß zu enthüllen, sodass ab unserer Generation und weiter die Inhalte des *Sohars* mehr und mehr offenbart werden, bis sich das vollkommene Maß, entsprechend dem Wunsch des Schöpfers, schließlich offenbaren wird.

62. Daraus werden wir verstehen, dass in Wirklichkeit die Höhe der Seelen der ersten Generationen mit den letzten unvergleichlich ist. Denn es gibt eine Regel, die besagt, dass in allen *Parzufim* aller Welten und aller Seelen die feinsten *Kelim* sich zuerst reinigen und korrigieren. Und dementsprechend wurden zunächst die *Kelim* von CHaBaD in den Welten und den Seelen gereinigt. Und daher waren die Seelen der ersten zwei Jahrtausende unendlich erhaben. Und nichtsdestotrotz waren sie nicht fähig, das Licht der ganzen Stufe zu erlangen wegen des Fehlens der niederen Teile der Welten und von ihnen selbst, welche, wie bereits gesagt wurde, CHaGaT und NeHJM sind.

Danach, in den mittleren zwei Jahrtausenden, als die *Kelim* von CHaGaT der Welten und Seelen gereinigt wurden, waren die Seelen tatsächlich ihrem Wesen nach noch sehr fein (rein), da die *Kelim* CHaGaT hinsichtlich ihrer Höhe CHaBaD sehr nahe stehen. Und dennoch waren Lichter in den Welten, wegen der Mangelhaftigkeit der *Kelim* von *Chase* und darunter, sowohl in den Welten als auch in den Seelen verdeckt.

Dementsprechend ist zwar in unserer Generation das Wesen der Seelen das Schlimmste in der ganzen Schöpfung, sodass sie bis zum heutigen Tage nicht im Spirituellen gereinigt werden konnten; doch nichtsdestotrotz vervollkommnen sie den *Parzuf* der Welt und den *Parzuf* der Gesamtheit der Seelen seitens der *Kelim*. Und die Arbeit kann nicht anders als nur durch sie vollendet werden.

Und jetzt, da die *Kelim* von *NeHJ* vollendet sind und nun alle *Kelim* von *Rosh*, *Toch* und *Sof* des *Parzuf* existieren, so verbreiten sich die Lichter in all jene, die würdig sind in *Rosh*, *Toch*, *Sof*, im vollen Umfang, das heißt die vollen Lichter *NaRaN*. Somit können nur bei Abschluss der Vorbereitung dieser niederen Seelen höhere Lichter in Erscheinung treten und nicht schon früher.

63. Bereits die Weisen stellten sich diese schwierige Frage[18]: „Rabbi Papa sagte zu Abajei: ‚Wodurch unterscheiden wir uns [von den früheren Generationen], dass uns kein Wunder widerfährt? Ist es die Lehre? In den Jahren von Rav Yehuda bestand die ganze Lehre im Studium des Traktats Nesikin, und wir lernen alle sechs Traktate. Und als Rabbi Yehuda zum Traktat Ukzin gelangte, sagt er: ‚Ich habe das Wesen von Rav und Samuel gesehen.' Und wir lernen hier im Traktat Ukzin dreizehn Yeshivot. Und als Rabbi Yehuda einen Schuh auszog, kam der Regen. Und wir quälen unsere Seelen und weinen, und es gibt niemanden, der uns lenkt.' Abajei antwortete ihm: ‚Die ersten Generationen haben ihre Seele der Heiligung des Schöpfers gewidmet.'"

Obwohl dem Fragenden und Antwortenden klar war, dass die ersten Generationen wichtiger als sie waren, so waren in Bezug auf die *Tora* und die Weisheit Rav Papa

---

18 Im Traktat Brachot, Seite 20

und Abajei wichtiger als die Ersten [Generationen]. Denn es ist klar, dass, obwohl die ersten Generationen im Wesen ihrer Seelen wichtiger sind als die letzten Generationen, weil alles Feinere in der Welt zuerst korrigiert wird, sich dennoch die Weisheit der *Tora* in den letzten Generationen enthüllt, da die gesamte Stufe nur durch die letzten vollkommen wird. Deshalb erhalten sie vollkommenere Lichter, obwohl ihr Wesen der Seele am schlimmsten von allen ist.

64. Und deshalb könnten wir die folgende Frage stellen: Warum ist es verboten, den ersten Generationen in Bezug auf die offenbarte *Tora* zu widersprechen? Denn in dem, was die praktische Erfüllung von Geboten betrifft, verhält es sich entgegengesetzt – die ersten Generationen waren mit ihrer Hilfe vollkommener als die letzten. Und das, weil die Handlung von den heiligen *Kelim* der *Sefirot* ausgeht und die Geheimnisse der *Tora* sowie die Geschmäcker der Gebote (*Taamim*) vom Licht der *Sefirot* ausgehen.

Du weißt bereits, dass ein entgegengesetztes Verhältnis zwischen *Kelim* und Lichtern besteht, wonach zunächst die höheren *Kelim* in Erscheinung treten (siehe Punkt 62). Daher waren die ersten Generationen mit Hilfe der praktischen Gebote vollkommener als die letzten Generationen. Hinsichtlich der Lichter gilt dagegen: Da die Niederen zuerst eintreten, werden die letzten Generationen durch Lichter vollständiger als die ersten Generationen.

65. Und wisse, dass es in allem Innerlichkeit und Äußerlichkeit gibt. In Bezug auf die ganze Welt wird *Israel*, das heißt die Nachkommen von Abraham, Isaak und Jakob, als innerer Teil (Innerlichkeit) der gesamten Welt angesehen, und die siebzig Völker werden als äußerer Teil (Äußerlichkeit) betrachtet. Und so gibt es in *Israel* selbst einen inneren Teil – das sind die Vollkommenen, dem Schöpfer Dienenden - und es gibt einen äußeren Teil – diejenigen, die sich nicht dem Dienst am Schöpfer widmen. So gibt es auch in den Völkern der Welt selbst einen inneren Teil – das sind die Gerechten der Völker der Welt – und es gibt einen äußeren Teil – das sind die Groben und Zerstörer unter ihnen.

In jenem Teil Israels, welcher dem Schöpfer dient, gibt es ebenfalls einen inneren Teil – das sind diejenigen, die würdig wurden, die Seele der Innerlichkeit der *Tora* und ihre Geheimnisse zu begreifen – und einen äußeren Teil – diejenigen, die sich nur mit dem Teil der praktischen Ausführung in der *Tora* befassen. Und in jedem Menschen aus dem Volk *Israel* gibt es einen inneren Teil – den Teil von *Israel* in ihm, der den *Punkt im Herzen* darstellt – und einen äußeren Teil – den Teil der Völker der Welt in ihm, welcher der eigentliche Körper ist. Doch sogar die Völker der Welt in ihm gelten als Übergetretene (*Gerim*). Weil sie an seinen inneren Teil „geheftet" sind, gleichen sie den Gerechten der Welt, die von den Völkern der Welt zu *Israel* übertraten.

66. Wenn ein Mensch aus dem Volk *Israel* den Aspekt seiner Innerlichkeit, welcher der Aspekt von *Israel* in ihm ist, über seine Äußerlichkeit, welche die in ihm befindlichen Völker der Welt sind, erhebt und respektiert, das heißt, seine hauptsächlichen Anstrengungen unternimmt, um seine Innerlichkeit zum Nutzen seiner Seele zu erheben und zu verstärken, und kleine Anstrengungen und nur in notwendigem Maße darauf verwendet, die Existenz der Teile der Völker der Erde, die es in ihm gibt, aufrechtzuerhalten, das heißt, auf die Befriedigung der körperlichen Bedürfnisse, dann macht er, wie es heißt,[19] „die *Tora* zu seiner ständigen und den Beruf zur zeitweiligen Beschäftigung." Und dann führen seine Handlungen, wie im inneren so auch im äußeren Teil der ganzen Welt, dazu, dass sich die Söhne Israels in ihrer Vollkommenheit weiter und weiter erheben. Und die Völker der Erde, die den äußeren Teil der Gesamtheit darstellen, werden die Größe der Söhne Israels anerkennen und schätzen.

Wenn jedoch – Gott behüte! – das Gegenteil eintritt, sodass ein Mensch von den Söhnen Israels seine Äußerlichkeit, welche den Aspekt der Völker der Erde in ihm darstellt, über seine Innerlichkeit, welche *Israel* darstellt, erhebt und sie schätzt, dann geschieht, wie es geschrieben steht[20]: „Der Fremdling, der in deiner Mitte – gemeint ist die Äußerlichkeit in diesem Menschen – erhebt sich und steigt immer höher, und du selbst – die Innerlichkeit, welche der Aspekt von *Israel* in Dir ist – wirst tiefer und tiefer sinken." Und so bewirkt dieser Mensch durch seine Taten, dass sich der äußere Teil in der ganzen Welt – die Völker der Erde – über das Volk *Israel* erhebt und *Israel* überwältigt und sie in den Staub stürzt. Und die Söhne Israels – die Innerlichkeit der Welt – werden immer tiefer sinken.

67. Und es soll dich nicht verwundern, dass ein einziger Mensch die Erhebung oder den Fall der ganzen Welt verursachen kann. Denn es ist ein unerschütterliches Gesetz, nach welchem ein Teilchen (Einzelheit) und das Ganze (Allgemeinheit) einander wie zwei Wassertropfen gleichen und alles, was in Bezug auf das Ganze gilt, auch auf das Teilchen zutrifft. Darüber hinaus machen die Teilchen alles, was im Ganzen gilt, da das Ganze nicht in Erscheinung treten wird, bevor nicht dessen Teile in Erscheinung treten, gemäß ihrer Anzahl und Qualität. Die Tat eines entsprechenden Teils senkt oder erhebt also zweifellos das Ganze. Somit wird dir klar, was im *Sohar* steht, dass man nämlich durch Beschäftigung mit dem Buch *Sohar*[21] und der wahren Weisheit dessen gewürdigt wird, aus dem Exil zur vollkommenen Erlösung auszutreten, was auf den ersten Blick unverständlich ist – welche Verbindung besteht zwischen dem Studium des *Sohar* und der Rettung des Volkes *Israel* vor den Völkern der Erde?

68. Aus dem Gesagten wird klar, dass es in der *Tora* ebenfalls einen inneren und äußeren Teil gibt – genauso wie in der ganzen Welt. Dementsprechend hat jener, der sich mit der *Tora* beschäftigt, zwei Stufen. Wenn der Mensch seine Bemühungen im Studium des inneren Teils der *Tora* und ihrer Geheimnisse vermehrt, dann verursacht er im gleichen Maße, dass der Vorzug des inneren Teils der Welt, welchen das Volk

---

19   Sprüche der Väter, 81
20   Deuteronomim, 28:43
21   *Tikunej Sohar*, am Ende von *Tikun* 6

Israel darstellt, sich über den äußeren Teil der Welt, welchen die Völker der Welt darstellen, erheben wird. Und alle Völker werden den Vorzug Israels ihnen gegenüber erkennen und annehmen, bis sich schließlich das Gesagte (Jesaja, 14) erfüllt: „Und es werden alle Völker *Israel* nehmen und sie an ihren Platz führen, und das Haus Israel wird sie (die Völker) als Miterben auf dem Land des Schöpfers annehmen."

Es heißt auch in der Schrift (Jesaja, 49): „So spricht der Allmächtige: Siehe, ich will meine Hand zu den Heiden hin erheben und für die Völker mein Banner aufrichten. Dann werden sie deine Söhne in den Armen herbringen und deine Töchter auf der Schulter hertragen."

Doch wenn es – Gott behüte! – umgekehrt ist: Ein Mensch aus dem Volk *Israel* erniedrigt den Vorzug des inneren Teils der *Tora* und ihrer Geheimnisse, die von den Wegen der Entwicklung in der Korrektur unserer Seelen und den Stufen ihrer spirituellen Erhebung sprechen, und er erniedrigt auch den Sinn und die Geschmäcker der Gebote gegenüber dem äußeren Teil der *Tora* – und wenn er nur von deren mechanischer Ausführung spricht; oder wenn er sich ab und zu mit dem inneren Teil der *Tora* beschäftigt, dem jedoch wie etwas Unbedeutendem ein Minimum seiner Zeit schenkt – wenn es weder Tag noch Nacht ist, so, als wäre sie – Gott behüte! – eine unnötige Sache –, dann verursacht er dadurch die Erniedrigung und Herabsenkung der Innerlichkeit der Welt – der Söhne Israels – und verstärkt die Vorherrschaft der Äußerlichkeit der Welt – der Völker der Welt – über *Israel*, damit sie sie erniedrigen und demütigen und sie *Israel* für etwas Unnötiges und Überflüssiges in der Welt halten, als ob die Welt keine Notwendigkeit an *Israel* hätte, Gott behüte!

Mehr als das verursacht man dadurch, dass sich sogar der äußere Teil in den Völkern der Welt über ihren eigenen inneren Teil so erhebt, dass die Schlimmsten von ihnen – die größten Schädlinge und Zerstörer der Welt – Kräfte schöpfen und höher und höher steigen über ihren inneren Teil – die Gerechten der Völker der Welt – und dann verursachen sie all die schrecklichen Zerstörungen und Morde, wofür unsere Generation Augenzeuge war – der Schöpfer verschone uns in Zukunft davor!

Wir sehen also, dass die Erlösung und der Aufstieg Israels nur vom Studium des *Buches Sohar* und des inneren Teils der *Tora* abhängig sind. Und umgekehrt geschehen alle Zerstörungen und der Fall der Söhne Israels nur deswegen, weil sie den inneren Teil der *Tora* verließen, seinen Wert bis zur niedrigsten Stufe herabsetzten und ihn zu einer Sache machten, an der es – Gott behüte! – überhaupt keinen Bedarf gibt.

69. In den *Tikunim* vom Buch *Sohar*[22] heißt es: „Erhebt euch und werdet wach um der heiligen *Shechina* willen, denn leer ist euer Herz ohne die Weisheit des Wissens und ihrer Erkenntnis, obwohl sie sich in euch befindet." Und das Geheimnis der Sache ist, wie geschrieben steht (Jesaja, 40): „Seine Stimme klopft am Herzen eines jeden aus dem Volk *Israel* und ruft dazu auf zu beten, um die heilige *Shechina* – die Gesamtheit

---

22 *Tikunim* 30

aller Seelen Israels – aus dem Staub zu heben. Doch die *Shechina* antwortet: ‚Ich habe in mir keine Kraft, um mich selbst aus dem Staub zu erheben. Alles Fleisch isst Gras – alle sind wie Tiere, die Gras und Heu fressen.'" Das heißt, man erfüllt die Gebote ohne jeden Verstand wie Tiere, und „all seine Güte ist wie die Blume des Feldes – alles, was sie tun, tun sie für sich selbst".

Mit anderen Worten haben sie bei der Erfüllung der Gebote keine Absicht, dem Schöpfer Freude zu bereiten, sondern nur für sich selbst erfüllen sie die Gebote. Und sogar die Besten von ihnen, die ihre Zeit mit dem Torastudium verbringen, tun dies nur für den Nutzen ihres Körpers, ohne die erwünschte Absicht, dem Schöpfer Genuss zu bereiten.

In jener Zeit hieß es über eine solche Generation: „Der Geist (*Ruach*) entschwindet und wird niemals zurückkehren." Das heißt, der Geist des Messias, der zur Erlösung des Volkes *Israel* von allen seinen Leiden zu einer vollkommenen Befreiung notwendig ist, wenn sich das in der Schrift Gesagte verwirklichen wird (Jesaja, 11:9): „Und die Erde wird sich mit dem Wissen des Schöpfers füllen" – dieser Geist verschwindet und leuchtet nicht mehr in der Welt.

Wehe jenen Menschen, die der Grund dafür sind, dass der Geist des Messias schwinden und vielleicht nie wieder in die Welt zurückkehren wird, weil sie die *Tora* trocken machen, das heißt ohne jegliche feuchte Zugabe von Verstand und Wissen, da sie sich nur auf den praktischen Teil der *Tora* beschränken und nicht versuchen wollen, die Wissenschaft der Kabbala zu verstehen, die Geheimnisse der *Tora* sowie den Sinn der Gebote zu erkennen und zu studieren. Wehe ihnen, die durch ihre Taten Hunger, Armut, Grausamkeit, Erniedrigung, Morde und Zerstörungen in der Welt verursachen.

70. Und der Sinn des Gesagten besteht, wie bereits geklärt wurde, darin, dass, wenn diejenigen, die sich mit der *Tora* befassen, ihre eigene Innerlichkeit und die Innerlichkeit der *Tora* geringschätzen, indem sie sich so zu ihr verhalten, als wäre sie in der Welt überflüssig, und sie sich mit ihr nur zu einer Zeit beschäftigen, wo es weder Tag noch Nacht ist, und sie in ihr wie Blinde sind, welche die Wand abtasten, so verstärken sie durch ihr Verhalten ihren äußeren Teil, das heißt das, was nur zum Nutzen des Körpers ist. So auch bezüglich des äußeren Teils der *Tora*: Sie geben der Äußerlichkeit mehr Wert als deren Innerlichkeit, und durch diese Taten bewirken sie, dass alle äußeren Aspekte in der Welt alle inneren Teile in der Welt überwältigen, jedes entsprechend seinem Wesen.

Dies ist so, weil der äußere Teil des gesamten Volkes *Israel* – das heißt die Völker der Welt in ihnen – sich verstärkt und den inneren Teil des Volkes *Israel* – die Weisen der *Tora* – überwältigt und auflöst. Und so überwältigt der äußere Teil der Völker der Welt – die Zerstörer unter ihnen – ihren inneren Teil – die Gerechten der Völker der Welt – und annulliert diesen. So kommt auch der äußere Teil der ganzen Welt – die Völker der Welt – zu Kräften und annulliert die Söhne Israels, welche den inneren Teil der Welt darstellen.

In einer solchen Generation heben alle Zerstörer der Völker der Welt ihren Kopf und wollen hauptsächlich die Vernichtung der Söhne Israels, wie es im *Talmud* (Jebamot, 63) steht: „Alle Leiden kommen nur für (wegen) *Israel* auf die Welt", das heißt wie es in „Tikunej *Sohar*" heißt: „Sie rufen durch ihre Taten Hunger, Armut, Grausamkeit, Erniedrigung, Morde und Raub in der ganzen Welt hervor."

Nach unseren großen Versündigungen wurden wir Zeugen von allem, was das Buch *Sohar* in den *Tikunim* vorhersagte, umso mehr, da die Bestrafung in erster Linie die Besten von uns traf, wie es im *Talmud* (Baba Kama, 60) heißt: „Man beginnt immer bei den Gerechten." Und von der gesamten Elite der *Tora*, die (das Volk) *Israel* in Polen und in Litauen hatte, blieb uns nichts außer kläglichen Überresten in unserem heiligen Land. Und nun ist uns, diesen Überresten, auferlegt, diese schreckliche Verstümmelung zu korrigieren. Jeder von uns, den Überresten der Vergangenheit, sollte es mit dem ganzen Herzen und seinem ganzen Vermögen auf sich nehmen, von nun an die Innerlichkeit der *Tora* zu verstärken und ihr hinsichtlich der Wichtigkeit ihren würdigen Platz zu geben, verglichen mit dem äußeren Teil der *Tora*.

Dann wird jeder von uns dessen würdig werden, seine eigene Innerlichkeit, das heißt den Teil Israels in sich zu verstärken; das heißt die Bedürfnisse seiner Seele vor seiner Äußerlichkeit, welche die Völker der Welt in uns sind und die Bedürfnisse des Körpers darstellen. Und diese Kraft wird auch zum ganzen Volk *Israel* kommen, bis die Völker der Welt, die es in uns gibt, die Wichtigkeit und Größe der großen Weisen Israels über sich begreifen und anerkennen werden, auf sie hören und ihnen gehorchen werden.

Auch die Innerlichkeit der Welt – die Gerechten der Völker der Erde – wird Kraft schöpfen und ihren äußeren Teil – die Zerstörer der Welt – unterwerfen. Und auch die Innerlichkeit der Welt, welche *Israel* ist, wird in all ihren Vorzügen und ihrer Größe den äußeren Teil der Welt – die Völker der Welt – überwinden. Dann werden alle Völker der Erde den Vorzug Israels über sich erkennen.

Und das Gesagte wird wahr werden (Jesaja, 14:2): „Und es werden alle Völker *Israel* nehmen und sie an ihren Platz führen, und das Haus *Israel* macht sie [die Völker] sich zu eigen auf dem Boden des Ewigen", wie es geschrieben steht: „Dann werden sie deine Söhne in den Armen herbringen und deine Töchter auf den Schultern hertragen."

Und dies ist so, wie es im Buch *Sohar* (Abschnitt Naso, S. 124b) geschrieben steht: „Durch dieses Werk, welches das Buch *Sohar* ist, werden sie mit Barmherzigkeit aus dem Exil austreten." Amen, so soll es sein.

Kabbalisten über die Weisheit der Kabbala

Auch wenn wir auf große Kenner der *Tora* treffen, die sich mit den Geheimnissen der *Tora* aufgrund ihrer Erhabenheit nicht befassen, weil sie einen großen Schatz an der enthüllten Tora und Weisheit haben, der ihnen ausreicht, um sie spirituell zu beschäftigen, soll das Herz des Menschen nicht ihretwegen fallen, denn er fühlt in seinem Inneren das Streben nach dem Höheren, einen Druck von seiner Seele, die sich nach der Enthüllung der Geheimnisse sehnt. Und sogar wenn wir beschließen würden, dass ihn diese Sehnsucht aufgrund seiner mangelnden Talente für das Offene erreichte, na und? Letztendlich ist das sein Anteil und man sollte mit dem Erhaltenen zufrieden sein, denn der Herr ist denen nahe, die aufrichtig nach Ihm verlangen.

Rav Kook, Orot HaTora, Teil 10, Kap. 4

Das Gesetz, nach welchem der Mensch nicht im *PaRDeS* wandeln darf, bevor er sich nicht mit Fleisch und Wein füllt (das heißt sich nicht mit den Geheimnissen der *Tora* befassen darf, bevor er alles andere studiert hat), ist nur im Bezug auf denjenigen wirksam, der die *Tora* aus Pflicht studiert. Wer jedoch in sich die Sehnsucht fühlt, den inneren Teil der *Tora* zu studieren, sich Gewissheit über die Existenz des Schöpfers zu verschaffen, gehört zu der Regel: „Stets soll der Mensch lernen, was sein Herz wünscht", denn offensichtlich hat er dafür eine besondere Empfänglichkeit. Daraus folgt, dass es der Wunsch des Schöpfers ist, dass dieser Mensch sich mit Seiner Erkenntnis befasst [...], denn all diese Quellen berichten von der Kenntnis des Schöpfers [...]; daher soll sich derjenige, der das Streben verspürt, den Schöpfer zu erkennen, auf seinem Wege festigen, und er soll wissen, dass er Weisheit erlangen und Erfolg haben wird [...]. Und das Wichtigste am Studium ist die Tiefe der Herzensfreude, damit seine Seele beständig nach der Verschmelzung mit dem Schöpfer trachten möge [...]; und wenn er sieht, dass der Großteil derjenigen, die studieren, diese Bestrebungen nicht haben, so sollst du wissen, dass es für sie tatsächlich notwendig ist, nicht zu zerbrechen, was sie haben, bis sie schließlich in der Lage sein werden, allmählich Stufen zu erklimmen, und das hängt nicht von der Inspiration ab, sondern es teilen sich lediglich auf diese Weise erschaffene Seelen.

Rav Kook, Orot HaTora, Teil 9, Kap. 12

Es soll kein Verständnisloser sagen: „Wie kann ich mich dem Heiligen in den Büchern der Kabbala nähern?" Denn alle Gerechten stimmten darin überein, dass es Ratschläge von unreinen und betrügerischen Kräften in unseren Tagen gibt. Auch wenn man das nicht versteht, doch die Sprache des Buches *Sohar* korrigiert die Seele und ist für alle zugänglich, jung und alt, jedem gemäß seines Verständnisses und seiner Seele.

Rav Zwi Hirsch, Anagot Jashirot, Art. 5

Wenn meine Zeitgenossen, in denen auf beängstigende Weise die Unreinheit erflammt, auf mich hören würden, dann würden sie beginnen, das Buch *Sohar* und das Buch *Tikunej Sohar* mit Neunjährigen zu lernen und es ihnen gleich zu machen, und dann würde die Angst vor der Sünde die Kenntnisse festigen und sie würden standhalten.

Nozer Chessed, Art. 4, Lehre 20

So spricht der Große Weise und Gerechte Rabbi Shlomo Bloch im Namen von *Chafez Chaim*, dass es keine Einschränkungen für das Studium des Buches *Sohar* gibt, weil es hauptsächlich Midrash ist. Und *Chafez Chaim* ermunterte alle, jeden *Shabbat* den Wochenabschnitt des Buches *Sohar* zu studieren, sogar unverheiratete junge Männer.

Osafot Binjan Josef

Ohne Kenntnis der Kabbala gleicht der Mensch einem Tier, denn er erfüllt die Gebote ohne Geschmack wie ein angelernter, einfacher Mensch (*Mizwot Anashim Melumadam*) und gleicht einem Tier, das Heu frisst, und keinen Geschmack an der Nahrung des Menschen hat. Und sogar, wenn er sehr mit alltäglichen Problemen beschäftigt ist, muss er sich dieser Lehre widmen.

Rebe aus Siditshev, Sur miRa we asse Tov

Der äußere Teil der *Tora* besitzt keine besondere Wichtigkeit und Wert, das Wichtigste ist der innere Teil der *Tora* [...].

ARI, Shwil haPardes, Bd. 11, Kap. Shemini, 753

Kabbalisten über die Weisheit der Kabbala

Wer an die Einheit des Schöpfers glaubt und das versteht, muss daran glauben, dass der Schöpfer eins, einzig und einheitlich ist, dass es für Ihn keine Hindernisse in nichts gibt, von niemandem und in keinem Fall, und nur Er über allem herrscht.

Rav Chaim Luzzato, Daat Twunot, S. 15

Man kann sagen, dass die ganze Welt und alles, was es in ihr gibt, was wir nur enthüllen können, nur von der Vollkommenheit und der Einheit des Schöpfers abhängig ist, der sich allen Geschöpfen offenbaren kann.

Rav Chaim Luzzato, Daat Twunot, S. 18

Doch am Ende wird es Frieden in der Welt geben, und alle Geschöpfe werden sich zu einer einzigen Gemeinschaft verbinden, um dem Einzigen Schöpfer zu dienen; denn alles wird korrigiert sein, das heißt, es wird die Einheit von allem offenbart sein.

Rav Chaim Luzzato, Adir beMarom, S. 26

Es gibt nicht Böses in der Welt für die Geschöpfe, sondern nur Gutes geht vom Einzigen Schöpfer aus, außer Dem es nichts gibt.

Rav Chaim Luzzato, Adir beMarom, S. 86

Alle Handlungen und Vorgänge scheinen zwar unterschiedlich, doch sie resultieren aus einem einzigen Grund – der Liebe.

Rav Chaim Luzzato, Adir beMarom, S. 174

Das einzige große Geheimnis besteht in der Erkenntnis der Einheit, denn in Wirklichkeit arbeiten alle nur darauf hin, den Zustand der Unendlichkeit zu erreichen, wo alles zu einem verschmilzt und zu einem wird.

Rav Chaim Luzzato, Adir beMarom, S. 174

Da die ganze Schöpfung aus einem einzigen Menschen besteht, wird er die Perfektion erreichen, sobald sich alles korrigiert.

Rav Chaim Luzzato, Adir beMarom, S. 204

Und dann wird der Mensch Perfektion in seinem ganzen Gerüst erreichen, also in allen Welten. Das ist eben die vollkommene Korrektur.

Rav Chaim Luzzato, Adir beMarom, S. 205

Alle Korrekturen müssen sich hier unten, in *Israel*, vereinen, da alle Wurzeln verbunden sind und in ihren Zweigen wirken; und alles wird in Einheit, Verschmelzung und allseitiger Liebe sein. Und das wird als Frieden bezeichnet.

Rav Chaim Luzzato, Adir beMarom, S. 227

Der Schöpfer ist absolut gut, und Sein Wunsch besteht ausschließlich darin, den Geschöpfen Genuss zu bereiten. Infolge dieses Ziels wird sich auch das Böse in Gutes verwandeln. Das ist die Folge der Einheit des Schöpfers, da Er einzig ist, und alle Seine Handlungen einzig sind, und alle Wünsche nur darin bestehen, den Geschöpfen Genuss zu bereiten, und es wird sich kein Raum für das Böse finden.

Rav Chaim Luzzato, Adir beMarom, S. 393

Die Notwendigkeit an der Kabbala ist groß, denn wir sind verpflichtet, sie zu kennen, wie es geschrieben steht: „So sollst du nun heute wissen und zu Herzen nehmen, dass der Ewige Gott oben im Himmel und unten auf der Erde ist, und sonst keiner" (5. Mose, 4:39). Das heißt, wir müssen wissen und nicht nur glauben. Wissen, dass der Schöpfer der Einzige ist, der alles lenkt, die Höheren wie die Unteren, und dass es keinen Anderen gibt.

Rav Chaim Luzzato, Shaarej Ramchal, Kap. Wikuach, S. 77

„Der Schöpfer ist eins" bedeutet, dass alles in Ihm eins ist: Sein Wissen und Seine Weisheit keine Grenzen kennen, Seine Möglichkeiten unendlich sind, Er keinen Anfang und kein Ende hat, denn er erschuf alles und weiß von allem. Er hat keine Höhe, keine Weite, keine Breite, denn es gibt keine Zahl und keinen Zweck für alles, was es in Ihm gibt, und Er hat keine Grenze, und Er hat keine Teile – der Schöpfer aller Welten.

Kitwej Ramban, Brief 2, S. 346

Das Buch *Sohar* („Buch des Glanzes") heißt aus dem Grunde so, weil es das Licht der Höheren Quelle ausstrahlt. Und durch dieses Licht erhalten alle, die es studieren, höhere Ausstrahlung und höhere Wirkung – eine Wirkung über ihrem Wissen, die Geheimnisse der *Tora*, weil durch dieses Buch hindurch vom Geheimsten und Höchsten ausgestrahlt wird.

Rav Moshe Cordovero, Da Et Elokej Awicha, 2

Wer die Kabbala studiert, erfüllt sein Herz mit der Furcht vor dem Schöpfer, der Furcht der Erfüllung der Gebote, der Freude vor dem Schöpfer, als würde er gemeinsam mit den Gerechten im Garten *Eden* studieren. Zweifellos ist eben das die Beschäftigung der Seelen von Gerechten im paradiesischen Garten.

Or Neerav, Teil 5, Kap. 2

Kabbalisten über die Weisheit der Kabbala

Vor der Ankunft des Messias werden mittels *Erev Rav* das Böse und schlechte Triebe in der Welt groß werden, und das Höhere verborgene Licht wird sich mittels des *Buches Sohar* und der Bücher von *ARI* vom Himmel offenbaren. Mit Hilfe dieser Bücher werden wir die Dornen in unseren Seelen korrigieren; wir werden mit dem Höheren Licht verschmelzen und höhere Eigenschaften erlangen. Dafür wird sich das Höhere Licht enthüllen. Und das Wichtigste ist, dass während des Studiums das Licht des Schöpfers in der Seele erkannt wird; alle Geheimnisse werden offenbart.

Heichal haBracha, Deuteronomium, 208

Die Wahrheit besteht darin, dass das Buch *Sohar* überhaupt nicht von dieser Welt spricht, sondern nur von Höheren Welten, wo es keine zeitliche Ordnung (Reihenfolge) wie in der materiellen Welt gibt. Die spirituelle Zeit besteht in der Veränderung der Eigenschaften von Stufen und befindet sich daher über dem materiellen Ort und der Zeit.

Sohar, Teil Wajaze, S. 62, Art. Zadik Eljon Zadik Tachton

Wenn ein Mensch aus dem Volk *Israel* den Aspekt seiner Innerlichkeit, welcher der Aspekt von *Israel* in ihm ist, über seine Äußerlichkeit, welche die in ihm befindlichen Völker der Welt sind, erhebt und respektiert, das heißt, seine hauptsächlichen Anstrengungen unternimmt, um seine Innerlichkeit zum Nutzen seiner Seele zu erheben und zu verstärken, und kleine Anstrengungen und nur in notwendigem Maße darauf verwendet, die Existenz der Teile der Völker der Erde, die es in ihm gibt, aufrechtzuerhalten, das heißt, auf die Befriedigung der körperlichen Bedürfnisse verwendet, dann macht er, wie es heißt[23], „die *Tora* zu seiner ständigen und den Beruf zur zeitweiligen Beschäftigung". Und dann führen seine Handlungen wie im inneren so auch im äußeren Teil der ganzen Welt dazu, dass sich die Söhne Israels in ihrer Vollkommenheit weiter und weiter erheben. Und die Völker der Erde, die den äußeren Teil der Gesamtheit darstellen, werden die Größe der Söhne Israels anerkennen und schätzen.

Baal HaSulam, Einführung in das Buch Sohar, Pkt. 67

Und es soll dich nicht verwundern, dass ein einziger Mensch die Erhebung oder den Fall der ganzen Welt veranlassen kann. Das ist ein unerschütterliches Gesetz, nach welchem ein Teil und das Ganze einander wie zwei Wassertropfen gleichen, und alles, was im Ganzen verrichtet wird, sich auch in seinem Teil realisiert. Und umgekehrt findet das von Teilen Vollbrachte auch im Ganzen statt, da das Ganze nicht in Erscheinung treten wird, bevor nicht auch dessen Teile in Erscheinung treten, gemäß ihrer Anzahl und Qualität. Die Tat eines entsprechenden Teils senkt oder erhebt also zweifellos das Ganze. Somit wird erklärt, was im *Sohar* steht, dass

---

23 Sprüche der Väter, 81

man nämlich durch das Studium des *Buches Sohar* und der wahren Weisheit dessen gewürdigt wird, aus dem Exil zur vollkommenen Erlösung zu gelangen.

Baal HaSulam, Einführung zum Buch Sohar, Pkt. 67

Auch in der *Tora* gibt es – genauso wie in der ganzen Welt – einen inneren und äußeren Teil. Dementsprechend gibt es im Studium der *Tora* zwei Stufen. Und wenn der Mensch seine Bemühungen im Studium des inneren Teils der *Tora* und ihrer Geheimnisse vermehrt, dann führt das im gleichen Grade dazu, dass sich der innere Teil der Welt, welchen das Volk *Israel* darstellt, über den äußeren Teil der Welt, also die Völker der Welt, erhebt.

Baal HaSulam, Einführung zum Buch Panim Meirot uMasbirot, Kap. 5, S. 205

Dies bezeuge ich vor dem Himmel und der Erde: *Israel* oder *Goj*, Mann oder Frau, Sklave oder Sklavin – nur nach ihren Handlungen steigt der Höhere Geist auf sie hinab.

Tikunej Sohar

Wir müssen alles in der Praxis ausführen, allerdings nicht nur das: Wir werden mit unseren Bemühungen nichts erreichen, und solange wir nicht einen Höheren Zweck unseren Handlungen beifügen, werden unsere Gebote die mechanisch ausgeführten bleiben (*Mizwot Anashim Melumadam*), und nicht nur werden sie uns nicht helfen, sondern sie werden auch unser Ziel erniedrigen; und zum Schluss wird es dazu kommen, dass wir auch die Ausführung vernachlässigen werden, [...] und die Erhebung ist nur entlang der Leiter mittels der Geheimnisse der *Tora*.

Rav Kook, Orot, 61

Es gibt drei Teile in der inneren Arbeit des Menschen: 1. „*Israel*" – zur Korrektur der Seele zu streben, um sie zu ihrer Wurzel zurückzubringen. 2. „*Tora*" – die Wege des Schöpfers zu verstehen, die Geheimnisse der *Tora*, denn wenn man die Anweisungen des Schöpfers nicht erfährt, wie soll man für Ihn arbeiten? 3. „*Schöpfer*" – danach zu streben, den Schöpfer zu erkennen, also danach zu streben, kraft der Gleichheit von Eigenschaften mit Ihm zu verschmelzen. Das Wichtigste von allen dreien ist es, nach der Erkenntnis der Anweisungen des Schöpfers zu streben.

Baruch Ashlag, Dargot haSulam, Bd. 1, Art. 36, Seder Awoda

Wir müssen mit allen Kräften von Herz und Seele nach der Kabbala streben.

Meirot Ejnaim, Art. Reeh

KABBALISTEN ÜBER DIE WEISHEIT DER KABBALA

Wenn in spiritueller Arbeit Eigennutz vorhanden ist, gleicht sie dem Götzendienst, denn es macht keinen Unterschied, ob der Mensch einen Götzen bildet oder für sich arbeitet.

Aussprüche von Rebe aus Kozk, Nichts ist so ganz wie ein gebrochenes Herz, S. 99

Es steht geschrieben: Wenn du siehst, dass du von Leiden heimgesucht wirst, prüfe deine Taten. Hast du sie geprüft und keinen Grund gefunden, nimm das als Folge der Abweichung von der *Tora*. Angenommen, aber nicht eingesehen, dass dies der Grund ist, dann rühren diese Leiden offensichtlich von der Liebe des Schöpfers zu dir.

Kitwej Ramban, Torat haAdam, S. 269

In der *Tora* gibt es einen offenen und einen verborgenen Teil. Der verborgene wird als die *Tora* des Schöpfers bezeichnet und der enthüllte heißt die *Tora* des Menschen. Nicht jedem wird es zuteil, den verborgenen Teil der *Tora* zu erkennen, doch nichtsdestotrotz ist es wünschenswert, dass der Mensch danach strebt, wie es geschrieben steht: „Wenn die *Tora* des Schöpfers, also der verborgene Teil der *Tora*, sein Wunsch ist, obwohl er sie nicht erkennt, sehnt er sich dennoch nach ihr; doch mit dem enthüllten Teil der *Tora* – der *Tora* des Menschen – sollst du dich Tag und Nacht beschäftigen." Der offene Teil der *Tora* wird Leidenschaft genannt, weil der verhüllte Teil darin verborgen ist. Der verborgene Teil wird als die verborgene Leidenschaft bezeichnet. Der verborgene Teil ist das höchste Licht, durch welches die Welt erschaffen wurde, wie es geschrieben steht: „Durch die *Tora* wurde die Welt erschaffen", also durch ihren verborgenen Teil – durch die Geheimnisse, die als Leidenschaft bezeichnet werden, weil es wünschenswert ist, vor Leidenschaft zu ihnen zu brennen, obwohl es unmöglich ist, sie zu erkennen.

Rav Alshich, Awot 8, Kap. 3, „Chawiwin Israel" 26

Der Unterschied der geheimen Weisheit von der offenen besteht darin, dass wer sich auf der Stufe der geheimen Weisheit befindet, ständig an den Schöpfer denkt. Diesen Unterschied kann man nicht wiedergeben, er wird entweder vom Herzen wahrgenommen oder nicht. Und das wird als „geheime Lehre" bezeichnet, weil kein Mensch es einem anderen übermitteln kann, so wie man niemandem den Geschmack einer Speise vermitteln kann, der sie niemals gekostet hat. So auch die Liebe zum Schöpfer und die Furcht vor Ihm – man kann sie keinem anderen vermitteln, weil es sich um die Empfindung des Herzens handelt, und daher wird das als „Geheimes" bezeichnet.

Rav Chaim Luzzato, Adir beMarom, S. 235

Wem die Weisheit der Kabbala unbekannt ist, der kann nur Äußeres, Sichtbares, Materielles erkennen. Das Wichtigste ist jedoch das Innere, was auf den Wegen der inneren Lenkung erkannt wird.

Rav Chaim Luzzato, Adir beMarom, S. 235

Daher investierte ich in die Lehre der *Zehn Sefirot* so viel Mühe, um die ganze Kapazität des Begriffes der *Zehn Sefirot* zu erklären, damit jeder Anfänger beginnen kann, diese Wissenschaft zu studieren – ohne die Angst, durcheinanderzukommen und sich zu irren, sondern ganz im Gegenteil sollen sich ihm Tore in die Höhere Weisheit öffnen.

Baal HaSulam, Lehre der Zehn Sefirot, Teil 1, Innere Betrachtung

Es gibt kein anderes Mittel, die äußeren Kleidungen der *Tora* abzunehmen und sie zu offenbaren, als nur mit Hilfe der Werke von *Rashbi* (des Autors des Buches *Sohar*).

Rav Moshe Cordovero, Da Et Elokej Awicha, 16

Sogar, wer die Sprache des Buches *Sohar* nicht versteht, ist trotzdem verpflichtet, es zu studieren, weil die Sprache des Buches *Sohar* seine Seele reinigt.

Or Zadikim weDerech Seuda, Kap. 1, §16

Sogar wenn er nicht versteht, korrigiert er sich dennoch durch das Studium des Buches *Sohar*.

Degel Machane Efraim

Sogar, wenn er nicht versteht, soll er dennoch Anstrengungen unternehmen, sogar, wenn er nichts fühlt, denn die *Tora* verhüllt sich vor den Augen dessen, der nur nach dem Wissen trachtet, doch er hat eine Verbindung mit der Wurzel der *Tora*. Daher steht geschrieben, dass er verpflichtet ist, sich mit der *Tora* zu beschäftigen und nicht zu erkennen, denn das Studium selbst ist die *Tora*.

Sfat Emet, Kap. „Bechukotaj", 540

Sogar, wenn er das Buch *Sohar* nicht versteht, macht die Beschäftigung mit ihm die Vollkommenheit der Seele aus und führt zu allem.

Ordnung des Studiums, von Rebe Chanocha Ejnicha aus Ilisk, Kap. 2

Das Studium des Buches *Sohar* steht über jedem anderen Studium, sogar, wenn er nicht versteht; sogar, wenn er sich in deren Lesart irrt, ist das dennoch eine große Korrektur der Seele, weil die ganze *Tora* Namen des Schöpfers darstellt. Und wenn er die Erzählungen der *Tora* liest und versteht, dann nimmt er alles als einfache

Beschreibung auf. Das Buch *Sohar* jedoch sind die Geheimnisse der Weltschöpfung, nur offenbaren sie sich später.

More beEzba, Kap. 44

Man muss in seiner Seele fühlen, dass der Schöpfer in genau dem gleichen Maße dem Menschen entgegenstrebt, wie der Mensch dem Schöpfer entgegenstrebt, und man darf es nicht vergessen, selbst in Zeiten der stärksten Sehnsucht.

Wenn der Mensch sich daran erinnert, dass der Schöpfer sich nach ihm sehnt

und ihm entgegenstrebt, um gemäß dieser Kraft mit ihm zu verschmelzen, dann wird der Mensch stets nach einer noch größeren Sehnsucht nach dem Schöpfer streben, immer mehr, ohne Unterbrechung in diesem Gefühl von Begierde und Drang, was den Gipfel von Perfektion der seelischen Stärke darstellt – bis ihm schließlich die Annäherung aus Liebe zuteil wird.

Baal HaSulam, Pri Chacham, Briefe

Hier ist die Weisheit, die der Mensch kennen muss: die erste – seinen Schöpfer zu kennen; die zweite – sich selbst zu kennen: wer bin ich, wie wurde ich erschaffen, woher und wofür, wohin gehe ich, wie wird der Körper (Wunsch) korrigiert, wie in der Zukunft und wie muss ich dem Schöpfer unter die Augen treten?

Sohar, Teil „Shir haShirim" (Hohelied) mit dem Kommentar Sulam, S. 148, Kap. „Chochmata deIztarich ..."

Wer sich ernstlich der Kabbala widmet, dessen Seele verbindet sich mit dem Schöpfer und befindet sich ständig in Liebe zum Schöpfer (...).

Osafot miArze, Kap. 5

Die Bücher des *Buches Sohar* binden den Menschen an die Welt der Unendlichkeit.

Sheerit Israel, Teil „Hitkashrut", Kap. 1, Paragraph 5, Art. 2

Das Gesetz der Kabbala und all ihrer Bücher besteht darin, dass es keine Gleichheit zwischen dem Spirituellen und dem Materiellen gibt – in keinem Wort, keinem Begriff und keinem Buchstaben, da Buchstaben Figuren auf weißem Blatt sind und der Mensch ein Körper und eine Seele ist, und daher sind dies nur Zeichen. Doch der Schöpfer wünscht, dass *Israel* sich Ihm von ferne nähert, wohin sie sich durch viele Welten hindurch näherten (...).

Rav Meshulam Faivosh, Yosher Divrei Emet, S. 27

Im *Talmud* heißt es: „Am Ende der Tage wird die Frevelhaftigkeit wachsen" (Sota 49). Da diese Generation vom Schöpfer äußerst weit entfernt ist, wird ihre

Frevelhaftigkeit wachsen. Denn Frevel entsteht aus dem fehlenden Verständnis und der fehlenden Scham vor dem Schöpfer, und wer weiter vom Schöpfer entfernt ist, ist verlogener und frevelhafter.

Rav Meshulam Faiwosh, Yosher Divrei Emet, S. 28

„Alles ist in den Händen des Schöpfers, außer der Furcht vor Ihm" – wenn du etwas Materielles von dieser Welt erbittest, dann wirst du es kaum bekommen, doch wenn du um die Furcht vor Ihm bittest, wird Er dir bestimmt antworten.

Aussprüche von Rebbe aus Kozk, „Nichts ist so vollkommen wie ein gebrochenes Herz", S. 78

In allen Gedanken und Taten sollst du dir dich immer vor dem Allmächtigen Schöpfer stehend vorstellen, woraus du Ehrfurcht erlangen wirst.

Ramban, Igeret Mussar, Brief 9, S. 376

Es verbirgt sich tatsächlich im Studium der Kabbala eine große Sache, die es wert ist, publik gemacht zu werden: Es existiert darin eine unschätzbar wunderbare Erlösung für diejenigen, die sich mit der Wissenschaft der Kabbala beschäftigen; und sie verstehen zwar noch nicht, was sie lernen, aber dank einem starken Willen und dem Streben, das studierte Material zu verstehen, erwecken sie auf sich Lichter, die ihre Seelen umgeben.

Das bedeutet, dass es jedem Menschen von *Israel* garantiert ist, am Ende alle wunderbaren Erkenntnisse zu erlangen, mit welchen der Schöpfer im Schöpfungsplan jedes Geschöpf zu beschenken beabsichtigte. Und derjenige, der dessen nicht in dieser Reinkarnation würdig wurde, wird dessen in der zweiten würdig usw., bis er endlich würdig wird, den Plan des Schöpfers zu vollenden.

Baal HaSulam, Einführung zu TES, §155

Diese Weisheit stellt nicht mehr und nicht weniger als eine Ordnung des Abstiegs der Wurzeln dar, die von der Verbindung zwischen Ursache und Folge (kausal) bedingt ist und die ständigen und absoluten Gesetzen unterworfen ist, welche untereinander im Zusammenhang stehen und auf ein erhabenes, doch sehr verborgenes Ziel ausgerichtet sind, nämlich „die Offenbarung der Göttlichkeit des Schöpfers Seinen Geschöpfen in dieser Welt".

Baal HaSulam, Wesen der Wissenschaft Kabbala

Die Wissenschaft der Kabbala lehrt uns die Einheit aller Welten und der in ihnen existierenden Gleichheit in allem, die sich bis hin zur höchsten Stufe in Angleichung der Eigenschaften an den Schöpfer offenbart, und sie lehrt uns, uns auf diesem Wege zu entwickeln und Fehler zu meiden.

Rav Kook, Orot haKodesh, Bd. 2

KABBALISTEN ÜBER DIE WEISHEIT DER KABBALA

Es besteht kein Zweifel daran, dass das Wichtigste in der Welt das Studium der Geheimnisse der *Tora* ist, da sie zum Schöpfer gehören, der die *Tora* gab, welche spirituelle Arbeit lehrt. Die Arbeit des Menschen teilt sich in drei Bereiche auf: der einfach seinen Dienst verrichtet und der Erkenntnis keine Aufmerksamkeit schenkt; der nicht die ganze *Tora* und die Gebote erfüllt, den Schöpfer nicht kennt, sondern nur weiß, dass es den Schöpfer gab, der *Israel* die *Tora* schenkte und ihm gebot, sie zu erfüllen.

- Philosophen, die den Schöpfer erforschen und Ihn angeblich erkennen und materialisieren; ihre Herzen streben nach der Wahrheit, ihre Taten sind erwünscht, doch ihre Absichten sind es nicht.
- die die Geheimnisse der *Tora* studieren und nicht denen gleichen wollen, deren Augen des Verstandes geschlossen sind. Ihre Absicht ist es, alle Taten des Schöpfers zu rechtfertigen, Der sie genau für diese Arbeit schuf und damit sie Ihn erkennen. Über diese sagte der König David: „Erkenne den Gott deiner Väter und diene Ihm", denn nur, wer den Schöpfer kennt, kann richtig und in Vollkommenheit handeln.

Rav Moshe Cordovero, Da Et Elokej Awicha (Kenne den Gott deiner Väter), 5

Das Studium der Kabbala kann nicht gefährlich sein: Wenn der Mensch der Lehre nicht würdig ist, dann wird ihn die Lehre von sich stoßen, und wenn er würdig ist, dann wird sie ihn an sich ziehen, in die Gemächer des Schöpfers. Wenn er würdig ist, wird er entweder zur Korrektur zurückkehren, ein Gerechter werden und ins Innere eintreten oder er wird gänzlich abgestoßen.

Rav Moshe Cordovero, Da Et Elokej Awicha, 11

Dennoch: Wenn wir uns auf die Suche nach einer Antwort einzig auf die eine, berühmteste Frage begeben, bin ich sicher, dass alle diese Probleme und Zweifel aus dem Sichtfeld verschwinden werden, und wenn du sie dann aus dieser Perspektive betrachtest, wirst du sehen, dass es sie einfach nicht mehr gibt. Die Rede ist von der drückenden Frage, die sich alle Menschen stellen: „Worin besteht der Sinn unseres Lebens?" Viele Jahre unseres Lebens kommen uns so teuer zu stehen, anders gesagt, erdulden wir ihretwegen solch eine riesige Menge an Leiden und Qualen, um sie im Endeffekt zum Abschluss zu bringen. Wer genießt sie? Oder noch genauer, wem bereite ich damit Genuss?

Es ist tatsächlich wahr, dass Forscher unterschiedlicher Generationen bereits müde wurden, darüber nachzudenken – geschweige denn unsere Generation, in welcher niemand über diese Frage auch nur nachdenken möchte. Dennoch blieb aber das Wesen der Frage unverändert in seiner ganzen Kraft und Bitterkeit, und manchmal ereilt es uns überraschend, durchbrennt den Verstand und wirft uns in den Staub, bevor es uns gelingt, den allen bekannten „Trick" zu finden: sich dem Fluss des Lebens ohne Überlegungen hinzugeben wie einst.

Baal HaSulam, Einführung zu TES, §2

Es gibt keine höhere Beschäftigung als das Studium des Buches *Sohar*, der Wissenschaft der Kabbala und der Bücher von *ARI*. Und obwohl der Studierende sie nicht versteht, steigen auf ihn Höheres Licht und Weisheit herab [...], und alle, die sich dieser Weisheit widmen, sollen gesegnet sein, sogar einer, der sich ein bis zwei Stunden am Tag damit beschäftigt; und ihre guten Gedanken fügt der Schöpfer zu ihren Handlungen hinzu, als würden sie den ganzen Tag studieren.

Rav Kook, Ohev Israel biKedusha, 232

Wer sich nur mit der äußeren *Tora* beschäftigt, fühlt nicht ihren wahren Geschmack. Der Schöpfer soll sich ihrer erbarmen und ihnen in seiner Güte vergeben.

Rav Kook, Briefe, Bd. 2, 153

Wenn der Mensch gänzlich aufhört, vom Schöpfer zu fordern und der Großteil der Weisen in der *Tora* weiß überhaupt nicht, wozu sie gegeben wurde, kennt nicht die Weisheit der *Tora* und deren Zweck; nach ihrer Meinung ist sie eine gewisse Zugabe zu ihren Ausklügelungen in den Gesetzen, obwohl die Gesetze selbst heilig und wichtig sind – doch es sind nicht sie, welche die Seele erleuchten.

Rav Kook, Briefe, Bd. 2, 8

Alles, was ich schreibe, hat zum Zweck, die Herzen der Weisen der *Tora* dazu zu erwecken, das Buch *Sohar* zu studieren, Alt und Jung, sich dem inneren Teil der *Tora* zu widmen, den Büchern *Sefer haBahir*, *Sefer Yezira*, und die gleichen Anstrengungen darin zu unternehmen wie beim Studium des *Babylonischen Talmuds*. Doch nicht alle sind hinsichtlich der Entwicklung ihrer Seelen darauf vorbereitet; daher sollte natürlich jener, der noch nicht in der Lage ist, dessen Herz aber ungenügsam ist, damit fortfahren, sich mit dem *Babylonischen Talmud* und den Gesetzen zu befassen. Doch wer fähig ist, ist verpflichtet, sich in Kürze dem Studium der Gesetze zu widmen, sich aber hauptsächlich mit der Erkenntnis des Schöpfers zu befassen.

Rav Kook, Briefe, Bd. 1, 41-42

Was jedoch die besonders Jungen angeht sowie solche, denen es schwer fällt und die keine Sehnsucht nach dem inneren Licht der *Tora* haben, obliegt es ihnen dennoch, sich täglich ein bis zwei Stunden dem Studium der Kabbala zu widmen. Und dann wird sich allmählich ihr Wissen weiten, und Fülle und Erfolg werden auf ihre ohne die *Tora* toten Körper hinabsteigen, und die Kraft der Beschäftigung mit den Gesetzen (*Pilpul*) wird ihnen helle Gedanken und einen geweiteten Verstand bescheren.

Rav Kook, Briefe, Bd. 1, 82

Ich muss die spirituellen Anführer unseres Volkes ständig dazu animieren, sich nicht zu beschränken, sondern sich auch dem spirituellen Teil der *Tora* zu widmen.

Rav Kook, Briefe, Bd. 4, 65

Solange das orthodoxe Judentum beharrlich „nein" zur Kabbala und „ja" nur zum *Babylonischen Talmud* sagt, [...] wird alles, was es als Mittel in seine Hände nimmt, den *Mussar* (Ethik) zu verteidigen, keine wahre innere Kraft des Lebens erhalten, kein inneres Licht der *Tora*.

Rav Kook, Briefe, Bd. 2, 232-233

Nicht erhört wurden die Stimmen wahrer Propheten, die Stimmen der Weisen von Generationen, die Stimmen von *Chassiden* und Gerechten, der Weisen der Ethik (*Mussar*), der Kenner des tiefen Studiums und der Geheimnisse, die riefen und laut verkündeten, dass das Ende des Flusses des *Babylonischen Talmuds* kommen wird, der nur Handlungen lehrt: Er wird austrocknen und einbrechen, wenn kein belebendes Wasser aus dem Ozean der Weisheit der Kabbala darin einströmt – das Wasser der Kenntnis des Schöpfers, das der Quelle des Lebens entspringt und reinigt.

Rav Kook, Orot, 101

Eine Erlösung (*Geula*) wird nur kraft der *Tora* stattfinden und hauptsächlich kraft des Studiums der Kabbala.

Ewen Shlema, Kap. 11, §3

Wer nicht die Geheimnisse der *Tora* studierte, wird am Ende die Stufe „Knecht" verdienen und niemals die Stufe „Sohn" erreichen können, weil er für sich (eigennützig) studiert.

Rav Moshe Cordovero, Da Et Elokej Awicha, 159

Wenn man sich dem Studium des *Buches Sohar* widmet, werden die Kräfte der Gerechten und die Kraft von Moshe erweckt, weil man dadurch das Licht erneuert, welches aus der *Tora* zur Zeit ihrer Verfassung strömt, und sie strahlt wie zu jener Zeit auf den Studierenden – wie das Licht, welches von Rabbi Shimon bar Yochai in der Zeit, als er das Buch *Sohar* verfasste, enthüllt wurde.

Or Jakov, Kap. 5

Das Studium des *Buches Sohar* korrigiert den Körper und die Seele und ist in der Lage, uns in diesen Tagen schnell die Erlösung zu bringen.

Mate Efraim, Teil „Kze haMate", Kap. „Katan", 23

Nur durch das Studium dessen werden wir aus dem Exil erlöst [...], und groß ist die Belohnung für das Studium der ganzen restlichen *Tora* und der Gebote [...]; und wenn er sich dieser Weisheit nach dem Austritt seiner Seele aus dem Körper widmet, wird er von allen Strafen befreit; und wenn er sich damit zum Zweck der Erkenntnis der Geheimnisse der *Tora* und Gebote beschäftigt, wird er als „Sohn des Schöpfers" bezeichnet und der Schöpfer ist stolz auf ihn.

Sefer haBrit, Teil 2, Art. 12, Kap. 5

Wenn jemand, der den *Sohar* studiert, der Versuchung widersteht, unter hartem und grobem Einfluss der Umgebung auf das Studium zu verzichten, dann verstärkt sich seine Seele im Streben, sich dem Schöpfer entgegen allem anzunähern.

Damesek Elieser, Einführung „Derech Kedusha", Kap. 12

Glaube mir, mein Bruder, dass der, der diese Weisheit nicht studiert, einem gleicht, der außerhalb des heiligen Landes wohnt, der keinen Schöpfer hat und den Wünsche auffressen, den seine Leidenschaften zu Zweifeln des Glaubens führen. Doch wer Kabbala studiert, in dem werden keine Zweifel an den wunderbaren Wegen des Schöpfers bleiben.

Sur miRa, 69

Und ihr werdet zurückkehren und den Unterschied sehen zwischen einem Gerechten, der für den Schöpfer arbeitet, und demjenigen, der nicht für den Schöpfer arbeitet: Denn wer für den Schöpfer arbeitet, studiert sowohl den *Talmud* als auch den *Sohar*, und wer nicht für den Schöpfer arbeitet, studiert nur den *Talmud* und nicht den *Sohar*.

Meajan Ganim, Teil 1, Kap. 2

Über das Studium der Kabbala sagte ARI: „Ich weiß, dass du ohne mich nicht studieren möchtest, sondern nur mit einem, der größer ist als du, doch du wirst keinen solchen finden; dann studiere die Bücher *Shaarej Ora* und *Ginat Egos* und vor allem das Buch *Sohar*. Doch vor dem Studium sollst du deine Gedanken ausrichten, damit dein Studium nicht wie das Studium von Klugschwätzern wird, die für Wissen studieren, sondern nur für den Schöpfer. Du sollst wissen, dass nicht alle Zeiten gleich sind: Es gibt eine Zeit, wenn du mit Verlangen für den Schöpfer studieren wirst, wenn du dessen würdig wirst, in hohen Gedanken zu beten. Und es gibt auch

Zeiten, wenn die Gedanken klein sind, doch auch sie müssen für den Schöpfer sein, denn Gebote bedürfen einer Absicht [...]."

Rav Faiwosh, Yosher Diwrej Tora, S. 25

Wenn ein Mensch um der Wahrheit und der Ehrfurcht willen studiert, und je mehr er studiert, sich umso mehr erniedrigt, und in der Einsicht, wie sehr sich die Weisen vor Lüge und Sünde fürchteten, sich fern der Wahrheit sieht, dann wird solch ein Mensch bestimmt die Furcht vor der Sünde erreichen. Derjenige aber, der nur studiert, um ein Kenner zu sein, der alle Gesetze und Regeln kennt – je mehr er seine Kenntnisse in Gesetzen und ihren Klärungen ergänzen wird, desto stolzer wird sein Herz sein –, dieser wird auch weiterhin im Dunkeln von Genüssen und Lügen wandern und seine Jahre werden ohne Teilnahme an der Arbeit des Herzens dahinscheiden.

Rav Faiwosh, Yosher Diwrej Emet, S. 39

Unter den Weisen der Völker der Welt und unter Philosophen, sogar unter solchen, die in den Tagen der Blüte der Philosophie direkt nach Aristoteles lebten, gibt es niemanden, der so viel über die Schöpfung weiß, wie es der kleinste Kabbalist weiß. Und der ganze Nutzen der übrigen Wissenschaften besteht nur darin, eine Leiter zum Eintritt in die Wissenschaft der Erkenntnis des Schöpfers zu sein.

Kitwej Ramban, Art. Torat HaShem Tmima, S. 155

Das Ziel der Schöpfung besteht darin, den Geschöpfen Genuss zu schenken, das heißt, der Schöpfer will uns mit dem Besten erfüllen. Und solange der Mensch noch nicht alles Vollkommene und Beste erhalten hat, was der Schöpfer für ihn bereitet hatte, und einen Mangel in allem verspürt, so ist das ein Zeichen dafür, dass er noch nicht das Schöpfungsziel erreicht hat.

Rav Baruch Ashlag, Dargot haSulam, Bd. 1, Art. 229,
Wesen der Schöpfung und Korrektur des Geschöpfes

Dem Menschen ist es auferlegt, durch Selbstkorrektur das Schöpfungsziel zu erlangen. Diese Handlung wird „Die der Schöpfer schuf, um zu tun" (*Asher bara Elokim laasot*) genannt. Diese Korrektur stellt die Erlangung der „Absicht zu geben" dar. Nur in dem Maße, in dem der Mensch diese Absicht erlangt, wird er fähig zu erhalten, was der Schöpfer ihm bereitete.

Rav Baruch Ashlag, Dargot haSulam, Bd. 1, Art. 229,
Wesen der Schöpfung und Korrektur des Geschöpfes

Eine kleine Öffnung im Herzen genügt dem Menschen, um zum Schöpfer zurückzukehren, doch nur unter der Bedingung, dass diese wie ein Stich ins Herz ist, in lebendiges Fleisch und nicht in totes.

Aussprüche von Rebbe aus Kozk, „Nichts ist so vollkommen wie ein gebrochenes Herz", S. 30

Der höchste Gedanke des Schöpfers besteht in der Entfernung vom Bösen und der Erhebung des Menschen und der Welt aus den Tiefen zu den Höhen der Perfektion. Zu diesem Zweck sind der Mensch und die Welt bestimmt, dazu wurde auch das Böse im Menschen gegeben – in dem Maße, wie er es in sich erkennt, erhebt es sich und verwandelt sich in Gutes infolge der Erkenntnis der bösen Absichten.

Rav Kook, Orot Kodesh, 2, 475

Der heilige Krieg findet nicht unter Menschen statt, sondern gerade sich selbst muss der Mensch bekriegen, dem Bösen, das es in ihm gibt, Hiebe versetzen und sich selbst befehlen: „Wachse!"

Rav Kook, Maamarej Reija, 508

Die Rückkehr befindet sich ständig im Herzen des Menschen, auch wenn es sündigt, und sie herrscht und dirigiert, weil sie vor der Welt erschaffen wurde, und daher besteht kein Zweifel an der Korrektur der ganzen Welt.

Rav Kook, Orot haTshuwa

Wenn es ihm zuteil wird, dann wird er das Buch *Sohar* in den Stunden vor dem Sonnenaufgang studieren, weil durch seine Kraft *Israel* aus dem Exil wie aus der Finsternis heraustreten wird.

Or Zadikim weDerech Seuda, Teil 1, Kapitel 15

Die Worte selbst korrigieren den Menschen beim Lesen, gleich einem Kranken, der Arznei einnimmt und der geheilt wird, obwohl er die Wissenschaft des Heilens nicht beherrscht.

Kemach, Teil 3, 247

Das Studium des Buches *Sohar* reinigt die Seele, auch ohne dass man es versteht.

Sidur Rebbe Jakov Kapil, Seder Kavanot haLimud

Wer sich den Geheimnissen der *Tora* widmet – das Böse herrscht nicht über sie

Kommentar vom Gaon aus Vilna zu Mishlej (Sprüche), Kap. 18

Kabbalisten über die Weisheit der Kabbala

Die Meinung von Kabbalisten lautet, dass sogar einer, der beim Lesen des Buches *Sohar* nichts versteht, seine Seele korrigiert.

Osafot Maarza, Kap. 9

Jeder Buchstabe des Buches *Sohar* und der Bücher von *ARI* bringen der Seele in allen ihren Reinkarnationen große Korrekturen.

Nozer Chessed, Kap. 4, Lehre 20

Vor dem Kommen des Messais werden in der Welt alle möglichen Irrlehren groß werden. Sich vor ihnen hüten kann man auf drei Wegen: jeden Tag das Buch *Sohar* zu studieren, obwohl der Mensch nichts darin versteht, doch das reicht bereits für die Reinigung des Herzens aus.

Or Yasharim, Mira Dachja

Das Studium des Buches *Sohar* im Laufe einer Stunde bringt mehr als das Studium einer einfachen Deutung im Laufe eines Jahres.

Kisse Melech, Tikun 43, Kap. 60

Der Schöpfer hat keinen größeren Genuss, als wenn man Kabbala studiert. Mehr als das: Das Geschöpf ist nur dazu erschaffen, Kabbala zu studieren.

Rav Chaim Vital, Einführung zu Shaar Hakdamot

Der Schöpfer will nur die Korrektur des Geschöpfes und stößt daher die Sünder nicht mit zwei Händen von sich, sondern er gibt ihnen umgekehrt den Wunsch, sich zu korrigieren.

Rav Chaim Luzzato, Daat Twunot, S. 45

Wenn der Mensch sich korrigiert und erhebt, dann verwandelt er dadurch das Böse in Gutes, weil es das Böse selbst ist, das den Menschen zur Korrektur antreibt, und er entdeckt, dass seine Unkorrigiertheit eine Korrektur ist.

Rav Chaim Luzzato, Daat Twunot, S. 166

Solange der Schöpfer sich verhüllt, lässt er das Böse siegen – bis zur allerletzten Grenze, die nur möglich ist, bis zur Zerstörung der Welt, doch nicht bis zur vollkommenen Zerstörung. Und das ist eben die Ursache für die anschließende Enthüllung der Einheit des Schöpfers, die Korrektur aller Übel und Unkorrigiertheiten kraft Seiner Macht.

Rav Chaim Luzzato, Daat Twunot, S. 185

Du sollst nicht fragen: „Wozu sind diese Korrekturen?" Du sollst wissen, dass sie einen riesigen Nutzen haben. Erstens verschwinden sie nicht, sondern werden bis zum Ende der Existenz des Universums aufbewahrt. Zweitens: Wenn der Mensch diese inneren Handlungen ausführt, dann treten sie zwar nicht nach außen, doch von ihnen strömt ein Leuchten aus, welches zu großen Korrekturen führt.

Rav Chaim Luzzato, Adir beMarom, S. 17

Es gibt keine einzige Handlung, die nicht vom Licht ausgehen würde.

Rav Chaim Luzzato, Adir beMarom, S. 227

Alle Gebote, die in der *Tora* aufgeführt sind sowie die von den Vorvätern ergänzten, sprechen zwar scheinbar von einer physischen Handlung oder von einer Handlung durch die Stimme; sie sind aber alle nur für die Korrektur des Herzens, denn nur nach Herzen fordert der Schöpfer zur Korrektur und versteht jede gedankliche Absicht.

Ibn Esra, Esod Mora, S. 8

Die ganze Arbeit des Menschen besteht darin, eine Wahl zu treffen, und gemeint ist das Gebet. Dann erhört der Schöpfer und antwortet darauf. Und das Gebet kann nur um etwas sein, was du nicht hast und wonach du dürstest. Daher muss der Mensch ein Verlangen nach dem Glauben erlangen, weil nur dann, wenn der Mensch fühlt, dass es ihm an Glauben mangelt, er ein wahres Gebet erhebt, und nur dieses erhört der Schöpfer und antwortet darauf.

Baal HaSulam, Dargot haSulam, Bd. 2, Art. 674, Jezro shel Adam

Jedes neue Gebet vollzieht eine neue Korrektur, dank neuer Prüfungen, die von jedem Gebet aufsteigen.

Rav Chaim Luzzato, Adir beMarom, S. 231

Als Gebet wird die Arbeit im Herzen bezeichnet, weil das Herz die Basis ist, die alles leitet.

Rav Chaim Luzzato, Adir beMarom, S. 234

Eine Korrektur des Herzens wird mittels des Gebets um die Korrektur der Absicht des Herzens vollzogen, durch welches die Seele an den Schöpfer übergeben wird, wobei alles Verständnis und alle Gedanken außer der Absicht hinweggefegt werden [...].

Rav Chaim Luzzato, Adir beMarom, S. 242

Wer heute betet, weil er gestern gebetet hat – ein Sünder ist besser als er.

Aussprüche des Rebbe aus Kozk, „Nichts ist so vollkommen wie ein gebrochenes Herz", S. 129

Eine absolute Verpflichtung ist jedem von *Israel* auferlegt, sich um jeden Preis dem inneren Teil der *Tora* und ihren Geheimnissen zu widmen, ohne welche der Mensch das Ziel seiner Erschaffung nicht erreichen wird. Daher drehen wir uns unablässig in den Kreisläufen von Leben und Tod, eine Generation geht und eine Generation kommt, und so bis hin zu unserer Generation, die Reste von Seelen darstellt, die noch nicht das Ziel erreicht haben, für welches sie erschaffen wurden, da sie in den vergangenen Generationen, in denen sie schon hier waren, nicht würdig waren, die Geheimnisse der *Tora* zu erkennen.

Baal HaSulam, Pri Chacham, Einführung zur Rohschrift des Buches „Lehre der Zehn Sefirot"

Gnade in den Augen des Schöpfers zu finden oder umgekehrt, hängt nicht vom Menschen, sondern nur vom Schöpfer ab. Warum gerade dieser Mensch jetzt dem Schöpfer gefallen hat und Dieser ihn näher gebracht hat und anschließend verlassen hat – das zu verstehen, ist für jemanden, der über keine spirituelle Erkenntnis verfügt, nicht möglich, denn nur, nachdem er mit seinen Empfindungen in die spirituelle Welt eingetreten ist, wird er gewürdigt werden, das zu verstehen.

Shamati, Art. 1, Es gibt nichts außer Ihm

Wir erkennen den Schöpfer nur aus dem Inneren unserer Seele, aus ihrer Eigenschaft der Schöpfergleichheit heraus.

Rav Kook, Igrot Bd. 1, 45

Der Mensch sucht den Schöpfer in sich, in seinen richtigen Bestrebungen, und daher kann er, sogar wenn er bei seinen gewöhnlichen Eigenschaften beginnt, zur Schöpfergleichheit aufsteigen und seine Absichten korrigieren.

Rav Kook, Orot, 62-63, Kap. 8

Alles, was der Schöpfer tat, tat er, um den Geschöpfen seine Geheimnisse zu offenbaren, die Enthüllung des in der Seele des Menschen Verborgenen.

Rav Kook, Mussar haKodesh, 357

Das Grundlegende in der Erkenntnis der *Tora*, welche die Basis des Menschen darstellt, die Existenz der Schöpfung, die Basis der spirituellen Arbeit, hängt nur von der Erkenntnis der Kabbala ab.

Rav Moshe Cordovero, Da Et Elokej Awicha, 80

Die Geheimnisse und die Erkenntnis der Schöpfung werden nicht an einen oder an Auserwählte vermittelt, sondern an alle Geschöpfe, an die ganze Welt; jedem ist die Verschmelzung mit dem Schöpfer gewährt.

Rav Moshe Cordovero, Da Et Elokej Awicha, 93

Wer sich nur mit der einfachen Deutung der *Tora* beschäftigt – das ist eine Schande in der zukünftigen Welt, und er wird von dort ausgestoßen, denn dort gibt es keine einfache *Tora*, sondern nur deren geheimen Teil.

Rav Moshe Cordovero, Da Et Elokej Awicha, 148

Selig sind, die sich den Geheimnissen der *Tora* widmen, denn wenn der Mensch die Welt verlässt, wird er korrigiert und kehrt zurück (tut *Tshuwa*), und es bleiben nur diejenigen Sünden, die durch den Tod gesühnt werden; es verschwinden alle Einschränkungen, und die 13 Tore der Geheimnisse der Höheren Welten öffnen sich.

Sohar, Shir haSchirim, S. 148, Art. Chochmata deIztarich

Alle Gesetze der Erfüllung von Geboten, wie *koscher* – *taref*, erlaubt – verboten, (rituell) rein – unrein, wurden nur aus dem inneren Teil der *Tora* abgeleitet, wie es denen bekannt ist, die den Schöpfer kennen.

Rav Chaim Vital, Einführung zum Buch „Ez Chaim", 3

Wer keine Kabbala studiert, sieht nicht das Licht des Schöpfers, nimmt die Einheit nicht wahr und entfernt sich vom ewigen spirituellen Leben.

Shla, Art. 1, S. 30

Wer das Licht des Buches *Sohar* nicht sah, sah kein Licht in seinem Leben.

Shla, Art. 1, S. 30

Gemäß dem Gebot „Wisse heute und in deinem Herzen, dass Gott der Erschaffer ist [...]" müssen wir wissen und nicht glauben und Ihn in unserem Herzen fühlen.

Rav Chaim Luzzato, Milchamot Mosche, Klalim, S. 349

„Kein fremder Gott soll in dir sein" – der Schöpfer darf in deinem Inneren kein Fremder für dich sein.

Aussprüche von Rebbe aus Kozk,
„Nichts ist so vollkommen wie ein gebrochenes Herz", S. 42

Die Verbreitung der Seele im Herzen wird als Verständnis bezeichnet, wie es geschrieben steht: „Das Herz versteht", da das Verständnis des Menschen als Sicht bezeichnet wird – wie die Augen sehen.

Rav Chaim Luzzato, Adir beMarom, S. 274

Jede Erkenntnis ist eine private, persönliche Erkenntnis, gemäß dem Niveau des Erkennenden und der Zeit, doch die *Tora* selbst setzt keiner Stufe Grenzen.

Rav Chaim Luzzato, Adir beMarom, S. 279

Kabbalisten über die Weisheit der Kabbala

Wer das wahre Bild erkennt, sieht drei Dinge: die wahre verborgene Führung, die äußere Erscheinung der Führung, also die nicht wahre Führung, wie sie entsteht und wie sie mit der wahren Führung verbunden ist.

Rav Chaim Luzzato, Adir beMarom, S. 459

Es gibt nichts, was den Menschen vom Tier unterscheidet, außer dem Wissen davon, dass das „Ich" nichts ist.

WeMutar haAdam min haBehema Ain

In jeder Generation wird das Gericht über die Gerechten erneuert. Hauptsächlich geht dieser Streit um Gerechte, die sich damit beschäftigen, die vom Schöpfer entferntesten Seelen anzunähern, da die Eigenschaft des Widerstands sich nach der Skala der Seelen entfaltet und Neid im Herzen der Welt und manchmal auch in den Herzen der Weisen entsteht, der sie dazu zwingt, den Gerechten zu widersprechen, die sie näher bringen – so sehr, dass es ihnen scheint, dass diese sich falsch benehmen. Und dazu kommt es immer wieder, und es setzt sich fort und geschieht schon seit dem Streit der Stämme mit Josef.

Rebbe aus Breslav, Likutej Edut Meschulasch, Teil „Emet weZedek"

Die Kabbala wurde vor dem Tod von Rabbi Shimon (*Rashbi*) enthüllt und anschließend verhüllt, und jeder Kabbalist befasste sich mit ihr im Verborgenen und vemittelte sein Wissen nur an seinen Schüler, einen einzigen in jeder Generation. Und er vermittelte es nur durch Andeutungen, „von Mund zu Mund", indem er ein Maß enthüllte und zwei verhüllte etc. Kabbala verschwand immer mehr von Generation zu Generation. So setzte es sich fort bis RAMBAN, dem letzten wahren Kabbalisten. Allen Büchern zur Kabbala, die nach RAMBAN verfasst wurden, sollst du dich nicht nähern, weil nach RAMBAN der Weg der Weisheit sich vor den Weisen verbarg; und nur einige Ansätze von einigen Kenntissen blieben, ohne Wurzel, und auf ihnen erbauten die letzten Kabbalisten ihre Kabbala mittels des menschlichen Verstandes. Daher versammelte ich, Chaim Vital, die Aufzeichnungen meines Lehrers in das Buch „Baum des Lebens", weil ich den Vielen, die sich danach sehnen, das verborgene Wahre zurückgeben möchte [...].

Rav Chaim Vital, Einführung zum Buch „Ez Chaim", 19-20

Alle können in das Studium des Buches *Sohar* eintreten, und sogar wenn es sich um den letzten Sünder handelt, soll er eintreten und seine Korrektur der Seele erhalten.

Or Jakar, Shaar 1, Kap. 5

Die heutige Zeit unterscheidet sich von den vorangegangenen Generationen dadurch, dass zuvor die Tore der Kabbala verschlossen waren und es daher wenige

Kabbalisten gab. In unserer Zeit öffneten sich die Tore der Kabbala, weil wir dem Ende der Tage nahe sind. Der Schöpfer hat großen Genuss an der Verbreitung der Kenntnisse über Ihn in der Welt, insbesondere nach der Erscheinung der Werke von *ARI*, welche für uns die Tore des Lichts öffnen, die vom Tage der Erschaffung der Welt an bis zur heutigen Zeit verschlossen waren, und es gibt keinen Grund, Angst zu haben, sich der Kabbala genauso wie dem offenen Teil der *Tora* zu widmen.

Sefer haBrit, Teil 2, Bd. 12, Kap. 5

Baal Shem Tov wies alle an, vor dem Gebet das Buch *Sohar* zu studieren.

Doresh Tov, Kap. „Sohar"

Der König David gebot seinem Sohn Salomon: „Kenne den Gott deiner Väter und diene Ihm." Die grundlegendsten wahren Kenntnisse der Einheit werden aus der Kabbala erkannt.

Osafot Maarza, Kap. 18

Das Licht des Lebens von der *Shechina* erkennen kann man nur im Studium des Buches *Sohar* und der Bücher von *ARI*.

Heichal haBracha, Kap. „Dwarim", 58

Das Licht des Buches *Sohar* ist das Licht der Zukunft im Kommen des *Messias*.

Bnei Issachar, die Artikel des Monats Ijar, Bd. 3, Kap. 3

Die großen Kabbalisten studierten insgeheim, obwohl sie solche Bücher wie den *Sohar* hätten verfassen können. Und der Mangel an diesem Wissen wird in der Welt verspürt. Erst in den Tagen von *Rashbi*, nach seinem dreizehn Jahre langen Verbergen in der Höhle, offenbarte sich das Licht der Weisheit bis zum Ende der Tage.

Rav Chaim Luzzato, Adir beMarom, S. 13

Der große *ARI* tat mehr, als alle vor ihm.

Baal HaSulam, Vorwort zum Buch Panim Meirot uMasbirot, Kap. 8, S. 207

Aus authentischen Quellen ist bekannt, dass das Studium der Kabbala für jeden aus *Israel* verpflichtend ist. Und sogar wenn ein Mensch den ganzen *Talmud* studiert und voller guter Taten ist, mehr als seine ganze Generation, wenn er jedoch keine Kabbala studiert, ist er verpflichtet, wieder in diese Welt zurückzukehren, um Kabbala zu studieren.

Baal HaSulam, Pi Chacham, Einführung zur Rohschrift der „Lehre der Zehn Sefirot"

KABBALISTEN ÜBER DIE WEISHEIT DER KABBALA

Ich bin froh, in einer Generation geboren zu sein, in der man Kabbala verbreiten kann, und ich erhielt eine Anweisung von Oben, das zu tun, die der Schöpfer niemandem zuvor erteilt hatte – diese Wissenschaft vor allen zu verbreiten und jedes Wort in seiner exakten Bedeutung zu erklären. Denn auch ich leistete meinem Lehrer einen Eid, die Lehre nicht zu offenbaren, wie alle anderen Kabbalisten vor mir. Doch diese Einschränkungen beziehen sich nur auf das, was mündlich vermittelt wird, von Generation zu Generation, von den ersten Propheten und danach, denn wenn sich diese Wege den Massen offenbaren würden, dann brächte das einen großen Schaden. Was ich aber in meinen Büchern offenbare, muss man, ganz im Gegenteil, so weit wie möglich enthüllen, weil dafür die Erlaubnis und persönliche Anweisung des Schöpfers erhalten wurde, da dies für die Generation notwendig ist, da es gerade die Generation selbst ist, die eine Offenbarung der höheren Weisheit verlangt.

Baal HaSulam, Pri Chacham, Art. „Lehre der Kabbala und deren Wesen", S. 165

Es ist klar, dass die Befreiung Israels und seine Erhöhung nur vom Studium des Buches *Sohar* abhängig sind.

Baal HaSulam, Einführung zum Buch Sohar, S. 90, §69

Wir sind verpflichtet, Zentren des Kabbala-Studiums zu eröffnen und sie in der ganzen Volksmasse zu verbreiten, was es in der Vergangenheit infolge der Angst vor Aufnahme unwürdiger Schüler nicht gab.

Baal HaSulam, Einführung zum Buch Panim Meirot uMasbirot, Kap. 5, S. 205

Infolge des Verzichts auf das Studium des Spirituellen und des Schöpfers verschwinden die Kenntnisse über den Schöpfer im Dunkeln […]; der Mensch verliert seine Welt dadurch, dass er sich mit kleinem Wissen verbindet. Der Schöpfer offenbart sich nicht in seiner Seele, und das ist ein Verzicht auf das Kommen des *Messias*.

Rav Kook, Orot, 126

Man kann die Beschäftigung mit der *Tora* nicht auf das bloße Studium mechanischer Gesetze beschränken. Ihr spiritueller Teil in seiner ganzen Breite und seinem ganzen Umfang, seiner Tiefe und seinem Fassungsvermögen muss ebenfalls einen Platz in unserer Mitte finden. Nichts ist in unseren Tagen notwendiger als unsere spirituelle Heilung. Diese Wege gingen unsere Vorväter, und wir werden dann unseres Weges sicher sein können.

Rav Kook, Briefe, Bd. 1, 187-189

Die Herzen umzudrehen und den Verstand mit den Gedanken der Welt *Azilut* auszufüllen, deren Wurzeln die Geheimnisse der *Tora* sind, das wird in unserer Generation absolut notwendig für die Existenz des Judentums.

Rav Kook, Arpilej Tora

Alle großen Kabbalisten rufen mit einer Stimme, dass, solange wir auf die geheime *Tora* verzichten und uns nicht ihren Geheimnissen widmen, wir dadurch die Welt zerstören.

Rav Kook, Briefe, Bd. 2, 231

Es kommt näher die Zeit der Erlösung der Welt, die nur vom Höchsten Licht abhängig ist, von der Enthüllung der Geheimnisse der *Tora* in klarer Stimme, sodass die ganze verborgene Weisheit klar zutage tritt.

Rav Kook, Briefe, Bd. 1, 92

Gerade diese Generation, die so leer ist und alles verwirft, ist mehr als die anderen des Lichts der Wahrheit würdig.

Rav Kook, Briefe, Bd. 2, 34

Wenn im Verlauf des Exils das Wissen bei den Söhnen Israels abnehmen wird, das Spirituelle in Vergessenheit geraten wird und sie in das Materielle zurückfallen werden, wird das zur Folge haben, dass die Geheimnisse der *Tora* aus ihnen verschwinden werden. Und von denjenigen, die die Geheimnisse der *Tora* kennen, wird nur einer für alle übrig bleiben, und alle übrigen werden über ihn herfallen und beten, dass er und seine Weisheit verschwinden mögen.

Rav Moshe Cordovero, Da Et Elokej Awicha, 139-140

Das Studium des Buches *Sohar* ist in unserer Zeit zwingend notwendig, um uns vor dem Bösen zu schützen, da gerade in einer solch schlimmen Generation eine Offenbarung der Weisheit nötig ist, damit wir einen Schild haben, um uns am Schöpfer festzuhalten. Die vorausgegangenen Generationen waren dem Schöpfer näher, doch in unserer dem Schöpfer fernen Generation kann nur Kabbala uns schützen.

Moarar Jakov Zemach, Einführung zu „Ez Chaim"

Wer die Geheimnisse der *Tora* kennt, dessen Seele zieht sich mit dem Schöpfer zurück und bekommt dabei diese wie die nächste Welt und nimmt sogar in dieser Welt die zukünftige Welt wahr. Dadurch erscheint der *Messias*, weil er kommen soll, sobald sich sein Wissen auf der Erde verbreitet.

Shla, Maamar Rishon, S. 30

KABBALISTEN ÜBER DIE WEISHEIT DER KABBALA

Das, was gesagt wurde, dass nämlich nicht alle Kabbala studieren dürfen, dieses Verbot galt nur bis zum Jahre 5250 (= 1490), und danach wurde das Verbot aufgehoben und, ganz im Gegenteil, die Anweisung hinzugefügt, das Buch *Sohar* zu studieren. Und ab dem Jahre 5300 (= 1540) müssen alle studieren, Jung und Alt, weil dadurch der *Messias* kommen wird, und deswegen haben wird kein Recht, es aufzuschieben.

Or Chama, Einführung

Dank dem Studium der geheimen *Tora* wird der *Messias* in unseren Tagen kommen.

Kehillot Jakov, Kap. „Sod"

Erlösung – nur vom Studium der Kabbala.

Ewen Shlema, Teil 11, Kap. 3

Wenn man mit Neun- und Zehnjährigen beginnen würde, das Buch *Sohar* zu studieren, würde man dadurch die Erlösung näher bringen. Und wie *Baal Shem Tov* in *Sefer* Emunot sagte: „Nur durch die Kabbala wird Jehuda und *Israel* erlöst werden, weil nur das die Kenntnis des Schöpfers ist, die durch die Weisen Israels seit den alten Tagen übermittelt wurde – nur mit Seiner Hilfe werden sich der Schöpfer und seine *Tora* offenbaren."

Kehillot Jakov, Kap. „Sod"

Der Schöpfer sendet uns geheimes Wissen, was er in keiner der vergangenen Generationen sandte – außer der Generation von Rabbi Akiva und Rabbi Shimon, ohne welches der Mensch wie ein Tier ist, gleich einem Esel, der Gras frisst.

Sur miRa, 29

Wenn spirituelle Anführer unserer Zeit ihre Schüler anwiesen, Kabbala zu studieren, dann würden diese nicht nach anderen Weisheiten streben. Aber was kann man tun, wenn die Anführer der Generation ihre Tore vor der Weisheit des Schöpfers verschließen und behaupten, dass nur der, der den Heiligen Geist erreichte, sich der Kabbala widmen kann, weswegen die ganze Generation in der Finsternis ist. Der Schöpfer sagt: „Es werde Licht – und wir werden erleuchtet."

Meajan Ganim, Teil 1, Kap. 5

Infolge der Vermehrung unreiner Kräfte und der Gewalt in dieser Generation wurde von Oben erlaubt, das Licht der Weisheit der Kabbala zu offenbaren, mittels des Lichts des Schöpfers in der Seele mit Ihm zu verschmelzen – da sich diese Weisheit in unserer Generation nur zu unserer Korrektur offenbarte.

Heichal Bracha, Dwarim, S. 27

Durch die Kraft des Buches *Sohar* wird die Erlösung kommen.

Kisse Elyahu, Kap. 4

Die Kraft des Studiums des Buches *Sohar* vernichtet alle Bestrafungen von Oben.

Rabbiner Jerusalems, 5681 (1941)

In der Zukunft werden die Söhne Israels kraft des Buches *Sohar* aus dem Exil herauskommen.

Sohar, Kap. „Naso", §90

Und wenn wir beginnen, uns dieser Weisheit mit Liebe zu widmen, wird *Israel* erlöst werden.

Rav Chaim Vital, Einführung zu Shaar Hakdamot

Die Erlösung wird nur infolge des Studiums der Kabbala sein.

Gaon von Vilna, Ewen Shlema, Teil 11, 3

Nur infolge der Verbreitung der Kabbala in den Massen werden wir einer vollen Erlösung würdig werden, sowohl jeder einzelne wie auch die ganze Generation. Nur durch die Erkenntnis der Kabbala werden wir das Ziel erreichen, für welches wir erschaffen wurden. Daher ist die größte Verbreitung der Kabbala in den Massen notwendig, um von der Ankuft des Messias genießen zu können. Daher hängen die Verbreitung der Kabbala und die Ankunft des Messias voneinander ab. Und deswegen sind wir verpflichtet, Zentren zu eröffnen und Bücher zu veröffentlichen, um die Verbreitung der Kabbala unter den Massen zu ermöglichen.

Baal HaSulam, Einführung zum Buch Panim Meirot veMasbirot, Kap. 5

In der Gegenwart ist es zwingend notwendig, sich der Kabbala zu bemächtigen. Das Buch *Sohar* muss den Weg zu den Toren der Erlösung bahnen.

Rav Kook, Orot, 57

Es gibt drei Arten der Gegner des Studiums der Kabbala:

1. jene, die sagen, dass man nicht unbedingt an das Verborgene in der *Tora* glauben muss, infolge von vielerlei Gründen oder der Wichtigkeit der einfachen Darlegung oder dass keine Notwendigkeit am Verborgenen besteht, denn wer wird jemanden zwingen, an die *Zehn Sefirot* zu glauben.

2. jene, die damit übereinstimmen, dass diese Weisheit groß ist – aber wer ist würdig, sich mit ihr zu beschäftigen? Wer sich aber mit ihr beschäftigt, der streckt seine Hände an einen verbotenen Ort aus.

3. jene, die sagen, dass der Mensch irren kann, und es daher besonders schrecklich ist, an solch erhabenen Stellen zu irren. Doch sogar, wenn der Mensch keinen Lehrer findet, der ihn auf richtige Weise lehrt, er dies aber nicht als Ausrede vorgibt, nicht zu studieren, wird er mit Wahrheit belohnt.

Rav Moshe Cordovero, Da Et Elokej Awicha, 118-132

Wenn ein Mensch aus *Israel* die Bedeutung der geheimen *Tora* im Vergleich zur restlichen *Tora* herabsetzt, setzt er dadurch den inneren Teil der Welt, also *Israel*, gegenüber dem äußeren Teil der Welt herab und ruft dadurch hervor, dass dieser *Israel* bedrängt, bis hin zu Exil, Unterdrückung, Vernichtung. Der ganze Abstieg Israels geschieht nur, weil sie den inneren Teil der *Tora* vernachlässigten, seine Größe herabsetzten – dementsprechend geschieht das auch mit *Israel*.

Baal HaSulam, Vorwort zum Buch Sohar, 69

Wehe denen, die der Grund dafür sind, dass der Geist des Messias schwinden und vielleicht nie wieder in die Welt zurückkehren können wird, weil sie die *Tora* trocken machen, ohne jegliche Zugabe von Verstand und Wissen, da sie sich nur auf den ausführenden Teil der *Tora* beschränken und nicht versuchen wollen, die Wissenschaft der Kabbala zu verstehen, die Geheimnisse der *Tora* sowie den Sinn der Gebote zu erkennen und zu studieren. Wehe ihnen, die durch ihre Taten Hunger, Armut, Grausamkeit, Erniedrigung, Morde und Raub in der Welt entfesseln.

Tikunej Sohar, Tikun 30

Die Söhne Israels unterteilen sich in drei Gruppen:
1. die dem Schöpfer dienenden Massen;
2. die Weisen, die sich mit der einfachen *Tora* beschäftigen;
3. die sich der wahren *Tora* bemächtigen.

Über die erste Gruppe sagte der Schöpfer: „Sie kennen mich nicht, das sind einfache Massen." Über die dritte Gruppe sagte der Schöpfer: „Sie beschäftigen sich mit den Geheimnissen der *Tora*, und daher sind sie meine Söhne." Über die zweite Gruppe derjenigen, die nur die einfache *Tora* (Pshat) studieren, sagte der Schöpfer: „Sie sind zwar weise darin, aber für das Böse; und Gutes können sie nicht tun und viel Verderben kommt aus ihren Händen." […] Über die erste Gruppe sagte er: „Ich sah die Erde und sie ist im Chaos begriffen […], denn sie führen die Welt in Chaos zurück, da sie sich der Einrichtung der Körper und der Vernichtung der eigenen Seelen widmen." Über die zweite Gruppe sagte er: „Sie sind Weise, die sich mit Meiner *Tora* beschäftigen, doch in ihrer *Tora* ist kein Licht, denn sie wandern im Dunkeln, also im Studium des *Babylonischen Talmuds* […]."

Rav Chaim Vital, Vorwort zum Buch Ez Chaim, Teil 1, 9-10

Zweifellos gleichen diejenigen, die sich nur mit dem *Babylonischen Talmud* befassen, Blinden, die an der Mauer der Kleider der *Tora* tasten; ihre Augen sehen nicht die Geheimnisse der *Tora*, die dort verborgen liegen.

Rav Chaim Vital, Vorwort zum Buch Ez Chaim, Teil 1, 9-10

Wehe den Geschöpfen für die Erniedrigung der *Tora*! Denn zweifellos, da sie sich mit der einfachen *Tora* und ihren Erzählungen beschäftigen, gleicht das dem, als würde die *Tora* wie eine Witwe aussehen, in Sackleinen gekleidet, und alle Völker der Welt sagen: *Israel*, worin unterscheidet sich denn eure *Tora* von der unseren, denn auch die Eure besteht nur aus Erzählungen und nicht mehr. Es gibt keine größere Erniedrigung der *Tora*. Und dafür sollen sie bestraft werden. Denn sie widmen sich nicht der kabbalistischen Weisheit, welche der *Tora* Respekt verleiht. Und ihre *Tora* ruft eine Verlängerung des Exils und eine Vergrößerung der Leiden in der Welt hervor. Was soll man aber tun, wenn [...] unsere Weisen mit dem, was sie haben, zufrieden sind und sich über das freuen, was in ihren Händen liegt [...], und sagen, dass es keine *Tora* außer der einfachen gibt [...], und zweifellos haben sie keinen Anteil an der zukünftigen Welt.

Rav Chaim Vital, Einführung zum Buch Ez Chaim, Teil 1, 11-12

Wie RAMBAN schreibt: Wer keine spirituelle Vollkommenheit (Schöpfergleichheit) erreicht, wird nicht als Mensch bezeichnet, sondern ist nur ein Tier in Gestalt eines Menschen. Und darin, dass er schaden kann, was ein Tier nicht kann – denn den Verstand und den Gedanken, die ihm zur Erkenntnis der Vollkommenheit gegeben wurden, nutzt er zum Schaden anderer –, darin steht er unter dem Niveau eines Tieres.

Rav Shimon Lavi, Ketem Pas, Adam tachlit kavanat haBrija

Eine Antwort an alle Klugschwätzer, die gegen das Studium der Kabbala sind, die hören, aber nicht sehen [...]: Wer geht, mag sich irren, doch nachdem er das herausgefunden hat, bittet er um den richtigen Weg, und daher werden ihm seine Bemühungen angerechnet, und er wird vom Schöpfer belohnt. Wer aber diejenigen, die Kabbala studieren, erniedrigt, wird in der Zukunft vor dem Gericht des Schöpfers stehen, denn er wandert nur im offenen Teil, der den Menschen blendet, und sieht nicht die Werke des Schöpfers. Die Primitivität seiner Begriffe und Denkweisen ist bereits seine Strafe.

Rav Shimon Levi, Ketem Pas, Tov weRa Nichlalim beAdam

Die Krone der *Tora* ist die Kabbala, von der sich alle abkehren – doch du, strecke deine Hand aus und nimm sie, denn wer sie nicht kostet, kostet nicht den Geschmack des Lichts der *Tora* und lebt im Dunkeln; und groß ist die Sünde derer, die mit allerlei Dichtungen und Fälschungen anweisen, die Kabbala nicht zu studieren. Und das ist nicht die Schuld der Massen, sondern die Schuld ihrer Anführer, die es schaffen, gerade in der Vernachlässigung des Studiums der Kabbala Erfolg zu haben, und die sie beschimpfen und darauf stolz sind, dass sie in der offenen *Tora* wandern und keine Notwendigkeit an der Kabbala, sondern nur am einfachen Verständnis der *Tora* haben.

Sefer haBrit, Teil 2, Bd. 12, Kap. 5

Wer nicht Kabbala studiert und sie nicht studieren will – wenn seine Seele in den Garten *Eden* eintreten wollen wird, wird man sie mit Verachtung wegstoßen […], und nimm dir kein Beispiel an den Großen in der offenen *Tora*, die keine Kabbala studieren wollen, denn das ist nicht die Meinung der Weisen im Buch *Sohar*, welche wichtiger ist als die Meinungen aller heutigen Weisen.

Sefer haBrit, Teil 2, Bd. 12, Kap. 5

Jeder, der darauf verzichtet, Kabbala zu studieren, verliert seine Welt und wird es nicht verdienen, das Licht des Schöpfers zu erblicken.

Chavat Jair, Kap. 210

Es gibt viele Ignoranten, die sich weigern, die Kabbala von ARI und das Buch *Sohar* zu studieren. Aber wenn sie auf mich hören würden, dann würden Übel und Unglück unsere Welt nicht heimsuchen, da ein Mensch aus *Israel* nur vom Buch *Sohar* und von der Kabbala von ARI abhängig ist, jeder gemäß seinen Erkenntnissen.

Nozer Chessed, Kap. 4, Lehre 20

Eine Arznei von allen Übeln ist die Beschäftigung mit dem inneren Teil der *Tora*, und wenn wir diese vernachlässigen, dann rufen wir unseren Abstieg hervor.

Rav Kook, Agar 483

Sie sind es, die die *Tora* trocken machen, dadurch, dass sie sich nicht mit der Kabbala beschäftigen wollen. Wehe ihnen, die Armut und Elend, Mord und Unglück in die Welt bringen.

Tikunej Sohar, Tikun 30

Wer die Geheimnisse der *Tora* erkennen soll und nicht erkannte, wird schwere Strafen erhalten.

Gaon von Vilna, Ewen Shlema, Teil 24

„Ein Ignoranter wird keine Weisheit herbeiwünschen, als nur die im Herzen offenbart ist", dieser jämmerlichen Welt hinterher. Und er verkleinert sein *Tora*-Studium dadurch, dass er die Beschäftigung mit den Geheimnissen der *Tora* vernachlässigt, „weil dafür Weisheit notwendig ist", um einen Begriff aus dem Begriff zu verstehen.

Doch ein Ignoranter bemüht sich nicht, die Weisheit zu verstehen, sondern nur „die im Herzen offenbart ist", das heißt die allen offenbart wird, die man ohne besondere Anstrengungen verstehen kann. Doch er versteht nicht, dass er auf diese Weise sogar den offenen Teil der *Tora* nicht erkennt.

Rav Moshe Cordovero, Or Neerav, S. 459

Da die Weisheit entblößt ist und Geheimnisse darin sind, die unbegreiflich sind, ruft das ein besonders Böses hervor: Große Weise vernachlässigen sie, denn die Natur der Weisen ist es, um Verständnis und Kenntnis der Tiefe der Dinge zu bitten; und wenn sie sehen, dass es unmöglich ist, mit dieser Weisheit niedere Wünsche zu erfüllen, sagen sie: „Warum ist die Zeit vorbei, als wir erkennen konnten?" Und es gibt solche, die noch schlimmer von der Höheren Weisheit sprechen und sie schmähen. Und es gibt solche, die behaupten, dass es überhaupt unklar ist, wer den *Sohar* verfasst hat, und dadurch andeuten, dass man es nicht wie ein Heiliges Buch behandeln soll [...].

Rav Chaim Luzzato, Shaarej Ramchal, Einführung zum Art. „Wikuach", S. 37

Es gibt eine Finsternis, welche die Augen der Menschheit bedeckt und sie in die Beschäftigung mit der Natur herabsenkt, weswegen sie den Schöpfer nicht mehr als den Höchsten Lenker von allem betrachten, sondern alles für von der Natur, dem Erfolg und dem Zufall abhängig halten. Und auch die Wissenschaft hilft ihnen darin. Und daher nehmen sie überhaupt nicht die innere Lenkung des Universums wahr. Und dadurch stiegen sie bis zum niedrigsten Niveau herab, so weit, dass die *Tora* bei *Israel* in Vergessenheit geriet und sie die wahre Lenkung nicht verstehen, sondern der Natur folgen. Das heißt: Sogar wenn sie nicht direkt sündigen, so sind doch ihre Augen wie bei den Tieren im Feld, die keine Höhere Lenkung sehen.

Rav Chaim Luzzato, Adir beMarom, S. 459

Der Grund dafür, dass *Rashbi* darauf hinwies und diejenigen, die sich der einfachen *Tora* widmeten, als schlafend bezeichnete, liegt darin, dass sie ihre Augen nicht öffnen, um die Liebe des Schöpfers zu ihnen zu sehen, es scheinbar vernachlässigen und den Weg zur Vollkommenheit und Verschmelzung mit dem Schöpfer nicht kennen, obwohl die *Tora* doch sagt: „Verschmelze mit Ihm", was durch die Erkenntnis der Vollkommenheit des Schöpfers und der Bemächtigung Seiner erreicht wird. Das heißt: *Israel* muss nach der Verschmelzung mit dem Schöpfer streben. Doch die Folge des spirituellen Exils besteht darin, dass dieser Weg in Vergessenheit geriet und *Israel* schläft und erwachen muss, um den Weg des Schöpfers zu beschreiten.

Rav Chaim Luzzato, Shaarej Ramchal, Vorwort zum Art. „Wikuach", S. 97

Das Gebet vor dem Gebet

Rav Noam Elimelech

Möge es Dich erfreuen, oh Herr, Gott unserer Väter, der Du den Aufschrei unseres Flehens hörst und den betenden Stimmen Deines Volkes *Israel* lauschst. Voll Gnade bereitest Du unsere Herzen vor, bildest unsere Gedanken und formst die Worte unserer Gebete. Du schenkst den Gebeten Deiner Diener Gehör, die Dich mit lauter Stimme und vernebeltem Geist preisen.

Du mitleidvoller Gott, durch Deine endlose Barmherzigkeit und Gnade vergibst Du uns und dem ganzen Volk *Israel*, dem Hause *Israel*, und machst wieder gut, wo wir vor Deinem Antlitz gesündigt, gefrevelt, geflucht und gegen Deine Regeln verstoßen haben.

Du weißt, dass wir uns Dir, Deinem Gesetz und Deinen Geboten nicht bewusst durch Rebellion und arglistige Täuschung widersetzen. Es liegt vielmehr an unserer ewigen, unbeugsamen und brennenden Gier, die uns Lust an dieser niedrigen Welt und deren Eitelkeiten bringt. Sie verwirrt immerfort unseren Geist, selbst wenn wir zu Dir für unsere Seelen beten wollen. Immer wieder vernebelt sie trickreich unsere Gedanken. Und wir können nicht dagegen ankommen, denn unser Geist und unsere Anstrengung sind schwach geworden, und unsere Ausdauer ist durch die ständigen Sorgen, Nöte und die Jahre dahingeschwunden.

Daher, oh Du gnadenvoller, barmherziger Gott, verfahre mit uns, wie Du es uns durch Deine Vertrauten versprochen hast: „Und ich werde voll der Gnade zu jenen sein, zu denen ich gnadenvoll bin, und ich werde Barmherzigkeit jenen gegenüber walten lassen, zu denen ich barmherzig bin." Unsere Weisen sagten: „Obwohl es nicht so scheint und obwohl es nicht angemessen ist", denn dies ist Deine Art: gut zu sein zu den Guten, aber auch zu den Bösen. Unser Seufzen, unsere Sorgen und die Gespräche über die Unfähigkeit, uns mehr für Dein Werk einzusetzen und uns wirklich Dir anzunähern, sind Dir gut bekannt. Wehe unseren Seelen; und wehe uns!

Unser Vater im Himmel, lass Deine große und ewige Gnade erwachen; verbanne den bösen Trieb aus unserem Inneren, rotte ihn aus und vertreibe ihn, sodass er uns verlassen möge und uns nicht mehr von Deinem Werk abhalte. Lass in unseren

Herzen keinen bösen Gedanken aufkeimen, wenn wir erwachen, und auch nicht in unseres Schlafes Traum – und vor allem nicht, wenn wir vor Dir stehen und zu Dir beten oder Deine Gesetze studieren. Und während wir uns in Deine Gebote vertiefen, lass unsere Gedanken klar sein, leuchtend und rein – mögen sie so stark sein wie Dein guter Wille für uns.

Erwecke unsere Herzen und die Herzen von ganz *Israel*, Deinem Volk, damit wir uns mit Dir in tiefer Wahrheit und Liebe vereinen, um Dir voll Freude zu dienen, so, wie Du es vorgesehen hast. Und lege Dein Vertrauen für immer in unsere Herzen, binde es wie einen Pfahl, der nie umstürzen kann, an unsere Herzen und nimm die Hüllen weg, die uns von Dir trennen.

Unser Vater im Himmel, rette uns vor all den Verfehlungen und Irrtümern; verlasse uns nicht, gib uns nicht auf und beschäme uns nicht. Sei in unseren Worten, wenn wir sprechen, in unseren Händen, wenn wir arbeiten, und in unseren Herzen, wenn wir denken! Gewähre uns, oh Herr, dass wir unsere Herzen, Gedanken, Worte, Handlungen und alle Bewegungen und Gefühle, bekannte wie auch unbekannte, enthüllte und verhüllte, nur Dir alleine widmen, aufrichtig und ohne jeglichen bösen Gedanken.

Reinige unsere Herzen und segne uns. Gieße auf uns das reine Wasser und reinige uns mit Deiner Liebe und Hingabe; pflanze Deine Liebe und Ehrfurcht vor Dir für immer in unsere Herzen, auf ewig, für alle Zeiten und alle Orte, wenn wir gehen, schlafen und erwachen. Und lass den Geist Deiner Heiligkeit immer in uns brennen.

Wir verlassen uns immer auf Dich, auf Deine Erhabenheit, Deine Liebe, die Ehrfurcht vor Dir und Dein Gesetz – geschrieben oder gesprochen, verhüllt oder enthüllt – und auf Deine Gebote, um uns mit Deinem machtvollen und Ehre gebietenden Namen zu vereinen. Und bewahre uns vor Vorurteilen, Stolz, Zorn, Pedanterie und Traurigkeit, Tratsch und anderen Lastern – und vor allen Dingen, die Deine Heilige und Reine Arbeit, auf die wir so Acht geben, gering schätzen.

Verleihe uns den Geist Deiner Heiligkeit, damit wir uns Dir nähern und mehr und mehr nach Dir streben können. Erhebe uns Stufe um Stufe, damit wir auch des Verdienstes unserer heiligen Vorväter Abraham, Isaak und Jakob würdig werden. Möge deren Tugend uns helfen, und mögest Du unser Gebet hören und uns immer antworten, wenn wir zu Dir beten – für uns oder jemanden aus Deinem Volk *Israel*, einen oder viele.

Erfreue uns und sei stolz auf uns, und wir werden oben Früchte und unten Wurzeln tragen. Vergib uns unsere Sünden und vor allem jene unserer Jugend, so, wie König David sagte: „Gedenke nicht der Sünden meiner Jugend und meiner Übertretungen." Verwandle unsere Verfehlungen und Sünden in Verdienste und gewähre uns – aus der Welt der Reue – Gedanken der von ganzem Herzen erwünschten Rückkehr zu

Das Gebet vor dem Gebet

Dir, damit wir alles, was wir an Deinem Heiligen und Reinen Namen verunstaltet haben, korrigieren mögen.

Beschütze uns vor gegenseitigem Neid und lass keinen Neid dem anderen gegenüber aufkommen. Vielmehr lass unsere Herzen die Tugenden der Freunde erkennen und nicht deren Fehler. Und lass uns voneinander auf solche Art und Weise sprechen, welche Dir wertschätzend und angemessen erscheint, und lass keinen Hass auf die Freunde aufkommen, Gott bewahre.

Stärke unser Band der Liebe zu Dir, so, wie Du sie kennst, damit wir in der Lage sind, Dich zufrieden zu stellen. Denn dies ist unser hauptsächliches Ziel. Und sollten wir nicht in der Lage sein, unser Herz an Dich zu richten, dann lehre uns, damit wir wirklich das Ziel Deines guten Willens erkennen.

Und daher, oh Herr, bitten wir Dich, unsere Gebete mit Gnade und gutem Willen anzunehmen. Amen, möge es so sein.

SPIRITUELLE ERKENNTNIS

Shamati 1: Es gibt nichts außer Ihm

Ich hörte beim Wochenabschnitt Yitro 1 am 6. Februar 1944

Es steht geschrieben: "Es gibt nichts außer Ihm", was bedeutet, dass es keine andere Kraft in der Welt gibt, die über eine Möglichkeit verfügen würde, etwas gegen den Schöpfer zu tun. Und wenn der Mensch sieht, dass es in der Welt Dinge und Kräfte gibt, welche die Existenz der Höheren Kräfte verneinen, so ist der Grund dafür, dass so der Wille des Schöpfers ist.

Und dies gilt als eine Methode der Korrektur, die heißt „die linke Hand stößt weg, und die rechte Hand zieht heran", was bedeutet, dass das, was die Linke wegstößt, als Korrektur erachtet wird. Das heißt, dass es in der Welt Dinge gibt, die von vornherein kommen, um den Menschen vom rechten Weg abzulenken und durch welche er von der Heiligkeit abgestoßen wird.

Und der Nutzen der Zurückweisungen besteht darin, dass mit ihrer Hilfe der Mensch ein Bedürfnis erhält und ein volles Verlangen danach, dass der Schöpfer ihm helfen möge, weil er sieht, dass er nicht mehr weiter weiß. Nicht nur, dass er nicht in der Arbeit vorankommt - er sieht, dass er sich zurückentwickelt, das heißt, er hat nicht einmal die Kraft, *Tora* und *Mizwot*[23a] im Aspekt von *lo liShma*[23b] auszuführen. Und [er sieht], dass er nur durch wahre Überwindung aller Hindernisse durch den Glauben über dem Wissen *Tora* und *Mizwot* ausführen kann.

Nicht immer hat er jedoch die Überwindungskraft im Glauben über dem Wissen [zu handeln]. Ohne sie müsste er, Gott behüte, vom Weg des Schöpfers abweichen, sogar von *lo liShma*.

Und er, der immer denkt, dass das Zerbrochene größer als das Ganze sei, gemeint ist, dass es mehr Abstiege als Aufstiege gäbe, und er sieht nicht, dass diese Zustände ein Ende nehmen würden. Und er wird immer außerhalb der Heiligkeit verbleiben, weil er sieht, dass es ihm schwerfällt, auch nur die kleinste spirituelle Handlung auszuführen, denn nur durch die Überwindung kraft des Glaubens über dem Wissen wäre dies möglich. Und wie wird das Ende sein?

23a Das Empfangen des Lichts mit Hilfe der Korrektur der Verlangen
23b nicht für den Schöpfer

Dann gelangt er zu dem Entschluss, dass es niemanden gibt, der ihm helfen kann - außer dem Schöpfer selbst. Das führt dazu, dass in seinem Herzen eine wahre Forderung an den Schöpfer entsteht, dass Er ihm seine Augen und sein Herz öffnen und ihn tatsächlich an eine ewige Verschmelzung mit Ihm annähern möge. Folglich stellt sich heraus, dass alle Zurückweisungen, die er hatte, vom Schöpfer kamen, das heißt nicht, weil er schlecht war und keine Fähigkeit zur Überwindung hatte. Und nur jemandem, der sich tatsächlich dem Schöpfer nähern will, um sich nicht mit dem Wenigen zufrieden zu geben, das heißt, damit er nicht auf der Stufe eines kleinen, unvernünftigen Jungen bleibt, gibt man Hilfe von Oben, damit er nicht sagen kann, dass er nun *Tora* und *Mizwot* und gute Taten habe, und was brauche ich noch mehr?

Und es ist genau so, wenn der Mensch tatsächlich ein wahres Verlangen hat. Dann bekommt ein solcher Mensch Hilfe von Oben, und man zeigt ihm immer, wie er im jetzigen Zustand im Unrecht ist, das heißt: Man sendet ihm Gedanken und Meinungen, die gegen die Arbeit gerichtet sind. All das nur, damit er sieht, dass er nicht mit dem Schöpfer Eins ist.

Und wie sehr er das auch überwinden möge, sieht er doch immer, dass er sich in einem Zustand fern der Heiligkeit befindet, verglichen mit anderen Arbeitenden, welche fühlen, dass Sie in voller Einheit mit dem Schöpfer sind. Während er dagegen immer Klagen und Ansprüche hat, und das Verhalten des Schöpfers sich gegenüber nicht rechtfertigen kann.

Und es schmerzt ihn, dass er mit dem Schöpfer nicht Eins ist, bis er zu dem Gefühl gelangt, dass er absolut keinen Anteil an der Heiligkeit hat.

Und obwohl er eine gewisse Erweckung von Oben erhält, was ihn für eine gewisse Zeit belebt, so fällt er sofort in die Niedrigkeit zurück. Das ist es aber, was ihm bewusst macht, dass nur der Schöpfer helfen kann, ihn an Sich anzunähern.

Der Mensch muss sich immer bemühen, den Weg zu gehen, auf dem er sich in Verschmelzung mit dem Schöpfer befindet, und zwar, dass alle seine Gedanken beim Schöpfer sind. Und selbst, wenn er sich im schlimmsten Zustand befindet, wenn es keinen größeren Abstieg als diesen geben kann, darf er nicht aus der Herrschaft des Schöpfers austreten! Also, [er darf nicht] behaupten, es gäbe eine andere Macht, die ihn nicht in die Heiligkeit eintreten lasse, und dass es in deren Kraft stünde, Gutes oder Böses zu tun. Das bedeutet, dass man nicht denken darf, dass *Sitra Achra*[23c] über Kraft verfüge - dass es sie wäre, die den Menschen daran hindere, gute Taten auszuführen und den Weg des Schöpfers zu gehen, sondern im Gegenteil: alles wurde vom Schöpfer gemacht.

Und wie Baal Shem Tov schrieb: "Derjenige, der sagt, dass es in der Welt eine andere Kraft gibt, also *Klipot*[23d], dieser Mensch steht auf der Stufe „und ihr dientet fremden Göttern". Und nicht durch Gedanken des Unglaubens begeht er ein

---

23c Die andere, die schlechte Seite, steht der guten Seite gegenüber
23d Böse Hüllen, unreine Kräfte

Verbrechen, sondern er sündigt, indem er denkt, dass es eine andere Macht und Kraft außer der des Schöpfers gibt.

Mehr als das: Derjenige, der sagt, dass der Mensch über eigene Macht verfügt, das heißt, der sagt, dass er gestern selbst nicht den Weg des Schöpfers gehen wollte - auch für ihn gilt, dass er das Verbrechen des Unglaubens begeht; mit anderen Worten, dass er nicht glaubt, dass der Schöpfer allein Herr der Welt ist.

Doch wenn er gesündigt hat, dann muss er natürlich bereuen und bedauern, dass er das Gesetz gebrochen hat. Und hier muss man auch Bedauern und Schmerz ins rechte Licht rücken - in welchem Punkt er den Grund sieht, der ihn zur Sünde führte, denn es ist dieser Punkt, den er bedauern muss.

Dann muss der Mensch bereuen und sagen, dass er gesündigt hatte, weil der Schöpfer ihn von der Heiligkeit an einen schmutzigen Ort zurückwarf, in die Toilette, den Platz von Abfällen. Mit anderen Worten gab der Schöpfer dem Menschen das Verlangen und die Sehnsucht, sich zu vergnügen und die Luft des stinkenden Ortes zu atmen. (Und man kann sagen, dass aus einigen Stellen in Büchern hervorgeht, dass der Mensch manchmal als Schwein in diese Welt wiedergeboren wird. Das Gesagte muss man wie folgt erklären: Der Mensch bekommt das Verlangen, das zu genießen, was er bereits als Müll bezeichnet hat, doch nun will er sich wieder davon ernähren.)

Und wenn der Mensch spürt, dass er sich gerade in einem Aufstieg befindet und ein wenig den Geschmack an der Arbeit fühlt, dann soll er nicht sagen: "Nun befinde ich mich in einem Zustand, in dem ich verstehe, dass es sich lohnt, Diener des Schöpfers zu sein". Vielmehr muss er wissen, dass er jetzt Gnade in den Augen des Schöpfers fand und der Schöpfer ihn deswegen annähert, und er deswegen jetzt Geschmack an der Arbeit verspürt. Doch er soll darauf Acht geben, niemals aus der Macht der Heiligkeit auszutreten, indem er sagt, dass es noch jemanden außer dem Schöpfer gibt, der handelt und wirkt. (Doch daraus folgt, dass Wohlgefallen in den Augen des Schöpfers zu finden oder umgekehrt, nicht vom Menschen selbst abhängt, sondern vom Schöpfer. Und warum er jetzt das Wohlgefallen des Schöpfers hat und dann wieder nicht - das zu verstehen liegt nicht in der Macht des Menschen mit seinem äußerlichen Verstand.)

In der Zeit, in der er bedauert, dass der Schöpfer ihn nicht annähert, soll er sich auch davor hüten, dies sich selbst zuzuschreiben, da er sich dadurch vom Schöpfer entfernt, da er beginnt, für sich selbst zu empfangen. Und der Empfänger ist entfernt, und muss das Exil der *Shechina*[23e] bedauern, das heißt, dass er der *Shechina* Leiden zufügt.

Der Mensch soll sich als Beispiel vorstellen, dass, an welchem kleinen Organ es den Menschen auch schmerzt, dieser Schmerz immer vor allem im Verstand und im Herzen wahrgenommen wird; denn das Herz und der Verstand sind das Wesen des

---

[23e] Göttliche Gegenwart

Menschen. Natürlich kann man die Kraft der Empfindung eines einzelnen Organs nicht mit der Kraft der Empfindung des menschlichen Organismus als Ganzes vergleichen, in dem hauptsächlich der Schmerz verspürt wird.

Gleiches gilt auch für den Schmerz, den der Mensch empfindet, weil er fern von der *Shechina* ist. Denn der Mensch ist nur ein einzelnes Organ der heiligen *Shechina*, da die heilige *Shechina* die Gesamtheit der Seelen Israels darstellt. Daher ist die Empfindung eines Einzelschmerzes nicht zu vergleichen mit der Empfindung des allgemeinen Schmerzes, das bedeutet, dass es die *Shechina* schmerzt, dass ihre Organe von ihr entfernt sind, und dass sie nicht alle ihre Organe versorgen kann. (Man muss hier anbringen, dass es das ist, was die Weisen darüber sagten: "Was sagt die *Shechina* in der Zeit, da der Mensch bedauert? - Es ist leichter als mein Haupt".) Und indem er das Bedauern über die Entfernung nicht sich selbst zuschreibt, rettet er sich davor, in die Macht des Willens für sich zu empfangen, zu geraten, welcher die Eigenschaft darstellt, die ihn von der Heiligkeit entfernt.

Genauso, wenn der Mensch fühlt, dass er der Heiligkeit ein wenig nahe steht und er daran Freude hat, dass er des Wohlwollens des Schöpfers würdig wurde. Auch dann ist ihm die Verpflichtung auferlegt, zu sagen, dass das Wichtigste an seiner Freude darin besteht, dass es jetzt Oben, bei der heiligen *Shechina* darüber Freude gibt, dass sie ihn, ihr Einzelorgan, an sich annähern kann und ihn nicht nach außen wegstoßen muss.

Weil der Mensch würdig wurde, der *Shechina* Freude zu bereiten, freut auch er sich. Und das folgt der gleichen Weise wie oben beschrieben, da die Freude des Einzelnen nur ein Teil jener Freude ist, die das Ganze hat. Mithilfe dieser Berechnungen verliert er seine Individualität und gerät nicht in die Macht von *Sitra Achra*, welche den Willen darstellt, für den eigenen Nutzen zu empfangen.

Der Wille zu empfangen stellt eine Notwendigkeit dar, weil das der ganze Mensch ist (denn alles, was es im Menschen außer diesem Wunsch gibt, gehört nicht zum Geschöpf, sondern wir führen es auf den Schöpfer zurück), doch der Wille, Genuss zu empfangen, muss korrigiert, altruistisch, um des Gebens willen sein. Das heißt, der Genuss und die Freude, welche der Wille zu empfangen empfindet, müssen darauf ausgerichtet sein, dass es Genuss im Himmel gibt, weil das Geschöpf genießt, da eben dies das Schöpfungsziel war - den Geschöpfen Genuss zu schenken. Und das wird als Freude der *Shechina* in der Höheren Welt bezeichnet.

Daher ist dem Menschen die Verpflichtung auferlegt, sich Ratschläge zu holen, wie er dem Schöpfer Genuss bereiten kann, und natürlich, wenn er einen Genuss haben wird, wird auch der Schöpfer diesen fühlen. Daher soll er immer danach streben, im Palast des Schöpfers zu weilen und die Möglichkeit zu haben, sich in den Schatzkammern des Schöpfers zu vergnügen, wodurch er natürlich auch dem Schöpfer Genuss bereiten wird. Somit müssen all seine Bestrebungen um des Schöpfers willen sein.

Shamati 4: Der Grund für die Schwierigkeit, sich vor dem Schöpfer zu annullieren

Rav Yehuda Ashlag

Man muss wissen, dass der Grund für die Schwere, die der Mensch empfindet, wenn er sich vor dem Schöpfer annullieren möchte und sich nicht mehr um seinen Eigennutz kümmern will, darin besteht, dass der Mensch zu einem solchen Zustand gelangt, dass er fühlt, die ganze Welt würde dort bleiben, wo sie ist; er aber würde aus der Welt verschwinden und seine Familie und seine Freunde zurücklassen, um sich um des Schöpfers willen zu annullieren.

Der Grund für die Schwere ist einfach und er heißt „Mangel an Glauben" (Chissaron haEmuna). Das bedeutet, er sieht nicht, vor wem und um wessen Willen er sich annullieren soll, das heißt, er fühlt die Existenz des Schöpfers nicht. Das ruft bei ihm die Schwere hervor.

Sobald er aber den Schöpfer spürt, wird er sich mit der Wurzel, mit der Quelle vereinen, sich in sie einschließen und sich annullieren – wie die Kerze vor dem Feuer, ohne die geringste Diskussion, weil das in ihm auf natürliche Weise geschehen wird.

Deswegen ist das Wichtigste, was der Mensch erreichen soll, die Empfindung des Schöpfers, die Empfindung, dass „die Welt voll Seiner Größe ist". Das heißt, das Bewusstsein dessen, dass das Einzige, was dem Menschen fehlt, der Glaube an den Schöpfer ist.

Und eben das Erreichen dessen ist die wichtigste Belohnung, die er für seine Arbeit erhalten will. Das heißt, nur des Glaubens an den Schöpfer würdig werden, der Empfindung, dass der Schöpfer alles Existierende füllt.

Und man muss wissen, dass es keinen Unterschied zwischen dem großen und dem kleinen Leuchten gibt [zwischen der großen Empfindung des Schöpfers und der geringfügigen], das der Mensch erkennt. Denn im Licht finden niemals und keinerlei Veränderungen statt. So, wie geschrieben steht: „Ich, *HaWaYaH*, habe mich nicht verändert." Das Licht ist der Wille des Schöpfers, die Geschöpfe mit Genuss zu füllen, und das ist stetig, stets maximal, unveränderlich.

Alle Veränderungen im Empfinden resultieren jedoch aus der Veränderung der Wünsche, der *Kelim*, die das höchste Licht erhalten. Wenn daher der Mensch fähig ist, seine Wünsche zu verändern, verändert er im gleichen Maße die Menge an Licht, welches sie (die *Kelim*) betritt, also das Empfinden. Seine *Kelim* zu vergrößern bedeutet, immer mehr und mehr den Schöpfer zu begehren, zu Ihm zu streben, zum Empfinden von Ihm, zum Geben an Ihn.

Weil die Größe der Empfindung nur von der Größe des Verlangens abhängt, so gilt, dass je mehr der Mensch den Schöpfer preist und Ihn in seinen Augen erhöht, er Dankbarkeit verspürt, dafür, dass ihn der Schöpfer Sich näher bringt; dafür, dass Er ihm die Möglichkeit gibt, Ihn auch nur ein wenig zu spüren. Je größer die Wichtigkeit ist, die der Mensch dem beimisst, desto größer werden seine *Kelim*, und daher empfindet er ein größeres Leuchten, größeren Genuss und größere Vollkommenheit in ihnen.

Weil der Mensch jedoch stets nur innerhalb seiner Wünsche fühlt, ist er niemals in der Lage, die wahre Stufe seiner Verbindung zum Schöpfer genau einzuschätzen. Nur ein wahres Streben nach dem Zustand, in dem die erreichte Nähe zwischen ihm und dem Schöpfer auf ewig bleiben möge, sollte sein Ziel sein. Und das unveränderliche, stete Empfinden der Verbindung mit dem Schöpfer zeugt von ihrem Höhepunkt. Das heißt: Der Mensch kann einen Zustand erreichen, in dem das Licht in seinen *Kelim* auf ewig bleibt.

Shamati 5: LiShma bedeutet Erwecken von Oben, und warum brauchen wir auch ein Erwecken von Unten?

Rav Yehuda Ashlag

Um den Aspekt von *liShma* (um der *Tora* willen) zu erreichen, ist es nicht notwendig, diesen Vorgang zu verstehen. Unser Verstand ist nicht in der Lage zu begreifen, wie so etwas in unserer Welt geschehen kann. Wir können nur zum Schöpfer streben und uns dabei nach der *Tora* und den *Mizwot* richten. So werden wir etwas erreichen. Wenn wir uns allerdings dabei keinen eigenen Genuss versprechen, werden wir nicht das Geringste tun können.

Stattdessen kommt die Erleuchtung von Oben, und nur wer diesen Geschmack erlebt hat, kennt und versteht ihn. Darum steht geschrieben: „Schmeckt und seht, dass der Schöpfer gut ist."

Darum müssen wir verstehen, warum der Mensch nach Rat und Mitteln sucht, wie er *liShma* erreichen kann. Trotzdem werden ihm keine Ratschläge helfen. Wenn Gott ihn nicht mit einer zweiten Natur, die der *Wille zu geben* ist, ehrt, wird ihn keine Arbeit der Welt zum Ziel bringen.

Unsere Weisen sagen dazu (*Awot*, 2:21): „Es ist nicht an dir, diese Arbeit zu vollenden, und du hast auch nicht die Freiheit, dich davor zu drücken." Das bedeutet, dass man Unten (auf seiner jetzigen Stufe) erwachen muss, denn nur das wird als Gebet bezeichnet.

Ein Gebet bedeutet Mangel (*Chissaron*), und ohne Mangel gibt es auch keine Füllung. Das heißt, wenn jemand die Notwendigkeit nach *liShma* hat, dann kommt die Füllung von Oben, und dann wird das Gebet von Oben erhört. Darum besteht die Arbeit des Menschen nur im Verlangen nach und im Mangel von *liShma*. Die Füllung kann der Mensch niemals selbst erlangen; vielmehr ist diese ein göttliches Geschenk.

Aber das Gebet muss vollkommen sein; es muss aus der Tiefe des Herzens kommen. Das bedeutet, dass der Mensch zu hundert Prozent weiß, dass es niemanden auf der Welt gibt, der ihm helfen könnte; nur der Schöpfer allein kann ihm helfen.

Doch woher weiß man, dass nur der Schöpfer allein helfen kann? Wenn man alles Menschenmögliche getan hat, um zum Schöpfer zu gelangen, und dann feststellen muss, dass nichts davon geholfen hat, dann erhört der Schöpfer das Gebet des Menschen, denn dann kommt es aus der Tiefe des Herzens.

Sich anzustrengen, um zu *liShma* zu gelangen, bedeutet vollständiges Geben. Der Wille, nicht einmal mehr das Geringste für sich zu empfangen. Nur so beginnt man zu spüren, dass der gesamte Körper sich mit aller Kraft dagegen wehrt.

Damit wird verständlich, dass es nur einen Ratschlag geben kann, um zu *liShma* zu gelangen: seine Klagen dem Schöpfer entgegenzubringen und ihn anzuflehen, Er möge den Körper dazu bringen, sich dem Joch der Arbeit *zu geben* zu unterwerfen. Denn der Mensch ist selber nicht in der Lage dazu, sich vollkommen zu annullieren. Und ein solches Gebet wird erhört, denn es kommt aus vollem Herzen.

Wir müssen wissen, dass *liShma* bedeutet, seine bösen Neigungen zum Tode zu verurteilen. Die bösen Neigungen stellen den *Willen zu empfangen* dar, und durch das Erlangen der Eigenschaft des Gebens wird dieser Wille besiegt, entmachtet, handlungsunfähig gemacht. Der böse Wille hat nichts mehr zu tun, da er nicht länger verwendet wird und damit außer Funktion gesetzt ist. Das ist die Bedeutung von „zum Tode verurteilen".

Und wenn der Mensch sich innerlich fragt: „Welchen Lohn hat der Mensch von der Arbeit unter der Sonne?", wird er sehen, dass es gar nicht so schwer ist, sich der Arbeit für den Schöpfer zu unterwerfen. Das hat folgende Gründe:

Einerseits muss jeder, ob er will oder nicht, sich in dieser Welt anstrengen. Doch was bleibt von all diesen Mühen?

Andererseits empfängt jeder, der sich für *liShma* bemüht, auch Genuss. Wie in der Geschichte des *Maggid* von Dubna, die von folgendem Vers handelt: „Du hast nicht zu mir gerufen, oh Jakob; denn an mir hast du dich abgemüht, oh *Israel*."

Sie handelt von einem reichen Mann, der aus einem Zug aussteigt und nur ein kleines Handgepäck bei sich trägt. Er legt es an die Stelle, an der auch alle anderen Reisenden ihr Gepäck abstellen. Die Träger nehmen es von dort und bringen die Koffer zu den Hotels der Gäste.

Da der Gepäckträger dachte, dass der reiche Mann sein kleines Handgepäck selber tragen würde, nahm er sich eines großen und schweren Koffers an. Als der reiche Mann den Träger mit einem kleinen Trinkgeld belohnen wollte, nahm dieser es nicht und sagte: „Ich habe einen großen und schweren Koffer getragen, und es hat mich viel Mühe gekostet. Und jetzt wollen Sie mich mit einem solch kleinen Trinkgeld entlohnen?"

Das bedeutet, dass, wenn jemand viele Mühen und Anstrengungen in die Erfüllung von *Tora* und *Mizwot* investiert, der Schöpfer zu ihm sagt: „Du hast nicht zu mir gerufen, oh Jakob." Oder anders ausgedrückt: Derjenige hat nicht die Last des Schöpfers getragen, sondern das Gepäck von jemand anderem. „Da du gesagt hast, dass du große Anstrengungen in *Tora* und *Mizwot* gemacht hast, war deine Arbeit für einen anderen Herren. Geh zu ihm, und er wird dich bezahlen."

Das ist die Bedeutung von: „Denn an mir hast du dich abgemüht, oh *Israel*." Wer für den Schöpfer arbeitet, hat keine Arbeit, dafür aber Genuss und Begeisterung.

Wer für andere Ziele arbeitet als für den Schöpfer, darf sich bei Ihm nicht beklagen, dass er keine Kraft für seine Arbeit bekommt. Denn er arbeitet um seiner eigenen Belohnung willen, das heißt für sich selbst und nicht für den Schöpfer. Stattdessen soll er sich bei denen beklagen, für die er gearbeitet hat. Damit sie ihm Leben und Genuss geben.

Es gibt viele Absichten in *lo liShma* (nicht um der *Tora* willen). Man sollte sich auf sein Ziel konzentrieren und es einfordern – um dann Genuss und Leben zu erhalten. Darüber heißt es: „Diejenigen, die sie [die Götzen] machen, sollen so sein wie ihre Taten und genauso jeder, der an sie glaubt."

Aber das ist schwer zu verstehen, denn wir sehen doch, dass sogar einer, der die Bürde des himmlischen Königreichs ohne einen anderen Wunsch als für den Schöpfer auf sich nimmt, dennoch keinerlei Lebenskraft spürt, dass man sagen könnte, dass er um dieser Lebenskraft willen das Joch des Himmlischen Königreichs auf sich nimmt. Doch er nimmt das Joch des Himmlischen Königreichs nur durch den Glauben über dem Verstand auf sich.

Oder anders gesagt: Er tut es durch Überwindung mit Zwang, gegen seinen Willen. Doch warum bemüht sich jemand in einer Sache, bei der sein Körper jede Minute nach der nächstbesten Gelegenheit sucht, sich dieser lästigen Arbeit zu entledigen? In einer Sache, die ihm keinerlei Vorteile in dieser Welt verspricht? Wenn jemand in Einfach- und Bescheidenheit sich der Arbeit an der Absicht zu geben widmet, warum kann der Schöpfer ihm dann nicht seine Arbeit mit Freude und Genuss versüßen?

Die Lösung dieses Rätsels ist, dass genau das Korrektur bedeutet; sie ist nur auf diese Weise möglich. Wenn der Schöpfer uns augenblicklich für unsere Arbeit belohnen würde, indem er uns sein Licht schenkt, würden wir nur um dieser Belohnung willen arbeiten und nicht mehr für Ihn. Damit wäre uns die einzige Möglichkeit genommen, zur Absicht des Gebens zu gelangen. Und damit zu *liShma* (um der *Tora* willen).

Weil wir aus egoistischen Wünschen geschaffen wurden, streben wir immer zu den größten Genüssen. Und damit würden wir für die Genüsse des Schöpfers arbeiten und uns nicht mehr für körperliche Genüsse interessieren. Unsere Anstrengungen wären aber nicht für Ihn. Wir würden ewig im Zustand von *lo liShma* (nicht um der *Tora* willen) bleiben. Warum soll ich mich auch von einem Platz entfernen, an dem es mir gut geht? Darum würde jeder, der Befriedigung in der Arbeit in *lo liShma* erhält, diesen Zustand nie verlassen können.

Es verhält sich so, wie bei einem Dieb, der verfolgt wird und „Haltet den Dieb!" ruft. Dann ist es nicht mehr möglich, den Dieb von seinen Verfolgern zu unterscheiden.

Daraus erkennen wir, dass nur, wenn der Dieb, das heißt der Wille, für sich zu empfangen, keinerlei Genuss in der Arbeit zu geben hat, was nur durch die Erhebung im Glauben über dem Verstand möglich ist, und der Körper sich an diese Arbeit gewöhnt, diese Arbeit dann zur Zufriedenheit des Schöpfers ist.

Das erste und wichtigste Ziel am Beginn der spirituellen Arbeit heißt „*Dwekut*" (Anheftung). Diese ist nur durch die Arbeit für den Schöpfer möglich. Anheftung an den Schöpfer bekommt man dadurch, dass man sich in seinen Eigenschaften dem Schöpfer angleicht. Da Er das reine Prinzip des Gebens ist, muss man diese Eigenschaft auch erlangen. Das wird als *Dwekut* bezeichnet.

Es steht geschrieben: „Dann wirst Du deine Lust am Schöpfer haben." „Dann" heißt, dass man am Anfang, im Zustand *lo liShma*, noch keine Freude an der Arbeit für den Schöpfer empfindet, sondern die Arbeit findet noch unter Zwang statt. Sobald man sich an die Arbeit in der Absicht zu geben gewöhnt hat und nicht darauf achtet, ob man selbst Freude darin empfindet, sondern weiß, dass man dem Schöpfer Freude bereitet. Und man soll glauben, dass Er die Arbeit der Unteren annimmt, unabhängig von der Form dieser Arbeit. Der Schöpfer prüft die Absicht jeder Handlung genau, und wenn sie Ihn zufrieden stellt, wird man des Genusses des Schöpfers gewürdigt. Nun empfindet der Mensch Vergnügen und Freude in der Arbeit für den Schöpfer. Die Anstrengungen, die der Mensch in der Phase der Arbeit unter Zwang unternahm, qualifizieren ihn zur aufrichtigen Arbeit für Ihn. Jetzt verstehen wir, dass der vom Menschen empfangene Genuss „des Schöpfers", also eben für den Schöpfer ist.

Shamati 6: Was bedeutet in spiritueller Arbeit „Hilfe der Tora"?

Rav Yehuda Ashlag

Wenn der Mensch die *Tora* studiert und erreichen möchte, dass all seine Handlungen in der Absicht zu geben sein mögen, dann muss er sich bemühen, dass die *Tora* ihm stets als Stütze dienen möge. Und die Hilfe der *Tora* ist jener Nährboden, welcher Liebe, Ehrfurcht, Hochgefühl und Lebensmut bereitet. Und all das muss er in der *Tora* finden, das heißt, die *Tora* muss ihm solch ein Ergebnis geben.

Und wenn der Mensch die *Tora* studiert und kein solches Ergebnis vorweisen kann, dann heißt dies nicht, dass er die *Tora* studiert, weil „Tora" das Licht meint, welches in die *Tora gekleidet* ist. Die Weisen sagten: „Ich erschuf den bösen Trieb, ich schuf die *Tora* als Gewürz." Dies bezieht sich auf das Licht, welches darin eingeschlossen ist, da das Licht, welches in der *Tora* enthalten ist, zur Quelle zurückführt.

Man muss auch wissen, dass die *Tora* sich in zwei Aspekte aufteilt:

1. Aspekt der *Tora*;
2. Aspekt der Gebote (*Mizwot*).

Es ist unmöglich, den wahren Sinn dieser zwei Aspekte zu begreifen, bevor der Mensch nicht dessen würdig wird, auf den Wegen des Schöpfers zu gehen, im Geheimnis der Worte: „Der Schöpfer ist für diejenigen, die Ihn fürchten." Denn während der Mensch in der Zeit der Vorbereitung ist, um den Palast des Schöpfers zu betreten, ist es unmöglich, die Wege der Wahrheit zu verstehen.

Doch man kann ein Beispiel anführen, damit der Mensch, sogar wenn er sich erst in der Vorbereitungsphase befindet, ein wenig versteht. Wie die Weisen sagten: „Ein Gebot rettet und beschützt, wenn man es erfüllt; doch die *Tora* rettet und beschützt, wenn man sich mit ihr beschäftigt und wenn man sich nicht mit ihr beschäftigt."

Die Sache ist so, dass das Erfüllen eines Gebotes die Anwesenheit eines Leuchtens bedeutet, das der Mensch erreichte. Es kann dem Menschen jedoch nur in der Zeit dienen, in der er über Licht verfügt, und dann ist er in Freude darüber. Das wird als *Gebot* bezeichnet. Das heißt, der Mensch wurde noch nicht der *Tora* würdig, und nur das Leuchten gibt ihm spirituelle Lebenskraft.

Die *Tora* dagegen bezeichnet den Weg, den er erkannte und der ihm sogar dann dienen kann, wenn er kein Licht hat. Das Leuchten verlässt ihn zwar, aber der Weg, den er in der Arbeit erkannte, kann ihm auch dann dienen, wenn das Leuchten schwindet.

Doch man muss wissen, dass das Gebot zu der Zeit, wenn es ausgeführt wird, wichtiger ist als die *Tora*, wenn man sich nicht mit ihr beschäftigt. Wenn der Mensch Licht erhält, bedeutet dies, dass er ein Gebot erfüllt, und deswegen ist das Gebot, wenn der Mensch Licht hat, wichtiger als die *Tora*, wenn er kein Licht hat, also wenn die *Tora* nicht seine Lebenskraft ist.

Einerseits ist die *Tora* wichtig, da der Weg, welchen er in der *Tora* erkannte, ihm dienlich sein kann, doch wenn es in ihm kein Leben gibt, welches als das Licht bezeichnet wird – und im Gebot erhält er Leben, welches als das Licht bezeichnet wird –, ist das Gebot in dieser Hinsicht wichtiger als die *Tora*.

Deswegen wird der Mensch, wenn es in ihm kein Leben gibt, als Sünder bezeichnet, da er jetzt nicht sagen kann, dass der Schöpfer die Welt in seiner Güte lenkt. Und da er den Schöpfer beschuldigt, wird er als Sünder bezeichnet, denn nun empfindet er, dass es in ihm kein Leben gibt und es keinen Anlass zur Freude gibt und keinen Grund, dass er jetzt dem Schöpfer dafür dankbar wäre, dass Er ihm Genuss bereitet.

Und es gibt keinen Grund zu erwarten, dass er glauben wird, dass der Schöpfer die anderen in Güte lenkt, da wir die Wege der *Tora* durch unsere Sinnesorgane wahrnehmen.

Wenn der Mensch tatsächlich glauben würde, dass sich einem anderen die Lenkung des Schöpfers als gütig offenbart, müsste ihm dieser Glaube Freude und Genuss bringen, da er ja dann glaubt, dass der Schöpfer die Welt in Güte lenkt. Doch wenn der Mensch sich nicht daran erfreut, dass es einem anderen gut geht, wenn ihm das keine Freude und Lebendigkeit einbringt, was für einen Nutzen hat es dann zu sagen, dass der Schöpfer einem anderen Genüsse bereitet? Denn das Wichtigste ist doch das, was der Mensch am eigenen Körper verspürt: Entweder es geht ihm gut oder es geht ihm schlecht.

Und dass es dem anderen gut geht, ist nur dann gut, wenn er genießen kann, dass es dem anderen gut geht.

Wir lernen also an den Empfindungen des Körpers, dass der Grund unwichtig ist – es ist nur wichtig, ob der Mensch sich gut fühlt. Wenn er sich gut fühlt, sagt der Mensch, dass der Schöpfer gütig ist und Gutes bringt, und wenn er sich schlecht fühlt, dann kann er nicht sagen, dass der Schöpfer ihn in Güte lenkt.

Wenn er daher gerade die Tatsache genießt, dass es seinem Freund gut geht, und daraus gute Stimmung und Freude schöpft, dann kann er sagen, dass der Schöpfer ein guter Herrscher ist. Und wenn er keine Freude hat und fühlt, dass es ihm schlecht geht, wie kann er dann sagen, der Schöpfer sei gut und bringe Gutes?

Wenn sich also der Mensch in einem Zustand befindet, in dem er keine Lebenskraft und keine Freude hat, befindet er sich bereits in einem Zustand ohne Liebe zum Schöpfer. Er kann Ihn nicht mehr rechtfertigen und sich freuen, wie es einem gebührt, dem die Ehre zuteil wurde, einem großen König zu dienen.

Wir müssen wissen, dass das Höhere Licht in absoluter Ruhe weilt und die ganze Vielfalt der Heiligen Namen des Schöpfers durch die niedrigen Stufen gegeben wird; also alle Namen, die dem Höheren Licht gegeben wurden, basieren auf den Erkenntnissen der niederen Stufen. Mit anderen Worten: Wie der Mensch das Licht erkennt, also wie er es wahrnimmt, so bezeichnet er es auch.

Wenn der Mensch nicht spürt, dass der Schöpfer ihm etwas gibt – welchen Namen kann er Ihm dann geben, wenn er von Ihm nichts bekommt? Wenn der Mensch in jedem Zustand, den er spürt, sagt, dass er vom Schöpfer gegeben wurde, dann verleiht er gemäß seiner Empfindung dem Schöpfer einen Namen.

Wenn der Mensch also spürt, dass es ihm in seinem Zustand gut geht, nennt er den Schöpfer „Gut und Gutes bringend", da er es so empfindet – er fühlt, dass er vom Schöpfer Gutes erhält. Dann wird der Mensch als Gerechter bezeichnet, weil er seinen Erschaffer rechtfertigt.

Und wenn der Mensch sich in seinem Zustand schlecht fühlt, kann er nicht sagen, dass der Schöpfer ihm Gutes schickt, und wird daher als Sünder bezeichnet, weil er seinen Erschaffer dafür verurteilt.

Doch es gibt keinen Zwischenzustand, in dem der Mensch sagen würde, dass es ihm gleichzeitig gut und schlecht geht. Es kann ihm entweder gut oder schlecht gehen.

Und die Weisen sagten, dass „die Welt entweder für vollendete Sünder oder für vollendete Gerechte erschaffen" wurde. Weil es nicht möglich ist, dass der Mensch sich gleichzeitig gut und schlecht fühlt.

Wenn die Weisen sagen, es existiere ein Zwischenzustand, bedeutet das, dass die Geschöpfe über den Begriff von Zeit verfügen und der Zwischenzustand sich zwischen zwei Zeiten befindet, die aufeinander folgen: dem Aufstieg und dem Fall, wenn der Mensch mal Gerechter, mal Sünder ist. Doch es ist nicht möglich, dass der Mensch sich zur gleichen Zeit gut und schlecht fühlt.

Aus dem Gesagten folgt, dass zu dem Zeitpunkt, zu dem man sich weder mit der *Tora* noch mit den Geboten beschäftigt, also wenn der Mensch kein Lebensgefühl hat, die *Tora* wichtiger ist als das Gebot. Zu solch einer Zeit ist die *Tora* wichtiger als das Gebot, in dem es keine Lebenskraft gibt.

Denn man hat nichts von einem Gebot, in dem es keine Lebenskraft gibt, während einem dagegen in der *Tora* zumindest der Weg der Arbeit bleibt, den man empfing, als man sich mit der *Tora* beschäftigte. Und sogar wenn die Lebenskraft weicht, bleibt einem der Weg, auf den man zurückgreifen kann. Es gibt Zeiten, da ein Gebot wichtiger ist als die *Tora*, nämlich dann, wenn es Lebenskraft im Gebot gibt, jedoch keine Lebenskraft in der *Tora*.

Daher gibt es für den Menschen, wenn er sich nicht mit der *Tora* und den Geboten befasst, also wenn er keine Freude und keine Lebenskraft in der Arbeit hat, keinen anderen Rat als nur das Gebet. Doch während des Gebets soll er wissen, dass er ein Sünder ist, weil er jetzt keine Güte und keinen Genuss der Welt verspürt, auch wenn er Berechnungen anstellt, damit er glauben kann, der Schöpfer sei gut.

Trotzdem sind nicht alle Gedanken des Menschen hinsichtlich der Arbeit wahr. Wenn in der Arbeit den Gedanken Handlungen folgen, führt dies zur Empfindung in den Organen. Dann müssen die Organe verspüren, dass der Schöpfer gut ist und Gutes bringt, und daraus Lebenskraft und Freude schöpfen. Und wenn ein Mensch keine Lebenskraft hat, was nützen dann alle Berechnungen, denn seine Organe lieben doch jetzt nicht den Schöpfer, weil Er ihnen Gutes bringt?

Daher soll der Mensch wissen, dass, wenn er keine Freude und keine Lebenskraft in der Arbeit hat, dies ein Zeichen dafür ist, dass er ein Sünder ist, weil es ihm nicht gut geht, wie es oben beschrieben wurde. Und all seine Gedanken entsprechen nicht der Wahrheit, wenn sie nicht zur Tat führen – zur Empfindung in den Organen, infolge derer der Mensch den Schöpfer lieben wird, da Er den Geschöpfen Genuss schenkt.

Shamati 7: Die Gewohnheit wird zur zweiten Natur

Rav Yehuda Ashlag

Wenn der Mensch sich an etwas gewöhnt, so wird dies für ihn zur Gewohnheit, und jede Gewohnheit wird für den Menschen zur zweiten Natur. Deswegen gibt es nichts, was der Mensch nicht verspüren könnte. Das heißt, auch wenn der Mensch für etwas noch keinerlei Empfindung verspürt, kann er durch die Gewohnheit zu einer Empfindung dafür gelangen.

Und man sollte wissen, dass es einen Unterschied zwischen den Empfindungen des Schöpfers und denen des Geschöpfes gibt. Bei den Geschöpfen unterscheidet man zwischen dem Spürenden und dem Verspürten, dem Erlangenden und dem Erlangten, das heißt, es gibt jemanden, der ein gewisses Wesen wahrnimmt.

Währenddessen ist eine Realität ohne Spürenden der Schöpfer selbst, denn das Wesen des Schöpfers ist nicht erfassbar. Der Mensch aber nimmt jedes Wesen durch die Empfindung wahr. Und die Wirklichkeit des Wesens ist für ihn in dem Maße wahr, wie er es fühlt, wie er dessen Geschmack empfindet. Das ist für ihn die Wahrheit.

Wenn er in Wirklichkeit einen bitteren Geschmack verspürt, das heißt, sich in einem Zustand schlecht fühlt und daran leidet, so wird ein solcher Mensch in der spirituellen Arbeit als ein Sünder bezeichnet, weil er den Schöpfer anklagt, der gut ist und nur Gutes tut. Entsprechend der Empfindung des Menschen jedoch erhält er vom Schöpfer Entgegengesetztes, das heißt Schlechtes.

Von den Weisen wurde gesagt: „Die Welt wurde entweder für vollendete Sünder oder für absolut Gerechte erschaffen." Das bedeutet, dass der Mensch sich entweder gut in der existierenden Wirklichkeit fühlt und dann den Schöpfer rechtfertigt und als Gerechter bezeichnet wird, oder er fühlt Schlechtes, und dann ist er ein Sünder. Folglich wird alles entsprechend den Empfindungen des Menschen gemessen. Diese Empfindungen haben nichts mit dem Schöpfer zu tun. Alle Verhüllungen und Veränderungen beziehen sich nur auf die Empfänger und hängen von der Erkenntnis des Menschen ab.

Shamati 8: Unterschied zwischen dem Schatten der Heiligkeit (Kedusha) und dem Schatten der Anderen Seite (Sitra Achra)

Rav Yehuda Ashlag

Es steht geschrieben: „Bis der Tag kühl wird und die Schatten schwinden" (Hohelied, 2:17). Und man muss verstehen, was der Schatten in der spirituellen Arbeit bedeutet und was das für ein Schatten ist. Und zwar wird die Zeit, in welcher der Mensch noch nicht die Wirklichkeit der Höheren Lenkung spürt, welche die Welt durch die Eigenschaft „Gut und Gutes tuend" lenkt, als ein Schatten definiert, welcher die Sonne verbirgt.

Das heißt, wie ein physischer Schatten, der die Sonne verbirgt, keinesfalls die Sonne selbst beeinflusst, die weiterhin aus voller Kraft leuchtet, so geschehen, auch wenn der Mensch die Realität der Höheren Lenkung nicht verspürt, Oben keine Veränderungen, wie es geschrieben steht: „Ich, *HaWaYaH*, habe mich nicht verändert."

Alle Veränderungen finden in den Empfängern statt. Und in diesem Schatten, das heißt, in dieser Verhüllung, gibt es zwei Stadien:

Er ist noch in der Lage, alle Verdunkelungen und Verhüllungen zu überwinden, um den Schöpfer rechtfertigen und zu Ihm beten zu können – damit dieser seine Augen erleuchten und er sehen würde, dass alle Verhüllungen, die er verspürt, von Ihm kommen.

1. Das heißt, der Schöpfer richtet das alles für ihn ein, damit er seine innere Leere erkennen kann und in ihm der Wunsch entbrennt, sich dem Schöpfer anzuheften. Und der Grund dafür liegt darin, dass nur dann, wenn er Qualen vom Schöpfer bekommt und dem Elend entfliehen und die Leiden vermeiden möchte, er alles tut, was in seiner Macht steht. Wenn er daher Verhüllungen und Leiden bekommen wird, wird er mit Sicherheit zum bekannten Heilmittel greifen: Er wird mehr zum Schöpfer beten, um von Ihm Hilfe zu bekommen, damit Er ihn aus dem Zustand herausziehen möge, in dem er sich befindet. In diesem Zustand glaubt er immer noch an die Lenkung des Schöpfers.

2. Er gelangt in den Zustand, in dem er sich nicht mehr überwinden und sagen kann, dass ihm alle Leiden und Schmerzen, die er verspürt, vom Schöpfer geschickt wurden, um ihm mit ihrer Hilfe einen Grund zum Aufstieg zu geben. Und so verfällt er, Gott behüte, in den Zustand eines Ungläubigen. Denn er kann nicht [mehr] an die Höhere Lenkung des Schöpfers glauben und kann dann selbstverständlich nicht [mehr] beten.

Somit gibt es zwei Arten von Schatten, und so ist der Sinn der Worte: „(...) und die Schatten schwinden" – das heißt, die Schatten werden aus der Welt gehen.

Und siehe, der Schatten, der *Klipa* heißt: „Ein anderer Gott ist unfruchtbar und kann keine Früchte tragen", während die Heiligkeit (*Kedusha*) heißt: „Seinen Schatten begehrte ich und in ihm saß ich und süß ist mir Seine Frucht", das heißt, er sagt, dass alle Verhüllungen und Leiden, die er verspürt, aus dem Grunde kommen, dass der Schöpfer ihm diese Zustände schickte, damit er eine Möglichkeit haben würde, Arbeit über dem Wissen zu verrichten.

Und wenn er erkennen kann, dass der Schöpfer für ihn all diese Gründe in die Wege leitete, ist es zum Wohl des Menschen, das heißt, dadurch kann er zur Arbeit um des Gebens willen gelangen.

Dann gelangt der Mensch zum Bewusstsein, dass der Schöpfer aus eben dieser Arbeit Genuss schöpft, die vollkommen über dem Wissen aufgebaut ist. Folglich bittet der Mensch dann in seinen Gebeten den Schöpfer nicht darum, dass die Schatten aus der Welt verschwinden mögen, sondern er sagt dann: „Ich sehe, dass der Schöpfer wünscht, dass ich Ihm in dieser Form diene, die über dem Wissen ist." Und wenn dem so ist, sagt er: „Natürlich hat der Schöpfer Genuss an dieser Arbeit, und was interessiert es mich dann, dass ich im Zustand der Verhüllung Seines Angesichts arbeite", da er um des Gebens willen arbeiten möchte, um dem Schöpfer Genuss zu bereiten.

Dadurch schätzt der Mensch diese Arbeit nicht gering, und er willigt in die Lenkung des Schöpfers ein; er tut so, wie der Schöpfer will – dass der Mensch die Wirklichkeit des Schöpfers während der spirituellen Arbeit verspüren soll. Anders gesagt, willigt der Mensch mit dem Herzen und mit der Seele ein, die Realität des Schöpfers während der Arbeit so zu verspüren, wie Er es will; denn der Mensch schaut nicht darauf, woraus er Genuss schöpfen kann, sondern darauf, woran der Schöpfer Genuss haben kann – daraus folgt, dass dieser Schatten ihm Leben bringt.

Es heißt: „Seinen Schatten begehrte ich"; das heißt, er begehrt einen solchen Zustand, in dem er sein Wissen überwinden kann. Wenn sich der Mensch also nicht anstrengt, im Zustand der Verhüllung, in dem er noch eine Möglichkeit hat zu beten, dass der Schöpfer ihn an sich annähert, und es vernachlässigt, so wird ihm eine zweite Verhüllung geschickt, in welcher er nicht einmal mehr beten kann.

Grund dafür ist das Vergehen, dass er sich nicht angestrengt hat, aus allen Kräften zum Schöpfer zu beten; daher gelangt er zu einem solch niederträchtigen Zustand.

Doch nachdem er zu diesem Zustand gelangt ist, erbarmt man sich Oben seiner und gibt ihm wieder eine Erweckung. Und wieder beginnt der gleiche Ablauf, bis der Mensch sich schließlich im Gebet festigt und der Schöpfer sein Gebet erhört und der Schöpfer ihn an sich annähert und ihn zur Quelle zurückbringt.

Shamati 12: Die hauptsächliche Arbeit des Menschen

Rav Yehuda Ashlag

Die hauptsächliche Arbeit des Menschen muss darin bestehen, den Geschmack daran, dem Schöpfer Genuss zu bereiten, zu erreichen und zu verspüren. Da alles, was der Mensch zu seinem eigenen Nutzen tut, ihn aufgrund der Unterschiedlichkeit der Form vom Schöpfer entfernt. Wenn er aber eine Handlung zum Nutzen des Schöpfers ausführt – und sei es auch nur die kleinste Tat – wird dies auf jeden Fall „*Mizwa*" (Gebot) genannt.

Daher muss das hauptsächliche Bemühen des Menschen darin bestehen, die Kraft zu erlangen, die es ihm ermöglicht, einen Geschmack am Geben zu verspüren. Dies geschieht mittels der Verringerung der Kraft, welche es ermöglicht, Geschmack am egoistischen Empfangen zu empfinden. Und dann erreicht man allmählich den Geschmack am Geben.

Shamati 20: LiShma

Rav Yehuda Ashlag

Um *liShma* (um der *Tora* willen) würdig zu werden, braucht man die Erweckung von Oben in Form von Höherem Licht. Und der menschliche Verstand ist nicht in der Lage zu verstehen, wie dies möglich ist. Nur diejenigen, die es kosten, wissen es. Und darüber wird gesagt: „Kostet und sehet, wie wundervoll der Schöpfer ist."

Wenn daher der Mensch sich darauf vorbereitet, die spirituellen Gesetze („das Joch der Herrschaft des Himmels") auf sich zu nehmen, dann muss diese seine Entscheidung absolut sein, also vollständig auf das Geben und nicht auf das Empfangen ausgerichtet sein. Wenn der Mensch sieht, dass nicht alle seine *Ewarim* (*spirituelle Organe*) mit dieser Entscheidung übereinstimmen, dann gibt es nichts, was ihm helfen kann – außer dem Gebet, in dem er dem Schöpfer alle Wünsche seines Herzens darbringt und Ihn darum bittet, ihm zu helfen, dass sein Körper einwilligen möge, zum Knecht des Schöpfers zu werden.

Doch man sollte sich nicht irren und denken, wenn *liShma* ein Geschenk von Oben ist, wie dann die Bemühungen des Menschen, die er unternimmt, um *liShma* zu erreichen, den Erhalt dieses Zustands beeinflussen können, wenn er doch vom Schöpfer abhängt. Diesbezüglich sagten unsere Weisen: „Du bist nicht frei, dessen zu entrinnen." Sondern er muss von unten erwachen und ein solches Streben nach *liShma* erreichen, dass es zu einem Gebet wird, denn ohne ein Gebet ist es unmöglich, das zu erreichen.

Doch das Gebet kann nicht wahrhaftig sein, wenn der Mensch zuvor nicht weiß, dass es ohne ein Gebet unmöglich ist, *liShma* zu erreichen. Daher entsteht in ihm mit Hilfe aller seiner unternommenen Bemühungen, um *liShma* zu erreichen, das wahre Verlangen (ein korrigiertes *Kli*), um die Eigenschaft von *liShma* zu empfangen.

Und erst nach all seinen Handlungen kann er ein wahres Gebet hervorbringen, weil er sieht, dass all seine Bemühungen ihm nichts genützt haben. Erst dann kann er ein wahres Gebet aus der Tiefe seines Herzen hervorbringen, und erst dann erhört der Schöpfer sein Gebet und schenkt ihm *liShma*.

Es ist auch notwendig zu wissen, dass durch den Erwerb der Eigenschaft von *liShma* der Mensch seinen *Jezer haRa* (böser Trieb, egoistische Absicht „für sich") tötet, weil *Jezer haRa* als „egoistisches Empfangen zum Eigennutz" bezeichnet wird, und der Mensch infolge der Tatsache, dass er der Eigenschaft des Gebens würdig wurde, diese egoistische Absicht „für sich" aufhebt. Und er tötet sie, was bedeutet, dass er sein *Kli* des Empfangens nicht mehr eigennützig benutzt, das heißt die Absicht „für sich" nicht mehr gebraucht. Und da der Mensch die Aufgabe des *Jezer haRa* aufhob, wird letzterer nun als tot bezeichnet.

Doch wenn der Mensch analysiert, was er im Ergebnis von allen Mühen bekommt, die er bei allen Dingen, die er tut, im Verlauf seines Lebens investiert, dann wird er sehen, dass es gar nicht so schwer ist, sich dem Schöpfer zu unterwerfen, denn:

1. Er ist sowieso verpflichtet, sich in dieser Welt anzustrengen – ob er will oder nicht.
2. Während der Arbeit für den Schöpfer, wenn er *liShma* arbeitet, bekommt er Genuss an der Arbeit selbst.

In diesem Bezug sagte der *Maggid* von Dubna über den Vers: „Nicht zu mir hast du gerufen, Jakob, denn an mir hast du dich abgemüht, *Israel*.": Es steht geschrieben, dass derjenige, der für den Schöpfer arbeitet, während seiner Arbeit keine Mühe, sondern Genuss und Hochgefühl empfindet.

Derjenige aber, der nicht für den Schöpfer arbeitet, sondern andere Ziele verfolgt, kann sich nicht mit Ansprüchen (Forderungen) an den Schöpfer wenden – warum der Schöpfer ihm während seiner Bemühungen keine Lebenskraft gibt. Denn er arbeitet für ein anderes Ziel. Doch er kann sich mit Klagen nur an denjenigen wenden, für den er arbeitet, damit dieser ihm Energie und Genuss während der Arbeit geben möge.

Und es ist vollkommen klar, warum zu der Zeit, zu der der Mensch das Joch der Herrschaft des Schöpfers auf sich nimmt, das heißt für den Schöpfer arbeiten will, er keinerlei Begeisterung und Energie verspürt, kein Gefühl von Leben und Genuss, sodass all dies ihn verpflichten würde, das Joch der Herrschaft des Schöpfers auf sich zu nehmen. Vielmehr verhält es sich umgekehrt, das heißt, der Mensch muss das Joch der Herrschaft des Schöpfers gegen seinen Willen annehmen, ohne daran etwas Angenehmes zu empfinden; das bedeutet, dass der Körper mit solch einer Knechtschaft überhaupt nicht einverstanden ist. – Warum gibt der Schöpfer dem Menschen in solch einem Fall keine Lebenskraft und Genuss?

Der Grund dafür liegt darin, dass das in Wirklichkeit eine große Hilfe von Seiten des Schöpfers ist. Denn wenn der *Wille zu empfangen* mit der Absicht „für den Schöpfer" einverstanden wäre, könnte der Mensch niemals *liShma* erreichen, sondern würde immer in der Absicht „für sich" verbleiben. Denn es gleicht dem, wie ein Dieb vor der Menschenmenge wegläuft und lauter als alle anderen schreit:

„Haltet den Dieb auf!", wodurch vollkommen unklar wird, wer der Dieb ist, den man fangen muss, um ihm das Gestohlene wegzunehmen.

Doch wenn der Dieb, das heißt der *Wille zu empfangen*, keinen Geschmack an der Arbeit „des Empfangs des Jochs der Herrschaft des Schöpfers" empfindet, dann verfügt der Mensch in dem Fall, wenn der Körper sich daran gewöhnt, gegen den Willen zu arbeiten, über Mittel, die in der Lage sind, ihn zur Absicht „für den Schöpfer" zu führen, damit nur eines sein Ziel sein möge: dem Schöpfer Genuss zu bereiten. Zuvor waren seine Bemühungen gegen den Willen, doch wenn er sich bereits daran gewöhnt hat, für das Geben zu arbeiten – „für den Genuss des Schöpfers" –, dann erreicht er den Genuss und die Lebenskraft in der Arbeit selbst. Und dann heißt es, dass auch der Genuss am Schöpfer – dass gerade dieser für den Schöpfer ist.

Shamati 21: Wenn der Mensch fühlt, dass er sich in einem spirituellen Aufstieg befindet

Rav Yehuda Ashlag

Wenn sich jemand in einem Zustand des Aufstiegs fühlt, wenn er eine gehobene Stimmung hat und er nach nichts anderem als nach dem Spirituellen strebt, dann ist es gut, sich in die Geheimnisse der *Tora* zu vertiefen, um mit ihrem inneren Teil vertraut zu werden. Selbst wenn er sieht, dass er trotz seiner Bemühungen nichts davon versteht, lohnt es sich dennoch, in die Geheimnisse der *Tora* einzudringen, auch wenn er hundertmal zum Gleichen zurückkehrt. Er soll nicht enttäuscht sein, wenn er nichts verstanden hat oder sagen, dass dies keinen Nutzen hat.

Und das aus zweierlei Gründen:

1. Wenn der Mensch sich für etwas interessiert und danach strebt, es zu verstehen, dann wird sein Streben selbst als „Gebet" bezeichnet, da das Gebet Ausdruck seines *Chissaron* (Mangel) ist. Er sehnt sich danach, dass der Schöpfer ihm das Gewünschte geben möge.

Und die Kraft des Gebets entspricht der Größe seines Wunsches, da der Mensch nach dem am meisten strebt, was ihm am meisten fehlt. Je größer der Mangel empfunden wird, umso größer ist das Streben.

Und es gibt ein Gesetz, dass der Mensch durch seine maximale Anstrengung diesen Wunsch vergrößert und die Erfüllung des Wunsches erhalten will. Und so ein Wunsch wird als „Gebet" bezeichnet, als „Arbeit im Herzen", denn: „Der Schöpfer fordert das Herz." Folglich ist der Mensch nur dann zu einem wahren Gebet fähig.

Wenn er die *Tora* studiert, muss sich sein Herz von allen anderen Wünschen befreien und dem Verstand Kraft verleihen, damit er in der Lage ist, sich den Studiengegenstand anzueignen. Doch wenn es keinen Wunsch im Herzen gibt, ist der Verstand nicht in der Lage, sich den Studiengegenstand anzueignen. Daher steht geschrieben: „Immer wird der Mensch nur das studieren, wozu sein Herz sich hingezogen fühlt."

Und damit sein Gebet angenommen wird, muss es vollkommen sein. Wenn er sich daher dem Studium vollkommen widmet, lässt er in sich dadurch ein vollkommenes Gebet entstehen, und dann kann es angenommen werden. Denn der Schöpfer erhört das Gebet unter einer Bedingung: Das Gebet muss vollkommen sein und soll keine Beimischung anderer Wünsche haben.

2. Da sich der Mensch in gewissem Maße vom Materiellen gelöst hat und dem Geben näher gekommen ist, ist er in diesem Zustand eher fähig, sich mit dem inneren Teil der *Tora* zu verbinden, der sich denjenigen offenbart, welche die Übereinstimmung mit dem Schöpfer erreicht haben. Denn: „*Tora*, Schöpfer und *Israel* sind eins." Wenn jedoch der Mensch sich noch in egoistischen Wünschen befindet, gehört er zum äußeren Teil der *Tora* und nicht zum inneren.

SHAMATI 23: DIE IHR DEN EWIGEN LIEBET, HASSET DAS BÖSE

Rav Yehuda Ashlag

„Die ihr den Ewigen liebet, hasset das Böse. Der Ewige bewahrt die Seelen seiner Frommen, aus der Hand der Bösewichte errettet er sie." (Psalm, 97:10)

Die Interpretation dessen ist, dass es für den Menschen nicht ausreicht, den Schöpfer zu lieben, sondern er muss auch das Böse hassen. Dies bezieht sich auch auf den *Willen zu empfangen*, der als das Böse bezeichnet wird. Der Mensch sieht, dass er kein Mittel besitzt, das Böse loszuwerden, und gleichzeitig will er sich mit dieser Situation nicht zufrieden geben.

Er fühlt die Verluste, die das Böse ihm einbringt, und sieht auch die Wahrheit: Der Mensch ist allein nicht in der Lage, das Böse zu annullieren, weil es eine natürliche Kraft von Seiten des Schöpfers ist, welcher den *Willen zu empfangen* im Menschen einprägte.

Daher verkündigt uns dieses Zitat, was der Mensch in der Lage ist zu tun – das Böse zu hassen. Dadurch wird der Schöpfer ihn vor diesem Bösen bewahren, wie es geschrieben steht: „Er bewahrt die Seelen seiner Frommen." Worin besteht aber der Schutz? „Aus der Hand der Bösewichte errettet er sie." Und dann hat der Mensch bereits Erfolg erzielt, denn er hat einen gewissen Kontakt zum Schöpfer. Auch wenn dieser Kontakt sehr klein ist, so ist er trotzdem ein erfolgreicher Mensch.

Tatsächlich führt das Böse seine Existenz fort und dient als Aspekt von *Achoraim* (der Hinterseite) des *Parzufs* zur Korrektur des Menschen. Indem der Mensch das Böse bedingungslos hasst, korrigiert er das Böse im Aspekt von *Achoraim*. Der Hass resultiert daraus, dass, wenn der Mensch der Verschmelzung mit dem Schöpfer würdig werden will, er dem Brauch folgt, der unter Freunden und Kameraden üblich ist. Mit anderen Worten: Wenn zwei Menschen sich bewusst werden, dass jeder von ihnen das Gleiche hasst und das Gleiche liebt, dann gelangen sie zu einer ständigen Verbindung, wie es geschrieben steht: „Ein Pfahl, der niemals wanken wird."

Da der Schöpfer zu geben liebt, müssen auch die Geschöpfe sich damit anfreunden, nur das Geben zu wünschen. Und außerdem ist es dem Schöpfer verhasst, der Empfänger zu sein, denn Er ist absolut vollkommen und fühlt keinen Mangel – und auch der Mensch muss das Empfangen „für sich" hassen.

Aus allem oben Gesagten folgt, dass der Mensch den *Willen zu empfangen* absolut hassen muss; denn alle Zerstörungen in der Welt resultieren nur aus dem *Willen zu empfangen*. Mittels des Hasses korrigiert er ihn und beugt sich der Heiligkeit.

Gleichnis über die Erhebung des Sklaven durch die Minister

Es steht geschrieben: „Weil einer höher als der Höchste schützt, und es sind Höhen über ihnen." Wenn du eine strenge Antwort erwartest, sage ich dir, dass jeder an die persönliche Vorsehung glaubt, sich jedoch in keinster Weise daran hält.

Der Grund ist, dass ein fremder und fauliger Gedanke niemals dem Schöpfer zugeschrieben werden kann, der der Inbegriff von „Gut und Gutes tuend" ist. Jedoch nur für die wahren Diener des Schöpfers eröffnet sich das Wissen über die persönliche Vorsehung – dass nämlich Er alle Gründe, die vorausgehen, verursacht hat, sowohl die guten wie auch die schlechten. Dann sind sie mit der persönlichen Vorsehung verbunden, denn alle, die mit dem Reinen verbunden sind, sind rein.

Da der Wächter mit dem, was er bewacht, verbunden ist, gibt es keine sichtbare Trennung zwischen Gut und Böse. Sie alle werden geliebt, und sie sind alle rein, denn sie sind die Gefäße des Schöpfers – bereit, die Enthüllung Seiner Einzigartigkeit zu preisen. Man weiß das durch ein Gefühl, und dementsprechend werden sie am Ende das Wissen erlangen, dass alle Handlungen und Gedanken, gute wie böse, Träger der Gefäße des Schöpfers sind. Er hat sie vorbereitet, aus Seinem Munde kamen sie, und dies wird am Ende der Korrektur von allen erkannt werden. Doch dazwischen liegt ein langes, schreckliches Exil.

Das größte Leiden zeigt sich dann, wenn man ungerechte Handlungen sieht; man fällt dann von seiner Stufe, bleibt an der berühmten Lüge hängen und vergisst, dass man nur wie eine Axt in den Händen eines Holzfällers ist. Stattdessen betrachtet man sich als Eigner dieser Handlung und vergisst die Gründe aller Konsequenzen und woher sie kommen und dass es keinen anderen Handelnden als Ihn in der Welt gibt.

Dies ist der Unterricht. Obwohl man zunächst alles weiß, kann man auf dieses Bewusstsein, alles mit seiner Ursache zu vereinigen, in Zeiten der Not nicht zurückgreifen, was die Waagschale dem Verdienst zuneigen würde. Das ist die ganze Antwort auf diesen Brief.

Ich hatte dir bereits von Angesicht zu Angesicht eine wahre Parabel über diese zwei Konzepte erzählt, wobei eines vom anderen lernt. Dennoch überwältigt die

Macht der Verhüllung dazwischen wie unsere Weisen von den zwei Witzbolden vor dem Rabbi erzählten, die all diejenigen belustigten, die traurig waren:

[...] Eine Geschichte des Königs, als einer seiner Diener so sehr in seinen Augen aufstieg, dass der König ihn erheben und über alle seine Minister setzen wollte, weil er in seinem Herzen absolute Hingabe und Liebe gesehen hatte.

Doch es geziemt sich nicht für einen König, einen einfachen Mann, ohne einen besonderen, für alle ersichtlichen Grund, über alle anderen zu erheben. Sondern es geziemt sich für einen König, die Ursache seiner Handlungen für alle in großer Weisheit zu offenbaren.

Was machte der König? Er setzte seinen Diener als einen Wachmann ein, um die Staatskasse zu hüten. Und befahl einem Minister, der gut Streiche spielen konnte, sich zu verkleiden und sich als Meuterer auszugeben, der scheinbar in den Krieg zieht, um den königlichen Palast zu erobern, genau zu der Zeit, da keine Wachmänner gegenwärtig sind.

Der Minister tat, wie der König es ihm befahl, alles sehr verborgen, klug und durchdacht, und trat mit der Absicht auf, den königlichen Palast zu erobern. Und der arme Diener kämpfte auf Leben und Tod und versuchte, seinen König zu verteidigen, während er gegen den verkleideten Minister mit großer Tapferkeit kämpfte, ohne Rücksicht auf Verluste, bis jedermann seine absolute Liebe zum König offenbar wurde.

Dann warf der Minister seine Rüstung ab – und es brach Freude aus, weil der Diener mit großem Mut kämpfte und nun offensichtlich wurde, dass all das nur ausgedacht war. Und mehr als das: Man lachte, als der Minister von der Raffiniertheit seiner ausgedachten Plagen erzählte und welchen Schrecken sie verbreiteten. Und jedes Detail dieses schrecklichen Krieges wurde zum Grund für große Freude.

Und dennoch ist er ein Diener (Sklave). Und er ist nicht gebildet. Wie kann man ihn also über alle Minister und Diener des Königs erheben?

Der König dachte in seinem Herzen nach und befahl dem gleichen Minister, sich als Räuber und Mörder zu verkleiden und in einen Eroberungskrieg gegen den König zu ziehen. Denn der König weiß, dass er dem Diener in diesem zweiten Krieg herrliche Weisheit offenbaren würde, sodass er danach würdig sei, an der Spitze aller Minister zu stehen.

Daher setzte er seinen Diener ein, alle Lagerhäuser und Schatzkammern des Königreichs zu bewachen, und der Minister verkleidete sich diesmal als ein böser Räuber und Mörder. Und er kam, um sich der Reichtümer des Königs zu bemächtigen.

Der Unglückliche, der damit beauftragt wurde, die Schätze zu bewachen, kämpfte mit ihm mit aller Kraft um Leben und Tod, bis er nicht mehr konnte. Dann nahm der Minister seine Verkleidung ab, und es brach noch größerer Jubel aus und Lachen im königlichen Palast, noch größerer als beim ersten Mal.

Gleichnis über die Erhebung des Sklaven durch die Minister

Denn alle heuchlerischen Handlungen des verkleideten Ministers mit allen Details und Einzelheiten riefen ungehaltenes Lachen hervor, da der Minister in diesem Fall genötigt war, den Angriff noch klüger zu planen, und weil es von Anfang an klar war, dass es keinen Räuber im ganzen Königreich gab. Und alle schonungslosen Angriffe und die schrecklichen Drohungen waren nur ein Streich, und der Minister stellte sich ihm dennoch mit größtem Erfindungsreichtum gegenüber, indem er sich in einen Räuber verwandelte.

Dadurch erlangte der Diener allmählich Weisheit, indem er das Ende des Geschehens erkannte sowie Liebe in der Erkenntnis des Beginns. Und dann erhebt er sich in Ewigkeit.

Wahr ist, dass alle Kriege in diesem Exil ein prächtiges Schauspiel darstellen. Alle wissen genau in ihren Herzen, dass all das eine Art von Narrentum und Freude ist, die nur Gutes bringen. Und dennoch gibt es keinen Kunstgriff, sich die Schwere des Krieges und der Bedrohung zu erleichtern.

Ich legte dir das von Angesicht zu Angesicht dar, und nun weißt du um dieses Gleichnis von einem Ende, und, so Gott will, wirst du es auch vom anderen Ende verstehen.

Hinsichtlich des Wichtigsten, worüber du mein Urteil hören willst, kann ich dir nichts sagen; und darüber habe ich dir ebenfalls ein Gleichnis von Angesicht zu Angesicht erzählt, da „die irdische Führung der höheren Führung gleicht", dass die Führung selbst den Ministern anvertraut ist, doch in jedem Fall alles nur nach der Anweisung des Königs und nach seiner Bestätigung geschieht und der König selbst nur den Plan bestätigt, der von Ministern vorbereitet ist; und wenn er einen Mangel im Plan findet, so korrigiert er ihn nicht, sondern setzt diesen Minister ab und setzt einen anderen an seiner statt ein, und der erste wird von seiner Position gekündigt.

So ist der Mensch eine kleine Welt, die nach den Buchstaben handelt, die in ihn eingeprägt sind, da Könige die siebzig Nationen beherrschen, die es in ihm gibt. Das ist die Bedeutung dessen, was im Buch der Schöpfung (*Sefer Yezira*) steht: „Er krönte einen bestimmten Buchstaben."

Jeder Buchstabe ist wie ein Minister in seiner (Regierungs-)Zeit, der Berechnungen vornimmt, und der König der Welt unterzeichnet sie; und wenn der Buchstabe in irgendeinem Plan irrt, wird er sofort von seinem Dienst abgesetzt, und Er krönt einen anderen Buchstaben an seiner Stelle.

Das ist die Bedeutung von „Jede Generation hat ihre Richter". Am Ende der Korrektur wird der Buchstabe regieren, der Messias heißt, und er wird alle Nationen unter einer Krone der Herrlichkeit in den Händen Gottes verbinden.

Nun kannst du verstehen, warum ich mich in dein Regierungsgeschäft einmische, das bereits über Könige und Richter verfügt, wovon jeder enthüllen muss, was er zu enthüllen bestimmt wurde, und alles wird sich durch die Inkarnationen klären.

Vier gingen in den PaRDeS

**Brief von Rav Yehuda Ashlag,
aus dem Buch „Frucht des Weisen", Band „Briefe", Seite 37**

„Vier gingen in den *PaRDeS*[24]", weil vor der Erschaffung der Welt „der Schöpfer und Sein Name Eins" waren, da die Seelen noch keine Seelen waren; und der ganze Begriff des Namens entsteht dadurch, dass, wenn man sich von Ihm abwendet, Er jenen beim Namen ruft, damit er sich Ihm wieder zuwende.

Und da die Seelen vor der Erschaffung der Welt vollkommen mit dem Schöpfer verschmolzen waren und Er ihnen Kronen und Pracht verlieh, die über das hinausgingen, was sie sich zu wünschen wagten, weil Er ihre Wünsche besser kennt als sie selbst und sie erfüllt. Daher ist es sicher unwichtig, einen Namen zu nennen, was sich auf ein Erwecken von unten bezieht. Und deshalb ist es ein Aspekt des „Einfachen Lichts", denn alles ist vollkommen einfach, weshalb dieses Licht von jedem einfachen Menschen verstanden wurde, sogar von einem, der gar keine Weisheit erkannte.

Daher wird es von den Weisen als „*Pshat*"[25] bezeichnet, weil es die Wurzel von allem ist, und von ihm spricht man nicht in den Büchern, weil es ein ganzheitliches, einfaches und bedeutendes Konzept ist. Und obwohl in der Unteren Welt im *Reshimo* dieses einfachen Lichts zwei Teile sichtbar sind, ist es doch einfach, nicht zusammengesetzt, und es ist das Herz, welches es trennt.

Und an dem Ort, von welchem wir sprechen, gibt es überhaupt keine Trennung. Das gleicht einem König, der seinen Lieblingssohn nahm und ihn inmitten seines großen schönen Gartens (*PaRDeS*) stellte. Als der Königssohn die Augen öffnete, betrachtete er nicht den Platz, wo er stand, da sein Blick wegen des großen Lichts im ganzen Garten weit weg streifte, so weit wie der Osten vom Westen entfernt ist. Und er blickte zu den entfernten Gebäuden und Palästen auf der westlichen Seite, und er ging in diese Richtung viele Tage lang, während er immer mehr über die Pracht der westlichen Seite staunte.

---

24 Anm. d. Übers.: In Hebräisch bedeutet *Pardes* Hain, aber in der Kabbala ist dieses Wort ein Akronym für *Pshat* (die wörtlich genommene Tora), *Remes* (Andeutung), *Drush* (Erklärung) und *Sod* (Geheimnis).
25 Hebräisch: einfach; im engeren Sinn: die wörtlich genommene Tora.

Vier gingen in den PaRDeS

Nach einigen Monaten legte sich sein Eifer, und sein Verlangen war erfüllt, und er war es satt, nach Westen zu schauen. Er begann darüber nachzudenken, was sich auf dem Weg befand, den er zurückgelegt hatte. Er richtete seinen Blick auf die Ostseite, die Seite, von welcher er den Garten betreten hatte, und staunte! Denn die ganze Pracht und Schönheit war ihm so nahe, und er verstand nicht, warum er das nicht gleich zu Beginn gefühlt hatte und er immer nur auf die westliche Seite geblickt hatte. Und daher begann er in dem Moment, nur nach dem Leuchten der östlichen Seite zu streben, bis er zu den Toren gelangte, durch welche er einst hineingegangen war.

Welchen Unterschied gibt es zwischen den Tagen des Eintritts und den Tagen des Austritts? Denn alles, was er in den letzten Monaten erblickte, hatte er doch auch zu Beginn gesehen; doch es war ihm nicht bewusst und er konnte es nicht schätzen, weil sein Herz und seine Augen nur das Licht wahrnahmen, das vom Westen ausging. Und erst nachdem er davon satt geworden war, wendete er sein Gesicht, sein Herz und seine Augen dem Osten zu, und das Herz begann, das Licht aufzunehmen, welches von Osten kam. Doch was hat sich verändert?

Von den Toren des Gartens gelangt zu ihm eine zweite Offenbarung, genannt *Remes* (Andeutung), ähnlich wie der König seinem geliebten Sohn etwas andeutet und ihn dadurch etwas ängstigt. Und obwohl der Sohn nichts versteht und nicht die innere Angst sieht, die in der Andeutung verborgen liegt, bewegt er sich doch infolge seiner Verschmelzung mit dem Vater sofort zur anderen Seite.

Und das ist das Geheimnis, weshalb *Remes* (Andeutung) das „Zweite Angesicht" ist, weil zwei Antlitze, *Pshat* und *Remes*, in den Geschöpfen als eine Wurzel eingeschrieben werden. Man sagt, dass ein Wort mindestens aus zwei Buchstaben bestehen muss, die gleichsam als „Quelle des Wortes" bezeichnet werden, weil man aus einem Buchstaben nichts verstehen kann; und daher bilden die Anfangsbuchstaben der Worte *Pshat* und *Remes* das Wort *PaR*[26], was die Wurzel des Wortes *Par* (junger Bulle) in unserer Welt ist. Aber auch die Worte *Prija*, *Revija* – Empfängnis, Fortpflanzung – kommen von dieser Wurzel.[27]

Dann wird das „Dritte Gesicht" enthüllt, genannt *Drush* (Deutung). Bis dahin gab es keinerlei *Drisha* (Verlangen) und keine Äußerung von „der Schöpfer und Sein Name sind Eins", doch im „Dritten Gesicht" wird abgezogen und hinzugefügt, gedeutet und gefunden nach der Regel „Ich habe mich bemüht und fand" (*Jagati wemazati*). Deswegen ist dieser Platz für die Unteren bestimmt, weil es dort ein Erwecken von unten gibt – im Gegensatz zum Licht der Ostseite, welches da leuchtete „noch bevor ihr ruft, werde ich antworten" – und es erst danach eine starke Bitte und sogar Anstrengung und Genuss gibt.

---

26 Anm. d. Übers.: Im Hebräischen werden Vokale nicht ausgeschrieben, sondern nur Konsonanten.
27 Wenn man vom Bullen als von einem Tier spricht, sagt man Schor, wenn jedoch die Männlichkeit und die Teilnahme am Fortpflanzungsprozess unterstrichen werden soll, sagt man *Par*, und dementsprechend ist *Para* die Kuh, der weibliche Teil von Empfängnis und Fortpflanzung.

Und dann beginnt das „Vierte Antlitz", in der Sprache der Weisen *Sod* (Geheimnis) genannt, was eigentlich *Remes* gleicht, worin es aber kein Verständnis und Bewusstsein gibt. Es ist wie ein Schatten, der dem Menschen folgt – wie wenn man einer Schwangeren leise zuflüstert, dass heute *Jom Kippur* (Versöhnungstag) ist und sie essen und trinken kann, damit sie das Kind nicht verliert.

Warum handelt es sich jedoch um eine Enthüllung des Angesichts und nicht um eine Verhüllung? – Das ist die Reihenfolge von Oben nach unten: *PaR* – *PeReD* – *PaRDeS*.

Und nun schauen wir uns das Problem der vier Weisen an, die in den *PaRDeS* hineingingen, also in das Vierte Antlitz, genannt *Sod*, Geheimnis. Die Unteren beinhalten die vorausgegangenen Höheren. Daher sind alle vier Antlitze im Vierten gemeinsam eingeschlossen: das Rechte, Linke, Vordere und Hintere.

Die zwei ersten Antlitze, das Rechte (*Yamin*) und das Linke (*Smol*), *PaR*, entsprechen *Ben Asaria* und *Ben Soma*, deren Seelen sich von den zwei Antlitzen *PaR* ernähren. Die zwei anderen Antlitze, das Vordere (*Panim*) und das Hintere (*Achor*), das sind einmal der vordere Teil: *Rabbi Akiba*, der in Frieden hineinging und in Frieden hinausging, und der hintere: *Elischa ben Abuja*, der auf den bösen Weg hinausging (*Jaza le tarbut Ra*).

Alles, was über sie geschrieben steht: „schaute und starb", „schaute und wurde verletzt", „schaute und ging verloren" – all das bedeutet die versammelte Generation. Doch sie wurden alle korrigiert, in aufeinander folgenden Reinkarnationen, einer nach dem anderen.

Nur Acher sagte, als er die grobe Sprache des Übersetzers sah: „Kehrt zurück, alle verlorenen Söhne, außer Acher." Und seinen Platz nahm Rabbi Meir, der Schüler von Rabbi Akiba, ein. Der Talmud fragt: „Wie konnte Rabbi Meir die Tora bei Acher lernen?" – und die Antwort besteht darin, dass er seine ganze Klipa korrigierte, wie es geschrieben steht, dass er Rauch über seinem Grab aufsteigen ließ.

Daraus wird verständlich, was *Elischa ben Abuja* sagte: „Wer ein Kind lehrt, beschreibt ein leeres Blatt", wie die Seele von *Rabbi Akiba*; „wer einen Alten lehrt, beschreibt ein abgetragenes Blatt", so sagte er über sich. Daher sagte er zu *Rabbi Meir*: „Hier endet der Bereich von *Shabbat*" (die *2.000 Amma*, die man an einem Schabbattag hinter die Grenzen der Siedlung gehen darf, die er nach den Schritten des Pferdes gemessen hatte, denn er stieg niemals vom Pferd ab) [...].

Zu sitzen und nichts zu tun ist vorzuziehen

**Rav Yehuda Ashlag,
aus dem Buch „Frucht des Weisen", Band „Briefe", Seite 43**

[…] ich kann mich nicht mehr zurückhalten, denn ich muss wissen, wie hoch die Bewertung von Wahrheit in unserem Lande ist, denn das ist stets mein Weg: Alle Taten des Geschöpfes zu erforschen und ihre Bedeutung zu verstehen, die guten wie die schlechten, und so bis zum Ende zu erkennen […] gerade dank den nichtigen Bildern, die sich vor mir abwechseln, denn nicht umsonst geht diese menschliche Masse an mir vorbei, denn sie gebiert den Begriff der ganzen Weisheit in mir und wurde nur erschaffen, damit man Wissen durch sie erreicht.

Doch zuvor sollten wir die Eigenschaft der Faulheit bewerten, die in diese Welt hinabgestiegen ist […], die in ihrem Wesen gar nicht so schlecht und verachtenswert ist. Und die Grundlage für eine solche Bewertung liegt in der Aussage der Weisen: „Zu sitzen und nichts zu tun ist vorzuziehen", obwohl es auch Aussagen gegen diese Regel gibt. […] Es ist klar, dass es keine andere Arbeit in dieser Welt gibt außer der Arbeit für den Schöpfer. Und für alle übrigen Arten von Arbeiten, sogar für die Seelen, gilt, dass, wenn sie für sich sind, es besser ist, dass sie gar nicht in dieser Welt entstehen, denn wer sie erfüllt, stellt sozusagen das Gefäß seiner Seele auf den Kopf, denn aus dem Empfangenden wird nie ein Gebender werden.

Daher sollte man die Arbeit mit der Absicht für sich gar nicht bewerten, weil sie vollkommen leer ist, und daher gilt natürlich: „Zu sitzen und nichts zu tun ist vorzuziehen", weil eine Handlung mit der Absicht für sich keinen Nutzen bringen kann, und zumindest schadet man durch diese Nichtstuerei nicht sich und nicht den anderen. Und weil das eine Höhere Wahrheit ist, bedarf sie keines Einverständnisses und keiner Gutheißung von einem Sterblichen, wie groß er auch sein mag. Und wer Höhere Weisheit erkannt hat, der besteht darauf mit größerer Sicherheit und Beharrlichkeit.

Wenn ich mir nicht selbst helfe - wer wird mir helfen?

Rav Yehuda Ashlag,
aus dem Buch „Frucht des Weisen", Band „Briefe", Seite 61

Baal Shem Tov sagte: „Vor dem Erfüllen eines Gebotes soll der Mensch überhaupt nicht an die Vorsehung denken, sondern soll sich im Gegenteil sagen: ‚Wenn ich mir nicht selbst [helfe], dann wird niemand mir helfen.' Nach der Erfüllung eines Gebotes jedoch soll er sich besinnen und glauben, dass er nicht aus seiner Kraft das Gebot erfüllte, sondern nur kraft des Schöpfers, der im Voraus alles für ihn plante, und er also gezwungen war, diese Handlung auszuführen."

Dies ist auch die Ordnung in weltlichen Angelegenheiten, zumal das Spirituelle und das Irdische übereinstimmen. Und so muss der Mensch – bevor er auf den Markt geht, um sich sein tägliches Brot zu verdienen – die persönliche Vorsehung aus seinen Gedanken tilgen und sich selbst sagen: „Wenn ich mir nicht selbst [helfe], dann wird niemand mir helfen" und alles Notwendige tun, wie alle Menschen, um genauso wie sie sein Brot zu verdienen.

Doch abends, nachdem er nach Hause zurückkommt und seinen Lohn mitbringt, darf er keinesfalls denken, dass er dies aus eigener Kraft verdiente, sondern dass, sogar wenn er den ganzen Tag faul herumläge, er ebenfalls an das gleiche Geld käme, denn so hat der Schöpfer dies im Voraus geplant, und so muss es sein.

Und obwohl unser Verstand diese Dinge für widersprüchlich und inakzeptabel hält, muss doch der Mensch daran glauben, dass der Schöpfer es genau so in seiner *Tora* und durch jene, die sie an uns weitergaben haben, festgelegt hat.

Und das ist die Bedeutung der Vereinigung *HaWaYaH* – ELOKIM, wo *HaWaYaH* die persönliche Vorsehung bedeutet, das heißt, alles wird vom Schöpfer vollbracht, und Dieser bedarf keiner Hilfe der Bewohner von Lehmhäusern. Und *ELOKIM* (Gott) entspricht dem Zahlenwert *HaTewa* (die Natur), wenn der Mensch gemäß den Gesetzen der Natur handelt, die vom Schöpfer in unsere materielle Welt eingeprägt wurden, und diese Gesetze genauso wie die anderen Menschen wahrt. Und gleichzeitig glaubt er an *HaWaYaH*, an die persönliche Vorsehung – das heißt, er verbindet sie in sich zu einem, wodurch er seinem Schöpfer eine große Freude macht und in allen Welten Licht hervorruft.

Das entspricht drei Unterscheidungen – dem Gebot, dem Vergehen und dem Erlaubten:

- **Das Gebot** (*Mizwa*) ist der Ort der Heiligkeit.
- **Die Sünde** (*Awera*) ist der Ort unreiner Kräfte (*Sitra Achra*).
- **Das Erlaubte** (*Rashut*) ist der Ort, an dem weder Gebot noch Vergehen sind, sondern an dem reine und unreine Kräfte miteinander kämpfen.

Und wenn ein Mensch erlaubte Handlungen ausführt, sie aber nicht mit der Macht der Heiligkeit verbindet, dann fällt dieser Ort in die Macht von *Sitra Achra*. Und wenn der Mensch kraft seiner Anstrengungen die Oberhand gewinnt und im Bereich des Erlaubten Vereinigungen ausführt, soweit es ihm seine Kräfte erlauben, führt er dadurch das Erlaubte an den Ort der Heiligkeit zurück.

Es steht geschrieben: „Dem Arzt ist die Erlaubnis gegeben, zu heilen." Obwohl die Heilung natürlich in den Händen des Schöpfers ist und keine menschlichen Tricks eine Krankheit beeinflussen können, heißt es doch: „Der Arzt soll heilen", um zu zeigen, dass das Erlaubte jener Kampfplatz zwischen Gebot und Sünde ist.

Wenn dem so ist, dann müssen wir selbst den Ort des Erlaubten in die Macht der Heiligkeit ziehen. Und wie kann man diesen Ort erobern? Eben wenn ein Mensch zu einem erfahrenen Arzt geht, der ihm eine tausendfach bewährte Arznei gibt. Und wenn er nach der Einnahme der Medizin gesund wird, muss er glauben, dass der Schöpfer ihn auch ohne den Arzt geheilt hätte. Denn das war bereits im Voraus bestimmt. Und anstatt den menschlichen Arzt zu loben, lobt und preist er den Schöpfer. Dadurch erobert er den Ort des Erlaubten [und bringt diesen] in die Macht der Heiligkeit.

Und so ist das auch bei den anderen Fällen des Erlaubten. Und dadurch schreitet er voran und erweitert die Grenzen der Heiligkeit, bis diese schließlich alles, was ihr zusteht, in vollem Maße unter ihre Macht bringt; und dann sieht er plötzlich sich selbst, die eigene spirituelle Stufe, die sich bereits in der vollständigen Heiligkeit befindet. Denn die Heiligkeit hat sich mit ihren Grenzen bereits so weit erweitert, dass sie ihre wahre Größe erreichte.

All das habe ich euch bereits mehrmals erklärt, da diese Angelegenheit ein ziemlicher Stolperstein für einige Menschen ist, die keine klare Wahrnehmung von der persönlichen Vorsehung haben. Ein Sklave fühlt sich ohne Verantwortung wohl und anstelle zu arbeiten, wünscht er sich die größte Sicherheit und noch mehr, die Zweifel an seinem Glauben aufzulösen und unwiderlegbare Beweise zu erlangen, die jenseits der Natur liegen. Deswegen werden sie bestraft und ihr Blut hängt über ihren Köpfen, da der Schöpfer seit der Sünde von *Adam HaRishon* eine Korrektur für dieses Vergehen in Form der „Vereinigung von *HaWaYaH* – *ELOKIM*" erschuf, wie oben erklärt.

Und das ist der Sinn des Gesagten: „Im Schweiße deines Angesichts sollst du dein Brot essen." Und die Natur des Menschen ist so, dass, nachdem der Mensch etwas durch harte Arbeit erreicht hat, es ihm schwer fällt zu sagen, dass dieses ein Geschenk des Schöpfers sei. Daraus entsteht für den Menschen Platz zur Arbeit, um im vollen Glauben an die persönliche Vorsehung zu arbeiten und zu beschließen, dass sogar ohne jegliche Bemühungen seinerseits er alles Erreichte erlangen würde. Und dadurch korrigiert er dieses Vergehen.

Auf dem Weg der Wahrheit gehen

Rav Yehuda Ashlag, Brief 17 aus dem Jahr 1925

Ich möchte über den Sinn der Arbeit in der Mittleren Linie schreiben. Es ist wichtig, sich immer auf die Linke und die Rechte Linie zu stützen. Denn es gibt Fälle, in denen „sich fortzubewegen schlimmer ist, als faul dazusitzen" (oder „Ruhen der Fortbewegung vorzuziehen ist"), um den Weg nicht zu verlieren. Denn der Weg der Wahrheit ist eine äußerst schmale Linie, deren Treppen man aufwärts steigt, bis man den königlichen Palast erreicht.

Und jeder, dessen Weg am Anfang der Linie begann, soll sich davor hüten, nach links oder rechts von der Linie abzuweichen, wenn auch nur um eine Haaresbreite. Wenn seine Abweichung um eine Haaresbreite am Anfang ist und er weiter auf der richtigen Geraden voranschreitet, wird er unter keinen Umständen den königlichen Palast erreichen können, weil er von Anfang an nicht die richtige Linie bewahrt hat.

Der Sinn der mittleren Linie besteht in der Erfüllung der Bedingung: „Die *Tora*, der Schöpfer und *Israel* sind eins." Denn das Ziel des Einzugs der Seele in den Körper besteht darin, dass diese, in einen Körper gehüllt, zu ihrer wahren Wurzel zurückkehrt und mit dem Schöpfer verschmilzt; denn es steht geschrieben: „Schließt euren Schöpfer in eure Herzen ein, geht Seine Wege, bewahrt Seine Gebote, verschmelzt mit Ihm!" Daran erkennt man, dass das Ende des Weges in den Worten „verschmelzt mit Ihm" besteht, das heißt so, wie es vor der Einkleidung in den Körper war.

Man braucht aber eine gründliche Vorbereitung, die im Gehen auf allen Wegen des Schöpfers besteht. Und wem sind Seine Wege bekannt? Das ist „die *Tora*, die aus 613 Lichtern besteht", denn, wer diesen folgt, korrigiert sich selbst so weit, dass sein Körper [= sein *Wille zu empfangen*] keine eiserne Mauer mehr zwischen dem Menschen und dem Schöpfer bildet. Denn darin besteht der Sinn der Aussage: „So habe ich das steinerne Herz von eurem Fleisch getrennt." Und dann verschmelzt ihr mit eurem Schöpfer – genauso war eure Verschmelzung mit Ihm, bevor sich die Seele in den Körper kleidete.

Wir finden, dass drei Aspekte existieren:

1. Israel – welches sich bemüht, zum Schöpfer zurückzukehren;

2. der Schöpfer – die Wurzel, zu der alles strebt;
3. der Aspekt der 613 Lichter der *Tora* – die man das Gewürz nennt, mit dessen Hilfe die Seele und der Körper gereinigt werden.

Denn es steht geschrieben: „Ich habe den bösen Trieb geschaffen und die *Tora* als Gewürz dazu."

Doch alle drei Teile sind in Wirklichkeit ein Ganzes, und als solches sieht sie jeder Erkennende am Ende des Weges, als einen Aspekt „*Echad, Yachid, Meyuchad*" (Eins, Einzig, Vereint). Dass sie als drei Teile wahrgenommen werden, ist nur wegen der unvollkommenen Arbeit für den Schöpfer.

Ich verdeutliche es ein wenig, aber nur von einer Seite her, denn die andere erfährst du während der Offenbarung des Schöpfers dir gegenüber – die Seele ist ein Teil des Schöpfers, von Oben eingegeben. Vor ihrem Abstieg in den Körper ist sie mit Ihm verbunden, wie der Zweig mit der Wurzel. Wie das Buch „*Ez Chaim*" besagt, hat der Schöpfer die Welten erschaffen, weil es Sein Wunsch war, Seine heiligen Namen „Barmherziger und Gütiger" usw. zu offenbaren. Denn gäbe es keine Geschöpfe, wem hätte er seine Barmherzigkeit offenbaren können? (...) Tiefsinnig sind Seine Begriffe.

Soweit die Feder zulässt, es zu beschreiben, „stellt die ganze *Tora* Seine Namen dar". So sagen es die Weisen. Das Zeichen der Höheren Führung ist: „Allem, was wir nicht erkennen können, vermögen wir keinen Namen zu geben." Denn all diese Namen sind die Belohnung der Seele, die nicht nach ihrem Willen in einen Körper herabsteigt und gerade mithilfe des Körpers die Möglichkeit bekommt, die Namen des Schöpfers zu erkennen. Und gemäß ihrer Erkenntnis ist das Niveau (die Stufe) der Seele. Nach der Regel: „Das Leben eines geistigen Objektes wird durch das Maß seiner Erkenntnis bestimmt."

Ein materielles Lebewesen nimmt sich selbst wahr, weil es aus dem Verstand und der Materie besteht. Deswegen ist das Empfinden des Spirituellen – der Verstand und das spirituelle Niveau – das Maß des Wissens, denn es steht geschrieben: „Nach seinem Verstand sei der Mann gelobt." Ein Tier dagegen weiß, statt zu empfinden.

Und begreife den Preis, den die Seele bekommt: Vor ihrem Abstieg in den Körper war sie klein wie ein Punkt, obschon mit ihrer Wurzel vereint wie der Zweig eines Baumes. Dieser Punkt wird „Wurzel der Seele und ihrer Welt" genannt. Wenn sie nicht in den Körper dieser Welt abgestiegen wäre, hätte sie nicht mehr als diesen Punkt gehabt, also ihr Maß in der Wurzel.

Und wenn sie dessen würdig wird, immer weiter den Weg des Schöpfers zu gehen, also den 613 Lichtern zu folgen, die sich in die Namen des Schöpfers verwandeln, steigt ihr Niveau entsprechend des Erkennens der Namen.

Darin besteht der Sinn der Aussage, dass der Schöpfer für jeden Gerechten 310 Welten bereit hält (310 ist die Zahlenbedeutung des Worts „ShaY" – „Geschenk" auf Hebräisch). Die Seele besteht aus zwei Gerechten – dem Höheren und dem Unteren, so wie der Körper in Ober- und Unterkörper geteilt ist (auf dem Niveau von *Tabur* – Bauchnabel). Deswegen wird sie der schriftlichen und der mündlichen *Tora* würdig, denn jede besteht aus 310, was zusammen 620 ergibt, was 613 Geboten der *Tora* und 7 Geboten der Weisen entspricht.

Aufgrund dessen steht es im Buch „*Ez Chaim*", dass alle Welten nur deswegen geschaffen wurden, damit die Namen des Schöpfers erkannt werden. Daraus wird deutlich, dass die Seele dadurch, dass sie herabgestiegen und in stinkende Materie gekleidet wurde, nicht mehr zu ihrer Wurzel in der Form zurückkehren konnte, in der sie vor ihrem Abstieg in „Diese Welt" (*Olam haSe*) existiert hat. Sie ist verpflichtet, ihr Niveau im Vergleich zu dem, was sie in der Wurzel war, 620fach zu erhöhen, was zu ihrer Vollkommenheit führt – zum Licht aller Lichter *NaRaNCHaY* (*Nefesh, Ruach, Neshama, Chaja, Yechida*) bis zum Licht *Yechida*. Deswegen wird *Yechida* „*Keter*" genannt, weil ihre *Gematria*, wie die des Wortes *Keter*, der Zahl 620 entspricht.

Daraus erkennen wir, dass alle 620 Namen (613 Gebote der *Tora* und 7 Gebote der Weisen) im Grunde fünf Teile der Seele sind, *NaRaNCHaY*, da die Gefäße von *NaRaNCHaY* die 620 Gebote sind und die Lichter von *NaRaNCHaY* das Licht der *Tora* darstellen, das sich in jedem Gebot befindet. So kommt es, dass die *Tora* und die Seele ein und dasselbe sind.

Der Schöpfer aber ist das Licht der Unendlichkeit, das in das Licht der *Tora* gekleidet ist, welches sich in den 620 Geboten befindet. Und darin besteht der Sinn der Aussage: „Die ganze *Tora* stellt Namen des Schöpfers dar", wobei der Schöpfer der Zusammensetzende ist und die 620 Namen einzelne Teile sind, also Schritte und Stufen der Seele, weil die Seele das ganze Licht Schritt für Schritt stufenweise empfängt.

Aus dem oben Gesagten resultiert, dass das Ziel der Seele darin besteht, alle 620 Namen zu erkennen und eine Stufe zu erlangen, die 620mal größer ist, als sie es vor ihrem Abstieg in den Körper war. Dabei besteht ihr Niveau (ihre Stufe) aus 620 Geboten, in die das Licht der *Tora* gekleidet ist. Der Schöpfer ist das allgemeine Licht der *Tora*; daraus folgt, dass „die *Tora*, der Schöpfer und *Israel* eins sind."

Vor der Einbeziehung in die Arbeit des Schöpfers sehen also die *Tora*, der Schöpfer und *Israel* wie drei verschiedene Arbeiten aus:

- Manchmal strebt der Mensch nach der Rückkehr der Seele zu ihrer Wurzel, das nennt man *Israel*.
- Manchmal strebt er danach, die Wege des Schöpfers und die Geheimnisse der *Tora* zu erkennen, denn „wie soll man Ihm dienen, wenn man die Gebote nicht kennt?" Dies nennen wir die *Tora*.

- Manchmal strebt er danach, den Schöpfer zu erfassen, das heißt nach der Verschmelzung und der kompletten Erkenntnis des Schöpfers; und nur das wünscht er sich und nicht die Geheimnisse der *Tora* zu erkennen und die Seele zu ihrer Wurzel zurückzuführen, wo sie sich vor dem Abstieg in den Körper befand.

Deswegen muss jeder, der die wahre Linie in der Arbeit des Schöpfers geht, sich ständig überprüfen: ob er alle Teile der Arbeit genau gleich anstrebt, weil das Ende der Handlung seinem Anfang gleicht. Wer einen Teil mehr anstrebt als die anderen, weicht von der Geraden ab.

Wer das Ziel ansteuert, soll das Begreifen der Wege des Schöpfers und der Geheimnisse der *Tora* anstreben, denn dies ist das sicherste Mittel, auf der wahren Linie zu bleiben.

Deswegen steht geschrieben: „Öffnet mir einen Spalt so groß wie ein Nadelöhr, und ich werde für euch Höhere Tore öffnen." Das Nadelöhr ist nur für die Arbeit bestimmt. Wer nur die Erkenntnis des Schöpfers anstrebt, nur der Arbeit wegen, dem öffnet der Schöpfer das Tor der Welt. Wie es geschrieben steht:

„Und die Erde wird sich mit der Ehre des Schöpfers füllen."

Wo die Gedanken eines Menschen sind, dort ist auch er

Rav Yehuda Ashlag, Brief 18 aus dem Jahr 1926

[...] aber halte dich fern, den „Schlag eines Starken" (Jesaja, 22:17) vorzeitig zu erhalten, denn „man ist dort, wo man denkt". Wenn daher jemand sicher ist, dass ihm an nichts mangeln wird, kann er seine Anstrengungen auf die *Tora* konzentrieren, denn „der Gesegnete verschmilzt mit dem Gesegneten".

Doch wenn es jemandem an Zuversicht mangelt, wird er sich abmühen müssen, und jede Mühe kommt von *Sitra Achra*, „und der Verfluchte kann nicht mit dem Gesegneten verschmelzen", denn er wird seine ganzen Anstrengungen nicht den Worten der *Tora* widmen können. Wenn er dennoch den Zustand von „schwerer Arbeit im fernen Land" spürt, soll er an diese Sachen überhaupt nicht denken, sondern er soll in großer Eile – so, als wäre er vom Teufel getrieben – zur Routine zurückkehren, damit er seine Funken nicht an anderen Orten und zu anderen Zeiten verstreut, solange sie noch nicht vereint sind.

Und wisse, dass den Niederen kein Mangel zugeschrieben wird, außer nur in Zeit und Raum, welche erlaubt sind, so wie es jetzt ist. Ich möchte damit sagen, dass wenn jemand für einen Moment bedauert, bereut oder verzweifelt, so wirft er alle Zeit und allen Raum der Welt weg. Das ist die Bedeutung von „Der Zorn eines Augenblickes, was ist er wert? Einen Moment.".

Deshalb ist ein Mensch unkorrigierbar, außer wenn er alle gegenwärtigen und zukünftigen Momente ausrichtet, damit sie Seinem Großen Namen gewidmet werden. Und jener, der den gegenwärtigen Moment ablehnt, weil er hart ist, zeigt seine Narrheit allen – dass all die Welten und all die Zeiten nicht für ihn sind, denn das Licht seines Angesichts kleidet sich nicht in die sich verändernden Zeiten, obwohl die Arbeit des Menschen notwendigerweise durch sie verändert wird. Aus diesem Grund wurden uns durch den Verdienst unserer heiligen Urväter der Glaube und die Sicherheit über dem Verstand vorbereitet, welche der Mensch in schweren Zeiten mühelos verwendet.

Gleichnis über den Sohn eines Reichen im Keller

Rav Yehuda Ashlag, Brief 25 aus dem Jahr 1927

(…) auf den ersten Blick müsste man „Rückkehr" (*Teshuva*) als „Vollkommenheit" (*Shlemut*) bezeichnen. Doch dieses Wort verweist darauf, dass alles von Anfang an bereitet ist und jede Seele bereits in ihrem ganzen Licht, in Güte und Ewigkeit weilt. Nur wegen des „Brotes der Scham" ist die Seele aus diesem Zustand mittels Einschränkungen ausgetreten, bis sie sich schließlich in einen trüben Körper hüllte. Nur dank ihm kehrt sie zu ihrer Wurzel zurück, wo sie sich vor der Einschränkung befand, mit einer Belohnung für diesen ganzen schrecklichen Weg, den sie zurückgelegt hat. Im Grunde stellt diese Belohnung die wahre Verschmelzung dar. Mit anderen Worten befreit sich die Seele vom „Brot der Scham", da ihr Gefäß des Empfangens sich in ein Gefäß des Gebens verwandelt und sie sich in ihren Eigenschaften ihrem Erschaffer angleicht. Doch zu diesem Thema habe ich bereits viel gesagt.

Daraus wirst du verstehen, dass, wenn ein Abstieg zum Zweck des Aufstiegs geschieht, er als Aufstieg und nicht als Abstieg gilt. Und tatsächlich ist dieser Abstieg in seinem Wesen ein Aufstieg, weil sich die Buchstaben des Gebetes selbst mit Überfluss (an Wonne) erfüllen. Doch ein kurzes Gebet wird zur Kürzung des Überflusses infolge des Mangels an Buchstaben führen. Die Weisen sagten: „Wenn die Söhne Israels nicht sündigen würden, würden ihnen nur die fünf Bücher Moses und das Buch Josua gegeben werden." Und das reicht für den Verstehenden aus.

Man kann dafür das folgende Beispiel anführen: Ein großer Reicher hatte einen einzigen Sohn im jungen Alter. Es kam ein Tag, an dem der Vater für viele Jahre fern ab von zu Hause auf Reisen gehen musste. Da bekam der Reiche Angst, dass der Sohn seine Habe für schlechte Zwecke verjubeln würde.

Nach langem Überlegen tauschte er seinen Besitz in Edelsteine, Perlen und Gold um. Dann baute er einen großen Keller tief unter der Erde und versteckte darin alle Golderzeugnisse, alle Edelsteine und Perlen und platzierte außerdem seinen Sohn darin.

Wo die Gedanken eines Menschen sind, dort ist auch er

Er rief seine treuen Diener zusammen und befahl ihnen, darauf zu achten, dass sein Sohn den Keller nicht verlässt, bevor er nicht 20 Jahre alt wird. Außerdem befahl der Vater, seinem Sohn täglich Essen und Trinken zu bringen, ihm aber keinesfalls Feuer und Kerzen zu geben und zu prüfen, dass es in den Wänden keine Risse gibt, durch welche Sonnenstrahlen in den Keller gelangen könnten. Und für die Gesundheit des Sohnes befahl der Vater den Dienern, ihn täglich aus dem Keller für eine Stunde nach draußen zu führen und mit ihm durch die Straßen der Stadt zu spazieren – doch unter einer guten Bewachung, damit er nicht fliehen würde. Und wenn der Sohn 20 Jahre alt sein würde, dann würde man ihm Licht geben, das Fenster öffnen und erlauben herauszugehen.

Natürlich kannte das Leid des Sohnes keine Grenzen, um so mehr da er sah, wenn er in der Stadt spazieren ging, dass alle jungen Leute aßen, tranken und sich in den Straßen vergnügten, ohne Bewachung und ohne eine bemessene Zeit, und er im Gefängnis saß und Augenblicke des Lichts ihm nach Stunden gezählt wurden. Und wenn er zu fliehen versuchte, dann schlug man ihn ohne einen Funken Mitleid. Und was ihn noch mehr betrübte und bedrückte, war die Tatsache, dass er gehört hatte, dass sein eigener Vater selbst dieses ganze Unglück auf ihn heraufbeschworen hatte, wobei die Diener nur die Anweisungen des Vaters erfüllten. Selbstverständlich dachte der Sohn, dass sein Vater das grausamste Monster von allen sei, die es je gab – denn das war einfach unerhört.

An dem Tag, als der Sohn 20 Jahre alt wurde, brachten ihm die Diener gemäß dem Befehl des Vaters eine Kerze hinab. Der junge Mann nahm die Kerze und begann sich umzuschauen. Und was sah er nun? Säcke voller Gold und königlicher Reichtümer. Erst dann verstand er, dass sein Vater wahrlich barmherzig war und sich um nichts anderes als um sein Wohl gekümmert hatte. Der Sohn verstand sofort, dass die Diener ihm natürlich erlauben würden, den Keller frei zu verlassen. Das tat er auch: Er verließ den Keller, und es gab keine Wache mehr, keine grausamen Diener, und er war reicher als alle Reichen der Erde.

Doch in Wirklichkeit geschah nichts Neues. Es stellte sich einfach heraus, dass er von Anfang an alle Tage seines Lebens ein großer Reicher gewesen war. In seinen eigenen Empfindungen war er zwar sein Leben lang arm und auf den Boden gestürzt, doch nun wurde er in einem Augenblick sehr reich und „stieg aus einem tiefen Abgrund an die Bergspitze auf". Wer wird dieses Gleichnis verstehen können? Ein Mensch, der versteht, dass „böswillige Vergehen" eben dieser tiefe Keller mit sicherer Wache sind, aus dem man nicht entkommen kann. Hier werde ich mich fragen, ob du das begreifst.

Die Sache ist einfach: Der Keller und die sichere Wache – all das sind „Anschaffungen", die Güte des Vaters gegenüber seinem Sohn, ohne welche dieser niemals so reich werden würde wie der Vater. Doch „böswillige Vergehen" – das sind „tatsächlich beabsichtigte Sünden" und nicht „zufällige Vergehen" oder „erzwungene Taten".

Bevor der Mensch zu seinem Reichtum zurückkehrte, beherrschte die Empfindung seine Wahrnehmung, in voller Form und voller Bedeutung. Doch nachdem er zu seinem Reichtum zurückgekehrt war, sah er, dass all das Güte des Vaters war und keineswegs Grausamkeit.

Man muss verstehen, dass die Liebe, welche den Vater und seinen einzigen Sohn verbindet, von der Erkenntnis der Güte des Vaters zum Sohn im Bezug auf den Keller, die Finsternis und die sichere Bewachung abhängt, denn der Sohn sieht eine große Sorge und eine tiefe Weisheit in der Barmherzigkeit des Vaters.

Im heiligen *Sohar* ist ebenfalls davon die Rede. Darin steht, dass demjenigen, dem die Rückkehr zuteil wurde, sich die heilige *Shechina* als eine großzügige Mutter offenbart, die ihren Sohn eine lange Zeit nicht gesehen hat. Eine Vielzahl an wunderbaren Taten haben sie vollbracht, um einander zu sehen, und haben sich deswegen großen Gefahren ausgesetzt. Schließlich bekommen sie die langersehnte Freiheit, die sie mit solch einer Ungeduld erwarteten, und es wird ihnen zuteil, einander zu sehen. Dann läuft die Mutter zum Sohn, küsst und tröstet ihn und führt mit ihm Tag und Nacht ein inniges Gespräch. Sie erzählt von der Sehnsucht, von den Gefahren, die ihr auf ihrem Weg lauerten, und davon, dass sie von Anfang an unverändert bei ihm war. Die *Shechina* wich nicht von seiner Seite und litt überall mit ihm, doch er konnte das nicht sehen.

Im Buch *Sohar* steht, dass die Mutter zum Sohn sagt: „Hier überfielen uns Räuber, doch wir konnten uns vor ihnen retten. Und hier verbargen wir uns in einer tiefen Schlucht" usw. Welch ein Narr wird die große Liebe, die Zärtlichkeit und die Wonne nicht verstehen, die aus diesen Erzählungen sprudeln, die ihre Herzen trösten.

Die Wahrheit besteht darin, dass vor dem Treffen von Angesicht zu Angesicht die Leiden, die verspürt wurden, schwerer als der Tod waren. Der Buchstabe „a" (ע) im Wort „Bedrängnis" oder „Leiden" (*Noga*) stand am Ende, doch nun befindet er sich am Anfang der Buchstabenverbindung, was natürlich „Genuss" bedeutet (*Oneg*). Diese zwei Punkte leuchten erst, nachdem sie sich in einer Welt verwirklicht haben. Stelle dir vor, dass Vater und Sohn, die jahrelang ungeduldig ein Treffen erwarteten, einander schließlich sehen. Doch der Sohn ist taub und stumm, und daher können sie aneinander keine Freude haben. Die Liebe verbirgt sich also hauptsächlich in den Genüssen, die der Stufe eines Königs entsprechen.

Der Schöpfer ist dein Schatten

Rav Yehuda Ashlag, Brief 19 aus dem Jahr 1927

Ich habe alle Deine Briefe erhalten, und mögen sie dem Wunsch des Schöpfers genügen. Beachte jedoch: „Erkenne den Schöpfer Deiner Väter und sei ihm ergeben." **„Erkennen"** bedeutet **„das Wissen"**, denn schlecht geht es der Seele des Menschen ohne die Kenntnis des Schöpfers. Denn er hat eine Seele, doch solange er den Schöpfer noch nicht spürt, geht es ihm schlecht.

Obwohl er eine Seele hat, ist er nicht im Stande, sich aus eigener Kraft zu der Erkenntnis des Schöpfers zu bewegen, bis er Inspiration von Oben bekommt. Dann wird ihn dies dazu verpflichten, innezuhalten, den Anweisungen der Weisen zu folgen und auf diese völlig zu vertrauen.

In der Schrift steht es geschrieben: „Nur die Güte und die Barmherzigkeit verfolgen mich alle Tage meines Lebens."

Auch der große *Baal Shem Tov* erklärt: „Der Schöpfer ist dein Schatten." Das heißt, wie ein Schatten allen Bewegungen des Menschen folgt und all seine Bestrebungen mit denen des Menschen übereinstimmen, so folgt jeder Mensch den Bewegungen des Schöpfers, und sobald bei ihm die Liebe zum Schöpfer erwacht, soll er begreifen, dass es der Schöpfer ist, bei dem eine große Sehnsucht nach dem Menschen erwachte. Genau das hat Rabbi Akiva gemeint, als er sagte: „Glücklich ist *Israel*, vor wem reinigen sie sich und wer sie rein werden lässt." Verstehe das.

Aus diesem Grunde erhält der Mensch am Anfang seiner Annäherung eine sich wendende Seele (*Sitra deOfanim*), was bedeutet, dass sich der Schöpfer ihm bei jeder Gelegenheit zuwendet, die seitens des Menschen entsteht, in großer Sehnsucht und großem Willen, mit ihm zu verschmelzen. Darüber sagt König David: „Nur die Güte und die Barmherzigkeit verfolgen mich an jedem Tag meines Lebens" – ausgehend von allen Reinkarnationen. Da König David die Gesamtheit aller Seelen Israels darstellt, hat er sich immer ungeduldig danach gesehnt, mit dem Schöpfer wirklich eins zu werden.

Man sollte jedoch in der eigenen Seele ergründen, dass der Schöpfer genau in dem Maße zum Menschen eilt, wie der Mensch zum Schöpfer strebt. Er darf dies nicht einmal in Zeiten größter Sehnsucht vergessen. Wenn der Mensch sich daran erinnert, dass der Schöpfer sich nach ihm sehnt und mit gleich großer Kraft wie er selbst zu der Verschmelzung mit ihm strebt, dann wird der Mensch immer in wachsender Erwartung und Sehnsucht, in ununterbrochener Verschmelzung verweilen, worin die endgültige Vollkommenheit jeder Seele besteht, bis sie der Rückkehr aus Liebe würdig wird. Es heißt: „*Waw* kehrt zu *Hej* zurück", was die Verschmelzung des Schöpfers mit der *Shechina* (Gesamtheit aller Seelen) bedeutet.

Doch ohne die Kenntnis und die Erfassung des Schöpfers ist die Seele in einem großen Fall begriffen, nachdem die Sehnsucht bis zu einem bestimmten Maß gewachsen ist. Dem Menschen scheint es so, als würde der Schöpfer ihn zurückweisen. Es ist eine Schmach und Schande, dass er nicht nur das Maß seiner Sehnsucht und Bestrebung nicht voll macht, sondern zu einem „Teilenden" wird, weil er den Eindruck hat, er allein strebe und sehne sich danach, mit dem Schöpfer eins zu sein. An das, was die Weisen sagen, dass nämlich auch der Schöpfer sich in gleichem Maße nach ihm sehnt und zu ihm strebt, glaubt er nicht.

Wie aber ist demjenigen zu helfen, der seinen Glauben an das von den Weisen Gesagte noch nicht verinnerlicht? „Doch aus meinem Fleische erfasse ich den Schöpfer", weil ich euch schon einige *Male* bewiesen habe, dass „alles, was in dieser Welt geschieht, ‚Buchstaben' (*Otiot*) sind, die der Mensch an die richtige Stelle im Spirituellen kopieren soll, da es dort keine Buchstaben gibt".

Als Folge des Zerbrechens der Gefäße bekam die Führung der irdischen Geschöpfe den Abdruck der Buchstaben, und zwar in einer solchen Weise, dass der Mensch, wenn er sich vervollkommnet und seine Wurzel erreicht, dazu verpflichtet ist, alle Buchstaben selbst zu sammeln, einen nach dem anderen, und diese zur höheren Wurzel zu bringen, denn es steht geschrieben: „Er neigt sich selbst und die ganze Welt der Seite der Rechtfertigung (des Freispruchs) zu." Die Verschmelzung des Schöpfers mit der *Shechina*, die der Mensch durch die Erfüllung des Maßes des Strebens und der Sehnsucht schafft, ist dem irdischen Geschlechtsverkehr gleich, der einen menschlichen Körper schafft, der auch aus dem unbedingt vorangegangenen Grund resultiert, also der Spannung – einem bestimmten Maß an Leiden und Sehnsucht, die in irdischer Sprache „Spannung" genannt werden, wenn der Samen zum Segen wird, weil er sich wie ein Pfeil in die Seele (*Nefesh*), das Jahr (*Shana*) und die Welt (*Olam*) ergießt. Das wird die Rückkehr (*Teshuwa*) genannt, zu jener Zeit, an jenem Ort, in jene Frau. Denn der letzte Buchstabe „*Hej*" des Namens *HaWaYaH* beinhaltet die Seele, das Jahr und die Welt.

„Die Seele" ist das Maß des Strebens und der Sehnsucht. „Das Jahr" sind die Zeiten der Erregung, weil der volle *Siwug* (Vereinigung) das volle Maß der Einführung von *Atara* in *Jashna* besitzt, bis zu dem Maß, welches sie in der Wurzel hatten, bevor sie in der irdischen Welt getrennt wurden. Der Mensch wird jedoch nicht mit einem einzigen Mal zu der höheren Verschmelzung bereit, die auch vollkommener

DER SCHÖPFER IST DEIN SCHATTEN

Siwug genannt wird, sondern nach und nach, denn es heißt: „Nur die Güte und die Barmherzigkeit verfolgen mich." Deswegen schafft er Erregung, die der Anfang des Geschlechtsaktes ist, wie es geschrieben steht: „Ein Gerechter ist er und es geht ihm schlecht." Denn der Schöpfer verspürt keinen Wunsch, mit ihm zu verschmelzen, und deswegen empfindet er in seinen Bestrebungen und in seiner Sehnsucht keine Liebe, die für „diese Handlung und diesen Ort" nötig ist, und folglich leidet er, worüber geschrieben steht: „Leiden verwandeln sich künftig in Genuss."

Doch „was der Verstand nicht schafft, das schafft die Zeit", denn der Schöpfer berücksichtigt alle Erregungen und sammelt diese zu einem vollem Maß an – zum Maße der Spannung an einem bestimmten Tag, worüber gesagt wird: „Erwecke und blase das *Shofar*[28], überwiege das ganze Übel!"

Da der Klang des *Shofar* (*Tkija*) das Ende des *Siwug*[29] ist, worüber gesagt wird: „Einführung in den Ort des *Siwug*", der die Verschmelzung des Schöpfers mit der *Shechina* darstellt, von oben nach unten. Während all dieser dem *Siwug* vorangehenden Zustände hat sich die Seele in die Reinkarnationen dieser Welt gehüllt, und das ist die Zeit der Vorbereitung des Menschen auf seine Rückkehr in seine Wurzel. Da er nicht mit einem Male den vollkommenen *Siwug* hervorrufen kann, sondern zuerst Erregungen schafft, was die Stufe von *Nefesh* in den Reinkarnationen, in der periodischen Erscheinung, bedeutet; wenn er mit all seinen Kräften, in Erregung und schweißgebadet die höhere *Shechina* verfolgt, bis er ständig und unentwegt, Tag und Nacht um dieses Zentrum kreist. Wie es in den Büchern über die Reinkarnationen steht, geht und nähert sich der Mensch, bis seine Seele schließlich das Niveau *Nefesh* erreicht, und in gleichem Maß wachsen seine Bestrebung, seine Sehnsucht und seine Leiden, weil ein leidenschaftlicher, jedoch nicht befriedigter Wunsch einen großen, dem ehemaligen Streben gleichen Schmerz hinterlässt.

Das wird *Trua* (Rohrklang) genannt, und wir lernen es aus dem, was geschrieben steht: „Du sollst das Horn blasen", das heißt, du rufst Erregungen in der *Shechina* hervor. Und „Erzeuge Leiden", weil du große Leiden verursachst, ohnegleichen. Wenn der Mensch leidet, fragt die *Shechina*: „Warum tust du so?" Um „alle Leiden zu rechtfertigen, zu überwiegen", weil „die Verdienste des Gerechten ihm an dem Tag seiner Sünde nicht helfen werden." Dem alle Geheimnisse Kennenden ist das Bestrebungsmaß des menschlichen Herzens zur Annährung mit dem Schöpfer bekannt, was immer noch unterbrochen werden kann, Gott behüte! Deswegen erhöht der Schöpfer die Bestrebung, das heißt die Anfänge des *Siwug*. Wenn der Mensch der Stimme des Schöpfers lauscht, wie es geschrieben steht: „Der Schöpfer ist dein Schatten", so fällt er nicht vor dem steigenden Schmerz der Bestrebung, weil er sieht und hört, dass die *Shechina* genauso wie er aufgrund der wachsenden Sehnsucht leidet, und so kommt es selbstverständlich dazu, dass er voranschreitet und sich mit

---

28 Horn
29 Wörtl. Vereinigung, Geschlechtsakt

jedem Mal bekräftigt in seinen Bestrebungen und seine Sehnsucht fühlt, bis er die volle und vollkommene Bestrebung erreicht, eine starke und ewige Verbindung.

Wie *Rashbi* in „*Idra Suta*" (*Sohar*) sagt: „ Ich bin für meinen Geliebten, und mir gilt seine Leidenschaft. All die Tage, an denen ich an diese Welt gefesselt war, mit den einzigen Fesseln verband ich mich mit dem Schöpfer – deswegen gilt mir jetzt Seine Leidenschaft" , „bis der über die verborgenen Tiefen der Schöpfung Wissende ihm versichert, dass er nie wieder zu seiner Narrheit zurückkehren wird"; aus diesem Grunde wird er dessen würdig, „*Hej* zu *Waw* für immer zurückzuführen", was heißt, dass es zum Ende des *Siwug* und zur Einführung von *Atara* in die *Jashna* im verborgenen Sinn des „großen Blasens von *Shofar*" kommt.

All das geschieht mit den Kräften bitterer Bestrebungen, weil er alle Hindernisse erkannt hat und dennoch nicht zu seiner Natur zurückgekehrt ist. Dann wird er der vollen Erkenntnis im ewigen *Siwug* würdig, und zwar nach dem Prinzip des „Wissens", was bedeutet, dass er sieht, dass alle Hindernisse, die vor ihm in der Mehrheit der Zeiten aufgetaucht sind, nichts weiter als zum Zweck des „Wissens" für ihn waren, und das heißt „zu der Zeit". Dies bedeutet, dass dem über die verborgenen Tiefen der Schöpfung Wissenden bekannt ist, dass die Zeiten mit dem Menschen ein Wunder vollbracht haben, damit er für immer und ewig ein Gerechter wird.

„An jenem Ort", welcher die Einführung von *Atara* in *Jashna* bedeutet, wie es schon vor ihrer Reduzierung (*Kitrug haYareach*) war, und das habt ihr von mir schon mehrmals gehört, weil der Schöpfer nichts Neues am Ende der Korrektur vornimmt, wie manche Minderbemittelte glauben, sondern: „Das vor langer Zeit Aufgehobene werdet ihr genießen!", das heißt, „bis er sagt: ‚Ich will!'". Das sollte dem Verstehenden genügen.

„In jene Frau", weil „die Schönheit täuscht und die Anziehungskraft vergänglich ist, doch die Frau, die den Schöpfer fürchtet, soll sich rühmen." Das heißt: Während der Vorbereitungszeit entstand der Eindruck, dass die Anziehungskraft und die Schönheit das Wichtigste in der Vollkommenheit ist, und der Mensch sehnte sich und strebte natürlich danach; doch während des Endes der Korrektur, wenn „die Erde sich mit dem Wissen des Schöpfers füllt", „hat er die umgekehrte Welt gesehen" und hat begriffen, dass die Bestrebungen und die Furcht das Wichtigste in der Vollkommenheit sind, was dem Menschen verborgen bleibt, und so spürt er, dass er während der Vorbereitungszeit sich selbst belog. Wie es heißt: „Gerechter ist er und es geht ihm gut", dies heißt: jemand, der des Endes des *Siwugs* und „des Blasens des *Shofar*" würdig geworden ist. Er ist der volle, der vollkommene Gerechte.

Zeige diesen Brief allen Freunden und habt meinen Segen, in die Bücher der Gerechten eingetragen zu werden.

Das Wichtigste ist die Anstrengung

Rav Yehuda Ashlag, Brief 38 aus dem Jahr 1927

Mein lieber Sohn Baruch,

ich habe deinen Brief erhalten, und ich gratuliere dir zur *Semicha* (Rabbiner Weihe), die du erhalten hast. Dies war die erste Mauer, die deinen Weg vorwärts blockierte. Ich hoffe, dass du von diesem Tag an erfolgreich bist und täglich stärker wirst, bis du den Königspalast betrittst.

Ich hätte gerne, dass du noch eine *Semicha* erlangst, aber von diesem Tag an beeile dich und verwende die meiste Zeit darauf, deinen Körper vorzubereiten – dass er Kraft und Courage gewinnt „wie ein Ochse für seine Bürde und ein Esel für seine Last", damit du keinen Moment verschwendest.

Und solltest du fragen: „Worin besteht die Vorbereitung?", werde ich dir sagen, dass es in der Vergangenheit notwendig war, alle sieben säkularen Lehren zu durchlaufen und sich schrecklichen Selbstgeißelungen zu unterziehen, bevor man sich dem Schöpfer näherte. Und trotzdem wurden nicht viele mit der Gunst des Schöpfers belohnt. Doch da wir mit den Schriften des *ARI* und der Arbeit von *Baal Shem Tov* belohnt wurden, liegt es wirklich in unserer Hand, und keine weitere Vorbereitung ist vonnöten.

Sollte dein Fuß diese beiden Wege beschreiten – und durch Gottes Gnade bin ich begünstigt, und ich habe sie mit meinen beiden Händen erhalten, und mein Geist ist dir so nahe, wie ein Vater seinem Sohn nur sein kann –, werde ich sie dir sicher weitergeben, sobald du bereit dafür bist, sie von Mund zu Mund überliefert zu bekommen.

Doch das Wichtigste ist die Arbeit, das heißt, wie man sich seine Arbeit erfleht und sich mit ihr plagt. Denn normale Arbeit zählt überhaupt nicht, sondern nur die Teile, die sich jenseits der normalen Arbeit befinden, und sie werden „Mühen" genannt. Es ist wie ein Mensch, der ein Pfund Brot zum Sattwerden braucht – seine gesamte Mahlzeit wird als nicht sättigend betrachtet, außer dem letzten Bissen Brot. Dieser Bissen bewirkt aufgrund seiner Kleinheit, dass die Mahlzeit satt macht. Gleich wie bei der Arbeit: Der Schöpfer erkennt nur den Überschuss zur normalen Arbeit, und dieser Überschuss wird zu den *Otiot* (Buchstaben) und den *Kelim* (Gefäßen) für den Empfang des Lichtes Seines Angesichts.

Verbindung der Eigenschaften von Rachamim und Din

Rav Yehuda Ashlag

Das Wichtigste an der Arbeit ist die Wahl, das heißt „und Du wähltest das Leben" was in der *Dwekut* (Anheftung) liegt, welche der Aspekt von *liShma* (um der *Tora* willen) ist. Dadurch wird man der Bindung an das Leben aller Leben würdig.

Doch in der Zeit, in der die Vorsehung offenbart ist, gibt es keine freie Wahl. Daher erhob der Höhere *Malchut*, welche *Midat haDin* (Eigenschaft des Gerichts) ist, zu *Ejnaim* (Augen), wodurch eine Verhüllung geschaffen wurde; das heißt, es wurde für den Niederen deutlich, dass es im Höheren einen Mangel gibt und dass es dort nicht *Gadlut* (Größe) im Höheren gibt. In diesem Zustand werden die Eigenschaften des Höheren in dem Niederen eingelegt und sind daher mangelhaft.

Es folgt, dass diese *Kelim* (Gefäße) eine Angleichung mit dem Niederen haben; das heißt, so wie der Niedere keine Lebenskraft hat, so gibt es auch keine Lebenskraft in den höheren Eigenschaften. Das heißt, er [der Mensch] hat keinen Geschmack in der *Tora* und in den Geboten, welche ohne Lebenskraft sind.

In diesem Zustand gibt es einen Platz für die freie Wahl; das heißt, der Niedere muss sagen, dass all diese Verhüllung, die er fühlt, daher kommt, dass sich der Höhere zugunsten des Niederen eingeschränkt hat. Das nennt man: „Wenn *Israel* im Exil ist, ist die Göttlichkeit mit ihnen". Daher sagt einer, egal welchen Geschmack er schmeckt, dass es nicht sein Fehler sei, dass er den Geschmack der Lebenskraft nicht schmeckt, und seiner Ansicht nach gebe es keine wirkliche Lebenskraft im Höheren.

Und wenn der Mensch sich überwindet und sagt, dass der bittere Geschmack, den er in dieser Nahrung vorfindet, nur daher rührt, dass er keine passenden *Kelim* (Gefäße) des Empfangens hat, um die Fülle zu erhalten, weil seine Gefäße zum Empfangen und nicht zum Geben sind; und wenn er bedauert, dass sich der Höhere verhüllen musste, damit der Niedere Platz für *Lashon haRa* (üble Nachrede) hat, was der Aspekt der Erhebung von *MaN* (Gebet) bedeutet, welches der Niedere erhebt, so erhebt der Höhere sein *ACHaP*. Und „erheben" bedeutet, dass der Höhere dem

Verbindung der Eigenschaften von Rachamim und Din

Niederen die Pracht und den Genuss zeigen kann, welche in den *Kelim* von ACHaP sind, die der Höhere offenbaren kann. Wenn dem so ist, so erhöht der Höhere in Bezug auf den Niederen dessen *Galgalta we Ejnaim* (GE) des Niederen, indem der Niedere den Vorzug des Höheren erkennt. Es folgt, dass der Niedere zusammen mit dem ACHaP des Höheren aufsteigt.

Wenn dann der Niedere die Größe des Höheren sieht, wächst er dadurch selber. Doch anfangs ist der Niedere würdig, nur *Katnut* (Zustand der Kleinheit) zu empfangen. Und wenn *Gadlut* (Größe) im Höheren hervortritt, so tritt eine Unstimmigkeit zwischen der Rechten und Linken Linie auf, das heißt zwischen dem Aspekt des Glaubens und dem Aspekt des Wissens.

Doch auch der Höhere verringert sich später durch den Niederen, was als *Massach de Chirik* bezeichnet wird. Das heißt mit anderen Worten: damit der Niedere die Stufen des Höheren erhalten kann – damit der Niedere den Aspekt des Wissens nur im Maß seines Glaubens und nicht darüber erhält – so bedeutet dies, dass der Niedere die Linke Linie des Höheren einschränkt. Das bedeutet, dass der Niedere die Ursache ist. Und dann kann der Niedere existieren, weil er aus dem Aspekt des Wissens und Glaubens besteht. Dies nennt man „Drei Linien", und dadurch erlangt der Niedere Vollkommenheit.

DIE GEMEINSCHAFT ALS URSACHE FÜR SPIRITUELLE ERKENNTNIS

Matan Tora (Gabe der Tora)

Rav Yehuda Ashlag

„Liebe deinen Nächsten wie dich selbst." (Levitikus, 19:18)

Rabbi Akiva sagt: „Dies ist ein großes Gesetz[30] in der Tora."

Das von den Weisen Gesagte verlangt nach einer Aufklärung, da das Wort *Klal* (Gesamtheit/Gesetz) auf eine Summe von Einzelheiten deutet, die alle zusammen diese oben genannte Gesamtheit bilden.

1. Wenn er somit vom Gebot „Liebe deinen Nächsten wie dich selbst" spricht, welches das Hauptgesetz der *Tora* ist, müssen wir verstehen, dass die übrigen 612 Gebote der *Tora* mit allen ihren Komponenten nicht mehr und nicht weniger als eine Summe von Einzelheiten sind, die dieses eine Gebot „Liebe deinen Nächsten wie dich selbst" zusammenstellen und durch dieses bedingt sind.

Dies kann im Bezug auf die Gebote zwischen dem Menschen und seiner Umgebung gerechtfertigt sein, doch wie kann dieses eine Gebot alle Gebote enthalten und in sich einschließen, welche die Beziehungen zwischen dem Menschen und dem Schöpfer regeln und welche in der *Tora* primär sind und deren Wesen und Sinn bestimmen?

2. Und wenn man noch eine Anstrengung unternehmen und auf irgendeine Weise das Gesagte verstehen kann, dann steht für uns bereits ein anderer, noch prägnanterer Ausspruch bereit – über einen Übertretenden, der zum Weisen Hillel (*Traktat Shabbat 31*) mit einer Bitte kam: „Lehre mich die ganze *Tora*, während ich auf einem Fuß stehe." Und es antwortete ihm Hillel: „Was dir verhasst ist, tue deinem Nächsten nicht an. (Liebe deinen Nächsten wie dich selbst). Und der Rest sind nur Erklärungen, gehe und lerne!" Auf diese Weise liegt vor uns ein klares Gesetz, dem zufolge keines der 612 Gebote der *Tora* diesem einen – „Liebe deinen Nächsten wie dich selbst" – vorzuziehen ist. Denn sie sind nur zu dessen Erläuterung bestimmt, um es uns zu erlauben, uns auf das Ausführen des Gebotes „Liebe deinen Nächsten [...]" vorzubereiten, da er klar sagt: „Und der Rest sind nur Erklärungen, gehe und

---

30 Anm. d. Übers.: Das Wort Klal bedeutet in Hebräisch sowohl „Regel", „Gesetz" als auch „Gesamtheit". Der Autor wechselt zwischen diesen Bedeutungen.

lerne", das heißt, alle übrigen Gebote in der *Tora* sind lediglich Kommentare zu diesem einen Gesetz, ohne welche allerdings dessen Ausführung in vollem Umfang nicht möglich ist.

3. Und bevor wir uns in den Gegenstand vertiefen, müssen wir aufmerksam in das Wesen dieses Gebotes schauen. Denn es ist uns aufgetragen, „den Nächsten wie uns selbst zu lieben", und der Ausdruck „wie sich selbst" zeugt davon, dass man seinen Nächsten im gleichen Maße lieben soll, wie man sich selbst liebt – und keinesfalls weniger. Das bedeutet, dass du stets die Bedürfnisse eines jeden Menschen aus dem Volk *Israel* bewachen und befriedigen sollst, nicht weniger als deine eigenen Bedürfnisse.

Das ist doch aber unmöglich, denn nur wenige können sich nach Ende des langen Arbeitstages in ausreichendem Maße um die eigenen Bedürfnisse kümmern; wie kann man da einem also die Verpflichtung auferlegen, für ein ganzes Volk zu arbeiten und dessen Bedürfnisse zu befriedigen?

Doch es ist unmöglich, dass die *Tora* übertreibt. Denn sie selbst warnt uns vor: „Du sollst nicht hinzufügen und nicht wegnehmen" – was aussagt, dass die Gesetze mit absoluter Genauigkeit festgesetzt wurden.

4. Und wenn dir das noch nicht genügt, so kann ich ergänzen, dass die Forderung dieses Gesetzes der Nächstenliebe noch härter ist, da es von uns verlangt, die Bedürfnisse des anderen den eigenen Bedürfnissen vorzuziehen, wie es im *Jerusalemer Talmud* heißt (*Traktat Kidushin, 21:1*): „Damit es ihm bei dir gut geht" (Deuteronomium, 15:16).

Die Rede ist von einem Israeliten, der sich in Sklaverei bei einem anderen Israeliten befindet. Es steht geschrieben: „Wenn der Herr nur ein Kissen hat und er auf diesem liegt und es nicht an seinen Sklaven gibt, dann erfüllt er nicht die Anweisung ‚Damit es ihm bei dir gut geht', denn er liegt auf dem Kissen und der Sklave auf der Erde. Und wenn er nicht darauf liegt, das Kissen aber auch nicht seinem Sklaven gibt, dann ist das eine Sünde von Sodom. Folglich muss er das Kissen seinem Sklaven geben und selbst auf dem Boden liegen".

Folglich gehört auch dieses Gesetz in den Rahmen der Nächstenliebe, denn in ihm wird ebenfalls die Erfüllung der Bedürfnisse eines anderen der Erfüllung der eigenen Bedürfnisse gleichgestellt, wie im Beispiel mit dem jüdischen Sklaven: „Damit es ihm bei dir gut geht."

So auch in dem Fall, wenn er nur einen Stuhl besitzt und sein Freund keinen hat: Gemäß dem Gesagten verstößt er gegen das positive Gebot „Liebe deinen Nächsten wie dich selbst", wenn er selbst darauf sitzt und ihn nicht dem anderen gibt, da er sich nicht um die Bedürfnisse des Nächsten wie um die eigenen sorgt.

Und wenn er selbst nicht auf dem Stuhl sitzt und ihn nicht dem anderen gibt, dann gleicht das der Sünde von Sodom. Denn das Gebot verpflichtet dazu, den Stuhl dem anderen zu geben und selbst auf der Erde zu sitzen oder zu stehen. Klar, dass dieses Gesetz von allen möglichen Bedürfnissen des anderen spricht, die du in der Lage bist zu erfüllen. Und nun gehe und lerne! Ist es aber möglich, dieses Gebot zu erfüllen?

5. Zuallererst müssen wir nachvollziehen, warum die *Tora* nur dem Volke *Israel* gegeben wurde und nicht der ganzen Welt im gleichen Maße. Gibt es hier irgendeine nationale Bevorzugung?

Es ist klar, dass nur ein Geistesgestörter so denken kann. In Wirklichkeit beantworteten die Weisen diese Frage bereits, indem sie sagten, dass der Schöpfer die *Tora* allen Völkern und in allen Sprachen anbot, diese sie jedoch nicht annahmen.

Und dennoch, warum wurde das Volk *Israel* als das „auserwählte Volk" bezeichnet, wie es geschrieben steht: „Dich erwählte der Schöpfer", nachdem keines der Völker die *Tora* wollte? Kann man sich etwa den Schöpfer vorstellen, wie Er mit Seiner *Tora* zu allen anderen Völkern geht und versucht, ihnen das auszuhändigen, wovon sie nicht die geringste Vorstellung haben? Wird etwa in der Geschichte der Völker solch ein Ereignis erwähnt, und wie kann man sich mit solch einer „kindischen" Deutung zufrieden geben?

6. Doch sobald wir die Essenz der *Tora* und der Gebote, die uns gegeben wurden, völlig verstehen, und auch deren erwünschte Absicht, so wie uns die Weisen lehrten, werden wir auch den Sinn der Schöpfung, die vor uns liegt, völlig verstehen. Denn das erste Konzept besagt, dass es keine Handlung ohne Ziel gibt. Und zu dieser Regel gibt es keine Ausnahmen, außer den Niedrigsten des Menschengeschlechts und den Kleinkindern.

Daher besteht keinerlei Zweifel daran, dass der Schöpfer, dessen Größe unergründbar ist, weder Kleines noch Großes zwecklos vollbringen würde.

Und die Weisen verwiesen uns darauf, dass die Welt zu nichts anderem erschaffen wurde als nur zur Einhaltung der *Tora* und der Gebote. Wie uns die Ersten (*Rishonim*) erklärten, besteht der Kern davon darin, dass die Absicht des Schöpfers in Bezug auf das Geschöpf seit dem Moment seiner Erschaffung darin besteht, ihm Sein Höheres Wesen zu offenbaren.

Und die Erkenntnis des Höheren Wesens des Schöpfers offenbart sich im Geschöpf in Form der Empfindung des Genusses, die ständig ansteigt, bis sie das erwünschte Maß erreicht.

Dadurch erheben sich die Gefallenen in wahrem Bewusstsein Seiner Erkenntnis und der Verschmelzung mit Ihm, bis sie schließlich die endgültige Vollkommenheit erreichen: „Niemand wird einen anderen Schöpfer sehen außer Dir."

Und aufgrund der Größe und der Pracht dieser Vollkommenheit hüteten sich die *Tora* und die Propheten, davon zu sprechen. Wie es die Weisen andeuteten: „Alle Propheten sprachen nur von der Zeit des Messias, doch in der zukünftigen Welt wird niemand einen anderen Schöpfer sehen außer Dir." Demjenigen, der über Wissen verfügt, ist das bekannt, und man kann nichts mehr hinzufügen.

Und diese Vollkommenheit ist in den Aussprüchen der *Tora*, der Prophetie und in den Aussprüchen der Weisen durch das einfache Wort „Verschmelzung" ausgedrückt. Doch durch die oftmalige Verwendung dieses Wortes durch die Massen verlor es fast gänzlich seine ursprüngliche Bedeutung. Doch wenn du für einen Augenblick in den Sinn dieses Wortes eindringst, dann wirst du vor Ehrfurcht über die Größe des Wunders erstarren. Stelle dir die Größe des Göttlichen und die Niedertracht des Geschöpfes vor, und dann wirst du einschätzen können, was deren Verschmelzung darstellt. Und dann wirst du begreifen, warum wir durch dieses eine Wort das Ziel dieser ganzen grandiosen Schöpfung zum Ausdruck bringen.

Folglich besteht das Ziel der ganzen Schöpfung darin, dass die niederen Geschöpfe, indem sie sich durch Erfüllung von *Tora* und Geboten allmählich entwickeln, immer höher steigen können, bis sie schließlich würdig werden, mit ihrem Schöpfer zu verschmelzen.

7. Doch hier machten die Weisen der *Tora* halt und stellten die Frage: „Warum wurden wir nicht von Beginn an in der ganzen erwünschten Erhabenheit erschaffen, um mit dem Schöpfer verschmelzen zu können? Warum musste er uns diese Last der Schöpfung, der *Tora* und der Gebote aufbürden?" Und sie antworteten darauf: „Bitter ist das Brot der Scham." Das bedeutet, dass derjenige, der isst und die Früchte der harten Arbeit eines anderen genießt, sich davor fürchtet, diesem ins Gesicht zu schauen, da es ihn beschämt; und derjenige, der diesen Weg beschreitet, verliert allmählich jegliche Menschengestalt.

Und es ist unmöglich, dass in dem, was Seiner Vollkommenheit entspringt, ein Mangel enthalten ist, und daher stellte Er uns die Möglichkeit zur Verfügung, selbst die Erhabenheit durch unser Studium der *Tora* und der Gebote zu verdienen. In diesen Worten birgt sich ein tiefer Sinn.

Ich erklärte bereits das Wesen dieser Dinge in den Büchern *Panim Meirot* (zum Baum des Lebens) und in *Talmud Esser Sefirot*, Kapitel 1, *Histaklut Pnimit*. Daher werde ich es hier kurz erklären, damit es jeder verstehen kann.

8. Das gleicht Folgendem: Einmal führte ein reicher Mann einen Menschen vom Markt zu sich, nährte ihn, tränkte ihn, schenkte ihm jeden Tag Gold und Silber und vermehrte seine Geschenke jeden Tag. Schließlich fragte der Reiche: „Sage mir, habe ich bereits alle deine Wünsche erfüllt?" Und es antwortete ihm der Arme: „Noch sind nicht alle meine Wünsche in Erfüllung gegangen. Denn wie gut und angenehm wäre mir, wenn dieses ganze Eigentum und diese ganze Pracht von mir verdient worden wären, genauso, wie sie es von dir sind, und ich nicht mehr einer wäre, der Almosen aus deinen Händen bekommt." Und es sagte ihm der Reiche:

„Wenn dem so ist, dann wurde noch kein Mensch erschaffen, der deine Bedürfnisse befriedigen könnte."

Dieser Zustand ist natürlich, weil der Arme einerseits einen riesigen Genuss verspürt, der ständig im Maße der Vermehrung der Geschenke, die er bekommt, wächst, und es ihm andererseits schwer fällt, Scham wegen solch einer Menge an Gutem zu erdulden, welches der Reiche ihm gibt und es auch noch von Mal zu Mal vermehrt. Das ist ein Gesetz, welches für unsere Welt natürlich ist, wenn der Empfänger etwas empfindet, was der Scham und der Ungeduld im Moment des Empfangens eines kostbaren Geschenks gleicht.

Und daraus folgt das zweite Gesetz: Es wird sich in der ganzen Welt kein Mensch finden, der vollständig alle Wünsche eines anderen erfüllen könnte, da er es trotz allem nicht schaffen wird, diesem Geschenk den Charakter eines selbstständig Erworbenen beizugeben, was eben allein die Perfektion vollenden kann.

Doch das Gesagte bezieht sich nur auf die Geschöpfe und keineswegs auf die erhabene Vollkommenheit des Schöpfers. Und das ist es, was Er uns als Folge von Anstrengungen und vieler Arbeit bereitete, dank des Studiums der *Tora* und der Ausführung von Geboten – unsere Erhabenheit selbst zu kreieren. Dann werden das ganze Heil und der ganze Genuss, die von Ihm zu uns gelangen, das heißt alles, was im Begriff „Verschmelzung mit dem Schöpfer" eingeschlossen ist, unser eigenständiger Erwerb sein, der uns nur dank unseres eigenen Bemühens zugute kam. Erst dann werden wir uns wie Herren fühlen können, und nur so und nicht anders werden wir die Vollkommenheit verspüren.

9. Hier sollten wir uns jedoch das Wesen und den Ursprung dieses Naturgesetzes genau vor Augen führen. Woher stammt die Scham und Ungeduld, die wir verspüren, wenn wir von jemandem aus Barmherzigkeit erhalten? Diese Erscheinung entspringt einem Naturgesetz, welches den Naturforschern wohlbekannt ist, nämlich, dass die Natur eines jeden Zweiges seiner Wurzel nahe ist und ihm gleicht.

Dabei wird alles, was in der Wurzel vorhanden ist, für deren Zweig begehrenswert sein, und er wird es lieben, sich danach sehnen und daraus Nutzen ziehen. Und umgekehrt wird der Zweig alles, was der Wurzel nicht eigen ist, ebenfalls meiden und wird es nicht dulden können, und es wird ihm Leiden bereiten. Und dieses Gesetz existiert zwischen jeder Wurzel und ihrem Zweig und kann nicht gebrochen werden.

Hier enthüllt sich uns die Möglichkeit, die Quelle aller Genüsse und Leiden zu begreifen, die sich in unserer Welt befinden. Weil der Schöpfer die Wurzel aller Geschöpfe ist, die Er erschuf, so werden alle Erscheinungen, alles, was in Ihm enthalten ist und von Ihm zu uns auf direkter Weise hinabsteigt, für uns anziehend und angenehm sein, weil unsere Natur unserer Wurzel – dem Schöpfer – nahe ist. Und alles, was Ihm uneigen ist und nicht von Ihm auf direkter Weise ausgeht, sondern Ergebnis der Äußerung der Polarität des Geschöpfes selbst ist, wird unserer Natur zuwider sein, und es wird uns schwer fallen, es zu erdulden. Das heißt, wir lieben die Ruhe und hassen Bewegung so sehr, dass wir jede Bewegung nur zur Erreichung der Ruhe ausführen. Und das, weil unsere Wurzel nicht in Bewegung begriffen ist, sondern in Ruhe – in Ihm gibt es keinerlei Bewegung. Daher ist es auch gegen unsere Natur und uns verhasst.

Aus dem gleichen Grunde lieben wir so sehr die Weisheit, Tapferkeit, Reichtum usw., denn all das gibt es in Ihm, weil Er unsere Wurzel ist. Und daher hassen wir alles dem Entgegengesetzte, Narrheit, Schwäche, Armut, weil es in unserer Wurzel vollkommen fehlt. Und das führt zur Empfindung von Abscheu, Hass und zu unerträglichen Leiden.

10. Eben das gibt uns auch den verdorbenen Beigeschmack der Empfindung von Scham und Ungeduld, wenn wir von anderen etwas in Form von Almosen oder Wohlwollen erhalten, weil dem Schöpfer nicht einmal eine Spur des Empfangens innewohnt – denn von wem soll Er empfangen?

Infolge dessen, dass diese Erscheinung unserer Wurzel uneigen ist, ist sie uns zuwider und uns verhasst. Und umgekehrt verspüren wir Genuss, Wonne und Zärtlichkeit jedes Mal, wenn wir unseren Nächsten geben, weil es das in unserer Wurzel gibt, weil Er derjenige ist, der allen gibt.

11. Und nun bekamen wir die Möglichkeit zu klären, was in Wirklichkeit das Schöpfungsziel darstellt – „die Verschmelzung mit Ihm". Jene ganze Erhabenheit und „Verschmelzung", deren Erreichung uns durch unsere Beschäftigung mit der *Tora* und den Geboten gesichert wird, sind nicht mehr und nicht weniger als die Ähnlichkeit der Zweige mit ihren Wurzeln, infolge derer die ganze Wonne, das ganze Wohlbehagen und alles Erhabene auf natürliche Weise vom Schöpfer ausgehen. Somit ist der Genuss nichts anderes als die qualitative Ähnlichkeit mit dem Schöpfer. Und wenn wir uns in unseren Taten all dem angleichen, was unserer Wurzel eigen ist, empfinden wir auf diese Weise Genuss.

Und alles, was in unserer Wurzel fehlt, wird unerträglich und widerlich oder sehr schmerzhaft, was von dieser Erscheinung zwingend hervorgerufen wird. Somit hängt unsere ganze Hoffnung vom Grade der Gleichheit unserer Eigenschaften mit unserer Wurzel ab und gründet sich nur darauf.

12. Und hier sind die Worte der Weisen, welche die Frage stellten: „Was für einen Unterschied macht es für den Allmächtigen, dass der eine das Vieh am Halse schlachtet und der andere am Hinterkopf? Denn die Gebote sind zu nichts anderem gegeben, als nur um durch sie die Geschöpfe zu reinigen." Und „Reinigung" bedeutet die Reinigung des schmutzigen „Körpers" – des Willens, was auch der Zweck ist, welcher aus der ganzen Ausführung von *Tora* und Geboten resultiert.

Denn „der Mensch kommt als wilder Esel auf die Welt": Wenn er geboren wird und aus dem Schoße der Schöpfung heraustritt, befindet er sich in einem vollkommen schmutzigen und niederen Zustand, was eine riesige Selbstliebe bedeutet, die in ihm veranlagt ist. Und seine ganze Bewegung bezieht sich auf sich selbst, ohne jeglichen Funken des Gebens an den Nächsten.

Und er befindet sich in maximaler Entferntheit von der Wurzel, das heißt am anderen Ende. Denn Seine Wurzel ist absolutes Geben, ohne jeglichen Funken des Empfangens, und jener Neugeborene ist vollkommen im Empfangen für sich selbst versunken, absolut ohne Funken des Gebens. Daher gilt sein Zustand als der niedrigste Punkt von Niederträchtigkeit und Schmutz, der sich in der menschlichen Welt befindet.

Und im Maße seines Fortschreitens und Wachstums wird er von seiner Umgebung partielle Lektionen des „Gebens an den Nächsten" erhalten. Und das hängt natürlich von der Entwicklungsstufe der Werte dieser Umgebung ab. Aber auch dann beginnt man seine Erziehung bei der Ausführung der *Tora* und der Gebote aus Liebe zu sich selbst, um eine Belohnung in dieser oder in der zukünftigen Welt zu erreichen, was *lo liShma* (nicht um der *Tora* willen) heißt, weil es unmöglich ist, ihn auf eine andere Weise daran zu gewöhnen.

Wenn der Mensch aber erwachsen und reif werden wird, enthüllt man ihm, wie er zur Ausführung von Geboten *liShma* (um der *Tora* willen) gelangen kann, was eine besondere Absicht darstellt, nur dem Schöpfer Freude zu bereiten. Wie RAMBAM schrieb, enthüllt man Frauen und Kindern nicht, wie man sich mit der *Tora* und den Geboten *liShma* beschäftigen muss, weil sie es nicht ertragen können. Erst wenn sie heranwachsen und Wissen und Verstand erlangen, lehrt man sie die Arbeit von *liShma*. Und so sprachen die Weisen: „Von *lo liShma* gelangt man zu *liShma*", was die Absicht bedeutet, seinem Schöpfer Freude zu bereiten und nicht aus Liebe für sich selbst etwas zu tun.

Dank der natürlichen Möglichkeit, die von Anfang an in der Beschäftigung mit der *Tora* und den Geboten *liShma* durch Denjenigen, Der die *Tora* gab, veranlagt ist – wie die Weisen sagten[31], sprach der Schöpfer: „Ich schuf den bösen Trieb, und ich schuf ihm die *Tora* als Gewürz" –, schreitet das Geschöpf fort und entwickelt sich, indem es die Stufen erklimmt und auf ihnen zu den Höhen der Erhabenheit aufsteigt, bis es in sich schließlich alle Funken der egoistischen Liebe verliert. Und es erheben sich alle Gebote in seinem Körper und alle seine Bewegungen sind nur um des Gebens willen. So, dass sogar jenes Alltägliche, welches er empfängt, ebenfalls mit der Absicht des Gebens verschmilzt, das heißt, damit er geben kann. Davon sprachen die Weisen: „Die Gebote sind nur zu dem Zwecke gegeben, um durch sie die Geschöpfe zu reinigen (zu vereinen)."

13. Es gibt zwei Teile in der *Tora*:
- Gebote, die zwischen dem Menschen und dem Schöpfer gelten,
- Gebote, die zwischen dem Menschen und seinem Nächsten gelten,

---
31 Traktat Kidushin, 30

und beide beabsichtigen das Gleiche – das Geschöpf zum Endziel, nämlich zur *Dwekut* (der Verschmelzung) mit dem Schöpfer zu führen.

Mehr als das: Sogar die praktische Seite in ihnen beiden ist tatsächlich ein Ganzes. Denn wenn man etwas *liShma* tut, ohne jede Beimengung von Selbstliebe, das heißt, ohne daraus Nutzen für sich selbst zu ziehen, wird der Mensch keinerlei Unterschied in seinen Handlungen wahrnehmen – ob er für die Liebe zu seinem Nächsten oder für die Liebe zum Schöpfer arbeitet.

Denn für jedes Geschöpf lautet das Naturgesetz, dass es alles, was sich hinter den Grenzen seines Körpers befindet, für leer und vollkommen irreal hält. Und jede Bewegung, die der Mensch aus Liebe zu seinem Nächsten ausführt, führt er mithilfe des Reflektierten Lichts aus, und jegliche Belohnung, die letzten Endes zu ihm zurückkehren wird, wird seinem Nutzen dienen, und daher können solche Handlungen nicht als „Liebe zum Nächsten" bezeichnet werden, weil sie nach dem Endergebnis bewertet werden. Das gleicht einem Angestellten, der am Ende bezahlt wird, und dies kann absolut nicht als Nächstenliebe gelten. Doch eine Handlung oder Anstrengung „in Reinform" aus Liebe zum Nächsten auszuführen, das heißt, ohne Funken des Reflektierten Lichts oder jegliche Hoffnung auf Belohnung, die zum Menschen zurückkehren wird, ist nach der Natur der Dinge nicht möglich. Und davon spricht „*Tikunej Sohar*" von den Völkern der Erde: „Alle ihre Barmherzigkeit ist nur zu ihrem Wohl."

Das bedeutet, dass ihre ganze Barmherzigkeit, mit welcher sie sich zu ihren Nächsten verhalten oder zur Anbetung ihrer Götter, nicht aus der Nächstenliebe, sondern aus Selbstliebe resultiert, weil die Liebe zum Nächsten außerhalb der Grenzen der Natur steht, wie bereits erklärt wurde.

Daher sind nur diejenigen, welche die *Tora* und die Gebote ausführen, darauf vorbereitet. Nur indem man sich angewöhnt, die *Tora* und die Gebote auszuführen, um dem Schöpfer Freude zu bereiten, trennt man sich ganz langsam ab, tritt aus den Grenzen der natürlichen Schöpfung heraus und erlangt eine zweite Natur – die Nächstenliebe, von welcher die Rede war.

Das ist es, was die Weisen des *Sohar* dazu zwang, in allem die Völker der Erde aus der Nächstenliebe auszugrenzen. Und es sagten die Weisen, dass all ihre Barmherzigkeit nur zu ihrem Wohl ist, das heißt, es kann keine Nächstenliebe bei den Völkern der Erde geben, weil sie sich nicht mit der *Tora* und den Geboten *liShma* beschäftigen. Und die ganze Anbetung ihrer Götter besteht, wie bekannt ist, in Belohnung und Rettung in dieser Welt und in der zukünftigen. Sodass sogar die Anbetung ihrer Götter auf der Selbstliebe basiert. Daher werden wir bei ihnen keine Handlung sehen, die außerhalb der Grenzen ihrer eigenen Körper vollbracht wäre, auch nur um eine Haaresbreite über ihrer Natur.

14. Somit sehen wir klar, dass sogar hinsichtlich der Ausführung der *Tora* und der Gebote *liShma*, sogar im praktischen Teil der *Tora* kein Unterschied zwischen diesen zwei Teilen der *Tora* wahrgenommen wird. Denn es ist notwendig, dass, bevor sich der Mensch darin perfektioniert, jede Handlung, sei es „für den Nächsten" oder „für den Schöpfer", von ihm als leer und nutzlos wahrgenommen wird. Doch mittels großer Anstrengungen erhebt er sich und nähert sich ganz langsam der zweiten Natur. Und dann wird er sofort des Endziels würdig – der Verschmelzung mit dem Schöpfer.

Daher ist jener Teil der *Tora*, der die Beziehungen zwischen dem Menschen und seinem Nächsten regelt, eher in der Lage, den Menschen zum begehrten Ziel zu führen, weil die Arbeit in den Geboten, welche die Beziehungen zwischen dem Menschen und dem Schöpfer regeln, stetig und bestimmt ist. Sie fordert nichts, und der Mensch gewöhnt sich leicht daran. Und alles, was man aus Gewohnheit tut, kann, wie wir wissen, keinen Nutzen bringen. Dagegen sind die Gebote zwischen dem Menschen und seinem Nächsten unstetig und unbestimmt, und Forderungen umgeben den Menschen, wohin er auch schaut. Sie sind daher ein sichereres Mittel, und ihr Ziel ist näher.

15. Nun kann man die Antwort von Hillel HaNasi an den Menschen verstehen, der die Verschmelzung mit dem Schöpfer begehrt, dass nämlich das Wesen der *Tora* das Gebot „Liebe deinen Nächsten wie dich selbst" sei und die übrigen 612 Gebote Erklärungen sowie Vorbereitungen auf dessen Ausführung seien. Und sogar Gebote zwischen dem Menschen und dem Schöpfer sind ebenfalls in die Vorbereitung auf die Ausführung dieses Gebotes eingeschlossen, welches im Grunde das Endziel ist und aus der ganzen *Tora* und den Geboten resultiert. Wie die Weisen sagten: „Die *Tora* und die Gebote wurden zu nichts anderem gegeben, als um durch sie das Volk *Israel* zu reinigen (zu vereinen)." Und dieses Gebot stellt die „Reinigung des Körpers" dar, bis der Mensch eine zweite Natur erlangt, die in der Nächstenliebe besteht. Das heißt, ein einziges Gebot – „Liebe deinen Nächsten wie dich selbst" – ist das Endziel, nach dessen Erreichung der Mensch unmittelbar der Verschmelzung mit dem Schöpfer gewürdigt wird.

Dabei sollte man sich nicht wundern, warum das nicht durch den Ausspruch „Liebe den Ewigen deinen Gott mit deinem ganzen Herzen und deiner ganzen Seele und mit deinem ganzen Wesen" (Deuteronomium, 6:5) bestimmt sei. Der Grund dafür liegt, wie es oben erwähnt wurde, darin, dass es für einen Menschen, der sich noch in den Schranken der Natur des Geschöpfes befindet, absolut keinen Unterschied zwischen der Liebe zum Schöpfer und der Nächstenliebe gibt, da alles, was sich außerhalb von ihm befindet, für ihn irreal ist.

Und weil jener Mensch, der die Verschmelzung mit dem Schöpfer zu erreichen suchte, [den Weisen] Hillel HaNasi darum bat, ihm die erwünschte Zusammenfassung der ganzen *Tora* zu erklären, damit ihm das Ziel klar werden würde und der Weg nicht schwer, wie er sagte: „Lehre mich die ganze *Tora*, während ich auf einem Fuß stehe", so bestimmte ihm Hillel die Liebe zum Nächsten (Punkt 14), weil dieses Ziel am nächsten und erreichbarsten ist, weil es vor Fehlern sicher ist und es Prüfer gibt.

16. Und nun haben wir die Möglichkeit zu verstehen, was weiter oben (Punkt 3 und 4) diskutiert wurde, im Sinne des Gebotes „Liebe deinen Nächsten wie dich selbst" – wie die Tora uns verpflichtet, etwas auszuführen, was auszuführen unmöglich ist.

Und man muss klarstellen, dass die *Tora* aus diesem Grunde nicht unseren heiligen Vorvätern Abraham, Isaak und Jakob gegeben wurde, und sich dies bis zum Auszug aus Ägypten hinzog, als sie als eine ganze Nation herausgingen, bestehend aus 600.000 Männern über dem Alter von 20 Jahren.

Und es wurde jeder aus dem Volk gefragt, ob er zu dieser erhabenen Arbeit bereit sei. Und nachdem jeder mit seinem ganzen Herzen und seiner ganzen Seele einwilligte und aufschrie: „Wir werden tun und wir werden hören", entstand die Möglichkeit, die ganze *Tora* auszuführen, und aus dem Unerreichbaren verwandelte es sich in Mögliches.

Und das ist tatsächlich so, wenn 600.000 Männer aufhören werden, sich mit der Befriedigung eigener Bedürfnisse zu beschäftigen und kein anderes Ziel im Leben haben werden, als die Interessen ihrer Nächsten zu verteidigen, damit es ihnen an nichts fehlen würde. Aber auch das ist noch nicht alles. Dies werden sie mit riesiger Liebe tun, mit dem ganzen Herzen und der ganzen Seele, in voller Übereinstimmung mit dem Gebot „Liebe deinen Nächsten wie dich selbst". Und dann ist zweifellos klar, dass es niemand aus dem Volk nötig haben wird, sich um die eigene Existenz zu kümmern.

Auf diese Weise wird man völlig davon frei, sich um sein eigenes Überleben kümmern zu müssen, und hat es leichter, das Gebot „Liebe Deinen Nächsten wie Dich selbst" unter Einhaltung von allen in Punkt 3 und 4 erwähnten Bedingungen zu erfüllen. Warum sollte man sich noch um das eigene Überleben kümmern müssen, wenn 600.000 Liebende bereitstehen und dafür sorgen, dass es einem an nichts fehlt?

Daher, nachdem das ganze Volk darin einwilligte, wurde ihnen die *Tora* gegeben, weil sie nun fähig wurden, sie auszuführen. Bevor sie aber zur Größe eines ganzen Volkes angewachsen waren, und auch zu den Zeiten der Vorväter, als es im Land nur Einzelne gab, konnten sie tatsächlich nicht die *Tora* auf die erwünschte Weise ausführen. Weil es unmöglich war, mit einer geringen Anzahl von Menschen die Ausführung der Gebote zwischen dem Menschen und seinem Nächsten in vollem Umfang des Gebotes „Liebe deinen Nächsten wie dich selbst" auch nur zu beginnen; daher wurde ihnen die *Tora* nicht gegeben.

17. Aus dem Gesagten können wir den Ausspruch aus der Kategorie der unverständlichsten Aussprüche der Weisen verstehen, die sagten, dass das ganze Volk *Israel* füreinander verantwortlich sei (bürge), was auf den ersten Blick vollkommen ungerecht ist, denn ist es etwa möglich, dass jemand sündigte oder ein Verbrechen begine und seinen Schöpfer erzürnte, und du würdest ihn nicht kennen, und dennoch würde der Schöpfer seine Schuld von dir verlangen?

Denn es steht geschrieben: „Die Väter sollen nicht für die Söhne getötet werden […] jeder soll für seine Sünde sterben." (Deuteronomium, 24:16). Wie kann man also sagen, dass du für die Sünden eines dir vollkommen fremden Menschen bürgen wirst, den du nicht kennst und dessen Wohnort dir auch nicht bekannt ist?

Und wenn dir all das nicht genügt, dann schaue in das Traktat *Kidushin* (40b); dort steht geschrieben: „Rabbi Elasar, der Sohn von Rabbi Shimon, sagt, dass die Welt nach der Mehrheit und ein einzelner Mensch nach der Mehrzahl gerichtet würde. Einer, der ein Gebot erfüllte – sein ist das Glück, weil er die Waagschale, seine und die der ganzen Welt, der Seite des Verdienstes zuneigte. Einer, der ein Verbrechen beging – wehe ihm, weil er die Waagschale, seine und die der ganzen Welt, der Seite der Schuld zuneigte." Wie es geschrieben steht: „Wegen eines Sünders geht viel Gutes verloren."

Und Rabbi Elasar, der Sohn von Rabbi Shimon, sagt, dass [derjenige] auch für die ganze Welt verantwortlich sei. Seiner Meinung nach ist die ganze Welt füreinander verantwortlich. Und jeder fügt durch seine Handlungen der ganzen Welt entweder Verdienst oder Schuld zu. Und das ist um das Doppelte verwunderlich.

Doch entsprechend dem oben Gesagten werden die Worte der Weisen in ihrem natürlichsten Sinne verständlich. Denn jeder Teil der 613 Gebote der *Tora* dreht sich nur um einen Pol – das Gebot „Liebe deinen Nächsten wie dich selbst". Folglich befindet sich dieser Pol außerhalb der Grenzen des Erfüllbaren, außer, wenn das ganze Volk und jeder Einzelne daraus dazu bereit sein werden.

ARWUT (GEGENSEITIGE BÜRGSCHAFT)

Rav Yehuda Ashlag
(Fortsetzung von „Matan Tora")

„Ganz Israel[31a] ist füreinander verantwortlich, einer für den anderen."

(Traktate Sanhedrin 72b, Shawuot 39)

Wir sprechen hiermit über *Arwut* (Gegenseitige Bürgschaft), als ganz *Israel* füreinander verantwortlich wurde. Denn die *Tora* wurde ihnen erst übergeben, als jeder Einzelne von ihnen gefragt worden war, ob er die *Mizwa* (das Gebot), andere zu lieben, im vollen Ausmaß der Bedeutung der Worte „Liebe deinen Nächsten wie dich selbst" auf sich nehmen würde (wie in Punkt 2 und 3 im Artikel „*Matan Tora*" beschrieben; studiere es dort tiefgründig). Das bedeutet, dass jeder Einzelne in *Israel* es auf sich nahm, für jedes Mitglied des Volkes zu sorgen, zu arbeiten und all deren Bedürfnisse zu befriedigen; und zwar im gleich großen Ausmaß, wie es in jeden hineingelegt ist, sich um die eigenen Bedürfnisse zu kümmern – und um nichts weniger.

Und erst als das ganze Volk einstimmig zusagte und sprach: „Alles, was der Ewige gesagt hat, wollen wir tun und hören" (Exodus, 24:7), nahm jedes Mitglied Israels die Verantwortung auf sich, dass es keinem einzigen Mitglied des Volkes an etwas fehlen würde, und erst dann wurden sie würdig, die *Tora* zu empfangen.

Durch diese allumfassende Verantwortlichkeit wurde jedes Mitglied des Volkes von den Sorgen um seine eigenen körperlichen Bedürfnisse befreit und konnte so die *Mizwa* „Liebe deinen Nächsten wie dich selbst" in ihrem ganzen Ausmaß und ihrem vollen Umfang befolgen und jedem hilfsbedürftigen Mitglied alles geben, was er besaß, da er sich weiter nicht mehr um seine eigene Existenz kümmern musste; denn er wusste nun und war sich sicher, dass sechshunderttausend treue Freunde bereitstehen, um für ihn zu sorgen.

Aus diesem Grund waren sie zu Abrahams, Isaaks und Jakobs Zeit nicht bereit, die *Tora* zu bekommen, sondern erst, als sie aus Ägypten ausgezogen waren und ein vereintes Volk geworden waren. Erst dann ergab sich die Möglichkeit, dass jedem die Befriedigung all seiner Bedürfnisse, ohne den geringsten Zweifel daran zu haben, garantiert werden konnte.

31a Anm. d. Herausgebers: Israel besteht aus zwei Silben: Yashar (direkt) und El (zum Schöpfer). Gemeint sind also jene, die zum Schöpfer streben.

Es ist offensichtlich, dass die Schenkung der *Tora* bis zum Zeitpunkt, als sie aus Ägypten ausgezogen waren und ein selbstständiges Volk geworden waren, verzögert werden musste; das heißt, bis all ihre Bedürfnisse aus dem Eigenen, ohne fremde Hilfe, befriedigt waren, was sie dazu befähigte, die obige *Arwut* zu übernehmen. Erst dann wurde ihnen die *Tora* gegeben. Aus diesem Grund ergibt sich, dass sogar nach dem Empfang der *Tora*, wenn ein paar wenige aus *Israel* ohne Rücksicht auf ihre Freunde betrügen und in die Abgründe der Selbstsucht zurückfallen, ganz *Israel* von dieser Menge an Bedürfnissen belastet wird, die in den Händen dieser wenigen liegen, und dass es dafür Sorge tragen muss.

Da diese wenigen in keiner Weise Mitgefühl für ihre Mitmenschen zeigen wollen, wird ganz *Israel* an der Erfüllung der *Mizwa*, seinen Nächsten zu lieben, gehindert. Daraus ergibt sich, dass jene Widersacher diejenigen, die die *Tora* und die *Mizwot* befolgen, dazu zwingen, im Schmutz der Eigenliebe zu verweilen, da sie ohne deren Hilfe das Gebot „Liebe deinen Nächsten wie dich selbst" nicht befolgen und ihre Liebe nicht vollenden können.

Daraus erkennt man, dass ganz *Israel* füreinander verantwortlich ist, einer für den anderen, sowohl in positiver wie auch in negativer Hinsicht. In positiver Hinsicht können sie die *Tora* und die *Mizwot* lediglich restlos befolgen, wenn sie so lange füreinander bürgen, bis sich jeder um die Bedürfnisse seines Freundes kümmert und sorgt, was weiterhin bedeutet, ihrem Schöpfer Zufriedenheit zu schenken (Punkt 13). Und auf der negativen Seite können wir erkennen, dass, wenn ein Teil des Volkes die Bürgschaft nicht einhalten will und sich in Selbstsucht ergötzt, der Rest des Volkes gezwungenermaßen in den Schmutz und den Abgrund eingetaucht bleibt, ohne jemals einen Ausweg zu finden.

18. Daher beschrieb der *Tana* (Rabbi Shimon Bar Yochai) diese *Arwut* mit dem Beispiel von zwei Personen, die sich in einem Boot befanden. Und als der Eine von ihnen plötzlich begann, ein Loch in das Boot zu bohren, fragte der Freund: „Wieso bohrst Du ein Loch?", und der andere antwortete: „Was geht Dich das an, ich bohre unter mir, nicht unter Dir", worauf der erste Mann antwortete: „Du Idiot, wir werden beide ertrinken!" (*WaYikra Rabba, Kapitel 4*).

Daraus lernen wir, dass, solange diese Widersacher in Eigenliebe schwelgen, diese durch ihr Handeln eine eiserne Wand aufbauen, welche diejenigen, die die *Tora* befolgen möchten, daran hindert, selbst damit zu beginnen, die *Tora* und die *Mizwot* im Maße von „Liebe deinen Nächsten wie dich selbst" restlos zu befolgen. Denn dies ist die Leiter, um mit Ihm *Dwekut* (Verschmelzung) zu erreichen. Wie treffend war also die Bemerkung: „Du Idiot, wir werden beide gemeinsam ertrinken!"

19. Rabbi Elasar, Sohn von Rabbi Shimon, verdeutlicht dieses Konzept von Arwut (Bürgschaft) noch weiter, indem er erklärt, dass es nicht genügt, dass ganz *Israel* füreinander verantwortlich sei, sondern dass stattdessen die ganze Welt in diese Bürgschaft mit eingeschlossen werden müsse. Hierin besteht kein Widerspruch, denn um einen Anfang machen zu können, die *Tora* zu befolgen und die Welt zu korrigieren, wird jeder zustimmen, dass es ausreicht, mit einem Volk zu beginnen, denn es ist unmöglich, mit allen gleichzeitig zu starten. Wie überliefert ist, ging der Ewige mit der *Tora* zu allen Völkern, doch sie wollten diese nicht empfangen, was bedeutet, dass sie bis zum Hals in Eigenliebe steckten. Einige durch Ehebruch, andere durch Raub, Mord und anderes, sodass es zu diesem Zeitpunkt unmöglich war, sie zu überzeugen oder gar zu fragen, ob sie zustimmen würden, von der Eigenliebe zurückzutreten.

Daher fand der Schöpfer kein Volk und keine Sprache, welche befähigt gewesen wären, die *Tora* zu empfangen, außer den Söhnen Abrahams, Isaaks und Jakobs, auf denen die Verdienste ihrer Väter ruhten. Wie unsere Weisen sagten: „Die Väter befolgten die ganze *Tora*, sogar schon, bevor sie ihnen gegeben wurde", was bedeutet, dass sie aufgrund der Erhabenheit ihrer Seelen imstande waren, alle Wege des Ewigen zu erkennen und zu beschreiben, im Aspekt der Spiritualität der *Tora*. Dies wurde ihnen durch die Hingabe an Ihn ermöglicht, ohne vorher den praktischen Teil der *Tora*, der die körperliche Reinigung betrifft, benötigt zu haben, da sie keine Möglichkeit hatten, diesen zu befolgen, wie in „*Matan Tora*", Punkt 16, beschrieben wurde.

Und zweifellos wirkten sich die körperliche Reinheit und die seelische Erhabenheit unserer heiligen Väter auf ihre Söhne und auf die Söhne ihrer Söhne aus. Ihr Verdienst spiegelte sich in der Generation wider, in der alle ihre Mitglieder die erhabene Arbeit auf sich nahmen und jeder klar und deutlich zustimmte: „Wir wollen es tun und hören." Deshalb wurden wir aus Notwendigkeit heraus unter allen Völkern zu einem *Am Segula*[32] (auserwählten Volk) ausgewählt.

Daraus folgt, dass nur die Mitglieder des Volkes *Israel* die geforderte *Arwut* auf sich nahmen und kein anderes der Völker dieser Welt, denn sie hatten keinen Anteil daran. Dies ist einfach, denn es ist die Wirklichkeit.

Und wie konnte Rabbi Elasar dem nicht zustimmen?

20. Doch das Ende der Korrektur der Welt wird erfolgen, wenn sich alle Völker dieser Welt dieser – Seiner (des Schöpfers) – Arbeit stellen. Wie geschrieben steht: „Und der Ewige wird König sein über alle Lande. An diesem Tag wird der Ewige der Einzige sein und sein Name der Einzige" (Sacharja, 14:9). Und es heißt: „An diesem Tag" und nicht eher. Und es heißt auch weiter: „Denn das Land wird voll der Erkenntnis des Ewigen sein [...]" (Jesaja, 11:9) „[...] und alle Völker werden zu Ihm strömen" (Jesaja, 2:2).

Dennoch gleicht die Aufgabe *Israels* gegenüber der Welt der Rolle unserer heiligen Väter gegenüber dem israelitischen Volk. Das heißt, der Verdienst unserer Väter wirkte auf uns und verhalf uns, uns zu entwickeln, bis wir würdig wurden, die *Tora*

---

32 Anm. d. Übers.: Am - Volk, Segula – Heilmittel, Verdienst; Am Segula wird für gewöhnlich als „Auserwähltes Volk" übersetzt, die Übersetzung ist aber nicht exakt.

zu empfangen. Gäbe es nicht unsere Väter, welche die *Tora* befolgten, bevor sie uns übergeben wurde, so wären wir um nichts besser als alle anderen Völker (Punkt 12).

Und so hängt es vom israelitischen Volk ab, durch das Befolgen der *Tora* und der *Mizwot liShma* [in der Absicht zu geben], sich und alle Menschen in der Welt zu befähigen, sich so zu entwickeln, dass sie die erhabene Arbeit, den Mitmenschen zu lieben, auf sich nehmen. Diese Arbeit ist die Leiter, um das Ziel der Schöpfung, *Dwekut* (Verschmelzung) mit Ihm, zu erreichen.

Somit verhilft jedes einzelne Gebot – welches von jedem Israeliten ausgeübt wird, um seinem Schöpfer Zufriedenheit zu schenken und nicht um der eigenen Befriedigung willen – die Entwicklung aller Menschen der Welt voranzubringen. Denn die Entwicklung geschieht nicht auf einen Schlag, sondern sie schreitet allmählich, Schritt für Schritt, voran, bis das Ausmaß erreicht ist, welches die ganze Welt zur ersehnten Reinheit bringen kann. Das ist es, was unsere Weisen als „die Neigung der Waage zur Seite des Verdienstes (des Freispruchs) hin" bezeichneten, was bedeutet, dass die benötigte Reinheit erreicht wurde. Und sie verglichen dies weiter mit Waagschalen, wobei das Austarieren der Gewichte zur Erreichung des gewünschten Gleichgewichts führt.

21. Dies sind die Worte von Rabbi Elasar, Sohn von Rabbi Shimon, der sagte, dass das Urteil über die Welt nach der Mehrheit gefällt wird. Dies bezieht sich auf die Rolle des israelitischen Volkes, die Welt zu einer bestimmten Erhabenheit zu befähigen, bis diese würdig geworden ist, die Arbeit des Schöpfers auf sich zu nehmen. Um nichts weniger würdig als *Israel* selbst es zu jener Zeit gewesen war, als es die *Tora* empfing. In der Sprache der Weisen heißt das, dass die Tugenden die Mehrheit erreichten, indem sie das Gewicht von der Waagschale der unreinen Selbstliebe wegnahmen.

Und es ist klar, dass, wenn die Waagschale der Verdienste, nämlich das hohe Verständnis dessen, wie gut es ist, den Mitmenschen zu lieben, schwerer wird und die Waagschale der schmutzigen Schuld überwiegt, sie zur Entscheidung und zum Einverständnis fähig werden, „wir wollen tun und hören" zu sagen, wie *Israel* es getan hat. Doch zuvor, das heißt, bevor sie die Mehrheit an Verdiensten erlangen, hält ihre Eigenliebe sie naturgemäß davon ab, diese Bürde auf sich zu nehmen.

Unsere Weisen sagten: „Wenn einer eine *Mizwa* ausführt, neigt er die Waage für sich selbst und für die ganze Welt zur Seite des Verdienstes hin", was bedeutet, dass er seinen eigenen Anteil zu *Israels* allgemeinem Beschluss beiträgt, vergleichbar mit jenem, der die Saat wägt und jedes Korn einzeln auf die Waagschale setzt, bis genügend Körner hinzugefügt sind, um das Gewicht zu wenden. Natürlich beteiligt sich jeder Einzelne an diesem Wendeprozess, denn anders würde sich dieser nie vollenden. Doch gerade deswegen sagen sie über die Handlung eines Einzelnen *Israels*, dass er dabei für die ganze Welt die Waage zur Seite des Verdienstes neigt. Denn sobald sich die Neigung der Waage für die gesamte Welt verwirklicht haben wird, wird jeder

Einzelne daran teilgenommen haben; anders würde sich dies nie vollendenDemnach sieht man, dass Rabbi Elasar, Sohn von Rabbi Shimon, die Worte unserer Weisen, dass ganz *Israel* füreinander verantwortlich sei, nicht abstreitet. Hingegen spricht Rabbi Elasar über die Korrektur der ganzen Welt, wenn die Zeit, die Korrektur zum Abschluss zu bringen, gekommen ist, während unsere Weisen über die Gegenwart sprechen, in der nur *Israel* die *Tora* auf sich nimmt.

22. Und genau darüber spricht Rabbi Elasar, Sohn von Rabbi Shimon, in Bezug auf den Vers: „Durch einen Sünder geht viel Gutes verloren"; denn es wurde bereits aufgezeigt (Punkt 20), dass die Begeisterung, die ein Mensch mittels der *Mizwot* zwischen Mensch und Gott gewinnt, genau die gleiche Begeisterung ist, wie er sie durch die *Mizwot* zwischen dem Menschen und seinem Mitmenschen gewinnt. Denn er ist verpflichtet, ohne Hoffnung auf Eigenliebe, alle *Mizwot liShma* (um der *Tora* willen) auszuführen, ohne sich Glanz und Ehre oder Ähnliches als Belohnung für seine Mühen zu erhoffen. Durch diese erhabene Tatsache verschmelzen die Liebe Gottes und die Liebe zum Mitmenschen und werden eins (siehe Punkt 15).

Daraus ergibt sich, dass er auf der Leiter der Nächstenliebe einen bestimmten Fortschritt für die ganze Welt erzielt, da dieser Einzelne durch seine Taten, ob große oder kleine, eine gewisse Stufe erreicht und schlussendlich die Zukunft mit beeinflusst, indem die Balance der Welt zum Rechten hin gewendet wird, da sein Anteil zum Gewicht hinzugefügt wird (wie im Gleichnis über den Sesam in Punkt 20 beschrieben wurde).

Zudem neigt jener, welcher eine Sünde begeht – der seine unreine Eigenliebe nicht bewältigen und besiegen kann, welche ihn dazu bringt, zu stehlen oder Ähnliches zu tun –, für sich und für die ganze Welt die Waage zur Schuld hin. Denn mit der Enthüllung der unreinen Selbstsucht wird die niedrige Natur der Schöpfung bestärkt, und er entwendet dabei eine gewisse Menge vom Richtigen, genauso, wie wenn eine Person das Sesamkorn, welches sie zuvor hingelegt hat, von der Waagschale wegnehmen würde, was die falsche Seite der Waage um dieses eine Korn belastet. Daraus ergibt sich, dass diese Person die ganze Welt rückwärts schreiten lässt. Wie gesagt wurde: „Durch einen Sünder geht viel Gutes verloren", denn er konnte sein unbedeutendes Verlangen nicht besiegen und drängte die Spiritualität der gesamten Welt zu einem Rückschritt.

23. Durch diese Worte können wir klar verstehen, wie obige Erläuterung (Punkt 5), die *Tora* sei im Besonderen dem israelitischen Volk übergeben, zu verstehen ist, denn es ist unbestreitbar und eindeutig, dass das Ziel der Schöpfung auf den Schultern der gesamten Menschheit ruht, ob schwarz, weiß oder gelb, ohne jeglichen wesentlichen Unterschied.

Doch aufgrund des Abstiegs der menschlichen Natur auf die tiefste Stufe, auf die Ebene der Eigenliebe, die über die gesamte Menschheit herrscht, gab es keinen Zugang zu den Völkern, um mit ihnen zu verhandeln oder um sie zu überzeugen – nicht einmal in Form einer leeren Versprechung–, die eingeschränkte Welt zu verlassen und sich in den grenzlosen Raum zu begeben, den Mitmenschen zu lieben. Mit keinem außer dem israelitischen Volk war dies möglich, welches im grausamen Königreich Ägyptens über schreckliche vierhundert Jahre lang versklavt gewesen war.

Unsere Weisen sagten: „Wie das Salz das Fleisch verfeinert, so verfeinert das Leid den Menschen", das bedeutet, dass sie ihren Körper bedeutend reinigen konnten. Und zudem half ihnen auch die Reinheit ihrer heiligen Väter (siehe Punkt 16), was das Wichtigste ist, wie einige Verse der *Tora* bezeugen.

Diese zwei Vorbedingungen befähigten sie dazu, was auch erklärt, wieso über sie in der Einzahl gesprochen wird: „Und *Israel* lagerte dort vor dem Berg" (Exodus, 19:2), was unsere Weisen als „ein Mensch und ein Herz" interpretieren.

Dies ist deshalb so, da sich jede einzelne Person des Volkes vollständig von der Eigenliebe loslöste und einzig ihren Freund begünstigen wollte, wie wir oben (Punkt 16) bezüglich der *Mizwa* „Liebe Deinen Nächsten wie Dich selbst" aufzeigen konnten. Daraus ergibt sich, dass sich alle Individuen des Volkes vereinten und zu einem Herzen und zu einem Menschen wurden. Erst dann wurden sie dazu ermächtigt, die *Tora* zu empfangen.

24. Auf diese Weise und entsprechend den zu erfüllenden Voraussetzungen wurde die *Tora* einzig und allein dem israelitischen Volk, den Nachkommen Abrahams, Isaaks und Jakobs, gegeben, denn es war unvorstellbar, dass sich ein Fremder daran beteiligen würde. Aus diesem Grund wurde das israelitische Volk als eine Art Tor (Durchgang, Passage) erschaffen, durch das die Funken der Reinheit über die ganze Menschheit scheinen sollen.

Und diese Funken vervielfältigen sich dann, bis die gewünschte Menge erreicht ist; dass heißt, bis die Völker der Erde soweit entwickelt sind, das Vergnügen und den Frieden zu verstehen, welche im Kern der Liebe zum Nächsten stecken. Denn nun können sie die Waage zur Seite des Verdienstes neigen und werden sich selbst der Bürde stellen, und die Waagschale der Schuld wird aus der Welt ausgelöscht werden.

25. Dennoch ist das oben Gesagte (Punkt 16), weshalb die *Tora* aufgrund des Gebots „Liebe deinen Nächsten wie dich selbst" – was die Achse ist, um die sich alle *Mizwot* drehen – nicht unseren Vätern gegeben wurde, zu vervollständigen. Damit dies geklärt und gedeutet werden kann, ist zu verstehen, dass dies nicht durch den Einzelnen, sondern lediglich durch die Zustimmung eines ganzen Volkes befolgt werden kann.

Das ist der Grund, wieso es bis zum Auszug aus Ägypten dauerte, bis sie würdig geworden waren, die *Tora* zu befolgen. Erst da wurden sie gefragt, ob jeder Einzelne des Volkes bereit sei, diese *Mizwa* auf sich zu nehmen. Und erst als alle zusagten, wurde ihnen die *Tora* übergeben. Dennoch müssen wir zunächst klären, wo in der *Tora* steht, dass sie alle zusagten, bevor sie die *Tora* erhielten.

26. Bedenke, dass diese Tatsache für jede Person in der Aufforderung, die Gott vor dem Empfang der *Tora* durch Moses an *Israel* sandte, offensichtlich ist, denn es heißt: „Und nun, wenn du meiner Stimme wirklich folgst und meinen Bund hältst, dann sollst du mein Schatz sein vor allen Völkern: Denn die ganze Welt ist mein. Und ihr sollt mir ein Königreich von Priestern und ein heiliges Volk sein. Das sind die Worte, die du den Kindern *Israel* sagen sollst." Und Moses kam und berief die Ältesten des Volkes und legte ihnen all die Worte vor, welche der Ewige ihm geboten hatte, und alles Volk antwortete einmütig und sprach: „Wir werden alles tun, was der Ewige sagt." Und Moses überbrachte dem Ewigen die Worte des Volkes (Exodus, 19:5).

Diese Worte scheinen jedoch nicht mit dem Zweck, den sie erfüllen sollen, übereinzustimmen, denn das allgemeine Verständnis sagt uns, dass, wenn eine Person ihrem Freund eine Arbeit anbietet, sie ihm aufzeigen muss, was er zu tun hat und welchen Lohn er dafür bekommt, damit er zustimmen kann. Erst dann kann sich der Freund entscheiden, ob er die Arbeit annehmen oder ablehnen will.

Doch wir finden hier weder eine Beschreibung für die zu verrichtende Arbeit noch die entsprechende Belohnung, denn es heißt: „Wenn ihr meiner Stimme wirklich folgt und meinen Bund haltet (...)". Er erklärt uns weder die Stimme näher noch was der Bund beinhaltet. Dann sagt Er: „Dann sollst du mein Schatz sein vor allen Völkern: Denn die ganze Welt ist mein."

Doch wir können aus diesen Worten nicht entnehmen, ob Er uns zur Arbeit befiehlt, um für alle Menschen eine Hilfe[33] zu sein, oder ob das ein gutes Versprechen an uns ist.

Und wir müssen auch die Verbindung verstehen, die hier zum Schluss des Geschriebenen „Denn die ganze Welt ist mein" besteht, welches drei Übersetzungen hat: Onkelos, Jonathan ben Usiel und den *Jerusalemer Talmud*. Und alle Auslegungen von Rashi, *RAMBAN* (Nachmanides) usw. steuern darauf hin, diesen Satz zu berichtigen, und Ibn Esra sagt im Namen von Rabbi Marinos, dass das Wort „denn" „obwohl" bedeutet, und interpretiert es als „dann sollst du mein Schatz sein vor allen Völkern: Obwohl die ganze Welt mein ist". Ibn Esra selbst neigt dazu, dem zuzustimmen, doch diese Ausführung stimmt nicht mit derjenigen unserer Weisen überein, welche sagten, dass „denn" dazu dient, vier Bedeutungen auszudrücken: „auch", „sodass nicht", „aber", „sodass".

Zu diesen fügt er einen fünften Begriff hinzu: „obwohl". Zum Schluss heißt es: „Und du sollst ein Königreich von Priestern und ein heiliges Volk sein". Doch auch hier ist im Text nicht klar ersichtlich, ob dies ein Gebot, womit man sich eingehend befassen muss, oder ein lohnendes Versprechen ist. Die Worte „ein Königreich von Priestern" werden weder wiederholt noch irgendwo in den Heiligen Schriften erklärt.

---

33 Segula heißt auf Hebräisch „Hilfs- und Heilmittel" und bedeutet zudem auch „Tugend". Baal haSulam benutzt frei beide Begriffe.

Somit sollten wir uns hauptsächlich darauf konzentrieren, den Unterschied zwischen „ein Königreich von Priestern" und „ein heiliges Volk" zu definieren. Dadurch, dass „Priestertum" gewöhnlich die gleiche Bedeutung trägt wie „Heiligkeit" und es daher einleuchtend ist, dass ein Königreich, in dem jedermann Priester ist, auch ein heiliges Volk sein muss, scheinen die Worte „heiliges Volk" überflüssig zu sein.

27. Dennoch lernen wir aus den bereits erarbeiteten Interpretationen die wahre Bedeutung der Worte, denn sie sind in der Form einer Verhandlung mit Angebot und Zustimmung zu verstehen. Das bedeutet, dass Er ihnen durch diese Worte die ganze Form und den Inhalt der Arbeit aufzeigt, welche die *Tora* und die *Mizwot* beinhalten, aber auch die Belohnung, die dadurch erfolgt.

Die ganze Arbeit der *Tora* und *Mizwot* wird in den Worten ausgedrückt: „Und du sollst ein Königreich von Priestern für mich sein", denn „Königreich von Priestern" bedeutet, dass ihr alle, vom Jüngsten bis zum Ältesten, wie Priester seid. Genauso, wie sie in dieser körperlichen Welt über keinen Anteil am Land und keinen Besitz verfügen, denn der Ewige ist ihr Besitz, so wird das ganze Volk dafür sorgen, dass die ganze Erde und alles in ihr dem Ewigen ergeben sein wird. Jedes Individuum auf ihr wird daher nur noch ausschließlich mit der Absicht arbeiten, die Gebote Gottes zu befolgen und die Bedürfnisse seines Nächsten zu befriedigen, damit keine Person sich jemals mehr um sich selbst sorgen muss.

Demzufolge werden die weltlichen Arbeiten wie das Ernten, das Bestellen des Feldes und Ähnliches exakt wie Opfergaben angesehen, welche die Priester im Tempel ausführen. Worin unterscheidet es sich, ob ich die positive[34] *Mizwa* erfülle, dem Ewigen ein Opfer darzubringen, oder ob ich die positive *Mizwa* „Liebe deinen Nächsten wie dich selbst" befolge? Daraus ergibt sich, dass derjenige, der sein Feld mit der Absicht erntet, seinen Mitmenschen zu ernähren, das Gleiche tut wie derjenige, der dem Ewigen Opfergaben bringt. Wie wir bereits oben (Punkt 14 und 15) sehen konnten, scheint darüber hinaus die *Mizwa* „Liebe deinen Nächsten wie dich selbst" wichtiger zu sein als diejenige des Darbringens der Opfergaben.

Gewiss ist das noch nicht alles, denn die ganze *Tora* und die *Mizwot* wurden einzig mit der Absicht gegeben, *Israel* zu reinigen, was die Reinigung des Körpers (siehe Punkt 12) bedeutet, nach welcher die wahre Belohnung erreicht wird, mit Ihm zu verschmelzen, was das Ziel der Schöpfung ist. Genau diese Belohnung wird in den Worten „ein heiliges Volk" ausgedrückt, denn durch das Verschmelzen mit Ihm werden wir geheiligt, da es heißt: „Ihr sollt heilig sein, denn ich, der Ewige, euer Gott bin heilig" (Levitikus, 19:2).

Man sieht, dass die Worte „ein Königreich von Priestern" vollständig die Arbeit um die Achse „Liebe deinen Nächsten wie dich selbst" ausdrücken; und diese Worte bedeuten, dass dies ein Königreich ist, in dem alle Priester sind und ihr einziger Besitz der Ewige ist und sie nichts Eigenes an Weltlichem besitzen. Unfreiwillig müssen

---
34 Anm. d. Übers.: Mizwa Asse ist ein Gebot, um eine gewisse Handlung auszuführen.

wir anerkennen, dass dies die einzige Definition ist, durch die wir die Worte „ein Königreich von Priestern" verstehen können. Man kann dies nicht interpretieren, indem es in Bezug zu „Opfergaben auf dem Altar" gebracht wird, denn dies wäre hinsichtlich des ganzen Volkes unvorstellbar. Wer hätte dann die Opfer dargebracht, [wenn alle Priester wären]?

Und wer wären hinsichtlich der Gaben der Priesterschaft die Geber? Außerdem wurde hinsichtlich der Heiligkeit der Priester gesagt: „ein heiliges Volk". Deswegen muss dies bestimmt bedeuten, dass allein Gott ihr Besitz ist und dass sie auch für sich selbst keinerlei materielle Besitztümer haben, im vollen Ausmaß der Worte „Liebe deinen Nächsten wie dich selbst", welche die ganze *Tora* umfassen. Und die Worte „heiliges Volk" drücken die vollständige Belohnung aus, welche *Dwekut* (Verschmelzung) ist.

28. Nun können wir die vorherigen Worte restlos verstehen, denn Er sagt: „Daher, wenn du meiner Stimme wirklich folgst und meinen Bund hältst", was besagt: „Gelobe zu halten, was ich dir anvertraue, damit du ein Helfer sein wirst; du wirst mir als Heilmittel dienen, durch das die Funken der Verfeinerung und Reinigung des Körpers zu allen Menschen und Nationen strömen. Da die Völker dieser Welt noch nicht bereit dafür sind, brauche ich ein Volk, welches damit beginnt und als Heilmittel für alle anderen Nationen dient." Darum sagt Er zum Schluss: „Denn die ganze Welt ist mein", das heißt, alle Menschen der Welt gehören zu mir und sind dafür bestimmt, sich so an mich zu binden, wie du es tust (Punkt 20).

Doch solange sie noch nicht bereit sind, diese Aufgaben zu erfüllen, brauche ich ein rechtschaffenes Volk; und wenn du damit einverstanden bist, ein Helfer für alle Nationen zu sein, ordne ich an, dass du mir ein Königreich von Priestern sein wirst, und das ist die Liebe zum Nächsten in ihrer endgültigen Form von „Liebe deinen Nächsten wie dich selbst". Und „ein heiliges Volk" ist die Belohnung in ihrer abschließenden Form der Verschmelzung mit Ihm, welche alle erdenklichen Belohnungen beinhaltet.

Dies ist, wie unsere Weisen den Schlusssatz interpretieren: „Dies sind die Worte, die du zu den Kindern Israels sprechen sollst." „Dies sind die Worte", nicht mehr und nicht weniger. Hätte man Moses zutrauen können, dass er die Worte des Ewigen mindern oder ergänzen würde, sodass er hätte gewarnt werden müssen? Derartiges finden wir in der ganzen *Tora* nicht; im Gegenteil, denn die *Tora* sagt über ihn: „Denn er ist der Zuverlässigste in meinem ganzen Haus" (Numeri, 12:7).

29. Nun können wir die endgültige Form der Arbeit, wie sie in den Worten „ein Königreich von Priestern" erklärt wurde, vollständig begreifen, denn dies ist die umfassende Zusammenfassung von „Liebe deinen Nächsten wie dich selbst". Hierdurch würde es verständlich, wenn Moses sich zurückhielte und den vollen Umfang der Arbeit nicht auf einmal enthüllte, damit *Israel* es nicht ablehnen würde, sich von seinem materiellen Eigentum zu trennen und sein Vermögen und seinen Besitz zu verschenken.

Dies ist vergleichbar mit dem, wie der RAMBAM (Maimonides) schrieb: dass man Frauen und kleinen Kindern nichts über den Inhalt der reinen Arbeit erzählen darf, welche in der Absicht erfolgen muss, keine Belohnung zu erhalten, und es besser ist abzuwarten, bis sie älter, weiser und mutiger werden, diese auszuführen. Daher warnte der Ewige Moses, „nicht weniger" zu tun, als ihnen die wahre Form der Arbeit anzubieten, wie sie in den Worten „ein Königreich von Priestern" ausgedrückt wird.

Doch auch hinsichtlich der Belohnung, die in den Worten „ein heiliges Volk" definiert ist, hätte Moses Weiteres über die Annehmlichkeiten und die erhabene Tiefgründigkeit sagen können, welche durch *Dwekut* erfolgt. Er hätte sie dadurch überzeugen können, dem zuzustimmen und sich vom weltlichen Besitz zu trennen. Daher wurde er davor gewarnt, nicht über die gesamte Belohnung, die in den Worten „ein heiliges Volk" enthalten ist, zu sprechen.

Der Grund dafür ist, dass, wenn er ihnen über die wundersamen Dinge, die in der Essenz der Belohnung liegen, erzählt hätte, sie die Arbeit mit der Absicht angenommen hätten, die herrliche Belohnung zu bekommen. Dies würde als das Arbeiten zum eigenen Zweck, aus Eigenliebe, betrachtet werden, was als Folge den ganzen Zweck verfälschen würde (Punkt 13).

Wir sehen demnach, dass er in Bezug auf die Arbeit, welche durch die Worte „ein Königreich von Priestern" ausgedrückt wird, angehalten wurde, „nicht weniger" und über das Maß der Belohnung, das in den Worten „ein heiliges Volk" ausgesprochen wird, „nicht mehr" zu sagen.

Der Frieden

Rav Yehuda Ashlag

Eine wissenschaftliche Erforschung des Nutzens und der Notwendigkeit der Arbeit des Schöpfers auf empirischer Basis

> „Da werden die Wölfe bei den Lämmern wohnen und die Panther bei den Böcken lagern. Ein Knabe wird Kälber und junge Löwen und Mastvieh miteinander treiben (...) Und es wird sein an jenem Tage, wenn der Schöpfer zum zweiten Mal seine Hand ausstrecken wird, um diejenigen aus Seinem Volk zurückzuführen, die in Assyrien und in Ägypten geblieben sind, in Pathros und in Kush, in Ejlam und Shinear, in Chamat und auf den Inseln der Meere" (Jesaja, 6-11)

> Es sagte Rabbi Shimon ben Chalafta: „Der Schöpfer hielt es nicht für notwendig, Israel einen anderen Segen zu geben als den Frieden, wie es heißt: ‚Und Gott gab Seinem Volk Kraft, indem Er es mit Frieden segnete.'" (Babylonischer Talmud, Traktat Ukzin).

Ich erklärte in den vorausgehenden Artikeln die allgemeine Form des Dienstes für den Schöpfer, dessen Wesen nichts anderes als die Nächstenliebe ist, was man praktisch als das „Geben an den Nächsten" definieren kann.

Und man kann sagen, dass „dem Nächsten Gutes zu tun" der praktische Teil der Äußerung der Liebe zu ihm ist. Daher kann man die Nächstenliebe als das „Geben an den Nächsten" definieren, was ihrem Inhalt am nächsten kommt und dazu auffordert, nicht von dieser Absicht abzulassen.

Nachdem wir uns von der Richtigkeit dieser Methode der Arbeit für den Schöpfer überzeugt haben, müssen wir prüfen, ob sich unsere Arbeit nur auf den Glauben gründet, ohne jegliche wissenschaftliche Basis, oder ob dafür auch eine empirische Basis existiert, was ich in diesem Artikel nachweisen möchte.

Zunächst sollte ich natürlich das Thema selbst gut darstellen. Wer ist Er, der unsere Arbeit entgegennimmt?

Ich bin kein Liebhaber formeller Philosophie und verabscheue alle Arten von Forschungen, die auf theoretischer Grundlage durchgeführt wurden. Und wie es bekannt ist, ist die Mehrheit der Menschen meiner Generation darin mit mir einer Meinung, weil wir zu viel in diesem Bereich ausprobiert haben. Und es ist bekannt, dass, wenn die Basis wackelig ist, das ganze Gebäude bei der kleinsten Bewegung zusammenstürzen wird. Daher schreibe ich hier kein einziges Wort, welches keine empirische Prüfung durchlaufen hätte – beginnend von einfacher Erkenntnis, hinsichtlich welcher es keine Differenzen gibt; anschließend fortschreitend und auf analytische Weise Beweise erlangend (mittels der Aufteilung in Komponenten), bis hin zur Erkenntnis erhabenster Objekte. Wir werden das in Betracht ziehen und den Weg der Synthese gehen (mittels der Verbindung und des Zusammenwirkens solcher Methoden wie der Analogie, des Vergleichs und der Praxis) und zeigen, auf welche Weise die einfache Erkenntnis es erlaubt, die Arbeit des Schöpfers in der Praxis zu bestätigen.

WIDERSPRÜCHE IN DER [GÖTTLICHEN] LENKUNG

Jeder vernünftige Mensch wird, wenn er die uns umgebende Wirklichkeit betrachtet, in ihr zwei Gegensätze finden. Wenn wir die Schöpfung hinsichtlich ihrer Existenz und ihrer Überlebensfähigkeit betrachten, dann springt uns die ständige Lenkung ins Auge und deren Tiefe der Weisheit, und es fasziniert uns deren Grad an Befähigung – sowohl hinsichtlich der ganzen Wirklichkeit selbst als auch ihrer Teile.

Nehmen wir die Schaffung eines Menschen als Beispiel. Die Liebe und der Genuss seiner Eltern sind die Hauptgründe, um mit Sicherheit ihre Verpflichtung zu erfüllen. Der Tropfen – Träger des Wesens des Vaters – wird von der Lenkung (Gott/Natur) an einen sicheren, mit großer Weisheit für die Entstehung des Lebens erschaffenen Ort gebracht, wo er tagaus tagein in exaktem Umfang alles Notwendige erhält. Die Vorsehung hat für die Erschaffung einer erstaunlichen Wiege im Schoß der Mutter gesorgt, wo keiner dem neuen Leben Schaden zufügen kann. Und sie kümmert sich um all dies mit dem Geschick eines Künstlers, ohne es auch nur für einen Augenblick unbeaufsichtigt zu lassen, bis das neue Leben endlich genug Kräfte sammeln wird, um in unsere Welt auszutreten. Und dann wird ihm die Vorsehung für eine kurze Zeit die Kräfte und den Mut geben, die ausreichen werden, um die Wände, die es umgeben, zu dehnen, und es überwindet das Hindernis wie ein erfahrener Held, der Kämpfe gewöhnt ist, und kommt auf die Welt.

Aber auch dann wendet ihm die Vorsehung nicht den Rücken zu, sondern wie eine barmherzige Mutter übergibt sie es an die treu liebende Mutter und den Vater, denen man nun die Sorge um das neue Leben anvertrauen kann und die es all die Zeit bevormunden werden, solange es noch schwach ist, bis es schließlich heranwächst und sich schlussendlich um sich selbst kümmern kann und mit den eigenen Kräften auskommen wird.

Genauso wie um den Menschen, kümmert sich die Natur um alle Arten der Schöpfung: Tiere, Pflanzen und die bewegungslose Stufe der Schöpfung. Und das tut sie vernünftig und barmherzig, um sowohl ihre Existenz selbst als auch die Fortpflanzung zu garantieren.

Wenn man aber alles unter dem Blickwinkel der Bewahrung des Notwendigen für die Existenz und der Anpassung dieser Existenz an die Realität betrachtet, dann springt die Unordnung und das große Durcheinander ins Auge – als gäbe es gar keinen Lenkenden, keine Überwachung, und jeder würde das tun, was er möchte; und als würde jeder sein Wohlergehen auf dem Unglück eines anderen aufbauen; und als hätten die Sünder Kraft angesammelt, und die Gerechten würden ohne Mitleid verschmäht.

Und wisse, dass dieser Widerspruch, den jeder gebildete und fühlende Mensch bemerkt, die Menschheit schon zu antiken Zeiten beschäftigte. Es gab unterschiedliche Methoden, welche diese zwei offensichtlichen Gegensätze in der Lenkung der Vorsehung, die gemeinsam in dieser Welt existieren, rechtfertigten.

ERSTE METHODE: DIE NATUR

Dies ist eine sehr antike Theorie. Man ging von diesen zwei ins Auge springenden Widersprüchen aus, und da man keine Wege fand, sie irgendwie zu glätten, gelangte man zur allgemeinen Vermutung, dass der Schöpfer die Existenz des von Ihm Erschaffenen unbarmherzig lenkt, sodass Ihm zwar nichts entgeht, Er aber weder Verstand noch Gefühle zeigt.

Daher konzipiert und lenkt Er die Existenz der Wirklichkeit mit großer Weisheit, die jeder Bewunderung würdig ist, aber Er selbst hat keinen Verstand und tut das nicht nach Verstand, denn wenn Er Verstand und Gefühle hätte, dann würde er nicht solch eine Unordnung in der Erlangung der Mittel zur Existenz in unserer Wirklichkeit zulassen – ohne Barmherzigkeit und Mitleid mit den Leidenden. Demgemäß bezeichnete man diese Theorie als „Natur", was eine Lenkung ohne Verstand und Gefühle bedeutet. Daher gibt es niemanden, auf den man zornig sein sollte; niemanden, zu dem man beten sollte oder vor dem man sich rechtfertigen sollte.

ZWEITE METHODE: ZWEI HERRSCHAFTEN

Es gibt solche, die weiter gegangen sind, weil es ihnen schwer fiel, sich mit der Vermutung einverstanden zu erklären, dass die Natur alles lenkt, da sie sahen, dass die Lenkung der Realität, um die Existenz zu sichern, mit großer Weisheit verwirklicht wird, die jede Höhe des menschlichen Verstandes übersteigt. Deshalb konnten sie sich nicht damit einverstanden erklären, dass derjenige, der das lenkt, selbst nicht vernünftig wäre. Denn wie kann jemand etwas geben, was er selbst nicht besitzt? Und kann jemand einem anderen etwas beibringen, wenn er selbst ein Narr ist?

Und wie kann man über denjenigen, der all das auf wunderbare Weise organisierte, sagen, er wüsste nicht, was er täte und es wäre ihm alles zufällig gelungen, während es bekannt ist, dass der Zufall keine vernünftigen Handlungen ausführen kann und, mehr als das, eine ewige Ordnung der Existenz nicht gewährleistet.

Daher kam man zur zweiten Annahme, dass zwei Lenkende existieren: Der Eine – der Schöpfer, der Gutes tut und es erhält, und der Andere – der Schöpfer, der Schlechtes tut und es erhält.

Und man hat diese Methode sehr entwickelt, indem man sie auf unterschiedliche Beweise und Beispiele stützte.

DRITTE METHODE: VIELGÖTTEREI

Diese Methode entstand aus dem zweiten System der „Zwei Herrschaften", als man aus den allgemeinen Handlungen jede Handlung für sich abspaltete und aussonderte, wie Kraft, Reichtum, Macht, Schönheit, Hunger, Tod, Unglück usw., und über jede von ihnen einen besonderen Schöpfer und Regenten stellte. Und man erweiterte das System nach eigenem Wunsch.

FÜNFTE METHODE: STELLTE SEINE FÜRSORGE EIN

In letzter Zeit, als die Menschen Weisheit erlangten und eine stärkere Verbindung zwischen allen Teilen der Schöpfung sahen, verzichteten sie vollkommen auf die Idee der Vielgötterei, und daher stellte sich wieder die Frage nach den Gegensätzen, welche in der Höchsten Lenkung wahrgenommen werden.

Und dann wurde eine neue Theorie aufgestellt, die darin besteht, dass in Wirklichkeit der Schöpfer und Regent tatsächlich weise ist und die Gefühle Ihm nicht fremd sind. Von dem Maße seiner Größe aus jedoch, mit welcher sich nichts vergleichen kann, betrachtet er unsere Welt als ein Sandkorn, das in seinen Augen nichts wert ist. Und es zahlt sich für Ihn nicht aus, sich mit unseren kleinen Angelegenheiten zu beschäftigen, und daher ist unsere Lebenshaltung so chaotisch, und jeder tut, was er will.

Gleichzeitig mit den oben beschriebenen Theorien existierten auch religiöse Lehren über die Göttliche Einzigkeit, die ich hier nicht betrachte, da ich nur die Quellen unterschiedlicher, falscher Theorien und erstaunlicher Vermutungen aufzeigen wollte, die bekannterweise vorherrschten und in unterschiedlichen Zeiten an unterschiedlichen Orten weit verbreitet waren.

Somit sehen wir, dass die Grundlage, auf welcher alle oben genannten Methoden aufgebaut waren und aus der Gegensätzlichkeit und dem Widerspruch zwischen den zwei Arten der Lenkung, die in unserer Welt wahrgenommen werden, und dass alle diese Methoden, zu nichts anderem bestimmt sind, als zur Überwindung dieses tiefen Spalts [und zur Vereinigung der Teile zu einem Ganzen].

Die Welt existiert aber dennoch wie gehabt, und dieser riesige und unheimliche Spalt verkleinert sich nicht nur nicht, sondern er verwandelt sich umgekehrt in einen schrecklichen Abgrund, ohne dass ein Ausweg daraus sichtbar wäre und ohne die Hoffnung auf eine Rettung. Während ich die oben beschriebenen, erfolglosen Versuche betrachte, auf welche die Menschheit im Verlauf einiger Jahrtausende bis zur heutigen Zeit zurückgriff und die keinen Nutzen brachten, stelle ich mir die Frage, ob es vielleicht gar keinen Sinn macht, vom Schöpfer die Korrektur dieses Spalts zu erbitten, sondern vielmehr zu akzeptieren, dass diese große Korrektur in unseren eigenen Händen liegt.

DIE VERPFLICHTUNG ZU EINEM VORSICHTIGEN UMGANG MIT DEN GESETZEN DER NATUR

Wir alle verstehen und werden uns sogar auf der einfachen Stufe dessen bewusst, dass der Mensch in einer Gesellschaft leben muss. Mit anderen Worten kann er nicht ohne eine Gesellschaft existieren und sich Mittel zur Existenz besorgen.

Dementsprechend stelle dir einen Fall vor, dass wir zum Beispiel sehen, dass ein Einzelgänger sich von der Gesellschaft an einen öden Ort entfernt und dort ein Leben voller Leid und Miseren führt, da er aufgrund seiner Schwäche nicht selbst seine Bedürfnisse befriedigen kann. Denn er hat kein Recht, auf sein Schicksal oder auf die Höchste Lenkung zornig zu sein. Und wenn er das doch tut, das heißt sich empört und sein bitteres Los verflucht, dann stellt er dadurch nur die eigene Torheit heraus und proklamiert sie. Denn während die Höchste Lenkung für ihn einen bequemen und wünschenswerten Ort in der Gesellschaft bereitet hat, gibt es keine Rechtfertigung für seine Flucht an einen menschenleeren Ort. Und ein solcher Mensch ist keines Mitleids würdig, da er gegen die Natur des Geschöpfes vorgeht, obwohl er eine Anweisung hat, so zu leben, wie es ihm die Höchste Lenkung befiehlt. Und daher gibt es kein Mitleid mit ihm. Und damit ist die ganze Menschheit ohne Ausnahme einverstanden.

Ich kann das ergänzen und, indem ich es auf eine religiöse Grundlage stelle, so formulieren: Da die Lenkung des Geschöpfes vom Schöpfer ausgeht und ohne Zweifel in allen Seinen Handlungen ein Ziel vorhanden ist (denn es gibt niemanden, der ziellos handeln würde), so schadet jeder, der gegen eines der Gesetze der Natur verstößt, die uns gegeben wurden, dem Ziel, zu welchem wir voranschreiten. Denn zweifellos ist das Ziel auf allen Gesetzen der Natur ohne Ausnahme aufgebaut. Und für einen klugen Arbeiter geziemt es sich nicht, in seinen Handlungen etwas auch nur von Haaresbreite wegzunehmen oder hinzuzufügen, was für das Erreichen des Ziels vonnöten ist.

Daher wird von der Natur bestraft werden, wer auch nur gegen ein Gesetz verstößt, da dieser Verstoß dem ganzen, vom Schöpfer gesetzten Ziel schadet. Daher sollten auch wir, die wir vom Schöpfer erschaffen wurden, den nicht bemitleiden, der die Gesetze der Natur beschmutzt und das Ziel des Schöpfers herabwürdigt. So ist meine Meinung.

Ich glaube, dass niemand über die Form streiten sollte, in welche ich meine Worte hüllte, da das Wesen des Gesetzes eins ist. Denn worin besteht die Kontroverse? Ob man den Lenkenden als die Natur bezeichnet und ihm das Vorhandensein von Wissen und Ziel abspricht oder sagt, dass Er ein unglaublicher Weiser ist, der weiß und fühlt, und dass es ein Ziel in Seinen Handlungen gibt? Im Endeffekt akzeptieren alle und sind alle damit einverstanden, dass uns diese Verpflichtung auferlegt wurde – die Gebote der Höchsten Lenkung auszuführen, mit anderen Worten: die Naturgesetze. Und alle geben zu, dass derjenige, der gegen das Gebot der Höchsten Lenkung verstößt, eine Bestrafung verdient, die ihm von der Natur auferlegt wird; und die Bestrafung ist für ihn sogar wünschenswert, und es darf niemand einen solchen bemitleiden. Das heißt, das Wesen des Gesetzes ist eins, und es gibt deswegen zwischen uns keine Differenzen, außer im Motiv – die einen nehmen es als ein verpflichtendes wahr, und meiner Meinung nach ist es ein zielgerichtetes.

Und damit es für uns nicht vonnöten sein wird, im Weiteren diese zwei Begriffe zu benutzen, Natur und Lenkender, weil, wie ich bereits sagte, kein Unterschied in der Ausführung ihrer Gesetze existiert, so ist es für uns besser, zu einer tieferen Gegenüberstellung überzugehen und die Meinung der Kabbalisten darüber anzunehmen, dass der Zahlenwert der Worte „Natur" und „*Elokim*" (einer der Namen des Schöpfers) gleich ist und 86 beträgt. Und dann kann man die Gesetze des Schöpfers als die Gebote der Natur bezeichnen und umgekehrt, weil dies ein und dasselbe ist. Und wir sollten nicht weiter unnützes Zeug reden.

Nun ist es für uns sehr wichtig, uns die Gebote der Natur anzuschauen, um zu erfahren, was sie von uns fordert, um nicht gnadenlos von ihr bestraft zu werden. Wir sprachen bereits davon, dass die Natur den Menschen dazu verpflichtet, das Leben der Gesellschaft zu leben, und dies ist einfach. Wir sollten uns aber einmal die Gebote anschauen, welche uns die Natur in dieser Hinsicht auszuführen verpflichtet, das heißt hinsichtlich des Lebens in der Gesellschaft. Wenn wir es im Ganzen betrachten, so ist uns in der Gesellschaft nur die Ausführung zweier Gebote auferlegt, die man als „*Kabbala*" (Empfangen) und „*Hashpaa*" (Geben) bestimmen kann. Das heißt: Jedes Mitglied der Gesellschaft wird von der Natur dazu verpflichtet, alles Notwendige von der Gesellschaft zu empfangen, verpflichtet sich aber auch, der Gesellschaft zu geben, indem es für ihr Wohl arbeitet. Und wenn es (das Mitglied) wenigstens eines dieser Gebote nicht ausführt, dann wird es gnadenlos bestraft.

Hinsichtlich des Gebots des Empfangens brauchen wir keine zahlreichen Beobachtungen. Weil hier die Bestrafung unmittelbar folgt, können wir uns nicht nachlässig dazu verhalten. Was aber das zweite Gebot des „Gebens an die Gesellschaft" angeht, wenn die Bestrafung nicht nur nicht unmittelbar erfolgt, sondern auch nicht auf direkte, sondern auf indirekte Weise auf uns wirkt, so wird dieses Gebot nicht auf die gebührende Art und Weise erfüllt.

Daher brät die Menschheit in einem höllischen Feuer, und Zerstörungen, Hunger und ihre Folgen haben bis zum heutigen Tage nicht von ihr abgelassen. Und es ist erstaunlich, dass die Natur uns wie ein professioneller Richter entsprechend unserer Entwicklung bestraft, weil offensichtlich ist, dass im Maße der Entwicklung der Menschheit und der Erreichung des wirtschaftlichen und technischen Fortschritts die Leiden und das Unglück sich anhäufen werden.

Dies ist die wissenschaftliche – praktische – Basis dafür, dass wir durch die Lenkung des Schöpfers in unserem ganzen Naturell dazu bestimmt wurden, das Gebot des „Gebens an den Nächsten" in ganzer Präzision zu erfüllen. Und zwar so, dass jeder von uns keine Bemühungen scheuen und in vollem Umfang arbeiten sollte, wie es für den Wohlstand und die Wohlfahrt der Gesellschaft notwendig ist. Und solange wir hadern, dies in vollem Umfang auszuführen, wird die Natur nicht aufhören, uns dafür zu bestrafen, und sich an uns rächen.

Ausgehend von den Schlägen, die wir in unserer Zeit erhalten, müssen wir das Schwert erahnen, das zukünftig über uns schwebt, und die richtige Schlussfolgerung ziehen, dass die Natur uns besiegen wird und wir verpflichtet sein müssen, alle gemeinsam, wie ein Mensch, ihre Gebote in vollem Umfang zu erfüllen, wie es von uns gefordert wird.

BEWEIS DER ARBEIT DES SCHÖPFERS AUF DER GRUNDLAGE DER ERFAHRUNG

Jedoch bleibt für einen Menschen, der meine Worte kritisch auffasst, dennoch eine Frage offen. Denn bislang habe ich nur die Notwendigkeit der Arbeit für die Menschen bewiesen, aber wo liegt der praktische Beweis dafür, dass man die Gebote für den Schöpfer erfüllen muss?

Darum hat sich aber die Natur selbst gekümmert und uns unwiderlegbare Tatsachen gegeben, die uns durchaus zu einer vollen Bewertung und zu Schlussfolgerungen ausreichen, die keinerlei Zweifel hervorrufen. Denn wir alle sehen, wie eine riesige, millionenstarke Gesellschaft in einem Land wie Russland, welches eine Fläche einnimmt, die jene ganz Europas übertrifft, und das über eine Fülle von Bodenschätzen verfügt, die in der ganzen Welt nicht seinesgleichen kennt, entschied, kollektive Wirtschaft ins Leben zu rufen, und praktisch das gesamte Privateigentum liquidierte.

Und da niemand eine andere Sorge als die um das Wohl der Gesellschaft hatte, haben sie auf den ersten Blick bereits das ganze Heil des Gebots des „Gebens an seinen Nächsten" in seinem vollen Sinne erkannt, soweit es der menschliche Verstand erkennen kann. Und gleichzeitig, schaut, was es sie gekostet hat! Anstatt sich zu erheben und die bürgerlichen Länder zu überholen, senkten sie sich immer tiefer herab, bis sie schließlich unfähig wurden, für ihre Arbeiter sogar den Lebensstandard der Arbeiter bürgerlicher Länder zu gewährleisten. Sie konnten ihnen noch nicht einmal ihr täglich Brot versprechen oder die Möglichkeit, ihre Blöße irgendwie zu bedecken. Und tatsächlich verwundert diese Tatsache, denn auf den ersten Blick, wenn man den Reichtum dieses Landes und die riesige Bevölkerung in Betracht zieht, dürften sie nach menschlichem Verstand nicht so tief fallen.

Es hat diese Nation aber eine Sünde begangen, und der Schöpfer hat es ihnen nicht vergeben. Und zwar sollte die ihnen auferlegte edle Arbeit, die „das Geben an den Nächsten" ist und die sie zu erfüllen begannen, für den Schöpfer sein und nicht für die Menschheit. Weil sie ihre Arbeit aber nicht für den Schöpfer ausführten, hatten sie aus der Sicht der Natur selbst kein Existenzrecht.

Wenn man sich allerdings vorstellt, dass jeder aus dieser Gesellschaft versuchen würde, das Gebot des Schöpfers auszuführen, wie es geschrieben steht: „Du sollst den Ewigen lieben mit deinem ganzen Herzen, mit deiner ganzen Seele und mit deinem ganzen Wesen", und sich dementsprechend um die Befriedigung der Bedürfnisse und Interessen seines Nächsten in gleichem Maße kümmern würde, genauso, wie er sich um seine eigenen Bedürfnisse kümmert (wie es geschrieben steht: „Liebe deinen Nächsten wie dich selbst"); und wenn das Ziel eines jeden während seiner Arbeit für das Wohl der Gesellschaft der Schöpfer selbst wäre (das heißt, der Arbeitende würde von seiner Arbeit für die Gesellschaft erhoffen, dass er dadurch der Vereinigung mit dem Schöpfer gewürdigt wird, der Quelle aller Wahrheit und allen Heils, aller Freude und Zärtlichkeit), dann würden sie sich ohne jeden Zweifel im Laufe weniger Jahre in ihrem Wohlstand über alle Länder der Welt erheben. Denn dann hätten sie die Möglichkeit, die natürlichen Ressourcen zu nutzen, an welchen ihr Land doch so reich ist, und würden tatsächlich zu einem Beispiel für alle Länder werden und würden von Gott gesegnet genannt werden.

Wenn jedoch die ganze Arbeit im Geben an den Nächsten nur im Namen der Gesellschaft ausgeführt wird, dann ist das ein wackeliger Boden: Denn wer und was wird das Individuum dazu bringen, alles für die Gesellschaft zu investieren?

Man kann unmöglich hoffen, dass ein lebloses Prinzip Motivation geben könnte, Kraft, um sich vorwärts zu bewegen, sogar für ausreichend entwickelte Menschen, um nicht von den weniger Entwickelten zu sprechen. Und es entsteht die Frage: Woher wird ein Arbeiter oder Bauer ausreichend Kraft erhalten, die ihn zum Arbeiten veranlasst? Denn die Menge an seinem täglichen Brot wird sich nicht dadurch verkleinern oder vergrößern, dass er seine Kräfte verausgabt – er sieht vor sich kein Ziel und keine Belohnung. Denjenigen, welche die Natur studieren, ist bekannt, dass der Mensch nicht die kleinste Bewegung ohne Bewegkraft ausführen kann – das heißt, ohne dadurch seine Situation zu verbessern. Wenn der Mensch zum Beispiel die Hände von einem Stuhl auf den Tisch legt, dann geschieht das, weil es ihm erscheint, dass er sich, indem er seine Hände auf dem Tisch abstützt, bequemer fühlen wird; und wenn es ihm nicht so erschiene, dann würde er seine Hände alle siebzig Jahre seines Lebens auf dem Stuhl lassen, um nicht von einer größeren Anstrengung zu sprechen.

Der Frieden

Wenn du Aufseher einsetzen würdest, damit diese jeden bestrafen würden, der bei der Arbeit faul wäre, und ihm dafür sein tägliches Brot wegnähmen – woher nähmen dann die Aufseher selbst die Bewegkraft für diese Arbeit? Denn das Befinden an einem bestimmten Ort und die Bewachung der Menschen mit dem Ziel, sie zum Arbeiten zu zwingen, ist an sich eine große Anstrengung, vielleicht eine noch größere als die Arbeit selbst. Das gleicht einem, der sich ein Auto ohne Brennstoff anschaffen möchte.

Daher sind die Beschlüsse zur Vernichtung schon durch die Natur selbst veranlagt, weil die Gesetze der Natur die Menschen bestrafen werden. Denn sie selbst werden die Bestimmungen der Natur nicht ausführen können – dem Nächsten um des Schöpfers willen zu geben –, um in dieser Arbeit zum Schöpfungsziel zu gelangen, zur Verschmelzung mit dem Schöpfer, was im Artikel „*Gabe der Tora*" (Punkt 6) beschrieben wurde. Diese Verschmelzung kommt zum Arbeitenden in Form eines immer größer werdenden, riesigen Genusses, der sich bis zum begehrten Grad des Aufstiegs in der Erkenntnis der Wahrheit des Schöpfers vermehrt und entwickelt, bis das Individuum endlich des großen Wunders gewürdigt wird, dessen Andeutung in der Schrift enthalten ist: „Außer dir wird niemand den Schöpfer erblicken."

Stellt euch nun vor, dass ein Bauer oder ein Arbeiter dieses Ziel während seiner Arbeit für das Wohl der Gesellschaft spüren würde, dann würde er natürlich keines Aufsehers bedürfen, weil er bereits über ausreichend Bewegkraft für riesige Anstrengungen verfügen würde, um die Gesellschaft auf den Höhepunkt des Glücks zu erheben.

In der Tat bedarf das Verständnis dafür riesiger Anstrengungen in der richtigen Richtung. Es sehen aber alle, dass sie kein Existenzrecht haben außer nach den Gesetzen der sturen Natur, die keine Zugeständnisse kennt. Und das ist alles, was ich hier beweisen wollte.

Wie ich bereits oben bewiesen habe, indem ich mich auf empirische Daten stützte – die historischen Ereignisse, die sich unseren Augen darstellten –, gibt es für die Menschheit kein anderes Heilmittel in der Welt, außer das Gesetz der Höchsten Lenkung anzunehmen, des „Gebens an den Nächsten um des Schöpfers willen (für den Schöpfer)", welches, wie es geschrieben steht, zwei Aspekte einschließt.

Einer von ihnen ist „Liebe deinen Nächsten wie dich selbst" – dies ist das Wesen dieser Arbeit, und es bedeutet, dass der Grad der Anstrengungen für das Geben an den Nächsten im Namen des Glücks der Gesellschaft nicht geringer sein darf als der Grad des natürlichen Bedürfnisses des Menschen, sich um seine eigenen Belange zu kümmern. Mehr als das, sollte die Sorge um das Wohlergehen des Nächsten der Sorge um das eigene Wohlergehen zuvorkommen, wie es im Artikel „*Gabe der Tora*" beschrieben ist.

Und der zweite Aspekt: „Du sollst Gott lieben mit deinem ganzen Herzen, mit deiner ganzen Seele und mit deinem ganzen Wesen", dessen Ziel jeden dazu verpflichtet, zu der Zeit, zu der er sich um das Wohlergehen seines Nächsten kümmert, dies nur zu tun, um Wohlgefallen in den Augen des Schöpfers zu finden, damit er sagen kann, dass er Seinen Wunsch ausführt.

„Wollt ihr Mir gehorchen, so sollt ihr des Landes Gut genießen" (Jesaja, 1:19), und es wird jeder Bedürftige und Gequälte von der Erde verschwinden und auch der Versklavte, und das Glück eines jeden wird jedes Maß übersteigen. Solange ihr euch aber weigert und euch nicht wünscht, einen Bund zur Ausführung der Arbeit des Schöpfers zu schließen – in dem Grade, wie es zuvor beschrieben wurde –, werden sich die Natur und ihre Gesetze an uns rächen, und sie werden uns keine Ruhe geben, wie es oben bewiesen wurde, bis sie uns schließlich besiegt haben und wir uns zu guter Letzt ihrer Herrschaft in allem unterwerfen werden, worauf sie [die Weisen] uns hinweisen.

Auf diese Weise lieferte ich dem Leser eine wissenschaftliche und praktische Erforschung, die auf einer Analyse von empirischen Daten basiert und die absolute Notwendigkeit für alle Menschen beweist, die Arbeit des Schöpfers „mit dem ganzen Herzen, mit der ganzen Seele und mit dem ganzen Wesen" auf sich zu nehmen.

DEUTUNG DER *MISHNA*: „ALLES IST VERPFÄNDET, UND DIE FALLE WURDE FÜR DAS GANZE LEBEN GESTELLT."

Erst nach all dem, was wir zuvor erfahren haben, werden wir die Unklarheiten der *Mishna* im „Traktat der Väter" (*Awot*) verstehen können: „Er (Rabbi Akiva) sagte, dass das ganze Leben verpfändet ist und die Falle für alle Lebenden [oder: „für das ganze Leben"] gestellt ist. Der Laden steht offen, und der Ladeninhaber gibt auf Leihe [oder: ist allumfassend]. Und das Buch ist offen, und die Hand schreibt. Und jeder, der borgen will, soll kommen und sich nehmen. Doch die Eintreiber der Steuer kommen jeden Tag zurück, und vom Menschen wird die Bezahlung eingefordert, ob er sich dessen bewusst wird oder nicht. Und sie haben, worauf sie sich stützen können. Und das Gericht ist ein gerechtes, und alles ist für das Mahl zubereitet."

Diese *Mishna* blieb nicht umsonst vor uns verborgen, ohne uns auch nur den Hinweis auf eine Lösung zu geben; was uns darauf verweist, dass es in ihr eine bodenlose Tiefe gibt, die uns noch zu erkennen bevorsteht. Sie wird aber wunderbar anhand der Kenntnisse erklärt, die wir zuvor erlangten.

DER KREISLAUF DER VERÄNDERUNG DER FORM

Zunächst werde ich das von den Weisen über den Abstieg der Generationen Gesagte darlegen. Wenn wir Körper sehen, die sich abwechseln und von einer Generation in die andere übergehen, dann betrifft das nur die Körper. Die Seelen aber, welche das Wesen des Körpers ausmachen, verschwinden nicht im Prozess des Austauschs des Körpers, sondern versetzen sich und gehen aus einem Körper in den anderen über, aus einer Generation in die andere. Und die Seelen, die es in der Generation der Flut gab, versetzten sich und gingen in die Generation der Erbauer des Turms von Babylon über, dann ins ägyptische Exil, dann in die Generation derjenigen, die aus Ägypten zogen, usw. bis zu unserer Generation und so bis zur Endkorrektur.

Somit gibt es in unserer Welt keinerlei neue Seelen, die sich ähnlich den Körpern erneuern würden, sondern es gibt nur eine bestimmte Anzahl von Seelen, die im Kreislauf der Veränderung der Form reinkarnieren, indem sie sich in jeder neuen Generation immer wieder in einen neuen Körper kleiden. Wenn man es also aus dem Blickwinkel der Seelen betrachtet, dann werden alle Generationen vom Beginn der Schöpfung bis zur Endkorrektur als eine einzige Generation definiert, die einige Tausende von Jahren weiterlebte, bis sie sich schließlich entwickelte und zu dem nötigen Zustand gelangte. Aus dieser Sicht ist es nicht von Bedeutung, dass in dieser Zeit jeder seinen Körper einige Tausend Mal tauschte, weil die Seele – das Wesen des Körpers – nicht an diesen Wechseln litt.

Dafür gibt es zahlreiche Beweise und eine tiefgründige Weisheit, welche „das Geheimnis des Kreislaufs der Seelen" heißt, zu deren Erklärung hier kein Raum ist. Es ist aber notwendig anzumerken, dass sich das Geheimnis des Kreislaufs der Seelen auch auf die kleinsten wahrnehmbaren Teilchen der Wirklichkeit erstreckt, von welchen jedes sich auf seinem Weg des ewigen Lebens bewegt. Und ungeachtet der Tatsache, dass gemäß unserer Sinnesorgane alles Existierende verschwindet, ist das nur unsere Sichtweise. In Wirklichkeit aber existieren nur Kreisläufe (Reinkarnationen), und jegliches Teilchen hat keine Sekunde Ruhe, während es in ständiger Bewegung im Kreislauf der Veränderung der Form begriffen ist und nichts von seinem Wesen auf diesem Weg verliert, wie es die Wissenschaftler (Physiker) #bestätigten.

Und nun gehen wir zur Aufklärung dessen über, was in der *Mishna* steht, dass „alles verpfändet ist". Das gleicht dem, wenn jemand seinem Freund eine bestimmte Summe an Geld für ein eigenes Geschäft leiht, um Mitinhaber bei dem Erhalt des Gewinns zu sein. Um sicher zu sein, dass er sein Geld nicht verliert, gibt er es gegen Pfand, was ihn von allen Befürchtungen befreit.

So auch bei der Erschaffung der Welt und ihrer Existenz. Der Schöpfer schuf sie für die Menschen, damit sie mit ihrer Hilfe dieses erhabene Ziel der Verschmelzung mit dem Schöpfer erreichen, wie es im Artikel „*Gabe der Tora*" steht. Man sollte aber klären: Wer wird die Menschheit dazu bringen, die Arbeit des Schöpfers auszuführen, um im Endeffekt dieses erhabene und majestätische Ziel zu erreichen? Darüber sagt uns Rabbi Akiva: „Alles ist verpfändet." Das heißt alles, was der Schöpfer in der Schöpfung vorherbestimmte und den Menschen gab, wurde nicht als herrenloses Eigentum gegeben. Er sicherte sich durch ein Pfand ab. Wenn man aber fragt, welches Pfand ist Ihm gegeben?

Die Antwort darauf ist: „(...) und die Falle wurde für das ganze Leben gestellt". Das bedeutet, dass der Schöpfer der Menschheit eine solch wunderbare Falle bereitet hat, dass niemand ihr entkommen wird und sein ganzes Leben in dieser Falle verbringen müssen wird und gezwungen sein wird, die Arbeit des Schöpfers auf sich zu nehmen, bis er endlich das majestätische Ziel erreicht. Das ist dasjenige Pfand des Schöpfers, welches Ihm garantiert, dass Er nicht durch das Geschöpf betrogen wird.

Und weiter wird ausführlicher erklärt: „Der Laden steht offen" bedeutet, dass, obwohl diese Welt in unseren Augen wie ein offener Laden ohne Herren aussieht, aus dem jeder Passant sich die Ware und alles, was seine Seele begehrt, kostenlos und ohne Rücksicht nehmen kann – Rabbi Akiva darauf besteht und uns warnt, dass der „Ladeninhaber auf Leihe gibt". Das heißt: Obwohl du hier keinen Herren siehst, sollst du wissen, dass es einen Herrn gibt, und der Grund, weshalb er keine Bezahlung fordert, ist, weil er dir borgt. Und du wirst fragen: Woher ist meine Rechnung bekannt? Darauf ist die Antwort: „Das Buch steht offen, und die Hand schreibt." Das heißt, es existiert ein allgemeines Buch, in welches jede Handlung hineingeschrieben wird, ohne Ausnahme. Der Sinn dessen besteht darin, dass ein vom Schöpfer in der Menschheit eingemeißeltes (eingeprägtes) Gesetz der Entwicklung existiert, welches uns vorwärts stößt.

Das bedeutet, dass falsche Handlungen im Verhalten, die für die Menschheit üblich sind, selbst die Ursache guter Zustände sind, das heißt, diese selbst kreieren. Und jeder gute Zustand ist nichts anderes als das Ergebnis der Arbeit eines vorangehenden schlechten Zustands.

Tatsächlich muss die Bewertung des Guten und des Bösen nicht nach der Bewertung des Zustands als solchem gegeben werden, sondern in Übereinstimmung mit dem allgemeinen Schöpfungsziel, wenn jeder Zustand, welcher die Menschheit an das Ziel annähert, als gut gilt, und jeder vom Ziel sich entfernende als schlecht. Nur darauf basiert das „Gesetz der Entwicklung"; in Übereinstimmung mit dem Grad an Unkorrigiertheit und Sünde, die in einem Zustand eingeschlossen sind und Ursache für die Entstehung und den Prozess des Aufbaus eines guten Zustandes sind.

Die Existenz eines jeden Zustands dauert dabei eine streng bestimmte Zeit, welche für das Heranwachsen des Umfangs des in einem Zustand eingeschlossenen Bösen vonnöten ist, und zwar bis zu einem solchen Grad, dass sich die Menschheit nicht mehr in ihm befinden können wird. Dann wird die Gesellschaft zusammenrücken, ihn zerstören und in einen besseren Zustand hinsichtlich der Korrektur der gegebenen Generation übergehen müssen. Dabei dauert die Zeit der Existenz des neuen Zustands ebenfalls solange an, bis sich endlich die Funken des Bösen in ihm emporheben und zu einem solchen Grad heranreifen, dass es unmöglich wird, ihn zu erdulden. Und dann wird man wieder diesen Zustand zerstören und an seiner Stelle einen bequemeren aufbauen müssen.

Der Frieden

Und so folgen Zustände aufeinander und werden einer nach dem anderen geprüft, Stufe für Stufe, bis schließlich ein Zustand eintritt, der soweit korrigiert ist, dass in ihm keinerlei Funken des Bösen vorhanden sind.

Somit finden wir vor, dass das Wesen aller Körner und Samen, aus welchen gute Zustände erwachsen und ihren Anfang nehmen, nichts anderes ist, als die unkorrigierten Zustände selbst. Das bedeutet, dass alle Greuel, die sich offenbaren und unter den Händen der Sünder der Generation hervorsprießen, sich versammeln, eines zum anderen, und gewogen werden, bis sie endlich ein solches Gewicht erlangen, welches die Gesellschaft nicht mehr verkraften kann. Und dann erheben sich die Menschen, zerstören diesen Zustand und kreieren einen wünschenswerten. Daraus wird ersichtlich, dass jedes einzelne Böse zu einer Bedingung [der Entstehung] einer Widerstandskraft wird, durch welche sich ein gerechter Zustand entwickelt.

Und hier sind die Worte von Rabbi Akiva: „Das Buch steht offen, und die Hand schreibt." Sie bedeuten, dass jeder Zustand, in welchem sich diese oder jene Generation befindet, einem Buch ähnelt, und jeder, der Böses vollbringt, der schreibenden Hand gleicht. Da jedes Böse eingemeißelt und im Buch aufgeschrieben wird, bis es sich endlich zu einem solchen Maße anhäuft, dass sich die Menschheit nicht mehr darin befinden kann. Und dann zerstört man diesen schlechten Zustand und geht, wie gesagt wurde, in einen wünschenswerten Zustand über. Und jede Tat wird in Betracht gezogen und im Buch niedergeschrieben, das heißt in dem Zustand, wie es bereits gesagt wurde.

Es steht geschrieben: „Jeder, der sich borgen will, soll kommen und sich nehmen." Das heißt: Jeder, der glaubt, dass die Welt kein offener, herrenloser Laden ohne einen Besitzer ist, sondern dass es in ihm einen Herren (Ladeninhaber) gibt, der in seinem Laden steht und von jedem Nehmenden fordert, dass dieser ihm den gewünschten Preis für die Ware bezahle, welche er aus dem Laden nimmt. Was bedeutet, dass er sich bemühen soll, die Arbeit des Schöpfers während der Zeit, in der er sich dieses Ladens bedient, zu verrichten, wie es sich geziemt, um die Erreichung des Schöpfungsziels zu garantieren, wie es der Schöpfer selbst begehrt. Ein solcher Mensch gilt als „jemand, der sich borgen will", weil er, noch bevor er seine Hand danach ausstreckt, um sich etwas in diesem Welt-Laden zu nehmen, sich daran erinnern muss, den festgelegten Preis zu bezahlen.

Dies bedeutet, dass er die Verpflichtung auf sich nimmt, zu arbeiten und das Ziel des Schöpfers im Laufe der Zeit, in der er sich des Ladens bedient, zu erreichen; und dass er garantiert, seine Schuld zu begleichen, indem er sie durch das Erreichen des erwünschten Ziels bezahlt. Daher wird er als jemand bezeichnet, der sich borgen will, weil er sich durch das Versprechen bindet, die Schuld zu begleichen und zu bezahlen.

Rabbi Akiva beschreibt uns zwei Typen von Menschen. Der erste Typ: diejenigen, die meinen, dass der „Laden offen steht" und sich zu dieser Welt wie zu einem offenen Laden ohne einen Herren (Ladeninhaber) verhalten. Und über sie sagt er: „Das Buch liegt offen, und die Hand schreibt." Das heißt, obwohl sie keinerlei Rechnungsführung sehen, werden dennoch ihre Taten in ein Buch eingeschrieben, wie oben gesagt wurde. So wirkt das Gesetz der Entwicklung, welches in der Schöpfung entgegen dem Willen der Menschheit eingemeißelt ist, wenn Taten der Sünder gezwungenermaßen gute Taten erzeugen.

Der zweite Typ heißt: „diejenigen, die sich etwas borgen wollen". Das sind diejenigen, die auf den Besitzer Rücksicht nehmen, und wenn sie etwas im Laden nehmen, dann nehmen sie nicht einfach, sondern borgen und versprechen dabei dem Besitzer, den festgesetzten Preis zu bezahlen, das heißt, mithilfe des Geborgten das Endziel zu erreichen. Und über sie sagt er: „Jeder, der sich etwas borgen will, soll kommen und sich nehmen."

Und es kommt die Frage auf, worin der Unterschied liegt zwischen dem ersten Typ, zu welchem das Endziel durch das Gesetz der Entwicklung mit Zwang kommt, und dem zweiten Typ, zu welchem das Endziel durch die Eigenknechtung in der Arbeit des Schöpfers kommt. Sind die zwei Typen nicht etwa in der Erreichung des Ziels gleich?

Und Rabbi Akiva fährt fort: „Doch die Steuereintreiber kommen jeden Tag zurück, und vom Menschen wird die Bezahlung eingezogen, ob er sich dessen bewusst wird oder nicht." Die Wahrheit besteht darin, dass sowohl die einen als auch die anderen ihre Schulden gemäß dem Genommenen jeden Tag bezahlen. Und wie besondere Kräfte, die während der Arbeit des Schöpfers auftauchen, als treue Steuereintreiber definiert werden, die täglich die Schuld in genauer Höhe bis zu ihrer vollkommenen Erlöschung erheben, so gelten auch die festen, unerschütterlichen Kräfte, die im Entwicklungsgesetz eingemeißelt sind, als sichere Steuereintreiber, welche die Schuld täglich und in konstanter Höhe einkassieren, bis sie schließlich vollständig bezahlt sein wird, und davon handeln seine Worte: „Doch die Steuereintreiber kommen jeden Tag zurück, und vom Menschen wird die Bezahlung eingefordert."

Es gibt allerdings einen Unterschied zwischen ihnen und einen riesigen Abstand, der sich im Begriff von „bewusst" und „unbewusst" äußert. Menschen des ersten Typs, deren Schulden von Steuereintreibern von Seiten des Gesetzes der Entwicklung einkassiert werden, geben ihre Schulden „unbewusst" zurück. Tosende Wellen, die vom Sturmwind des Gesetzes der Entwicklung erhoben werden, ereilen sie, stoßen sie von hinten an, und zwingen die Geschöpfe, vorwärts zu schreiten. Somit wird die Bezahlung der Schuld durch Zwang erhoben, durch übermäßige Leiden an der Offenbarung der Kräfte des Bösen, welche von hinten Druck auf sie ausüben.

Die Menschen des zweiten Typs aber bezahlen ihre Schuld zurück, welche die Erreichung des Ziels ist, „bewusst", nach eigenem Wunsch, dadurch, dass sie immer wieder besondere Arbeiten ausführen, welche die Entwicklung des Gefühls der Erkenntnis des Bösen beschleunigen. Indem sie diese Arbeit ausführen, gewinnen sie doppelt.

Der erste Gewinn besteht darin, dass diese Kräfte, die aus der Arbeit des Schöpfers zutage treten, ihnen in Form von anziehender Kraft erscheinen, ähnlich der magnetischen Leidenschaft, und sie beeilen sich und drängen zu Ihm nach eigenem Wunsch, bewegt vom Gefühl der Liebe, und man muss nicht erwähnen, dass dabei alle Trübsal und alles Leid verschwinden, die dem ersten Typ eigen sind.

Der zweite Gewinn besteht darin, dass sie für sich das erwünschte Ziel beschleunigen. Und gerade sie sind die Gerechten und Propheten, die in jeder Generation gewürdigt werden und das Ziel erreichen.

Und der riesige Unterschied zwischen denjenigen, die bewusst zahlen, und denen, welche dies unbewusst tun, besteht im Vorteil des Lichts des Genusses und der Freude im Gegensatz zur Finsternis von Leiden und schmerzvollen Schlägen. Es steht auch geschrieben: „Und sie haben eine Hoffnung, und das Gericht ist ein gerechtes." Das heißt, denjenigen, die bewusst und nach eigenem Wunsch zahlen, verspricht er, dass sie „eine Hoffnung haben". In der Arbeit des Schöpfers ist eine große Kraft eingeschlossen, die fähig ist, zum erhabenen Ziel zu führen. Und sie sollten das Joch Seiner Arbeit auf sich laden. Und von denjenigen, die ihre Schulden unbewusst begleichen, sagt er: „Und das Gericht ist ein gerechtes." Auf den ersten Blick erscheint die Lenkung des Schöpfers merkwürdig, dass Er all die Ungerechtigkeit und das Leiden, die sich in der Welt offenbaren, zulässt und ihnen Macht gibt und die Menschheit ohne Gnade in ihnen schmort. Doch es heißt, dass dieses Gericht „ein gerechtes" sei, weil alles korrigiert und für das Mahl bereitet ist, gemäß dem gerechten Endziel.

Der höchste Genuss wird sich in der Zukunft offenbaren, gemeinsam mit der Erreichung des Endziels des Schöpfers durch die Geschöpfe, wenn jede Arbeit, jede Anstrengung und alle Leiden, die einen Kreislauf in den Generationen und in der Zeit durchlaufen, uns an die Gestalt des Hausherren (Gastgebers) erinnern, der sich bemüht und riesige Anstrengungen unternimmt, um ein fürstliches Mahl für die eingeladenen Gäste zuzubereiten. Das erwartete Ziel, welches im Endeffekt erreicht werden muss, gleicht einem Mahl, welches die Gäste mit riesiger Lust genießen. Es heißt: „Das Gericht ist ein gerechtes, und alles ist korrigiert und für das Mahl bereit."

Ähnliches kann man in *Bereshit Rabba* finden, wo die Rede von der Erschaffung des Menschen ist. „Und die Engel fragten den Schöpfer: ,Wozu brauchst du den Menschen, was ist seine Rolle? Wozu brauchst du dieses Unglück?' Und es antwortete ihnen der Schöpfer mit einer Fabel über den König, der ein Schloss voll von allem Guten, aber keine Gäste hatte. Und was hat der König von all dem Guten? Und sie sagten Ihm: ,Herr der Welt! Unser Herr und Gebieter! Wie groß ist Dein Name auf der Erde! Tue, wie es Dir bequem ist!'"

Engel, die sahen, welcher Schmerz und welches Leid in der Zukunft über die Menschheit hereinbrechen werden, wunderten sich und fragten: Wozu braucht der Schöpfer dieses Unglück? Und es antwortete ihnen der Schöpfer, dass, obwohl Er ein Schloss voll von allem Guten hat, Er keine anderen eingeladenen Gäste außer dieser Menschheit hat. Und natürlich erwogen die Engel all die Genüsse, die es in diesem Schloss gibt, welches auf seine Eingeladenen wartet, und verglichen sie mit den Leiden und dem Ärger, welche der Menschheit in der Zukunft widerfahren werden, und sahen, dass es sich für die Menschheit lohnt, sie für das sie zu erwartende Heil zu erdulden; und sie gaben sich mit der Erschaffung des Menschen einverstanden, in genauer Übereinstimmung mit den Worten von Rabbi Akiva: „Das Gericht ist ein gerechtes, und alles ist korrigiert und für ein Mahl zubereitet." Seit Anbeginn der Schöpfung sind alle Menschen in der Gästeliste eingetragen. Der Plan des Schöpfers verpflichtet sie dazu, zu dem Mahl zu kommen, bewusst oder unbewusst.

Im Gesagten werden sich in ganzer Wahrheit die Worte des Propheten offenbaren (Jesaja, 11): „Da werden die Wölfe bei den Lämmern wohnen und die Panther bei den Böcken lagern" usw. Und erklärt das: „Denn voll ist die Erde von der Erkenntnis des Ewigen, so wie Wasser die Meerestiefe bedecken." Das bedeutet, dass der Prophet den Frieden in der ganzen Welt in Abhängigkeit von der Erfüllung der Welt mit dem Wissen über den Schöpfer stellt.

Wie wir bereits oben sagten, verschärft die egoistische Konfrontation zwischen dem Menschen und seinem Nächsten die nationalen Beziehungen. Und all das wird nicht von sich aus verklingen, und es werden der Menschheit keine Ratschläge und Tricks helfen – es wird das sein, was sein muss. Denn man sieht, wie sich der Unglückliche vor unerträglichem Schmerz, der ihm von allen Seiten zugefügt wird, dreht und windet. Und die Menschheit neigte sich bereits zu den extrem Rechten wie in Deutschland und zu den extrem Linken wie in Russland, und nicht nur, dass es ihre Situation nicht verbessert hat, sondern es hat die Krankheit und den Schmerz nur noch verschlimmert. Und wie wir wissen, erhebt sich das Gestöhn zum Himmel.

Es gibt für sie keinen anderen Rat als das Joch des Schöpfers auf sich zu nehmen, indem sie Ihn anerkennen. Das heißt, ihre Handlungen auf den Wunsch des Schöpfers und auf Sein Ziel auszurichten, wie Er sie vor der Erschaffung plante. Und sobald sie dies tun werden, ist offensichtlich, dass bei der Menschheit in der Arbeit des Schöpfers sogar die Erinnerung an Neid und Hass erlöschen wird, wie ich dies in dem, was bis jetzt gesagt wurde, klar zeigte. Denn dann wird sich die ganze Menschheit zu einem einzigen Ganzen mit einem Herzen vereinigen, welches mit der Kenntnis des Schöpfers gefüllt ist. Denn Frieden in der Welt und Erkenntnis des Schöpfers sind eins.

Unmittelbar darauf sagt der Prophet: „Und es wird sein an jenem Tag, wenn der Schöpfer zum zweiten Mal Seine Hand ausstrecken wird, um den Rest Seines Volkes zurückzubringen. Und Er wird die aus Judäa Vertriebenen aus den vier Enden der Welt nach Hause holen." Somit geht Frieden in der Welt der Vereinigung Vertriebener voraus.

Der Frieden

Nun kann man die Worte der Weisen verstehen: „Der Schöpfer fand kein anderes Gefäß (*Kli*), welches fähig wäre, Seinen Segen an das Volk *Israel* zu fassen, als den Frieden." Wie es heißt: „Der Schöpfer wird Seinem Volk Kraft geben und es mit Frieden segnen." Und auf den ersten Blick erscheint der Ausdruck merkwürdig: „Gefäß, welches fähig wäre, seinen Segen an *Israel* zu fassen". Und tatsächlich, wie kann man hier eine Erklärung in der Schrift finden? Das Geschriebene wird aber durch die Prophezeiung von Jesaja erklärt, in welcher es heißt, dass der Frieden in der ganzen Welt der Vereinigung Vertriebener vorausgeht. Und die Worte „Der Schöpfer wird Seinem Volk Kraft geben" bedeuten, dass, wenn der Schöpfer *Israel* – Seinem Volk – Kraft geben wird, das heißt ewige Vereinigung, er dadurch „Sein Volk mit Frieden segnen" wird; mit anderen Worten: Er wird zuerst das Volk *Israel* mit dem Segen des Friedens in der ganzen Welt segnen. Erst danach wird der Schöpfer zum zweiten Mal Seine Hand ausstrecken, um den Rest Seines Volkes zu vereinigen.

Es sagten die Weisen: „Der Segen der ganzen Welt ging der Befreiung voraus", weil „der Schöpfer kein anderes *Kli* fand, welches fähig wäre, Seinen Segen an *Israel* zu fassen, als den Frieden." Das heißt, solange Selbstliebe und Egoismus unter den Völkern herrschen, werden auch die Söhne Israels nicht die Arbeit des Schöpfers zur Reinigung und zum Geben an den Nächsten ausführen können, wie es geschrieben steht: „(...) und ihr werdet mir ein Volk der Hohepriester sein." Das sehen wir in der Praxis, denn der Einzug in das Land *Israel* und der Aufbau des Tempels hätten sich ohne den Schwur des Schöpfers an unsere Vorväter nicht verwirklichen und einen Segen erhalten können.

Es heißt: „Es fand der Schöpfer kein Gefäß, welches fähig wäre, Seinen Segen zu fassen." Mit anderen Worten hatten die Söhne Israels bis heute kein *Kli*, welches den Segen der Vorväter enthalten würde, und der Schwur hat sich noch nicht verwirklicht, damit sie das Land auf ewig segnen könnten. Denn nur der Frieden in der ganzen Welt ist jenes einzige *Kli*, welches es uns erlaubt, den Segen der Vorväter zu erhalten, wie es in der Prophezeiung von Jesaja heißt.

Die Botschaft in Matan Tora

Bnei Baruch

In den drei Aufsätzen „*Matan Tora*" (Gabe der Tora), „*Arwut*" (Die Gegenseitige Bürgschaft) und „Der Frieden", lehrt uns Baal HaSulam die Notwendigkeit einer umfassenden Gesellschaft, um das Ziel der Schöpfung zu erreichen. Er zeigt auf, warum eine einzelne Person ohne die restlichen Menschen in der Welt ihr Ziel nicht erreichen kann und dass nur die richtige Kombination aus gesellschaftlicher Einheit und dem Wirken des Schöpfers die Menschheit mit Frieden, Wohlstand und der Verwirklichung unseres menschlichen Potenzials belohnen wird.

In „*Matan Tora*", Punkt 14, schreibt er ausdrücklich, dass jener Teil der Tora, der vom Menschen und seinem Nächsten handelt, am besten geeignet ist, uns zum erwünschten Ziel zu bringen. Am Ende des Aufsatzes hebt er dies hervor und weitet es über die Bedeutung der wechselseitigen Verbindung auf die Stufe einer ganzen Nation aus, wenn er sagt: „Wir haben erwiesen, dass jede der 613 *Mizwot* in der *Tora* sich um die eine *Mizwa* ‚Liebe deinen Freund wie dich selbst' dreht." Er sagt weiter, dass dieser Punkt nicht durchführbar ist, außer, wenn er von einer ganzen Nation vollzogen wird, deren jedes Mitglied dazu bereit und willens ist.

Im Aufsatz „Die Bürgschaft", Punkt 20, erklärt Baal HaSulam, dass das Ende der Korrektur der Welt erreicht sein wird, wenn alle Menschen der Welt sich an Seiner Arbeit beteiligen. Aber die Ersten, die in die Arbeit des Schöpfers eintreten und die gesamte Welt nach ihnen anleiten müssen, sind die Kinder *Israels*. „*Israels* Rolle in Bezug auf den Rest der Welt ist die gleiche wie die Rolle der Heiligen Väter in Bezug auf die israelische Nation [...]. Also muss die israelische Nation [...] sich selbst und den Rest der Völker der Welt qualifizieren, um sich so weit zu entwickeln, dass sie diese erhabene Arbeit der Liebe zum Nächsten annehmen, welche die Leiter zum Ziel der Schöpfung ist. [...] Jede *Mizwa*, die ein Individuum *Israels* ausführt, um seinem Schöpfer Zufriedenheit zu bringen und nicht für eine andere Belohnung oder aufgrund von Selbstliebe, beeinflusst daher – bis zu einem gewissen Ausmaß – die Evolution der restlichen Völker der Welt."

Weiter unten im Aufsatz (Punkt 28) definiert er die Rolle der Kinder *Israels* als diejenigen, die das Heilmittel sein sollen, durch welches die Funken der Reinheit und Läuterung des Körpers an alle Nationen der Welt weitergegeben werden. Denn der Rest der Nationen der Welt ist noch nicht bereit dazu, und der Schöpfer benötigt zumindest eine Nation, um damit zu beginnen, und daher wird *Israel* unter allen Nationen auserwählt.

„Alle Nationen der Welt gehören Mir (dem Schöpfer) an, so auch ihr, und werden letztendlich an Mir festhalten. Aber solange sie zu dieser Aufgabe noch nicht fähig sind, benötige Ich ein rechtschaffenes Volk. Wenn ihr euch einverstanden erklärt, das auserwählte Volk zu sein, dann werde Ich euch befehlen, Mir ein Königreich von Priestern zu sein, was die höchste Form der Liebe zu anderen darstellt: ‚Liebe deinen Freund wie dich selbst.'"

Im Aufsatz „Der Frieden" lehrt uns Baal HaSulam den wahren Grund für das Leiden der Menschen im Allgemeinen und der Menschen von *Israel* im Besonderen. Er schreibt, dass der raue, egoistische Widerstand untereinander, welcher Spannungen unter den Mitgliedern der Nation verursacht, nicht durch irgendwelche menschlichen Taktiken aufhören wird. Wir können klar sehen, dass wir bereits wie ein Kranker sind, der sich mit großen Schmerzen von einer Seite auf die andere dreht, da die Menschheit sich bereits zu den extrem Rechten, wie Deutschland, oder zu den extrem Linken, wie Russland, gewendet hat.

Und nicht nur, dass sie die Situation nicht entschärften, sie verschlimmerten sogar noch den Schmerz, und die Schreie stiegen hinauf bis in den Himmel, wie wir alle wissen.

Von hier führt er zur unausweichlichen Schlussfolgerung, dass die Menschen keine andere Wahl haben, als Seine Bürde zu akzeptieren, um den Schöpfer zu erkennen und ihre Ziele auf die Zufriedenheit des Schöpfers und auf Sein Ziel auszurichten, wie Er es vor der Schöpfung für sie geplant hatte. Und wenn sie dies tun, ist es offenkundig, dass, einhergehend mit dem Dienst an Ihm, jedes Teilchen an Neid und Hass aus der Menschheit gelöscht wird, weil dann alle Teile der Menschheit sich zu einem einzigen Körper und einem Herzen vereinigen werden, gefüllt mit der Kenntnis Gottes. Folglich sind der Weltfrieden und die Kenntnis Gottes ein und dasselbe.

Um seine Worte aus den drei Abhandlungen zusammenzufassen, können wir eine Anzahl von klaren Botschaften hervorheben:

1. Der Zweck der gesamten Schöpfung ist für alle Geschöpfe, sich an ihren Schöpfer zu heften. Dadurch werden sie durch ihr eigenes Handeln mit ewigem Genuss und Ganzheit belohnt.
2. Es ist nur möglich, das Ziel durch die Verwirklichung des Gesetzes „Liebe deinen Freund (Nächsten) wie dich selbst" zu erreichen.
3. Dieses Gesetz wird stufenweise verwirklicht, beginnend mit der Vereinigung einiger weniger Menschen, über eine stufenweise wachsende Gruppe bis zu

einer ganzen Nation, welche letztendlich alle Nationen der Welt zur Arbeit des Schöpfers und zur Nächstenliebe führen wird.

4. Die erste Nation, die ihre Rolle zur Verwirklichung dieser Idee ausführen soll, ist das Volk *Israel*.

5. Das Volk *Israel* soll allen Nationen ein Beispiel geben und sie zu denselben Konzepten hinführen.

6. Jedes Individuum, jede Gruppe oder jede Nation, die sich weigert, diesen Weg zu gehen, wird sich selbst große Qualen zufügen, was sie wieder zurück auf den rechten Weg lenken wird – dem Ende der Korrektur entgegen.

7. Jedes Individuum, jede Gruppe oder jede Nation, die sich diesem Ziel widmet, wird den gesamten Prozess beeinflussen und ihn beschleunigen und wird mit der ersehnten Ganzheit belohnt werden.

Nachfolgend sind die Prinzipien angeführt, welche die Gruppe der Kabbalisten von Bnei Baruch leiten.

Die Mitglieder dieser Gruppe führen ein Leben des Teilens und der Einheit, beruhend auf einer tagtäglichen Grundlage, indem sie die Schriften der großen Kabbalisten studieren, die diese Prinzipien verwirklicht haben, und das, was sie lernen, in ganz *Israel* und überall in der Welt unterrichten. Dies erfolgt durch ihre zahlreichen Studiengruppen, die das ganze Jahr aktiv sind, durch Verbreitung kabbalistischer Bücher und durch live gesendeten und archivierten Kabbala-Unterricht über Internet und Fernsehen. Ihre Internetseite www.kabbalah.info ist die führende Kabbala-Seite im Internet; und um aktuell zu sein, werden die Beiträge in zweiunddreißig Sprachen angeboten. Es gibt auch Kabbala-Zeitungen und -Zeitschriften, die monatlich in acht Sprachen veröffentlicht werden.

Bnei Baruchs wichtigstes Ziel ist, das komplexe kabbalistische Material in so einfachen Ausdrücken wie möglich darzustellen, damit jedermann, der nach dem Sinn des Lebens sucht, in der Lage ist, es zu verstehen. Zusätzlich versucht Bnei Baruch, indem es den Lehren von Baal HaSulam folgt, mit allen zur Verfügung stehenden Mitteln, das gesamte israelische Volk seine historische Rolle zu lehren.

Bnei Baruch lehrt die einzige Botschaft, welche Leiden, Schmerz und Krieg verhindern kann: die Botschaft, die „Es gibt niemanden außer Ihm" heißt.

Für die Mitglieder von Bnei Baruch ist es offenkundig, dass die politische, ökonomische und globale Situation einzig und allein davon abhängt, diese einfache Botschaft zu lehren. Der einzige Grund für das Leiden in dieser Welt ist, die Menschen zu entwickeln und ihnen beizubringen, sich dem Schöpfer zuzuwenden und mit Ihm Verbindung aufzunehmen. Die unterschiedlichen Versuche, diese Mission der Lenkung der Welt – entgegen dieser Feststellung – zu umgehen, fügen den Juden großes Leiden zu.

Die menschliche Evolution ist zwingend; sie kann nicht gestoppt werden. Alles, was wir tun können, ist, die Botschaft zu verstehen und ihre Verwirklichung voranzutreiben. Bedauerlicherweise lehrt uns die blutige Geschichte des Volkes *Israel*, wo die eigensinnige Weigerung, diese Mission auszuführen, hinführt.

Das Einzige, was wir in Erinnerung behalten sollten, ist, dass es nur eine einzige Ursache in der gesamten Realität gibt. Diese Ursache tritt auf unterschiedliche Weise in Erscheinung – außerhalb und innerhalb von uns. Sie tritt durch unsere Gefühle, Gedanken, Verlangen und Handlungen mit uns in Kontakt, und sie erscheint in gleicher Weise den restlichen Völkern der Welt. Es ist wichtig, sich in Erinnerung zu rufen, dass wir nur mit ihrer Hilfe in der Lage sein werden, das Gesetz „Liebe deinen Nächsten wie dich selbst" auszuführen. Das alles kann einfach dadurch erreicht werden, dass wir unsere Einstellung zur Wirklichkeit verändern; es ist nicht notwendig, irgendwelche äußeren Veränderungen durchzuführen.

Wenn wir darin Erfolg haben, so vielen Menschen wie möglich beizubringen, sich auf diese Weise dem Leben zuzuwenden, werden wir uns rasch in einer viel ruhigeren und friedlicheren Welt wiederfinden. Die tiefe Verbindung zum Schöpfer wird jedem von uns helfen, den Zweck unseres Lebens, die Wurzel unserer Seelen und die Art, wie man endlosen Genuss erlangt, zu verstehen. Indem wir das erreichen, werden wir das Ziel der Schöpfung vollenden und all den Genuss und das Vergnügen empfangen, welche für jeden von uns vorbereitet sind.

Der Frieden in der Welt

Rav Yehuda Ashlag

„Es werden sich Barmherzigkeit und Wahrheit treffen; Gerechtigkeit und Frieden werden sich vereinigen. Wahrheit wird aus der Erde sprießen und die Gerechtigkeit vom Himmel hinabsteigen. Und der Herr wird Güte schenken; und unser Land wird Ernte bringen."

Psalm 85

ALLES WIRD NICHT DANACH BEURTEILT WIE ES ZU EINEM BESTIMMTEN ZEITPUNKT AUSSIEHT, SONDERN GEMÄß DER JEWEILIGEN STUFE DER ENTWICKLUNG

Alles, was in der Wirklichkeit existiert, sowohl das Gute als auch das Schlechte und sogar das Schlimmste und Schädlichste in der Welt, hat ein Existenzrecht und man darf es daher weder ausrotten noch vollkommen vernichten. Wir haben nur die Aufgabe, es zu verbessern und zu korrigieren, da bereits ein aufmerksamer Blick auf den Schöpfungsprozess dazu ausreicht, um zum Bewusstsein der Größe und der Vollkommenheit der Handlung und des sie Ausführenden zu gelangen. Daher müssen wir verstehen und sehr vorsichtig vorgehen, wenn wir einzelne Teile der Schöpfung bewerten, indem wir sagen, dass sie überflüssig und nicht erforderlich sind, denn das wäre üble Nachrede über die Schöpfungshandlung.

Doch wie uns bekannt ist, schloss der Schöpfer die Schöpfung im Moment ihrer Erschaffung nicht ab. Daher sehen wir auch in jedem Teilbereich der Wirklichkeit, dass sie im Allgemeinen wie auch im Besonderen der Macht der Gesetze der stufenweisen Entwicklung unterliegt, beginnend vom Stadium, welches der Zeugung bzw. der Entstehung vorausgeht, bis zum Stadium des Abschlusses des Wachstums. Wenn wir also zu Anfang ihrer Entwicklung den bitteren Geschmack der Frucht verspüren, fassen wir dies, weil uns die Ursache bekannt ist, nicht als Mangel oder Fehler der Frucht auf – die Frucht hat den Prozess ihrer Reifung noch nicht abgeschlossen.

So gilt das auch bezüglich aller anderen Elemente der Wirklichkeit: Wenn uns etwas als schlecht oder schadenbringend erscheint, dann ist es nichts anderes als ein Beweis dafür, dass dieses Element noch auf einer Zwischenstufe des Prozesses seiner Entwicklung steht. Daher haben wir kein Recht zu sagen, dass es schlecht sei, und es wäre auch nicht klug, es zu vernachlässigen.

DIE SCHWÄCHE DER „WELTVERBESSERER"

Das ist der Schlüssel zum Verständnis der Untauglichkeit der „Weltverbesserer", die in jeder Generation existiert haben. Sie haben den Menschen als eine Maschine betrachtet, die nicht richtig funktioniert und daher einer Korrektur bedarf, das heißt, dass man die beschädigten Teile entfernen und durch andere, intakte ersetzen sollte.

Insofern sind alle Bestrebungen der Weltverbesserer darauf ausgerichtet, alles Böse und Schädliche in der Menschheit auszurotten, und wenn sich der Schöpfer den Weltverbesserern nicht widersetzt hätte, hätten sie bereits die ganze Menschheit durch ein Sieb durchgesiebt und nur das Gute und das Nützliche in ihr gelassen.

Da jedoch der Schöpfer akribisch jedes einzelne Element Seiner Schöpfung beobachtet und es niemandem erlaubt, etwas von dem zu zerstören, was in Seiner Macht steht, jedoch sehr wohl, es zu korrigieren und gut und nützlich zu machen, werden alle oben erwähnten Weltverbesserer vom Antlitz der Erde verschwinden. Jedoch wird das Schlechte in der Welt nicht schwinden. Es existiert und zählt die Anzahl der Stufen der Entwicklung ab, die noch erklommen werden müssen, bis der Abschluss der Reifung erreicht ist.

Und erst dann werden sich die schlechten Eigenschaften in gute und nützliche Eigenschaften verwandeln, so wie der Schöpfer es von Anfang an geplant hatte, wie eine Frucht, die an den Zweigen des Baumes hängt und die Tage und Monate zählt, die noch vergehen müssen, bis sie reif ist, und erst dann wird sich einem jeden Menschen ihr Geschmack und ihre Süße offenbaren.

DIE BESCHLEUNIGUNG DER KORREKTUR DER NATUR

Das oben erwähnte Entwicklungsgesetz, welches sich auf die ganze Wirklichkeit erstreckt und die Rückkehr alles Bösen zum Guten und Nützlichen ermöglicht, vollzieht seine Handlungen kraft der Herrschaft von Oben, also ohne Genehmigung durch die Menschen dieser Erde. Allerdings gab der Schöpfer dem Menschen Verstand und Macht und erlaubte es ihm somit, das erwähnte Gesetz der Entwicklung zu akzeptieren und zu lenken, indem er den Entwicklungsprozess nach seinem Wunsch, frei und vollkommen unabhängig vom Lauf der Zeit, beschleunigt.

Folglich existieren zwei Kräfte, welche in dem erwähnten Entwicklungsprozess wirken:

Eine von ihnen ist die Macht des Himmels, welche die Rückkehr alles Bösen und Schädlichen zum Guten und Nützlichen garantiert, doch dies erst zu gegebener Zeit und auf eine spezielle Art, auf einem langen und schmerzvollen Weg. Und dann gibt es die irdische Macht. Wenn das „Objekt der Entwicklung" ein lebendes Wesen ist, dann erleidet es fürchterliche Qualen, während es sich unter dem „Rad der Entwicklung" befindet, welches sich mit unglaublicher Grausamkeit weiterdreht.

Die „irdische Macht" jedoch besteht aus Menschen, welche die Macht über den oben erwähnten Entwicklungsprozess in ihre eigenen Hände nehmen, und denen es gewährt ist, sich vollkommen von den Ketten der Zeit zu befreien und somit das Ende des Entwicklungsprozesses, also den Abschluss der Reife und der Korrektur, zu beschleunigen.

Mit diesen Worten lehrten uns die Weisen (*Sanhedrin 98*) die komplette Erlösung und die komplette Korrektur *Israels*. So erläuterten sie auch den Satz „Ich der Herr werde es zu gegebener Zeit beschleunigen" (Jesaja, 60:22): Werden sie würdig - dann werde Ich es beschleunigen (*Achishena*); werden sie nicht würdig - dann zu gegebener Zeit (*be-Ita*).

Wird *Israel* also würdig und werden durch das Gesetz der Entwicklung die bösen Eigenschaften in gute umgewandelt, dann werden sie es auch in ihre eigenen Hände nehmen. Mit anderen Worten: Sie selbst werden ihre Gedanken und Herzen ausrichten, um all ihre negativen Eigenschaften zu korrigieren, indem sie selbst diese in positive umwandeln. Daher bedeutet „Ich werde es beschleunigen", dass sie vollkommen von den Ketten der Zeit befreit sind. Und ab diesem Moment hängt die Erreichung der höheren Entwicklungsstufe nur von ihrem eigenen Willen ab, das heißt, nur von der Qualität der Handlung und der Achtsamkeit. Auf diese Weise beschleunigen sie die Erreichung des Endstadiums.

Doch wenn sie nicht dessen würdig werden, die Entwicklung ihrer schlechten Eigenschaften in ihre Macht zu bekommen, sondern sie der Herrschaft des Himmels überlassen, dann ist ihnen auch in diesem Fall die vollkommene Erlösung und die Vollendung der Korrektur garantiert. Denn es existiert eine volle Garantie vonseiten der Macht des Himmels, die auf dem Gesetz der allmählichen Entwicklung beruht, Stufe für Stufe, bis sich schließlich alles Böse und Schädliche in Gutes und Nützliches verwandelt, gleich einer Frucht am Baum. Der Abschluss ist auch in diesem Fall absolut sicher, doch zu gegebener Zeit, das heißt, er ist von der Zeit abhängig und auch vollkommen an sie gebunden.

Gemäß dem Gesetz der stufenweisen Entwicklung ist es notwendig, viele Entwicklungsstufen zu absolvieren, dieser Prozess ist schwer, sehr langsam, er zieht sich über eine sehr lange Zeit hin, bis man letztendlich das Ende erreicht. Und da jene Objekte der Entwicklung, von welchen wir hier sprechen, lebende und fühlende menschliche Wesen sind, so müssen sie auch während dieser Zustände die größten und schrecklichsten Qualen erleiden, da jene Kraft, die in diesen

Stufen eingeschlossen ist und den Menschen dazu zwingt, von einer niederen Stufe auf eine höhere überzugehen, nichts anderes ist als die Kraft der Leiden und des Schmerzes, die sich auf einer niederen Stufe in solch einem Maße konzentrieren, dass es unmöglich wird, dies zu erdulden, und man infolgedessen gezwungen ist, diese Stufe zu verlassen und auf eine höhere überzugehen. So wie unsere Weisen uns lehrten: „Der Schöpfer setzt einen König über sie, dessen Urteile grausam sind wie Hamans und Israel kehrt zurück und wendet sich zum Guten."

So wird der Abschluss, welcher gemäß dem erwähnten Gesetz der stufenweisen Entwicklung garantiert ist, „zu gegebener Zeit" (*be-Ita*) erreicht, das heißt, er ist von der Zeit abhängig. Und die Erreichung des Abschlusses ist dadurch bedingt, dass der Mensch die Entwicklung seiner Eigenschaften in seine Hände nimmt, was „Ich werde beschleunigen" genannt wird, und dies bedeutet gänzlich unabhängig von der Zeit.

GUT UND BÖSE WERDEN ANHAND DER HANDLUNGEN DES INDIVIDUUMS GEGENÜBER DER GESELLSCHAFT BEWERTET

Bevor wir die Korrektur des Bösen im ganzen Menschengeschlecht näher beleuchten, müssen wir die Bedeutung folgender abstrakter Begriffe festlegen: „**Gut**" und „**Böse**". Wenn wir eine Handlung oder eine Eigenschaft der Kategorie Gut oder Böse zuordnen, müssen wir klären **in Bezug auf wen oder was** diese Eigenschaft oder Tat gut oder böse ist.

Um das zu verstehen, muss man den relativen Wert des Besonderen im Vergleich zum Ganzen kennen, das heißt den Wert eines Individuums gegenüber der Gesellschaft, in welcher es lebt und von welcher es sich sowohl materiell als auch spirituell ernährt.

Die Wirklichkeit zeigt uns, dass ein Individuum dann kein Existenzrecht hat, wenn es sich isoliert und keine ausreichend große Gesellschaft hat, die es unterstützt und ihm bei der Befriedigung seiner Bedürfnisse hilft. Daraus folgt, dass der Mensch von Anfang an für ein Leben in der Gesellschaft erschaffen wurde. Jedes einzelne Individuum in der Gesellschaft ist wie ein einzelnes Rad, das mit anderen Rädern in der Maschine verbunden ist, sodass es als alleinstehendes Rad keine Bewegungsfreiheit hat. Allerdings bewegt es sich gemeinsam mit den anderen Zahnrädern in eine vorgegebene Richtung, um die Gesamtaufgabe erfüllen zu können. Und wenn es zu einem Defekt an einem Rad kommt, so wird dies nicht als ein Defekt eines Rades betrachtet. Dies wird in Hinsicht auf seine Rolle und Bestimmung im Gesamtmechanismus bewertet.

In unserem Fall wird der Grad des Wertes eines jeden Individuums in der Gesellschaft nicht dadurch definiert, wie gut es an sich ist, sondern durch das Maß seines Dienstes an der Gesellschaft als Ganze. Und umgekehrt bewerten wir nicht den Grad des Bösen eines jeden Individuums, sondern wir bewerten das Maß jenes Schadens, den es der Gesellschaft als Ganzer zufügt, und nicht das Maß seines persönlichen Bösen.

Diese Dinge sind glasklar sowohl in Hinsicht auf die in ihnen enthaltene Wahrheit als auch in Hinsicht auf das in ihnen enthaltene Gute. Denn im Allgemeinen gibt es nichts anderes als das, was es auch im Individuellen gibt. Der Nutzen der Allgemeinheit ist der Nutzen eines jeden Einzelnen: Derjenige, der der Allgemeinheit einen Schaden zufügt, bekommt auch seinen Anteil am Schaden; wer der Allgemeinheit Nutzen bringt, bekommt ebenfalls seinen Anteil daran, da die Einzelnen immer nur Teile des Allgemeinen sind. Und das Allgemeine hat keinen größeren Wert oder keine größere Menge als die Summe der Einzelteile, die dieses zusammensetzen.

Folglich sind die Gesellschaft und das Individuum das Gleiche. Es gibt für das Individuum nichts Negatives daran, dass es der Gesellschaft unterstellt ist, weil die Freiheit der Gesellschaft und die Freiheit des Individuums identisch sind. So wie sie das Gute teilen, teilen sie auch die Freiheit. Daher werden sowohl die guten als auch die schlechten Eigenschaften und sowohl die guten als auch die schlechten Handlungen nur gemäß ihrem Nutzen für die Gesellschaft bewertet.

Natürlich bezieht sich dieses Konzept nur auf den Fall, dass alle Individuen ihren Verpflichtungen in Bezug auf die Gesellschaft vollständig nachkommen und dass sie nicht mehr bekommen als ihnen zusteht und nicht versuchen, den ihren Freunden zustehenden Anteil an sich zu nehmen. Doch wenn sich ein Teil der Gesellschaft nicht so verhält, dann stellt sich heraus, dass sie nicht nur der Gesellschaft sondern auch sich selbst Schaden zufügen.

Wir sollten dies jedoch nicht weiter erläutern, da es bereits allen bekannt ist, und alles bisher Gesagte ist nichts anderes als die Vorführung eines Schwachpunktes, somit jene Stelle, die einer Korrektur bedarf, nämlich, dass jeder verstehen soll, dass sein persönlicher Nutzen und der Nutzen der Gesellschaft das Gleiche sind. Auf diese Weise wird die Welt zu ihrer vollen Korrektur gelangen.

DIE VIER EIGENSCHAFTEN BARMHERZIGKEIT, WAHRHEIT, GERECHTIGKEIT UND FRIEDEN IN BEZUG AUF DAS INDIVIDUUM UND DIE GESELLSCHAFT

Nachdem wir klargestellt haben, was das Gute beinhaltet, müssen wir nun das Wesen und die Mittel überprüfen, die zu unserer Verfügung stehen, um das Näherrücken des Guten und des Glücks zu beschleunigen.

Vier Eigenschaften stehen uns zur Erreichung dieses Ziels zur Verfügung: Barmherzigkeit, Wahrheit, Gerechtigkeit und Frieden. Diese Eigenschaften haben bis zur heutigen Zeit alle Weltverbesserer verwendet. Richtiger wäre jedoch zu sagen, dass aufgrund dieser vier Eigenschaften bis zum heutigen Tage die Entwicklung der Menschheit durch die Höhere Lenkung stattfand, indem sich die Menschheit schrittweise entwickelte, bis sie den heutigen Zustand erreichte.

Wie bereits erwähnt, wäre es besser für uns, das Gesetz der Entwicklung selbst in unsere Hände und in unsere Lenkung zu nehmen, weil wir uns dann von allen Leiden befreien würden, welche der Entwicklungsprozess für unsere Zukunft vorbereitet hat.

Dementsprechend sollten wir diese vier Eigenschaften untersuchen und analysieren, um zu verstehen, was wir durch sie bisher erreicht haben, und um daraus zu folgern, wie sie uns in der Zukunft unterstützen können.

PRAKTISCHE SCHWIERIGKEITEN IN DER FESTLEGUNG DER WAHRHEIT

Wenn wir die positiven Eigenschaften theoretisch betrachten, dann haben wir natürlich keine bessere Eigenschaft als die der Wahrheit. Denn alles Gute, das wir vorher basierend auf der Beziehung zwischen dem Individuum und der Gesellschaft festgelegt haben, existiert dann, wenn das Individuum gibt und vollkommen die ihm auferlegte Aufgabe bezüglich der ganzen Gesellschaft erfüllt und von der Gesellschaft seinen Teil auf gerechte Weise erhält. All das ist nichts anderes als die Wahrheit. Das Problem liegt jedoch darin, dass diese Eigenschaft in der Realität überhaupt nicht von der Gesellschaft angenommen wird. In der Realität bestimmt die Wahrheit selbst den Mangel: Es gibt hier einen Mangel und einen Grund, der es der Gesellschaft nicht erlaubt, sie anzunehmen. Es bleibt zu klären, woraus dieser Mangel besteht.

Wenn man eine genaue Untersuchung der Umsetzungsmöglichkeiten der erwähnten Wahrheit vornimmt, dann wird sich notwendigerweise herausstellen, dass diese zu vage und kompliziert ist, sodass es dem Menschen absolut unmöglich ist, sie zu erkennen. Denn die Wahrheit verpflichtet uns, alle Individuen in der Gesellschaft gleichzusetzen, damit jeder seinen Teil gemäß der von ihm unternommenen Anstrengungen erhält, nicht weniger und nicht mehr. Und das ist die einzige reale Basis, an der man nicht zweifeln kann, denn es ist offensichtlich, dass, wenn jemand für sich aus den Bemühungen eines anderen Nutzen ziehen möchte, seine Handlungen dem oben erwähnten Grund und der Wahrheit widersprechen.

Doch wie können wir diese Kategorie der Wahrheit so verinnerlichen, dass sie von der gesamten Gesellschaft angenommen wird? Wenn wir zum Beispiel etwas bewerten würden, indem wir uns auf die für alle sichtbare Arbeit stützten, das heißt entsprechend der Anzahl der Arbeitsstunden, und wir alle verpflichten würden, die gleiche Anzahl an Stunden zu arbeiten, dann würde sich uns die Kategorie der Wahrheit dennoch nicht enthüllen.

Mehr als das: Hier besteht von zwei Seiten eine Lüge: einerseits seitens des körperlichen Zustands des Arbeiters und andererseits aus der Sicht seiner moralischen Verfassung.

Der Frieden in der Welt

Es ist vollkommen natürlich, dass nicht alle gleich arbeiten können. Es wird sich immer einer finden, der infolge eigener Schwäche in einer Stunde Arbeit viel größere Bemühungen unternimmt, als ein anderer in zwei oder mehreren Stunden.

Darüber hinaus gibt es auch einen psychologischen Grund, da jemand, der von Natur aus sehr faul ist, ebenfalls in einer Stunde größere Anstrengungen unternimmt, als ein anderer es in zwei oder mehreren Stunden tut. Aus der Sicht der absoluten Wahrheit können wir nicht einen Teil der Gesellschaft verpflichten, zum Zweck der Versorgung mit dem Lebensnotwendigen größere Bemühungen zu unternehmen, als es der übrige Teil tut.

In der Realität läuft es darauf hinaus, dass die von Natur aus starken und unternehmungslustigen Mitglieder der Gesellschaft einen Gewinn aus den Bemühungen ziehen, welche von anderen unternommen werden, und sie böswillig ausnutzen, was im Widerspruch zur Eigenschaft der Wahrheit steht, denn sie selbst unternehmen nur unbedeutende Anstrengungen, verglichen mit den schwachen und faulen Mitgliedern der Gesellschaft.

Wenn wir dazu noch das Naturgesetz des „Folgens der Mehrheit" in Betracht ziehen, so ist solch eine Form der Wahrheit, wenn die faktische Anzahl an Arbeitsstunden als Basis genommen wird, vollkommen unmachbar, da die Schwachen und die Faulen immer die große Mehrheit in der Gesellschaft darstellen, und sie werden es den Starken und Unternehmungslustigen, die eine Minderheit darstellen, nicht erlauben, ihre Kräfte und Bemühungen zu nutzen. Somit ist die oben erwähnte Basis, welche die Bemühungen des Individuums unter den Voraussetzungen der Wahrheit darstellt, praktisch unmöglich, weil das Prinzip selbst keiner Prüfung oder Bewertung unterzogen werden kann.

So zeigt sich, dass das Attribut der Wahrheit praktisch nicht dazu fähig ist, den Weg des Individuums und den Weg der Gemeinschaft genau und befriedigend zu organisieren. Ebenso ist es komplett unzulänglich, wenn es darum geht, das Leben in der Endkorrektur der Welt zu organisieren.

Darüber hinaus gibt es hier auch noch größere Schwierigkeiten, denn es gibt keine eindeutigere Wahrheit als die Natur an sich. Jedes Individuum fühlt sich von Natur aus als Alleinherrscher in der Welt des Schöpfers und glaubt, dass alle anderen nur zu dem Zweck erschaffen wurden, sein Leben zu erleichtern und zu verbessern, jedoch ohne dass er sich seinerseits zu irgendeiner Gegenleistung verpflichtet fühlt.

Einfach zusammengefasst liegt es in der Natur eines jeden Menschen, das Leben aller Geschöpfe in der Welt zum eigenen Vorteil auszunutzen. Alles, was er seinerseits einem anderen gibt, basiert nur auf Zwang, und sogar dann ist eine Ausnutzung von anderen enthalten, doch dies wird so schlau gemacht, dass der andere dies gar nicht merkt und daher bereitwillig nachgibt.

Der Hintergrund dafür liegt darin, dass die Natur eines jeden Zweiges ihrer Wurzel nahe ist. Und da die Seele des Menschen vom Schöpfer ausgeht, der eins und einzig ist und dem alles gehört, fühlt auch der Mensch, der in Ihm seinen Anfang nimmt, dass alle Geschöpfe der Welt in seiner Macht stehen müssen und zu seinem persönlichen Nutzen erschaffen wurden. Dies ist ein unbedingtes Gesetz.

Der einzige Unterschied liegt in der Wahl der Menschen. Der eine nutzt Menschen zur Erreichung von niederen Genüssen aus, der andere zur Erreichung von Macht und der dritte zur Erreichung von Ehre. Mehr als das: Wenn man es ohne große Mühen tun könnte, würde jeder die Welt zur Erreichung von allen dreien ausnutzen: von Reichtum, Macht und Ehre. Allerdings ist man gezwungen gemäß den zur Verfügung stehenden Möglichkeiten und Fähigkeiten zu wählen.

Dieses Gesetz kann man als das „Gesetz der Einzigartigkeit (Einzigkeit)" im Herzen eines Menschen bezeichnen. Kein Mensch kann vor seinem Einfluss fliehen, und jeder bekommt seinen Anteil: der Große gemäß seiner Größe und der Kleine gemäß seiner Kleinheit.

Doch das erwähnte Gesetz der Einzigartigkeit, welches in der Natur eines jeden Menschen existiert, ist weder schlecht noch böse, weil es die Wirklichkeit der Natur ist und ihm wie jedem anderen Teil der Schöpfung ein Existenzrecht zusteht. Es besteht keine Möglichkeit, es aus der Welt zu tilgen oder wenigstens seine Wirkung etwas abzuschwächen, so wie es keine Möglichkeit gibt, das ganze Menschengeschlecht vom Angesicht der Erde zu tilgen. Demzufolge werden wir nicht falsch liegen, wenn wir von diesem Gesetz aussagen, dass es die absolute Wahrheit darstellt.

Und da es zweifellos so ist, wie können wir dann überhaupt versuchen, jemanden damit zu beruhigen, indem wir ihm eine Gleichheit mit allen Mitgliedern der Gesellschaft versprechen? Nichts ist doch weiter von der menschlichen Natur entfernt als das, da das einzige Streben des Individuums darin besteht, sich über die ganze Gesellschaft zu erheben.

Nach allem, was bisher gesagt wurde, besteht keine wirkliche Möglichkeit, gutes und freudvolles Verhalten in das Leben der Individuen und in das Leben der Gesellschaft zu bringen, indem man das Attribut der Wahrheit derart berücksichtigt, dass es von jedem Menschen angenommen wird, so, wie es am Ende der Korrektur sein sollte.

NUTZUNG ANDERER ATTRIBUTE IN DER LENKUNG ANSTATT DES ATTRIBUTS DER WAHRHEIT

Nun werden wir uns den drei restlichen Kategorien zuwenden: der Barmherzigkeit, der Gerechtigkeit und dem Frieden. Auf den ersten Blick scheinen sie nur dazu erschaffen worden zu sein, um das schwache Attribut der Wahrheit in unserer Welt zu unterstützen. Von diesem Punkt an nahm die geschichtliche Entwicklung ihre langsame, stufenweise Bewegung hin zur Regelung des gesellschaftlichen Lebens auf.

DER FRIEDEN IN DER WELT

Theoretisch haben sich alle Mitglieder der Gesellschaft damit einverstanden erklärt und die Lenkung der Wahrheit bedingungslos angenommen. Doch in der Realität haben sie sich in eine der Wahrheit entgegengesetzte Richtung entwickelt. Und seitdem war es das Schicksal der Wahrheit, in den Händen hinterhältiger Menschen zu sein und nicht in den Händen der Schwachen und Gerechten, sodass sie das Attribut der Wahrheit nicht einmal im minimalen Ausmaß nutzen konnten.

Da man in der Gesellschaft das Attribut der Wahrheit nicht einführen konnte, stieg die Anzahl der Schwachen und Ausgenutzten innerhalb der Gesellschaft, und daraus entwickelten sich die Eigenschaften von Barmherzigkeit und Gerechtigkeit im gesellschaftlichen Leben, da die Grundlagen der Gesellschaft die Starken und Erfolgreichen dazu verpflichteten, den Schwachen zu helfen, um der Gesellschaft als Ganzer keinen Schaden zuzufügen. Daher verhielt man sich ihnen gegenüber nachsichtig, das heißt barmherzig und mit Mitleid.

Doch die Natur der Dinge ist so, dass unter solchen Bedingungen die Anzahl von Schwachen und Benachteiligten so weit ansteigt, bis sie genug sind, um gegen die Starken zu protestieren, und es zu Streitigkeiten und Auseinandersetzungen kommt. Daraus entwickelt sich das Attribut „Friede" in der Welt. So dass alle diese Kategorien - Barmherzigkeit, Gerechtigkeit und Frieden - infolge der Schwäche der Kategorie Wahrheit auf die Welt kamen und ihre Entwicklung nahmen.

Dies führte zur Unterteilung der Gesellschaft in Gruppen. Die einen von ihnen nahmen als Basis die Attribute der Barmherzigkeit und der Wohltätigkeit, das heißt das Opfern von eigenem Besitz an andere, und die anderen nahmen das Attribut der Wahrheit, das heißt das Prinzip „das Meine ist meins, und das Deine ist deins".

Einfach gesagt kann man diese zwei Gruppen in „Erbauer" und „Zerstörer" aufteilen. Erbauer kümmern sich um den Aufbau und das Wohl der Gesellschaft, zu diesem Zweck sind sie oft bereit, ihren eigenen Besitz mit anderen zu teilen.

Für jene aber, die ihrer Natur nach der Zerstörung und Lasterhaftigkeit zugeneigt sind, ist die Eigenschaft der Wahrheit bequemer, das heißt das Prinzip „das Meine ist meins, und das Deine ist deins". Da sie von Natur aus Zerstörer sind, würden sie von sich aus anderen nie etwas geben, sogar wenn es sich um eine Gefahr für die Existenz der Gesellschaft handeln würde.

HOFFNUNG AUF FRIEDEN

Diese Bedingungen führten die Gesellschaft zu Unfrieden und stellten somit eine Gefahr für das Wohl der Gesellschaft dar. Dann tauchten die „Friedensstifter" in der Gesellschaft auf. Sie übernahmen die Leitung und die Führung und erneuerten das Sozialleben, basierend auf neuen Bedingungen, die aus ihrer Sicht gerechtfertigt waren, um die friedvolle Koexistenz zu gewährleisten.

Doch diese Friedensstifter, die nach allen Differenzen in Erscheinung traten, stammen in der Regel aus der Gruppe der „Zerstörer", der Befürworter der Wahrheit, des Prinzips „das Meine ist meins, und das Deine ist deins". Dies deshalb, weil sie zu den Starken und Unternehmenslustigen in unserer Gesellschaft gehören, „Helden" genannt, denn sie sind jederzeit bereit, das eigene Leben zu riskieren und auch das der ganzen Gesellschaft, wenn die Gesellschaft nicht mit ihrer eigenen Meinung konform geht.

Dagegen sind die „Errichter" die Befürworter von Barmherzigkeit und Wohltätigkeit, die sich um das eigene Leben und das der Gesellschaft kümmern und sich weigern, sich selbst und die Gesellschaft einer Gefahr auszusetzen. Daher findet man sie immer auf der schwachen Seite der Gesellschaft, „Feiglinge" und „Kleinmütige" genannt.

Daher ist es selbstverständlich, dass immer die Tapferen und Verdorbenen gewinnen, und die Friedensstifter kommen natürlich aus der Zahl der „Zerstörer" und nicht der „Aufbauer".

Aus dem Gesagten wird klar, wie die Hoffnung auf Frieden, den unsere ganze Generation mit solch einer Ungeduld anstrebt, keinerlei Wert innehat, weder aus der Perspektive des Subjekts noch aus der Perspektive des Objekts.

Denn die Subjekte, das sind die Friedensstifter unserer Zeit und auch in jeder anderen Generation, mit anderen Worten: jene, die die Macht haben, Frieden in der ganzen Welt herzustellen, und sie sind immer aus der Menschengattung der „Zerstörer", denn sie suchen nach der Wahrheit, das heißt, sie streben danach, die Welt auf dem Prinzip des Friedens aufzubauen mit „das Meine ist meins, und das Deine ist deins."

Logischerweise verteidigen diese Menschen ihre Meinungen und dies sogar so weit, dass sie bereit sind, dafür ihr eigenes Leben und das Leben der ganzen Gesellschaft zu riskieren. Und das gibt ihnen immer die Kraft, einen Sieg über den menschlichen Teil zu erringen, welchen die Errichter darstellen, die Befürworter der Barmherzigkeit und der Wohltätigkeit, die bereit sind, das Eigene zum Wohle anderer zum Zweck der Friedenserhaltung zu teilen, da sie feige und kleinmütig sind.

Demzufolge sind Suche nach Wahrheit und Zerstörung der Welt ein und dasselbe, und der Wunsch nach Barmherzigkeit und dem Aufbau der Welt sind auch ein und dasselbe. Daher dürfen wir von den Zerstörern nicht erwarten, dass sie Frieden herstellen werden.

Auch vonseiten des „Objekts" hat die Hoffnung auf Frieden keinerlei Wert; das heißt vonseiten der Bedingungen der Existenz der Welt selbst, da noch immer keine Bedingungen für ein glückliches Leben des Individuums und der Gesellschaft gemäß der Kategorie der Wahrheit kreiert wurden, welche die Friedensstifter so sehr begehren. Denn es ist ein Muss, dass es immer eine große Mehrheit in der Gesellschaft gibt, die mit den zur Verfügung stehenden Bedingungen nicht einverstanden sind, so wie wir das bereits oben aufgezeigt haben, als wir von der Schwäche der Wahrheit sprachen. Diese Minderheit wird daher immer eine allzeit bereite Basis für neue Unruhestifter und für neue Friedensstifter sein, deren Generationen sich bis zur Unendlichkeit abwechseln werden.

DAS WOHL FÜR EINE BESTIMMTE GESELLSCHAFT UND DAS WOHL FÜR DIE GANZE WELT

Man sollte sich nicht darüber wundern, dass ich das Wohl einer Gesellschaft und das Wohl der ganzen Welt vermische, weil wir in Wirklichkeit bereits eine solche Stufe erreicht haben, dass die ganze Welt als ein einziges Volk gilt, als eine einzige Gesellschaft. Das bedeutet, dass jeder Mensch in der Welt seine Lebenskraft und seine Existenzgrundlage auf allen anderen Menschen aufbaut, und er ist gezwungen, sich dem Wohl der ganzen Welt zu widmen und ihm zu dienen.

Oben haben wir bereits die absolute Abhängigkeit des Individuums von der ganzen Gesellschaft bewiesen, indem wir es mit einem kleinen Rad in einer Maschine verglichen. Denn das Leben und das Wohlergehen des Einzelnen hängt von der Gesellschaft ab, und somit sind das gesellschaftliche und das individuelle Wohl ein und dasselbe, und umgekehrt. Demgemäß wird der Mensch in dem Ausmaß, wie er den Sorgen um das eigene Wohl untertan ist, auch der Gesellschaft untertan, so wie wir es oben bereits im Detail besprochen haben.

Und wie ist dabei der Umfang dieser Gesellschaft? Dieser wird durch jenen Raum definiert, aus dem das Individuum alles Notwendige erhält. So wurde zum Beispiel zu Zeiten der antiken Geschichte dieser Umfang durch einen einzigen Familienkreis definiert, was bedeutet, dass das Individuum keiner anderen Hilfe als der seiner Familienmitglieder bedurfte. Zu dieser Zeit musste es sich nur seiner eigenen Familie unterordnen.

In einer späteren Zeit, als sich die Familien vereinigten und sich in kleinen Dörfern und Städten ansiedelten, wurde der Mensch von seiner Stadt abhängig. Und in der Folge, als Städte und Dörfer sich zu Ländern vereinigten, begannen alle Bewohner des Landes, den Wohlstand des Menschen zu garantieren, und auf diese Weise wurde er von den Bewohnern des ganzen Landes abhängig.

Auf diese Weise wird nun zu unserer Zeit das Wohlergehen eines jeden Menschen durch alle Staaten der Welt sichergestellt, und im gleichen Maße ist der Mensch unbedingt von der ganzen Welt abhängig, gleich einem Rad in einer Maschine.

Demzufolge ist es unvorstellbar, eine gute und glückliche Ordnung auf friedlichem Wege in einem Land einzuführen, bevor das nicht in jedem Staat der Welt stattfindet. Zu unserer Zeit sind die Staaten bereits durch die Befriedigung von Lebensnotwendigkeiten so miteinander verbunden, wie es früher Mitglieder einer Familie waren. Daher sollte man nicht mehr von gerechten Wegen sprechen, welche einem Land oder einem

Volk Wohlergehen versprechen, und sich auf deren Suche begeben. Man muss sie für die ganze Welt suchen. Denn das Wohl und das Unheil eines jeden Menschen in der Welt hängen vom Maß des Wohls eines jeden Individuums in der ganzen Welt ab und werden daran gemessen.

Und ungeachtet der Tatsache, dass dies praktisch bekannt ist und in ausreichendem Maße empfunden wird, wird sich die Menschheit dessen noch nicht auf die richtige Weise bewusst. Und warum? Weil gemäß dem Entwicklungsprozess die Handlung dem Verstehen der Erscheinung vorausgeht, und letztendlich werden nur Handlungen alles beweisen und die Menschheit weiterbringen.

IN WIRKLICHKEIT WIDERSPRECHEN SICH DIE VIER EIGENSCHAFTEN

Wenn die oben erwähnten praktischen Probleme für uns hilflose Menschen noch nicht genug sind, dann haben wir noch zusätzlich ein Wirrwarr und einen Kampf unserer Erbanlagen, also der Attribute in jedem von uns selbst, die einzigartig sind und im Widerspruch zueinander stehen. Die vier oben erwähnten Attribute Barmherzigkeit, Wahrheit, Gerechtigkeit und Frieden, welche von der Natur des Menschen her getrennt sind, entweder vom Ergebnis der Entwicklung oder vom Resultat der Erziehung her, sind in sich selbst und untereinander widersprüchlich. Wenn wir uns zum Beispiel die Eigenschaft der Barmherzigkeit in ihrer abstrakten Form ansehen, dann stellt sich heraus, dass ihre Machtposition alle anderen Attribute unterdrückt, also dass aufgrund der Gesetze der Herrschaft der Barmherzigkeit es für andere Kategorien einfach keinen Platz in unserer Welt gibt.

Was ist nun das Attribut der Barmherzigkeit selbst? Die Weisen haben es wie folgt definiert: „Das Meine ist deins, und das Deine ist deins." - *Chassid*[35]. Wenn sich die ganze Menschheit demgemäß verhielte, dann verschwände alle Pracht der Attribute der Wahrheit und der Gerechtigkeit, denn wenn jeder seiner Natur nach bereit wäre, seinem Nächsten alles zu geben, was er hat, und nichts von ihm zu bekommen, dann würde es sich auch nicht mehr auszahlen, einen Freund anzulügen. Dann wäre es auch irrelevant, über den Wert der Wahrheit zu sprechen, da Wahrheit und Lüge voneinander abhängig sind. Wenn es in der Welt keine Falschheit gäbe, dann gäbe es auch nicht den Begriff der Wahrheit. Natürlich verschwänden auch die restlichen Kategorien, die nur dazu da waren, die Wahrheit aufgrund der ihr eigenen Schwäche zu unterstützen.

Wahrheit ist mit folgenden Worten definiert: „Das Meine ist meins, und das Deine ist deins." Das steht im Widerspruch zur Kategorie der Barmherzigkeit und toleriert sie nicht, da das Prinzip, sich zu bemühen und dem Nächsten zu helfen, aus der Sicht der Wahrheit falsch ist, weil dies den Menschen verdirbt und ihn daran gewöhnt, seinen Nächsten auszunutzen. Die Wahrheit legt fest, dass jeder verpflichtet

---
35 Anm. d. Übers.: Chassid ist jemand mit der Eigenschaft von Chessed (Gnade).

ist, für die harten Tage zu sparen, um in schweren Zeiten nicht gezwungen zu sein, seinem Nächsten zur Last zu fallen.

Darüber hinaus gibt es keinen Menschen, der keine Verwandten oder Erben hätte, die gemäß dem Prinzip der Wahrheit vor anderen das Vorzugsrecht haben, da so auf natürliche Weise derjenige, der sein Eigentum an andere verschenkt, als ein Lügner gegenüber seiner Verwandtschaft und gegenüber seinen natürlichen Erben erscheint, wenn er ihnen nichts hinterlässt.

Der Frieden und die Gerechtigkeit widersprechen einander ebenfalls, denn um Frieden herzustellen, muss eine bestimmte Anzahl an Bedingungen eingehalten werden, die es den Klugen und Energischen erlauben würden, reich zu werden, und den Faulen und Unpraktischen, mittellos zu sein. Demgemäß würde der Energischere seinen Anteil und auch den Anteil seines faulen Nächsten erhalten und so ein gutes Leben genießen, bis schließlich bei dem Faulen und Naiven noch nicht einmal für seine grundlegenden Lebensbedürfnisse etwas übrig bliebe. So blieben sie in vieler Hinsicht komplett blank und hilflos.

Natürlich ist es ungerecht, die Faulen und Naiven zu bestrafen, obwohl sie doch nichts Böses taten. Denn worin besteht denn deren Sünde und was ist das Verbrechen dieser Unglücklichen, wenn ihnen die Höhere Lenkung keine Gewandtheit und keinen Verstand zuteilte? Soll man sie dafür mit Leiden bestrafen, die schwerer sind als der Tod?

Daher gibt es also keine wie auch immer geartete Gerechtigkeit als Bedingung des Friedens. Friede widerspricht der Gerechtigkeit und die Gerechtigkeit widerspricht dem Frieden, denn wenn man die Ordnung der Aufteilung des Vermögens gemäß dem Prinzip der Gerechtigkeit einführen würde, das heißt, den Faulen und Unpraktischen bedeutende Werte übergäbe, dann würden die Starken und Unternehmerischen natürlich keine Ruhe und Erholung kennen, bis sich diese Vorgehensweise ändert, die den Schwachen die Starken und Energischen unterstellt, und es zulässt, dass sie zugunsten der Schwachen ausgenutzt werden. Daher gibt es keine Hoffnung auf Frieden in der Gesellschaft. Denn die Gerechtigkeit widerspricht dem Frieden.

DIE EIGENSCHAFT DER EINZIGARTIGKEIT IM EGOISMUS BEEINFLUSST DIE ZERSTÖRUNG UND DIE VERNICHTUNG

Auf diese Weise sieht man, wie unsere Eigenschaften kollidieren und untereinander kämpfen, und dies nicht nur innerhalb der einzelnen Gruppen, sondern auch in jedem einzelnen Menschen selbst. Die vier in ihm befindlichen Attribute beherrschen ihn gemeinsam, gleichzeitig oder abwechselnd, und führen in ihm selbst einen solchen Kampf, dass man allein mit dem gesunden Menschenverstand keine Ordnung herstellen und sie zu keiner Übereinstimmung bringen kann.

In Wahrheit liegt die Quelle dieser ganzen in uns herrschenden Unordnung im Attribut der Einzigartigkeit, die in jedem von uns in größerem oder geringerem Maße vorhanden ist.

Und obwohl wir geklärt haben, dass ihr ein hoher, schöner und erhabener Sinn innewohnt, da diese Eigenschaft uns direkt vom Schöpfer gegeben wurde – dem Einzigen, der die Wurzel aller Geschöpfe ist. Doch gleichzeitig entfaltet diese Empfindung der Einzigkeit eine zerstörerische Wirkung, sobald sie sich mit unserem engen Egoismus verbindet, sodass sie zur Quelle allen Unheils in der Welt wurde, des vergangenen sowie des kommenden.

Zwar gibt es keinen einzigen Menschen in der Welt, der frei davon ist, und alle Unterschiede werden lediglich durch die Begründungen für die Nutzung definiert – zur Befriedigung einer Leidenschaft des Herzens, zur Erreichung von Macht oder von Ehre –, und genau dadurch werden die Geschöpfe voneinander getrennt und unterschieden.

Doch das Gemeinsame aller Geschöpfe der Welt besteht darin, dass jeder von uns danach strebt, alle anderen zum eigenen Nutzen auszunutzen, indem er alle zu seiner Verfügung stehenden Mittel benutzt, und sogar ohne dabei in Betracht zu ziehen, dass er das Seinige auf der Zerstörung dessen aufbaut, was sein Nächster besitzt.

Es ist unwichtig, welche Rechtfertigungen wir uns dabei ausdenken, da „der Wunsch den Gedanken leitet", und nicht „der Gedanke den Wunsch". Und es geht auch darum, dass je größer, je besonderer der Mensch ist, er umso stärker und schärfer seine Einzigkeit fühlt.

DIE NUTZUNG DER BASIS DER EINZIGARTIGKEIT ALS MITTEL ZUR ENTWICKLUNG DES INDIVIDUUMS UND DER GESELLSCHAFT

Und nun werden wir versuchen zu klären, welche Bedingungen es sind, die die Menschheit letzten Endes beim Eintreten des Friedens in der ganzen Welt annehmen wird; herauszufinden, worin die positive Kraft dieser Bedingungen besteht, die dem Individuum und der Gesellschaft ein glückliches Leben garantieren wird, und auch, was die Bereitschaft der Menschheit darstellt, es letzten Endes zu wünschen, die Erfüllung dieser besonderen Bedingungen auf sich zu nehmen.

Doch kehren wir zur Einzigkeit im Herzen eines jeden Menschen zurück, die den Wunsch erweckt, alle und alles für sich zu verschlingen. Deren Wurzel liegt in der Einzigkeit des Schöpfers und führt zu den Menschen, die Sein Zweig sind.

Doch hier entsteht eine Frage, die eine Antwort fordert: Warum enthüllt sich dieses Gefühl in uns in solch einer verdorbenen Form, dass es zur Basis alles Schädlichen und Zerstörerischen in der Welt wird? Und wie kann die Quelle, die alles Lebendige gebiert, indem sie sich fortsetzt, sich in die Quelle aller Zerstörungen verwandeln? Es ist unmöglich, diese Frage ohne Antwort zu lassen.

Tatsächlich hat die Einzigkeit zwei Seiten. Wenn man sie aus der Sicht des Schöpfers betrachtet, das heißt aus der Sicht der Erreichung der Ähnlichkeit mit Seiner Einzigkeit, so regt sie nur dazu an, „dem Nächsten zu geben", weil so die Eigenschaft des Schöpfers ist, der über keine Eigenschaft des Empfangens verfügt, da Er keinen Mangel an irgendetwas hat und keines Empfangens von irgendetwas von seinen Geschöpfen bedarf. Daher muss die Einzigkeit, welche die Fortsetzung der Eigenschaft des Schöpfers in uns ist, sich in uns in der Form des „Gebens an den Nächsten", also altruistisch, verwirklichen und nicht egoistisch, im „Empfangen für sich selbst".

Andererseits, das heißt aus der Sicht der praktischen Wirkung dieser Eigenschaft in uns, finden wir, dass sie auf vollkommen entgegengesetzte Weise wirkt – lediglich als „Empfangen für sich selbst", als Egoismus, das heißt als der Wunsch, der Reichste und Vornehmste, der Einzige in der Welt zu sein. Somit sind diese zwei Seiten einander entgegengesetzt und voneinander so fern wie Ost von West.

Darin finden wir die Antwort auf die vorgegebene Frage, auf welche Weise sich jene Einzigkeit, die vom Schöpfer, der Quelle des Lebens auf der Erde, ausgeht, sich in uns als Quelle der Zerstörung offenbart. Das geschieht aus dem Grunde, dass wir diese wertvolle Eigenschaft mit der entgegengesetzten Absicht nutzen: Wir empfangen egoistisch – *für uns selbst*.

Die Einzigkeit wird in uns niemals in Form des Gebens an den Nächsten, auf altruistische Weise, wirken. Denn man kann nicht verneinen, dass es unter uns Menschen gibt, in denen die Einzigkeit in Form des Gebens an den Nächsten wirkt. Sie opfern ihr Eigentum und ihre Errungenschaften dem Wohle der Gesellschaft und dergleichen.

Doch dies sind zwei Seiten einer Medaille, und sie zeugen nur von zwei Punkten der Entwicklung der Schöpfung, welche alles zur Perfektion führt. Von dem Stadium an, welches der Entstehung vorausgeht, erhebt sich das Geschöpf und erklimmt allmählich die Stufen der Entwicklung, von einer Stufe zur anderen, nächst höheren, von ihr zu einer noch höheren, bis es seine höchste Bestimmung erreicht – die von Anfang an vorbestimmte Perfektion, in welcher es auf ewig verbleibt.

Und die Ordnung der Entwicklung dieser zwei Punkte ist so: Der erste Punkt ist der Anfang der Entwicklung, die niedrigste aller Stufen, nahe an der Nichtexistenz. Er entspricht der zweiten Seite der Eigenschaft der Einzigkeit. Der zweite Punkt ist die vorbestimmte Höhe, auf der sich das Geschöpf ausruhen und auf der es auf ewig verbleiben wird. Er entspricht der ersten Seite der Eigenschaft der Einzigkeit.

Doch jene Zeitspanne, in der wir uns befinden, ist bereits so entwickelt, dass sie sich über viele Stufen erhob. Sie erhob sich über die niedrigste Stufe, welche die erwähnte zweite Seite der Einzigkeit darstellt, und hat sich erkennbar der ersten Seite angenähert. Daher gibt es unter uns Menschen, die ihre Einzigkeit in Form des

„Gebens an den Nächsten" nutzen, doch sie sind immer noch gering an der Zahl, da wir noch in der Mitte des Entwicklungsweges stehen.

Und wenn wir den höchsten Punkt der Leiter erreichen werden, werden wir alle unsere Einzigkeit nur in Form des „Gebens an den Nächsten" nutzen, und es wird nie wieder vorkommen, dass jemand sie zum Zweck des „Empfangens für sich" nutzt.

Gemäß dem Gesagten fanden wir eine Möglichkeit, uns nun die Bedingungen des Lebens der letzten Generation anzuschauen, wenn Frieden in der ganzen Welt eintreten wird, die ganze Menschheit den höchsten Punkt der ersten Seite erreichen wird und ihre Einzigkeit nur in Form des „Gebens an den Nächsten" nutzen wird und nicht in der des „Empfangens für sich".

Und wir müssen die Form dieses Lebens in so einem Maße kopieren, dass es uns als Vorbild dient und in unser Bewusstsein in den herankommenden Wellen unseres Lebens eindringt. Möglicherweise lohnt es sich sogar, auch in unserer Generation einen Versuch zu unternehmen, solch einer Form des Lebens gleichzukommen.

LEBENSBEDINGUNGEN DER LETZTEN GENERATION

Zuallererst sollte jeder gut verstehen und seiner nächsten Umgebung erklären, dass der Frieden in der Gesellschaft, also der Frieden im Staat, und der Frieden auf dem Planeten vollkommen voneinander abhängig sind. Und solange die Gesetze der Gesellschaft nicht alle zufrieden stellen und eine Minderheit bleibt, die mit der Lenkung des Staates unzufrieden ist, tritt sie aus der Macht des Staates aus und fordert einen Regierungswechsel.

Und wenn diese Minderheit nicht über genügend Kraft für einen offenen Kampf mit der Staatsgewalt verfügt, von Angesicht zu Angesicht, so existiert ein Umweg, um sie zu stürzen. Zum Beispiel, zwei Mächte aufeinander stoßen zu lassen, sie zu einem Krieg zu führen, da es vollkommen natürlich ist, dass während eines Krieges die Unzufriedenen zunehmen werden und sie dann eine Hoffnung haben werden, die entscheidende Mehrheit zu einem Regierungswechsel zu erreichen und eine neue, für sie bequeme Regierung zu installieren. So ist der Frieden für das Individuum der Faktor, der auf direkte Weise den Frieden im Staat beeinflusst.

Wenn wir außerdem jenen ständig vorhandenen Teil der Gesellschaft in Betracht ziehen, für welchen der Krieg der Beruf und eine Hoffnung auf Fortschritt auf der Karriereleiter ist, das heißt die Berufssoldaten und Rüstungsspezialisten, welche eine gewichtige Minderheit in der Gesellschaft darstellen, und zu ihnen jene Minderheit hinzufügen, die mit existierenden Gesetzen unzufrieden ist, dann werden wir eine stets vorhandene überwiegende Mehrheit erhalten, die Kriege und Blutvergießen anstrebt.

Also sind der Frieden auf der Welt und der Frieden in einem einzelnen Staat voneinander abhängig. Daher sehen wir, dass sogar jener Teil der Staatsbürger, der im Moment mit der bestehenden Lage zufrieden ist, das heißt die klugen und unternehmerischen, dennoch ernsthaft über die Sicherheit des eigenen Lebens, infolge der Anspannung, die von den Zerstörern ausgeht, die sich unter ihnen befinden, besorgt sein muss. Verstünde man also den Wert des Friedens, wäre man sicher froh, die Lebensweise der letzten Generation zu übernehmen, denn was würde man nicht für die Rettung des eigenen Lebens hingeben?

LEIDEN VERGLICHEN MIT GENÜSSEN BEIM EMPFANGEN FÜR SICH

Wenn wir hinschauen und den erwähnten Plan gut nachforschen würden, dann würden wir sehen, dass die ganze Schwierigkeit in der Notwendigkeit der Veränderung unserer Natur besteht, vom *Willen, für sich zu empfangen*, zum *Willen, dem Nächsten zu geben*, da das eine dem anderen widerspricht. Doch auf den ersten Blick scheint der Plan der Phantasie entsprungen, da er über der Natur des Menschen steht. Aber wenn wir uns vertiefen, dann werden wir verstehen, dass der ganze Widerspruch zwischen dem Empfangen für sich und dem Geben an den Nächsten nicht mehr als einfache Psychologie ist, da wir in der Praxis durch unsere Handlungen dem Nächsten geben, ohne irgendeinen Vorteil für uns daraus zu ziehen.

Das Empfangen für sich selbst wird, obwohl wir es uns in unterschiedlichen Formen vorstellen, wie der Besitz von Eigentum und alles, was Lust für das Herz, die Augen und den Magen ist, mit einem einzigen Wort definiert – „Genuss". Sodass das Wesen des *Empfangens für sich*, nach welchem der Mensch strebt, nichts anderes als der Wunsch ist, Genuss zu empfangen.

Und nun stellt euch vor: Wenn man einerseits alle Genüsse sammeln würde, welche der Mensch im Verlauf der siebzig Jahre seines Lebens bekommt, und andererseits alle Bitterkeit und Leiden, die er erträgt – wenn solch eine Schlussfolgerung vor seinen Augen stünde, würde er bevorzugen, gar nicht geboren zu werden. Und wenn dem so ist, was gewinnt dann der Mensch in unserer Welt, wenn er, sagen wir, im Verlauf seines Lebens zwanzig Prozent an Genuss gegenüber achtzig Prozent an Leiden erzielt? Denn wenn man das eine mit dem anderen vergleicht, dann bleiben sechzig Prozent an Leiden ohne jegliche Entschädigung.

Doch alles Gesagte ist eine persönliche Berechnung, wenn der Mensch für sich arbeitet. Und bei Berechnung im globalen Ausmaß produziert er mehr als er für seine Existenz und zum eigenen Genuss bekommt. Und wenn sich die Richtung der Absicht vom Empfangen ins Geben umwandeln wird, wird der Mensch Genuss im vollen Umfang dessen, was er produziert, empfangen – ohne unendliche Leiden.

Einheit von Freunden

Rav Yehuda Ashlag

Tuet was in euren Kräften steht und die Erlösung Gottes ist wie ein Augenzwinkern. Die wichtigste Sache, die heute vor euch liegt, ist die Einheit der Freunde. Bemüht euch darin mehr und mehr, da dies für all die Mängel aufkommen wird.

Es steht geschrieben: „Ein Schüler, der ins Exil geht; sein Rav wird mit ihm ins Exil geschickt." Unsere Weisen waren verwirrt: Wie können Leiden auf eine solche Weise die *Tora* und die Arbeit des Schülers beherrschen, dass sie ihn davon abhalten, sich in der Herrschaft Gottes zu befinden, und speziell dann, wenn er sich bereits an einen authentischen Rav angeheftet hat?

Und sie erklärten, dass wenn der Schüler absteigt, ihm das so erscheint, dass sein Rav mit ihm ebenfalls abgestiegen wäre. Und weil das so ist, ist es tatsächlich so. Das heißt, dass er nicht mehr in der Lage ist, von seinem Rav Genuss zu erhalten, sondern nur in solch einem Ausmaß, wie er das in seinem Herzen voraussetzt. Folglich hat er in dem Umfang, wie er ihn also bemisst, nur einen niedrigen und geringwertigen Rav. Und so schickt man seinen Rav mit ihm ins Exil.

Der Anfang des Ägyptischen Exils und der Versklavung beginnt mit den Worten: „Und es erhob sich ein neuer König über Ägypten, der Josef nicht kannte." Dies bedeutet, dass sich eine neue Herrschaft in jedermanns Verstand offenbarte, eine neu erhobene Herrschaft, da sie von ihrer vorigen Stufe gefallen sind, wie es geschrieben steht: „Ein Schüler, der ins Exil geht; sein Rav wird mit ihm ins Exil geschickt." Folglich kannten sie Josef nicht, das heißt, dass sie ihn nicht erfassten, sondern nur in dem Umfang erreichten, wie sie es in ihren Herzen voraussetzten.

Aus diesem Grunde bildeten sie Josefs Abbild auf die gleiche Weise ab, wie sie selbst waren. Und aus diesem Grunde kannten sie Josef nicht und die Versklavung begann. Ansonsten würde sie der Gerechte sicherlich beschützen, und kein Exil und keine Versklavung wären ihnen bereitet worden.

Freundesliebe

Rav Yehuda Ashlag

Und hinsichtlich dessen, was du geschrieben hast, dass du mich über das Exil in Ägypten informierst, denke ich, dass du weiteres Studium benötigst. „Und sie klagten und ihr Aufschrei wegen der Arbeit stieg auf zu Gott." Dann: „und Gott wusste." Ohne die Kenntnis Gottes im Exil ist die Erlösung unmöglich. Des Weiteren ist die Kenntnis des Exils an sich der Grund für die Erlösung. Wie kannst du es folglich wünschen, mich zur Zeit der Erlösung zu informieren?

Die Wahrheit zeigt ihren Weg, dass der Betrübte sein Leid verkündet, und er kann es nicht verstecken oder zurückhalten. Tatsächlich fühle ich euch alle, dass in allen von euch das „Heute" mit dem „Morgen" ersetzt wurde und anstatt „jetzt" sagt ihr „später". Es gibt keine Heilung dafür, außer der Anstrengung, den Fehler und die Verdrehung zu verstehen, dass nur die, die heute Erlösung brauchen, vom Schöpfer erlöst werden. Und die, die bis morgen warten können, werden ihren Verstand - Gott behüte - nach ihren Jahren erreichen.

Und dies geschah euch wegen eurer Nachlässigkeit in meiner Bitte, euch in der Freundesliebe anzustrengen, da ich euch auf jede mögliche Weise erklärt habe, dass dieses Heilmittel ausreichend ist, um jeden eurer Mängel zu erfüllen. Und wenn ihr nicht in den Himmel aufsteigen könnt, so habe ich euch Wege auf der Erde gegeben, und warum habt ihr in dieser Arbeit überhaupt nichts hinzugefügt?

Und neben dem großen darin verborgenen Heilmittel sollt ihr wissen, dass es viele Funken der Heiligkeit in jedem Menschen in der Gruppe gibt. Und wenn ihr wie Brüder, mit Liebe und Freundschaft, alle Funken der Heiligkeit an einem Platz versammelt, so werdet ihr sicherlich eine sehr hohe Stufe der Heiligkeit erlangen (...).

Einfluss der Umgebung auf einen Menschen

Rav Baruch Shalom HaLevi Ashlag, Brief 2 aus dem Jahr 1967

Es ist das Gesetz bekannt, welches in der ganzen Welt wirkt: Es ist schlecht, wenn ein Spezialist in seiner Sache in die Umgebung von Unprofessionellen (Laien) gerät und von ihnen lernt. Das heißt, wenn er ein wahrer Spezialist ist, zum Beispiel ein Schuhmacher, der zu unprofessionellen Schuhmachern lernen kommt, und sie ihm zu verstehen geben, dass es sich nicht lohnt, qualitativ gute Schuhe herzustellen, sondern er solle tun, wie es geht, (und man sagt ihm,) es würde sich nicht lohnen, bequeme und schöne Schuhe herzustellen.

Oder nehmen wir einen Schneider, sogar einen, der ein Spezialist in seiner Sache ist – wenn er in eine Gruppe von unprofessionellen Schneidern gerät und diese ihm zu verstehen geben, dass man sich nicht anstrengen und keine Mühen unternehmen solle, um Kleider schön und sauber zu nähen, damit sie den Käufern gefallen würden, so soll er sich vor ihnen hüten und sich von ihnen entfernen.

Wenn aber ein Baumeister in eine Gruppe von Schneidern kommt, dann kann er von ihnen nichts Schlechtes lernen, weil es zwischen ihnen keine Verbindung gibt. Doch im gleichen Beruf muss sich jeder hüten und nur mit Menschen zu tun haben, die reinen Herzens sind.

Und gemäß dem Gesagten sollst du dich im Bezug auf jeden, den du für einen Diener des Schöpfers hältst, hüten und sehen, ob er ein wahrer Spezialist ist, das heißt, ob er danach strebt, dass sein Weg rein und heilig in Richtung des Schöpfers ist. Und jedes Mal, wenn er sieht, dass er etwas nicht weiß oder dass er nicht gut arbeitet, soll er nach Wegen suchen, um ein Spezialist zu werden, und nicht einfach so und nur, um für die Belohnung zu arbeiten.

Als gut und professionell gilt derjenige Arbeiter, der sich nicht auf den Lohn verlässt, sondern die Arbeit selbst genießt – zum Beispiel, wenn ein professioneller Schneider sieht, dass seine Kleider hinsichtlich aller Parameter dem Kunden passen, und sein spiritueller Genuss darin größer ist als vom empfangenen Geld.

Wenn es aber dagegen nicht Menschen deines Berufes sind, ist es nicht schlimm für dich, mit ihnen zusammen zu sein, weil du ein Baumeister bist, und sie sich mit der Bearbeitung von Tierhäuten beschäftigen. Wenn sich jedoch Menschen mit der *Tora* und den *Mizwot* beschäftigen, aber nicht für eine Kleidung sorgen, die dem Besteller gebührt, dann heißt das, dass sie über einen Verstand verfügen, der gegen die *Tora* ist -der Ansicht der *Tora* entgegengesetzt, weil sie es nicht zulässt, nur um des Wissens willen studiert zu werden. Und hier musst du ständig auf der Hut sein [...] und dich von solchen Menschen entfernen, wie ein Pfeil, den man von einem Bogen abschießt. Gegenüber gewöhnlichen Menschen ist dies aber nicht so.

- *Was die religiösen Zionisten (Anshei Misrachi) betrifft – wenn du keine Verbindung zu ihnen hast, dann musst du dich nicht zu sehr vor ihnen hüten.*
- *Vor orthodoxen Juden (Agudat Israel) muss man sich schon in Acht nehmen.*
- *Und vor Chassiden musst du dich noch mehr hüten.*
- *Auf Menschen aber, die meinem Vater (Baal HaSulam) nahe standen, muss man ganz besonders Acht geben und mit offenen Augen sein.*

Doch in Wirklichkeit gibt es in alledem noch einen zusätzlichen Sinn, der vom heiligen ARI besonders betont wurde und von *Baal HaSulam* in seinem Buch „Lehre der Zehn Sefirot" erläutert wurde. Warum fiel in der Welt *Nekudim* der *Melech* (König) *haDaat*, der sich auf der Stufe *Keter* befand und der erste *Parzuf* war, der hervorgekommen ist, während des Zerbrechens der Gefäße unter alle *Melachim* (Könige), die nach ihm zerbrachen? Das ist deshalb so, weil jener, der gröber ist, zu der Zeit, zu der er einen *Massach* (Schirm) hat, auch höher steht. Doch sobald bei ihm der *Massach* schwindet, wird er schlimmer als alle und fällt unter alle anderen *Parzufim*.

Und das kann man so erklären, dass bei denjenigen, die den Weg des Schöpfers gehen, der Wunsch nach Genüssen sowohl im Bezug auf das Materielle als auch im Bezug auf das Spirituelle verdoppelt ist. Daher hatten diejenigen, die *Baal HaSulam* nahe standen, zu der Zeit, als sie sich auf ihn stützten, einen *Massach* und *Awiut* (Grobheit). Und nun haben sie niemanden, dem sie sich beugen können, und es gibt nichts, was sie bändigt, und sie haben keinerlei Interesse, einen *Massach* zu machen, und ihre ganze Arbeit besteht nur darin, in der ganzen Welt **wie gute Juden auszusehen** oder zu großen „Rebbes" (Rabbinern) zu werden.

Also dies ist *Awiut* ohne einen *Massach*. Und es kam von allein, dass sie alles verloren, was sie hatten. Und bei mir rufen sie in allem Misstrauen hervor, und es gibt niemanden, der sie am Arm greifen könnte. Und es reicht dazu. Ich fasse mich kurz, weil ich nicht will, dass sie in meinen Gedanken sind, so wie dir die Regel bekannt ist: „Wo sich die Gedanken des Menschen befinden, dort ist auch er selbst!"

Doch weil du mir als ein Mensch bekannt bist, der die Wahrheit zu kennen mag, war ich verpflichtet, in meine Gedanken *Awiut* ohne *Massachim* (Mehrzahl von *Massach*) einzuschließen, was zum *Zerbrechen der Gefäße* gehört, weil sie sich noch nicht auf den Weg erhoben, der es erlaubt, sie aufzulesen und zu sortieren.

Einfluss der Umgebung auf einen Menschen

Und damit das klarer wird, werde ich dir ein kurzes Beispiel anfügen. Bekanntlich existiert zwischen jeglichen zwei Stufen eine Zwischenstufe, welche beide zusammen in sich einschließt:

- *Zwischen der bewegungslosen und der pflanzlichen Stufe gibt es eine Zwischenstufe, die „Korallen" heißt.*
- *Zwischen der pflanzlichen und der tierischen Stufe gibt es die „Feldsteine", welche lebendige Geschöpfe darstellen, die sich durch ihren Bauchnabel an der Erde festsaugen und daraus saugen.*
- *Und zwischen dem Tier und dem Menschen gibt es den Affen.*

Und daher muss man fragen: Was ist die Zwischenstufe zwischen Wahrheit und Lüge, und wo ist jener Punkt, der diese beiden Eigenschaften gleichzeitig in sich einschließt?

Und bevor ich das erkläre, werde ich noch eine Regel hinzufügen: Bekanntlich ist es unmöglich, eine kleine Sache zu sehen, während es dagegen einfacher ist, eine große Sache zu sehen. Wenn daher der Mensch in einer kleinen Lüge steckt, ist er nicht in der Lage, die Wahrheit darüber zu sehen, dass er den Irrweg beschreitet, und sagt dabei, dass er den Weg der Wahrheit geht. Und es gibt keine größere Lüge und Täuschung als das. Und alles, weil seine Lüge nicht groß genug ist, dass er die Wahrheit sehen kann.

Dem ist aber nicht so, wenn der Mensch bereits viel Lüge erwirbt und folglich das Maß an Lüge in ihm wächst, und wenn er sehen wollen wird, kann er sie bereits sehen. Und daraus folgt, dass er jetzt, das heißt, wenn er diese Lüge sieht und versteht, dass er den Irrweg beschreitet, den wahren Zustand sieht, das heißt, er sieht die Wahrheit in seiner Seele, wie er sich auf den richtigen Weg erheben kann.

Dieser Punkt, nämlich der Punkt der Wahrheit, dass er den Irrweg, den Weg der Lüge geht, ist also der Zwischenpunkt zwischen Wahrheit und Lüge. Und es gibt eine Brücke, die Wahrheit und Lüge miteinander verbindet, und dieser Punkt ist der Endpunkt der Lüge. Und von diesem Punkt an beginnt bereits der Weg der Wahrheit.

Und über diesen Weg ist uns aus dem, was mein Vater und Lehrer schrieb, klar, dass um *liShma* (für den Schöpfer) würdig zu werden, man zunächst das größte *lo liShma* (für sich) vorbereiten muss, und erst danach können wir *liShma* erlangen.

Deshalb kann man sagen, dass *lo liShma* als „Lüge" und *liShma* als „Wahrheit" bezeichnet werden kann. Wenn die Lüge klein ist, das heißt, wenn *Mizwot* und gute Taten geringfügig sind, verfügt der Mensch über eine kleine Absicht *lo liShma* und ist daher nicht in der Lage, die Wahrheit zu sehen, und sagt deswegen, dass er den guten und wahren Weg geht, das heißt, er glaubt, dass er sich mit *liShma* beschäftigt – alles für den Schöpfer tut.

Wenn er sich aber Tag und Nacht mit der *Tora* und den *Mizwot* [im Sinne von] *lo liShma* (für sich) befasst, dann ist er in der Lage, die Lüge zu sehen, weil durch die Vermehrung der Täuschung die Lüge riesig wird. Und es ergibt sich, dass er wahrhaftig sieht, dass er den Weg der Lüge sieht, und dann beginnt er, seine Taten zu korrigieren, das heißt, er fühlt, dass alles, was er tut, nur für ihn und nicht für den Schöpfer ist.

Und von diesem Punkt geht man auf den Weg der Wahrheit über, das heißt zu *liShma*. Und nur hier, in diesem Punkt, beginnt, dass man „von *lo liShma* zu *liShma* kommt", aber nicht zuvor, solange der Mensch vorgibt, sich mit *liShma* zu befassen. Wie könnte er seinen Zustand und Weg ändern, solange er so denkt?

Wenn also der Mensch faul bei der Arbeit ist, ist er nicht in der Lage, die Wahrheit darüber zu sehen, wie er in der Lüge versinkt. Und nur wenn wir unsere Bemühungen in der *Tora* und den *Mizwot* mehren, um unserem Erschaffer Freude zu bereiten, nur dann können wir die Wahrheit sehen, wie wir den Irrweg (den Weg der Lüge) gehen, der als *lo liShma* bezeichnet wird. Und das ist der Zwischenpunkt zwischen der Wahrheit und der Lüge.

Daher sollten wir uns auf dem Weg des Schöpfers festigen, wie mein Vater und Lehrer uns beauftragte, und mögen wir uns in fester Überzeugung bekräftigen, damit jeder Tag für uns wie ein neuer Beginn ist, indem man ständig die Grundlage erneuert. Dadurch werden wir eines Fundaments würdig werden, das niemals einstürzen wird, und werden vorwärts schreiten.

Das Ziel der Gemeinschaft (1)

Rav Baruch Shalom HaLevi Ashlag

Wir haben uns hier versammelt, um den Grundstein zum Aufbau einer Gesellschaft zu legen, was für all jene notwendig ist, die den Weg von *Baal HaSulam* beschreiten wollen. Dieser Weg ist für diejenigen bestimmt, welche die Stufe „Mensch" erklimmen und nicht auf der Stufe „Tier" bleiben möchten, so wie die Weisen[36] sagten: „Und ihr seid meine Herde, meine Gemeinde – Menschen seid ihr. Ihr heißt ‚Mensch', und die Götzendiener werden nicht ‚Mensch' genannt", was der Ausspruch *Rashbis* war.

Um die Stufe des Menschen zu verstehen, geben wir eine Deutung unserer Weisen[37] bezüglich des Verses aus Prediger 12: „Im Schluss der Rede wird das Ganze verstanden: Fürchte den Schöpfer und wahre Seine Gebote, denn dies ist der ganze Mensch." Die *Gemara* fragt nach: „Was bedeutet ‚der ganze Mensch'? Rabbi Elasar sagte: ‚Der Schöpfer sagte, die ganze Welt ist für nichts anderes als dies erschaffen', das heißt, die ganze Welt ist für nichts anderes als die Ehrfurcht vor dem Schöpfer erschaffen."

Was ist aber die „Ehrfurcht vor dem Schöpfer"? Warum wurde gerade sie zum Grund für die Erschaffung der Welt? Denn aus den Aussagen unserer Weisen ist uns bekannt, dass der Grund für die Schöpfung der Wunsch des Schöpfers war, seinen Geschöpfen Genuss zu schenken, ihnen die Möglichkeit zu geben, sich in der Welt glücklich zu fühlen. Und hier sagen die Weisen über den Vers „dies ist der ganze Mensch", dass der Schöpfungszweck die Ehrfurcht vor dem Schöpfer sein soll.

Im Buch „*Matan Tora*" heißt es, dass der Grund, aus welchem die Geschöpfe nicht die ganze Güte und den ganzen Genuss erhalten, die der Schöpfer für sie bereitet hat, im Unterschied der Eigenschaften zwischen dem Erschaffer und den Erschaffenen liegt. Der Schöpfer ist derjenige, der beschenkt, und die Geschöpfe sind diejenigen, die empfangen. Es existiert eine Regel, nach welcher die Zweige sich ihren Wurzeln, von welchen sie abstammen, angleichen.

Da unsere Hauptwurzel der Schöpfer ist und Er über keinen Willen zu empfangen verfügt, das heißt, dass Er keinen Mangel hat, den Er füllen muss, so empfindet der

---

36 Traktat Jebamot, Seite 61a
37 Traktat Brachot, Seite 6b

Mensch dann, wenn er gezwungen ist, Empfänger zu sein, ein unangenehmes Gefühl. Deshalb schämt sich jeder Mensch, das „Brot der Scham" zu essen.

Und um das zu korrigieren, musste die Welt (*Olam*) erschaffen werden. Das Wort „*Olam*" (Welt) bedeutet „*healem*" (verschwinden), das heißt, in unserer Welt ist die Güte, die der Schöpfer bereitet hat, vor uns verborgen. Wozu wurde das so gemacht? Damit der Mensch Ehrfurcht vor dem Schöpfer empfindet. Der Mensch muss Furcht haben, seine Gefäße des Empfangens, welche „Eigenliebe" heißen, zu nutzen.

Das bedeutet, dass der Mensch sich vom Empfang eines Genusses zurückhalten muss, wenn er diesen Genuss nur für sich empfangen will – der Mensch sollte die Kraft zur Überwindung seiner Leidenschaft haben. Der Mensch muss einen Zustand erreichen, wo er Genuss nicht für sich empfängt, sondern um dem Erschaffer Vergnügen zu bereiten.

Den Schöpfer zu fürchten bedeutet, sich davor zu fürchten, Genuss für den eigenen Nutzen und nicht für den Schöpfer zu empfangen. Denn das Empfangen für die eigenen, selbstsüchtigen Zwecke entfernt den Menschen von der Verschmelzung mit dem Schöpfer.

Daher sollte der Mensch, wenn er eines der Gebote des Schöpfers erfüllt, im Kopf behalten, dass dieses Gebot dazu führen wird, dass ihm erhabene, reine Gedanken kommen – dazu, dass er dem Schöpfer Vergnügen bereiten will und gerade auf diesem Wege tatsächlich Seine Gebote erfüllen wird. Im *Talmud* steht (Makot 27): „Rabbi Chananja ben Akashja sagte: ‚Der Schöpfer wollte *Israel* reinigen, und daher gab [Er] ihnen *Tora* und Gebote.'"

Daher haben wir uns hier versammelt, um eine Gruppe zu gründen, in welcher jeder von uns danach streben wird, dem Schöpfer Vergnügen zu bereiten. Doch um das zu erreichen, müssen wir zuerst erlernen, einem Menschen Vergnügen zu bereiten, zu geben – das heißt, wir müssen erlernen, den Nächsten zu lieben. Nur mittels der Annullierung des eigenen Egoismus kann man zur Erfüllung dieses Gebotes – der Nächstenliebe – gelangen.

Und die „Liebe zum Nächsten" kann nicht anders geschehen, als dass ich mich annulliere. Denn einerseits muss jeder sich in Demut befinden, und andererseits sollten wir stolz sein, dass der Schöpfer uns die Möglichkeit gegeben hat, dieser Gruppe beizutreten, in welcher alle von uns nur ein Ziel haben – zu erreichen, dass die *Shechina* (Göttliche Anwesenheit) unter uns weilen möge. Obwohl wir dieses Ziel noch nicht erreicht haben, wünschen wir es uns von Herzen. Das muss uns auch sehr wichtig sein, auch wenn wir noch am Anfang des Weges sind. Aber wir hoffen, dass wir zu diesem erhabenen Ziel gelangen werden.

Bezüglich der Liebe zu Freunden

Rav Baruch Shalom HaLevi Ashlag

Klären wir nun einige Fragen, die mit dem Begriff „Liebe zu Freunden" in Verbindung stehen:

1. Die Notwendigkeit der Liebe zu Freunden
2. Warum habe ich ausgerechnet diese Freunde gewählt? Warum haben die Freunde mich gewählt?
3. Muss jeder einzelne der Freunde, seine Liebe gegenüber den übrigen Mitgliedern der Gruppe offen äußern? Oder genügt es, dass er die Liebe im Herzen hat und er an der Freundesliebe in Bescheidenheit arbeitet, weshalb er nicht die Absichten seines Herzens zu enthüllen hat.

Bekanntlich ist Bescheidenheit sehr wichtig. Oder drücken wir es anders aus: Er muss die Liebe zu Freunden, die er in seinem Herzen hat, offen zeigen, denn die Äußerung dieses Gefühls kann die Herzen der Freunde erwecken, und auch sie werden das gleiche Gefühl empfinden, dass sich jeder Einzelne mit der Liebe zu den Freunden beschäftigt. Als Ergebnis wird jeder eine stärkere Kraft erhalten, mit größerer Kraft in der Freundesliebe tätig zu werden, weil sich die Kraft der Liebe eines jeden Mitglieds mit seiner Kraft zusammenfügt.

Wenn jemand nun in einer Gruppe ist, die zum Beispiel aus zehn Mann besteht, dann vermischt sich seine eigene Kraft für die Freundesliebe mit einer zehnmal größeren Kraft der Notwendigkeit [nach Freundesliebe], da alle zehn Freunde verstehen, dass man sich mit der Freundesliebe beschäftigen muss. Wenn jedoch jedes Gruppenmitglied seine Beschäftigung mit der Freundesliebe der Gruppe nicht offen äußert, dann fehlt es jedem von ihnen an der kollektiven Kraft der Gruppe, weil es in diesem Fall sehr schwer ist, den Freund positiv einzuschätzen, und jeder denkt, dass gerade er der Gerechte ist und nur er sich mit der Freundesliebe beschäftigt. Also hat der Einzelne wenig Kraft, um sich mit der Nächstenliebe zu beschäftigen. Daraus folgt, dass die Arbeit an der „Liebe zu Freunden" offensichtlich und nicht in Bescheidenheit sein muss.

Doch man muss auch das Ziel der Gruppe im Kopf behalten. Ansonsten wird der Körper dieses Ziel zu verschleiern versuchen, da der Körper sich immer nur um den eigenen Nutzen sorgt. Daher muss man immer bedenken, dass die Gruppe mit dem Ziel begründet wurde, zur Nächstenliebe zu gelangen. Und dieses wiederum ist das Sprungbrett zur „Liebe zum Schöpfer".

Und dies geschieht, indem ein Mensch sagt, dass er eine Gruppe braucht, um den Freunden ohne Gegenleistung zu geben. Das bedeutet, er braucht keine Gruppe, welche ihm Hilfe, Geschenke und dergleichen gibt, wodurch die Gefäße des Körpers befriedigt werden. Solch eine Gruppe ist auf Basis der Eigenliebe begründet, und solch eine Gruppe bringt ihm nur eine Vergrößerung des Umfangs der *Kelim* (Gefäße) des Empfangens. Der Mensch erwartet, dass sich sein Besitz vermehrt, indem ihm sein Freund hilft, materielle Güter zu erlangen.

Daher muss man immer daran denken, dass die Gruppe auf Basis der Nächstenliebe gegründet wurde. Jedes Mitglied der Gruppe muss von ihr Liebe zum Nächsten und Hass gegenüber sich selbst bekommen. Indem der Mensch sieht, dass sein Freund versucht, seinen Egoismus zu annullieren, wird dies dazu führen, dass sich alle mit ihren Freunden verbinden. Wenn es in der gegebenen Gruppe zum Beispiel zehn Mann gibt, dann wird jeder von ihnen die Kräfte aller seiner zehn Freunde bekommen, die sich mit der Annullierung ihres Egoismus, dem Hass gegen sich selbst und der Liebe zum Nächsten beschäftigen.

Ansonsten wird er nicht nur in der eigenen Kraft der Nächstenliebe bleiben. Weil er nicht sieht, dass sich seine Freunde damit beschäftigen – denn als Ergebnis falscher Bescheidenheit äußern sie ihre Freundesliebe nicht zueinander –, und so wird er auch seine Kraft, um auf dem Weg der Nächstenliebe zu gehen, verlieren. Und er lernt von ihren Taten und fällt somit in die Herrschaft der Eigenliebe zurück.

Muss jeder wissen, was jedem seiner Freunde persönlich fehlt, um zu wissen, womit er sie erfüllen kann, oder genügt es, sich im Allgemeinen mit der Freundesliebe zu beschäftigen?

Der Mensch helfe seinem Freund

Rav Baruch Shalom HaLevi Ashlag

Wie kann ein Mensch seinem Freund helfen? Gilt das nur dort, wo es Reiche und Arme, Weise und Dumme, Starke und Schwache und dergleichen gibt? Aber wenn es nur Reiche, Starke und Kluge gibt, wie kann man dann noch einander helfen?

Doch es gibt eine Sache, die allen eigen ist – das ist die Gemütslage. So wie die Weisen sagten: „Die Sorge im Herzen eines Menschen soll man anderen erzählen." Denn wenn die Stimmung schlecht ist, dann werden weder Reichtum noch Weisheit helfen.

Nur ein anderer Mensch kann einem helfen, indem er sieht, dass man sich in einem niederen Zustand befindet. So wie geschrieben steht: „Kein Mensch kann sich selbst aus dem Gefängnis befreien", sondern nur sein Freund kann ihn aufmuntern, das heißt, sein Freund erhebt ihn aus dem Zustand der Melancholie, in dem er sich befindet, in einen Zustand des Lebens. Dann beginnt der Mensch wieder Lebenskraft, Sicherheit und Glück zu spüren, und er beginnt zu fühlen, dass das Ziel nahe Folglich muss also jedes der Mitglieder der Gruppe auf die Gemütslage seines Freundes achten und darüber nachdenken, worin es seinem Freund helfen könnte, um ihm eine gehobene Stimmung zu bereiten. Denn gerade die Stimmungslage ist jenes Tätigkeitsfeld, in dem jeder in seinem Freund einen Mangel finden kann, den er füllen kann.

Das Ziel der Gemeinschaft (2)

Rav Baruch Shalom HaLevi Ashlag

Der Mensch ist von Anfang an mit einem Gefäß erschaffen, Genüsse zu empfangen, welches als die Liebe zu sich – Egoismus – bezeichnet wird. Wenn daher der Mensch aus einer Handlung keinen Vorteil für sich selbst sieht, so hat er keine Motivation, sich auch nur für die kleinste Bewegung anzustrengen. Doch ohne Annullierung der Eigenliebe ist es nicht möglich, die Verschmelzung mit dem Schöpfer zu erreichen, das heißt den Zustand von *Hishtawut haZura*, der qualitativen Übereinstimmung (Übereinstimmung der Eigenschaften) mit Ihm.

Da die Annullierung der Eigenliebe gegen unsere Natur ist, bedürfen wir einer Gemeinschaft von Gleichgesinnten, damit alle eine große Kraft bilden, um gemeinsam zu arbeiten und den Willen zu empfangen, welcher als das „Böse" bezeichnet wird, zu annullieren. Weil es gerade dieser Wille ist, der uns aufhält, das Ziel zu erreichen, für welches der Mensch erschaffen wurde.

Daher muss eine Gemeinschaft aus einzelnen Individuen gegründet werden, wobei alle derselben Meinung sind, dass man zu diesem Ziel gelangen muss. Als Ergebnis dieser Vereinigung entsteht eine riesige Kraft, die jedem hilft, gegen sich selbst anzukämpfen, da die kleine Kraft eines jeden mit den Kräften der anderen verschmilzt.

Folglich erhält jeder ein riesiges Verlangen, um das Ziel zu erreichen. Doch damit die Vereinigung aller untereinander geschieht, ist es notwendig, dass jedes Mitglied der Gemeinschaft sein „Ich" gegenüber den anderen annulliert. Das kann man nur tun, indem man nicht auf die Mängel des Freundes achtet, sondern nur seinen guten Eigenschaften Aufmerksamkeit schenkt. Wenn aber jemand in der Gruppe sich selbst auch nur für ein wenig besser als die anderen hält, kann er sich nicht mehr mit ihnen vereinigen.

Genauso muss man auch während der Versammlung seriös bleiben, um die Ausrichtung nicht zu verlieren, für welche man sich versammelt hat. Wegen der Bescheidenheit, welche eine sehr erhabene Sache ist, war man es gewohnt, nach außen zu zeigen, dass man nicht ernsthaft sei. Aber in Wirklichkeit war ein brennendes

Das Ziel der Gemeinschaft (2)

Feuer im Herzen. Aber nichtsdestotrotz müssen „kleine Menschen" während der Versammlung vorsichtig sein, um sich nicht vom Geschwätz und von Taten verleiten zu lassen, welche nicht zum Ziel führen, für welches man sich versammelt hat. Und das Ziel ist, wie bereits gesagt wurde, die Erreichung der Verschmelzung mit dem Schöpfer. Bezüglich der Verschmelzung lies aus dem Buch *Matan Tora* (Seite 168, Absatz „Und in Wahrheit").

Nur dann, wenn man nicht mit den Freunden zusammen ist, ist es besser, seine Absichten, die man im Herzen hat, nicht nach außen zu zeigen. Und daher soll der Mensch durch nichts aus der Umgebung hervorstechen, in welcher er sich befindet, was die Deutung des Geheimnisses ist: „Du sollst in Bescheidenheit sein mit dem Schöpfer, Deinem Gott." Und obwohl es hier bessere Deutungen gibt, ist die einfache Deutung auch eine große Sache.

Deshalb ist es von Vorteil, dass zwischen Freunden, die sich miteinander vereinigen, eine Übereinstimmung herrscht, damit sich jeder dem anderen gegenüber annullieren kann.

In der Gemeinschaft muss es einen zusätzlichen Schutz geben, damit man keinen Leichtsinn zulässt, weil Leichtsinn alles zerstört. Doch, wie oben beschrieben, muss dies eine innere Sache sein. Aber wenn ein Außenseiter zufällig in die Versammlung der Gemeinschaft gerät, so darf man keine Ernsthaftigkeit zeigen, sondern muss sich von außen jenem, der nun gekommen ist, angleichen. Das heißt, man soll nicht über ernste Themen sprechen, sondern über Sachen, die zu jenem Besucher, welcher ungerufener Gast genannt wird, passen.

Was gibt uns das Gesetz „Liebe deinen Nächsten wie Dich selbst"?

Rav Baruch Shalom HaLevi Ashlag

Was gibt uns das Gesetz (*Klal*[38]): „Liebe deinen Nächsten wie Dich selbst?" Mithilfe dieses Gesetzes können wir die Liebe zum Schöpfer erreichen. Wenn dem so ist, was gibt uns dann die Erfüllung der übrigen 612 Gebote?

Zuallererst muss man wissen, was ein Gesetz ist. Es ist bekannt, dass ein Kollektiv aus vielen Individuen besteht, und ohne Individuen kann es kein Kollektiv geben. Wenn wir z. B. von einer „heiligen Versammlung" sprechen, meinen wir eine Anzahl von Individuen, die sich zu einer Einheit zusammengesellt haben. Danach werden ein Gemeindeführer und andere auserkoren, und dieses wird *Minjan* (Quorum von mindestens zehn Männern) oder „Gemeinde" genannt. Wenn zumindest zehn Männer versammelt sind, ist es möglich, *Kedusha* (spezifischer Teil eines jüdischen Gebets) während des Gebets aufzusagen.

Im Heiligen *Sohar* heißt es darüber: „Wo auch immer zehn sind, ist die Göttlichkeit präsent." Das bedeutet, dass es dort, wo zehn Männer versammelt sind, bereits Platz für die Offenbarung der Göttlichen Anwesenheit – *Shechina* – gibt.

Es folgt daher, dass das Gesetz „Liebe deinen Nächsten wie dich selbst" sich auf die übrigen 612 Gebote gründet. Das bedeutet, dass, wenn wir alle 612 Gebote erfüllen, wir in der Lage sein werden, das Gesetz „Liebe deinen Nächsten" zu erlangen. Folglich geben uns also alle einzelnen Elemente die Möglichkeit, zu dieser Gesamtheit zu gelangen. Und sobald wir die Gesamtheit haben, werden wir zur Liebe zum Schöpfer gelangen können, wie es in den Psalmen (Psalm 84) heißt: „Meine Seele sehnt sich nach Ihm."

Ein Mensch kann jedoch nicht alle 612 Gebote allein erfüllen. So zum Beispiel die Freilösung des Erstgeborenen. Wenn zuerst eine Tochter geboren wurde, dann kann man dieses Gebot der Freilösung nicht erfüllen; und Frauen sind überhaupt

---
38 Anm. d. Übers.: Das Wort *Klal* bedeutet auf Hebräisch sowohl „Regel", „Gesetz" als auch „Kollektiv" sowie „Gesamtheit". Der Autor wechselt zwischen diesen Bedeutungen.

WAS GIBT UNS DAS GESETZ: "LIEBE DEINEN NÄCHSTEN WIE DICH SELBST"?

von der Erfüllung zeitabhängiger Gebote, wie *Zizit* und *Tefillin*, befreit. Da jedoch „ganz Israel füreinander verantwortlich ist", folgt, dass durch alle die ganzen Gebote erfüllt werden. Es ist so, als ob alle die Gebote zusammen einhalten. Daher kann man mithilfe der Erfüllung von 612 Geboten zum Gesetz „Liebe deinen Nächsten wie dich selbst" gelangen.

LIEBE ZU FREUNDEN

Rav Baruch Shalom HaLevi Ashlag

In der *Tora* (Genesis 37, 15) heißt es: „Da fand ihn ein Mann, wie er umherirrte auf dem Felde; der fragte ihn und sprach: ‚Wen suchst du?' Er antwortete: ‚Ich suche meine Brüder; sage mir doch, wo sie hüten!'" Was heißt: „Ein Mann, wie er umherirrte auf dem Felde"? „Feld" bezeichnet den Ort, an dem Früchte der Erde erwachsen sollen, welche der ganzen Welt Nahrung geben. Bekanntermaßen sind „Pflügen", „Säen" und „Ernten" Feldarbeiten. Unsere Weisen sagten: „Was mit Tränen gesät wurde, wird mit Freude geerntet." Und das heißt „Feld", welches vom Schöpfer gesegnet wurde.

Baal Turim erklärt diese Stelle in der *Tora*, indem er sagt, dass hier von einem Menschen die Rede ist, der sich auf dem Wege der spirituellen Entwicklung verirrte, der den wahren Weg nicht kennt, der bereits verzweifelt und denkt, dass er niemals sein Ziel erreichen wird.

„Und es fragte ihn jener Mensch und sprach: ‚Was suchst du?'" (*levakesh*). Das Wort *levakesh* hat im Hebräischen zwei Bedeutungen: „suchen" und „bitten". Folglich kann man die Frage des „Menschen" auch so verstehen: „Worum bittest du?" anstatt „Was suchst du?"; das heißt: „Wie kann ich dir helfen?". Und Josef antwortete ihm: „Ich bitte (suche) meine Brüder", das heißt: Ich will in einer Gruppe sein, wo es Liebe zu Freunden gibt, und dann werde ich den Weg zum Schöpfer erklimmen können.

Dieser Weg ist der Weg des Gebens, und unsere Natur steht in vollem Gegensatz, in Feindschaft zu diesem Weg. Um diesen Weg zu beschreiten, gibt es nur ein Mittel: in einer Gruppe zu sein, in der es „Liebe zu Freunden" gibt und in der jeder seinem Freund dabei helfen kann, auf diesem Weg gerade vorwärts zu schreiten.

„Der Mann sprach: Sie sind von dannen gezogen." Rashi erklärt: „Sie brachen die brüderlichen Bande, das heißt, sie wollen sich nicht mit dir vereinigen." Und das führte schließlich dazu, dass die Israeliten ins ägyptische Exil gelangten. Um Ägypten zu verlassen, müssen wir uns zu einer Gruppe vereinigen, in der die „Liebe zu Freunden" existiert, und dadurch werden wir dessen würdig, die *Tora* zu empfangen.

Entsprechend der Erklärung bezüglich „Liebe deinen Nächsten"

Rav Baruch Shalom HaLevi Ashlag

Entsprechend der Erklärung betreffend „Liebe Deinen Freund wie Dich selbst" sind alle 612 *Mizwot* in diese Regel eingeschlossen. Wie unsere Weisen sagen: „Der Rest sind Kommentare dazu; gehe und studiere." Das bedeutet, dass wir durch das Einhalten der 612 *Mizwot* der Regel „Liebe Deinen Nächsten" und in der Folge der Schöpferliebe würdig werden.

Was gibt uns daher die Freundesliebe? Es steht geschrieben: Wenn sich einige Freunde versammeln, die nur über eine kleine Kraft der Nächstenliebe verfügen - das bedeutet, dass sie die Nächstenliebe nur im Potenzial haben - und diese umsetzen wollen, dann erinnern sie sich, dass sie entschieden haben, auf die Selbstliebe zugunsten der Nächstenliebe zu verzichten. Doch tatsächlich sieht man, dass man auf keinerlei Genuss des Verlangens zu empfangen zugunsten anderer verzichten kann, nicht einmal ein bisschen.

Wenn sich jedoch einige Menschen versammeln, die der Meinung sind, dass man zur Nächstenliebe gelangen muss, und wenn sich jeder gegenüber dem anderen annulliert, vermischen sich alle miteinander. Daher erwächst in jedem eine große Kraft, entsprechend der Größe der Gemeinschaft. Und dann hat man die Kraft, die Nächstenliebe tatsächlich auszuführen.

Was geben uns die Details der 612 *Mizwot* zusätzlich, die, wie wir sagten, dazu dienen, die Regel einzuhalten, da die Regel durch die Liebe zu Freunden eingehalten wird?

Und wir sehen, dass es in Wirklichkeit auch unter weltlichen Menschen Liebe zu Freunden gibt. Sie versammeln sich auch in unterschiedlichen Kreisen, um Freundesliebe zu haben. Was ist dann der Unterschied zwischen Religiösen und Weltlichen?

In den Psalmen (Psalm 1) heißt es: „Einer Versammlung von Spöttern sollst du nicht beiwohnen." Wir müssen das Verbot hinsichtlich der „Versammlung von Spöttern" verstehen. Ist es wegen der üblen Nachrede oder überflüssigem Geschwätz? Also ist das Verbot nicht wegen „der Versammlung von Spöttern". Wozu war es notwendig, die Anwesenheit in einer „Versammlung von Spöttern" zu verbieten?

Wenn sich einige Menschen zum Zweck der Freundesliebe versammeln und dabei die Absicht haben, jedem Freund zu helfen und seinen körperlichen Zustand zu verbessern, so erwarten alle, dass sie durch häufige Treffen von der Gemeinschaft profitieren und so ihren körperlichen Zustand verbessern werden.

Nach all diesen Treffen jedoch berechnet jeder und sieht, wie viel er von der Gemeinschaft für die Selbstliebe erhalten hat und was sein Wille zu empfangen dadurch gewonnen hat, da er Zeit und Mühe für den Vorteil der Gemeinschaft investiert hat. Doch was hat er nun dadurch gewonnen? Er könnte wahrscheinlich mehr Erfolg haben, wenn er sich mit seinem Eigennutz beschäftigt hätte, zumindest in jenem Teil seiner eigenen Anstrengungen. Doch: „Ich betrat die Gemeinschaft, weil ich dachte, dass ich durch sie in der Lage wäre, mehr zu gewinnen als alleine. Doch nun sehe ich, dass ich gar nichts gewonnen habe."

Dann bereut er und sagt: „Ich hätte besser meine geringe Kraft genutzt als meine Zeit der Gesellschaft zu widmen. Da ich aber bereits meine Zeit der Gemeinschaft gewidmet habe, um mehr Besitztümer durch ihre Hilfe zu erlangen, habe ich letztlich erkannt, dass ich gar nichts aus der Gemeinschaft gewonnen habe; ich verlor sogar das, was ich hätte durch eigene Kräfte alleine gewinnen können."

Wenn jemand sagen will, dass man sich mit der Freundesliebe um des Gebens willen beschäftigen solle und jeder für den Nutzen der anderen arbeiten wird, lacht jeder und macht sich darüber lustig. Es erscheint ihnen wie ein Scherz, und das ist „die Versammlung von Weltlichen". Darüber wird gesagt: „Doch Sünde ist eine Schande für alle Menschen, und jede Gunst, die sie tun, tun sie für sich selbst." So eine Gemeinschaft entfernt den Menschen von der Heiligkeit. Sie wirft ihn in die Welt des Spottes, und dies ist das Verbot der „Versammlung von Spöttern."

Unsere Weisen sagten über solche Gemeinschaften: „Vertreibe die Sünder; besser für sie und besser für die Welt." Anders gesagt, ist es besser, sie würden gar nicht existieren. Mit den Rechtschaffenen verhält es sich gegensätzlich: „Versammle die Rechtschaffenen; besser für sie und besser für die Welt."

Was ist die Bedeutung der „Rechtschaffenen"? Es sind jene, die die Regel „Liebe Deinen Freund wie Dich selbst" einhalten wollen; ihre einzige Absicht ist, die Selbstliebe zu verlassen und eine andere Natur der Freundesliebe anzunehmen. Und obwohl es eine *Mizwa* ist, die man einhalten soll, und man sich dazu zwingen kann, ist die Liebe nichtsdestotrotz etwas, das dem Herzen gegeben ist, und das Herz stimmt damit natürlich nicht überein. Was kann man dann tun, damit die Freundesliebe das Herz berührt?

Daher wurden uns die 612 *Mizwot* gegeben, mit deren Hilfe man eine Empfindung im Herzen hervorrufen kann. Da dies aber gegen die Natur ist, ist die Empfindung zu schwach, um die Freundesliebe tatsächlich einhalten zu können, selbst wenn man ein Streben danach hat. Daher müssen wir nach Rat suchen, wie wir sie tatsächlich einhalten können.

Der Rat, damit jemand fähig ist, seine Kraft in der Regel „Liebe Deinen Nächsten" zu vergrößern, liegt in der Freundesliebe. Wenn jeder sich vor seinem Freund annulliert und sich mit ihm vermischt, werden sie eine Masse, in der alle Teilchen, die nach der Freundesliebe streben, sich zu einer kollektiven Kraft vereinigen, die aus vielen Teilen besteht. Und wenn man große Kraft hat, kann man die Liebe zum Nächsten praktisch ausführen.

Und dann kann man die Schöpferliebe erreichen. Doch die Voraussetzung besteht darin, dass sich jeder vor jedem annulliert. Wenn man jedoch von seinem Freund getrennt ist, kann man den Anteil nicht empfangen, den man von seinem Freund empfangen sollte.

Daher sollte jeder sagen, dass er im Vergleich zu seinem Freund nichts ist. Dies gleicht dem Aufschreiben von Zahlen. Wenn man zuerst eine „1" schreibt und dann „0" ist es 10-mal mehr. Und wenn man „00" schreibt, sind es 100-mal mehr. Anders gesagt, wenn der Freund eine 1 ist und die 0 folgt, bedeutet das, dass er von seinem Freund 10-mal mehr erhält. Und wenn er sagt, dass er verglichen mit dem Freund eine doppelte Null ist (00), erhält er von seinem Freund 100-mal mehr.

Wenn er jedoch im Gegenteil behauptet, dass sein Freund eine „0" sei und er selbst sei eine „1", dann ist er 10-mal weniger als sein Freund, also 0,1. Und wenn er sagt, dass er eine „1" sei und er zwei Freunde habe, welche verglichen mit ihm beide „0" sind, dann wird er als 100-mal weniger erachtet als sie, das bedeutet 0,01. Daher schwächt sich seine Stufe entsprechend der Anzahl der Nullen, die er von seinen Freunden hat, ab.

Und selbst wenn man die Kraft erlangt hat, um die Nächstenliebe tatsächlich einzuhalten, und seinen Eigennutz als schlecht für sich empfindet, so gilt auch dann „traue dir nicht selbst [bis zum Tag deines Todes]". Es muss eine Furcht davor geben, mitten in der Arbeit in die Selbstliebe zurückzufallen, das heißt, wenn einem größere Genüsse gegeben werden, als man gewöhnt ist. Obwohl man bereits kleine Genüsse in der Absicht zu geben erhalten kann und bereit ist darauf zu verzichten, lebt man dennoch in Furcht vor großen Genüssen.

Dies wird „Furcht" genannt, und es ist das Tor, um das Licht des Glaubens zu empfangen, das man auch „Aufenthalt der Göttlichkeit" nennt, wie im *Sulam*[39] geschrieben steht: „Entsprechend dem Maß der Furcht erlangt man den Glauben."

---

39 Anm. d. Übers.: Der *Sulam* (Leiter) ist der Kommentar zum *Buch Sohar*.

Daher müssen wir uns daran erinnern, dass das Thema „Liebe Deinen Nächsten wie Dich selbst" eingehalten werden soll, weil es eine *Mizwa* ist, da der Schöpfer befahl, sich mit der Liebe zu Freunden zu beschäftigen. Und Rabbi Akiva interpretiert nur diese *Mizwa*, die der Schöpfer anordnete. Er beabsichtigte, diese *Mizwa* zu einer Regel zu machen, durch die all die anderen *Mizwot* aufgrund des Gebots des Schöpfers eingehalten würden und nicht wegen Eigennutz.

Anders gesagt, geht es nicht darum, dass man durch das Einhalten der *Mizwot* belohnt wird. Ganz im Gegenteil, durch das Einhalten der *Mizwot* werden wir mit der Fähigkeit belohnt, unsere Selbstliebe zu annullieren und die Liebe zum Nächsten zu erreichen und als Folge davon die Schöpferliebe.

Nun verstehen wir, was unsere Weisen über den Vers „und ihr habt sie platziert" (*we samtem*) sagten. Es kommt von dem Wort „Elixier" (*sam*[40]): „Wurde er würdig, ist es ein Lebenselixier; wurde er nicht würdig, ist es eine Todesdroge." „Nicht würdig" bedeutet, dass man sich mit *Tora* und *Mizwot* beschäftigt, um die Selbstliebe zu vergrößern, damit der Körper Besitztümer als Gegenleistung für seine Arbeit erhält. „Würdig" bedeutet, dass sich die Eigenliebe auflöst und man sich darauf ausrichtet, eine Belohnung in Form von Kraft für die Nächstenliebe zu erhalten, wodurch man die Schöpferliebe erreicht – dass also der einzige Wunsch darin besteht, dem Schöpfer Zufriedenheit zu geben.

---

40 Anm. d. Übers.: In Hebräisch ist das Verb „platzierten" (*sam*) phonetisch gleich mit dem Wort „Elixier" bzw. „Droge" (*sam*).

Welches Ausführen der Gebote reinigt das Herz?

Rav Baruch Shalom HaLevi Ashlag, Shlavei HaSulam, Art. 8, 1984

Frage: Wird unser Herz auch dann gereinigt, wenn wir uns mit der *Tora* und den *Mizwot* (Geboten) beschäftigen, um Belohnung zu erhalten? Die Weisen sagten: „Ich habe den bösen Trieb (*Jezer HaRa*) erschaffen, und ich schuf die *Tora* als Gewürz." Das heißt, sie reinigt das Herz. Bezieht sich das nur auf die selbstlose Erfüllung der *Tora*, unabhängig vom Erhalt des Lohns, oder wird vielleicht auch unser Herz gereinigt, wenn wir uns mit der *Tora* und den *Mizwot* um der Belohnung Willen beschäftigen?

Antwort: In der Einführung in das Buch *Sohar* (Punkt 44) steht: „Wenn der Mensch beginnt, sich mit der *Tora* und den Geboten zu beschäftigen, sogar ohne jegliche Absicht, das heißt ohne Liebe und Angst, die bei der Ausführung der Wünsche des Schöpfers zugegen sein müssen, sogar, wenn er sie für sich (*lo liShma* – eigennützig) erfüllt, beginnt der Punkt in seinem Herzen zu wachsen und seine Wirkung tritt in Erscheinung.

Gebote bedürfen keiner Absicht, und sogar Handlungen ohne Intention sind fähig, den *Willen zu empfangen* zu reinigen, doch nur auf der ersten Stufe, die als bewegungslos bezeichnet wird. In dem Maße wie der Mensch die bewegungslose Stufe seines *Willens zu empfangen* reinigt, baut er 613 Teile (Organe) des Punktes im Herzen auf, was der Stufe der bewegungslosen heiligen Seele (*domem de Nefesh de Kedusha*) entspricht."

Wir sehen also, dass die Beschäftigung mit der *Tora* und den *Mizwot* sogar [in der Absicht] *lo lishma* das Herz reinigt.

Frage: Sind nur auserwählte Einzelne fähig, die *Tora* und die Gebote nicht um der Belohnung willen einzuhalten, oder gab man allen die Möglichkeit, diesen Weg zu gehen, also den Weg der Einhaltung der *Tora* und der Gebote nicht um der Belohnung willen, damit sie dadurch der Verschmelzung mit dem Schöpfer würdig werden?

Antwort: Der *Wille, nur für sich zu empfangen*, resultiert aus dem Schöpfungsgedanken, doch mithilfe der Korrektur werden die Seelen den *Willen, nur für sich zu empfangen*, in den *Willen zu empfangen, um zu geben*, umwandeln. Diese Korrektur wird mittels der Ausführung von *Tora* und *Mizwot* stattfinden.

Und das betrifft alle ohne Ausnahme, weil allen dieses Heilmittel gegeben wurde und nicht nur Auserwählten. Doch da es Sache der Wahl ist, gibt es solche, die schnell vorankommen, und solche, die langsam vorankommen, so wie in der Einführung in das Buch *Sohar* (Punkt 13 und 14) geschrieben steht, dass schließlich alle die endgültige Vollkommenheit erreichen werden, wie geschrieben steht: „Und der Verstoßene wird von Ihm nicht verbannt."

Damit einer, wenn man beginnt, sich mit der *Tora* und den Geboten zu beschäftigen, beginnt man *lo lishma*, weil der Mensch mit dem *Willen zu empfangen* erschaffen wurde und daher nichts verstehen wird, wenn ihm dies keinen persönlichen Nutzen bringt. Und er wird niemals mit der Erfüllung von *Tora* und *Mizwot* beginnen wo RAMBAM schreibt diesbezüglich[41]: „Die Weisen sagten, der Mensch solle sich immer mit der *Tora* beschäftigen, sogar [in der Absicht von] *lo lishma*, denn von *lo lishma* wird er zu *lishma* übergehen. Wenn man daher Frauen und Kinder und einfache Menschen lehrt, lehrt man sie, dem Erschaffer aus Angst vor Ihm zu dienen und um einen Lohn von Ihm zu erhalten, solange bis sich ihr Wissen mehrt und sie große Weisheit erwerben; nur dann eröffnet man ihnen allmählich dieses Geheimnis und gewöhnt sie vorsichtig daran, bis sie erkennen und einsehen, dass man dem Allerhöchsten aus Liebe zu Ihm dienen soll."

Gemäß RAMBAM sehen wir also, dass alle zum Zustand *lishma* gelangen müssen und der Unterschied nur in der Zeit besteht.

Frage: Wenn ein Mensch sieht und fühlt, dass er den Weg beschreitet, der ihn zum Zustand von *lishma* führen wird, muss er sich dann bemühen, auf den anderen Einfluss zu üben, damit auch dieser den gleichen Weg gehen würde, oder nicht?

Antwort: Das ist eine allgemeine Frage. Ähnlich wie ein religiöser Mensch auf den Nichtreligiösen schaut. Wenn er selbst weiß, dass er ihn zur Quelle [dem Schöpfer zu dienen] zurückführen kann, dann muss er das tun, da ein Gebot existiert: „Du sollst deinen Nächsten ermahnen."

Genauso kann auch ein Mensch, der auf dem Weg zum Zustand *lishma* geht, seinem Nächsten sagen, dass es sich lohnt, einen richtigeren Weg zu gehen, dies aber nur, wenn seine Absicht nur darin besteht, dieses Gebot zu erfüllen. Doch oft sehen wird, dass ein Mensch dem anderen Moralpredigten hält, um seine Überlegenheit gegenüber dem anderen zu zeigen, und nicht, um das Gebot zu erfüllen „Du sollst deinen Nächsten ermahnen".

Aus dem oben Gesagten ist ersichtlich, dass jeder möchte, dass auch der andere den Weg der Wahrheit gehen möge, und dies zum Streit zwischen Religiösen und Nichtreligiösen, zwischen Litauischen Juden und Chassidischen Juden und zwischen unterschiedlichen Strömungen im Chassidismus führt, und jeder von ihnen glaubt, er sei im Recht, und jeder möchte den anderen überzeugen, den geraden Weg zu gehen.

---

41 *Hilchot Teshuwa*, Kapitel 10

Wann hört man auf, wiedergeboren zu werden?

Rav Baruch Shalom HaLevi Ashlag

Frage: Welche Stufe muss der Mensch erreichen, um nicht wiedergeboren zu werden und nicht wieder in diese Welt zurückkehren zu müssen?

Antwort: Im Buch „Tor der Wiedergeburten" (*Shaar haGilgulim*) des großen *ARI* heißt es: „Alle Söhne Israels müssen wiedergeboren werden, bis sie das ganze *NaRaNCHaY* erfüllen (*Nefesh*, *Ruach*, *Neshama*, *Chaja* und *Yechida*), die fünf Stufen der Seele. Doch der Großteil der Menschen verfügt nicht über all diese fünf Teile, die *NaRaNCHaY* heißen, sondern nur über *Nefesh* der Welt *Assija*."

Der Sinn davon besteht darin, dass jeder Mensch nur seinen Teil und die Wurzel seiner Seele korrigieren muss, nicht mehr als das. Und dadurch erfüllt er seine Bestimmung.

Bekanntermaßen haben alle Seelen ihren Ursprung in der Seele von *Adam haRishon*. Nach der Sünde teilte sich seine Seele in 600.000 Seelen auf, und das Licht, welches seine Seele im *Garten Eden* erfüllte, was der Heilige *Sohar* „*Sihara Ilaa*" (Höheres Licht) nennt, teilte sich ebenfalls in dieselbe Anzahl von Teilen auf.

Im Buch *Panim Masbirot* (S. 56) schreibt Baal HaSulam, [dass der Grund für die Aufteilung des allgemeinen Lichts, welches die Seele von *Adam* erfüllte, darin bestehe, dass,] „nachdem sich das Gute und das Böse (nach der Sünde) vermischten, die *Klipot* (dunkle, egoistische, unreine Kräfte) eine Möglichkeit bekamen, sich an der *Kedusha* (Heiligkeit) festzusaugen." Um sich davor zu schützen, teilte sich das Licht der sieben Schöpfungstage in so kleine Portionen auf, dass sich die *Klipot* nicht an sie klammern konnten.

Das gleicht dem, was im Gleichnis über den König gesagt ist, der seinem Sohn, der in Übersee war, eine große Anzahl an Goldmünzen schicken wollte. Doch es gab keinen einzigen Boten, dem er diese anvertrauen konnte, da alle seinen Untertanen dem Diebstahl zugetan waren. Also teilte der König den Inhalt der Truhe in kleine Teile auf und gab jeden Teil einem anderen Boten. Es stellte sich heraus, dass die Geldsumme, die jeder der vielen Boten bekam, so klein war, dass es sich ihretwegen nicht lohnte, ein Verbrechen zu begehen.

Auf die gleiche Weise kann man im Verlauf einer längeren Zeit in den vielen Seelen, mithilfe des Lichts der Tage, die ganzen heiligen Funken sortieren, die infolge der Sünde Adams in die Macht der *Klipot* gefallen sind.

Der Grund für die Aufteilung der Seele in eine „Vielzahl von Seelen" liegt in der Aufteilung des inneren Lichts der Seele Adams in eine Vielzahl von kleinen inneren Lichtern[42]. Der Grund für „die vielen Tage" - der Grund für die Entstehung der „Zeit", im Laufe derer die Korrektur stattfindet - liegt in der Aufteilung des äußeren umgebenden Lichts Adams in eine Vielzahl von äußeren Lichtern.

Teilchen für Teilchen häuft sich in einer Menge von Seelen ein allgemeines großes Licht an, auf dessen Stufe *Adam* sündigte, und sobald dies erreicht ist, wird die „endgültige Korrektur" eintreten.

Folglich kommt jeder von uns nur mit einem kleinen Teilchen der Seele Adams in sich auf die Welt. Und wenn der Mensch sein Teilchen korrigiert, muss er nicht noch mal wiedergeboren werden. Denn nur zur Korrektur dieses Teilchens steigt er herab und wird in unserer Welt geboren.

Im „*Baum des Lebens*" von ARI steht geschrieben: „Es gibt keinen Tag, der wie der andere ist, keinen Moment wie den anderen oder einen Menschen wie den anderen. Und die *Chelbona* wird den Teil nicht korrigieren, der von *Levona* nicht korrigiert wird. Jeder muss seinen eigenen Teil korrigieren."

Doch müssen wir wissen, dass jeder Mensch, der zur Welt kommt, an der freien Wahl zu arbeiten hat, da keiner als Gerechter geboren wird. Unsere Weisen sagten (*Talmud, Nida, 16b*): „Rabbi Chanina Bar Pappa sagte: ‚Der Engel der Empfängnis wird *Laila* (Nacht) genannt. Er nimmt einen Tropfen und platziert ihn vor dem Schöpfer und sagt: ‚Oh Herr! Was soll aus diesem Tropfen werden - ein Held oder ein Schwächling, ein Weiser oder ein Dummer, ein Reicher oder ein Armer?' Aber er fragt nicht, ob er ein ‚Gerechter oder Böser' wird.'"

Das bedeutet, dass kein Mensch als ein Gerechter geboren wird, weil „er nicht fragt, ob er ein ‚Gerechter oder Böser' wird". Dies wird unserer Wahl überlassen, jedem gemäß seinen Bemühungen in *Tora* und *Mizwot*. Dementsprechend wird man mit der Reinigung seines Herzens belohnt, mit der Korrektur dessen, was man entsprechend der Wurzel seiner Seele korrigieren muss, und dann ist man vollkommen.

---

42 Innere Lichter leuchten in der Gegenwart, verleihen die Empfindung der Gegenwart; und umgebende Lichter leuchten in der Zukunft, verleihen uns die Empfindung der Zukunft, obwohl „Zeit" eine rein psychologische Wahrnehmung des Unterschieds zwischen den inneren und den äußeren Lichtern ist.

Die erste Stufe, auf der ein Mensch geboren wird

Rav Baruch Shalom HaLevi Ashlag

Im Buch *Sohar* (Wochenabschnitt *Mishpatim*) heißt es: „Wenn ein Mensch auf die Welt kommt, gibt man ihm das Licht *Nefesh* eines Tieres (von der Stufe *Ofanej haKodesh*, „Räder der Heiligkeit" – die niedrigste spirituelle Stufe) aus der Welt *Assija*. Wenn ein Mensch mehr verdient, dann gibt man ihm *Ruach* (vonseiten *Chajot haKodesh*, der „heiligen Tiere" – eine höhere Stufe, Stufe der Engel) aus der Welt *Yezira*. Wenn er noch mehr verdient, gibt man ihm *Neshama* (vonseiten des „Thrones des Schöpfers") aus der Welt *Brija*. Sobald er noch Größeres verdient, gibt man ihm *Nefesh* aus der Welt *Azilut*. Wenn er noch Größeres verdient, gibt man ihm *Ruach* aus der Welt *Azilut* aus der ‚mittleren Säule' (der mittleren Linie), und dann heißt er ‚Sohn des Schöpfers', wie es geschrieben steht: ‚Söhne seid ihr Eurem Schöpfer.' Wenn er noch mehr verdient, dann gibt man ihm *Neshama* von der Seite von *Aba we Ima*, welche [die *Sefira*] *Bina* [der Welt *Azilut*] sind, über welche gesagt wird: ‚Lass die ganze Seele den Schöpfer preisen.' Und damit schließt er die Vervollständigung des Namens *HaWaYaH* [des Schöpfers] ab."

Die Seele ist vollkommen, sobald sie *NaRaN* (*Nefesh, Ruach, Neshama*) aus den Welten *BYA* (*Brija, Yezira, Assija*) sowie *NaRaN* (*Nefesh, Ruach, Neshama*) aus der Welt *Azilut* hat. Über solch eine Vollkommenheit verfügte *Adam* vor dem Sündenfall. Erst nach dem Sündenfall fiel er von dieser Stufe, und seine Seele teilte sich in 600.000 kleine Seelen auf.

Daher wird die Spiritualität des Menschen als *Neshama* (Seele) bezeichnet, auch wenn der Mensch nur *Nefesh* von *Nefesh* (die niedrigste Stufe der Spiritualität) hat. Es existiert eine Regel: Jede spirituelle Struktur wird nach ihrer maximalen Errungenschaft (Stufe, Eigenschaft) benannt. Da die Stufe *Neshama* die höchste Stufe der Spiritualität des Menschen darstellt, ist die allgemeine Bezeichnung der Spiritualität des Menschen *Neshama*.

Obwohl jeder Mensch mit der kleinsten Stufe der Spiritualität auf die Welt kommt, heißt es dennoch, dass „jeder Mensch wie Moses werden kann, wenn er wünscht, seine Handlungen zu korrigieren. Das ist so, weil er einen anderen *Ruach* nehmen kann, sowohl einen höheren von der Höhe von *Yezira* als auch *Neshama* von der Höhe von *Brija*."[43]

Dadurch kann man auch das bekannte Thema der Weisen [über den Prozess der Entstehung eines Embryos (*Ibur*)] verstehen, wenn *Ruchot* und *Neshamot* der Weisen hinabsteigen und sich in den Menschen in Form eines *Ibur* (Embryo) einnisten, um diesem Menschen beim weiteren spirituellen Aufstieg zu helfen.

Im *Sulam Kommentar zum Sohar* [Einführung (*Hakdama*) zum Buch *Sohar*, Seite 93] heißt es: „Der Eselsantreiber ist die Hilfe für die Gerechten [diejenigen, die aufsteigen wollen]. Er wird von den Höhen der spirituellen Welten gesandt, um diese Seelen von Stufe zu Stufe zu erheben. Ohne seine Unterstützung, welche der Schöpfer den Gerechten sendet, würden sie ihre Stufe nicht verlassen und nicht aufsteigen können. Daher sendet der Schöpfer jedem Gerechten eine Hohe Seele von Oben, jedem entsprechend seiner Verdienste und seiner Stufen, welche ihm auf diesem Weg hilft. Der Vorgang der [Einsiedlung einer Höheren Seele] wird als die ‚Einnistung der Seele des Gerechten' und die ‚Enthüllung der Seele des Gerechten' bezeichnet."

Daraus folgt, dass, wenn gesagt wird, dass es in jeder Generation solche Gerechten wie Abraham, Isaak und Jakob gibt, dies nicht bedeutet, dass sie als solche geboren werden und über keine freie Wahl verfügen. Sondern das sind Menschen, die sich bemühen, den Weg der Wahrheit zu gehen, und alle ihren Anstrengungen unternehmen, um diesen Weg zu beschreiten. Und diese Menschen bekommen durch die *Einnistung der Seele der Gerechten* (*Ibur Neshamot*) immer Hilfe von Oben, was ihnen Kraft gibt, Höhere Stufen zu erklimmen.

Also wird jede Hilfe von Oben als Unterstützung betrachtet, aber nicht ohne Anstrengung und die Wahl des Menschen. Und die Welt besteht durch diese Gerechten, welche die Fülle von Oben anziehen, und so hat auch die Welt Bestand.

---

43 Schriften des ARI, Shaar HaGilgulim, S. 11b.

Die Wichtigkeit der Gruppe

Rav Baruch Shalom HaLevi Ashlag

Ein Mensch, der ein gewisses Verlangen nach dem Weg der Wahrheit hat, sich aber ständig unter Menschen befindet, die keinerlei Interesse an diesem Weg haben bzw. die sich diesem Weg sogar aktiv widersetzen – so ein Mensch wird allmählich von seinem Weg abkommen und der Meinung der anderen zustimmen, da die Gedanken der Menschen, die engen Kontakt miteinander pflegen, sich sozusagen „vermischen".

Daher gibt es keinen anderen Rat, als eine eigene Gruppe mit einem bestimmten Rahmen zu bilden – eine separate Gemeinschaft, in der es keine Menschen mit Ideen gibt, die sich von den Ideen dieser Gruppe unterscheiden. Außerdem müssen Mitglieder dieser Gemeinschaft sich stets an das Ziel der Gruppe erinnern, damit sie nicht von ihrem Weg abkommen und von der Mehrheit beeinflusst werden. Die Natur des Menschen ist so, dass er gern der Mehrheit hinterherläuft.

Wenn sich solch eine Gruppe von den übrigen Menschen abgeschirmt hat – das heißt, es gibt keinen Kontakt zu anderen Menschen in spirituellen Angelegenheiten und alle Kontakte beschränken sich nur auf materielle Fragen –, dann üben fremde Ideen und Meinungen keinen Einfluss auf sie aus, da es in religiösen Dingen keinerlei Verbindung zu Außenseitern gibt. Doch wenn sich ein Mensch, der den Weg der Wahrheit geht, unter religiösen Menschen befindet und beginnt, mit ihnen zu sprechen und zu streiten, dann „vermischen" sich sofort seine Ansichten mit ihren Ansichten – und ohne dass er es wollte, unterbewusst, dringen ihre Ideen in sein Bewusstsein durch, so weit, bis der Mensch aufhört zu verstehen, dass es nicht seine, sondern fremde Ansichten sind.

Gleiches gilt für einen Menschen, der den Weg der Wahrheit geht, sodass er sich von anderen Menschen abschirmen muss. Um diesen Weg zu beschreiten, muss man sehr große Anstrengungen unternehmen, weil man gegen die Ideen der ganzen Welt ankämpfen muss. Denn alle Ideen der Welt gründen sich hauptsächlich auf Wissen und Empfangen, während die Ideen der *Tora* auf Glauben und dem Willen zu geben basieren. Wenn der Mensch sich jedoch nicht von fremden Meinungen loslöst, dann wird er den Weg der Wahrheit vergessen und für immer in die Macht des Egoismus geraten. Und nur aus einer Gruppe, in der die Prinzipien der Nächstenliebe herrschen, kann ein Mensch Kräfte für den Kampf gegen die Ideen und Meinungen der ganzen Welt schöpfen.

Im Buch *Sohar* (Pinchas) steht, dass, wenn ein Mensch in einer Stadt lebt, in der schlechte Menschen leben, und er dort die Gebote der *Tora* nicht erfüllen und die *Tora* nicht studieren kann, er den Ort wechseln soll, um sich in einer Stadt anzusiedeln, in der Menschen leben, die sich mit der *Tora* und den Geboten beschäftigen.

Die *Tora* wird als „Baum" bezeichnet. Unsere Weisen sagen: „Baum des Lebens ist sie (*Tora*) für diejenigen, die sie einhalten." Und auch der Mensch gleicht einem Baum, wie es geschrieben steht: „Der Mensch ist ein fruchtbringender Baum." Und Gebote gleichen Früchten. Wenn daher nur „Baum" geschrieben ist, dann ist es ein fruchtloser Baum, das heißt ein nichtsnutziger, der gefällt werden wird; und so wird auch ein Mensch, der keine Gebote einhält, von dieser und den zukünftigen Welten entfernt werden.

Daher muss sich der Mensch von einem Ort, an dem sich Sünder befinden, loslösen, das heißt, von einem Ort, an dem er sich nicht mit der *Tora* und den Geboten befassen kann. Er muss sich an einem anderen Ort unter Gerechten ansiedeln, und dann wird er erfolgreich die *Tora* und die Gebote einhalten können.

Wie bereits gesagt wurde, vergleicht der *Sohar* den Menschen mit einem fruchtbringenden Baum, und bekanntermaßen leiden solche Bäume an dem sie umgebenden Unkraut, welches man ständig ausrupfen muss. So muss sich auch der Mensch, der den Weg der Wahrheit geht, aus solch einer Umgebung entfernen, das heißt von Menschen, die nicht diesen Weg gehen. Ein Mensch muss sehr darauf achten, nicht unter fremden Einfluss zu geraten.

Das wird als Absonderung bezeichnet, das heißt, dieser Mensch hat nur seine eigenen Gedanken, die zu *Hashpaa* (Geben) gehören, zum Willen zu geben, und nicht die Gedanken der Mehrheit, die sich im Endeffekt auf die Liebe zu sich selbst, das heißt auf den Egoismus, zurückführen lassen. Dies wird als zwei Herrschaften bezeichnet: Die erste ist die Herrschaft des Schöpfers und die zweite ist die Eigen- bzw. Selbst-Herrschaft.

Im *Talmud* (Traktat *Sanhedrin*, S. 78) steht: „Rav Yehuda sagte im Namen von Rav, dass *Adam* ein vom Glauben Abgefallener war, wie es geschrieben steht: ‚Und der Erschaffer rief zu *Adam* und sprach zu ihm: Wo bist du? Wohin neigtest du dein Herz?'" Erklärung: Er war vom Glauben abgefallen, dem Götzendienst zugeneigt. Es gibt noch eine andere Erklärung: Aus dem Geschriebenen „Wo bist du? Wohin neigtest du dein Herz?" kann man den Schluss ziehen, dass die Apostasie (Abtrünnigkeit) *Adams* darin bestand, dass er gegen das Gebot verstoßen hat: „Folgt nicht euren Herzen." Das ist Abfall vom Glauben, da er sein Herz der anderen Seite zuneigte.

Die Wichtigkeit der Gruppe

Das ist sehr merkwürdig: Wie kann man von *Adam* sagen, dass er sein Herz dem Götzendienst zuneigte, oder – gemäß der zweiten Erklärung –, dass sein Abfall vom Glauben darin bestand, dass er gegen das Gebot „Folgt nicht euren Herzen" verstoßen hatte? Wir lernen, dass der Begriff des „Dienstes am Schöpfer" darin besteht, alles zu tun, um zu geben. Wenn folglich *Adam* diente, um zu empfangen, dann ist es eine uns fremde Arbeit („fremde Arbeit": hebr. *Awoda Sara* = „Götzendienst"), denn wir müssen nur dienen, um zu geben; er aber nahm alles, um zu empfangen.

Darin besteht die Bedeutung dessen, dass er gegen das Gebot „Folgt nicht euren Herzen" verstieß, das heißt, *Adam* konnte die Frucht des Baumes der Erkenntnis nicht um des Gebens Willen empfangen, sondern nur, um zu empfangen. Das wird als die Stufe des „Herzens" bezeichnet, das heißt, das Herz will nur für den eigenen Nutzen empfangen. Darin bestand die Sünde des Nehmens vom Baum der Erkenntnis (um das besser zu verstehen, siehe „Vorwort zum Buch *Panim Meirot uMasbirot*").

Aus dem oben Gesagten können wir den Nutzen einer Gruppe begreifen, die eine vollkommen andere Atmosphäre kreieren kann, in welcher der Dienst nur um des Gebens willen möglich ist.

Über die Wichtigkeit von Freunden

Rav Baruch Shalom HaLevi Ashlag

Es besteht die Frage: Wie soll man die Wichtigkeit von Freunden bewerten, die Mitglieder der Gruppe sind, das heißt, mit welcher Art der Wichtigkeit soll jeder auf seinen Freund sehen? Der Verstand lässt nur eine Schlussfolgerung zu. Wenn zum Beispiel ein Mensch sieht, dass sein Freund sich auf einer niedrigeren Stufe befindet, dann will er seinen Freund lehren, wie sich dieser besser benehmen soll, als er es tut.

Daraus folgt, dass dieser Mensch nicht sein Freund sein kann, weil er ihn als Schüler sieht und nicht als Freund. Und wenn der Mensch sieht, dass sein Freund auf einer höheren Stufe als er selbst steht und er von ihm gute Eigenschaften erlernen kann, so kann er sein Lehrer (Rav) sein und nicht sein Freund.

Und nur, wenn der Mensch sieht, dass sein Freund sich mit ihm auf der gleichen Ebene befindet, dann kann er ihn als Freund annehmen und sich mit ihm verbinden. Wenn wir von „Freunden" sprechen, dann meinen wir, dass sie beide im gleichen Zustand sind. Und so lässt der Verstand nur eine Schlussfolgerung zu, und zwar, wenn sie beide über eine Ähnlichkeit der Ansichten verfügen, dann beschließen sie sich zu verbinden, und dann können sie beide zusammen nach dem Ziel streben, das beide erlangen wollen.

Dies gleicht zwei Freunden, deren Meinungen ähnlich sind und die gemeinsam ein Geschäft machen, damit ihnen dieses Gewinne einbringe. Wenn sie fühlen, dass ihre Kräfte gleich sind, dann ist alles in Ordnung. Wenn jedoch einer von ihnen glaubt, dass er begabter sei als der andere, dann will er den anderen nicht als gleichwertigen Partner akzeptieren, sondern will eine Partnerschaft nach Prozenten schaffen, das heißt gemäß den Kräften und Vorzügen, die der eine dem anderen voraus hat, und er teilt die Geschäftsanteile in Drittel oder Viertel. Und dann kann man nicht sagen, dass beide gleichwertige Partner im Geschäft sind.

Anders ist dies, wenn wir von der Liebe zwischen Freunden sprechen, wenn sie sich zu dem Zweck vereinigen, dass vollkommene Einheit zwischen ihnen herrsche, das heißt, wenn sie beide gleichwertig sind, dann wird dies als Einheit bezeichnet.

Über die Wichtigkeit von Freunden

Wenn sie beispielsweise zusammen ein Geschäft machen und die Gewinne nicht gleichmäßig aufteilen, kann dies Einheit genannt werden?

Vielmehr muss es natürlich so sein, dass sie bei der Liebe unter Freunden alles, was sie zusammen erwerben, zu gleichen Teilen aufteilen und nichts unterschlagen und nichts voreinander verbergen, und dann wird unter ihnen Liebe, Sympathie, Frieden und Wahrheit herrschen.

Aber im Buch „*Die Gabe der Tora*" steht geschrieben: „Es gibt zwei Bedingungen für die Erlangung der Erhebung: Erstens muß man stets die Wertschätzung der Gesellschaft - dem Ausmaß ihrer Größe entsprechend - hören und akzeptieren.

Zweitens muss die Gesellschaft groß sein, so wie geschrieben steht: ‚In der Volksmenge ist der Ruhm des Königs.'"

Um die erste Bedingung zu erfüllen, muss jeder Schüler sich selbst fühlen, als sei er der Unbedeutendste von allen Freunden, und dann kann er die Wertschätzung der Erhebung aller empfangen. Denn einer, der sich höher als die anderen Freunde einschätzt, wird nichts von den „Kleineren" empfangen können, noch weniger von ihren Worten beeindruckt sein. Nur der „Kleinere" ist von der „Wertschätzung" des Größeren beeindruckt.

Was die zweite Bedingung angeht, muss jeder Schüler jeden Freund hochhalten, als wäre dieser der größte Mensch seiner Generation. Und dann wird die Umgebung Einfluss auf den Menschen ausüben, als wäre sie eine große würdige Umgebung. Denn Qualität ist wichtiger als Quantität.

Daraus folgt, dass sie einander in der Sache der Freundesliebe helfen; was bedeutet, dass es für jeden genügt, seinen Freund zu betrachten, als befinde er sich mit ihm auf der gleichen Stufe.

Weil jedoch jeder von seinem Freund lernen muss, ist da die Sache von Lehrer (Rav) und Schüler. Daher muss er seinem Freund Wichtigkeit beimessen und ihn für größer halten als sich selbst.

Wie kann er jedoch seinem Freund mehr Wert beimessen als sich selbst, wo er doch klar sieht, dass er selbst größere Vorzüge hat, sprich: begabter ist und von Natur aus bessere Eigenschaften hat als sein Freund? Dies kann man auf zweierlei Weise verstehen:

1. Er geht mit dem Glauben über dem Verstand - wenn er ihn erst einmal als Freund gewählt hat, betrachtet er ihn aus dem Glauben über dem Verstand heraus.
2. [Er betrachtet ihn] im Verstand, was natürlicher ist. Wenn er beschlossen hat, ihn als Freund anzunehmen, und an sich arbeitet, um ihn zu lieben, dann liegt es im Wesen der Liebe, nur die guten Dinge zu sehen. Und die schlechten Dinge, obwohl es solche beim Freund gibt, sieht er nicht, so wie geschrieben steht: „Liebe verdeckt alle Vergehen."

Denn wir sehen, dass der Mensch die Fehler des Kindes des Nachbarn sieht, und die der eigenen sieht er nicht. Versucht, dem Menschen etwas Schlechtes über seine Kinder zu sagen, und er wird sofort beginnen zu widersprechen und von den guten Vorzügen seiner Kinder erzählen.

Und es stellt sich die Frage, was die Wahrheit ist - dass seine Kinder Vorzüge haben und er deshalb verärgert ist, wenn man über seine Söhne spricht? So wie ich es von Baal HaSulam seligen Angedenkens gehört habe, liegt die Sache so, dass in Wirklichkeit jeder Mensch über Vorzüge und Mängel verfügt. Daher sagen sowohl der Nachbar als auch der Vater der Kinder die Wahrheit.

Doch der Nachbar behandelt die Kinder des anderen Nachbarn nicht so, wie ein Vater seine eigenen Kinder behandeln würde, da er nicht dieselbe Liebe zu ihnen hat wie der [leibliche] Vater. Wenn er daher die Kinder des anderen betrachtet, sieht er nur ihre Mängel, da ihm dies mehr Genuss bereitet. Denn so kann er zeigen, dass er besser ist als der andere, da seine Kinder besser sind.

Daher sieht er nur die Mängel des anderen. Was er sieht, ist die Wahrheit. Aber was er sieht, sind nur Dinge, die ihm Genuss bereiten.

Der Vater jedoch sieht auch nur die Wahrheit. Er jedoch sieht nur die guten Dinge bei seinen Kindern. Aber die schlechten Dinge, die seine Kinder haben, sieht er nicht, da ihm dies keinen Genuss bereitet. Daher sagt er die Wahrheit über das, was er in seinen Kindern sieht, da er nur die Dinge beachtet, die ihm Freude bereiten können. Also sieht er nur die Vorzüge.

Daraus folgt, dass, wenn man Freundesliebe und Liebe besitzt, das Gesetz so ist, dass man nur die Vorzüge des Freundes sehen möchte und nicht seine Mängel. Wenn man daher einen Mangel beim Freund sieht, so bedeutet das, dass nicht der Freund, sondern man selbst diesen Mangel hat, das heißt, dass man die Liebe zu den Freunden „beschädigt" hat und daher Mängel bei seinem Freund sieht.

Aus diesem Grund muss man nun sehen, dass nicht der Freund sich korrigieren muss, sondern man selbst derjenige ist, welcher der Korrektur bedarf.

Daraus folgt, dass man nicht darauf schauen soll, dass der Freund die Mängel korrigieren soll, die man bei ihm sieht. Sondern man selbst muss den Schaden korrigieren, den man in der Liebe zu den Freunden verursacht hat. Und wenn man sich korrigiert hat, wird man nur die Vorzüge des Freundes sehen und nicht seine Mängel.

Die Ordnung einer Gruppenversammlung

Rav Baruch Shalom HaLevi Ashlag

Es muss unbedingt einen Tagesablauf geben. Zum Beispiel soll jeder der Gruppe nach seinen Möglichkeiten von der Wichtigkeit der Gruppe sprechen, das heißt über den Nutzen, den ihm die Gruppe bringt, und dass er hofft, mithilfe der Gruppe äußerst wichtige Dinge zu erhalten, die er selbst für sich nicht erwerben kann. Daher schätzt er so sehr, dass er Mitglied der Gruppe ist.

Rabbi hat gesagt, der Mensch soll zuerst einmal die Größe des Schöpfers anordnen, dann soll er beten. Wir lernen das von Moses, und er bittet den Schöpfer zu jener Zeit, denn es steht geschrieben: „Du hast die gute Erde gesehen."

Man muss also zunächst die Wichtigkeit der Gruppe, die Notwendigkeit ihrer Existenz sowohl erkennen als auch laut aussprechen. Überhaupt müssen, wenn man jemanden um etwas bitten möchte, zwei Bedingungen erfüllt werden. Erstens muss derjenige, den ich bitte, es auch wirklich haben. Zum Beispiel bitte ich [nur] einen reichen Menschen um Geld. Zweitens muss derjenige, den ich bitte, über ein gutes Herz verfügen, das heißt den Wunsch haben, anderen zu geben. Unsere Weisen sagten, dass man zunächst den Schöpfer preisen und groß machen und Ihn erst danach um etwas bitten soll.

Das heißt, wenn der Mensch die Größe des Schöpfers erkennt und daran glaubt, dass Er ihm alle Arten von Genüssen geben kann und dass es Sein einziger Wunsch ist, Seinen Geschöpfen Genuss zu schenken, dann kann man sagen, dass der Mensch tatsächlich betet. Das heißt, er glaubt, dass der Schöpfer ihm zweifellos helfen wird. Daher kann Er das geben, was der Mensch wünscht, und dann betet der Mensch mit der Sicherheit, dass der Erschaffer sein Gebet annehmen wird.

Das gleiche Prinzip muss man auf die Gruppe anwenden, das heißt, von Anfang an muss man jeden seiner Freunde preisen. So weit wie der Mensch die Gruppe preisen kann, so sehr wird er sie auch respektieren.

Danach soll der Mensch „beten". Was heißt das? Das heißt: Jedes der Mitglieder der Gruppe soll sich selbst prüfen, wie viel Kraft es für die Gruppe investiert. Und wenn wir sehen, dass wir keine Kraft haben, etwas für die Gruppe zu tun, so müssen wir beten, dass der Schöpfer uns helfen möge und jedem von uns die Kraft und den Wunsch geben möge, den Nächsten zu lieben.

Danach muss jedes Mitglied der Gesellschaft sich gemäß den letzten drei Abschnitten von *Shmona Essre*[44] verhalten. Das bedeutet, dass der Mensch, nachdem er seine Bitte an den Schöpfer formuliert hat, die letzten drei Abschnitte spricht – als hätte Er ihm schon gegeben, worum er gebeten hat.

Genauso müssen wir uns auch in der Gruppe verhalten, das heißt: Nachdem der Mensch sich geprüft hat, den oben gebrachten Rat erfüllt und gebetet hat, muss er denken, dass sein Gebet bereits vom Schöpfer angenommen wurde, und der Mensch gemeinsam mit seinen Freunden bereits zu einem einzigen Organismus geworden ist. Und genauso wie der Körper möchte, dass es allen seinen Organen gut geht, so möchte auch der Mensch jetzt, dass es allen seinen Freunden gut geht.

Daher kommt nach allen diesen Handlungen die Zeit von Freude und Glück darüber, dass die Liebe zu Freunden entstanden ist. Dann muss jeder fühlen, dass er glücklich ist, als hätten sie gerade alle zusammen sehr viel Geld verdient. Und was macht man in so einem Fall?

Man macht ein Festessen für seine Freunde, die einem geholfen haben. Daher soll jedes der Gruppenmitglieder ein Festessen veranstalten, damit seine Freunde trinken und Freude haben. Daher muss man während der Versammlung in gehobener Stimmung und in Freude sein.

Es gibt eine Zeit der *Tora* und eine Zeit des Gebets. Die Zeit der *Tora* ist die Stufe der Vollkommenheit und Perfektion, wo es keinerlei Mängel gibt, und das heißt „Rechte Linie". Während dagegen ein Mangel als „Linke Linie" bezeichnet wird, weil der Ort, an dem es einen Mangel gibt, eine Korrektur erfordert, und das wird als Korrektur der Gefäße bezeichnet. Die Stufe der *Tora* ist die „Rechte Linie", das heißt ein Ort, der keiner Korrekturen bedarf.

Daher wird die *Tora* als „Geschenk" bezeichnet. Und bekanntlich gibt man Geschenke denen, die man liebt. Und man liebt gewöhnlich nicht diejenigen, die Mängel haben. Daher gibt es in der Zeit der *Tora* keinen Platz für Nachdenken über die Korrektur. Während des Abschlusses einer Versammlung muss man sich gemäß den letzten drei Abschnitten von *Shmona Essre* verhalten. Dann werden alle Perfektion und Vollkommenheit fühlen.

---

44 bestimmtes Gebet

Stufen der Erkenntnis

Einführung zu Talmud Esser haSefirot

1. Als erstes sollte ich sagen, dass ich es für äußerst notwendig erachte, die eiserne Mauer zu sprengen, die uns von der Wissenschaft der Kabbala seit den Zeiten der Zerstörung des Tempels und bis zur heutigen Generation trennt. Diese Mauer lastet schwer auf uns und erweckt die Befürchtung, dass die Kabbala im Volk *Israel* gänzlich vergessen wird.

Wenn ich mich aber an das Herz eines Menschen wende und vom Studium der Kabbala spreche, dann lautet seine erste Frage: „Wozu sollte ich wissen, wie viele Engel es im Himmel gibt und wie sie heißen? Kann ich etwa nicht ohne all diese Kenntnisse der ganzen *Tora*, in allen ihren Details und Feinheiten, folgen?"

Zweitens fragt er: „Haben die Weisen nicht etwa festgelegt, dass man sich zuerst den *Talmud* und die Gesetze in vollem Maße aneignen sollte? Und wer kann sich selbst betrügen, im Glauben, dass er bereits das Studium der ganzen offenen *Tora* abgeschlossen habe und es ihm nur an der verhüllten *Tora* fehle?"

Drittens: Der Mensch befürchtet, er könne wegen dieses Studiums etwas versäumen. Denn es kam doch schon vor, dass Menschen aufgrund des Studiums der Wissenschaft der Kabbala vom Weg der *Tora* abwichen. „Und wenn dem so ist, wozu brauche ich diese Plage? Und was für ein Dummkopf wird sich einfach so einer Gefahr aussetzen?"

Viertens: „Sogar diejenigen, die sich für dieses Studium begeistern, erlauben es niemandem außer den Dienern des Schöpfers; und nicht jeder, der sich dem Schöpfer nähern möchte, wird sich Ihm nähern können."

Fünftens und am wichtigsten: „Es existiert eine Regel: Bei jedem Zweifel sollst du schauen, was das Volk sagt. Und meine Augen sehen, dass alle Weisen der *Tora* in meiner Generation mit mir einer Meinung sind und das Studium des verborgenen Teils meiden und mir als Antwort auf meine Fragen die Empfehlung geben, dass es ohne jeden Zweifel besser sei, eine Seite der *Gemara* zu studieren, anstatt sich mit der Kabbala zu beschäftigen."

2. Nichtsdestotrotz, wenn wir uns auf die Suche nach einer Antwort einzig auf die eine berühmteste Frage begeben, bin ich sicher, dass alle diese Probleme und Zweifel aus dem Sichtfeld verschwinden werden; und wenn du sie dann aus dieser

Perspektive betrachtest, wirst du sehen, dass es sie einfach nicht mehr gibt. Die Rede ist von einer drückenden Frage, die von allen Menschen gestellt wird: „Worin besteht der Sinn unseres Lebens?" In anderen Worten, diese gezählten Jahre unseres Lebens kommen uns so teuer zu stehen, und die zahlreichen Leiden und Qualen, die wir erleiden, um sie im Endeffekt zum Abschluss zu bringen. Wer genießt sie? Oder noch genauer, wem bereite ich damit Genuss?

Es ist tatsächlich wahr, dass Forscher unterschiedlicher Generationen bereits daran ermüdeten, darüber nachzudenken; um nicht zu sprechen von unserer Generation, in welcher niemand über diese Frage auch nur nachdenken möchte. Dadurch blieb aber das Wesen der Frage unverändert in seiner ganzen Kraft und Bitterkeit. Manchmal ereilt sie uns überraschend, versengt uns den Verstand und zwingt uns in den Staub, bevor es uns wieder gelingt, den allen bekannten „Trick" anzuwenden – sich dem Fluss des Lebens ohne Überlegungen hinzugeben, wie einst.

3. Als Lösung dieses nebulösen Rätsels steht geschrieben: „Kostet und sehet, dass der Schöpfer gut ist." Gerade diejenigen, welche die *Tora* und die *Mizwot* richtig befolgen, kosten den Geschmack des Lebens und sehen und bezeugen, dass der Schöpfer gut ist. Wie die Weisen sagten, kreierte Er die Welten, um Seinen Geschöpfen Genuss zu schenken, denn für einen Guten geziemt es sich, Gutes zu tun.

Derjenige aber, der noch nicht das Leben durch die Befolgung der *Tora* und der *Mizwot* gekostet hat, kann natürlich nicht verstehen und nicht empfinden, dass der Schöpfer gut ist – wie es von den Weisen gesagt wurde, dass auch die ganze Absicht des Schöpfers bei der Erschaffung des Menschen nur darin bestand, ihm Genuss zu schenken. Und daher gibt es für ihn keinen anderen Rat als die *Tora* und die Gebote richtig zu befolgen.

Darüber heißt es in der *Tora* (Kapitel *Nezavim*): „Siehe, ich habe dir heute vorgelegt das Leben und das Gute, den Tod und das Böse." (Deuteronomium, 30:15). Anders gesagt, hatten wir vor der Aushändigung der *Tora* nichts vor uns außer dem Tod und dem Bösen. Wie die Weisen sagten: „Sünder werden in ihrem Leben als Tote bezeichnet." Denn der Tod ist für sie besser als das Leben, da die Leiden und Qualen, die sie zur Aufrechterhaltung ihrer Existenz erdulden, vielmals den kleinen Genuss übersteigen, den sie in diesem Leben verspüren.

Nun wurden wir aber der *Tora* und der *Mizwot* gewürdigt, und indem wir sie erfüllen, gelangen wir zum wahren Leben, welches uns mit Freude erfüllt. Wie geschrieben steht: „Kostet und sehet, dass der Schöpfer gut ist." Und davon heißt es: „Siehe, ich habe dir heute vorgelegt das Leben und das Gute, den Tod und das Böse – das, was ihr vor der Aushändigung der *Tora* überhaupt nicht hattet."

Der Ausspruch endet mit den Worten: „Wähle aber das Leben, damit du und deine Nachkommen leben mögen." Auf den ersten Blick ist das die Wiederholung ein und desselben: „Wähle das Leben, damit du leben mögest." Aber hier ist das

Leben im Befolgen der *Tora* und der *Mizwot* gemeint, und dann ist es das wahre Leben, während das Leben ohne *Tora* und *Mizwot* schwerer als der Tod ist. Und davon sagten die Weisen: „Sünder werden in ihrem Leben als Tote bezeichnet."

Daher steht geschrieben: „Damit du und deine Nachkommenschaft leben möget." Mit anderen Worten bringt das Leben ohne *Tora* nicht nur seinem Besitzer keinen Genuss, sondern jener kann auch anderen keinen Genuss schenken. Das heißt, selbst von seinen eigenen Söhnen hat er keinen Genuss, weil auch das Leben dieser Söhne schwerer als der Tod ist. Und welches Geschenk lässt er ihnen als Erbe?

Derjenige aber, der die *Tora* und die Gebote lebt, wird nicht nur des Genusses an seinem Leben gewürdigt, sondern ist auch froh, Söhne zu haben und ihnen einen Anteil an diesem guten Leben zu übergeben. Und darüber steht geschrieben: „Damit du und deine Nachkommenschaft leben möget", da der Mensch einen zusätzlichen Genuss am Leben seiner Söhne hat, welches er verursachte.

4. Im Lichte des Gesagten sollst du den Ausspruch der Weisen über die Äußerung verstehen: „Wähle aber das Leben." Er besagt: „Ich befehle euch, den Teil zu wählen, der Leben heißt, wie ein Mensch, der seinem Sohn sagt: ‚Wähle den wundervollsten Teil an meinem Erbe.' Er stellt ihn vor diesen wundervollen Teil und sagt: ‚Das sollst du dir wählen.'" Und darüber heißt es: „Der Schöpfer ist mein Los und mein Geschick, Du unterhältst mein Schicksal. Du hast meine Hand auf das gute Schicksal gelegt und gesagt: ‚Das nimm dir.'"

Auf den ersten Blick sind diese Worte unverständlich. Denn es steht geschrieben: „Wähle aber das Leben", und das bedeutet, dass der Mensch selbst wählt. Die Weisen aber sagen, dass der Schöpfer den Menschen vor den wundervollen Teil stellt. Und wenn dem so ist, gibt es dann hier keine Wahl mehr? Und mehr als das sagt man, dass der Schöpfer die Hand des Menschen auf das gute Schicksal legt. Das verwundert durchaus, denn wenn dem so ist, wo liegt dann die Wahl des Menschen?

Im Lichte der oben dargelegten Erklärungen sollst du die Worte der Weisen wörtlich verstehen. Denn es ist wahr und sehr richtig, dass der Schöpfer Selbst die Hand des Menschen auf das gute Schicksal legt, indem Er ihm Genuss und Befriedigung im materiellen Leben gibt, welches voller Leiden und Qualen ist und jeglichen Inhalts beraubt, sodass es den Menschen zermürbt und er vor dem Leben wegrennt. Sobald man ihm (wenn auch nur durch einen Spalt) irgendeinen ruhigen Ort zeigt, will er dorthin vor diesem Leben fliehen, welches schwerer als der Tod ist. Und es gibt für den Menschen keine größere Anweisung vonseiten des Schöpfers als diese.

Die Wahl des Menschen besteht nur in der Bestärkung, weil natürlich eine große Arbeit und zahlreiche Anstrengungen nötig sind, bis der Körper sich schließlich reinigt und die *Tora* und die Gebote richtig befolgen kann, das heißt nicht für den Selbstgenuss, sondern um dem Schöpfer Genuss zu bereiten, was als „*liShma*" bezeichnet wird. Und nur auf diese Weise wird er des glücklichen und lieblichen Lebens gewürdigt, welches die Ausführung der *Tora* begleitet.

Bevor der Mensch aber eine solche Reinigung erreicht, vollzieht er natürlich eine Wahl, um sich für den guten Weg mithilfe diverser Mittel und Tricks zu stärken. Und er tut alles, was in seiner Kraft ist, bis er endlich die Arbeit in der Reinigung abschließt: Und er wird nicht unter der Schwere seiner Last auf halbem Wege zusammenbrechen.

5. Im Lichte des oben Gesagten sollst du die Worte der Weisen aus dem Traktat *Awot* verstehen: „So ist der Weg der *Tora*: Iss nur ein Stück Brot mit Salz, trinke einen Fingerhut Wasser, schlafe auf der Erde, lebe ein erbärmliches Leben und unternimm Anstrengungen in der *Tora*. Wenn du das tun wirst, bist du glücklich und es geht dir gut. Glücklich bist du in dieser Welt und gut geht es dir in der zukünftigen."

Man sollte sich bezüglich dieser Worte fragen: Wodurch unterscheidet sich die Wissenschaft der *Tora* von anderen Wissenschaften der Welt, die keine Askese und kein erbärmliches Leben fordern, sondern, dass es die Mühe allein sei, die zu solcher Erkenntnis vollkommen ausreiche? In der Wissenschaft der *Tora* bemühen wir uns zwar sehr, aber das reicht noch nicht zu deren Erkenntnis aus, wenn man nicht zu solchen Beschränkungen wie ein Stück Brot mit Salz, ein erbärmliches Leben usw. greift.

Und das Ende der Worte ist noch erstaunlicher: „Wenn du das tust, glücklich bist du in dieser Welt und gut geht es dir in der zukünftigen." Es ist möglich, dass es mir in der zukünftigen Welt gut gehen wird. Wenn ich mich aber in dieser Welt im Essen, Trinken, Schlafen einschränke und ein erbärmliches Leben lebe, wie können sie von solch einem Leben sagen: „Glücklich bist du in dieser Welt"? Wird etwa ein solches Leben im Verständnis dieser Welt als glücklich bezeichnet?

6. Nichtsdestotrotz ist die Rede, wie oben erklärt wurde, von der richtigen Arbeit in der *Tora* und der richtigen Ausführung der Gebote, welche unter strengsten Bedingungen darin liegt, dass sie mit dem Ziel getan werden, dem Schöpfer Genuss zu bereiten, und nicht zwecks des Selbstgenusses. Das kann man nicht anders erreichen als mittels einer großen Arbeit und zahlreicher Anstrengungen in der Reinigung des Körpers.

Und der erste Kniff besteht darin, sich selbst daran zu gewöhnen, nichts für den eigenen Genuss zu empfangen, sogar, wenn es erlaubte und für die Bedürfnisse des menschlichen Körpers notwendige Dinge sind, solche wie Essen, Trinken, Schlafen und andere notwendige Attribute. Dadurch wird sich der Mensch im Prozess der Versorgung seiner Existenz gänzlich von jedem Genuss entfernen, der ihn sogar aus der Notwendigkeit heraus begleitet, bis er letztlich beginnt, ein im wörtlichen Sinne erbärmliches Leben zu führen.

Und dann, auch nachdem er sich daran gewöhnt hat und es in seinem Körper keinerlei Wunsch gibt, irgendeinen Genuss für sich zu erhalten, darf er sich ab diesem Moment nach dem gleichen Prinzip mit der *Tora* beschäftigen und die Gebote ausführen, das heißt, um dem Schöpfer Genuss zu bereiten, und nicht, um etwas für sich selbst zu genießen.

Und sobald er das verdient, wird er eines glücklichen Lebens gewürdigt, voll des Guten und der Genüsse, ohne irgendeine Bitternis – eines Lebens, welches sich in der Beschäftigung mit der *Tora* und den Geboten im Sinne von *liShma* offenbart. Wie Rabbi Meir sagt (Sprüche der Väter, 86): „Jeder, der sich mit der *Tora* im Sinne von *liShma* beschäftigt, wird mit vielem ausgezeichnet. Mehr als das erlangt die ganze Welt einen Sinn für ihn, und es öffnen sich ihm die Geheimnisse der *Tora*, und er wird wie eine sich verstärkende Quelle."

Weiterhin heißt es: „Kostet und sehet, dass der Schöpfer gut ist", weil gerade derjenige, der Geschmack an der Arbeit in der *Tora* und in den Geboten im Sinne von *liShma* findet, dessen gewürdigt wird, selbst den Schöpfungsplan zu erblicken, der darin besteht, die Geschöpfe mit Genuss zu füllen, weil es einem Guten eigen ist, Gutes zu tun. Und der Mensch ist froh und genießt die Jahre seines Lebens, die ihm vom Schöpfer geschenkt wurden, und die ganze Welt vergilt es ihm.

7. Nun wirst du beide Seiten einer Medaille in der Beschäftigung mit der *Tora* und den Geboten verstehen. Eine Seite ist der Weg der *Tora*, das heißt, eine große vorbereitende Arbeit, während der der Mensch seinen Körper vorbereiten muss, indem er ihn reinigt, bevor er der eigentlichen Ausführung der *Tora* und *Mizwot* gewürdigt wird. Dann beschäftigt er sich zweifellos mit der *Tora* und den Geboten nicht im Sinne von *liShma*, sondern mit Beimengungen des Selbstgenusses, denn er hat es noch nicht geschafft, seinen Körper vom Wunsch zu reinigen, die vergänglichen Werte dieser Welt zu genießen. Und in dieser Zeit ist es ihm auferlegt, ein erbärmliches Leben zu leben und sich in der *Tora* zu mühen, wie es in der *Mishna* heißt.

Sobald der Mensch aber den Weg der *Tora* beendet und abgeschlossen hat, seinen Körper gereinigt hat und sich für die Ausführung der *Tora* und der Gebote im Sinne von *liShma* eignet, um dem Schöpfer Genuss zu schenken, geht er zur zweiten Seite der Medaille über – zu einem Leben in Freude und in großer Ruhe. Einem solchen Leben ist eben auch der Schöpfungsplan gewidmet – „den Geschöpfen Genuss zu schenken". Mit anderen Worten ist die Rede von einem glücklichsten Leben in dieser Welt und in der zukünftigen.

8. Dadurch tritt eindeutig der große Unterschied zwischen der Wissenschaft der *Tora* und anderen Wissenschaften der Welt zutage: Die Erkenntnis übriger Wissenschaften der Welt verbessert keineswegs das Leben in dieser Welt, weil sie dem Menschen noch nicht einmal eine allgemeine Befriedigung im Wechsel gegen die Leiden und Qualen geben, die er im Verlauf seines Lebens erduldet. Wenn der Mensch daher die übrigen Wissenschaften studiert, ist er nicht verpflichtet, seinen

Körper zu korrigieren, und es reicht ihm die Mühe aus, die er dabei investiert, wie auch bei jeglichen Erwerbungen dieser Welt, die mit den in sie investierten Anstrengungen und Mühen erkauft werden.

Im Unterschied dazu besteht die ganze Beschäftigung mit der *Tora* und den *Mizwot* darin, dass er des Erhalts all jener Güte würdig wird, die sich im Schöpfungsplan, „den Geschöpfen Genuss zu schenken", birgt. Und daher muss der Mensch natürlich seinen Körper reinigen, um geeignet und dieser Güte des Schöpfers würdig zu werden.

9. Das Gesagte tritt in der *Mishna* deutlich zutage: „Wenn du das tust, glücklich bist du in dieser Welt." Die Weisen waren absichtlich exakt hier, um darauf hinzuweisen, dass ein glückliches Leben in dieser Welt nur für denjenigen bereitet ist, der den Weg der *Tora* abgeschlossen hat. Somit haben die hier erwähnten Einschränkungen im Essen, Trinken, Schlafen sowie ein entbehrungsvolles Leben nur Platz, während der Mensch den Weg der *Tora* geht. Und das meinten die Weisen, wenn sie sagten: „So ist der Weg der *Tora*."

Wenn der Mensch aber diesen Weg im Sinne von *lo liShma* in einem Leben voller Entbehrungen abschloss, so sagt darüber der abschließende Teil der Äußerungen zur *Mishna*: „Glücklich bist du in dieser Welt" – da du des Glückes und der Güte gewürdigt wirst, die sich im Schöpfungsplan bergen, und die ganze Welt wird dir nur Nutzen bringen, das heißt sogar diese Welt und um so mehr die zukünftige.

10. Im Buch *Sohar* (*Bereshit*, 31, S. 2) heißt es: „Und der Schöpfer sagte: ‚Es werde Licht – und es wurde Licht' (*Tora*, *Bereshit* 1:3). Es wurde Licht für diese Welt, und es wurde Licht für die zukünftige Welt." Der Sinn dessen besteht darin, dass [die Erschaffenen] in der ursprünglichen Handlung in ihrer Gestalt und in ihrer ganzen Größe, das heißt in ihrer ganzen Vollkommenheit und Pracht, erschaffen wurden. Daher entstand das Licht, welches am ersten Schöpfungstag erschaffen wurde, in seiner ganzen Perfektion, einschließlich auch des Lebens in dieser Welt in äußerster Feinheit und Güte – wie es durch die Worte ausgedrückt wurde: „und es wurde Licht."

Um eine Möglichkeit zur Wahl und Arbeit vorzubereiten, machte der Schöpfer halt und verhüllte es für die Gerechten für die Zukunft. Und daher sagten sie mit ihrer klaren Stimme: „Und es wurde Licht für diese Welt." Er blieb aber nicht dabei stehen, und „es wurde Licht für die zukünftige Welt." Das heißt, diejenigen, die sich mit der *Tora* und den Geboten im Sinne von *liShma* beschäftigen, werden erst in der Zukunft dieses Lichts gewürdigt. Das bedeutet: in der Zukunft, nach Abschluss der Reinigung des Körpers mittels der *Tora*, wenn sie jenes riesigen Lichts auch in dieser Welt würdig werden, wie es von den Weisen gesagt wurde: „Deine Welt wirst du zu deinen Lebzeiten sehen."

11. Aus den Worten der Weisen des Talmuds sehen wir aber, dass sie uns den Weg der *Tora* mehr erleichterten als die Weisen der *Mishna*, weil sie sagten: „Es soll sich der Mensch immer mit der *Tora* und den Geboten sogar im Sinne von *lo liShma* beschäftigen, und von *lo liShma* wird er zu *liShma* gelangen, weil das Licht, welches in der *Tora* eingeschlossen ist, ihn zu der Quelle zurückführt."

Dadurch stellten sie uns ein neues Mittel statt der in der *Mishna* beschriebenen Askese zur Verfügung – „das Licht, welches in der *Tora* eingeschlossen ist", in welchem eine Kraft vorhanden ist, die ausreicht, um den Menschen zur Quelle zurückzuführen und ihn zu Studien der *Tora* und der Gebote im Sinne von *liShma* zu führen. Denn sie erwähnten hier keine Askese, sondern wiesen darauf hin, dass die Beschäftigung nur mit der *Tora* und den Geboten einem Menschen ausreichend Licht gibt, welches ihn zur Quelle zurückführt, damit er sich mit der *Tora* und den Geboten nur zu dem Zweck beschäftigen kann, dem Schöpfer Genuss zu bereiten, und nicht zum Selbstgenuss, was eben „*liShma*" heißt.

12. Auf den ersten Blick kann man zwar an ihren Worten zweifeln: Haben wir nicht etwa einige Studenten gefunden, denen das Studium der *Tora* nicht so weit genutzt hat, mittels des Lichts, welches sich in ihr birgt, zu *liShma* zu gelangen? Die Beschäftigung mit der *Tora* und den Geboten im Sinne von *lo liShma* bedeutet aber, dass der Mensch an den Schöpfer glaubt, an die *Tora*, an Belohnung und Strafe und sich mit der *Tora* beschäftigt, weil der Schöpfer es befohlen hat, sich mit ihr zu beschäftigen, verbindet aber den Selbstgenuss damit, dem Schöpfer Genuss zu bereiten.

Und wenn nach all der Arbeit in der *Tora* und in den Geboten es dem Menschen klar wird, dass er mittels dieser Beschäftigung und großer Bemühung keinen Genuss und Eigennutz bekommen hat, bedauert er alle von ihm unternommenen Anstrengungen, da er sich von Beginn an ausgehend von der Vermutung peinigte, dass er Genuss an seinen Bemühungen solcher Art haben wird, was eben als *lo liShma* bezeichnet wird.

Nichtsdestotrotz erlaubten es die Weisen, die Beschäftigung mit der *Tora* und den Geboten auch im Sinne von *lo liShma* zu beginnen, weil man von *lo liShma* zu *liShma* gelangt. Wenn aber solch ein Mensch noch nicht des Glaubens an den Schöpfer und an seine *Tora* gewürdigt wurde, sondern in Zweifeln verweilt, so meinen die Weisen nicht ihn mit ihren Worten: „Von *lo liShma* gelangt man zu *liShma*." Und auch steht nicht über ihn geschrieben: „Die Beschäftigung mit der *Tora* führt dazu, dass das Licht, welches sich in ihr birgt, zur Quelle zurückführt." Denn das Licht, welches in der *Tora* eingeschlossen ist, leuchtet nur demjenigen, der über den Glauben verfügt. Mehr als das entspricht die Größe dieses Lichts der Stärke seines Glaubens. Und im Gegenteil bekommen diejenigen, die des Glaubens beraubt sind, von der *Tora* Finsternis, und es wird dunkel in ihren Augen.

13. In Verbindung damit gaben die Weisen bereits ein schönes Gleichnis auf die Worte: „Wehe denen, die den Tag des Schöpfers begehren! Wozu wollt ihr ihn, den Tag des Schöpfers? Da ist Dunkel und nicht Licht!" (Amos, 5:18) Das Gleichnis berichtet von dem Hahn und der Fledermaus, die auf das Licht warten. Es sagte der Hahn zur Fledermaus: „Ich warte auf das Licht, weil das Licht meins ist. Und du, wozu brauchst du das Licht?" (*Sanhedrin*, 98, S. 2). Daraus wird ersichtlich, warum jene Studierenden nicht dessen würdig wurden, von *lo liShma* zu *liShma* zu gelangen. Sie hatten keinen Glauben und erhielten daher keinerlei Licht von der *Tora*, und das bedeutet, dass sie im Dunkeln wandern werden und sterben werden, ohne die Weisheit zu erreichen.

Denjenigen aber, die des vollen Glaubens gewürdigt wurden, wurde von den Weisen versprochen, dass bei der Beschäftigung mit der *Tora* – sogar im Sinne von *lo liShma* – das Licht, welches sich in ihr birgt, sie zur Quelle zurückführt. Und sogar ohne vorherige Leiden und asketisches Leben werden sie der *Tora* im Sinne von *liShma* gewürdigt werden, die zu einem Leben voller Glück und Wohl führt, in dieser Welt wie in der zukünftigen. Und von ihnen heißt es: „Dann wirst du deine Lust am Herrn haben, und ich will dich über die Höhen auf Erden gehen lassen." (Jesaja, 58:14)

14. Ähnlich dem oben Gesagten erklärte ich einst den metaphorischen Ausspruch der Weisen: „Derjenige, für den die *Tora* sein Handwerk ist." In der Beschäftigung mit der *Tora* wird die Größe des Glaubens eines Menschen erkannt, da die Worte „Sein Handwerk" („*Umanuto*", אמונתו) aus den gleichen Buchstaben bestehen wie die Worte „Sein Glaube" („*Emunato*", אמונתו). Das gleicht einem Menschen, der seinem Freund, dem er vertraut, Geld leiht. Vielleicht vertraut er ihm nur einen Groschen an, und wenn der ihn um zwei Groschen bitten wird, dann wird er ihm nichts leihen wollen. Und vielleicht wird er ihm hundert Groschen anvertrauen, aber nicht mehr. Vielleicht wird er ihm aber so weit glauben, dass er ihm die Hälfte seines Vermögens leihen wird, nicht aber das ganze Vermögen. Es ist aber auch möglich, dass er ihm ohne einen Schatten der Furcht das ganze Vermögen anvertraut. Diese letzte Variante gilt als der volle Glaube, während alle vorherigen Fälle nicht als der volle Glaube gelten, sondern als ein partieller, in größerem oder geringerem Maße.

Genauso widmet ein Mensch, entsprechend der Größe seines Glaubens an den Schöpfer, seinen Beschäftigungen mit der *Tora* und der Arbeit nur eine Stunde am Tag. Ein anderer teilt sich entsprechend dem Maß seines Glaubens an den Schöpfer zwei Stunden zu. Und der dritte lässt keinen einzigen Augenblick unberücksichtigt, um sich mit der *Tora* und der Arbeit zu beschäftigen. Und es heißt, dass nur der Glaube des Letzteren vollkommen ist, weil er dem Schöpfer im Umfang seines ganzen Zustands glaubt. Im Unterschied dazu ist der Glaube der Vorausgehenden noch kein voller.

15. Der Mensch sollte also nicht darauf warten, dass ihn die Beschäftigung mit der *Tora* und den Geboten zu *liShma* führen wird, solange er nicht in der Seele erkannt hat, dass er des angemessenen Glaubens an den Schöpfer und an Seine *Tora* gewürdigt wurde, denn dann wird ihn das Licht, welches sich in der *Tora* verbirgt, zur Quelle zurückführen, und der Mensch wird des Tages des Schöpfers würdig werden, welcher vollkommen ist. Denn der Glaube reinigt die Augen eines Menschen, damit er das

Licht des Schöpfers genießen möge, bis das Licht, welches sich in der *Tora* verbirgt, ihn schließlich zur Quelle zurückführt.

Die Menschen, welche keinen Glauben haben, gleichen Fledermäusen, die nicht das Tageslicht erblicken können, weil dieses sich für sie in eine noch schrecklichere Finsternis als das Dunkel der Nacht verwandelt, denn sie ernähren sich nur im Dunkeln der Nacht. So werden auch die Augen derjenigen, die keinen Glauben haben, durch das Licht des Schöpfers geblendet. Und daher verwandelt sich für sie das Licht in Finsternis, und das Lebenselixier wird für sie zum tödlichen Gift. Und von ihnen heißt es: „Wehe denjenigen, die den Tag des Schöpfers begehren! Wozu braucht ihr ihn, den Tag des Schöpfers? Da ist Finsternis und nicht Licht." Daher muss man zuerst unbedingt einen vollen Glauben erreichen.

16. Daraus klärt sich das Problem aus *Tossafot* (Taanit, 7): „Für jeden, der sich mit der *Tora* im Sinne von *liShma* beschäftigt, wird sie zu einem Lebenselixier. Und für jeden, der sich mit der *Tora* im Sinne von *lo liShma* beschäftigt, wird sie zu einem tödlichen Gift." Es fragten die Weisen: „Steht etwa nicht geschrieben, dass ‚der Mensch sich immer mit der *Tora* beschäftigen soll, auch im Sinne von *lo liShma*, denn von *lo liShma* gelangt man zu *liShma*'?"

Entsprechend dem oben Dargelegten kann man eine einfache Einteilung vornehmen:

In denjenigen, der sich mit der *Tora* wegen des Gebots, die *Tora* zu studieren, beschäftigt. Er glaubt an Belohnung und Bestrafung, vereint dennoch Selbstgenuss und den Eigennutz mit der Absicht, dem Schöpfer Genuss zu bereiten. Und daher führt ihn das Licht, welches sich in der *Tora* verbirgt, zur Quelle zurück, und er gelangt zu *liShma*.

Und in denjenigen, der sich mit der *Tora* nicht wegen des Gebots des Studiums der *Tora* beschäftigt. Weil er nicht genug an Belohnung und Bestrafung glaubt, um für das Studium so viele Anstrengungen zu unternehmen, sondern er bemüht sich nur zum eigenen Genuss. Daher wird die *Tora* für ihn zu einem tödlichen Gift, weil das Licht, welches sich in ihr birgt, sich für ihn in Finsternis verwandelt.

17. Daher verpflichtet sich jeder Studierende vor dem Studium dazu, sich im Glauben an den Schöpfer und an Seine Lenkung durch Belohnung und Strafe zu festigen. Wie es die Weisen sagten: „Treu ist Derjenige, für den du dich abmühst, um dir eine Belohnung für deine Mühen zu geben." (Aussprüche der Väter, 6:5). Und er sollte seine Anstrengungen darauf ausrichten, dass sie für die Gebote der *Tora* sein würden. Auf diese Weise wird er würdig werden, das Licht zu genießen, welches sich in der *Tora* verbirgt, und sein Glaube wird sich ebenfalls festigen und durch wunderbare Wirkung dieses Lichts anwachsen. Wie es geschrieben steht: „Das wird deinem Leibe heilsam sein und deine Gebeine erquicken." (Sprüche, 3:8).

Dann wird zweifellos sein Herz bereit sein, weil aus *lo liShma liShma* kommen wird. Somit hat sogar derjenige, der selbst weiß, dass er noch nicht des Glaubens gewürdigt wurde, eine Hoffnung, das mithilfe der Beschäftigung mit der *Tora* zu erreichen. Denn wenn er sein Herz und seinen Verstand dahin ausrichtet, mittels der *Tora* des Glaubens an den Schöpfer gewürdigt zu werden, dann gibt es schon kein größeres Gebot als dieses. Wie die Weisen sagten: „Es kam Habakuk und führte alles zu einem zusammen: Der Gerechte wird in seinem Glauben leben." (Makot, 24).

Darüber hinaus gibt es für ihn keinen anderen Rat außer diesem. Wie es heißt (im Traktat Bava-Batra, 16, S. 1): „Rabba sagte: ‚Hiob hat gebetet, die ganze Welt von der Einschränkung zu befreien. Er sagte vor Ihm: ‚Herr der Welt, du hast die Gerechten erschaffen, Du hast die Sünder erschaffen, wer wird Dich verhindern?'" Und Rashi erklärt: „Du hast die Gerechten mittels des Guten Triebs und die Sünder mittels des Bösen Triebs erschaffen. Und daher wird sich keiner vor Deiner Hand retten, denn wer wird Dich hindern? Die Sünder sind hörig." Und was antworteten die Freunde Hiobs? „Dadurch vernichtest du Ehrfurcht und lässt es fehlen an Andacht vor dem Schöpfer. Der Schöpfer erschuf den Bösen Trieb und erschuf die *Tora* als Gewürz zu dessen Korrektur." (Hiob, 15:4).

Rashi erklärt: „Er erschuf die *Tora* – ein Gewürz, welches ‚verbrecherische Überlegungen' wegfegt." Es steht im Traktat *Kidushin*, 30, geschrieben: „Wenn dieser Sünder dir geschadet hat, so ziehe ihn in den *Beit Midrash* (ins Lehrhaus). Ist er ein Stein, wird er erweichen. Daher sind sie keine Genötigten, denn sie können sich erretten."

18. Es ist jedoch klar: Sie können sich nicht vom Gericht befreien, indem sie sagen, sie hätten dieses Gewürz angenommen, wenn sie immer noch verbrecherische Überlegungen haben, das heißt immer noch schwanken, und der Böse Trieb sich noch nicht abgeschwächt hat. Denn es ist klar, dass der Schöpfer, der den Bösen Trieb schuf und ihm Kraft gab, auch wusste, wie richtige Arzneimittel und Gewürze zu kreieren sind, um die Kräfte dieses Bösen Triebs aufzuzehren und ihn gänzlich zu vernichten.

Wenn sich aber jemand mit der *Tora* beschäftigte und den Bösen Trieb nicht von sich entfernen konnte, dann ist es, weil er aus Fahrlässigkeit nicht die nötigen Anstrengungen und Mühen unternahm, wie es geschrieben steht: „Bemühte sich nicht und fand – sollst du nicht glauben." Oder möglicherweise häuften sie eine erforderliche „Quantität" Anstrengungen an, waren aber bei der „Qualität" fahrlässig, das heißt, während des Studiums der *Tora* richteten sie ihren Verstand und ihr Herz nicht darauf aus, das in der *Tora* enthaltene Licht anzuziehen, welches den Glauben ins Herz des Menschen trägt, sondern sie studierten abgelenkt von der Hauptforderung, welche an die *Tora* gestellt werden soll – das Licht, welches zum Glauben führt. Und sie waren zwar ursprünglich auf den Schöpfer ausgerichtet, wichen aber von Ihm während des Studiums ab.

So oder anders sollte man sich aber nicht vom Gericht unter dem Vorwand des Zwangs befreien, weil die Weisen uns durch den folgenden Spruch zum Gegenteil verpflichten: „Ich erschuf den Bösen Trieb, und ich erschuf die *Tora* als Gewürz zu dessen Korrektur." Und wenn es hier irgendeine Ausnahme gäbe, bliebe die Frage Hiobs in Kraft.

19. Mithilfe des bisher Erläuterten habe ich eine riesige Mängelrüge bezüglich der Worte von Rav Chaim Vital im Vorwort zum Buch „*Tor der Vorworte*" von *ARI* und im Vorwort zum Buch „*Baum des Lebens*" beseitigt: „Es sollte aber der Mensch nicht sagen: ‚Ich werde gehen und mich mit der Wissenschaft der Kabbala beschäftigen', bevor er sich mit der *Tora*, der *Mishna* und dem *Talmud* beschäftigt hat. Denn es sagten bereits unsere Weisen: ‚Es soll kein Mensch den Garten betreten (*PaRDeS*), bevor er nicht seinen Leib mit Fleisch und Wein gefüllt hat.'"

Denn das würde einer Seele ohne Körper gleichen, für die es keine Belohnung, Tat und Berechnung gibt, bevor sie sich nicht mit einem Körper verbunden hat, einem ganzheitlichen und durch die 613 Gebote der *Tora* korrigierten.

Und umgekehrt: Wenn er sich mit dem Studium der *Mishna* und des *Babylonischen Talmuds* befasst und keine Zeit dem Studium der Geheimnisse der *Tora* und ihres verborgenen Teils widmet, dann gleicht das einem Körper, der im Dunkeln ohne eine menschliche Seele sitzt – der Kerze des Schöpfers, die in ihm leuchtet. Und dann trocknet der Körper aus, ohne von der Quelle des Lebens zu trinken.

Daher sollte der weise Schüler, der sich mit der *Tora* im Sinne von *liShma* beschäftigt, sich zunächst mit dem Studium der *Tora*, *Mishna* und des *Talmuds* befassen, so weit wie sein Verstand es aushalten kann, und dann soll er sich der Erkenntnis seines Schöpfers mittels des Studiums der Kabbala widmen. Wie König David dies seinem Sohn Salomon auferlegte: „Erkenne den Schöpfer, deinen Vater, und diene Ihm!" (Schriften, Divrej haJamim, 28:9). Wenn es diesem Menschen aber schwer und hart beim Studium des *Talmuds* ergehen wird, ist es für ihn besser, den *Talmud* beiseite zu legen, nachdem er in ihm sein Glück versucht hat, und sich mit der Kabbala zu beschäftigen.

Darüber steht geschrieben: „Folglich wird ein Schüler, der in fünf Jahren kein gutes Zeichen in seinem Studium gesehen hat, es auch weiterhin nicht mehr sehen (Traktat Chulin, S. 24). Aber jeder, dem das Studium leicht fällt, ist verpflichtet, dem Studium der *Halacha* ein oder zwei Stunden am Tag zu widmen und sich in der Lösung komplizierter Fragen zu bemühen, die beim einfachen Verständnis der *Halacha* entstehen."

20. Auf den ersten Blick sind diese seine Worte sehr merkwürdig, weil er sagt, dass man, bevor man im Studium des offenen Teils Erfolg hatte, beginnen sollte, sich mit der Kabbala zu beschäftigen, was seinen Worten widerspricht, dass die Wissenschaft der Kabbala ohne den offenen Teil der *Tora* wie eine Seele ohne Körper ist, für die es keine Tat, Berechnung und Belohnung gibt. Und das von ihm angeführte Argument von einem Schüler, der kein gutes Zeichen sah, ist noch merkwürdiger.

Denn deswegen das Studium der *Tora* beiseite zu legen, empfahlen die Weisen nur mit dem Ziel, ihn zu warnen, damit er seinen Weg noch einmal überprüft und versucht, bei einem anderen Rav oder nach einem anderen Traktat zu lernen, aber natürlich keineswegs von der *Tora* abzulassen, selbst von deren offenem Teil nicht.

21. Es ist auch schwer, sowohl die Worte von Chaim Vital zu verstehen als auch die der *Gemara*, aus welchen folgt, dass der Mensch einer gewissen Vorbereitung und einer besonderen Auszeichnung bedarf, um der Weisheit der *Tora* gewürdigt zu werden. Haben nicht etwa die Weisen geschrieben (*Midrash Rabba, WeSot haBracha*): „Es sagte der Schöpfer dem Volk *Israel*: ‚Euer Leben, eure Weisheit und die ganze *Tora* sind einfache Dinge. Jeder, der Mich fürchtet und die Anweisungen der *Tora* ausführt – die ganze *Tora* und die ganze Weisheit sind in seinem Herzen.'" Folglich braucht man keine vorherige Auszeichnung, sondern nur durch die wunderbare Kraft der Ehrfurcht vor dem Schöpfer und die Ausführung der Gebote wird man der ganzen Weisheit der *Tora* gewürdigt.

22. Tatsächlich, wenn wir seinen Worten Aufmerksamkeit schenken, werden sie für uns klar wie der helllichte Tag. Denn das Gesagte: „Es ist besser für den Menschen, den *Talmud* beiseite zu lassen, nachdem er sein Glück im offenen Teil der *Tora* versucht hat", bedeutet nicht das Glück in der Schärfe des Verstandes und im Wissen, sondern das, was wir bereits oben klärten, indem wir den Ausdruck erläuterten: „Ich erschuf den Bösen Trieb, und ich erschuf die *Tora* als Gewürz zu dessen Korrektur." Das heißt, der Mensch arbeitete und bemühte sich in der offenen *Tora*, aber der Böse Trieb bleibt noch immer in Kraft und hat sich keineswegs abgeschwächt, weil er sich noch immer nicht von verbrecherischen Überlegungen befreit hat, wie Rashi oben zur Erklärung der Worte sagte: „Ich erschuf die *Tora* als Gewürz zu dessen Korrektur."

Daher empfiehlt Chaim Vital dem Menschen, den *Talmud* beiseite zu lassen und sich mit der Kabbala zu beschäftigen, weil es einfacher ist, das Licht, welches sich in der *Tora* verbirgt, durch Studien und Bemühungen in der Kabbala als durch Bemühungen in der offenen *Tora* anzuziehen. Und der Grund dafür ist durchaus einfach: Die Weisheit der offenen *Tora* ist in äußere, materielle Hüllen gekleidet, solche wie die Gesetze von „Diebstahl", „Raub", „Schaden" usw.; und jedem Menschen fällt es daher schwer, und es ist hart für ihn, während der Studien seinen Verstand und das Herz auf den Schöpfer einzustellen, um das Licht anzuziehen, welches in der *Tora* eingeschlossen ist.

Wenn dem Menschen das Studium des *Talmuds* auch noch hart und schwer fällt, wie kann er dann während des Studiums den Gedanken an den Schöpfer im Kopf behalten? Denn da die Rede von materiellen Dingen ist, können sie sich bei ihm nicht zur gleichen Zeit mit der auf den Schöpfer gerichteten Intention verbinden.

Daher empfiehlt es Chaim Vital, sich mit der Wissenschaft der Kabbala zu beschäftigen, denn ihre Weisheit ist gänzlich in Namen des Schöpfers gekleidet. Dann wird der Mensch natürlich mühelos während des Studiums seinen Verstand und sein Herz auf den Schöpfer einstimmen können, auch wenn er maximal unempfänglich für das Studium ist. Denn das Studium dieser Wissenschaft und das Studium des Schöpfers ist in seinem Wesen das Gleiche. Und das ist sehr einfach.

23. Aus diesem Grunde führt Chaim Vital eine schöne Bestätigung aus der *Gemara* an: „Folglich wird ein Schüler, der in fünf Jahren kein gutes Zeichen im Studium sah, es auch weiterhin nicht mehr sehen." Und warum sah der Mensch kein gutes Zeichen in seinem Studium? Natürlich nur wegen eines Mangels an Glauben im Herzen – und nicht wegen mangelnder Fähigkeit zum Studium, da die Weisheit der *Tora* keine besonderen Talente erfordert. Wie es oben heißt: „Es sagte der Schöpfer dem Volk *Israel*: ‚Euer Leben, eure Weisheit und die ganze *Tora* sind einfache Dinge. Jeder, der Mich fürchtet und die Anweisungen der *Tora* ausführt – die ganze *Tora* und die ganze Weisheit sind in seinem Herzen.'"

Es ist aber natürlich Zeit nötig, um sich an das Licht zu gewöhnen, welches sich in der *Tora* und den Geboten verbirgt, und ich weiß nicht wie viel. Der Mensch kann alle 70 Jahre seines Lebens darauf warten, und daher warnt uns die *Barajta* (Traktat Chulin, 24), dass man nicht länger als fünf Jahre warten sollte. Und Rabbi Yossi sagt, auch drei Jahre sind vollkommen ausreichend, um der Weisheit der *Tora* gewürdigt zu werden. Wenn jedoch der Mensch kein gutes Zeichen in dieser Zeit sieht, dann sollte er sich nicht mit vergeblichen Hoffnungen und lügnerischen Ausreden täuschen, sondern er soll wissen, dass er niemals mehr ein gutes Zeichen sehen wird.

Daher wird er sofort eine Notwendigkeit verspüren, für sich ein gutes Mittel zu finden, mit dessen Hilfe er die Möglichkeit haben wird, zu *liShma* zu gelangen und der Weisheit der *Tora* gewürdigt zu werden. Die *Barajta* präzisiert aber nicht, was das für ein Mittel ist, sondern warnt lediglich, dass der Mensch nicht im gleichen Zustand verweilen dürfe, um noch etwas zu erwarten. Und davon spricht Rav: Das erfolgreichste und sicherste Mittel für den Menschen ist das Studium der Wissenschaft der Kabbala. Er darf gänzlich vom Studium der offenen *Tora* ablassen – denn er versuchte bereits in ihr sein Glück und hatte keinen Erfolg. Er soll seine ganze Zeit der Wissenschaft der Kabbala widmen – dem sicheren Mittel zur Erreichung des Erfolgs.

24. Das ist sehr einfach: Hier wird kein Wort vom Studium der offenen *Tora* zwecks des Erhalts von Wissen gesprochen, welches zur praktischen Ausführung notwendig ist. Denn „ein Ignorant ist nicht fromm, und ein Fehler im Studium wird mit Böswilligkeit gleichgesetzt, und ein Sünder wird viel Gutes vernichten". Daher muss der Mensch unbedingt das Material wiederholen, in einem genügenden Maße, um keinen Misserfolg in der Handlung zu erleiden.

Hier ist aber nur von der Weisheit der offenen *Tora* bei der Betrachtung komplizierter Fragen die Rede, die bei der einfachen Deutung der *Halacha* entstehen, wie Rabbi Chaim Vital selbst sagt; das heißt von demjenigen Teil im Studium der *Tora*, der nicht bei der praktischen Ausführung erforderlich ist. Hier kann man das Studium vereinfachen, indem man das Material aus Kürzungen und nicht aus Erstquellen studiert. Aber auch dabei ist ein ernsthaftes Studium notwendig, weil einer, der das Gesetz aus der Erstquelle kennt, sich von einem, der es aus der Kurzbeschreibung kennt, unterscheidet. Und um darin nicht zu irren, sagt Rav Chaim Vital ganz zu Beginn, dass sich die Seele nur dann mit dem Körper verbindet, wenn dieser ganzheitlich und durch die 613 Anweisungen der *Tora* korrigiert ist.

25. Nun wirst du sehen, dass alle schweren Fragen, die wir zu Beginn dieses Vorworts angeführt haben, Eitelkeiten sind. Sie sind nichts anderes als Fallen, die der Böse Trieb stellt, wenn er naive Seelen jagt, um sie aus der Welt zu vertreiben, ohne dass sie gedürstet hätten.

Sehen wir uns die erste Frage an: Die Menschen halten sich für fähig, ohne die Kenntnis der Wissenschaft der Kabbala die ganze *Tora* auszuführen. Ich aber sage ihnen: Gut, wenn ihr die *Tora* richtig studieren und die Gebote richtig ausführen könnt, und das im Sinne von *liShma*, das heißt, um dem Schöpfer allein Genuss zu bereiten, dann braucht ihr tatsächlich nicht das Studium der Kabbala, weil dann von euch geschrieben steht: „Die Seele des Menschen wird ihn selbst lehren." Denn dann offenbaren sich euch, wie Rabbi Meir im Traktat *Awot* sagte, alle Geheimnisse der *Tora* gleich einer sich verstärkenden Quelle und ihr müsst nicht zur Hilfe der Bücher greifen.

Wenn ihr jedoch bisweilen auf der Etappe der Studien im Zustand *lo liShma* verweilt, aber Hoffnungen habt, dadurch *liShma* gewürdigt zu werden, dann muss ich euch fragen: Wie viele Jahre beschäftigt ihr euch damit? Wenn ihr noch nicht fünf Jahre nach *Tana* Kama oder drei Jahre nach Rabbi Yossi abgeschlossen habt, dann sollt ihr noch warten und hoffen.

Wenn aber euer Studium der *Tora* in *lo liShma* mehr als drei Jahre nach Rabbi Yossi oder mehr als fünf Jahre nach *Tana* Kama einnahm, dann warnt euch die *Brajta*, dass ihr auf eurem beschrittenen Weg kein gutes Zeichen mehr sehen werdet. Und wozu wollt ihr eure Seelen mit vergeblichen Hoffnungen täuschen – zu einer Zeit, da ihr ein solch nahes und sicheres Mittel wie das Studium der Wissenschaft der Kabbala habt, was bereits oben von mir begründet wurde, weil das Studium dieser Frage das Gleiche wie das Studium des Schöpfers selbst ist?

26. Berühren wir nun die zweite Frage: Es steht geschrieben, dass man sich zunächst „den *Talmud* und die Gesetze" in voller Höhe aneignen sollte. Dem ist natürlich so – nach der allgemeinen Behauptung. Aber natürlich wurde das nur für den Fall gesagt, dass ihr bereits des Studiums *liShma* gewürdigt wurdet oder sogar *lo liShma*, wenn ihr noch nicht jeweils drei oder fünf Jahre abgeschlossen habt. Andererseits, wie uns die *Barajta* selbst warnt, werdet ihr nimmermehr ein gutes Zeichen sehen. Daher seid ihr verpflichtet, euer Glück im Studium der Kabbala zu versuchen.

27. Es ist auch notwendig zu wissen, dass es in der Wissenschaft der Kabbala zwei Teile gibt:

Der erste Teil heißt „Geheimnisse der *Tora*"; es ist verboten, diese anders als aus dem Munde eines Weisen – Kabbalisten – an einen, der sie mit dem Verstand versteht, zu offenbaren. Sowohl *Maase Merkawa* als auch *Maase Bereshit* gehören ebenfalls zu diesem Teil. Die Weisen des Sohar nennen diesen Teil: „Die drei ersten Sefirot – Keter, Chochma, Bina". Und er wird auch als „Kopf des Parzuf" bezeichnet.

Der zweite Teil heißt „Geschmäcker" der Tora, die man offenbaren darf. Sogar mehr als das ist deren Offenbarung eine große Mizwa. Dieser Teil heißt im Sohar „Die sieben unteren Sefirot des Parzuf" und auch „Körper des Parzuf".

Denn in jedem der spirituellen Parzufim gibt es Zehn Sefirot, die wie folgt heißen: Keter, Chochma, Bina, Chessed, Gwura, Tiferet, Nezach, Hod, Jessod und Malchut. Die drei ersten Sefirot von ihnen heißen „Rosh (Kopf) des Parzuf" und die sieben unteren Sefirot heißen „Guf (Körper) des Parzuf". Sogar die Seele des niedersten Menschen beinhaltet diese oben genannten *Zehn Sefirot*. Und so in jeder Kategorie: wie in den Höheren so auch in den Niederen.

Die sieben niederen *Sefirot*, die der Körper des *Parzuf* sind, heißen „Geschmäcker" der *Tora*, und der Sinn dessen ist in den Worten eingeschlossen: „Der Gaumen wird das Essen kosten." Es geht darum, dass die Lichter, die sich unter den drei ersten *Sefirot* offenbaren, die der Kopf des *Parzuf* sind, als „Geschmäcker" bezeichnet werden, und *Malchut* des Kopfes (*Malchut deRosh*) heißt „Gaumen". Daher heißen diese Lichter *Taamim* (Geschmäcker) der *Tora*. Mit anderen Worten enthüllen sie sich im Gaumen von *Rosh*, der die Quelle aller Genüsse ist und *Malchut* von *Rosh* darstellt. Von dort und weiter nach unten gibt es kein Verbot bezüglich deren Offenbarung. Mehr als das: Die Belohnung desjenigen, der sie offenbart, ist grenzenlos und unermesslich groß.

Diese drei ersten und sieben unteren *Sefirot* – in ihrem allgemeinen Bau oder in jedem aller Einzelteile, in die man sie nur unterteilen kann – ordnen sich auf eine solche Weise an, dass sogar die drei ersten *Sefirot* von *Malchut* des Endes der Welt *Assija* zu den „Geheimnissen der *Tora*" gehören, was zu offenbaren verboten ist; dagegen gehören sogar die sieben unteren *Sefirot*, die sich in *Keter* des Kopfes der Welt *Azilut* befinden, zu den *Taamim* (Geschmäckern) der *Tora*, die man offenbaren darf. Diese Fragen werden in Büchern zur Kabbala beleuchtet.

28. Die Quelle dafür wirst du im Traktat *Pssachim* finden (S. 119). Es steht geschrieben (Jesaja, 23): „Aber ihr Gewinn und Lohn wird dem Herrn geweiht werden. Man wird ihn nicht wie Schätze sammeln und aufbewahren, sondern ihr Erwerb wird denen zufallen, die vor dem Herrn wohnen, dass sie essen und satt werden und wohl bekleidet seien." Was ist „wohl bekleidet"? Das bedeutet, dass das bekleidet, verdeckt ist, was *Atik Yomin* verdeckte. Und was ist das? Die Geheimnisse der *Tora*. Und einige behaupten, das bedeute, das zu enthüllen, was *Atik* verbarg. Was ist das? Die Geschmäcker der *Tora*.

Und Rashbam erklärte: „*Atik*" ist der Schöpfer, wie es geschrieben steht: „Es thront *Atik Yomin*." Geheimnisse der *Tora* – das sind *Maase Merkawa* und die Handlung der Schöpfung, *Maase Bereshit*. Der Sinn des „Namens des Schöpfers" steckt in den Worten: „Das ist mein Name für die Welt." „Verbergen" bedeutet: nicht an jeden übergeben, sondern nur an denjenigen, dessen Herz unruhig ist. „Zu enthüllen, was *Atik* verbarg", bedeutet, die Geheimnisse der *Tora* zu verbergen, die anfänglich verborgen waren, die *Atik Yomin* enthüllte und das Recht gab zu enthüllen. Und derjenige, der sie enthüllt, wird dessen gewürdigt, wovon in diesem Ausspruch die Rede ist.

29. Daraus wird der riesige Unterschied zwischen den Geheimnissen der *Tora* und den „Geschmäckern" der *Tora* ersichtlich. Derjenige, der die Geheimnisse der *Tora* erkennt, bekommt eine riesige Belohnung dafür, dass er sie verborgen hält und sie nicht enthüllt. Umgekehrt bekommt derjenige, der die „Geschmäcker" der *Tora* erkennt, eine riesige Belohnung dafür, dass er sie anderen offenbart. Beide Deutungen widersprechen sich nicht, weil jede den Sinn unterschiedlicher Teile des Ausspruchs erklärt. Die eine bezieht sich auf den letzten Teil des Ausspruchs „*Atik* verbergen" und besagt, dass für die Verhüllung der Geheimnisse der *Tora* eine große Belohnung gegeben wird. Und die zweite Deutung bezieht sich auf den Anfang des Ausspruches „sich satt essen", was die „Geschmäcker" der *Tora* bedeutet, wie es geschrieben steht: „Und der Gaumen wird das Essen kosten", weil die Lichter der „Geschmäcker" (*Taamim*) als Speisung bezeichnet werden. So wird der Sinn des Erhalts einer großen Belohnung erklärt, von dem im Ausspruch über die Enthüllung der „Geschmäcker" der *Tora* die Rede ist (zwischen diesen zwei Herangehensweisen gibt es keinen Widerspruch; es spricht einfach die eine von Geheimnissen der *Tora* und die andere von „Geschmäckern" der *Tora*). Sowohl die eine als auch die andere nehmen aber an, dass es notwendig ist, die Geheimnisse der *Tora* zu verbergen und die „Geschmäcker" der *Tora* zu enthüllen.

30. Hier hast du eine klare Antwort auf die vierte und die fünfte Frage, die zu Anfang dieses Vorworts angeführt wurden. In den Reden der Weisen und in heiligen Büchern wirst du Aussprüche darüber finden, dass man die *Tora* nur an diejenigen weitergibt, deren Herz unruhig ist. Die Rede ist von demjenigen Teil, der als die „Geheimnisse der *Tora*" bezeichnet wird und die ersten drei *Sefirot* und den *Rosh* [Kopf] darstellt. Man übergibt ihn nur an die Bescheidenen und unter bekannten Bedingungen; und in allen Büchern zur Kabbala, die verfasst und abgedruckt sind, wirst du sie noch nicht einmal erwähnt finden, weil dies das ist, was *Atik* verbarg, wie es in der *Gemara* geschrieben steht.

Mehr als das: Sage selbst, ob man an den Gerechten zweifeln kann, welche die größten Männer der Nation sind, die Auserwählten unter Auserwählten – solche wie die Verfasser der Bücher „*Yezira*" und „*Sohar*" und Rabbi Ishmael, der Verfasser des Buches „*Barajta*", und Rav Chaj Gaon und Rabbi Chamaj Gaon und der Rabbi aus Garmiza und andere *Rishonim* bis hin zu RAMBAN und Baal Turim und Baal Shulchan Aruch, bis zum Gaon aus Vilna und Gaon aus Liadi und anderen Gerechten (seligen Andenkens), von welchen für uns die ganze offene *Tora* ausgeht, aus dem Munde welcher wir leben und von den Taten erfahren, die dazu aufgerufen sind, Gnade in den Augen des Schöpfers zu finden. Denn sie alle schrieben und gaben Bücher über die Wissenschaft der Kabbala heraus, weil es keine größere Offenbarung als das Verfassen eines Buches gibt. Derjenige, der ein Buch schreibt, weiß nicht, welche Menschen es studieren werden. Vielleicht werden ausgemachte Sünder hineinschauen – und in diesem Fall gibt es keine größere Offenbarung der Geheimnisse der *Tora*.

Kann man sich aber etwa vorstellen, diese reinen Weisen würden sogar gegen eine Kleinigkeit von dem verstoßen, was *Mishna* und *Gemara* eindeutig zu offenbaren verbieten, wie es im Traktat „*Chagiga*" in „*Ejn Dorschin*" heißt?

Umgekehrt gilt unumstößlich, dass alle verfassten und abgedruckten Bücher in ihrem Wesen die „Geschmäcker" der *Tora* sind, die *Atik* ursprünglich verbarg und dann offenbarte, wie es heißt: „Der Gaumen wird das Essen schmecken." Und es ist nicht nur nicht verboten, diese Geheimnisse zu offenbaren, sondern ganz im Gegenteil ist es eine große *Mizwa*, sie zu offenbaren (wie es weiter oben im Traktat Pssachim, S. 119, gesagt wurde). Die Belohnung desjenigen, der sie zu offenbaren vermag und sie offenbart, ist sehr groß. Denn von der Offenbarung dieses Lichts an viele hängt die Ankunft des gerechten Erlösers ab, bald, in unseren Tagen, Amen.

31. Es existiert eine große Notwendigkeit zu erklären, warum die Ankunft des gerechten Erlösers von der Verbreitung der Kenntnisse der Kabbala in den Massen abhängig ist, was so gut aus dem *Sohar* und allen Büchern zur Kabbala bekannt ist. Die Massen selbst vernachlässigen das aber auf unerträgliche Weise.

Und die Klärung dieser Frage wird in *Tikunej Sohar* (30:5, Nativ Tinjana) angeführt. Eine kurze Übersetzung: „Zu einer Zeit, wenn die *Shechina* ins Exil hinabsteigt, weht dieser Geist über denjenigen, die sich mit der *Tora* beschäftigen, weil die *Shechina* unter ihnen weilt. Alle gleichen dem Vieh, das Gras frisst. Jeden Gefallen führen sie für sich aus. Und sogar diejenigen, die *Tora* studieren, tun jeden Gefallen für sich. Zu dieser Zeit weicht der Geist und kehrt nicht in die Welt zurück. Und das ist der Geist des *Messias*.

Wehe jenen, wegen welcher der Geist des *Messias* aus der Welt weicht und nicht in die Welt zurückkehrt. Sie machen die *Tora* trocken und möchten keine Bemühungen in der Wissenschaft der Kabbala unternehmen. Diese Menschen führen dazu, dass die Quelle der Weisheit versiegt, das heißt so wie der Buchstabe *Yud* im

Namen *HaWaYaH*. Und es wird sich der Geist des *Messias* entfernen, der Geist der Weisheit (*Chochma*) und des Verständnisses (*Bina*), der Geist des Gedankens und der Tapferkeit (*Gwura*), der Geist des Wissens (*Daat*) und der Ehrfurcht vor dem Schöpfer. „Und der Schöpfer sagte: ‚Es werde Licht'" – das ist das Licht der Liebe, der Liebe der Barmherzigkeit. Wie es geschrieben steht: „Mit ewiger Liebe liebte ich dich." (Jeremia, 31:2) Und davon steht geschrieben: „Weckt die Liebe nicht auf und stört sie nicht, bevor es ihr selbst gefällt […]" (Hohelied, 3:5) Dies ist Liebe nicht um der Belohnung willen. Denn Liebe und Ehrfurcht für den Empfang einer Belohnung gehören einer Magd […]. „Ein Land wird durch dreierlei unruhig, und viererlei kann es nicht ertragen: einen Knecht, wenn er König wird […], eine Magd, wenn sie ihre Herrin beerbt." (Sprüche, 30:21)

32. Beginnen wir „*Tikunej Sohar*" vom Ende bis zum Anfang zu erklären. Es wird gesagt, dass Ehrfurcht und Liebe, die der Mensch in den Beschäftigungen mit der *Tora* und den Geboten empfindet, als Ziel den Erhalt der Belohnung verfolgen. Mit anderen Worten hofft der Mensch, dass er dank der *Tora* und dank der Arbeit ein gewisses Wohl erlangt. Darin besteht die Bedeutung der „Magd", von der geschrieben steht: „Eine Magd, die ihre Herrin beerbt."

Auf den ersten Blick ist das schwer zu verstehen. Denn es steht geschrieben: „Es soll sich der Mensch immerzu mit der *Tora* und den Geboten beschäftigen, selbst wenn er das *lo liShma* tut." Warum aber „wird das Land unruhig"? Und man sollte noch fragen, warum die Beschäftigungen in *lo liShma* eben zur Kategorie „Magd" gehören. Aber auch der Ausdruck „beerbt ihre Herrin" – von welchem Erbe kann hier die Rede sein?

33. Diese Frage kann man verstehen, wenn man sie mit all dem verbindet, was oben erklärt wurde. Denn die Weisen erlaubten die Studien in *lo liShma* nur aus dem Grunde, dass der Mensch von *lo liShma* zu *liShma* gelangt, weil „das Licht, welches sich in der *Tora* verbirgt, ihn zur Quelle zurückführt". Und daher wird das Studium in *lo liShma* als eine helfende Magd gelten, die niedere Arbeit für ihre Herrin – die *Shechina* – ausführt. Denn im Endeffekt wird der Mensch zu *liShma* gelangen und des Leuchtens der *Shechina* würdig. In diesem Fall gilt auch die „Magd", das heißt das Studium in *lo liShma*, als eine „gerechte Magd", weil sie hilft und das Spirituelle vorbereitet, und wird als die „reine" Welt *Assija* bezeichnet.

Wenn aber der Glaube des Menschen unvollkommen ist und er sich mit der *Tora* und der Arbeit nur aus dem Grunde beschäftigt, weil der Schöpfer es ihm aufgetragen hat zu studieren, dann wird sich in solch einer *Tora* überhaupt nicht das darin eingeschlossene Licht offenbaren, weil die Augen des Menschen beschädigt sind und das Licht in Dunkelheit verwandeln, wie bei einer Fledermaus. Ein solches Studium tritt bereits aus der Macht der „gerechten Magd" heraus, weil der Mensch mit ihrer Hilfe nicht dessen würdig ist. Daher geht er in die Herrschaft der *Klipa* über, der „unreinen Magd", die diese *Tora* und die Arbeit beerbt und sie für sich wegnimmt. Daher „wird das Land unruhig" (bebt), denn bekannterweise wird die *Shechina* als das Land bezeichnet, und diejenige *Tora* und Arbeit, die in die Macht der *Shechina* hätten übergehen müssen, werden von der „schlechten Magd" geraubt, indem sie diese nach unten in die Herrschaft der *Klipot* absenkt. Folglich beerbt die Magd die Herrin.

34. Auf diese Weise wurde in „*Tikunej Sohar*" das Geheimnis des Schwures erklärt: „Weckt die Liebe nicht auf und stört sie nicht, bis es ihr selbst gefällt." Es ist wichtig, dass das Volk *Israel* das Höchste Licht der Barmherzigkeit anzieht, welches auch als die „Liebe der Barmherzigkeit" bezeichnet wird. Denn das ist jenes „Erwünschte", was gerade mittels der Arbeit in der *Tora* und den Geboten nicht für eine Belohnung herangezogen wird. Durch das Licht der Barmherzigkeit im Volk *Israel* wird das Licht der Höchsten Weisheit (*Chochma*) angezogen, welches sich im Licht der Barmherzigkeit offenbart, welches *Israel* angezogen hat. Dieses Licht *Chochma* ist das Geheimnis des Gesagten: „Und es ruht auf ihm der Geist des Schöpfers; der Geist der Weisheit und des Verständnisses, der Geist des Gedankens und der Tapferkeit, der Geist des Wissens und der Ehrfurcht vor dem Schöpfer." (Jesaja, 11:2) Es heißt über den König Messias: „Und er wird den Völkern ein Zeichen bringen und die Vertriebenen Israels versammeln und die aus Judäa Zerstreuten von den vier Enden der Erde einsammeln." Denn nachdem das Volk *Israel* mithilfe des Lichts *Chessed* das Licht *Chochma* angezogen hat, offenbart sich der Messias und versammelt alle Vertriebenen *Israels*.

Es hängt alles von den Studien der *Tora* und der Arbeit in *liShma* ab. Dadurch ist der Mensch fähig, ein großes Licht *Chessed* heranzuziehen, in welches sich das darauf folgende Licht *Chochma* einkleidet. Und das ist das Geheimnis der Beschwörung: „Weckt nicht auf und stört nicht". Denn das vollbrachte Exil und die Versammlung der Vertriebenen sind ohne das nicht möglich, weil so die Reihenfolge der Kanäle des Spirituellen ist.

35. Die Weisen deuteten auch den folgenden Vers: „[...] und der Geist Gottes schwebte auf dem Wasser." (Genesis, 1:2). Was ist der „Geist Gottes"? Während des Exils, wenn *Israel* noch mit der *Tora* und den Geboten *lo liShma* beschäftigt ist - wenn sie sich so verhalten, denn von *lo liShma* kommt man zu *lishma* -, dann verweilt die *Shechina* unter ihnen, obwohl noch im Stadium des Exils, da sie *liShma* noch nicht erreicht haben.

Davon heißt es: Die *Shechina* befindet sich in der Verhüllung, aber am Ende werden sie der Offenbarung der *Shechina* würdig. Dann schwebt der Geist des Königs - *Mashiach* (Messias) - über jenen, die sich mit der *Tora* und den Geboten beschäftigen und erweckt sie dazu, zu *liShma* zu gelangen durch das Geheimnis des Gesagten: „Das Licht, welches die *Tora* birgt, führt sie zur Quelle zurück." Die *Tora* hilft und bereitet auf das Strahlen der *Shechina*, ihrer Herrin, vor.

Wenn jedoch diese Studien in *lo liShma* nicht würdig sind, zu *liShma* zu führen, dann jammert die *Shechina* und sagt, dass es in denen, die sich mit der *Tora* beschäftigen, keinen Geist des Menschen gibt, der nach oben emporsteigt, sondern sie geben sich mit dem Geist eines Tieres zufrieden, welcher nach unten hinabsteigt, und alle ihre Beschäftigungen mit der *Tora* und den Geboten dienen ihrem eigenen Gewinn und Genuss. Und solche Studien der *Tora* können sie nicht zu *liShma* führen, denn es weht nicht über ihnen der Geist des *Messias*, sondern er weicht unwiderruflich von ihnen, weil die unreine Magd ihre *Tora* wegnimmt und die Herrin beerbt – denn sie gehen nicht den Weg, der sie von *lo liShma* zu *liShma* führt.

Obwohl sie keinen Erfolg durch die Studien der offenen *Tora* haben, weil es in ihr kein Licht gibt und sie trocken ist – wegen der Begrenztheit ihres Verstandes –, können sie doch mittels des Studiums der Kabbala Erfolg erlangen, weil das Licht, welches sich in ihr birgt, in die Kleider des Schöpfers gekleidet ist, das heißt in seinen Namen und *Sefirot*. Dann könnten sie mit Leichtigkeit zu *lo liShma* gelangen, welches sie zu *liShma* führt, und der Geist des Schöpfers wird über ihnen schweben, was der Sinn des Gesagten ist: „Das Licht der *Tora* führt sie zur Quelle zurück."

Dennoch wollen sie in keinerlei Form das Studium der Kabbala. Und daher bewirken sie Armut, Erniedrigung, Zerstörung, Mord und Vernichtung in der Welt, weil der Geist des *Messias* weicht, der Geist von *Chochma* und *Bina*.

36. Aus den Worten von „*Tikunej Sohar*" wird Folgendes geklärt: Es gibt einen Schwur darauf, dass das Licht der Gnade und Liebe in der Welt nicht erwachen wird, bevor nicht die Taten des Volkes *Israel* in der *Tora* und in den Geboten statt mit der Absicht, eine Belohnung zu erhalten, endlich mit der Absicht, dem Schöpfer Genuss zu schenken, erfolgen, was das Geheimnis der Beschwörung ist: „Ich beschwöre euch, Töchter Jerusalems." (Hohelied, 5:8). Somit hängen die andauernden Exile und Leiden, die wir erdulden, von uns ab und warten auf unsere Entscheidung, bis wir letztlich der Arbeit in der *Tora* und den Geboten *liShma* gewürdigt werden. Und nur wenn wir das verdienen, wird dieses Licht der Liebe und Gnade erwachen, durch dessen wunderbare Eigenschaft die Worte verwirklicht werden: „Und es ruht auf ihm der Geist der Weisheit und des Verständnisses." Und dann werden wir der vollkommenen Erlösung würdig.

Das ganze Volk *Israel* wird zu dieser großen Reinigung nicht anders als durch das Studium der Kabbala gelangen, die den leichtesten Weg darstellt, der auch für die Unvernünftigen zureichend ist. Andererseits werden nur Einzelne, die mit verwunderlicher Kraft ausgestattet sind, allein dank der Beschäftigung mit der offenen *Tora* dessen würdig, und zwar mittels großer Leiden – nicht aber die Mehrheit des Volkes (aus Gründen, die in Punkt 22 erläutert wurden). Dadurch hat sich eindeutig die Nichtigkeit der vierten und fünften Frage geklärt, die zu Beginn dieses Vorworts angeführt wurden.

37. Was aber die dritte Frage anbelangt, die in der Furcht besteht, etwas auszulassen, so gibt es hier nichts zu befürchten, weil die Menschen einst vom Weg des Schöpfers aus zweierlei Gründen abwichen: Entweder verstießen sie gegen die Worte der Weisen in den Dingen, die zu enthüllen verboten sind, oder, sie verstanden die Worte der Kabbala in ihrer äußeren Bedeutung, das heißt entsprechend materiellen Anweisungen, und verstießen gegen das Gebot: „Du sollst dir kein Bildnis noch irgendein Gleichnis machen." (*Tora, Exodus*, 20:4).

Daher umgab bis heute tatsächlich eine unüberwindbare Mauer diese Wissenschaft. Viele unternahmen Versuche, traten an das Studium heran und konnten es nicht fortsetzen wegen des Missverständnisses oder wegen materieller Termini. Deswegen habe ich mich in den Kommentaren zum Buch „*Panim Meirot uMasbirot*" darum gekümmert, das große Buch von *ARI*, „*Baum des Lebens*", zu erklären, indem ich materielle Formen abstrahierte und sie in Entsprechung zu spirituellen Gesetzen setzte, über Raum und Zeit – so, dass jeder Anfänger den Sinn und die Begründung dieser Dinge verstehen und dabei die Klarheit des Verstandes auch in der einfachsten Form behalten könnte, nicht schwerer, als die *Gemara* mittels der Deutungen von Rashi verstanden wird.

38. Lasst uns den Begriff der Verpflichtung zur Beschäftigung mit der *Tora* und den Geboten *liShma* erweitern. Man muss den Terminus selbst verstehen: „*Tora liShma*". Warum wird die erwünschte, vollkommene Arbeit als *liShma* definiert (wörtlich: „um ihrer Willen") und unerwünschte Arbeit als „*lo liShma*" (wörtlich: „nicht um ihrer Willen")? Denn im einfachen Verständnis, wenn ein Mensch, der sich mit der *Tora* und den Geboten beschäftigt, sich verpflichtet, sein Herz auf den Genuss des Schöpfers auszurichten und nicht auf den eigenen Gewinn, dann müsste man das mit dem Begriff „*Tora liShmo*" definieren („*Tora* für Ihn/um Seinetwillen") und im entgegengesetzten Fall mit „*Tora lo liShmo*" („*Tora* nicht für Ihn"), was den Schöpfer meint. Warum wird das aber mit den Begriffen von „*liShma*" und „*lo liShma*" definiert, welche die *Tora* meinen?

Natürlich liegt darin ein tieferer Sinn, als man aus dem Gesagten heraushört, denn dieser Ausspruch bescheinigt, dass die *Tora* für Ihn (*liShmo*), das heißt, um dem Schöpfer Genuss zu bereiten, immer noch nicht genügt und auch Studien für sie (*liShma*) notwendig sind, das heißt für die *Tora*. Und das erfordert eine Erklärung.

39. Die *Tora* wird bekannterweise als „*Tora des Lebens*" bezeichnet. Es steht geschrieben: „Ein Leben für denjenigen, der sie fand" (Mishlej, 4:22), „denn es ist kein leeres Wort für euch, sondern euer Leben" (Deuteronomium, 32:37). Daher besteht der Sinn des Begriffs „*Tora liShma*" darin, dass die Beschäftigung mit der *Tora* und den Geboten dem Menschen Leben und Verlängerung der Tage bringt, weil dann die *Tora* ihrem Namen entspricht.

Folglich bringt die Beschäftigung mit der *Tora* und den Geboten einem Menschen, der sein Herz und seinen Verstand nicht auf das oben Gesagte ausrichtet, das Gegenteil von Leben und der Verlängerung der Tage, das heißt, sie entspricht überhaupt nicht dem Namen der *Tora*; denn diese wird als „*Tora des Lebens*" bezeichnet. Verstehe das. Diese Worte werden von den Weisen gedeutet (Traktat Taanit, 7, S. 1): „Für jeden, der sich mit der *Tora lo liShma* beschäftigt, wird sie zu einem tödlichen Gift. Und für jeden, der sich mit der *Tora liShma* beschäftigt, wird sie zum Lebenselixier."

Diese Worte bedürfen jedoch einer Klärung: Man muss verstehen, wie und worin die *Tora* für den Menschen zu einem tödlichen Gift wird. Er bemüht sich nicht nur vergebens und hat keinen Nutzen aus seinen Sorgen und Bemühungen – auch die *Tora* selbst und die Arbeit verwandeln sich für ihn in ein tödliches Gift. Das ist sehr merkwürdig.

40. Zunächst bedenken wir die Worte der Weisen (Traktat Megila, 6, S. 2): „Bemühte sich und fand – sollst du glauben, bemühte sich nicht und fand – sollst du nicht glauben." Was bedeutet der Ausdruck „bemühte sich und fand", der in sich widersprüchlich erscheint? Denn das Wort „bemühte" zeugt von der Arbeit und von den Sorgen, mit denen man das Erwünschte bezahlt; und zwar zahlt man für etwas Wichtiges mit einer großen Anstrengung und für etwas weniger Wichtiges mit einer kleinen.

„Fand" steht aber dazu im Gegensatz. Dieses kommt normalerweise zu einem Menschen, wenn seine Aufmerksamkeit vollkommen abgelenkt ist, ohne jegliche vorbereitende Sorgen, Anstrengungen und Bezahlung. Wie kannst du daher sagen: „Bemühte sich und fand"? Denn wenn Arbeit investiert worden wäre, könnte man sagen: „Bemühte sich und erwarb" oder „Bemühte sich und verdiente" usw., aber nicht „Bemühte sich und fand".

41. Es steht geschrieben: „Die Mich suchen, finden Mich." (Sprüche, 8:17). Das wird im *Sohar* hinterfragt: „Wo findet man den Schöpfer?" Und es sagten die Weisen, dass man Ihn nur in der *Tora* findet. Auch über die Worte: „Fürwahr, Du bist ein verborgener Gott" (Jesaja, 45:16) sagten sie, dass der Schöpfer sich in der *Tora* verhülle. Man muss ihre Worte richtig verstehen. Denn auf den ersten Blick ist der Schöpfer nur im Materiellen verhüllt, in den vergänglichen Werten dieser Welt, die sich außerhalb der *Tora* befinden. Wie kannst du das Gegenteil behaupten: dass Er sich nur in der *Tora* verhülle? Aber auch was die allgemeine Meinung betrifft, entsprechend welcher der Schöpfer sich auf so eine Weise verhüllt, dass man ihn begehren müsse – wozu braucht Er diese Verhüllung? Außerdem resultiert aus den Worten „Die mich suchen" Folgendes: „Alle, die Ihn begehren, werden Ihn finden." Und man muss gut das Wesen dieses Wunsches und das Wesen dieses Fundes verstehen: Was sind sie und wozu?

42. Du musst aber wissen, worin der Grund dieser ganzen Entferntheit besteht. Dass wir vom Schöpfer so fern sind und in einem solchen Grad gegen Seinen Wunsch verstoßen können, ist von einer einzigen Ursache hervorgerufen, die zur Quelle aller

Leiden und Qualen wurde, die wir erdulden, sowie aller böswilligen Verbrechen und Unachtsamkeitsverstöße, über welche wir stolpern.

Gleichzeitig ist klar, dass wir uns sofort von allem Kummer und Leid befreien werden und sofort der Verschmelzung mit dem Schöpfer mit dem ganzen Herzen und der ganzen Seele würdig werden, sobald dieser Grund beseitig ist. Hier werde ich dir sagen, dass dieser ursprüngliche Grund in nichts anderem als im „Fehlen unseres Verständnisses Seiner Lenkung Seiner Geschöpfe" besteht. Wir verstehen Ihn nicht so, wie es sich gehört.

43. Nehmen wir an, der Schöpfer würde Seine Geschöpfe in klarer Form lenken, so, dass zum Beispiel jeder, der etwas Verbotenes äße, sofort auf der Stelle ersticken und jeder, der ein Gebot ausführen würde, darin einen wunderbaren Genuss finden würde, der den wundervollsten Genüssen dieser materiellen Welt gleicht. Dann würde kein einziger Narr daran denken, etwas Verbotenes zu kosten, wohl wissend, dass er sofort deswegen sein Leben verlieren würde – genauso, wie er nicht darüber nachdenkt, in die Flammen zu springen.

Und was für ein Narr würde ein Gebot lassen, ohne es sofort mit aller Flinkheit auszuführen – wie er nicht zögern oder einen großen materiellen Genuss lassen kann, der in seine Hände gelangt, ohne ihn unmittelbar mit allergrößter Flinkheit zu empfangen. Wenn wir daher die klare Lenkung vor Augen hätten, wären alle Menschen vollkommene Gerechte.

44. Daraus wird klar, dass es uns in der Welt nur an klarer Lenkung mangelt. Denn bei klarer Lenkung wären alle Menschen vollkommene Gerechte und würden mit dem Schöpfer in vollkommener Liebe verschmelzen. Denn natürlich wäre es eine große Ehre für jeden von uns, sich dem Schöpfer anzunähern, Ihn mit dem ganzen Herzen und der ganzen Seele zu lieben und mit Ihm immer zu verschmelzen, ohne einen einzigen Augenblick zu zögern.

Dem ist aber nicht so, und es gibt keine Belohnung für ein Gebot in dieser Welt. Diejenigen, die gegen Seinen Wunsch verstoßen, werden durchaus nicht vor unseren Augen bestraft, sondern der Schöpfer ist geduldig mit ihnen. Mehr als das erscheint es uns manchmal, es wäre alles umgekehrt, wie es geschrieben steht (Psalmen, 73:12): „Siehe, das sind die Gottlosen: Sie sind glücklich in der Welt und werden reich." Und daher wird sich nicht jeder, der sich dem Schöpfer nähern möchte, sich Ihm nähern können, sondern wir stolpern bei jedem Schritt bis hin zu dem, was von den Weisen gesagt wurde (WaYikra Rabba, 2): „Einen Mann von Tausend fand ich (Prediger, 7:28). Eintausend gehen in den Raum, und einer geht hinaus, um zu lehren."

Daher ist das Verständnis der Lenkung des Schöpfers der Grund für alles Gute und das Unverständnis der Grund für alles Böse. Folglich ist das ein Pol, um welchen sich alle Menschen drehen, zur Bestrafung oder zur Gnade.

45. Wenn wir aufmerksam auf die Erkenntnis der Lenkung schauen, die von den Menschen wahrgenommen wird, werden wir herausfinden, dass sie sich in vier Arten aufteilt. Eigentlich gibt es nur zwei: die Verhüllung des Angesichts und die Offenbarung des Angesichts, aber sie unterteilen sich in vier, weil es

- *zwei Stufen in der Lenkung durch die Verhüllung des Angesichts gibt, und das ist die einfache Verhüllung sowie eine Verhüllung innerhalb der Verhüllung,*
- *zwei Stufen in der Lenkung durch die Offenbarung des Angesichts, und das sind die Lenkung durch Belohnung und Strafe und die Lenkung durch Ewigkeit.*

46. Es steht geschrieben (Deuteronomium, 31:17): „Da wird mein Zorn entbrennen über sie zur selben Zeit, und ich werde sie verlassen und mein Antlitz vor ihnen verbergen, sodass sie völlig verzehrt werden. Und wenn sie dann viel Unglück und Angst treffen wird, werden sie sagen: Hat mich nicht dies Übel alles getroffen, weil mein Gott nicht mit mir ist? Ich aber werde mein Antlitz verhüllt halten zu der Zeit um all des Bösen willen, das sie getan haben, weil sie sich an andere Götter wandten."

Wenn du diese Worte betrachtest, wirst du herausfinden, dass zu Beginn steht: „Und mein Zorn wird entbrennen […] und ich werde Mein Angesicht verbergen" – was die einfache Verhüllung bedeutet. Und dann steht: „Und es werden sie viel Unglück und Angst treffen […]. Ich aber werde mein Antlitz verhüllt halten (…)", was eine doppelte Verhüllung bedeutet. Was ist diese doppelte Verhüllung?

47. Zuerst sollten wir nachvollziehen, was das „Antlitz" des Schöpfers bedeutet, von dem geschrieben steht: „Ich werde Mein Antlitz verhüllen." Du wirst das am Beispiel des Menschen verstehen: Wenn er das Gesicht seines Freundes sieht, erkennt er ihn sofort. Wenn er aber seinen Freund von hinten sieht, ist er sich nicht sicher und zweifelt: Vielleicht ist das jemand anderes und nicht mein Freund?

Gleiches gilt für Folgendes: Alle erkennen und spüren den Schöpfer als gut, und dem Guten gebührt es, Gutes zu tun. Wenn daher der Schöpfer Seinen Geschöpfen Gutes bringt, die Er mit freigiebiger Hand erschuf, dann bedeutet das, dass sein Antlitz den Geschöpfen enthüllt ist, denn dann kennen Ihn alle, weil Er so handelt, wie das seinem Namen gebührt, wie es weiter oben hinsichtlich der offenen Lenkung erläutert wurde.

48. Wenn aber der Schöpfer Seinen Geschöpfen gegenüber entgegengesetzt dem oben Beschriebenen handelt, das heißt, wenn Menschen Leiden und Schmerz in Seiner Welt empfinden, dann wird das als die Umkehrseite des Schöpfers definiert. Denn Sein Angesicht, das heißt das vollkommene Maß Seiner Güte, ist absolut vor ihnen verhüllt, und ein solches Verhalten entspricht nicht Seinem Namen. Das gleicht einem Menschen, der seinen Freund von hinten sieht und zweifelt: „Vielleicht ist das jemand anderes?"

Darüber heißt es: „Und mein Zorn wird entbrennen […] und ich werde Mein Antlitz vor ihnen verhüllen." Denn zu Zeiten des Zorns, wenn die Geschöpfe Leiden und Qualen empfinden, läuft es darauf hinaus, dass der Schöpfer Sein Antlitz verhüllt, welches das vollkommene Maß Seiner Güte ist, und nur Seine Umkehrseite ist enthüllt. Dann ist eine große Stärke des Glaubens an den Schöpfer notwendig, um sich vor verbrecherischen Überlegungen zu bewahren, weil es schwer ist, Ihn von hinten zu erkennen. Und das wird als „einfache Verhüllung" bezeichnet.

49. Wenn aber die Leiden und die Qualen maximal anwachsen, ruft das eine doppelte Verhüllung hervor, die in den Büchern als „Verhüllung innerhalb einer Verhüllung" bezeichnet wird. Das bedeutet, dass sogar Seine Umkehrseite unsichtbar ist; die Menschen glauben nicht daran, dass der Schöpfer zornig auf sie ist und sie bestraft, sondern führen das auf den Zufall und die Natur zurück, wobei sie zur Verneinung seiner Lenkung durch Belohnung und Strafe gelangen. Darüber steht geschrieben: „Und Ich werde mein Antlitz verhüllt halten […], weil sie sich an andere Götter wandten." Das heißt, man gelangt zur Verneinung und wendet sich dem Götzendienst zu.

50. Wenn die Rede lediglich von der einfachen Verhüllung ist, wird der Ausspruch mit folgenden Worten abgeschlossen: „Und dann werden sie sagen: Hat mich nicht all dieses Übel getroffen, weil mein Gott nicht mit mir ist?" Mit anderen Worten glauben die Menschen noch an Belohnung und Strafe, und sie behaupten, dass Misere und Leiden zu ihnen kommen, weil sie nicht mit dem Schöpfer verschmolzen sind: „Hat mich nicht all dieses Übel getroffen, weil mein Gott nicht mit mir ist?" Sie sehen den Schöpfer zwar noch, aber von Seiner Umkehrseite. Daher wird das als „einfache Verhüllung" bezeichnet, das heißt nur eine Verhüllung des Angesichts.

51. Dadurch haben sich die zwei Stufen der Wahrnehmung der verhüllten Lenkung geklärt, die von den Geschöpfen verspürt werden: die einfache Verhüllung und eine Verhüllung innerhalb der Verhüllung.

Die einfache Verhüllung bedeutet lediglich die Verhüllung des Angesichts, wenn die Umkehrseite den Menschen offenbart ist. Mit anderen Worten glauben sie, dass der Schöpfer ihnen als Strafe die Leiden auferlegte. Und es fällt ihnen schwer, den Schöpfer ständig von der Umkehrseite zu erkennen, und sie begehen deswegen Verstöße – sie werden dann als „Unvollendete Sünder" bezeichnet. Das heißt, diese Verbrechen gleichen Verstößen aus Unachtsamkeit, weil sie durch große Leiden geschahen, und im Ganzen glauben die Menschen an Belohnung und Strafe.

52. Die Verhüllung innerhalb der Verhüllung bedeutet, dass sich vor ihnen sogar die Umkehrseite des Schöpfers verbirgt, weil sie nicht an Belohnung und Strafe glauben. Und die Verbrechen, die sie begehen, werden als böswillige definiert. Jene werden als „Vollendete Sünder" bezeichnet, weil sie rebellieren, indem sie behaupten, dass der Schöpfer seine Geschöpfe gar nicht lenkt. Und sie widmen sich dem Götzendienst, wie es heißt: „Weil sie sich an andere Götter wandten."

53. Man muss wissen, dass die ganze Arbeit, die in der Erfüllung der *Tora* und der Gebote mittels der Wahl durchgeführt wird, hauptsächlich in den zwei oben genannten Stadien der verhüllten Lenkung durchgeführt wird. Und über diesen Zeitraum heißt es: „Gemäß dem Leiden erfolgt die Belohnung" (Traktat *Awot*, 5:23). Denn die Lenkung des Schöpfers ist nicht klar, und es ist nicht möglich, Ihn anders als in der Verhüllung des Angesichts zu sehen, das heißt nur von Seiner Umkehrseite nach dem Beispiel des Menschen, der seinen Freund von hinten sieht und deswegen in Zweifel gerät, indem er sich denkt: „Möglicherweise ist das doch jemand anders?" Dabei liegt die Wahl immer in den Händen des Menschen: den Wunsch des Schöpfers auszuführen oder gegen Seinen Wunsch zu verstoßen.

Denn die Leiden und der Schmerz des Menschen lassen ihn an der Realität der Lenkung des Schöpfers zweifeln, sei es im ersten Stadium – das sind Verstöße aus Unachtsamkeit – oder im zweiten – das sind böswillige Verbrechen. So oder so verharrt der Mensch in großem Leid und unternimmt riesige Anstrengungen. Über diesen Zeitraum steht geschrieben: „Alles, was dir in die Hände kommt, es mit deiner Kraft zu tun, das tu" (Prediger, 9:10), weil ein Mensch nicht der Offenbarung des Angesichts würdig wird, welche das vollkommene Maß der Güte des Schöpfers bedeutet, bevor er sich nicht bemüht und alles tut, was nur in seinen Kräften liegt. Und gemäß dem Leiden erfolgt die Belohnung.

54. Nachdem der Mensch das Maß seiner Anstrengungen abgeschlossen und alles vollendet hat, was er kraft seiner Wahl und Stärke des Glaubens an den Schöpfer zu vollbringen hatte, hilft ihm der Schöpfer, und der Mensch wird die klare Lenkung erkennen und der Offenbarung des Angesichts würdig. Ebenso der vollkommenen Reue, die bedeutet, dass er zurückkehrt und mit ganzem Herzen und ganzer Seele mit dem Schöpfer verschmilzt, wie es auf natürliche Weise aus der Erkenntnis der klaren Lenkung resultiert.

55. Die oben erwähnte Erkenntnis und Reue des Menschen verläuft in zwei Etappen: Die erste ist die Erkenntnis der Lenkung durch Belohnung und Strafe. Außer, dass der Mensch die Belohnung für jedes Gebot in der zukünftigen Welt klar erkennt, wird er durch die Ausführung des Gebots sofort den wunderbaren Genuss auch in dieser Welt erkennen. Und außer, dass er die bittere Bestrafung erkennt, die aus jedem Verstoß nach seinem Tod resultiert, wird er auch würdig, den bitteren Geschmack jedes Verstoßes noch im Leben zu verspüren. Ein Mensch, der diese Lenkung klar erkennt, ist überzeugt, dass er nicht mehr sündigen wird, genauso wie sich ein Mensch nicht seine Glieder abschlagen und sich schreckliche Leiden zufügen wird. Auch wird er kein Gebot vernachlässigen und es sofort ausführen, genauso wie er keinen einzigen Genuss oder großen Gewinn in der Welt ablehnen wird, den er in Aussicht hat.

56. Hier sollst du die Worte der Weisen verstehen: „Was bedeutet ‚Reue'? – Bis der die Geheimnisse Kennende vom Menschen bezeugt, dass er nicht mehr zu seiner

Narrheit zurückkehren wird." Auf den ersten Blick sind diese Worte merkwürdig. Denn wenn dem so ist, wer wird dann in den Himmel aufsteigen, um das Zeugnis des Schöpfers zu hören? Und vor wem muss der Schöpfer dieses Zeugnis ablegen? Ist es etwa unzureichend, dass der Schöpfer selbst weiß, dass der Mensch mit seinem ganzen Herzen zurückkehrte und nicht mehr sündigen wird?

Aus dem, was ich erklärte, ist das aber vollkommen einfach zu verstehen. Denn der Mensch kann sich wirklich nicht absolut sicher sein, dass er nicht mehr sündigen wird, bevor er nicht der Erkenntnis der Lenkung durch Belohnung und Strafe gewürdigt wird, das heißt der Offenbarung des Angesichts. Die Offenbarung des Angesichts ist jedoch das, was hinsichtlich der Erlösung des Schöpfers als „Zeugnis" bezeichnet wird; denn gerade die vom Schöpfer selbst vollbrachte Erlösung, die den Menschen zur Erkenntnis von Belohnung und Bestrafung führt, verspricht ihm, dass er nicht wieder sündigen wird.

Auf diese Weise wird klar, dass der Schöpfer für den Menschen zeugt. Und davon steht geschrieben: „Was bedeutet ‚Reue'?" Wann wird der Mensch also sicher sein, dass er der vollkommenen Rückkehr würdig wurde? Dazu gab man ihm ein klares Zeichen: Wenn von ihm Derjenige, der die Geheimnisse kennt, bezeugt, dass er nicht mehr zu seiner Narrheit zurückkehren wird. Er wird der Offenbarung des Angesichts würdig, wenn der Schöpfer selbst ihn erlöst und dadurch bezeugt, dass er nicht mehr zu seiner Narrheit zurückkehren wird.

57. Diese bereits genannte Rückkehr heißt „Rückkehr aus Ehrfurcht". Man kehrt zurück zum Schöpfer mit seinem Herzen und seiner Seele, bis Er, der alle Geheimnisse kennt, bezeugt, dass der Mensch nicht wieder in Narrheit zurückfällt. Diese Sicherheit jedoch, dass man nicht wieder sündigen wird, kommt aus der Erkenntnis und der Empfindung schrecklicher Bestrafung und schlimmer Qualen, die vom Sündigen herrühren. Aus diesen Gründen ist man sicher, dass man sich fortan keine schrecklichen Seelenqualen mehr antut.

Schließlich kommen diese Reue und Sicherheit jedoch nur durch die Angst vor Bestrafung, die der Übertretung folgt. Es folgt, dass man die Reue nur aufgrund der Angst vor Bestrafung empfindet. Daher heißt es „Reue (Rückkehr) aus Ehrfurcht".

58. Nun können wir die Worte unserer Weisen verstehen: „Einer, der aus Ehrfurcht bereut, dessen Sünden werden zu Fehlern." Wir müssen begreifen, wie das geschehen kann. Wie oben ausgeführt (Punkt 52), haben wir gründlich verstanden, dass die Sünden, die ein Mensch tut, daher rühren, dass er sich im Herrschaftszustand der doppelten Verhüllung – also Verhüllung in der Verhüllung – befindet. Das heißt, dass man nicht an die Lenkung durch Belohnung und Strafe glaubt.

Einfache Verhüllung bedeutet, dass man an die Lenkung durch Belohnung und Strafe glaubt, aber trotzdem aufgrund der Anhäufung an Leiden manchmal in sündhafte Gedanken verfällt. Obwohl man glaubt, dass die Leiden als Strafe kommen, verhält man sich weiterhin wie eine Person, die ihren Freund von hinten sieht und zweifelt, ob das nicht vielleicht jemand anderer ist. Diese Sünden sind Fehler, da man doch insgesamt an die Lenkung durch Belohnung und Strafe glaubt.

59. Wenn man daher der Reue aus Ehrfurcht gewürdigt wird, das heißt einer klaren Erkenntnis von Belohnung und Strafe, bis man sicher weiß, dass man fortan nicht mehr sündigen wird, ist die Verhüllung innerhalb der Verhüllung vollständig in einem korrigiert. Das ist so, da man nun überzeugt ist, dass es die Lenkung durch Belohnung und Strafe wirklich gibt. Es ist für einen nun klar, dass alle Leiden, die man jemals erlebt hat, Bestrafungen durch Seine Lenkung aufgrund der begangenen Sünden waren. Rückblickend hat man schwere Fehler gemacht.

Auf diese Weise entwurzelt man diese böswilligen Vergehen, wenn auch nicht ganz. Sondern sie werden für den Menschen zu unbeabsichtigten Fehlern, gleich den Übertretungen, die er in der einfachen Verhüllung beging. Das geschah aufgrund der eigenen Verwirrung, und man verfehlte aufgrund der Vielzahl von Qualen, die einem den Verstand rauben. Diese Übertretungen werden nur als Fehler betrachtet.

60. In dieser seiner Rückkehr hat der Mensch allerdings noch nicht die erste Verhüllung des Angesichts, durch die er vorher regiert wurde, korrigiert, sondern das geschieht erst, nachdem er die Offenbarung des Angesichts erlangt hat. In der Vergangenheit jedoch, bevor er der Rückkehr gewürdigt wurde, blieben die Verhüllung des Antlitzes und die Fehler ohne jede Änderung oder Korrektur. Weil der Mensch auch glaubt, dass die Schwierigkeiten und Leiden aus Strafe geschahen, wie geschrieben steht „Kommt dieses Übel nicht daher auf uns, da unser Gott nicht unter uns ist?"

61. Daher wird er noch nicht als „vollkommener Gerechter" bezeichnet. Denn wenn jemand mit der Offenbarung des Antlitzes belohnt wurde, also dem vollkommenen Maß Seiner Güte, heißt er dann „Gerechter" (Punkt 55), dass heißt er rechtfertigt Seine Lenkung wie sie wirklich ist, also dass Er absolut gut und gütig mit Seinen Geschöpfen umgeht, in einer Weise, dass Er gütig ist zu Guten wie auch zu Bösen.

Da er der Enthüllung des Antlitzes gewürdigt wurde, verdient er von hier an den Namen „Gerechter". Er vollendete jedoch noch nicht die Korrektur, sondern nur die Verhüllung innerhalb der Verhüllung, und korrigierte nicht die erste Verhüllung, aber nur von hier an, bevor er mit Reue belohnt wurde, und er verdient daher nicht die Bezeichnung „Gerechter". Der Grund dafür ist, dass er noch wie vorher in der Verhüllung des Antlitzes ist. Aus diesem Grund wird er „unvollkommener Gerechter" genannt, das heißt, er muss noch seine Vergangenheit korrigieren.

62. Er heißt „Der-dazwischen-Stehende" (*Bejnoni* – בינוני), denn, nachdem er die Rückkehr aus Ehrfurcht erlangt hat, ist er nun auch dazu fähig, Rückkehr aus Liebe durch die gesunde Beschäftigung mit der *Tora* und gute Taten zu erlangen. Dann erlangt man den Zustand „vollkommen Gerechter". Da der Mensch sich nun im Zwischenzustand befindet, zwischen Furcht und Liebe, heißt er „Der-dazwischen-

Stehende". Davor war man jedoch nicht einmal dazu qualifiziert, sich auf die Rückkehr aus Liebe vorzubereiten.

63. Das erklärt ausführlich den ersten Grad des Erlangens der Gesichtsenthüllung. Das bedeutet das Erlangen und die Empfindung der Lenkung des Schöpfers durch Belohnung und Strafe in einer Weise, dass Er alle Geheimnisse kennt und überzeugt ist, dass der Mensch nicht in die Narrheit zurückfällt. Das bedeutet „Rückkehr aus Ehrfurcht", wenn die Sünden zu Fehlern werden. Das bedeutet „unvollkommener Gerechter" und auch „Der-dazwischen-Stehende".

64. Nun wollen wir den zweiten Grad des Erlangens der Enthüllung des Angesichts erklären, die dem Erreichen der vollkommenen Lenkung entspricht, wahr und ewig. Es bedeutet, dass der Schöpfer über Seine Geschöpfe in der Form „der Gute, der Gutes tut, sowohl Guten als auch Bösen" herrscht. Nun wird man als „vollkommen Gerechter" betrachtet, sowie der „Rückkehr aus Liebe" gewürdigt, wenn der Mensch dessen gewürdigt wird, dass sich seine böswilligen Sünden in Verdienste verwandeln.

Das erklärt alle vier Aspekte der Wahrnehmung der Lenkung über die Geschöpfe. Die ersten drei, also doppelte Verhüllung, einfache Verhüllung und Erkenntnis der Lenkung durch Belohnung und Strafe dienen lediglich der Vorbereitung, um den vierten Aspekt – das Erlangen der wahren, ewigen Lenkung – zu erreichen.

65. Wir müssen verstehen, weshalb dem Menschen der dritte Aspekt nicht ausreichend ist, nämlich die Lenkung durch Belohnung und Strafe. Wir sagten doch, dass man bereits dadurch belohnt wurde, dass Er, der alle Geheimnisse kennt, bezeugt, dass man nicht mehr sündigen wird. Warum wird man dann als „Der-dazwischen-Stehende" oder „unvollkommen Gerechte" bezeichnet, was darauf hinweist, dass in den Augen des Schöpfers unsere Arbeit immer noch nicht wünschenswert ist und sie immer noch Mängel und Fehler aufweist?

66. Zuerst wollen wir genau überprüfen, was die Kommentatoren über die *Mizwa* der Schöpferliebe sagten. Wie konnte die Heilige *Tora* uns eine *Mizwa* auferlegen, die wir nicht erfüllen können? Man kann sich zu allem zwingen und versklaven, aber kein Zwang oder keine Versklavung der Welt wird helfen zu lieben.

Sie erklären, dass sich durch das korrekte Einhalten aller 612 *Mizwot* die Schöpferliebe von selbst ausbreitet. Daher wird es für möglich gehalten, dadurch zur Schöpferliebe zu kommen, dass man sich versklaven und zwingen kann, die 612 *Mizwot* korrekt einzuhalten.

67. In Wahrheit bedürfen ihre Worte eines ausführlichen Kommentars. Schließlich sollte die Schöpferliebe zu uns nicht als eine *Mizwa* kommen, da wir uns nicht zur Schöpferliebe zwingen können. Sie kommt vielmehr von selbst – nach der vollständigen Erfüllung der 612 *Mizwot*. Daher sind die 612 *Mizwot* für uns eigentlich ausreichend; warum wurde diese *Mizwa* der Schöpferliebe dann geschrieben?

68. Um dies begreifen zu können, müssen wir zuerst ein echtes Verständnis in der Natur der Schöpferliebe selbst erlangen. Wir sollten wissen, dass alle Neigungen, Tendenzen und Eigenschaften, die anerzogen sind, um dem Freund zu dienen, auch bei der Arbeit für den Schöpfer benötigt werden.

Zuerst wurden sie nur aufgrund ihrer endgültigen Funktion, als endgültiger Zweck des Menschen erschaffen und eingeprägt, wie geschrieben steht: „Er, der vertrieben wurde, sollte kein Ausgestoßener von Ihm sein." Man benötigt sie alle, um sich auf dem Weg des Empfangens der Fülle zu vervollkommnen und den Willen des Schöpfers zu erfüllen.

Das ist gemeint mit „jeder, der bei Meinem Namen genannt ist und den ich um Meiner Ehre erschaffen habe" (Jesaja, 43:7), und auch mit „der Herr hat alle Dinge für Seine Zwecke gemacht" (Sprüche, 16:4). In der Zwischenzeit ist es dem Menschen jedoch gegeben, eine ganze Welt zu entwickeln, um alle diese natürlichen Neigungen und Attribute zu entwickeln und zu vervollständigen, indem er sich in ihnen mit anderen Menschen beschäftigt und er sie auf diese Weise für ihren Zweck reif werden läßt.

Es steht geschrieben: „Man muss sagen: Die Welt wurde für mich erschaffen." Für einen Menschen ist die ganze Gesellschaft erforderlich, da er dadurch Eigenschaften und Neigungen entwickelt, die ihn dafür qualifizieren, ein geeignetes Werkzeug für Seine Arbeit zu werden.

69. Daher müssen wir das Wesen der Schöpferliebe aus den Eigenschaften der Liebe verstehen, durch welche man mit anderen verbunden ist. Die Liebe zum Schöpfer zeigt sich notwendigerweise in diesen Eigenschaften, da sie zuerst aufgrund Seines Namens im Menschen eingeprägt sind. Wenn wir die Attribute der Liebe zwischen Menschen beobachten, finden wir darin vier Attribute der Liebe, eines über dem anderen, also zwei, die vier sind.

70. Das erste ist „bedingte Liebe". Das bedeutet, dass man die eigene Seele wegen der großen Güte, Freude und dem Nutzen, die man vom Freund erhält, mit dem Freund in wunderbarer Liebe verbindet.

Es beinhaltet zwei Schritte: Der erste ist, dass, bevor sie sich trafen und begannen, sich zu lieben, sie sich gegenseitig schadeten. Nun jedoch wollen sie sich daran nicht mehr erinnern, denn „Liebe überdeckt alle Sünden". Der zweite Schritt ist, dass sie sich von nun an Gefallen tun und einander helfen, und es gibt keine Spur von Schaden und Nachteil zwischen ihnen.

72. Das zweite Stadium ist „bedingungslose Liebe". Das bedeutet, dass der Mensch die Tugend seines Freundes erkannte, die erhaben ist und alles Denkbare und Vorstellbare übersteigt, und infolgedessen seine Seele mit seinem Freund in unendlich großer Liebe verschmilzt.

Hier sind ebenfalls zwei Stufen möglich: Die erste ist die, dass, bevor man nicht jede Handlung und jedes Verhalten seines Freundes anderen gegenüber kennt, diese Liebe als „nicht absolute Liebe" bezeichnet wird.

Das liegt daran, dass der Freund sich anderen gegenüber so verhält, dass es, oberflächlich gesehen, aufgrund von Unwissenheit zerstörerisch erscheint. Wenn der Liebende den Freund so sehen könnte, würde der Vorzug des Freundes vollkommen befleckt und die Liebe zwischen ihnen wäre beschädigt. Da er aber bislang diesen Umgang nicht gesehen hat, ist seine Liebe immer noch vollkommen, großartig und wundervoll.

73. Das zweite Attribut der bedingungslosen Liebe ist das vierte Attribut der generellen Liebe, welches ebenfalls vom Wissen um die Verdienste des Freundes herrührt. Jetzt kennt man endlich in Ergänzung hierzu all sein Handeln und Betragen jedermann gegenüber, niemanden ausschließend. Man hat ergründet und gefunden, dass da nicht nur keine Spur an Übel in ihm vorhanden ist, sondern dass seine Tugend größer als alles Vorstellbare ist. Nun handelt es sich um „ewige, vollständige Liebe".

74. Beachte, dass diese vier Attribute der Liebe zwischen Mensch und Mensch ebenfalls zwischen Mensch und Schöpfer Anwendung finden. Überdies entwickeln sie sich hier, in der Liebe zum Schöpfer, zu Stufen in Form von Ursache und Wirkung.

Es ist unmöglich, auch nur eine von ihnen zu erlangen, bevor nicht das erste Attribut der bedingten Liebe erlangt wurde. Nachdem es vollständig erlangt wurde, bewirkt das erste Attribut die Erlangung des zweiten Attributes. Nachdem man das zweite Attribut vollständig erlangt hat, führt dieses zur Erlangung des dritten Attributes. Schließlich vom dritten Attribut zum vierten Attribut, der ewigen Liebe.

75. Daraus stellt sich die Frage: Wie kann man die erste Stufe der Liebe zum Schöpfer als erste Stufe der bedingten Liebe erlangen, welche die Liebe ist, die sich durch die vielfache Güte darstellt, die man vom Geliebten erhält, wenn es doch in dieser Welt keine Belohnung für eine *Mizwa* gibt?

Ferner hat man gemäß dem oben Gesagten zuerst die zwei Formen der Vorsehung mittels der Verbergung des Angesichts zu durchlaufen. Mit anderen Worten ist Sein Grad der Güte zu diesem Zeitpunkt verborgen (Punkt 47), weshalb man in dieser Zeit Schmerz und Leid erfährt.

Wir haben jedoch gelernt, dass die Beschäftigung mit der *Tora* und die Arbeit aus der Wahl heraus vorrangig während der Zeit der Verbergung des Angesichts vonstatten gehen. Wenn dies so ist, wie kann es sein, dass einem das zweite Attribut der bedingten Liebe zuerkannt wird, das darin besteht, dass der Geliebte jedes Mal nur wundersame und reichlich gute Dinge getan hat und niemals irgendein Leid verursachte – und noch mehr bei der Erreichung des dritten und vierten Grades?

76. Tatsächlich tauchen wir hier in tiefe Gewässer. Zumindest müssen wir hieraus einen kostbaren Edelstein angeln. Lasst uns zu diesem Zweck die Worte unserer

Weisen untersuchen: „Du sollst deine Welt in deinem Leben sehen und dein Ende des Lebens in der nächsten Welt."

Wir müssen begreifen, warum sie nicht sagten: „Du wirst deine Welt in deinem Leben erhalten", sondern nur „sehen". Wenn sie hätten segnen wollen, dann hätten sie es vollständig getan, nämlich um die eigene Welt im eigenen Leben zu erreichen und zu erhalten. Wir müssen auch verstehen, warum ein Mensch die nächste Welt in seinem Leben sehen sollte; wenigstens wird sein Ende des Lebens in der nächsten Welt sein. Warum haben sie darüber hinaus diesen Segen vorangestellt?

77. Wir müssen zuerst verstehen: Was ist das Sehen der nächsten Welt in jemandes Leben? Mit Sicherheit können wir mit unseren körperlichen Augen nichts Spirituelles sehen. Es liegt sicher nicht im Verhalten des Schöpfers, die Gesetze der Natur zu verändern. Dies ist so, weil der Schöpfer diese Zusammenhänge ursprünglich in einer Art und Weise arrangierte, damit sie am erfolgreichsten ihren Zweck erfüllen. Durch sie kommt man zu einer Verbindung mit Ihm, wie geschrieben steht: „Der Herr hat alle Dinge zu Seinem Zweck gemacht." Wir müssen daher verstehen, wie man die eigene Welt im eigenen Leben sieht.

78. Ich sollte euch erzählen, dass das Sehen zu einem Menschen über das Öffnen der Augen für die heilige *Tora* kommt, wie geschrieben steht: „Öffne Du mir meine Augen, auf dass ich wundersame Dinge aus Deinem Gesetz zu erblicken vermag." Hierzu hat die Seele ihren Schwur gegeben, bevor sie in den Körper eintrat (Nida, S. 30), und „selbst wenn die ganze Welt sagt, du seiest rechtschaffen, sieh dich in den eigenen Augen als boshaft", besonders in deinen eigenen Augen. Dies bedeutet, dass man sich selbst als boshaft betrachten soll, solange einem nicht die Öffnung der Augen für die *Tora* zuerkannt wurde. Mache dich nicht selbst zum Narren, indem du dich in der gesamten Welt als rechtschaffen darstellst.

Nun verstehen wir auch, warum sie den Segen „Du wirst deine Welt in deinem Leben sehen" an den Anfang aller Segnungen stellten. Es rührt daher, dass man davor nicht einmal der Eigenschaft eines „unvollkommenen Gerechten" würdig wird.

79. Wir haben noch nicht verstanden, weshalb es, wenn jemand im Inneren weiß, dass er bereits die gesamte *Tora* eingehalten hat und dass die ganze Welt mit ihm darin übereinstimmt, noch nicht genug ist? Stattdessen hat er sich geschworen, sich selbst als böse anzusehen. Liegt es daran, dass diese erstaunliche Stufe des Öffnens der Augen für die *Tora* in ihm fehlt, sodass man ihn mit einem Bösen vergleichen könnte?

80. In der Tat wurden bereits die vier Maße der Erkenntnis der Lenkung des Schöpfers durch die Menschen erklärt, und zwar zwei in der Verhüllung des Angesichts und zwei in der Offenbarung des Angesichts.

Auch der Grund der Verhüllung des Angesichts vor den Geschöpfen wurde erklärt; es geschieht absichtlich, um den Menschen Raum zu geben, sich zu bemühen und sich mit der Arbeit für den Schöpfer in der *Tora* und den *Mizwot* aus freier Wahl zu beschäftigen. Dies erhöht die Zufriedenheit des Schöpfers bei ihrer Arbeit mit Seiner *Tora* und den *Mizwot* – mehr als Seine Zufriedenheit mit den hohen Engeln, die keine Wahl haben und gezwungen sind zu arbeiten.

81. Trotz des ganzen obigen Lobs für die Verhüllung des Angesichts wird diese dennoch nicht als Vollkommenheit betrachtet, sondern lediglich als „Übergang". Das ist der Ort, von dem aus die Vollkommenheit erreicht wird.

Das bedeutet, dass jede Belohnung für eine *Mizwa*, die für jemanden vorbereitet wurde, nur durch seine Arbeit in der *Tora* und in guten Taten erworben wird – zur Zeit der Verhüllung des Angesichts, wenn man sich „aus freier Wahl" damit beschäftigt. Denn dann verspürt der Mensch Kummer während der Festigung des Glaubens an den Schöpfer bei der Erfüllung Seines Wunsches. Und jede Belohnung des Menschen wird nur anhand der Leiden gemessen, die er durch die Erfüllung der *Tora* und der Gebote erduldet, wie es heißt: „Gemäß dem Leiden ist die Bezahlung."

82. Daher ist jeder Mensch verpflichtet, diese „Übergangsphase" der Verhüllung des Angesichts zu passieren. Und wenn er diese abschließt, wird er der Erkenntnis der klaren Lenkung gewürdigt, das heißt der Offenbarung des Angesichts. Bevor er jedoch der Offenbarung des Angesichts würdig wird, sieht der Mensch zwar die Umkehrseite; es kann aber nicht sein, dass er nicht wenigstens einmal einen Verstoß begeht.

Nicht nur liegt es nicht in seiner Kraft, alle 613 Gebote auszuführen, weil Liebe nicht auf dem Wege von Zwang und Gewalt kommt, sondern er ist auch in den 612 Geboten nicht vollkommen. Denn sogar seine Ehrfurcht ist nicht stetig, wie sie sein sollte.

Das ist die Bedeutung davon, dass der Zahlenwert des Wortes *Tora* nach der *Gematria* 611 beträgt (und jede *Gematria* weist auf die Umkehrseite hin). Mit anderen Worten: Sogar 612 Gebote kann der Mensch nicht korrekt ausführen. Das ist die Bedeutung von „Du wirst nicht immer streiten" („wirst streiten" – nach der *Gematria* 612). Im Endeffekt wird aber der Mensch mit der Offenbarung des Angesichts beehrt.

83. Der erste Grad der Offenbarung des Angesichts, welcher eine absolut klare Erkenntnis der Lenkung durch Belohnung und Strafe darstellt, kommt zum Menschen nur mittels der Erlösung vonseiten des Schöpfers, wenn er mittels einer herrlichen Erkenntnis mit der Einsicht in die *Tora* beehrt wird und „wie eine sprudelnde Quelle wird" (Sprüche der Väter, 86). Und nachdem der Mensch die *Mizwa* durch aus eigener Wahl investierte Mühen bereits erfüllt hat, wird er damit beehrt, in jeder *Mizwa* der *Tora* den für ihn in der kommenden Welt bestimmten Lohn für die *Mizwa* zu sehen, und auch den großen Verlust, der im Verstoß eingeschlossen ist.

84. Und obwohl er noch keine Belohnung erhielt, weil es keine Belohnung für eine *Mizwa* in dieser Welt gibt, reicht dem Menschen diese klare und nicht mehr schwindende Erkenntnis aus, um großen Genuss beim Ausführen einer jeden *Mizwa* zu empfinden, weil „alles, was eingesammelt werden soll, dem bereits Eingesammelten gleicht". Nehmen wir uns als Beispiel einen Verkäufer, der einen Vertrag abschließt, bei dem er eine große Summe Geld verdienen wird. Es mag sein, dass er den Gewinn erst nach langer Zeit erhalten wird, aber in jedem Fall, wenn er ohne jeden Hauch von Zweifel sicher ist, dass er den Gewinn zur richtigen Zeit erhalten wird, ist seine Freude so, als hätte er den Gewinn bereits erhalten.

85. Selbstverständlich zeigt eine solche offensichtliche Lenkung dem Menschen, dass er von diesem Moment an mit der *Tora* und den Geboten mit seinem ganzen Herzen und seiner ganzen Seele verschmelzen und gleichzeitig versuchen wird, sich genauso von Verstößen fernzuhalten und sie zu vermeiden, wie er vor Feuer flieht. Und obwohl er noch kein vollendeter Gerechter ist, weil er noch keiner Rückkehr aus Liebe würdig wurde, helfen dem Menschen jedoch die enge Verbindung zur *Tora* und gute Taten, allmählich auch mit der Rückkehr aus Liebe beehrt zu werden, das heißt mit der zweiten Stufe der „Offenbarung des Angesichts". Dann wird er fähig, alle 613 Gebote in Perfektion auszuführen, und wird zu einem vollkommenen Gerechten.

86. Nun klärt sich für uns offensichtlich die Frage hinsichtlich des Schwurs, welchen die Seele ablegen muss, bevor sie in diese Welt kommt: „Sogar wenn die ganze Welt dir sagt, du seiest ein Gerechter, verbleibe in deinen Augen ein Sünder." Wir fragten: Wenn die ganze Welt einverstanden ist, dass der Mensch ein Gerechter ist, warum sollte er sich dann für einen Sünder halten und der ganzen Welt nicht trauen?

Was bedeutet dieses Zeugnis der ganzen Welt: „Sogar wenn die ganze Welt sagt"? Weiß der Mensch etwa nicht selbst besser Bescheid als die ganze Welt? Und dann müsste man seinen Schwur so formulieren: „Sogar wenn du selbst weißt, dass du ein Gerechter bist (...)".

Und schließlich das Komplizierteste: Die *Gemara* sagt ausdrücklich (Brachot, 61), dass der Mensch in der Seele wissen muss, ob er ein vollendeter Gerechter ist oder nicht. Denn es existieren Verpflichtung und Möglichkeit, wahrlich ein vollendeter Gerechter zu sein.

Mehr als das muss der Mensch selbst diese Wahrheit erlernen und erkennen. Wie lässt man dann die Seele einen Schwur ablegen, in ihren Augen immer sündhaft zu bleiben und niemals selbst die Wahrheit zu kennen, wenn die Weisen zum Gegenteil verpflichteten?

87. Nichtsdestotrotz sind diese Worte sehr präzise, denn solange der Mensch nicht durch herrliche Erkenntnis einer Einsicht in die *Tora* würdig wurde, welche für offensichtliche Erkenntnis der Lenkung durch Lohn und Strafe ausreichen würde, wird er sich natürlich nicht in Selbstbetrug begeben und sich für einen Gerechten halten, weil er notwendigerweise fühlt, dass es ihm an den zwei umfassendsten Geboten der *Tora* mangelt: „Liebe und Ehrfurcht".

Möge es auch nur darum gehen, einer vollkommenen Ehrfurcht aufgrund großer Angst vor Bestrafung und vor Verlusten wegen des Verstoßes würdig zu werden, wenn „Derjenige, Welcher die Geheimnisse kennt, bezeugt, dass der Mensch nicht mehr zu seiner Narrheit zurückkehren wird". Der Mensch kann sich das nicht vorstellen, bevor er nicht einer vollen, klaren und absoluten Erkenntnis der Lenkung durch Belohnung und Bestrafung würdig wird, das heißt, bevor er nicht die erste Stufe der Offenbarung des Angesichtes erlangt, die er dank der Einsicht in die *Tora* verdient. Um nicht von der Liebe zu sprechen, die vollkommen über den Rahmen seiner Möglichkeiten hinausgeht, weil sie vom Verständnis des Herzens abhängt, und keine Anstrengung und kein Zwang dem Menschen hier helfen werden.

88. Daher lautet der Schwur: „Sogar wenn die ganze Welt dir sagt, du seiest ein Gerechter (...)." Denn diese zwei Gebote – „Liebe und Ehrfurcht" – wurden nur dem Individuum aufgetragen, und kein anderer in der Welt außer ihm selbst kann sie unterscheiden und erkennen. Wenn man daher sieht, dass der Mensch in 611 Geboten vollkommen ist, sagt man sofort, dass er sicherlich auch die Gebote von Liebe und Ehrfurcht hat. Und weil die Natur des Menschen ihn dazu zwingt, der Welt zu glauben, kann er durchaus einem bitteren Fehler verfallen. Daher beschwört man die Seele, noch bevor sie in diese Welt kommt: Und möge es der Wille des Schöpfers sein, dass es uns hilft. Das Individuum ist aber natürlich verpflichtet, selbst zu hinterfragen und in der Seele zu erkennen, ob es ein vollendeter Gerechter sei; darüber sprachen wir oben.

89. Wir verstehen nun auch, was wir zuvor hinterfragten: Wie kann man sogar der ersten Stufe der Liebe würdig werden, wenn es keinen Lohn für eine *Mizwa* in dieser Welt gibt? Nun ist es durchaus klar, dass der Mensch den Lohn für eine *Mizwa* eigentlich gar nicht in diesem Leben erhalten muss. Denn in dieser Hinsicht präzisierten die Weisen: „Du sollst deine Welt in deinem Leben und dein Ende im nächsten Leben sehen." Sie weisen darauf hin, dass der Lohn für ein Gebot nicht in dieser Welt, sondern in der kommenden ist.

Um jedoch die zukünftige Belohnung für ein Gebot in der kommenden Welt zu sehen, zu kennen und zu verspüren, muss es der Mensch wirklich noch in diesem Leben absolut genau wissen, das heißt mittels seiner herrlichen Erkenntnis in der *Tora*. Denn so oder anders wird er dann des Stadiums der bedingten Liebe gewürdigt, welches der ersten Stufe des Austritts aus der Verhüllung des Angesichts und des Übergangs zur Offenbarung des Angesichts entspricht. Das braucht der Mensch, um die *Tora* und die Gebote korrekt zu erfüllen, damit „Derjenige, Welcher die Geheimnisse kennt, vom Menschen bezeugt, dass er nicht mehr zu seiner Narrheit zurückkehren wird".

90. Von nun an unternimmt der Mensch Anstrengungen im Erfüllen der *Tora* und der Gebote auf der Stufe bedingter (abhängiger) Liebe. Diese erlangt er dank der Erkenntnis des Lohnes, welcher ihn in der kommenden Welt erwartet, wie es heißt: „Alles, was eingesammelt werden soll, gleicht dem bereits Eingesammelten." Dann wird er der zweiten Stufe der Offenbarung des Angesichts gewürdigt. Dies meint die Lenkung der Welt durch den Schöpfer aus Seiner Ewigkeit und Wahrhaftigkeit heraus, das heißt aus der Tatsache, dass Er gut ist und Guten und Schlechten Gutes tut.

In diesem Zustand wird der Mensch bedingungsloser Liebe gewürdigt, wenn seine Sünden zu Verdiensten für ihn werden. Von diesem Moment an wird er als „vollendeter Gerechter" bezeichnet, weil er die *Tora* und die Gebote in Liebe und Ehrfurcht erfüllen kann. Und „vollkommen" heißt er aus dem Grunde, da er nun alle 613 Gebote in Perfektion erlangte.

91. Damit klärt sich die Frage, die wir stellten: Wird derjenige, der des dritten Stadiums der Lenkung, das heißt der Lenkung durch Lohn und Strafe würdig wird, wenn bereits der Geheimnisse Wissende von ihm bezeugt, dass er nicht mehr zu seiner Narrheit zurückkehren wird, dennoch als ein „unvollkommener Gerechter" bezeichnet? Nun ist vollkommen klar, dass es ihm im Endeffekt an „einem Gebot" mangelt, nämlich am Gebot der Liebe. Er ist natürlich unvollkommen – denn er muss unbedingt 613 Gebote erfüllen, die unvermeidlich den ersten Schritt auf die Schwelle der Perfektion darstellen.

92. Aus allem oben Gesagten werden wir verstehen, was die Weisen erfragten: Wie verpflichtete uns die *Tora* zum Gebot der Liebe, wenn es doch überhaupt nicht in unserer Macht steht, uns mit diesem Gebot zu beschäftigen oder es irgendwie zu berühren? Nun wirst du verstehen, dass uns davor die Weisen warnten: „Ich habe mich angestrengt und nicht gefunden – sollst du nicht glauben." Und auch: „Immer sollte sich der Mensch mit der *Tora* und den *Mizwot lo liShma* beschäftigen, denn aus *lo liShma* kommt *liShma*" (Pssachim, 59). Und auch zeugen die Worte davon: „Diejenigen, die Mich suchen, werden Mich finden" (Mishlej, 8).

93. Dies sind die Worte unserer Weisen (Megila, 6): „Rabbi Izchak sagte: ‚Wenn jemand dir sagt: ‚Ich bemühte mich und fand nicht', so glaube das nicht. ‚Ich bemühte mich nicht und fand' – glaube nicht. ‚Ich bemühte mich und fand' – dies glaube!'"

Wir hinterfragten aber den Ausdruck „Ich bemühte mich und fand – sollst du glauben", denn auf den ersten Blick widerspricht sich dies. Denn die Bemühung weist auf Erwerb hin, und Fund – auf etwas, was zum Menschen ohne jegliche Sorge und unerwartet kommt. Daher sollte es heißen: „Ich bemühte mich und bekam."

Wisse aber, dass mit dem „Fund", von dem hier die Rede ist, der folgende Ausdruck gemeint ist: „Diejenigen, die Mich suchen, werden Mich finden." Gemeint ist das Finden des Angesichts des Schöpfers entsprechend den Worten des Buches *Sohar*, dass man den Schöpfer nur in der *Tora* findet. Das heißt, mittels der Bemühungen in der *Tora* werden wir dessen gewürdigt, das offenbarte Angesicht des Schöpfers zu finden. Daher waren die Weisen in ihren Worten präzise, als sie sagten: „Ich bemühte mich und fand – sollst du glauben." Denn die Bemühungen werden in der *Tora* unternommen, und der Fund besteht in der Offenbarung des Angesichts der Lenkung durch den Schöpfer.

Absichtlich sagten die Weisen nicht: „Ich bemühte mich und wurde gewürdigt" oder „Ich bemühte mich und erwarb". Denn dann könnten wir uns diesbezüglich irren und beschließen, dass der Erhalt oder Erwerb allein die Erlangung der *Tora* bedeutet. Daher waren sie im Ausdruck „fand" präzise, um darauf hinzuweisen, dass etwas über die Erlangung der *Tora* hinaus gemeint ist, das heißt: das Finden des offenbarten Angesichts der Lenkung durch den Schöpfer.

94. Das erklärt uns den Vers: „Ich bemühte mich nicht und fand – sollst du nicht glauben." Denn auf den ersten Blick erscheint das merkwürdig: Wem könnte in den Sinn kommen, dass man die *Tora* erwerben könne, ohne für sie zu arbeiten. Diese Worte beziehen sich aber auf den Vers: „Diejenigen, die Mich suchen, werden Mich finden" (Sprüche, 8:17). Das bedeutet, dass jeder Mensch der Ihn sucht – von klein bis groß – Ihn sofort findet. Darauf weist der Ausdruck „Diejenigen, die Mich suchen" hin. Denn man könnte sich denken, dass hier keine besonderen Anstrengungen nötig wären, und sogar ein kleiner Mensch, der nicht bereit wäre, dazu irgendwelche Anstrengungen zu unternehmen, ebenfalls den Schöpfer finden würde. Davor warnten uns die Weisen, damit wir einer solchen Deutung nicht trauen würden, denn hier ist die Anstrengung unbedingt notwendig, und „ich bemühte mich nicht und fand – sollst du nicht glauben".

95. Nun verstehst du, warum *Tora* „Leben" genannt wird. Wie es heißt: „Siehe, ich habe dir heute das Leben und das Gute vorgelegt" (Deuteronomium, 30:15). Und auch: „Wähle das Leben." Und auch: „Denn sie ist das Leben denen, die sie finden" (Sprüche, 4:22). Das entspringt dem Vers: „Im Lichte des Angesichts des Königs ist das Leben" (Sprüche, 16), denn der Schöpfer ist die Quelle von allem Leben und allem Wohl.

Daher zieht sich das Leben zu denjenigen Zweigen, die mit ihrer Quelle verschmelzen. Die Rede ist von denjenigen Menschen, die Anstrengungen unternahmen und das Licht des Angesichts des Schöpfers in der *Tora* fanden, das heißt, sie wurden durch herrliche Erkenntnis der Einsicht in die *Tora* würdig. Im Endeffekt wurden sie mit der Offenbarung des Angesichts beehrt, welche die Erkenntnis der wahren Lenkung bedeutet, die des Namens des Schöpfers, „dem Guten", würdig ist, denn dem Guten gebührt es, Gutes zu tun.

96. Diejenigen, denen das bereits gegönnt wurde, können sich nicht mehr vom korrekten Ausführen der *Mizwa* zurückziehen – gleich einem Menschen, der nicht fähig ist, sich von einem wunderbaren Genuss zurückzuziehen, welcher in seine Hände fällt. Vor einem Verstoß laufen sie dagegen weg wie vor einem Feuer. Über sie heißt es: „Ihr aber, die ihr mit eurem Schöpfer verschmolzen seid, ihr seid heute alle am Leben." Denn die Liebe des Schöpfers kommt zu ihnen und wird ihnen gegeben als natürliche Liebe entlang natürlicher Kanäle, die dem Menschen von der Natur der Schöpfung bereitet wurden. Und nun ist der Zweig mit seiner Wurzel verschmolzen, wie es sich gehört, und das Leben fließt in ihn unaufhörlich aus seiner Quelle in großer Fülle. Daher wird die *Tora* „Leben" genannt.

97. Daher warnten uns die Weisen vielerorts bezüglich der notwendigen Bedingung im Studium der *Tora*: dass dieses Studium eben *liShma* sein möge. Das heißt, dass es so sein möge, dass einem dank der *Tora* Leben gegönnt würde, denn es ist doch die *Tora* des Lebens. Zu diesem Zweck wurde sie uns gegeben, wie es heißt: „Und du sollst das Leben wählen."

Deswegen ist jeder Mensch verpflichtet, während seines Studiums der *Tora* in ihr Anstrengungen zu unternehmen und den Verstand und das Herz darauf einzustellen, in ihr das Licht des „Angesichts des Königs des Lebens" zu finden. Gemeint ist die Erkenntnis der offensichtlichen Lenkung, genannt „Licht des Angesichts".

Jeder Mensch eignet sich dafür, wie es heißt: „Diejenigen, die Mich suchen, werden Mich finden", und auch „Bemühte sich und fand nicht – sollst du nicht glauben". Dazu bedarf es für den Menschen nichts außer Arbeit allein. Und darüber heißt es: „Für jeden, der sich mit der *Tora liShma* befasst, wird sie zum Lebenselixier" (Taanit, 7:71). Das bedeutet, dass der Mensch lediglich seinen Verstand und sein Herz darauf einstimmen soll, dass ihm Leben gegönnt wird, worin eben der Sinn von *liShma* besteht.

98. Nun wirst du verstehen, wie sich die Frage der Ausleger der *Mizwa* der Liebe klärt. Sie sagten, dass diese *Mizwa* nicht in unseren Händen liegt, da Liebe nicht mittels Zwang und Unterwerfung kommt. Hier gibt es gar kein Problem, da dies gänzlich in unseren Händen liegt. Denn jeder Mensch kann Anstrengungen in der *Tora* unternehmen, bis er schließlich die Erkenntnis der offensichtlichen Lenkung des Schöpfers findet, wie es heißt: „Ich bemühte mich und fand – sollst du glauben."

Und wenn dem Menschen die Ehre der offensichtlichen Lenkung zuteil wird, kommt die Liebe bereits automatisch zu ihm entlang natürlicher Kanäle. Wenn er aber aus irgendeinem erdenklichen Grunde nicht glaubt, dass man diese Ehre durch eigene Bemühungen verdienen kann, dann glaubt er zweifellos nicht den Worten der Weisen und stellt sich vor, dass nicht alle Bemühungen ausreichen. Das widerspricht außerdem dem Ausspruch: „Ich bemühte mich und fand nicht – sollst du nicht glauben", und auch den Worten: „Diejenigen, die Mich suchen, werden Mich finden." Die Weisen sagten ausdrücklich: „Diejenigen, die Mich suchen" – das heißt, wer immer sie sein mögen, von Klein bis Groß. Beim Menschen ist aber natürlich Anstrengung vonnöten.

99. Und aus dem oben Geklärten wirst du den Sinn der Worte verstehen: „Für jeden, der sich mit der *Tora lo liShma* beschäftigt, wird sie zu einem tödlichen Gift" (Taanit, 7:71). Es heißt auch: „Wahrlich bist du ein Dich verbergender Gott" – der Schöpfer verbirgt sich in der *Tora*. Und wir fragten: Leitet der Verstand nicht etwa zum Schluss, der Schöpfer sei eben in den Dingen dieser Welt verborgen, die außerhalb der *Tora* liegen, und nicht in der *Tora* selbst, die doch der alleinige Ort der Offenbarung sei? Und wir fragten auch: Diese Verhüllung, durch welche sich der Schöpfer verhüllt, damit die Menschen Ihn suchen und Ihn finden – wozu brauche ich sie?

100. Daraus wirst du gut verstehen, dass die Verhüllung, durch welche sich der Schöpfer verhüllt, damit die Menschen Ihn begehren, die Verhüllung des Angesichts meint, bei welcher Er mit Seinen Geschöpfen auf zwei Wegen vorgeht: dem Weg der einfachen Verhüllung und der Verhüllung innerhalb der Verhüllung.

Der *Sohar* sagt uns: Niemandem soll auch nur der Gedanke kommen, der Schöpfer wünsche es, auf einem solchen Stadium der Lenkung zu verharren, wenn Sein Angesicht vor Seinen Geschöpfen verhüllt ist. Im Gegenteil gleicht das einem Menschen, der sich absichtlich verbirgt, damit sein Freund ihn sucht und findet.

So auch der Schöpfer. Wenn er mit Seinen Geschöpfen auf diese Weise vorgeht und in der Verhüllung des Angesichts verharrt, so besteht der Grund dafür nur darin, dass Er will, dass die Geschöpfe die Offenbarung Seines Angesichts begehren und Ihn finden. Denn die Geschöpfe hätten keinen Weg und Zutritt dazu, dass ihnen das Licht des Angesichts des Königs des Lebens zuteil wird, wenn der Schöpfer mit ihnen nicht zu Beginn anders verführe, nämlich in der Verhüllung des Angesichts verharrend. Also ist die ganze Verhüllung lediglich eine Vorbereitung auf die Offenbarung des Angesichts.

101. Daher steht geschrieben: Der Schöpfer verhüllt Sich in der *Tora*. Denn hinsichtlich der Leiden und Torturen, die in der Phase der Verhüllung des Angesichts erfahren werden, unterscheidet sich der Mensch, der gegen die *Tora* und die *Mizwot* verstößt und sich wenig mit ihnen beschäftigt, von einem, der seine Bemühungen in der *Tora* und in guten Taten vermehrt. Der Erstere von ihnen ist eher darauf vorbereitet, seinen Herren zu rechtfertigen, das heißt zu beschließen, dass diese Leiden zu ihm aufgrund der Verstöße und des geringen Eifers in der *Tora* seinerseits kamen.

Dem Zweiten fällt es dagegen viel schwerer, seinen Herrn zu rechtfertigen, denn nach seinem Verstand hat er solch schwere Bestrafungen nicht verdient. Und mehr als das – er sieht, dass seine Freunde, die schlimmer sind als er, nicht in solchem Maße leiden. Wie es heißt: „Siehe, das sind die Gottlosen; sie sind glücklich in der Welt und werden reich" (Psalmen, 73:12), und auch: „Soll es denn umsonst sein, dass mein Herz unsträflich lebt und ich meine Hände in Unschuld wasche?" (Psalmen, 73:13).

Hieraus wirst du auch sehen, dass, solange der Mensch noch nicht mit der Lenkung durch die Offenbarung des Angesichts gewürdigt wurde, ihm die *Tora* und die *Mizwot*, in welchen er seine Anstrengungen vermehrte, die Verhüllung des Angesichts in noch größerem Maße erschweren. Daher heißt es eben auch, der Schöpfer verhülle sich in der *Tora*. Und tatsächlich ist jene ganze Schwere, die der Mensch am stärksten mittels der *Tora* verspürt, nichts anderes als Rufe, durch welche die *Tora* selbst an ihn appelliert und ihn dazu erweckt, sich so sehr es geht zu beeilen und zu hasten, die von ihm erforderliche Summe an Anstrengungen zu unternehmen, um den Menschen sofort mit der Offenbarung des Angesichts entsprechend dem Willen des Schöpfers zu belohnen.

102. Deswegen heißt es, dass für jeden, der *lo liShma* studiert, die *Tora* zum tödlichen Gift wird. Denn nicht nur tritt er nicht aus der Verhüllung des Angesichts in die Offenbarung heraus, weil er seinen Verstand nicht darauf einstellte, Anstrengungen zu unternehmen und dessen würdig zu werden – die *Tora*, mit welcher er sich viel beschäftigt, fügt ihm noch die Verhüllung des Angesichts in riesigem Maße hinzu, bis der Mensch in die Verhüllung innerhalb der Verhüllung fällt, die der Tod ist, weil er vollkommen von seiner Wurzel losgelöst ist. Also läuft es darauf hinaus, dass die *Tora* für ihn zu einem tödlichen Gift wird.

103. Das erklärt die zwei Namen, bei welchen die *Tora* genannt wird: „enthüllt" und „verhüllt". Man muss verstehen, wozu wir die verhüllte *Tora* brauchen. Und warum nicht die ganze *Tora* enthüllt (offenbart) ist. Hier ist aber eine tiefe innere Absicht vorhanden, da die „verhüllte" *Tora* darauf hindeutet, dass sich der Schöpfer „in der *Tora* verhüllt". Deswegen wird sie als die „verhüllte *Tora*" bezeichnet.

Als „enthüllt" oder „offenbart" wird sie dagegen bezeichnet, weil sich der Schöpfer mittels der *Tora* offenbart. Daher sagten die Kabbalisten, und das steht auch im Gebetbuch des *Gaon aus Vilna*, dass die Reihenfolge der Erkenntnis der *Tora* beim Geheimnis beginnt und beim einfachen Sinn (*Pshat*) endet. Mit anderen Worten wird dem Menschen, wie es heißt, dank der erforderlichen Mühen, die er sich zu Beginn in der verhüllten *Tora* gibt, die Ehre der enthüllten *Tora* zuteil, die *Pshat* (der einfache/wörtliche Sinn) ist. Somit beginnt der Mensch beim Verhüllten, welches *Sod* (Geheimnis) genannt wird, und wenn er gewürdigt wird, endet er beim einfachen Sinn (*Pshat*).

104. Nun hat sich ausreichend geklärt, wie man die erste Stufe der Liebe verdienen kann, welche die an Bedingungen geknüpfte (abhängige) Liebe darstellt. Jetzt ist uns bekannt, dass, obwohl es keine Belohnung für eine *Mizwa* in dieser Welt gibt, die Erkenntnis der Belohnung für eine *Mizwa* auch im Leben dieser Welt vorhanden ist. Sie gelangt zum Menschen mittels der Einsicht (Öffnung der Augen) in die *Tora*. Diese klare Erkenntnis gleicht für den Menschen vollkommen dem unmittelbaren Erhalt der Belohnung für eine *Mizwa*.

Deswegen verspürt der Mensch die herrliche Güte des Schöpfers, die im Schöpfungsplan eingeschlossen ist, welche darin besteht, Seine Geschöpfe mit voller, guter und großzügiger Hand mit Genuss zu erfüllen. Wegen des großen Segens, welchen der Mensch erkennt, erscheint zwischen ihm und dem Schöpfer eine herrliche Liebe, die den Menschen ununterbrochen auf den gleichen Wegen und Kanälen beschenkt, auf welchen auch die natürliche Liebe zutage tritt.

105. All das gelangt jedoch zum Menschen vom Moment seiner Erkenntnis an. Es bleibt aber noch das Stadium der Leiden, die von der Lenkung in der Verhüllung des Angesichts bedingt waren und die der Mensch erleiden musste, bevor er der erwähnten Offenbarung des Angesichts würdig wurde. Und obwohl er sich nicht an sie erinnern möchte, weil „die Liebe alle Verstöße überdeckt", gelten sie natürlich als ein großer Mangel, sogar in Hinsicht auf die Liebe zwischen Menschen und umso mehr hinsichtlich der wahren Lenkung des Schöpfers, weil Er gut ist und Schlechten und Guten Gutes tut.

Daher sollte man verstehen, wie der Mensch der Liebe zum Schöpfer in solch einem Maße würdig werden kann, dass er fühlen und wissen wird, dass der Schöpfer ihm immer wunderbare Segen brachte, vom Moment seiner Geburt an, und ihm in seinem ganzen Leben kein Gramm Böses tat. Das ist das zweite Stadium der Liebe.

106. Um das zu verstehen, brauchen wir die Worte unserer Weisen, die sagten „Für denjenigen, der eine Rückkehr aus Liebe vollzieht, werden seine Verstöße zu Verdiensten." Nicht nur vergibt also der Schöpfer dem Menschen seine Sünden, sondern jede von ihm begangene Sünde und jeden Verstoß verwandelt der Schöpfer in eine *Mizwa*.

107. Der Mensch wird so weit des Lichts des Angesichts gewürdigt, dass jeder von ihm begangene Verstoß – einschließlich sogar derjenigen von ihnen, die er böswillig beging – sich für ihn in eine *Mizwa* verwandelt. Dank dieser Tatsache wird er froh und glücklich über alle erlittenen Plagen und bitteren Leiden und die zahlreichen Sorgen sein, die er in seinem Leben seit der Zeit durchlitt, als er den zwei Stadien der Verhüllung des Angesichts unterlag. Denn gerade sie brachten ihm all die böswilligen Verstöße, die sich nun aufgrund des wundersam herrlichen Lichts des Angesichts des Schöpfers für ihn in *Mizwot* verwandelten.

Und jede Pein oder Sorge, die den Menschen des Verstandes beraubten, als er Misserfolge bei Unachtsamkeitsfehlern in einfacher Verhüllung oder bei böswilligen Verstößen in doppelter Verhüllung erlitt, verwandeln sich für ihn in einen Faktor der Kausalität und einfachen Vorbereitung auf die Ausführung der *Mizwa* und den Erhalt einer großen und herrlichen Belohnung für sie – auf ewig. Daher verwandelt sich für den Menschen jedes Leid in eine große Freude und jedes Böse in herrliches Heil.

108. Das gleicht einer Geschichte, welche die Menschen von einem Juden erzählen, der ergeben im Hause eines Herren diente, der ihn liebte wie sich selbst. Einmal kam es so, dass der Herr wegfuhr und seine Geschäfte den Händen eines Vertreters überließ. Und dieser Mensch war ein Hasser Israels.

Also tat er Folgendes: Er beschuldigte den Juden und schlug ihn als Strafe fünf Mal vor den Augen aller, um ihn gut zu erniedrigen. Als der Hausherr zurückkehrte, kam der Jude zu ihm und berichtete von allem, was mit ihm geschehen war. Der Hausherr wurde sehr wütend, rief den Vertreter und befahl ihm, dem Juden sofort tausend Münzen für jeden Schlag, den dieser ihm erteilt hatte, in die Hände zu geben. Der Jude nahm sie und kehrte zu sich nach Hause zurück. Dort fand ihn seine Frau weinend vor. In großer Sorge fragte sie ihn: „Was ist dir mit dem Hausherren zugestoßen?" Er erzählte es ihr. Dann fragte sie: „Warum weinst du dann?" Und er antwortete: „Ich weine, weil er mich nur fünf Mal geschlagen hat. Hätte er mich wenigstens zehn Mal geschlagen, hätte ich jetzt zehntausend Münzen."

109. Nun ist klar zu sehen, dass, nachdem dem Menschen die Vergebung der Sünden gegönnt worden ist, nachdem die böswilligen Sünden sich für ihn in Verdienste verwandelt haben, es ihm gegönnt wird, mit dem Schöpfer zur zweiten Stufe der Liebe überzugehen. Das bedeutet, dass der Geliebte demjenigen, den er liebt, niemals etwas Böses oder auch nur einen Schatten von Bösem angetan hat, ihm aber dagegen unverändert seit der Geburt großen und herrlichen Segen bringt. Somit erscheinen die Rückkehr aus Liebe und die Verwandlung der böswilligen Verstöße in Verdienste als Einheit.

110. Bisher haben wir nur die bedingte (abhängige) Liebe auf ihren zwei Stufen erklärt. Man muss aber immer noch nachvollziehen, wie dem Menschen die Ehre zuteil wird, mit seinem Schöpfer zu den zwei Stadien unabhängiger (nicht an Bedingungen geknüpfter) Liebe zu kommen.

In dieser Frage müssen wir gut verstehen, was geschrieben steht (*Kidushin*, 40): „Der Mensch soll sich immer so betrachten, als wäre er halb schuldig und halb freigesprochen. Vollzog er eine *Mizwa*, ist das Glück sein, weil er seine Waage der Seite der Verdienste zugeneigt hat. Beging er eine Sünde – wehe ihm, weil er seine Waage der Seite der Schuld zugeneigt hat." Rabbi Elasar, der Sohn von Rabbi Shimon, sagt: „Die ganze Welt wird nach der Mehrheit gerichtet, und das Individuum wird nach der Mehrheit gerichtet. Wenn daher der Mensch eine *Mizwa* erfüllte, ist das Glück sein, da er die Waage für sich selbst und für die ganze Welt der Seite des Guten zuneigte. Wenn er aber ein Vergehen beging, wehe ihm, da er die Waage für sich selbst und für die ganze Welt der Seite der Schuld zuneigte. Denn wegen einer einzigen von ihm begangenen Sünde ging für ihn selbst und für die ganze Welt ein großer Segen verloren."

111. Auf den ersten Blick sind diese Worte vom Anfang bis zum Ende kompliziert. Denn er sagt, dass ein Mensch, der eine *Mizwa* ausführt, die Waage unmittelbar dem Verdienst zuneigt, weil nach der Mehrheit gerichtet wird. Bezieht sich das etwa nicht nur auf diejenigen, die halb schuldig und halb im Recht sind? Davon spricht Rabbi

Elasar, der Sohn von Rabbi Shimon, überhaupt nicht. Somit bleibt das Wichtigste unklar. Rashi deutete seine Worte als sich auf den Vers beziehend: „Der Mensch soll sich immer so betrachten, als wäre er halb schuldig und halb im Recht." Und Rabbi Elasar, der Sohn von Rabbi Shimon, fügt hinzu, dass der Mensch auch die ganze Welt so betrachten solle, als wären alle halb schuldig und halb gerecht. Das Wichtigste bleibt jedoch unklar. Und wozu veränderte er seine Worte, wenn der Sinn derselbe bleibt?

112. Die größte Schwierigkeit ist im Wesen der Sache selbst eingeschlossen, das heißt darin, dass der Mensch sich so betrachten solle, als wäre er nur zur Hälfte schuldig. Das ist verwunderlich, denn wenn der Mensch seine zahlreichen Sünden kennt, wie kann er dann lügen und sagen, dass er in Hälften geteilt sei? Sagte die *Tora* nicht etwa: „Entferne dich von der Lüge"? Und auch heißt es doch: „Ein Sünder wird viel Gutes vernichten." Das heißt, wegen einer Sünde neigt er sich selbst und die ganze Welt dem Schuldspruch zu. Denn die Rede ist von der wahren Realität und nicht von einer trügerischen Illusion, als deren Teil sich der Mensch sich selbst und die ganze Welt einbilden soll.

113. Auch ist unklar, ob es denn möglich ist, dass es in jeder Generation nicht viele Individuen gibt, die eine *Mizwa* erfüllen. Und wie neigt sich die Welt dann dem Freispruch zu? Läuft es darauf hinaus, dass sich der Zustand gar nicht verändert und die Welt so funktioniert, wie sie in Funktion gesetzt wurde? Hier ist eine zusätzliche Tiefe erforderlich, weil man diese Worte durch den oberflächlichen Blick nicht verstehen kann.

Die Rede ist überhaupt nicht von einem Menschen, der weiß, dass seine Sünden zahlreich sind. Man braucht ihm nicht die Lüge einzuprägen, dass er zweigeteilt sei, und ihn damit zu verführen, dass es ihm nur an einem Gebot mangeln würde. Eine solche Herangehensweise gehört überhaupt nicht zum Weg der Weisen. Die Rede ist hingegen von einem Menschen, der sich wie ein vollkommen Gerechter fühlt und vorstellt und glaubt, in vollkommener Perfektion zu verweilen. Das kommt daher, dass ihm bereits die Ehre der ersten Stufe der Liebe mittels der Einsicht in die *Tora* zuteil wurde, wenn Derjenige, der die Geheimnisse kennt, von ihm bezeugt, dass er nicht mehr zu seiner Narrheit zurückkehren würde.

Von einem solchen Menschen handeln die oben angeführten Worte. Sie klären für ihn den Weg und beweisen ihm, dass er noch immer kein Gerechter, sondern ein *Bejnoni* (Mittlerer) ist, das heißt halb schuldig und halb freigesprochen. Das, weil es ihm noch an „einer *Mizwa*" von den 613 *Mizwot* der *Tora* mangelt – der *Mizwa* der Liebe. Denn das Zeugnis Desjenigen, der die Geheimnisse kennt, dass er nicht mehr sündigen wird, gründet sich nur auf der Klarheit, mit welcher der Mensch den großen Verlust durch einen Verstoß erkennt. Das wird als Ehrfurcht vor einer Bestrafung betrachtet und daher als „Rückkehr aus Ehrfurcht" bezeichnet.

114. Oben klärte sich auch, dass diese Stufe der „Rückkehr aus Ehrfurcht" den Menschen nur ab dem Moment der Reue und weiter korrigiert. All jene Leiden und Pein aber, die er ertrug, bevor ihm die Ehre der Offenbarung des Angesichts zuteil wurde, bleiben wie sie waren – ohne jegliche Korrektur. Die vom Menschen begangenen Verstöße sind ebenfalls nicht komplett korrigiert, sondern verbleiben in der Kategorie der Unachtsamkeitsverstöße.

115. Daher heißt es, dass ein Mensch, dem es immer noch an „einer *Mizwa*" mangelt, sich so sehen solle, als wäre er zur Hälfte schuldig und zur Hälfte freigesprochen. Das heißt, er solle sich vorstellen, dass die Zeit der Rückkehr in der Mitte seiner Jahre liege und er damit „zur Hälfte schuldig" sei. Anders gesprochen, ist der Mensch für die Hälfte der Jahre, die er vor der Rückkehr gelebt hatte, natürlich schuldig, weil die „Rückkehr aus Ehrfurcht" diese Jahre nicht korrigiert.

Folglich ist er auch „zur Hälfte freigesprochen". Das heißt, für die Hälfte der Jahre ab dem Moment der Reue (Rückkehr) ist der Mensch natürlich freigesprochen, weil er sich dessen sicher ist, dass er nicht wieder sündigen wird. Somit ist er in der ersten Hälfte seiner Jahre schuldig und in der zweiten Hälfte freigesprochen.

116. Dem Menschen wurde gesagt, so von sich zu denken: Wenn er „eine *Mizwa*" erfüllt, das heißt diejenige *Mizwa*, an welcher es ihm aus der Zahl von 613 mangelt, sollte er glücklich sein, weil er die Waage für sich selbst dem Freispruch zuneigte. Denn derjenige, der dank der „Rückkehr aus Liebe" der *Mizwa* der Liebe gewürdigt wurde, verdient dadurch, dass sich seine böswilligen Verstöße für ihn in Verdienste verwandeln. Dann verwandeln sich jedes Leid und jede Sorge, die der Mensch in seinem Leben erlitt, bevor er der Rückkehr gewürdigt wurde, in unendlich herrliche Genüsse für ihn; soweit, dass er selbst bereut, an ihnen nicht um vieles mehr gelitten zu haben. Wie im Gleichnis von dem Herrn und dem ihn liebenden Juden. Das wird eben als „Neigung zum Freispruch" bezeichnet. Denn alle Empfindungen des Menschen, die mit Unachtsamkeitsverstößen und böswillig begangenen Verstößen zu tun hatten, verwandelten sich für ihn in „Verdienste". Das ist die Neigung zur „Waagschale des Freispruchs", denn eine Waagschale voller Schuld verwandelte sich in eine Waagschale voller Verdienste. Diese Verwandlung wird in der Sprache der Weisen als „Neigung" bezeichnet.

117. Außerdem warnt Rav den Menschen, dass, solange er ein Mittlerer ist und nicht „einer *Mizwa*" gewürdigt wurde, an welcher es ihm aus der Zahl von 613 mangelt, er sich selbst bis zum Tag seines Todes nicht trauen solle. Er soll sich auch nicht auf der Grundlage des Zeugnisses von Demjenigen, Der die Geheimnisse kennt, darauf verlassen, dass er nicht mehr zu seiner Narrheit zurückkehren wird. Denn der Mensch ist noch immer dazu fähig, einen Verstoß zu begehen. Er sollte von sich denken, dass er sich dem Schuldspruch zuneigt, sobald er einen Verstoß begeht.

Denn dadurch wird sofort seine ganze herrliche Erkenntnis in der *Tora* und die Offenbarung des Angesichts, welcher er gewürdigt wurde, verloren sein; und er wird zum Stadium der Verhüllung des Angesichts zurückkehren. In der Folge wird sich der Mensch dem Schuldspruch zuneigen, da alle seine Verdienste und sein Segen verloren gegangen sind, auch für die zweite Hälfte seiner Jahre. Als Beweis dafür führt ihm Rav die Worte an: „Ein Sünder wird viel Gutes zerstören."

118. Nun wirst du verstehen, was Rabbi Elasar, Sohn des Rabbi Shimon, ergänzte, und warum er nicht die Wendung „halb schuldig und halb rein" anführte. Dies deshalb, weil darin von dem zweiten und dem dritten Stadium der Liebe gesprochen wird, während Rabbi Elasar vom vierten Stadium der Liebe spricht, also von der ewigen Liebe, das heißt von der Offenbarung des Angesichts des Schöpfers, wie Er wirklich ist: gütig und Guten und Schlechten Gutes bescherend.

119. Auf diese Weise hat sich geklärt, dass der Mensch nur dann des vierten Stadiums würdig werden kann, wenn er ausnahmslos jedes Verhalten seines Geliebten in seiner Beziehung zu allen anderen kennt. Aus dem gleichen Grund reicht ihm der große Verdienst darin, dass er sich der Seite des Freispruchs zuneigte, noch nicht aus, um der vollkommenen Liebe und damit des vierten Stadiums würdig zu werden. Denn nun erkennt der Mensch die Rechtschaffenheit des Schöpfers, der Guten Gutes und Schlechten Gutes tut, indem er nur von Seiner Lenkung im Bezug auf sich selbst ausgeht.

Doch er erkennt die ebenso erhabene und wundervolle Vorsehung des Schöpfers hinsichtlich der übrigen Geschöpfe auf der Welt noch immer nicht. Daher lernen wir aus dem vorher Gesagten, dass die Liebe nicht ewig ist, solange man das Verhalten des Geliebten anderen gegenüber nicht vollständig kennt. Der Mensch muss auch die ganze Welt dem Freispruch zuneigen. Nur dann erscheint die ewige Liebe vor ihm.

120. Davon spricht Rabbi Elasar, der Sohn von Rabbi Shimon, wenn er sagt: „Die ganze Welt wird anhand der Mehrheit bewertet, und der Einzelne wird anhand der Mehrheit bewertet." Da er von der gesamten Welt spricht, kann er nicht, wie geschrieben steht, sagen, dass der Mensch alle als halb schuldig und halb freigesprochen betrachten solle. Diese Stufe erreicht der Mensch erst, wenn ihm die Enthüllung des Angesichts und die „Rückkehr aus Ehrfurcht" zuerkannt werden.

Wie kann dies von der gesamten Welt behauptet werden, wenn ihnen diese Rückkehr nicht gewährt wurde? Daher sagt man nur, dass die Welt anhand der Mehrheit und der Einzelne anhand der Mehrheit beurteilt wird.

Denn man könnte doch denken, dass der Mensch nur dann des Stadiums eines vollkommenen Gerechten würdig wird, wenn er keine Übertritte zu verzeichnen hat und niemals in seinem Leben eine Sünde begangen hat; und diejenigen, die Misserfolg in Sünden und böswilligen Vergehen hatten, wären nicht mehr des Stadiums vollkommener Gerechter würdig.

Aus diesem Grunde lehrt uns Rabbi Elasar, Sohn des Rabbi Shimon, dass es sich nicht so verhält. Vielmehr wird die Welt anhand ihrer Mehrheit beurteilt und ebenso das Individuum. Nachdem der Mensch aus Ehrfurcht zurückgekehrt ist, wird er sofort der 613 Gebote gewürdigt und als „Mittlerer" bezeichnet, das heißt, für die Hälfte seiner Jahre ist er schuldig und für die anderen freigesprochen. Und nun, nachdem er aus dem Stadium des Mittleren ausgetreten ist, wenn er nur ein einziges Gebot hinzufügt, also das Gebot der Liebe, dann gilt, dass er nach der Mehrheit freigesprochen ist und alles dem Freispruch zuneigt. Das heißt, die Schale der Verbrechen verwandelt sich ebenfalls in Verdienste.

Wenn der Mensch also sogar eine volle Schale von Sünden und böswilligen Vergehen in seiner Hand hält, verwandeln sie sich alle in Verdienste. Und natürlich gleicht er dann einem Menschen, der niemals gesündigt hat, und gilt als vollkommener Gerechter. Das bedeutet eben, dass die Welt und auch das Individuum anhand der Mehrheit beurteilt werden. Die Verbrechen, die der Mensch vor seiner Reue begangen hatte, werden also überhaupt nicht in Betracht gezogen, denn sie verwandelten sich in Verdienste. Selbst vollkommene Sünder, die der Rückkehr aus Liebe würdig wurden, gelten als vollkommene Gerechte.

121. Daher sagt Rav, dass, wenn das Individuum nach der „Rückkehr aus Ehrfurcht" eine *Mizwa* ausgeführt hat, weil es ihm nur an einer *Mizwa* mangelte, „das Glück sein (ist), weil er sich selbst und die ganze Welt dem Freispruch zuneigte". Nicht nur wird ihm mittels der von ihm ausgeführten „Rückkehr aus Liebe" die Ehre zuteil, sich selbst dem Freispruch zuzuneigen, sondern er wird auch dessen gewürdigt, die ganze Welt dem Freispruch zuzuneigen.

Es wird ihm gegönnt, in der wunderbaren Erkenntnis der heiligen *Tora* emporzusteigen, bis sich ihm offenbart, wie am Ende die gesamte Menschheit der „Rückkehr aus Liebe" gewürdigt wird. Dann wird sich auch für sie jene herrliche Lenkung offenbaren, und sie wird für sie zu sehen sein, und sie alle werden sich dem Freispruch zuneigen. Die Sünden werden von der Erde verschwinden, und Sünder wird es nicht mehr geben.

Die Menschheit selbst wurde bisweilen noch nicht einmal der „Rückkehr aus Ehrfurcht" würdig. In jedem Fall aber, wenn ein Individuum die Neigung zur Seite des Freispruchs erlangt, die allen in Zukunft in klarer und absoluter Erkenntnis bevorsteht, dann gleicht das dem Stadium: „Deine Welt wirst du in deinem Leben sehen", wie es in Bezug auf einen Menschen heißt, der „Reue aus Ehrfurcht" erfährt. Wie wir bereits sagten, dass es für denjenigen, der sich darüber freut und genießt, so ist, als würde er unmittelbar die Erkenntnis erlangen. Denn „alles, was eingesammelt werden soll, gleicht dem bereits Eingesammelten."

So auch hier. Sobald der einzelne Mensch die Rückkehr der ganzen Welt erkennt, dann ist es in Bezug auf ihn so, als würde den Menschen tatsächlich bereits die Rückkehr aus Liebe gewährt. So, als würde jeder von ihnen seine Verstöße dem Freispruch zuneigen, ausreichend, um die Beziehung des Schöpfers zu jedem Menschen der Welt zu kennen.

Und das ist es, was Rabbi Elasar, der Sohn von Rabbi Shimon, sagt: Der Mensch ist glücklich, weil er sich selbst und die ganze Welt dem Freispruch zuneigte. Von diesem Moment an gilt, dass er alle Wege der Lenkung des Schöpfers in Bezug auf jedes Geschöpf in der Offenbarung des wahren Angesichts kennt; nämlich, dass der Schöpfer gut ist und Guten und Schlechten Gutes tut. Weil der Mensch das weiß, bedeutet es, dass er des vierten Stadiums der Liebe – der ewigen Liebe – würdig wurde.

So warnt auch Rabbi Elasar, der Sohn von Rabbi Shimon, den Menschen, dass, sogar nachdem es ihm gegönnt wurde, die ganze Welt dem Freispruch zuzuneigen, er sich in jedem Fall bis zum Tag seines Todes nicht trauen dürfe. Sollte er mit einem Verstoß Misserfolg erleben, ginge sogleich seine ganze Erkenntnis und das herrliche Heil verloren, wie es in einem Vers heißt: „Ein Sünder wird viel Gutes vernichten."

Das erklärt, wodurch sich die Worte von Rabbi Elasar, des Sohns von Rabbi Shimon, von den Aussprüchen unterscheiden, die lediglich von dem zweiten und dem dritten Stadium der Liebe handeln und daher nicht die Neigung der ganzen Welt zum Freispruch erwähnen. Im Unterschied dazu spricht Rabbi Elasar, der Sohn von Rabbi Shimon, lediglich vom vierten Stadium der Liebe, welches man sich nur vorstellen kann, nachdem man die Neigung der ganzen Welt zur Seite des Freispruchs hin erkannte. Wir müssen aber noch verstehen, wodurch man dieser wunderbaren Erkenntnis würdig wird, welche die ganze Welt dem Freispruch zuneigt.

122. Wir müssen verstehen, was gesagt wurde (Taanit, 11, S. 1): „Zu einer Zeit, wenn die Gesellschaft in Trauer ist, soll der Einzelne nicht sagen: ‚Ich werde nach Hause gehen und werde essen und trinken, und Frieden soll mit dir sein, meine Seele.' Und wenn er dies tut, dann heißt es über ihn (Jesaja, 22:13): ‚Aber siehe da, lauter Freude und Wonne, Rinder töten, Schafe schlachten, Fleisch essen, Wein trinken — Lasset uns essen und trinken; wir sterben doch morgen!' Was wird darüber gesagt? ‚Und es enthüllte der Herr der Heerscharen meinem Ohr: Diese Sünde soll euch bis zu eurem Tode nicht vergeben werden.'

Soweit zu dem Maß der Mittleren. Von dem Maß der Sünder heißt es aber: ‚Kommt, ich werde Wein nehmen, und wir werden uns mit Hopfen betrinken, und der morgige Tag soll genauso sein wie dieser.' Wie es darüber heißt: ‚Der Gerechte ist gekommen, und niemand ist da, der es zu Herzen nimmt, und fromme Leute sind hingerafft, und niemand achtet darauf" (Jesaja, 57:1). Wenn aber der Mensch mit der Gesellschaft leiden wird, wird es ihm gegönnt werden, den Trost der Gesellschaft zu sehen.

123. Auf den ersten Blick sind diese Worte vollkommen irrelevant. Denn er will durch das Gesagte beweisen, dass der Mensch mit der Gesellschaft leiden soll. Wenn dem aber so ist, warum müssen wir einen Unterschied und eine Grenze zwischen dem Maß der Mittleren und dem Maß der Sünder ziehen? Und was ist das für eine Präzision: „Maß der Mittleren" und „Maß der Sünder"? Warum sagt er nicht einfach „Mittlere" und „Sünder"? Wozu die Maße? Woraus folgt weiterhin, dass es sich um eine Sünde handelt, wenn der Mensch nicht mit der Gesellschaft leidet? Außerdem sehen wir hier keinerlei Bestrafung hinsichtlich des Maßes der Sünder, sondern es heißt: „Fromme Leute sind hingerafft, und niemand achtet darauf." Und wenn die Sünder sündigten, wofür wird der Gerechte bestraft? Und warum kümmert es die Sünder, wenn ein Gerechter stirbt?

124. Wisse, dass alle diese Maße der Mittleren, Sünder und Gerechten nicht in besonderen Menschen vorhanden sind, sondern in jedem Menschen der Welt. In jedem Menschen sollte man die drei oben beschriebenen Maße unterscheiden. Denn während der Phase der Verhüllung des Angesichts für das Individuum, bevor es wenigstens der „Rückkehr aus Ehrfurcht" würdig wurde, gehört es noch zum Maß der Sünder.

Wenn ihm die „Rückkehr aus Ehrfurcht" gegönnt wird, gilt, dass der Mensch zum Maß der Mittleren gehört. Wenn ihm danach auch die Ehre der „Rückkehr aus Liebe" in ihrem vierten Stadium zuteil wird, das heißt die ewige Liebe, gilt er als vollendeter Gerechter. Daher heißt es nicht einfach „Mittlere" und „Gerechte", sondern „das Maß der Mittleren" und „das Maß der Gerechten".

125. Wir sollten auch darauf bedacht sein, dass es unmöglich ist, des vierten Stadiums der Liebe würdig zu werden, wenn der Mensch nicht zuvor der Erkenntnis des Stadiums der Offenbarung des Angesichts würdig wurde, die der ganzen Welt bevorsteht. Dadurch ist es ihm möglich, auch die ganze Welt dem Freispruch zuzuneigen, wie Rabbi Elasar, der Sohn von Rabbi Shimon, sagte. Und es klärte sich bereits, dass die Offenbarung des Angesichts unbedingt alle Leiden und Qualen der Phase der Verhüllung in herrliche Genüsse verwandelt, sodass der Mensch die geringe Anzahl an Leiden bereut, die er erduldet hat.

Deswegen sollten wir fragen: Ein Mensch, der sich selbst dem Freispruch zuneigt, erinnert sich doch sicherlich an alle Leiden und Qualen, die er in der Phase der Verhüllung des Angesichts erduldete. Daher ist es überhaupt möglich, dass die Leiden sich für ihn in herrliche Genüsse verwandeln. Wenn er aber die ganze Welt dem Freispruch zuneigt, woher kennt er das Maß der von allen Geschöpfen in der Welt erduldeten Leiden und Qualen? Wie kann er verstehen, wie sie sich in der gleichen Weise dem Freispruch zuneigen, wie ein Mensch, der sich selbst zuneigt?

Damit es der Waagschale der ganzen Welt nicht an Gewicht mangelt, hat der Einzelne, der beabsichtigt, die ganze Menschheit dem Freispruch zuzuneigen, gar keine andere Wahl, als mit der Gesellschaft auf gleiche Weise mitzuleiden wie er selbst leidet.

Denn dann wird die Waagschale der Schuld der ganzen Welt immer für den Menschen bereitstehen, wie auch seine eigene Waagschale der Schuld. Wenn er daher würdig wird, sich selbst dem Freispruch zuzuneigen, wird er auch die ganze

Welt dem Freispruch zuneigen können und mit dem Stadium des vollkommenen Gerechten belohnt werden.

126. Wenn also der Mensch mit der Gesellschaft leidet, sogar, nachdem er der „Rückkehr aus Ehrfurcht", das heißt des Maßes eines Mittleren, würdig wurde, heißt es über ihn: „Siehe da, Freude und Wonne." Das bedeutet, dass einer, dem der Segen „deine Welt wirst du in deinem Leben sehen" vergönnt wurde, und der die ganze Belohnung für eine Mizwa sieht, die ihm in der zukünftigen Welt bereit ist, natürlich „voller Freude und Wonne" ist und sich sagt: „Aber siehe da, lauter Freude und Wonne, Rinder töten, Schafe schlachten, Fleisch essen, Wein trinken: Lasset uns essen und trinken; wir sterben doch morgen!" Das heißt, er ist voller großer Freude wegen der Belohnung, die ihm in der zukünftigen Welt versprochen wurde. Und davon spricht er mit großer Freude: „Wir sterben doch morgen", und ich werde von Dem, Der entlohnt, Leben in der zukünftigen Welt nach meinem Tode einsammeln.

Darüber steht aber Folgendes geschrieben: „Und es enthüllte der Herr der Heerscharen meinem Ohr: Diese Sünde soll euch bis zu eurem Tode nicht vergeben werden." Anders gesprochen, bezeugt dieser Text die Unachtsamkeitsverstöße des Menschen. Wir klärten, dass für denjenigen, der eine Umkehr aus Ehrfurcht vollzog, sich seine böswillig begangenen Sünden in Unachtsamkeitsverstöße verwandeln. In diesem Fall, da der Mensch nicht mit der Gesellschaft litt und nicht der „Rückkehr aus Liebe" gewürdigt werden kann, bei welcher sich die böswillig begangenen Sünden in Verdienste verwandeln, folgt daraus unweigerlich, dass es für seine Unachtsamkeitsfehler keinerlei Sühne in seinem Leben geben wird. Wie kann sich der Mensch dann über sein Leben in der zukünftigen Welt freuen? Davon heißt es eben: „Diese Sünde soll euch nicht vergeben werden" – das heißt Unachtsamkeitsverstöße – „bis zu eurem Tode." Mit anderen Worten hat der Mensch vor seinem Tode keine Möglichkeit zur Vergebung.

127. Und auch heißt es, das sei das „Maß der Mittleren". Die Rede ist vom Zeitraum ab der „Rückkehr aus Ehrfurcht". In dieser Zeit wird der Mensch als ein „Mittlerer" bezeichnet. Was steht da aber über das „Maß der Sünder"? Anders gesprochen, was bleibt von der Zeit, in der der Mensch in der Verhüllung des Angesichts verharrte und zum „Maß der Sünder" gehörte? Und es klärte sich auf, dass die „Rückkehr aus Ehrfurcht" das, was mit ihm zuvor war, nicht korrigiert.

Daher werden diesbezüglich andere Worte angeführt: „Kommt, ich werde Wein nehmen, und wir werden uns mit Hopfen betrinken, und der morgige Tag soll genauso sein wie dieser." Das bedeutet, dass die gleichen Tage und Jahre, die der Mensch in der Verhüllung des Angesichts erlebte, und die er noch nicht korrigiert hatte, was als das „Maß der Sünder" bezeichnet wird, dass diese nicht wollen, dass er stirbt. Denn weil sie das Maß der Sünder sind, haben sie nach dem Tod keinen Anteil an der zukünftigen Welt.

Zur Stunde also, wenn das Maß der Mittleren im Menschen jubelt und frohlockt, „wir sterben doch morgen" und werden des Lebens in der zukünftigen Welt gewürdigt, sagt das Maß der Sünder im Menschen etwas anderes: „und der morgige Tag soll genauso sein wie dieser". Das heißt, es will sich freuen und in dieser Welt ewig verharren, weil es keinerlei Anteil n der zukünftigen Welt hat. Denn der Mensch hat es noch nicht korrigiert, weil es dafür keine andere Korrektur als die „Rückkehr aus Liebe" gibt.

128. Darüber sagt die Schrift: „ Der Fromme ist hingerafft." Das heißt, es verschwand für den Menschen das Stadium eines vollkommenen Gerechten, welches er verdienen muss. „Und keiner ist da, der es zu Herzen nimmt, dass der Gerechte wegen des Bösen hingerafft ist." Denn jener Mittlere litt nicht die Qual der Gesellschaft und kann daher nicht der „Rückkehr aus Liebe" gewürdigt werden, welche böswillig begangene Verstöße in Verdienste und das Böse in herrliche Genüsse verwandelt. Im Gegenteil bleiben unterdessen alle Unachtsamkeitsverstöße und alles Unglück, das der Mensch erlitt, bevor er der Reue aus Ehrfurcht gewürdigt wurde, in Kraft in Bezug auf das Maß der Sünder, die durch die Lenkung des Schöpfers Böses empfinden. Und wegen dieses Bösen, welches sie bisweilen verspüren, kann er nicht zu einem vollkommenen Gerechten werden.

Deswegen heißt es: „Keiner ist da, der es zu Herzen nimmt." Mit anderen Worten nimmt es sich dieser Mensch nicht zu Herzen, „dass der Gerechte wegen des Bösen hingerafft ist". Gemeint ist: wegen des „Bösen", welches er immer noch aus der Zeit verspürt, die er in der Lenkung des Schöpfers verbrachte. Mit anderen Worten verschwand für den Menschen das Stadium des Gerechten. Und er wird sterben und wird von der Welt nur im Stadium des Mittleren scheiden. All das, weil ein Mensch, der nicht mit der Gesellschaft leidet, nicht würdig wird, den Trost der Gesellschaft zu erleben – weil er sie nicht dem Freispruch zuneigen und ihren Trost sehen kann. Daher wird ihm niemals das Stadium des Gerechten zuteil.

129. Aus allem oben Gesagten erfuhren wir, dass es niemanden gibt, der von einer Frau auf die Welt gebracht wird und der nicht die drei oben genannten Maße passieren muss:

- *das Maß der Sünder;*
- *das Maß der Mittleren;*
- *und das Maß der Gerechten.*

Sie werden als Maße bezeichnet, weil sie aus den Maßen der Erkenntnis des Schöpfers durch uns resultieren. Das entspricht dem, was die Weisen sagten: „Der Mensch wird mit dem Maß gemessen, mit dem er selbst misst" (Sota, 8). Denn diejenigen, die das Maß der Lenkung des Schöpfers im Stadium der Verhüllung des Angesichts erkennen, gelten als „sich im Maß der Sünder befindend"; entweder der unvollendeten Sünder nach der einfachen Verhüllung oder der vollendeten Sünder nach der doppelten Verhüllung.

Nach ihrem Verstand und ihrer Empfindung untersteht die Welt einer unguten Lenkung, das heißt, sie „verurteilen" sich selbst dadurch, dass sie durch die Lenkung des Schöpfers Leiden und Qualen bekommen und den ganzen Tag nur Böses erfahren. Dann „verurteilen" sie noch mehr und denken, dass die gesamte Menschheit durch ungute Lenkung regiert wird.

Deswegen werden sie als die „Sünder" bezeichnet. Aus den Tiefen ihrer Empfindung enthüllt sich in ihnen dieser Name und hängt vom Verständnis des Herzens ab. Ihre Worte und Gedanken, die die Lenkung des Schöpfers rechtfertigen, sind unwichtig, wenn ihr Körper das Gegenteil empfindet.

Solche, die sich in diesem Maß der Erkenntnis der Lenkung befinden, neigen sich selbst und die Welt dem Schuldspruch zu, wie es oben in den Worten von Rabbi Elasar, dem Sohn von Rabbi Shimon, hieß. Weil sie es sich vorstellen, dass alle Bewohner der Welt, genau wie sie selbst, nicht von der guten Lenkung regiert werden, welcher der Name des Schöpfers gebührt – gütig und Guten und Schlechten Gutes bescherend.

130. Diejenigen, die damit beehrt werden, die Lenkung des Schöpfers auf der ersten Stufe der Offenbarung des Angesichts zu erkennen und zu verspüren, die als „Rückkehr aus Ehrfurcht" bezeichnet wird, gelten als das Maß der Mittleren, weil sich ihre Gefühle in zwei Teile aufspalten. Diese werden als die „zwei Waagschalen" bezeichnet. Denn nun, nachdem ihnen die Offenbarung des Angesichts im Stadium „deine Welt wirst du bei deinem Leben sehen" gegönnt wurde, haben sie zumindest von diesem Moment an bereits die gute Lenkung des Schöpfers erkannt, die Seinem guten Namen gebührt. Daher haben sie eine „Waagschale des Freispruchs".

Die Sorgen und bitteren Leiden jedoch, die sich in ihren Gefühlen in jenen Tagen und Jahren der Vergangenheit eingeprägt haben, als sie von der Verhüllung des Angesichts gelenkt wurden, weil sie noch nicht der oben erwähnten Rückkehr würdig waren, bleiben in Kraft und werden als die „Waagschale der Schuld" bezeichnet. Also haben sie nun diese zwei Waagschalen, die einander gegenüberstehen. Vom Moment ihrer Rückkehr an und nach hinten erstreckt sich die Waagschale der Schuld, und vom Moment ihrer Rückkehr an und nach vorn erstreckt und eröffnet sich ihnen die Waagschale des Freispruchs. Also liegt für sie die Zeit der Rückkehr „in der Mitte" zwischen dem Schuldspruch und dem Freispruch. Daher werden sie als die „Mittleren" bezeichnet.

131. Und für jene, denen die zweite Stufe der Offenbarung des Angesichts vergönnt wurde, die als „Rückkehr aus Liebe" bezeichnet wird, bei welcher sich böswillig begangene Verstöße in Verdienste verwandeln, gilt, dass sie die „Waagschale der Schuld" der „Waagschale des Freispruchs" zuneigten. Alle Leiden und Qualen, die in ihre Knochen eingemeißelt wurden, als sie der Lenkung der Verhüllung des Angesichts unterstanden, werden jetzt bewertet und verwandeln sich in die „Waagschale der Rechtfertigung (des Freispruchs)". Jedes Leid und jeder Kummer verwandelt sich daher in unendlich herrlichen Genuss. Und nun heißen sie „Gerechte", weil sie die Lenkung des Schöpfers rechtfertigen.

132. Wir müssen wissen, dass das Maß der Mittleren sogar dann möglich ist, wenn der Mensch der Lenkung durch die Verhüllung des Angesichts unterliegt. Dank zusätzlichen Anstrengungen in der Verfestigung im Glauben an Belohnung und Strafe öffnet sich für sie das Licht großen Vertrauens in den Schöpfer. Zu ihrer Zeit werden sie der Stufe der Offenbarung des Angesichts des Schöpfers entsprechend dem Maß der Mittleren gewürdigt. Der Mangel besteht aber darin, dass sie nicht in ihren Eigenschaften ausharren können, um fortwährend so bleiben zu können. Denn fortwährend bleiben kann man nur mittels der „Rückkehr aus Ehrfurcht".

133. Wir müssen auch Folgendes wissen: Wir sagten, dass die freie Wahl nur in der Zeit der Verhüllung des Angesichts vorhanden ist, was aber nicht bedeutet, dass, nachdem der Mensch der Lenkung durch die Offenbarung des Angesichts gewürdigt wurde, ihm keine Sorgen und Anstrengungen mehr in den Beschäftigungen mit der *Tora* und den *Mizwot* bevorstehen. Ganz im Gegenteil beginnt der Hauptteil der Arbeit in der *Tora* und den *Mizwot* erst, nachdem der Mensch der „Rückkehr aus Liebe" gewürdigt wurde. Denn erst dann kann er sich mit der *Tora* und den Geboten (*Mizwot*) in Liebe und Ehrfurcht beschäftigen, wie es uns geboten wurde. „Die Welt wurde nur für vollendete Gerechte erschaffen" (Brachot, 61).

Das gleicht einem König, der im Land alle seine treusten Untergebenen versammeln und sie in die Arbeit im Inneren seines Schlosses einführen wollte. Was tat er also? Er verschickte im ganzen Land einen offenen Befehl, dass jeder, der wollte, jung oder alt, in seinen Palast kommen und sich mit inneren Arbeiten im Palast beschäftigen möge. Er stellte aber viele Bedienstete am Eingang zum Schloss und auf allen Wegen, die zu ihm führen, zur Wache auf und befahl ihnen, mit List alle in die Irre zu führen, die sich dem Schloss näherten, und sie von dem Weg abzudrängen, der dorthin führt.

Natürlich strömten alle Bewohner des Landes zum Palast des Königs, wurden aber von der List eifriger Wachmänner in die Irre geführt. Und viele von ihnen überwältigten die Wachmänner so weit, dass sie sich dem Eingang des Schlosses nähern konnten. Die Wachmänner am Eingang waren aber die eifrigsten. Und jeden, der sich dem Eingang näherte, lenkten sie ab und drängten ihn ab mit großer Beflissenheit, bis er verzweifelt wegging. Sie kamen wieder und gingen wieder und bestärkten sich erneut und kamen wieder und gingen wieder. So wiederholte es sich einige Tage oder Jahre, bis sie endlich ihrer Versuche müde wurden. Und nur die Helden unter ihnen, deren Maß an Geduld ausreichte, überwältigten jene Wachmänner, öffneten das Tor und wurden sogleich des Antlitzes des Königs gewürdigt, der jeden auf den ihm passenden Posten einsetzte. Natürlich hatten sie von dem Augenblick an nichts mehr mit jenen Wachmännern zu tun, die sie ablenkten und abdrängten und ihr Leben mehrere Tage oder Jahre bitter machten, als sie zum Eingang kamen und wieder gingen. Denn sie wurden dessen gewürdigt, vor der Herrlichkeit des Lichts des Antlitzes des Königs im Inneren seines Schlosses zu arbeiten und zu dienen.

So ist es auch in der Arbeit vollendeter Gerechter. Die Wahl, die der Phase der Verhüllung des Angesichts eigen ist, findet natürlich ab dem Moment, in dem sie die Türen zur Erkenntnis der klaren Lenkung öffnen, nicht mehr statt. Zur hauptsächlichen Arbeit des Schöpfers schreitet man aber gerade im Stadium der Offenbarung des Angesichts und beginnt dann, die zahlreichen Stufen der Leiter zu erklimmen, deren Sockel auf der Erde steht und deren Spitze in den Himmel reicht. Wie es heißt: „Die Gerechten werden von Erfolg zu Erfolg schreiten", und entsprechend der Deutung der Weisen beneidet jeder Gerechte den Ruhm seines Freundes. Diese Arbeit macht sie geeignet für die Ausführung des Willens des Schöpfers, damit sich in ihnen Sein Schöpfungsplan verwirklicht – „die Geschöpfe mit Genuss zu erfüllen" mit Seiner gütigen und großzügigen Hand.

134. Es ist wünschenswert, dieses höchste Gesetz zu kennen: Eine Offenbarung ist nur da möglich, wo es zuvor eine Verhüllung gab. Denn Weizen wächst nur da, wo er gesät wurde und verfaulte. Gleiches im Höchsten: Verhüllung und Enthüllung (Offenbarung) verhalten sich wie der Docht und die Flamme, die sich an ihn schmiegt. Denn dank jeder Verhüllung, die zur Korrektur führt, wird sich das ihr entsprechende Licht offenbaren. Und das offenbarte Licht schmiegt sich an sie wie die Flamme an den Docht.

135. Jetzt sollst du auch die Worte unserer Weisen verstehen, dass die ganze *Tora* die Namen des Schöpfers darstellt. Auf den ersten Blick sind diese Worte unverständlich, weil man in der *Tora* viele grobe Worte finden kann, solche wie die Namen der Sünder, Pharao, Bilam und dergleichen, „Verbot", „Unreinheit", grausame Verwünschungen und dergleichen. Wie soll man begreifen, dass all das Namen des Schöpfers sind?

136. Um das zu verstehen, müssen wir wissen, dass unsere Wege nicht die Seinigen sind. Unsere Wege bestehen darin, aus dem Unvollkommenen zum Vollkommenen zu gelangen. Auf Seinem Wege kommen alle Offenbarungen von der Perfektion hin zum Unperfekten zu uns. Denn zu Beginn wird erschaffen (emaniert), und vollendete Perfektion tritt aus Ihm heraus, und diese Perfektion steigt herab von Seinem Angesicht und verbreitet sich Einschränkung für Einschränkung über einige Stufen, bis sie endlich zur letzten Stufe der größten Einschränkung gelangt, die unserer materiellen Welt entspricht. Dann erscheint das Materielle in unserer Welt.

137. Aus dem oben Gesagten wisse, dass die heilige *Tora*, deren Höhe an Güte keine Grenze gesetzt ist, nicht sofort so emanierte und vor den Schöpfer trat, wie sie sich uns hier in unserer Welt darstellt. Denn es ist bekannt, dass „die *Tora* und der

Schöpfer eins sind", und in der *Tora* unserer Welt ist dies ganz und gar unbemerkbar. Und mehr als das: Für denjenigen, der sich mit ihr *lo liShma* beschäftigt, wird die *Tora* zu einem tödlichen Gift.

Im Gegenteil: Wie wir sagten, wurde die *Tora*, als sie zu Beginn vom Schöpfer erschaffen wurde, in vollendeter Perfektion erschaffen und trat so heraus, das heißt wahrlich im Stadium „*Tora* und der Schöpfer sind eins". Das ist es, was im Vorwort zu *Tikunej Sohar* (S. 3) als die *Tora* der Welt *Azilut* bezeichnet wird: „Der Schöpfer, das Licht und Seine Handlungen sind in ihr eins." Dann stieg sie von Seinem Angesicht herab und kontrahierte stufenweise durch viele Kontraktionen, bis sie endlich auf dem Berg Sinai gegeben wurde – in einer Fassung, wie sie sich uns hier in unserer Welt darstellt, eingekleidet in grobe Kleider der materiellen Welt.

138. Du solltest allerdings wissen, dass der Abstand zwischen den Kleidungen der *Tora* in dieser Welt und den Verkleidungen in der Welt *Azilut* zwar unermesslich ist, es aber damit einer in der *Tora* selbst, das heißt im Licht, welches sich im Inneren der Kleidungen birgt, keinen Unterschied zwischen der *Tora* der Welt *Azilut* und der *Tora* dieser Welt gibt, wie es heißt: „Ich wandele mich nicht" (Maleachi, 3:6).

Mehr als das sind diese groben Kleidungen unserer *Tora* der Welt *Assija* keineswegs von geringerem Wert bezüglich des sich in sie einkleidenden Lichts. Im Gegenteil: Sie übertreffen hinsichtlich ihrer Wichtigkeit vom Gesichtspunkt ihrer Endkorrektur aus unermesslich alle reinen Kleidungen der *Tora* in den Höheren Welten.

Das, weil die Verhüllung der Grund der Offenbarung ist. Nach ihrer Korrektur zur Zeit der Offenbarung wird die Verhüllung selbst zur Offenbarung, wie der Docht zum Licht, welches sich an ihn anschmiegt. Je größer dabei die Verhüllung ist, desto größer wird das sich offenbarende Licht sein und sich zu Zeiten ihrer Korrektur an sie anschmiegen. Somit sind all jene groben Kleidungen, in welche sich die *Tora* in unserer Welt einhüllte, keineswegs weniger wertvoll als das Licht, welches sich in sie einhüllt, und sogar umgekehrt.

139. So besiegte Moshe (Moses) die Engel mit seiner Behauptung: „Gibt es etwa Neid unter euch? Gibt es den Bösen Trieb unter euch?" (*Shabbat*, 89). Mit anderen Worten: Eine größere Verhüllung enthüllt ein größeres Licht. Er zeigte ihnen, dass große Lichter sich nicht mithilfe von reinen Kleidern, in welche sich die *Tora* in der Welt der Engel einkleidet, offenbaren können, es aber dagegen in den Kleidern unserer Welt möglich ist.

140. Es hat sich also geklärt, dass es keinen Unterschied zwischen der *Tora* der Welt *Azilut*, in der „die *Tora* und der Schöpfer eins sind", und der *Tora* dieser Welt gibt. Und der ganze Unterschied besteht lediglich in den Kleidern, weil die Kleider in dieser Welt den Schöpfer bedecken und Ihn verhüllen.

Wisse, dass der Schöpfer nach dem Namen Seiner Einkleidung in die *Tora* „Lehrer" genannt wird, um dich darauf hinzuweisen, dass, sogar während der Verhüllung des

Angesichts und sogar im Stadium der doppelten Verhüllung, der Schöpfer in der *Tora* weilt und in sie eingehüllt ist. Denn Er ist der „Lehrer", und sie ist die „Lehre" (hebr. „*Tora*"). Und grobe Kleider der *Tora* vor unseren Augen sind Flügel, die den Lehrer bedecken und verhüllen, der sich in sie einkleidet und sich in ihnen verbirgt.

Wenn jedoch ein Mensch der Offenbarung des Angesichts im vierten Stadium der „Reue aus Liebe" gewürdigt wird, heißt es über ihn: „Und dein Lehrer wird sich nicht mehr verbergen müssen, sondern deine Augen werden deinen Lehrer sehen" (Jesaja, 30:20), weil von dem Moment an die Kleider der „Lehre" den „Lehrer" nicht mehr bedecken und verhüllen werden. Und es offenbart sich dem Menschen auf ewig, dass „*Tora* und der Schöpfer eins sind".

141. Daraus sollst du den Satz verstehen: „Mich verlasset, doch mein Gesetz haltet ein!" Das bedeutet: „Ich wünschte, ihr würdet mich verlassen und meine *Tora* würdet ihr halten, denn das Licht, welches sich in ihr birgt, bringt zur Quelle zurück" (*Jerusalemer Talmud, Chagiga*, 1:7). Auf den ersten Blick ist dies merkwürdig. Gemeint ist aber, dass die Menschen fasteten und litten, um die Offenbarung des Angesichts des Schöpfers zu finden, wie es heißt: „Sie begehren, dass Gott sich nähert" (Jesaja, 58:2).

Und es sagt die Schrift im Namen des Schöpfers: „Ich wünschte, ihr würdet mich verlassen, denn all eure Bemühungen sind vergebens und nutzlos. Doch meine *Tora* würdet ihr behalten; denn ich bin nirgends anders zu finden als in der *Tora*. Deswegen haltet die *Tora*, und dort suchet mich, und das Licht, welches sich in ihr birgt, wird euch an die Quelle zurückführen, und ihr werdet mich finden", wie es auch in den Worten geklärt wird: „Diejenigen, die Mich suchen, werden Mich finden."

142. Nun kann man das Wesen der Wissenschaft der Kabbala wenigstens im geringfügigsten Maße klären, sodass es für eine zuverlässige Vorstellung über die Natur dieser Wissenschaft ausreicht, um sich durch fälschliche Erdichtungen, welche die Vorstellungen des Großteils der Massen ausmachen, nicht in die Irre führen zu lassen.

Man muss wissen, dass sich die *Tora* in vier Stadien unterteilt, welche die ganze Realität umfassen. Drei Stadien werden in der Gesamtrealität dieser Welt unterschieden und werden als Welt, Jahr und Seele bezeichnet. Das vierte Stadium stellt die Wege der Existenz dieser drei Teile der Realität dar, das heißt ihre Ernährung, Lenkung und alle ihre Erscheinungsfälle.

143. Der Außenteil der Realität, zum Beispiel der Himmel, das Firmament, die Seen und Ähnliches in der *Tora* Beschriebenes – all das wird als „Welt" bezeichnet.

Der Innenteil der Realität, also der Mensch, das Haustier, das Wildtier, Vögel nach Arten und Ähnliches in der *Tora* Beschriebenes, was es an den Orten gibt, die „das Äußere" heißen, werden „Seele" genannt.

Die Entwicklung der Wirklichkeit nach ihren Generationen wird Ursache und Folge genannt. Das ist zum Beispiel die in der *Tora* beschriebene Entwicklung der Häupter der Generationen vom Ersten Menschen bis zu Joshua und bis zu Kaleb, die in das Land *Israel* kamen. Dabei wird der Vater als „Ursache" für seinen Sohn betrachtet, der seinerseits „Folge" des Vaters ist. Die Kategorie dieser Entwicklung der Details der Realität auf kausale Weise wird dabei als „Jahr" bezeichnet.

Alle in der *Tora* beschriebenen Existenzwege der Wirklichkeit – sowohl die äußeren als auch die inneren – werden auf allen Wegen ihrer Lenkung und in allen ihren Erscheinungen „Existenz der Realität" genannt.

144. Wisse, dass die vier Welten, welche in der Wissenschaft der Kabbala als die Welten *Azilut*, *Brija*, *Yezira* und *Assija* bezeichnet werden, sich ausbreiteten und eine aus der anderen austrat wie Stempel und Abdruck. Alles, was im Stempel geschrieben ist, bleibt unbedingt auch auf seinem Abdruck – nicht weniger und nicht mehr. Genauso war es auch bei der Ausbreitung der Welten: Alle vier Stadien, welche in der Welt *Azilut* vorhanden sind – Welt, Jahr, Seele und die Wege ihrer Existenz –, sie alle prägten sich ab und erschienen nach dem gleichen Prinzip auch in der Welt *Brija*. Genauso gingen sie aus der Welt *Brija* in die Welt *Yezira* über, bis hin zur Welt *Assija*.

Somit kamen die Stadien „Welt", „Jahr" und „Seele" in der uns sichtbaren Realität mit allen Wegen ihrer Existenz, wie sie sich unseren Augen in dieser Welt darstellen, aus der Welt *Yezira* her und erschienen hier, und die Welt *Yezira* ihrerseits aus derjenigen, die über ihr ist.

Die Quelle all der zahlreichen Details, die sich unseren Augen darstellen, befindet sich also in der Welt *Azilut*. Darüber hinaus muss sogar alles Neue, was heute in dieser Welt entsteht, unbedingt zuvor weiter oben erscheinen, in der Welt *Azilut*. Und von dort fällt es, verbreitet sich und erscheint uns in unserer Welt.

Davon sprachen die Weisen: „Es gibt keinen Grashalm unten, der kein Los und keinen Wachmann oben hätte, der ihn schlägt und ihm sagt: ‚Wachse!'" (Bereshit Rabba, 10). Und das ist es, was geschrieben steht: „Der Mensch unten wird keinen Finger krümmen, bevor man das nicht oben verkündet" (Chulin, S. 7).

145. Die *Tora* kleidet sich also in drei Kategorien der Realität – Welt, Jahr, Seele – und die Wege ihrer materiellen Existenz in dieser Welt, woraus die in der offenen *Tora* eingeschlossenen Verbote, Unreinheit und Untersagung resultieren. Weiter oben wurde geklärt, dass der Schöpfer in sie nach dem Prinzip „die *Tora* und der Schöpfer sind eins" eingehüllt ist, allerdings in einer großen Verhüllung, weil diese materiellen Kleider die Flügel sind, die Ihn bedecken und Ihn verbergen.

Die Kleidung der *Tora* in die reinen Kategorien von Welt, Jahr und Seele sowie die Arten ihrer Existenz in den drei Höheren Welten *Azilut*, *Brija* und *Yezira* werden als Ganzes als die „Wissenschaft der Kabbala" bezeichnet.

146. Somit sind die Wissenschaft der Kabbala und die offene *Tora* das Gleiche. Solange der Mensch jedoch die Lenkung durch Verhüllung des Angesichts erhält und der Schöpfer sich in der *Tora* verhüllt, gilt, dass der Mensch sich mit der offenen *Tora* beschäftigt. Das heißt, er eignet sich nicht dafür, ein Licht von der *Tora* der Welt *Yezira* zu erhalten, geschweige denn von dem, was sich über der Welt *Yezira* befindet.

Wenn aber der Mensch der Enthüllung des Angesichts gewürdigt wird, beginnt er, sich mit der Wissenschaft der Kabbala zu beschäftigen. Denn die Kleider der offenen *Tora* selbst wurden für ihn dünner, und seine *Tora* wurde zur *Tora* der Welt *Yezira*, die als die „Wissenschaft der Kabbala" bezeichnet wird. Und sogar, wenn der Mensch der *Tora* der Welt *Azilut* würdig wird, bedeutet dies nicht, dass sich die Buchstaben der *Tora* in seinen Augen veränderten. Die gleichen Kleider der offenen *Tora* verdünnten sich einfach für ihn und wurden sehr rein, wie es heißt: „Und dein Lehrer wird sich nicht mehr verbergen müssen, sondern deine Augen werden deinen Lehrer sehen" – und sogleich wurden sie zu „der Schöpfer, das Licht und Seine Handlungen sind in ihr eins."

147. Damit es dem Verstand etwas einfacher fällt, werde ich dir ein Beispiel anführen. Solange sich der Mensch in der Phase der Verhüllung des Angesichts befand, verhüllten die Buchstaben und Kleider der *Tora* den Schöpfer unbedingt; denn der Mensch erlitt Misserfolge wegen der von ihm böswillig begangenen Verstöße und Unachtsamkeitsverstöße. Damals stand er unter der Bedrohung der Strafe, das heißt der groben Kleider der *Tora*: der Unreinheit, des Verbots, der Untersagung, usw.

Sobald der Mensch jedoch der offenen Lenkung und des Stadiums der „Rückkehr aus Liebe" gewürdigt wird, in welchem die böswilligen Verstöße sich für ihn in Verdienste umwandeln, legen alle böswilligen Verstöße und Unachtsamkeitsverstöße, in welchen er seit der Zeit seines Verweilens unter der Verhüllung des Angesichts Misserfolge litt, ihre groben und solch bitteren Kleider ab und hüllen sich in Kleider des Lichts, der *Mizwa* und der Verdienste. Denn diese groben Kleider verwandelten sich selbst in Verdienste, und nun sind sie Kleider, die der Welt *Azilut* oder *Brija* entspringen und die den „Lehrer" nicht bedecken und nicht verbergen. Mehr als das: „Deine Augen werden deinen Lehrer sehen."

Denn es gibt keinerlei Unterschied zwischen der *Tora* der Welt *Azilut* und der *Tora* in dieser Welt, das heißt zwischen der Wissenschaft der Kabbala und der offenen *Tora*. Und der ganze Unterschied birgt sich nur im Menschen, der sich mit der *Tora* beschäftigt. Zwei könnten sich mit der *Tora* beschäftigen, mit einem Gesetz und wahrlich in einer Sprache, und dennoch wird diese *Tora* für den einen die Wissenschaft der Kabbala und *Tora* der Welt *Azilut* und für den anderen die offene *Tora* der Welt *Assija* sein.

148. Nun wirst du die Wahrhaftigkeit der Worte aus dem Gebetbuch des *Gaon aus Vilna* verstehen. Im Segensspruch für die *Tora* schrieb er, dass man mit der *Tora* bei *Sod* (Geheimnis) beginnt, das heißt bei der offenen *Tora* der Welt *Assija*, die zur

Kategorie des Verhüllten gehört, weil sich der Schöpfer dort vollkommen verhüllt. Dann geht man zur Andeutung (*Remes*) über, was bedeutet, dass Er sich mehr in der *Tora* der Welt *Yezira* offenbart. So, bis der Mensch endlich des einfachen (enthüllten) Sinnes (*Pshat*) würdig wird – der *Tora* der Welt *Azilut*, die als der „einfache Sinn" (*Pshat*) bezeichnet wird, weil sie alle Kleider abwirft, die den Schöpfer verhüllten.

149. Nun können wir uns einen gewissen Begriff und eine Vorstellung von den vier reinen Welten machen, die in der Wissenschaft der Kabbala unter den Namen *Azilut*, *Brija*, *Yezira* und *Assija* bekannt sind, und auch von den vier unreinen Welten *ABYA*, die den reinen Welten *ABYA* gegenüberstehen. Verstehe das aus den vier Stadien der Erkenntnis der Lenkung des Schöpfers und aus den vier Stufen der Liebe. Betrachten wir zunächst die vier reinen Welten *ABYA*. Dabei beginnen wir von unten, von der Welt *Assija*.

150. In den vorherigen Paragrafen klärten sich für uns die zwei ersten Stadien der Lenkung in der Verhüllung des Angesichts. Wisse, dass sie beide zur Welt *Assija* gehören. Daher steht im Buch „*Baum des Lebens*", dass die Welt *Assija* zum größten Teil böse ist, und auch das geringe Gute in ihr ist mit dem Bösen bis zur Unkenntlichkeit vermischt. Aus der einfachen Verhüllung resultiert, dass der größte Teil böse ist. Gemeint sind Leiden und Schmerz, welche von denen empfunden werden, die diese Lenkung erhalten. Und aus der doppelten Verhüllung folgt, dass auch das Gute sich mit dem Bösen vermischt und dabei vollkommen unkenntlich bleibt.

Das erste Stadium der Offenbarung des Angesichts ist das Stadium „Welt *Yezira*", und daher heißt es im Buch „*Baum des Lebens*" (Tor 58, T. 3), dass die Welt *Yezira* zur Hälfte gut und zur Hälfte böse ist. Mit anderen Worten ist das erste Stadium der Offenbarung des Angesichts das erste Stadium bedingter Liebe, das lediglich „Rückkehr aus Ehrfurcht" genannt wird; und derjenige, der sie erkennt, wird als ein „Mittlerer" bezeichnet, weil er halb schuldig und halb freigesprochen ist.

Die Liebe im zweiten Stadium ist ebenfalls bedingt; es gibt aber zwischen dem Menschen und dem Schöpfer keine Spur (Erinnerung) des Schadens oder irgendwelches Bösen. Das gleiche bezieht sich auf das dritte Stadium der Liebe, welches das erste Stadium bedingungsloser Liebe ist. Beide Stadien gehören zur Kategorie der „Welt *Brija*". Daher heißt es im Buch „*Baum des Lebens*", dass der größere Teil der Welt *Brija* gut und der kleinere böse ist und dieser geringe Anteil des Bösen unerkennbar ist. Wie es oben gesagt wurde, neigt sich der Mittlere dem Freispruch zu, sobald er einer *Mizwa* gewürdigt wird, und wird daher als „größtenteils gut" bezeichnet. Anders gesprochen, ist es das zweite Stadium der Liebe. Und die unerkennbare Kleinigkeit an Bösem, die in der Welt *Brija* existiert, resultiert aus dem dritten Stadium (der dritten Form) der bedingungslosen Liebe. Der Mensch neigte zwar sich selbst bereits dem Freispruch zu, aber noch nicht die ganze Welt, und daher ist ein geringer Anteil von ihm böse, weil seine Liebe noch nicht zu einer ewigen wurde. Diese Kleinigkeit ist aber unbemerkbar, weil der Mensch noch nichts Böses und keinen Schaden auch in Bezug auf andere verspürt hat.

Das vierte Stadium der Liebe, das heißt, bedingungslose und ewige Liebe, gehört zur Kategorie der Welt *Azilut*. Davon spricht das Buch „*Baum des Lebens*": In der Welt *Azilut* gibt es nicht das geringste Böse. Dort gilt: „Böses bleibt nicht vor dir" (Psalmen 5:5), weil, nachdem der Mensch auch die ganze Welt dem Freispruch zugeneigt hat, die Liebe zu einer ewigen und absoluten wird und es niemals mehr einen Begriff von jeglicher Bedeckung oder Verhüllung geben wird. Denn dort ist der Ort absoluter Offenbarung, wie es heißt: „Und dein Lehrer wird sich nicht mehr verbergen müssen, sondern deine Augen werden deinen Lehrer sehen." Denn der Mensch kennt bereits alle Beziehungen des Schöpfers zu allen Geschöpfen in der Kategorie wahrer Lenkung, die sich aus Seinem Namen offenbart: der Gütige, der Guten und Schlechten Güte Erweisende.

151. Nun wirst du auch die Kategorie der vier unreinen Welten (*Klipot*) ABYA verstehen, die den reinen Welten ABYA *de Kedusha* nach dem Prinzip gegenüberstehen: „Eines gegenüber dem Anderen schuf der Schöpfer." Das System (*Merkawa*) unreiner Kräfte (*Klipot*) der Welt *Assija* verweilt auf beiden Stufen der Verhüllung des Angesichts, und dieses System herrscht, um den Menschen dazu zu zwingen, alles der Waagschale der Schuld zuzuneigen.

Die Welt *Yezira* der *Klipa* (die unreine Welt *Yezira*) hält in ihren Händen die Waagschale der Schuld, die nicht in der (reinen) Welt *Yezira de Kedusha* korrigiert wurde. Davon werden die „Mittleren" beherrscht, die von der Welt *Yezira* nach dem Prinzip „Eines gegenüber dem Anderen schuf der Schöpfer" bekommen.

Dabei hält die Welt *Brija* der *Klipa* (die unreine Welt *Brija*) in ihren Händen eine Kraft, die ausreicht, um die bedingte Liebe aufzuheben, das heißt, lediglich das aufzuheben, wovon sie abhängt. Das ist die Unvollkommenheit der Liebe des zweiten Stadiums.

Die (unreine) Welt *Azilut* der *Klipa* hält in ihren Händen jene Kleinigkeit an Bösem, deren Anwesenheit in der Welt *Brija* aufgrund des dritten Stadiums der Liebe ununterscheidbar ist. Es ist zwar eine wahre Liebe, die vom Gütigen, den Schlechten und den Guten Güte Erweisenden schöpft und zur reinen Welt *Azilut* gehört – aber dadurch, dass der Mensch nicht dessen gewürdigt wurde, auf die gleiche Weise auch die ganze Welt dem Freispruch zuzuneigen, ist die Unreinheit fähig, die Liebe kraft des Faktors der Lenkung anderer scheitern zu lassen.

152. Davon heißt es im „*Baum des Lebens*": Die unreine Welt *Azilut* steht gegenüber der Welt *Brija* und nicht gegenüber der Welt *Azilut*. Denn in der reinen Welt *Azilut*, welcher nur das vierte Stadium der Liebe entspringt, gibt es keinerlei Macht der Unreinheit (*Klipa*), denn ein Mensch, der bereits die ganze Welt dem Freispruch zuneigte, kennt alle Beziehungen des Schöpfers – sogar in dem, was die Lenkung aller Geschöpfe angeht, dank der Erkenntnis des Namens des Schöpfers: der Gütige, der Guten und Schlechten Güte Erweisende.

Der Welt *Assija* aber entspringt das dritte Stadium der Liebe, welches noch nicht die ganze Welt dem Freispruch zugeneigt hat. Daher gibt es dort noch einen Halt für die *Klipa*. Diese Unreinheit gilt jedoch als die unreine Welt *Azilut*, weil sie dem dritten Stadium gegenübersteht, welches die bedingungslose Liebe darstellt. Und bedingungslose Liebe gehört zur Kategorie der Welt *Azilut*

153. Nun haben sich die vier reinen Welten *ABYA* sowie die vier unreinen Welten *ABYA* geklärt, von welchen jede jeweils der reinen Welt gegenübersteht und den Mangel an der ihr gegenüberstehenden reinen Welt darstellt. Sie werden als die vier unreinen Welten *ABYA* bezeichnet.

154. Diese Worte reichen jedem Studierenden aus, um mit dem Verstand das Wesen der Wissenschaft der Kabbala wenigstens in verschwindend geringem Maße zu erfassen. Du sollst wissen, dass die Mehrheit der Autoren von Büchern über die Kabbala ihre Bücher nur an diejenigen Studierenden adressierten, die bereits der Offenbarung des Angesichts und allerhöchster Erkenntnisse gewürdigt wurden. Man sollte aber nicht fragen: Wenn sie bereits dessen gewürdigt wurden, dann wissen sie doch sicherlich alles aus eigener Erkenntnis? Wozu sollten sie dann noch kabbalistische Bücher anderer studieren?

Eine solche Frage zeugt nicht von Weisheit. Das gleicht einem Menschen, der sich mit der offenen *Tora* beschäftigt, ohne die geringste Vorstellung von den Dingen dieser Welt hinsichtlich der Kategorien „Welt", „Jahr" und „Seele" zu haben. Er kennt keine Situationen, die sich mit Menschen ergeben können, kennt weder ihr Verhalten gegenüber sich noch ihr Verhalten gegenüber anderen. Er kennt weder Haus- und Wildtiere noch Vögel dieser Welt. Kannst du jemals annehmen, dass eine solche Person fähig wäre, irgendeine Frage in der *Tora* richtig zu verstehen? Denn so jemand würde doch alle Fragen der *Tora* von den Füßen auf den Kopf drehen, vom Bösen zum Guten und vom Guten zum Bösen und würde sich in nichts zurechtfinden.

Gleiches trifft auf die Frage zu, die vor uns steht. Der Mensch wird zwar der Erkenntnis gewürdigt, sei es sogar der *Tora* der Welt *Azilut* – in jedem Fall weiß er aber von dort nur das, was seine eigene Seele anbelangt. Er muss aber noch auf absolute Weise alle drei Kategorien erkennen – „Welt", „Jahr" und „Seele" in allen ihren Arten und Verhaltensformen –, um eine Möglichkeit zu haben, alle Fragen der *Tora* zu verstehen, die sich auf die gegebene Welt beziehen. Diese Fragen werden in allen Details und Feinheiten im Buch *Sohar* und in wahrhaftigen Büchern zur Kabbala erklärt, die jeder Weise und jeder verstehende Mensch Tag und Nacht studieren muss.

155. Dementsprechend können wir uns fragen: Warum haben die Kabbalisten jeden Menschen verpflichtet, die Wissenschaft der Kabbala zu studieren? Tatsächlich verbirgt sich darin eine große Sache, die es wert ist, veröffentlicht zu werden, denn für diejenigen, die sich mit der Wissenschaft der Kabbala beschäftigen, existiert darin eine unschätzbar wunderbare Kostbarkeit; und auch wenn sie noch nicht verstehen, was sie lernen – aber dank einem starken Willen und dem Streben, das studierte Material zu verstehen –, erwecken sie auf sich Lichter, die ihre Seelen umgeben.

Das bedeutet, dass es jedem Menschen von *Israel* garantiert ist, am Ende alle wunderbaren Erkenntnisse zu erlangen, mit welchen der Schöpfer im Schöpfungsplan jedes Geschöpf zu beschenken beabsichtigte. Und derjenige, der dessen nicht in dieser Reinkarnation gewürdigt wurde, wird dessen in der zweiten gewürdigt usw., bis er endlich würdig wird, den Plan des Schöpfers zu vollenden. Und solange der Mensch nicht seiner Vollkommenheit würdig wurde, werden für ihn jene Lichter, die dazu vorherbestimmt sind, zu ihm zu kommen, als „umgebende Lichter" definiert. Ihr Sinn besteht darin, für ihn bereit zu stehen, aber sie warten auf den Menschen, bis er sein Gefäß des Empfangens reinigt. Dann werden sich die Lichter in diese vorbereiteten Gefäße einkleiden.

Dementsprechend auch, wenn es einem Menschen an Gefäßen mangelt und er während seiner Beschäftigung mit dieser Wissenschaft dabei die Namen der Lichter und Gefäße erwähnt, die einen Bezug zu seiner Seele haben – so leuchten diese sogleich auf ihn in gewissem Maße. Sie leuchten ihm aber, ohne sich in den inneren Teil seiner Seele einzukleiden, weil es ihm an Gefäßen mangelt, die sich für deren Erhalt eignen würden. Das Leuchten aber, welches der Mensch wieder und wieder während des Studiums erhält, zieht die höchste Lieblichkeit an ihn heran und erfüllt ihn mit Heiligkeit und Reinheit, die ihn näher zur Erreichung seiner Vollkommenheit bringen.

156. Es existiert allerdings eine strenge Bedingung für die Beschäftigung mit dieser Wissenschaft: die Begriffe nicht durch eingebildete und materielle Dinge zu verdinglichen, weil die Menschen dabei gegen das Gebot verstoßen: „Du sollst dir kein Bildnis machen in irgendeiner Gestalt." Mehr als das – dann bringt es Schaden statt Nutzen. Daher warnten die Weisen, diese Weisheit nur bei Ablauf von vierzig Jahren oder aus dem Munde eines Rav zu studieren usw. – aus Vorsicht. All das ist von oben Gesagtem bedingt.

Um daher die Studierenden vor jeder Verdinglichung zu retten, verfasse ich das Buch „*Lehre der Zehn Sefirot nach ARI*", in welchem ich aus den Büchern von *ARI* alle grundlegenden Artikel betreffend der Erklärung der *Zehn Sefirot* sammle, und ich lege sie möglichst einfach und in leichter Sprache dar. Ich habe ebenfalls eine Tabelle mit Fragen und eine Tabelle mit Antworten zusammengestellt – zu allen Worten und zu allen Fragen. „Und der den Schöpfer Begehrende wird in Seiner Hand Erfolg finden."

DIE FREIHEIT

Rav Yehuda Ashlag

„In Steintafeln gemeißelt (charut al haLuchot)" Lies nicht „charut" („gemeißelt"), sondern „cherut" („Freiheit"). Um zu zeigen, dass sie vom Engel des Todes befreit sind.

(Midrash Shemot Rabba, 41)

Diese Worte müssen geklärt werden. Denn wie hängt das Empfangen der *Tora*, das heißt des Lichts, mit der Freiheit eines Menschen vom Tod zusammen? Darüber hinaus: Nachdem sie einmal einen unsterblichen, ewigen Körper durch das Empfangen des Lichts erhalten haben – wie konnten sie ihn wieder verlieren? Kann sich denn das Ewige wandeln und abwesend sein?

DIE FREIHEIT DES WILLENS

Um diesen erhabenen Begriff „Freiheit vom Engel des Todes" zu verstehen, müssen wir zuerst abklären, wie der Begriff der Freiheit von der Menschheit üblicherweise verstanden wird.

Es herrscht die allgemeine Ansicht, dass die Freiheit ein Naturgesetz sei, das für alle Lebewesen gültig ist. So können wir beobachten, dass Tiere, die in Gefangenschaft geraten, sterben, wenn ihnen die Freiheit genommen wird. Und das ist ein klarer Beweis dafür, dass jegliche Versklavung eines Geschöpfes von der Vorsehung nicht akzeptiert wird. Nicht umsonst hat die Menschheit in den letzten Jahrhunderten dafür gekämpft, ein gewisses Maß an Freiheit für den Einzelnen zu erreichen.

Dennoch bleiben die Vorstellungen, die sich mit diesem Wort „Freiheit" verbinden, unklar. Und wenn wir in die Tiefe der Bedeutung dieses Wortes eintauchen, bleibt beinahe nichts übrig. Und wenn man Freiheit des Individuums einfordert, nimmt man zuvor an, dass ein Individuum in sich diese Eigenschaft, welche „Freiheit" genannt wird, besitzt und aus eigener, freier Entscheidung und Wahl heraus handeln kann.

FREUDE UND SCHMERZ

Wenn wir jedoch die Handlungen eines Individuums genauer betrachten, entdecken wir, dass sie zwangsläufig erfolgen. Der Mensch wird zu seinen Handlungen genötigt und hat keine Entscheidungsfreiheit. In gewisser Weise ist der Mensch wie ein Eintopf, der auf dem Herd dahin köchelt; der Eintopf hat keine andere Wahl als zu köcheln. Die Vorsehung hat das Leben mit zweierlei Konsequenzen versehen: Freude und Schmerz. Die Geschöpfe haben nicht die Freiheit, zwischen Freude und Schmerz zu wählen, und der einzige Vorteil, den der Mensch gegenüber dem Tier hat, ist, dass er ein entferntes Ziel anstreben kann. Das heißt, der Mensch ist einverstanden – im Hinblick auf den in der Zukunft zu erwachsenden Genuss bzw. Vorteil –, dafür heute ein gewisses Maß an Schmerzen zu erleiden.

Bei einem solchen Denken liegt jedoch nichts anderes als eine rein kaufmännische Berechnung vor: Anzunehmen, dass die Zukunft Wohlbefinden und Freude bringt, scheint besser zu sein als der gegenwärtig zu ertragende Schmerz. Der Schmerz wird wie bei einer kaufmännischen Kalkulation von der zu erwartenden Freude abgezogen, und ein gewisser Restbetrag bleibt übrig.

Jedoch, einzig und allein Freude wird ausgeströmt! Und doch passiert es manchmal, dass man leidet, weil man nicht den erwarteten Genuss, das heißt den erhofften Restbetrag im Vergleich zum dafür erlittenen Schmerz erhalten hat, weshalb die Rechnung ein Minus ergibt. Dieses Handeln entspricht dem der Händler.

Aus all dem folgt, dass in dieser Hinsicht kein Unterschied zwischen Mensch und Tier besteht. Und wenn dies der Fall ist, dann besteht überhaupt keine Entscheidungsfreiheit. Es gibt nur eine anziehende Kraft, welche jemanden einerseits zu einem vorübergehenden Genuss – in welcher Form auch immer – hinzieht und uns andererseits vor schmerzvollen Umständen fliehen lässt. Unter Zuhilfenahme dieser zwei Kräfte leitet die Vorsehung den Menschen, wohin immer sie es wünscht, ohne nach der Meinung des Menschen zu fragen.

Damit nicht genug – auch die Bestimmung des Charakters des Genusses und seines Nutzens sind in keinster Weise vom freien Willen des Einzelnen beeinflussbar, sondern werden von den Wünschen der anderen bestimmt. Diese wollen etwas Bestimmtes. Zum Beispiel: Ich sitze, ich kleide mich, ich spreche, ich esse. Alle diese Dinge tue ich nicht, weil ich mich entschieden habe, in einer bestimmten Art zu sitzen, zu sprechen, zu essen oder mich zu kleiden. Ich tue diese Dinge auf diese bestimmte Art, weil die anderen wollen, dass ich in dieser Weise sitze, mich kleide, spreche und esse. All dies geschieht in Anpassung an die Wünsche und den Geschmack der Gesellschaft und nicht aufgrund meines eigenen freien Willens.

Ferner handle ich in den meisten Fällen entgegen meinem Willen. Denn ich fühle mich viel wohler, mich in meinem Benehmen anzupassen als eine Bürde zu tragen. Ich bin in jeder meiner Bewegungen, auf Schritt und Tritt, in eisernen

Die Freiheit

Ketten – in den Gewohnheiten und den Sitten der anderen, welche die Gesellschaft bilden – gefangen.

Wenn dem so ist, so sagt mir, wo ist meine Freiheit zu wählen und zu entscheiden? Andererseits, wenn wir annehmen, dass wir keine Freiheit haben zu wählen, dann sind wir wie Marionetten, funktionieren und handeln äußeren Kräften gemäß, die bestimmen, wie und was geschieht. Das bedeutet, dass wir alle im Gefängnis der Vorsehung eingekerkert sind, welche durch die Anwendung dieser zwei Mittel – Freude und Schmerz – uns nach ihrem Willen zieht und stößt, wohin sie es für richtig erachtet.

Daraus lässt sich folgern, dass es in der Welt so etwas wie Egoismus nicht gibt, da hier keiner frei ist und keiner auf eigenen Füßen steht. Ich bestimme nicht die Handlung, und ich bin nicht der Handelnde, weil ich handeln möchte, sondern ich „werde gehandelt", gezwungenermaßen, ohne nach meiner eigenen Meinung gefragt zu werden. Daraus geht hervor, dass keine unserer Taten belohnt oder bestraft wird.

Und das ist nicht nur für den Orthodoxen befremdend, der an die Fürsorge des Schöpfers glaubt und sich auf Ihn verlässt und darauf vertraut, dass Er in all Seinen Handlungen dem Guten zustrebt. Es ist sogar für jene seltsam, die an die Natur glauben, da wir alle entsprechend dem oben Gesagten in den Banden der blinden Natur gefangen wären – ohne Bewusstsein und Verantwortlichkeit. Und wir, die erwählte Spezies, Geschöpfe von Verstand und Wissen, wären ein Spielzeug in den Händen der Natur, die uns in die Irre führt – wer weiß wohin?

DAS GESETZ DER KAUSALITÄT

Für die Besprechung einer so wichtigen Sache muss man sich Zeit nehmen: Wie existieren wir in der Welt im Sinne der Persönlichkeit des Ichs – dass jeder von uns sich als einzigartiges Wesen betrachtet, das aufgrund seiner eigenen Entscheidung handelt, unabhängig von äußeren, fremden und unbekannten Kräften? Und wodurch enthüllen wir die Persönlichkeit des Ichs?

Es ist eine Tatsache, dass ein umfassendes Band all die einzelnen Teile der Realität miteinander verbindet und durch Ursache und Wirkung am Gesetz der Kausalität festhält. Wie in der Gesamtheit (Makro), so auch in jedem einzelnen Teilchen (Mikro). Alles Geschaffene, jedes Geschöpf auf der Welt, von allen vier Erscheinungsformen – der bewegungslosen Natur, den Pflanzen, dem Belebten (= Tierischen) und dem Sprechenden (= Menschlichen) – alle unterliegen durch Ursache und Wirkung dem Gesetz der Kausalität.

Selbst jedes Detail einer bestimmten Verhaltensweise, an der eine Kreatur eine Weile festhält, wird durch frühere Ursachen hervorgerufen; gezwungenermaßen übernimmt die Kreatur spezifische Änderungen der Verhaltensmuster – und keine anderen. Und dies ist für jeden offensichtlich, der die Natur aus rein wissenschaftlicher

Sicht und ohne jegliche Voreingenommenheit erforscht. Deshalb müssen wir dieses Thema analysieren, um es von allen Seiten und Punkten zu betrachten.

VIER FAKTOREN

Bedenke, jede Erscheinungsform, die bei den Geschöpfen der Welt auftritt, darf nicht als etwas Existentes, welches aus dem vorher nicht Dagewesenen (*Jesh mi Ajn*) kommt, verstanden werden, sondern muss als Existenz aus dem Bestehenden (*Jesh mi Jesh*) betrachtet werden, die aus etwas Seiendem hervorgegangen ist und die vorhergehende Form abgelegt hat, um die jetzige anzunehmen.

Daher müssen wir verstehen, dass in jeder Erscheinungsform auf der Welt vier Faktoren wirken und diese vier gemeinsam die jeweilige Erscheinungsform hervorbringen. Diese Faktoren sind:

1. die Grundlage;
2. Ursache und Wirkung in Bezug auf die unveränderlichen Eigenschaften der Grundlage;
3. innere Faktoren der Grundlage, welche sich gemäß Ursache und Wirkung aufgrund des Kontaktes zu fremden Kräften verändern;
4. Ursache und Wirkung fremder Kräfte, die von außen auf die Grundlage einwirken.

Ich werde einen Faktor nach dem anderen erklären.

DER ERSTE FAKTOR: DIE GRUNDLAGE – DAS URSPRÜNGLICHE AUSGANGSMATERIAL

A. Die Grundlage, das heißt das erste Ausgangsmaterial, welches sich auf dieses Lebewesen bezieht. Denn „es gibt nichts Neues unter der Sonne", und jedes Ereignis auf unserer Welt ist nicht eine „Existenz aus dem Nichts" (*Jesh mi Ajn*), das heißt, es ist nicht aus dem vorher nicht Dagewesenen entstanden, sondern vielmehr ist es „Existenz aus Existenz" (*Jesh mi Jesh*). Das heißt, das Bestehende legt die vorangegangene Form ab und nimmt eine neue Form an, welche sich von der vorhergehenden unterscheidet. Und diese Essenz, welche die vorhergehende Form abgelegt hat, wird als „die Grundlage" definiert. In ihr liegt die Kraft, die dazu bestimmt ist, am Ende der jeweiligen Daseinsform offenbart und festgelegt zu werden. Daher ist es gewiss gerechtfertigt, sie als die erste und grundlegende Ursache anzusehen.

DER ZWEITE FAKTOR: URSACHE UND WIRKUNG, DIE SICH AUS DER GRUNDLAGE SELBST ABLEITEN

B. Der zweite Faktor ist das Verhältnis von Ursache und Wirkung bezogen auf die der Grundlage eigene, unveränderlich bleibende Eigenschaft. Zum Beispiel führt ein im Boden verrottender Weizen zum Aspekt der Saat des Weizens. Die

Verrottungsphase wird als „die Grundlage" bezeichnet. Man muss hier verstehen, dass die Essenz des Weizens ihre alte Gestalt – die Form Weizen – abgelegt und die Form des verrotteten Weizens angenommen hat, der nun die Saat enthüllt, welche „die Grundlage" genannt wird und nun jeglicher Gestalt und Form entbehrt. Jetzt, da er verrottet ist, ist er würdig geworden, sich in eine andere Hülle zu kleiden, in die Form von vielen Weizenhalmen, welche würdig sind, aus dieser Grundlage – der Saat – hervorzukommen und zu wachsen.

Und es ist allseits bekannt, dass diese Grundlage weder dazu bestimmt ist, zu Gerste noch zu Hafer zu werden, sondern sie kann nur ihrer vorhergehenden Form entsprechen, derer sie sich entledigt hat und die ein einzelnes Weizenkorn war. Und obwohl dieses sich in einem bestimmten Ausmaß verändert hat, sowohl in Qualität wie auch in Quantität, da es in der vorangegangenen Hülle ein einzelnes Weizenkorn war und nun zu zehn [oder zwanzig] Weizenkörnern geworden ist und sich auch in Geschmack und äußerer Erscheinung verändert hat, ist die Form des Weizens im Wesentlichen unverändert geblieben. Daher gibt es eine Ordnung von Ursache und Wirkung, die der Eigenschaft der Grundlage zugeschrieben ist, die sich niemals ändert, da aus dem Weizen niemals Gerste hervorgehen wird, wie bereits geklärt wurde. Dies wird der zweite Faktor genannt.

DER DRITTE FAKTOR: INNERE URSACHE UND WIRKUNG

C. Der dritte Faktor ist das Verhältnis von Ursache und Wirkung im Inneren der Grundlage, welche sich aufgrund der Berührung und dem Zusammentreffen mit den umgebenden fremden Kräften aus dem Umfeld ändert. Das bedeutet, dass wir entdecken, dass aus einem in der Erde verrottenden Weizen viele Weizenkörner hervorgehen, die manchmal größer und besser werden als derjenige vor der Saat.

Daher müssen hier zusätzliche Faktoren mitgewirkt haben, die sich an den verborgenen Kräften aus der Umgebung beteiligt und sich mit ihnen verbunden haben, das heißt ihrer „Grundlage". Und daher trat der Zuwachs an Qualität und Quantität, der in der vorhergehenden Erscheinungsform des Weizens nicht sichtbar war, nun in Erscheinung. Diese zusätzlichen Faktoren sind die Mineralien und die Nährstoffe der Erde, der Regen und die Sonne. Alle diese wirken auf die Grundlage ein. Die Kräfte werden zur Kraft der Grundlage selbst hinzugefügt und verbinden sich mit ihr. Durch Ursache und Wirkung ist eine Vervielfachung von Qualität und Quantität in der neuen Erscheinungsform hervorgebracht worden.

Wir sollten verstehen, dass sich der dritte Faktor mit der Grundlage in ihrem Inneren verbindet, da die verborgene Kraft der Grundlage über diese Kräfte herrscht. Diese Veränderungen dienen zu guter Letzt dem Weizen und nicht einer anderen Pflanze. Daher betrachten wir diese als innere Faktoren. Jedoch unterscheiden sie sich vom unveränderlichen zweiten Faktor in jeder Hinsicht – denn der dritte Faktor verändert sich sowohl in Qualität als auch in Quantität.

DER VIERTE FAKTOR: URSACHE UND WIRKUNG DURCH FREMDE KRÄFTE

D. Der vierte Faktor ist das Verhältnis von Ursache und Wirkung durch fremde Einflüsse, die von außen einwirken. Es sind nicht jene gemeint, die eine direkte Verbindung mit dem Weizen haben, wie Mineralien, Regen und Sonne, sondern jene ohne direkte Verbindung und die ihm fremd sind, wie benachbarte Pflanzen, äußerliche Ereignisse, wie Hagel und Sturm.

Und wir entdecken, dass sich während der gesamten Wachstumsphase diese vier Faktoren mit dem Weizen vereinen. In jeder einzelnen Situation ist der Weizen dem unterworfen und wird von diesen Vieren geformt. Qualität und Quantität jeder Phase wird von ihnen bestimmt. Und so, wie wir es am Beispiel des Weizens veranschaulicht haben, ist es in allem, was auf der Welt in Erscheinung tritt, selbst Gedanken und Ansichten unterliegen diesem Gesetz.

Wenn wir uns zum Beispiel die geistige Haltung eines bestimmten Individuums vorstellen – sei eine Person nun religiös oder nicht religiös oder extrem orthodox oder doch nicht so extrem oder irgendwo dazwischen – so werden wir verstehen, dass diese innere Haltung durch die oben erwähnten vier Faktoren festgelegt wird.

ERERBTER BESITZ

Der erste Faktor ist die Grundlage, welche sein Ausgangsmaterial darstellt. Denn der Mensch ist eine erschaffene Existenz aus Existenz (Jesh mi Jesh), das heißt, er ist die Frucht seiner Vorfahren. In einem gewissen Maße ist das wie das Kopieren von einem Buch in ein anderes, und meist sind die Dinge, die die Vorväter und die Väter der Vorväter angenommen und erreicht haben, auch in den Menschen integriert.

Der Unterschied liegt jedoch darin, dass sie in abstrakter Form vorliegen. Ähnlich dem ausgesäten Weizen, der als Saat betrachtet wird, bis er seine vorherige Form abgelegt hat. So ist es auch mit dem Samen, aus dem der Mensch geboren wird. Es gibt in ihm weder Gestalt, noch Form und Aussehen der Vorväter, sondern in ihm liegen nur verborgene Kräfte vor.

Die gleichen Konzepte, die von den Vorvätern als Kenntnisse bzw. Wissen erreicht wurden, haben sich nun als bloße Neigungen im Menschen manifestiert, welche man Instinkte bzw. Gewohnheiten nennt, nach denen der Mensch handelt, ohne zu wissen, aus welchem Grund er auf diese Weise agiert. Obwohl dies verschwindende Kräfte sind, erbt er diese von seinen Vorfahren. Denn wir bekommen von unseren Vorvätern nicht nur die materiellen Besitztümer durch Vererbung, sondern auch die spirituellen Besitztümer. Und sämtliche Kenntnisse, mit welchen sich unsere Vorväter beschäftigt haben, erhalten wir als Erbe von Generation zu Generation. Und hier offenbaren sich und folgen daraus die verschiedensten Neigungen, welche wir unter den Menschen finden, wie die Bereitschaft zu glauben oder zu hinterfragen, sich eher um das materielle Wohl zu sorgen oder sich für Ideale zu begeistern oder die Verachtung eines Lebens, in welchem keine Freude zu finden ist, die Verachtung von Geiz, Versagen, Unverschämtheit, Schüchternheit.

Denn all jene Bilder, die den Menschen erscheinen, entspringen nicht ihrem eigenen Verdienst, sondern sind bloß Erbteile von ihren Vorfahren und Ahnen. Es ist bekannt, dass es einen speziellen Platz im Gehirn des Menschen gibt, wo diese Erbteile verankert sind. Dieser heißt „verlängertes Mark"[45] oder Unterbewusstsein, worin sich alle genannten Neigungen und Anlagen befinden.

Obgleich die Konzepte unserer Vorfahren, welche sie sich durch ihre Erfahrungen angeeignet haben, in uns zu Neigungen transformiert werden, sind sie wie der ausgesäte Weizen, der seine alte Form ablegt und nackt bleibt. Nur die potenziellen Kräfte in ihm sind dazu bestimmt, eine neue Form anzunehmen. In Bezug auf uns sind diese Neigungen dazu bestimmt, Formen von Gedanken bzw. Kenntnissen zu bilden. Dies wird soweit als das erste Material angesehen. Und dies ist der erste wichtige Faktor, welcher „die Grundlage" genannt wird. In der Grundlage sind alle Kräfte aus allen Tendenzen und Neigungen gespeichert, die wir von unseren Vorfahren geerbt haben.

Beachte jedoch, dass von all diesen Neigungen einige in ihrer negativen Form zum Ausdruck kommen – in einer Form, die im Gegensatz zu denen der Vorfahren steht. Das ist der Grund, warum gesagt wird: „Alles, was im Herzen des Vaters im Geheimen verborgen ist, offenbart sich im Sohn enthüllt."

Der Grund dafür ist, dass die Grundlage ihre vorhergehende Form ablegt, um sich in eine neue zu kleiden. Das Abschütteln der Denkweise der Vorfahren geschieht wie beim Beispiel des Weizens, der in der Erde verrottet und seine gesamte Form verliert. Indessen hängt die Grundlage noch immer von den drei anderen Faktoren ab.

DER EINFLUSS DES UMFELDS

Der zweite Faktor ist der direkte Kausalzusammenhang in Bezug auf die Eigenschaften der Grundlage, welche sich nicht verändern. Wie wir an Hand des Weizens, der in der Erde verrottet, abgeklärt haben, bedeutet das, dass die Umwelteinflüsse, denen die Grundlage ausgesetzt ist (Bodenqualität, Mineralien, Regen, Luft und Sonne), auf die Saat einwirken, und zwar, wie wir bereits erwähnten, in einer langen Verkettung von Ursache und Wirkung, während eines langen und langsamen Prozesses, Stufe um Stufe, bis der Weizen reift.

Und die Grundlage hat ihre vorherige Form, die Form des Weizens wieder angenommen, jedoch mit einem Unterschied in Qualität und Quantität. Die allgemeine Erscheinung bleibt aber vollkommen unverändert – es wachsen weder Gerste noch Hafer aus ihm, sondern der Weizen verändert sich in seinem Einzelaspekt der Quantität – aus einem einzigen Korn gehen zehn oder zwanzig Weizenkörner

---

45 Medulla oblongata

hervor – und auch in der Qualität, die besser oder schlechter als in der vorhergehenden Form des Weizens ist.

Und dementsprechend auch hier. Der Mensch als „Grundlage" ist in einem Umfeld – in der Gesellschaft – eingebettet. Und ob er will oder nicht, wird er durch sie beeinflusst – wie der Weizen von den Umwelteinflüssen, denn die Grundlage ist nur das Rohmaterial. Durch den Austausch und Kontakt mit dem Umfeld und der Umgebung wird die Grundlage während eines stetigen Prozesses und durch die Verkettung von aufeinander folgenden Situationen durch Ursache und Wirkung geprägt.

Zu dieser Zeit verwandeln sich die Neigungen, die in seiner Grundlage integriert sind, und nehmen die Form von Konzepten an. Angenommen, jemand erbt von seinen Vorfahren die Neigung zum Geiz, dann formt er in sich Konzepte und Betrachtungen, die ihn annehmen lassen, dass es gut sei, geizig zu sein. Daher kann er, auch wenn der Vater großzügig war, von ihm die negative Neigung zum Geiz geerbt haben, denn der Geiz ist im Erbgut vorhanden.

Oder ein anderer erbt die Anlage, aufgeschlossen zu sein. Er bildet in sich Meinungen und folgert aus ihnen, dass es gut sei, aufgeschlossen zu sein. Aber wo findet er den Sinn und die Gründe dafür? Er nimmt sie aus dem Umfeld – ohne zu wissen, dass das Milieu ihm die Meinungen und Richtungen eingepflanzt hat.

Und das geschieht auf eine Weise, dass der Mensch diese Meinungen für seine eigenen hält; er meint, sie sich aus eigenen freien Überlegungen angeeignet zu haben. Hier besteht ebenso wie beim Weizen ein allgemein unveränderlicher Teil der „Grundlage". Diese besteht darin, dass die ererbten Neigungen bestehen bleiben, gerade so, wie sie in seinen Vorvätern waren. Das wird als zweiter Faktor bezeichnet.

GEWOHNHEITEN WERDEN ZUR ZWEITEN NATUR

Der dritte Faktor ist das Verhalten durch direkten Kausalzusammenhang, durch den das Wesen hindurchgeht und sich dadurch verändert. Denn da die ererbten Neigungen des Menschen sich durch das Umfeld verändert haben, arbeiten sie in die Richtung, die diese Konzepte festlegen. Zum Beispiel kann ein Mensch mit geiziger Natur, der durch die Gesellschaft seine Neigung in ein Konzept umgewandelt hat, Geiz nun durch verstandesmäßige Definitionen verstehen.

Angenommen, er schützt sich selbst durch dieses Verhalten, damit er niemanden braucht. Daraus folgt, dass er, wenn er einige Zeit lang diesen „Schutz" nicht braucht, fähig ist, diese Gewohnheit loszulassen. Und daraus folgt, dass er die ursprüngliche Neigung, die er von seinen Vorfahren geerbt hat, zum Besseren verwandelt hat. Und gelegentlich gelingt es jemandem, die schlechte Neigung völlig abzulegen. Es ist dies durch Gewohnheit geschehen, die zur zweiten Natur wurde.

Darin ist die Kraft des Menschen größer als die der Pflanzen. Denn der Weizen kann sich nicht wandeln, während der Mensch die Möglichkeit hat, seinen persönlichen Teil zu verändern – durch die Kraft der umfeldbedingten Ursache und Wirkung. Sogar seinen allgemeinen Teil kann er verändern, das heißt er kann eine Neigung vollständig ablegen und in ihr Gegenteil verkehren.

ÄUSSERE FAKTOREN

Der vierte Faktor ist Verhalten durch Kausalzusammenhänge, die auf die Grundlage durch äußere Kräfte, die ihr vollkommen fremd sind, einwirken. Gemeint sind jene Kräfte, die nicht mit der Entwicklung der Grundlage in Beziehung stehen, jedoch indirekt arbeiten. Wie zum Beispiel Geldangelegenheiten, alltägliche Bürden oder Aufregungen etc., die vollständig, langsam und nach und nach auf die Situationen einwirken durch Ursache und Wirkung, die die Konzepte des Menschen verändern, zum Besseren oder zum Schlechteren.

Daher habe ich die vier natürlichen Faktoren vorangestellt, denn jeder unserer Gedanken, alle Meinungen und Ideen, die in uns hochkommen, sind ausschließlich durch sie hervorgerufen. Und wenn jemand den ganzen 1Tag lang sitzen und meditieren würde, könnte er nichts hinzufügen oder in anderer Weise ändern als nur das, was diese vier Faktoren ihm vorgeben. Jegliches Mehr ist nur hinsichtlich der Quantität möglich – sei er ein großer oder ein kleiner Geist –, an Qualität kann er kein Fünkchen hinzufügen. Denn sie legen den Charakter und die Hülle der Ideen und die unweigerliche Schlussfolgerung fest, ohne uns nach unserer Meinung zu fragen. Daher sind wir in den Händen dieser vier Faktoren wie der Ton in den Händen des Töpfers.

FREIE WAHL

Wie auch immer – wenn wir diese vier Faktoren untersuchen, entdecken wir, dass, auch wenn unsere Kräfte nicht ausreichen, um dem ersten Faktor, das heißt der Grundlage, zu trotzen, wir trotzdem die Möglichkeit und die freie Entscheidung haben, uns vor den drei anderen Faktoren zu schützen, durch die die Grundlage in ihren Einzelteilen verändert wird. Manchmal verändert sie sich auch in ihrem allgemeinen Teil durch Gewohnheit, die sie mit einer zweiten Natur versieht.

DAS UMFELD ALS FAKTOR

Sich vor den anderen Faktoren zu schützen bedeutet, dass wir hinsichtlich der Auswahl unseres Umfelds, wie Freunde, Bücher, Lehrer usw., immer Weiteres hinzufügen können. So wie jemand, der von seinem Vater ein paar Weizenkörner geerbt hat, damit er diese zu ein paar Dutzend Weizenkörnern vermehre, das heißt, er braucht eine Umgebung für seine Grundlage – mit fruchtbarer Erde, die alle notwendigen Mineralien und Rohstoffe enthält, um den Weizen reichlich zu nähren.

Hinzu kommen die Mühe und die Plage, mit denen die Umweltbedingungen verbessert und an die Bedürfnisse und das Wachstum der Pflanze angepasst werden. Denn der Weise tut gut daran, nur die besten Bedingungen zu wählen, und seine Arbeit wird gesegnet sein, doch der Narr nimmt von allem und jedem, was immer ihm über den Weg läuft; und so wird er zum Fluch anstatt zum Segen säen.

Somit hängt all sein Ruhm von der Wahl des Umfelds ab, in das der Weizen gesät wird. Sobald er jedoch am ausgewählten Ort ausgesät ist, hängt seine endgültige Form davon ab, in welchem Maße die Umgebung imstande ist, ihn zu versorgen.

Was dieses Thema betrifft, gibt es – um ehrlich zu sein – keinen freien Willen, sondern wir werden von den vier oben erwähnten Faktoren geprägt. Und gezwungenermaßen denken wir und bilden uns unsere Meinungen, so wie diese es uns vorgeben, und wir können weder prüfen noch etwas ändern, so wie der Weizen in seiner Umgebung.

Es besteht jedoch die Freiheit für den Willen, sich erst ein solches Umfeld zu erwählen – Bücher und Lehrer –, die einen mit guten Konzepten versehen. Und wenn jemand dies nicht tut und er sich von allem Möglichen beeinflussen lässt und jedes Buch, das ihm in die Hände fällt, liest, gerät er automatisch in ein schlechtes Umfeld oder er wird seine Zeit mit wertlosen Büchern verschwenden, die es in Hülle und Fülle gibt und die leicht zu lesen sind. Diese verleiten ihn zu schädigenden Auffassungen und führen ihn in Sünde und Verderbnis. **Mit Gewissheit wird dieser bestraft, jedoch nicht aufgrund seiner bösen Gedanken und Taten, denn die kann er nicht beeinflussen, sondern er wird dafür bestraft, dass er nicht das gute Umfeld auswählte. Denn wie wir gesehen haben, hat er darin definitiv die Möglichkeit einer Wahl.**

Daher ist derjenige, der ständig darauf bedacht ist, ein besseres Umfeld zu wählen, des Lobes und der Belohnung würdig. Aber auch hier: nicht wegen seiner guten Taten oder Gedanken, die ihm zufließen, ohne sie gewählt zu haben, sondern wegen **seiner Anstrengungen, sich einer guten Beeinflussung auszusetzen, die ihm diese guten Gedanken und Taten zufließen lässt.** Wie Rabbi Yehoshua ben Perachya sagte: „Schaffe dir einen Rav und kaufe Dir einen Freund."

DIE UNABDINGBARKEIT, SICH EIN GUTES UMFELD ZU ERWÄHLEN

Daher ist die Antwort, die Rabbi Yossi ben Kisma (Awot, 86) gab, nur zu verständlich geworden. Der, als ihm angeboten wurde, in der Stadt einer anderen Person zu leben und mit Tausenden von Goldmünzen bezahlt zu werden, antwortete: „Selbst wenn du mir alles Gold und Silber und alle Juwelen der Welt geben würdest – ich werde einzig und allein an einem Ort der *Tora* leben." Diese Worte erscheinen für einen einfachen Geist zu edel, um erfasst werden zu können. Denn wie kann es sein, dass er Tausende von Goldmünzen verschmäht für eine so winzige Sache, wie an einem Ort zu leben, an dem es keine Schüler der *Tora* gibt, wo er doch selbst ein großer Weiser war, der von niemandem belehrt werden konnte? Das ist in der Tat ein großes Rätsel.

Wie wir aber gesehen haben, ist das ganz einfach und sollte von jedem von uns erkannt werden. Denn obwohl jeder „seine eigene Grundlage" hat, enthüllen sich die Kräfte nicht einfach von selbst, sondern durch das Umfeld, in dem sich einer aufhält – genauso wie der Weizen, der in den Boden gesät wird und dessen Wachsen von den Umwelteinflüssen, die auf ihn einwirken, wie der Erde, dem Regen und dem Licht der Sonne, abhängig ist.

Daher hat Rabbi Yossi ben Kisma richtigerweise angenommen, dass, falls er das gute Umfeld, welches er erwählt hatte, verlassen und in ein schädigendes Umfeld geraten würde, das heißt an einen Ort, an dem es keine Toraschüler gäbe, nicht nur seine vorherigen Konzepte in Frage gestellt wären – auch alle anderen Kräfte, die noch in seiner Grundlage versteckt schlummern, die er noch nicht enthüllt hatte, würden sich nicht weiter offenbaren, sondern verdeckt bleiben. Dies wäre so geschehen, da diese Kräfte nicht durch das rechte Umfeld so beeinflusst worden wären, um sie zu erwecken – um sie von schlummernden zu aktiven Kräften zu transformieren.

Und so wird, wie wir oben erklärt haben, einzig und allein in Hinsicht der Wahl des Umfelds das Ausmaß der Regentschaft des Menschen über sich selbst bestimmt, und er wird aufgrund dieser Wahl wert, Lob und Ehre oder aber Bestrafung zu erhalten. Daher braucht man nicht überrascht zu sein, warum ein weiser Mann wie Rabbi Yossi ben Kisma die Wahl des Guten trifft und das Schlechte ablehnt und sich nicht von materiellen und physischen Dingen beeinflussen lässt, wie in seiner Schlussfolgerung hier: „Wenn einer stirbt, nimmt er weder Gold noch Silber noch Juwelen mit sich, sondern nur seine guten Taten und die *Tora*." Und daher warnten uns die Weisen: „Schaffe dir einen Rav und kaufe dir einen Freund", sowie auch, dass die Auswahl der Bücher, wie wir es erwähnten, richtig zu treffen sei. Denn allein darin kann jemand gerügt oder gelobt werden, nämlich in Hinsicht seiner Wahl des Umfelds. Wenn einer einmal dieses Umfeld gewählt hat, ist er in diesem wie der Ton in den Händen des Töpfers.

DIE MACHT DES VERSTANDES ÜBER DEM KÖRPER

Und die nicht kabbalistischen Weisen der Gegenwart haben über das Thema meditiert und haben erkannt, dass der Verstand des Menschen wie eine Frucht ist, die aus den Lebenserfahrungen herauswächst. Sie kamen zu der Schlussfolgerung, dass der Verstand den Körper nicht lenken kann, sondern dass allein die Ereignisse des Lebens, die in die Gehirnbahnen eingeprägt sind, den Menschen steuern und aktivieren. Der Verstand des Menschen ähnelt einem Spiegel, der die Formen wiedergibt, und obwohl der Spiegel Träger dieser Formen ist, kann er die Formen, die sich in ihm spiegeln, nicht aktivieren oder bewegen.

Genauso der Verstand. Obwohl in ihm die Ereignisse des Lebens in all ihren kausalen Zusammenhängen aufgenommen und ihm bekannt sind, hat er an sich absolut keine Macht über den Körper, mit der er ihn in Bewegung versetzen könnte

– ihn näher hin zum Guten oder weiter weg vom Schlechten bewegen –, da das Spirituelle und das Körperliche vollständig voneinander getrennt sind. Und es kann niemals ein Verbindungsweg zwischen den beiden kreiert werden, sodass der spirituelle Verstand den Körper, der materiell ist, instand setzen und ihn beeinflussen könnte. Und das wurde in aller Länge beschrieben.

Dort aber, wo die Schärfe ihres Verstandes einsetzt, liegt auch ihr Fehler, da die Vorstellungskraft im Menschen den Verstand genauso benutzt wie die Augen das Mikroskop, die ohne ein Mikroskop wegen der winzigen Größe nichts Schädliches sehen. Aber nachdem der Mensch mithilfe eines Mikroskops das ihm schadende Geschöpf gesehen hat, entfernt er sich von diesem Schädling.

Somit ist er das Mikroskop, welches dem Menschen dabei hilft, Schaden zu meiden, da der Schädling nicht verspürt wird. Und in dieser Hinsicht beherrscht der Verstand tatsächlich vollkommen den Körper des Menschen, indem er es ihm erlaubt, das Schlechte zu meiden und sich dem Guten zu nähern. Dort, wo die Möglichkeiten des Körpers nicht groß sind und er nicht in der Lage ist, Schaden oder Nutzen zu unterscheiden, entsteht eine Notwendigkeit am Verstand.

Und mehr als das: Sobald der Mensch versteht, dass der Verstand ein sicheres Zeichen der Lebenserfahrung ist, ist er in der Lage, den Verstand und die Weisheit des Menschen anzunehmen, dem er vertraut, und sie im Rang eines Gesetzes anzunehmen, ungeachtet der Tatsache, dass seine eigene Lebenserfahrung zum Erhalt solcher Weisheit unzureichend ist. Das gleicht der Situation, wenn der Mensch einen Arzt um Rat fragt, ihn anhört und den Ratschlag ausführt, obwohl er mit seinem Verstand nichts versteht. Auf diese Weise benutzt er den Verstand anderer, was ihm nicht weniger hilft als sein eigener Verstand.

Und wie wir bereits zuvor geklärt haben, existieren zwei Wege der Lenkung, die es dem Menschen garantieren, dass er das herrliche Ziel erreichen wird:

    1. der Weg des Leidens;

    2. der Weg der *Tora* (des Lichts).

Die ganze Klarheit des Weges der *Tora* (des Lichts) leitet sich davon ab. Denn diese ganze klare Vernunft wurde durch eine lange Kette von Erfahrungen während der Leben der Propheten und anderer Kabbalisten enthüllt und wiederholt bestätigt, und der Mensch kommt und nutzt diese Erfahrungen zur Gänze und profitiert von ihnen, so, als resultiere diese Vernunft aus seinen eigenen Lebenserfahrungen.

So erkennt man, dass dadurch der Mensch von der ganzen bitteren Lebenserfahrung befreit wird, die er hätte erlangen müssen, bevor sich in ihm selbst dieser gesunde Menschenverstand entwickelt hätte. So spart er beides, Zeit und Qual.

Dies kann mit einem kranken Mann verglichen werden, der den Anordnungen des Arztes nicht Folge leisten will, solange er nicht selbst verstanden hat, auf welche Weise ihn der Ratschlag heilen würde, und deshalb selbst beginnt, Medizin zu studieren. Er könnte an seiner Krankheit sterben, bevor er sich das Wissen der Medizin angeeignet hat.

So steht der Weg des Leidens dem Weg der *Tora* gegenüber. Denn derjenige, der nicht an die Weisheit glaubt, welche die *Tora* und die Kabbalisten ihm anraten, ohne es selbst zu verstehen, derjenige muss selbst zu diesen Einsichten kommen. Nämlich, indem er der Verkettung von Ursachen und Wirkungen der Ereignisse seines Lebens folgt – den Erfahrungen, die hastig vorbeiziehen. Während er doch fähig ist, einen Sinn für das Erkennen des Bösen zu entwickeln, so, wie wir gesehen haben, und zwar nicht ohne eine Wahl zu haben, sondern indem er Anstrengungen in der Wahl einer guten Umgebung unternimmt, die ihn zu guten Gedanken und Handlungen führen wird.

DIE FREIHEIT DES INDIVIDUUMS

Nun haben wir ein grundlegendes Verständnis der Freiheit des Individuums. Doch bezieht sich dies nur auf den ersten Faktor, auf die Veranlagung, die die erste Grundlage jedes Menschen ist. Das sind all die charakteristischen Züge, die wir von unseren Vätern und Vorvätern geerbt haben, worin wir uns voneinander unterscheiden.

Denn auch wenn Tausende Leute das gleiche Umfeld teilen, sodass die anderen drei Faktoren gleich auf sie einwirken, wird man dennoch keine zwei Leute finden, die die gleichen Eigenschaften haben. Weil jeder von ihnen seine/ihre eigene, einzigartige Grundlage hat. Und dies ähnelt der Grundlage des Weizens, der, obwohl er sich durch die Einwirkung der verbleibenden drei Faktoren stark verändert, trotzdem immer seine vorgegebene Form als Weizen beibehält und niemals eine andere Form annehmen wird.

DAS GRUNDMUSTER DER VORFAHREN GEHT NIE VERLOREN

So behält jede Grundlage, die die vorgegebene Form der Vorfahren fortführt und eine neue Form in Folge der drei hinzugekommenen Faktoren annimmt und sich daher wesentlich verändert, dennoch das Grundmuster der Vorfahren bei. Und sie wird auch nicht das Muster einer anderen Person, die ihr ähnelt, annehmen, genauso wie der Hafer niemals dem Weizen gleichen wird.

Denn so wie jede Erbanlage eine lange Verkettung ist und einige hundert Generationen umfasst, so beinhaltet diese Erbanlage alle deren Konzepte. Jedoch erscheinen sie nicht in der Weise, wie sie in den Vorfahren zutage traten, das heißt als dieselben Anschauungen, sondern als abstrakte Formen. Deshalb sind sie als abstrakte Kräfte in ihm [dem Menschen] enthalten, als „Neigungen" und „Instinkte", ohne dass der Mensch deren Ursache kennt oder weiß, warum er so handelt. Und so können niemals zwei Personen die gleichen Eigenschaften haben.

DIE FREIHEIT DES INDIVIDUUMS MUSS GESCHÜTZT WERDEN

Wisse, dies ist der einzig wahre Besitz des Individuums, der weder beschädigt noch verändert werden darf. Denn letzten Endes werden sich diese Neigungen der Grundlage materialisieren und die Form von fertigen Konzepten annehmen, wenn das Individuum herangewachsen und aus eigenem Willen seinen Verstand geformt haben wird, wie wir oben erklärt haben. Und aus den Gesetzen der Evolution werden diese Verkettungen gesteuert und immer vorwärts getrieben, wie wir im Artikel „*Der Frieden*" erklärt haben. Weiterhin lernen wir, dass jede Neigung dazu bestimmt ist, zu einem geläuterten Konzept unermesslichen Werts zu werden.

Wenn jemand eine Neigung aus einem Individuum ausrottet und sie herausreißt, verursacht er einen Verlust dieses geläuterten und wunderbaren Konzepts für die Welt, welches dazu bestimmt gewesen wäre, sich am Ende der Kette zu formen, denn diese Neigung wird niemals wieder in einem anderen als in diesem Körper auftreten.

Wenn eine einzelne Neigung die Form eines Konzepts annimmt, dann kann sie nicht mehr als gut oder schlecht betrachtet werden. Solche Unterscheidungen können nur getroffen werden, solange sie Neigungen oder unausgereifte Konzepte sind; keinesfalls mehr, wenn sie die Form eines wahren Konzepts angenommen haben.

Aus dem Obigen lernen wir, welch schreckliches Unrecht jene Nationen ihren Minderheiten zufügen, die ihnen ihre Herrschaft aufzwingen und ihnen die Freiheit vorenthalten, indem sie ihnen die Möglichkeit nehmen, ihr Leben gemäß ihren von den Vorfahren ererbten Neigungen zu leben. Sie sind wie Mörder – um nichts besser.

Sogar jene, die nicht gläubig sind und an eine sinnvolle Führung glauben, sie werden verstehen können, wie wichtig es ist, die Freiheit des Individuums zu schützen – aus der Beobachtung der Natur heraus. Denn wir können sehen, dass jede Nation, die jemals zu Fall gebracht wurde, letztlich dadurch unterging, dass sie die Minderheiten unterdrückte und diese dann gegen sie rebelliert und sie zerstört haben. Daher ist für jeden offensichtlich, dass es ohne Freiheit des Individuums keinen Frieden auf der Welt geben kann. Wenn man dies nicht berücksichtigt, kann niemals Frieden sein, und der Ruin wird die Oberhand gewinnen.

Wir haben die Essenz des Individuums mit äußerster Genauigkeit definiert, nachdem wir alles, was es von der Allgemeinheit übernimmt, abgezogen hatten. Aber nun sehen wir der Frage ins Gesicht – wo ist letztendlich das Individuum selbst? Denn alles, was wir bis hierher gesagt haben, haben wir als von den Vorfahren ererbtes Besitztum des Individuums betrachtet. Aber wo ist das Individuum selbst? Wo ist der, der erbt, und dessen Eigentum wir schützen sollen?

Denn in allem soweit Gesagten haben wir noch nicht den Punkt des „Selbst" im Menschen gefunden, der ihn als unabhängiges Einzelwesen vor unsere Augen führt. Was soll ich schließlich mit dem ersten Faktor tun, der eine lange, Tausende Menschen umfassende Kette ist – einen nach dem anderen, von Generation zu

Generation –, die die Erscheinung des Individuums als ihren Erben festsetzt? Und was soll ich mit den anderen drei Faktoren tun, die Tausende Menschen einschließen, die sich in einer Generation gegenüberstehen? Fazit ist, dass jedes Individuum wie eine Maschine von Allgemeingut ist, die darauf wartet, von der Allgemeinheit nach ihrem Gutdünken benutzt zu werden. Und zwar wird es auf zweierlei Arten durch die Allgemeinheit/das Kollektiv beeinflusst:

1. Aus der Sicht des ersten Faktors ist es [das Individuum] aus der Allgemeinheit hervorgegangen, die sich aus der langen Reihe aufeinander folgender vergangener Generationen zusammensetzt.
2. Aus der Sicht der drei anderen Faktoren wird es durch die gegenwärtige Allgemeinheit beeinflusst.

Das ist in der Tat eine allumfassende Frage. Aus diesem Grund widersprechen viele der obigen natürlichen Methode, obwohl sie ihre Richtigkeit erkennen. Stattdessen wenden sie sich metaphysischen Methoden, dem Dualismus oder der Transzendentalphilosophie zu, um sich ein Bild von spirituellen Dingen zu fabrizieren, auf welche Weise sich Spirituelles im Körper und in der Seele befände. Und es sei diese Seele, die lerne und auf den Körper einwirke; und das sei die Essenz des Menschen, sein „Selbst".

Und vielleicht könnten diese Interpretationen den Geist des Menschen beruhigen, aber das Problem ist, dass sie keine systematische Lösung beinhalten, wie es für ein spirituelles Objekt möglich sein sollte, mit den physischen Atomen in Kontakt zu treten. Und ihre Klugheit hilft ihnen nicht, ein Verbindungsglied zu finden, mit dem der tiefe und weite Graben zwischen der spirituellen Existenz und dem körperlichen Atom zu überbrücken wäre. Daher hat die Wissenschaft nichts aus all diesen metaphysischen Methoden gewonnen.

DAS VERLANGEN ZU EMPFANGEN (*RAZON LEKABEL*) – EXISTENZ AUS DEM VORHER NICHT DAGEWESENEN (*JESH MI AJN*)

Das Einzige, was wir brauchen, um hier einen Schritt vorwärts zu kommen, ist die Weisheit der Kabbala als wissenschaftliche Methode. Denn alle Weisheit der Welt ist in der Weisheit der Kabbala eingeschlossen. Wir lernen im Bezug auf die „spirituellen Lichter und Gefäße (*Kelim*)" die bedeutendste Neuheit aus der Sicht des Erschaffenen. Nämlich, dass die Tatsache, dass der Schöpfer Existenz aus dem vorher nicht Dagewesenen (oder: Existierendes aus nicht Existierendem/ex nihilo/ *Jesh mi Ajn*) erschaffen hat, sich nur auf einen einzigen Aspekt bezieht, der als das „Verlangen zu empfangen" (*Razon lekabel*) zu definieren ist. Alle anderen Dinge in der gesamten Schöpfung sind definitiv keine Neuheiten; sie sind nicht Existenz aus dem nicht Dagewesenen (*Jesh mi Ajn*), sondern Existenz aus Existenz (*Jesh mi Jesh*). In der Bedeutung, dass sie direkt aus Seinem Sein hervorgegangen sind, so wie die

Lichtstrahlen aus der Sonne. Auch hier besteht keine Neuheit, da die Substanz der Sonne nach außen tritt.

Aber das „Verlangen zu empfangen" (*Razon lekabel*) ist eine vollkommene Neuheit. Es bedeutet, dass vor der Schöpfung so etwas nicht existierte, da im Schöpfer ein solcher Aspekt des Verlangens zu empfangen nicht vorhanden war. Denn Er ist allem vorausgegangen, von wem könnte Er denn empfangen? Daher ist dieses „Verlangen zu empfangen", das Er als Existenz aus dem nicht Dagewesenen (*Jesh mi Ajn*) herleitete, eine komplette Neuheit. Alles andere, das „Schöpfung" genannt werden kann, hat nichts Neues an sich. Daher werden sowohl Gefäße (*Kelim*) als auch Körper – ob aus den spirituellen Welten oder aus der physischen Welt – als materielle oder spirituelle Substanz betrachtet, der die Natur des „Verlangens zu empfangen" innewohnt.

ZWEI KRÄFTE IM VERLANGEN ZU EMPFANGEN: DIE ABWEISENDE UND DIE ANZIEHENDE KRAFT

Weiterhin sollte man erkennen, dass in dieser Kraft, die „Verlangen zu empfangen" genannt wird, zwei Kräfte unterschieden werden:

1. „die anziehende Kraft";
2. „die abweisende Kraft".

Die Ursache dafür besteht darin, dass jeder Körper oder jedes Gefäß (*Kli*) durch das „Verlangen zu empfangen" geprägt ist und sowohl in Qualität wie auch in Quantität des Empfangenkönnens begrenzt ist. Jene Menge und Qualität, die seine Grenzen überschreiten, scheinen gegen seine Natur zu gehen, und daher weist er sie ab. Daher wird dieses „Verlangen zu empfangen", obwohl als anziehende Kraft erachtet, auch zwingend zu einer abweisenden Kraft.

EIN EINZIGES GESETZ IN ALLEN WELTEN

Obgleich die Weisheit der Kabbala nichts über unsere physische Welt erwähnt, existiert nur ein einziges Gesetz in allen Welten (wie es beschrieben wurde im Artikel *„Das Wesen der Wissenschaft Kabbala"*). Daher laufen alle körperlichen Existenzformen unserer Welt – das heißt alles, was sich innerhalb dieses Raumes befindet, sei es bewegungslos, pflanzlich, tierisch, ein spirituelles oder physisches Objekt –, wenn wir deren einzigartiges, eigenes Erscheinungsbild selbst in den kleinsten Unterscheidungsmerkmalen bestimmen wollen, auf nichts anderes als das „Verlangen zu empfangen" hinaus. Sie stellen aus der Sicht der erneuerten Schöpfung nur ein Teilchen dieses Verlangens dar, begrenzen dieses in Quantität wie auch in Qualität und legen die Anziehungs- bzw. Abstoßungskraft fest.

Aber alles andere als diese zwei in ihr [der körperlichen Existenzform] wirkenden Kräfte wird als die Gabe aus der Essenz des Schöpfers erachtet. Und wenn diese Gabe für alle gleich ist, da allem Erschaffenen bei der Schöpfung nichts Neuartiges zugeschrieben wird, wird diese Gabe von einer Existenz zur anderen ausgeströmt. Und sie hat keine Beziehung zu einem Einzelteil, sondern nur zu Dingen, die allen Teilen der Schöpfung, ob klein oder groß, gemeinsam sind. Sodass jeder von ihnen diese Gabe empfängt, und zwar genau entsprechend seinem „Verlangen zu empfangen" und entsprechend der Einschränkung, der jedes Individuum und Einzelwesen unterliegt.

So habe ich eingehend und wissenschaftlich das Selbst, das „Ego" jedes Individuums, bewiesen, auf wissenschaftlich-kritischer Beweisführung basierend, und habe es von allen Seiten beleuchtet und sogar auf die Denkweise fanatischer Materialisten Bezug genommen. Von nun an brauchen wir keine Krücken-Methoden mehr, wie sie in der Metaphysik beschrieben sind.

Und selbstverständlich macht es keinen Unterschied, ob diese Kraft – das „Verlangen zu empfangen" – eine Folge und ein Ergebnis der durch chemische Reaktionen materialisierten Struktur ist oder ob die Struktur ein Resultat und eine Frucht dieser Kraft ist. Denn, wie wir wissen, ist das Wichtigste, dass allein diese Kraft, das „Verlangen zu empfangen", die in jedem umgrenzten Wesen und Atom eingeprägt ist, als Einheit erachtet wird, die von ihrer Umgebung abgeschnitten ist. Und dies ist wahr – sowohl für das einzelne Atom als auch für den Atomverbund, der Körper genannt wird.

Und alle anderen Aspekte, wo zu dieser Kraft etwas hinzugefügt ist, haben in keinster Weise einen Bezug zu diesem Teilchen oder dieser Teilchenansammlung – weder aus der Sicht des Teilchens betrachtet noch im Allgemeinen. Es ist die Fülle, die ihnen vom Schöpfer zugeteilt ist, und sie ist für alle Teile der Schöpfung gleich – ohne spezifische Unterscheidung der erschaffenen Körper.

Nun sollten wir dieses Thema „Freiheit des Individuums" hinsichtlich der Definition des ersten Faktors, der „Grundlage", verstehen, in welche alle vorhergegangenen Generationen, die Vorfahren dieses Individuums, ihre Natur eingeprägt haben. Und wie wir geklärt haben, bedeutet das Wort „Individuum" nur Begrenzungen des in diesen Partikelverband eingeprägten „Verlangens zu empfangen".

Man sieht daher, dass alle Neigungen und Anlagen, die [das Individuum] von seinen Vorfahren geerbt hat, nicht mehr als Umgrenzungen seines „Verlangens zu empfangen" sind – sowohl von der Seite der anziehenden Kraft in ihm als auch von der Seite der abstoßenden Kraft in ihm, die als Neigungen vor uns erscheinen, wie Geiz oder Großzügigkeit, unter die Leute zu gehen oder lieber allein zu sein usw.

Aufgrund dessen sind diese [Neigungen] tatsächlich sein Selbst (Ego) und kämpfen um ihre Existenz. Wenn wir daher auch nur eine einzige Anlage eines einzelnen Individuums ausrotten, trennen wir tatsächlich ein Glied von seinem innersten Wesen ab. Und dies wird auch als ein Verlust für die gesamte Schöpfung erachtet, da keine andere wie diese existiert, noch jemals existieren wird.

Nachdem wir gründlich das Recht des Individuums bezüglich der Naturgesetze geklärt haben, wenden wir uns nun der praktischen Umsetzung zu, ohne Kompromisse bzgl. der Theorie der Ethik oder der Staatsführung. Und das Wichtigste: Wie wird dieses Recht hinsichtlich unserer heiligen *Tora* praktiziert?

NACH DER MEHRHEIT RICHTE DICH

Unsere Schriften besagen: „Nach der Mehrheit richte dich." Das bedeutet: Wann immer ein Widerstreit zwischen dem Kollektiv und dem Individuum besteht, sind wir dazu aufgerufen, nach dem Willen der Mehrheit zu entscheiden. Man sieht daraus, dass die Mehrheit das Recht hat, die Freiheit des Individuums einzuschränken.

Jedoch stehen wir nun einer anderen Frage gegenüber – schwerwiegender als die erste –, da dieses Gesetz scheinbar zu einem Rückschritt der Menschheit führt, anstatt ihrem Fortschritt zu dienen. Aus dem Grund, da der Großteil der Menschheit noch unentwickelt ist und da die Entwickelten immer nur eine kleine Minderheit sind, bedeutet das, dass wenn man dem Willen des unentwickelten, hitzigen Kollektivs folgte, die Meinungen und der Wille der Weisen und der Entwickelten, die immer die Minderheit bilden, niemals in Betracht gezogen würden. Damit wäre das Schicksal der Menschheit Richtung Rückschritt besiegelt, denn sie wäre nicht in der Lage, auch nur einen Schritt vorwärts zu schreiten.

Andererseits heißt es im Aufsatz *„Der Frieden"* über die „Verpflichtung, die Naturgesetze zu wahren", dass wir, seit wir durch die Vorsehung dazu bestimmt sind, ein Leben in einem sozialen Verband zu leben, auch verpflichtet sind, alles einzuhalten, was der Gesellschaft zuträglich ist. Und wenn wir ihre Wichtigkeit auch nur geringfügig unterschätzen, wird die Natur an uns Rache nehmen, unabhängig davon, ob wir den Sinn dieses Gesetzes verstehen oder nicht.

Und wir erkennen, dass es keine Alternative zu „Nach der Mehrheit richte dich" in diesem sozialen Verband gibt, denn dadurch werden alle Meinungsverschiedenheiten und Drangsale der Gesellschaft geordnet. Daher ist dieses Gesetz das einzige Instrument, das der Gesellschaft das Recht zu existieren gibt. Daher wird es als eines der natürlichen Gebote der Vorsehung erachtet, und wir müssen es ungeachtet unseres Verständnisses akzeptieren und genauestens bewachen.

Dies ist wie bei allen anderen Geboten (*Mizwot*) der *Tora*, die alle Gesetze der Natur und Seiner Vorsehung sind, die von Oben zu uns herabkommen. Und ich habe bereits beschrieben (Artikel *„Das Wesen der Wissenschaft Kabbala"*), wie die Hartnäckigkeit, die wir auf der Welt in der Führung durch die Natur erkennen, nur daher kommt, dass sie aus den Gesetzen und der Führung der höheren, spirituellen Welten ausgeströmt sind.

Man kann daher erkennen, dass die *Mizwot* nichts anderes als die in den höheren Welten verankerten Gesetze und Anleitungen sind, die die Wurzel aller Direktiven der Natur in unserer Welt sind, so wie zwei Tropfen in einem Teich. So haben wir gezeigt, dass das Gesetz „Nach der Mehrheit richte dich" das Gesetz der Vorsehung und Natur ist.

DER WEG DER TORA UND DER WEG DES LEIDENS

Bisher haben wir die Frage nach dem Rückschritt, die hinsichtlich dieses Gesetzes aufgetaucht ist, noch nicht befriedigend beantwortet. Und diese Antwort zu finden ist in der Tat unser Anliegen. Die Vorsehung fehlt darin jedoch nicht, denn sie hat in Wahrheit die Menschheit bereits in zwei Wege eingetaucht: in den „Weg der Tora" und in den „Weg des Leidens". Und zwar auf eine solche Weise, dass die kontinuierliche Entwicklung und der Fortschritt der Menschheit ihrem Ziel entgegen gesichert sind, und sie wirkt ohne Vorbehalt. So ist es tatsächlich eine natürliche und notwendige Verpflichtung, dieses Gesetz einzuhalten.

DAS RECHT DES KOLLEKTIVS, DEM INDIVIDUUM DIE FREIHEIT ZU NEHMEN

Wir müssen noch etwas anderes fragen, denn alles Gesagte ist nur in dem gerechtfertigt, was Vorkommnisse zwischen zwei Menschen betrifft. In diesem Fall nehmen wir das Gesetz „Nach der Mehrheit richte dich" an, da die Vorsehung uns dazu verpflichtet; da sie uns lehrt, für das Wohlbefinden und das Glück unserer Freunde Sorge zu tragen.

Zu diesem Gesetz des „Nach der Mehrheit richte dich" verpflichtet uns jedoch die Tora auch, wenn es sich um einen Disput zwischen dem Menschen und seinem Schöpfer handelt, obwohl dies für die Gesellschaft irrelevant zu sein scheint.

Daher stellt sich diese Frage immer noch: Wie können wir dieses Gesetz rechtfertigen, das uns dazu verpflichtet, die Meinung der Mehrheit zu akzeptieren, die, wie wir angeführt haben, unentwickelt ist und die die Meinung der Entwickelten verwirft und für nichtig erachtet, da die Entwickelten immer die Minderheit darstellen?

Wie wir aufzeigten (im Artikel „*Wesen der Religion und deren Zweck*", im Kapitel „Bewusste und unbewusste Entwicklung") sind Mizwot und Tora allein dazu gegeben, um Israel zu reinigen, das heißt, um unser Bewusstsein für das bei der Geburt in uns eingeprägte Böse zu entwickeln, das im Allgemeinen als „Selbstliebe" bezeichnet wird, und um das Reine und Gute, welches „Nächstenliebe" genannt wird, zu erreichen, das den einzigen und besonderen Weg zur Schöpferliebe darstellt.

Dementsprechend werden die Gebote, welche die Beziehungen zwischen Mensch und Schöpfer betreffen, als herrliche Instrumente definiert, die den Menschen von der Selbstliebe entfernen, die der Gesellschaft schadet.

Infolgedessen ist klar, dass die Meinungsverschiedenheiten bezüglich der Gebote zwischen Mensch und Schöpfer in einem Bezug zu dem Problem des Existenzrechts der Gesellschaft stehen. Daher unterstehen auch sie dem übergeordneten Rahmen des Gesetzes „Nach der Mehrheit richte dich".

Nun verstehen wir auch die unterschiedliche Behandlung durch die *Halacha*[46] und durch die *Agada*[47]. Weil nur in der *Halacha* das Gesetz des „Individuums und der Mehrheit" (*Halacha Kerawim*) angeführt ist. Und in der *Agada* ist es nicht so, da die Angelegenheiten der *Agada* über den Angelegenheiten, welche die Gesellschaft betreffen, stehen. Denn die *Agadot* (*Pl.* von *Agada*, Anm. d. Übers.) sprechen eben genau von den Dingen, welche die Beziehungen zwischen Mensch und Schöpfer bestimmen, und zwar in jenem Bereich, der keinen Bezug zum Leben und zum physischen Glück der Gesellschaft hat.

Daher gibt es keine Rechtfertigung für das Kollektiv, die Meinung des Individuums zu annullieren, und „jeder Mensch handelte nach seinem eigenen Rechtsempfinden". Wohingegen die Gesetze, welche die Existenz der Gesellschaft betreffen, vom Menschen gänzlich eingehalten werden müssen, und hier kann keine andere Ordnung existieren außer dem Gesetz von „Nach der Mehrheit richte dich".

IM LEBEN DER GESELLSCHAFT GILT DAS GESETZ DER UNTERWERFUNG DER MINDERHEIT GEGENÜBER DER MEHRHEIT

Nun sind wir zu einem klaren Verständnis hinsichtlich der Aussage über die Freiheit des Individuums gekommen. Denn in der Tat brennt die Frage, wo die Mehrheit das Recht hernimmt, die Freiheit des Individuums zu beschränken und ihm das Kostbarste im Leben zu verweigern – die Freiheit. Scheinbar herrscht hier reine, rohe Gewalt vor.

Wie wir jedoch oben ausführlich erklärt haben, ist dies ein Naturgesetz und von der Vorsehung bestimmt. Das kommt daher, weil die Vorsehung uns zwingt, ein Leben innerhalb der Gesellschaft zu führen, und es offensichtlich ist, dass jedermann verpflichtet ist, das Leben und das Wohl der Gesellschaft zu unterstützen. Und dies kann nur durch die Einhaltung der Vorschrift „Nach der Mehrheit richte dich" funktionieren und durch das Hinweggehen über die Meinung des Individuums.

Man sieht daher, dass dies der Ursprung der Rechte und auch der Rechtfertigungen für das Kollektiv ist, die Freiheit des Individuums auch entgegen dessen Willen zu beschränken und es unter seine Autorität zu stellen. Aus dem ist verständlich, dass im Hinblick auf all jene Dinge, die mit dem materiellen, gesellschaftlichen Leben nichts zu tun haben, für das Kollektiv kein Recht besteht, das Individuum in irgendeiner Weise seiner Freiheit zu berauben oder seine Freiheit zu missachten. Und wenn das Kollektiv dies doch tut, werden diese Menschen als Räuber und Diebe bezeichnet, die entgegen jeglichem Recht und jeglichem Gesetz der Welt brutale Gewalt anwenden,

---
46 jüdisches Recht
47 Legenden, Erzählungen; eine Art der jüdischen Literatur

da in diesem Fall keine Verpflichtung des Individuums, den Willen des Kollektivs zu erfüllen, besteht.

IM SPIRITUELLEN GILT „FOLGE DEM INDIVIDUUM"

Dies heißt, insoweit es das spirituelle Leben betrifft, gibt es keine wie auch immer geartete Verpflichtung des Individuums, der Gesellschaft zu entsprechen. Ganz im Gegenteil – hier findet ein natürliches Gesetz gegenüber dem Kollektiv Anwendung, sich der Autorität des Individuums zu unterwerfen. Und im Artikel „*Der Frieden*" ist abgeklärt, dass die Vorsehung uns mit zwei möglichen Wegen umgibt und umhüllt, um uns zum Endpunkt zu bringen. Diese sind:

1. der Weg des Leidens, der uns diese Entwicklung auferlegt, ohne uns nach unserer Meinung zu fragen;
2. der Weg der *Tora*, durch den wir uns bewusst entwickeln, ohne Qual und ohne Zwang.

Und da in jeder Generation zweifellos das Individuum weiter entwickelt ist, bedeutet das, dass, wenn gewöhnliche Menschen sich von ihrer Qual und ihrem Leid befreien wollen, sie sich der bewussten Weiterentwicklung zuwenden müssen – dem Weg der *Tora*. Sie haben keine andere Wahl als sich und ihre Freiheit beiseite zu stellen und dem Individuum Gehorsam zu leisten, die Anordnungen zu befolgen und die Mittel der Heilung, die dieses Individuum ihnen anbietet, anzunehmen.

Hier sieht man, dass in spiritueller Hinsicht die Autorität des Kollektivs umgestoßen wird und das Gesetz „Folge dem (entwickelten) Individuum" gültig ist. Denn es ist offensichtlich, dass die Entwickelten und Gebildeten in jeder Gesellschaft eine Minderheit darstellen. Es steht daher fest, dass der Erfolg und das spirituelle Wohl in den Händen einiger Weniger liegt.

Das Kollektiv sollte daher genauestens die Meinung der Wenigen beachten, damit die Menschen nicht von der Welt hinweggefegt werden. Denn sie müssen ganz sicher und mit absoluter Gewissheit wissen, dass die weiter Fortgeschrittenen und die rechten Ansichten niemals im Machtbereich des Kollektivs liegen, sondern in den Händen einer verschwindenden Minderheit. Denn jede Weisheit und alles Kostbare kommt in kleinen Dosen in die Welt. Daher sollen wir achtsam die Ansichten jedes Individuums schützen, da das Kollektiv unfähig ist, falsch oder richtig aufzuzeigen.

KRITIK ALS URSACHE FÜR ERFOLG – KRITIKLOSIGKEIT ALS URSACHE FÜR RÜCKSCHRITT

Weiter müssen wir erwähnen, dass die Realität uns die Augen öffnet für den ungeheuren Widerspruch in physischen Angelegenheiten, in den Konzepten und den Ideen, obiges Thema betreffend. Denn was die gesellschaftliche Einigkeit betrifft, die eine Quelle für jedermanns Freude und Erfolg sein kann, wird diese nur zwischen den

Körpern und in körperlichen Angelegenheiten praktiziert, während die Trennung zwischen ihnen die Quelle jeglichen Unglücks und aller Katastrophen ist.

Hinsichtlich der Konzepte und der Ideen jedoch ist es das genaue Gegenteil. Denn Anpassung und mangelnde Kritikfähigkeit wird als Ursache aller Missinterpretationen und als das größte Hindernis der Fortentwicklung und der befruchtenden Lehre angesehen. Denn die richtige Schlussfolgerung ziehen zu können, hängt vorwiegend von der Meinungsvielfalt und ihrer Verifikation (Beglaubigung) ab. Je mehr Widersprüchlichkeiten zwischen Meinungen festgestellt werden und je kritikfähiger man ist, umso größer sind die Erkenntnisse und das Anwachsen der Weisheit und desto besser können Themen untersucht werden.

Degeneration und Versagen der Intelligenz kommen allein von mangelnder Meinungsvielfalt und mangelndem kritischen Denken. Denn es ist einfach festzustellen, dass die Grundlage für physischen Erfolg in der Einigkeit der Gesellschaft liegt und dass die Grundlage für ein Weiterkommen hinsichtlich der Intelligenz und des Wissens in ihrer Verschiedenartigkeit und der Meinungsvielfalt unter ihnen liegt.

Und daher ist es so, dass, wenn die Menschheit hinsichtlich der Körper erfolgreich ist – damit ist gemeint, die Menschen zum Niveau der vollkommenen Liebe gegenüber dem Nächsten zu bringen –,alle Körper der Welt zu einem einzigen Körper mit einem einzigen Herzen verschmelzen werden. Und nur dann wird all das Glück, das für die Menschheit vorgesehen ist, in all seiner Herrlichkeit offenbar werden. Auf der anderen Seite müssen wir aufpassen, dass sich die Ansichten innerhalb der Menschheit nicht allzu sehr annähern, denn das könnte die Meinungsvielfalt und die Kritikfähigkeit der Weisen beeinträchtigen, da die Liebe zum Körper von Natur aus zu einer Annäherung der Meinungen führt. Und würde die Kritikfähigkeit und die Meinungsverschiedenheit von der Welt entschwinden, dann würde auch die Weiterentwicklung der Konzepte und der Ideen gestoppt werden und somit die Quelle des Wissens versiegen.

Das zeigt deutlich die Verpflichtung auf, achtsam mit der Freiheit des Individuums hinsichtlich seiner Konzepte und Ideen umzugehen. Denn die ganze Entwicklung basiert auf der Freiheit des Einzelnen. Daher sind wir aufgerufen, sorgsam mit allem in uns umzugehen, was wir „individuell" nennen und das die persönliche Kraft einer Person darstellt – und allgemein als das „Verlangen zu empfangen" bezeichnet wird.

ANGESTAMMTES ERBE (ERBE DER VÄTER)

Alle Einzelheiten, die dieses „Verlangen zu empfangen" einschließt, das wir als „Grundlage" oder als den ersten Faktor bezeichnet haben, schließen alle von den Vorfahren ererbten Neigungen und Gewohnheiten ein, und wir stellen uns das wie eine lange Kette vor, die Tausende von Menschen, die einmal gelebt haben, umfasst, einer steht über dem anderen, und jeder von ihnen ist ein essentieller Funke seiner Vorfahren. Und dieser Funke, den jeder von uns erhält, enthält in sich die spirituellen Besitztümer seiner Vorfahren, welche sich in seinem Unterbewusstsein befinden. Das vor uns stehende Individuum trägt daher in seinem Unterbewusstsein all die Tausenden von spirituellen Erbteilen in sich – von allen sich in dieser Kette befindlichen Individuen, seinen Vorfahren.

Genauso, wie das Antlitz jedes Menschen anders ist, so verschieden sind auch ihre Eigenschaften. Es gibt keine zwei Menschen auf Erden, deren Eigenschaften identisch wären, da jeder einen gewaltig großen Besitz von seinen Vorfahren mitgebracht hat, von dem andere keinen blassen Schimmer haben.

All diese Besitztümer bestimmen die Eigentümlichkeit des Individuums, und die Gesellschaft ist gemahnt, dessen Geschmack und Geist zu schützen und auch das Umfeld davon abzuhalten, diese zu verwischen, und die Unversehrtheit des Erbteils jedes Einzelnen zu bewahren. Dadurch werden die Unterschiedlichkeit und die Verschiedenartigkeit zwischen ihnen bestehen bleiben, um die Urteilsfähigkeit und die Weiterentwicklung der Weisheit in alle Ewigkeit abzusichern, was für die Menschheit von Vorteil und ihr wirkliches ewiges Verlangen ist.

Und nachdem wir in einem gewissen Ausmaß die Selbstsucht des Menschen erkannt haben, die wir als „Verlangen zu empfangen" definiert haben, das nach dem Bloßlegen des Wesens dessen Kern ist, haben wir auch klar und deutlich das Maß des ursprünglichen Besitztums – welches wir als das „angestammte Erbe" bezeichnet haben – mit all seinen Begrenzungen bestimmt. Die ganze Kraft der Neigungen und Eigenschaften, die durch die Vererbung in seine „Grundlage" gelegt worden sind, welche der Hauptbestandteil eines jeden Menschen ist, besteht aus dem vorbereitenden Samentropfen seiner Ahnen. Nun sollten wir die zwei Aspekte des „Verlangens zu empfangen" erhellen.

ZWEI ASPEKTE: 1. POTENZIELLE KRAFT, 2. VERWIRKLICHENDE KRAFT

Wir müssen verstehen, dass dieses Selbst, welches wir als das „Verlangen zu empfangen" definiert haben, obwohl es die Hauptkraft im Menschen ist, in der Realität nicht existieren kann, nicht einmal für eine einzige Sekunde.

Denn es ist dasjenige, was wir als eine „potenzielle Kraft" bezeichnen, welche, bevor sie sich verwirklicht, nur in unseren **Gedanken** existiert, das heißt nur die **Gedanken** können sie festlegen.

Faktum ist – eine reale Kraft ist niemals inaktiv oder untätig. Eine Kraft existiert in unserer Welt nur, wenn sie durch Handlungen offenbart wird. Genauso wie man nicht behaupten kann, dass ein Kleinkind über große Muskelkräfte verfügt, wenn es nicht einmal das kleinste Gewicht heben kann, aber man kann sagen, dass dieses Kind, wenn es herangewachsen ist, einmal über große Kräfte verfügen wird.

So sagen wir, dass diese Stärke, die im herangewachsenen Menschen vorhanden ist, bereits in seinen Organen und in seinem Körper angelegt war, als er noch ein Kind war. Die Stärke war jedoch verborgen, nicht offensichtlich.

Ja – wir können die zukünftige Stärke mithilfe der Vorstellungskraft feststellen. Im gegenwärtigen Körper des Kindes jedoch befindet sich diese Stärke nicht, weil sie nicht durch Handlungen zum Ausdruck gebracht wird.

Auch mit dem Hunger ist es so. Der Körper des Menschen signalisiert keinen Hunger, wenn die Organe kein Essen aufnehmen können, wenn der Mensch sich satt gegessen hat. Aber auch wenn der Mensch satt ist, gibt es dennoch diese Hunger auslösende Kraft. Sie ist nur momentan im Körper versteckt. Wenn einige Zeit verstrichen ist und das Essen verdaut ist, kommt sie wieder zum Vorschein und wird von einer potenziellen zu einer verwirklichenden Kraft.

Und dieses Gesetz einer vorhandenen potenziellen Kraft, die nur noch nicht wirkt, gehört auch zum Prozess eines sich entwickelnden Gedankens. Er existiert nur noch nicht in der Realität. Wir meinen, dass die Kraft, die den Hunger auslöst, verschwunden ist, wenn wir gesättigt sind; und auch wenn wir nach ihr suchen, finden wir sie nirgends.

Daher können wir eine potenzielle Kraft nicht als etwas vorzeigen, das an und für sich existiert, sondern nur eine Aussage über sie treffen. Und wir haben festzuhalten: Erst wenn in der Realität, in der Wirklichkeit eine Handlung durchgeführt wird, erst in diesem Moment enthüllt sich diese Kraft in dieser Handlung.

Obwohl wir aufgrund unserer Schlussfolgerung hier zwei Dinge vorfinden – einen Gegenstand und die Aussage darüber, das heißt die potenzielle Kraft und die verwirklichende Kraft, indem der Hunger den Gegenstand und die Speise, die man sich vorstellt, die getroffene Voraussage und die Handlung darstellt –, erscheinen diese in der Wirklichkeit nur als eines. Niemals wird jemand Hunger empfinden, ohne sich die ersehnten Speisen auszumalen, denn das sind zwei Seiten einer Medaille. Die Hunger auslösende Kraft muss in dieses Bild gekleidet werden. Wir bezeichnen diese Handlung als „Verlangen". Das heißt, die Hunger auslösende Kraft zeigt sich, indem man sich (die Speise) vorstellt.

Und genauso verhält es sich mit unserem Thema – dem allgemeinen „Verlangen zu empfangen", das das Wesen des Menschen ausmacht. Es zeigt sich nur, indem es sich in die Hülle von Objekten, die man gerne haben möchte, kleidet. Nur dann existiert es als Gegenstand – und nur dann. Wir bezeichnen diese Handlungen als das Leben, als die Lebensführung des Menschen, und dies bedeutet, dass die Kraft des „Verlangens zu empfangen" sich in die ersehnten Objekte kleidet und darin agiert. Und das Maß der Aufdeckung dieser Handlung, die wir „Verlangen" nennen, ist das Maß des Lebens, wie wir erklärt haben.

Die Freiheit

ZWEI SCHÖPFUNGEN: 1. DER MENSCH, 2. EINE LEBENDIGE SEELE

Aus dem oben Ausgeführten können wir den Vers verstehen: „Da bildete der Ewige, Gott, den Menschen aus Staub von dem Erdboden und blies in seine Nase den Hauch des Lebens (*Nishmat Chaim*), und es ward der Mensch zu einem Lebend-Atmenden (*Nefesh Chaja*)."[48]

Demnach erkennen wir hier zwei Schöpfungen:

1. den Menschen selbst;
2. die lebendige Seele.

Und der Vers besagt, dass, als der Mensch zuerst aus dem Staub der Erde erschaffen wurde, dies eine Ansammlung von Teilchen war, in der das Wesen Ausmachende des Menschen liegt, sein „Verlangen zu empfangen". Dieses „Verlangen zu empfangen" ist in allen Partikeln der Realität gegenwärtig, von denen die vier Formen ausgehen: anorganische (bewegungslose), pflanzliche, tierische und sprechende Form. Aus diesem Blickwinkel betrachtet, hat der Mensch keine Vormachtstellung gegenüber anderen Teilen der Schöpfung, so wie der Vers besagt: „(...) aus dem Staub der Erde (...)."

Wie wir gesehen haben, kann diese Kraft, dieses „Verlangen zu empfangen", außerhalb der Einkleidung in ein ersehntes Objekt und der Handlung nicht existieren – einer Handlung, die „Leben" genannt wird. Und demgemäß erkennen wir, dass der Mensch, bevor er nicht die menschliche Form des Empfangens der Freude erreicht hat, die gegenüber dem der Tiere unterschiedlich ist, als leblos, als tot erachtet wird. Das kommt daher, dass sein Empfangenwollen keinen Raum hat, worin es sich kleiden und seine Handlungen ausdrücken könnte, die Ausdruck des Lebens sind.

Und es steht geschrieben: „[...] und blies ihm den Odem des Lebens (*Nishmat Chaim*) in seine Nase." Welches die allgemeine Form des Empfangens ist, die für den Menschen passend ist. Diese Worte „Odem des [...]" haben im Hebräischen die Bedeutung von „wichtig", und die ursprüngliche Bedeutung des Wortes „Odem" verstehen wir aus diesem Vers: „Der Geist Gottes hat mich gemacht, und der Odem des Allmächtigen hat mich belebt" (Hiob, 33:4). Das Wort Seele (*Neshama*) hat denselben Syntaxbau wie das Wort „fehlend" (*Nifkad*) oder das Wort „angeklagt" (*Ne'esham*) usw.

Und die Worte „[...] und blies ihm in seine Nase" bedeuten, dass Er eine Seele (*Neshama*) und den Sinn für das Leben in ihn hineingelegt hat, und das ist die Summe aller Formen, die würdig sind, in seinem „Verlangen zu empfangen" empfangen zu werden. Dann hat diese Kraft, dieses „Verlangen zu empfangen", das in seinen Teilchen eingehüllt war, einen Raum gefunden, um sich in Formen und Handlungen zu kleiden, nämlich in die Formen des Empfangens, die es vom Schöpfer erhalten hat, und diese Handlung wird, wie wir erklärt haben, „Leben" genannt.

---
48 Genesis, 2:7

Und der Vers endet: „Und so ward der Mensch ein lebendiges Wesen/Seele."
Daher hat sich ab dem Punkt, ab dem das „Verlangen zu empfangen" anfängt, im
Ausmaß dieser Formen des Empfangens zu handeln, augenblicklich das Leben in
ihm (dem Menschen) enthüllt und er „wurde eine lebendige Seele". Jedoch vor dem
Erreichen dieser Formen des Empfangens, auch wenn das Empfangenwollen in ihm
eingepflanzt war, wurde er noch als lebloser Körper betrachtet, da kein Raum zum
Handeln zur Verfügung stand.

Und wie wir oben gesehen haben: Obwohl das Wesen des Menschen einzig
dieses „Verlangen zu empfangen" ist, wird dies nur als die eine Hälfte des Ganzen
betrachtet, da es sich auch in der Realität verwirklichen muss. Aus diesem Grund
ist das „Verlangen zu empfangen" und die Imagination der Besitztümer tatsächlich
ein und dasselbe, denn sonst hätte es kein Recht, auch nur einen Moment lang zu
existieren.

Wenn daher diese Maschine (der Körper) auf ihrem Höhepunkt steht, so bis zur
Lebensmitte hin, steht das „Ego" in seinem vollen Umfang und seiner Größe mit
allem, was bei der Geburt in es hineingelegt wurde, da. Daher fühlt der Mensch ein
riesengroßes „Verlangen zu empfangen" in sich, nämlich den Wunsch nach Reichtum
und Ehre und allem, was seinen Weg kreuzt. Das ist so, weil das „Ego" des Menschen
so perfekt ist, dass es Formgebungsmöglichkeiten anzieht, um sich in sie zu kleiden
und sich durch sie auszudrücken.

Wenn aber die Hälfte seines Lebens vorübergegangen ist, kommt die Zeit des
Verfalls, die wir als die Tage seines Sterbens bezeichnen. Wir bezeichnen sie so, weil
der Mensch nicht in einem einzigen Augenblick stirbt, so wie er in einem bestimmten
Augenblick das Licht der Welt erblickte. Sondern sein Lebenslicht, das sein „Ego"
ist, schrumpft und erlischt langsam, Stück für Stück, und damit vergehen seine
Wunschvorstellungen nach Gütern, die er empfangen möchte.

Er fängt nun an, viele Dinge, die er sich in der Jugend erträumt hatte und sogar
seine wichtigsten Güter, den fortschreitenden Jahren entsprechend loszulassen,
solange, bis er sich im Alter, wenn der Schatten des Todes auf ihn fällt, nichts mehr
wünscht. Der Grund dafür liegt im Verblühen und Absterben seines „Verlangens zu
empfangen", seines „Egos", und alles, was zurückbleibt, ist ein winziger Funke, der
vor den Augen verborgen ist, weil er in kein wie auch immer geartetes Gut gekleidet
ist. Daher gibt es während dieser Zeit nichts Reizvolles und keine Hoffnung auf
irgendeine Art des Empfangens.

So haben wir bewiesen, dass das „Verlangen zu empfangen" mit der Imagination
des ersehnten Objektes tatsächlich ein und dasselbe ist. Und seine Enthüllung ist
gleich, sein Ausmaß ist gleich und so ist es auch mit der Anzahl seiner Tage. Jedoch
in der Zeit des Verfalls des Lebens gibt es einen signifikanten Unterschied in der
Art des Entschwindens. Denn das Entschwinden ist kein Ergebnis der Sättigung,
sondern eines der Verzweiflung. Es ist festzuhalten, dass, wenn das „Ego" während

der Zeit des Verfalls zu sterben beginnt, der Mensch seine eigene Schwäche und den nahenden Tod fühlt. Aus diesem Grund gibt er die Träume und Hoffnungen seiner Jugend auf.

Beachte sorgfältig, dass das Entschwinden aufgrund einer Sättigung, welche keine Trauer verursacht und auch nicht „partieller Tod" genannt werden kann, wie ein Akteur ist, der agiert. Durch Verzweiflung verursachtes Aufgeben ist in der Tat mit Pein und Kummer gefüllt, und daher kann es auch „partieller Tod" genannt werden.

DIE FREIHEIT VOM ENGEL DES TODES

Und nachdem wir dies alles gelernt haben, finden wir auch den Weg, die wahre Bedeutung der Worte unserer Weisen zu verstehen, als sie sagten „in Stein gemeißelt (*charut*)", sprich nicht charut - „gemeißelt" -, sondern vielmehr cherut - „Freiheit" -, denn sie sind vom Engel des Todes befreit. Denn es wurde in den Artikeln „Die Gabe der Tora" (*Matan Tora*) und „Die Gegenseitige Bürgschaft" (haArwut) bereits gesagt, dass sie, bevor sie die Tora empfingen, es auf sich nahmen, jeglichen Privatbesitz im Ausmaß, das in den Worten „ein Königreich von Priestern" (*Mamlechet Kohanim*) ausgedrückt ist, zu beschränken. Und sie haben es auch auf sich genommen, den Sinn und den Zweck der Schöpfung zu erfüllen - mit Ihm durch Angleichung an Ihn zu verschmelzen. So wie Er schenkt und gibt und nicht empfängt, so wollen auch sie geben und nicht empfangen, was den letzten Grad der Hingabe darstellt, ausgedrückt in den Worten „ein heiliges Volk", wie es am Ende von „Die Bürgschaft" heißt.

Und ich habe bereits zu Bewusstsein gebracht, dass die Essenz des Menschen, sein Selbst, das als „Verlangen zu empfangen" definiert ist, nur die eine Hälfte ist und nur durch die Einkleidung in die Vorstellung oder Hoffnung auf ein Gut existieren kann. Nur dann ist unser Selbst vollständig und kann die Essenz des Menschen genannt werden.

Das bedeutet, dass die Söhne *Israels*, als sie die vollständige Hingabe an die Heiligkeit erreichten, da ihre Gefäße des Empfangens völlig von allen irdischen Gütern entleert waren, durch Gleichheit der Form mit Ihm verschmolzen waren. Das heißt, sie hatten überhaupt kein Verlangen nach eigenen Gütern - außer in dem Ausmaß, um Wohlgefallen erweisen zu können, um damit dem Schöpfer Entzücken zu bereiten.

Und da ihr „Verlangen zu empfangen" sich in das Bild dieses Objekts gekleidet hat, hat es sich mit der vollständigen Einheit verkettet und sich darin eingekleidet. Daher wurden sie gewisslich vom Engel des Todes befreit, denn der Tod ist notwendigerweise ein Aspekt von Abwesenheit und Negation der Existenz eines bestimmten Objekts. Jedoch nur solange, da ein Funke existiert, der für sein eigenes Vergnügen existieren möchte, kann behauptet werden, dass dieser Funke nicht existiert und dass er abwesend und tot ist.

Wohingegen, wenn kein solcher Funke im Menschen weilt, alle Funken seiner Essenz jedoch darin gekleidet sind, dem Schöpfer Wohlgefallen zu erweisen, dann ist er weder abwesend noch tot. Denn selbst wenn der Körper sich auflöst, löst er sich nur hinsichtlich des Aspekts des Empfangens für die eigene Befriedigung auf, in den das „Verlangen zu empfangen" gekleidet ist, und er hat nur das Recht, durch dieses zu existieren.

Wenn er jedoch dem Ziel der Schöpfung zustrebt und der Schöpfer Wohlgefallen an ihm findet, indem Sein Wille erfüllt wird, dann ist die Essenz des Menschen in „Ihm Wohlgefallen zu bereiten" gekleidet und er erlangt vollkommene Unsterblichkeit, so wie Er. Und dies bedeutet, dass er nun Freiheit vom Engel des Todes erlangt hat. Wie es im Midrash (Shemot Rabba 41, 7) heißt: „Freiheit vom Engel des Todes". Und in der Mishna (Awot 6, 2): „In Stein gemeißelt (*charut*), sprich nicht charut – ‚gemeißelt' –, sondern vielmehr *cherut* – ‚Freiheit' –, denn es gibt keinen freien Menschen – außer dem, der die *Tora* studiert."

Verhüllung und Enthüllung des Angesichts des Schöpfers
Teil 1

Rav Yehuda Ashlag

ERSTE VERHÜLLUNG

Sein Angesicht ist nicht offenbart, der Schöpfer verhält sich ihm gegenüber nicht entsprechend Seinem Namen, der „der Gute und Gutes Tuend ist", sondern verhält sich entgegengesetzt, denn er empfängt Leiden von ihm oder hat mangelndes Einkommen und hat viele Gläubiger, die ihm sein Leben verbittern und er ist voller Probleme und Sorgen den ganzen Tag. Oder er leidet an Krankheiten und ist in den Augen andere Geschöpfe nicht geschätzt. Keines der Vorhaben, die er anfängt, kann er zu Ende bringen. Und er befindet sich den ganzen Tag in seelischer Unzufriedenheit.

Auf diese Weise sieht der Mensch natürlich nicht das gute Angesicht des Schöpfers. Selbstverständlich glaubt er daran, dass es der Schöpfer ist, der ihm diese Dinge antut – entweder als Bestrafung für Sünden, die er begangen hat oder um ihn am Ende zu belohnen, so wie geschrieben steht: „Wen der Ewige liebt, den weist er zurecht. Gerechte beginnen ihren Weg mit Leiden, da der Schöpfer ihnen letztendlich großen Frieden geben will." Er wird nicht sagen, dass ihm all dies durch blindes Schicksal und von Natur aus widerfährt, ohne jeglichen Grund und Bedeutung. Sondern er stärkt sich im Glauben, dass es der Schöpfer mit seiner Lenkung war, der all das für ihn verursachte, dementsprechend sieht er natürlich die Rückseite (*Achoraim*) des Schöpfers.

ZWEITE VERHÜLLUNG

Die zweite Verhüllung, die in den Büchern als „Verhüllung innerhalb der Verhüllung" bezeichnet wird, bedeutet, dass er nicht einmal die Rückseite des Schöpfers sieht. Stattdessen sagt er, dass der Schöpfer ihn verlassen habe und nicht mehr länger über ihn wache, und er führt all die Leiden, die er empfängt, auf blindes Schicksal und die Natur zurück. Und das, weil die Wege der Vorsehung in seinen Augen so komplex geworden sind, dass sie ihn zur Verleugnung führen.

Er betet und gibt Almosen für seine großen Sorgen, ohne dass ihm auf irgendeine Weise geantwortet wird. Und genau dann, wenn er aufhört, dafür zu beten, wird ihm geantwortet. Wann immer er sich überwindet, an die Vorsehung zu glauben, und seine Taten verbessert, wendet sich das Glück von ihm ab, und er fällt mit großer Grausamkeit zurück, und wenn er die (Vorsehung) verleugnet und anfängt, seine Taten zu verschlechtern, beginnt er sehr erfolgreich zu sein und ist beträchtlich erleichtert.

Er beschafft sich seinen Lebensunterhalt nicht auf anständige Art und Weise, sondern durch Betrug oder durch Entweihung des *Shabbats* und Ähnliches.

Oder, dass alle seine Bekannten, die Herren der *Tora* und die *Mizwot* (Gebote) sind, an Armut und schweren Krankheiten leiden und in den Augen anderer Geschöpfe sehr verachtenswert sind, und diese Herren der *Mizwot* erscheinen ihm unhöflich, unerzogen, von Geburt an dumm, als große Heuchler und so scheinheilig, dass er es nicht ertragen kann, auch nur für einen Moment unter ihnen zu sein.

Und alle bösen Bekannten, die seinen Weg verspotten, sie sind die Erfolgreichsten von allen, gesund und vollkommen, kennen keine Krankheit; sie sind klug, verfügen über gute Eigenschaften, sind sympathisch auf allen Wegen, habe keine Sorgen, haben Selbstsicherheit und Frieden den ganzen Tag und für immer.

Wenn die Vorsehung die Dinge auf diese Art und Weise für einen Menschen einrichtet, nennt man dies Verhüllung innerhalb der Verhüllung, da er dann unter der Last zusammenbricht und nicht fortfahren kann, den Glauben zu verstärken, dass seine Schmerzen vom Schöpfer kommen, aus einem verborgenen Grunde, bis er letztendlich scheitert und sagt, dass der Schöpfer überhaupt nicht über Seine Geschöpfe wache, und was immer mit ihm passiert, passiere aufgrund des blinden Schicksals und von Natur aus, denn dies ist so, weil er nicht einmal die Rückseite (*Achoraim*) sieht.

BESCHREIBUNG DER ENTHÜLLUNG DES ANGESICHTS

Die Bitte des Menschen, sich im Glauben an die Vorsehung des Schöpfers auf der Welt während des Zeitraumes der Verhüllung zu stärken, bringt ihn dazu, sich mit den Büchern und mit der Tora zu beschäftigen, um sich das Licht und das Verständnis darüber zu holen, wie er seinen Glauben an die Lenkung des Schöpfers verstärken kann. Diese Erleuchtungen und Beobachtungen, die er durch die *Tora* empfängt, werden „das Gewürz der *Tora*" genannt, bis sie sich zu einem bestimmten Maß angesammelt haben und der Schöpfer mit ihm Erbarmen hat und auf ihn den Geist, das heißt die höhere Fülle, gießt.

Aber nachdem er das Gewürz vollkommen enthüllt hat, nämlich das Licht der *Tora*, das er in seinen Körper aufnimmt, durch die Verstärkung im Glauben an den

Schöpfer, dann wird er der Enthüllung Seines Angesichts würdig, was bedeutet, dass sich der Schöpfer zu ihm verhält, wie es Seinem Namen, der Gute und Gutes Tuende, angemessen ist.

Sein Name zeigt uns, dass Er gut und gütig ist zu all Seinen Geschöpfen, das heißt in allen Wegen der Natur, ausreichend für alle Arten von Empfangenden aus *Israel*, denn zweifellos gleicht der Genuss des einen nicht dem Genuss des anderen. Zum Beispiel wird sich jemand, der sich mit Wissenschaft beschäftigt, nicht an Ehre und Reichtum erfreuen, und derjenige, der sich nicht mit Wissenschaft beschäftigt, wird keine großen Errungenschaften und Erfindungen in der Weisheit genießen, denn natürlich gibt man Reichtum und Ehre dem einen und erstaunliche Errungenschaften in der Wissenschaft dem anderen.

Folglich (Beschreibung) empfängt er im Überfluss Gutes und großen Frieden vom Schöpfer und befindet sich immer in seelischer Zufriedenheit. Denn er erwirbt seinen Lebensunterhalt mit großer Leichtigkeit und in vollen Zügen, erfährt niemals Schwierigkeiten oder Druck, kennt keine Krankheit, wird in hohem Maße von den Geschöpfen geachtet, vollendet mühelos jedes Vorhaben, das ihm in den Sinn kommt, und ist erfolgreich, wohin auch immer er sich wendet.

Und wenn es ihm an etwas mangelt, betet er und ihm wird unverzüglich geantwortet. Denn es wird ihm immer geantwortet in allem, was er vom Schöpfer fordert. Kein einziges Gebet bleibt unbeantwortet. In der Zeit, in der er sich zu guten Taten überwindet, steigt sein Erfolg in großem Maße an, und wenn er nachlässig ist, vermindert sich sein Erfolg in gleichem Maße.

Alle seine Bekannten, die den aufrechten Weg gehen, haben gute Einkünfte und kennen keine Krankheit. Und sie sind hoch geachtet in den Augen der Geschöpfe und haben überhaupt keine Sorgen. Sie sind den ganzen Tag über und jeden Tag in Ruhe und Gelassenheit. Und sie sind klug, wahrheitsliebend und angesehen, bis er sich gesegnet fühlt und großes Vergnügen dabei verspürt, in deren Gesellschaft zu sein.

Und alle seine Bekannten, die nicht den Weg der *Tora* gehen, haben einen geringen Lebensunterhalt, sind durch schwere Schulden in Sorge, haben keinen einzigen Moment, indem sie tief Luft holen können, leiden an Krankheit, sind voller Schmerzen und sind am verachtenswertesten in den Augen der Geschöpfe, und sie erscheinen arm an Intelligenz, ungesittet, verrucht und grausam gegenüber den Geschöpfen, betrügerisch und voller Lügen, sodass es ihm unerträglich ist, in ihrer Gesellschaft zu sein.

Verhüllung und Enthüllung des Angesichts des Schöpfers
Teil 2

Beschreibung der Verhüllung des Angesichts

1. Empfangen von Leiden, wie Mangel an Einkommen oder Mangel an Gesundheit, Erniedrigungen, Erfolglosigkeit in der Verwirklichung der eigenen Pläne und seelische Unzufriedenheit, wie zum Beispiel, wenn er sich zurückhält, seinen Freund nicht zu quälen.

2. Beten, ohne Antworten zu erhalten. Wenn er seine Taten verbessert, so fällt er zurück, und wenn er seine Taten verschlechtert, so hat er den größten Erfolg. Er hat keine Möglichkeit, seinen Lebensunterhalt auf anständige Art und Weise zu verdienen, sondern nur durch Betrug und Diebstahl oder durch Entweihung des *Shabbats*.

3. Alle seine Bekannten, die auf dem rechten Weg gehen, leiden an Armut, Krankheiten und allen möglichen Erniedrigungen. Und all seine bösen Bekannten, die ihn Tag für Tag verspotten, sind erfolgreich, werden reicher und gesünder und sitzen in Ruhe ohne Sorgen.

4. Alle seine rechtschaffenen Bekannten, die die *Tora* und die *Mizwot* einhalten, erscheinen ihm entweder grausam und egoistisch und sonderbar oder dumm von Geburt an und unhöflich; es fehlt ihnen an Aufrichtigkeit, und sie sind so scheinheilig, dass er es nicht einmal ertragen könnte, mit ihnen im Garten Eden zu sitzen und auch nur für einen Moment in ihrer Gesellschaft zu sein.

Beschreibung der Enthüllung des Angesichts

1. Empfangen von Gutem und Frieden im Überfluss, Erlangung des Lebensunterhalts mit Leichtigkeit und in vollen Zügen, niemals fühlt er einen Mangel, kennt überhaupt keinen Krankheiten, wird geachtet, wo auch immer er sich hinwendet, und vollendet erfolgreich und ohne Umstände jedes Vorhaben, das in seinen Sinn kommt.

2. Wenn er betet, wird ihm unverzüglich geantwortet. Wenn er seine Taten verbessert, ist er am erfolgreichsten, und wenn er seine Taten verschlechtert, verliert er seinen Erfolg.

3. Alle seine Bekannten, die auf dem rechten Weg wandeln, sind wohlhabend und reich, gesund, kennen keine Krankheit, sind hoch geachtet in der Welt und verweilen in Frieden und Gelassenheit. Und seine Bekannten, die nicht auf dem rechten Weg gehen, haben nur geringes Einkommen, sind voller Sorgen und Leiden, leiden an Krankheiten und werden in den Augen der Geschöpfe sehr verachtet.

4. Er sieht, dass all seine rechtschaffenen Bekannten klug, vernünftig, wohlgesittet, wahrheitsliebend und anmutig sind, sodass er großen Genuss verspürt, in deren Gesellschaft zu sein.

Vorwort zum Buch Sohar[49]

Rav Yehuda Ashlag

1. Die Tiefe der Weisheit der Lehre, die im Buch *Sohar* eingeschlossen ist, ist mit tausend Schlössern verschlossen. Und die menschliche Sprache ist arm und dürftig und kann uns nicht als eine würdige und ausreichende Ausdrucksweise erscheinen, um den vollen Sinn auch nur eines Satzes aus dem Buch *Sohar* in seiner Ganzheit zu vermitteln. Und die Erklärungen, die ich mache, sind nichts anderes als eine Leiter, um dem Studierenden zu helfen, zu den Höhen des Gesagten aufzusteigen und das im Buch selbst Dargelegte zu sehen und zu studieren. Somit hielt ich es für notwendig, den Interessierten vorzubereiten, ihm den Weg zu weisen sowie zuverlässige Definitionen zu geben, hinsichtlich dessen, wie man dieses Buch verstehen und studieren soll.

2. Für den Anfang muss man wissen, dass alles, wovon im Buch *Sohar* die Rede ist, und sogar Erzählungen und Sagen, die darin angeführt werden – dass all das in dem Begriff der *Zehn Sefirot* eingeschlossen ist, die *KaCHaB, CHaGaT, NeHJM* heißen, und in ihren Verbindungen untereinander. Wie die 22 Buchstaben der gesprochenen Sprache[50] und ihre unterscheidbaren Verbindungen uns durchaus ausreichen, um uns das Wesen eines jeglichen Gegenstands oder Wissens zu enthüllen, so reichen auch die Begriffe und Verbindungen der *Zehn Sefirot* aus, um die ganze Weisheit zu offenbaren, die im „*Buch der Himmel*" enthalten ist. Doch in Wirklichkeit existieren drei Begrenzungen, und wir müssen äußerst aufmerksam sein, um nicht während des Studiums des *Sohar* hinter ihre Grenzen zu treten.

3. **Erste Begrenzung:** Es existieren vier Kategorien in der Erkenntnis, die heißen:

- *Materie,*
- *Form, eingekleidet in der Materie,*
- *abstrakte Form,*
- *Wesen.*

---

49 Anm. d. Hrsg.: Dieses Vorwort ist die zweite von vier Einleitungen, die Rabbi Yehuda Ashlag (Baal HaSulam) seinem *Sulam*-Kommentar im *Sohar* vorangestellt hat. Ohne die Kenntnis dieser Einleitungen ist ein Begreifen des *Sohar* unmöglich.

50 Anm. d. Übers.: Gemeint ist das Hebräische Alphabet.

Sie existieren auch in den *Zehn Sefirot*. Und wisse, dass sich der *Sohar* mit dem Wesen und der abstrakten Form, die sich in den *Zehn Sefirot* befinden, nicht beschäftigt, sondern nur mit der Materie, die in ihnen ist, oder mit der in die Materie eingekleideten Form.

4. Zweite Begrenzung: In allem, was in der Wirklichkeit des Schöpfers existiert, die mit der Erschaffung der Seelen und den Formen ihrer Existenz verbunden ist, unterscheiden wir drei Aspekte:

- *Ejn Sof (die Unendlichkeit),*
- *die Welt Azilut,*
- *die drei Welten, die Brija, Yezira und Assija heißen.*

Wisse, dass das Buch *Sohar* nur die Welten *BYA* und nichts anderes betrachtet, und *Ejn Sof* und die Welt *Azilut* nur in dem Maße, in dem *BYA* von ihnen empfangen. Doch der *Sohar* befasst sich überhaupt nicht mit *Ejn Sof* und der Welt *Azilut* als solcher.

5. Dritte Begrenzung: In jeder der Welten *BYA* existieren drei Kategorien:

- *die Zehn Sefirot, deren Licht in jeder der Welten leuchtet;*
- *Neshamot ([Höhere] Seelen), Ruchot (Geister), und Nefashot ([niedere] Seelen)*[51] *der Menschen;*
- *die übrige Wirklichkeit, in welcher „Engel" (Malachim), „Einkleidungen" (Lewushim), „Paläste" (Hejchalot) existieren, deren einzelne Elemente unzählbar sind.*

In jedem Fall muss man wissen, dass im *Sohar* zwar ausführlich alle kleinsten Details jeder der Welten erklärt werden, die Hauptaufmerksamkeit jedoch immer auf die Seelen der Menschen gerichtet ist, die sich in der entsprechenden Welt befinden. Das, was hinsichtlich anderer Kategorien ausgesagt und erläutert wird, wird nur zu dem Zweck studiert zu erfahren, was die Seelen von ihnen empfangen. Und über das, was keinen Bezug zum Empfang durch die Seelen hat, wird im *Sohar* kein einziges Wort gesprochen. Dementsprechend müssen wir aus allem, wovon im Buch *Sohar* die Rede ist, nur lernen, was den Empfang durch die Seelen angeht.

Ich hielt es für notwendig, mich zu bemühen und das Wesen dieser drei Kategorien ausführlich zu erklären, soweit dies in meinen Kräften liegt, damit es für jede Seele verständlich wird, weil ich davon ausgehe, dass diese drei Kategorien grundlegend sind; und dass, wenn der Studierende sie nicht im Gedächtnis behält und ihre Begrenzungen überschreitet, er sich sofort verirren wird.

6. Wie bekannt ist, heißen die *Zehn Sefirot*: *Chochma, Bina, Tiferet, Malchut* und ihre Wurzel *Keter*. Und sie sind zehn, da die *Sefira Tiferet* in sich sechs weitere *Sefirot* einschließt, die wie folgt heißen: *Chessed, Gwura, Tiferet, Nezach, Hod* und *Jessod*. Und behalte stets im Gedächtnis, dass überall, wo immer wir von den *Zehn Sefirot* sprechen, wir *KaCHaB, TuM* meinen.

---

51 Anm. d. Übers.: Für gewöhnlich übersetzt man sowohl *Neshama* als auch *Nefesh* mit „Seele", wobei *Nefesh* die unterste Stufe der Seele ist, danach kommt *Ruach* und danach *Neshama*

In der Regel schließen sie alle vier Welten ABYA in sich ein, da die Welt *Azilut Sefira Chochma* ist, die Welt *Brija Sefira Bina*, die Welt *Yezira Sefira Tiferet*, die Welt *Assija Sefira Malchut*. Und nicht nur, dass es in jeder der Welten die *Zehn Sefirot KaCHaB, TuM* gibt – auch das kleinste Detail dieser Welt enthält ebenfalls die *Zehn Sefirot KaCHaB, TuM*.

7. Diese *Zehn Sefirot KaCHaB, TuM* werden im Buch *Sohar* als vier Farben bezeichnet:

- *Weiß entspricht der Sefira Chochma,*
- *Rot entspricht der Sefira Bina,*
- *Grün entspricht der Sefira Tiferet;*
- *Schwarz entspricht der Sefira Malchut.*

Und das gleicht einem optischen Gerät, in dem es vier Gläser gibt, deren Farben den oben angeführten entsprechen. Auf diese Weise ist das Licht zwar eins, doch wenn es durch diese Gläser hindurchgeht, erlangt es eine Färbung und es entstehen vier Arten von Lichtern: ein weißes Licht, ein rotes Licht, ein grünes Licht und ein schwarzes Licht.

Das Licht, welches sich in jeder der *Sefirot* befindet, ist das Licht des Schöpfers, einfach und einzig, vom *Rosh* der Welt *Azilut* bis zum *Sof* der Welt *Assija*. Und seine Unterteilung in die *Zehn Sefirot KaCHaB, TuM* findet in den *Kelim* statt, die *KaCHaB, TuM* heißen. Jedes *Kli* gleicht dabei einer dünnen Trennwand, durch welche das Licht des Schöpfers zu den Empfängern gelangt.

Somit gibt jedes *Kli* dem Licht eine andere Farbe. So leitet das *Kli* von *Chochma* der Welt *Azilut* weißes, das heißt farbloses Licht durch, da das *Kli* von *Azilut* dem Licht selbst gleicht und das Licht des Schöpfers keine Veränderungen erfährt, während es da hindurchdringt.

Und darin besteht der verborgene Sinn von dem, was im *Sohar* über die Welt *Azilut* steht: „Er, Sein Licht und Seine Taten sind eins." Dementsprechend wird das Licht der Welt *Azilut* als weißes Licht definiert. Was die *Kelim* der Welten *Brija*, *Yezira* und *Assija* angeht, so verändert sich das Licht, welches durch sie zu den Empfängern dringt, und es wird dunkler. So entspricht die rote Farbe *Bina*, welche die Welt *Brija* darstellt, die grüne Farbe, wie das Licht der Sonne, entspricht *Tiferet*, welche die Welt *Yezira* darstellt, und die schwarze Farbe entspricht der *Sefira Malchut*, welche die Welt *Assija* darstellt.

8. Und abgesehen von dem bereits Gesagten gibt es in der Allegorie von den vier Farben eine wichtige Andeutung. Die Höheren Lichter heißen „*Sefer*" (Buch), wie es im ersten Kapitel des ersten Teils des Buches *Yezira* heißt: „Und Er schuf Seine Welt aus drei *Büchern*: dem *Buch* (*Sefer*), dem *Verfasser* (*Sofer*) und der *Erzählung* (*Sipur*)".

Und die Weisheit (*Chochma*), die in jedem Buch eingeschlossen ist, offenbart sich dem Studierenden nicht in der weißen Farbe, die es darin gibt, sondern nur in

Farben, das heißt in den Farben, in welchen die Buchstaben des Buches geschrieben sind, in Verbindung mit dem Licht *Chochma*. Denn in der Regel gibt es im Buch dreierlei Farben:

- *rot,*
- *grün,*
- *schwarz.*

So entspricht auch die Welt *Azilut*, deren Wesen *Chochma* ist, und die gänzlich Höheres Licht ist, der weißen Farbe, die im Buch enthalten ist. Wir erfassen sie nicht, da jede mögliche Offenbarung im „*Buch des Himmels*" in den *Sefirot Bina*, *Tiferet* und *Malchut* geschieht, welche die drei Welten *BYA* sind – Farben, in denen das „*Buch des Himmels*" geschrieben wurde; sodass sich die Buchstaben und ihre Verbindungen nur in den drei erwähnten Farben enthüllen, und nur mit ihrer Hilfe offenbart sich das göttliche Licht des Schöpfers den Empfängern.

Damit muss man unterscheiden: So wie die weiße Farbe im Buch dessen Grundlage ist und alle Buchstaben von ihr „getragen" werden – und ohne die weiße Farbe wäre die Existenz der Buchstaben und die Offenbarung der in ihnen enthaltenen Weisheit unmöglich –, so ist auch die Welt *Azilut*, welche die *Sefira Chochma* darstellt, die Grundlage der Offenbarung des Lichts *Chochma*, welches sich durch alle Welten *BYA* offenbart. Und darin besteht das Geheimnis des Gesagten: „[...] und Du erschufst alle in Weisheit."

9. Und wie es in der zweiten Begrenzung gesagt wurde, ist im Buch *Sohar* nicht die Rede von der Welt *Azilut* als solcher, weil diese der weiße Hintergrund im Buch ist. Untersucht wird nur deren Leuchten in den drei Welten *BYA*, welche die Farben, die Buchstaben und deren Verbindungen sind, die im Buch vorhanden sind.

Und das tritt auf zwei Weisen in Erscheinung:

- *Entweder bekommen die drei Welten BYA das Leuchten der Welt Azilut von ihrem Platz aus, nachdem sich das Licht beim Überqueren des Parssa, der sich unter der Welt Azilut befindet, größtenteils verringert hat, sodass es nur als ein Leuchten der Kelim de Azilut wahrgenommen wird.*
- *Oder es erheben sich die Welten BYA über den Parssa an die Stelle der Sefirot Bina, Tiferet und Malchut von Azilut und „kleiden sich" auf die Welt Azilut, das heißt, sie empfangen das Licht anstelle seines Leuchtens.*

10. Doch dieses Beispiel reflektiert das Wesen nicht ganz, da das Buch der Weisheit dieser Welt aus weißem Hintergrund und der Farbe von Buchstaben besteht, in denen es keinen Geist (*Ruach*) des Lebens gibt. Und die Offenbarung der Weisheit besteht nicht in ihrem Wesen, sondern hinter ihren Grenzen – im Verstand desjenigen, der sie studiert.

Was dagegen die vier Welten ABYA angeht – welche das „*Buch der Himmel*" darstellen –, so besteht die ganze Weisheit, die in der Realität existiert, sowohl in der spirituellen als auch in der materiellen, in ihnen und entspringt ihnen.

Dementsprechend wisse, dass die weiße Farbe, die im Buch enthalten ist, an sich ein Studiumsgegenstand ist und die drei Farben dazu berufen sind, sie aufzuklären.

11. Betrachten wir, was die vier Kategorien darstellen, die oben in der ersten Begrenzung angeführt wurden:

- *Materie,*
- *Form, eingekleidet in die Materie,*
- *abstrakte Form,*
- *Wesen.*

Ich werde sie zunächst an anschaulichen Beispielen dieser Welt erläutern. Zum Beispiel, wenn wir sagen „ein starker Mensch" oder „ein ehrlicher Mensch" oder „ein Lügner" usw., so unterscheiden wir dementsprechend:

- *seine Materie, das heißt den Körper,*
- *die Form, in welche die Materie gehüllt ist, das heißt stark, ehrlich oder lügnerisch,*
- *die abstrakte Form – denn wenn man die Form des Starken, des Ehrlichen oder des Lügners abstrakt wahrnehmen könnte – ohne Bezug zum Material der Menschen – und diese drei Formen an sich untersuchen könnte, während sie in keiner Materie oder in keinem Körper eingekleidet sind, das bedeutet, wenn man die Eigenschaften der Kraft, der Ehrlichkeit oder der Lüge studieren könnte, in ihnen Vorzüge und Mängel unterscheiden könnte, dann wären sie abstrahiert von jeglicher Materie,*
- *das Wesen des Menschen.*

12. Und wisse, dass es vollkommen unmöglich ist, die vierte Kategorie, welche das Wesen des Menschen als solches darstellt, ohne die materielle Verwirklichung wahrzunehmen, da unsere fünf Sinnesorgane und unsere Vorstellungskraft nur eine Offenbarung der Wirkungen des Wesens zulassen, aber nicht des Wesens selbst. Zum Beispiel:

- *Der Sehsinn nimmt nur Schatten des sichtbaren Wesens wahr, so wie diese durch den Einfluss des Lichts geformt werden.*
- *Der Hörsinn nimmt nur die Stärke der Einwirkung akustischer Wellen eines gewissen Wesens wahr, die in der Luft übertragen werden. Unter der Einwirkung der Stärke einer akustischen Welle drückt die Luft auf das Trommelfell in den Ohren, und auf diese Weise hören wir, dass sich in unserer Nähe etwas befindet.*
- *Der Riechsinn nimmt die Luft wahr, die vom Wesen ausgeht, die unsere Nervenendungen reizt, die auf Gerüche reagieren, und dann spüren wir einen Geruch.*

- *Der Geschmackssinn ist nur Produkt des Kontaktes zwischen einem gewissen Wesen und unseren Geschmacksrezeptoren.*

Somit bieten uns alle unsere vier Sinnesorgane nichts weiter als die Offenbarung der Wirkungen, die von einem Wesen ausgehen, doch keineswegs das Wesen selbst.

Und sogar die stärkste Empfindung – der Tastsinn, der fähig ist, Kaltes von Heißem, Hartes von Weichem zu unterscheiden – stellt auch nichts anderes dar als die Offenbarung der Wirkungen innerhalb des Wesens, doch diese sind nur Äußerungen des Wesens. Denn man kann Heißes abkühlen und Kaltes erwärmen, Hartes kann man bis zum flüssigen Zustand schmelzen und eine Flüssigkeit verdampfen, indem man sie in den gasförmigen Zustand bringt, und zwar so, dass es nicht mehr möglich ist, sie mithilfe unserer fünf Sinnesorgane aufzuspüren. Und nichtsdestotrotz bleibt das Wesen bewahrt. Denn wir können das Gas wieder in eine Flüssigkeit verwandeln und eine Flüssigkeit in den festen Zustand überleiten.

Es ist also klar, dass unsere fünf Sinnesorgane uns das Wesen keineswegs offenbaren werden, sondern nur dessen Äußerungen und Einwirkungen. Und wir müssen wissen, dass alles, was wir in den Sinnen nicht wahrnehmen können, auch nicht in unserer Vorstellung sein kann. Und das, was in der Vorstellung nicht auftaucht, wird niemals in den Gedanken existieren, und wir haben keinerlei Möglichkeit, es zu erkennen.

Denn es ist unmöglich, das Wesen durch den Gedanken zu erkennen. Mehr als das: Sogar unser eigenes Wesen können wir nicht erkennen. Da ich fühle und weiß, dass ich einen gewissen Raum in der Welt einnehme, dass ich fest bin, heiß bin, dass ich denke usw., infolge der Äußerung der Einwirkungen meines Wesens. Doch würde man mich fragen: „Was ist mein Wesen, aus dem all diese resultieren?", würde ich nicht zu antworten wissen. Denn die Lenkung verhindert die Erkenntnis des Wesens, und wir erkennen nur die Äußerungen und die Handlungsweise, die vom Wesen ausgehen.

13. Die erste Kategorie, **die Materie**, das heißt, die Äußerungen der Wirkungen eines jeglichen Wesens, die sich offenbaren, können wir vollkommen wahrnehmen, da sie uns vollkommen befriedigend das Wesen erklären, welches in der Materie steckt. Sodass wir überhaupt nicht am Fehlen einer Möglichkeit der Erkenntnis des Wesens selbst leiden und sie nicht brauchen, genauso, wie wir kein Bedürfnis nach einem sechsten Finger an der Hand empfinden. Mit anderen Worten reicht die Erkenntnis der Materie, das heißt, die Äußerung der Wirkungen des Wesens vollkommen für alle unsere Bedürfnisse und Erkenntnisse aus – wie in der Erkenntnis des eigenen Wesens so auch in der Erkenntnis eines jeden Wesens außerhalb von uns.

14. Die zweite Kategorie, also **die Form, eingekleidet in die Materie**, erkennen wir ebenfalls auf eine absolut klare und hinreichende Weise, da wir sie in konkreten, praktischen Erfahrungen erkennen, während wir das Verhalten der Materie erforschen. Und so erlangen wir unser ganzes Wissen, auf welches man sich wirklich verlassen kann.

15. Die dritte Kategorie ist **die abstrakte Form**. Das heißt, nachdem sich die in der Materie eingekleidete Form uns gegenüber offenbarte, erlaubt es uns unsere Vorstellungskraft, sie vollkommen von der Materie zu lösen und abstrakt zu untersuchen, getrennt von jeglicher Materie, wie zum Beispiel Vorzüge und positive Eigenschaften, von welchen die Rede in Büchern über die Moral ist. Wenn wir von Eigenschaften wie Wahrheit und Lüge, Wut und Heldentum usw. sprechen, so meinen wir ihre abstrakte Form, frei von jeder Materie. Aber wir verleihen dieser abstrakten Form Vorzüge und Mängel.

Und wisse, dass die Einstellung zu dieser dritten Kategorie vonseiten seriöser Wissenschaftler eine durchaus vorsichtige ist, weil man sich nicht hundertprozentig darauf verlassen kann. Denn es ist leicht, sich in dem zu irren, was von der Materie gelöst ist. So kann zum Beispiel ein Idealist, der nicht religiös ist, der die abstrakte Kategorie von Wahrheit preist, beschließen, dass sogar zur Rettung von Menschenleben sein Mund kein beabsichtigtes Wort der Lüge sprechen wird, sogar wenn die ganze Welt unterginge. Doch dies ist nicht die Meinung der *Tora*, die sagt: „Nichts ist wichtiger (höher) als die Rettung der Seele (des Lebens)."

Wenn wir uns aber mit der Erforschung von Wahrheit und Lüge beschäftigen würden, während sie in die Materie eingekleidet sind, dann würden diese Begriffe hinsichtlich ihres Nutzens oder Schadens für die Materie betrachtet werden. Und dann, nach vielen Experimenten, die in der Welt durchgeführt wurden, nachdem wir die Menge an Opfern und Verlusten gesehen hätten, welche die Lügner und ihre lügnerischen Reden eingebracht haben, und auch den großen Nutzen der Verfechter der Wahrheit, welche die Regel einhalten, nur die Wahrheit zu sagen, würden wir zur Schlussfolgerung gelangen, dass es keinen wichtigeren Vorzug als Wahrheit und nichts Niederträchtigeres als Lüge gibt.

Und wenn der Idealist das verstünde, dann wäre er natürlich mit der Meinung der *Tora* einverstanden und würde annehmen, dass eine Lüge, gerade wenn sie ein einziges Menschenleben rettet, unermesslich viel wichtiger sei als die Erhabenheit und der Wert der abstrakten Wahrheit. **Denn über diese abstrakten Begriffe der dritten Kategorie besteht keinerlei Sicherheit.** Und man soll nicht über abstrakte Formen philosophieren, die noch nicht in der Materie dieser Welt verwirklicht sind; es ist lediglich unnötiger Zeitverlust.

16. Und nachdem diese vier Kategorien – Materie, Form der Materie, abstrakte Form und Wesen – an Beispielen deutlich erläutert wurden, ist geklärt worden, dass:

- *wir hinsichtlich der vierten Kategorie, also des Wesens, im Prinzip über keine Möglichkeit der Erkenntnis verfügen,*
- *das Studium der dritten Kategorie zu einem Irrtum führen kann.*

Nur die erste Kategorie – **Materie** – und die zweite – **Form, eingekleidet in der Materie** – wurden uns zur klaren und ausreichenden Erkenntnis von der Höheren

Lenkung gegeben. Denn mit ihrer Hilfe kann man auch die Realität spiritueller Wesen der Höheren Welten *ABYA* verstehen. Und es gibt in ihnen kein kleinstes Detail, welches nicht diese vier Kategorien in sich einschließen würde.

Wenn man sich zum Beispiel irgendeinen Teil der Welt *Brija* vornimmt, so gibt es in ihr *Kelim* mit roter Farbe, durch welche das Licht der Welt *Brija* an diejenigen, die sich in der Welt *Brija* befinden, übermittelt wird. Und das *Kli* der Welt *Brija*, welches über die rote Farbe verfügt, stellt eine Form dar, die auf das Wesen „gekleidet" ist, das heißt zur ersten Kategorie gehört. Und obwohl das nur Farbe ist, ist sie doch Erscheinung und Wirkung des Wesens. Und wir sagten bereits, dass wir niemals das Wesen selbst erkennen können werden, sondern nur die Äußerung seiner Wirkungen. Die Enthüllung einer solchen Wirkung nennen wir *Wesen*, *Materie*, *Körper* oder *Kli*.

Und das Licht des Schöpfers, welches sich in die rote Farbe „kleidet" und durch sie hindurchgeht, stellt die Form dar, die sich auf das Wesen „kleidet", das heißt zur zweiten Kategorie gehört. Und daher wird es als rotes Licht wahrgenommen, was auf seine „Kleidung" verweist sowie darauf, dass es durch ein Wesen leuchtet, welches Körper und Materie darstellt, also die rote Farbe.

Wenn aber dennoch der Wunsch entstehen sollte, das Höhere Licht vom Wesen zu trennen, welches die rote Farbe darstellt, und zu beginnen, es an sich – nicht in eine Substanz eingekleidet – zu studieren, wird das, weil es bereits zur dritten Kategorie der abstrakten Form gehört, zu Fehlern führen.

Dementsprechend existiert ein äußerst strenges Verbot des Studiums Höherer Welten, und keiner der wahren Kabbalisten wird sich damit beschäftigen, schon gar nicht diejenigen, die den *Sohar* erkannt haben. Und man sollte nicht einmal vom „Wesen" eines Einzelteils der Schöpfung sprechen, da wir keinerlei Möglichkeit haben, es zu erkennen. Nicht einmal das Wesen der Gegenstände der materiellen Welt erkennen wir – geschweige denn das spiritueller Substanzen.

Somit verfügen wir über vier Kategorien:

- *das Kli der Welt Brija, welches die rote Farbe darstellt und als Wesen oder Material der Welt Brija definiert ist,*
- *die Erfüllung des Kli der Welt Brija durch das Höhere Licht, was die Form des Materials ist,*
- *Höheres Licht als solches, gelöst vom Material der Welt Brija,*
- *Wesen.*

Somit wurde ausführlich die erste Begrenzung erklärt, die lautet, dass von zwei Kategorien in der Erkenntnis – der dritten und der vierten – im Buch *Sohar* mit keinem Wort die Rede ist, sondern, dass in ihm nur von der ersten und von der zweiten Kategorie die Rede ist.

17. Erläutern wir nun die zweite Einschränkung. Wisse, dass, wie wir die vier Kategorien in einem Partikel der Welt *Brija* erklärten, Gleiches auch hinsichtlich der vier Welten *ABYA* im Allgemeinen zutrifft, wo die rote, grüne und schwarze Farbe in den drei Welten *BYA* Materie oder Substanz darstellen. Und die weiße Farbe der Welt *Azilut* ist in Materie verkörperte Form, das heißt in den drei Farben, die *BYA* heißen. Und *Ejn Sof* als solche ist das Wesen.

Und wie wir bereits in der ersten Einschränkung sagten, vermögen wir das Wesen nicht zu erkennen, welches die vierte Kategorie ist und in jedem Seienden (jeder Substanz) verborgen ist, sogar in den Substanzen unserer Welt. Und die weiße Farbe an sich, nicht „eingekleidet" in die drei Farben in den Welten *BYA*, das heißt das Licht *Chochma*, nicht „eingekleidet" in *Bina*, *Tiferet* und *Malchut*, ist abstrakte Form, die wir nicht erforschen.

Davon wird im *Sohar* nichts gesagt. Die Rede darin ist nur von der ersten Kategorie, das heißt von den drei Farben *BYA*, welche als das Material gelten und drei *Sefirot* darstellen: *Bina*, *Tiferet* und *Malchut*; und auch von der zweiten Kategorie, die das Leuchten der Welt *Azilut* darstellt, „eingekleidet" in die drei Farben *BYA*, das heißt das Licht *Chochma*, „eingekleidet" in *Bina*, *Tiferet* und *Malchut*, in die Form, wenn sie sich in Materie verwirklicht. Nur diese zwei Kategorien werden im Buch *Sohar* betrachtet.

Wenn dementsprechend der Studierende nicht äußerst aufmerksam darin ist, dass seine Gedanken und das Verständnis beim Studium des Buches *Sohar* immer in den Grenzen dieser zwei Kategorien bleiben, wird er sich sofort in allen Fragen verwirren, da er das Gesagte des wahren Sinnes entledigen wird.

18. Und wie bezüglich der vier Welten *ABYA* im Allgemeinen gesagt wurde, so stimmt dies auch bezüglich jeder Welt im Besonderen, und sogar bezüglich eines jeglichen kleinsten Teils jeder der Welten, sowohl im *Rosh* der Welt *Azilut* als auch im *Sof* der Welt *Assija*, da es darin die *Sefirot KaCHaB*, *TuM* gibt. Und die *Sefira Chochma* ist die Form, und *Bina*, *Tiferet* und *Malchut* sind die Materie, in welche sich die Form einkleidet. Das heißt, es sind die erste und die zweite Kategorie, deren Untersuchung im *Sohar* angeführt wird. Doch die *Sefira Chochma*, während sie nicht in *Bina*, *Tiferet* und *Malchut* eingekleidet ist und Form ohne Materie darstellt, wird im *Sohar* nicht studiert. Und schon gar nicht beschäftigt sich der *Sohar* mit dem Studium des Wesens – *Ejn Sof* in jedem kleinen Einzelteil.

Also befassen wir uns mit dem Studium der *Sefirot Bina*, *Tiferet* und *Malchut* in jedem Teil, sogar in *Azilut*, und befassen uns nicht mit dem Studium der abstrakten Form der *Sefirot Keter* und *Chochma* an sich, wo immer sie sich befinden mögen, sogar in *Malchut* im *Sof* der Welt *Assija*. Wir studieren sie nur in dem Maße, wie sie in *Bina*, *Tiferet* und *Malchut* verkörpert sind.

Somit sind die erste und die zweite Begrenzung klar erklärt worden: Diejenigen, die den *Sohar* erkennen, erforschen lediglich Materie und Formen der Materie (was die erste Begrenzung ist), sowie die Welten *BYA* oder das Leuchten der Welt *Azilut* in diesen Welten (was die zweite Begrenzung ist).

19. Und nun betrachten wir die dritte Begrenzung. Ungeachtet der Tatsache, dass der *Sohar* jede Welt lediglich in Form von *Sefirot* betrachtet, die das Leuchten der Höheren Welt in dieser Welt darstellen, ist dennoch – von allen Elementen der Stufen bewegungslos, pflanzlich, tierisch, sprechend, die Geschöpfe der jeweiligen Welt darstellen – die Stufe sprechend in jeder Welt der Hauptgegenstand des Studiums des *Sohar*.

Ich werde ein Beispiel aus dem in unserer Welt Existierenden anführen. Wie in der *„Einführung in das Buch Sohar"* bereits gesagt wurde, stellen die vier Stufen bewegungslos, pflanzlich, tierisch, sprechend, die in jeder der Welten und sogar in unserer Welt vorhanden sind, vier Teile des *Willens zu empfangen* dar. Und in jedem von ihnen gibt es ebenfalls vier Stufen: bewegungslos, pflanzlich, tierisch, sprechend.

Und der Mensch in dieser Welt muss sich von allen vier Stufen her dieser Welt nähern: bewegungslos, pflanzlich, tierisch, sprechend – und dadurch wachsen. Denn sogar in der Nahrung des Menschen gibt es die vier Komponenten dieser vier Stufen, die den vier Stufen (bewegungslos, pflanzlich, tierisch, sprechend) im Körper des Menschen entspringen. Und dies sind:

- das Verlangen, im Maße der Notwendigkeit zur Existenz zu empfangen,
- das Verlangen, über das Maß des Existenznotwendigen hinaus zu empfangen, das Streben nach Luxus (Überflüssigem), ist aber nur auf körperliche Genüsse beschränkt,
- das Verlangen nach gesellschaftlichen Genüssen, solchen wie Ehre und Macht,
- das Verlangen nach Wissen.

Und diese resultieren aus den vier Teilen des *Willens zu empfangen* im Menschen:

- *Der Wille zu empfangen im Maße der Notwendigkeit entspricht der bewegungslosen Stufe des Willens zu empfangen.*
- *Der Wille, körperliche Genüsse zu empfangen, ist die pflanzliche Stufe des Willens zu empfangen. Diese Genüsse werden nur zu dem Zweck gegeben, damit sich sein Kli – das Fleisch (Basar) des Körpers (Guf) – vergrößert und Genuss empfängt.*
- *Der Wille nach gesellschaftlichen Genüssen ist die tierische Stufe des Willens zu empfangen. Und diese Genüsse vergrößern den Geist (Ruach).*
- *Der Wille zum Wissen entspricht der sprechenden Stufe des Willens zu empfangen.*

20. Wir finden vor, dass der Mensch von der ersten Stufe das Maß des Existenznotwendigen empfängt, sowie von der zweiten Stufe die tierischen Genüsse, die das Maß des Existenznotwendigen überschreiten. Dadurch empfängt er von den in Bezug zu ihm niederen Stufen – bewegungslos, pflanzlich, tierisch – und nährt sich von ihnen. Doch von der dritten Stufe, welche die gesellschaftlichen Wünsche darstellt, wie Ehre und Macht, empfängt er und füllt sich in Bereichen, die ihm ähnlich sind.

Und von der vierten Stufe, dem Verlangen nach Wissen, empfängt er Genuss und füllt sich mit dem in Bezug zu ihm Höheren, das heißt vom Wesen der Weisheit und der Vernunft, die spirituelle Begriffe darstellen.

21. Ähnlich wie hier existiert auch eine Unterteilung in den höheren spirituellen Welten. Denn alle Welten sind Abdrücke, eine von der anderen, in Richtung von oben nach unten. Daher drucken sich alle Stufen, also bewegungslos, pflanzlich, tierisch, sprechend, aus der Welt *Brija* in der Welt *Yezira* ab. Und von den Stufen bewegungslos, pflanzlich, tierisch, sprechend der Welt *Yezira* drucken sich die Stufen bewegungslos, pflanzlich, tierisch, sprechend der Welt *Assija* ab. Und bewegungslos, pflanzlich, tierisch, sprechend der Welt *Assija* drucken sich als Stufen bewegungslos, pflanzlich, tierisch, sprechend in dieser Welt (*Olam haSe*) ab.

Und es wurde in der „*Einführung in das Buch Sohar*" geklärt, dass:

- *die bewegungslose Stufe in spirituellen Welten als Hejchalot (Paläste) bezeichnet wird,*
- *die pflanzliche Stufe Lewushim (Kleider) heißt,*
- *die tierische Stufe Malachim (Engel) heißt,*
- *die Stufe des Sprechenden als die „Neshamot (Seelen) der Menschen" der entsprechenden Welt betrachtet wird,*
- *und die Zehn Sefirot in jeder Welt die Göttlichkeit (Elokiut) sind.*

Die Seelen der Menschen sind das Zentrum jeder der Welten. Sie empfangen eine Erfüllung von der gesamten spirituellen Realität der entsprechenden Welt, genauso, wie ein Mensch in der materiellen Welt eine Erfüllung von der ganzen materiellen Wirklichkeit unserer Welt erhält. Dies geschieht so:

Im **ersten Stadium**, welches den *Willen zu empfangen* im Maße des Existenznotwendigen darstellt, empfängt er Leuchten von den *Hejchalot* (Palästen) und *Lewushim* (Kleidern), die sich dort befinden.

Im **zweiten Stadium**, welches den Überfluss körperlicher Wünsche darstellt, die dazu berufen sind, den Körper des Menschen großzuziehen, empfängt er von den *Malachim* (Engeln), die sich dort befinden, das heißt spirituelles Licht in größerer Quantität als es zur Existenz notwendig ist, um spirituelle *Kelim* zu entwickeln, in welche seine Seele gekleidet ist.

Im ersten und zweiten Stadium empfängt der Mensch von in Bezug zu ihm niederen Stufen, welche die *Hejchalot*, die *Lewushim* und die sich dort befindlichen *Malachim* darstellen. Ihre Stufe ist unter der Stufe der *Neshamot* der Menschen.

Im **dritten Stadium**, welches die gesellschaftlichen Genüsse darstellt, die den Geist (*Ruach*) des Menschen entwickeln, empfängt er in dieser Welt von solchen, wie er selbst ist. Auf diese Weise empfängt derjenige, der dort empfängt, auch von seinesgleichen, das heißt von allen *Neshamot*, die sich in der jeweiligen Welt befinden. Und mit ihrer Hilfe vergrößert er das Licht *Ruach*, welches seine Seele erfüllt.

Im **vierten Stadium** des Willens, das heißt im Streben nach Wissen, empfängt er von den *Sefirot* der jeweiligen Welt, von welchen er CHaBaD seiner Seele erhält.

Denn die Seele des Menschen, die sich in jeder der Welten befindet, muss sich entwickeln und Vollkommenheit erlangen, in Abgrenzung von allem, was sich in dieser Welt befindet. Und dies ist die dritte Begrenzung, von der wir sprachen. Doch der Studierende muss wissen, dass, obwohl im Buch *Sohar* alle Elemente der Höheren Welten als solche studiert werden, seien es *Sefirot*, *Neshamot*, *Malachim*, *Lewushim* oder *Hejchalot*, von ihnen allerdings immer nur in Bezug auf die Seele des Menschen die Rede ist, die von ihnen empfängt und sich nährt. Und sie alle sind auf die Versorgung der Bedürfnisse der Seele ausgerichtet. Daher, wenn du im Studium diesem Faden folgst, so wirst du alles verstehen und Erfolg auf deinem Weg erzielen.

22. Und nach allem, was nun gesagt wurde, müssen wir nur noch mithilfe der *Zehn Sefirot* alle materiellen Bilder erklären, die im Buch *Sohar* angetroffen werden, solche wie: höher und tiefer, Aufstieg und Fall, Verkleinerung und Verbreitung, kleiner Zustand und großer Zustand, Trennung und Vereinigung, Zahlen usw. – alles, was die Niederen durch ihre Handlungen, die guten oder die schlechten, in den *Zehn Sefirot* hervorrufen. Und auf den ersten Blick erscheint dies merkwürdig: Ist es etwa möglich, dass in den Höheren Welten infolge von Handlungen der Niederen Veränderungen stattfinden können?

Und sogar wenn man so sagt, so kann dies doch nicht im Höheren Licht geschehen, welches sich in die *Zehn Sefirot* „einkleidet" und in ihnen leuchtet. Veränderungen geschehen nur in den *Kelim* der *Sefirot*, das heißt im Erschaffen. Denn sie wurden eben als zuvor nicht Existierende erst mit der Erschaffung der Seelen erschaffen, um die Stufen der Erkenntnis zu verhüllen oder zu offenbaren, in dem Maße und in dem Tempo, welche für die Seelen notwendig sind, um sie zur erwünschten Endkorrektur zu führen. Und ihre Wirkung gleicht der Wirkung eines optischen Geräts, welches aus vier Farbgläsern besteht – dem weißen, dem roten, dem grünen und dem schwarzen.

So auch die weiße Farbe im Buch, dessen Material und die Buchstaben – all das existiert in den drei Welten *BYA*, wo sich die neu erschaffenen *Kelim* der *Sefirot* befinden und nicht das Licht selbst. Doch es wird vollkommen unberechtigt sein, zu glauben, dass dies in der Welt *Azilut* existiert, wo auch die *Kelim* der *Zehn Sefirot* hinsichtlich ihrer Eigenschaften dem Licht vollkommen gleichen. Sie sind eins mit dem Höchsten Licht, welches sie erfüllt, wie es im „*Tikunej Sohar*" heißt: „Er, Sein Leben und Seine Handlungen sind eins." Das heißt:

- „*Er*" bedeutet das Wesen der *Sefirot*, was das Geheimnis von *Ejn Sof* ist.

- „Sein Leben" ist das Licht, welches die Sefirot erfüllt und als das Licht Chaja bezeichnet wird. Denn da die Welt Azilut die Stufe Chochma ist und das Licht dieser Stufe als das Licht Chaja bezeichnet wird, heißt es: „Sein Leben".
- „Seine Handlungen" bedeutet „die Kelim der Sefirot".

Und all das stellt eine absolute Einheit dar. Doch wenn dem so ist, wie kann man dann verstehen, dass die Niederen darin Veränderungen hervorrufen? Und als Zusatz dazu muss man verstehen: Während in jener Welt alles das Höchste Licht (= die Göttlichkeit) ist und es keine neu erschaffenen Geschöpfe gibt, auf welche Weise unterscheiden sich dann in ihm diese drei Komponenten, von welchen es im „Tikunej Sohar" heißt: „Er, Sein Leben und Seine Handlungen sind eins"? Sind sie nicht einfach absolute Einheit?

23. Um das zu verstehen, muss man sich an das erinnern, was in Punkt 17 gesagt wurde, wo erklärt wurde:

- *Das Wesen, welches die Wirklichkeit zur Existenz verpflichtet, ist ein Wesen, welches wir weder in den Substanzen der materiellen Welt noch in unserer eigenen Substanz, geschweige denn in dem die Wirklichkeit zur Existenz Verpflichtenden zu erkennen fähig sind.*
- *Die Welt Azilut ist die Form.*
- *Die drei Welten BYA sind die Materie.*
- *Und das Leuchten von Azilut in BYA ist die Form, die in die Materie „gekleidet" ist.*

Und hier muss man verstehen, dass die Bezeichnung der Welt der Unendlichkeit keinesfalls die Bezeichnung des Wesens darstellt, welches die Wirklichkeit zur Existenz zwingt, denn „wie kann man eine Bezeichnung geben für etwas, das man nicht erkannte"? Und da die Vorstellungskraft und die fünf Sinnesorgane nicht in der Lage sind, uns etwas von dem zu reproduzieren, was sich auf das Wesen bezieht, nicht einmal in der materiellen Welt, wie sollen dann Gedanke und Wort über Den möglich sein, von Dem es heißt: „Der die Wirklichkeit zur Existenz verpflichtet"? Und die Bezeichnung der Welt der Unendlichkeit (*Ejn Sof*) soll man so verstehen, wie dies für uns in der dritten Begrenzung bestimmt wurde, wo gesagt wird, dass alles, was im Buch *Sohar* steht, nur in Bezug auf die Seelen gesagt wurde (Punkt 21).

Somit bringt die Bezeichnung „Welt der Unendlichkeit" (*Olam Ejn Sof*) nicht das Wesen Desjenigen, der die Wirklichkeit zur Existenz verpflichtet, als solchem zum Ausdruck, sondern sie bringt zum Ausdruck, dass alle Welten und alle Seelen in Ihm in der Schöpfungsabsicht eingeschlossen sind, von welcher es heißt: „Der Abschluss der Handlung birgt sich im ursprünglichen Plan." Und sie ist das Verbindungsglied der gesamten Schöpfung als Ganzer, die bis zur Endkorrektur im Schöpfer in der Bezeichnung „Welt der Unendlichkeit" vereint ist. Und das ist das, was wir als „erster Zustand der Seelen" bezeichnen („*Einführung in das Buch Sohar*", Punkt 13), wenn alle

Seelen im Schöpfer existieren, erfüllt mit allen Genüssen, deren endgültiges Maß sie im Zustand der Endkorrektur empfangen werden.

24. Und man kann ein Beispiel aus unserer Welt anführen. Sagen wir, ein Mensch will sich ein schönes Haus bauen. Schon im ersten Gedanken malt er für sich das Haus aus mit allen seinen Zimmern und Details, so, wie es bei Abschluss des Baus aussehen wird. Danach stellt er den Plan der Arbeiten in allen Details zusammen, um sie den Arbeitern zu erklären, jedes Detail zu seiner Zeit: die Bretter und die Ziegel, die Metallkonstruktionen usw. Und erst danach tritt er in der Praxis an den Bau des Hauses und baut es bis zum Abschluss, wie er dies gleich im ersten Gedanken geplant hatte.

Und wisse, dass in *Ejn Sof*, welches das Geheimnis der ursprünglichen Absicht darstellt, die ganze Schöpfung bereits in all ihrer endgültigen Vollkommenheit erschaffen ist. Doch das Beispiel spiegelt das Wesen nicht gänzlich wieder, da beim Schöpfer die Zukunft und die Gegenwart eins sind und sich das Vorhaben in Ihm abschließt und Er zur Handlung keiner Instrumente bedarf, wie wir es tun. Und daher ist es in Ihm wahre Realität.

Und die Welt *Azilut* ist wie ein gedanklicher, detaillierter Plan, der sich in der Folge verwirklichen wird, wenn man in der Praxis den Bau des Hauses beginnt. Und wisse, dass beide – sowohl die ursprüngliche Absicht, welche die Welt der Unendlichkeit darstellt, als auch der gedanklich detaillierte Plan, der sich zu seiner Zeit in der Praxis verwirklichen wird – nichts von den Geschöpfen enthalten, da alles sich noch im Vorhaben befindet und nichts in der Praxis verwirklicht wurde.

So auch beim Menschen: Obwohl er alle Details durchdachte (Ziegel, Metallkonstruktionen, Bretter), die ihm während des Baus notwendig sein werden, gibt es darin noch nichts, außer dem gedanklichen Material selbst. Darin gibt es keine wahren Bretter, keine Ziegel und überhaupt nichts. Und der ganze Unterschied besteht darin, dass der gedankliche Plan des Menschen keine wirkliche Realität ist, während das Vorhaben des Schöpfers wahrhaftige Realität ist, in unvergleichbar höherem Grade als die Realität der tatsächlichen Geschöpfe selbst.

Also erklärten wir das Geheimnis der Welt der Unendlichkeit (*Ejn Sof*) und der Welt *Azilut*. Alles, wovon in ihnen die Rede ist, wird nur in Verbindung mit der Erschaffung der Geschöpfe gesagt, auch wenn sie sich erst in der Absicht befinden und ihr Wesen noch in nichts zutage trat. Und das gleicht einem Bauplan, den ein Mensch ausarbeitet, auch wenn es keine Bretter, keine Metallkonstruktionen und überhaupt nichts gibt.

25. Die drei Welten *BYA* und diese Welt (*Olam haSe*) stellen die Verkörperung des in der Tat Geplanten dar – ähnlich einem Menschen, der in der Praxis ein Haus baut, Bretter, Ziegel und Arbeiter bringt, und so bis zum Abschluss des Baus. Dementsprechend leuchtet das Höchste Licht in den Welten *BYA*. Und in dem Maße, wie die Seelen empfangen müssen, um ihre Vollendung zu erreichen, „kleidet" es sich in die zehn *Kelim KaCHaB*, *CHaGaT* und *NeHJM*, die bezüglich des Schöpfers reale *Kelim* sind, das heißt, sie gehören nicht zum Schöpfer, sondern wurden als zuvor nicht Existierende für die Bedürfnisse der Seelen erschaffen.

26. Aus dem angeführten Beispiel kann man verstehen, wie die drei Komponenten im Plan desjenigen, der den Bau eines Hauses vorhat, miteinander hinsichtlich Ursache und Folge verbunden sind, wo die Wurzel von allem die ursprüngliche Absicht ist. Denn in dem von ihm ausgedachten Plan wird kein einziges Detail anders auftauchen als zur Vollendung der Handlung, die gemäß der ursprünglich ausgedachten Absicht ausgeführt wird. Und nichts wird in der Praxis während des Baus verwirklicht werden als nur das, was den Details entspricht, die in dem ausgedachten Plan enthalten sind.

Und verstehe daraus bezüglich der Welten, dass es in den Welten keine, auch nicht die kleinste Erneuerung gibt, die nicht der Welt der Unendlichkeit, dem ersten Zustand der Seelen entspringen würde, die sich dort in ihrer Vollkommenheit – der Endkorrektur – befinden, gemäß dem Gesagten: „Der Abschluss der Handlung birgt sich in der ursprünglichen Absicht."

Und es befindet sich dort alles, was sich enthüllen wird, bis hin zur Endkorrektur; und alles entspringt ursprünglich der Welt der Unendlichkeit hin zur Welt *Azilut*, wie ein gedanklicher Plan im angeführten Beispiel aus der ursprünglichen Absicht entsteht. Und aus der Welt *Azilut* steigt jedes Detail in die Welten *BYA* herab, so, wie aus dem gedanklichen Plan in dem Beispiel alle Details resultieren, die sich beim Bau des Hauses in der Praxis realisieren.

Es gibt also kein kleinstes, in dieser Welt erschaffenes Teilchen, welches nicht aus der Welt der Unendlichkeit herabsteigen würde, wo sich die Seelen im ersten Zustand aufhalten. Und aus der Welt der Unendlichkeit steigt alles in die Welt *Azilut* herab, das heißt in persönlicher Beziehung zu jedem neuen Teilchen, welches in unserer Welt real existiert. Aus der Welt *Azilut* steigt dieses Neue in die drei Welten *BYA* ab, wo es real in der Handlung in Erscheinung tritt und sich als Beziehung des Schöpfers zum Geschöpf offenbart, und in die Welt *Yezira* und die Welt *Assija* – bis hin zum Niedersten, was sich in dieser Welt befindet.

Und es stellt sich heraus, dass es nichts Neues gibt, was in der Welt existiert, was nicht der allgemeinen Wurzel in der Welt der Unendlichkeit des Schöpfers und seiner persönlichen Wurzel in der Welt *Azilut* entspringen würde, nicht anschließend die Welten *BYA* durchlaufen würde, währenddessen es zu einem Geschöpf wird und sich anschließend in unserer Welt materialisiert.

27. Damit einhergehend muss man verstehen, dass all diese Veränderungen, die in der Welt *Azilut* beschrieben wurden, den Schöpfer selbst nicht betreffen. Die Rede ist nur von den Seelen, in dem Maße, wie sie von der Welt *Azilut* durch die

drei Welten *BYA* empfangen. Und diese Welt (*Olam haSe*) steht in gleicher Relation zur Welt der Unendlichkeit wie der gedankliche Plan zum ursprünglichen Plan. Doch in diesen beiden Welten (sowohl in der Welt der Unendlichkeit als auch in der Welt *Azilut*) gibt es noch absolut keine Seelen. Wie auch im gedanklichen Plan eines Menschen, der über ihn nachdenkt – denn in seinem Gehirn hat er weder richtige Bretter, noch Eisen, noch Ziegel.

Die Seelen beginnen in der Welt *Brija* zutage zu treten. Und daher gehören die *Kelim* der *Zehn Sefirot*, welche die Größe bereits realer Seelen messen, natürlich nicht zum Schöpfer selbst. Sie sind lediglich Neuerschaffene, da es im Höchsten Licht keine Veränderungen und keine Quantität geben kann. Und daher ordnen wir die *Kelim* der *Zehn Sefirot* der drei Welten *BYA* den Farben zu – rot, grün und schwarz. Und es ist unmöglich, sogar daran zu denken, sie seien das Höchste Licht, da es darin keinerlei Erneuerung geben kann.

Doch das Licht, „eingekleidet" in die zehn *Kelim* in den Welten *BYA*, ist höchste und einfache Einzigkeit – ohne kleinste Veränderung. Und sogar das Licht, welches das niederste *Kli* in der Welt *Assija* erfüllt, ist einfach, ohne kleinste Veränderung, da das Licht an sich eins ist. Und jede Veränderung im Leuchten des Schöpfers wird anhand der *Kelim* von *Sefirot* durchgeführt, die nicht das Höchste Licht darstellen und die im Allgemeinen diese drei erwähnten Farben haben. Und in jedem Detail wird mithilfe dieser drei Farben eine unzählbare Menge an Veränderungen hervorgerufen.

28. Doch natürlich empfangen die *Kelim* der *Zehn Sefirot* der Welten *BYA* von der Welt *Azilut* alle Teilchen und Teilchenteilchen aller Veränderungen, die sich dort in Form eines gedanklichen Plans aller Details befinden und die beim Aufbau der Welten *BYA* in entsprechender Reihenfolge verwirklicht werden.

Dementsprechend unterscheidet man, dass die *Kelim* der *Zehn Sefirot KaCHaB*, *TuM* der Welten *BYA* von den ihnen entsprechenden *Kelim KaCHaB*, *TuM* in der Welt *Azilut* empfangen, das heißt aus dem gedanklichen Plan, welcher sich dort befindet. Sodass jedes Teilchen, das in der Praxis verwirklicht wird, Konsequenz des entsprechenden Teilchens des gedanklichen Plans ist. Und daher bezeichnen wir die Farbe der *Kelim* der Welt *Azilut* als weiß, das vollkommen farblos ist.

Und dennoch ist es die Quelle aller Farben. Ähnlich dem weißen Hintergrund im Buch der Weisheit (obwohl man in ihm nichts erkennen kann, denn die weiße Farbe im Buch sagt uns nichts) ist es der Träger von allem, was es im Buch der Weisheit gibt, weil es um jeden Buchstaben herum und innerhalb eines jeden Buchstabens leuchtet, wodurch es jedem Buchstaben seine besondere Form verleiht und jeder Verbindung einen besonderen Platz zuweist.

Doch man kann auch umgekehrt sagen – im Material der Buchstaben (der roten, grünen oder schwarzen) können wir nichts erkennen. Und die ganze Erkenntnis und das ganze Wissen, welche wir durch das Material der Buchstaben des Buches empfangen, finden nur mithilfe der weißen Farbe statt, die darin vorhanden ist. Denn das Leuchten um die Buchstaben herum und innerhalb eines jeden Buchstabens verleiht ihnen eine Form, und diese Form enthüllt vor uns die ganze Weisheit des Buches.

Und darin liegt die Bedeutung der *Zehn Sefirot* der Welt *Azilut*: Obwohl sie der weißen Farbe angeglichen sind, ist es unmöglich, aus der Welt Azilut etwas zu erfahren: weder die Quantität noch die Veränderungen, noch etwas Ähnliches aus dem Beschriebenen – und dennoch befinden sich im Leuchten des Weiß auf die Welten *BYA*, welche die drei Farben des Materials der Buchstaben sind, alle Veränderungen, die unbedingt den zehn *Kelim* der *Sefirot* der Welt *Azilut* entspringen. Und obwohl es in ihr selbst keine *Kelim* gibt, da sie ganz die weiße Farbe ist (wie im Beispiel mit dem weißen Hintergrund eines Buches bezüglich der Buchstaben und ihrer Verbindungen), erschafft ihr Leuchten die *Kelim* in den Welten *BYA*.

29. Aus dem Gesagten wirst du die in „Tikunej Sohar" beschriebene Unterteilung der Welt *Azilut* in drei Komponenten verstehen: „Er, Sein Leben und Seine Handlungen"; obwohl dort die einfache Einheit herrscht und es keine Geschöpfe gibt. **Denn Er bedeutet Höchstes Licht an sich**, welches wir nicht erkennen, denn es ist uns nicht gewährt, jegliches Wesen, nicht einmal materielles, zu erkennen. „Seine Handlungen" bedeuten die zehn Kelim Chochma und Bina, Tiferet und Malchut, die sich darin befinden, die wir mit der weißen Farbe im Buch der Weisheit verglichen. Und sogar eine Quantität kann man im Weißen unmöglich erkennen, weil es nichts gibt, was dort auch nur irgendwelche Quantität erschaffen würde, da es gänzlich weiß ist. Und dennoch geben wir nicht nur eine quantitative Beschreibung. Jene Vielzahl mannigfaltiger Veränderungen, die wir in den Welten *BYA* vorfinden, welche die Materie der Buchstaben sind, finden wir zuvor in den *Kelim KaCHaB, TuM* in der Welt *Azilut* selbst. Doch all das nur durch die weiße Farbe, die den Buchstaben des Buches eine Form verleiht, wobei es in ihr selbst keinerlei Form gibt. Und wir finden, dass die weiße Farbe über eine Vielzahl von Formen verfügt, obwohl sie selbst keine Form hat. Und die zehn *Kelim* in der Welt *Azilut* treten in vielfältigen Veränderungen in Erscheinung, gemäß ihrem Leuchten in den Welten *BYA*; genauso, wie sich ein gedanklicher Plan beim Bau des Hauses realisiert.

Und all diese Veränderungen, die real in den Welten *BYA* stattfinden, finden nur unter der Einwirkung des Leuchtens der *Kelim* der *Zehn Sefirot KaCHaB, TuM* der Welt *Azilut* statt. Sodass wir bezüglich der Empfänger in den Welten *BYA* eine Vielzahl an Veränderungen im Weiß feststellen. Und hinsichtlich der Welt *Azilut* selbst – sie ist wie weiße Farbe an sich und „kleidet" sich nicht in die Farbe von Buchstaben. Und es gibt in ihr keine Quantität und überhaupt nichts. Und wir sollen das Geheimnis der Worte „Seine Handlungen" erläutern, welche die *Kelim* darstellen, die im Bezug auf sich selbst einfache Einheit sind, so wie Er.

30. „Sein Leben" meint das Licht innerhalb der weißen Farbe, welche die *Kelim* darstellt. Und dieses Licht wird von uns auch nur in Bezug auf die Seelen verstanden, die von der Welt *Azilut* empfangen, doch das Wesen der Höchsten Kraft, die das Geheimnis des Wortes „Er" ist, ist dabei nicht gemeint. Das heißt, wenn die drei Welten BYA sich gemeinsam mit den Seelen der Menschen in *Azilut* erheben, wird das Licht, welches sie dort empfangen, als das Licht der Stufe *Chochma* definiert und als „das Licht *Chaja*" bezeichnet.

Und in dieser Hinsicht bezeichnen wir dieses Licht als „Sein Leben", wie es in „*Tikunej Sohar*" beschrieben wurde: „Er, Sein Leben und Seine Handlungen sind eins." Und von all diesen drei Komponenten wird nur aus der Sicht der Empfänger gesprochen. „Handlungen" meinen die Ausleuchtung der *Kelim* am Ort der Welten BYA unter dem *Parssa* der Welt *Azilut*, weil das Licht der Welt *Azilut* niemals unter den *Parssa* der Welt *Azilut* hinabsteigen wird – nur die Ausleuchtung der *Kelim*.

„Sein Leben" ist das Leuchten der Welt *Azilut* selbst, das heißt wenn BYA sich in *Azilut* erheben. Und „Er" ist das Wesen des Schöpfers, welches man absolut nicht erkennen kann. Und im „*Tikunej Sohar*" heißt es, dass zwar wir, die Empfänger, diese drei Komponenten in der Welt unterscheiden, dies jedoch nur in Bezug auf die Empfänger zutrifft. Doch bezüglich der Welt *Azilut* sind sogar „Seine Handlungen" „Er" selbst; das heißt, sie sind das Wesen des Schöpfers. Daher ist es vollkommen unmöglich, die Welt *Azilut* als solche zu erkennen. Darin besteht das Geheimnis der Äußerung „weiße Farbe", die an sich zu erkennen vollkommen unmöglich ist, wobei alles dort einfache Einheit ist.

31. Und der *Sohar* sagt, dass die *Kelim KaCHaB, TuM* in der Welt *Azilut* sich infolge der Taten von Menschen vergrößern oder verkleinern, was sich in der Äußerung widerspiegelt: „Diejenigen, die zum Schöpfer streben, geben Ihm Kraft und Mut." Und das bedeutet, dass es im Höchsten Licht nichts außer seiner Einfachheit gibt, da in ihm keinerlei Veränderungen möglich sind, wie es heißt: „Ich verändere meine Taten nicht." Doch da die Schöpfungsabsicht darin besteht, den Geschöpfen Genuss zu schenken, erkennen wir, dass der Schöpfer über einen *Willen zu geben* verfügt.

Und aus dem, was wir in dieser Welt sehen – wo bei einem Gebenden die Zufriedenheit wächst, wenn die Anzahl der von ihm Empfangenden steigt und er die Steigerung der Anzahl an Empfängern wünscht –, sagen wir, dass *Mochin* (füllendes Licht) in der Welt *Azilut* ansteigt, sobald die Niederen dessen würdig werden, die *Fülle* (*Shefa*) der Welt *Azilut* zu empfangen, oder mit anderen Worten, wenn sie diese nähren.

Und umgekehrt, wenn die Niederen nicht würdig sind, Seine Fülle zu empfangen, verringern sich in diesem Grade die Lichter; das heißt, es gibt niemanden, der von ihnen empfängt.

32. Und das gleicht einer Kerze, für die es keinen Unterschied macht, ob du von ihr Zehntausende von Kerzen oder keine einzige anzünden wirst – in der Kerze selbst wirst du in der Folge keine Veränderung vorfinden. Oder wie bei *Adam haRishon*: Zeugt er eine zahlreiche Nachkommenschaft an Söhnen oder keinen einzigen – bei *Adam haRishon* selbst wird dies keine Veränderungen hervorbringen.

So gibt es auch in der Welt *Azilut* als solcher keine Veränderungen, ungeachtet der Tatsache, ob die Niederen von ihr eine immense Fülle erhalten oder ob sie gar nichts empfangen. Und die ganze erwähnte Vergrößerung (Wachstum) bezieht sich nur auf die Niederen.

33. Doch dementsprechend, wozu sollten diejenigen, die den *Sohar* erkannt haben, all diese Veränderungen in der Welt *Azilut* selbst beschreiben? Wäre es nicht besser, dies in Bezug auf die Empfangenden in den Welten *BYA* zu erläutern und nicht so ausführlich über die Welt *Azilut* zu sprechen, wofür man [dann] irgendwelche Ausreden suchen muss?

Und darin liegt ein sehr großes Geheimnis verborgen, wie es heißt: „Und ich gleiche dem, was die Propheten sagten." Tatsächlich gibt es darin eine Äußerung der Göttlichkeit, sodass all diese Gestalten, die nur in den Seelen der Empfänger einen Eindruck erschaffen, den Seelen zeigen werden, wie der Schöpfer selbst gemeinsam mit ihnen daran teilnimmt, um die Erkenntnis der Seelen maximal zu steigern.

Gleich einem Vater, der sich vor seinem kleinen, geliebten Sohn zurücknimmt und ein Gesicht von Leid und ein Gesicht von Freude zeigt, obwohl es in ihm weder Leid noch Freude gibt. Und er tut das nur, um seinen geliebten Sohn dazu zu bringen, sein Verständnis zu erweitern, um mit ihm zu spielen. Und erst nachdem dieser erwachsen und klug geworden ist, wird er erfahren, dass es in allem, was der Vater tat, in Wirklichkeit nichts als nur ein Spiel gab.

So auch in Bezug auf uns, obwohl alle diese Gestalten und Veränderungen erst in den Eindrücken der Seelen beginnen und auch in ihnen enden; doch die Erscheinung des Schöpfers kreiert ein imaginäres Bild, als würden sie sich alle in Ihm selbst befinden. Und das tut der Schöpfer nur, um die Erkenntnisse der Seelen maximal zu erweitern und zu vergrößern, gemäß dem Gesetz der Schöpfungsabsicht: „[…] um Seinen Geschöpfen Genuss zu bereiten."

34. Und es soll nicht merkwürdig erscheinen, dass du Ähnliches auch in Seiner Lenkung in der materiellen Welt vorfinden wirst. Unsere Sicht zum Beispiel, wenn wir vor uns eine riesige Welt und ihre ganze prächtige Fülle sehen – denn all das sehen wir nicht in Wirklichkeit, sondern nur innerhalb von uns selbst. Das heißt, im Hinterteil unseres Gehirns befindet sich etwas, was einer Filmkamera ähnelt, die uns dort alles aufzeichnet, was wir sehen, und nicht das, was sich außerhalb von uns befindet.

Mehr als das: Der Schöpfer hat in unserem Gehirn eine Art Linse erschaffen, die alles, was wir sehen, umdreht, damit wir dies außen, außerhalb unseres Gehirns sehen können – als sich vor uns befindend. Und obwohl das, was wir außerhalb von uns sehen, nicht real ist, müssen wir in jedem Fall der Lenkung des Schöpfers dankbar sein dafür, dass in unserem Gehirn diese Linse existiert, die es uns erlaubt, alles als außerhalb von uns befindlich zu sehen und zu erkennen. Denn dadurch gab Er uns die Kraft, jede Sache zu studieren – mit Wissen und in Klarheit –, um jeden Gegenstand von innen und von außen gleiche zu messen usw. Und wenn das nicht wäre, hätten wir nicht den Großteil unserer Kenntnisse.

So auch in Hinsicht der Erkenntnis der Göttlichen Weisheit. Obwohl alle Veränderungen im Inneren der empfangenden Seelen stattfinden, sehen sie dennoch alles im Geber selbst, da sie nur auf diese Weise würdig werden, alles Wissen und alle Genüsse der Schöpfungsabsicht zu empfangen. Man kann darüber auch anhand des angeführten Beispiels urteilen. Obwohl wir praktisch alles sich vor uns Befindliche sehen, weiß dennoch jeder klar denkende Mensch genau, dass alles, was wir sehen, sich nur innerhalb unseres Gehirns befindet. So auch bezüglich der Seelen – obwohl sie alle Gestalten im Geber sehen, haben sie dennoch keinen Zweifel daran, dass all dies nur in ihrem Inneren ist und gar nicht im Geber.

35. Und da sich das Gesagte auf die Grundsätze des Universums bezieht, und ich sehr darum besorgt bin, dass der Studierende sich nicht in deren Verständnis irren möge, sollte ich mich noch bemühen und die goldenen Worte zitieren, die dazu im Buch *Sohar* selbst gesagt wurden, und sie soweit erklären, wie ich kann: „Und sollte der Mensch fragen: ‚Es steht doch in der *Tora* geschrieben, dass sie nicht das ganze Bild gesehen haben.' Und wie untersuchen wir den Schöpfer nach Namen und *Sefirot*? Und er wird ihm antworten, dass er dieses Bild sah, wie es heißt: ‚Erblicke die Gestalt des Schöpfers.'"

Der Sinn davon besteht darin, dass die *Sefira Malchut* – in welcher sich die Wurzeln aller Welten und Seelen befinden, da sie die Wurzel aller *Kelim* ist, wie es heißt: „Diejenigen, die von ihr empfangen, müssen *Kelim* von ihr bekommen" – von ihnen als Gestalt wahrgenommen wird, von der es heißt: „Und erblicke die Gestalt des Schöpfers." Doch sogar bei dieser Gestalt, die wir als die *Sefira Malchut* bezeichnen, ist die Rede nicht von ihr als solcher, die sich an ihrem Ort aufhält, sondern davon, dass, wenn das Licht von *Malchut* hinabsteigt und sich auf die Geschöpfe ausbreitet, sie für jedes von ihnen sichtbar wird – gemäß dessen Erscheinung, dessen Sicht und dessen Vorstellungskraft. Das heißt, es ist nicht die *Sefira Malchut* an sich, sondern die Weise, wie die Empfänger sie wahrnehmen.

Und das ist es, wovon es heißt: „Und ich gleiche dem von den Propheten Gesagten." Und daher sagte ihnen der Schöpfer: „Obwohl Ich euch in euren Eigenschaften erscheine, das heißt in eurer Sicht und eurer Vorstellungskraft – mit wem werdet ihr Mich vergleichen, damit Ich ihm ähnlich sei?" Denn bevor der Schöpfer die Gestalt in der Welt erschuf, bevor Er die Form zeichnete, war der Schöpfer der Einzig Seiende in der Welt, über keine Form und keine Gestalt verfügend.

Und derjenige, der den Schöpfer bis zur Stufe *Brija* erkennt, welche *Bina* darstellt, wo der Schöpfer jenseits jeder Gestalt ist, dem ist es verboten, Ihn in irgendeiner Form oder Gestalt darzustellen – weder durch den Buchstaben „*Hej*" noch durch den Buchstaben „*Yud*"; noch ihn sogar beim Namen *HaWaYaH* zu nennen oder durch irgendein Zeichen oder irgendeinen Punkt zu bezeichnen. Und das ist es, wovon es heißt: „Denn sie haben nicht das ganze Bild gesehen." Das heißt, das Gesagte „Denn sie haben nicht das ganze Bild gesehen" bezieht sich auf diejenigen, die dessen würdig wurden, den Schöpfer oberhalb der Stufe von *Brija* zu erkennen, welche *Bina* ist. Denn zwei *Sefirot*, *Keter* und *Chochma*, verfügen über gar keine Form oder Gestalt, was *Kelim* oder Grenzen bedeutet. *Kelim* beginnen ab der *Sefira Bina* und weiter nach unten.

Daher befinden sich alle Andeutungen, die in Buchstaben oder in Punkten oder in Namen des Schöpfers enthalten sind, ab *Bina* und weiter nach unten, jedoch nicht an den Plätzen der *Sefirot* als solche, sondern sie treten nur in Bezug auf die Empfänger in Erscheinung, genauso wie bei der *Sefira Malchut*.

36. Und auf den ersten Blick werden wir im Gesagten einen Widerspruch vorfinden, denn zuvor wurde gesagt, dass nur von der *Sefira Malchut* die Formen an den Empfänger ausgehen, und hier wird gesagt von *Brija* an und weiter nach unten, das heißt, dass die Formen zu den Empfängern von *Bina* aus angefangen absteigen und weiter unten.

Tatsächlich entspringen Form und Gestalt in Wirklichkeit nichts anderem als der *Bchina Dalet*, welche *Malchut* ist. Von ihr steigen *Kelim* zu den Empfängern hinab und nicht von den ersten neun *Sefirot Keter*, *Chochma*, *Bina*, *Tiferet*. Doch in der Welt der Korrektur kam es zu einem Zusammenwirken von den Eigenschaften *Rachamim* (Barmherzigkeit) und *Din* (Gericht). Dies bedeutet, dass die *Sefira Malchut*, die als die Eigenschaft *Din* definiert ist, aufstieg und ins Innere der *Sefira Bina* drang, die als die Eigenschaft *Rachamim* definiert ist.

Dementsprechend schlugen von diesem Moment an die *Kelim* von *Malchut* in der *Sefira Bina* Wurzeln, wie hier gesagt wurde. Somit beginnt der *Sohar* von der wahren Wurzel der Gestalten zu sprechen, welche die *Kelim* sind. Und er sagt, dass sie sich in *Malchut* befinden, und sagt darauf, dass sie sich in der Welt *Brija* befinden, das heißt, er geht von diesem Zusammenwirken aus, welches zur Korrektur der Welt gemacht wurde.

Und auch sagten die Weisen: „Der Schöpfer erschuf die Welt anfänglich auf der Grundlage von *Din* (Gericht), doch er sah, dass die Welt so nicht bestehen kann, und führte dann ein Zusammenwirken mit *Rachamim* (Barmherzigkeit) herbei." Und wisse, dass die *Zehn Sefirot KaCHaB, TuM* eine Vielzahl von Bezeichnungen im Buch *Sohar* haben, die ihren zahlreichen Funktionen entsprechen.

Wenn sie als *Keter – Azilut – Brija – Yezira – Assija* bezeichnet werden, so ist es ihre Aufgabe, zwischen den *Kelim „de Panim"* (der Gesichtsseite), die als *Keter – Azilut* bezeichnet werden, das heißt *Keter – Chochma*, und den *Kelim „de Achoraim"* (der Kehrseite) zu unterscheiden, die als *Brija – Yezira – Assija* bezeichnet werden, das heißt *Bina – Tiferet – Malchut*. Und solch eine Unterteilung resultiert aus dem Zusammenwirken der Eigenschaften von *Din* und *Rachamim*.

Und da der *Sohar* die Wechselwirkung von *Malchut* und *Bina* andeuten will, bezeichnet er die *Sefira Bina* als *Brija*. Denn bevor es zu dieser Wechselwirkung kam, gab es in *Bina* weder Form noch Gestalt; nicht einmal in Bezug auf die Empfänger, das gab es nur in *Malchut* allein.

37. Und es heißt weiter: „[…] doch nachdem Er diese Form dem Bau von ‚Adam Eljon' (Höherer Mensch) verlieh, stieg Er hinab und ‚kleidete sich' darin ein." Und Er wird darin nach der Form von vier Buchstaben *HaWaYaH* benannt, das heißt *Zehn Sefirot KaCHaB, TuM*, da der Beginn des Buchstaben *Yud Keter* ist, *Yud – Chochma, Hej – Bina, Waw – Tiferet* und der letzte Buchstabe *Hej – Malchut*, damit sie den Schöpfer durch Seine Eigenschaften erkennen würden, das heißt durch die *Sefirot*, in jeder Seiner Eigenschaften.

38. Die Erklärung des Gesagten: Von der Welt *Brija* und weiter, das heißt von *Bina* an, nach ihrer Wechselwirkung mit der Eigenschaft *Din*, welche *Malchut* darstellt, steigen Gestalten und Formen zu den Empfängern, das heißt zu den Seelen hinab. Doch keinesfalls von ihrem Ort aus, sondern nur vom Ort der Empfänger aus.

Und es heißt, dass Er dann dem Bau von „Adam Eljon" eine Form verlieh und hinabstieg und sich in die Form dieses Menschen „kleidete". Das heißt, die ganze Form des Körpers des Menschen stellt 613 *Kelim* dar, die aus den *Kelim* der Seele resultieren, da die Seele über 613 spirituelle *Kelim* verfügt, die als „248 Organe und 365 Sehnen" bezeichnet werden, die sich in fünf Teile unterteilen, gemäß den vier Buchstaben *HaWaYaH*:

- der Beginn des Buchstaben *Yud*, sein *Rosh* – das ist *Keter*,
- von *Pe* bis *Chase* – *Chochma*,
- von *Chase* bis zum *Tabur* – *Bina*,
- vom *Tabur* bis *Sium Raglin* – zwei *Sefirot*: *Tiferet* und *Malchut*.

Und so ist die ganze *Tora* in ihrem verborgenen Sinn der *Parzuf Adam*, der 248 gebietende Anweisungen (*Mizwot asse*), die den 248 Organen entsprechen, und 365 verbietende Anweisungen (*Mizwot lo tasse*), die den 365 Sehnen entsprechen, darstellt. Und in ihr gibt es fünf Teile – fünf Bücher der *Tora*. Und das wird als die „Gestalt von *Adam Eljon*" bezeichnet, das heißt: *Adam* in der Welt *Brija*, welche *Bina* ist, von welcher die *Kelim* beginnen, die sich bis zu den Orten fortsetzen, an welchen sich die Seelen befinden. Und *Adam* wurde als *Eljon* bezeichnet, da es in den *Sefirot* drei Kategorien von *Adam* gibt:

- *Adam de Brija,*
- *Adam de Yezira,*
- *Adam de Assija.*

Doch in *Keter* und *Chochma* gibt es absolut keine Gestalt, die man irgendeinem Buchstaben oder Punkt oder den vier Buchstaben *HaWaYaH* zuordnen könnte. Und da hier von der Welt *Brija* die Rede ist, so wurde präzisiert – *Adam Eljon*.

Und gedenke immer des im *Sohar* Gesagten: Alle diese Gestalten befinden sich nicht am Ort der *Sefirot Bina*, *Tiferet* und *Malchut*, sondern nur am Ort der Empfänger. Doch da diese *Sefirot* die *Kelim* beschenken und ihnen Kleider verleihen, damit die Seelen Ihn mithilfe des Lichts erkennen, welches zu ihnen in einem gewissen Umfang und in gewissen Grenzen hinabsteigt, entsprechend ihren 613 Organen, bezeichnen wir auch die Geber als „*Adam*". Doch dort sind sie nur weißes Licht.

39. Und das darf keine Erschwernis bieten, denn die vier Buchstaben *HaWaYaH* und der Beginn des Buchstaben *Yud* sind fünf *Kelim*, die immer als „Buchstaben" (*Otiot*) bezeichnet werden, was der Sinn der fünf *Sefirot KaCHaB, TuM* ist. Und es wurde erklärt, dass auch in *Keter – Chochma Kelim* existieren, worauf der Beginn des Buchstaben *Yud* und der Buchstabe *Yud* im Namen *HaWaYaH* hindeuten.

Und zwar ist dort, wo es heißt „Gestalten" und „Formen" – welche *Kelim* darstellen, die ab der Welt *Brija* und weiter unten beginnen –, nur von drei *Sefirot* die Rede: *Bina*, *Tiferet* und *Malchut*, und nicht von *Keter – Chochma*, das heißt dem Wesen der *Sefirot*.

Doch man muss wissen, dass die *Sefirot* ineinander eingeschlossen sind. Und es gibt *Zehn Sefirot*: *KaCHaB, TuM* in *Keter* und *KaCHaB, TuM* in *Chochma* und *KaCHaB, TuM* in *Bina* und *KaCHaB, TuM* in *Tiferet* und *KaCHaB, TuM* in *Malchut*. Dementsprechend finden wir vor, dass es in jeder der fünf *Sefirot KaCHaB, TuM* drei *Sefirot* gibt: *Bina*, *Tiferet* und *Malchut* – denen die *Kelim* entspringen.

Und daraus sollst du verstehen, dass der Beginn des Buchstaben *Yud*, der das Geheimnis der *Kelim* von *Keter* ist, auf *Bina*, *Tiferet* und *Malchut* verweist, die in *Keter* eingeschlossen sind. Und der Buchstabe *Hej* des Namens *HaWaYaH*, der das *Kli Chochma* darstellt, verweist auf *Bina*, *Tiferet* und *Malchut*, die in *Chochma* eingeschlossen sind. Auf diese Weise gibt es in *Keter* und *Chochma*, sogar in denen, die in *Bina* und in *SoN* eingeschlossen sind, keine *Kelim* – und in *Bina*, *Tiferet* und *Malchut*, sogar in denen, die in *Keter – Chochma* eingeschlossen sind, gibt es *Kelim*.

Und in dieser Hinsicht gibt es tatsächlich fünf Aspekte von *Adam de Bina*, *Tiferet* und *Malchut*, die in jeder der fünf *Sefirot* die Handlung des Gebens ausführen, was in der Bezeichnung „Merkawa de Adam" verborgen liegt. Und dementsprechend existieren:

- *Adam der Stufe Keter, genannt „Adam Kadmon",*
- *Adam der Stufe Chochma, genannt „Adam de Azilut",*
- *Adam der Stufe Bina, genannt „Adam de Brija",*
- *Adam der Stufe Tiferet, genannt „Adam de Yezira",*
- *Adam der Stufe Malchut, genannt „Adam de Assija".*

40. Und Er gab sich die Namen „*El*", „*Elokim*", „*Shadai*", „*Zwaot*", „*Ekje*", damit man Ihn in jeder Seiner Eigenschaften erkennen würde. Und die zehn unlöschbaren Namen in der *Tora* sind das Geheimnis der *Zehn Sefirot*, wie es im *Sohar* steht:

- *Sefira Keter heißt Ekje,*
- *Sefira Chochma heißt Yud – Hej (ausgesprochen KoH),*
- *Sefira Bina heißt HaWaYaH mit der Punktierung (Vokalen) von Elokim*[52],
- *Sefira Chessed heißt El,*
- *Sefira Gwura heißt Elokim,*
- *Sefira Tiferet heißt HaWaYaH,*
- *zwei Sefirot – Nezach und Hod – heißen Zwaot,*
- *Sefira Jessod heißt Chaj,*
- *Sefira Malchut heißt ADNY.*

41. Und wenn sich das Licht des Schöpfers nicht angeblich mittels der Einkleidung in diese *Sefirot* auf alle Geschöpfe ausbreiten würde, wie hätten dann die Geschöpfe der Erkenntnis des Schöpfers würdig werden können? Und wie würde sich das Gesagte verwirklichen: „Und die Erde füllte sich mit dem Wissen des Schöpfers"?

Mit anderen Worten erklärt es damit den göttlichen Wunsch, gegenüber den Seelen so zu erscheinen, als wären all diese Veränderungen in den *Sefirot* in Ihm selbst. Und das, um den Seelen eine Möglichkeit zu geben, Ihn aus den Zweifeln heraus zu erkennen und zu erreichen, denn dann wird sich das Gesagte verwirklichen: „Und die Erde füllte sich mit dem Wissen des Schöpfers."

42. Und gleichzeitig damit wehe dem, der den Schöpfer mit irgendeinem Maß vergleicht, das heißt, sagt, dass sich dieses Maß im Schöpfer selbst befindet – nicht einmal wenn dies ein Maß des Spirituellen ist, in dem Er sich den Seelen zeigt, geschweige denn ein Maß des Materiellen, von der Natur der Menschen, deren Grundlage aus Staub ist und die vergänglich und untauglich sind.

---

52 Im schriftlichen Hebräisch bestehen die Worte nur aus Konsonanten; die Vokale werden in Form von Punkten und Strichen darunter ausgeschrieben.

Vorwort zum Buch Sohar

Denn obwohl die Erscheinung des Schöpfers in den Seelen so ist, dass die Veränderungen, die in ihnen stattfinden, aussehen, als fänden sie im Geber statt, muss es den Seelen klar sein, dass dies ihnen nur so scheint. Und im Schöpfer gibt es keine Veränderungen und keine Maße, und Er ist ganz Höchstes Licht. Und dies ist der Sinn des Gesagten: „Ich gleiche dem von den Propheten Gesagten." Und wenn sie sich irren – wehe ihnen, da sie sofort das Licht des Schöpfers verlieren werden. Ich spreche schon gar nicht von den Narren, die sich Ihn als irgendeine Gestalt aus Fleisch und Blut vorstellen, vergänglich und untauglich.

Vorwort zum Buch Panim Meirot uMasbirot[53]

Rav Yehuda Ashlag

1. Im Traktat „*Ukzin*" heißt es: „Der Schöpfer fand kein besseres Mittel, welches fähig wäre, den Segen für *Israel* festzuhalten, als den Frieden." Es heißt: „Der Schöpfer wird Seinem Volk Kraft geben, indem Er es mit Frieden segnet." Und hier gilt es vielerlei nachzuvollziehen: Wo ist bewiesen, dass es für *Israel* nichts Besseres gibt als den Frieden? Im Gesagten ist erklärt, dass der Frieden ein Segensspruch an sich ist, wie es geschrieben steht: „Es wurde Kraft gegeben und der Segen des Friedens." Sollte man nicht ihren Worten folgend sagen: „Es wurde der Frieden gegeben?" Warum wurde dieser Artikel zum Abschluss der sechs Bücher des *Talmuds* verfasst? Und auch gilt nachzuvollziehen, was die Worte „Frieden" und „Kraft" bedeuten und was deren Herkunft ist.

Um den wahren Sinn dieses Artikels zu erklären, werden wir viel Zeit brauchen, da es unmöglich ist, die Tiefe des Herzens der Weisen der *Agada* (Legende) zu erkennen. Das bedeutet, dass alles, was mit der *Tora* und den *Mizwot* (Geboten) in Verbindung steht, über einen offenen und über einen verborgenen Sinn verfügt, wie es heißt: „Goldene Äpfel in Silber gehüllt – von ihrem Wesen sollst du sprechen." Doch die *Halachot* (Gesetze) gleichen ausgezeichnetem Wein. Wenn du deinem Freund einen Silberkrug mit Wein als Geschenk überreichst, dann ist sowohl das Innere als auch das Äußere wichtig, denn der Krug an sich hat auch einen Wert, genauso wie der Wein in ihm.

Nicht so mit der *Agada*. Sie gleicht Äpfeln im angeführten Beispiel – das Innere wird verzehrt und die Schale weggeworfen, da der äußere Teil keinerlei Bedeutung hat und der ganze Wert und die Wichtigkeit sich nur innen, im inneren Teil befinden. So auch in den Erzählungen der *Agada*: Die den Augen sichtbare Einfachheit (der einfache Sinn) hat keine Bedeutung, und das Innere ist verborgen und niemandem verständlich außer denjenigen, welche die wahre Weisheit erkannt haben, die an auserwählte Einzelne weitergegeben wird.

---

53 *Leuchtendes und enthüllendes Gesicht*

Und wer wird das aus dem Herzen der Massen herausholen und ihren Weg bestimmen können, wenn doch ihre Erkenntnis sogar in den zwei Teilen der *Tora* unvollständig ist, die *Pshat* (einfacher Sinn/Wortsinn) und *Drush* (Deutung) heißen? Und die Reihenfolge der vier Teile der *Tora* „*PaRDeS*" ist gemäß der Stufe ihrer Kenntnisse so: Zuerst erkennt man *Pshat*, dann *Drush*, dann *Remes* (Andeutung) und erst am Ende erkennt man *Sod* (Geheimnis).

Doch im Gebetbuch des *Gaon aus Vilna* heißt es, dass die Erkenntnis bei *Sod* beginnt, und nachdem man den geheimen Teil der *Tora* erkannt hat, kann man *Drush* erkennen und dann *Remes*. Und nachdem der Mensch würdig wurde, sich fortzubilden in diesen drei Teilen der *Tora*, über das Unwissendsein hinaus, wird er der Erkenntnis des Teiles *Pshat* der *Tora* würdig.

Wie die Weisen im Traktat „*Taanit*" sagten: „Wird er würdig werden, so wird das für ihn zu einem Lebenselixier; wird er nicht würdig werden, wird das für ihn zu einer tödlichen Droge." Denn wir müssen einer großen Gnade würdig werden, um den einfachen Sinn/Wortsinn (*Pshat*) dessen zu verstehen, was in den heiligen Büchern steht, weil wir verpflichtet sind, zunächst die drei Teile der inneren *Tora* zu verstehen, in welche sich der *Pshat* „kleidet", und der einfache Sinn (*Pshat*) wird sich nicht vereinfachen. Und wenn er dessen noch nicht würdig wurde, dann bedarf er großer Barmherzigkeit, damit das für ihn nicht zu einer tödlichen Droge wird.

Und hinsichtlich der Gegner, welche die Erkenntnis des inneren Teiles vernachlässigen, die in ihren Herzen sagen: „Es reicht uns, den *Pshat* zu erkennen, und wir werden, so Gott will, damit auch zufrieden sein." – ihre Reden gleichen den Reden derer, welche die vierte Stufe erklimmen wollen, indem sie die ersten drei übergehen.

2. Doch dementsprechend muss man verstehen, dass in der inneren *Tora* eine große Verhüllung existiert, wie es im Traktat „*Chagiga*" heißt: „*Maase* (das Werk) *Bereshit* lehrt man nicht mehr als zwei [Schüler] und *Maase Merkawa* nicht mehr als einen." Und alle Bücher, die zu diesem Bereich gehören, sind versiegelt und dem Verständnis der Massen unzugänglich, außer den Erwählten, welche der Schöpfer gerufen hat und die bereits die Wurzeln ihrer Weisheit verstehen, die „von Munde zu Munde" empfangen wurde.

Es ist verwunderlich, wie man im Volk die Verbreitung von Weisheit und von Kenntnissen verhindert, die sein Leben sind und seine Tage verlängern. Und es ist doch ersichtlich, dass es ein schweres Verbrechen ist, wie es die Weisen im Midrash „Bereshit Rabba" über Achas sagten, der Synagogen und Schulen angriff, und darin mehrte sich seine Schuld. Und auch das Gesetz der Natur ist so, dass es sich dem Menschen als ein Unglück darstellt, wenn er seinen Besitz und seinen Reichtum mit anderen teilen soll; es ist aber für ihn keinesfalls ein Unglück, wenn er seinen Verstand und seine Weisheit mit anderen teilen soll, sondern im Gegenteil – mehr als ein Kalb saugen will, will die Kuh stillen.

Vorwort zum Buch Panim Meirot uMasbirot

Doch wir finden Geheimnisse der Weisheit sogar bei ausländischen Wissenschaftlern vergangener Generationen. Rabbi Moshe Butril warnte im Vorwort zu den Kommentaren zum Buch *Yezira*, im Artikel „*Platon*", seine Schüler: „Gebt eure Weisheit nicht an jemanden weiter, der deren Größe nicht kennt." So warnte auch Aristoteles: „Gebt die Weisheit nicht an jemanden weiter, der ihrer nicht würdig ist, damit man nicht verfälschen würde." Und er erklärte, dass, wenn ein Weiser jemandem das Wissen vermitteln würde, der dessen nicht würdig sei, er die Weisheit beraube und sie zerstöre.

Doch gehen die Weisen unserer Zeit nicht so vor. Sie versuchen umgekehrt, die Tore der Weisheit für das ganze Volk zu öffnen, ohne jegliche Beschränkungen und Bedingungen. Und auf den ersten Blick gibt es große Vorhaltungen an die ersten Weisen, welche die Türen der Weisheit hinter einer kleinen, erwählten Gruppe von Menschen schlossen, die sie als dafür bereit erachteten, und die Mehrheit des Volkes die Wand abtasten ließen.

3. Und das werde ich erklären. Wir unterteilen die Menschheit in vier Gruppen und ordnen sie wie Stufen ein, eine über der anderen, und zwar:

- *die Volksmassen (Hamon Am),*
- *die Starken (Giborim),*
- *die Reichen (Ashirim),*
- *die Weisen (Chachamim).*

Sie entsprechen den vier Stufen, in welche sich das ganze Universum unterteilt und die wie folgt heißen:

- *bewegungslos,*
- *pflanzlich,*
- *tierisch,*
- *sprechend [Mensch].*

Die bewegungslose Stufe ist fähig, drei Untergattungen zu unterscheiden – pflanzlich, tierisch, sprechend –, und wir unterscheiden drei Abstufungen des Ausmaßes der nützlichen und der schädlichen Kraft, die es in ihnen gibt.

Die kleinste Kraft in ihnen ist die **pflanzliche**, die zwar das Nützliche anzieht und das ihr Schadende abstößt und damit der menschlichen und der tierischen Art gleicht, jedoch über keine selbstständige Empfindung verfügt; diese Kraft ist lediglich eine allgemeine Kraft für alle Arten des Pflanzlichen in der Welt, die auf sie auf diesem Niveau einwirkt.

Als Zusatz zu ihr [der pflanzlichen Stufe] gibt es auf der **tierischen** Stufe in jedem Geschöpf als solchem eine eigene individuelle Empfindung, sich dem Nützlichen zu nähern und das Schädliche zu meiden. Folglich gleicht der Wert eines jeden einzelnen Tieres dem Wert allen existierenden Arten der pflanzlichen Welt, da diese Kraft, die es bei der Gegenüberstellung des Nützlichen und des Schädlichen empfindet und die im Allgemeinen in der ganzen pflanzlichen Welt existiert, in jedem einzelnen Geschöpf der tierischen Welt selbstständig ist. Und nun ist diese empfindende Kraft, die auf der tierischen Stufe wirkt, sehr durch Ort und Zeit beschränkt, das heißt, sie wirkt nicht bei der Entfernung vom Körper auch nur um eine Haaresbreite, und sie empfindet auch ausschließlich zu ihrer Zeit, spürt also weder in der Zukunft noch in der Vergangenheit, sondern nur zum Zeitpunkt des Zusammentreffens [der Berührung].

Als Zusatz zu ihnen [der pflanzlichen und tierischen Stufe] besteht die **sprechende Stufe** gleichzeitig aus der empfindenden Kraft und der Kraft des Verstandes; und ihre Kraft in der Annäherung zum Nützlichen und zur Entfernung von dem ihm Schadenden ist daher nicht durch Zeit und Raum eingeschränkt wie auf der tierischen Stufe. Und sie ist infolge ihres Wissens, dass sie spirituell ist, nicht durch Raum und Zeit eingeschränkt. Und sie kann verständnisvoll sein für alle Geschöpfe, die sich an ihren Plätzen in der realen Wirklichkeit befinden, in der Vergangenheit und in der Zukunft einer jeden Generation. Und wir finden vor, dass die Bedeutung eines jeden Individuums der Stufe „sprechend" hinsichtlich des Wertes mit der Gesamtheit der Kräfte der pflanzlichen und der tierischen Stufe gleichgesetzt wird, die in der ganzen Wirklichkeit existieren, sowohl in der Gegenwart als auch in den vergangenen Generationen. Und die Kraft eines jeden Individuums umfasst sie und schließt in sich alle ihre Kräfte zusammen ein.

Dieses Gesetz ist auch für die vier Gruppen der menschlichen Stufe anwendbar, welche sind:

- *die Volksmassen (Hamon Am),*
- *die Reichen (Ashirim),*
- *die Starken (Giborim),*
- *die Weisen (Chachamim).*

Es ist offensichtlich, dass sie alle den Volksmassen entstammen, welche die erste Stufe darstellen, wie es heißt: „Alles entstand aus dem Staub der Erde." Doch es ist selbstredend, dass die ganze Bedeutung und das Existenzrecht des Staubs der Erde durch die drei Eigenschaften pflanzlich, tierisch, sprechend bestimmt ist, die von ihm ausgehen. So ist auch die Bedeutung der Volksmassen gemäß den Eigenschaften, die aus ihnen resultieren. Gleichzeitig werden sie in die Stufe Mensch mit eingeschlossen.

Und dazu hat der Schöpfer drei Eigenschaften in die Massen eingeprägt, die heißen:

- *Neid (Kina),*
- *Lust (Taawa),*
- *Ehre (Kawod).*

Vorwort zum Buch Panim Meirot uMasbirot

Und mit ihrer Hilfe entwickeln sich die Massen Stufe um Stufe, um aus ihrem Inneren heraus das vollendete Angesicht eines Menschen zu formen.

Die Neigung **Lust** formt aus dem Volk Reiche, von denen Erwählte, die über einen starken Willen und über Leidenschaft verfügen, in der Erreichung des Reichtums Erfolg haben, was die erste Stufe in der Entwicklung der Massen darstellt. Das gleicht der pflanzlichen Stufe der Gesamtwirklichkeit, wenn eine fremde Kraft, die sie lenkt, sie zwingt, gemäß den natürlichen Eigenschaften zu handeln, denn die Kraft der Lust auf der Stufe Mensch ist eine fremde Kraft, die von der Stufe „tierisch" entlehnt wurde.

Die Neigung zum Wunsch nach **Ehre** erschafft aus ihnen berühmte Helden. Diese herrschen in den Gebetshäusern, in den Städten und Ähnlichem. Diejenigen von ihnen, die über einen starken Wunsch und über eine Neigung zur Ehre verfügen, haben Erfolg im Erreichen von Macht. Und das ist die zweite Stufe der Entwicklung der Massen. Das gleicht der tierischen Stufe der Gesamtwirklichkeit, bei denen die in ihnen wirkende Kraft bereits ihr Wesen darstellt, wie oben gesagt wurde. Die Neigung zur Erreichung von Ehre hebt sie als eine selbstständige Art der Stufe Mensch hervor, die nach Macht dürstet.

Der **Neid** bringt Weise aus den Massen hervor, wie die Weisen sagten: „Der Neid der Schriftsteller vermehrt die Weisheit." Jene, die über einen starken Willen (Wunsch) verfügen und zum Neid neigen, haben im Erreichen der Weisheit und des Wissens Erfolg, und sie gleichen der sprechenden Stufe der gesamten existierenden Realität. Und die Kraft, die in ihnen wirkt, ist nicht durch Zeit und Raum beschränkt, und sie ist allgemein und umfasst alles, was in der Welt existiert, und auch was in allen Zeiten existiert hat.

Ein Neider ist also seiner Natur nach allumfassend; er umfasst die ganze Wirklichkeit zu allen Zeiten, weil so das Gesetz des Neides ist: Wenn ein Mensch nicht irgendeine Sache bei seinem Freund sehen würde, würde bei ihm überhaupt nicht der Wunsch danach entstehen. Und wir finden vor, dass die Empfindung des Mangels an etwas nicht daher rührt, dass einem etwas fehlt, sondern daher, dass es beim Freund vorhanden ist, und so sind alle Kinder von *Adam* und Eva (*Chawa*) in allen Generationen. Und es gibt kein Ende für diese wirkende Kraft, und so wird der Mensch geeignet für die Erfüllung seiner großen und erhabenen Bestimmung.

Doch diejenigen, die nichts Besonderes darstellen, da sie über keinen starken Willen verfügen, benutzen die drei oben genannten Neigungen durcheinander: Mal gelüsten sie nach etwas, mal beneiden sie, mal streben sie nach Ehre. Ihre Wünsche zerbrechen in Bruchstücke, und sie gleichen Kindern, die alles wollen, was sie sehen, und daher können sie nichts erreichen, und ihr Wert ist wie der Wert von Stroh und Kleie, die nach dem Mehlmachen übrig geblieben sind.

Es ist bekannt, dass die nützliche und die schädliche Kraft parallel wirken. Das bedeutet, dass genauso wie [eine Sache] Gutes bringen, sie auch schaden kann. Dementsprechend, weil die Kraft eines jeden einzelnen Menschen die Kraft alles Tierischen aller Generationen und Zeiten überragt, überragt auch die Kraft des Bösen in ihm alles. Und solange er nicht bereit ist, sich zu erheben, um seine Kraft nur zum Guten zu nutzen, bedarf er eines verstärkten Schutzes, damit er nicht zu viel Weisheit und Wissenschaften über der Stufe des Menschen erlangt.

Daher verbargen die ersten Weisen (*Rishonim*) das Wissen vor den Massen aus Angst, dass unehrliche Schüler kommen könnten, welche die Kraft des Wissens zum Bösen und zum Schaden nutzen würden, dass sie infolge von wilder tierischer Leidenschaft, in der großen Kraft des Menschen, das ganze Universum zerstören würden.

Doch nachdem sich die Generationen abschwächten und die Weisen selbst begannen, sowohl das eine als auch das andere zu wünschen, sowohl das spirituelle Leben als auch das Materielle, näherte sich ihr Wissen den Massen. Und es begann der Handel, und die Weisheit wurde zum Preis einer Hure oder eines Hundes verkauft. Und dann fiel die feste Mauer, welche von den *Ersten* (*Rishonim*) erbaut wurde, und die Menge raubte sie [die Weisheit] aus, und die Wilden füllten sich mit der Kraft der Menschen und bemächtigten sich der Weisheit und zerrissen sie, und eine Hälfte von ihr erbten die Vergewaltiger und die andere Hälfte die Mörder. Und sie gaben sie der Schande preis, indem sie sie in die Niedertracht (Tiefe) stürzten, wo sie sich bis zum heutigen Tage befindet.

4. Und dementsprechend sollst du über die wahre Weisheit urteilen, die alle äußeren Kenntnisse in sich einschließt, die bekanntermaßen als die „sieben kleinen Mädchen" bezeichnet werden. Und darin besteht die Perfektion der Stufe Mensch, wozu auch alle Welten erschaffen wurden, wie es heißt: „Wenn Mein Bund nicht tags und nachts wäre, würde Ich nicht Himmel und Erde begründen." Und von den Weisen wurde uns bestimmt (aufgetragen): „Benutze eine andere Krone" – da sie uns aufgrund der Leere der Genüsse des tierischen Lebens zu genießen verboten.

Und so wurde bis zum heutigen Tage festgesetzt, mit allen Kräften die wahre Weisheit hinter Wänden zu halten, damit kein Fremdstämmiger und Fremder ins Innere dringen würde, und sie diese nicht in ihre Tragetaschen legen und auf den Markt hinaustragen würden, um mit ihr zu handeln, wie in dem Fall mit den fremdländischen Wissenschaftlern. Und daher prüft man jeden Hineingehenden siebenmal, bis man sich schließlich von jeglichen Zweifeln befreit.

Und nach diesen Worten und nach solcher Wahrheit finden wir auf den ersten Blick einen riesigen Widerspruch in den Reden der Weisen, denn es heißt im *Sohar*, dass sich in den Tagen der Ankunft des Messias die Weisheit sogar den Kindern offenbaren wird. Dann folgt gemäß dem oben Gesagten, dass vor der Ankunft des Messias die ganze Generation bereits das hohe Ziel erreicht haben wird, sodass keinerlei Bewachung nötig sein wird und sich die Quellen der Weisheit offenbaren werden, um alle Völker zu tränken.

Doch in den Traktaten „*Sota*" (Ehebrecherin) und „*Sanhedrin*" sagten die Weisen: „Vor der Ankunft des Messias wird die Schamlosigkeit überhand nehmen; die Schriftsteller werden die Weisheit missbrauchen, und die Furcht vor der Sünde wird verachtet werden." Und es wird erklärt, dass es noch keine so böse Generation gab. Doch wie kann man diese zwei Aussprüche vereinen? Denn es ist klar, dass sowohl das eine als auch das andere die lebendigen Worte des Schöpfers sind.

Es geht darum, dass die ganze verlässliche Wache, welche die Tore des Tempels der Weisheit verschließt, von der Angst vor Menschen rührt, in denen sich der Geist des Neids auf die Schriftsteller mit der Kraft der Lust und dem Wunsch nach Ehre vermischt und sich nicht auf den Neid auf die Weisheit und das Wissen begrenzt.

Es haben also beide dieser Kapitel Recht, so wie sie aufeinander folgen. Denn da „das Gesicht dieser Generation wie das Maul eines Hundes ist und ihr Lachen wie das Bellen des Hundes und die Furcht vor der Sünde verachtet wird und die Weisheit der Weisen in ihnen stinken wird", kann man die Tore der Weisheit öffnen und die sichere Bewachung aufheben – in der Sicherheit, dass Raub und Plünderung aufhören werden. Und es wird keine Angst vor nicht rechtschaffenen Schülern geben, die sich darauf stürzen, sie der Menge auf dem Markt zu verkaufen, denn es werden sich keine Käufer für ihre Ware finden, da sie in ihren Augen verachtet sein wird.

Und da es keine Hoffnung mehr geben wird, sie mithilfe von Reichtum und Ehrungen zu erwerben, wird sie davor beschützt sein, dass ein Fremder sich ihr nähert, nur diejenigen werden sich nähern, die nach der Weisheit streben und sie erkannt haben. Und daher wurden alle Prüfungen von den Eintretenden abgenommen, sodass sogar die Jungen ihrer würdig werden können.

Und verstehe darin das von den Weisen Gesprochene: „Der Sohn Davids wird nur in eine Generation kommen, in der es entweder nur Gerechte oder nur Sünder geben wird." Und das ist sehr merkwürdig, denn wenn sich einige Gerechte in einer Generation finden, wird sich die Rettung verzögern; doch wenn sie vom Antlitz der Erde verschwinden, dann wird die Ankunft des Messias möglich sein. Merkwürdig?

Doch es ist sehr wichtig zu verstehen, dass die Befreiung und die Ankunft des Messias, die wir jetzt erwarten, die Erreichung des Ziels der Höhe von Erkenntnis und Wissen bedeuten. Wie es heißt: „Und es wird kein Mensch mehr seinen Nächsten die Erkenntnis des Schöpfers lehren, denn alle werden Mich kennen, von Klein bis Groß." Doch mit der Perfektion des Verstands wird auch der Körper Perfektion erlangen, wie es heißt: „Ein Junge wird hundertjährig sterben."

Und sobald die Söhne *Israels* die Vollkommenheit des Verstandes erlangen werden, werden sich die Quellen von Verstand und Wissen über den Rand füllen, und sie werden über die Grenzen *Israels* schwappen und an alle Völker der Erde weitergegeben werden, wie es heißt: „Und die Erde wird sich mit dem Wissen des Schöpfers füllen." „Und sie werden zum Schöpfer und zu Seinem Heil strömen."

Und die Vermehrung dieses Wissens bedeutet die Verbreitung des Königreichs des Messias an alle Völker. Und die groben Menschen, deren Vorstellungskraft als Perfektion die Kraft der Faust anerkennt, stellen sich die Verbreitung des Königreichs *Israels* auf die Völker nur in der Form von Körpern über den Körpern vor und erhalten ihren Lohn in großem Stolz, indem sie sich vor der ganzen Menschheit brüsten.

Und was kann ich mit ihnen tun, wenn sogar die Weisen sie und solche wie sie von den „zum Schöpfer Hinstrebenden" (= seiner Gemeinde) wegstoßen, indem sie sagten: „Zu jedem stolzen Mann sagt der Schöpfer: ‚Ich und er können nicht zusammen in einem Bereich existieren.'" Und [dasselbe gilt auch] für die Gegner, die sich täuschen und glauben, dass die Existenz eines Körpers gegenüber der Existenz der Seele und des vollkommenen Wissens primär sei, sodass die Vollkommenheit des Körpers und die Befriedigung seiner Bedürfnisse der Erkenntnis der Seele und der Vollkommenheit des Wissens vorangehen solle, da ein schwacher Körper die Erreichung des vollkommenen Wissens verhindere.

Denn dies ist ein grober und gröbster Fehler – schlimmer als der Tod. Der Körper kann vor der Erreichung des vollkommenen Wissens nicht vollkommen sein, da er für sich ein löchriger Sack und eine verlassene Grube ist, und er hat keinen Nutzen, weder für sich noch für andere, außer der Nutzung für die Erreichung des vollkommenen Wissens – sodass der Körper damit gleichzeitig vollkommen wird. Und das ist ein Gesetz, welches sowohl bezüglich der einzelnen Seele als auch des gesamten Allgemeinen gilt.

5. Und daraus sollst du verstehen, was im *Sohar* steht: „Dank diesem Buch werden die Söhne *Israels* aus dem Exil herausgehen." Und das ist auch in vielen weiteren Quellen anzutreffen, in denen es heißt, dass wir nur durch die Verbreitung der Wissenschaft der Kabbala in den Massen der vollkommenen Erlösung würdig werden. Und die Weisen sagten: „Das Licht, das in der Quelle enthalten ist". Und sie erklärten das mit der klaren Absicht, uns zu zeigen, dass nur das Licht, welches in ihr (der Quelle) enthalten ist wie goldene Äpfel in silberner Fassung, ein Mittel ist, den Menschen an die Quelle zurückzuführen. Sodass jeder einzeln und alle zusammen ihre Bestimmung, für welche sie erschaffen worden sind, nur durch die Erkenntnis des inneren Teils der *Tora* und deren Geheimnisse erfüllen können.

Und die Vollkommenheit des Wissens gibt uns eine Hoffnung auf die Ankunft des Messias, des Erlösers; es heißt doch: „Er gibt Weisheit den Weisen." Und es steht auch geschrieben: „Und im Herzen eines jeden Weisen pflanzte Ich Weisheit." Und daher ist zunächst eine Verbreitung der Bedeutung der Wissenschaft der Kabbala unter den Volksmassen nötig, sodass wir des Erhalts der Belohnung würdig werden: der Ankunft des Messias – des Erlösers. Und dementsprechend hängen die Verbreitung der Wissenschaft der Kabbala und die Ankunft des Messias voneinander ab.

Und wenn dem so ist, müssen wir Schulen eröffnen und Bücher schreiben, um die Verbreitung der Wissenschaft unter dem Volk zu beschleunigen. Und das gab es früher nicht, wegen der Befürchtung der Teilnahme unwürdiger Schüler, wie wir das bereits weiter oben erklärt haben. Und daher war das der Hauptgrund für die Verlängerung unseres Exils in unseren zahlreichen Versündigungen bis zum heutigen Tage.

Wie die Weisen sagten: „Der Messias wird nicht anders kommen als in einer Generation, in der es nur Gerechte geben wird." Das heißt, wenn alle aufhören, der Macht und den Gelüsten nachzujagen, dann wird es möglich sein, eine Vielzahl an Schulen zu eröffnen, um die Generation auf die Ankunft des Messias, des Sohnes von David, vorzubereiten. „Oder in einer Generation, in der es nur Sünder geben wird." Also in so einer Generation, von der es heißt: „Ihr Gesicht ist wie das Maul eines Hundes sein, und diejenigen, die sich vor der Sünde fürchten, werden verachtet, und die Wissenschaft der Weisen stinkt in ihnen." Doch andererseits wird man dann die verstärkte Bewachung aufheben können, und jedem, der im Hause Jakob bleibt, dessen Herz nur für die Erkenntnis der Weisheit und des Ziels schlägt, wird [es] der Schöpfer sagen und kommen und [es ihm] beibringen, weil es keine Befürchtung und Angst mehr geben wird, dass er nicht standhalten wird und gehen wird, um sie auf dem Markt zu verkaufen, da sich im ganzen Volk kein Käufer mehr finden wird, weil diese Wissenschaft in ihren Augen verachtet sein wird, denn mit ihrer Hilfe kann man weder Reichtum noch Genüsse erreichen.

Und daher sollte jeder, der eintreten möchte, kommen und eintreten. Und viele werden umherirren, und dann wird sich das Wissen in denen mehren, die es verdienen. Und dadurch werden wir bald der Ankunft des Messias und der baldigen Rettung unserer Seelen in unseren Tagen gewürdigt. Amen.

Und gemäß dem Gesagten habe ich eine ernsthafte Beschuldigung von mir gewiesen, weil ich es gewagt habe, verglichen mit meinen Vorgängern, in meinem Buch die Grundlagen der Weisheit zu offenbaren, die normalerweise verborgen wird und die noch kein Mensch erkannt hat: nämlich das Wesen der *Zehn Sefirot* mit allen ihren Gesetzen, sowohl im Direkten als auch im Umgekehrten, im Inneren wie im Äußeren, das Geheimnis des Schlags und das Geheimnis der Verfeinerung, welche diejenigen, die vor mir schrieben, absichtlich hier und da in Form von feinen Andeutungen zerstreuten, sodass ein unwürdiger Mensch sie nicht versammeln könnte, während ich mithilfe des Lichts, welches mich erleuchtete, und mithilfe meiner Lehrer sie versammelte und hinreichend klar enthüllte – in spirituellen Gestalten außerhalb von Raum und Zeit.

Und man hätte dem mit einem großen Misstrauen begegnen können – vielleicht gibt es hier Ergänzungen zu dem, was meine Lehrer sagten, denn *ARI* und Chaim Vital selbst sowie auch die tatsächlichen Verfasser und Kommentatoren ihrer Werke, hätten das von ihnen Gesagte enthüllen und klar erklären können, wie ich es tat. Und du könntest sagen, dass sie über eine Enthüllung (Offenbarung) verfügten, und wer dieser Verfasser sei (für den es natürlich eine riesige Belohnung wäre, Staub der Erde unter ihren Füßen zu sein), um zu sagen, dass sein Los besser sei als ihr Los.

Doch hier habe ich nichts zu meinen Lehrern hinzugefügt und nichts Neues enthüllt. Wie du bei den Verweisen (Fußnoten) bei der Zusammenstellung sehen wirst, wurde alles, was ich gesagt habe, bereits in „Shmone Shaarim", in „Ez Chaim" und in „Mawo Shaarim" von ARI niedergeschrieben. Und dem habe ich kein einziges Wort hinzugefügt; doch sie beabsichtigten, das Gesagte zu verbergen, und daher zerstreuten sie es überall – ein wenig hier und ein wenig dort.

Und das, weil die ganze Generation noch nicht aus Sündern allein bestand und eine verstärkte Bewachung notwendig war. In uns dagegen verwirklichte sich dank unserer zahlreichen Sünden alles, was von den Weisen über die Ankunft des Messias prophezeit wurde, dass es nämlich in solch einer Generation wieder keine Angst vor der Offenbarung der Weisheit geben wird, wie wir bereits weiter oben sagten, und daher werden meine Worte enthüllt und geordnet werden.

6. Und nun, Söhne, hört mir zu: Tatsächlich wurde diese Wissenschaft nach außen gespült, und nun „ruft sie uns von den Marktplätzen zu": „Wer für den Schöpfer ist, der komme zu mir. Ich bin nichts Leeres für euch, denn ich bin euer Leben und eure Langlebigkeit. Denn ihr wurdet nicht dazu erschaffen, um nach dem Abschluss von Feldarbeiten gemeinsam mit euren Eseln zum gleichen Futtertrog zurückzukehren. Und wie es nicht die Bestimmung eines Esels sein wird, allen Eseln seiner Generation in der Welt zu dienen, so wird es auch nicht die Bestimmung des Menschen sein, den Körpern aller Geschöpfe zu dienen, den Zeitgenossen seines tierischen Körpers. Doch die Bestimmung des Esels ist es, dem Menschen zu dienen, der über ihm steht, um ihm Nutzen zu bringen. Und die Bestimmung des Menschen ist es, dem Schöpfer zu dienen und Seine Absicht zu vollenden."

Wie *Ben Soma* sagte: „Sie alle wurden zu keinem anderen Zweck erschaffen als nur dazu, mir zu dienen, und ich diene meinem Schöpfer." Und er sagte: „Jeder, der für den Schöpfer arbeitet, arbeitet um Seiner Willen." Denn der Schöpfer will unsere Perfektion. Wie es in „*Bereshit Rabba*" heißt, als sich die Engel an den Schöpfer wandten: „Was ist der Mensch, dass wir seiner gedenken und ihm dienen sollten? Und wozu brauchst Du dieses Elend?" Und der Schöpfer sagte zu ihnen: „Wozu all die Tiere, wenn es keinen Menschen gibt? Denn das gleicht einem König, der ein Schloss hatte, voll von allem Guten, aber keine Gäste. Welchen Nutzen hat er nun davon, dass er alles hat?" Und sofort sagten Ihm die Engel: „Schöpfer, unser Herr, wie groß ist Dein Name auf der ganzen Erde, tue, wie es dir beliebt."

Auf den ersten Blick ist es notwendig, über dieses Gleichnis nachzudenken. Es gibt also ein Schloss voll des Guten, und tatsächlich füllen es zur heutigen Zeit Gäste von allen Seiten. Doch wenn du die Dinge beim Namen nennst, siehst du, dass die Engel gegen keines der Geschöpfe, die in den ersten sechs Schöpfungstagen erschaffen wurden, Einwände erhoben, sondern nur gegen das Menschengeschlecht. Und dieses, nach dem Ebenbild des Schöpfers erschaffen, bestand aus den Höheren und den Niederen zusammen.

Als die Engel das sahen, waren sie erstaunt und erschrocken, wie ein Erzeugnis des Spirituellen – eine reine Seele – von der Höhe hinabsteigen und in diesen tierischen, schmutzigen Körper einziehen kann. Und sie wunderten sich: „Wozu brauchst Du dieses Unglück?" Und darauf wurde ihnen die Antwort gegeben, dass es bereits ein Schloss gibt, voll des Guten, doch es ist leer ohne Gäste. Und um es mit Gästen zu füllen, brauchen wir einen Menschen, der aus dem Höheren und dem Niederen zusammen besteht. Und aus diesem Grund war es notwendig, dass sich die reine Seele in die Plage des schmutzigen Körpers „kleiden" würde. Und sie verstanden das sofort und sagten: „Tue so, wie es Dir beliebt."

Und wisse, dass dieses Schloss, welches voll des Guten ist, auf alle Segen und Genüsse verweist, für welche Er die Geschöpfe schuf. Und die Weisen sagten: „um den Geschöpfen Genuss zu schenken." Somit wurden die Welten erschaffen, um den Geschöpfen Genuss zu schenken. Und da es in Bezug auf den Schöpfer weder Vergangenheit noch Zukunft gibt, muss man verstehen, dass sofort, nachdem Er angedacht hatte, die Geschöpfe zu erschaffen und ihnen Genuss zu geben, sie sich sofort verwirklichten und vor Ihm standen, mit Heil und mit Genuss zusammen erfüllt, wie Er es für sie gedacht hatte.

Aus dem Buch von ARI „*Chafzi ba*" ist bekannt, dass alle höheren und niederen Welten in *Ejn Sof* (Unendlichkeit) eingeschlossen waren, noch bevor es zum *Zimzum* (Einschränkung) kam, im Geheimnis – Er und Sein Name sind eins. Und der *Zimzum*, welcher die Wurzel der Welten ABYA darstellt, die durch unsere Welt beschränkt sind, resultierte aus der allgemeinen Wurzel der Seelen selbst, die sich so weit wie möglich dem Schöpfer anzugleichen wünschten – was die Verschmelzung darstellt, wobei Trennung und Verschmelzung im Spirituellen nur durch die Ähnlichkeit oder die Unterscheidung der Eigenschaften möglich ist.

Infolge der Tatsache, dass der Schöpfer den Geschöpfen Genuss schenken wollte, ist in den Empfängern der Wunsch abgedruckt, Genuss zu empfangen, und dadurch wurden ihre Eigenschaften unterschiedlich vom Schöpfer, da es im Schöpfer diese Eigenschaft überhaupt nicht gibt; denn von wem sollte Er empfangen? Und zur Korrektur dessen wurden der *Zimzum* und die Abgrenzung geschaffen, bis hin zur Erschaffung dieser Welt, zur reellen Einhüllung der Seele in einen materiellen Körper, damit die Form des Empfangens, während sie sich in ihm befindet, indem sie sich mit der *Tora* befasst und für das Geben an den Schöpfer arbeitet, zur Vereinigung mit der Absicht *zu geben* zurückkehren würde.

In so einem Maße, wie es geschrieben steht: „Und mit Ihm zu verschmelzen." Denn auf diese Weise erlangt man eine Übereinstimmung mit den Eigenschaften des Schöpfers, wobei eine Übereinstimmung der Eigenschaften die Verschmelzung im Spirituellen bedeutet. Und sobald die Verschmelzung aller Teile der Seele abgeschlossen sein wird, werden die Welten in den Zustand der Unendlichkeit zurückkehren, wie es vor dem *Zimzum* war.

Und ihr Land werden sie doppelt erben, weil sie dann zurückkehren und den ganzen Genuss und das ganze Wohl erhalten können, die ihnen bereits in der Welt der Unendlichkeit bereitet sind, wie es gesagt wurde. Und als Ergänzung dazu, da sie bereits für eine wahre Verschmelzung bereit sind, ohne jegliche Veränderung der Eigenschaften, und das Empfangen bei ihnen nicht mehr dem Eigengenuss dienen wird, sondern dazu, um dem Schöpfer Genuss zu bereiten, werden sie Ihm hinsichtlich der Eigenschaft des Gebens gleich sein.

7. Und verstehe das, was die Weisen sagten, dass die *Shechina* sehr der Niederen bedarf, was sehr merkwürdig ist. Doch damit wird im *Midrash* ein König erwähnt, der ein Schloss voll des Guten hat, aber keine Gäste, die er natürlich erwartet. Und wenn es sie nicht gibt, so verliert natürlich die ganze Vorbereitung jeglichen Sinn und geht ins Leere.

Und das gleicht dem Gleichnis darüber, wie ein großer König einen Sohn bekam, als er bereits ein alter Mann war. Und er liebte seinen Sohn sehr, und daher kreisten seit dem Tag seiner Geburt alle Gedanken des Königs nur um ihn. Und er versammelte alle Bücher und alle Weisen des Königreichs und gründete für seinen Sohn eine Schule der Weisheit; und er versammelte alle Steinhauer des Königreichs und erbaute für seinen Sohn Lustpaläste; und dann alle Musiker und Sänger und erschuf eine Musikschule; und versammelte die besten Köche und Konditoren des Reiches, die für seinen Sohn die besten Delikatessen der Welt zubereiteten usw.

Und nun wurde der Sohn erwachsen, doch er war dumm und hatte keinen Wunsch nach Wissen und war blind und sah nichts, und er fühlte nicht die Schönheit der Gebäude. Und er war taub und hörte die Stimmen der Sänger nicht. Und er war zuckerkrank und konnte nichts essen außer Schwarzbrot, und daher war [der König] entehrt und wütend.

Und daraus sollst du verstehen, was die Weisen im Vers meinten: „Ich, der Schöpfer, werde es zu seiner Zeit (*BeIta*) beschleunigen (*Achishena*)." Und das wurde im *Sanhedrin* (98) erklärt: „Werden sie nicht würdig – dann zu seiner Zeit (*BeIta*); werden sie würdig – so werde ich es beschleunigen (*Achishena.*)."

Das heißt, es existieren zwei Wege der Erreichung des erwähnten Ziels: Entweder werden sie selbst darauf aufmerksam, was als der „Weg der Rückkehr" bezeichnet wird. Und wenn sie würdig werden, dann wird an ihnen „Ich werde es beschleunigen" angewandt, das heißt, es gibt keine bestimmte Zeit dafür, und sobald sie sich reinigen werden, wird die Korrektur augenblicklich vollendet sein.

Vorwort zum Buch Panim Meirot uMasbirot

Und wenn sie nicht würdig werden, aufmerksam zu sein, so gibt es einen anderen Weg, der als der „Weg der Leiden" bezeichnet wird. Wie die Weisen in *Sanhedrin* (97) sagten: „Ich werde einen König über euch stellen, einen solchen wie Haman, und gegen ihren Willen werden sie zur Quelle zurückkehren", das heißt „in der Zeit" (*BeIta*), denn dann existiert bereits eine Beschränkung in der Zeit.

Und dadurch will man uns zeigen, dass die Wege des Schöpfers nicht unsere Wege sind. Und daher wird es der Schöpfer nicht wie jener irdische König im angeführten Beispiel machen der sich bemüht hat und so viel für seinen geliebten Sohn vorbereitet hat; der all das im Endeffekt [aber] überhaupt nicht braucht, und alle Sorgen und Ausgaben sind umsonst, alles geht in den Abgrund, in Wut und Schande.

Im Gegenteil sind alle Handlungen des Schöpfers wahr und richtig und sie können kein Betrug sein. Wie die Weisen sagten: „Werden sie nicht würdig – dann zu seiner Zeit" – und das, was der Verstand nicht tun wird, wird die Zeit tun. Wie es heißt: „Es werden Blitze gesendet, die werden gehen und dir sagen – hier bin Ich."

Es gibt den Weg des Leids, der alles Fehlende vervollständigen und das Materielle reinigen kann, bis du verstehst, wie du dich von dem tierischen Futtertrog lösen kannst, um dich zu erheben, aufzusteigen und die Stufen der Leiter des Glücks und des menschlichen Erfolgs zu erklimmen, da du zurückkehren und mit deiner Wurzel verschmelzen wirst, und die Absicht wird vollkommen werden.

8. Das soll dir klar machen, wie dankbar wir unseren Lehrern sein sollen, die ihre spirituellen Lichter und Seelen an uns weiterleiten, um unseren Seelen Genuss zu schenken, die am Scheideweg stehen zwischen dem Weg schwerer Leiden und dem Weg der *Tora*. Sie erretten uns von der Hölle, die schlimmer ist als der Tod. Sie lehren uns, uns um den himmlischen Genuss zu bemühen; helfen uns, die erhabene und feine Höhe zu erklimmen, die für uns von Anfang an bestimmt ist, die bereit ist und uns erwartet. Und jeder muss in seiner Generation gemäß dem Wesen seiner *Tora* und Seiner Heiligkeit handeln.

Und es sagten bereits die Weisen: „Es gibt keine Generation, in welcher es nicht solche wie Abraham, Isaak und Jakob gäbe." Doch dieser Mann des Schöpfers – Rav Izchak Luria (*ARI*) – bemühte sich und übermittelte uns ein Wissen, das er um ein Vielfaches mehrte, und er überragte alle seine Vorgänger. Und wenn ich zu reden wüsste, würde ich jenen Tag preisen, an dem sich seine Weisheit offenbarte – fast wie den Tag der Gabe der *Tora* an *Israel*.

Es gibt keine Worte, welche die Wichtigkeit und das Maß seiner spirituellen Arbeit für uns zum Ausdruck bringen könnten, denn die Tore der Erkenntnis waren mit schweren Schlössern verriegelt; er aber kam und sperrte sie für uns auf, sodass jeder, der ins Innere des königlichen Palastes treten möchte, wenn er heilig und rein ist, sich nicht waschen und seine Haare abrasieren und keine reinen Kleider anlegen muss, um der Höheren *Malchut*, wie es sich gehört, gegenüberzutreten.

Im Alter von 38 Jahren übertraf er mit seiner Weisheit alle seine Vorgänger, von den Genies bis hin zu den Massen. Und alle Ältesten der Erde, Freunde und Schüler des göttlichen Weisen RAMAK (Rabbi Moshe Cordovero) erhoben sich und traten vor ihn wie Schüler vor ihren Lehrer.

Und alle Weisen der nachfolgenden Generationen, bis hin zu unseren Tagen, hörten ausnahmslos auf, Bücher und Schriften zu benutzen, die zuvor verfasst wurden – sei es die Kabbala von RAMAK, die Kabbala der *Ersten* (*Rishonim*) oder die Kabbala der *Geonim* –, und sie widmeten ihr gesamtes spirituelles Leben der Verschmelzung mit seiner heiligen Weisheit. Und selbstverständlich ist ein solch absoluter Sieg nicht einfach zu erreichen, [ebenso] wie die Weisheit des Vaters [schon] im Alter des Kindes.

Doch zum Verdruss unserer Herzen gelang eine Teufelstat, und auf dem Weg der Verbreitung seiner Weisheit im heiligen Volk tauchten Starrsinnige auf und begannen allmählich, sie zu bekämpfen. Und das hauptsächlich, weil seine Worte vom Hören aufgeschrieben wurden, wie er dies weise von seinen Schülern forderte, die im fortgeschrittenen Alter und große Kenner in der Erkenntnis des *Sohar* und der *Tikunim* waren. Und was sie aufgeschrieben haben, basierte größtenteils auf den tiefgründigen Fragen, die jeder zu dem ihn interessierenden Thema stellte.

Und daher übermittelte er die Weisheit nicht in einer für die Benutzung geeigneten Form, wie dies bis dahin üblich war. Und wir finden in den Aufzeichnungen vor, dass ARI selbst leidenschaftlich Ordnung darin schaffen wollte (siehe dazu die Artikel von *Rashbi* (Rabbi Shimon bar Yochai) mit den Kommentaren „*Idra Suta*" im „*Kurzen Vorwort*" von Rav Chaim Vital). Und außerdem war die Studienzeit bei ihm sehr kurz, da seine Schule insgesamt nur 17 Monate existierte, wie dies in *Shaar haGilgulim*[54] (*Shaar* 8, S. 49) erklärt ist, da er in den Vortagen des Feiertags Pessach im Jahre 1571 aus Ägypten nach Safed kam. Zu dieser Zeit war Rav Chaim Vital erst 29 Jahre alt. Und im Juli 1572, am Vorabend des Shabbats, Wochenabschnitt *Maasei*, dem Anfang des Monats Aw, wurde er [der *ARI*] krank, und am Dienstag der kommenden Woche, den 5. Aw, verstarb er.

Und außerdem ist es in *Shaar haGilgulim* (*Shaar* 8, S. 71a) erklärt, dass er in der Stunde seines Todes Rav Chaim Vital auftrug, niemanden die Weisheit zu lehren. Ihm selbst war es erlaubt, im Verborgenen zu studieren. Anderen dagegen verbot er es vollständig, und er sagte ihnen, dass sie die Weisheit nicht richtig verstanden hätten.

Und darin liegt die Ursache dafür, dass Chaim Vital die Aufzeichnungen nicht systematisierte, sondern sie in ihrer Unordnung beließ. Aus dem gleichen Grund erklärte er die Verbindung zwischen den Themen nicht, damit sie nicht zum Lehrbuch für andere würden. Und daher lernen wir von ihm eine große Vorsicht im Umgang mit dem, was den Kennern als die Schriften des *ARI* bekannt ist.

---

54 Tor der Reinkarnationen

Vorwort zum Buch Panim Meirot uMasbirot

Und jene Ordnung, die wir in den Schriften des *ARI* finden, wurde von drei Generationen eingeführt, in drei unterschiedlichen Zeiträumen, in drei Anläufen. Der erste der Zusammenfüger war der Weise Rav Zemach. Er lebte zur gleichen Zeit wie Rav Asulaj, welcher im Jahre 1644 starb.

Er bekam einen großen Teil der Werke in die Hände, aus denen er eine Vielzahl von Büchern zusammenstellte. Das wichtigste von ihnen ist das Buch „*Adam Yashar*", in welchem er alle Hauptkommentare sammelte, die sich in seinem Besitz befanden. Doch ein Teil der Bücher, die er zusammenstellte, sind nicht erhalten. Im Vorwort zur „Stimme der Höhen" führt er die gesamte Bücherliste auf.

Der zweite Verfasser war sein Schüler, der Weise Rav Paprish, der einen viel größeren Beitrag leistete als sein Lehrer. Rav Paprish gelangte an einen Teil der Aufsätze, die bei Rav Vital aufbewahrt wurden. Aus diesen verfasste er viele Bücher; die wichtigsten von ihnen sind die Bücher „*Baum des Lebens*" (*Ez Chaim*) und „*Frucht des Baumes des Lebens*" (*Pri Ez Chaim*), die viel Weisheit in vollem Verständnis in sich tragen.

Der dritte Verfasser war der Weise Rav Vital, der Sohn von Rav Chaim Vital, der ein großer und bekannter Weiser war. Aus dem Nachlass seines Vaters setzte er das Buch „*Acht Tore*" (*Shmone Shaarim*) zusammen.

Und wir sehen, dass keiner der Verfasser über alle Werke verfügte, was ihnen die Zusammensetzung stark erschwerte, da sie (die Werke) überhaupt nicht für diejenigen bestimmt waren, die keine wahren Kenntnisse im *Sohar* und den *Korrekturen* (*Tikunim*) besaßen, und daher gab es wenige, die aufstiegen.

9. Und stattdessen wurde uns die Liebe des Schöpfers gegeben, auf dass wir kommen und des Geistes von *Baal Shem Tov* gewürdigt werden, dessen Größe und Heiligkeit erhabener sind als alle Gedanken und Worte. Nur diejenigen erblickten ihn und werden ihn erblicken, die würdig wurden, sein Licht zu nutzen, aber auch das nach Maß – „jeder gemäß dem, was sein Herz erfassen kann."

Und es ist die Wahrheit, dass sich das Licht seiner heiligen *Tora* und seiner Weisheit auf die Vereinigung mit der Methodik von *ARI* gründet. Und dennoch gleichen sie sich nicht. Das werde ich am Beispiel eines im Fluss Ertrinkenden verdeutlichen, der mal auftaucht und mal unter der Wasseroberfläche verschwindet. Manchmal sind nur Kopfhaare sichtbar, und dann greift man zu Tricks, um ihn am Kopf zu greifen und zu retten, und manchmal taucht der Körper auf, und dann versucht man, ihn gegenüber vom Herzen zu fassen.

So auch ein Mensch aus dem Volk *Israel*. Seit er begonnen hatte, in den schmutzigen Gewässern des Exils zu versinken, und bis zum heutigen Tage steigt er in ihnen auf und sinkt. Doch nicht zu allen Zeiten war es gleich. Zu den Zeiten von *ARI* war nur der Kopf sichtbar, und daher versuchte *ARI*, ihn zu retten, indem er ihn am Kopf ergriff. Und zu Zeiten von *Baal Shem Tov* gab es eine Erhebung des Geistes, und daher war der Segen gegeben, durch das Herz zu erretten. Und unsere Errettung war sicher und allumfassend.

Doch wegen unserer vielen Sünden drehte sich das Rad bis zu unserer Generation, und auf eine wunderliche Weise kam es zu einem Sturz wie von einem Berg in eine tiefe Schlucht. Und zusätzlich dazu begann ein Widerstand der Völker, was die ganze Welt verwirrt hat. Und die Bedürfnisse wurden groß, der Verstand dagegen klein und durch unreine Absichten verfälscht. Und Sklaven reiten auf Pferden, und die, die die Erde lobpreisen, werden schwinden. Und alles, was im *Talmud* (Traktat *Sota*) vorhergesagt wurde, hat sich in uns in den spirituellen Welten erfüllt, und erneut fiel auch vor dieses riesige Licht von *Baal Shem Tov*, von dem wir sagten, dass es bis zu unserer vollständigen Befreiung leuchtet, ein eiserner Vorhang. Die Weisen der Herzen haben nicht an die Möglichkeit geglaubt, dass eine Generation kommen wird, die Sein Licht nicht sehen kann. Und nun schlossen sich unsere Augen, und wir übergaben das Gute dem Vergessen. Doch aus meiner Sicht kam die Zeit zu handeln. Und daher beschloss ich, die Tore des Lichts von *ARI* zu öffnen, welches sich auch für unsere Generation eignet, und zwei sind besser als einer.

Man kann mich nicht der Kürze der Darlegung in diesem Werk beschuldigen, das sich für alle eignet, die Weisheit lieben, da eine große Zahl von Fässern den Geschmack des Weins abschwächt, und die Studierenden sollen dem Respekt schenken. Doch wir sind nicht für grobe Herzen verantwortlich, für die noch keine Sprache erschaffen wurde; denn wohin sie ihren Blick auch richten, nehmen sie nur Dummheit wahr. Und wie unangenehm ist es, dass etwas, das eine Quelle von Weisheit für einen Weisen ist, für den Dummen als Quelle seiner Dummheit dient. Noch am Anfang dieses Buches habe ich gewarnt, dass ich mich überhaupt nicht für diejenigen bemüht habe, die gern in ein Schlüsselloch schauen, sondern für diejenigen, denen der Schöpfer teuer ist, die nach dem Schöpfer und nach Seiner Güte streben, um das Ziel zu verwirklichen, für welches sie erschaffen wurden. Denn in ihnen wird sich der Wunsch des Schöpfers verwirklichen, wie es geschrieben steht: „Jeder, der mich sucht, wird mich finden."

10. Geh und schau dir die Worte des Weisen Rabbi Avraham ibn Esra in seinem Buch „*Jessod More*" an: „Und nun werde aufmerksam und wisse, dass alle Gebote, die in der *Tora* beschrieben oder von den Vorvätern für die Korrektur angenommen worden sind, obgleich der Großteil davon durch Handlung oder durch Worte erfüllt wird, allesamt berufen sind, das Herz zu korrigieren, denn alle Herzen fordert der Schöpfer. Und wer nachdenkt, versteht."

Es steht geschrieben: „Für die Aufrichtigen in ihren Herzen." Und umgekehrt: „Das Herz ist taub für die Gedanken der Lüge." Und ich fand einen Ausspruch, der alle Gebote umfasst: „Fürchte deinen Schöpfer und arbeite für Ihn." Das Wort „fürchte" schließt alle Verbote im Wort, im Herzen und in der Tat ein. Und das ist die erste Stufe, auf welche die nächste folgt – indem du dem Schöpfer dienst, wirst du emporsteigen, und das schließt alle positiven Gebote ein. Und sie werden das Herz lehren und es führen, bis der Mensch schließlich mit dem Schöpfer verschmilzt, denn dafür wurde er erschaffen. Denn er wurde nicht erschaffen, um Reichtümer anzuhäufen und Häuser zu bauen. Und daher muss der Mensch um alles bitten, was ihm die Liebe zum Studium der Weisheit angewöhnt, und um Glauben. Und dann wird der Schöpfer seine Augen öffnen und ihm eine andere Seele geben, und er wird bei seinem Leben vom Schöpfer geliebt. Und wisse, dass die *Tora* nur denjenigen Menschen gegeben wurde, die ein Herz haben, denn Worte sind wie Körper und Geschmäcker (*Taamim*) sind wie Seelen. Und wenn du den Sinn der Geschmäcker nicht verstehst, dann werden alle Mühen und Arbeit umsonst sein, als würdest du Seiten und Worte in einem Medizinbuch durchlesen – durch solche Bemühungen wirst du die Krankheit nicht heilen. So auch ein Kamel, das Seide trägt – weder hat die Seide etwas vom Kamel, noch hat das Kamel etwas von der Seide.

Aus dem, was die Weisen sagten, folgt: Man muss dem Ziel folgen, für welches der Mensch erschaffen wurde. Und von diesem Ziel heißt es, dass es die Verschmelzung mit dem Schöpfer ist. Und ich werde hinzufügen, dass der Mensch verpflichtet ist, mithilfe aller Tricks in sich die Liebe zum Studium der Weisheit wieder zu beleben und den Glauben solange zu suchen, bis er dessen würdig wird, dass „der Schöpfer die Augen seines Herzens öffnet und ihm eine andere Seele gibt, und dann wird er Zeit seines Lebens vom Schöpfer geliebt".

Und er betont im Besonderen, dass er „Zeit seines Lebens vom Schöpfer geliebt wird", um darauf hinzuweisen, dass, solange er dieser Errungenschaft nicht gewürdigt wird, seine Arbeit nicht abgeschlossen ist. Und die Arbeit, die uns auferlegt wurde, muss heute getan werden. Und er schließt so ab: „Die *Tora* wurde nur an diejenigen gegeben, die ein Herz haben." An diejenigen, die ein Herz erlangt haben, Ihn zu lieben; die von den Weisen als die „Weisen des Herzens" bezeichnet wurden, da es keine tierische Seele mehr in ihnen gibt, die sie nach unten zieht, und der böse Trieb nicht über sie herrscht und ihr Herz für die Weisheit offen ist.

Und zur Erklärung sagt er: „[...] denn Worte sind wie Körper und die Geschmäcker (*Taamim*) sind wie Seelen. Und wenn du den Sinn der Geschmäcker (*Taamim*) nicht verstehst, dann wird alle Mühe und Arbeit umsonst sein, als würdest du Seiten und Worte in einem Medizinbuch durchlesen – durch solche Bemühungen wirst du die Krankheit nicht heilen." Er will damit sagen, dass der Mensch Tricks erfinden muss, um der oben genannten Errungenschaft gewürdigt zu werden – dann wird er fähig, den Geschmack der *Tora* zu kosten, welche die innere, verborgene Weisheit darstellt, und den Geschmack des Gebotes, welches in seinem Wesen die Liebe zum Schöpfer ist.

Und außerdem hat er nichts, außer Worten und Handlungen, die nur Körper ohne Seelen sind, was einem gleicht, der „Seiten und Worte in einem Medizinbuch durchliest", denn er wird die Medizin nicht erkennen, bevor er nicht den Sinn des

Geschriebenen begreift. Sondern er wird Wissen erst erlangen, nachdem er Schweiß und Blut vergossen hat im Streben, es zu erlangen. Und wenn die Studienordnung und die Handlungen selbst nicht darauf ausgerichtet sind, das zu erlangen, dann ist er wie ein Kamel, das Seide trägt, an dem die Seide nichts hat und dem die Seide durch nichts hilft, die vollkommene Absicht zu erreichen, für die es erschaffen wurde.

11. Und gemäß dem oben Gesagten wurde uns zuteil, dass uns durch den Artikel von Rav Shimon im „*Midrash Rabba*", im Kapitel „*Es wurde der Mensch erschaffen*", die Augen geöffnet wurden. Dort geht es darum, dass der Schöpfer einen Menschen erschuf, der von Dienstengeln beherrscht wurde, die sich in Gruppen aufteilten. Die einen sagten: „Erschaffe!" Und die anderen sprachen: „Erschaffe nicht!" Wie es geschrieben steht: „Barmherzigkeit und Wahrheit willigten ein, und Gerechtigkeit und Frieden stellten sich entgegen."

- *Die Barmherzigkeit sagte: „Erschaffe, weil in ihm Barmherzigkeit veranlagt ist."*
- *Die Wahrheit sagte: „Erschaffe nicht, denn er besteht nur aus Lüge."*
- *Die Gerechtigkeit sagte: „Erschaffe, weil er Gerechtigkeit walten lässt."*
- *Der Frieden sagte: „Erschaffe nicht, weil er nur Zwist sät."*

Was tat der Schöpfer also? Er schickte die Wahrheit auf die Erde, wie es geschrieben steht: „Und es wurde die Wahrheit auf die Erde geschickt." Und die Engel wandten sich an den Schöpfer: „Warum vernachlässigst Du Dein Ebenbild? Erhebe die Wahrheit von der Erde, wie es geschrieben steht: ‚Die Wahrheit wird aus der Erde erwachsen.'"

Doch das Gesagte erschwert das Ganze noch mehr.

1. Immer noch ist der Sinn des Gesagten nicht geklärt: „Es wurde der Mensch erschaffen." Braucht der Schöpfer etwa Ratschläge?
2. Die Worte der Wahrheit. Wie kann man vom gesamten Menschengeschlecht sagen, dass es gänzlich verlogen ist, wenn es doch keine Generation gibt, in der es keinen Abraham, Isaak und Jakob gibt?
3. Und wenn die Worte der Wahrheit stimmen, wie konnten dann die Engel der Barmherzigkeit und der Gerechtigkeit in die Existenz der Welt einwilligen, obwohl sie doch ganz Lüge ist?
4. Warum wird die Wahrheit als Ebenbild bezeichnet, wenn doch Letzteres einen Stempel bedeutet, den man auf den Rändern eines Briefes abdruckt, wobei natürlich das Wichtigste hinter den Grenzen des Drucks ist. Denn es ist doch zweifellos so, dass außerhalb der Grenzen der Wahrheit keine Wirklichkeit existiert?
5. Ist es etwa möglich, dass die Engel der Wahrheit über Den, Der mit der Wahrheit handelt, sagen würden, dass es keine Wahrheit in Seinen Taten gibt?
6. Wofür wurde der Wahrheit die schwere Strafe aufgebürdet, auf die Erde und ins Innere der Erde gestürzt zu werden?

7. Warum bringt die *Tora* nicht die Antwort der Engel, während sie die Frage an sie anbringt?

Und diese zwei einander gegensätzlichen Arten der Lenkung müssen nachvollzogen werden: Die Führung der Existenz der gesamten Wirklichkeit dieser Welt und die Führung der Existenz eines jeden im Einzelnen. Einerseits sehen wir die sichere Lenkung, die auf wunderliche Weise Glück bringt und das Sein eines jeden Wesens der Wirklichkeit beherrscht.

Nehmen wir zum Beispiel das Leben eines Menschen in der Wirklichkeit. Und siehe, die Liebe und der Genuss stellen sichere und richtige Primärgründe für die Ausführung seiner Bestimmung dar. Und sofort, nachdem sich das Vorhaben seines Vaters verwirklichte, bereitete die Höhere Lenkung für ihn einen sicheren Ort - beschützend vor jedem Schaden - im Mutterleib, sodass kein Außenstehender ihm Schaden zufügen kann. So versorgt ihn die Höhere Lenkung mit seinem täglichen Brot, gemäß seinem Bedürfnis. Und so versorgt sie ihn mit allem Notwendigen, ohne ihn für einen Augenblick zu vergessen, bis er schließlich die Kraft erlangt, um auf unsere Welt, die voller Schwierigkeiten ist, zu kommen.

Und dann verleiht ihm die Höhere Lenkung Stärke und Kraft. Und er geht sodann wie ein bewaffneter, erfahrener und an alles gewöhnter Kämpfer und öffnet Tore und durchbricht Wände. Und das solange, bis er unter Menschen landet, auf die er sich verlassen kann, die ihm helfen werden, wenn er schwach ist, mit Liebe, Barmherzigkeit und Traurigkeit, solange unsere Welt existiert, und die ihm teurer sind als alle anderen Menschen auf der Welt. So verlässt ihn die Lenkung nicht und beschützt ihn solange, bis er selbst bereit wird, zu existieren und die Entwicklung seiner Existenz danach fortzusetzen. So sind genauso wie der Mensch auch alle Tier- und Pflanzenarten wunderbar beschützt, was ihnen die Existenz in der Realität sichert. Das ist allen bekannt, die die Natur studieren.

Andererseits, wenn wir uns den Ablauf der Entwicklung und die Versorgung der Existenz in der gleichen Realität anschauen – von den Hörnern einer Antilope bis hin zu den Eiern einer Laus –, so finden wir eine Unordnung vor, gleich einem Lager der vom Feld Fliehenden, die gefallen und krank sind, vom Schöpfer gestürzt. Ihr ganzes Leben führt zum Tod. Sie haben kein Recht auf Existenz, bevor sie nicht Leiden und Schmerz ertragen und in ihren Seelen kampffähig werden.

Denn sogar eine kleine Laus tötet eine andere für ihre Nahrung, und sie wendet dafür viele Listen an. Und alle sind wie sie, von Klein bis Groß. Sogar das Menschengeschlecht, auserwählt von allen Geschöpfen; in allen ist der Mensch drin und alle sind in ihm drin.

12. Doch auch in den zehn heiligen *Sefirot* unterscheiden wir zwei Gegensätze: die neun ersten *Sefirot* (*Tet Rishonot*), die Eigenschaft des Gebens, und *Malchut*, die das Empfangen darstellt. Die ersten neun *Sefirot* sind mit Licht erfüllt, und in

Malchut ist an und für sich nichts. Und das Geheimnis besteht darin, dass wir in jedem *Parzuf* zwei Arten von Licht unterscheiden – das Innere Licht (*Or Pnimi*) und das Umgebende Licht (*Or Makif*) – und zwei Arten von Gefäßen, wobei das innere *Kli* für das Innere Licht bestimmt ist und das äußere *Kli* für das Umgebende Licht.

Der Grund dafür besteht in den zwei Gegensätzen, die oben erwähnt wurden. Zwei Gegensätze können nicht in einem Träger sein, und daher braucht man einen besonderen Träger für das Innere Licht und, getrennt davon, einen Träger für das Umgebende Licht.

In Wirklichkeit jedoch sind sie im Spirituellen nicht entgegengesetzt, da sich *Malchut* dort im geheimen Sinn der Vereinigung mit den ersten neun *Sefirot* befindet, und sie wird dort ebenfalls die Eigenschaft des Gebens erlangen, was der geheime Sinn des Reflektierten Lichts ist. Was jedoch *Sitra Achra* angeht, so gibt es in ihr nichts von den ersten neun *Sefirot*, und die Basis ihres Aufbaus ist leerer Raum, also ein riesiger Wille zu empfangen, auf den bezogen eben *Zimzum Alef* (die erste Einschränkung) vollzogen wurde. Sogar, als ein Leuchten des Pfades (der Linie) im Inneren des *Reshimo* entstand, blieb diese Wurzel ohne Licht. Daher ist sie von Anfang bis Ende dem Leben im Spirituellen entgegengesetzt, im verborgenen Sinne dessen, was geschrieben ist: „Eines gegenüber dem anderen erschuf der Schöpfer." Daher wird sie auch als tot bezeichnet.

Wie wir bereits oben in Punkt 6 geklärt haben, bestand der Zweck des *Zimzum* darin, die Seelen mit der Übereinstimmung der Eigenschaften mit dem Schöpfer zu schmücken, sodass das *Kli* die Form des Gebens annimmt.

Doch wir sehen, dass dieses Ziel bislang unerreichbar blieb: **sowohl im Bezug auf den Aufbau spiritueller *Parzufim***, wo es nichts von dem leeren Raum gibt, den der riesige Wille zu empfangen darstellt, auf den bezogen eben der *Zimzum* ausgeführt wurde, und wo daher keine Korrektur dessen stattfinden kann, was dort nicht in Wirklichkeit existiert, **als auch im Bezug auf den Aufbau von *Sitra Achra***, wo natürlich keine Korrektur stattfindet, obwohl es dort einen leeren Raum gibt, der vollkommen entgegengesetzt ist, und alles, was er empfängt, stirbt in ihm.

Und daher ist nun der Mensch in dieser Welt vonnöten, der, während er sich im *kleinen Zustand* (*Katnut*) befindet, Nahrung von *Sitra Achra* erhält und durch sie existiert und von ihr die *Kelim* des leeren Raums empfängt. In seinem *großen Zustand* (*Gadlut*) dagegen haftet er sich mithilfe der *Tora und den Geboten* an das Spirituelle an, um dem Schöpfer Genuss zu bereiten. Und er wird zum Gegenteil des riesigen *Willens zu empfangen*, den er bereits erlangt hatte, und der nun ausschließlich für das Geben verwendet wird. Dadurch gleicht er seine Eigenschaften an die Eigenschaften des Schöpfers an. Und in ihm wird das Schöpfungsziel verwirklicht.

Das ist die geheime Bedeutung der Existenz von Zeit in unserer Welt. Du siehst, dass sich zunächst die zwei oben genannten Gegensätze in zwei voneinander getrennte

Wesen aufteilten, also in ein System von reinen Welten und in *Sitra Achra*, was der verborgene Sinn des Gesagten ist: „Eines gegenüber dem anderen erschuf der Schöpfer", in denen sich immer noch keine Korrektur verwirklichen kann, da sie sich in einem Träger befinden müssen – dem Menschen. Somit brauchen wir die Existenz von Zeit, damit diese zwei Gegensätze im Menschen einer nach dem anderen entstehen: sowohl im kleinen Zustand als auch im großen.

13. Daraus lässt sich die Notwendigkeit des Zerbrechens der Gefäße und ihrer Eigenschaften erklären. Wie es im Buch *Sohar* und bei *ARI* heißt, befinden sich in allen *Zehn Sefirot* beim Abstieg und beim Aufstieg zwei Arten von Licht:

- *Das erste Licht ist das Licht von Ejn Sof, welches von oben nach unten hinabsteigt und als das Direkte Licht (Or Yashar) bezeichnet wird.*
- *Das zweite Licht ist ein Erzeugnis des Kli Malchut; es wird von unten nach oben reflektiert und als Reflektiertes Licht (Or Choser) bezeichnet.*

Diese beiden Lichter verschmelzen zu einem. Und wisse, dass ab dem *Zimzum* und darunter der Punkt des *Zimzum* von allem Licht entledigt wurde und ein leerer Raum zurückblieb (*Chalal Panui*). Und das Höchste Licht wird sein Schlussstadium nicht vor der Endkorrektur erreichen, wie es geschrieben steht: „In Einheit mit dem Licht der Unendlichkeit", was als das *Direkte Licht* bezeichnet wird. Doch das zweite Licht, welches als das *Reflektierte Licht* bezeichnet wird – dieses kann das Schlussstadium erreichen, da darauf überhaupt kein *Zimzum* stattgefunden hat.

Und wir sollten erklären, dass die Notwendigkeit der Existenz des Systems der *Klipot Sitra Achra* aus dem Ziel des *Zimzum* resultiert. Und zwar dient sie dazu, dass sich im Menschen im Laufe seines *Zustands des Kleinseins* ein riesiges *Kli* des Empfangens einprägt, also in der Zeit, in der er auf ihre Kosten lebt. Denn auch die *Sitra Achra* bedarf der *Fülle* (*Shefa*), und woher soll sie diese nehmen, wenn doch ihr ganzer Aufbau lediglich das Schlussstadium darstellt – einen leeren Raum ohne jegliches Licht, denn ab dem *Zimzum* und weiter nach unten ist doch das Höchste Licht bereits vollständig von ihr getrennt.

Daher wurde ein Zerbrechen der Gefäße bereitet, das darauf hinweist, dass ein Teil des Reflektierten Lichts, welches sich in den *Zehn Sefirot* der Welt *Nekudim* befindet, aus der Welt *Azilut* nach außen herabstieg, bis zum leeren Raum. Und du weißt bereits, dass Reflektiertes Licht auch im leeren Raum auftreten kann.

Und nun gibt es in diesem Teil des *Or Choser* (Reflektiertes Licht), welches nach außen aus der Welt *Azilut* herabstieg, von jeder *Sefira* der *Zehn Sefirot* der Welt *Nekudim* 32 besondere Eigenschaften – die Funken des Lichts. Und zehnmal 32 macht 320. Und nun wurden diese 320 herabgestiegenen Funken zur Aufrechterhaltung der Existenz der Unteren bereitet, zu denen sie über zwei Systeme gelangen, was die verborgene Bedeutung des Geschriebenen darstellt: „Eines gegenüber dem anderen schuf der Schöpfer", also über die reinen Welten ABYA und die ihnen gegenüber erschaffenen ABYA von *Sitra Achra*.

Das heißt, wie die Weisen zur Erklärung der Schrift sagten: „Ein Volk wird vom anderen Stärke schöpfen" – wenn eines fällt, erhebt sich ein anderes, und eine Hochburg kann nirgends anders erbaut werden als auf den Überresten des zerstörten Jerusalem, das heißt, allen diesen 320 Funken wurde es erlaubt, in *Sitra Achra* aufzutauchen, und so wurde das System reiner Welten im Bezug auf die Unteren vollständig zerstört.

Doch all diese 320 Funken haben die Möglichkeit, sich der Heiligkeit anzuschließen. Und dann wird das System von *Sitra Achra* vollständig vom Antlitz der Erde schwinden. Und es ist ihnen möglich, sich unter den zweien aufzuteilen, in einen größeren und einen kleineren Teil, entsprechend den Taten des Menschen. Und so drehen sie sich in diesen zwei Systemen bis zur Endkorrektur.

Und nun haben sich nach dem Zerbrechen der Gefäße und dem Herausfallen von 320 Funken des Lichts aus der Welt *Azilut* 288 von ihnen herausgetrennt und sind aufgestiegen, das heißt alle die, die von den neun ersten *Sefirot* der *Zehn Sefirot* der Welt *Nekudim* herabstiegen. Und neunmal 32 macht 288. Sie kamen zurück und schlossen sich dem System reiner Welten an.

Auf diese Weise sind *Sitra Achra* nur 32 Funken von denjenigen geblieben, die aus *Malchut* der Welt *Nekudim* herabgestiegen sind. Und das war der Beginn des Aufbaus von *Sitra Achra* in minimalem Umfang, als sie sich noch nicht zur Erfüllung ihrer Rolle eignete. Und dieser Aufbau wird später abgeschlossen – durch die Sünde von *Adam haRishon* am Baum der Erkenntnis.

So haben wir geklärt, dass zwei Systeme, die gegenteilig funktionieren, die Wirklichkeit lenken und ihre Existenz gewährleisten. Die Menge des Lichts, die für diese Existenz notwendig ist, sind 320 Funken, die bereitet und abgemessen wurden kraft des Zerbrechens der Gefäße. Und diese Menge reicht aus, um zwischen diesen zwei Systemen zu zirkulieren, wovon die Ordnung und die Gewährleistung der Existenz der Wirklichkeit abhängen.

Und wisse, dass das System reiner Welten mindestens 288 Funken enthalten muss, um ihre neun ersten *Sefirot* auszufüllen. Und dann kann es die Existenz der Unteren gewährleisten. Das hatte sie, bevor *Adam* die Sünde beging. Damals wurde die Wirklichkeit durch das System reiner Welten gelenkt, da sie von allen 288 Funken erfüllt war, wie bereits gesagt wurde.

14. Und nun ist es uns möglich zu erklären, was über die vier Engel gesagt wurde – Barmherzigkeit und Gerechtigkeit, Wahrheit und Frieden –, die bei der Erschaffung des Menschen mit dem Schöpfer verhandelten. Diese Engel sind Diener der Seele des Menschen, und daher verhandelte Er mit ihnen, denn ganz *Maase Bereshit* (*Genesis, 1. Buch Mose*) wurde in Übereinstimmung mit ihnen vollzogen, sodass jede

Seele in sich die *Zehn Sefirot* des Inneren Lichts einschließt sowie *Zehn Sefirot* des Umgebenden Lichts.

- *Barmherzigkeit (Chessed) ist das Or Pnimi (Inneres Licht) der ersten neun Sefirot der Seele.*
- *Gerechtigkeit (Zedaka) ist das Or Pnimi (Inneres Licht) von Malchut der Seele.*
- *Wahrheit (Emet) ist das Or Makif (Umgebende Licht) der Seele.*

Und wir sagten bereits, dass das *Or Pnimi* und das *Or Makif* einander entgegengesetzt sind, da das *Or Pnimi* nach dem Gesetz des Leuchtens des *Kav* (Linie) herangezogen wird, was seine Erscheinung im Punkt des *Zimzum* verhindert, der einen riesigen Willen zu empfangen darstellt. Das Umgebende Licht seinerseits kommt aus *Ejn Sof*, die alle Welten umfasst. Und dort, in *Ejn Sof*, gleichen sich Klein und Groß. Somit leuchtet das *Or Makif* und verleiht Genuss im Punkt des *Zimzum* und damit gewiss auch in *Malchut*.

Und da sie einander entgegengesetzt sind, sind zwei Gefäße erforderlich. Da das *Or Pnimi* die ersten neun *Sefirot* ausfüllt und sogar in *Malchut* nicht anders leuchtet als gemäß dem Gesetz der ersten neun *Sefirot*, und keineswegs in ihr selbst. Das *Or Makif* jedoch leuchtet in den *Kelim*, die aus dem Punkt des *Zimzum* in der Einheit stammen, was als das äußere *Kli* bezeichnet wird.

Daraus soll dir klar werden, warum die Wahrheit als Stempel bezeichnet wird. Diese Bezeichnung ist dem Stempel nachempfunden, den man am Rand am Ende des Briefes abdruckt. Doch dieser Stempel verleiht ihm ein Gewicht, und ohne ihn hat der Brief keinerlei Wert und alles Geschriebene ist nutzlos.

Gleiches gilt auch für das *Or Makif* (Umgebendes Licht), welches im Punkt des *Zimzum* Genuss schenkt, was den großen Zustand des Empfangens darstellt, bis [der Mensch] schließlich im Geben seine Eigenschaften den Eigenschaften des Schöpfers angleicht, worin der Zweck aller höheren und der beschränkten unteren Welten besteht.

Die Einwände der Wahrheit bei der Erschaffung des Menschen bestehen also darin, dass nach ihrer Behauptung der ganze Mensch nur aus der Lüge besteht, da er seitens seiner Erschaffung durch den Schöpfer kein äußeres *Kli* besitzt, welches dem Punkt des *Zimzum* entstammen muss, da dieser sich bereits vom Licht des Schöpfers getrennt hat; und daher haben die Engel der Wahrheit keine Möglichkeit, dem Menschen bei der Erkenntnis des Umgebenden Lichts zu helfen.

Und daher sind alle höheren und die beschränkten unteren Welten, die nur zu dieser Erkenntnis erschaffen wurden, Leere und Lüge, und alle Mühe in ihnen ist vergebens, da der Mensch, der ihr einziges Objekt sein soll, noch nicht zur Erfüllung seiner Bestimmung bereit ist.

Doch die Engel der Barmherzigkeit und Gerechtigkeit – die zusammen zum Inneren Licht der Seele gehören, da es in diesem keinen leeren Raum gibt – könnten ihn (den Menschen) im Gegensatz dazu mit allen Lichtern der Seele im Überfluss versorgen und ihm somit eine noch erhabenere Perfektion schenken. Und aus diesem Grunde waren sie froh, ihm zu helfen, und stimmten mit der Erschaffung des Menschen vollkommen überein. Denn sie stellen *NeHJ* dar, die am *Siwug deHakaa* teilnehmen, und gehören daher zur Hälfte zum Umgebenden Licht seitens des darin befindlichen *Or Choser* (Reflektiertes Licht).

Die Engel des Friedens behaupteten, dass der Mensch einen ständigen Zwist darstellt. Das heißt, auf welche Weise kann er *Or Makif* (Umgebendes Licht) empfangen? Denn es ist letztendlich unmöglich, dass sich das *Or Makif* (Umgebendes Licht) und das *Or Pnimi* (Inneres Licht) in einem einzigen Träger befinden, denn sie stehen zueinander im Gegensatz, und daher stellt der Mensch einen ständigen Zwist dar.

So finden wir, dass es *Adam haRishon* nur an einem äußeren *Kli* mangelte, welches den Engeln der Wahrheit gehörte, doch er hatte ein äußeres *Kli*, welches den Engeln des Friedens gehörte. Daher willigten sie in die Erschaffung ein, obwohl sie behaupteten, dass der Mensch ständiger Zwist sei, also, dass das *Or Makif* (Umgebendes Licht) nicht in seine inneren *Kelim* eintreten kann, weil diese in einem Gegensatz zu ihm stehen.

15. Im Lichte des Gesagten wurde es uns zuteil, die Fortsetzung des Ausspruchs zu verstehen: „In seiner Sünde am Baum der Erkenntnis von Gut und Böse" hebt er dessen Tiefe empor. Und die Weisen, die ihn erkannt haben, haben das von ihnen Erkannte zehnmal verborgen. Und zuvor wurde gesagt: „Und *Adam* und *Chawa* (Eva) waren nackt und schämten sich nicht." Wisse, dass die Kleidung das äußere *Kli* darstellt. Aus diesem Grunde geht die Erklärung der Ursache der Sünde am Baum der Erkenntnis dem Ausspruch der Weisen voraus: „Der große Lenker, der die Menschen ohne ihr Wissen lenkt."

Mit anderen Worten wurde die Sünde im Voraus geplant. Und das bedeutet wiederum, dass *Adam* und seine Frau ohne ein äußeres *Kli* erschaffen wurden und nur über innere *Kelim* verfügten, die dem System reiner Welten entstammten. Also schämten sie sich nicht, das heißt, sie nahmen ihren Mangel nicht wahr, da die Scham die Empfindung eines Mangels darstellt. Bekanntlich stellt die Empfindung eines Mangels den Urgrund für die Erfüllung eines Wunsches dar. Das gleicht einem Kranken, der, wenn er fühlt, dass er krank ist, bereit ist, sich heilen zu lassen, wenn er es aber nicht fühlt, natürlich jede Art von Behandlung meiden wird. In Wirklichkeit ist diese Aufgabe dem äußeren *Kli* zugeteilt, welches sich in der Struktur des Körpers leer und ohne Licht befindet, weil es leerem Raum entstammt, und es erzeugt im Menschen das Gefühl von Leere und Mangel. Und daher schämt sich der Mensch.

Deswegen muss er zum erfüllten Zustand zurückkehren und das Umgebende Licht anziehen, welches ihm fehlt und welches bereit ist, dieses *Kli* auszufüllen. Darin besteht der Sinn dessen, was die Schrift sagt: „Und *Adam* und seine Frau waren nackt" – das heißt ohne äußeres *Kli* – „und sie schämten sich nicht" –fühlten also ihren Mangel nicht. Somit fehlte ihnen das Ziel, für welches sie erschaffen wurden.

Doch es ist sehr wichtig, die Erhabenheit des Menschen zu begreifen, den der Schöpfer nach Seinem Ebenbilde schuf. Und seiner Frau, die der Schöpfer mit noch größerem Verstand ausstattete im Vergleich zum Menschen, wie die Weisen sagten: „Und der Schöpfer schuf aus der Rippe." Wie erlitten sie also eine Niederlage und wurden so dumm, dass sie sich nicht gegen die List der Schlange zu wehren wussten? Andererseits, wie konnte diese Schlange – von der es heißt, sie wäre das bösartigste (*auch: nackteste*) Tier des Paradieses – mit ihren dummen und leeren Lippen aussprechen, dass, wenn sie vom Baum der Erkenntnis äßen, sie dem Schöpfer gleich würden? Und wie fand diese Dummheit Antwort in ihren Herzen? Und auch, wie es weiter heißt, dass Eva nicht aus dem Wunsch heraus, wie der Schöpfer zu werden, die Frucht des Baumes der Erkenntnis aß, sondern aus ihrer Einfalt heraus, weil die Frucht schmackhaft war. Und ist das auf den ersten Blick nicht ein tierischer Wunsch?

16. Und es ist notwendig zu klären, was diese zwei Arten der Analysen darstellen, die wir benutzen:

- *Die erste Analyse ist die Bestimmung von Gut und Böse.*
- *Die zweite Analyse heißt die Bestimmung von Wahrheit und Lüge.*

Das bedeutet, dass der Schöpfer eine klärende Kraft in jedes Geschöpf einprägt, die in ihm wirkt und ihm dabei den erwünschten Nutzen bringt und dabei hilft, die erwünschte Perfektion zu erreichen. Die erste Analyse ist die Wirkungskraft des Körpers, dessen Handlungscharakter durch die Empfindungen „süß und bitter" bestimmt wird. Der Mensch verschmäht die Empfindung der Bitterkeit und meidet sie, weil sie ihm schlecht tut, liebt aber „süße" Empfindungen und strebt nach ihnen, weil ihm das gut tut. Und diese Kraft, die auf den bewegungslosen, pflanzlichen und tierischen Stufen der Wirklichkeit handelt, reicht aus, um zum Abschluss der erwünschten Perfektion zu führen.

Zusätzlich dazu gibt es die Menschenart, in welche der Schöpfer die Kraft des Verstandes einprägte, die nach dem Prinzip der zweiten Analyse wirkt – sie stößt die Lüge und die Eitelkeit angewidert von sich weg und zieht wahre Dinge näher zu sich, und der ganze Nutzen besteht in einer riesigen Liebe. Diese Analyse wird als die Analyse von „Wahrheit und Lüge" bezeichnet, und sie wirkt nur auf der Stufe Mensch, und zwar in jedem gemäß seiner Entwicklung. Und wisse, dass diese zweite Handlungskraft erschaffen wurde und zum Menschen in verborgener Form von der Schlange überging, da keine andere Kraft erschaffen wurde außer der ersten, die zwischen Gut und Böse unterschied, was ihm zu jener Zeit ausreichte.

Ich werde das an folgendem Beispiel verdeutlichen: Wenn in unserer Welt die Gerechten belohnt würden, weil ihre Taten gut sind, und die Sünder bestraft würden, weil ihre Taten schlecht sind, dann würden wir die Heiligkeit mit gut und süß identifizieren und *Sitra Achra* mit schlecht und bitter.

In diesem Fall müsste die Schrift das Gebot der Wahl so bestimmen: „Siehe, Ich gab dir Süßes und Bitteres, und wähle das Süße!" Und dann wäre allen Menschen die Erreichung der Perfektion garantiert, da sie Verbrechen meiden würden, weil sie sich schlecht fühlen würden, wenn sie diese begingen, und ihre einzige Sorge wäre die Suche nach dem Schöpfer, Tag und Nacht, da es ihnen gut und süß wäre, so wie es die Toren heute in Bezug auf den Körper und auf seinen Schmutz tun.

So war auch *Adam haRishon*, da der Schöpfer ihn so schuf und ihn im paradiesischen Garten zur Arbeit und zum Schutz platzierte. Und die Weisen erklären: „Zur Arbeit – das sind die positiven Gebote, und zum Schutz – das sind die negativen Gebote (*Verbote*). Die positiven Gebote bestanden darin, von allen Früchten des Gartens zu essen und zu genießen, und die Verbote darin, nicht von den Früchten des Baumes der Erkenntnis von Gut und Böse zu essen. Und das positive Gebot war süß und angenehm, und das negative Gebot bestand in der Zurückhaltung vom Verzehr einer Frucht, bitter wie der Tod."

Und hier gibt es nichts, worüber man sich wundern sollte – nämlich, wie man dies als Gebote und Arbeit bezeichnen könne. Denn Ähnliches finden wir in unserer Arbeit auch heute, wenn wir am *Shabbat* und an Feiertagen genießen und dadurch der Höheren Heiligkeit gewürdigt werden. Und dadurch, dass wir „Kriechtiere" meiden, alles, was der Seele des Menschen zuwider ist, erhalten wir eine Belohnung. Folglich bestand die Wahl in der Arbeit von *Adam haRishon* in „und wähle das Süße". Folglich bedurfte er von seinem gesamten Körper nur seines Gaumens, um zu wissen, was der Schöpfer ihm zu tun befahl und was nicht.

17. Und nun versuchen wir zu verstehen, worin die Bösartigkeit der Schlange bestand, von welcher die Weisen außerdem zu unserer Kenntnis sagten, dass sie in *Sitra Mevuta* (*verunreinigende Kraft*) eingekleidet war und dass ihre Reden daher sehr erhaben waren. Und sie sagte: „Hat der Schöpfer euch etwa verboten, von allen Früchten des Gartens zu essen?" Das bedeutet, dass sie zu ihr von etwas sprach, was ihr bekanntlich nicht geboten wurde. Und so fragte sie sie nach der Weise der Analyse, das heißt danach, woher sie weiß, dass es verboten ist, von den Früchten des Baumes der Erkenntnis zu essen. „Vielleicht ist es euch verboten, von Früchten aller Bäume des Gartens zu kosten?" Und die Frau sagte: „Von allen Früchten des Gartens werden wir essen [...] doch vom Baum der Erkenntnis werden wir nicht essen und wir werden ihn nicht anfassen, auf das wir nicht sterben."

Und hier gibt es zwei schwerwiegende Richtigstellungen:

1. Das Anfassen war niemals verboten, worin hat sie dann also das Verbot gebrochen?

2. Sie zweifelte an den Worten des Schöpfers. Der Schöpfer sagte: „[...] eines Todes werdet ihr sterben", und die Frau sagte: „[...] auf dass wir nicht sterben." Ist es etwa möglich, dass sie dem Schöpfer noch vor der Sünde nicht geglaubt hat? Doch die Frau antwortete der Schlange gemäß ihrer Frage, da sie wusste, dass der Schöpfer es verbot, weil die Früchte aller Bäume des Gartens süß, angenehm und zum Verzehr geeignet sind, nicht aber die Früchte dieses Baumes. Er befindet sich innerhalb des Gartens, sodass sie schon in seiner Nähe war, ihn berührte und darin einen Geschmack verspürte, der schlimmer war als der Tod.

So hat sie sich aus ihrer Erfahrung heraus davon überzeugt, dass sogar bei einer Berührung Lebensgefahr besteht, und hat begonnen, die negativen Gebote zu verstehen, von denen sie von ihrem Mann erfahren hatte. Und niemand ist klüger als der Erfahrene, und „auf dass wir nicht sterben" weist auf eine Berührung hin. Offensichtlich war die Antwort vollkommen befriedigend, denn wer kann sich einmischen und der Geschmacksempfindung eines anderen widersprechen? Doch die Schlange widersprach und sagte: „Keines Todes werdet ihr sterben, da der Schöpfer wusste, dass an dem Tage, da ihr von seinen Früchten kostet, sich eure Augen öffnen werden."

Und man muss präzisieren, was in diesem Fall die „Öffnung der Augen" bedeutet. Ihr wurde etwas Neues mitgeteilt, denn sie (die Schlange) bewies ihr, dass es töricht ist zu glauben, der Schöpfer hätte in Seiner Welt etwas Böses und Schadenbringendes erschaffen. Natürlich kann es in Bezug auf den Schöpfer keinen Schaden und nichts Böses geben. Und die Bitterkeit, die sogar nahe einer Berührung spürbar ist, ist nur für euch wahrnehmbar, denn nachdem ihr das verzehrt haben werdet, werdet ihr über euch selbst emporsteigen. Und nur deswegen bedürft ihr einer größeren Heiligkeit während der Ausführung einer Handlung mit der Absicht für den Schöpfer, um die Absicht zu verwirklichen, für welche ihr erschaffen wurdet. Und folglich dient das, was euch als Böses und als Schaden erscheint, nur dem Zweck, dass ihr die größere Heiligkeit begreift, die von euch erforderlich ist.

Doch „an dem Tag, da ihr von ihr gegessen habt [...]" bedeutet, dass, wenn eine Handlung in Heiligkeit und Reinheit klar wäre wie der Tag, ihr dann, gleich dem Schöpfer, zwischen Gut und Böse unterscheiden könntet. Das heißt, genauso wie es beim Schöpfer absolute Süße ist, so werden auch bei Gut und Böse im absoluten Vergleich Süße und Wonne sein. Doch es blieb noch Platz für Zweifel in den Worten der Schlange, denn der Schöpfer selbst sagte nichts davon, und daher bestimmte die Schlange, indem sie sagte: „Der Schöpfer weiß, dass an dem Tag, da ihr von den Früchten dieses Baumes kosten werdet, eure Augen sich öffnen werden"; das heißt, seitens des Schöpfers war es überflüssig, euch das mitzuteilen, denn Er weiß doch, dass, wenn ihr eure Herzen darauf richten werdet, von der Heiligkeit zu kosten, sich eure Augen von allein öffnen werden und ihr ihre ganze Größe begreifen werdet, da ihr außergewöhnliche Süße und Wonne verspüren werdet, und daher besteht keine Notwendigkeit, euch das mitzuteilen, denn in euch ist doch die Kraft der Analyse eingeprägt, den eigenen Nutzen zu kennen.

Doch sogleich heißt es: „Und die Frau sah, dass die Früchte des Baumes gut zum Verzehr sind, und dass er eine Augenweide ist [...]", das bedeutet, dass sie sich nicht auf ihre Worte verlassen hat, sondern dass sie hingegangen ist und selbst geprüft hat, nach ihrem Wissen und ihrem Verstand, und sich gereinigt hat, wobei sie eine noch größere Heiligkeit erhielt, um dem Schöpfer Vergnügen zu bereiten und die von ihnen geforderte Absicht zu vollenden, und nicht zu ihrem eigenen Genuss. Sodann öffnen sich ihre Augen, wie die Schlange sagte: „Und die Frau sah, dass die Früchte des Baumes gut für den Verzehr sind."

Nachdem sie also gesehen hatte, dass er eine „Augenweide" ist, also noch bevor sie ihn berührte, empfand sie Süße und ein riesiges Verlangen; nachdem sie ihn nur angesehen hatte, verspürte sie einen solchen Drang, wie sie ihn noch niemals, zu keinem Baum des Gartens empfunden hatte. Und es wurde ihr auch klar, dass der Baum Wissen verleiht, das heißt dadurch, dass er sogar von weitem anziehend ist und Verlangen entfacht, gibt er zu verstehen, dass sie dafür erschaffen wurden, um von seinen Früchten zu kosten; darin besteht das Ziel, wie die Schlange ihr offenbarte.

Und nach all diesen klaren Schlussfolgerungen „nahm [sie] eine Frucht vom Baume und aß, und gab sie auch ihrem Mann, und er aß". Und der dies schrieb, präzisierte mit den Worten „mit ihr", also mit der reinen Absicht, nur für das Geben, und nicht für sich. Und das ist der Hinweis des Verfassers: „ihrem Mann mit ihr" zu geben, also mit der Absicht für den Schöpfer.

18. Und nun vertiefen wir uns und klären wir den Fehler auf, durch welchen er „an Händen und Füßen gebunden wurde". Der Baum der Erkenntnis von Gut und Böse ist mit einem großen leeren Raum verbunden, also mit einem großen Zustand des Empfangens, auf welchem bereits ein *Zimzum* ausgeführt wurde und aus welchem das Höhere Licht entfernt wurde. Und es wurde bereits geklärt, dass *Adam haRishon* über keine Form des großen Zustands des Empfangens verfügte, der dem leeren Raum entspringen würde, sondern er entstammte gänzlich dem System reiner Welten, deren Bestimmung darin besteht zu geben.

Wie es im *Sohar* geschrieben steht: „*Adam haRishon* hatte keinen Anteil an dieser Welt." Und daher war es ihm verboten, vom Baum der Erkenntnis zu kosten, denn seine Wurzel sowie das ganze System reiner Welten sind von *Sitra Achra* entfernt, aufgrund des Unterschieds von Eigenschaften, den diese Trennung verursacht. Und daher war es ihm auch verboten, und er wurde gewarnt, sich mit ihr zu vereinigen, denn dann würde er sich von seiner Wurzel trennen und sterben, wie *Sitra Achra* und die *Klipot* aufgrund ihres Gegensatzes und der Entfernung von der Heiligkeit und von der Quelle des Lebens tot sind.

Vorwort zum Buch Panim Meirot uMasbirot

Doch dieser Satan, *Sitra Mevuta*, der Todesengel, verwandelte sich in eine Schlange, stieg herab und stiftete Eva durch falsche Worte an: „Ihr werdet keines Todes sterben." Doch bekanntlich wird eine Lüge nicht angenommen, wenn man ihr keine Wahrheit vorausschickt. Und so begann die Schlange mit der Wahrheit, indem sie ihr das Schöpfungsziel offenbarte, welches in der Korrektur dieses Baumes besteht, also in der Verwandlung riesiger *Kelim* des Empfangens in Gebende.

Und so sagte sie zu ihr: „Der Schöpfer kostete vom Baum und schuf die Welt", das heißt, Er sah den Endzustand der Handlung zu Beginn des Vorhabens, und so schuf Er die Welt. Und wie wir bereits geklärt haben, wurde der *Zimzum Alef* (die erste Einschränkung) nur für den Menschen ausgeführt, damit sich die Eigenschaften des Empfangens in der Zukunft den Eigenschaften des Gebens angleichen können, und das ist die Wahrheit. Und so spielte die Zeit in die Hand der Schlange, und die Frau glaubte ihr, da sie sich bereits für den Empfang und den Genuss, nur um zu geben, vorbereitet hatte. Und so schwand das Böse vom Baum der Erkenntnis von Gut und Böse, und es blieb nur der Baum der Erkenntnis des Guten, da das Böse in der Unterscheidung der Eigenschaften des Empfangens für sich besteht, welche im Menschen eingeprägt wurden. Der Empfang um des Gebens willen bedeutet jedoch die Erreichung des Ziels, sodass sie dadurch eine große Einigung vollzog, die es eben am Ende der Handlung geben sollte. Doch noch vollzog sie nicht die Sünde, da sie widerstehen konnte, als sie zum ersten Mal kostete; als sie jedoch zum zweiten Mal kostete, konnte sie nicht mehr widerstehen. Das werde ich dir erklären, denn die Zurückhaltung vor dem Genuss, bevor man von ihm gekostet und sich daran gewöhnt hat, und die Zurückhaltung von einem Genuss, den man bereits erprobt hat und an den man sein Herz gehängt hat, gleichen sich nicht. Im ersten Fall kann man natürlich ein und für allemal auf den Genuss verzichten, während im zweiten Mal eine große Arbeit erforderlich ist, um die Gewohnheit durch allmähliche Abgewöhnung vollständig auszumerzen.

Bevor die Frau vom Baum der Erkenntnis gekostet hatte, tat sie alles mit der Absicht zu geben, und so kostete sie beim ersten Mal mit Leichtigkeit, um dem Schöpfer Vergnügen zu bereiten, also mit einer spirituellen Absicht. Doch nachdem sie gekostet hatte, entstanden in ihr ein riesiger Wille und ein Verlangen nach dem Baum der Erkenntnis, sodass sie diese nicht mehr loswerden konnte, da sie sie nicht mehr unter Kontrolle hatte.

Wie die Weisen sagten: „Sie aßen eine unreife Frucht", was bedeutet: bevor sie für den Verzehr geeignet war, also bevor sie die Kraft und die Macht erlangten, ihren Trieb zu beherrschen. Und das gleicht dem, was die Weisen in *Massechet Jebamot* (Traktat des *Talmud*) sagten: „Ich aß und ich werde noch essen" – also sogar, nachdem er klar gehört hatte, dass der Schöpfer über ihn zürnte, konnte er dennoch nicht auf den Genuss verzichten, da er sich daran gewöhnt hatte (eine Begierde verspürte).

Folglich geschah der Verzehr beim ersten Mal in großer Heiligkeit und beim zweiten Mal in großer Unreinheit.

Und so wird der Sinn der Bestrafung vom Baum der Erkenntnis klar, dass nämlich jeder stirbt, der sich ihm nähert. Der Tod aber tritt ein, wenn man von seinen Früchten kostet, wie der Schöpfer warnte: „An dem Tag, da du von ihm kosten wirst, wirst du des Todes sterben." Und das geschieht wegen des Übergangs in einen großen Zustand des Empfangens, der dem leeren Raum entspringt, auf welchem bereits ein *Zimzum* (Einschränkung) vollzogen wurde, sodass das Höhere Licht, wie bereits oben gesagt wurde, nicht mehr dort mit ihm weilen konnte; und daher wurde die Seele des ewigen Lebens – wie das Geschriebene erklärt: „Und der Schöpfer hauchte der Seele Leben ein" – gezwungen, sich von dort zu entfernen, und dem Menschen blieb ein zeitlich begrenztes Leben, das von einem Stück Brot abhängt.

Zum Hindernis für ein ewiges Leben wurde die Sorge um die eigenen Bedürfnisse. Das gleicht dem Schweiß des Lebens, das heißt, das Leben teilte sich in Tropfen und wird dem Menschen Tropfen nach Tropfen zugeteilt, und jeder neue Tropfen ist ein Teil des vorausgegangenen Lebens. Und das sind die Funken des Lebens, die sich auf alle Menschen in allen Generationen bis einschließlich der letzten, das Schöpfungsziel abschließenden Generation aufteilten, was einer großen Kette gleicht. Doch die Handlungen des Schöpfers haben sich aufgrund der Sünde des Baumes der Erkenntnis überhaupt nicht verändert. Nur hat sich das Licht des Lebens, welches *Adam haRishon* vollständig ausgefüllt hatte, auf diese ganze lange Kette verteilt, die sich ununterbrochen auf das Rad der Veränderungen von Eigenschaften bis hin zur Endkorrektur spult. Und die Handlung des Schöpfers erzwingt die Existenz dieses Lebens und „man steigt in Heiligkeit auf und sinkt nicht".

Und wie es mit *Adam* geschah, so geschah es auch mit der ganzen Menschheit, denn von der Ewigkeit und der Einheit stiegen alle zum Rad der Veränderung der Formen herab, wie *Adam*. Und das, weil *Adam* und die Welt wie Inneres und Äußeres sind, und das Äußere steigt stets in Übereinstimmung mit dem Inneren auf. Und darin besteht der Sinn dessen, was die Schrift sagt: „Im Schweiße deines Angesichts wirst du dein Brot essen." – Anstatt des Geistes des Lebens, der zuvor da war und den der Schöpfer in seine Nase eingehaucht hatte, blieben in seiner Nase nun lediglich Perlen des Schweißes des Lebens.

19. Die Weisen sagten (Bava Batra 17): „Er ist der Böse Trieb (*Jezer haRa*), er ist der Satan, er ist der Todesengel, der herabsteigt und anstiftet, steigt und beschuldigt, kommt und die Seele nimmt." Und er ist so, weil zwei Schäden im Ergebnis der Sünde des Baumes der Erkenntnis entstanden:

Erster Schaden: „steigt und beschuldigt". Denn nachdem er verführt wurde und vom Baum der Erkenntnis kostete, erlangte er die empfangenden *Kelim* des leeren Raums, sodass Hass und Entfernung zwischen dem Licht des ewigen Lebens, mit welchem der Schöpfer den Menschen erfüllte, und dem Körper des Menschen entstanden. Und das gleicht dem, was die Weisen sagten: „Zu jedem Stolzen spricht der Schöpfer – wir können nicht zusammen weilen – er und Ich", da der Stolz aus dem empfangenden *Kli* des leeren Raums resultiert, von dem sich das Höhere Licht seit dem *Zimzum* getrennt und entfernt hatte. Und so sagt es der *Sohar*: „Dem Schöpfer sind Körper verhasst, die nur *für sich* erschaffen wurden." Und daher schwand aus dem Menschen das Licht des Lebens, und das ist der erste Schaden.

Der **zweite Schaden** ist der Fall der 288 Funken, welche bereits die reinen Welten ausfüllten, und nun, damit die Welt nicht zerstört wird, an *Sitra Achra* übergeben wurden und in die Welten der *Klipot* hinabstiegen. Denn, nachdem das System reiner Welten nicht mehr fähig war, die Existenz von *Adam* und der ganzen Menschheit zu gewährleisten, aufgrund des Hasses, der nun zwischen der Heiligkeit und den *Kelim* des leeren Raums entstanden war – nach dem Gesetz des Gegensatzes der beiden, wie es heißt: „Wir können nicht zusammen weilen – er und Ich" –, wurden die 288 Funken an *Sitra Achra* abgegeben, damit sie die Existenz des Menschen und der Welten im Laufe der gesamten Zeit der Reinkarnationen der Seelen in den Körpern bis hin zur Endkorrektur gewährleisten.

Daraus soll dir klar werden, warum sie als „*Klipot*" (Hülle, Schale) bezeichnet werden, denn ihre Bedeutung ist vergleichbar mit der Bedeutung der Schale einer Frucht. So bedeckt die harte Schale die Frucht und bewahrt sie vor Schmutz und Schaden, bis diese schließlich reift. Ohne Schale würde die Frucht verderben und ihr Ziel nicht erreichen. Nun verstehst du, dass die 288 Funken an die *Klipot* überreicht wurden, um die Existenz der Wirklichkeit aufrechtzuerhalten, bis sie sich schließlich miteinander verbinden und das erwünschte Ziel erreichen.

Und der zweite Schaden: „Und kam und nahm seine Seele." Ich möchte sagen, dass auch dies ein kleines Teilchen der Seele ist, welches dem Menschen übrig gelassen wurde als ein „Tropfen des vorausgegangenen Lebens". Denn die *Sitra Achra* selbst wird durch das Geben genutzt, während sie an den Menschen die 288 Funken abtritt, die ihr zugeteilt wurden.

Und zu deinem Verständnis muss man das Bild von *Sitra Achra* vollständig zeichnen, damit du ihre Wege begreifen kannst. Jedes Teilchen der unteren Welt ist ein Zweig, der seine Wurzel in der Höheren Welt hat (wie der Abdruck eines Stempels); diese entstammt wiederum der Welt über ihr und diese ihrerseits der noch Höheren etc. Und wisse, dass der ganze Unterschied zwischen den Zweigen und ihren Wurzeln nur in der Grundlage der Materie liegt, aus welcher sie bestehen. Die Materie dieser Welt hat eine materielle Basis, und die Materie der Welt *Yezira* hat eine spirituelle Basis, womit die Spiritualität der Welt *Yezira* gemeint ist. Und so jede Welt, gemäß dem, was ihr eigen ist.

Alle Erscheinungen und Prozesse in ihnen sind jedoch beim Übergang vom Zweig zu seiner Wurzel identisch, wie zwei Wassertropfen einander gleichen und wie der Abdruck in allem mit dem Stempel identisch ist, von welchem er stammt.

Und nachdem du das erkannt haben wirst, werden wir den Zweig der höheren *Sitra Achra* in unserer Welt bitten und mit seiner Hilfe die Wurzel seiner höheren *Sitra Achra* erkennen.

Und im *Sohar* fanden wir, dass alle Krankheiten in den menschlichen Körpern Zweige der höheren *Sitra Achra* sind. Dementsprechend finden wir, wenn wir die tierische Stufe studieren, dass alles, was es in ihren Körpern gibt, mithilfe von Genüssen erreicht wird, welche ihr Leben (das der Körper) verbessern und bereichern. Und daher hat die Lenkung in den jungen Menschen eine solche Eigenschaft abgedruckt, dass, wohin sie ihre Augen auch richten, sie überall Befriedigung und Genuss finden; sogar dort, wo diese in noch unklarer Form vorhanden sind, weil sie für die Mehrung (*Häufung, Anm. d. Übers.*) des Lebens bestimmt sind, um zwecks Wachstum und Entwicklung Genuss an ihm zu haben. Zu diesem Zweck existiert der Genuss. Und wir finden, dass das Licht des Genusses dasjenige ist, welches Leben erzeugt.

Doch dieses Gesetz gilt nur in Bezug auf den Genuss der gesamten Stufe. Im einzelnen Genuss jedoch, also in dem Genuss, der im einzelnen Vertreter der Tierart wahrgenommen wird, stellen wir die umgekehrte Gesetzmäßigkeit fest. Das heißt, wenn er auf dem Körper irgendeine Verletzung hat, die ihn dazu zwingt, sie aufzukratzen, dann bringt die Handlung des Aufkratzens selbst auch Genuss, dadurch, dass dabei ein großer Genuss verspürt wird, der ihn dazu bringt, weiterzumachen. Doch in diesem Genuss befindet sich ein Tropfen der Todesdroge, und wenn er seinen Trieb nicht überwindet, sondern auf der Jagd nach dem Genuss weiterhin bezahlt, dann wird jede Rate seine Schuld nur größer machen. Das heißt, entsprechend dem Genuss am Aufkratzen wird auch die Verletzung wachsen, und der Genuss wird sich in Schmerz verwandeln. Und während des Heilungsprozesses entsteht ein neuer Bedarf am Aufkratzen, in noch höherem Maße als zuvor. Und wenn er dann immer noch nicht über seinen Trieb herrscht und immer noch nach Aufforderung zahlt, dann vergrößert sich auch die verletzte Fläche. Und so, bis dieser Tropfen schließlich zum traurigen Ende führt – zur Blutvergiftung des Tieres. Und so stirbt es am Erhalt des Genusses, weil es ein einzelner Genuss ist, den eine einzelne Spezies empfindet. Somit tritt der Tod auf dieser Stufe ungeachtet des Genusses ein, welchen die gesamte Stufe erfährt.

Und nun sehen wir vor uns die Form der höheren *Sitra Achra*, von Kopf bis Fuß – wo der Kopf den Willen darstellt, nur für sich zu empfangen und niemandem zu geben, der sich außerhalb von einem befindet – als diejenige Eigenschaft, die zur Handlung antreibt, auf der gesamten tierischen Stufe. Der Körper von *Sitra Achra* ist die Art von Forderung, die zu befriedigen unmöglich ist und deren Befriedigung lediglich die Forderung und die verletzte Fläche vergrößert, wie im Beispiel des Genusses am Aufkratzen.

Und die Ferse von *Sitra Achra* ist der Tropfen der Todesdroge, deren Nutzung dem Menschen den letzten verbliebenen Tropfen des Lebens nimmt, wie in dem Beispiel mit dem Tropfen der Todesdroge, der das gesamte Blut der Tierstufe verseucht. Wie die Weisen sagten: „Kommt am Ende und nimmt die Seele." Das heißt, der „Todesengel kommt mit bloßem Schwert und mit einem Tropfen von Gift an der Spitze des Schwertes, und der Mensch öffnet den Mund, und er schüttelt diesen Tropfen in ihn ab, und er stirbt." Das Schwert des Todesengels ist der Einfluss von *Sitra Achra*, bezeichnet als *Schwert* aufgrund der zunehmenden Spaltung im Maße des [Wachstums des] Empfangens, und es ist die Entfernung, die ihn zerstört. Der Mensch muss den Mund aufmachen, wenn er die *Fülle* (*Shefa*) empfangen muss, um seine Existenz aufrechtzuerhalten, bis schließlich der Tropfen von Gift zu ihm gelangt, der sich an der Spitze des Schwertes befindet, der die Trennung vom letzten Funken seines Lebens abschließt.

20. Und infolge der zwei oben genannten Schäden verändert sich auch der Körperbau des Menschen, der dafür genau geeignet erschaffen wurde, um für seine Existenz Fülle aus dem System Höherer Welten zu empfangen. Denn jede ganzheitliche Handlung wird so ausgeführt, dass die Komponenten weder Überfluss noch Mangel leiden. Eine nicht ganzheitliche Handlung dagegen wird so ausgeführt, dass ihre Komponenten nicht miteinander verbunden sind, und so finden wir in ihnen entweder Überfluss oder Mangel vor.

Und wie es im „Lied der Einheit" heißt: „In seiner Arbeit hat er nichts vergessen, nichts bevorzugt und nichts ausgelassen." Dieses Gesetz führt zwingend herbei, dass ein Vollkommener nur vollkommene Handlungen auszuführen vermag. Doch beim Übergang des Menschen aus dem System reiner Welten in die Welten von *Sitra Achra* entstanden aufgrund des Anschlusses von Zusatzteilen an den Bau infolge der Sünde des Baumes der Erkenntnis viele überflüssige Teile im Körper. [Und zwar] solche, an denen kein Bedarf besteht, weil sie von der Fülle nichts für ihre Existenz erhalten aufgrund des Einflusses des Systems von *Sitra Achra*, wie wir das in Bezug auf den Knochen „*Lus*" sehen (*Sohar, Midrash haNeelam, Toldot*) und auch in Bezug auf entsprechende Teile aller Organe.

Dementsprechend muss der Mensch Nahrung für seinen Körper in größerem Maße, als es notwendig ist, erhalten, wie dies jedes Mal die an den Körper angeschlossenen überflüssigen Teile fordern, und dann empfängt der Körper auch für sie. Doch die überflüssigen Teile selbst können das, was sie fordern, nicht empfangen. Und so verbleibt das im Körper in Form von Überfluss und Verschlackung, die der Körper dann abführen muss.

Auf diese Weise arbeiten die Verdauungsorgane umsonst und sind dem unterworfen. Und so verlieren sie ständig, bis hin zu ihrem Verderben, denn schnell fällt ihr Urteil: Das Ende jeder Handlung, welche nicht die Verschmelzung zum Ziel hat, ist der Zerfall. So auch in Bezug auf den Körper – sein Tod ist durch den Baum der Erkenntnis vorbestimmt.

Und nun wurde uns zuteil, zwei Arten der Lenkung zu studieren und zu erfahren, die einander vollkommen widersprechen (Punkt 11). Die Lenkung der Existenz und Versorgung der Menschen ging bereits aus dem System reiner Welten zu *Sitra Achra* über. Und zwar aufgrund des Zusatzes eines großen Willens, für sich zu empfangen, welcher an die Menschen aufgrund der verzehrten Früchte des Baumes der Erkenntnis angefügt wurde. Das zog eine Spaltung nach sich, das Auftreten eines Gegensatzes und die Entstehung von Hass zwischen dem System reiner Welten und den menschlichen Körpern dieser Welt.

Und da die reinen Welten die Existenz der Körper nicht mehr aufrechterhalten und sie nicht mehr mit allem Notwendigen von ihrer höheren Tafel versorgen können, wurde, damit das Universum nicht zerstört wird und um eine Möglichkeit der Korrektur zu gewähren, die allgemeine Fülle der Existenz, welche die 288 Funken der Realität darstellen, an das System von *Sitra Achra* übergeben, damit diese die ganze Menschheit in der Phase der Korrektur versorge.

Somit ist die Ordnung des Universums sehr verworren. Denn die Sünder erzeugen Böses, und wenn sich die Fülle des Lichts für die Menschen verkleinert, dann führt dies zu Zerstörungen und Leid. Und wenn sich die Fülle vergrößert, dann wächst dadurch in den Empfängern die Kraft der Spaltung, wie die Weisen sagten: „Jener, der hundert [Münzen] hat, möchte zweihundert; hat man zweihundert, will man vierhundert."

Um sich den Genuss vorzustellen, der spaltet, hilft das Beispiel der Wunde am Körper, wenn die Menge des Genusses die Spaltung und die Verletzung vergrößert. Auf diese Weise vergrößert sich immer mehr die Selbstliebe, und „sie fressen einander bei lebendigem Leibe". Und auch das Leben des Körpers verkürzt sich, weil die Vergrößerung der Menge des Empfangenen den Gifttropfen näher bringt, der dem unausweichlich folgt. Und was sie auch tun, sie bleiben Sünder.

Und daraus sollst du verstehen, was in den *Tossafot* (Ktuwot, S. 104) steht: „Bevor der Mensch zu beten beginnt, möge die *Tora* ins Innere seines Körpers eintreten, [dann] soll er beten, dass keine Genüsse in seinen Körper eintreten mögen." Und da das Empfangen für sich der Spiritualität entgegengesetzt ist und der Genuss, den der Körper empfängt, wächst und sich vergrößert, wie kann man da das Licht der *Tora* in einem Körper empfangen, der vom Spirituellen durch den Gegensatz der Eigenschaften vollkommen entfernt ist, und wo [sogar] ein starker Hass zwischen beiden waltet? Denn alle Gegensätze hassen einander und können nicht zusammen weilen.

Und das ist einfach – zuerst soll der Mensch beten, dass keine Genüsse in ihn eintreten mögen. Und entsprechend der Vermehrung der Bemühungen in der Beschäftigung mit der *Tora* und den Geboten wird [der Mensch] allmählich würdig, die Eigenschaften des Empfangens in Eigenschaften des Gebens umzuwandeln, und auf diese Weise werden seine Eigenschaften den Eigenschaften der reinen Welten ähnlich. Und es kehren Gleichheit und Liebe zwischen ihnen zurück, wie es vor dem Kosten des Baumes der Erkenntnis war. Und er wird des Lichts der *Tora* würdig, während er mit dem Schöpfer verschmilzt.

21. Und nun wird klar, warum die Antworten der Engel im Bezug auf die Erschaffung des Schöpfers nicht angefügt wurden, wie sie im *Midrash* stehen (Punkt 11). Denn in die Erschaffung eines solchen Menschen willigten nicht einmal die Engel der Barmherzigkeit und der Gerechtigkeit ein, da er sich vollkommen ihrem Einfluss entzieht und sich von der Tafel von *Sitra Achra* „nährt".

Und der *Midrash* schließt so ab: „Also schickte Er die Wahrheit auf die Erde. Und sofort sagten alle: ‚Erhebe die Wahrheit von der Erde.'" Das heißt, sogar die Engel der Barmherzigkeit und der Gerechtigkeit haben ihr Einverständnis bereut, weil sie niemals in die Erniedrigung der Wahrheit eingewilligt hätten. Dies geschah während des Essens vom Baum der Erkenntnis, als die Wahrheit aufgehört hatte, an der Lenkung der Existenz der Wirklichkeit teilzuhaben. Denn sie war geschwächt, und die Kraft der Fähigkeit zur Analyse, die dem Menschen im Augenblick der Erschaffung eingeprägt wurde, und deren Wirkungsweise sich auf den Empfindungen von süß und bitter gründete, hörte auf zu wirken (Punkt 16).

Denn die Fülle, welche die Existenz aufrechterhält, stellte 288 verschiedene Eigenschaften dar, die bereits klar waren wie die Sonne zur Mittagszeit und mit den reinen Welten verbunden. Und der Gaumen reichte aus, um während des Essens alles Geliebte und Süße näher zu bringen und es zu genießen und alles zu verwerfen, was bitter und böse für ihn ist, damit der Mensch sich darin nicht irrt.

Doch nachdem sie zum ersten Mal die Frucht des Baumes der Erkenntnis gekostet hatten, infolge dessen sich ein riesiger Wille, nur für sich zu empfangen, entwickelte, entstanden in ihren Körpern zwei Gegensätze zum Spirituellen. Und dann ging die Fülle, welche die Existenz aufrechterhielt und die 288 Eigenschaften darstellte, zu *Sitra Achra* über. Infolgedessen verworren sich die 288 Funken wieder, die bereits vollkommen klar waren. Und im Universum entstand eine neue Form, deren Anfang süß und deren Ende bitter ist, da sich die Form der 288 Funken in *Sitra Achra* so veränderte, dass das darin eingeschlossene Licht des Genusses begann, Spaltung und einen Tropfen von Bitterkeit in sich zu tragen. Und das ist die Eigenschaft der Lüge, ein Vorfahre der Zerstörung und aller Wirren.

Wie es geschrieben steht: „Also schickte Er die Wahrheit auf die Erde." Und damit fügte sich dem Menschen aufgrund des unguten Rates der Schlange eine neue Eigenschaft hinzu – die Wirkenskraft des Verstands, deren Handlungen auf der Aufklärung von Wahrheit und Lüge basieren. Und der Mensch ist gezwungen, diese im Verlauf der ganzen Phase der Korrektur zu benutzen, so, dass er ohne sie vollkommen hilflos ist (Punkt 16).

Und es ist unmöglich zu schätzen, wie viel Verwirrung nach dem Fall der 288 Funken in *Sitra Achra* angestiftet wurde. Denn bevor sie von der Frucht des Baumes der Erkenntnis gekostet haben, konnte die Frau das Verbotene nicht einmal berühren (Punkt 17), und sogar, als sie sich nahe dem Baum der Erkenntnis befand, verspürte sie sofort den bitteren Geschmack des Todes, und so verstand sie und fügte auch das Berührungsverbot hinzu. Nachdem sie jedoch zum ersten Mal davon gegessen hatten und *Sitra Achra* und die Lüge bereits die Lenkung der Existenz des Universums beherrschten, wurde die verbotene Frucht für sie sofort so süß, dass sie der Versuchung nicht mehr widerstehen konnten, sodass er sagte: „Ich aß und ich werde noch essen."

Und daraus sollst du verstehen, dass der Lohn, der durch die *Tora* vorgesehen ist, nur durch die Bereitschaft der Körper bedingt wird, und die ganze *Tora* nur darin besteht, die Korrektur der Sünde des Baumes der Erkenntnis herbeizuführen, infolge derer die Lenkung der Existenz des Universums verworren wurde. Zur Korrektur dessen wurde die *Tora* gegeben, um die 288 Funken zurückzubringen und in die Heiligkeit zu erheben. Dann wird die Lenkung des Universums an die Heiligkeit zurückgehen, und das Chaos in der Existenz des Universums wird verschwinden. Und dann werden die Menschen bereit sein für die von ihnen erwünschte Perfektion mithilfe der Analyse von Bitter-Süß, die vor der Sünde des Baumes der Erkenntnis wirkte.

Und die Propheten sprechen von nichts anderem als nur von dieser Korrektur. Und wie die Weisen sagten: „Alle Propheten haben in ihren Prophezeiungen von nichts anderem gesprochen als von den Zeiten des *Messias*" – was die Rückkehr der Welt auf die Wege der Existenz der bewussten Lenkung meint, wie das vor dem Sündenfall war. „Doch in der zukünftigen Welt" – was den Abschluss von allem in der qualitativen Gleichheit mit dem Schöpfer bedeutet – „wird das Auge keinen Schöpfer außer Dir erblicken." Und wie es geschrieben steht: „Wenn sich Ägypten in den Zeiten des *Messias* nicht erhebt, wird es nicht über ihnen regnen", also mithilfe der Analyse von Gut und Böse.

22. Und nun wird der Ausspruch der Weisen klar: „Der Schöpfer fand kein besseres Mittel als den Frieden, das fähig wäre, den Segen für *Israel* zu fassen." Wir blieben bei der Frage stehen: Warum wurde dieser Artikel ausgewählt, um die sechs Bücher des *Talmud* abzuschließen? Und aus dem oben Gesagten wird klar, dass aufgrund der Sünde des Baumes der Erkenntnis die Seele des ewigen Lebens verflog, die der Schöpfer in die Nase von *Adam haRishon* eingehaucht hatte, und eine neue Form erhielt, genannt „Schweißtropfen des Lebens". Mit anderen Worten spaltete sich das Ganze in eine Vielzahl an Teilen, in viele Tropfen, die unter *Adam haRishon* und allen seinen Nachkommen bis zum Ende der Tage aufgeteilt wurden.

Somit gibt es an der Handlungsweise des Schöpfers überhaupt keine Veränderungen außer dem Auftreten einer zusätzlichen Form. Dieses allgemeine Licht des Lebens, welches zuvor in die Nase von *Adam haRishon* eingeblasen wurde, breitete sich in einer unendlichen Kette aus, und dreht sich auf dem Rad der Veränderungen in einer Vielzahl von Körpern – ein Körper nach dem anderen, bis zum notwendigen Ende der Korrektur. Als er dementsprechend von der Frucht des Baumes der Erkenntnis kostete, starb er augenblicklich, und das ewige Leben verflog aus ihm. Doch er wurde durch die Stelle der Weiterführung des Geschlechts (was als *Siwug* bezeichnet und „Frieden" genannt wird) an die gesamte große Kette gebunden.

Und so finden wir, dass der Mensch nicht für seine eigenen Bedürfnisse lebt, sondern für die Bedürfnisse der gesamten Kette, sodass jedes Glied der Kette das Lebenslicht nicht in seinem Innerem empfängt, sondern Lebenslicht an die vollständige Kette als Ganze weiterleitet. Und das findest du in den Hauptperioden des Lebens wieder. Im Alter von 20 ist [der Mensch] bereit zu heiraten. Und zehn Jahre darf er auf die Geburt von Söhnen warten. Im Alter von 30 ist er zweifellos schon Vater, und dann setzt er sich und wartet, bis sein Sohn das Alter von 40, die Zeit der Reife (*Bina*) erreicht, um seine Reichtümer und sein Wissen an ihn weiterzuleiten, die er selbst angehäuft hat, sowie alles, was er von den vorangegangenen Generationen erlernt und ererbt hatte, nachdem er sicher ist, dass das nicht zum Bösen genutzt wird. Und dann geht er augenblicklich in die andere Welt über, und sein Sohn führt die Kette weiter und folgt dabei seinem Vater.

Und wir haben bereits erklärt (Punkt 15), dass das Begehen der Sünde des Baumes der Erkenntnis für *Adam haRishon* obligatorisch war, was die verborgene Bedeutung des Geschriebenen darstellt: „Der große Lenker der Menschen." Denn er muss äußere *Kelim* für den Empfang des Umgebenden Lichts bekommen, sodass zwei Gegensätze in einem Träger auftauchen, doch zu unterschiedlicher Zeit, einer nach dem anderen. Und im kleinen Zustand befindet er sich am Tisch von *Sitra Achra* und empfängt dabei den Genuss der Aufspaltung [Trennung], und daher wächst in ihm das *Kli* des Empfangens, welches dem leeren Raum entstammt, bis es die erwünschte Größe erreicht. Und sobald er seinen großen Zustand erreicht und sich der *Tora* und den Geboten widmet, erlangt er die Fähigkeit, große *Kelim* des Empfangens in Geben umzuwandeln, was das Hauptziel darstellt, genannt „Licht der Wahrheit" und „Stempel" (Punkt 14).

Doch bekanntlich muss er, bevor er sich an die reinen Welten anschließt, wieder auf jegliche Form des Empfangens vom Tisch der *Sitra Achra* verzichten, wie uns das Gebot der Liebe „mit deiner ganzen Seele und mit deiner ganzen Kraft" gegeben wurde. Und wenn dem so ist, worin besteht dann der Nutzen der Korrekturen nach den Weisen, wenn er wieder zurückgekehrt ist und alles verloren hat, was er in *Sitra Achra* erreicht hatte?

Und hierzu versammelte der Schöpfer eine Vielzahl von Körpern in jeder Generation, wie die Weisen sagten: „Er sah, das es wenige Gerechte gibt, und verteilte sie in jeder Generation." Das bedeutet, dass der Schöpfer sah, dass das Ende der Gerechten darin besteht, das Empfangen für sich vollständig abzustoßen, und sich ihre Anzahl daher unter der Einwirkung des Umgebenden Lichts verringert, weil sie die dafür geeigneten äußeren *Kelim* verschmähen, und so verteilte er sie in jeder Generation. Somit gibt es keine Generation, in welcher nicht der Großteil der Geschöpfe nur für die Gerechten erschaffen wäre, welche für sie Träger der *Kelim* des leeren Raumes sein werden, sodass mit ihrer Hilfe in diesen Gerechten die Erfüllung äußerer *Kelim* stattfindet, unausweichlich und nicht nach ihrem eigenen Wunsch.

Und das, weil alle Mitglieder der Gesellschaft miteinander verbunden sind und einander beeinflussen, im Bezug auf die Körper wie auch im Bezug auf die Meinungen. Und somit tragen sie zwingend die Tendenz des Empfangens für sich in die Gerechten hinein, die auf diese Weise fähig werden, das erwünschte *Or Makif* (Umgebendes Licht) zu empfangen.

Und dementsprechend muss es Gerechte und Sünder in gleicher Anzahl in jeder Generation geben. Doch dem ist nicht so. Wir sehen, dass auf jeden Gerechten Zehntausende von Nichtsnutzen kommen. Doch du musst zwei Arten der Lenkung kennen, die im Geschöpf wirken:

- *die Kraft der Qualität,*
- *die Kraft der Quantität.*

Doch die Kräfte jener, die von *Sitra Achra* gelenkt werden, sind klein und trist, niederträchtig und hinterhältig, willen- und ziellos, und sie fliegen hin und her wie Stroh im Wind. Und wie konnten solche auf Menschen mit weisem Herzen Einfluss nehmen, deren Weg durch den Willen und das Ziel bestimmt wird und vor welchen eine Säule des Höheren Lichts Tag und Nacht leuchtet, und zwar so, dass sie niedere Neigungen in ihre Herzen tragen konnten?

Deswegen schuf der Schöpfer im Geschöpf die Kraft der Quantität, und diese Kraft bedarf absolut keiner Qualität. Ich werde es dir am Beispiel der qualitativen Kraft von Löwen und Tigern erklären, gegen die aufgrund der hohen Qualität ihrer Kraft kein Mensch ankämpfen wird. Im Vergleich zu ihnen finden wir Kraft und Tapferkeit, die keinerlei Qualität enthalten, sondern nur Quantität – wie bei Fliegen, gegen die aufgrund ihrer unendlichen Anzahl kein Mensch kämpfen wird. Sie fliegen im Haus des Menschen herum, setzen sich auf den gedeckten Tisch, und der Mensch fühlt sich schwach ihnen gegenüber.

Wenn es dagegen um Feldinsekten, Gewürm und andere ungebetene Gäste geht, deren Kraft hinsichtlich der Qualität die Kraft von Hausfliegen übertrifft, so wird der Mensch sich nicht beruhigen und nicht ruhen, bis er sie endlich aus dem Haus vertreibt, sogar wenn ihre Kräfte hinsichtlich der Qualität größer sein werden als bei Fliegen. Und das, weil die Natur sie nicht mit der Kraft der Menge belohnt hat, wie es bei Fliegen der Fall ist. Dementsprechend sollst du verstehen, dass auf jeden Gerechten unbedingt eine große Menge an Nichtsnutzen kommen muss, um in ihm aufgrund ihrer Vielzahl ihre groben Neigungen zu entfalten, da sie über gar keine Qualität verfügen.

Und darin besteht der Sinn dessen, was die Schrift sagt: „Der Schöpfer schenkt seinem Volk Kraft." Denn als Kraft wird das ewige Licht des Lebens bezeichnet, welches in der gesamten Kette der Schöpfung erreicht wird. Und die Schrift verspricht uns, dass der Schöpfer uns diese Kraft geben wird. Doch eine Schwierigkeit gibt es: Wie wird das gehen? Denn jeder Einzelne ist unvollkommen. Wie die Weisen sagten: „Besser ist es für den Menschen, nicht erschaffen worden zu sein, als erschaffen worden zu sein." Und wenn dem so ist, wie können wir dann Seiner Ewigkeit sicher sein?

Und das wird durch den Ausspruch abgeschlossen: „Der Schöpfer segnete Sein Volk mit Frieden" – also die Segnung der Söhne. Wie die Weisen in *Massechet Shabbat* (im *Talmud*) sagten: „Man kann keinen Frieden in einem Haus walten lassen, das ohne Söhne leer ist" – da sich diese Kette durch die Söhne fortsetzt und bildet bis zum Ende der Korrektur. Und erst dann werden alle Teile in der Ewigkeit weilen.

Deswegen sagten die Weisen: „Der Schöpfer fand kein besseres Mittel als den Frieden, das den Segen für *Israel* fassen könnte." Da der Segen des Schöpfers ewig ist, müssen auch die Empfänger ewig sein. Somit wird die Sache der Väter von den Söhnen weitergeführt, und zwischen ihnen entsteht eine Kette der Ewigkeit, fähig, ewigen Segen festzuhalten, und so finden wir, dass der Frieden festhält und siegt, indem er sich auf die Vollkommenheit des Segensspruches stützt.

Und aus diesem Grund wird der *Talmud* durch diesen Artikel abgeschlossen, da der Frieden dasjenige *Kli* ist, welches für uns den Segen der *Tora* und aller Gebote festhält, bis zur vollständigen Korrektur und auf ewig, bald, in unseren Tagen, Amen. Und alles wird seinen Platz in Frieden einnehmen.

Materie und Form in der Wissenschaft der Kabbala

Rav Yehuda Ashlag

Die Wissenschaft wird im Ganzen in zwei Teilgebiete aufgeteilt: Das erste ist die Erkenntnis der Materie und das zweite die Erkenntnis der Form. Das bedeutet, dass in der uns umgebenden Wirklichkeit nichts existiert, in dem man nicht Materie und Form erkennen könnte. Zum Beispiel ein Tisch. Er hat eine Materie aus Holz und eine Form – die Form eines Tisches. Und die Materie, also Holz, ist Träger einer Form, nämlich der eines Tisches. Genauso bei dem Wort „Lügner": Es hat als Materie den Menschen und eine Form – „Lügner", so ist die Materie der Mensch, Träger der Form „Lügner". Und so ist es in allem.

Ähnlich dazu wird auch die Wissenschaft, welche die Wirklichkeit untersucht, in zwei Teilgebiete unterteilt:

- *die Erforschung der Materie und*
- *die Erforschung der Form.*

Das Teilgebiet der Wissenschaft, das die Eigenschaften der in der Realität existierenden Materie untersucht (die reine Materie ohne deren Form sowie die Materie gemeinsam mit deren Form), gehört zur „Erkenntnis der Materie". Diese Erkenntnis hat eine empirische Basis, das heißt, sie ist auf Beweisen und Gegenüberstellungen von Ergebnissen praktischer Versuche begründet, die sie als glaubwürdige Basis für wahre Schlussfolgerungen akzeptiert.

Der andere Teil der Wissenschaft betrachtet nur die Form, die von der Materie gelöst ist und in keinem Zusammenhang zu ihr steht. Mit anderen Worten werden die Formen „Wahrheit" und „Lüge" von der Materie gelöst, das heißt, von Menschen, die deren Träger sind, und es wird nur die Gültigkeit oder Nichtgültigkeit dieser Formen selbst in Reinform betrachtet, ohne dass sie in irgendeiner Materie verwirklicht wären. Das heißt „die Erkenntnis der Form".

Diese Erkenntnis hat keine empirische Basis, weil solch abstrakte Begriffe keine Verwirklichung in der durch Erfahrung bestätigten Praxis erfahren, weil sie sich hinter den Grenzen der realen Wirklichkeit befinden. Denn diese abstrakte Form ist reines Produkt der Phantasie, das heißt, nur die Phantasie kann sie uns ungeachtet der Tatsache ausmalen, dass sie nicht in der Wirklichkeit existiert.

Dementsprechend basiert jegliche wissenschaftliche Erkenntnis dieser Art ausschließlich auf theoretischer Grundlage, wird also nicht durch praktische Versuche unterstützt, sondern ist lediglich Produkt der Erforschung durch theoretische Diskussion. Zu dieser Kategorie gehört hohe Philosophie. Und eben deshalb hat ein großer Teil moderner Wissenschaftler aufgehört, sich mit ihr zu beschäftigen, weil sie nicht mit diesen Diskussionen zufrieden sind, die auf theoretischen Mutmaßungen aufgebaut sind, die ihrer Meinung nach eine unzuverlässige Grundlage bieten – für zuverlässig halten sie nur die empirische Basis.

Die Wissenschaft der Kabbala wird auch in die zwei oben genannten Teilgebiete unterteilt: die Erkenntnis der Materie und die Erkenntnis der Form. Allerdings ist in ihr, im Vergleich zur klassischen Wissenschaft, sogar die Erkenntnis der Form komplett auf der wissenschaftlichen Erforschung der praktischen Wahrnehmung, also auf der Basis der praktischen Erfahrung aufgebaut.

Dies ist für Yehuda

Rav Yehuda Ashlag

Das Brot, welches unsere Väter im Land Ägypten aßen. Die *Mizwa* des Essens der Maza[55] wurde den Kindern *Israels* bereits vor dem Verlassen Ägyptens gegeben und bezieht sich auf den bevorstehenden Exodus, der in aller Eile stattfand. Daraus folgt, dass ihnen die *Mizwa* vom Maza-Essen noch während ihrer Sklaverei gegeben wurde, während das Ziel dieser *Mizwa* sich auf die Zeit der Erlösung bezog, da sie in aller Eile geflüchtet waren.

Darum erinnern wir uns sogar noch heute gerne an das Maza-Essen in Ägypten, da wir uns auch wie Sklaven in einem fremden Land befinden. Auch beabsichtigen wir, mit der *Mizwa* des Maza-Essens die Erlösung, die bald, in unseren Tagen, geschehen wird, zu erlangen – Amen. Genauso wie sie unsere Väter in Ägypten aßen.

Dieses Jahr – hier ... nächstes Jahr – Söhne der Freiheit. Oben steht geschrieben, dass man in der Absicht dieser *Mizwa* die für uns bestimmte sichere Erlösung hervorrufen kann, so, wie es bei der *Mizwa* des Maza-Essens unserer Vorväter in Ägypten war.

Sklaven waren wir ... In *Massechet Pssachim* (S. 116) steht geschrieben: „Es beginnt mit der Schande und endet mit Lob." Über die Schande waren sich Rav und Shmuel nicht einig: Rav sagt anfänglich: „Am Anfang waren unsere Väter Götzenanbeter", und Shmuel sagt: „Anfänglich waren wir Sklaven." Und der Brauch folgte Shmuel.

Wir müssen diesen Meinungsunterschied verstehen. Der Grund für „Mit Schande beginnen und mit Lob aufhören" ist so, wie geschrieben steht: „[...] soweit wie Licht Dunkelheit überkommt". Daher müssen wir an das Thema der Schande erinnern, dass wir dadurch Kenntnis über die vom Schöpfer für uns vorgesehenen Gnaden erwerben.

Es ist bekannt, dass unser ganzer Beginn nur in der Schande liegt, da „Abwesenheit vor Anwesenheit" kommt. Darum heißt es: „Der Mensch wird als wilder Esel geboren". Und zum Schluss nimmt er die Form eines Menschen an. Dieses trifft

---

55 Gesäuertes Brot, welches die Juden während des Pessachfestes essen.

auf jedes Element in der Schöpfung zu, und so war es auch beim Wurzelschlagen der gesamten israelitischen Nation.

Der Grund liegt darin, dass der Schöpfer die Schöpfung aus dem Nichts (*Jesh mi Ajn*) entstehen ließ. Und wenn dem so ist, so gibt es keine Existenz, die zuvor nicht im Nichts enthalten gewesen wäre. Diese Abwesenheit hat jedoch eine bestimmte Form in jedem Schöpfungselement, denn wenn wir die Wirklichkeit in vier Arten unterteilen – bewegungslos, pflanzlich, tierisch und sprechend – dann finden wir, dass der Beginn des Bewegungslosen notwendigerweise völlige Abwesenheit ist.

Der Beginn des Pflanzlichen ist jedoch nicht das völlige Nichtvorhandensein, sondern nur dessen vorheriger Zustand, welcher, verglichen mit sich selbst, als Abwesenheit angesehen wird. Und was das Säen und Verrotten betrifft, welches für jedes Samenkorn lebensnotwendig ist, so wird dieses aus der Form des Bewegungslosen gewonnen.

Das Gleiche betrifft die Abwesenheit des belebten und des sprechenden Grades: Die pflanzliche Form wird, in Hinblick auf die tierische Form, als Abwesenheit betrachtet und die tierische Form als Abwesenheit, was den sprechenden Grad anbetrifft. Somit lehrt uns die Schrift, dass die Abwesenheit vor der Existenz des Menschen die Form des Tieres ist. Darum steht geschrieben: „Der Mensch wird als wilder Esel geboren", da es für jede Person nötig ist, im Zustand eines Tieres anzufangen.

Und die Schriften sagen: „Mensch und Tier erhältst Du, oh Ewiger." Und so wie dem Tier alles zu seinem Erhalt und zur Erfüllung seines Zweckes gegeben wird, so versorgt Er den Menschen mit allem, was er zum Lebensunterhalt und zur Vervollkommnung seines Zweckes benötigt.

Darum müssen wir begreifen, worin der Vorzug der Menschen – aus der Perspektive ihrer eigenen Vorbereitung gesehen – vor dem Tier liegt. Es ist in der Tat ihren Wünschen entnommen, denn die Wünsche des Menschen sind auf jeden Fall anders als die eines Tieres. Und in dem Umfang unterscheidet sich Gottes Rettung des Menschen von der eines Tieres.

Daher finden wir nun nach all den Überprüfungen und Untersuchungen, dass der einzige Wunsch im Menschen, der nicht in der Tierwelt existiert, im Erwachen nach der göttlichen Anheftung (*Dwekut*) besteht. Nur die menschliche Spezies ist dazu bereit und keine andere.

Es folgt, dass das gesamte Thema über den Vorzug der menschlichen Art in der Vorbereitung liegt, zur Anheftung an den Schöpfer zu streben. Und das ist die Erhabenheit gegenüber dem Tier. Und viele sprachen bereits darüber, dass die Intelligenz zum Kunsthandwerk und zur politischen Führung mit großer Weisheit in vielen Elementen in der Tierwelt erkennbar ist.

Demnach können wir nun also das Thema der Abwesenheit, welches vor der Existenz des Menschen war, als Verneinung des Wunsches, dem Schöpfer nahe zu sein, annehmen, was der tierischen Stufe entspricht. Nun verstehen wir die Worte der *Mishna*: „Es beginnt mit Schande und endet mit Lob." Dies hat die Bedeutung, dass wir uns auf positive Weise an das Nichtvorhandensein, welches unserer Existenz vorausgeht, erinnern und es erforschen müssen, was die Schande ist, die dem Lob vorangeht und aus der wir das Lob besser verstehen können – wie geschrieben steht: „Es beginnt mit Schande und endet mit Lob."

Dies ist auch die Bedeutung unserer vier Exile, ein Exil nach dem anderen, welches den vier Erlösungen, Erlösung nach Erlösung, vorangeht; bis zur vierten Erlösung, welche die komplette Perfektion ist, die wir für unsere nahe Zukunft erhoffen, Amen.

Exil bezieht sich auf „Abwesenheit, welche der Präsenz vorangeht", welche die Erlösung ist. Und da diese Abwesenheit das ist, welches auf das *HaWaYaH* Zugeschriebene vorbereitet wie das Säen, welches auf die Ernte vorbereitet, sind alle Buchstaben der Erlösung (*Geula*) im Exil (*Gola*) vorhanden – außer dem Buchstaben **Alef**, weil dieser Buchstabe auf den „Meister (*Aluf*) der Welt" hinweist.

Dies lehrt uns, dass die Form der Abwesenheit nur die Verneinung der Anwesenheit ist. Und wir kennen die Form der Anwesenheit – die Erlösung – vom Vers „und es wird kein Mensch seinen Nächsten lehren [...] denn sie werden Mich alle kennen, von dem Kleinsten bis zum Größten unter ihnen."

Daher ist die Form der vorherigen Abwesenheit, das heißt die Form des Exils, nur die Abwesenheit des Wissens um den Schöpfer. Es ist die Abwesenheit von *Alef*, der im *Gola* (Exil) fehlt und in der *Geula* (Erlösung) da ist – die *Dwekut* mit dem „Meister der Welt".

Dies ist genau die Erlösung unserer Seelen, nichts mehr und nichts weniger, da wir sagten, dass alle Buchstaben von *Geula* in *Gola* präsent sind – außer *Alef*, der der Meister der Welt ist.

Um dieses gewichtige Thema zu verstehen, dass die Abwesenheit an sich diejenige ist, die die ihr zugeschriebene Anwesenheit vorbereitet, sollten wir von dem Verhalten in dieser körperlichen Welt lernen. Wir sehen, dass das Freiheitskonzept, welches ein sehr erhabenes Konzept ist, nur von einigen wenigen Auserwählten erkannt wird, und dass selbst sie angemessene Vorbereitungen dafür brauchen. Aber die Mehrheit der Menschen ist nicht in der Lage, dieses Konzept zu erkennen. Umgekehrt jedoch gleichen sich im Bezug auf das Sklavenkonzept die Kleinen und die Großen: Sogar die Niedersten unter den Menschen werden das nicht dulden.

(Wir waren Zeugen davon im polnischen Volk, das sein Königreich nur deshalb verlor, weil die Mehrheit den Wert der Freiheit nicht verstand und auch nicht pflegte. Darum gerieten sie für hundert Jahre unter die Knechtschaft der russischen Regierung. In derselben Zeit litten sie alle sehr unter dem Joch, und vom Kleinsten bis zum Größten versuchte jeder, Freiheit zu erlangen. Und obwohl sie noch nicht den wahren Geschmack der Freiheit erreichten, stellte jeder sich ihn so vor, wie er wollte, doch während sie noch keine Freiheit besaßen – also während der Unterjochung – war der Wunsch, die Freiheit zu schätzen, fest in ihren Herzen eingeprägt.

Aus diesem Grund befanden sich viele in einem Zustand der Verwirrung, als ihnen dieses Joch genommen wurde, weil sie nicht wussten, was ihnen diese Freiheit gebracht hatte. Manche von ihnen bedauerten es sogar und sagten, dass die eigene Regierung nun noch mehr Steuern als die ausländische Regierung von ihnen verlange, und sie wollten, dass diese wieder an die Macht kam. Und dies, weil die Kraft der Abwesenheit nicht genügend auf sie gewirkt hat.)

Nun ist uns auch der Konflikt zwischen Rav und Shmuel klar. Rav interpretiert die *Mishna*, welche mit der Schande beginnt, so, dass man später das Maß der Erlösung vollkommen schätzen kann. Darum bestimmt er, in der Zeit Terachs anzufangen. Und er sagt nicht, was Shmuel sagt, als bereits in einigen Wenigen in Ägypten Seine Liebe und Arbeit innerhalb der Nation eingepflanzt war. Ebenso ist auch die zusätzliche Schwierigkeit der Sklaverei in Ägypten kein Mangel an sich im Leben der Nation, genannt „Adam".

Und Shmuel interpretiert die *Mishna* so und sagt, dass, weil die Abwesenheit die Anwesenheit vorbereitet, sie als ein Teil Seiner Erlösung betrachtet und ebenfalls mit Dankbarkeit aufgenommen werden sollte. Deshalb beginnen wir nicht mit: „Am Anfang waren unsere Väter Götzenanbeter", denn diese Zeit wird nicht einmal als „Abwesenheit, die der Anwesenheit vorangeht" betrachtet. Dies ist so, weil ihnen völlig die menschliche Art von Anwesenheit fehlt, da sie ganz und gar von Seiner Liebe entfernt sind; wie der Kastrierte, der keine Liebe spürt.

Daher beginnen wir mit der Sklaverei in Ägypten, als die Funken Seiner Liebe zu einem gewissen Grad in ihren Herzen brannten. Aber aufgrund von Ungeduld und harter Arbeit wurden sie jeden Tag unterdrückt. Dies wird als „Abwesenheit, die der Anwesenheit vorausgeht" betrachtet, und daher sagt er, man soll mit „wir waren Sklaven" beginnen.

Und auch, weil das Konzept von Freiheit der Nation im Verständnis des Schöpfers ein solch hohes Konzept ist, welches nur von einigen wenigen Auserwählten verstanden wird – und von denen auch nur durch die passenden Vorbereitungen dafür; doch hat die Mehrheit der Menschen diese Erkenntnis nicht, noch nicht, erreicht. Umgekehrt ist das Erkennen der Mühsal der Versklavung uns allen klar, wie es Ibn Esra am Anfang des Abschnitts *Mishpatim* schreibt: „Nichts ist für einen Menschen schwieriger, als sich unter der Autorität eines ihm ebenbürtigen Menschen zu befinden."

Die handelnde Vernunft

Rav Yehuda Ashlag

Der Grund für die Erschaffung des Menschen ist der Zustand, den er verpflichtet ist als Ergebnis seiner Entwicklung zu erreichen – die Ähnlichkeit mit dem Schöpfer oder die Verschmelzung mit dem Schöpfer. Alle Naturgesetze sind in ihren Wirkungen nur auf die Verwirklichung dieses Ziels ausgerichtet. Die Verschmelzung des Menschen mit dem Schöpfer vollzieht sich durch die Ähnlichkeit der Eigenschaften, durch Angleichung der Eigenschaften des Menschen an die Eigenschaften des Schöpfers.

Jeder Mensch ist verpflichtet, in einer seiner Reinkarnationen noch in dieser Welt das Ziel zu erreichen, für welches er erschaffen wurde – die Verschmelzung mit dem Schöpfer.

Doch warum führt die Ähnlichkeit mit dem Schöpfer zur Verschmelzung mit Ihm? Das kann man anhand eines Beispiels verstehen: In jeder Handlung wird die Vernunft des Handelnden sichtbar. So erkennt man am Tisch die Vernunft des Tischlers und dessen Können, weil der Tischler in seiner Arbeit die Vernunft benutzt hat. Deswegen entdeckt derjenige, der die Handlung, den Tisch, ansieht, die Vernunft, die im Tisch enthalten ist, weil im Moment der Arbeit die Handlung mit der Vernunft verschmolzen war.

Aus diesem Grunde ist es so, dass, wenn der Mensch über die Handlung des Schöpfers nachdenkt, er Seine Vernunft erkennt, die Vernunft desjenigen, der die Handlung vollzogen hat. Deswegen verschmilzt derjenige, der die Handlungen begriffen hat, durch die der Schöpfer die Welt und deren Ordnung erschaffen hat, mit der Vernunft, die sie erschaffen hat. Und das bedeutet, dass er mit dem Schöpfer verschmilzt. Deswegen steht geschrieben, dass der Mensch die Namen des Schöpfers offenbart – Seine Erscheinung in der Schöpfung –, und durch diese Offenbarung verschmilzt er mit dem Schöpfer.

Körper und Seele

Rav Yehuda Ashlag

Bevor ich an die Erläuterung dieses erhabenen Themas gehe, ist es wichtig zu unterstreichen, dass es unmöglich erscheint, dies einem menschlichen Verstand zu erklären, ohne jene abstrakten philosophischen Begriffe zu benutzen, die normalerweise bei Untersuchungen dieser Art üblich sind. Seit dem Tag, an dem ich die Kabbala entdeckte und mich mit ihr befasste, habe ich mich von der abstrakten Philosophie und all ihren Zweigen grundlegend distanziert. Allem, was ich in der Folge niederschreibe, liegt daher eine rein wissenschaftliche und empirische Perspektive zugrunde.

Und wenn ich im Weiteren philosophische Begriffe benutze, so nur, um den Unterschied aufzuzeigen zwischen dem, was der menschliche Verstand sich einbilden und dem, was durch die Konzepte der Tora und Prophezeiung verstanden werden kann, welche sich auf praktische Grundlagen stützen (wie ich in *„Das Wesen der Wissenschaft der Kabbala"* aufgezeigt habe).

Ich werde auch die wahre Bedeutung der Begriffe „Körper" und Seele" klären, denn Wahrheit und Verstand sind ein und dasselbe. Und die Wahrheit ist für jeden erfassbar, aber nur durch den Geist der Heiligen Tora und durch das Vermeiden verfälschter Konzepte, die mittlerweile in der Menschheit Fuß gefasst haben. Sie haben sich aus den abstrakten Methoden entwickelt, aus welchen der Geist unserer Heiligen Tora schlichtweg entfernt wurde.

DREI THEORIEN VON KÖRPER UND SEELE

Alle Theorien von Körper und Seele, die in der Welt verbreitet sind, kann man in drei Kategorien einteilen.

1. Theorie des Glaubens

Die Theorie des Glaubens besagt, dass alles in der Seele oder im Geist existiert. Nach dieser Meinung existieren spirituelle Wesen, die sich entsprechend ihrer verschiedenen Eigenschaften unterscheiden, als „menschliche Seelen" bezeichnet werden und unabhängig sind, bevor sie sich im menschlichen Körper verwirklichen. Demzufolge betrifft sie der Tod des physischen Körpers nicht, weil das Spirituelle eine einfache Substanz (Wesen) ist. Der Begriff des Todes ist dieser Meinung nach nichts weiter als eine Trennung der Elemente, aus denen das Wesen besteht.

Und dies bezieht sich auf materielle Körper, die aus verschiedenen Elementen bestehen, die durch den Tod wieder getrennt werden. Die Seele aber, ein spirituelles Gebilde, stellt eine einfache Substanz dar, welche nicht weiter unterteilt werden kann; denn diese Unterteilung würde einer Auslöschung gleichen. Daher ist und existiert die Seele ewig.

Der Körper stellt nach diesem Verständnis eine gewisse Kleidung dieser spirituellen Substanz dar. Die Seele kleidet sich in den Körper und offenbart durch ihn ihre Kräfte: Dies sind gute Eigenschaften und alle Arten von Kenntnissen. Auf diese Weise belebt die Seele selbst den Körper, versetzt ihn in Bewegung und bewahrt ihn vor Verletzungen. Daher ist der Körper an sich leb- und bewegungslos und nichts als tote Materie, nachdem die Seele ihn zur Sterbestunde verlassen hat; und alle Lebenszeichen des menschlichen Körpers sind lediglich Erscheinungen der seelischen Kräfte.

2. Theorie des Dualismus

Dies ist die Theorie der Verfechter der Dualität. Ihrer Meinung nach ist der Körper ein vollkommenes Wesen. Er lebt, ernährt sich, kümmert sich nach Notwendigkeit um den Fortbestand der eigenen Existenz und bedarf keinerlei Hilfe durch ein spirituelles Wesen.

Dieser Körper wird aber keineswegs für das Wesen des Menschen gehalten. Die Grundlage des Wesens des Menschen ist die vernünftige Seele, welche ein spirituelles Objekt ist, was an die Meinung der Verfechter der ersten Theorie anschließt.

Der Unterschied zwischen diesen beiden Theorien betrifft nur die Definition des Körpers. Die Entwicklung der Wissenschaften hat gezeigt, dass die Höchste Lenkung bereits alle lebensnotwendigen Bedürfnisse im System des Körpers selbst veranlagt hat, und das lässt dem Wirken der Seele im Körper keinen Raum - außer den Fertigkeiten und guten Eigenschaften ihrer spirituellen Ausprägungen. Somit glauben sie an die Dualität, das heißt an beide Theorien gleichzeitig, behaupten aber dabei, dass die Seele die Bedingung für den Körper ist; das heißt, dass der Körper das Ergebnis ist, das von der Seele ausgeht.

3. Theorie der Leugner

Dies ist die Theorie jener, die die Spiritualität ablehnen und nur die Stofflichkeit akzeptieren. Verfechter dieser Theorie negieren die Existenz jeglicher abstrakten spirituellen Substanz im Körper des Menschen. Sie haben offensichtlich bewiesen, dass auch der menschliche Verstand das Produkt des Körpers ist und sie beschreiben den Körper als Maschine, innerhalb welcher Kabelstränge verlaufen. Diese werden durch Kontakte des Organismus mit äußeren Reizerregern in Betrieb gesetzt.

Sie leiten auch Empfindungen – „Schmerz" oder „Genuss" – ins Gehirn weiter, wobei das Gehirn dann dem Organ Anweisungen erteilt, was zu tun ist. Alles wird mithilfe dieser Nervenbahnen durchgeführt. Sie lenken den Organismus von Schmerzquellen weg und an Genussquellen heran. So erklären sie alle Schlussfolgerungen, die der Mensch aus den Ereignissen im Leben zieht.

Auch das, was wir als Konzepte und Logik in unserem Verstand wahrnehmen, sind nur Bilder körperlicher Reize. Der Vorteil des Menschen gegenüber dem Tier besteht dabei darin, dass sein Gehirn soweit entwickelt ist, dass sich dort alle körperlichen Ereignisse als Bilder manifestieren, welche wir als Eindrücke und Vernunft erleben.

Somit sind der Verstand und seine Schlussfolgerungen nichts anderes als das Ergebnis der im Körper stattfindenden Vorgänge. Auch unter den Vertretern der Theorie des Dualismus kann man einige finden, die mit dieser Theorie vollkommen einverstanden sind. Aber sie fügen dem dennoch eine gewisse ewige spirituelle Substanz hinzu, die sie als „Seele" bezeichnen, welche sich in die Maschine des Körpers kleidet. So ist diese Seele das Wesen des Menschen und der Körper lediglich dessen Hülle.

So habe ich in allgemeiner Form das beschrieben, was die Geisteswissenschaft bis heute unter den Begriffen von Körper und Seele versteht.

DIE WISSENSCHAFTLICHE BEDEUTUNG DES KÖRPERS UND DER SEELE ENTSPRECHEND UNSERER HEILIGEN TORA

Nun werde ich dieses erhabene Thema entsprechend unserer Heiligen Tora erklären, und zwar so, wie es unsere Weisen taten. Ich habe bereits mehrmals betont, dass kein einziges Wort unserer Weisen, nicht einmal die prophetische Weisheit der Kabbala, auf alleiniger Theorie basiert. Denn es ist bekannt, dass der Mensch von Natur aus immer zweifelt und jegliche Schlussfolgerung, die er als gewiss betrachtet, wird nach kurzer Zeit wieder ungewiss. Daher strengt man sich doppelt so stark im Studium an und zieht neuerlich Schlüsse, um sie als gewiss zu betrachten.

Doch ein wahrhafter Student wird sich um diese Achse sein ganzes Leben lang bewegen, da die Gewissheit von gestern zur Ungewissheit von heute wird und die heutige Gewissheit zum Zweifel von morgen. Daher ist es unmöglich, Schlussfolgerungen für eine längere Zeitdauer als einen Tag zu ziehen.

ENTHÜLLT UND VERHÜLLT

Die heutige Wissenschaft hat ausreichend verstanden, dass es in Wirklichkeit keine absolute Gewissheit gibt. Unsere Weisen jedoch gelangten zu dieser Erkenntnis bereits vor Tausenden von Jahren. Daher haben sie uns bezüglich religiöser Themen nicht nur verboten, Schlussfolgerungen zu ziehen, die ausschließlich auf Theorien basieren, sondern untersagten uns sogar, solche Theorien auch nur als Unterstützung heranzuziehen, nicht einmal in der Gesprächsführung.

Unsere Weisen unterscheiden, bezogen auf die Weisheit, zwei Dinge: Enthülltes und Verhülltes. Der **enthüllte Teil** beinhaltet alles, was wir durch unser Bewusstsein direkt wahrnehmen, genauso wie die Konzepte, die auf praktischer Erfahrung gründen, ohne dass eine tiefere Erforschung notwendig wäre; wie unsere Weisen sagen: „Ein Richter hat nur das, was seine Augen sehen."

Der **verhüllte Teil** beinhaltet alle Konzepte, die wir von vertrauenswürdigen Menschen überliefert bekamen oder die wir selbst durch allgemeines Verständnis und Wahrnehmung erlangt haben. Dennoch können wir uns ihnen nicht ausreichend annähern und sie zum Beispiel mit gesundem Verstand oder aufrichtiger Kenntnis kritisieren. Und das wird als „verhüllt" betrachtet, und uns wird geboten, dies mit „einfachem Glauben" zu akzeptieren. Und bei allem, was Religion betrifft, wurde uns strikt untersagt, bestimmte Belange, die uns veranlassen würden, sie zu hinterfragen und zu studieren, auch nur zu betrachten.

Jedoch sind die Bezeichnungen „enthüllt" und „verhüllt" keine beständigen Bezeichnungen, die auf eine bestimmte Art von Erkenntnis hinweisen, wie die Ungebildeten glauben.

Vielmehr weisen sie nur auf das menschliche Bewusstsein hin. Das heißt: Man bezieht sich auf all jene Konzepte, die man bereits aufgedeckt und durch Erfahrung enthüllt hat. Und man betrachtet all jene Konzepte, die noch auf gleiche Weise zu erkennen sind, als „verhüllt".

In allen Generationen nutzten die Menschen diese beiden Unterscheidungen. Der enthüllte Teil war für Studium und Forschung freigegeben, da er auf einer realen Basis gründet, und über den verhüllten Teil waren jegliche Fragen verboten, da es hier keine reale Basis gibt.

DIE ERLAUBNIS UND DAS VERBOT DER NUTZUNG DER GEWÖHNLICHEN WISSENSCHAFTEN

Wenn wir also in die Fußstapfen unserer Weisen treten, ist es uns nicht erlaubt, die menschliche Wissenschaft zu nutzen, außer mit durch Erfahrung erlangtem Wissen, an dessen Gültigkeit es keinen Zweifel gibt. Daher können wir von den oben genannten drei Methoden keinerlei religiöse Prinzipien annehmen, auch nicht deren Definitionen von Körper und Seele, welche fundamentale Konzepte und das Thema der Religion schlechthin sind. Wir können nur die Begriffe der lebenden Wissenschaften heranziehen, die auf unangezweifelten Experimenten beruhen.

Und solche Beweise über spirituelle Objekte können unmöglich anders erlangt werden, als durch den Körper, der über seine Sinne zu einer bestimmten Wahrnehmung fähig ist. Daher ist uns nur die dritte Methode, zumindest in einem bestimmten Ausmaß, erlaubt. Sie befasst sich nur mit den Angelegenheiten des Körpers und den Schlussfolgerungen, welche empirisch bewiesen wurden und nicht anzuzweifeln sind. Die übrigen Begriffe, welche Kombinationen aus verschiedenen Methoden sind, sind uns verboten. Jeder, der sie nutzt, bricht das Gebot: „Wende dich nicht an fremde Götter."

Doch diese dritte Theorie ist dem menschlichen Geist befremdend und zuwider. Es gibt kaum einen gebildeten Menschen, der sie annehmen könnte. Denn nach ihrer Äußerung wurde die menschliche Form vernichtet, und aus ihr wurde eine Maschine gemacht, die mittels anderer Kräfte handelt und sich fortbewegt. Nach dieser Meinung verfügt der Mensch über keinerlei freie Wahl, sondern wird von Naturkräften getrieben und alle seine Handlungen macht er aus Zwang. Den Menschen erwarten weder Belohnung noch Bestrafung, da diese in Ermangelung eines freien Willens nicht angewendet werden können.

So etwas ist unakzeptabel, nicht nur für Religiöse, die an Belohnung und Strafe glauben. Denn an Seine Lenkung zu glauben und daran, dass alle Naturkräfte unter Seiner Herrschaft stehen, macht sie sicher, dass alles aus einem guten Grund geschieht. Diese Methode ist für Nichtreligiöse sogar noch seltsamer, welche der Meinung sind, dass der Mensch machtlos der blinden und ziellosen Natur ausgeliefert sei. Und jene Klugen wären wie Spielzeuge in den Händen der Natur und würden in die Irre geführt. Daher wird diese Methode verachtet und von der Welt gänzlich abgelehnt.

Aber man sollte wissen, dass die Methode des Dualismus nur dazu dient, die vorher angeführte Methode als falsch zu klassifizieren. Daher haben die Vertreter des Dualismus entschieden, dass der Körper, welcher nach der dritten Methode nur eine Maschine darstellt, keineswegs der wahre Mensch ist. Das wahre Wesen des Menschen ist etwas völlig anderes – unsichtbar und nicht wahrnehmbar für die Sinne. Es ist ein spirituelles Wesen, gekleidet und verborgen im Körper. Das ist das „Selbst" des Menschen, das „Ich". Der Körper und alles darin wird als Besitztum des ewigen und spirituellen „Ich" betrachtet.

Doch diese ganze Theorie hinkt, weil sie nicht erklären kann, wie eine spirituelle Substanz, welche die Seele oder das „Ich" ist, den Körper in Bewegung versetzen oder über ihn entscheiden kann. Denn wenn man der philosophischen Genauigkeit folgt, hat das Spirituelle keinen Kontakt mit dem Physischen. Es hat absolut keinen Einfluss darauf, wie sie selbst geschrieben haben.

KRITIK AN RAMBAM (MAIMONIDES)

Sogar ohne diese Frage wäre ihre Methode „in den Massen *Israels* verboten" worden, wie wir oben erklärten. Es ist wichtig zu wissen, dass die ganze Anklage der Weisen *Israels* gegen RAMBAM und das strenge Urteil, seine Bücher zu verbrennen, nicht darin lagen, dass man an der Rechtschaffenheit von RAMBAM selbst zweifelte. Vielmehr lag es daran, dass er Philosophie und Metaphysik, welche zur damaligen Zeit ihre Hochblüte hatten, zum Verfassen seiner Bücher nutzte. Der RAMBAM wollte sie [die Massen] davor schützen, jedoch stimmten die Weisen ihm nicht zu.

Natürlich hat unsere heutige Generation bereits begriffen, dass die metaphysische Philosophie keinen realen Ansatz bietet, der es wert wäre, Zeit dafür aufzuwenden. Daher ist es für jeden gewiss verboten, jeglichen Geschmack daran zu finden.

Vorwort zum Buch „Mund des Weisen"

Rav Yehuda Ashlag

Die Kabbalisten sprechen in ihren Büchern davon, dass jeder Mensch verpflichtet sei, die Kabbala zu studieren. Und selbst, wenn ein Mensch nicht bis in die Einzelheiten die *Tora* studiert hat und über Eigenschaften verfügt, die alle Gerechten der Welt übertreffen, aber keine Kabbala studiert hat, wird er gezwungen sein, wieder einen Lebenskreislauf zu durchlaufen und nochmals in diese Welt zu kommen, um die Geheimnisse der *Tora* und der Kabbala zu studieren.

Im Buch *Sohar*, im Lied der Lieder ist davon die Rede, dass die Seele nach dem Tod des Menschen sich vor den Schöpfer stellt und der Schöpfer ihr sagt: „Du bist die Schönste der Frauen und bist des Verweilens im Himmel mehr als alle anderen Seelen würdig, doch nichtsdestotrotz: Da du über keine Kenntnisse der Kabbala verfügst, wirst du in diese Welt zurückkehren. Dort wirst du zu Weisen gehen und die Geheimnisse der Kabbala studieren."

Man muss verstehen, warum die Vollkommenheit des Menschen vom Studium der Kabbala abhängt. Welchen Unterschied macht das auf den ersten Blick? Wodurch unterscheidet sich das Studium der Kabbala vom Studium der offenen *Tora*? Denn nirgends steht geschrieben, dass der Mensch verpflichtet sei, in der *Tora* alles ausnahmslos zu verstehen. Umgekehrt steht geschrieben, dass nicht das Studium, sondern die Tat wichtig sei. Und weiter, dass der eine mehr und der andere weniger tue, doch dass es das Wichtigste sei, dass das Herz auf den Schöpfer ausgerichtet sei. Ähnliches finden wir noch an vielen Stellen.

Um die Tiefe dieser Worte zu erkennen, müssen wir zuallererst gut verstehen und den Geschmack des im *Sohar* Gesagten erfühlen: „Die *Tora*, der Schöpfer und *Israel* sind eins", was auf den ersten Blick sehr widersprüchlich klingt.

Zunächst werde ich, bevor ich das erkläre, den Ausspruch der Weisen anführen, der alle Namen und Bezeichnungen erklärt, die in den Büchern angetroffen werden: „Das, was nicht erkannt wurde, benennen wir nicht beim Namen." Dies bedeutet, dass das Wesen des Schöpfers nicht von uns erkannt werden kann, und es steht geschrieben, dass sogar Nachdenken über das Wesen des Schöpfers verboten sei und erst recht das Gespräch hierüber.

Alle Namen, die wir dem Schöpfer geben, beziehen sich nicht auf Sein Wesen, sondern auf das Licht, welches von Ihm an die Niederen ausgeht. Und sogar der Name *Ejn Sof* (Unendlichkeit), der in Büchern zur Kabbala angeführt wird, bezeichnet ebenfalls das Licht, welches von Seinem Wesen ausgeht. Das heißt, da man bestimmte, dass für die Niederen der Begriff des vom Wesen des Schöpfers ausgehenden Lichts unendlich ist, bezeichnete man es mit diesem Namen. Die Rede ist jedoch nicht vom Wesen des Schöpfers, weil es unmöglich ist, dieses zu erkennen. Und wie soll man dem dann einen Namen oder eine Definition geben? Und daher: „Das, was nicht erkannt wurde, benennen wir nicht beim Namen."

Und jeder, der beginnt, die Kabbala zu studieren, muss sich, bevor er das Buch aufschlägt, dieses unerschütterliche Gesetz gut einprägen, welches lautet, dass sogar das Nachdenken über das Wesen des Schöpfers verboten ist, weil es absolut unmöglich ist, das Wesen zu erkennen. Wie soll man es also mit einem Wort bezeichnen, denn dies würde doch auf eine bestimmte Stufe der Erkenntnis hinweisen?

Hingegen ist es bezüglich der Lichter des Schöpfers, die von Ihm ausgehen, die Seine Namen sind, und der Bezeichnungen, die in Büchern angeführt werden, eine große *Mizwa*, sie zu untersuchen und zu erforschen. Und das ist eine unerschütterliche Verpflichtung eines jeden Menschen aus dem Volk *Israel* – die Geheimnisse des Lichts zu studieren und zu verstehen sowie alle Wege der Einwirkung des Schöpfers auf die Niederen, was das Wesen der Wissenschaft der Kabbala ausmacht und die künftige Belohnung der Seelen darstellt.

Im *Sohar* und in den *Tikunim* steht geschrieben, dass alle Höheren Welten und alle *Sefirot* in allen fünf Welten – *Adam Kadmon* und *ABYA* – nur dazu vorbereitet sind, um das Volk *Israel* zur Vollkommenheit zu führen, da die Seele eines Menschen aus dem Volk *Israel* Teil des Schöpfers ist. „Der Abschluss der Handlung liegt im ursprünglichen Gedanken", und der einfache Wunsch des Schöpfers war es, die Geschöpfe mit Genuss zu füllen als Belohnung für ihre Anstrengungen und Arbeit. Aus diesem Grund entfaltete sich vor Ihm die ganze Wirklichkeit, indem sie sich durch einen Abstieg nach dem Gesetz von Ursache und Folge (kausal) entwickelte – stufenweise durch die Welten *Adam Kadmon* und *ABYA* –, bis sie letztlich in der Erschaffung zweier Wesen mündete, die ineinander eingekleidet sind – der Seele, platziert in den materiellen Körper.

Da sich das Wesen der Wirklichkeit bis zu seinem niedersten Abschluss verbreitete, welcher der materielle Körper mit der in ihn eingekleideten Seele ist, so wurde auch der Abstieg nach dem Gesetz von Ursache und Folge zum Wesen der Existenz der Wirklichkeit, das heißt zu Wegen der Einwirkung des Schöpfers, welche entlang der Stufen hinabsteigt. Also ist es die Bestimmung des Höheren Lichts, welches das höchste von allen Höheren ist, sich auszubreiten und die Seele zu erreichen, die in einen materiellen Körper in dieser Welt eingekleidet ist, wie es geschrieben steht: „Und die Erde wird sich mit dem Wissen des Schöpfers füllen, und es wird nicht mehr der Mensch seinen Nächsten mit seinen Kenntnissen von Ihm belehren, weil alle Mich erkennen werden, von Jung bis Alt."

Die Weisen schrieben und im Buch *Sohar* steht: „Die ganze *Tora* sind die Namen des Schöpfers." Alle historischen Erzählungen, alle Gesetze und alle Sätze sind Namen des Schöpfers.

Und da „was nicht erkannt wurde, nicht beim Namen genannt werden darf", sollst du verstehen, dass das Geheimnis der Namen des Schöpfers in den Erkenntnissen besteht, die sich von Ihm zu Seinen Arbeitern verbreiten, zu Seinen Propheten und Gerechten, und jeder entspricht ihnen. Diese ganze Pracht wird uns durch die Annahme der *Tora* und die Erfüllung der Gebote zunächst durch den offenen Teil der *Tora* verliehen, die über eine herrliche Eigenschaft verfügt, unsere Körper zu reinigen und unsere Seelen soweit zu vergrößern, dass wir der Erkenntnis der ganzen *Tora* und der Gebote wie der Namen des Schöpfers würdig werden, was die künftige Belohnung der Seelen ist. Doch auch in dieser Welt gilt, wie es geschrieben steht: „Deine Welt wirst du bei deinem Leben sehen."

Darin wird uns erklärt, warum an einigen Stellen im *Sohar* die 613 *Mizwot* als die 613 *Ejtin deOrajta* (Ratschläge) bezeichnet werden und an einer Vielzahl von Stellen im *Sohar* als die 613 *Pkudin* (Anzahlungen). Zunächst muss der Mensch die *Tora* und die Gebote halten, um seinen Körper zu reinigen und die Seele zu vergrößern. Dann befinden sich die 613 *Mizwot* bei ihm in Form von *Ejtin*, das heißt, sie stellen für ihn Gebote dar, wie man dennoch dessen würdig werden und vor den Schöpfer kommen kann, erfüllt von Seinem Licht, da das Einhalten der *Tora* und die Erfüllung der Gebote ihn allmählich soweit reinigen, dass er der Offenbarung des Schöpfers würdig wird. Wie es in der *Gemara* geschrieben steht: „Was interessiert es den Schöpfer, ob man das Tier vom Nacken oder vom Hals schlachtet? Denn die *Tora* und die Gebote wurden zu nichts anderem gegeben, als nur, um durch sie das Volk *Israels* zu vereinen."

Jedoch, nachdem der Mensch in ausreichendem Maße seine Bedürfnisse gereinigt haben und des Lichts des Schöpfers würdig geworden sein wird, werden sich seine Augen und seine Seele öffnen und er wird die 613 Lichter erkennen, die in den 613 Geboten enthalten sind, was das Geheimnis der Namen des Schöpfers ist. Das heißt, er gelangt zu deren Erkenntnis.

Und mittels der Ausführung jeder einzelnen *Mizwa* empfängt er den Teil des Lichts, welcher darin eingeschlossen ist, da die *Mizwa* das Geheimnis des *Kli* ist. Darin kleidet sich das Licht ein, das heißt der Name des Schöpfers, der zu dieser *Mizwa* gehört, wie es geschrieben steht: „Die *Mizwa* ist ein Leuchter, und die *Tora* – das Licht".

Und das heißt: 613 *Mizwot* des Empfangens der Lichter. Das gleicht einem Menschen, der Edelsteine in ein Gefäß legte und dem von ihm geliebten Menschen sagte: „Nimm das Gefäß, doch bewahre es vor den Händen der Diebe." Und es ergibt sich, dass sie von einem Gefäß sprechen, doch sie meinen die darin befindlichen Edelsteine.

Aus den Büchern der Kabbala ist bekannt, dass das Geheimnis des Namens des Schöpfers, „Der Heilige – Gepriesen sei Er!" oder *Kudsha Brich Hu* (derselbe Name in Aramäisch), welches von den Weisen und dem *Sohar* vermittelt wird, im Namen *HaWaYaH* inbegriffen ist, welcher in sich alle Namen des Schöpfers auf allen Stufen einschließt. Daher gilt: „Die *Tora* und der Schöpfer sind eins", ungeachtet der Tatsache, dass die Massen in der *Tora* nichts als historische Erzählungen, Gesetze und Gesetzesbeschlüsse sehen.

Ich erklärte jedoch bereits den Sinn des Ausdrucks „Goldene Äpfel in silberner Fassung", was als die 613 Gebote des Empfangens der Lichter bezeichnet wird. So sagten die Weisen: „Die ganze *Tora* sind die Namen des Schöpfers", und daher: „Die *Tora* und der Schöpfer sind eins", doch im Geheimnis „Allgemeines und Besonderes", wo der Schöpfer der Komplex aller Namen und das allgemeine Licht ist und die *Tora* in 613 Lichter unterteilt wird. Und es ergibt sich, dass sie alle gemeinsam eins sind und den Schöpfer selbst darstellen.

Nun bleibt es uns zu klären, was *Israel* darstellt. Zunächst muss man verstehen, was die Vielzahl unterteilter Formen im Spirituellen bedeutet, das heißt, wie und zu welchem Zweck sie unterteilt und voneinander getrennt sind. Im Materiellen kann man das eine vom anderen mithilfe eines Messers trennen oder es lösen und trennen sie die Zeit und der Ort. Es ist jedoch unmöglich, sich solches im Spirituellen vorzustellen, welches außerhalb von Zeit und Raum steht.

Doch wisse, dass im Spirituellen der ganze Unterschied zwischen den Höchsten Lichtern nichts anderes als der Unterschied der Eigenschaften ist. Bezüglich vernünftiger Seelen, die den Menschen innewohnen, ist natürlich jede Seele von der anderen getrennt und entfernt. Doch die Basis der Trennung ist die Unterscheidung der Eigenschaften, das heißt, die Seele des einen ist gut, die des anderen schlecht, beim Dritten ist sie klug oder narrenhaft usw. Wie es heißt: „Wie sich die Gesichter voneinander unterscheiden, so unterscheiden sich auch ihre Meinungen."

Damit ist klar, dass, wenn alle Menschen über die gleiche Bildung und gleiche Neigungen verfügen würden, auch die Seelen der Menschen eine Seele wären. Und hinsichtlich der Bedeutung wäre sie wie das Licht der Sonne, welches alle Menschen so bestrahlt, dass es völlig unmöglich ist, getrennte Formen zu unterscheiden. So wäre auch eine Seele in eine Vielfalt an Körpern eingeschlossen, da der Abstand die spirituellen Wesen überhaupt nicht trennt, solange es keinen Unterschied in ihren Eigenschaften gibt.

Vorwort zum Buch „Mund des Weisen"

Kommen wir nun zur Erklärung. Es ist bereits bekannt, dass das Geheimnis der Seelen der Söhne *Israels* das Geheimnis des Göttlichen Teils von Oben ist, wobei die Seele nach dem Gesetz von Ursache und Folge abstieg, indem sie sich von einer Stufe zur anderen herabsenkte, bis sie sich eignete, in diese Welt zu kommen und sich in den unreinen, materiellen Körper einzukleiden. Und mittels der Einhaltung der *Tora* und der Erfüllung der *Mizwot* (Gebote) steigt sie von einer Stufe zur anderen auf, bis sich ihr Umfang auffüllt und sie letztlich würdig wird, ihre Belohnung vom Vollkommenen zu erhalten, die für sie beizeiten bereitet wurde. Das heißt: Die Erkenntnis der heiligen *Tora* in Form der Namen des Schöpfers ist das Geheimnis der 613 Gebote des Empfangens der Lichter.

Nun verstehst du, dass „die *Tora* und *Israel* eins [sind]". Der ganze Unterschied zwischen der *Tora* und der Seele besteht darin, dass sich infolge der Kraft der Unterscheidung der Eigenschaften, die in der Seele eingeschlossen ist, das Licht in ihr stark verkleinert hat. Und die *Tora* ist das einfache Licht, welches sich aus dem Wesen des Schöpfers verbreitet, dessen Größe unendlich ist, so wie geschrieben steht: „Die *Tora* und der Schöpfer sind eins."

Doch im Zeitraum der Vervollkommnung erhält die Seele die *Tora* im Geheimnis der Namen des Schöpfers, das heißt, sie erkennt das ganze Licht, welches in der *Tora* und den *Mizwot* eingeschlossen ist. Und wir finden vor, dass das Licht der Seele dem Licht der *Tora* gleich ist, wenn sie bereits das ganze Licht der *Tora* erkannte. Solange es die unvollständige Erkenntnis selbst eines kleinen Teils des Lichts aus dem allgemeinen Licht der *Tora* gibt, gilt die Seele immer noch nicht als vollkommen, weil den Seelen das ganze allgemeine Licht bereitet ist; und, wie ich bereits weiter oben erklärte: „Das, was nicht erkannt wurde, bezeichnen wir nicht beim Namen."

Und da das Licht zur Erkenntnis durch die Seelen bestimmt wurde und die Seele es nicht vollständig erkannte, ist sie unvollkommen. Wie es geschrieben steht: „Jemand, der die ganze *Tora* mit der Ausnahme einer *Mizwa* erfüllt, gilt als vollkommener Sünder."

Doch man sollte über die Erfüllung der *Tora* und der Gebote nach der Erfüllung der 613 Gebote des Empfangens der Lichter urteilen und meinen, dass die Seele unvollkommen sei, wenn es ihr an etwas Kleinem oder Großem mangelt. Auf diese Weise erreicht sie während des Abschlusses eine Einigung mit allen Seelen und erkennt das Licht der ganzen *Tora*. Und dann gibt es keinen qualitativen Unterschied (der Eigenschaften) zwischen dem Licht der Seele und dem Licht der *Tora*. Auf diese Weise klärt sich das Gesagte: „Die *Tora* und *Israel* sind eins."

Weil es zwischen ihnen keinerlei Unterschied und keinerlei Unterscheidung der Eigenschaften gibt, stellen sie ein Ganzes dar. Und da wir bereits bewiesen, dass „der Schöpfer und die *Tora* eins sind", und wir jetzt nachweisen, dass „die *Tora* und *Israel* eins sind", wird klar, dass „die *Tora*, der Schöpfer und *Israel* eins sind".

Es klärte sich für uns aus allem oben Gesagten, dass in der *Tora* und in den *Mizwot* zwei Teile existieren:

1. Der offene Teil der *Tora* und der *Mizwot*, der die Erfüllung der *Mizwot* und das Studium der *Tora* zur Korrektur der *Kelim* darstellt – die 613 *Ejtin* (Ratschläge) – und über eine wunderbare Fähigkeit verfügt, die es erlaubt, den Körper zu reinigen und zu vereinen und die Seele zu erheben, damit sie fähig und würdig würde, das Licht des Schöpfers genauso zu empfangen, wie sie dazu in ihrer Wurzel fähig war, vor ihrer Schrumpfung und der Einkleidung in den niederen Körper in der niederen Welt.

2. Die Erfüllung der *Mizwot* und das Studium der *Tora* in Form von 613 *Pkudin* (Anzahlungen), das heißt, die Erkenntnis der Namen des Schöpfers und der ganzen Belohnung der Seelen.

Der Vorzug des zweiten Teils gegenüber dem ersten Teil ist genauso wie zwischen dem Himmel und der Erde, da der erste Teil lediglich das vorbereitende Stadium ist und der zweite Teil das Wesen der Vollkommenheit und das Ziel der Schöpfung.

So wird unsere Erschwernis geklärt, die weiter oben angeführt wurde, über das, was die Weisen gesagt haben, dass sogar ein Mensch, der die *Tora* bis in die Feinheiten studierte und über Eigenschaften verfügt, die alle Gerechten der Welt übertreffen, der aber keine Kabbala studiert hat, gezwungen sein wird, wieder einen Lebenskreislauf zu durchlaufen und in diese Welt zu kommen.

Und wir fragten nach: „Wodurch unterscheidet sich das Studium der Kabbala vom Studium anderer Teile der *Tora*?" Denn nirgends steht geschrieben, dass der Mensch verpflichtet wäre, ausnahmslos alles in der *Tora* zu verstehen. Umgekehrt fand man an zahlreichen Stellen das Gegenteil: „Der eine tut mehr, der andere weniger, doch das Wichtigste ist es, dass sein Herz auf den Schöpfer ausgerichtet ist", und auch: „Nicht das Studium ist das Wichtigste, sondern die Handlung."

Nun werden wir das auf einfache Weise erklären: Jeder Teil der offenen *Tora* ist nichts anderes als die Vorbereitung darauf, uns fähig und würdig zu machen, den verhüllten Teil zu erkennen, wobei der verhüllte Teil in seinem Wesen die Erreichung der Perfektion und des Schöpfungsziels ist, wozu der Mensch auch erschaffen wurde. Somit ist klar und offensichtlich, dass, wenn es an irgendeinem Teil vom Verhüllten mangelt, der Mensch, obwohl er die *Tora* einhielt und ihre Gebote erfüllte, eine Reinkarnation durchlaufen und wieder in diese Welt kommen müssen wird, um zu empfangen, was er empfangen muss, das heißt den verhüllten Teil – 613 Gebote des Empfangens der Lichter, denn genau darin besteht die Vervollkommnung der Seele, so, wie es vom Schöpfer geplant wurde.

Du siehst also die absolute Verpflichtung, die dem ganzen Volk *Israel* auferlegt wurde, jedem, wer es auch sei, sich mit dem inneren Teil der *Tora* und deren Geheimnissen zu beschäftigen, ohne welchen die Schöpfungsabsicht im Menschen nicht erreicht wird. Aus diesem Grunde durchlaufen wir Lebenskreisläufe, eine Generation nach der anderen bis hin zu unserer Generation, in welcher die Seelen versammelt sind, die immer noch keine Vollkommenheit der Absicht erreicht haben, da sie es in den vorausgehenden Generationen nicht verdienten, die Geheimnisse der *Tora* zu erkennen.

Davon heißt es im *Sohar*: „In der Zukunft werden sich die Geheimnisse der *Tora* infolge des Kommens des Messias offenbaren." Und jedem Verstehenden ist klar, dass dies infolge des Erreichens einer Vollkommenheit der Absicht im Geschöpf geschehen wird, wodurch wir das Kommen des Messias verdienen werden. Wenn dem so ist, dann ist die Offenbarung der Geheimnisse der *Tora* unter ihnen unabwendbar, denn wenn sie sich nicht korrigieren, werden sie noch eine Reinkarnation durchlaufen müssen.

Das wird dir als eine Erklärung dienen – wozu sollte man sich überhaupt durch die Erklärung dessen, wer ich bin und wer meine Vorfahren sind, Last auferlegen, welcher ich würdig wurde in Form einer umfassenden Erforschung der Geheimnisse, die im *Sohar* und in den Werken des *ARI* verborgen sind, und warum fand sich bis zum heutigen Tag niemand, der diese Weisheit so klar wie ich erklärt hätte?

Aus dem Gesagten sollst du verstehen, dass, da unsere Generation tatsächlich die Generation der Ankunft des Messias ist, wir alle an der Schwelle zur vollkommenen Korrektur stehen, die aus dem Grunde verzögert wird, weil man vom Studium der Kabbala abließ. Solch eine Situation stellte sich in dieser ganzen Generation aufgrund der Schwierigkeit der Sprache und der Zerstreutheit des Materials ein. Und zusätzlich durch das geringe Wissen und die erhöhte Besorgtheit, die für unsere Generation üblich sind. Als daher der Schöpfer die Erlösung unserer Seelen beschleunigen wollte, übergab Er durch mich ein Geschenk – die Offenbarung eines notwendigen Maßes in dieser Deutung, und es gelang mir, den Willen des Schöpfers zu verwirklichen.

Ich hatte außerdem noch einen Grund, als ich diese Offenbarung so erklären wollte, wie es im *Sohar* steht: „Der Vorteil des Lichts wird aus dem Dunkeln heraus erkannt." Da nach meinem Besuch in Warschau und durch die Empfindung der Finsternis, die mich umgab, es ein Genuss für mich war, mich in Jerusalem anzusiedeln.

Und als ich hierher kam, sah ich die Armut meines Volkes, die Bedürftigkeit an Wissen und den Triumph der Narren; und es überschlug mich die Welle der Erniedrigung der Seelen jener, die den Schöpfer, seine *Tora* und sein Volk lästerten, indem sie behaupteten, dass es in der ganzen Weisheit der Kabbala überhaupt keine Vernunft gebe, kein Wissen und keine Logik. Dass es alles nur Worte und Namen seien, es in ihnen keinen verborgenen Sinn gebe und man sie so verstehen müsse, wie sie geschrieben stehen. Als wäre es ein großer Verdienst, über etwas zu schwätzen, was mit vollem Glauben verfasst wurde und mit dessen Hilfe in uns die Absicht der Schöpfung vollendet werden wird. Sobald sich die Anzahl jener vergrößern wird, die sich mit dem wörtlichen Studium des in vollem Glauben Verfassten beschäftigen, wird unmittelbar der *Mashiach* (Messias) kommen, und es wird dadurch die Korrektur vollendet werden und nichts weiter.

Ich traf die Bekanntesten von ihnen. Dies waren Menschen, die viele Jahre beim Studium der Werke von ARI und des *Sohar* verbracht hatten und soweit Erfolg hatten, dass man sich wundert, wie schnell ihnen alles über die Lippen kommt, was in den Büchern des ARI steht. Und ich fragte sie, ob sie bei einem Lehrer gelernt hätten, der die Erkenntnis des inneren Wesens besäße. Sie antworteten mir: „Keinesfalls! Hier gibt es keinerlei inneren Teil, außer dem, was geschrieben und durch uns wiedergegeben wurde, und nichts darüber hinaus." Ich fragte sie weiter: „Hat Rav Chaim Vital den inneren Teil erfasst?" und sie antworteten mir: „Natürlich nicht, er hat nichts über das hinaus erlangt, was auch wir erlangten." Dann fragte ich nach ARI selbst. Und sie antworteten mir: „Natürlich erfasste er vom inneren Teil nicht mehr als wir, sondern er gab alles, was er wusste, an seinen Schüler Chaim Vital weiter, und so gelangte das zu uns."

Und ich lachte sehr über sie, denn wenn dem so ist, wie verband sich dann alles im Herzen von ARI ohne Wissen und Verstehen? Man antwortete mir, er hätte all das von Elyahu[56] (*Prophet Elias*) bekommen, der den inneren Teil kannte, weil er ein Engel war. Dann ließ ich meiner Verachtung ihnen gegenüber freien Lauf, da ich keine Geduld mehr hatte, um weiter mit ihnen zu bleiben.

Solch eine Torheit schlug fast bei allen Wurzeln, die zu jener Zeit die Kabbala studierten, und wehe den Ohren, die so hören. Und im *Sohar* wurde schon die Bitterkeit hinsichtlich der Lüge der Sünder in ihren Seelen beschrieben, die behaupten, dass keine Geheimnisse des inneren Teils der *Tora* existieren, denn es steht geschrieben: „Wurde uns etwa die *Tora* gegeben, um uns von der Geschichte und alltäglichen Dingen zu berichten? Denn Ähnliches haben auch andere Völker." Und es steht geschrieben, dass sie die Keime abschlagen und nur *Malchut* nehmen.

Was würden die Weisen des *Sohar* sagen, wenn sie die Kultur dieser Sünder sehen würden, die behaupten, dass es keine Weisheit und keinen Sinn in den Worten des *Sohar* und in der Wissenschaft der Kabbala gebe, weil doch die Geheimnisse der *Tora* selbst sagten, dass sich das Wissen und Verständnis nicht in dieser Welt offenbaren würden und dass all das einfach schöne Worte seien. Denn sie machten sich auf, um die *Shechina* in den inneren Gemächern des Schlosses des Königs zu erobern, und wehe ihnen, da eine schlechte Belohnung auf ihre Seele wartet.

Die Weisen sagten, dass die *Tora* sich beim Schöpfer darüber beklagt, dass die Menschen, die Er erschuf, aus ihr Lieder in Kneipen machen würden, und diese machen noch nicht einmal ein Lied aus der *Tora*, sondern führen nur Gespräche, die jeden, der sie hört, erschrecken und Wut hervorrufen. Sie fordern noch eine Belohnung, indem sie behaupten, dass sie dies in vollem Glauben tun. Wie die Weisen

---

56 Elyahu (auch Elijahu) war ein biblischer Prophet, der in der Zeit der Könige Ahab und Ahasja im 2. Viertel des 9. Jh. v. u. Z. im Nordreich Israels wirkte. Sein Name bedeutet „Mein Gott ist der Herr (Y-H-W-H)".

sagten: „Wie tief fiel dieses Volk, welches sagt, dass es Mich liebt, doch in seinen Herzen von Mir fern ist" – was der Grund der Zerstörung des Ersten Tempels war.

Dieser Grund war der bestimmende von allen Gründen, warum ich mich an diese Erklärung machte. Man muss verstehen, dass das Ziel einfach ist und alle Verfeinerungen, Weisheiten und unzähligen Details nur während der Vorbereitung existieren, solange man noch nicht das Ziel erreicht hat. Nach dem Beispiel davon, dass, wenn ein Mensch in seinem eigenen Haus sitzen möchte, er Einzelheiten und Feinheiten in Betracht ziehen muss, sowohl bei der Planung der Anzahl und der Qualität der Zimmer als auch bei der Ausführung der Arbeiten.

Doch sein letztliches Ziel ist sehr einfach – das Haus zu bewohnen. Darin besteht der Sinn des Geschriebenen: „Die Schönheit (*Tiferet*) des Menschen ist es, sich im Haus anzusiedeln" – was ein einfacher Gedanke ist, der weder allgemeine noch besondere Ausrichtungen hat. Das ist nur ein einfacher Wunsch. Und wisse, dass alle Verfeinerungen in den Kenntnissen aus der Vielzahl an Fehlern resultieren, die bei der Erkenntnis der Wahrheit begangen wurden. Doch die Wahrheit selbst ist einfach und hat keinerlei Verfeinerungen. Darin besteht das Geheimnis, welches uns vom Schöpfer wie eine eiserne Mauer trennt, da es Dinge gibt, die wegen ihrer Tiefe und Größe verborgen sind, und es Dinge gibt, die wegen ihrer außerordentlichen Feinheit und Durchsichtigkeit verborgen sind, wie zum Beispiel kleine Mücken, die in der Luft schweben und wegen ihrer Durchsichtigkeit für das Auge unsichtbar sind.

Da das Licht des Schöpfers so einfach ist, dass der Verstand des Menschen, der nichts anderes außer der Substanz wahrnimmt, das Licht nicht einfach als einen kleinen Teil dieser Substanz wahrnimmt, ist für Ihn ein wahrhaftiges *Kli* der Schöpfung vonnöten. Der Grad der Größe und der Weite wird ebenfalls nicht von allen wahrgenommen, doch dir ist das wenigstens in einem geringen Maße klar. Während es sich dir in feinen Dingen so darstellt als seien sie nicht real, da du sie noch nicht einmal im Geringen erkennen kannst.

Einleitung zur „Einführung in die Weisheit der Kabbala"

Rav Yehuda Ashlag

1. Im *Sohar, Wajikra, Abschnitt Tasria*, S. 40, steht geschrieben: „Komme und siehe, alles in der Welt Bestehende existiert nur für den Menschen, und alles existiert für ihn, wie geschrieben steht: ‚Da bildete der Ewige, Gott, den Menschen' (2. Moses 2:7), mit einem vollständigen Namen, da wir festgestellt haben, dass er das Ganze von allem ist und alles beinhaltet, und alles, was Oben und unten ist usw., ist in dieser bildhaften Vorstellung inbegriffen."

Also wird erklärt, dass alle Welten, Höhere und niedere, im Menschen enthalten sind. Und auch, dass die ganze Wirklichkeit innerhalb jener Welten einzig für den Menschen ist. Und wir sollten diese Worte verstehen: Ist diese Welt und alles in ihr, was ihm dient und ihm Nutzen bringt, für den Menschen zu klein, sodass er auch der Höheren Welten und all dem sich darin Befindlichen bedarf? Schließlich wurden sie einzig und allein für seine Bedürfnisse erschaffen.

2. Um diese Sache in ihrer Gänze zu erklären, müsste ich in die gesamte Weisheit der Kabbala einführen. Aber im Allgemeinen werden die Sachen zu ihrem Verständnis innerhalb des Buches hinreichend erläutert. Die Essenz davon ist, dass die Absicht des Schöpfers in der Schöpfung darin lag, Seine Geschöpfe zu erfreuen. Gewiss, sobald Er die Erschaffung der Seelen und deren uneingeschränkte Beglückung erwog, traten sie aus Ihm hervor, in vollkommener Form und mit all den Genüssen, mit denen er sie zu beschenken gedachte. Das liegt daran, dass in Ihm schon allein der Gedanke vervollständigt und Er keiner Handlungen bedarf, wie wir es tun. Demzufolge sollten wir fragen: „Warum erschuf Er die Welten, Einschränkung für Einschränkung, bis hinunter zu dieser düsteren Welt, und kleidete die Seelen in die schmutzigen Körper dieser Welt?"

3. Die Antwort hierzu steht im „*Baum des Lebens*" geschrieben – „um die Vollkommenheit Seiner Taten ans Licht zu bringen" („*Der Baum des Lebens*", Zweig Eins). Dennoch müssen wir verstehen, wie es sein könnte, dass von einem vollkommenen Handelnden

unvollständige Handlungen hervorkommen können, bis hin zu dem Punkt, dass sie Vollendung durch eine Handlung in dieser Welt erfordern würden.

Es ist so, dass wir in den Seelen zwischen Licht und *Kli* (Gefäß) unterscheiden sollten. Das Wesen der erschaffenen Seelen ist das *Kli* in ihnen, und die ganze Fülle, mit der Er geplant hatte, sie zu belohnen und zu erfreuen, ist das Licht in ihnen. Der Grund dafür ist: Da Er geplant hatte, sie zu erfreuen, bildete Er sie zwangsläufig als ein Verlangen, Seinen Genuss zu empfangen, denn im Ausmaß des Verlangens, die Fülle zu empfangen, vergrößern sich dementsprechend der Genuss und die Freude.

Und wisse, dass dieser *Wille zu empfangen* das wahre Wesen der Seele hinsichtlich der Neuwerdung und dem Hervorkommen von Seiendem aus dem Nichts (*Jesh mi Ajn*) ist. Dies wird als *Kli* der Seele betrachtet, während die Freude und die Fülle als Licht der Seele gelten, das sich als Bestehendes aus dem Bestehenden (*Jesh mi Jesh*) aus Seinem Wesen ausdehnt.

4. Erklärung: Schöpfung bezieht sich auf die Neuwerdung von etwas, das vorher nicht existierte. Dies gilt als Bestehendes aus dem Nichts (*Jesh mi Ajn*). Jedoch, wie stellen wir uns etwas vor, das nicht in Ihm enthalten ist, da Er allmächtig ist und sie alle gemeinsam enthält? Und man kann auch nichts geben, was nicht in Ihm enthalten ist.

Wie wir sagten, ist die ganze Schöpfung, die Er erschuf, nur die *Kelim* (Mehrzahl für *Kli*) der Seelen, was der *Wille zu empfangen* ist. Dies ist eindeutig, da Er zwangsläufig keinen *Willen zu empfangen* hat, denn von wem würde Er empfangen? Folglich ist es wahrhaft eine neue Schöpfung, nicht die Spur von dem vorher Existierenden, und wird somit als Existenz aus dem Nichts betrachtet.

5. Wir sollten wissen, dass sich die Begriffe Vereinigung und Trennung, wenn sie in der Spiritualität angewendet werden, nur auf Gleichheit der Form und Ungleichheit der Form beziehen. Dies liegt daran, dass wenn zwei spirituelle Objekte von derselben Form sind, sie vereinigt sind und sie eins sind und nicht zwei, da es nichts gibt, um sie voneinander zu trennen. Sie können nur als zwei unterschieden werden, wenn zwischen ihnen eine Ungleichheit der Form besteht.

Das Ausmaß der Ungleichheit ihrer Form ist ebenfalls das Ausmaß ihrer Entfernung voneinander. Wenn sie von gegensätzlicher Form sind, gelten sie demnach als so weit voneinander entfernt wie Ost von West, was die größte Entfernung darstellt, die wir uns in der Wirklichkeit vorstellen können.

6. Im Schöpfer jedoch gibt es keinerlei Gedanken oder Wahrnehmung, und wir können in Bezug auf Ihn kein Wort äußern oder sagen. Aber da wir „Dich bei Deinen Handlungen erkennen", sollten wir bestimmen, dass Er im *Verlangen zu geben* ist, da Er alles erschuf, um Seine Geschöpfe zu erfreuen und uns mit Seiner Fülle zu beschenken.

Somit befinden sich die Seelen in Gegensätzlichkeit der Form zu Ihm, da er vollkommenes Geben ist und keinen Willen hat, etwas zu empfangen, wohingegen in die Seelen der Wille, für sich selbst zu empfangen, eingeprägt wurde. Und wir haben bereits gesagt, dass es keine größere Gegensätzlichkeit der Form mehr gibt als diese.

Daraus folgt: Wären die Seelen mit dem *Willen zu empfangen* verblieben, wären sie für immer von Ihm getrennt.

7. Nun wirst du verstehen, was geschrieben steht (*„Der Baum des Lebens"*, Zweig Eins), dass „der Grund für die Erschaffung der Welten darin lag, dass Er in all Seinen Handlungen und Kräften vollkommen sein muss, und wenn Er Seine Handlungen und Kräfte nicht tatsächlich ausgeführt hätte, würde er anscheinend nicht als vollständig gelten". Dies erscheint verwirrend, denn wie können unvollkommene Handlungen aus einem vollkommenen Handelnden hervorgehen, in dem Ausmaß, dass sie Korrekturen brauchen?

Aus dem Erklärten kannst du verstehen, dass das Wesen der Schöpfung einzig der *Wille zu empfangen* ist. Einerseits ist er [der Wille] höchst mangelhaft, da er sich in gegensätzlicher Form zum Gebenden befindet, was Trennung von Ihm bedeutet; andererseits aber ist dies die gesamte Neuwerdung und die Existenz aus dem Nichts, die Er erschaffen hatte, um dadurch von Ihm das zu empfangen, was er angedacht hatte, ihnen zu geben.

Wären sie jedoch getrennt vom Emanierenden verblieben, wäre Er offensichtlich unvollständig, denn letztendlich müssen aus einem vollkommenen Handelnden vollkommene Handlungen hervorkommen.

Aus diesem Grund beschränkte Er Sein Licht und erschuf die Welten, Einschränkung für Einschränkung, bis hinunter zu dieser Welt, und kleidete die Seele in einen weltlichen Körper. Und durch die Ausführung der *Tora* und der *Mizwot* erlangt die Seele die Vollkommenheit, an der es ihr vor der Schöpfung gemangelt hat - die Gleichwertigkeit der Form mit Ihm. Somit wird sie würdig sein, die ganze im Schöpfungsgedanken enthaltene Fülle und Freude zu empfangen, und wird ebenfalls in vollständiger *Dwekut* (Anheftung) mit Ihm sein, in der Gleichheit der Form.

8. Die Sache der *Segula* (Heilmittel, Kraft) von *Tora* und *Mizwot*, um die Seele zu *Dwekut* mit Ihm zu bringen, trifft nur zu, wenn die Beschäftigung damit nicht deshalb stattfindet, um eine Belohnung zu empfangen, und nur deshalb, um dem Erschaffer Zufriedenheit zu schenken. Das ist deshalb so, weil dann die Seele schrittweise die Gleichheit der Form mit ihrem Erschaffer erlangt, wie es unten betreffend Rabbi Chananjas Worten am Anfang des Buches (*„Einführung in die Weisheit der Kabbala"*) geschrieben steht.

Insgesamt gibt es fünf Stufen - *Nefesh*, *Ruach*, *Neshama*, *Chaja* und *Yechida* (*NaRaNCHaY*) -, die aus den fünf Welten, genannt *Adam Kadmon*, *Azilut*, *Brija*, *Yezira* und *Assija*, stammen. Auch gibt es fünf individuelle Stufen *NaRaNCHaY*, die aus den fünf jeweiligen *Parzufim* (Mehrzahl für *Parzuf*) in jeder der fünf Welten empfangen werden. Dann gibt es noch fünf individuelle Unterstufen *NaRaNCHaY*, die aus den *Zehn Sefirot* in jedem *Parzuf* empfangen werden, so wie es im Buch geschrieben stehen wird.

Und durch *Tora* und *Mizwot*, um dem Erschaffer Zufriedenheit zu schenken, wird der Mensch allmählich mit den *Kelim* des *Verlangens zu geben* belohnt, die in diese Stufen kommen, Stufe für Stufe, bis sie vollkommene Gleichheit der Form mit Ihm erreichen. In diesem Zustand ist der Schöpfungsgedanke, all die Freude, Zartheit und Fülle zu empfangen, die Er für sie angedacht hatte, realisiert. Zusätzlich empfangen sie die größte Belohnung, da sie mit der wahren *Dwekut* ausgezeichnet werden, weil sie das Verlangen zu geben erhalten haben, wie ihr Erschaffer.

9. Nun wird es nicht schwer für dich sein, die oben erwähnten Worte des *Sohar* zu verstehen, dass all die Welten, Höhere und niedere, und alles darin einzig für den Menschen erschaffen wurden. Dies ist so, da alle diese Stufen und Welten nur kamen, um die Seelen im Maß an *Dwekut* zu ergänzen, an dem es ihnen in Bezug auf den Schöpfungsgedanken mangelte.

Anfangs wurden sie eingeschränkt und stiegen ab, Stufe für Stufe, eine Welt nach der anderen, bis hinunter zu unserer materiellen Welt, um die Seele in einen Körper dieser Welt zu bringen, welcher gänzlich nur empfängt und nichts gibt, wie Tiere und Bestien. Es steht geschrieben: „Als wilder Esel kommt der Mensch zur Welt." Dies wird als der vollkommene *Wille zu empfangen* betrachtet, welcher nichts von der Form des Gebens hat. In diesem Zustand wird ein Mensch als komplettes Gegenteil von Ihm angesehen, und es gibt keine größere Entfernung als diese.

Danach, anhand der Seele, die sich in ihn kleidete, beschäftigt er sich mit *Tora* und *Mizwot*. Stufenweise und langsam, von unten aufwärts, erlangt er durch alle Einsichten, die von Oben nach unten herabsteigen, welche lediglich Stufen und Maße in der Form des Verlangens zu geben sind, die gleiche Form des Gebens wie sein Erschaffer.

Jede Höhere Stufe bedeutet, dass sie weiter entfernt vom *Willen zu empfangen* ist und näher daran, nur zum Geben zu sein. Am Ende wird er dessen würdig, ganz und gar im Geben zu sein und nichts für sich selbst zu empfangen. Zu diesem Zeitpunkt ist er mit wahrer *Dwekut* an Ihn vervollkommnet, da dies der einzige Grund war, warum der Mensch erschaffen wurde. Somit wurden alle Welten und alles in ihnen einzig für den Menschen erschaffen.

10. Nun, nachdem du würdig wurdest, all dies zu erfassen und zu verstehen, darfst du diese Weisheit studieren, ohne Angst vor jeglicher Materialisierung. Dies liegt daran, dass die Studenten sehr verwirrt sind: Einerseits heißt es, dass die *Zehn Sefirot* und *Parzufim* vom Beginn der *Zehn Sefirot* von *Azilut* bis zum Ende der *Zehn Sefirot* von *Assija* vollkommene Göttlichkeit und Einheit sind.

Andererseits aber heißt es, dass all diese Welten nach dem *Zimzum* (Einschränkung) entstanden und auftauchten; aber wie kann es sein, dass man dies über die Göttlichkeit denkt? Und es gibt auch die Zahlen, Oben und unten und andere solche Veränderungen und Aufstiege und Abstiege und *Siwugim* (Kopplungen). Aber es steht geschrieben: „Ich, der Ewige, habe mich nicht geändert" (Maleachi 3:6).

11. Von dem, was vor uns geklärt ist, ist ersichtlich, dass all die Aufstiege, Abstiege, Einschränkungen und die Zahlen lediglich in den *Kelim* (Gefäße) der Empfänger, den Seelen, unterschieden werden. Und wir sollten in ihnen zwischen dem Potenzial und dem Tatsächlichen unterscheiden, wie eine Person, die ein Haus baut – das Ende der Handlung befindet sich in seinem ursprünglichen Gedanken.

Aber der Plan des Hauses in seinem Geiste ersetzt nicht das Haus, das tatsächlich gebaut werden soll, da das Haus in seinen Gedanken Spiritualität ist, eine gedankliche Substanz, und als die Substanz der denkenden Person betrachtet wird. Zu diesem Zeitpunkt ist das Haus lediglich ein Potenzial. Wenn aber der Hausbau tatsächlich beginnt, erlangt es eine völlig andere Substanz – eine aus Holz und Steinen.

Auf die gleiche Weise sollten wir in den Seelen Potenzial und Tatsächliches unterscheiden. Der Anfang ihres Ausströmens vom Emanierenden in die „tatsächlichen" Seelen hinein beginnt nur in der Welt von *Brija*. Und ihre Einordnung in *Ejn Sof*, vor dem *Zimzum* und im Hinblick auf den Schöpfungsgedanken, wie in Punkt 2 geschrieben, betrifft nur das Potenzial, ohne jegliche tatsächliche Manifestation.

In diesem Sinne heißt es, dass alle Seelen in *Malchut de Ejn Sof*, genannt „der Mittlere Punkt", integriert wurden, da dieser Punkt als Potenzial in all den *Kelim* der Seelen enthalten ist, die dazu bestimmt sind, in Zukunft „tatsächlich" aus der Welt von *Brija* hervorzugehen. Und die erste Einschränkung trat nur in diesem Mittleren Punkt auf, was bedeutet, exakt in diesem Aspekt und in diesem als Potenzial der zukünftigen Seele bestimmten Ausmaß, und überhaupt nicht in sich selbst.

Du solltest wissen, dass all die *Kelim* der *Sefirot* und der Welten bis zur Welt von *Brija*, welche von diesem Punkt aus absteigen und aus ihm hervorgehen, aufgrund ihres *Siwug de Hakaa*, *Or Choser* genannt, auch bloß als Potenzial gelten, ohne jegliches Wesen der Seelen. Aber diese Veränderungen sind in Zukunft dazu bestimmt, anschließend auf die Seelen einzuwirken, deren Wesen beginnt, aus der Welt von *Brija* abwärts hervorzugehen, denn dort haben sie noch nicht das Wesen des Emanierenden verlassen.

12. Und ich gebe dir ein Gleichnis aus den Handlungsweisen dieser Welt: Kann man zum Beispiel, wenn jemand, der sich selbst mit Kleidung und Gewändern bedeckt und darunter versteckt, damit seine Freunde ihn nicht sehen und von ihm Notiz nehmen, denken, dass er selbst von der Verhüllung durch all die Gewänder, mit denen er sich umhüllt, beeinflusst würde?

Nimm gleichermaßen als Beispiel die *Zehn Sefirot*, die wir *Keter, Chochma, Bina, Chessed, Gwura, Tiferet, Nezach, Hod, Jessod* und *Malchut* nennen. Dies sind lediglich zehn Hüllen, mit denen sich *Ejn Sof* bedeckt und verhüllt. Die Seelen, die dazu bestimmt sind, in Zukunft von *Ejn Sof* zu empfangen, werden genötigt sein, in dem Maße zu empfangen, welches die *Zehn Sefirot* ihnen zuweisen. Somit werden die Empfänger von dieser Anzahl von *Zehn Sefirot* beeinflusst und nicht durch Sein Licht, welches Eins, Einzig und Unveränderlich ist.

Die Empfänger gliedern sich in zehn Stufen, genau entsprechend der Eigenschaften dieser Namen. Vielmehr betreffen sogar diese Verhüllungen, von denen wir sprachen, nur die Welt *Brija* und darunter, denn dort werden die Seelen, die von diesen *Zehn Sefirot* empfangen, gefunden. In den Welten *Adam Kadmon* und *Azilut* jedoch existieren die Seelen noch nicht, da sie dort lediglich im Potenzial vorhanden sind.

Die zehn oberen Verhüllungen in den *Zehn Sefirot* herrschen nur in den drei niederen Welten, genannt *Brija, Yezira* und *Assija*. Aber in den Welten *BYA* gelten die *Zehn Sefirot* bis *Assija* hindurch als Göttlichkeit, genauso wie in *AK* und *ABYA* und wie vor dem *Zimzum*.

Der einzige Unterschied liegt in den *Kelim* der *Zehn Sefirot*: In *Adam Kadmon* und *Azilut* offenbaren sie noch nicht einmal ihre Herrschaft, da es sie hier nur im Potenzial gibt, und nur in *BYA* beginnen die *Kelim* der *Zehn Sefirot* ihre verbergende und bedeckende Kraft zu offenbaren. Im Licht in den *Zehn Sefirot* gibt es jedoch keinerlei Veränderung aufgrund dieser Verhüllungen, wie es in dem Gleichnis geschrieben stand. Dies ist die Bedeutung von „Ich, der Ewige, habe mich nicht geändert".

13. Wir könnten fragen: „Da es in *AK* und *Azilut* keine Offenbarung des Wesens der Seelen der Empfänger gibt, wozu dienen diese *Kelim*, genannt *Zehn Sefirot*, und für wen verbergen und verhüllen sie in jenen Maßen?"

Hierfür gibt es zwei Antworten:

- Die erste ist „der Weg des Abstieges", wie du es im Inneren des Buches finden wirst.
- Die zweite ist, dass auch die Seelen dazu bestimmt sind, von diesen Zehn Sefirot in AK und Azilut zu empfangen, das heißt, durch den Aufstieg der drei Welten BYA zu ihnen (wie es im Punkt 163 in der „Einführung in die Weisheit der Kabbala" geschrieben steht).

Daher müssen wir in *AK* und *Azilut* diese Veränderungen in den *Zehn Sefirot* ebenso unterscheiden, entsprechend ihrer zukünftigen Erleuchtung der Seelen, wenn sie erst einmal mit den Welten *BYA* dorthin aufgestiegen sind, denn dann werden sie gemäß der Stufe in diesen *Zehn Sefirot* empfangen.

14. Somit haben wir gründlich geklärt, dass die Welten, die Neuwerdungen, die Veränderungen und die Anzahl an Stufen usw. nur in Bezug auf die *Kelim* genannt wurden, die den Seelen geben und für sie verhüllen und messen, sodass sie schrittweise aus dem Licht von *Ejn Sof* in ihnen empfangen können. Aber sie wirken auf keine Weise selbst auf das Licht von *Ejn Sof* ein, da keine Verhüllungen auf den Verhüllenden wirken, sondern nur auf den anderen, der ihn fühlen und von ihm empfangen möchte, wie es das Gleichnis besagte.

15. Im Allgemeinen müssen wir in den *Sefirot* und *Parzufim* diese drei *Bchinot* unterscheiden, wo auch immer sie sind: *Azmuto* (Sein Wesen), *Kelim* und Lichter.

In *Azmuto* gibt es keinen Gedanken und keine Wahrnehmung. In den *Kelim* gibt es immer zwei gegensätzliche Unterscheidungen: Verhüllung und Offenbarung. Das ist so, weil das *Kli* am Anfang *Azmuto* auf eine solche Weise verhüllt, dass diese zehn *Kelim* in den *Zehn Sefirot* zehn Stufen der Verhüllung bilden.

Aber nachdem die Seelen diese *Kelim* unter all den Bedingungen in ihnen empfangen haben, werden diese Verhüllungen zu Enthüllungen für die Erkenntnisse der Seelen. Folglich enthalten die *Kelim* zwei gegensätzliche Unterscheidungen, die eins sind. Das liegt daran, dass das Ausmaß der Enthüllung im *Kli* genau dem Ausmaß der Verhüllung im *Kli* entspricht, und je gröber das *Kli* ist, umso mehr verhüllt es *Azmuto* und enthüllt eine Höhere Stufe. Somit sind diese beiden Gegensätze eins.

Und die Lichter in den *Sefirot* sind das Maß der Stufe, das passend für die Enthüllung der Erkenntnis der Seelen ist. Da sich alles von *Azmuto* aus erstreckt und es bislang keine Erkenntnis in Ihm gibt, sondern lediglich in den Eigenschaften der *Kelim*, gibt es zwangsläufig zehn Lichter in diesen zehn *Kelim*, was zehn Stufen der Enthüllung für jene bedeutet, die in jenen Eigenschaften dieser *Kelim* empfangen.

Demnach sind Sein Licht und Sein Wesen nicht zu unterscheiden, mit der Ausnahme, dass es in Seinem Wesen keinerlei Erkenntnis oder Wahrnehmung gibt, außer für das, was von Ihm mittels Einkleidung in die *Kelim* der *Zehn Sefirot* zu uns kommt. Und in dieser Hinsicht beziehen wir uns auf alles, was wir erfassen, mit dem Namen „Lichter".

DIE WISSENSCHAFT DER KABBALA

Vorwort zur Einführung in die Weisheit der Kabbala

von Rav Michael Laitman

1. Im *Sohar*[57] steht geschrieben, dass sich alle Welten, die Oberen und die unteren, im Inneren des Menschen befinden und dass die gesamte Realität nur für den Menschen erschaffen wurde. Aber warum fühlen wir etwas anderes? Wir fühlen uns im Inneren dieser Realität und nicht diese Realität im Inneren von uns. Und vor allem, warum genügt dem Menschen diese Welt (*Olam haSe*) nicht? Warum braucht er die Höheren Welten?

2. Der Grund für die Erschaffung dieser Wirklichkeit liegt im **Wunsch des Schöpfers, Seinen Geschöpfen Genuss zu bereiten**. Daher erschuf der Schöpfer das Geschöpf mit der Natur des Verlangens zu genießen, was Er ihm geben will. Der Schöpfer befindet sich jenseits von Zeit und Raum. Und Sein Gedanke ist wie die Handlung selbst.

Als Er an die Schöpfung dachte und daran, den Geschöpfen Gutes zu tun, entstanden unmittelbar alle Welten und alle Geschöpfe gleichzeitig, gefüllt mit sämtlichen Genüssen, welche sie vom Schöpfer erhielten. Aber wir spüren diesen Zustand nicht, denn das ist nur unsere Wurzel, zu der wir dem Schöpfungsplan folgend gelangen müssen.

In der Schöpfung der Kette der Welten („Welt" und „verborgen" haben im Hebräischen dieselbe Wurzel) von *Ejn Sof* bis zu *Olam haSe* entfernte der Schöpfer das Geschöpf von Sich Selbst bis zum allerniedrigsten Zustand. Es ist wesentlich zu verstehen, warum der Schöpfer das tat. Zeigt diese Tat auf die Unvollständigkeit und die Unvollkommenheit der Taten des Schöpfers?

Der *ARI* (Rabbi Izchak Luria) beantwortet diese Frage in seinem Buch *Ez Chaim* („*Baum des Lebens*") folgendermaßen: „Um die Vollkommenheit Seiner Taten zu enthüllen", damit die Geschöpfe sich selbst vervollständigen und die Stufe des Schöpfers erreichen, die die wirkliche und ausschließliche Vollkommenheit ist. Um ihnen zu

---
57 WaYikra, Abschnitt Tasria, S. 40

helfen, erschuf der Schöpfer die Leiter der Welten. Über diese steigen die Seelen bis zur tiefsten Sprosse herab und kleiden sich dort in irdische fleischliche Körper (das Verlangen zu empfangen). Mithilfe des Studiums der Kabbala beginnen die Seelen selbst entlang dieser Leiter, die sie zuvor abgestiegen waren, wieder aufzusteigen, bis sie zum Schöpfer zurückzukehren.

3. Die Seele besteht aus dem Licht und dem *Kli* (Gefäß). Das Licht der Seele stammt vom Schöpfer, aus Seiner Essenz. Durch das Licht wurde das *Kli* der Seele, also das Verlangen, vom Schöpfer Licht und Genuss zu empfangen, erschaffen. Daher hat das *Kli* die passende Größe für den Empfang des Lichts, mit dem es sich füllen möchte.

Das Licht ist ein Teil des Schöpfers. Die Seele ist das tatsächliche *Kli*. Daher wird nur das *Kli* als Geschöpf betrachtet. Es wurde aus Nichts erschaffen; das bedeutet, dass dieses Verlangen nicht existierte, bevor nicht der Schöpfer es zu erschaffen beschloss. Da der Schöpfer Seine Geschöpfe vollkommen genießen lassen will, erschuf Er ein extrem großes *Kli* (also ein großes Verlangen zu empfangen), entsprechend dem Ausmaß des Lichts (Freude/Genuss), das Er schenken möchte.

4. Die Schöpfung ist so gesehen eine Neuwerdung, etwas, was vorher nicht existierte. Man nennt sie auch „*Jesh mi Ajn*" (Existierendes aus nicht Existierendem). Wenn aber der Schöpfer vollkommen ist, wie kann es dann etwas geben, das nicht in Ihm enthalten ist? Entsprechend dem bereits Gesagten verstehen wir aber, dass das Verlangen zu empfangen vorher nicht im Schöpfer enthalten war. Der Schöpfer ist vollkommen und hat nur den Willen zu geben. Daher war das, was nicht in Ihm war, aber erschaffen werden sollte, nur der Wunsch, von Ihm Genuss zu empfangen.

Der Wille zu empfangen ist die ganze Wirklichkeit. Deshalb besteht der ganze Unterschied zwischen den Teilen der Wirklichkeit nur in der Größe des Willens zu empfangen, der in jedem Teil ist – und keine zwei Teile haben denselben Willen.

5. Im Spirituellen gibt es keine physischen Körper. Die spirituelle Welt ist eine Welt von Wünschen, von Kräften bar jeder materiellen Einkleidung. Daher sind alle Worte, die in der Kabbala verwendet werden, Ausdrücke des Wunsches zu genießen oder Ausdrücke der Bewunderung von der Erfüllung des Lichts, das in Ihm ist.

Der Schöpfer entspricht dem Wunsch zu schenken und das Geschöpf entspricht dem Wunsch, das vom Schöpfer Geschenkte zu genießen. Wenn das Geschöpf sich erfreut, nur weil dadurch seinerseits der Schöpfer Freude hat, bedeutet dies *Schenken der Absicht wegen* und ist nicht ein Akt des Empfangens. Das bedeutet, dass der Wille des Schöpfers und der Wille des Geschöpfs gleich sind, und es gibt nichts, was sie unterscheidet.

Daher ist das Gesetz der Angleichung der Form dem spirituellen Gesetz nach ein Ergebnis der Angleichung der Eigenschaften (Wünsche), sie werden zu einer Einheit. Und dann gleichen sich beide Wünsche nicht nur, sondern sie sind wirklich einer. Diese spirituelle Situation wird „Angleichung der Form" (*Hashwaat haZura*) genannt oder „Verschmelzung" (*Dwekut*).

Wenn sie hingegen nicht den gleichen Wunsch und die gleiche Absicht haben, so haben sie auch nicht das gleiche Ziel und befinden sich in Trennung. Als Resultat der Veränderung in den Eigenschaften (Wünschen) sind sie zwei und nicht eins. Dieser Zustand wird in der Spiritualität „Ungleichheit der Form" (*Shinui Zura*) genannt.

Die Annäherung zwischen dem Geschöpf und dem Schöpfer entspricht dem Maß der Angleichung der Form, und die Veränderung der Form entspricht dem Ausmaß ihrer Entfernung voneinander. Anfangs sind der Wunsch des Schöpfers zu schenken und der Wille des Geschöpfs zu empfangen gleich, weil der Wille zu empfangen, der im Geschöpf ist, aus dem Willen des Schöpfers zu schenken, geboren wird. Daher ergibt sich:

- Wenn alle Wünsche (Absichten) sich gleichen, dann sind sie einer.
- Wenn alle Wünsche (Absichten) gegensätzlicher Natur sind, dann sind sie so weit entfernt voneinander wie die beiden Pole.
- Wenn sie in allen Wünschen (Absichten) nur einen gemeinsamen Wunsch (Absicht) haben, dann berühren sie einander eben durch diese zwei gemeinsamen Wünsche (Absichten).
- Wenn aber ein Teil der Wünsche (Absichten) sich ähnelt, dann sind sie sich nah oder fern, je nach Angleichung der Form oder Veränderung der Form.

6. Wir haben keine Erkenntnis vom Schöpfer selbst, *Azmuto*, und erreichen nur die Empfindung des Lichts im *Kli*, die Erfüllung unserer Wünsche. Und was wir nicht erreichen, können wir nicht beim Namen nennen, denn wir geben Namen entsprechend des Eindrucks unserer Erfüllung. Daher können wir kein einziges Wort über *Azmuto* sagen. All unsere Namen und Benennungen im Hinblick auf den Schöpfer sind nur Reflexionen dessen, was wir Ihm gegenüber empfinden.

Wir können Ihn und Seine Handlungen nur durch das Maß der Angleichung der Form (Wunsch, Absicht) an Ihn empfinden. Daher fühlen wir Seine Wünsche und Handlungen nur in dem Maß, wie wir mit Ihm ähnlich sind, und dementsprechend benennen wir den Schöpfer. Wenn wir sie fühlen können, benennen wir Ihn danach, was wir von Ihm wahrnehmen. Dies nennt man „An deinen Handlungen werde Ich dich erkennen".

7. Kabbalisten sind Menschen, die in dieser Welt leben und sich mit dem Schöpfer entsprechend der Gleichheit ihrer Form verbinden, noch während sie in dieser Welt leben. Welten sind unterschiedliche Maße in der Wahrnehmung des Schöpfers. Eine „Welt" ist das Maß für die Verhüllung und Offenbarung des Schöpfers gegenüber Seinen Geschöpfen; und die völlige Verhüllung wird „diese Welt" genannt.

Der Beginn der Empfindung des Schöpfers ist der Übergang zwischen dieser Welt und der spirituellen Welt. Der Übergang selbst wird „Barriere" (*Machsom*) genannt. Zwischen der Verhüllung und völliger Offenbarung gibt es 125 Stufen der Enthüllung von Teilen des Schöpfers. Diese Teile heißen „Welten".

Kabbalisten erklimmen die spirituellen Welten, indem sie ihre Verlangen (Absichten) korrigieren. Sie erzählen uns – mündlich oder schriftlich –, dass der Schöpfer ausschließlich das Verlangen hat, Gutes zu geben. Er erschuf alles, um uns an Seiner Güte Anteil nehmen zu lassen. Daher erschuf Er uns mit dem Verlangen zu empfangen, damit wir alles von Ihm empfangen können.

Das Verlangen, für uns selbst zu empfangen, ist unsere Natur. Doch in dieser Natur sind wir dem Schöpfer entgegengesetzt, da der Schöpfer nur das Verlangen zu geben darstellt und kein Verlangen zu empfangen besitzt. Wenn wir also in dem Verlangen, nur für uns zu empfangen, verharren, werden wir für immer vom Schöpfer entfernt sein.

Kabbalisten erzählen uns, dass der Schöpfer die Absicht habe, die gesamte Schöpfung an Sich anzunähern und dass Er das absolut Gute verkörpere. Aus dem Grund möchte Er auch jeden beschenken.

Sie sagen auch, dass der Grund für die Erschaffung der Welten darin liegt, dass der Schöpfer in Seinen Handlungen und Kräften vollkommen ist. Und wenn er Seine Kräfte nicht in vollkommenen Handlungen einsetzte, würde Er als unvollkommen erachtet werden.

Doch wie können unvollkommene Handlungen von einem vollkommenen Schöpfer herrühren – wie können Seine Handlungen also einer Korrektur durch die Geschöpfe bedürfen? Wir sind Seine Handlungen! Wenn wir uns korrigieren müssen, heißt es dann nicht, dass Seine Handlungen unvollkommen sind?

Der Schöpfer erschuf nur das Verlangen zu empfangen, genannt „Das Geschöpf". Doch wenn das Geschöpf empfängt, was Ihm der Schöpfer geben möchte, wird es vom Schöpfer getrennt, da der Schöpfer der Geber und das Geschöpf der Empfänger ist – und beide daher gegensätzlich zueinander sind. In der Spiritualität wird die Gleichheit der Form durch die Gleichheit der Verlangen (Eigenschaften, Absichten) bestimmt. Und wenn das Geschöpf vom Schöpfer getrennt bleibt, wird auch der Schöpfer nicht vollständig sein, denn vollkommene Handlungen stammen von einem vollkommen Handelnden ab.

Um dem Geschöpf die Möglichkeit zur Erlangung von Vollkommenheit aus freiem Willen zu geben, schränkte sich der Schöpfer – Sein Licht – ein und erschuf die Welten, Einschränkung nach Einschränkung, bis hinunter in diese Welt. Hier ist der Mensch vollkommen seinem Verlangen zu empfangen unterworfen - er will aber nicht das Höhere Licht empfangen sondern eher die tierische Kleidung darüber. Die gesamte Menschheit entwickelt sich vom Verlangen nach Genuss, welches auch die Tiere haben, über das Verlangen nach Reichtum, Ehre, Macht und Wissen, bis der Schöpfer ihr etwas Unbekanntes zwischen all die erwähnten Genüsse implantiert, etwas, das jenseits dieser Welt liegt.

Dieses neue Verlangen treibt den Menschen dazu an, Erfüllung zu suchen, bis er zum Kabbala-Studium gelangt. Während dieses Studiums beginnt er, die Absichten des

Vorwort zur Einführung in die Weisheit der Kabbala

Schöpfers ihm gegenüber zu verstehen. In diesem Zustand studiert er nicht mehr, um Wissen anzuhäufen, sondern um das *Licht, welches zur Quelle zurückführt*, anzuziehen („*Einführung in das Studium der Zehn Sefirot*", Punkt 155).

Durch dieses Licht beginnt ein Mensch all sein Verlangen zu korrigieren. Der Mensch hat insgesamt 613 Verlangen, die im Allgemeinen als *Guf* (Körper) bezeichnet werden. Die Korrektur dieser Wünsche besteht darin, jeden davon mit der Absicht, den Schöpfer zu beschenken, zu nutzen, genauso wie der Schöpfer den Menschen beschenkt. Die Korrektur jedes Verlangens und das Empfangen des Lichts nennt man „ein Gebot (*Mizwa*) einhalten". Das Licht, welches ein Mensch im gemeinsamen korrigierten Verlangen empfängt, nennt man „*Tora*". Und das Licht, welches die Verlangen des Menschen korrigiert (zur Quelle zurückführt), ist das Mittel, durch welches das Geschöpf Vollkommenheit erlangt (siehe auch „*Den Weg der Wahrheit beschreiten*").

Die Vollkommenheit liegt in der Gleichheit der Form (Eigenschaften) mit dem Schöpfer. Dann ist das Geschöpf würdig, all das Wohlwollen und die Freude, die im Schöpfungsgedanken eingeschlossen sind, zu erhalten. Mit anderen Worten genießt es dann das Licht und den Zustand des Schöpfers selbst, da es Gleichheit der Form sowohl bezogen auf die Verlangen als auch auf die Gedanken des Schöpfers errungen hat.

Es stellt sich heraus, dass man sich nur durch das Kabbala-Studium korrigieren kann und das Ziel, für das der Mensch erschaffen wurde, nur dadurch erreichen kann. Und darüber schreiben alle Kabbalisten. Der einzige Unterschied zwischen den Heiligen Büchern (*Tora*, Propheten, Hagiographie, *Mishna*, *Talmud* usw.) liegt in der Intensität des Lichts in ihnen, das einen Menschen korrigiert. Das Licht in den kabbalistischen Büchern ist das größte; daher empfehlen Kabbalisten auch diese speziell zu studieren:

„Es gibt keinen anderen Weg für die Menschheit, spirituelle Erhöhung und Erlösung zu erreichen, als durch das Studium der Kabbala, welches ein einfacher und gangbarer Weg ist. Jedoch gibt es einige wenige, die das Ziel auch durch die Verwendung anderer Teile der *Tora* erreichen."

Rav Yehuda Ashlag, Einführung in das Studium der Zehn Sefirot, Punkt 36

„Erkenntnis beginnt mit der Weisheit des Verborgenen, und nur dann können andere Teile der *Tora* erreicht werden. Am Ende wird die enthüllte *Tora* erkannt."

Der Gaon von Vilna, Gebetsbuch

„Das Verbot, die Kabbala zu studieren, galt nur für eine bestimmte Zeit, bis 1490. Doch seit 1540 sollte jeder dazu ermutigt werden, sich in das Buch *Sohar* zu vertiefen, denn nur dadurch wird die Menschheit ihre spirituelle Erlösung und das Kommen des Messias erreichen. Daher dürfen wir das Studium der Kabbala nicht verhindern."

Avraham ben Mordechai Asulaj, Or HaChama (Licht der Sonne)

„Wehe denen, die den *Sohar* nicht studieren wollen, denn sie verursachen Elend, Kriege, Ausbeutung und Katastrophen in der Welt."

Das Buch Sohar, Tikunej Sohar (Korrekturen des Sohar), Tikun 30

„Das Studium des *Sohar* liegt über allem und ist allen anderen Studien vorzuziehen."

Chida

„Die Erlösung und das Kommen des Messias hängen nur vom Studium der Kabbala ab."

Der Gaon von Vilna, Ewen Shlema (Ein perfektes Gewicht)

„Es gibt keine Beschränkungen im Studium des *Sohar*."

Chafez Chaim

„Wenn meine Zeitgenossen auf mich gehört hätten, würden sie mit neun Jahren das Buch *Sohar* studieren und auf diese Weise Ehrfurcht vor dem Himmel erwerben anstelle von oberflächlichem Wissen."

Rav Izchak Yehudah Yechiel von Komarno, Nozer Chessed (Gnade walten lassen)

„Ich rufe jeden Menschen dazu auf, sich jeden Tag eine bestimmte Zeit lang dem Studium der Kabbala zu widmen – denn davon hängt die Reinigung der Seele ab."

Rav Izchak Kaduri

„In Zukunft werden die Kinder *Israels* nur durch den Verdienst des Buches *Sohar* von ihrem Exil erlöst werden."

Das Buch Sohar, Parashat Nasso

(Weitere Zitate finden sich im Kapitel „*Kabbalisten über die Weisheit der Kabbala*".)

8. Es liegt eine „Macht" im Studium der *Tora* und der *Mizwot*. Diese Macht ist die spirituelle Kraft, die einen Menschen dazu bringt, seine Eigenschaften denen des Schöpfers anzugleichen. Doch diese Kraft erscheint und handelt im Menschen nur, wenn er sich in die *Tora* und die *Mizwot* vertieft, um keine Belohnung für sich selbst zu empfangen. Stattdessen arbeitet er nur, um dem Schöpfer Vergnügen zu bereiten. Nur durch diese Voraussetzung erwirbt jemand stufenweise Gleichheit der Form mit dem Schöpfer.

Die Korrektur des Menschen in Bezug auf die Gleichheit der Form mit dem Schöpfer besteht im Allgemeinen aus fünf Stufen: *Nefesh, Ruach, Neshama, Chaja, Yechida*. Jede Stufe ist eine Welt, denn wenn jemand eine Stufe im Korrekturprozess erreicht, fühlt er die Existenz des Schöpfers entsprechend dem Maß seiner Korrektur. Diese Korrekturen werden „Welten" genannt, weil sie den Schöpfer entsprechend dem Maß der Korrektur eines Menschen enthüllen – und den Schöpfer im Maß der bisher unkorrigierten *Kelim* (*Verlangen*) – insgesamt 613 – verhüllen.

Es folgt, dass jemand diese fünf Stufen auf seinem Weg zur Vollkommenheit aus den fünf Welten erhält: *Assija*, *Yezira*, *Brija*, *Azilut* und *Adam Kadmon*. In jeder Welt gibt es fünf *Parzufim* und in jedem *Parzuf* gibt es fünf *Sefirot* – daher die Summe von 125 Stufen in der „Leiter Jakobs", von dieser Welt bis zur Spitze der Leiter.

Durch das Ausüben der *Tora* und der *Mizwot*, um dem Schöpfer Genuss zu bereiten, verdient und erreicht ein Mensch Stufe für Stufe die *Kelim* des Willens zu Geben. So erklimmt der Mensch stufenweise die Leiter, bis er die vollkommene Gleichheit der Form mit dem Schöpfer erreicht. Dann erfüllt sich der Schöpfungsgedanke im Menschen, welcher darin besteht, dass der Mensch all die für ihn bestimmten Genüsse und Vollkommenheit durch den Schöpfer erhält. Und der größte Gewinn besteht darin, durch die wahre Anheftung an den Schöpfer (*Dwekut*) das Verlangen zu geben zu bekommen, wie der Schöpfer.

9. Nun verstehen wir das oben Gesagte: „Alle Welten, die höheren und die niederen und alles in ihnen, wurde nur für den Menschen erschaffen." All diese Stufen und Welten dienen nur dazu, das Verlangen des Menschen in der Absicht zu geben zu vervollständigen, um es ihm zu ermöglichen, die Gleichheit der Form mit dem Schöpfer zu erreichen – denn diese fehlt dem Menschen von Natur aus.

Am Anfang schränkten sich die Welten ein, und die Stufen stiegen Stufe um Stufe, Welt für Welt, bis hin zu unserer materiellen Welt ab, um in dieser Welt zum „Körper dieser Welt" zu gelangen. Dieser wird in der Weisheit der Kabbala als „der Wille, für sich selbst zu empfangen" bezeichnet. Auf der Stufe dieser Welt ist der Mensch wie ein Tier: Ein vollkommenes Verlangen zu empfangen ohne den Funken eines Verlangens zu geben. In diesem Zustand befindet sich der Mensch in völligem Gegensatz zum Schöpfer und somit in maximaler Entfernung von Ihm.

Wenn ein Mensch Kabbala studiert, zieht er das *Or Makif* (Umgebende Licht) entsprechend seinem Verlangen nach Spiritualität auf sich. Dieses Licht befindet sich außerhalb des *Kli* (Verlangen/Seele) des Menschen. Das Umgebende Licht korrigiert das *Kli* auf solche Weise, dass seine Absicht sich in Richtung Geben verändert. Die Absicht, dem Schöpfer und nicht sich selbst zu geben, verwandelt eine Handlung des Empfangens in eine Handlung des Gebens.

Entsprechend seiner Natur bleibt das *Kli* ein Verlangen nach Genuss, aber die Absicht ändert das Wesen dieser Handlung vom Empfangen zum Geben. Dann kann das Umgebende Licht mit dem Ziel in das korrigierte *Kli* eintreten, dem Schöpfer zu geben. Vor allem während des Studiums der Kabbala kann das *Or Makif* (Umgebendes Licht) die Verlangen des Menschen korrigieren, bis sie würdig werden, es als *Or Pnimi* (Inneres Licht) zu erhalten.

Der Mensch erreicht dieses Verlangen zu geben nur stufenweise, von unten nach oben, entlang desselben Weges, wie es während der Zeit der Entwicklung von oben nach unten abgestiegen ist.

Alle Stufen sind Maße für die Größe des Verlangens zu geben. Je höher die Stufe, umso entfernter ist der Mensch von seinem Verlangen zu empfangen und umso näher ist er dem Verlangen zu geben. Ein Mensch erklimmt Schritt für Schritt alle Stufen des Gebens bis er „des vollständigen Gebens" würdig wird und nichts mehr in der Absicht für sich selbst empfangen will.

Dann hat der Mensch Vollständigkeit durch wahre Anheftung an den Schöpfer (*Dwekut*) erreicht. Dies ist das Schöpfungsziel und der einzige Grund für die Erschaffung des Menschen. Daher wurden alle Welten und alles darin Befindliche nur dazu erschaffen, dem Menschen beim Erklimmen der Leiter zu helfen. Wenn man sich korrigiert hat und mit Licht erfüllt ist, befindet sich das gesamte System der Welten und alles darin im Menschen.

10. Dem Menschen, der verstanden hat und sich daran erinnert, worüber wir gesprochen haben, wird erlaubt, die Weisheit der Kabbala zu studieren – ohne dass die Gefahr der falschen Interpretation und Materialisierung besteht. Denn das Studium der Kabbala ohne richtige Anleitung verwirrt den Studenten: Einerseits sind alle *Sefirot* und *Parzufim* (spirituelle Objekte) von der Welt *Azilut* bis zur Welt *Assija* vollkommen göttlich und befinden sich somit in Einheit mit dem Schöpfer. Und wie kann es andererseits in der Göttlichkeit und in der Einheit Veränderungen, Auf- und Abstiege und *Siwugim* (Paarungen) geben?

11. Aus dem oben Gesagten wird klar, dass all diese Veränderungen – Aufstiege, Abstiege, Einschränkungen und *Siwugim* – nur von jenen *Kelim* der Seelen, welche das Licht empfangen, unterschieden werden. Man kann die gesamte Realität in zwei Teile einteilen: Das Mögliche (Potenzial) und das Tatsächliche.

Man kann es mit einem Mann vergleichen, der ein Haus bauen will. In seinen Gedanken besitzt er bereits den Plan des Hauses – dennoch gleicht der Plan nicht einem tatsächlichen Haus, das durch den Plan umgesetzt wurde. Denn der Gedanke an das Haus besteht aus der Substanz des Gedankens und existiert nur im Potenzial. Wenn sich der Hausbau allerdings vom Gedanken zur Handlung hin entwickelt, verändert sich dessen Substanz in ein anderes Material und nimmt die Form von Holz und Stein an.

Also kann man auch bei der Seele (*Neshama*) eine potenzielle und eine tatsächliche Entwicklung unterscheiden: Der „tatsächliche" Austritt der Seelen (*Neshamot*) aus dem Schöpfer geschieht ausschließlich in der Welt *Brija*. Daher werden alle Veränderungen, die sich vor der Welt *Brija* ergeben, als „potenziell" bezeichnet und unterscheiden sich nicht greifbar vom Schöpfer.

Und so wird gesagt, dass alle Seelen bereits in *Malchut* von *Ejn Sof* eingeschlossen sind, im Mittelpunkt der gesamten Wirklichkeit. Denn dieser Punkt enthält potenziell

Vorwort zur Einführung in die Weisheit der Kabbala

die *Kelim*[58] der Seelen, die „tatsächlich" von der Welt *Brija* abwärts entstehen. Auch die erste Einschränkung (*Zimzum Alef*) ergab sich also in diesem Mittelpunkt im Hinblick auf das Potenzial der zukünftigen Seelen.

Alle *Kelim* und Welten, die nach der ersten Einschränkung bis zur Welt *Brija* entstanden, entwickelten sich aus diesem Mittelpunkt; sie sind nur „mögliche" Welten im Hinblick auf die Seelen. Nur wenn die Seelen tatsächlich in *Brija* und abwärts davon austreten, beginnen die Veränderungen in den Stufen dieser Welten sie zu beeinflussen.

12. Es ist mit einem Menschen vergleichbar, der sich selbst verhüllt und verkleidet, damit er weder gesehen noch aufgespürt werden kann. Im Hinblick auf sich selbst bleibt er aber immer er selbst. So handelt es sich bei den *Zehn Sefirot* (*Keter, Chochma, Bina, Chessed, Gwura, Tiferet, Nezach, Hod, Jessod, Malchut*) nur um zehn Verkleidungen, innerhalb derer sich *Ejn Sof* verhüllt und vor den Seelen verbirgt.

Das Licht von *Ejn Sof* ist in vollkommener Ruhe, und so leuchtet es innerhalb der Verhüllungen. Aber weil die Seelen das Licht aus *Ejn Sof* durch die Verhüllungen erhalten, empfinden sie es als veränderlich. Deswegen werden die Seelen entsprechend ihrer unterschiedlichen Verhüllungen in zehn Stufen eingeteilt.

All diese Verhüllungen gibt es nur in *Brija* und unterhalb davon, denn nur von dort an abwärts existieren die Seelen, die aus den *Zehn Sefirot* durch die Verhüllungen empfangen. In den Welten *Adam Kadmon* und *Azilut* existieren die Seelen noch nicht, denn dort sie sind nur „potenziell" vorhanden.

Obwohl die zehn Verhüllungen in den *Zehn Sefirot* nur in den Welten *Brija, Yezira* und *Assija* agieren, werden sie trotzdem als genauso göttlich wie vor der Einschränkung betrachtet. Der einzige Unterschied in den *Kelim* der *Zehn Sefirot* besteht darin, dass sie in *Adam Kadmon* und *Azilut* potenzielle *Kelim* sind und von *BYA* (*Brija, Yezira, Assija*) abwärts ihre Verhüllung beginnt. Das Licht in ihnen bleibt jedoch trotz der Verhüllungen unverändert.

13. Wenn sich die Seelen (die Empfänger), die Licht aus den Welten empfangen, in den Welten *Adam Kadmon* und *Azilut* nicht enthüllten, welchem Ziel würden diese *Kelim* von *AK* und *Azilut* dienen und wofür würden sie sich verhüllen? Die Antwort darauf ist: Wenn die Welten *BYA* zusammen mit ihren Seelen zu *AK* und *Azilut* aufsteigen, werden sie Licht entsprechend der Stufe der *Zehn Sefirot* in *Azilut* oder in *Adam Kadmon* empfangen. Daher treten Veränderungen auch in *Adam Kadmon* und *Azilut* auf, entsprechend den Eigenschaften der Seelen. Und sie sind dazu bestimmt, auf die Seelen zu scheinen, die in Zukunft zu ihnen aufsteigen werden.

14. Es folgt, dass die Welten, die Erneuerungen, die Veränderungen und die Stufen sich nur auf die *Kelim* beziehen, die die Seelen beschenken und ihnen ihr Maß zeigen, damit sie von dem Licht in *Ejn Sof* empfangen. Wenn die Seelen jedoch entlang der Stufen aufsteigen, verändern sie nichts am Licht von *Ejn Sof* selbst, denn alle Verhüllungen

---
58 Mehrzahl von *Kli*

verändern nicht den Verhüllten, sondern nur denjenigen, der den Verhüllten fühlen und von Ihm empfangen möchte.

15. Man kann immer drei Aspekte in den Sefirot und Parzufim (spirituelle Objekte) unterscheiden: Das Wesen oder die Essenz des Schöpfers (Azmuto), Kelim und Lichter (Orot).

1. Die Empfänger haben keine Wahrnehmung von *Azmuto*, der Essenz des Schöpfers.

2. Es gibt immer zwei gegensätzliche Aspekte in den *Kelim*: Verhüllung und Enthüllung. Am Anfang verbirgt sich das *Kli*, weshalb die zehn *Kelim* in den *Zehn Sefirot* zehn Stufen der Verhüllung darstellen. Nachdem aber die Seelen diese *Kelim* mit all ihren Voraussetzungen empfangen haben, verwandeln sich die Verhüllungen in Enthüllungen bezogen auf die Erkenntnis, die von den Seelen ausgeht. In diesem Zustand verschmelzen die beiden gegensätzlichen Aspekte in den *Kelim* miteinander, weil das Maß der Enthüllung im *Kli* genau der Größe der Verhüllung im *Kli* entspricht. Und je gröber das *Kli* ist, desto mehr enthüllt es die Höhere Stufe, wenn es zu *Azmuto* aufsteigt.

3. Die Lichter in den *Sefirot* haben eine spezielle Gestalt und sind würdig, für die Seelen und deren Erkenntnis zu erscheinen. Während einerseits alles aus der Essenz des Schöpfers kommt, wird das Licht nur entsprechend der Charakteristik der *Kelim* wahrgenommen. Daher muss es zehn Lichter für zehn *Kelim* geben – das heißt, zehn Stufen der Enthüllung für die Empfänger – entsprechend der Charakteristik dieser *Kelim*. Und es kann keinen Unterschied zwischen dem Licht und der Essenz des Schöpfers geben, sondern nur in dem, was uns vom Schöpfer erreicht, durch die Einkleidung in die *Zehn Sefirot*. Daher nennen wir alles „Erkannte" „Licht".

DIE VIER STUFEN DER ENTWICKLUNG DES KLI

Kabbalisten erreichten die Spiritualität und schrieben über sie in ihren Büchern. Sie erkannten, dass die Wurzel der gesamten Realität die Höchste Kraft ist, welche „Seine Essenz" (*Azmuto*) genannt wird – denn die Kraft selbst konnten sie nicht erfassen. Jedenfalls erfassten sie, dass ein Gedanke und eine Absicht von *Azmuto* ausgingen – die Geschöpfe zu erschaffen, um sie mit Freude und Genuss zu erfüllen. Die Kabbalisten nannten diesen Gedanken und die Absicht „Den Schöpfungsgedanken" oder das „Höhere Licht" (*Or Eljon*). Gegenüber dem Geschöpf entspricht das Licht dem Schöpfer, denn *Azmuto* ist unerfassbar. Daher wird die Beziehung zwischen Schöpfer und Geschöpf durch das Höhere Licht aufrechterhalten.

Zusammenfassung: Es gibt das Licht, das vom *Azmuto* stammt, welcher das Geschöpf erschaffen wollte, um es mit Genuss und Freuden zu erfüllen. Die Bedeutung dieses Lichts ist, ein Geschöpf zu erschaffen, das das Licht genießt. Die Kabbalisten nannten daher das Geschöpf „*Kli*" und das Licht „Füllung" (*Milui*). Das Licht, welches aus *Azmuto* (Seiner Essenz) austritt, nennt man *Bchina Shoresh* (Wurzelphase), denn es ist die Wurzel der gesamten Realität. Dieses Licht erzeugte ein Verlangen nach dem Licht. Dieses Verlangen nach dem Licht wird auch „Verlangen zu empfangen" (*Razon lekabel*) genannt.

Die Intensität des Genusses hängt nur von der Größe des Verlangens ab, ihn zu empfangen – genau wie wenn jemand einen leeren Magen hat, jedoch keine Lust auf Essen. Daher ist das Verlangen das *Kli* für die Füllung, und ohne dieses gibt es keinen Genuss. Es gibt in der Spiritualität keinen Zwang, und die Füllung entspricht immer dem Verlangen.

Das Licht, welches aus *Azmuto* stammt, erschafft also ein *Kli* und füllt es. Der Genuss, den das Geschöpf beim Empfangen verspürt, wird *Or Chochma* (Licht der Weisheit) genannt. Das durch das Licht erschaffene Verlangen, welches auch vom Licht erfüllt wird, nennt man *Bchina Alef* (Erste Phase), weil es sich um die erste Stufe (Erscheinung, Manifestation) des zukünftigen *Klis* handelt.

Doch dieses Verlangen ist noch nicht unabhängig, da es direkt durch das Licht erschaffen wurde. Das wahre Geschöpf ist jenes, welches **selbst** das gesamte Licht des Schöpfers aufnehmen will, das heißt, sein Verlangen und seine Entschlossenheit, das Licht zu genießen, müssen in dem Geschöpf selbst entstehen und nicht durch den Schöpfer eingeflößt sein.

Um Licht empfangen zu wollen, muss das Geschöpf zuerst die Stärke des zukünftigen Genusses kennen. Dafür muss es mit Licht gefüllt werden und später auch fühlen, wie der Zustand ohne Licht ist – nur dann kann ein wahres Verlangen nach Licht entstehen.

Ähnlich verhält es sich auch in der irdischen Welt: Bevor ein Mensch eine neue Frucht kostet, die er nie zuvor gesehen hat, gibt es in ihm noch kein Verlangen danach. Doch wenn er von ihr isst und sie ihm schmeckt und man ihm die Frucht wieder wegnimmt, beginnt er, sich nach deren köstlichem Geschmack zu sehnen. Und genauso wird ein neues Verlangen im Menschen geschaffen; er nimmt es als „freien Willen" wahr.

Daher ist es unmöglich, das ganze *Kli* auf einmal zu erschaffen. Damit das Verlangen weiß, wodurch es erfüllt wird, und damit es erkennt, dass Er selbst es füllen möchte, muss es die ganze Entwicklung durchlaufen. Diese Bedingung wird in der Kabbala als Gesetz bezeichnet: „**Die Ausdehnung des Lichts** (*Hitpashtut haOr*) im Willen zu empfangen und sein **Verschwinden** (*Histalkut*) von dort **machen das Kli seiner Aufgabe würdig**", welche darin besteht, das Licht zu empfangen und sich daran zu erfreuen. Die Stufen der Entwicklung des Verlangens werden *Bchinot* (Unterscheidungen) genannt, weil sie unterschiedliche Phasen des Verlangens zu empfangen sind.

So stattet das Licht durch den Genuss das *Kli* mit den Eigenschaften des Gebens aus. Und das *Kli* erkennt plötzlich, während es sich am Licht erfreut, dass es auch geben möchte – gleich der Natur des Lichts, welches es erfüllt. Der Schöpfer hat das Licht mit Bedacht so gestaltet, dass es Seine Eigenschaften durch das Verlangen zu geben ausdrückt.

Wenn das Licht erst *Bchina Alef* erschaffen hat und das *Kli* füllt, spürt es, dass es so sein möchte wie der Schöpfer. Und da es sich um ein völlig neues Verlangen handelt, ergibt sich auch eine neue Betrachtungsweise, die *Bchina Bet* (Zweite Phase/Unterscheidung) genannt wird.

Bchina Bet ist das Verlangen zu geben. Den Genuss, den es fühlt, wenn es dem Schöpfer ähnlich wird, nennt man „*Or Chassadim*" (Licht der Barmherzigkeit). Also sehen wir, dass *Bchina Alef* der *Bchina Bet* entgegengesetzt ist, denn das eine ist das Verlangen zu empfangen und das andere das Verlangen zu geben. Das Licht in *Bchina Alef* ist *Or Chochma* und das Licht in *Bchina Bet* ist *Or Chassadim*.

Wenn das Verlangen zu empfangen in *Bchina Alef* anfängt, sich am Licht zu erfreuen, von dem es gefüllt wird, spürt es unmittelbar, dass das Licht der Genussgebende und es selbst der Empfänger ist – und so möchte es langsam so werden wie das Licht selbst: Es möchte nicht mehr Genuss empfangen, sondern ihn geben, wie das Licht. Daher verschwindet das Verlangen zu empfangen in *Bchina Alef* und sie bleibt leer, denn Genuss kann nur gefühlt werden, wenn ein Verlangen danach besteht.

Das Verlangen zu empfangen kann nicht ohne *Or Chochma* verbleiben, denn *Or Chochma* ist seine Lebenskraft. Daher muss es ein wenig *Or Chochma* nehmen. Und so besteht dieses neue Verlangen, *Bchina Gimel* (Dritte Phase/Unterscheidung) genannt, aus zwei Verlangen:

- Jenem, dem Licht zu gleichen, und
- Jenem, ein kleines Maß an Or Chochma zu empfangen

Also fühlt das *Kli* nun zwei Lichter: das *Or Chassadim* im Verlangen zu geben und das *Or Chochma* im Verlangen zu empfangen.

Wenn *Bchina Gimel* das Licht empfängt, fühlt sie, dass *Or Chochma*, das Licht des Lebens, eher ihrer Natur entspricht. Daher entscheidet sie sich dafür, das ganze Licht zu nehmen. So entsteht ein eigenes Verlangen, *Or Chochma* zu empfangen, das heißt diesen Genuss, mit dem der Schöpfer das Geschöpf erfüllen will.

Wir erkennen, dass das Licht, welches aus *Azmuto* ausströmt, in vier Stufen ein *Kli* erschafft. Daher handelt es sich nur bei diesem endgültigen Verlangen, *Bchina Dalet* (vierte Phase/Unterscheidung) genannt, um das einzige tatsächliche Geschöpf. Alle vorangegangenen Phasen dienten nur seiner Entwicklung. Letztendlich ist die gesamte Schöpfung in dieser vierten Phase beinhaltet. Alles in der Wirklichkeit außer dem Schöpfer ist *Bchina Dalet*. *Bchina Dalet* wird *Malchut* genannt (Königreich), denn das Verlangen zu empfangen regiert darin.

VIER BCHINOT

Bchina Dalet ist das einzige Geschöpf. Sie wird in Äußerlichkeit und Innerlichkeit unterteilt. Die äußeren Teile bestehen aus *Sefirot*, *Parzufim* (Mehrzahl von *Parzuf*), *Welten* und *unserer Welt* – dem Bewegungslosen, Pflanzlichen und Tierischen. Die inneren Teile bestehen aus den menschlichen Seelen. Der Unterschied zwischen diesen Teilen liegt nur in der Größe ihres Verlangens zu empfangen.

Wenn *Bchina Dalet* vollständig mit *Or Chochma* erfüllt ist, nennt man sie *Olam Ejn Sof* (Welt der Unendlichkeit), denn ihr Verlangen, das Licht zu empfangen, ist endlos. *Bchina Dalet* empfängt durch die vier vorangegangenen *Bchinot*: *Shoresh*, *Alef*, *Bet* und *Gimel*. Also wird *Bchina Dalet* in fünf Teile des Verlangens zu empfangen unterteilt: die Wünsche nach Licht in den *Bchinot*, welche ihr vorausgehen, und das Verlangen nach Licht, welches zu ihr kommt.

VIER BCHINOT, DIE BCHINA DALET VORANGEHEN, MIT FÜNF BCHINOT IN IHR

Zusammenfassung: Das Licht kommt vom Schöpfer, das heißt aus der Wurzelphase (*Shoresh*). Dann erschafft das Licht ein Geschöpf – *Bchina Dalet* – in vier Etappen. Das Wesen des Geschöpfes ist das Verlangen, Genuss zu empfangen. Dieser Genuss ist das Gefühl des Lichts innerhalb des Verlangens. Die Vierte Phase wird dann in vier innere Teile unterteilt, welche Licht aus den vorangegangenen Phasen empfangen. Die *Bchina Dalet*, erfüllt mit *Or Chochma*, wird *Olam Ejn Sof* (Welt der Unendlichkeit) genannt. Die Teile von *Bchina Dalet* werden Seelen und Welten genannt. Die Welten enthalten *Parzufim*, *Sefirot* und alles andere, außer den Seelen.

ZIMZUM ALEF – MASSACH – PARZUF

Wenn *Or Chochma* das Verlangen zu empfangen in *Bchina Alef* füllt, übermittelt es ihm auch seine Natur, jene des Gebens. Das ist der Grund, weshalb *Bchina Alef* am Ende, nachdem sie die Natur des Lichts, das sie erfüllt, gespürt hat, ihr Verlangen vom Empfangen hin zum Geben verändert.

Nachdem *Bchina Dalet* die *Bchina Gimel* (Dritte Phase) verlassen und sich mit ihrem *Or Chochma* gefüllt hat, wirkt das Licht in ihr so, dass sie ebenfalls beginnt, geben zu wollen – so wie die Natur des Lichts in ihr. Aus diesem Grund verschwindet das Verlangen zu empfangen aus *Bchina Dalet*.

Warum verleiht das *Or Chochma* dem *Kli* sein Verlangen zu geben, wenn es das *Kli* füllt? Dies ist so, weil das *Kli* dadurch nicht nur den Genuss des Lichts, sondern auch das Verlangen des Gebers spürt. Der Schöpfer hätte ein *Kli* erschaffen können, das Ihn nicht als Geber wahrnimmt, sondern nur den Genuss des Empfangens. So nehmen es Menschen mit einem unentwickelten Verlangen zu empfangen wahr, wie zum Beispiel Kinder und geistig instabile Menschen.

Wenn ein Kind älter wird, fängt es an, sich für das Empfangen zu schämen. Dieses Gefühl ist derart im Menschen verankert, dass er lieber die größten Qualen auf sich nähme als sich der Scham auszusetzen. Diese Eigenschaft erschuf der Schöpfer im Besonderen, **damit wir mit ihrer Hilfe fähig würden, uns über unsere Natur zu erheben**, welche der Wille zu empfangen ist.

Um sich zu schämen und Leiden während des Empfangens zu empfinden, müssen wir fühlen, dass wir empfangen. Das ist aber nur möglich, wenn es einen Geber gibt und wir seine Existenz spüren. Wenn man den Geber nicht spürt, wird man sich nicht schämen. Doch wenn er direkt vor einem steht, schämt man sich.

Man kann nicht direkt empfangen, weil man in eine Beziehung zu Ihm treten muss, ihm etwas zurückgeben muss, weil man von Ihm empfangen hat – es wird mehr zu einem Handel und bleibt nicht beim puren Empfangen. Dann wird man selbst auch zu einem Geber, denn Er empfängt ebenfalls von mir.

Das Gefühl des Schöpfers erweckt in *Malchut* einen solch intensiven Schmerz beim Empfangen, dass sie sich dazu entschließt, niemals mehr ihr Verlangen zu empfangen für den eigenen Vorteil zu nutzen. Dieser Entschluss von *Malchut*, kein Licht mehr für sich selbst zu empfangen, wird „Einschränkung" (*Zimzum*) genannt. Der Name „Erste Einschränkung" (*Zimzum Alef*) deutet darauf hin, dass es das erste Mal ist, dass so etwas geschieht.

Durch die Weigerung, Licht zu empfangen, hört *Malchut* auf, Empfänger zu sein, doch sie kann dem Schöpfer noch nichts geben; sie hat ihr Verlangen, wie das Licht zu sein – also der Geber des Genusses – noch nicht erreicht. Indem *Malchut* keinen Genuss vom Schöpfer annimmt, erreicht sie nicht die Gleichheit der Form. Daher ist *Zimzum Alef* kein Ziel, sondern ein Mittel, die Fähigkeit des Gebens zu erlangen.

Die Schöpfungsabsicht des Schöpfers war, dass *Malchut*, das Geschöpf, Genuss empfängt. Dieser Schöpfungsgedanke ist unveränderlich und absolut. Daher setzt der Schöpfer, das Licht, den Druck auf *Malchut* fort, um sie zum Empfangen des Genusses zu bewegen. *Malchut* spürt, dass die Einschränkung nicht ausreicht um den Status des Gebers zu erreichen – aber wie kann ein Geschöpf, dessen einzige Eigenschaft das Empfangen ist, dem Schöpfer irgendetwas geben?

Durch die Wahrnehmung der Höheren neun Eigenschaften (es sind die Eigenschaften des Schöpfers, die *Malchut* in sich spürt), welche die Verbindung zwischen *Malchut* und dem Schöpfer bedeuten, beginnt *Malchut* zu verstehen, wie sie dem Schöpfer zurückgeben könnte: Sie entschließt sich für das Empfangen und den Genuss des Lichts – doch nur, weil der Schöpfer sich daran erfreut, denn das setzt ihr Empfangen dem Geben gleich. Das Empfangen des Genusses durch den Empfänger, mit der Absicht, dem Geber Genuss zu verschaffen, macht eine empfangende Handlung zu einer gebenden Handlung. Wenn *Malchut* das gesamte Licht (Genuss) empfängt, das der Schöpfer für sie vorgesehen hat, wird sie Ihm genauso viel geben, wie Er ihr.

Vorwort zur Einführung in die Weisheit der Kabbala

Folgendes Beispiel dient der Veranschaulichung: Gast und Gastgeber. Der Gastgeber will den Gast mit all den Köstlichkeiten, die sich dieser wünscht, verwöhnen, sowohl hinsichtlich der Menge als auch des Geschmacks. (Das Verlangen und das Licht passen sowohl in Qualität als auch in Quantität perfekt zusammen, zumal das Licht [Genuss] das *Kli* [Verlangen] passend zu sich geschaffen hat).

Obwohl der Gast sehr hungrig ist, entsteht in ihm durch die Anwesenheit des Gastgebers das Gefühl der Scham, welches ihn am Essen hindert. Die Scham stammt daher, dass der Gast sich selbst als Empfänger fühlt und den Gastgeber als Geber. Die Scham ist so groß, dass er unfähig wird, zu empfangen.

Doch das konstante Drängen und Bitten des Gastgebers, der so viel für ihn vorbereitet hat, überzeugt den Gast letztendlich davon, dass er dem Gastgeber Freude bereitet, wenn er die Speisen genießt. Der Gast denkt, dass es dem Gastgeber sehr gefallen wird, wenn er, nachdem er so oft das Essen abgelehnt hat, nun doch nachgibt und herzhaft zugreift. Dadurch wird der Gast zum Geber und der Gastgeber zum Empfänger.

Der Hunger – das Verlangen, Genuss und Freude zu empfangen – wird in der Kabbala als *Kli* (*Gefäß*) bezeichnet. Das Verlangen, das aus dem Schöpfer kommt, wird *Or Yashar* (Direktes Licht) genannt. Die abstoßende Kraft wird *Massach* (Schirm) genannt. Das Licht, das vom *Massach* zurückgestoßen wird, wird als *Or Choser* (Reflektiertes Licht) bezeichnet. Mithilfe der Kraft des *Massach* – der Widerstandskraft gegen den eigenen Genuss, nur um dem Schöpfer Genuss zu bereiten – ist das *Kli* in der Lage, seinem Verlangen zu empfangen zu widerstehen. Man könnte sagen, dass das *Kli* das Licht zurückstößt, aber genauer gesagt widersteht das *Kli* der Nutzung des Willens für sich selbst.

Das *Kli* kann dem Schöpfer kein Licht zurückgeben. Es kann nur seine Absicht ändern. Im *Kli* wird die Absicht geschaffen, den Schöpfer zu erfreuen. Diese Absicht nennen wir *Or Choser* (Reflektiertes Licht). *Or* (Licht) ist nur ein Synonym für Genuss. *Or Yashar* (Direktes Licht) ist der Genuss, den der Schöpfer dem Geschöpf bereiten möchte. *Or Choser* (Reflektiertes Licht) ist der Genuss, den das Geschöpf dem Schöpfer bereiten will.

Nachdem der Gast (das *Kli*) sicher ist, dass er nicht für sich selbst empfängt, überprüft er die Größe seines *Or Choser* (das Maß seines Wunsches, dem Gastgeber (Schöpfer) Genuss zu geben) und entschließt sich, sich von der Fülle, die ihn umgibt, zu nehmen; das heißt, er bedient sich des *Or Yashar*, welches die Köstlichkeiten und Genüsse darstellt, die der Gastgeber (Schöpfer) für ihn vorbereitet hat. Doch er nimmt sich nur so viel, wie er mit der Absicht, dem Gastgeber (Schöpfer) Genuss zu bereiten, empfangen kann.

Kabbalisten sind Menschen, die das Licht, welches vom Schöpfer und all Seinen Handlungen kommt, spüren, doch wenn sie über Spiritualität schreiben, beschreiben sie ihre Gefühle mit „technischen" Begriffen. Daher kann der Leser diese Worte nur dann in Gefühle übersetzen, wenn er den *Massach* und die Kraft, über die das Buch schreibt, hat, und selbst dieselben Handlungen, über die er liest, durchführt.

Das Licht kommt direkt vom Schöpfer – daher der Name Direktes Licht (*Or Yashar*) – und will in das *Kli* eindringen, doch wird es vom *Massach* gestoppt. Der *Massach* stößt das Licht ab, das heißt, er will nicht empfangen, um zu empfangen, wodurch das *Kli* die Bedingung der Ersten Einschränkung (nicht für sich selbst zu empfangen) erfüllt. Nachdem sich das *Kli* sicher ist, dass es nicht für sich selbst empfängt, berechnet es (mithilfe des *Massach*), wie viel es in der Absicht zu geben empfangen kann, um dem Schöpfer Genuss zu bereiten.

Die Empfindung des Lichts und die Berechnung, wie viel Licht empfangen werden soll, geschieht vor dem Empfangen – und der Teil, der dies plant, wird daher *Rosh* (Kopf) genannt und der Ort der Berechnung, wo sich der *Massach* befindet, wird *Pe* (Mund) genannt.

Nachdem die Entscheidung im *Rosh* gefallen ist, empfängt das *Kli* das Licht in dem Teil, der *Toch* (Inneres) genannt wird. Das ist der Teil des *Kli*, in dem das Empfangen stattfindet (das Gefühl des Genusses innerhalb des Verlangens zu empfangen). *Or Chochma* (der Genuss) wird dann mit der Absicht, dem Schöpfer Genuss zu bereiten, empfangen. Diese Absicht wird *Or Chassadim* genannt (Licht der Barmherzigkeit). In der Sprache der Kabbala sagt man: Das Direkte Licht *Or Yashar* kleidet sich in das Reflektierte Licht *Or Choser* – und *Or Chochma* kleidet sich in *Or Chassadim*.

Das *Kli* kann nur einen kleinen Teil des Lichts, welches vom Schöpfer kommt, erhalten, denn der *Massach* hat nicht ausreichend Kraft, das ganze Licht zu empfangen. Daher gibt es einen Teil (der Wünsche), der mit Licht gefüllt wird, und einen Teil, welcher leer bleibt. Der leer bleibende Teil wird *Sof* (Ende) genannt. Daher sehen wir nun, dass das Geschöpf aus drei Teilen besteht: *Rosh*, *Toch*, *Sof*. Zusammen bilden sie den *Parzuf* (das Gesicht). Der *Guf* des *Parzuf* (alle seine Verlangen) unterteilt sich in *Toch*, welcher das Licht empfängt, und *Sof*, welcher leer bleibt.

- *Die Grenze innerhalb des Guf des Parzuf, an der das Licht aufhört, wird Tabur (Nabel) genannt.*
- *Das Licht, welches innerhalb des Parzuf empfangen wird, wird Or Pnimi (Inneres Licht) genannt.*
- *Der Teil des Lichts, der außerhalb des Parzuf bleibt, wird Or Makif (Umgebendes Licht) genannt.*
- *Das Or Yashar (Direktes Licht) wird durch den Massach in Or Pnimi und Or Makif geteilt.*

Malchut besteht aus fünf *Bchinot*. Der *Massach* entscheidet, wie viel er in jeder *Bchina* empfängt. Jede *Bchina* teilt sich wieder in einen empfangenden Teil und einen Teil, welcher nicht empfängt. Daher gibt es fünf *Bchinot* im *Toch* und fünf *Bchinot* im *Sof*.

Zusammenfassung: Wenn das Licht das *Kli* korrigiert, gibt es ihm das Verlangen des Schöpfers. Und das ist es, was uns fehlt: das Licht (das Umgebende Licht, das wir während des Studiums erwecken, wenn wir wünschen, das Schöpfungsziel zu erreichen), welches kommt und uns korrigiert, damit wir in allem, was wir tun, wie der Schöpfer (gebend) werden. Das ist die Einzigartigkeit der Kabbala und darin liegt die ganze Wichtigkeit. Das Studium erweckt das Umgebende Licht (*Or Makif*), welches den Menschen korrigiert.

AUSBREITUNG (HITPASHTUT) UND RÜCKZUG (HISTALKUT) DER LICHTER

Nachdem sich *Malchut* entschlossen hat, einen Teil des *Or Yashar* in ihren *Toch* aufzunehmen, hört sie auf zu empfangen. *Malchut* berechnet immer im *Rosh* des *Parzuf*, welches das größte Maß an Licht ist, das sie in der Absicht zu geben empfangen kann. Abhängig von der Kraft des *Massachs* empfängt *Malchut* immer nur einen kleinen Teil von der Gesamtheit des *Or Yashar*, denn das Empfangen, um den Schöpfer zu erfreuen, ist gegen ihre Natur.

Jener Teil des *Or Yashar* (Direktes Licht), welcher außerhalb des *Kli* bleibt, nennt man *Or Makif* (Umgebendes Licht). Es drückt weiter auf den *Massach*, welcher seine Ausbreitung im *Parzuf* einschränkt, und will den *Massach* durchdringen, um das gesamte *Kli* zu füllen bis hin zum *Sof* des *Parzuf*, genauso wie es vor der Einschränkung war.

Der *Parzuf* erkennt, dass sich der Schöpfungsgedanke nicht verwirklichen wird, wenn er nur einen Teil des Lichts aufnimmt, das heißt, wenn er es nur bis zum *Tabur* durchlässt und im bestehenden Zustand verbleibt. Um den Schöpfungsgedanken zu verwirklichen, muss das Licht, welches *Malchut* vor dem *Zimzum* (Einschränkung) gefüllt hat, mit der Absicht zu geben empfangen werden. Doch wenn der *Parzuf* jetzt mehr Licht empfinge, also das Licht bis unter den *Tabur* durchließe, würde diese Handlung „Empfangen, um zu empfangen" bedeuten, denn in Bezug auf diese *Kelim* hätte er keinen *Massach*, um zu „Empfangen, um zu geben".

Daher entschließt sich der *Parzuf*, überhaupt nichts zu empfangen und zur Situation vor dem Empfangen zurückzukehren. Dieser Entschluss fällt im *Rosh* des *Parzuf*, genau wie alle anderen Entscheidungen. Nach dieser Entscheidung steigt der *Massach*, der von *Pe* nach *Tabur* abgefallen war, wieder zu *Pe* auf. Der Aufstieg des *Massach* bewirkt, dass das Licht den *Parzuf* durch *Pe* des *Rosh* verlässt.

Die Entscheidung, mit dem Empfangen aufzuhören, wurde getroffen, weil das *Or Makif* (Umgebende Licht) auf den *Massach* im *Tabur* drückt und in den *Parzuf* eindringen will, um zu *Or Pnimi* (Innerem Licht) zu werden, denn das *Or Pnimi* drückt auch nach unten. Diese beiden Lichter wollen den *Massach*, welcher die Ausbreitung der Lichter begrenzt, auflösen. Der Druck, den die Lichter auf den *Massach* ausüben, wird „*Bitush* (Schlag) des *Or Pnimi* und des *Or Makif*" genannt.

Diese beiden Lichter drücken auf den *Massach* im *Tabur*, welcher das Empfangen des Lichts im *Parzuf* begrenzt. Sie wollen, dass der *Massach* vom *Tabur* bis zum *Sium* des *Parzuf* hinabsteigt, damit das gesamte *Or Makif* (Umgebendes Licht) eindringen kann.

Diese Situation gleicht einem Menschen, der einen kleinen Teil der Speisen, die ihm der Gastgeber anbietet, nimmt; dabei erfährt er einen großen Genuss und dies schwächt ihn, denn der Gast fühlt, welch noch viel größere Genüsse die Köstlichkeiten böten, die er nicht empfängt.

In der Folge steigt der *Massach* wieder von *Tabur* zum *Pe* auf und der *Parzuf* entledigt sich allen Lichts. Genauso wie das Licht durch den *Pe* in den *Parzuf* eingetreten war, verlässt es ihn nun wieder durch *Pe*. Die Ausbreitung des Lichts von oben nach unten, also vom *Pe* zum *Tabur* wird *Taamim* (Geschmäcker) genannt. Der Rückzug des Lichts aus dem *Parzuf* vom *Toch* zum *Rosh* heißt *Nekudot* (Punkte). Nachdem sich das Licht aus dem *Parzuf* zurückgezogen hat, lässt es nur Erinnerungen von sich (*Reshimo*) zurück: Die *Reshimo* von den Lichtern der *Taamim* heißen *Tagin*. Die *Reshimo* von den Lichtern der *Nekudot* nennt man *Otiot* (Buchstaben).

Die Ausbreitung des Lichts und sein Rückzug bereiten das *Kli* auf seine Aufgabe vor, denn nur nachdem das *Kli* den Genuss gespürt und sich dieser verflüchtigt hat, entsteht ein wirkliches Verlangen nach diesem Genuss. Wenn das Licht verschwindet, bleibt eine Erinnerung daran zurück – *Reshimo*. Es ist eine Erinnerung an einen vergangenen Genuss, also an die *Nekudot*. Nachdem sich das *Kli* vom Licht entleert hat, bestimmt die *Reshimo* die Größe des Verlangens und die Sehnsucht danach im *Kli*. Deshalb nennt man die *Reshimo* des Verschwindens des Lichts *Otiot* oder *Kli* (Gefäß).

Vor dem *Zimzum* (Einschränkung) erhielt *Bchina Dalet* sämtliche Lichter von allen vier ihr vorangehenden *Bchinot*. Das Licht kam aus *Azmuto* durch die *Bchinot Shoresh*, *Alef*, *Bet*, *Gimel* und *Dalet* zu ihr. Daher gibt es fünf *Bchinot* in der *Bchina Dalet* selbst. Jede Phase der fünf Phasen in *Bchina Dalet* bekommt ihr Licht aus der entsprechenden *Bchina*.

- *Bchina Shoresh (Wurzelphase) in Bchina Dalet bekommt das Licht Or Yechida (das Höchste Licht) aus Bchina Shoresh.*
- *Bchina Alef (Erste Phase) in Bchina Dalet bekommt das Licht Or Chaja aus Bchina Alef.*
- *Bchina Bet (Zweite Phase) in Bchina Dalet bekommt das Licht Or Neshama aus Bchina Bet.*
- *Bchina Gimel (Dritte Phase) in Bchina Dalet bekommt das Licht Or Ruach aus Bchina Gimel.*
- *Bchina Dalet (Vierte Phase) in Bchina Dalet bekommt das Licht Or Nefesh aus Bchina Dalet.*

Nur *Bchina Dalet* in *Bchina Dalet* spürt, dass ihr Verlangen, Genuss zu empfangen, wirklich ihr eigenes ist. Und deswegen wird erst *Bchina Dalet* als tatsächliches Geschöpf betrachtet. Die anderen vorangegangenen *Bchinot* in *Bchina Dalet* sind Verlangen, die *Bchina Dalet* von *Bchina Shoresh, Alef, Bet* und *Gimel*, die ihr vorausgehen, erhält. Obwohl die Verlangen der ihr vorangegangenen *Bchinot* zwar Wünsche zu empfangen sind, stammen sie vom Schöpfer und nicht von *Bchina Dalet* selbst ab.

Bchina Dalet beinhaltet fünf *Bchinot* (Phasen). Diese Struktur ist unveränderlich. Diese *Bchinot* können geteilt, gefüllt oder verbunden werden, um Licht zu empfangen, doch ihre Struktur bleibt dennoch die gleiche. Sie heißt: *die Spitze des Yud, Yud, Hej, Waw, Hej.*

Die Welten und alles, was sich innerhalb von ihnen befindet, außer den Menschen, entstammen den *Bchinot*, die *Bchina Dalet* in *Bchina Dalet* vorangegangen sind, und besitzen keinen eigenen freien Willen zu empfangen. Sie werden von den Verlangen bestimmt, die vom Schöpfer eingeprägt wurden, und werden daher in der Kabbala nicht als „Geschöpfe" bezeichnet. Nur die menschlichen Seelen stammen aus *Bchina Dalet* in *Bchina Dalet,* wo der Willen zu empfangen unabhängig ist. Daher werden nur die Seelen der Menschen „Geschöpfe" genannt.

Das wirkliche Verlangen, für sich selbst zu empfangen, entsteht nur in *Bchina Dalet* von *Bchina Dalet*. Sie ist die einzige, die sich als Empfängerin wahrnimmt; daher kann sie als einzige entscheiden, das Empfangen des Lichts einzuschränken. Doch das Licht verschwindet auch aus allen anderen *Bchinot* in *Bchina Dalet*. Dies ist deshalb so, weil nur *Dalet* von *Dalet* tatsächlich empfängt und die vorangegangenen *Bchinot* nur dazu dienen, ihr Verlangen zu empfangen zu entwickeln. Wenn sie aufhört zu empfangen, verschwindet das Licht aus allen *Bchinot* (Mehrzahl von *Bchina*), denn diese fünf *Bchinot* sind im Prinzip ein *Kli*, die Spitze des Yud, Yud, Hej, Waw, Hej.

Auch nach der Einschränkung, als *Malchut* die fünf Lichter mithilfe des *Massach* in ihren fünf *Bchinot* empfängt, treten die Lichter in die fünf Teile von *Malchut* ein. Die Ordnung des Eintritts der Lichter in den *Parzuf* geht vom kleinen bis zum großen Licht: *Nefesh, Ruach, Neshama, Chaja, Yechida*, abgekürzt *NaRaNCHaY* genannt.

EINTRITT UND AUSTRITT DER LICHTER IN DEN PARZUF

Die fünf Teile von *Malchut* heißen *Bchina Shoresh, Bchina Alef, Bchina Bet, Bchina Gimel, Bchina Dalet*. Nach der Einschränkung (*Zimzum*), wenn diese Teile Lichter durch den *Massach* empfangen, nennt man sie *Sefirot* (Saphire, Leuchtende), weil das Licht in ihnen leuchtet. Deshalb nennt man sie anstelle von *Bchinot* nun *Sefirot*:

- *Keter* = *Bchina Shoresh*,
- *Chochma* = *Bchina Alef*,
- *Bina* = *Bchina Bet*,
- *Seir Anpin (SA)* = *Bchina Gimel*,
- *Malchut* = *Bchina Dalet*.

Die *Reshimot* der Lichter (Plural für *Reshimo*), die verschwunden sind, nennt man *Otiot* (Buchstaben). Nacheinander verschwinden die fünf Lichter - Nefesh, Ruach, Neshama, Chaja, Yechida - aus den fünf Sefirot - Keter, Chochma, Bina, Seir Anpin, Malchut. Es bleiben [folgende] Reshimot oder Otiot zurück - die Spitze des Yud, Yud, Hej, Waw, Hej.

Später in diesem Artikel werden wir lernen, wie Kabbalisten Symbole nutzen, um spirituelle Kräfte zu beschreiben. Sie formen Buchstaben, Worte und Namen aus Punkten und Linien. Auf diese Weise sind alle Heiligen Bücher verfasst. Es zeigt sich, dass die Schriften Informationen über spirituelle Kräfte und Handlungen sind. Wenn Kabbalisten Bücher lesen, können sie entsprechend den darin beschriebenen Anweisungen handeln.

Wenn wir jedoch die Heiligen Bücher anschauen, denken wir, dass sie von geschichtlichen Ereignissen handeln, aber in der *Tora* steht geschrieben: „Die ganze *Tora* besteht aus den Namen des Schöpfers." Das heißt, alle Worte in der *Tora* erzählen uns entweder von den *Kelim* oder von ihren Handlungen. Die ganze *Tora* ist daher die gleiche Weisheit der Kabbala, die wir heute lernen sollen, nur in einer anderen Sprache geschrieben

Es gibt vier Sprachen in der *Tora*: Die Sprache der *Tora*, die Sprache der Legenden, die Sprache des *Talmud* und die Sprache der Kabbala. Sie alle wurden von den Kabbalisten, die die Spiritualität erreichten, erfunden, um uns mitzuteilen, wie wir das Schöpfungsziel erreichen.

ALLGEMEINE BETRACHTUNG

Der Wille des Schöpfers ist es, seinen Geschöpfen wohl zu tun. Die Geschöpfe sollen die Wohltaten des Schöpfers aus eigener Kraft erreichen und bekommen. Aus diesem Grund schuf der Schöpfer ein unabhängiges Geschöpf, welches völlig von Ihm getrennt ist. Das Geschöpf fühlt den Schöpfer nicht, weil das Licht höher als das *Kli* ist, und wenn es das *Kli* füllt, kontrolliert es das *Kli* und bestimmt, was das *Kli* wollen wird.

Damit das Geschöpf aber seine Unabhängigkeit behält, muss es in Verborgenheit vor dem Licht ohne das Gefühl von Spiritualität und der Existenz des Schöpfers geboren werden. Es wird am vom Schöpfer am weitesten entfernten Punkt, einer Stufe, die „diese Welt" genannt wird, geboren. Wenn das Geschöpf jedoch nicht unter dem Einfluss des Höheren Lichts, das heißt des Schöpfers, steht, fehlt ihm auch das Verständnis für seine Situation, seine Wirklichkeit und den Sinn seines Lebens. Also muss der Schöpfer für das Geschöpf Bedingungen erschaffen, damit es sich entwickeln und wachsen kann:

1. Er muss Sein Licht Schritt für Schritt auf ein Minimum beschränken. So entstehen von Oben nach unten die Stufen, welche bei der dem Schöpfer

am nächsten liegenden beginnen – *Ejn Sof* – und mit der Stufe „diese Welt" enden; sie ist am weitesten vom Schöpfer entfernt. Diese Handlung wird „die Ausbreitung der Welten und der *Parzufim*" genannt.

2. Wenn dem Geschöpf der Ausgangspunkt gegeben ist, muss ihm auch die Möglichkeit gegeben werden, sich über diese Situation zu erheben und den Grad des Schöpfers zu erreichen. Wie kann das nun erreicht werden, wenn nach *Zimzum Alef* kein Licht das *Kli* – das Geschöpf – erreicht, welches sich auf der Stufe „dieser Welt" befindet? Daher versorgt uns der Schöpfer mit *Segula* (Kraft, Heilmittel) für die Menschen dieser Welt – das *Or Makif* (Umgebendes Licht), welches sogar in die sich einschränkenden *Kelim* scheint.

Rav Yehuda Ashlag schreibt über diese *Segula* in Punkt 155 in seiner „*Einführung in die Lehre der Zehn Sefirot*":

„Daher müssen wir uns fragen: Warum haben die Kabbalisten jeden Menschen verpflichtet, die Wissenschaft der Kabbala zu studieren?

Tatsächlich verbirgt sich darin eine große Sache, die es wert ist, veröffentlicht zu werden, denn für diejenigen, die sich mit der Wissenschaft der Kabbala beschäftigen, existiert darin eine unschätzbar wunderbare Kostbarkeit; und auch wenn sie noch nicht verstehen, was sie lernen –dank einem starken Willen und dem Streben, das studierte Material zu verstehen, erwecken sie auf sich Lichter, die ihre Seelen umgeben.

Das bedeutet, dass es jedem Menschen von *Israel* garantiert ist, am Ende alle wunderbaren Erkenntnisse zu erlangen, mit welchen der Schöpfer im Schöpfungsplan jedes Geschöpf zu beschenken beabsichtigte. Und jener, der das in diesem Leben nicht erreicht, wird es im nächsten oder im übernächsten Leben erreichen, bis er den für ihn geschaffenen Schöpfungsplan erfüllt hat.

Und solange der Mensch noch nicht die Vollkommenheit erreicht hat, werden die Lichter, die für ihn bestimmt sind, als Umgebende Lichter erachtet. Das heißt, dass sie für ihn bereit sind, aber darauf warten, bis er seine *Kelim* des Gebens gereinigt hat. Dann werden sich diese Lichter in die tauglichen Gefäße kleiden.

Auch wenn es einem Menschen an Gefäßen mangelt und er während seiner Beschäftigung mit dieser Wissenschaft dabei die Namen der Lichter und Gefäße erwähnt, die einen Bezug zu seiner Seele haben – so leuchten diese sogleich auf ihn in gewissem Maße. Sie leuchten ihm, aber ohne sich in den inneren Teil seiner Seele einzukleiden, weil es ihm an Gefäßen mangelt, die sich für ihren Erhalt eignen würden.

Das Leuchten aber, welches der Mensch wieder und wieder während des Studiums erhält, zieht die Höchste Gnade an ihn heran und erfüllt ihn mit Heiligkeit und Reinheit, die ihn näher zur Erreichung seiner Vollkommenheit bringen.

Es existiert allerdings eine strenge Bedingung für die Beschäftigungen mit dieser Wissenschaft: die Begriffe nicht durch eingebildete und materielle Dinge zu verdinglichen, weil die Menschen dabei gegen das Gebot verstoßen: ‚Du sollst dir kein Bildnis machen in irgendeiner Gestalt.'" Mehr als das – dann bringt es Schaden statt Nutzen."

Daraus folgt, dass nur das korrekte Studium der Kabbala jemandem den Sinn seines Lebens vermitteln kann. So sagen es die Kabbalisten, und wer kennt die Wirklichkeit besser?

Or Makif ist die Kraft, mit der jeder seinen Aufstieg von „dieser Welt" in die spirituelle Welt beginnen kann. Ohne die Hilfe von diesem *Or Makif* hätten wir keine Möglichkeit, uns über unseren Zustand zu erheben, da das *Kli* nur durch das Licht korrigiert werden kann, aber das Höhere Licht kann nicht in diese Welt absteigen, daher braucht man das *Or Makif*.

Um Anfänger beim Studium zu unterstützen, erstellten wir eine Liste von Fragen und Antworten sowie Interpretationen der Worte und Begriffe. Wir beabsichtigen, nicht zu tief in dieses Thema und diesen Text einzudringen, sondern wollen den Leser in die richtige Richtung leiten, um klar zu machen, dass der Zweck des Studiums in *Dwekut* (Anheftung) an den Schöpfer liegt. Dieses Ziel muss man sich vor Augen halten, denn nur dann erweckt man die Umgebenden Lichter für sich – und durch ihren Einfluss erreicht man die Höhere Welt.

Das Glossar dient dazu, die Grundbegriffe korrekt zu verstehen. Erst dann, wenn jemand weiß, wie man die Worte richtig interpretiert – in ihrer wahren spirituellen Bedeutung und nicht auf herkömmliche Weise, wie wir sie in dieser Welt interpretieren mögen –, wird ihm gestattet, die *Tora* zu lesen und aus ihr zu lernen. Andernfalls wird er die Texte der *Tora* nur für geschichtliche Ereignisse halten.

Wenn ein Kabbalist die Spiritualität erreicht hat, kann er sie nicht in Worte fassen, denn die Spiritualität beinhaltet nur Wahrnehmungen. Daher sind die kabbalistischen Bücher in der *Sprache der Zweige* geschrieben, wo Worte dieser Welt benutzt werden, um spirituelle Begriffe zu beschreiben.

Die spirituelle Welt ist ein abstrakter, „virtueller" Ort. Es gibt dort nur Kräfte und Gefühle, keine Körper. Die spirituellen Begriffe müssen regelmäßig erneuert und wiederholt werden, denn bevor wir keine emotionale Verbindung mit der Spiritualität haben, verstehen wir kein einziges Wort von dem, worüber die kabbalistischen Bücher sprechen.

Manche so genannte „Kabbalisten" machen den grundlegenden Fehler, dass sie die Menschen lehren, dass es eine Verbindung zwischen dem menschlichen Körper und dem spirituellen *Kli* gibt, als wäre der Körper eine Umhüllung des spirituellen *Kli* und jedes Organ hätte sein spirituelles Gegenstück. Entsprechend dieser Wahrnehmung hätte jegliche körperliche Handlung des Menschen einen spirituellen Hintergrund. Sie denken tatsächlich, dass spirituelle Handlungen durch den Körper ausgeführt werden können.

Dieser Irrglaube entstammt der Tatsache, dass Kabbalisten ihre Bücher in der *Sprache der Zweige* verfassten und materielle Ausdrücke für spirituelle Konzepte benutzten. Daher gibt es dieses strenge Verbot in der *Tora*, das besagt: „Du sollst dir kein Bildnis noch irgendein Gleichnis machen." Es ist also verboten, sich die Spiritualität materiell vorzustellen, nicht weil man damit einen Schaden in der spirituellen Welt hervorrufen würde, sondern weil die falsche Vorstellung den Menschen daran hindert zu verstehen, wie der Schöpfer arbeitet und wie man das eigene Ziel erreicht.

Daher muss der Student immer wieder die Grundkonzepte lernen, wie „Ort" (*Makom*), „Zeit" (*Sman*), „Bewegung" (*Tnua*), „keine Abwesenheit" (*Chosser He´eder*), „Körper" (*Guf*), „Organe (*Chelkei*) oder Glieder (*Ewarim*) des Körpers", „*Siwug*" (Paarung), „Kuss" (*Neshika*), „Umarmung" (*Chibuk*) usw., bis er schließlich jeden Begriff in seiner wahren Bedeutung versteht. Das schreibt auch *Baal HaSulam* in seiner „*Einführung zur Lehre der Zehn Sefirot*". Ein Mensch, der die Kabbala auf die richtige Weise studieren will, tut gut daran, alle Bücher zu diesem Thema zu vergessen und nur den *Sohar*, die Schriften des *ARI*, des *Baal HaSulam* und die Werke von Baruch Ashlag zu studieren.

Die Deutung der *Tora* als historische Episoden widerspricht der Behauptung, dass die gesamte *Tora* eine Anrufung des Schöpfers sei bzw. dass es eine *Tora* der Welt *Azilut* sei und jedes Wort in ihr ein Heiliger Name. Es ist wichtig, sich immer daran zu erinnern, dass sie nicht von der materiellen Welt und den Menschen darin spricht (siehe „*Einführung in das Buch Sohar*", Punkt 58).

Alle Namen in der *Tora* sind Heilige Namen, selbst Namen wie *Pharao*, *Bilam* und *Balak*. Zum Bespiel, wenn jemand in der Synagoge zur *Tora*-Lesung aufgerufen wird, so küsst er die *Tora*, ohne zuerst geprüft zu haben, ob er versehentlich den Namen des Pharao oder Laban geküsst hat. Der *Sohar* erklärt, dass jeder Name auf eine bestimmte spirituelle Stufe hinweist: Pharao steht für *Malchut*, Laban steht für Höheres *Lowen* (Weißes), *Parzuf* für Höheres *Chochma* usw.

RESHIMOT

Um das Richtige zu tun, muss das *Kli* genaues Wissen darüber haben, was es erreichen will, wie es das erreichen will und wie es die Kraft dazu entwickelt, das zu erreichen, was es will.

Neben dem Schöpfer gibt es nur ein Geschöpf: das ist das Verlangen zu empfangen. Daher besteht die Realität nur aus *Kli* und Licht, Genuss und Verlangen oder in kabbalistischen Begriffen: *Hitlabshut* (Kleidung) und *Awiut* (Grobheit, Rauheit, Verlangen zu empfangen).

In jeder spirituellen Handlung, wenn sich das Licht aus dem *Kli* zurückzieht und dieses leer wird, nachdem es zuvor gefüllt war, bleiben zwei „Erinnerungen" an die vorangegangene Situation zurück. Diese heißen:

- **Reshimo de Hitlabshut** (Erinnerung an die Bekleidungen), eine Reshimo des Lichts, das im Kli war und sich nun zurückgezogen hat;
- **Reshimo de Awiut** (Erinnerung des Verlangens zu empfangen), eine Reshimo des Kli auf dem Massach, das noch zur Verwendung zurückbleibt.

Diese beiden *Reshimot* (Plural für *Reshimo*) werden als eine *Reshimo* betrachtet. Wenn keine *Reshimo* verbleibt, weiß das *Kli* nicht, wonach es verlangt oder wie es das Verlangte bekommt. Der ganze Schöpfungsvorgang der Realität ist von seinem Anfang in *Malchut de Ejn Sof* bis zu seinem Ende in „dieser Welt" eine Folge von Situationen von *Malchut de Ejn Sof*. *Malchut* erfährt diese Kette von Situationen mithilfe des Umgebenden Lichts. Dies erweckt *Reshimot* in ihr, welche nach jeder durchlebten Situation zurückbleiben.

Der Zustand, in dem *Bchina Dalet* mit Licht erfüllt ist, wird *Malchut de Ejn Sof* genannt. Nachdem *Bchina Dalet* spürt, dass sie empfängt, beschließt sie, das Empfangen des Lichts einzuschränken. Das Licht zieht sich daraufhin zurück und eine *Reshimo* des Lichts, welche darin war, bleibt in *Malchut* zurück. Selbst nach dem *Zimzum* scheint das Licht weiter, um *Malchut* zu füllen, doch nun berechnet und entscheidet *Malchut*, nur soviel Licht zu empfangen, wie sie kann, um dem Schöpfer zu geben.

Folgende erforderliche Daten fließen in die Berechnung ein: (a) die *Reshimo* von *Hitlabshut* des Lichts aus dem vorherigen Zustand und (b) ein Verlangen zu empfangen mit der Absicht zu geben. Nachdem *Malchut* diese Berechnungen im *Rosh* ausgeführt hat, empfängt sie im *Guf*, was sie zuvor beschlossen hatte, zu empfangen. Wenn das *Kli* diese Menge Licht vollständig empfangen hat, drückt das *Or Makif* auf den *Massach* und drängt ihn, wieder zu *Pe* aufzusteigen. Das Ergebnis ist, dass der gesamte *Parzuf* von seiner Füllung geleert wird.

Wenn der *Massach* von *Tabur de Galgalta* zu *Pe* aufsteigt, verlässt das *Or Pnimi Galgalta* und lässt dem *Massach* vom *Guf* eine *Reshimo* des Lichts, welches es zuvor hatte, zurück – eine *Reshimo de Hitlabshut*. Doch die *Reshimo* von der Kraft des *Massach*, welcher das Licht empfing, bleibt nicht, denn der *Massach* entschied, das Empfangen des Lichts zu stoppen, und machte sich selbst unfähig, mit seiner eigenen Kraft zu arbeiten. Daher verschwindet die *Reshimo* des *Massach*.

Der *Massach* steigt nun wieder vom *Tabur* zu *Pe* auf. Daher fühlt er das Höhere Licht im *Rosh*, welches ihn bedrängt, eingelassen zu werden. Das erschafft in *Malchut* wiederum ein Verlangen, Licht in der Absicht zu geben zu empfangen. Dies ist der Beginn der Geburt eines neuen *Parzuf*, mit den aus dem vorherigen Zustand verbliebenen *Reshimot*.

Zusammenfassung: Eine *Reshimo* des Lichts ist ein Teil des Lichts, den das Licht zurücklässt, wenn es verschwindet. Es ist der Kern und die Wurzel für das Entstehen eines neuen *Parzuf*. Die *Reshimo* des *Massach* geht verloren und ein *Siwug* wird mit einer neuen *Reshimo* vollzogen.

Die *Reshimot*, aus denen die *Parzufim* entstehen

Welt/*Parzuf*	Name	*Reshimo de Hitlabshut*	*Reshimo de Awiut*
Die Welt von **Adam Kadmon**:			
Parzuf Keter	Galgalta	Dalet	Dalet
Parzuf Chochma	AB	Dalet	Gimel
Parzuf Bina	SaG	Gimel	Bet
Parzuf SA	MaH	Bet	Alef
Parzuf Malchut	BoN	Alef	Shoresh
Parzuf **Nekudot de SaG**:			
Parzuf Nekudot de SaG		Bet	Bet
Die Welt **Nekudim**:			
Parzuf Katnut (Kleinheit/Kindheit)		Bet	Alef
Parzuf Gadlut (Größe, Erwachsensein)		Dalet	Gimel
Die Welt **Azilut**:			
Parzuf Keter	Atik	Dalet	Dalet
Parzuf Chochma	AA	Dalet	Gimel
Parzuf Bina	AwI	Gimel	Bet
Parzuf SA	SA	Bet	Alef
Parzuf Malchut	Nukwa	Alef	Shoresh
Die Welt **Brija**:			
Parzuf Keter	Atik	Dalet	Dalet
Parzuf Chochma	AA	Dalet	Gimel
Parzuf Bina	AwI	Gimel	Bet
Parzuf SA	SA	Bet	Alef
Parzuf Malchut	Nukwa	Alef	Shoresh
Die Welt **Yezira**:			
Parzuf Keter	Atik	Dalet	Dalet
Parzuf Chochma	AA	Dalet	Gimel
Parzuf Bina	AwI	Gimel	Bet
Parzuf SA	SA	Bet	Alef
Parzuf Malchut	Nukwa	Alef	Shoresh
Die Welt **Assija**:			
Parzuf Keter	Atik	Dalet	Dalet
Parzuf Chochma	AA	Dalet	Gimel
Parzuf Bina	AwI	Gimel	Bet
Parzuf SA	SA	Bet	Alef
Parzuf Malchut	Nukwa	Alef	Shoresh

Reshimot von Awiut des Massach der Welten

Welt von *Keter*	Welt von *Adam Kadmon*	*Awiut Dalet*
Welt von *Chochma*	Welt von *Azilut*	*Awiut Gimel*
Welt von *Bina*	Welt von *Brija*	*Awiut Bet*
Welt von *SA*	Welt von *Yezira*	*Awiut Alef*
Welt von *Malchut*	Welt von *Assija*	*Awiut Shoresh*

Wenn sich die gesamte Wirklichkeit ausbreitet, bis keine einzige *Reshimo* mehr im *Massach* übrig ist, bedeutet das das Ende der Welt *Assija*. *Malchut* der Welt *Azilut* erschafft noch einen anderen *Parzuf*, der *Adam haRishon* genannt wird. Dieser *Parzuf* zerbrach und teilte sich in viele Splitter, die unter die Welt *Assija* fielen – an einen Ort, der „diese Welt" genannt wird.

Die kleinste *Reshimo* im zerbrochenen *Kli* wird „Punkt im Herzen" (*Nekuda she ba Lew*) genannt. Es ist das, was ein Mensch als ein Verlangen nach Spiritualität wahrnimmt, wenn er von Oben erweckt wurde. Diese *Reshimot* kleiden sich in bestimmte Menschen unserer Welt und lassen ihnen keine Ruhe, bis sie sich mithilfe des *Massach* korrigiert und mit Licht gefüllt haben.

Wenn ein Mensch diese *Reshimo* fühlt, ist er würdig, die Spiritualität zu erreichen, die Höhere Welt zu spüren und die gesamte Realität zu erkennen. Die Anleitung, um dies zu erreichen, wird in den Büchern der Kabbala gefunden. Jede Generation hat ihre eigenen Bücher der Kabbala, welche für die speziellen Seelen, die in diese Generation herabgestiegen sind, geschrieben wurden.

Die Bücher, die unsere Generation zur Spiritualität führen sollen, sind die Bücher von Rabbi Yehuda Ashlag (*Baal HaSulam*) und Rabbi Baruch Ashlag (*Rabash*). Außer diesen Büchern gibt es noch zwei weitere Bedingungen für das korrekte Lernen: das Studium in einer Gruppe, deren Ziel es ist, das Schöpfungsziel zu erreichen – angeführt von einem kabbalistischen Lehrer (*Rav*).

Die Entwicklung der Realität von Oben abwärts erschuf eine Leiter, die der Mensch von unten nach Oben erklimmen kann. Ein Mensch, der eine bestimmte Stufe erreicht, entdeckt darin *Reshimot* aus einer Höheren Stufe, welche ihn dazu befähigen, seinen Aufstieg fortzusetzen. Diese sind *Reshimot*, die sich auf einer Stufe befinden, die dem Menschen am nächsten steht. Indem man an diesen *Reshimot* arbeitet, verlässt man „diese Welt" und betritt die spirituelle Welt.

DIE GEBURT DER PARZUFIM

Bchina Dalet wird *Malchut* genannt, denn sie besitzt das größte Verlangen zu empfangen. Wenn sie mit Licht erfüllt ist, nennt man sie *Ejn Sof* (ohne Ende), denn sie empfängt Licht ohne Ende. *Malchut* ist das einzige erschaffene Geschöpf. Ihre Teile nennt man *Olamot* (Welten), denn sie verhüllen (*maalimim*) das Licht des

Schöpfers vor den Geschöpfen. Die Verhüllung in jeder Welt entspricht dem Maß an Licht, das die Geschöpfe durch ihren *Massach* empfangen können.

Als *Bchina Dalet* das Licht von *Ejn Sof* empfing, spürte sie, dass es vom Geber kam. Die Empfindung des Gebers erweckte in ihr eine solche Scham und Qual, dass sie entschied, niemals mehr Empfängerin zu sein.

Eine im Höheren getroffene Entscheidung wird zu einem verbindlichen Gesetz für alle ihre folgenden Situationen, dass, selbst wenn ein Teil von *Malchut* etwas für sich empfangen wollte, er unfähig dazu wäre – denn *Malchut* herrscht über alle ihre Teile. Jede neue Entscheidung ist das Resultat der Schwäche der Stufe, daher wird sie nur in den niederen Stufen wirksam.

Nach *Zimzum Alef* bleiben in *Malchut Reshimot* des Lichts und des *Kli* zurück. Das Licht kehrte zu *Malchut* zurück und wollte sie füllen, da die Absicht des Schöpfers, das Geschöpf zu erfreuen, unveränderlich ist. Allein dieser Gedanke des Schöpfers ist die Handlung bei den ganzen Werken der Schöpfung, selbst wenn es den Anschein hat, als würde die Realität nicht zu unseren Gunsten funktionieren.

Malchut, die bei *Pe* des *Rosh* des *Parzuf* steht, spürt das wohlwollende Verlangen des Schöpfers, wie wir es im Beispiel von Gast und Gastgeber bereits angeführt haben. *Malchut* spürt, dass, wenn sie nichts vom Schöpfer erhält, sie unfähig ist, Ihm irgendetwas zurückzugeben. Daher beschließt sie, Licht zu empfangen, um dem Schöpfer damit Freude zu bereiten.

Indem *Malchut* die *Reshimot de Hitlabshut* und die *Reshimot de Awiut* der vorherigen Füllungen nutzt, kann sie genau berechnen, wie viel sie empfangen kann, nicht um selbst zu genießen, sondern um den Schöpfer zu erfreuen.

Eine *Reshimo de Hitlabshut* ist eine Erinnerung an das Licht, das in *Malchut* eingedrungen war. Der *Massach*, mit dem sie dieses Licht empfing, wurde nun gereinigt und hat nicht mehr die Kraft, dieselbe Menge Licht erneut zu empfangen, von dem die *Reshimo de Hitlabshut* übrig blieb. Der *Rosh de Hitlabshut* des neuen *Parzuf* wird somit aus der *Reshimo de Hitlabshut* geboren. Danach vollführt der *Massach* einen *Siwug* mit den *Reshimot de Awiut*. Dies erzeugt einen zweiten *Rosh*, welcher *Rosh de Awiut* heißt und aus welchem sich der *Guf* ausbreitet. Dies wird die Bekleidung des Lichts in *Malchut* genannt.

Der Teil, mit dem *Malchut* entscheidet, wie viel des Höheren Lichts sie empfangen kann, um zu geben, wird *Rosh* genannt. Nach der Entscheidung im *Rosh* empfängt *Malchut* die zuvor berechnete Menge an Licht in ihrem *Parzuf*. Dieses Licht heißt *Taamim* (Geschmäcker).

Nachdem das Licht der *Taamim* völlig in den *Guf* eingetreten ist, stoppt der *Massach*, der das Licht angezogen hat, die weitere Ausbreitung des Lichts im *Parzuf*. Der *Massach* erlaubt dem Licht nicht, weiter einzudringen, denn *Malchuts* Entscheidung ist eine

Entscheidung über die maximale Menge, die sie, nicht um sich selbst zu erfreuen, empfangen kann. Würde sie mehr nehmen, wäre es zu ihrem eigenen Vorteil.

Wenn an diesem Ort der *Massach* aufhört zu empfangen, verspürt *Malchut* durch das Höhere Licht einen weiteren Drang, es zu empfangen. Dieser Ort wird *Tabur* (Nabel) genannt. Wenn *Malchut* mehr Licht empfinge, würde es für ihren eigenen Genuss sein. Daher hat sie keine andere Wahl, außer auf jegliches Empfangen des Lichts zu verzichten.

Alle Entscheidungen werden immer im *Rosh* des *Parzuf* getroffen und erst danach im *Guf* ausgeführt. So auch hier: Nachdem im *Rosh* entschieden wurde, das Empfangen zu stoppen, steigt der *Massach* von *Tabur* zu *Pe* auf und verdrängt die Lichter aus dem *Guf* des *Parzuf*.

Der *Massach* kommt zum *Pe* gemeinsam mit der *Reshimo* des Lichts, welches den *Parzuf* erfüllte, und der *Reshimo* der *Awiut*, welche im *Massach* verblieb. Das Zusammentreffen mit dem Höheren Licht erweckt im *Massach* wieder das Verlangen, Licht in der Absicht zu geben zu empfangen, was neue *Reshimot* in ihm erweckt. Der *Massach* vollführt einen *Siwug de Hakaa* mit dem Höheren Licht und erzeugt einen neuen *Parzuf*.

In jedem *Parzuf* gibt es zwei *Massachim* (Pl. für *Massach*): Einen *Massach*, der das Licht abstößt, und einen *Massach*, der es empfängt. Der *Massach*, der das Licht abstößt, bleibt immer im *Pe* des *Parzuf*. Er stößt das gesamte Licht ab, das in den *Parzuf* eindringen will, und dadurch hält er an den Bedingungen von *Zimzum* fest.

Nachdem der erste *Massach* das Licht abgestoßen hat und sicher ist, dass er nicht für sich, sondern nur zur Freude des Schöpfers empfängt, aktiviert er den zweiten *Massach*. Dieser wägt ab, wie viel des Höheren Lichts er in der Absicht zu geben empfangen kann.

Nach dieser Entscheidung beginnt der *Massach*, Licht zu empfangen. Er steigt von *Pe* herab, das Licht folgt ihm und tritt in den *Parzuf* ein. Wenn das Maß an Licht erreicht ist, welches der *Massach* von *Rosh* berechnet hatte, stoppt der *Massach*, der in den *Guf* abgestiegen ist, denn der *Massach* des *Guf* führt immer die Anordnungen des *Massach* des *Rosh* aus. So wird aus dem ersten *Parzuf* ein neuer geboren.

Die Berechnung wird im *Massach* des *Rosh* durchgeführt. Aber weil seine *Awiut* im neuen *Parzuf* feiner ist als im vorigen, steigt der *Massach* von *Pe* des *Parzuf* zu *Chase* (Brust) des *Parzuf* herab und steht nicht im *Pe*. Dies geschieht so, weil *Chase* die Stufe von *Awiut Gimel* des *Guf* ist, im Gegensatz zu *Pe*, der *Dalet* ist.

Daher steigt der *Massach*, nachdem er von *Tabur* zu *Pe* aufgestiegen ist und ein Verlangen nach einem neuen *Siwug* entwickelt hat, zu *Chase* herab und berechnet, wie viel er empfangen kann. Diese Berechnung erzeugt den *Rosh* des zweiten *Parzuf*. Nach dieser Entscheidung steigt der *Massach* von *Pe* entsprechend seiner vorherigen

Berechnung soweit herab, um Licht zu empfangen. Dieser Ort wird zum *Tabur* des neuen *Parzuf* werden.

Vom *Tabur* abwärts bis zu *Sium Raglin* des nächsten *Parzuf* bleiben die *Kelim*, die der *Massach* mangels ausreichender Widerstandskraft nicht füllt, leer. Der zweite *Parzuf* kann wie alle anderen *Parzufim* in der Welt *Adam Kadmon* wegen der Schwäche seines *Massach* nicht bis unter den *Tabur* des ersten *Parzuf* herabsteigen.

Nachdem der zweite *Parzuf*, genannt *AB de AK*, hervortrat und jenes Maß empfing, das er im Rosh bestimmt hatte, gab es einen *Bitush* von *Or Pnimi* und *Or Makif*. Auch hier erkennt der *Massach*, dass es unmöglich ist, im *Tabur* anzuhalten, weil er nicht die nötige Kraft hat, mehr zu empfangen, und würde er in diesem Zustand verweilen, könnte er das Schöpfungsziel nicht erreichen.

Daher entscheidet sich auch der *Massach* des zweiten *Parzuf*, sich zu verfeinern und steigt zu *Pe* auf. Auch hier bleibt eine *Reshimo* im *Massach*, und nachdem sie in *Pe* eingeschlossen wurde, erwacht sie, um Licht zu empfangen. Die letzte *Reshimo de Awiut*, jene von *Bchina Gimel*, verschwindet aus dem *Massach* und die *Reshimo de Bchina Bet* offenbart sich. Daher steigt der *Massach* wieder zu *Chase* herab und vollzieht einen *Siwug de Hakaa*, um einen neuen *Parzuf* zu erzeugen, der *Parzuf SaG von AK* genannt wird.

Derselbe Vorgang wiederholt sich nun: Nachdem *Parzuf SaG* entstand, verfeinert sich der *Massach* im *Guf* durch den *Bitush* von *Or Pnimi* und *Or Makif*. Der *Massach* steigt zu *Pe* auf, senkt sich zum *Chase* herab und erzeugt den nächsten *Parzuf* auf der Stufe von *Awiut Alef*, der *Höheres MaH* (*MaH Eljon*) genannt wird.

Als der *Parzuf Höheres MaH* die Ausbreitung des Lichts in sich stoppt, spürt er den *Bitush* der Inneren und Umgebenden Lichter in sich und beschließt, sich zu reinigen. Er kehrt zu *Pe* mit *Awiut Shoresh* zurück, weil es im *Massach* nicht mehr die Kraft von *Kashiut* (Härte) gibt, das Licht in der Absicht zu geben zu empfangen. Er kann keinen weiteren *Parzuf* mehr erzeugen, sondern nur einen *Rosh*, und an diesem Punkt endet der Vorgang der Geburt der *Parzufim*.

DIE ALLUMFASSENDE REALITÄT

Nach dem *Zimzum* entschließt sich *Malchut* zum Empfangen mit der Absicht, dem Schöpfer zu geben. Diese Absicht nennt man *Massach* (Schirm). Eine Reihe von *Parzufim* entstehen danach aus dem *Massach* in *Malchut*:

- *Ein Parzuf, genannt Galgalta, entsteht aus einem Massach, der das Licht aus Awiut Dalet empfängt.*
- *Ein Parzuf, genannt AB, entsteht aus einem Massach mit der Kraft, Licht aus Awiut Gimel zu erhalten.*
- *Ein Parzuf, genannt SaG, entsteht aus einem Massach mit der Kraft, Licht aus Awiut Bet zu erhalten.*

- *Ein Parzuf, genannt MaH, entsteht aus einem Massach mit der Kraft, Licht aus Awiut Alef zu erhalten.*
- *Ein Parzuf, genannt BoN, entsteht aus einem Massach mit der Kraft, das Licht aus Awiut Shoresh zu empfangen.*

Die Namen der *Parzufim* entsprechen der Qualität und der Quantität der Lichter, die sie füllen. *Malchut* entspricht *Bchina Dalet*, das heißt, sie ist die fünfte in der Entwicklung des Lichts von *Azmuto*. Daher empfängt sie aus ihren vorherigen *Bchinot* und enthält sie. Das ist auch der Grund, warum *Malchut de Ejn Sof* fünf *Bchinot* des Verlangens besitzt – vom kleinsten in *Bchina Shoresh* bis hin zum größten in *Bchina Dalet*, und sie kann das Licht unbegrenzt empfangen.

Nach *Zimzum* entscheidet *Malchut*, Licht nur mit der Absicht, dem Schöpfer zu geben, zu empfangen. Dieses Empfangen steht im Gegensatz zu ihrem natürlichen Verlangen. Daher kann sie nicht unbegrenzt empfangen und das ganze Licht auf einmal in sich aufnehmen wie zuvor. Sie entschließt sich daher, das Licht in kleinen Portionen zu empfangen. Am Ende wird sie dennoch mit Licht erfüllt sein und den Zweck der Schöpfung erreichen.

Jeder winzige Teil von *Malchut* ist wie die gesamte *Malchut* und besteht aus fünf Teilen des Verlangens zu empfangen, denn es kann kein Verlangen geben, wenn es nicht vier Stufen der Ausbreitung des Lichts gibt, die ihm vorangegangen sind.

Daher hat jedes Kli eine festgelegte Struktur entsprechend den fünf Stufen von *Awiut*: Shoresh, Alef, Bet, Gimel, Dalet. In den Begriffen der Sefirot heißen sie Keter, Chochma, Bina, Seir Anpin, Malchut. Als *Otiot* (Buchstaben) heißen sie: Die Spitze des Yud, Yud, Hej, Waw und Hej.

Die gesamte Malchut teilt sich in fünf Hauptteile, die die fünf Welten genannt werden: AK (Adam Kadmon), Azilut, Brija, Yezira, Assija. Jede Welt teilt sich in fünf Parzufim: Atik, AA (Arich Anpin), AwI (Aba we Ima), SA (Seir Anpin), Nukwa (Malchut). In jedem Parzuf befinden sich fünf Sefirot: Keter, Chochma, Bina, SA und Malchut.

In den fünf Welten befinden sich 5x5 = 25 *Parzufim*. Jeder *Parzuf* beinhaltet fünf *Sefirot*. So gibt es in jeder Welt 5x25 = 125 *Sefirot* oder Stufen, die jede Seele erklimmen muss; von dieser Welt bis zur Welt *Ejn Sof*, um *Dwekut* (Verschmelzung) mit dem Schöpfer zu erreichen.

Jede Stufe, *Sefira* (Einzahl von *Sefirot*), jeder *Parzuf*, jede Welt – ein Teil von *Malchut de Ejn Sof*, der kleinste Teil der Wirklichkeit – enthält die fünf Teile des Willens zu empfangen, den *Massach* darüber und das Licht, das der Teil mithilfe des *Massach* empfängt. Somit liegt der Unterschied zwischen allen Teilen der Schöpfung nur in der Menge des Willens zu empfangen und dem *Massach*, der obenauf ist. Die Größe des *Massach* legt die Art und Stufe der Verwirklichung des Verlangens fest.

Vorwort zur Einführung in die Weisheit der Kabbala

Unser Körper enthält die gleichen Teile. Der Unterschied zwischen den Teilen besteht in deren Füllung (stärker, klüger oder erfahrener). Und genauso existieren diese Teile in allen spirituellen *Parzufim*: Die Spitze des Yud, Yud, Hej, Waw, Hej.

Diese Buchstaben werden „Der Name des Schöpfers" genannt, da Er seine Geschöpfe nach diesem Muster erschaffen hat. Das Geschöpf fühlt Seinen Schöpfer dadurch, dass es mit Licht – dem Schöpfer – erfüllt wird, und dementsprechend benennt es den Schöpfer.

Jedes *Kli* wird je nach der Menge, mit der es den Schöpfer spürt, benannt. Daher hat jede Stufe ihren eigenen Namen – angefangen mit „dieser Welt" bis hin zur Welt *Ejn Sof*. Die Seelen steigen von dieser Welt, der niedrigsten Stufe, auf. Wenn eine Seele zu einer bestimmten Stufe aufsteigt, bedeutet dies, dass sie das Licht jener Stufe empfängt. Mit anderen Worten, sie füllt ihr *HaWaYaH* mit einem besonderen Licht von *HaWaYaH*, welches zusammen mit der Füllung den Namen der Stufe bestimmt.

Es steht geschrieben, dass jeder wie Moses werden muss. Das heißt jeder muss den Grad „Moses" erreichen. Alle Namen der *Tora* sind Heilige Namen, weil sie Bezeichnungen der Enthüllung des Lichts – des Schöpfers – sind. Infolgedessen wird die ganze *Tora* „Die Namen des Schöpfers" genannt, einschließlich solcher Namen wie *Pharao*, *Bilam*, *Balak* usw.

Der Name einer Stufe wird durch das Licht bestimmt, welches den *Parzuf*, das *HaWaYaH* erfüllt. Zum Beispiel: Wenn das *Kli* mit *Or Chochma* erfüllt ist und das Zeichen für dieses Licht der Buchstabe *Yud* ist, so ist die Füllung der Buchstaben *Yud, Hej, Waw, Hej*: *Yud, Hej* (ein *Yud* im *Hej*), *Wyw* (ein *Yud* im *Waw*), *Hej* (ein *Yud* im *Hej*).

Dies ist so, weil jeder Buchstabe des Hebräischen Alphabets seinen eigenen Zahlenwert hat:

Alef (א) = 1	Sajin (ז) = 7	Mem (מ) = 40	Kuf (ק) = 100
Bet (ב) = 2	Chet (ח) = 8	Nun (נ) = 50	Resh (ר) = 200
Gimel (ג) = 3	Tet (ט) = 9	Samech (ס) = 60	Shin (ש) = 300
Dalet (ד) = 4	Yud (י) = 10	Ayn (ע) = 70	Taw (ת) = 400
Hej (ה) = 5	Chaf (כ) = 20	Pe (פ) = 80	
Waw (ו) = 6	Lamed (ל) = 30	Zadi (צ) = 90	

So ergibt die Summe der Zahlenwerte der Buchstaben des Namens *HaWaYaH*, wenn er buchstabiert wird – Yud, Hej, Waw, Hej = **Yud** (10+6+4) + **Hej** (5+10) + **Wyw** (6+10+6) + **Hej** (5+10) = 72 –, die Buchstaben *AB* (Ayn+Bet). Darum wird dieser *Parzuf Chochma* als *AB* bezeichnet.

Ein *Parzuf*, der das *Licht* von *Chassadim* empfängt, heißt *SaG*;

Yud, Hej, Waw, Hej = 63 = *SaG* (Samech+Gimel).

So werden allen Stufen in der gesamten Wirklichkeit solche Namen gegeben. Um daher den Namen jeder Stufe zu kennen, müssen wir nur den Namen jedes Lichts kennen. Wenn wir dann die *Tora* studieren, werden wir verstehen, von welchen spirituellen Handlungen, Orten und Stufen sie spricht.

Dann werden wir nicht länger fälschlicherweise glauben, dass die *Tora* über irgendetwas unterhalb der spirituellen Welt spricht. Wir werden wissen, dass sie nicht von unseren körperlichen Leben, von geschichtlichen Ereignissen oder wie wir uns in diesem irdischen Leben verhalten sollen, spricht. Wir erfahren stattdessen, dass alle Bücher der *Tora* wirklich Anleitungen sind, die uns erklären, wie wir den Zweck unseres Lebens erkennen, während wir hier leben, damit wir nicht immer wieder in diese Welt zurückkehren und wiederholt dieses sinnlose, zwecklose Leben erleiden müssen.

Ein **Parzuf** besteht aus *Zehn Sefirot*: *Keter*, *Chochma*, *Bina*, *Seir Anpin* und *Malchut*.

Ein **Parzuf in Buchstaben** ist *Yud* (*Chochma*), *Hej* (*Bina*), *Waw* (SA) und *Hej* (*Malchut*).

Doch die Stufe eines *Parzuf* – *Nefesh*, *Ruach*, *Neshama*, *Chaja*, *Yechida* – wird nicht durch den Namen *HaWaYaH* geklärt, weil die Buchstaben von *HaWaYaH* die *Zehn Sefirot*, das Gerüst des *Kli* sind. Sie erklären den Zustand des leeren *Kli* ohne die Füllung des Höheren Lichts. Die Stufe des *Kli*, also der spirituelle Zustand des *Kli*, wird durch die Kraft des *Massach* bestimmt. Der *Massach* füllt die *Zehn Sefirot* von *HaWaYaH* mit Lichtern. Der *Massach* kann das *Kli* mit den Lichtern *Nefesh*, *Ruach*, *Neshama*, *Chaja* oder *Yechida* erfüllen. Das Licht im *Kli* bestimmt die Stufe des *Kli* auf der Leiter der Grade.

Tatsächlich gibt es nur zwei Lichter: *Or Chochma* (Licht der Weisheit) und *Or Chassadim* (Licht der Gnade, Barmherzigkeit). Das Zeichen für *Or Chochma* ist der Buchstabe *Yud*, und für *Or Chassadim* ist es das Zeichen *Hej*.

1. Auf der Stufe von Yechida (Kli Keter) ist HaWaYaH einfach und ohne Füllung: Yud, Hej, Waw, Hej = 10+5+6+5 = 26.

2. Auf der Stufe von Chaja (Kli Chochma) ist HaWaYaH mit Yud gefüllt: Yud, Hej, Wyw, Hej = (10+6+4) + (5+10) + (6+10+6) + (5+10) = 72.

3. Auf der Stufe von Neshama (Kli Bina) ist HaWaYaH mit Hej gefüllt, außer dass der Buchstabe Waw mit Alef gefüllt ist und der Buchstabe Hej mit Yud: Yud, Hej, Waw, Hej = (10+6+4) + (5+10) + (6+1+6) + (5+10) = 63.

4. Auf der Stufe Ruach (Kli SA) ist HaWaYaH mit Hej gefüllt und nur der Buchstabe Waw von HaWaYaH ist mit Alef gefüllt: Yud, He, Waw, He = (10+6+4) + (5+1) + (6+1+6) + (5+1) = 45.

5. Auf der Stufe Nefesh (Kli Malchut) ist HaWaYaH mit Hej gefüllt, außer Waw, das ohne Füllung ist: Yud, Hh, Ww, Hh = (10+6+4) + (5+5) + (6+6) + (5+5) = 52.

Dies ist der Ursprung der Namen *AB*, *SaG*, *MaH*, *BoN*.

EINFÜHRUNG IN DIE WEISHEIT DER KABBALA
(Pticha le Chochmat ha Kabbala)[59]

Rav Yehuda Ashlag

Es wird empfohlen, während des Studiums die Abbildungen
von HaIlan am Ende dieses Artikels zu untersuchen.

DER SCHÖPFUNGSGEDANKE (MACHSHEWET HABRIJA) UND DIE VIER PHASEN DES DIREKTEN LICHTS (DALET BCHINOT VON OR YASHAR)

1. Rabbi Chananja ben Akashja sagt: „Der Schöpfer wollte *Israel* reinigen (*lesakot*), daher gab Er ihnen reichlich *Tora* und *Mizwot* (Gebote), so wie geschrieben steht: ‚Der Herr ist erfreut, um seiner Gerechtigkeit willen, die *Tora* groß und herrlich zu machen'" (*Talmud, Makot* 23b). Es ist bekannt, dass das Wort *Sakut* (Reinheit) bzw. *Sechut*[60] (Verdienst) von *Hisdakchut* (Reinigung) abstammt. Die Weisen sagten: „Die Gebote sind nur gegeben, damit sich *Israel* mit deren Hilfe reinigt" (*Midrash Bereshit Rabba, Parasha* 44). Man muss verstehen:

- Was ist dieser Verdienst, dessen wir durch Tora und Mizwot für würdig befunden werden?
- Was ist die „Grobheit", die „Unreinheit" in uns, die wir mithilfe von Tora und Mizwot reinigen müssen?

Darüber haben wir bereits in den Büchern *Panim Masbirot* und *Talmud Esser haSefirot* gesprochen. Lasst uns das kurz zusammenfassen. Der Schöpfungsgedanke (*Machshewet haBrija*) bestand darin, den Geschöpfen Genuss zu bereiten. Er ist ein aus der freigiebigen Hand des Schöpfers gewährtes Geschenk. Daher wurden ein riesiges Verlangen und ein ungeheurer Wille in die Seelen (*Neshamot*) eingeprägt, diese Fülle (*Shefa*) – das Licht des Schöpfers – zu empfangen.

---

59 Anm. d. Hrsg.: Diese Einführung ist die dritte von vier Einleitungen, die Rabbi Yehuda Ashlag (Baal HaSulam) seinem *Sulam*-Kommentar im *Sohar* vorangestellt hat. Ohne die Kenntnis dieser Einleitungen ist ein Begreifen des *Sohar* unmöglich.

60 Auf Hebräisch ähnelt das Wort „würdig werden" (*liskot*) dem Wort „reinigen" (*lesakot*), wobei beide die gleiche Schreibweise haben (*Lamed-Sajin-Chaf-Waw-Taw*).

Das ist so, weil das Verlangen zu empfangen (*Razon lekabel*) jenes *Kli* (Gefäß) für das Maß des Genusses der Fülle ist, denn genau in dem Maße, wie groß und gewaltig das Verlangen, die Fülle zu empfangen, ist, können Genuss und Freude (*Ta´anug*, enthalten in *Shefa*) in das Gefäß (*Kli*) eindringen, nicht mehr und nicht weniger. Diese Begriffe sind so eng miteinander verbunden, dass es unmöglich ist, sie zu trennen. Es ist nur möglich, auf ihre Beziehung hinzuweisen, dass sich der Genuss (*Ta'anug*) auf die Fülle (*Shefa*) bezieht, wohingegen das gewaltige Verlangen, die Fülle zu empfangen, sich auf das empfangende Geschöpf (*Niwra ha mekabel*) bezieht.

Diese beiden Begriffe gehen unbestreitbar vom Schöpfer – *Bore Itbarach* – aus und sind im Schöpfungsgedanken eingeschlossen. Man muss jedoch unterscheiden: Während die Fülle unmittelbar aus dem Wesen des Schöpfers (*Azmuto Itbarach*) ausströmt, das heißt, als Existierendes aus dem Existierenden entsteht (*Jesh mi Jesh*), ist das darin eingeschlossene Verlangen zu empfangen die Wurzel der Geschöpfe. Das heißt, es ist die Wurzel für die neue Entstehung als Existierendes aus dem nicht Existierenden (*Jesh mi Ajn*). Denn in Seinem Wesen kann selbstverständlich keine Spur des Verlangens zu empfangen sein. In keinem Fall.

Daher gilt dieses genannte Verlangen zu empfangen (*Razon lekabel*) als die ganze Substanz – das „Grundmaterial" – der Schöpfung, vom Beginn bis zum Ende. Alle unzähligen Arten von Geschöpfen, die schon entdeckt oder noch zu entdecken sind, unterscheiden sich nur hinsichtlich ihres Maßes an Verlangen zu empfangen und sind lediglich Veränderungen in diesem Verlangen zu empfangen. Alles, was diese Geschöpfe in sich haben, das heißt alles, was sich in diesem in ihnen eingeprägten Verlangen zu empfangen ereignet, kommt unmittelbar aus Seinem Wesen – *Azmuto* – als Existierendes aus dem Existierenden (*Jesh mi Jesh*). Es hat mit dieser neu entstandenen Schöpfung als Existierendes aus dem nicht Existierenden (*Jesh mi Ajn*) nichts zu tun, denn es ist nichts Neues. Vielmehr entspringt es direkt und unmittelbar aus Seiner Ewigkeit – als Existierendes aus dem Existierenden (*Jesh mi Jesh*).

2. Wie schon erwähnt, ist das Verlangen zu empfangen von Grund auf im Schöpfungsgedanken eingeschlossen, in all seiner Vielfalt der Bestandteile und deren Kombinationen, untrennbar von der gewaltigen Fülle, die der Schöpfer für seine Geschöpfe angedacht hat und ihnen geben möchte. Und wisse, dass dies das Geheimnis von *Or* (Licht) und *Kli* (Gefäß) ist, die wir in den Höheren spirituellen Welten (*Olamot ha Eljonim*) unterscheiden. [Das Verlangen zu empfangen (*Razon lekabel*) ist das Gefäß, während die Fülle (*Shefa*) das dieses Gefäß füllende Licht ist][61]. Sie sind untrennbar miteinander verbunden und steigen zusammen von Oben herab, Stufe für Stufe.

Und in dem Maß, in welchem die Grade vom Licht Seines Antlitzes herabsteigen und sich vom Schöpfer während des Abstiegs entfernen, genau in diesem Maß ist

---

[61] Anm. d. Hrsg.: Die Inhalte in den eckigen Klammern dieser Einführung sind Ergänzungen von Rav Michael Laitman.

auch die Verwirklichung des in der Fülle eingeschlossenen Verlangens zu empfangen. [Das heißt, es wird größer und gröber].

Man kann auch das Gegenteil sagen: So, wie das Verlangen, Fülle zu empfangen, größer wird, steigt es Stufe für Stufe ab [und entfernt sich vom Schöpfer], bis zur tiefsten Stelle, an der der Wille zu empfangen sich in maximalem Ausmaß verwirklicht. Diese Stufe wird als „die Welt von *Assija*" definiert. Und das Verlangen zu empfangen wird als der „Körper des Menschen" (*Gufo shel Adam*) angesehen. Und die Fülle, die er erhält, wird als Maß für „das Leben[62], das im Körper ist" (*haChaim she ba Guf*) betrachtet.

Dasselbe gilt ebenfalls für alle restlichen Geschöpfe in dieser Welt. Der Unterschied zwischen sämtlichen Höheren spirituellen Welten (*Olamot ha Eljonim*) und dieser Welt (*Olam haSe*) besteht darin: Solange das in der Fülle eingeschlossene Verlangen zu empfangen sich in seiner endgültigen Form noch nicht verwirklicht hat, wird es als den spirituellen Welten zugehörig angesehen, die höher sind als diese Welt. Nachdem das Verlangen zu empfangen seine endgültige Form verwirklicht hat, wird es als in dieser Welt seiend betrachtet.

3. Die gerade beschriebene absteigende Ordnung (*Hishtalshelut*), das Verlangen zu empfangen zu seiner Endform in dieser Welt zu entwickeln, ist in vier Unterscheidungen (*Dalet Bchinot*) eingeteilt. Diese Ordnung ist im Geheimnis des vierbuchstabigen Namens des Schöpfers - *HaWaYaH* -enkodiert. Dies ist deshalb so, weil diese vier Buchstaben, *HaWaYaH* (*Yud-Hej-Waw-Hej*)[63], in Seinem Namen die gesamte Wirklichkeit in sich beinhalten, ohne jegliche Ausnahme.

Im Allgemeinen kommen diese Buchstaben in den *Zehn Sefirot* zum Ausdruck: *Chochma, Bina, Tiferet* (oder *Seir Anpin*), *Malchut* und deren *Shoresh* (Wurzel). Das sind die *Zehn Sefirot*. Warum zehn? Weil die *Sefira Tiferet* selbst noch sechs *Sefirot* enthält: *Chessed, Gwura, Tiferet, Nezach, Hod* und *Jessod*. Die Wurzel (*Shoresh*) dieser *Sefirot* heißt *Keter*, oft aber wird sie nicht mitgezählt, daher werden sie einfach *CHuB TuM* (*Chochma* und *Bina, Tiferet* und *Malchut*) genannt.

Und sie entsprechen den vier Welten (*Dalet Olamot*): *Azilut, Brija, Yezira* und *Assija*. Die Welt *Assija* beinhaltet auch unsere Welt - *Olam haSe*. Es gibt kein einziges Geschöpf in dieser Welt, dessen Wurzel nicht in der Welt der Unendlichkeit (*Ejn Sof Baruch Hu*) liegt, das heißt in dem Schöpfungsgedanken, welcher das Verlangen des Schöpfers ist, Seinen Geschöpfen Genuss zu bereiten. Dieser Gedanke schließt von Grund auf beides, Licht und Gefäß (*Or we Kli*), ein, das heißt ein gewisses Maß der Lichtfülle, einschließlich des Verlangens, diese Lichtfülle zu empfangen.

Diese Lichtfülle kommt dabei unmittelbar aus dem Wesen des Schöpfers, *Azmuto Itbarach*, als Existierendes aus dem Existierenden (*Jesh mi Jesh*), während das Verlangen,

---

62 Anm. d. Übers.: Lebenskraft, Vitalität
63 Anm. d. Übers.: der unaussprechbare vierbuchstabige Name des Schöpfers

Fülle zu empfangen, als Existierendes aus dem nicht Existierenden (*Jesh mi Ajn*), das heißt aus Nichts ganz neu erschaffen wurde (Creatio ex Nihilo).

Damit das Verlangen zu empfangen seine endgültige Eigenschaft erreicht, muss es zusammen mit der Lichtfülle in ihm durch die vier Welten absteigen: *Azilut*, *Brija*, *Yezira* und *Assija*. Dann endet die Schöpfung mit Licht und *Kli*, genannt *Guf* (Körper) und „das Licht des Lebens" darin.

4. Die Notwendigkeit der absteigenden Entwicklung des Verlangens zu empfangen (*Hishtalshelut haRazon lekabel*) durch die vier oben genannten Unterscheidungen in den Welten ABYA (*Azilut*, *Brija*, *Yezira* und *Assija*) wird durch folgendes großes Gesetz der *Kelim* (Plural von *Kli*) verursacht, welches lautet: Nur die Ausbreitung des Lichts und sein Rückzug *(Hitpashtut we Histalkut ha Or)* befähigen das *Kli* zu seiner ihm eigenen Funktion als Gefäß. Die Erklärung dazu ist: Solange das *Kli* von seinem Licht nicht getrennt, sondern mit Licht gefüllt ist, wird es vom Licht einbezogen und annulliert sich vor ihm, so, wie eine Kerze vor dem Licht einer Fackel.

Diese Annullierung resultiert aus der vollständigen und absoluten Gegensätzlichkeit zwischen Licht und *Kli*. Denn das Licht kommt unmittelbar von *Azmuto Itbarach*, dem Schöpfer, als Existierendes aus dem Existierenden. Und vom Standpunkt des Schöpfungsgedankens aus in *Ejn Sof* ist das Licht voll und ganz auf das Geben ausgerichtet und hat nicht die kleinste Spur des Verlangens zu empfangen. Der absolute Gegensatz dazu ist das *Kli*. Es ist das große Verlangen, die genannte Lichtfülle (*Shefa*) zu empfangen, was jeder neu entstandenen Schöpfung zugrunde liegt und deren Wurzel (*Shoresh*) ist. Das *Kli* hat nichts mit dem Geben (*Hashpaa*) zu tun.

Indem sie unzertrennlich miteinander verbunden sind, annulliert sich das Verlangen zu empfangen vor dem in ihm enthaltenen Licht. So kann das *Kli* seine Form erst bestimmen, nachdem sich das Licht zum ersten Mal entfernt hat (*Histalkut haOr*). Denn dann, nach dem Rückzug des Lichts, fängt das *Kli* an, sich nach diesem Licht zu sehnen. Diese Sehnsucht bestimmt und setzt die gehörige Form des Verlangens zu empfangen fest. Nachdem das Licht zurückgekommen und sich im *Kli* eingekleidet hat, werden sie (Licht und *Kli*) als zwei getrennte Objekte betrachtet: *Kli* und Licht bzw. Körper (*Guf*) und Leben (*Chaim*). Und richte dein Augenmerk darauf, denn dies ist das Tiefste vom Tiefsten.

5. Daher braucht man die vier Unterscheidungen (*Dalet Bchinot*), die im Namen *HaWaYaH* enkodiert sind und *Chochma*, *Bina*, *Tiferet*, *Malchut* heißen. **Bchina Alef (Phase Eins)**, welche *Chochma* heißt, beinhaltet die Gesamtheit des Ausgeströmten – das Licht und das *Kli*. In diesem ist das große Verlangen zu empfangen im gesamten Licht enthalten, das *Or Chochma* (das Licht der Weisheit) oder *Or Chaja* (das Licht des Lebens) heißt, denn es ist das gesamte Licht des Lebens (*Or ha Chaim*) im Ausgeströmten, eingekleidet in sein *Kli*. Diese *Bchina Alef* wird jedoch weiterhin lediglich als Licht angesehen, und das *Kli* dieser Stufe ist fast nicht erkennbar, denn es ist mit dem Licht vermischt und verschwindet in ihm wie eine Kerze vor einer Fackel.

Danach kommt *Bchina Bet* (Phase Zwei). Das geschieht, da das *Kli Chochma* am Ende seiner Entwicklung die Übereinstimmung mit dem Höheren Licht – *Or Eljon* – in ihm durch die Angleichung der Form (*Haschwaat ha Zura*) erreicht. Es bedeutet, dass im *Kli Chochma* das Verlangen, dem Ausströmenden zu geben, wach wird, analog der Natur des Lichts in Seinem Inneren, welches vollkommenes Geben ist.

Als Antwort auf das Erwachen dieses Verlangens kommt vom Ausströmenden ein neues Licht, das *Or Chassadim* (das Licht der Barmherzigkeit) heißt. Daher entledigte sich *Bchina Alef* fast vollständig des Lichts *Or Chochma*, das vom Ausströmenden gegeben wurde. Denn dieses Licht *Or Chochma* kann nur in einem ihm passenden *Kli* empfangen werden; das ist das Verlangen zu empfangen in seinem höchsten Grad.

Deswegen unterscheiden sich das Licht und das *Kli* in *Bchina Bet* völlig von denen in *Bchina Alef*. Denn das *Kli* von *Bchina Bet* ist das Verlangen zu geben (*Razon lehashpia*), und das Licht dieser Stufe wird als *Or Chassadim* definiert, das bedeutet das Licht, welches aus der Kraft von *Dwekut* (Verschmelzung) des Ausgeströmten (*Neezal*) mit dem Ausströmenden (*Maazil*) resultiert. Das Verlangen zu geben in *Bchina Bet* bewirkt die Angleichung der Form an den Ausströmenden, und die spirituelle Angleichung der Form ist *Dwekut* (Verschmelzung).

Danach kommt *Bchina Gimel* (Phase Drei). Nachdem das Licht innerhalb des Ausgeströmten (*Neezal*) sich bis auf die Stufe *Or Chassadim* in der vollständigen Abwesenheit des Lichts *Or Chochma* verringert hatte (während wir bereits wissen, dass das *Or Chochma* die Essenz und Hauptlebensenergie des Ausgeströmten ist), wurde *Bchina Bet* am Ende ihrer Entwicklung wach. Sie empfand den Mangel an *Or Chochma* und zog eine gewisse Menge des Lichts *Or Chochma* an sich, um innerhalb des Lichts *Or Chassadim*, welches in ihr ist, zu scheinen. Dieses Erwachen verursachte nun die erneute Anziehung einer gewissen Menge des Verlangens zu empfangen – einer neuen Form. So wurde ein neues *Kli* geformt, das *Bchina Gimel* bzw. *Tiferet* heißt. Das Licht in dieser *Bchina* heißt *Or Chassadim* mit *Hearat Chochma* (*He´ara* = ein schwaches Leuchten), denn der größte Teil dieses Lichts ist das *Or Chassadim*, und sein geringerer Teil ist *Or Chochma*.

Danach kommt *Bchina Dalet* (Phase Vier). Ebenso wurde das *Kli* der *Bchina Gimel* am Ende ihrer Entwicklungsphase wach und zog das Licht *Or Chochma* an sich, jedoch in der ganzen Fülle, wie es in *Bchina Alef* war. Dieses erwachte Verlangen ist also die Sehnsucht im Ausmaß der Begierde nach Licht, wie sie *Bchina Alef* innewohnte, und noch mehr als das. Denn jetzt, nachdem das *Or Chochma* einmal verschwunden ist und sich nicht mehr im Ausgeströmten kleidet, sehnt er sich danach. Daher verlangt er nach diesem Licht *Or Chochma* viel stärker als es in *Bchina Alef* war. Daher besteht das Verlangen zu empfangen in seiner ganzen Vollkommenheit. Denn nach der Ausbreitung (*Hitpashtut*) des *Or* und dessen anschließendem Verschwinden (*Histalkut*) wird das *Kli* bestimmt. Später, wenn das *Kli* nun von neuem das Licht empfängt, gilt, dass das *Kli* dem Licht vorangeht. Daher wird diese *Bchina Dalet* als der Abschluss des *Kli* definiert und wird als *Malchut* (Königreich) bezeichnet.

6. Die vier oben beschriebenen Unterscheidungen entsprechen den *Zehn Sefirot*, welche in jedem ausgeströmten Wesen (*Neezal*) und jedem Geschöpf (*Niwra*) unterschieden werden können, sowohl im Ganzen (*Klal*), welche die vier Welten ABYA sind, als auch in allen kleinsten Einzelheiten (*Prat*), die in der Realität existieren. *Bchina Alef* heißt *Chochma* oder die Welt *Azilut*. *Bchina Bet* heißt *Bina* oder die Welt *Brija*. *Bchina Gimel* heißt *Tiferet* oder die Welt *Yezira*. *Bchina Dalet* heißt *Malchut* oder die Welt *Assija*.

Jetzt wollen wir die vier Unterscheidungen erläutern, die in jeder Seele (*Neshama*) existieren. Denn jede Seele (*Neshama*) kommt aus der Welt der Unendlichkeit (*Ejn Sof*), steigt von dort in die Welt *Azilut* herab, was *Bchina Alef* der Seele darstellt.

In der Welt *Azilut* wird sie noch nicht *Neshama* (Seele) genannt, da dieser Name quasi auf einen gewissen Unterschied zum Ausströmenden (*Maazil*) hinweist. Durch diesen Unterschied trat sie aus *Ejn Sof* aus, das heißt aus dem Zustand der vollständigen Verschmelzung mit dem Ausströmenden, zur Enthüllung eines eigenen Herrschaftsbereichs.

Solange die Seele (*Neshama*) nicht die Form eines vollständigen *Kli* annimmt, gibt es nichts, was sie vom Wesen des Schöpfers - *Azmuto* - absondern kann, bis sie geeignet und tauglich wird, einen eigenen Namen zu tragen. Und wie schon bekannt, wird *Bchina Alef* des *Kli* noch gar nicht als *Kli* angesehen und annulliert sich selbst vollständig gegenüber dem Licht. Daher nennt man alles, was in der Welt *Azilut* existiert, absolute Göttlichkeit, und das heißt: *Huh we Shmo Echad* - Er und Sein Name sind eins. Sogar die Seelen (*Neshamot*) anderer Lebewesen, während sie die Welt *Azilut* passieren, gelten als mit dem Wesen des Schöpfers verschmolzen.

7. Die Welt *Brija* wird schon von der oben beschriebenen *Bchina Bet* beherrscht; das bedeutet, dass es das *Kli* des Verlangens zu schenken (*Kli de Razon lehashpia*) ist. Wenn also die Seele (*Neshama*) während ihrer Entwicklung in die Welt *Brija* absteigt, erreicht sie die dortige Stufe des *Kli* und wird nun *Neshama* genannt. Das bedeutet, dass sie sich von *Azmuto* bereits abgesondert und getrennt hat und nun ihres eigenen Namens - *Neshama* - würdig ist. Dieses *Kli* ist jedoch einstweilen noch sehr rein (*sach*), denn es ist, den Eigenschaften nach, dem Ausströmenden noch sehr nah und ähnlich, und daher wird es auch hier als vollständig spirituell betrachtet.

8. In der Welt *Yezira* herrscht bereits oben genannte *Bchina Gimel*, die ein bestimmtes geringes Maß des Verlangens zu empfangen enthält. Wenn die Seele (*Neshama*) daher während ihrer Entwicklung in die Welt *Yezira* absteigt und diese Entwicklungsstufe des *Kli* erreicht, verlässt sie den spirituellen Zustand von *Neshama* und heißt nun *Ruach*. Dieses *Kli* besitzt bereits ein geringes Maß von *Awiut* (Grobheit, Dicke), das heißt ein wenig Verlangen zu empfangen, in sich. Dennoch wird dieses *Kli* weiterhin als spirituell betrachtet, da das vorhandene Ausmaß von *Awiut* noch nicht ausreicht, um das *Kli* in seinen Eigenschaften vom Wesen des Schöpfers - *Azmuto* - vollständig zu trennen und mit dem Namen *Guf* (Körper) zu nennen, welcher ganz und gar unabhängig und selbstständig ist.

9. In der Welt *Assija* herrscht bereits *Bchina Dalet*, welche das vollständige *Kli* des großen Verlangens zu empfangen ist. Auf dieser Stufe erreicht das Verlangen zu empfangen den Höhepunkt seiner Entwicklung, den Zustand eines *Guf* (Körper), vollständig getrennt und ausgesondert vom Wesen des Schöpfers - *Azmuto* - und in der Selbstverwaltung stehend. Das Licht in diesem *Guf* heißt *Nefesh* (vom hebräischen Wort „Ruhe"). Diese Benennung weist auf ein Licht ohne eigene selbstständige Bewegung hin. Und wisse, dass es kein winzigstes Teilchen in der Wirklichkeit gibt, welches nicht das gesamte *ABYA* (*Azilut*, *Brija*, *Yezira* und *Assija*) in sich beinhaltet.

10. Wir sehen, dass *Nefesh*, welches das Licht des Lebens (*Or ha Chaim*) ist, eingekleidet in den Körper, unmittelbar aus dem Wesen des Schöpfers, *Azmuto*, als Existierendes aus dem Existierenden (*Jesh mi Jesh*) kommt. Indem dieses Licht seinen Weg durch die vier Welten *ABYA* geht, entfernt es sich stufenweise vom Schöpfer, bis es zu seinem vorgesehenen *Kli* gelangt, genannt Körper (*Guf*). Erst dann wird dieses *Kli* als vollständig entwickelt in seiner erwünschten Form angesehen.

Obwohl auf dieser Entwicklungsstufe das im *Kli* innewohnende Licht so gering ist, dass seine Wurzel (*Shoresh*) nicht einmal erkannt werden kann, ist es jedoch imstande, mithilfe der *Tora* und der *Mizwot* - mit der Absicht, dem Schöpfer Freude zu bereiten - sein *Kli* zu reinigen. Auf diese Weise wird das *Kli*, genannt *Guf*, immer klarer und feiner, bis es tauglich und geeignet wird, die gesamte Lichtfülle (*Shefa*) in vollem Maß zu empfangen, welche der Schöpfer im Schöpfungsgedanken für das *Kli* vorgesehen hat. Genau das meinte Rabbi Chananja ben Akashja, als er sagte: „Der Schöpfer wollte *Israel* reinigen, also gab Er ihnen reichlich *Tora* und *Mizwot*."

11. Jetzt können wir den wahren Unterschied zwischen dem Spirituellen und dem Körperlichen verstehen. Wenn das Verlangen zu empfangen (*Razon lekabel*) seine volle Entwicklung in allen Stufen erreicht hat, also *Bchina Dalet*, so wird dieses Verlangen als „materiell" bzw. „körperlich" angesehen. Dies ist es, was in allen Einzelheiten der Wirklichkeit vor uns in dieser Welt (*Olam haSe*) existiert. Alles, was über diesem hohen Grad des Verlangens zu empfangen liegt [wenn dieses Verlangen noch nicht seine letzte Entwicklungsstufe erreicht hat], wird als „Spiritualität" bezeichnet. Dies sind die vier Welten *ABYA*, die sich über dieser Welt befinden, mit ihrer ganzen Wirklichkeit in ihnen.

Und nun kann man verstehen, dass alle Auf- und Abstiege, die sich in den Höheren Welten abspielen, unter keinen Umständen Bewegungen in einem imaginären Raum darstellen, sondern sie sind einfach Änderungen vom Ausmaß des Verlangens zu empfangen innerhalb der vier Entwicklungsstufen. Je weiter etwas von *Bchina Dalet* entfernt ist, desto höher wird es angesehen. Und umgekehrt, je näher etwas an *Bchina Dalet* herankommt, desto tiefer ist seine Stufe.

12. Es ist wichtig zu begreifen, dass die Essenz eines jeden Geschöpfes und der gesamten Schöpfung einzig und allein das Verlangen zu empfangen ist. Alles außerhalb dieses Rahmens ist nicht Teil der Schöpfung, sondern bezieht sich auf das Wesen des Schöpfers (*Azmuto*). Weshalb betrachten wir dann das Verlangen zu empfangen als etwas Grobes (*Awiut*), abscheulich Schlechtes und der Korrektur Bedürftiges, sodass wir angehalten sind, es mithilfe der *Tora* und der Gebote zu „reinigen" (*lesakot*) – und tun wir das nicht, sind wir nicht in der Lage, das letztendliche und oberste Edelziel, den Plan der Schöpfung, zu erreichen?

13. So, wie materielle Objekte durch Abstand im Raum voneinander entfernt werden, so entfernen sich spirituelle Objekte durch ihre unterschiedliche Form voneinander. Etwas Vergleichbares existiert so auch in unserer Welt. Wenn beispielsweise zwei Menschen ähnliche Ansichten vertreten, so mögen sie sich, und keine räumliche Entfernung kann ihre Sympathie füreinander beeinträchtigen.

Und umgekehrt, wenn ihre Ansichten völlig voneinander abweichen, hassen sie sich, und die räumliche Nähe wird diese beiden nicht im Geringsten näher bringen. Also trennen und entfernen die Meinungsverschiedenheiten die Menschen voneinander, und ähnliche Ansichten bringen sie zusammen. Und wenn zum Beispiel die Menschennatur des einen der eines anderen absolut diametral entgegensteht, fühlen sich diese Menschen so voneinander entfernt wie Ost von West.

Dasselbe gilt auch in den spirituellen Welten: Gegenseitige Entfernung, Annäherung, Verschmelzung und Einheit – diese Prozesse ereignen sich ausschließlich gemäß unterschiedlicher bzw. ähnlicher innerer Eigenschaften der spirituellen Objekte (*Parzufim*). So trennen sie sich je nach der Unterschiedlichkeit der Form, während ihre Ähnlichkeit sie aneinander annähert und miteinander verschmelzen lässt.

Dadurch muss man verstehen, dass das Verlangen zu empfangen das Hauptelement und das verbindliche Gesetz des Geschöpfes ist, denn es ist der wesentliche Kern eines Geschöpfes. Es ist gerade das *Kli*, das notwendig und geeignet ist, den Zweck zu verwirklichen, der im Schöpfungsgedanken beinhaltet ist. Das Verlangen zu empfangen des Geschöpfes ist darum vom Schöpfer völlig getrennt worden, da der Unterschied der Form zwischen dem Geschöpf und dem Schöpfer bis zu seinem Gegensatz gelangt. Denn der Schöpfer ist das absolute Verlangen zu geben (*Razon lehashpia*), und in Ihm steckt nicht einmal eine Spur des Verlangens zu empfangen (*Razon lekabel*). Und das Geschöpf ist das absolute Verlangen zu empfangen, und in ihm steckt nicht einmal eine Spur des Verlangens zu geben. Es ist unmöglich, sich einen größeren Kontrast vorzustellen [als den zwischen dem Schöpfer und dem Geschöpf, zwischen dem Verlangen zu geben (*Razon lehashpia*) und dem Verlangen zu empfangen (*Razon lekabel*)]. Daher ist es unumgänglich, dass diese Gegensätzlichkeit der Form das Geschöpf vom Schöpfer trennt.

14. Um die Geschöpfe aus dieser gewaltigen Trennung vom Schöpfer zu erretten, fand *Zimzum Alef* (Erste Einschränkung) statt, welche *Bchina Dalet* von allen *Parzufim* (spirituellen Objekten) der *Kedusha* (Heiligkeit) trennte. Das geschah auf solche Art und Weise, dass das große Maß des Verlangens zu empfangen zu einem leeren Raum (*Chalal Panui*) wurde, ohne jegliches Licht.

Dies ist so, weil nach *Zimzum Alef* alle *Parzufim* der *Kedusha* einen korrigierenden *Massach* (Schirm) für ihr *Kli Malchut* eingerichtet haben, um kein Licht in dieser *Bchina Dalet* zu empfangen. In dem Moment, als sich das Höhere Licht (*Or Eljon*) zum Geschöpf erstreckt und versucht, sich ins Innere zu verbreiten, stößt der *Massach* das Licht zurück. Dieser Prozess heißt Zusammenstoß (*Hakaa*) zwischen Höherem Licht und dem *Massach*. Als Ergebnis dieses Schlages steigt das *Or Choser* (Reflektiertes Licht) von unten nach Oben auf und bekleidet die *Zehn Sefirot* des Höheren Lichts.

Der zurückgestoßene Teil des Lichts heißt *Or Choser* (Reflektiertes Licht). Indem es das Höhere Licht bekleidet, wird es nachher zum Empfangs-*Kli* des Höheren Lichts, anstelle von *Bchina Dalet*. Denn danach erweitert sich *Malchut* im Maß des *Or Choser* - des Reflektierten Lichts (das zurückgestoßen wurde, von unten nach Oben stieg und das Höhere Licht bekleidete) - und breitete sich auch von Oben nach unten hin aus, sodass sich auf diese Weise die Lichter in die *Kelim* (Plural von *Kli*) kleiden, das heißt in dieses *Or Choser*. [Man sagt, dass das Höhere Licht sich in das *Or Choser* kleidet.]

Das nennt man *Rosh* (Kopf) und *Guf* (Körper) einer jeden Stufe. Der *Siwug de Hakaa* (Zusammenstoß) des Höheren Lichts mit dem *Massach* verursacht einen Aufstieg des *Or Choser* (Reflektiertes Licht) von unten nach Oben und bekleidet die *Zehn Sefirot* des Höheren Lichts in die *Zehn Sefirot de Rosh* – das bedeutet die Wurzeln der *Kelim* (Gefäße). Denn dort ist noch keine richtige Einkleidung möglich. [Diese *Zehn Sefirot de Rosh* sind noch nicht die wirklichen *Kelim*; sie geben nur ihre Wurzeln weiter.]

Erst nachdem sich *Malchut* mit dem *Or Choser* von Oben nach unten ausgebreitet hat, ist das *Or Choser* zu Ende und es wird zu den *Kelim* für das Höhere Licht. Und nun kleiden sich die Lichter in die *Kelim*, genannt *Guf* (Körper) dieser bestimmten Stufe, was vollendete *Kelim* bedeutet.

15. Die neuen *Kelim* entstanden in den *Parzufim* der *Kedusha* anstelle von *Bchina Dalet* nach *Zimzum Alef* (Erste Einschränkung). Sie werden durch das *Or Choser* als Ergebnis des *Siwug de Hakaa* zwischen dem Licht (*Or*) und dem *Massach* gebildet.

Wir müssen allerdings noch verstehen, wie dieses *Or Choser* zu einem Gefäß für den Empfang (*Kli Kabbala*) wird, nachdem es ursprünglich nur ein zurückgewiesenes Licht war. Es funktioniert in der Weise, dass das Licht zu einem Gefäß wird, also eine entgegengesetzte Rolle zu spielen beginnt.

Wir wollen zur Verdeutlichung ein Beispiel aus unserer Welt geben. Von Natur aus liebt und schätzt der Mensch die Eigenschaft zu geben und hütet sich, von seinem Freund zu empfangen, ohne gleichzeitig etwas zurückzugeben. Nehmen wir an, dass jemand zu einem Freund nach Hause kommt und zum Essen eingeladen wird.

Natürlich will er alles zurückweisen, egal wie hungrig er auch sein mag, da die Rolle eines Empfängers, der ein Geschenk empfängt, ohne zurückzugeben, erniedrigend ist.

Sein Gastgeber fängt jedoch an, ihn zu überzeugen, indem er ihm klar macht, dass ein essender Gast seinem Gastgeber ungeheure Freude bereitet. Wenn der Gast dies als wahr empfindet, stimmt er dem Essen zu, da er sich dann nicht mehr als Empfangender und den Gastgeber als Gebenden empfindet. Im Gegenteil empfindet sich der Gast als derjenige, der dem Gastgeber gibt und ihn durch seine Bereitschaft zu essen erfreut.

Es wird deutlich, dass trotz des Hungergefühls und Appetits – wobei gerade Hunger und Appetit das ursprüngliche Sondergefäß (Essen zu erhalten) sind – der Gast wegen seines Schamgefühls keine Köstlichkeit anfassen konnte. Erst durch die Überzeugungskünste des Gastgebers wurde es aufgelöst, und erst dann tauchten in ihm die Keime der neuen Empfangsgefäße für das Essen auf. [Wir haben nun gesehen, wie ein neues Essen empfangendes Gefäß erschaffen wurde]. Die wachsende Überredungskunst des Gastgebers und die sinkende Widerstandskraft des Gastes erreichen allmählich den genügenden Grad, um Empfangen (*Kabbala*) in Schenken (*Hashpaa*) umzuwandeln. Bis der Gast feststellen kann, dass er dem Gastgeber durch sein Essen große Freude und Gefallen bereitet. Denn nun sind bei ihm die Gefäße des Empfangens für das Essen des Gastgebers geboren. Und nun sieht man, dass die Widerstandskraft des Gastes zur Grundlage seiner Empfangsgefäße für das Essen wurde. [Die Tatsache des Empfangens blieb davon unberührt, einzig die Ausrichtung dieser Handlung – die Absicht (*Kavana*) – wurde umgewandelt.] Genauso wie die Widerstandskraft Anlass wurde, das Essen zu empfangen, und nicht Hunger und Appetit, obwohl diese die gewöhnlichen Gefäße zum Empfangen sind.

16. Mithilfe dieses Beispiels von Gastgeber und Gast können wir jetzt verstehen, was *Siwug de Hakaa* und das daraus resultierende *Or Choser* ist, welches seinerseits zu einem neuen *Kli* wird, das anstelle von *Bchina Dalet* das Höhere Licht empfängt. Die Wechselwirkung findet statt, da das Licht mit der Absicht auf den *Massach* trifft, in *Bchina Dalet* einzudringen. Das ähnelt einem Gastgeber, der den Gast zum Essen zu überzeugen versucht. In dem Maß, wie der Gastgeber wünscht, dass sein Gast den von ihm zubereiteten Speisen zustimmt, so sehr möchte auch das Höhere Licht sich im Empfangenden verbreiten. Und der *Massach*, der gegen das kommende Licht gerichtet ist und es zurückstößt, ähnelt der Widerstandskraft des Gastes und seiner Absage, Speise und Trank zu akzeptieren. So stößt er das Gute weg.

In diesem Beispiel findet man, dass gerade die Abweisung zu essen zu einem neuen, richtigen Empfangsgefäß für das Essen wurde. Auf diese Weise kann man sich vorstellen, dass das *Or Choser* ein Empfangsgefäß anstelle von *Bchina Dalet* wird, das diese Rolle vor *Zimzum Alef* (Erste Einschränkung) spielte.

Wir müssen uns jedoch immer daran erinnern, dass dies nur in den *Parzufim* (Plural von *Parzuf*) der *Kedusha* der Welten *ABYA* geschieht, aber nicht in den

Parzufim der *Klipot* (Schalen) und unserer Welt, in welchen *Bchina Dalet* weiterhin ein Empfangsgefäß darstellt. Deswegen werden sie vom Höheren Licht getrennt. Wegen des Unterschieds zwischen den Eigenschaften von *Bchina Dalet* und denen des Schöpfers gibt es daher weder in den *Klipot* noch in unserer Welt auch nur einen Funken Licht. Daher werden die *Klipot* [unreine Kräfte: ein Verlangen, das Licht ohne *Massach* zu empfangen] und Sünder für tot gehalten, da das Verlangen, das Licht ohne *Massach* zu empfangen, sie vom Licht allen Lebens – dem Licht des Schöpfers – trennt.

FÜNF UNTERSCHEIDUNGEN IM *MASSACH*

17. Bisher haben wir die drei Basisdefinitionen in dieser Weisheit geklärt:

1. Das sind nun Licht und Gefäß (*Or* und *Kli*), wobei *Or* unmittelbar aus dem Wesen des Schöpfers (*Azmuto*) ausströmt, und das *Kli* ist das Verlangen zu empfangen, das in Seinem Licht unbedingt enthalten ist [und durch das Licht geschaffen wird]. In dem Maß dieses Verlangens wurde aus dem ganzen Ausströmenden (dem Schöpfer) das Geschöpf ausgesondert. Auch wird dieser Wille zu empfangen als *Malchut* im Höheren Licht bezeichnet. *Malchut* heißt daher „Sein Name" (*Shmo*), so, wie gesagt wird „Er und Sein Name sind eins". Der Zahlenwert des Wortes *Shmo* stimmt mit dem von *Razon* (Verlangen) überein.

2. Die *Zehn Sefirot* und die vier Welten ABYA, welche den vier *Bchinot* (vier Stufen – eine unter der anderen) entsprechen. Diese müssen in jedem Geschöpf vorkommen. Das Verlangen zu empfangen oder *Kli* steigt von der Stufe des Schöpfers herab durch diese vier Welten hindurch und gelangt in unserer Welt zu seiner vollen Ausreifung, zum vollkommenen *Kli*.

3. Der *Zimzum Alef* und der *Massach* für dieses Empfangsgefäß – *Bchina Dalet* – bringen ein neues *Kli* in den *Zehn Sefirot* anstelle von *Bchina Dalet* hervor. Dieses *Kli* ist die Absicht, dem Schöpfer zu geben, und heißt *Or Choser*.

Diese drei Basisdefinitionen, wie sie hier erörtert wurden, muss man sich bestens aneignen und einprägen, da man ohne sie nicht ein einziges Wort dieser Weisheit verstehen kann.

18. Wir werden nun den Sachverhalt der fünf *Bchinot* (Unterscheidungen) im *Massach* klären, durch welche sich die Ausmaße der Grade während des *Siwug de Hakaa*, den der *Massach* mit dem Höheren Licht macht, ändern.

Man muss zunächst vollkommen verstehen, dass nach *Zimzum Alef* *Bchina Dalet* aufhört, ein *Kli* der *Zehn Sefirot* zu sein, das auf Empfangen ausgerichtet ist. Das *Or Choser*, das über den *Massach* als Ergebnis des *Siwug de Hakaa* aufsteigt, wird stattdessen zum Empfangsgefäß. Jedoch muss *Bchina Dalet* mit ihrem mächtigen Verlangen zu empfangen *Or Choser* begleiten. Ohne *Bchina Dalet* wäre *Or Choser* völlig unfähig, ein Empfangsgefäß zu sein.

Und verstehe dies auch anhand des Beispiels vom Gastgeber und dem Gast (siehe Punkt 15). Denn wir haben da bewiesen, dass die Widerstandskraft des Gastes und seine Ablehnung, Speise und Trank zu akzeptieren, zum Empfangsgefäß wurden und die Rolle des Hungers und des Appetits übernahmen. Da der Hunger und der Appetit – die üblichen Empfangsgefäße – diese Funktion des Empfangens aufgrund ihres Scham- und Schmachgefühls, vom Gastgeber empfangen zu können, aufgaben. Indem der Gast ablehnt und absagt, wird aus Empfangen (*Kabbala*) tatsächlich eine Tat des Gebens (*Hashpaa*). Und dadurch werden die wahren Empfangsgefäße erworben – tauglich und geeignet, das Essen des Gastgebers zu empfangen.

Man kann jedoch nicht sagen, dass der Gast keinen Bedarf mehr an den üblichen Gefäßen zum Empfangen, und zwar Hunger und Appetit, habe. Denn es versteht sich von selbst, dass er ohne Appetit nach Essen nicht in der Lage ist, das Verlangen des Gastgebers zu erfüllen und ihn durch das Essen seiner Köstlichkeiten zu erfreuen. Es geht darum, dass der Hunger und der Appetit in ihrer üblichen Form (Verlangen zu empfangen) verboten wurden und nun wegen der Kraft der Ablehnung und der Zurückweisung eine neue Form erhalten haben, nämlich das Empfangen um des Schenkens willen (*Kabbala al menat lehashpia*), um dem Gastgeber – dem Schöpfer – Freude zu bereiten. Und so hat sich die Erniedrigung in Ehre verwandelt.

Auf diese Weise behalten die üblichen Empfangsgefäße ihre vorhergehende Funktion, aber sie eignen sich eine neue Form an – Empfangen um des Gebens willen. Und man muss hier besonders beachten, dass die *Awiut* (Grobheit) von *Bchina Dalet* – die Unterschiedlichkeit der Form zum Geber, welche vom Geber trennt – nun verhindert, dass *Bchina Dalet* ein Gefäß für den Empfang von *Zehn Sefirot* ist. Jedoch hat sich durch die Korrektur des *Massach* in *Bchina Dalet*, welcher das Höhere Licht zurückweist, die vorherige untaugliche Form offenbart und erhält eine neue Form, die *Or Choser* heißt; ähnlich, wie die Transformation der Form des Empfangens in die Form des Gebens.

Dennoch bleibt der Inhalt der ursprünglichen Form derselbe, da der Gast, ohne Appetit zu haben, nicht essen kann. Doch ist die gesamte *Awiut*, welche die Kraft des Verlangens zu empfangen von *Bchina Dalet* ist, in *Or Choser* eingeschlossen. Auf diese Weise ist nun *Or Choser* zu einem passenden Empfangsgefäß geworden.

Dementsprechend sind im *Massach* immer zwei Kräfte zu unterscheiden:

1. *Kashiut* (Härte), die Widerstandskraft in ihm, um das Höhere Licht zurückzuweisen.
2. *Awiut* (Grobheit, Dicke), das Maß des Verlangens zu empfangen von *Bchina Dalet*, welches im *Massach* einbezogen ist. Als Ergebnis eines *Siwug de Hakaa* durch die Kraft von *Kashiut* in ihm, transformiert seine *Awiut* ganz und gar ihre Eigenschaften und wird zu *Sakut* (Feinheit, Dünne, Reinheit), das heißt, das Empfangen verwandelt sich zum Schenken/Geben.

Diese zwei Kräfte im *Massach* wirken in allen fünf Unterscheidungen: in vier (*Dalet*) *Bchinot* - *Chochma* und *Bina*, *Tiferet* und *Malchut* (*CHuB TuM*) - und in ihrer Wurzel (*Shoresh*), die *Keter* heißt.

19. Wie wir oben schon sagten, gelten die ersten drei *Bchinot* (*Gimel Bchinot*) noch nicht als ein *Kli*, sondern nur *Bchina Dalet* ist ein wahres *Kli*. Da diese ersten drei *Bchinot* die Ursache und Voraussetzung sind - die Phasen, die der Schöpfung von *Bchina Dalet* und ihrer Vollendung vorangehen -, übernahm *Bchina Dalet* deren Eigenschaften und vervollständigte ihre eigene Entwicklung. Diese *Gimel Bchinot* waren sozusagen darin eingeprägt und schufen innerhalb von *Bchina Dalet* ihre eigenen vier Stufen, je nach Ausmaß des Verlangens zu empfangen.

- *Alles beginnt mit Bchina Alef – das geringste Maß der Eigenschaft zu empfangen.*
- *Danach Bchina Bet, die merklich „gröber" (mit mehr Awiut) als Bchina Alef ist, das heißt, ein höheres Maß der Eigenschaft zu empfangen hat.*
- *Bchina Gimel hat in ihrer Eigenschaft zu empfangen Awiut, die noch gröber ist als die von Bchina Bet.*
- *Schließlich entwickelt sich Bchina Dalet, die die dickste Awiut unter allen enthält; das entspricht der perfekten Eigenschaft zu empfangen, welche die höchste, vollkommene Stufe erreicht.*

Es muss auch unterschieden werden, dass die Wurzel der vier Bchinot, *Keter*, welche die reinste von allen ist, ebenfalls in Bchina Dalet enthalten ist[64].

Also haben wir alle fünf Unterscheidungen des Verlangens zu empfangen genannt, die in *Bchina Dalet* eingeschlossen sind. Sie werden auch durch die Namen der *Zehn Sefirot KaCHaB TuM* benannt, die in *Bchina Dalet* eingeschlossen sind, denn *Dalet* (vier) *Bchinot* sind: *CHuB TuM* (*Chochma* und *Bina*, *Tiferet* und *Malchut*), und die Wurzel wird *Keter* genannt.

20. Die fünf Stufen des Empfangens in *Bchina Dalet* werden durch die Namen der *Zehn Sefirot KaCHaB TuM* gekennzeichnet, denn *Bchina Dalet* war schon vor *Zimzum Alef* ein Empfangsgefäß für die *Zehn Sefirot*, die im Höheren Licht enthalten sind, genannt: „Er und Sein Name sind eins." Alle Welten waren in *Bchina Dalet* des *Or Yashar* enthalten (*Malchut* der Welt *Ejn Sof*). Jede *Bchina*, die in *Malchut* enthalten war, nahm die Eigenschaft der ihr entsprechenden *Bchina* von den *Zehn Sefirot* des Höheren Lichts an:

- *Bchina Shoresh* von *Bchina Dalet* „bekleidet" *Keter* der *Zehn Sefirot des Höheren Lichts*,
- *Bchina Alef* von *Bchina Dalet* „bekleidet" das Licht *Chochma* der *Zehn Sefirot des Höheren Lichts*,
- *Bchina Bet* von *Bchina Dalet* „bekleidet" das Licht *Bina*,

---

64 *Keter* ist bekannt als die höchste Stufe von allen, die dem Schöpfer am nächsten steht und am reinsten (*sach*) ist.

- *Bchina Gimel von Bchina Dalet „bekleidet" das Licht Tiferet;*
- *und Bchina Dalet von Bchina Dalet (Malchut selbst) „bekleidet" das Licht von Malchut.*

Daher tragen die fünf Stufen des Verlangens zu empfangen von *Bchina Dalet* auch nach *Zimzum Alef* – als *Bchina Dalet* aufhörte, ein Gefäß des Empfangens zu sein – weiterhin die Namen der fünf *Sefirot*: *Keter, Chochma, Bina, Tiferet* und *Malchut* (*KaCHaB TuM*).

21. Wir haben bereits gelernt, dass das Material, aus dem der *Massach* besteht, *Kashiut* heißt. Er ist wie ein Festkörper, der nicht erlaubt, dass in seine Grenzen irgendetwas eindringen kann. In genau dieser Weise verhindert der *Massach* das Eindringen des Höheren Lichts in *Malchut*, welche *Bchina Dalet* ist. Dies bedeutet, dass das gesamte Licht, dessen Bestimmung es war, sich in *Malchut* zu kleiden (sie zu füllen), durch den *Massach* gestoppt und von ihm zurückgestoßen wird.

Wir sehen, dass die fünf *Bchinot* von *Awiut* in *Bchina Dalet* auch Bestandteil des *Massach* werden und sich mit seinem Maß an *Kashiut* verbinden. Daher werden fünf Arten von *Siwug de Hakaa* im *Massach* unterschieden – gemäß seiner fünf *Bchinot* von *Awiut*:

- *Ein Siwug de Hakaa auf einem vollständigen Massach mit allen fünf Bchinot von Awiut erhebt ausreichend Or Choser, um alle Zehn Sefirot bis zum Niveau (Koma) Keter zu bekleiden.*
- *Wenn allerdings nur vier von fünf Teilen der Awiut im Massach anwesend sind, das heißt, wenn Awiut Dalet fehlt, dann reicht das Or Choser nur bis zum Niveau Chochma und Keter fehlt.*
- *Durch die Abwesenheit von Bchinot Dalet und Gimel der Awiut, dem 4. bzw. 5. „Dickegrad" im Massach, kann er Or Choser nur bis zum Niveau von Bina erheben, Keter und Chochma fehlen.*
- *Wenn es im Massach nur Bchina Alef der Awiut gibt, dann ist dessen Or Choser sehr klein und kann das Or Yashar (Direktes Licht) nur bis zum Niveau von Tiferet bekleiden, während Keter, Chochma und Bina (KaCHaB) fehlen.*
- *Wenn es im Massach nicht einmal Bchina Alef der Awiut gibt und lediglich Bchina Shoresh der Awiut vorhanden ist, dann ist seine Widerstandskraft äußerst gering, und Or Choser kann nur das von Malchut kommende Licht umgeben (sich bloß bis zum Niveau Malchut kleiden), während die neun ersten Sefirot (Keter, Chochma, Bina und Tiferet) fehlen.*

22. Und man sieht, wie sich die fünf Niveaus der *Zehn Sefirot* des *Or Choser* formen und erscheinen – als Ergebnis der fünf Arten von *Siwug de Hakaa* des Höheren Lichts mit den fünf Niveaus von *Awiut* des *Massach*. Und nun ist der Sinn des Geschehenen zu verstehen. Denn es ist bekannt: Das Licht kann weder empfunden noch empfangen werden, wenn es kein *Kli* gibt, das es aufnimmt.

Diese fünf Maße von *Awiut* bilden sich aus den fünf *Bchinot* von *Awiut* von *Bchina Dalet*, die vor *Zimzum Alef* (ZA) fünf empfangende *Kelim* (Gefäße) der *Bchina Dalet* waren – sie bekleideten die *Zehn Sefirot*: *Keter*, *Chochma*, *Bina*, *Tiferet* und *Malchut* (*KaCHaB TuM*) (siehe Punkt 18). Nach *Zimzum Alef* verschmelzen diese selben *Bchinot* von *Awiut* von *Bchina Dalet* mit denen des *Massach*. Mithilfe des *Or Choser*, welches der *Massach* erhebt, werden aus ihnen wieder *Kelim* seitens *Or Choser* von *Zehn Sefirot KaCHaB TuM* anstelle der fünf *Kelim* von *Bchina Dalet* selbst, wie es vor dem *Zimzum* war.

Nun kann man vollkommen klar verstehen, dass, wenn ein *Massach* sämtliche fünf *Bchinot* von *Awiut* besitzt, in ihm auch fünf *Kelim* vorhanden sind, die *Zehn Sefirot* bekleiden können, das heißt, das Höhere Licht empfangen können. Wenn aber nicht alle fünf *Bchinot* im *Massach* vorhanden sind, denn im *Massach* fehlt *Awiut de Bchina Dalet*, besitzt er (*Massach*) nur vier *Kelim* und kann daher lediglich vier Lichter empfangen: *Chochma*, *Bina*, *Tiferet* und *Malchut* (*CHuB TuM*). Und ihm mangelt an Licht – *Or Keter* – sowie ein *Kli*, und zwar *Awiut de Bchina Dalet*.

Wenn auch *Awiut de Bchina Gimel* im *Massach* fehlt (das heißt, bloß drei *Bchinot Awiut* im *Massach* sind – nur bis *Bchina Bet*), dann hat er lediglich drei *Kelim* und kann dementsprechend nur drei Lichter empfangen: *Bina*, *Tiferet* und *Malchut*. Und es mangelt hier an zwei Lichtern: *Keter* und *Chochma*, sowie auch an zwei *Kelim*: *Bchina Gimel* und *Bchina Dalet*.

Wenn im *Massach* nur zwei *Bchinot Awiut* sind, *Bchina Shoresh* und *Bchina Alef*, besitzt er nur zwei *Kelim* und bekleidet daher nur zwei Lichter: das Licht von *Tiferet* und das Licht von *Malchut*. Daraus folgt, dass diesem Niveau drei Lichter fehlen – *Keter*, *Chochma* und *Bina* (*KaCHaB*) –, und genauso fehlen ihm drei *Kelim*: *Bchina Bet*, *Bchina Gimel* und *Bchina Dalet*.

Wenn der *Massach* nur eine Stufe von *Awiut* – *Bchina Shoresh* – alleine besitzt, dann hat er auch nur ein *Kli*. Daher kann er nur ein Licht bekleiden, das Licht *Malchut*. Diesem Niveau fehlen die übrigen vier Lichter – *Keter*, *Chochma*, *Bina* und *Tiferet* – sowie vier *Kelim*: *Awiut* von *Bchina Dalet*, *Bchina Gimel*, *Bchina Bet* und von *Bchina Alef*.

Somit hängt die Größe eines jeden *Parzuf* exakt vom Ausmaß der *Awiut* des *Massach* ab. Der *Massach* von *Bchina Dalet* erschafft das Niveau *Keter*, und der von *Bchina Gimel* erschafft das Niveau *Chochma*, und der von *Bchina Bet* erschafft das Niveau *Bina*, und der von *Bchina Alef* erschafft das Niveau *Tiferet*, und der von *Bchina Shoresh* erschafft das Niveau *Malchut*.

23. Allerdings ist noch zu klären, weshalb das Licht *Keter* nicht anwesend ist, wenn im *Massach* das *Kli Malchut* – *Bchina Dalet* – fehlt. Wenn zusätzlich auch das *Kli Tiferet* fehlt, dann mangelt es auch an Licht von *Chochma* usw. Eigentlich müsste also quasi das Gegenteil wahr sein – wenn das *Kli Malchut*, welches *Bchina Dalet* ist, im *Massach* fehlt, dann sollte nur das Licht *Malchut* (*Nefesh*) fehlen und es sollten vier Lichter vorhanden sein: *Keter*, *Chochma*, *Bina* und *Tiferet*. Wenn zwei *Kelim* fehlen – *Bchina Gimel* und *Bchina Dalet* –, dann sollten auch die Lichter von *Tiferet* und *Malchut* fehlen und drei Lichter vorhanden sein: *Keter*, *Chochma* und *Bina* (*KaCHaB*). Und so weiter auf diese Weise.

24. Und die Antwort ist, dass stets ein umgekehrtes Verhältnis zwischen den Lichtern und den *Kelim* besteht (*Erech afuch bejn Orot we Kelim*). Die Reihenfolge des Heranwachsens der *Kelim* in einem *Parzuf* ist so, dass sich zuerst die höheren *Kelim* bilden: Anfangs wächst *Keter*, dann das *Kli* von *Chochma* und weiter, bis das *Kli Malchut* als letztes heranwächst.

Daher nennen wir die *Kelim*, entsprechend ihrer Wachstumsfolge, von Oben nach unten: *Keter*, *Chochma*, *Bina*, *Tiferet* und *Malchut* (*KaCHaB TuM*), weil es die Natur ihres Wachstums ist.

Die Lichter gelangen in einen *Parzuf* in der entgegengesetzten Reihenfolge. Bei den Lichtern dringen zuerst die niedrigeren in den *Parzuf* ein: das niedrige Licht *Or Nefesh* (sein Platz ist innerhalb von *Malchut*). danach *Or Ruach* (das Licht von *Seir Anpin*) und so weiter, bis *Or Yechida* als letztes reinkommt.

Daher benennen wir die Lichter (*Orot*) nach der dadurch entstehenden Reihenfolge, nämlich wie sie in den *Parzuf* eintauchen, von unten nach Oben: *Nefesh*, *Ruach*, *Neshama*, *Chaja* und *Yechida* (*NaRaNCHaY*), entsprechend der Folge ihres Eintritts – von unten hinauf.

Wenn im *Parzuf* nur ein *Kli* herangewachsen ist, welches notwendigerweise das höchste *Kli* – *Keter* – ist, dann tritt das Licht von *Yechida*, welches für dieses *Kli* vorgesehen ist, nicht in den *Parzuf* ein, sondern nur das Licht *Nefesh*, das unterste, geringste Licht unter allen. Und dieses Licht, *Or Nefesh*, kleidet sich in das *Kli* von *Keter*.

Und wenn die zwei höchsten *Kelim* – *Keter* und *Chochma* – im *Parzuf* herangewachsen sind, dann betritt auch das Licht *Ruach* den *Parzuf*. Das Licht *Nefesh* verlässt das *Kli* von *Keter* und steigt zum *Kli* von *Chochma* ab, und das Licht *Ruach* kleidet sich in das *Kli* von *Keter*.

Wenn das dritte *Kli*, das *Kli* von *Bina*, im *Parzuf* herangewachsen ist, dann dringt das Licht *Neshama* ein. Und das Licht *Nefesh* verlässt das *Kli* von *Chochma* und steigt ins *Kli* von *Bina* ab und das Licht *Ruach* ins *Kli* von *Chochma*, und das Licht *Neshama* kleidet sich in das *Kli* von *Keter*.

Wenn das vierte *Kli* – *Tiferet* – im *Parzuf* herangewachsen ist, dann dringt das Licht *Chaja* in den *Parzuf* ein. Das Licht *Nefesh* verlässt das *Kli* von *Bina* und steigt in das *Kli* von *Tiferet* ab, während das Licht *Ruach* in das *Kli* von *Bina* absteigt und das Licht *Neshama* in das *Kli* von *Chochma* eindringt, und das Licht *Chaja* kleidet sich in das *Kli* von *Keter* ein.

Wenn das fünfte *Kli*, das *Kli* von *Malchut*, im *Parzuf* herangewachsen ist, dann dringt das Licht *Yechida* ein. Alle Lichter dringen nun in ihre für sie vorgesehenen *Kelim* ein, weil das Licht *Nefesh* das *Kli Tiferet* verlässt und zum *Kli* von *Malchut* absteigt. das Licht *Ruach* zum *Kli* von *Tiferet* absteigt, das Licht *Neshama* in das *Kli* von *Bina* eindringt und das Licht *Chaja* in das *Kli* von *Chochma* und das Licht *Or Yechida* in das *Kli* von *Keter* eindringt.

25. Solange die fünf *Kelim KaCHaB TuM* im *Parzuf* noch nicht vollständig herangewachsen sind, befinden sich ihre fünf Lichter noch nicht an den ihnen zugehörigen Plätzen. Sie sind sogar in einem umgekehrten Verhältnis angeordnet. Wenn das *Kli* von *Malchut* im *Parzuf* fehlt, fehlt auch das Licht *Yechida*, und in der Abwesenheit von *Malchut* und *Tiferet* (*TuM*) mangelt es an den Lichtern *Yechida* und *Chaja* usw.

Die Erklärung liegt darin, dass seitens der *Kelim* zuerst die höheren und reinsten hervorkommen [von *Keter* bis *Malchut*], von der Seite der Lichter aber dringen zunächst die letzten [schwächsten] Lichter [mit *Nefesh* beginnend] in die *Kelim*.

Da jeder Empfang von Licht in den reinsten *Kelim* erfolgt, muss sich jedes neue Licht zuerst in das *Kli* von *Keter* einkleiden. Aus diesem Grund sind die im *Parzuf* schon vorhandenen Lichter verpflichtet, jeweils eine Stufe abzusteigen, wenn ein neues Licht kommt.

So muss, zum Beispiel, beim Eintreffen des Lichts *Ruach* das Licht *Nefesh* vom *Kli Keter* zum *Kli Chochma* absteigen, um im *Kli* von *Keter* Platz für den Empfang eines neuen Lichts – *Or Ruach* – frei zu machen. Und wenn das neue Licht *Neshama* ist, muss auch das Licht *Ruach* vom *Kli Keter* zum *Kli* von *Chochma* absteigen, das *Kli* von *Keter* für das neue Licht – *Neshama* – räumen. Und deswegen muss das Licht *Nefesh*, das im *Kli* von *Chochma* war, in das *Kli* von *Bina* absteigen. Und so weiter auf diesem Wege. Und all das, um das *Kli* von *Keter* für das neue Licht frei zu machen.

Diese Regel von den Lichtern (*Orot*) und den *Kelim* und ihrer umgekehrten Beziehung sollte im Gedächtnis gut eingeprägt werden. So wird man nie verwirrt und ist immer imstande zu unterscheiden, ob in einem bestimmten Zusammenhang die Lichter oder die *Kelim* gemeint sind, da dieses umgekehrte Verhältnis stets gilt.

Also haben wir nun die fünf Unterscheidungen (*Bchinot*) im *Massach* gründlich erörtert, und wie sich durch sie die Ebenen des *Kli*, eine unter der anderen, verändern.

FÜNF *PARZUFIM* DER WELT *ADAM KADMON*

26. Wir haben nun den Begriff des *Massach* gründlich aufgeklärt, der im *Kli Malchut* – der *Bchina Dalet* nach *Zimzum Alef* – aufgestellt wurde, und ebenso die fünf Arten von *Siwug de Hakaa* in diesem *Massach*, die die fünf Niveaus (*Komot*) der *Zehn Sefirot* ergeben, eine unter der anderen. Nun können wir über die fünf *Parzufim* der Welt *Adam Kadmon* (*AK*) lernen, die den vier Welten von *ABYA* vorangehen.

Man weiß bereits, dass das *Or Choser*, das durch *Siwug de Hakaa* von unten nach Oben aufsteigt und die *Zehn Sefirot* des Höheren Lichts bekleidet, lediglich für die Wurzeln der künftigen *Kelim* genügt, die „*Zehn Sefirot de Rosh* (Kopf) des *Parzuf*" genannt werden. Und um die Erschaffung der *Kelim* abzuschließen, erweitert sich *Malchut* des *Rosh* von jenen *Zehn Sefirot* von *Or Choser*, die sich in die *Zehn Sefirot de Rosh* einkleideten, und breitet sich von Oben nach unten aus, entsprechend dem Maß des Niveaus der *Zehn Sefirot de Rosh*. Durch diese Ausbreitung werden die *Kelim*, die „*Guf* (Körper) des *Parzuf*" genannt werden, vollendet (siehe Punkt 14). Daher sind immer zwei Arten der *Zehn Sefirot* in einem *Parzuf* zu unterscheiden: [die *Sefirot* des] *Rosh* und [die *Sefirot* des] *Guf*.

27. Und nun kam anfangs der erste *Parzuf* der Welt – *Adam Kadmon* – hervor, denn unverzüglich nach *Zimzum Alef*, als *Bchina Dalet* aufhörte, das Empfangsgefäß des Höheren Lichts zu sein, wurde ein *Massach* errichtet und das Höhere Licht wurde angezogen, um sich in das *Kli Malchut* einzukleiden, wie es seiner Natur entspricht. Aber der *Massach* in dem *Kli Malchut* stoppte das Licht und wies es zurück. Als Ergebnis dieses Schlages (*Hakaa*) im *Massach* von *Bchina Dalet* stieg das *Or Choser* bis zum Niveau *Keter* im Höheren Licht auf; und dieses *Or Choser* wurde zur Einkleidung und Wurzel der *Kelim* für die *Zehn Sefirot* im Höheren Licht, genannt „*Zehn Sefirot de Rosh*" des „ersten *Parzuf* der Welt *Adam Kadmon*".

Danach dehnte sich *Malchut de Rosh*, indem sie die Kraft der *Zehn Sefirot de Rosh* benutzte, zusammen mit dem *Or Choser* aus, breitete sich von Oben nach unten auf die neuen *Zehn Sefirot* aus, und somit wurden die *Kelim* von *Guf* vollendet. Alles, was im *Parzuf* in *Zehn Sefirot de Rosh* potenziell existierte, kleidete sich nun auch in die *Zehn Sefirot de Guf* ein. Somit wurden *Rosh* und *Guf* des ersten *Parzuf* der Welt *Adam Kadmon* abgeschlossen.

28. Danach fand ein weiterer *Siwug de Hakaa* mit dem errichteten *Massach* von *Kli Malchut* statt, aber diesmal war in ihm nur *Awiut de Bchina Gimel* vorhanden [*Bchina Dalet* fehlte]. Daher entstand als Resultat lediglich das Niveau *Chochma* mit *Rosh* und *Guf*. Da im *Massach Awiut de Bchina Dalet* fehlt, hat er jetzt nur noch vier *Kelim*: *Keter*, *Chochma*, *Bina* und *Tiferet*. Daher kann sich das *Or Choser* nur noch in die vier Lichter – *ChaNRaN* (*Chaja*, *Neshama*, *Ruach*, *Nefesh*) – kleiden, während das fünfte Licht – *Yechida* – fehlt. Dieser *Parzuf* der Welt *Adam Kadmon* wird *AB de AK* genannt [eine Stufe unter *Parzuf Galgalta*, auf der Stufe *Chochma*].

Und danach fand noch ein *Siwug de Hakaa* auf dem *Massach* im *Kli Malchut* statt, aber diesmal war in ihm nur *Awiut de Bchina Bet* vorhanden [während *Bchina Dalet* und *Gimel* fehlten]. Als Folge tauchten die *Zehn Sefirot*, *Rosh* und *Guf*, auf dem Niveau *Bina* auf. Dieser *Parzuf* heißt *SaG* der Welt *Adam Kadmon*, in dem zwei *Kelim* – *Seir Anpin* (*SA*) und *Malchut* – und zwei Lichter – *Chaja* und *Yechida* – fehlen.

Und danach fand noch ein *Siwug de Hakaa* auf dem *Massach* statt, in dem lediglich *Awiut de Bchina Alef* vorhanden war. Als Folge kamen die *Zehn Sefirot*, *Rosh* und

Guf, auf dem Niveau *Tiferet* hervor. Hier fehlen drei *Kelim* – *Bina*, *Seir Anpin* und *Malchut* – und drei Lichter – *Neshama*, *Chaja* und *Yechida*. Von den Lichtern sind hier nur *Nefesh* und *Ruach* vorhanden, die in die *Kelim Keter* und *Chochma* gekleidet sind. Dieser *Parzuf* heißt *MaH* und *BoN* der Welt *Adam Kadmon*. Hier muss man sich an das umgekehrte Verhältnis zwischen den Lichtern und den *Kelim* erinnern (siehe Punkt 24).

29. Wir haben nun die Entstehungsordnung der fünf *Parzufim* der Welt *Adam Kadmon* erläutert. Sie heißen *Galgalta*, *AB*, *SaG*, *MaH* und *BoN*, einer unter dem anderen, wobei jedem unteren *Parzuf* die *Bchina* seines höheren *Parzuf* fehlt. So fehlt, zum Beispiel, das Licht *Yechida* im *Parzuf AB*, und dem *Parzuf SaG* fehlt das Licht *Chaja*, welches in seinem höheren *Parzuf AB* vorhanden ist. Im *Parzuf MaH* und *BoN* fehlt das Licht *Neshama*, welches in seinem oberen *Parzuf SaG* vorhanden ist.

Das ist so, weil die Stufe eines jeden *Parzuf* von der *Awiut* des *Massach* abhängt, auf die der *Siwug de Hakaa* erfolgte (siehe Punkt 18). Man muss jedoch verstehen: Wer und was ist der Grund, dass der *Massach* [bei der Formung eines neuen *Parzuf*] immer mehr von seiner *Awiut* verliert, eine *Bchina* nach der anderen, vom Maß seiner *Awiut*, bis er sich in fünf Niveaus der *Awiut* teilt, die in diesen fünf Arten der *Siwugim*[65] existieren?

DIE ABSCHWÄCHUNG (*HISDAKCHUT*) DES *MASSACH* ZUR ERSCHAFFUNG DES *PARZUF*

30. Um die Entwicklung der spirituellen Stufen zu verstehen, die durch die fünf absteigenden *Parzufim* (einer unter dem anderen) der Welt *AK* ausgedrückt werden, und ebenso alle Ebenen der fünf *Parzufim*, in jeder der vier Welten von *ABYA* bis hinunter zu *Malchut de Assija*, müssen wir genauestens verstehen, was die *Hisdakchut* (Reinigung) des *Massach de Guf* ist, die in allen *Parzufim* der Welten *AK*, *Nekudim* und *Azilut* – der Welt der Korrektur – geschieht.

31. Tatsächlich besitzt jeder *Parzuf* oder jede spirituelle Stufe zwei Arten von Licht: *Or Makif* (Umgebendes Licht) und *Or Pnimi* (Inneres Licht). Und wir erklären das in *AK*. Denn das *Or Makif* des ersten *Parzuf* der Welt *AK* – *Galgalta* – ist das Licht von *Ejn Sof*, das die ganze Wirklichkeit erfüllt. Nach *Zimzum Alef* und der Entstehung des *Massach*, der in *Malchut* errichtet wurde, fand der *Siwug de Hakaa* des Lichts von *Ejn Sof* auf diesem *Massach* statt Mithilfe des *Or Choser*, welches der *Massach* erhob, kehrte das Höhere Licht (*Or Eljon*) in die Welt der Einschränkung (*Olam haZimzum*) in Form von *Zehn Sefirot* des *Rosh* und *Zehn Sefirot* des *Guf* zurück (siehe Punkt 25).

[Jedoch drang nicht das gesamte Licht in den *Parzuf Galgalta* ein.] Das angezogene Licht von *Ejn Sof* im *Parzuf AK* erfüllt nicht die ganze Wirklichkeit, wie es vor *Zimzum Alef* der Fall war, sondern wird nur in *Rosh* und *Sof* unterschieden, das heißt:

---

65 Plural von *Siwug*

- Während sich das Licht von Oben nach unten ausbreitet, hält es im Punkt „dieser Welt" (Olam haSe), in der abschließenden Malchut (Malchut haMessajemet), an, wie es geschrieben steht: „Seine Füße standen auf dem Olivenberg [...]."

- Und „von innen nach außen". Ähnlich wie die Ausbreitung der Zehn Sefirot Keter, Chochma, Bina, Tiferet und Malchut (KaCHaB TuM) von Oben nach unten und die abschließende Malchut (Malchut haMessajemet) bestehen, so gibt es auch eine Ausbreitung der Zehn Sefirot KaCHaB TuM von innen nach außen. Hier heißen die Sefirot: Mocha [Gehirn, Keter], Azamot [Knochen, Chochma], Gidin [Sehnen, Bina], Bassar [Fleisch, Tiferet] und Or[66] [Haut, Malchut]. Or (Haut), welches Malchut ist, begrenzt den Parzuf nach außen. In dieser Hinsicht wird der Parzuf AK als dünne Linie im Vergleich zu Ejn Sof, welche die ganze Wirklichkeit erfüllt, betrachtet. Das ist so, weil der Parzuf Or ihn abschließt und von allen Seiten begrenzt, damit sich das Licht nicht ausbreitet und den ganzen eingeschränkten Raum füllt. Also ist lediglich eine dünne Lichtlinie inmitten dieses Raumes geblieben.

Die Menge an Licht, die in AK empfangen wurde, heißt *Or Pnimi*. Die Differenz zwischen dem *Or Pnimi* in AK und dem Licht von *Ejn Sof* (vor dem *Zimzum*) wird *Or Makif* (Umgebendes Licht) genannt, denn es blieb außerhalb. Es kann nicht in den *Parzuf AK* eindringen, sich nicht in sein Inneres kleiden, sondern umgibt ihn von allen Seiten.

32. Nun wollen wir deutlich machen, was das Licht *Or Makif* der Welt *AK* eigentlich ist und wie unendlich groß und unerschöpflich es ist. Gemeint ist nicht, dass *Ejn Sof*, welches die gesamte Wirklichkeit füllt, selbst das *Or Makif* für *AK* ist. Sondern es bedeutet, dass, als der *Siwug de Hakaa* auf *Malchut de Rosh* von *AK* stattfand, das enorme Licht von *Ejn Sof* auf den *Massach*, der dort war, auftraf. Obwohl das Licht wünschte, sich in *Bchina Dalet* einzukleiden, wie vor dem *Zimzum Alef*, wurde es durch diesen *Massach* von *Malchut de Rosh* von *AK* zurückgewiesen und daran gehindert, in *Bchina Dalet* einzudringen (siehe Punkt 14). Dieses *Or Choser*, welches aus der Zurückweisung des Lichts entstand, wurde praktisch zu den *Kelim* zur Einkleidung des Höheren Lichts.

Es gibt jedoch einen riesengroßen Unterschied zwischen dem Empfangen durch *Bchina Dalet* **vor** dem *Zimzum* und dem Empfangen mithilfe des *Massach* und *Or Choser* **nach** dem *Zimzum*. Wie bereits gesagt, ist das Licht, das in AK eindrang, nur ein dünner Strahl im *Rosh* und *Sof*, verglichen mit dem, was es vor *Zimzum Alef* war. Denn es resultierte aus dem Zusammenstoß des *Massach* mit dem Höheren Licht. Und so ist das Ausmaß des vom *Massach* zurückgewiesenen Lichts in AK das ganze Licht von *Ejn Sof*, und es wollte in *Bchina Dalet* eindringen; da aber der *Massach* es zurückwies, wurde dieses Licht zu *Or Makif* von AK.

Dies ist so, weil gilt, dass es keine Veränderung und keinen Verlust im Spirituellen gibt. Daher verschwand das Licht *Ejn Sof*, das für *Bchina Dalet* bestimmt war, nicht.

---

66 Or – „Haut" – wird im Hebräischen mit „Ajn" geschrieben und nicht mit „Alef" wie in Or – „Licht".

Es muss seine Bestimmung erfüllen und in *Malchut* eindringen. [Daher beginnt es, die Welten *AK* und *ABYA* zu füllen, jedoch nach einem völlig anderen Prinzip. Nun erhält das Geschöpf nur jenen Teil des Lichts, den es nicht zu seinem eigenen Nutzen, sondern zum Nutzen des Schöpfers erhalten kann.]

Das geschieht durch eine größere Anzahl von *Siwugim* zwischen dem Licht und den *Massachim* (Plural von *Massach*) der fünf Welten *AK* und *ABYA* – bis zur Endkorrektur (*Gmar Tikun*), wo *Bchina Dalet* sich selbst mit deren Hilfe vollkommen korrigiert [und den Zustand der absoluten Vollkommenheit erreicht, wie es der Schöpfer bereits zu Beginn der Schöpfung vorgesehen hatte]. Dann wird sich *Ejn Sof* wie am Beginn in sie kleiden.

Daher führt der *Siwug de Hakaa* zwischen dem Höheren Licht und dem *Massach* zu keinerlei Veränderung oder Verlust des Lichts. Das ist die Bedeutung des im Sohar geschriebenen „Der *Siwug* von *Ejn Sof* findet nicht statt, solange man ihm nicht seine Partnerin gibt". Zum gegenwärtigen Zeitpunkt jedoch, vor der endgültigen Korrektur (*Gmar Tikun*), wird das Licht *Ejn Sof* als *Or Makif* betrachtet, was bedeutet, dass es zukünftig [in den *Parzuf*] eindringen muss. Im Moment allerdings umgibt es [den *Parzuf*] und scheint von „außerhalb" in einem besonderen Leuchten. Dieses äußere Leuchten breitet sich entsprechend den richtigen Gesetzen aus, welche imstande sind, [*Bchina Dalet*] zum vollständigen Empfang dieses *Or Makif* zu führen - in dem Maß, wie *Ejn Sof* am Anfang zur Füllung [von *Bchina Dalet*] strebte.

33. Nun werden wir die Frage erörtern, was der *Bitush* (Zusammenstoßen, Schlagen) von *Or Pnimi* und *Or Makif* bedeutet, der zur *Hisdakchut* (Reinigung) des *Massach* führt und dadurch zum Verlust des letzten, höchsten Niveaus von *Awiut* führt. Da diese beiden Lichter entgegengesetzte Eigenschaften haben, obwohl sie untrennbar durch den *Massach* in *Malchut de Rosh* von *AK* verbunden sind, schlagen sie einander.

Und die Erklärung ist wie folgt: [Sie stehen in ständigem Gegensatz, der zu einem gegenseitigen Schlagen führt.] Ein und derselbe *Siwug de Hakaa* im *Pe* (Mund) *de Rosh de AK* (das heißt im *Massach* von *Malchut de Rosh*, genannt *Pe*) war auf der einen Seite der Grund für die Einkleidung des *Or Pnimi de AK* durch das *Or Choser*, welches er erhob. Andererseits ist derselbe *Siwug de Hakaa* der Grund des Erscheinens des *Or Makif* von *AK*. Da der *Massach* das Licht *Ejn Sof* daran hinderte, sich in *Bchina Dalet* einzukleiden, wurde es nach außen als *Or Makif* abgestoßen. Das heißt, dass jeder Teil des Lichts, wo sich das Licht *Or Choser* nicht einkleiden kann, wie in *Bchina Dalet* selbst, austrat und zu *Or Makif* wurde. Der *Massach* im *Pe* ist ein ebenso triftiger Grund sowohl für das *Or Makif* wie auch für das *Or Pnimi*.

34. Wie klargestellt, haben sich die beiden Lichter, *Or Pnimi* und *Or Makif*, mit dem *Massach* verbunden, obwohl deren Handlungen einander entgegengesetzt sind. Entsprechend der Fähigkeit des *Massach*, einen Teil des Höheren Lichts, eingekleidet in *Or Choser*, ins Innere des *Parzuf* anzuziehen, verhindert er in gleichem Maße, dass das *Or Makif* sich in den *Parzuf* einkleidet.

Die Menge des außerhalb des *Parzuf* verbleibenden *Or Makif* übertrifft das *Or Pnimi* wegen des *Massach*, der sein Eindringen in *AK* verhindert, bedeutend. Dies wird als das Schlagen des *Massach* bezeichnet, der das *Or Makif* zurückhält, weil es sich in den Parzuf kleiden möchte. Die im *Massach* enthaltene Kraft von *Awiut* und *Kashiut* schlägt das *Or Makif*, welches sich in den Parzuf kleiden möchte, und hält es zurück, indem sie das Höhere Licht zur Zeit des *Siwug* schlägt. Diese gegenseitigen Zusammenstöße und Schläge zwischen *Or Makif* und *Awiut* des *Massach* heißen „*Bitush* des *Or Makif* und *Or Pnimi*" (*Bitush Pnim uMakif*).

Doch dieser *Bitush* findet nur im *Guf* des *Parzuf* statt, da der richtige Empfang des Lichts in den *Kelim* gerade dort stattfand, wobei ein beträchtlicher Teil an *Or Makif* außerhalb des *Kli* zurückblieb. In den *Zehn Sefirot de Rosh* jedoch findet dieser *Bitush* nicht statt, da das *Or Choser* bislang noch gar nicht als echte *Kelim* betrachtet wird, sondern lediglich als dünne Wurzeln (*Shorshej Kelim*).

Daher wird das Licht in ihnen noch nicht als begrenztes *Or Pnimi* angesehen. Das geht so weit, dass man zwischen diesem Licht und dem außen verbliebenen *Or Makif* nicht unterscheiden kann. Und da es noch keinen Unterschied zwischen ihnen gibt, kann auch kein Zusammenstoß von *Or Pnimi* und *Or Makif* in den *Zehn Sefirot de Rosh* erfolgen.

Erst nachdem sich die Lichter vom *Pe* nach unten in die *Zehn Sefirot de Guf* ausgebreitet haben (wo diese Lichter sich in *Kelim* einkleiden, das heißt in die *Zehn Sefirot* des *Or Choser* vom *Pe* nach unten) – erst dann kann das Schlagen zwischen dem *Or Pnimi* innerhalb der *Kelim* und dem *Or Makif*, das außen geblieben ist, stattfinden.

35. Dieser *Bitush* wird so lange fortgesetzt, bis das *Or Makif* den *Massach* von seiner ganzen *Awiut* gereinigt hat und ihn bis zur höchsten Urquelle, *Pe de Rosh*, erhebt. Das heißt, er reinigt seine ganze *Awiut*, von Oben nach unten, genannt *Massach* und *Awiut de Guf*, und lässt ihn nur mit *Shoresh* (Wurzel) *de Guf*, dem *Massach* von *Malchut de Rosh*, genannt *Pe*, zurück. Mit anderen Worten: Der *Massach* wurde von seiner ganzen *Awiut*, welche der Teiler zwischen dem *Or Pnimi* und dem *Or Makif* ist, von Oben nach unten gereinigt. Zurück bleibt nur die *Awiut* von unten nach Oben, wo die Unterscheidung zwischen dem *Or Pnimi* und dem *Or Makif* noch nicht stattgefunden hat.

Es ist bekannt, dass die Gleichheit der Form spirituelle Objekte zu einem vereint. Daher, wenn erst der *Massach de Guf* von seiner ganzen *Awiut de Guf* gereinigt wurde und ihm nur noch die *Awiut* bleibt, welche dem *Massach de Pe de Rosh* gleicht, so wurde seine Form an die Form des *Massach de Rosh* angeglichen. Also wurde er in ihn einbezogen und mit ihm buchstäblich eins, weil es nichts mehr gab, was dies in zwei teilen könnte. Dies wird als Aufstieg des *Massach de Guf* zum *Pe de Rosh* angesehen.

Nach der Integration des *Massach de Guf* in den *Massach de Rosh* wird der *Massach de Guf* ebenfalls in den *Siwug de Hakaa* (der sich ständig zwischen dem *Massach* in

Pe de Rosh und dem Licht ereignet) einbezogen, und es findet neuerlich ein *Siwug de Hakaa* statt. Dieser *Siwug* endet mit der Bildung eines neuen *Parzuf* und der Bildung von zehn neuen *Sefirot* – AB de AK oder *Parzuf Chochma* der Welt *Adam Kadmon* genannt. Bezüglich des ersten *Parzuf Galgalta* – *Keter* – erachtet man den neuen *Parzuf* als dessen Nachkomme, dessen „Sohn".

36. Nachdem der *Parzuf AB de AK* hervorgetreten war und dessen Entwicklung durch die Bildung von *Rosh* und *Guf* vollständig wurde, wiederholte sich der Prozess des *Bitush* von *Or Pnimi* und *Or Makif*, genauso wie es bereits im ersten *Parzuf* von *Adam Kadmon* erklärt wurde. Auch sein *Massach de Guf* reinigte sich stufenweise von seiner ganzen *Awiut* – bis zur vollständigen Gleichheit und Verschmelzung mit dem *Massach de Rosh* – und wurde dann in den *Siwug* in seinem *Pe de Rosh* einbezogen. Der *Massach* macht einen neuen *Siwug de Hakaa* mit dem Höheren Licht und bringt eine neuen Grad von *Zehn Sefirot* auf der Stufe *Bina* hervor – einen neuen *Parzuf*, der *SaG de Adam Kadmon* heißt.

Er gilt als Nachkomme und „Sohn" des *Parzuf AB de AK*, da er aus dem *Siwug* in seinem *Pe de Rosh* resultierte. Die *Parzufim*, beginnend mit *SaG de AK* abwärts, entstanden nach demselben Prinzip.

37. Somit haben wir das stufenweise Hervorkommen der *Parzufim* (einer unter dem anderen) verdeutlicht, das aufgrund der Kraft des *Bitush* von *Or Pnimi* und *Or Makif* stattfand. Dieser *Bitush* reinigt den *Massach de Guf*, bis er zum *Massach de Pe de Rosh* zurückkehrt. Dann wird er in den *Siwug de Hakaa* im *Pe de Rosh* einbezogen, wodurch eine neue Stufe von *Zehn Sefirot* hervorkommt. Diese neue Stufe wird als „Sohn" des vorangegangenen *Parzuf* betrachtet.

Also ist AB das Ergebnis des *Parzuf Keter*, und SaG resultiert aus dem *Parzuf AB* und MaH von SaG usw. auf allen folgenden Stufen der Welten *Nekudim* und *ABYA*. Wir müssen allerdings auch verstehen, weshalb die *Zehn Sefirot* des *Parzuf AB* nur auf *Bchina Gimel* und nicht *Bchina Dalet* entstanden sind und warum SaG nur auf *Bchina Bet* hervorkam usw. Es bedeutet, dass jeder untere *Parzuf* eine Stufe tiefer als der vorangehende ist. Weshalb sind nicht alle, einer nach dem anderen, auf der gleichen Stufe hervorgekommen?

38. Zuerst muss man verstehen, weshalb die *Zehn Sefirot* des *Parzuf AB* als Nachkommen des ersten *Parzuf de AK* (*Galgalta*) bezeichnet werden, zumal der *Parzuf AB* aufgrund des *Siwug* in *Pe de Rosh* des ersten *Parzuf* entstand, so wie die *Zehn Sefirot* des *Guf* des *Parzuf* selbst. Also, wie kam der zweite *Parzuf* aus dem ersten hervor, um als zweiter *Parzuf* und Nachkomme des ersten zu gelten?

An dieser Stelle muss man den großen Unterschied zwischen dem *Massach de Guf* und dem *Massach de Rosh* verstehen. Denn es gibt zwei Arten von *Malchut* im *Parzuf*:

1. die *Paarende Malchut* (*Malchut Misdaweget*) – *Malchut*, die sich mit dem Höheren Licht mithilfe der Kraft des *Massach* paart;

2. die *Abschließende Malchut* (*Malchut Messajemet*), die mit der Kraft des in ihr errichteten *Massach* die Ausbreitung des Höheren Lichts in die *Zehn Sefirot de Guf* des *Parzuf* beschränkt.

Der Unterschied zwischen beiden ist so groß wie die Entfernung zwischen Schöpfer und Schöpfung. Das kommt daher, dass *Malchut de Rosh* im *Siwug de Hakaa* mit dem Höheren Licht als „Schöpfer für den *Guf de Parzuf*" angesehen wird, weil sein *Massach* das Höhere Licht während des Zusammenstoßes nicht zurückdrängt. Im Gegenteil, nach der Erhebung von *Or Choser* und der Einkleidung des Höheren Lichts darin in die *Zehn Sefirot de Rosh* wurde es dem Licht erlaubt, sich weiter nach unten auszubreiten, bis die *Zehn Sefirot* des Höheren Lichts sich in *Kli de Or Choser* einkleideten, *Guf* (Körper von *Parzuf*) genannt.

Daher gelten *Massach* und *Malchut de Rosh* als Schöpfer für die *Zehn Sefirot de Guf*. Bislang gibt es jedoch absolut keine Einschränkungskraft in dieser *Malchut* und deren *Massach*. Das wird dank *Malchut* und *Massach* des *Guf de Parzuf* geschehen. Das bedarf einer Erklärung: Nach der Ausbreitung der *Zehn Sefirot* von *Pe de Rosh* nach unten konnten sie nur *Malchut* dieser *Zehn Sefirot* erreichen, da sich das Höhere Licht in *Malchut de Guf* nicht ausbreiten kann. Der eingesetzte *Massach* an dieser Stelle verhindert das Eindringen des Lichts in *Malchut*, daher endet der *Parzuf*, und das Ende des *Parzuf* – der *Sium* – erscheint hier.

Da sich die gesamte Kraft des *Zimzum* und der Begrenzung gerade in diesem *Massach* und *Malchut de Guf* offenbart, geschieht der *Bitush* zwischen dem *Or Pnimi* und dem *Or Makif* lediglich im *Massach de Guf*. Denn er beschränkt das *Or Makif* und weist es zurück, ohne es ihm zu erlauben, ins Innere des *Parzuf* zu scheinen. Und nicht im *Massach de Rosh*, da dieser die Lichter nur anzieht und sie kleidet; aber die Einschränkungskraft ist darin noch vollkommen verborgen.

39. Wie oben ausgeführt, hat der *Bitush* von *Or Pnimi* und *Or Makif* den *Massach* der *Abschließenden Malchut* in den der *Paarenden Malchut* verwandelt, der den *Siwug* in *Pe de Rosh* ausführt (siehe Punkt 35). Denn der *Bitush* von *Or Makif* reinigte den abschließenden *Massach* von seiner gesamten *Awiut de Guf* und hinterließ nur feine *Reshimot* (Aufzeichnungen, Erinnerungen) jener *Awiut*, welche der *Awiut de Massach de Rosh* gleichen.

Und es ist bekannt, dass die Gleichheit der Form im Spirituellen die spirituellen Objekte miteinander vereinigt und verschmelzen lässt. Und demgemäß, nachdem der *Massach de Guf* seine *Awiut* der des *Massach de Rosh* gleichgesetzt hatte, fand sofort ihre Verschmelzung statt, als wären sie ein einziger *Massach*. Dies ermöglichte es dem *Massach de Guf*, denselben *Siwug de Hakaa* durchzuführen wie der *Massach de Rosh*. Durch diesen *Siwug* entstand ein neuer *Parzuf* mit seinen eigenen *Zehn Sefirot*, der sich eine Stufe niedriger als der vorangehende befindet.

Gleichzeitig mit diesem *Siwug* jedoch wurden in dem *Massach de Guf* die *Reshimot de Awiut de Guf* erneuert, die ursprünglich in ihm waren; daher erschien der Unterschied in den Eigenschaften zwischen beiden Schirmen (*de Guf* und *de Rosh*) erneut. Dieser Unterschied trennte den *Massach de Guf* vom *Massach de Rosh* und entfernte ihn aus dem *Pe de Rosh* des Höheren, denn nachdem er zurückgekehrt war und seine erste Quelle - vom *Pe* des Höheren hinunter - bekannt wurde, konnte er nicht mehr über dem *Pe* des Höheren stehen, zumal die Unterschiedlichkeit der Form spirituelle Objekte voneinander trennt. Daraus folgt, dass er gezwungen wurde, von Oben herabzusteigen, an einen Platz unter dem *Pe* des Höheren.

Und dementsprechend gilt er unbedingt als zweiter *Guf* in Bezug auf den Höheren. Denn sogar jeder *Rosh* eines neuen *Parzuf* wird in Bezug auf den Höheren lediglich als *Guf* des neuen Grades angesehen, da er von dessen *Massach de Guf* geboren wurde. Die Unterscheidung der Eigenschaften von beiden teilt sie folglich in zwei getrennte Wesen. Und da der neue *Parzuf* aus dem *Massach de Guf* des vorigen *Parzuf* entstand, wird er als Nachkomme angesehen, wie ein Zweig, der von ihm abstammt.

40. Es gibt noch einen weiteren Unterschied zwischen dem unteren und dem höheren *Parzuf*: Jeder untere kommt mit einer anderen Stufe in den fünf *Bchinot* im *Massach* hervor [das heißt, er wird durch die fünf *Bchinot* der *Awiut* des *Massach* bestimmt] (siehe Punkt 22).

Und in jedem Unteren fehlt die höchste *Bchina* der Lichter des Höheren und die niedrigste Stufe der *Kelim* jedes Höheren. Das bedeutet, dass der *Bitush* des *Or Makif* mit dem *Massach* jeweils den Verlust der letzten *Bchina* der *Awiut* in diesem *Massach* verursacht. [Je kleiner das Verlangen, das ich unter Zuhilfenahme des *Massach* nutze, desto kleiner ist die Qualität des Lichts, das ich in meinem *Parzuf* empfange.]

So zum Beispiel im ersten *Parzuf* der Welt *AK* - *Galgalta* -, dessen *Massach* alle fünf Ebenen der *Awiut* beinhaltet, bis zur *Bchina Dalet*. Der *Bitush de Or Makif* im *Massach de Guf* reinigt die gesamte *Awiut* von *Bchina Dalet*, sodass nicht einmal eine einzige *Reshimo* (Singular von *Reshimot*) dieser *Awiut* übrig bleibt. Nur die *Reshimot* von der *Awiut* der *Bchina Gimel* und aufwärts sind im *Massach* verblieben.

Nachdem dieser *Massach de Guf* aufgestiegen ist, mit dem *Massach de Rosh* verschmolzen ist und dort einen *Siwug de Hakaa* mit der *Awiut* erfahren hat, die in seinen *Reshimot de Guf* geblieben ist, vollzieht sich der *Siwug* lediglich auf *Bchina Gimel de Awiut* im *Massach*, weil die *Reshimo de Awiut* der *Bchina Dalet* eingebüßt wurde und nicht mehr da ist. Daher erscheint der neue *Parzuf* eine Stufe tiefer, nämlich auf der Stufe *Chochma*, und heißt „*HaWaYaH*[67] *de AB de AK*" bzw. *Parzuf AB de AK*.

In Punkt 22 haben wir bereits gelernt, dass der Stufe *Chochma*, welche aus dem *Massach* der *Bchina Gimel* hervorkommt, *Malchut* der *Kelim* und die Erkenntnis des Lichts *Yechida* fehlen, welches das Licht von *Keter* ist. Also mangelt es dem *Parzuf AB*

---
67 *Yud – Hej- Waw – Hej*, der unaussprechbare vierbuchstabige Name des Schöpfers

an der letzten Erkenntnis der *Kelim* des Höheren [*Parzuf*] und der höchsten Erkenntnis der Lichter des Höheren. Und wegen dieser großen Unterschiedlichkeit der Form wird der untere als von Oben getrennter *Parzuf* angesehen.

41. Auf diese Art ereignet sich – nach der Ausbreitung des *Parzuf AB* – in *Rosh* und *Guf* der *Bitush* zwischen *Or Makif* und *Or Pnimi* im *Massach de Guf de AB*, welcher der *Massach de Bchina Dalet* ist. Dieser *Bitush* löscht die *Reshimo de Awiut* der letzten *Bchina* im *Massach* aus, welche *Bchina Gimel* ist. Der *Massach de Guf* steigt auf zu *Pe de Rosh* und verschmilzt mit dem *Massach de Rosh* im *Siwug de Hakaa*, aber der Schlag wirkt lediglich auf die *Awiut de Bchina Bet*, die im *Massach* geblieben ist. Denn *Bchina Gimel* verschwand und ist nicht mehr im *Massach* da. Und daher resultieren aus diesem *Siwug* nur *Zehn Sefirot* der Stufe *Bina*, die „*HaWaYaH de SaG de AK*" heißen bzw. *Parzuf SaG de AK*. Und in diesem *Parzuf* fehlen *Seir Anpin* und *Malchut* seitens der *Kelim* und *Chaja* und *Yechida* seitens der Lichter.

Und in ähnlicher Weise verbreitet sich dieser *Parzuf SaG* in *Rosh* und *Guf*. Das führt zum *Bitush* zwischen *Or Makif* und seinem *Massach de Guf*, welcher der *Massach de Bchina Bet* ist. Dieser *Bitush* löscht die letzte *Bchina* der *Awiut* im *Massach* aus, welche *Bchina Bet* ist, und hinterlässt im *Massach* nur noch die *Reshimot de Awiut* der *Bchina Alef* und darüber.

Der *Massach* [*de Guf*] steigt auf zu *Pe de Rosh* und verschmilzt [mit dem *Massach de Rosh*] im *Siwug de Hakaa*, aber der Schlag geschah lediglich auf dem *Massach* der *Bchina Alef*, die im *Massach* geblieben ist. Denn *Bchina Bet* verschwand und ist nicht mehr im *Massach* da. Und daher resultieren aus diesem *Siwug* nur *Zehn Sefirot* der Stufe *Tiferet*, die „Stufe von *Seir Anpin*" heißt. Und in diesem *Parzuf* fehlen *Bina*, *Seir Anpin* und *Malchut* seitens der *Kelim* und *Neshama*, *Chaja* und *Yechida* seitens der Lichter. Und so weiter auf diesem Wege.

42. Nun können wir die Bedeutung der nacheinander konsequent absteigenden Stufen während der Entwicklung der *Parzufim* begreifen, ein [*Parzuf*] nach dem anderen, als Folge des *Bitush* von *Or Makif* und *Or Pnimi*, der in jedem *Parzuf* stattfindet und stets dessen letzte *Bchina de Reshimo de Awiut* verschwinden lässt. Und man muss wissen, dass es zwei Unterscheidungen der *Reshimot* gibt, welche im *Massach* nach seiner *Hisdakchut* (Reinigung) zurückgeblieben sind:

1. *Reshimo de Awiut*,
2. *Reshimo de Hitlabshut* (Kleidung).

Zum Beispiel, nach der Abschwächung des *Massach de Guf* des ersten *Parzuf* in *AK*, sagten wir, dass die letzte *Bchina* von den *Reshimot de Awiut*, die *Reshimo* von *Bchina Dalet*, verloren war. Nur die *Reshimo* von *Awiut de Bchina Gimel* verblieb im *Massach*. Jedoch, obwohl die *Reshimo* von *Bchina Dalet* zwei Unterscheidungen in sich hat, wie gesagt, *Hitlabshut* und *Awiut*, verschwand durch diese *Hisdakchut* nur die *Reshimo de*

Awiut von *Bchina Dalet* aus dem *Massach*. Doch die *Reshimo de Hitlabshut* von *Bchina Dalet* verblieb in diesem *Massach* und entfernte sich nicht davon.

Die *Reshimo de Hitlabshut* ist eine sehr feine *Bchina* (Unterscheidung) der *Reshimo* von *Bchina Dalet*, welche nicht genügend *Awiut* für einen *Siwug de Hakaa* mit dem Höheren Licht enthält. Diese *Reshimo* von der letzten *Bchina* verbleibt in jedem *Parzuf* während seiner *Hisdakchut*. Unsere Erklärung, dass die letzte *Bchina* aus jedem *Parzuf* während seiner *Hisdakchut* verschwindet, bezieht sich ausschließlich auf die *Reshimo de Awiut* darin.

43. Der Rest der *Reshimo de Hitlabshut* von der letzten *Bchina*, die im *Massach* geblieben ist, führt zum Erscheinen zweier Grade im *Rosh* jedes *Parzuf* - *Sachar* (männlich) und *Nekewa* (weiblich) -, beginnend von *AB de AK*, aber genauso in *SaG de AK*, *MaH* und *BoN de AK* und in allen *Parzufim* der Welt *Azilut*.

Denn im *Massach* des *Parzuf AB de AK* gibt es lediglich die *Reshimo de Awiut de Bchina Gimel*, welche *Zehn Sefirot* [des *Or Choser*] auf der Stufe *Chochma* erzeugt. Die *Reshimo de Hitlabshut* von *Bchina Dalet* aber, welche im *Massach* geblieben ist und aufgrund ihrer Reinheit (*Sakut*[68]) für den *Siwug* mit dem Höheren Licht gar nicht geeignet ist, wird nun in die *Reshimo de Awiut Gimel* eingegliedert, und die beiden werden zu einer gemeinsamen *Reshimo*. Somit erwirbt nun die *Reshimo de Hitlabshut* genügend Stärke, um einen *Siwug* mit dem Höheren Licht durchzuführen. Also findet der *Siwug de Hakaa* mit dem Höheren Licht statt, der die *Zehn Sefirot* eines neuen *Parzuf* nahe der Stufe *Keter* erzeugt. Es entstehen die *Zehn Sefirot* des *Or Choser*, da die *Reshimo de Hitlabshut de Bchina Dalet* darin beteiligt ist.

Diese *Hitkalelut* (Vermischung/Eingliederung) wird als „*Hitkalelut* von *Nekewa* (Frau) in *Sachar* (Mann)" bezeichnet, da die *Reshimo de Awiut* von *Bchina Gimel* „*Nekewa*" heißt, denn sie trägt die *Awiut*[69], während die *Reshimo de Hitlabshut* von *Bchina Dalet* „*Sachar*" genannt wird, da sie einer höheren Stufe entstammt und rein (*sach*) von der *Awiut* ist, [das heißt keine hat].

Die *Reshimo de Sachar* kann alleine keinen *Siwug de Hakaa* in sich vollbringen, weshalb die *Reshimo* durch die *Hitkalelut* von *Nekewa* für einen *Siwug de Hakaa* geeignet wird.

44. Später gibt es auch die *Hitkalelut* von *Sachar* in *Nekewa*. Das bedeutet, dass die *Reshimo de Hitlabshut* in die *Reshimo de Awiut* einbezogen wird. In diesem Fall geschieht der *Siwug de Hakaa* lediglich auf der Stufe von *Nekewa*, das heißt nur auf der Stufe von *Bchina Gimel*, welche *Chochma* ist, genannt *HaWaYaH de AB*.

[Es gibt zwei Arten von *Siwug*: den oberen und den unteren.] Der obere *Siwug* entspricht dem Einschluss von *Nekewa* in *Sachar* und wird als männliche (*Sachar*) Stufe bezeichnet, welche nahe der Stufe *Keter* ist. Der untere *Siwug* entspricht dem

---

[68] M. Laitman: *Sakut* – ungenügendes Verlangen zu empfangen, um zu wünschen, wie der Schöpfer zu sein.
[69] M. Laitman: die Empfindung des Verlangens zu empfangen

Einschluss von *Sachar* in *Nekewa* und wird als weibliche (*Nekewa*) Stufe bezeichnet, deren Stufe lediglich *Chochma* ist.

Die *Awiut* der Stufe *Sachar* ist nicht ihre eigene, sondern ein Ergebnis der *Hitkalelut* in *Nekewa*. Und obwohl diese *Awiut* ausreicht, um *Zehn Sefirot* von unten nach Oben zu erschaffen, was *Rosh* genannt wird, so kann sich diese Stufe jedoch nicht von Oben nach unten ausbreiten, um den *Guf* zu erschaffen, was die Einkleidung der Lichter in die *Kelim* bedeutet. Dies ist so, weil der *Siwug de Hakaa* mit der *Awiut*, die von der *Hitkalelut* kommt, nicht ausreicht, um sich in den *Kelim* auszubreiten.

Deshalb beinhaltet die männliche Stufe nur *Rosh*, ohne *Guf*. Der *Guf* dieses *Parzuf* erstreckt sich nur von der Stufe *Nekewa*, welche ihre eigene *Awiut* hat. Deshalb bezeichnen wir den *Parzuf* nur nach seiner weiblichen Stufe, das bedeutet AB. Denn der Hauptteil des *Parzuf* ist sein *Guf*, das heißt die Einkleidung der Lichter in die *Kelim*. Und da der *Parzuf* nur von der Stufe *Nekewa* entstand, wird er nach ihrem Namen genannt.

45. So, wie die zwei Stufen *Sachar* und *Nekewa* im *Rosh* des *Parzuf* AB, entstehen dieselben zwei Stufen auf gleiche Weise im *Rosh de SaG*. Der einzige Unterschied liegt darin, dass im ersten Fall die Stufe *Sachar* nahe der Stufe von *Chochma* liegt, da sie das Ergebnis von *Reshimo de Hitlabshut* von *Bchina Gimel* in *Hitkalelut* mit *Awiut de Bchina Bet* (*Bina*) ist. Die Stufe *Nekewa* in SaG liegt in *Bina*, das heißt mit *Awiut* der *Bchina Bet*. Auch in diesem Fall wird der *Parzuf* (SaG) entsprechend der Stufe *Komat Nekewa* (*Bina*) genannt, da der *Sachar* nur *Rosh* ohne *Guf* ist.

Ähnlich ist es auch im *Parzuf MaH de AK*, wo die Stufe *Sachar* nahe der Stufe *Bina* ist, welche *ISHSuT* heißt, da er aus der *Hitkalelut* zwischen *Reshimo Bet de Hitlabshut* und *Reshimo Alef de Awiut* resultiert. Die Stufe *Nekewa* dieses *Parzuf* ist ausschließlich *Seir Anpin*, da sie nur *Bchina Alef de Awiut* ist. Daher wird auch hier der *Parzuf* nur nach *Nekewa* benannt, nämlich *Parzuf MaH* oder *Parzuf WaK*, denn der *Sachar* ist *Rosh* ohne *Guf*. Die restlichen *Parzufim* der Welt AK werden gleichartig gebildet.

TAAMIM, NEKUDOT, TAGIN UND OTIOT

46. Nun haben wir den *Bitush* von *Or Makif* und *Or Pnimi* geklärt, der nach der Ausbreitung des *Parzuf* in einen *Guf* hinein auftritt. Dies bewirkt, dass sich der *Massach de Guf* reinigt und alle Lichter des *Guf* sich entfernen; und der *Massach* mit den in ihm verbliebenen *Reshimot* erhebt sich zu *Pe de Rosh*, wo sie mittels eines neuen *Siwug de Hakaa* erneuert werden und eine neue, der in den *Reshimot* vorhandenen *Awiut* entsprechende Stufe hervorbringen. [Dann führen beide *Massachim* einen neuen *Siwug de Hakaa* durch, was zu einem neuen *Parzuf* führt.]

Und nun sollten wir die vier Arten der Lichter erörtern - *TaNTA* (*Taamim, Nekudot, Tagin* und *Otiot*[70]) -, die mit dem *Bitush* des *Or Makif* und den Aufstiegen des *Massach* zu *Pe de Rosh* erscheinen.

47. Es wurde erklärt, dass durch den *Bitush* des *Or Makif* auf den *Massach de Guf* der *Massach* von all der *Awiut de Guf* gereinigt wird, bis er geläutert ist und sich dem *Massach de Pe de Rosh* angleicht. Die Gleichheit der Form mit dem *Pe de Rosh* verbindet den *Massach de Guf* und den *Massach de Rosh* zu einer Einheit, und er [*Massach de Guf*] schließt sich in den *Siwug de Hakaa* in *Pe de Rosh* ein.

Der *Massach* wird jedoch nicht auf einmal gereinigt, sondern in einer festgelegten Reihenfolge: zuerst von *Bchina Dalet* zu *Bchina Gimel*, dann von *Bchina Gimel* zu *Bchina Bet*, dann von *Bchina Bet* zu *Bchina Alef* und danach von *Bchina Alef* zu *Bchina Shoresh*. Letztendlich ist er von seiner ganzen *Awiut* gereinigt und wird so rein wie der *Massach de Pe de Rosh*.

Das Höhere Licht hört nun für keinen einzigen Augenblick zu scheinen auf und paart sich mit dem *Massach* auf jeder Stufe seiner *Hisdakchut*. Denn sobald sich der *Massach* von der *Bchina Dalet* gereinigt hat und die Stufe von *Keter* vollständig genommen wurde und der *Massach* zur *Awiut* von *Bchina Gimel* kommt, paart sich das Höhere Licht mit dem *Massach* auf der verbliebenen *Awiut* von *Bchina Gimel* und bringt *Zehn Sefirot* (einen neuen *Parzuf*) auf der Stufe von *Chochma* hervor.

Danach, wenn der *Massach* auch von der *Bchina Gimel* verschwindet und sich ebenso die Stufe von *Chochma* entfernt und im *Massach* lediglich *Bchina Bet* zurückbleibt, paart sich das Höhere Licht mit ihm auf *Bchina Bet* und lässt *Zehn Sefirot* auf der Stufe von *Bina* hervorkommen. Und nachdem der *Massach* auch von *Bchina Bet* gereinigt wurde und diese Stufe verschwunden ist und lediglich *Awiut de Bchina Alef* in ihm verblieben ist, paart sich das Höhere Licht mit dem *Massach* auf der verbleibenden *Awiut von Bchina Alef* und bringt *Zehn Sefirot* auf der Stufe von *Seir Anpin* (*SA*) hervor. Und als der *Massach* auch von der *Awiut de Bchina Alef* gereinigt wurde und die Stufe von *SA* verschwunden war, verblieb er lediglich mit *Shoresh* (Wurzel) von *Awiut*.

In diesem Zustand führt das Höhere Licht einen *Siwug* auf der im *Massach* verbliebenen *Awiut Shoresh* durch und bringt *Zehn Sefirot* auf der Stufe von *Malchut* hervor. Und wenn der *Massach* auch von *Awiut Shoresh* gereinigt ist, verschwindet die Stufe von *Malchut* ebenfalls von dort, da im *Massach* keine *Awiut de Guf* dort verbleibt. In diesem Zustand gilt, dass der *Massach* und seine *Reshimot* aufsteigen und sich mit dem *Massach de Rosh* vereinigen, dort in einem *Siwug de Hakaa* einbezogen sind und darüber neue *Zehn Sefirot* hervorbringen, die als ein „Sohn" und ein „Nachkomme" des ersten *Parzuf* bezeichnet werden.

Somit haben wir erklärt, dass der *Bitush* von *Or Pnimi* und *Or Makif*, der den *Massach de Guf* des ersten *Parzuf* von *AK* reinigt und ihn zu seinem *Pe de Rosh* erhebt,

---
70 Im Hebräischen fängt das Wort *Otiot* mit dem Buchstaben *Alef* an.

woraus der zweite *Parzuf* – *AB de AK* – hervorgeht, nicht auf einmal erfolgt. Vielmehr ereignet er sich stufenweise, wobei sich das Höhere Licht in jedem Zustand in den vier Stufen, die es während seiner *Hisdakchut* durchläuft, mit ihm paart, bis er dem *Pe de Rosh* gleich wird.

Und wie es in Bezug auf das Hervorkommen der vier Stufen während der *Hisdakchut* des *Guf* des ersten *Parzuf* zum Zwecke von *AB* erklärt wurde, bilden sich während der *Hisdakchut*-Phase des *Massach de Guf* des *Parzuf AB* drei Stufen, während er den *Parzuf SaG* ausströmt. Auf gleiche Art und Weise geschieht dies auf allen Stufen.

Es gilt die allgemeine Regel: Der *Massach* reinigt sich nicht auf einmal, sondern stufenweise. Und das Höhere Licht, das sich ununterbrochen zum Unteren (*Tachton*) ausbreitet, [führt seinen steten *Siwug* mit dem *Massach* durch und] paart sich mit ihm auf jeglicher Stufe während seiner Reinigung.

48. Diese Stufen jedoch, die im *Massach* während seiner schrittweisen *Hisdakchut* auftauchen, sind nicht als *Hitpashtut* wahrer Stufen bestimmt wie die erste Stufe, die vor dem Beginn der *Hisdakchut* hervorkam. Vielmehr gelten sie als *Nekudot* und werden als *Or Choser* und *Din* (Gericht) bezeichnet, denn die Kraft *Din* des Verschwindens der Lichter ist in ihnen einbezogen. Dies ist so, weil der erste *Parzuf*, sobald der *Bitush* zu wirken anfängt und den *Massach de Guf* von der *Bchina Dalet* reinigt, sofort als vollkommen gereinigt angesehen wird, da es ein „teilweise" im Spirituellen nicht gibt.

Und da er anfing, sich zu reinigen, ist er verpflichtet, sich voll und ganz zu läutern. [Und dieser Prozess ist nicht mehr zu stoppen.] Doch da sich der *Massach* stufenweise reinigt, ist es dem Höheren Licht möglich, sich mit ihm auf jeder Stufe der *Awiut* zu paaren, die der *Massach* in der Zeit seiner *Hisdakchut* als gegeben annimmt, bis er vollständig gereinigt [das heißt ohne *Awiut*] ist. Demzufolge ist in diesen, während der *Histalkut* erscheinenden Stufen die verschwindende Kraft einbezogen, und diese Stufen werden lediglich als *Nekudot*, *Or Choser* und *Din* definiert.

Daher unterscheiden wir in jedem *Parzuf* zwei Arten von Stufen: *Taamim* und *Nekudot*. Dies ist so, da die ersten *Zehn Sefirot de Guf*, die anfänglich in jedem *Parzuf* [als Ergebnis des ersten üblichen *Siwug de Hakaa*] hervorkommen, als *Taamim* bezeichnet werden. Und diejenigen *Stufen*, die im *Parzuf* entstehen, während er sich reinigt, das heißt, schon nachdem der *Massach* anfing, sich bis zum Erreichen von *Pe de Rosh* zu reinigen, werden als *Nekudot* benannt.

49. Diejenigen *Reshimot*, die unten im *Guf* nach dem Verschwinden der Lichter *von Taamim* verbleiben, werden **Tagin** genannt. Und die *Reshimot*, die aus den Stufen von *Nekudot* verbleiben, heißen **Otiot**, welche *Kelim* sind. Und die *Tagin*, welche die *Reshimot* von den Lichtern von *Taamim* sind, schweben über den *Otiot* und den *Kelim* und erhalten sie.

Somit haben wir die vier Arten des Lichts gelernt, die *Taamim*, *Nekudot*, *Tagin* und *Otiot* heißen. Die erste Stufe, die in jedem der fünf *Parzufim*, genannt *Galgalta*, *AB*, *SaG*, *MaH* und *BoN*, auftaucht, wird **Taamim** genannt. Und die Stufen, die in jedem *Parzuf* entstehen, sobald er sich zu reinigen beginnt, bis zu seiner vollständigen Reinigung, werden als **Nekudot** bezeichnet. Die *Reshimot*, die von den Lichtern von *Taamim* nach ihrem Verschwinden auf jeder Stufe verbleiben, werden als **Tagin** bezeichnet. Und die *Reshimot*, die von den Lichtern der Stufen von *Nekudot* nach ihrem Verschwinden verbleiben, werden **Otiot** oder *Kelim* genannt.

Und man muss sich das merken und einprägen bei allen *Parzufim*, die *Galgalta*, *AB*, *SaG*, *MaH* und *BoN* heißen, da in allen die *Hisdakchut* vorhanden ist und sie alle über diese vier Lichtarten verfügen.

ROSH, TOCH, SOF (RATAS) IN JEDEM PARZUF UND DIE ORDNUNG DER HITLABSHUT DER PARZUFIM INEINANDER

50. Wir kennen bereits den Unterschied zwischen den zwei *Malchujot* (Plural von *Malchut*) in jedem Parzuf: die *Paarende Malchut* und die *Abschließende Malchut*. Resultierend vom *Siwug de Hakaa* auf dem *Massach der sich paarenden Malchut* kommen *Zehn Sefirot* des *Or Choser* aus dem *Massach* hervor und bekleiden die *Zehn Sefirot* des Höheren Lichts, die „*Zehn Sefirot de Rosh*" heißen, das heißt ausschließlich die Wurzeln.

Von dort abwärts breiten sich die *Zehn Sefirot de Guf* des *Parzuf* aus, was die *Hitlabshut* (Einkleidung) der Lichter in vollendete *Kelim* bedeutet.

Diese *Zehn Sefirot de Guf* werden in zwei Aspekte der *Zehn Sefirot* unterteilt: *Zehn Sefirot de Toch* (Inneres) und *Zehn Sefirot de Sof* (Ende, Abschluss). Die Position der *Zehn Sefirot de Toch* ist vom *Pe* bis zum *Tabur* (Nabel), wo sich die Einkleidung der Lichter in die *Kelim* vollzieht. Und der Platz der *Zehn Sefirot de Sof* des *Parzuf* ist vom *Tabur* abwärts bis zum *Sium Raglaw* (Ende der Beine/Füße).

Das bedeutet, dass *Malchut* [den Lichtempfang in] jede[r] *Sefira* abschließt, bis sie selbst ihre eigene Stufe [*Malchut de Malchut*] erreicht, welche für jeglichen Lichtempfang ungeeignet ist, und somit endet dort der *Parzuf*. Diese Abschlussphase heißt „das Ende der *Ezbaot Raglin* (Zehen) des *Parzuf*". Und von hier abwärts liegt ein leerer Raum, eine Leere ohne Licht.

Wisse, dass sich diese beiden Arten der *Zehn Sefirot* [*de Toch* und *de Sof*] von der Wurzel der *Zehn Sefirot*, *Rosh* genannt, erstrecken, denn beide sind in die *sich paarende Malchut* einbezogen. Das ist so, da es dort die einkleidende Kraft gibt - das *Or Choser*, welches aufsteigt und sich in das Höhere Licht kleidet. Auch gibt es dort die zurückhaltende Kraft des *Massach* bezüglich *Malchut*, damit diese nicht das Licht [in den *Parzuf*] empfängt, wodurch der das *Or Choser* erhebende *Siwug de Hakaa* durchgeführt wird. Im *Rosh* sind diese zwei Kräfte lediglich Wurzeln.

Doch wenn sie sich von Oben nach unten ausbreiten, wird die erste Kraft, die eine einkleidende Kraft ist, in den *Zehn Sefirot de Toch*, vom *Pe* nach unten bis zum *Tabur*, vollzogen. Und die zweite Kraft, die *Malchut* vom Empfangen des Lichts abhält, wird in den *Zehn Sefirot de Sof* und *Sium* aktiviert, von *Tabur* abwärts bis zum Ende der *Ezbaot Raglin*.

Diese zwei Arten der *Zehn Sefirot* heißen immer CHaGaT NeHJM [*Chessed, Gwura, Tiferet – Nezach, Hod, Jessod, Malchut*]. Alle *Zehn Sefirot de Toch*, von *Pe* bis *Tabur*, werden als CHaGaT bezeichnet. Und alle *Zehn Sefirot de Sof* von *Tabur* abwärts heißen NeHJM.

51. Wir sollten auch wissen, dass der *Zimzum* sich ausschließlich auf das *Or Chochma* bezog, dessen *Kli* der Wille zu empfangen ist, der in *Bchina Dalet* endet, wo der *Zimzum* und der *Massach* auftraten. Auf das *Or de Chassadim* aber wirkt überhaupt kein *Zimzum*, denn sein *Kli* ist der *Wille zu geben*, in dem es keine *Awiut* und keinen Unterschied der Form zum Ausströmenden gibt, und welches keinerlei Korrekturen bedarf.

Demzufolge sind in den *Zehn Sefirot* des Höheren Lichts diese beiden Lichter, *Chochma* und *Chassadim*, miteinander verbunden – ohne jeglichen Unterschied zwischen ihnen, da sie ein einziges Licht sind, das sich entsprechend seiner Eigenschaft verbreitet. Aus diesem Grund, wenn sie sich nach dem *Zimzum* in die *Kelim* einkleiden, hört auch das *Or Chassadim* (Licht der Güte) in *Malchut* auf, obwohl es nicht eingeschränkt wurde. Denn hätte das *Or Chassadim* sich an einer Stelle verbreitet, wohin sich das *Or Chochma* (Licht der Weisheit) überhaupt nicht ausbreiten kann, das heißt in die abschließende *Malchut*, so würde es zum Zerbrechen im Höheren Licht kommen, denn das *Or Chassadim* hätte sich vom *Or Chochma* vollständig abtrennen müssen. Demzufolge wurde die abschließende *Malchut* zum leeren Raum, frei sogar vom *Or Chassadim*.

52. Nun können wir verstehen, was die *Zehn Sefirot de Sof* des *Parzuf*, von *Tabur* abwärts, bedeuten. Es wäre falsch zu sagen, dass sie nur das *Or Chassadim* sind, ganz ohne *Or Chochma*, denn *Or Chassadim* wird nie vollständig von *Or Chochma* getrennt. Vielmehr muss es in ihnen unbedingt auch ein schwaches Leuchten von *Or Chochma* geben. Du solltest wissen, dass wir dieses geringe Leuchten stets „*WaK ohne Rosh*" nennen [was „sechs Enden ohne Kopf" bedeutet]. Somit wurden die drei *Bchinot* der *Zehn Sefirot* im *Parzuf*, die *Rosh, Toch* und *Sof* heißen, erklärt.

53. Und nun erörtern wir die Ordnung der Einkleidung der *Parzufim Galgalta, AB* und *SaG de AK* ineinander. Wisse, dass jeder Untere [*Parzuf*] aus dem *Massach de Guf* des Höheren [*Parzuf*] erscheint, nachdem er gereinigt wurde und seine Form an *Malchut* und den *Massach* des *Rosh* angeglichen hat. Dies ist so, da er dann in den *Massach* im *Rosh* einbezogen wurde, mittels *Siwug de Hakaa* darin [in diesem *Massach*].

Und sobald er dem *Siwug de Hakaa* in den zwei *Reshimot* – *Awiut* und *Hitlabshut* –, die im *Massach de Guf* verblieben sind, ausgesetzt ist, wird seine *Awiut* als *Awiut de Guf* angesehen. Wir erkennen anhand dieser Analyse, dass die Stufe aus dem *Rosh* des [vorherigen] ersten *Parzuf de AK* erscheint und sich in seinen *Guf* kleidet, das heißt in seine Wurzel, da sie aus dem *Massach de Guf* ist.

In Wirklichkeit hätte der *Massach* mit der *Paarenden Malchut* des neuen *Parzuf* an die Stelle des *Tabur* des [vorhergehenden] ersten *Parzuf* absteigen müssen, da dort der *Massach de Guf* mit der *Abschließenden Malchut* des ersten *Parzuf* anfängt. Auch die Wurzel des neuen *Parzuf* und die Stelle seines Anheftens befinden sich dort. Jedoch verschwand durch den *Bitush* von *Or Pnimi* und *Or Makif* die letzte *Bchina* der *Awiut* vom *Massach* (Punkt 40) und in ihm verblieb lediglich *Awiut* von *Bchina Gimel*. Diese *Bchina Gimel de Awiut* heißt *Chase* (Brust). Deswegen haben der *Massach* und die *Paarende Malchut* des neuen *Parzuf* keinen Halt und keine Wurzel im *Tabur* des Höheren [*Parzuf*], sondern nur in seinem *Chase*, wo er [der neue *Parzuf*] wie ein Zweig an seiner Wurzel angeheftet ist.

54. Deswegen steigt der *Massach* des neuen *Parzuf* [AB] bis zum *Chase* des ersten [vorherigen] *Parzuf* [Galgalta] ab, wo er mithilfe eines *Siwug de Hakaa* mit dem Höheren Licht, *Zehn Sefirot de Rosh* aufwärts, bis zum *Pe* des Höheren [*Parzuf*], *Malchut de Rosh* des ersten *Parzuf* hervorlockt. Jedoch ist der Untere [*Parzuf*] überhaupt nicht imstande, die *Zehn Sefirot de Rosh* des höheren *Parzuf* einzukleiden, da er [der untere *Parzuf*] lediglich der *Massach de Guf* des höheren ist. Anschließend erschafft er von Oben abwärts *Zehn Sefirot* im *Toch* und *Sof* des Unteren [*Parzuf*], die „*Zehn Sefirot de Guf*" heißen.

Sie liegen lediglich vom *Chase* des höheren *Parzuf* nach unten bis zu seinem *Tabur*, denn vom *Tabur* abwärts ist der Platz der *Zehn Sefirot* des *Sium* des Höheren [*Parzuf*], was *Bchina Dalet* ist. Der Untere [*Parzuf*] steht in keiner Verbindung mit der letzten *Bchina* des Höheren [*Parzuf*], da er sie [die letzte *Bchina* seiner *Awiut*] während seiner *Hisdakchut* [des *Massach*] eingebüßt hat (Punkt 40). Aus diesem Grund muss dieser untere *Parzuf*, der *Parzuf Chochma* von *AK* bzw. *Parzuf AB de AK* heißt, oberhalb des *Tabur* des ersten *Parzuf* von *Adam Kadmon* [Galgalta] enden.

Somit wurde gründlich geklärt, dass *Rosh*, *Toch* und *Sof* [RaTaS] des *Parzuf AB de AK*, welcher der untere des ersten *Parzuf* von *AK* [Galgalta de AK] ist, unter dem *Pe* des ersten *Parzuf* bis hinunter zu seinem *Tabur* liegen. Folglich ist der *Chase* des ersten *Parzuf* der Platz von *Pe de Rosh* des *Parzuf AB*, das heißt die *Paarende Malchut*. Und der *Tabur* des ersten *Parzuf* [Galgalta] bildet die Stelle *Sium Raglin* [Ende der Zehenspitzen] des *Parzuf AB*, das heißt die *Abschließende Malchut*.

55. Ebenso, wie wir die Folge der Erschaffung des *Parzuf AB* vom ersten *Parzuf* von *AK* [Galgalta] erklärt haben, gilt dieselbe Ordnung auch bei allen übrigen *Parzufim* – bis zum Ende der Welt von *Assija*. [Diese Ordnung besteht darin:] Jeder niedere [nachfolgende *Parzuf*] geht aus dem *Massach de Guf* seines übergeordneten [vorhergehenden *Parzuf*] hervor, nachdem er gereinigt und in den *Massach de Malchut de Rosh* des Höheren und in den dortigen *Siwug de Hakaa* einbezogen wurde.

Danach kommt dieser *Massach* aus *Malchut de Rosh* hervor, zur Stelle seines Anheftens im *Guf* des Höheren [*Parzuf*], und erschafft dort an seinem Platz, durch einen *Siwug de Hakaa* mit dem Höheren Licht, die *Zehn Sefirot de Rosh*, von unten nach Oben. Er breitet sich außerdem von Oben nach unten in die *Zehn Sefirot de Guf* im *Toch* und *Sof* aus, so, wie im *Parzuf AB de AK* erklärt. Jedoch im Fall von *Sium* des *Parzuf* gibt es Unterschiede, wie es am rechten Platz erörtert wird.

ZIMZUM BET, GENANNT ZIMZUM NEHJ DE AK

56. Nun haben wir den Aspekt von *Zimzum Alef* (Erste Einschränkung) gründlich erklärt, die über das *Kli Malchut* - *Bchina Dalet* - ausgeführt wurde, damit sie das Höhere Licht nicht in sich empfängt. Wir haben ebenfalls den Begriff *Massach* besprochen sowie seinen *Siwug de Hakaa* mit dem Höheren Licht, der das *Or Choser* erhebt. Dieses *Or Choser* wird anstelle von *Bchina Dalet* zu neuen Empfangsgefäßen.

Ebenfalls erklärt wurde die in den *Gufim* (Plural von *Guf*) jedes *Parzuf* durch den *Bitush* von *Or Makif* und *Or Pnimi* gemachte *Hisdakchut* des *Massach de Guf*, welche die vier Unterscheidungen [*Bchinot*] *TaNTA* des *Guf* in jedem *Parzuf* erschafft und den *Massach de Guf* erhebt, um als *Massach de Rosh* bezeichnet zu werden. Dies qualifiziert ihn für einen *Siwug de Hakaa* mit dem Höheren Licht, durch den ein weiterer *Parzuf* geboren wird, eine Stufe unter dem vorhergehenden *Parzuf*. Letztendlich haben wir das Hervorkommen der drei ersten *Parzufim* von AK erläutert, die *Galgalta*, *AB* und *SaG* heißen, und ihre Ordnung der Einkleidung ineinander.

57. Wisse, dass es in diesen drei *Parzufim* - *Galgalta*, *AB* und *SaG de AK* - noch keinerlei Wurzel für die vier Welten *ABYA* gibt, denn dort gibt es nicht einmal einen Platz für die drei Welten *BYA*. Das liegt daran, dass sich der innere *Parzuf* von AK [*Galgalta*] bis zum Punkt unserer Welt erstreckte und [bislang] die Wurzel der erwünschten Korrektur, welche die Ursache für *Zimzum* war, [noch] nicht offenbart wurde. Dies ist so, da der Zweck des *Zimzum*, der sich in *Bchina Dalet* entfaltete, darin lag, diese zu korrigieren, damit es keine Ungleichheit der Form in ihr gibt, während sie das Höhere Licht empfängt (Punkt 14). Anders gesagt, um [anschließend] aus dieser *Bchina Dalet* Adams Körper [den Körper des Menschen (*Guf haAdam*)] zu erschaffen, wird er [der Mensch (*Adam*)] durch seine Beschäftigung mit *Tora* und *Mizwot*, um seinem Erschaffer Zufriedenheit zu schenken, die Kraft des Empfangens in *Bchina Dalet* in eine Kraft des Gebens umwandeln. Hierdurch wird er die Form des Empfangens an vollkommenes Geben angleichen, was die Endkorrektur bedeuten würde, da dies *Bchina Dalet* wieder dahin zurückbrächte, ein Empfangsgefäß für das Höhere Licht zu sein, während sie sich in völliger *Dwekut* (Verschmelzung) mit dem Licht befände, ohne jeglichen Unterschied der Form.

Doch bis jetzt ist die Wurzel dieser Korrektur [in der Welt *Adam Kadmon*] noch nicht offenbart worden, da dies erfordert, dass der Mensch (*Adam*) sich auch in die höheren *Bchinot* über *Bchina Dalet* integriert, damit er in der Lage ist, gute Taten des

Gebens zu vollbringen. Und hätte Adam den Zustand der *Parzufim* von AK verlassen, hätte er sich vollständig im Zustand des leeren Raumes befunden. Dies ist, weil dann die ganze *Bchina Dalet*, die als Wurzel von Adams *Guf* [des spirituellen Körpers des Menschen] vorgesehen war, unter den *Raglaim* (Füße) *de Adam Kadmon* liegen würde – in Form des leeren und dunklen Raumes, da sie sich in entgegengesetzter Form zum Höheren Licht befände. Dementsprechend würde diese *Bchina* als abgetrennt und tot gelten.

Und wäre Adam hieraus [aus solchem „Material"] erschaffen worden, könnte er seine Taten auf keinerlei Weise korrigieren, da es in ihm überhaupt keinen Funken des Gebens gäbe. Man würde ihn für ein Tier halten, das nichts von der Form des Gebens besitzt und nur für sich selbst lebt. Ähnlich den Frevlern, die in der Lust des Empfangens für sich selbst versunken sind: „Und sogar die Gnade, die sie walten lassen, erweisen sie nur für sich selbst." Es wird über sie gesagt: „Die Frevler werden während ihres Lebens als ‚tot' bezeichnet", weil sie sich in entgegengesetzter Form zum Kern des Lebens befinden.

58. Dies ist die Bedeutung der Worte unserer Weisen: „Anfangs erwog Er, die Welt in der Eigenschaft von *Din* (Gericht) zu erschaffen. Er sah, dass die Welt [so] nicht existiert und stellte die Eigenschaft von *Rachamim* (Gnade) voran und verknüpfte sie mit der Eigenschaft von *Din*" (*Bereshit Rabba*, 12). Dies bedeutet, dass sich im Spirituellen jedes „zuerst" und „danach" auf Ursache und Wirkung bezieht.

Dies ist, warum geschrieben steht, dass der erste Grund für die Welten, welche die *Parzufim* von AK sind, die vor allen [anderen] Welten ausströmten, in der Eigenschaft von *Din* ausgeströmt wurden, das heißt einzig in *Bchina Malchut*, genannt *Midat ha Din* (Eigenschaft des Gerichts). Dies bezieht sich auf *Bchina Dalet*, die sich einschränkte und als ein leerer Raum und Abschluss der *Raglaim* von AK austrat – sprich, als der Punkt dieser Welt, unterhalb des *Sium* der *Raglaim* von AK, in Form eines leeren Raumes, absolut frei von jeglichem Licht.

„Er [der Schöpfer] sah, dass die Welt [so] nicht existiert" bedeutet, dass es für Adam, der aus *Bchina Dalet* erschaffen werden sollte, auf diese Weise unmöglich gewesen wäre, Handlungen des Gebens zu erlangen, damit die Welt durch ihn in der gewünschten Menge korrigiert würde. Daher „verknüpfte Er die Eigenschaft von *Rachamim* mit der Eigenschaft von *Din*".

Erläuterung: Die *Sefira* (Singular für Sefirot) *Bina* heißt *Midat ha Rachamim* (Eigenschaft der Gnade), [denn ihr Verlangen ist lediglich das Geben – *Hashpaa*]; und die *Sefira Malchut* heißt *Midat ha Din* [(Eigenschaft der Einschränkung bzw. Gericht)], weil auf ihr der *Zimzum* vollzogen wurde. Der Ausströmende [Schöpfer] erhob [die Eigenschaft] *Midat ha Din*, welche die auf der *Sefira Malchut* geschaffene, abschließende Kraft ist, und erhob sie bis zur Stufe *Bina*, welche *Midat ha Rachamim* ist. Er [der Schöpfer] vermischte sie [diese zwei Eigenschaften] miteinander, und durch diese Verbindung wurde *Bchina Dalet* - *Midat ha Din* - mit den Funken des Gebens im *Kli* von *Bina* vereinigt.

Dies erlaubte Adams *Guf*, der [später] aus *Bchina Dalet* erschaffen wurde, ebenfalls mit der Eigenschaft des Gebens integriert zu werden. Auf diese Weise wird er, um seinem Schöpfer Zufriedenheit zu schenken, gute Taten vollbringen können, bis er seine Eigenschaft des Empfangens zum vollkommenen Geben umkehrt [um so die Existenz der Welt zu sichern]. Durch die Schöpfung der Welt wird die Welt so die gewünschte Korrektur erreichen.

59. Diese Verbindung von *Malchut* in *Bina* erfolgte im *Parzuf SaG de AK* und bewirkte einen zweiten *Zimzum* in den von ihm abwärts liegenden Welten. Dies liegt daran, dass ein neuer *Sium* des Höheren Lichts in ihm, das heißt an der Stelle von *Bina*, geschaffen wurde. Daraus ergibt sich, dass die *Abschließende Malchut*, die auf [der Stufe] *Sium Raglaim* von *SaG de AK* stand, über dem Punkt dieser Welt aufstieg und das Höhere Licht an der Hälfte von *Bina de Guf de SaG de AK*, genannt *Tiferet*, abschloss, denn *KaCHaB* (*Keter, Chochma, Bina*) *de Guf* heißt *CHaGaT* (*Chessed, Gwura, Tiferet*). Somit ist *Tiferet Bina de Guf*.

Auch die *Paarende Malchut*, die auf [der Stufe] *Pe de Rosh de SaG de AK* stand, stieg auf zum Platz von *Nikwej Ejnaim* (Pupillen) *de AK*, was die Hälfte von *Bina de Rosh* ist. Dann fand dort, bei *Nikwej Ejnaim*, für [den *Parzuf*] *MaH de AK* ein *Siwug* statt, der „Welt von *Nekudim*" heißt.

60. Dies [*Zimzum Bet*] wird auch als *Zimzum NeHJ de AK* bezeichnet[71]. Das kommt daher, da [der *Parzuf*] *SaG de AK*, der genauso wie der *Parzuf Galgalta de AK* über dem Punkt dieser Welt endete, durch die Verbindung und den Aufstieg von *Malchut* an den Ort von *Bina*, oberhalb vom *Tabur* des inneren *AK* endet, das heißt am Platz der Hälfte von *Tiferet*, was die Hälfte von *Bina de Guf* des inneren *AK* ist. Dies ist so, da die abschließende *Malchut* zu diesem Platz aufstieg und das Höhere Licht davon abhielt, sich von ihr aus weiter nach unten zu verbreiten.

Aus diesem Grund wurde dort [unter *Malchut*] ein leerer Raum erschaffen, frei von allem Licht. So wurde *TaNHJ* (*Tiferet, Nezach, Hod, Jessod*) *de SaG* eingeschränkt und leer an Höherem Licht. Daher wird *Zimzum Bet* (Zweite Einschränkung) auch *Zimzum NeHJ de AK* genannt, denn mittels des neuen *Sium* an der Stelle von *Tabur* entleerten sich *NeHJ de SaG de AK* von ihren Lichtern.

Es gilt auch, dass *ACHaP* (*Osen, Chotem, Pe*) von *Rosh de SaG* aus der Stufe *Rosh de SaG* austraten [sie trennten sich von *GE*] und zu seinem *Guf* wurden, da die *Paarende Malchut* zu *Nikwej Ejnaim* aufstieg und die *Zehn Sefirot de Rosh* aus dem *Massach* in *Nikwej Ejnaim* [der Grenze zwischen *GaR de Bina* und *SaT de Bina*] und darüber hervorgingen. Auch der Teil von *Nikwej Ejnaim* abwärts wird schon als *Guf*

---

71 Wenn wir den *Parzuf Galgalta* in *Zehn Sefirot* teilen, dann ist *Rosh KaCHaB*, *Toch CHaGaT* und *Sof NeHJM*.

des *Parzuf* betrachtet, da er nur das Leuchten von *Nikwej Ejnaim* und darunter, was als *Guf* gilt, empfangen kann.

Die Stufe dieser genannten *Zehn Sefirot*, die in *Nikwej Ejnaim de SaG de AK* auftauchten, stellt die *Zehn Sefirot* dar, welche „die Welt von *Nekudim*" heißen. Sie stiegen von *Nikwej Ejnaim de SaG* bis an ihren Platz unter *Tabur* des inneren *AK* ab, wo sie sich mit *Rosh* und *Guf* verbreiteten. Wisse, dass dieser neue *Sium*, der am Ort von *Bina de Guf* [Abschluss-Ort, worunter sich *Or Chochma* nicht ausbreiten kann] erschaffen wurde, *Parssa* genannt wird. Auch gibt es hier Inneres und Äußeres. Und lediglich die äußeren *Zehn Sefirot* heißen „die Welt von *Nekudim*", indes die inneren *Zehn Sefirot* selbst *MaH* und *BoN de AK* heißen.

61. Jedoch sollten wir verstehen, dass, seit die *Zehn Sefirot* von *Nekudim* und *MaH de AK* aus *Nikwej Ejnaim de Rosh de SaG* ausgeströmt wurden und auftauchten, sie den *Parzuf SaG* von seinem *Pe de Rosh* und darunter hätten einkleiden sollen; wie auch in den vorhergehenden *Parzufim*, wo von *Pe de Rosh* abwärts jeder Untergeordnete [*Parzuf*] seinen Übergeordneten einkleidet.

Warum verhielt es sich nicht so? Warum stiegen sie ab und kleideten den Ort unter *Tabur de AK* ein? Um das zu verstehen, müssen wir gänzlich erfassen, wie es zu dieser Verbindung kam, als *Bina* und *Malchut* zu einem einheitlichen Ganzen verbunden wurden.

62. Es verhält sich so, dass, während des Auftauchens von *Parzuf SaG*, er gänzlich über dem *Tabur* des inneren *AK* [(*Galgalta*)] endete - ähnlich, wie hinsichtlich des *Parzuf AB de AK* erörtert wurde. Sie konnten sich nicht vom *Tabur* nach unten ausbreiten, da dort, in seinen *Zehn Sefirot de Sium*, die Herrschaft der *Bchina Dalet* des inneren *AK* beginnt, und es in den *Parzufim AB* und *SaG* überhaupt nichts von *Bchina Dalet* gibt (Punkt 54).

Jedoch, als *Nekudot de SaG de AK* aufzutauchen anfingen, das heißt, nachdem der *Massach de SaG*, der *Bchina Bet de Awiut* [und *Gimel de Hitlabshut*] ist, mittels *Bitush* des *Or Makif* in ihm gereinigt worden und zu *Bchina Alef de Awiut* und *Bchina Bet de Hitlabshut* gekommen war, verschwanden die *Taamim de SaG*. Dann erschien die Stufe von *Nekudot* gemäß der im *Massach* verbliebenen *Awiut*, in *WaK* [sechs *Sefirot*] ohne *Rosh*.

Das ist so, da die *Zehn Sefirot*, die auf *Bchina Alef de Awiut* erscheinen, die Stufe von *SA* sind, ohne *GaR* [die ersten drei *Sefirot* (*Gimel Rishonot*) - es gibt dort kein *Or Chochma*, sondern bloß *Or Chassadim*]. Auch gibt es auf der männlichen Stufe (*Sachar*), welche *Bchina Bet de Hitlabshut* ist, keine *Bina*, sondern nur beinahe. Dies wird als *WaK de Bina* bezeichnet.

Daher wurde diese Stufe *Nekudot de SaG* den *Zehn Sefirot de Sium* unter *Tabur de AK* [ihrer Eigenschaften nach] angeglichen, die ebenfalls als *WaK* ohne *Rosh* betrachtet werden (Punkt 52). Wir wissen schon, dass die Gleichheit der Form die spirituellen

Objekte zu einem vereint. Folglich stieg diese Stufe [*Nekudot de SaG*] anschließend unter *Tabur de AK* ab und vermischte sich da mit *SoN de AK* [*SA* und *Nukwa*], wo sie wie eins waren, da sie von gleicher Stufe sind.

63. Wir könnten uns über die Tatsache wundern, dass dennoch ein beträchtlicher Abstand zwischen ihnen [*Nekudot de SaG* und *NeHJM de Galgalta*] seitens ihrer *Awiut* besteht, da *Nekudot de SaG* von der *Awiut* der *Bchina Bet* abstammen und mit der *Bchina Dalet* nichts gemeinsam haben. Und obwohl sie die Stufe *SA* sind, entspricht dies nicht der Stufe *SA* unterhalb von *Tabur de AK*, die *SA* von *Bchina Dalet* ist. Somit besteht ein großer Unterschied zwischen ihnen.

Die Antwort ist, dass die *Awiut* im *Parzuf* während der Einkleidung des Lichts nicht zutage tritt, sondern erst nach dem Verschwinden des Lichts. Folglich wurde, als der *Parzuf Nekudot de SaG* auf der Stufe *SA* auftauchte, abstieg und sich auf der Stufe *SoN de AK* von *Tabur de AK* abwärts einkleidete, *Bchina Bet* mit *Bchina Dalet* vermischt und verursachte *Zimzum Bet*. Dies erschuf einen neuen *Sium* am Platz von *Bina de Guf* dieses *Parzuf*, ebenso, wie es eine Veränderung hinsichtlich des Platzes des *Siwug* verursachte – *Pe de Rosh* anstelle von *Nikwej Ejnaim*.

64. Also sehen wir, dass die Ursache der Verbindung von *Malchut in Bina*, was *Zimzum Bet* heißt, sich erst unterhalb von *Tabur de AK* ereignete, mittels der Ausbreitung des *Parzuf Nekudot de SaG* dorthin. Diese Stufe der *Zehn Sefirot de Nekudim*, die aus *Zimzum Bet* hervorgeht, konnte sich daher oberhalb von *Tabur de AK* nicht ausbreiten, da es keine Kraft und Herrschaft gibt, die sich oberhalb ihrer Entstehungsquelle offenbaren kann. Und da sich der Platz, an dem *Zimzum Bet* geschaffen wurde, von *Tabur* ab nach unten befand, war deshalb die Stufe von *Nekudim* ebenfalls verpflichtet, sich dort auszubreiten.

DER PLATZ FÜR DIE VIER WELTEN *ABYA* UND DER *PARSSA* ZWISCHEN *AZILUT* UND *BYA*

65. Wir haben also gelernt, dass *Zimzum Bet* ausschließlich im *Parzuf Nekudot de SaG* geschah, dessen Platz von *Tabur de AK* abwärts bis zu seinem *Sium Raglin* ist, das heißt bis über dem Punkt dieser Welt. Wisse, dass alle Veränderungen, die dieser Zweiten Einschränkung folgen, lediglich im *Parzuf Nekudot de SaG* hervorkommen und nicht darüber.

Als wir oben sagten, dass durch *Malchuts* Aufstieg zur Hälfte von *Tiferet de AK*, wo sie den *Parzuf* abschloss, die untere Hälfte von *Tiferet* und *NeHJM de AK* in Form von leerem Raum (*Chalal Panuj*) in Erscheinung trat, geschah dies nicht in *TaNHJ de AK* selbst, sondern nur in *TaNHJ* des *Parzuf Nekudot de SaG de AK*. Jedoch in *AK* selbst werden diese Veränderungen bloß als „*Erhebung von MaN*" betrachtet. Mit anderen Worten, es [*AK*] kleidete sich in diese Veränderungen, um die *Zehn Sefirot de Nekudim* selbst [in ihrer Form] auszuströmen; dennoch gab es in *AK* selbst keine Änderung.

66. Und sobald der *Zimzum* [*Bet*] erfolgte, das heißt, während des Aufstiegs von *Malchut* zu *Bina*, noch vor der *Erhebung von MaN* und dem in *Nikwej Ejnaim de AK* vollzogenen *Siwug*, bewirkte er, dass sich der *Parzuf Nekudot de SaG de AK* in vier Teile unterteilte:

1. *KaCHaB CHaGaT* bis zu seinem *Chase* gelten als Platz von *Azilut*.
2. Die zwei unteren Drittel von *Tiferet*, von *Chase* abwärts bis *Sium* von *Tiferet*, wurden zum Platz der Welt von *Brija*.
3. Seine drei *Sefirot*, *NeHJ*, wurden zum Platz der Welt von *Yezira*.
4. Seine *Malchut* in ihm wurde zum Platz der Welt von *Assija*.

67. Und der Sinn davon ist, dass der Platz der Welt von *Azilut* als der für die Ausbreitung des Höheren Lichts würdige Platz definiert wird. Und aufgrund des Aufstiegs der abschließenden *Malchut* bis zum Platz von *Bina de Guf*, genannt *Tiferet*, endet dort der *Parzuf*, und das Licht kann sich von dort nicht weiter nach unten ausbreiten. Somit endet der Platz von *Azilut* dort, in der Hälfte von *Tiferet*, über dem *Chase*.

Und du weißt bereits, dass dieser neue *Sium*, der hier entstand, „*Parssa* unter der Welt von *Azilut*" genannt wird. Und unterhalb von *Parssa* gibt es in den *Sefirot* drei Unterteilungen. Das liegt daran, dass tatsächlich unter *Azilut* nur zwei *Sefirot*, *SoN de Guf* [(*SA* und *Nukwa*)], genannt *NeHJM*, entstehen müssen. Dies ist so, da sich seit dem Entstehen des *Sium* in *Bina de Guf*, welche *Tiferet* ist, nur die *SoN* unter *Tiferet* unterhalb des *Sium* befinden, und nicht *Tiferet*, obwohl die untere Hälfte von *Tiferet* ebenfalls unterhalb des *Sium* herausging.

Der Grund ist, dass *Bina de Guf* [(*Tiferet*)] ebenfalls *Zehn Sefirot KaCHaB SoN* beinhaltet. Und da diese oben genannten *SoN de Bina* die Wurzeln für die eingeschlossenen *SoN de Guf* sind, welche in *Bina* enthalten sind, gelten sie als ihnen gleich. Daher tauchten auch *SoN de Bina* unter *Parssa de Azilut* gemeinsam mit den eingeschlossenen *SoN* auf. Aus diesem Grund zersplitterte die *Sefira Tiferet* in ihrer ganzen Breite an der Stelle des *Chase*, da sich die zu *Bina* aufgestiegene *Malchut* dort befindet und *SoN de Bina* hervorbringt, das heißt die zwei Drittel von *Tiferet* – von *Chase* abwärts bis zu seinem *Sium*.

Doch gibt es immer noch einen Unterschied zwischen den zwei Dritteln von *Tiferet* und *NeHJM*, da die zwei Drittel von *Tiferet* in Wahrheit zu *Bina de Guf* gehören und unterhalb des *Sium de Azilut* durchaus nicht von sich aus hervorkamen, sondern einzig, da sie die Wurzeln von *SoN* sind. Demzufolge ist ihr Makel nicht so groß, da sie nicht von sich aus auftauchten. So wurden sie von *NeHJM* getrennt und wurden zu einer eigenständigen Welt, genannt „die Welt von *Brija*".

68. *SoN de Guf*, genannt *NeHJM*, teilte sich ebenfalls in zwei Aspekte: Da *Malchut* als *Nukwa* (weiblich) angesehen wird, ist ihr Makel schwerwiegender, und sie wird zum Platz der Welt *Assija*. Und *SA*, der *NeHJ* ist, wurde zur Welt von *Yezira*, über der Welt von *Assija*.

Somit haben wir erläutert, wie der *Parzuf Nekudot de SaG* aufgrund des *Zimzum Bet* geteilt und zum Platz von vier Welten wurde: *Azilut*, *Brija*, *Yezira* und *Assija*. *KaCHaB CHaGaT*, bis hinunter zu seinem *Chase*, wurde zum Platz der Welt von *Azilut*. Die untere Hälfte von *Tiferet*, von *Chase* bis zum *Sium* von *Tiferet*, wurde zum Platz der Welt von *Brija*. Und *NeHJ* im *Parzuf* wurden zur Welt von *Yezira* und seine *Malchut* zur Welt von *Assija*. Der [gemeinsame] Platz aller [Welten] beginnt am Punkt von *Tabur de AK* und endet oberhalb des Punktes dieser Welt, das heißt bei einschließlich *Sium Raglin de AK*, wo das Ende der Einkleidung des *Parzuf Nekudot de SaG* in den *Parzuf Galgalta de AK* ist.

DIE IN DIE WELT VON *NEKUDIM* INITIIERTEN ZUSTÄNDE VON *KATNUT* UND *GADLUT*

69. Nachdem du nun einen generellen Eindruck von *Zimzum Bet* erhalten hast, die im *Parzuf Nekudot de SaG* zwecks der Erschaffung der *Zehn Sefirot* der Welt von *Nekudim*, des vierten *Parzuf* von *AK*, erfolgte, kehren wir zur Erläuterung des Hervorkommens der einzelnen *Zehn Sefirot* von *Nekudim* zurück. Das Hervorkommen eines *Parzuf* aus dem nächsten wurde bereits erklärt. Jeder untere *Parzuf* stammt vom *Massach de Guf* des Höheren ab und wird aus ihm heraus geboren – nach dessen *Hisdakchut* [des *Massach*] und Aufstieg zwecks Erneuerung des *Siwug* im *Pe* des Höheren. Und diese *Hisdakchut* [des *Massach*] resultiert aus dem *Bitush* des *Or Makif* mit dem *Massach* des Höheren *Parzuf*, der den *Massach* von seinem *Awiut de Guf* reinigt und ihn der *Awiut de Rosh* gleichsetzt (Punkt 35).

Auf diese Weise entstand *Parzuf AB de AK* [(*Chochma*)] aus dem *Parzuf Keter de AK* [(*Galgalta de AK*)], *Parzuf SaG de AK* aus dem *Parzuf AB de AK*. Und auf gleiche Weise war der vierte *Parzuf de AK*, genannt „*Zehn Sefirot* der Welt von *Nekudim*", geboren und trat aus seinem Höheren hervor, dem *Parzuf SaG de AK* [(*Bina*)].

70. Es besteht hier jedoch eine zusätzliche Angelegenheit. Denn in den [vorhergehenden] *Parzufim* wurde der *Massach* während seiner *Hisdakchut* zu *Pe de Rosh* des Höheren lediglich aus den *Reshimot de Awiut* des *Guf* des Höheren geschaffen. Aber hier, während der *Hisdakchut* des *Massach de SaG de AK* für *Nekudim*, wurde der *Massach* aus zwei Arten von *Reshimot* gebildet.

Abgesehen davon, dass er nicht nur aus seinen eigenen *Reshimot de Awiut* besteht, das heißt, dass er den Eigenschaften der *Sefirot de Guf de SaG de AK* entspricht, so schließt er auch die *Reshimot* von *Awiut de SoN de AK* ein, welche unterhalb des *Tabur* sind. Dies ist aufgrund ihrer gegenseitigen Vermischung unterhalb des *Tabur de AK*, wie es (im Punkt 61) beschrieben wurde, nämlich, dass *Nekudot de SaG* unter *Tabur de AK* herabstiegen und sich dort mit *SoN de AK* vermischten.

71. Aus dieser Kraft [der gemeinsamen Verschmelzung der *Sefirot* entstanden] wurde *Katnut* (Kleinheit) und *Gadlut* (Größe) hier im *Parzuf Nekudim* initiiert. Bezüglich der *Reshimot de Awiut* im *Massach* – auf ihnen traten *Zehn Sefirot* von *Katnut Nekudim* in Erscheinung. Und hinsichtlich der *Reshimot de SoN de AK* unterhalb des *Tabur*, die sich mit den *Reshimot* des *Massach* vermischten und vereinten – auf ihnen tauchten die *Zehn Sefirot de Gadlut* von *Nekudim* auf.

72. Auch solltest du wissen, dass die auf dem *Massach* erschienen *Zehn Sefirot* von *Katnut Nekudim* als Kern des *Parzuf Nekudim* gelten, da sie stufenweise in Erscheinung traten, das heißt aus dem Kern des *Massach de Guf des Höheren*, genau wie die drei vorherigen *Parzufim de AK*. Die *Zehn Sefirot de Gadlut* von *Nekudim* zählen aber lediglich als Zusatz für den *Parzuf Nekudim*. Dies ist so, da sie nur durch den *Siwug* auf den *Reshimot de SoN de AK* unter dem *Tabur* entstanden, die nicht stufenweise hervorkamen, sondern dem *Massach* aufgrund des Abfallens des Parzuf *Nekudot de SaG* unter *Tabur de AK* hinzugefügt und mit ihm verbunden wurden (Punkt 70).

73. Wir sollten zuerst die *Zehn Sefirot de Katnut Nekudim* verdeutlichen. Du weißt bereits, dass der *Hitpashtut* (Ausbreitung, Ausdehnung) von *SaG de AK* folgend in ihm der *Bitush* von *Or Makif* und *Or Pnimi* auf seinem *Massach* stattfand, welcher ihn stufenweise reinigte. Die während der Reinigung [des *Massach*] entstehenden Stufen heißen *Nekudot de SaG*, und sie stiegen unter *Tabur de AK* ab und vermischten sich mit der dortigen *Bchina Dalet* (Punkt 62). Nachdem er [der *Parzuf*] seine Reinigung von all der *Awiut de Guf* im *Massach* vervollständigt hatte und lediglich mit *Awiut de Rosh* verblieben war, galt er [*Massach de Guf*] als zu *Rosh de SaG* aufgestiegen, wo er einen neuen *Siwug* empfing – auf denjenigen Stufen der *Awiut*, die in den *Reshimot* des *Massach* übrig geblieben waren (Punkt 35).

74. Und auch hier sehen wir, dass die letzte *Bchina* der *Awiut*, und zwar *Awiut de Bchina Bet*, die im *Massach* war, vollständig verschwand und nur *Reshimo de Hitlabshut* zurückblieb. Somit blieb außer *Bchina Alef* nichts von der *Awiut* zurück. Dementsprechend (Punkt 43) empfing der *Massach* im *Rosh de SaG* zwei Arten von *Siwugim* (Plural von *Siwug*):

1. *Hitkalelut* [(Einschluss, Aufnahme)] der *Bchina Alef de Awiut* in *Bchina Bet de Hitlabshut* (Einkleidung), genannt „*Hitkalelut* der weiblichen *Reshimo* in die männliche *Reshimo*", erzeugte eine Stufe nahe der Stufe von *Bina*, welche das Niveau von *WaK de Bina* ist. Diese Stufe heißt „*Sefira Keter de Nekudim*".

2. Aus der *Hitkalelut* der männlichen *Reshimo* in die weibliche *Reshimo* – der *Reshimo* der *Bchina Bet de Hitlabshut* in *Bchina Alef de Awiut* – kam die Stufe von *SA* hervor, die als *WaK* ohne *Rosh* gilt und „*Aba we Ima de Nekudim* Rücken an Rücken" genannt wird.

Diese zwei Stufen heißen *GaR de Nekudim*, das heißt, sie gelten als *Zehn Sefirot de Rosh Nekudim*, da jeder *Rosh* mit dem Namen *GaR* oder *KaCHaB* benannt wird. Aber zwischen beiden besteht ein Unterschied: *Keter de Nekudim*, welche die männliche Stufe ist, breitet sich nicht in den *Guf* aus, sondern scheint nur im *Rosh*. Lediglich *AwI de Nekudim*, welche die weibliche Stufe darstellen, breiten sich in den *Guf* aus, genannt „sieben niedere *Sefirot de Nekudim*" oder „*CHaGaT NeHJ de Nekudim*".

75. Es sind hier also drei Stufen [der Welt *Nekudim*] vorhanden, eine unter der anderen:

1. *Keter de Nekudim*, mit der Stufe *WaK de Bina*.
2. Die Stufe *AwI* (*Aba* und *Ima*) *de Nekudim*, welche die Stufe *SA* hat. Sie beide werden als *Rosh* betrachtet.
3. *SaT de Nekudim*, welche *CHaGaT NeHJM* sind, gelten als *Guf de Nekudim*.

76. Wisse, dass sich durch *Malchuts* Aufstieg zu *Bina* diese beiden Stufen von *Nekudim* während ihres Austritts in zwei Hälften teilen, die *Panim* (Gesicht) und *Achoraim* (Rücken) genannt werden [(die Vorder- und die Hinterseite des *Parzuf*)]. Dies ist so, da es im *Rosh*, nachdem der *Siwug* in *Nikwej Ejnaim* vollzogen wurde, nur zweieinhalb *Sefirot* gibt: *Galgalta, Ejnaim* (Augen) und *Nikwej Ejnaim*, also *Keter, Chochma* und die Höhere Hälfte von *Bina*. Diese werden als *Kelim de Panim* (vordere *Kelim*) bezeichnet.

Die *Kelim de ACHaP*, welche die untere Hälfte von *Bina, SA* und *Nukwa* sind, entstanden aus den *Zehn Sefirot de Rosh* und wurden als Stufe unterhalb von *Rosh* betrachtet. Daher gelten jene *Kelim de Rosh*, die aus dem *Rosh* austraten, als *Kelim de Achoraim* (rückseitige *Kelim*). Eine jegliche [nachfolgende] Stufe wurde auf diese Weise aufgeteilt.

77. Daraus geht hervor, dass es [in der Welt *Nekudim*] keine einzige Stufe gibt, die nicht *Panim* und *Achoraim* besitzt. Dies ist so, weil *ACHaP* der männlichen Stufe – *Keter de Nekudim* – von der Stufe *Keter* entstanden und zur Stufe *AwI de Nekudim*, der weiblichen Stufe, abstiegen. Und *ACHaP* der weiblichen Stufe – *AwI de Nekudim* – stiegen ab und stürzten auf die Stufe von ihrem *Guf* ab, [das heißt] der Stufe der sieben unteren *Sefirot CHaGaT NeHJ de Nekudim*.

Es zeigt sich, dass *AwI* aus zwei *Bchinot Panim* und *Achoraim* bestehen: In ihrem Inneren befinden sich die *Achoraim* der Stufe *Keter*, das heißt die *ACHaP de Keter*, und auf sie kleiden sich die *Kelim de Panim de AwI* selber, und zwar ihre eigenen *Galgalta, Ejnaim* und *Nikwej Ejnaim*. Ebenso beinhalten *SaT de Nekudim* sowohl *Panim* also auch *Achoraim*: Die *Kelim de Achoraim de AwI*, welche ihre *ACHaP* sind, befinden sich im Innern von *SaT*, und die *Kelim de Panim de SaT* kleiden sie von außen ein.

78. Durch diese Teilung [der Stufen] in zwei Hälften waren die Stufen von *Nekudim* außerstande, mehr als *Bchina Nefesh Ruach* zu beinhalten, was *WaK* ohne *GaR* bedeutet. Dies ist so, da es jeder Stufe an den drei *Kelim Bina* und *SoN* [(*SA* und *Nukwa*)] mangelt und dort infolgedessen die [drei ersten] Lichter von *GaR* fehlen, also *Neshama, Chaja* und *Yechida* (Punkt 24). Somit haben wir die *Zehn Sefirot de*

Katnut de Nekudim gründlich erklärt, und diese drei Stufen heißen: *Keter*, *AwI* und *SaT*. Jede [dieser] Stufen hat ausschließlich *Keter* und *Chochma* seitens der *Kelim* und *Nefesh* und *Ruach* seitens der Lichter, da in jeder Stufe *Bina* und *SoN* zu einer niedrigeren Stufe herabfielen.

ERHEBUNG VON MaN UND DAS HERVORKOMMEN VON GADLUT DE NEKUDIM

79. Nun sollten wir die *Zehn Sefirot de Gadlut* (Erwachsensein/Größe) von *Nekudim* erklären, die auf *MaN de Reshimot* von *SoN de AK* unterhalb seines *Tabur* hervorkamen (Punkt 71). Zunächst müssen wir die *Erhebung von MaN* verstehen. Denn bislang haben wir nur über den Aufstieg des *Massach de Guf* zu *Pe de Rosh* des Höheren [*Parzuf*] gesprochen, nachdem er [(der *Massach*)] sich gereinigt hatte. Auf den im *Massach* enthaltenen *Reshimot* fand dort ein *Siwug de Hakaa* statt, der die Stufe der *Zehn Sefirot* für die Bedürfnisse des Niederen hervorbrachte. Nun allerdings greifen wir erneut das Thema der Erhebung von *Maim Nukwin* (MaN/weibliche Wasser) auf, denn diese Lichter, die von unterhalb des *Tabur de AK* bis *Rosh de SaG* aufstiegen und welche die *Reshimot de SoN de Guf de AK* sind, werden „Erhebung von MaN" genannt.

80. Wisse, dass die Quelle der *Erhebung von MaN* in *Seir Anpin* und in *Bina* der *Zehn Sefirot* des *Or Yashar* (Direktes Licht) wurzelt (Punkt 5). Dort ist erklärt, dass *Bina*, die als *Or Chassadim* betrachtet wird – während sie die *Sefira Tiferet*, genannt *Bchina Gimel*, ausströmte –, zurückkehrte, um sich wieder mit *Chochma* zu vereinigen, und aus ihr das Leuchten von *Chochma* für *Tiferet* anzog, die *Seir Anpin* ist. SA ging hauptsächlich aus dem *Or Chassadim* von *Bina* hervor und ihre Minderheit aus dem Leuchten von *Chochma*.

Hier wurde die Verbindung zwischen SA und *Bina* geschaffen, da jedes Mal, wenn die *Reshimot de SA* zu *Bina* aufsteigen, sich *Bina* mit *Chochma* verbindet und das Leuchten von *Chochma* für *Seir Anpin* heranzieht. Dieser Aufstieg von SA zu *Bina*, der sie [*Bina*] mit *Chochma* verbindet, wird stets als „Erhebung von MaN" bezeichnet. Ohne diesen Aufstieg von SA zu *Bina* gilt *Bina* gar nicht als *Nukwa* bezüglich *Chochma*, da sie selbst ausschließlich *Or Chassadim* ist und kein *Or Chochma* zu empfangen braucht.

Sie [*Bina*] gilt immer als *Rücken an Rücken* mit *Chochma*, was bedeutet, dass sie nicht von *Chochma* empfangen will. Nur während SA sich zu ihr [*Bina*] erhebt, wird sie wieder zu *Nukwa* für *Chochma*, um damit das Leuchten von *Chochma* für *Seir Anpin* zu empfangen. Der Aufstieg von SA verwandelt *Bina* somit in *Nukwa*, und dies ist der Grund, warum sein Aufstieg *Maim Nukwin* genannt wird; denn der Aufstieg von SA bringt sie wieder in den Zustand von „Angesicht zu Angesicht" [bezüglich *Chochma*]. Das bedeutet, sie empfängt von ihm auf die Weise wie *Nukwa* vom Männlichen. Somit haben wir gänzlich die *Erhebung von MaN* erläutert.

81. Du weißt bereits, dass der *Parzuf AB de AK* der *Parzuf Chochma* und der *Parzuf SaG de AK* der *Parzuf Bina* ist. Das heißt, sie werden entsprechend der Höchsten

Bchina ihrer Stufe definiert. *AB*, dessen Höchste *Bchina Chochma* ist, gilt ganz als *Chochma*. *SaG*, dessen Höchste *Bchina Bina* ist, gilt ganz als *Bina*.

Als die *Reshimot de SoN de Guf*, die unter dem *Tabur de AK* sind, zu *Rosh de SaG* aufstiegen, wurden sie dort demnach hinsichtlich *SaG* zu *MaN*, weshalb *SaG*, der *Bina* ist, sich mit *Parzuf AB*, der *Chochma* ist, paarte. Anschließend übermittelte *AB* [dem *Parzuf*] *SaG* ein neues Licht für die Bedürfnisse von *SoN*, unterhalb des dort aufgestiegenen *Tabur*.

Und sobald *SoN de AK* dieses neue Licht empfangen hatten, stiegen sie erneut zurück auf ihren Platz unterhalb des *Tabur de AK* ab, wo sich die *Zehn Sefirot de Nekudim* befanden und sie das neue Licht innerhalb der *Zehn Sefirot de Nekudim* illuminierten. Dies sind *Mochin* (Lichter) *de Gadlut* der *Zehn Sefirot de Nekudim*. Somit haben wir die *Zehn Sefirot de Gadlut* erläutert, die aufgrund des zweiten Typs der *Reshimot* auftauchten, nämlich *Reshimot de SoN*, welche unterhalb des *Tabur de AK* sind (Punkt 71). Tatsächlich sind es diese *Mochin de Gadlut*, welche das Zerbrechen der Gefäße verursachten, wie es weiter unten geschrieben steht.

82. Oben (Punkt 74) wurde erklärt, dass es zwei Stufen im *Rosh de Nekudim* gibt, genannt *Keter* und *AwI*. Und daher, als *SoN de AK* das neue Licht von *AB SaG* in die *Zehn Sefirot de Nekudim* ausstrahlten, leuchtete es zuerst in *Keter de Nekudim* durch dessen *Tabur de AK*, wo *Keter* sich einkleidet. Und es [das Licht] vervollständigte *Keter de Nekudim* mit *GaR* seitens der Lichter und *Bina* und *SoN* seitens der *Kelim*. Anschließend schien es [das Licht *AB SaG*] zu *AwI de Nekudim* durch *Jessod de AK*, wo sich *AwI* einkleiden, und vervollständigte sie mit *GaR* seitens der Lichter und *Bina* und *SoN* seitens der *Kelim*.

83. Lass uns zuerst [den Begriff] *Gadlut* erläutern, den [die Ausbreitung] dieses neue[n] Licht[s] [(*AB SaG*)] in den *Zehn Sefirot* von [der Welt] *Nekudim* verursachte. Es ist so, dass wir das im Punkt 74 Geschriebene hinterfragen sollten: dass die Stufen von *Keter* und *AwI de Nekudim* als *WaK* galten, weil sie auf der *Awiut* von *Bchina Alef* hervorkamen. Wir haben aber auch festgestellt, dass sich durch den Abstieg von *Nekudot de SaG* unter *Tabur de AK* die *Bchina Dalet* mit dem *Massach de Nekudot de SaG*, der *Bina* ist, verband. Folglich enthält dieser *Massach* auch eine *Reshimo* von *Bchina Dalet de Awiut*. Wenn dem so ist, hätten während der *Hitkalelut* des *Massach* in *Rosh de SaG Zehn Sefirot* auf der Stufe von *Keter* und dem Licht von *Yechida* entstehen müssen – und nicht auf der Stufe von *WaK de Bina* in der *Sefira Keter* und auf der Stufe von *WaK* ohne *Rosh* in *AwI*.

Die Antwort ist, dass der Platz das Entscheidende ist. Da *Bchina Dalet* in *Bina*, welche *Nikwej Ejnaim* ist, einbezogen ist, verschwand dort *Awiut Dalet* im Inneren von *Bina*, als wenn es sie dort überhaupt nicht gäbe. Deswegen fand der *Siwug* lediglich auf *Reshimot* von *Bchina Bet de Hitlabshut* und *Bchina Alef de Awiut* statt, die im Wesentlichen nur vom *Massach de Bina* sind (Punkt 74), und nur zwei Stufen entstanden dort: *WaK de Bina* und vollständige *WaK*.

84. Daher zogen *SoN de AK*, welche unterhalb des *Tabur* sind, mittels ihres *MaN* das neue Licht von *AB SaG de AK* an und illuminierten es zum *Rosh de Nekudim* (Punkt 81). Und da der *Parzuf AB de AK* in keinerlei Verbindung mit diesem *Zimzum Bet* steht, der die *Bchina Dalet* zur Stelle von *Nikwej Ejnaim* erhob, als sein Licht zu *Rosh de Nekudim* herangezogen war, löste es darin den *Zimzum Bet* auf, der den Platz des *Siwug* zu *Nikwej Ejnaim* erhob. Ebenso setzte es die *Bchina Dalet* wieder auf ihren Platz in *Pe* herab, wie vor *Zimzum Alef*, das heißt an den Platz von *Pe de Rosh*.

Folglich kehrten die drei *Kelim* - *Osen* (Ohr), *Chotem* (Nase) und *Pe* (Mund) [(*ACHaP*)] -, die wegen des *Zimzum Bet* von ihrer Stufe heruntergefallen waren (Punkt 76), nun wieder zurück zu ihrem Platz - ihrer Stufe - wie zuvor. Zu diesem Zeitpunkt stieg der Platz des *Siwug* erneut von *Nikwej Ejnaim* zur *Bchina Dalet*, an die Stelle *Pe de Rosh*, herab. Und da sich die *Bchina Dalet* bereits an ihrem Platz befand, kamen dort *Zehn Sefirot* auf der Stufe von *Keter* hervor.

Somit wurde erklärt, dass er [der *Parzuf*] mithilfe des neuen Lichts, welches *SoN de AK* zu *Rosh de Nekudim* ausströmte, die drei Lichter *Neshama*, *Chaja* und *Yechida* und die drei Kelim *ACHaP* [(*Osen, Chotem, Pe*)] gewann, welche *Bina* und *SoN* sind, die ihm gefehlt haben, als er [der *Parzuf*] anfangs erschaffen wurde.

85. So haben wir die Bedeutung von *Katnut* und *Gadlut de Nekudim* gänzlich erklärt. *Zimzum Bet*, welcher das untere *Hej* - die *Bchina Dalet* - auf den Platz von *Nikwej Ejnaim* erhob, wo es verborgen wurde, verursachte die Stufe von *Katnut de Nekudim* - die Stufe *WaK* oder *SA* seitens der Lichter von *Nefesh Ruach*. Dort mangelte es ihnen an *Bina* und *SoN* seitens der *Kelim* und *Neshama, Chaja* und *Yechida* seitens der Lichter. Und durch das Kommen eines neuen Lichts von *AB SaG de AK* zu *Nekudim*, kehrte *Zimzum Alef* [erneut] auf seinen Platz zurück.

[Als Ergebnis davon] kehrten *Bina* und *SoN* der *Kelim* zu *Rosh* zurück, da das untere *Hej* von *Nikwej Ejnaim* abstieg und auf seinen Platz in *Malchut*, der *Pe* heißt, zurückkehrte. Dann erfolgte ein *Siwug* auf *Bchina Dalet*, die auf ihren Platz zurückkehrte, und *Zehn Sefirot* auf der Stufe von *Keter* und *Yechida* entstanden. Dies vervollständigte *NaRaNCHaY* der Lichter und *KaCHaB SoN* der *Kelim*.

Zur Verkürzung werden wir in Zukunft den *Zimzum Bet* und *Katnut* mit dem Namen „Aufstieg des unteren *Hej* zu *Nikwej Ejnaim* und Abstieg von *ACHaP* nach unten" bezeichnen. Außerdem bezeichnen wir *Gadlut* mit dem Namen „Die Annäherung des Lichts von *AB SaG*, welches das untere *Hej* von *Nikwej Ejnaim* absteigen lässt und die *ACHaP* [(*Osen, Chotem, Pe*)] auf ihren früheren Platz zurückbringt." Erinnere dich an die obige Erläuterung.

Man soll sich auch immer daran erinnern, dass *GE* (*Galgalta Ejnaim*) und *ACHaP* die Namen der *Zehn Sefirot KaCHaB SoN de Rosh* sind, und die *Zehn Sefirot de Guf* mit dem Namen *CHaGaT NeHJM* bezeichnet werden. Sie werden ebenfalls in *GE* und *ACHaP* eingeteilt, denn *Chessed* und *Gwura* und das Höhere Drittel von *Tiferet*

– bis zum *Chase* – sind *Galgalta we* (und) *Ejnaim* und *Nikwej Ejnaim*, und die zwei [unteren] Drittel von *Tiferet* und *NeHJM* sind ACHaP, wie es oben geschrieben steht.

Man soll sich auch daran erinnern, dass *Galgalta*, *Ejnaim* und *Nikwej Ejnaim* – oder *CHaGaT* bis zum *Chase* – als *Kelim de Panim* (vordere *Kelim*) bezeichnet werden; und ACHaP – oder die zwei unteren Drittel von *Tiferet* und *NeHJM* von *Chase* abwärts – werden als *Kelim de Achoraim* (hintere *Kelim*) bezeichnet, wie im Punkt 76 geschrieben steht. Auch solltest du die mit dem *Zimzum Bet* auftretende Spaltung der Stufe im Gedächtnis behalten, die auf der gesamten Stufe nur *Kelim de Panim* belässt. Und letztendlich beinhaltet jeder Untere in seinem Inneren die *Kelim de Achoraim* des Höheren (Punkt 77).

ERLÄUTERUNG DER DREI NEKUDOT CHOLAM, SHURUK UND CHIRIK

86. Wisse, dass die *Nekudot* (Punkte) in drei *Bchinot* – *Rosh*, *Toch* und *Sof* – eingeteilt werden, welche sind:

- die Höheren *Nekudot*, welche **über** den *Otiot* (Buchstaben) und im Namen *Cholam* beinhaltet sind;
- die mittleren *Nekudot*, **innerhalb** der *Otiot*, im Namen *Shuruk* oder *Melafom* inbegriffen, was *Waw* mit einem Punkt im Innern bedeutet;
- die unteren *Nekudot*, **unterhalb** der *Otiot*, im Namen *Chirik* inbegriffen.

87. Dies ist ihre Definition: *Otiot* stellen *Kelim* dar, das heißt *Sefirot des Guf*. Dies ist so, da die *Zehn Sefirot de Rosh* lediglich die Wurzeln der *Kelim* sind und nicht die *Kelim* selber. *Nekudot* bedeuten Lichter, welche die *Kelim* beleben und sie anregen, was *Or Chochma*, genannt *Or Chaja* [„Licht des Lebens"], bedeutet. Dies gilt als ein neues Licht, welches *SoN de AK* von *AB SaG* empfangen und mit welchem sie die *Kelim de Nekudim* erleuchteten – und das untere *Hej* [von *Nikwej Ejnaim*] zurück zu *Pe* auf jeder Stufe absteigen ließen und [dadurch] jeder Stufe *ACHaP de Kelim* und *GaR* die Lichter zurückbrachten.

Folglich regt dieses Licht die *Kelim de ACHaP* an, erhebt sie von der unteren Stufe und verbindet sie mit der Höheren, wie am Anfang. Dies ist die Bedeutung der *Nekudot*, welche die *Otiot* anregen. Und da sich dieses Licht, welches das *Or Chaja* ist, von *AB de AK* ausdehnt, belebt es jene *Kelim de ACHaP*, indem es sich in sie einkleidet.

88. Du weißt bereits, dass *SoN de AK* mit diesem neuen Licht die *Zehn Sefirot de Nekudim* durch zwei Stellen hindurch erleuchtet

- Es [(das Licht)] illuminierte *Keter de Nekudim* durch den *Tabur*,
- und durch *Jessod* erleuchtete es *AwI de Nekudim*.

Wisse, dass diese Illumination durch *Tabur Cholam* heißt, welches für die *Otiot* über ihnen scheint. Es ist so, da die Illumination des *Tabur* nur *Keter de Nekudim* erreicht, [das heißt] die männliche Stufe des *Rosh de Nekudim* (Punkt 74). Und die männliche Stufe breitet sich nicht in *SaT* (die unteren Sieben) der *Nekudim* aus, welche die *Kelim de Guf* sind, die *Otiot* genannt werden. Daher gilt, dass das Licht nur von seinem Platz oberhalb aus scheint, ohne sich in die *Otiot* selbst auszubreiten.

Diese Illumination durch *Jessod* wird als *Shuruk* bezeichnet, das heißt *Waw* mit einem Punkt, welche sich innerhalb der Reihe der *Otiot* befindet. Der Grund dafür ist, dass diese Illumination bis *AwI de Nekudim* reicht, welche die weibliche Stufe *von Rosh de Nekudim* ist, deren Lichter sich auch im *Guf* ausbreiten, welche die *SaT de Nekudim*, genannt *Otiot*, sind. Daher findest du den Punkt von *Shuruk* innerhalb der Reihe der *Otiot*.

89. Nun haben wir [die Bedeutung von] *Cholam* und *Shuruk* gründlich erklärt. Die Illumination eines neuen Lichts durch *Tabur*, welche das untere *Hej* von *Nikwej Ejnaim de Keter* zu *Pe* absteigen lässt und *ACHaP de Keter* erneut erhebt, ist der Punkt von *Cholam* oberhalb der *Otiot*. Die Illumination eines neuen Lichts durch *Jessod*, welche das untere *Hej* von *Nikwej Ejnaim de AwI* zu ihrem *Pe* absteigen lässt und ihr *ACHaP* zurückbringt, ist der Punkt von *Shuruk* innerhalb der *Otiot*. Dies ist so, da diese *Mochin* [(das Licht von *GaR*)] auch in *SaT de Nekudim* ankommen, die *Otiot* heißen.

90. *Chirik* gilt als das neue Licht, das *SaT* [(Sieben untere *Sefirot*)] direkt von *AwI* empfangen, um das abschließende untere *Hej*, das sich in ihrem *Chase* befindet, zum Platz von *Sium Raglin de AK* abzusenken. Infolgedessen kehren ihre *ACHaP* zu ihnen zurück, das heißt die *Kelim* von *Chase* abwärts, die zum Platz [der Welten] von *BYA* geworden sind. Zu diesem Zeitpunkt wird *BYA* wieder wie *Azilut* werden.

Jedoch konnten *SaT de Nekudim* das untere *Hej* nicht vom *Chase* herabsenken und auf diese Weise den *Zimzum Bet*, den *Parssa* und den Platz von *BYA* vollständig auflösen. Vielmehr zerbrachen sofort alle *Kelim de SaT*, als sie das Licht in *BYA* ausdehnten, da die Kraft des abschließenden unteren *Hej*, das im *Parssa* steht, mit diesen *Kelim* vermischt war.

Daher musste das Licht dort unverzüglich verschwinden, und die *Kelim* zerbrachen, starben und fielen in *BYA*. Ebenfalls zerbrachen auch ihre *Kelim de Panim* oberhalb des *Parssa*, das heißt die *Kelim* oberhalb des *Chase*, da auch von dort das ganze Licht verschwand. Folglich zerbrachen, starben und fielen sie – aufgrund ihrer Verbindung mit den *Kelim de Achoraim* in einem *Guf* – zu *BYA*.

91. Somit siehst du, dass der Punkt von *Chirik* nicht in der Welt von *Nekudim* auftauchen und herrschen konnte, da er darüber hinaus das Zerbrechen der Gefäße verursachte. Das geschah, weil er sich in die *Otiot* einkleiden wollte, das heißt in die [*Kelim*] *TaNHJM* [(*Tiferet*, *Nezach*, *Hod*, *Jessod* und *Malchut*)] unterhalb des *Parssa de Azilut*, die zu *BYA* wurden.

Nachher jedoch, in der Welt von *Tikun*, erreichte der Punkt von *Chirik* seine Korrektur, da er dort korrigiert worden war, um unterhalb der *Otiot* zu scheinen. Dies bedeutet, dass in dem Augenblick, als *SaT de Azilut* das Licht von *Gadlut* von *AwI* empfingen, was das abschließende untere *Hej* vom Platz des *Chase* zu *Sium Raglin de AK* absenken und die *Kelim de TaNHJM* zu *Azilut* verbinden sollte, die Lichter sich nach unten bis zum *Sium Raglin de AK* ausbreiten sollten. Jedoch handelten sie [die *SaT de Azilut*] nicht so, sondern erhoben diese *TaNHJ* vom Platz von *BYA* zum Platz von *Azilut*, oberhalb des *Parssa*, und empfingen die Lichter, während sie sich oberhalb des *Parssa de Azilut* befanden, sodass sich in ihnen kein weiteres Zerbrechen der Gefäße vollziehen konnte, wie in der Welt von *Nekudim*.

Und das bedeutet, dass der Punkt von *Chirik*, der die *Kelim de TaNHJ de SaT de Azilut* erhebt, unterhalb dieser von ihm erhobenen *Kelim de TaNHJM* steht, das heißt, er befindet sich auf dem Platz von *Parssa de Azilut*. Auf diese Weise dient der Punkt von *Chirik* unterhalb der *Otiot*. Dies erklärt die drei Punkte *Cholam*, *Shuruk* und *Chirik* im Allgemeinen.

DIE ERHEBUNG VON *MAH DE SAT DE NEKUDIM* ZU *AWI* UND DIE ERLÄUTERUNG DER *SEFIRA DAAT*

92. Es wurde bereits erklärt, dass aufgrund des Aufstiegs des unteren *Hej* zu *Nikwej Ejnaim*, was im *Zimzum Bet* in Erscheinung trat, als *Katnut* der *Zehn Sefirot de Nekudim* entstand, jede Stufe in zwei Hälften geteilt wurde:

- *Galgalta we Ejnaim* verblieben auf der Stufe; folglich heißen sie *Kelim de Panim*.
- *Osen, Chotem* und *Pe*, die von ihrer Stufe auf die nächsttiefere fielen, heißen daher *Kelim de Achoraim* (hintere *Kelim*).

So besteht nun jede Stufe aus Innerlichkeit und Äußerlichkeit, da die *Kelim de Achoraim* der Höheren Stufe in den inneren Teil ihrer eigenen *Kelim de Panim* fielen. Und die gefallenen *ACHaP de Keter de Nekudim* sind innerhalb *Galgalta we Ejnaim de AwI* eingekleidet, und die gefallenen *ACHaP de AwI* sind innerhalb *Galgalta we Ejnaim de SaT de Nekudim* eingekleidet (Punkt 76).

93. Demzufolge, wenn das neue Licht von *AB SaG de AK* in die Stufe eintritt und das untere *Hej* wieder auf seinen [vorhergehenden] Platz zu *Pe* absteigen lässt, [das heißt] während des [Zustands] *Gadlut de Nekudim*, bringt die Stufe seine *ACHaP* zu ihm zurück, und seine *Zehn Sefirot de Kelim* und *Zehn Sefirot* seitens der Lichter werden [damit] vervollständigt. Und dann ergibt sich, dass auch die untere Stufe, die an *ACHaP* des Höheren angeheftet war, zusammen mit ihnen [den *ACHaP*] zum Höheren [der oberen Stufe] aufsteigt.

Denn es gilt das Gesetz: „Im Spirituellen gibt es kein Verschwinden." So wie der Untere mit den *ACHaP* des Höheren während *Katnut* verbunden war, trennen sie sich auch während *Gadlut* nicht voneinander, das heißt zur Zeit der Rückkehr der *ACHaP* des Höheren auf ihre Stufe. Es zeigt sich, dass die untere Stufe nun tatsächlich zu einer Höheren Stufe geworden ist, da der Untere, der zum Höheren aufsteigt, ihm gleich wird.

94. Es zeigt sich, dass, als *AwI* das neue Licht von *AB SaG* empfingen und das untere *Hej* von *Nikwej Ejnaim* zurück zu ihrem *Pe* absteigen ließen und ihre *ACHaP* zu ihnen erhöhten, in diesem Moment auch *SaT*, die diese *ACHaP* zur Zeit von *Katnut* einkleideten, gemeinsam mit ihnen zu *AwI* aufstiegen. Somit wurden *SaT* zu einer einzigen Stufe mit *AwI*. Dieser Aufstieg von *SaT* zu *AwI* wird als „*Erhebung von MaN*" bezeichnet. Und wenn sie sich auf der gleichen Stufe wie *AwI* befinden, empfangen sie auch die Lichter von *AwI*.

95. Und dies wird *MaN* genannt, da der Aufstieg von *SA* zu *Bina* sie in den Zustand von *Angesicht zu Angesicht* mit *Chochma* zurückbringt (Punkt 80). Es ist bekannt, dass jegliche *SaT SoN* sind. Als *SaT* zusammen mit *ACHaP de AwI* auf die Stufe von *AwI* aufstiegen, wurden sie zu *MaN* in Bezug auf *Bina* der *Sefirot de AwI*. Dann kehrt sie [*Bina*] in den Zustand von *Angesicht zu Angesicht* mit *Chochma de AwI* zurück und versorgt *SoN*, welche die zu ihnen aufgestiegenen *SaT de Nekudim* sind, mit der Erleuchtung von *Chochma*.

96. Trotz des oben erwähnten Aufstiegs von *SoN* zu *AwI* bedeutet es nicht, dass sie von ihrem Platz total verschwunden und zu *AwI* aufgestiegen sind, da es im Spirituellen kein Verschwinden gibt. Und jegliche „Veränderung des Platzes" im Spirituellen bedeutet nicht, dass etwas seinen vorherigen Platz verlassen und sich zu einem andern Platz begeben hätte, wie es in der materiellen Welt geschieht. Vielmehr besteht hier bloß eine Zugabe: Sie erreichten einen neuen Platz, während sie auf dem vorhergehenden verblieben. Obgleich *SaT* zu *AwI* zwecks *Erhebung von MaN* aufstiegen, blieben sie somit dennoch auf ihrem Platz, auf ihrer unteren Stufe, wie zuvor.

97. Ebenso kannst du verstehen, dass, auch wenn wir sagen, sobald *SoN* zu *AwI* zwecks *Erhebung von MaN* aufstiegen und dort ihre Lichter empfingen und dort austraten und wieder nach unten auf ihren Platz zurückkehrten, dies auch hier nicht bedeutet, dass sie von ihrem Platz Oben verschwanden und auf den Platz unten übersiedelten. Wären *SoN* an ihrem Platz oben in *AwI* abwesend, würde der *Siwug de AwI* von *Angesicht zu Angesicht* sofort aufhören und sie [*Aba we Ima*] würden wie zuvor zu ihrem Zustand *Rücken an Rücken* zurückkehren. Dies würde ihren Überfluss aufhören lassen. Und *SoN*, die unten sind, würden auch ihre *Mochin* verlieren.

Oben wurde bereits erläutert, dass *Bina* von ihrer Natur aus nur *Or Chassadim* anstrebt, gemäß des Geschriebenen: „Denn er erfreut in Barmherzigkeit" [(*Chafez Chessed Hu*)]. Sie hat keinerlei Interesse, *Or Chochma* zu empfangen; daher befindet sie sich *Rücken an Rücken* mit *Chochma*. Nur wenn *SoN* zwecks *MaN* zu ihnen aufsteigt, kehrt *Bina* zu einem *Siwug* von *Angesicht zu Angesicht* mit *Chochma* zurück, um die Erleuchtung von *Chochma* an *Seir Anpin* zu geben (Punkt 80).

Folglich ist es nötig, dass *SoN* immer dort bleiben, um den *Siwug de AwI* von Angesicht zu Angesicht zu ermöglichen und zu verwirklichen. Deswegen kann man nicht sagen, dass *SoN* am Platz von *AwI* abwesend sind, wenn sie auf ihren Platz nach unten kommen. Wie bereits gesagt, ist jegliche „Veränderung des Platzes" im Spirituellen vielmehr nichts anderes als lediglich eine Zugabe. Obwohl *SoN* von ihrem Platz abstiegen, verblieben sie somit ebenso Oben wie vorher.

98-99. Nun kannst du die *Sefira Daat* verstehen, die in der Welt von *Nekudim* eingesetzt wurde. In allen *Parzufim* von AK bis zu *Nekudim* gibt es lediglich *Zehn Sefirot KaCHaB SoN*. Doch in der Welt von *Nekudim* beginnend gibt es die *Sefira Daat*, die wir als *KaCHBaD SoN* betrachten.

Die Sache ist, dass es in den Parzufim von AK keine *Erhebung von MaN* gab, sondern lediglich den Aufstieg des *Massach* zu *Pe de Rosh* (Punkt 79). Auch solltest du wissen, dass sich die *Sefira Daat* aus der *Erhebung von MaN de SoN* zu *AwI* erstreckt, denn es wurde bereits erklärt, dass *SoN*, welche dorthin als *MaN* zu *Chochma* und *Bina* aufstiegen, dort -auch nach ihrem Austritt zur Rückkehr an ihren Platz nach unten - blieben, um den *Siwug* von *Aba we Ima* von Angesicht zu Angesicht zu ermöglichen und zu realisieren. Diese in *AwI* verbleibenden *SoN* heißen „*Sefira Daat*". Somit verfügen nun *CHuB* über die *Sefira Daat*, die ihnen die Verwirklichung und Ausführung eines *Siwug* von Angesicht zu Angesicht ermöglicht. Dies sind die *SoN*, die dort als *MaN* aufstiegen und dort auch nach dem Austritt von *SoN* auf deren Platz blieben.

Daher bezeichnen wir von nun an die *Zehn Sefirot* mit den Namen *KaCHBaD SoN*. In den *Parzufim de AK* jedoch – vor der Welt von *Nekudim*, noch vor der *Erhebung von MaN* – gab es keine *Sefira Daat*. Wisse auch, dass die *Sefira Daat* stets als „fünf *Chassadim* und fünf *Gwurot*" bezeichnet wird, da der dort verbliebene SA als fünf *Chassadim* betrachtet wird und die dort verbliebene *Nukwa* als fünf *Gwurot* gilt.

100. Wir sollten das im *Buch der Schöpfung* Geschriebene hinterfragen: dass die *Zehn Sefirot* „zehn und nicht neun sind, zehn und nicht elf". Es wurde gesagt, dass *die Sefira Daat* in der Welt von *Nekudim* initiiert wurde; somit gibt es elf *Sefirot KaCHBaD SoN*.

Die Antwort ist, dass es sich überhaupt nicht um einen Zusatz zu den *Zehn Sefirot* handelt, denn wir haben gelernt, dass die *Sefira Daat* in Wirklichkeit *SoN* sind, die zu *MaN* aufgestiegen und dort verblieben sind. Deshalb ist es hier kein Zusatz, sondern vielmehr zwei Unterscheidungen in *SoN*:

1. *SoN* auf ihrem Platz unten, die als *Guf* gelten;
2. *SoN*, welche im *Rosh* von *AwI* verblieben sind, da es sie bereits während der Erhebung des *MaN* dort gab und es im Spirituellen kein Verschwinden gibt.

Somit gibt es hier keinerlei Zusatz zu den *Zehn Sefirot*, denn letzten Endes gibt es hier nicht mehr als *Zehn Sefirot KaCHaB SoN*. Und wenn ein Aspekt von *SoN* im *Rosh* von *AwI* verbleibt, fügt das rein gar nichts zu den *Zehn Sefirot* hinzu.

DAS ZERBRECHEN DER GEFÄSSE (SHWIRAT HA KELIM) UND DEREN STURZ IN DIE WELTEN BYA

101. Nun haben wir gründlich die *Erhebung von* MaN und der *Sefira Daat* erläutert, welche als *Kelim de Panim de SaT de Nekudim* betrachtet werden, die entstanden und zu *Aba we Ima* aufgestiegen sind. Denn *Aba we Ima* empfangen das neue Licht von *AB SaG de AK* aus *SoN de AK* in der Form des Punktes von *Shuruk*. Sie ließen das untere *Hej* von *Nikwej Ejnaim* zu *Pe* absteigen, ihre *Kelim de Achoraim* aufsteigen, welche in die *SaT de Nekudim* gestürzt waren. Deswegen stiegen die *Kelim de Panim de SaT*, welche an die *Kelim de Achoraim de Aba we Ima* angeheftet waren (Punkte 89-94), ebenfalls auf. *SaT de Nekudim* wurden dort zu *MaN* und brachten *Aba we Ima* in den Zustand von *Angesicht zu Angesicht* (*Panim be Panim*) zurück.

Da das untere *Hej*, welches *Bchina Dalet* ist, auf ihren Platz zu *Pe* bereits zurückgekehrt war, führte der auf diesem *Massach* der *Bchina Dalet* vollzogene *Siwug de Hakaa* zur Schaffung von zehn kompletten *Sefirot* auf der Stufe *Keter* mit dem Licht *Or Yechida* (Punkt 84). *SaT*, welche dort als *MaN* einbezogen sind, empfangen ebenfalls diese großen Lichter von *Aba we Ima*. All dies wirkt nur von unten nach Oben, denn *Aba we Ima* sind *Rosh de Nekudim*, wo der *Siwug* stattfindet, der die *Zehn Sefirot* von unten nach Oben bildet.

Diese Lichter breiteten sich danach auch in den *Guf* aus, das heißt von Oben nach unten (Punkt 50). Und dann stiegen *SaT* samt allen in *Aba we Ima* empfangenen Lichtern ab, auf ihren Platz unten, und *Rosh* und *Guf* vom *Parzuf Gadlut de Nekudim* werden abgeschlossen. Eine derartige Ausbreitung des Lichts (*Hitpashtut*) wird als *Taamim* des *Parzuf Gadlut de Nekudim* definiert (Punkt 26).

102. Auch im *Parzuf Nekudim* werden die vier Unterscheidungen *Taamim*, *Nekudot*, *Tagin* und *Otiot* getroffen (Punkt 47). Dies ist so, weil alle Kräfte, die in den Höheren vorhanden sind, ebenso in den Unteren existieren müssen. Im Unteren sammeln sich allerdings zusätzliche Informationen über den Höheren. Wie bereits festgestellt wurde, wird das Wesen der *Hitpashtut* eines jeden *Parzuf* mit dem Namen *Taamim* bezeichnet. Nach seiner Ausbreitung ereignet sich der *Bitush* des *Or Pnimi* und *Or Makif*, und durch diesen *Bitush* wird der *Massach* stufenweise gereinigt, bis er sich dem *Pe de Rosh* völlig angleicht.

Da das Höhere Licht nie aufhört, vollzieht es den *Siwug* im *Massach* auf jeder Stufe der *Awiut* während seiner Reinigung. Dies bedeutet, dass, wenn er sich beim Übergang von *Bchina Dalet* zu *Bchina Gimel* reinigt, die Stufe *Chochma* darauf entsteht. Und wenn er *Bchina Bet* erreicht, entsteht die Stufe *Bina*. Wenn der *Massach* zu *Bchina Alef* gelangt, resultiert daraus die Stufe *Seir Anpin*, und wenn der *Massach* zu *Bchina Shoresh* gelangt, erzeugt er die Stufe *Malchut* auf ihm. Alle diese Stufen, die sich während seiner Reinigung auf dem *Massach* zeigen, werden als *Nekudot* bezeichnet.

Die *Reshimot*, welche von den Lichtern nach ihrem Austritt verbleiben, werden als *Tagin* bezeichnet. Die *Kelim*, welche nach dem Austritt des Lichts aus ihnen zurückbleiben, heißen *Otiot*, und nachdem der *Massach* von der ganzen *Awiut de Guf* vollständig gereinigt ist, ist er in den *Massach de Pe de Rosh* durch einen *Siwug* einbezogen, und ein zweiter *Parzuf* entsteht auf ihm.

103. Auf die gleiche Art und Weise geht es auch im *Parzuf Nekudim* vor sich. Hier tauchen ebenfalls zwei *Parzufim* auf: AB und SaG, einer unter dem anderen. Und in jedem von beiden sind *Taamim, Nekudot, Tagin* und *Otiot*.

Der einzige Unterschied liegt in der *Hisdakchut* des *Massach*, die sich nicht durch den *Bitush* von *Or Pnimi* und *Or Makif* ereignete, sondern aufgrund der Kraft von *Din* in der *Abschließenden Malchut*, die in diesen Gefäßen enthalten war (Punkt 90). Aus diesem Grunde blieben nach dem Verschwinden der Lichter keine leeren *Kelim* im *Parzuf*, wie in den drei *Parzufim Galgalta, AB* und *SaG de AK*, sondern sie zerbrachen, starben und stürzten in die Welten *BYA*.

104. Der *Parzuf Taamim*, der in der Welt *Nekudim* auftauchte, und der erste *Parzuf* in *Nekudim* ist, entstand auf der Stufe *Keter* und entstand mit *Rosh* und *Guf*. Der *Rosh* kam in *Aba we Ima* hervor, und *Guf* ist die Ausbreitung der *SaT* vom *Pe de Aba we Ima* nach unten (Punkt 101). Diese *Hitpashtut* (Ausbreitung) vom *Pe de Aba we Ima* nach unten heißt *Melech ha Daat* (König des Wissens).

Er ist wirklich die Gesamtheit aller *SaT de Nekudim*, die zurückkehrten und sich an ihrem Platz nach der *Erhebung von MaN* wieder ausbreiteten. Da jedoch ihre Wurzel (*Shoresh*) in *Aba we Ima* blieb, um den Zustand *Panim be Panim* von *Aba we Ima* zu ermöglichen und zu realisieren (Punkt 88), was *Moach ha Daat* (Gehirn des Wissens) heißt und den *Siwug* von *Aba we Ima* durchführt, wird daher ihre Ausbreitung von Oben nach unten in *Guf* gleichfalls mit diesem Namen bezeichnet - *Melech ha Daat*. Dies ist der erste *Melech* (König) *de Nekudim*.

105. Es ist bekannt, dass alle Quantität und Qualität in den *Zehn Sefirot de Rosh* ebenso in der Ausbreitung von Oben nach unten in den *Guf* erscheint. Folglich, wie bei den Lichtern von *Rosh*, kehrt die *Paarende Malchut* zurück und steigt ab vom Platz *Nikwej Ejnaim* zum Platz *Pe*. Dann vereinigten GE (*Galgalta we Ejnaim*) und *Nikwej Ejnaim*, welche die *Kelim de Panim* sind, ihre *Kelim de Achoraim* - ihre ACHaP –, und die Lichter breiteten sich dort aus. Genauso - bei der Ausbreitung von Oben nach unten in den *Guf* - erreichten die Lichter auch ihre *Kelim de Achoraim*, das heißt TaNHJM (*Tiferet, Nezach, Hod, Jessod, Malchut*) in den Welten *BYA* unterhalb des *Parssa de Azilut*.

Da jedoch die Kraft der *Abschließenden Malchut* im *Parssa de Azilut* in diesen *Kelim* vermischt ist, und sobald die Lichter des *Melech ha Daat* dieser Kraft begegneten, verließen sie alle ihre *Kelim* und stiegen zu ihrer Wurzel auf. Dann zerbrachen alle *Kelim* von *Melech ha Daat* - *Panim* und *Achoraim* -, starben und stürzten in die

Welten *BYA* ab. Denn das Verschwinden der Lichter aus den *Kelim* ist ähnlich dem Verschwinden der vitalen Kraft aus dem biologischen Körper und wird „Tod" genannt. An dieser Stelle reinigt sich der *Massach* von der *Awiut de Bchina Dalet*, nachdem diese *Kelim* bereits zerbrochen und gestorben waren, lediglich die *Awiut de Bchina Gimel* blieb [im *Massach*] zurück.

106. So, wie *Awiut Bchina Dalet* von *Massach de Guf* infolge des Zerbrechens aufgehoben wurde, löste sich diese *Awiut* auch in der *Paarenden Malchut* von *Rosh* in *Aba we Ima* auf. Dies ist so, denn *Awiut de Rosh* und *Awiut de Guf* sind identisch, insofern eine potenziell und die andere tatsächlich ist (Punkt 50). Aus diesem Grund endete der *Siwug* der Stufe *Keter* in *Rosh* von *Aba we Ima* ebenfalls. Und die *Kelim de Achoraim*, *ACHaP*, welche die Stufe *Keter* ergänzt haben, stürzten einmal mehr eine Stufe tiefer, das heißt in *SaT*. Diesen Vorgang nennt man „die Auflösung von *Achoraim* der Stufe *Keter* von *Aba we Ima*". So sehen wir, dass die gesamte Stufe *Taamim de Nekudim*, sowohl *Rosh* als auch *Guf*, verschwand.

107. Da jedoch das Höhere Licht nie zu Scheinen aufhört, vollzieht es erneut einen *Siwug* mit *Awiut de Bchina Gimel*, welche im *Massach de Rosh* von *Aba we Ima* blieb. So kamen *Zehn Sefirot* auf der Stufe *Chochma* hervor. Der *Guf* breitet sich von Oben nach unten aus, bis zur *Sefira Chessed*, und dies ist der zweite *Melech de Nekudim*. Auch er breitete sich in die Welten *BYA* aus, zerbrach und starb. Zu dieser Zeit wurde die *Awiut de Bchina Gimel* sowohl aus dem *Massach de Guf* als auch *de Rosh* aufgehoben. Und auch die *Kelim de Achoraim*, *ACHaP*, welche diese Stufe *Chochma* von *Aba we Ima* ergänzten, kehrten einmal mehr zurück, lösten sich auf und stürzten eine Stufe tiefer, zu *SaT*, wie es sich auf der Stufe *Keter* ereignete.

Nachfolgend wurde ein *Siwug* mit *Awiut de Bchina Bet* gemacht, welche im *Massach* blieb, *Zehn Sefirot* auf der Stufe *Bina* hervorbringend. Der *Guf* breitete sich von Oben nach unten aus, in die *Sefira Gwura*, und dies ist der dritte *Melech* der Welt *Nekudim*.

Auch er breitete sich gleichfalls in *BYA* aus, zerbrach und starb. *Awiut de Bchina Bet* in *Rosh* und *Guf* löste sich ebenfalls auf. Und da hörte der *Siwug* auf der Stufe *Bina* auch in *Rosh* auf. Und *Achoraim* der Stufe *Bina de Rosh* stürzten eine Stufe tiefer, das heißt in *SaT*. Der nächste *Siwug* fand mit *Awiut de Bchina Alef* statt, welche im *Massach* blieb, und dies brachte *Zehn Sefirot* der Stufe *SA* hervor. Ebenso sein *Guf*, er breitete sich von Oben nach unten im oberen Drittel von *Tiferet* aus. Doch auch er konnte nicht bestehen, und das Licht verließ ihn. *Awiut de Bchina Alef* reinigte sich ebenfalls in *Guf* und *Rosh*, und *Achoraim* der Stufe *SA* fiel auf die niedrigere Stufe, in *SaT*.

108. Dies vervollständigt den Abstieg sämtlicher *Achoraim* von *Aba we Ima*, welche *ACHaP* sind. Denn beim Zerbrechen von *Melech haDaat* wurden in *Aba we Ima* lediglich jene *ACHaP* aufgelöst, die zur Stufe *Keter* gehören. Und beim Zerbrechen von *Melech haChessed* wurden in *Aba we Ima* lediglich jene *ACHaP* aufgelöst, die zur Stufe *Chochma* gehören. Und beim Zerbrechen von *Melech haGwura* lösten sich die zur Stufe *Bina* gehörenden *ACHaP* auf. Und mit dem Verschwinden des Oberen Drittels von *Tiferet*, lösten sich die *ACHaP* der Stufe *SA* auf.

Es folgt, dass die gesamte Stufe *Gadlut* in *Aba we Ima* aufgelöst wurde, und es blieb in ihnen einzig und allein *GE de Katnut* zurück. Dabei blieb im *Massach* nur *Awiut Shoresh* bestehen. Anschließend wurde der *Massach de Guf* von seiner gesamten *Awiut* gereinigt und dem *Massach de Rosh* gleich. Er wird in den *Siwug de Hakaa* von *Rosh* einbezogen. Dabei werden in ihm alle *Reshimot* erneuert, ausgenommen die letzte *Bchina* (Punkt 41). Aufgrund dieser Erneuerung entstand eine neue Stufe, *ISHSuT* (Israel, Saba we Twuna) genannt.

109. Und da die letzte *Bchina* verschwunden war, blieb lediglich *Bchina Gimel* zurück, auf der weitere *Zehn Sefirot* auf der Stufe *Chochma* hervorkamen. Und als ihre *Awiut de Guf* erkannt war, verließ sie den *Rosh de Aba we Ima*, stieg ab und bekleidete den Platz von *Chase de Guf de Nekudim* (Punkt 55). Dies brachte die *Zehn Sefirot de Rosh* hervor, von *Chase* [von *Aba we Ima*] aufwärts, und dieser *Rosh* wird *ISHSuT* genannt. Sein *Guf* bildete sich unter *Chase* von zwei Drittel *Tiferet* bis zum *Sium* (Ende). Das ist der vierte *Melech* von *Nekudim*, der sich ebenso in *BYA* ausbreitete, zerbrach und starb. *Awiut de Bchina Gimel* wurde gereinigt in *Rosh* und *Guf*. Die *Kelim de Achoraim* von *Rosh* fielen auf die niedrigere Stufe, auf den Platz ihres *Guf*.

Danach erfolgte ein *Siwug* auf *Awiut de Bchina Bet*, welche im *Massach* blieb. Daraus resultierte die Stufe *Bina*, während sich sein *Guf* von Oben nach unten in zwei *Kelim* – *Nezach* und *Hod* – ausbreitete. Beide sind ein *Melech*, das heißt der fünfte *Melech* von *Nekudim*. Und auch sie breiteten sich in *BYA* aus, zerbrachen und starben. Somit reinigte *Awiut de Bchina Bet* den *Rosh* und *Guf*, und die *Kelim de Achoraim* der Stufe stürzten eine Stufe tiefer, in *Guf*.

Der nächste *Siwug* fand mit *Awiut de Bchina Alef* statt, welche im *Massach* blieb, und brachte die Stufe *SA* hervor. Sein *Guf*, von Oben nach unten, breitete sich im *Kli Jessod* aus, und das ist der sechste *Melech* von *Nekudim*. Auch er breitete sich in die Welten *BYA* aus, zerbrach und starb. *Awiut de Bchina Alef* reinigte sich ebenfalls in *Guf* und *Rosh*, und die *Kelim de Achoraim* von *Rosh* fielen auf die Stufe unter ihnen, in den *Guf*.

Der nächste *Siwug* fand mit *Awiut de Bchina Shoresh* statt, welche im *Massach* blieb, und brachte die Stufe *Malchut* hervor. Sein *Guf*, von Oben nach unten, breitete sich im *Kli Malchut* aus, und er ist der siebente *Melech* von *Nekudim*. Auch er breitete sich in die Welten *BYA* aus, zerbrach und starb. *Awiut de Shoresh* wurde ebenfalls in *Rosh* und *Guf* gereinigt, und *Achoraim de Rosh* fielen auf die Stufe unter sich, in den *Guf*. Nun ist die Auflösung sämtlicher *Kelim de Achoraim* von *ISHSuT* zu Ende, ebenso das Zerbrechen der *Kelim* sämtlicher *SaT de Nekudim*, welche *„die sieben Melachim (Könige)"* heißen.

110. Und nun sind *Taamim* und *Nekudot* aufgeklärt, die in zwei *Parzufim* – *Aba we Ima* und *ISHSuT de Nekudim* – auftauchten, sie heißen *AB SaG*. In *Aba we Ima* erschienen vier Stufen, eine unter der anderen:

- *Die Stufe von Keter, die „Histaklut Ejnaim Aba we Ima" heißt (sich gegenseitig in die Augen schauen).*
- *Die Stufe Chochma heißt Guf de Aba.*
- *Die Stufe Bina heißt Guf de Ima.*
- *Die Stufe von SA heißt Jessodot de Aba we Ima.*

Daraus breiteten sich vier *Gufim* (Plural von *Guf*) aus:

- *Melech (König) haDaat,*
- *Melech haChessed,*
- *Melech haGwura,*
- *Melech des Oberen Drittels von Tiferet bis Chase.*

Diese vier *Gufim* zerbrachen – sowohl *Panim* als auch *Achoraim*. Seitens der *Roshim* (Plural von *Rosh*) jedoch, das heißt in vier Stufen von *Aba we Ima*, blieben alle *Kelim de Panim* an ihren Plätzen, das heißt GE und *Nikwej Ejnaim* jeder einzelnen Stufe, die seit *Katnut de Nekudim* in ihnen vorhanden waren. Nur die *Kelim de Achoraim* einer jeden Stufe, die sich ihnen während *Gadlut* anschlossen, wurden aufgrund des Zerbrechens der *Kelim* nochmals aufgelöst, fielen auf die niedrigere Stufe und blieben dort so, wie sie bereits vor der Entstehung von *Gadlut de Nekudim* waren (Punkte 76-77).

111. Die Entstehung dieser vier Stufen, eine unter der anderen, im *Parzuf ISHSuT*, erfolgte auf genau die gleiche Weise:

- *die erste Stufe ist die Stufe Chochma und heißt „das gegenseitige Ansehen von Ejnaim de ISHSuT",*
- *die Stufe von Bina,*
- *die Stufe von SA,*
- *die Stufe von Malchut.*

Vier *Gufim* (Körper) breiteten sich von ihnen aus:

- *der Melech der unteren beiden Drittel von Tiferet,*
- *Melech von Nezach und Hod,*
- *Melech von Jessod,*
- *Malchut.*

Diese vier *Gufim* zerbrachen sowohl in *Panim* als auch in *Achoraim*. Jedoch in den *Roshim* (Köpfe), das heißt in den vier Stufen von *ISHSuT*, blieben alle *Kelim de Panim* zurück, und lediglich deren *Achoraim* wurden aufgrund des Zerbrechens der *Kelim* aufgelöst und fielen auf die niedrigere Stufe. Nach der Auflösung beider *Parzufim Aba we Ima* und *ISHSuT* entstand die Stufe von *MaH de Nekudim*. Und da alles, was sich von ihr in den *Guf* ausbreitete, lediglich Korrekturen der *Kelim* sind, werde ich hier nicht weiter darauf eingehen.

DIE WELT DER KORREKTUR (OLAM HATIKUN) UND DER NEUE MAH, WELCHER AUS MEZACH DE AK HERVORKAM

112. Seit dem Anfang der Einführung [in die Weisheit der Kabbala] bis hierher, haben wir gründlich die ersten vier *Parzufim* von AK erläutert:

- *Der erste Parzuf von AK, genannt Parzuf Galgalta, in dem der Siwug de Hakaa auf Bchina Dalet erfolgte, und seine Zehn Sefirot sind auf der Stufe von Keter.*
- *Der zweite Parzuf de AK, genannt AB de AK. Der Siwug de Hakaa in ihm wird auf Awiut de Bchina Gimel gemacht, und seine Zehn Sefirot sind auf der Stufe von Chochma. Dieser Parzuf kleidet sich von Pe de Parzuf Galgalta nach unten.*
- *Der dritte Parzuf de AK heißt SaG de AK. Der Siwug de Hakaa ereignet sich auf Awiut de Bchina Bet, und seine Zehn Sefirot sind auf der Stufe von Bina. Er kleidet Parzuf AB de AK von Pe nach unten.*
- *Der vierte Parzuf de AK wird MaH de AK genannt. Der Siwug de Hakaa erfolgt auf Awiut de Bchina Alef und die Zehn Sefirot in ihm befinden sich auf der Stufe von Seir Anpin. Dieser Parzuf kleidet sich von Tabur nach unten in den Parzuf SaG de AK ein und wird in Innerlichkeit und Äußerlichkeit unterschieden. Die Innerlichkeit heißt „MaH und BoN de AK" und die Äußerlichkeit „die Welt von Nekudim". An diesem Ort erfolgte die Vereinigung von Malchut in Bina, genannt Zimzum Bet, ebenso Katnut, Gadlut, die Erhebung von MaN und auch Daat, was CHuB bestimmt und Panim be Panim (von Angesicht zu Angesicht) paart, und auch die Thematik des Zerbrechens der Kelim. Dies ist so, weil all das im vierten Parzuf de AK initiiert wurde, welcher MaH oder „die Welt von Nekudim" heißt.*

113. Diese fünf Unterscheidungen von *Awiut* im *Massach* werden nach den *Sefirot* in *Rosh* benannt, nämlich *Galgalta we Ejnaim* und *ACHaP*:

- *Awiut de Bchina Dalet wird Pe genannt; aus ihr kommt der erste Parzuf von AK [Galgalta] hervor.*
- *Awiut de Bchina Gimel wird Chotem genannt; aus ihr kommt der Parzuf AB de AK hervor.*
- *Awiut de Bchina Bet wird Osen genannt; aus ihr kommt der Parzuf SaG de AK hervor.*
- *Awiut de Bchina Alef wird Nikwej Ejnaim genannt; aus ihr kommen der Parzuf MaH de AK und die Welt Nekudim hervor.*
- *Awiut de Bchina Shoresh wird Galgalta oder Mezach genannt; sie führt zur Entstehung der „Welt des Tikun (Korrektur)", auch Parzuf „neuer MaH" genannt, denn der Kern*

des vierten *Parzuf de AK* ist der *Parzuf MaH de AK*, weil er aus *Nikwej Ejnaim* auf der Stufe *SA* stammt, genannt *HaWaYaH de MaH*.

Jedoch der fünfte Teil von *AK*, entstanden aus *Mezach*, was *Bchina Galgalta* ist und als *Awiut de Shoresh* betrachtet wird, hat tatsächlich lediglich die Stufe *Malchut*, genannt *BoN*. Da aber dort auch *Bchina Alef de Hitlabshut*, definiert als *SA*, zurückgeblieben ist, heißt auch er ebenso *MaH*. Er wird jedoch als „*MaH*, welcher aus *Mezach de AK* entstanden ist" bezeichnet, was bedeutet, dass er von *Hitkalelut* von *Awiut de Shoresh* ist, was *Mezach* heißt. Er wird „der neue *MaH*" genannt, um ihn von jenem *MaH* zu unterscheiden, der aus *Nikwej Ejnaim de AK* entstanden ist. Und dieser neue *Parzuf MaH* wird „die Welt des *Tikun*" oder „die Welt von *Azilut*" genannt.

114. Wir sollten den Unterschied verstehen, weshalb die ersten drei Stufen von der Welt *AK*, genannt *Galgalta, AB, SaG*, nicht als drei Welten, sondern als drei *Parzufim* angesehen werden, und wodurch sich der vierte *Parzuf* von *AK* unterscheidet und den Namen „Welt" verdient. Dies betrifft ebenso den fünften *Parzuf de AK*, denn der vierte *Parzuf* von *AK* heißt „Welt von *Nekudim*", und der fünfte *Parzuf* von *AK* heißt „Welt von *Azilut*" oder „Welt des *Tikun*".

115. Wir sollten verstehen, worin der Unterschied zwischen einem *Parzuf* und einer Welt besteht. Als *Parzuf* bezeichnet man jede Stufe aus den *Zehn Sefirot*, die auf einem *Massach de Guf* des Höheren entsteht, nachdem sie gereinigt und in *Pe de Rosh* des Höheren einbezogen wurde (Punkt 50). Nach dem Austritt aus dem *Rosh* des Höheren breitet er sich in seine eigenen *Rosh, Toch* und *Sof* aus und enthält ebenfalls fünf Stufen, eine unter der anderen, die *Taamim* und *Nekudot* genannt werden (Punkt 47). Allerdings wird er lediglich nach dem Namen der Stufe *Taamim*, die in ihm enthalten ist, benannt. Und die drei ersten *Parzufim* von *AK* - *Galgalta, AB* und *SaG* (Punkt 47) - entstanden auf diese Art und Weise. Hingegen bedeutet „Welt", dass sie alles enthält, was in der über ihr liegenden Höheren Welt existiert, ähnlich einem Stempel und seinem Abdruck, wobei alles, was auf dem Stempel ist, vollständig auf das von ihm Abgedruckte übergeht.

116. Somit siehst du, dass die drei ersten *Parzufim, Galgalta, AB* und *SaG de AK* als eine Welt definiert werden, nämlich die Welt *AK*, die mit der ersten Einschränkung entstand. Der vierte *Parzuf* von *AK* jedoch, in dem sich *Zimzum Bet* ereignete, wird zu einer Welt an und für sich, wegen der Dualität, die im *Massach de Nekudot de SaG* während seines Abstieges unterhalb des *Tabur de AK* entstand. Dies ist so, weil er durch die *Awiut de Bchina Dalet* verdoppelt wurde, in der Form des unteren *Hej* in *Ejnaim* (Punkt 63).

Im Zustand *Gadlut* kehrte *Bchina Dalet* an ihren Platz im *Pe* zurück und verursachte die Entstehung der Stufe *Keter* (Punkt 84), und diese Stufe stimmte mit dem ersten *Parzuf de AK* [*Galgalta*] überein. Und nachdem er sich in Form von *Taamim* und *Nekudot* in *Rosh, Toch* und *Sof* ausbreitete, entstand ein zweiter *Parzuf* auf ihm, auf der Stufe *Chochma*, genannt *ISHSuT*, der dem zweiten *Parzuf de AK* ähnlich ist, genannt *AB de AK*. Und nach seiner Ausbreitung in Form von *Taamim* und *Nekudot* entstand ein dritter *Parzuf*, genannt *MaH de Nekudim* (Punkt 111), der dem dritten *Parzuf de AK* ähnlich ist.

Somit gibt es hier in der Welt von *Nekudim* alles, was in der Welt *AK* existiert, und zwar drei *Parzufim*, einer unter dem anderen. Jeder von ihnen enthält *Taamim* und *Nekudot*, gleich den drei *Parzufim Galgalta, AB* und *SaG de AK* in der Welt von *AK*. Daher wird die Welt der *Nekudim* als Abdruck von der Welt *AK* betrachtet.

Ebenso wird sie daher als eine vollständige Welt an und für sich betrachtet. (Und der Grund, warum die drei *Parzufim* von *Nekudim* nicht *Galgalta, AB, SaG* genannt werden, sondern *AB, SaG, MaH*, ist, weil die *Awiut* von *Bchina Dalet*, einbezogen in *Massach de SaG*, wegen der *Hisdakchut*, welche bereits im ersten *Parzuf de AK* war, keine vollständige *Awiut* besitzt. Dies ist der Grund, warum sie absteigen, um *AB*, *SaG* und *MaH* zu sein.

117. Somit haben wir gelernt, wie die Welt der *Nekudim* ein Abdruck der Welt *AK* wurde. Dem gleich wurde der fünfte *Parzuf* von *AK*, also der neue *MaH*, vollständig durch die Welt der *Nekudim* abgedruckt. Folglich, obwohl die Unterscheidungen, die in *Nekudim* galten, dort zerbrachen und aufgelöst wurden, wurden sie in dem neuen *MaH* erneuert. Deswegen wird der *Parzuf* als eigenständige Welt bezeichnet.

Ebenso heißt er „Welt von *Azilut*", denn sie endet gänzlich oberhalb des *Parssa*, der während der zweiten Einschränkung geformt wurde. Er wird auch „die Welt der Korrektur" – *Olam ha Tikun* – genannt, weil die Welt der *Nekudim* wegen des Zerbrechens sowie der Auflösung, die in ihr geschah, nicht hätte existieren können. Nur anschließend, in dem neuen *MaH*, als alle diese *Bchinot*, die in der Welt der *Nekudim* waren, zurückkehrten und in dem neuen *MaH* auftauchten, wurden sie dort angeordnet und konnten existieren.

Deswegen heißt der neue *MaH* „die Welt der Korrektur", denn tatsächlich, es ist die Welt der *Nekudim* selbst, jedoch empfängt sie hier in dem neuen *MaH* die vollständige Korrektur. Dies ist so, weil durch das neue *MaH* sämtliche *Achoraim*, die aus *Aba we Ima* und *ISHSuT* in *Guf* abstürzten, genauso wie die *Panim* und *Achoraim* aller *SaT*, die in *BYA* fielen und starben, sich vereinigen und somit zu *Azilut* aufsteigen.

118. Der Grund hierfür ist, dass jeder niedrigere *Parzuf* zurückkehrt und die *Kelim* des Höheren nach dem Austritt der Lichter während der *Hisdakchut* des *Massach* füllt. Dies ist so, weil nach dem Verschwinden der Lichter aus dem *Guf* des ersten *Parzuf de AK* ein neuer *Siwug* im *Massach* auf der Stufe *AB* stattfand, der die leeren *Kelim* des *Guf* des Höheren füllte, das heißt den ersten *Parzuf*.

Zusätzlich, nachdem die Lichter von *Guf de AB* aufgrund der *Hisdakchut* des *Massach* ausgestoßen worden waren, fand im *Massach* ein neuer *Siwug* auf der Stufe *SaG* statt, der die leeren *Kelim* des Höheren erneut füllte, was *AB* ist. Zusätzlich, nachdem die Lichter von *SaG* aufgrund der *Hisdakchut* des *Massach* verschwunden waren, fand im *Massach* ein neuer *Siwug* auf der Stufe *MaH* statt, entstanden aus *Nikwej Ejnaim*, also den *Nekudim*, welche die leeren *Kelim* des Höheren erneut füllten, welche die *Nekudot de SaG* sind.

Genauso empfing der *Massach* nach dem Verschwinden der Lichter der *Nekudim* aufgrund der Auflösung der *Achoraim* und des Zerbrechens der *Kelim* einen neuen *Siwug* auf der Stufe *MaH*, welcher hervorging aus *Mezach* vom *Parzuf SaG de AK*. Dies füllte die leeren *Kelim* des *Guf* des Höheren, welche die *Kelim de Nekudim* sind, die aufgelöst wurden und zerbrachen.

119. Es gibt jedoch einen grundlegenden Unterschied hier in dem neuen [*Parzuf*] *MaH*: Er wurde männlich und ein Höherer für die *Kelim de Nekudim*, welche er korrigiert. Im Gegensatz dazu wird in den vorhergehenden *Parzufim* der Niedrigere nicht männlich und kein Höherer für die *Kelim de Guf* des Höheren, obwohl er diese durch seine Stufe (mit Licht) füllte. Und dieser Unterschied resultiert daraus, dass in den vorhergehenden *Parzufim* keine Mängel oder Fehler beim Verschwinden des Lichts bestanden, denn nur das Verschwinden des *Massach* verursachte ihr Verschwinden.

Jedoch hier, in der Welt der *Nekudim*, gab es einen Schaden in den *Kelim*, da die Kraft der *Abschließenden Malchut* mit den *Kelim de Achoraim de SaT* vermischt war, was sie für den Empfang des Lichts untauglich machte. Dies ist der Grund, warum sie zerbrachen, starben und in die Welten *BYA* fielen. Daher sind diese *Kelim* völlig von dem neuen *MaH* abhängig, um wiederbelebt zu werden, sie zu sortieren und sie zur Welt *Azilut* zu erheben. Als Ergebnis wird der neue *MaH* als männlich und als Geber angesehen.

Und diese *Kelim de Nekudim*, welche von dem neuen *MaH* sortiert werden, wurden zu *Nukwa* (weiblich) für *MaH*. Aus diesem Grunde wurde ihre Bezeichnung zu *BoN* geändert, was bedeutet, sie wurden zu *Tachton* (der Untere) bezüglich *MaH*, obwohl sie bezüglich des neuen *MaH* höher sind, denn sie sind *Kelim* aus der Welt der *Nekudim*, und die höchste Stufe von *MaH* und *Nikwej Ejnaim* ist *WaK de SaG de AK* (Punkt 74). Dennoch wurden sie zu *Tachton* (dem Unteren) bezüglich des neuen *MaH*, weshalb sie auch *BoN* genannt werden, wie oben ausgeführt.

FÜNF *PARZUFIM* DER WELT *AZILUT* UND *MAH* UND *BON* IN JEDEM *PARZUF*

120. Es wurde erklärt, dass die Stufe des neuen *MaH* sich zu einer vollständigen Welt entwickelte, ebenso wie die Welt von *Nekudim*. Der Grund ist, wie es bezüglich der Stufe der *Nekudim* erörtert wurde, die Verdoppelung des *Massach* von *Bchina Dalet* (Punkt 116). Dies ist so, weil das Leuchten von *SoN de AK*, das durch den *Tabur* und *Jessod* zu *GaR de Nekudim* schien, *Zimzum Alef* auf seinen Platz zurückbrachte, und das untere *Hej* stieg aus *Nikwej Ejnaim* zu *Pe* ab, was alle Stufen von *Gadlut de Nekudim* hervorbrachte (Punkt 101). Jedoch kehrten alle diese Stufen zurück, wurden aufgelöst und zerbrachen einmal mehr, und alle Lichter verschwanden. Aus diesem

Grunde kehrte *Zimzum Bet* an seinen Platz zurück, und *Bchina Dalet* wurde wieder mit dem *Massach* verbunden.

121. Daher gibt es auch im neuen *MaH*, welcher aus *Mezach* [*de Rosh de SaG*] entstanden ist, die zwei *Bchinot* von *Gadlut* und *Katnut*, so wie in der Welt von *Nekudim*. Zuerst kommt *Katnut* hervor, entsprechend der im *Massach* vorhandenen *Awiut*. Das entspricht der Stufe von *SA de Hitlabshut*, auch *CHaGaT* genannt, und der Stufe von *Malchut de Awiut*, auch *NeHJ* genannt, basierend auf den drei Linien in *Malchut*. Die rechte Linie wird als *Nezach*, die Linke Linie als *Hod* und die mittlere Linie als *Jessod* bezeichnet.

Da es aber in *Bchina Alef* nur *Hitlabshut* ohne *Awiut* gibt, hat sie keine *Kelim*. Und so hat die Stufe *CHaGaT* keine *Kelim* und sie kleidet sich in die *Kelim* von *NeHJ* ein, **diese Stufe wird *Ubar* (Embryo) genannt.** Das heißt, es gibt hier lediglich *Awiut de Shoresh*, welche im *Massach* nach seiner *Hisdakchut* übrig geblieben ist, während seines Aufstieges zum *Siwug* in *Mezach* des Höheren. Die hier entstehende Stufe ist nur die Stufe *Malchut*.

Jedoch, in ihrem Inneren ist das untere *Hej* verborgen enthalten, das als „unteres *Hej* in *Mezach*" gesehen wird. Sobald der *Ubar* den *Siwug* des Höheren empfängt, steigt er von dort auf seinen Platz ab (Punkt 54) und erhält dort die **Mochin**[72] **de Yenika von dem Höheren**, welche *Awiut de Bchina Alef* sind und als „das untere *Hej* in *Nikwej Ejnaim*" betrachtet werden. Dadurch erwirbt er *Kelim* auch für *ChaGaT*, und *CHaGaT* breiten sich von *NeHJ* aus, und er [der *Ubar*] hat die Stufe *SA*.

122. Danach steigt nun der *Parzuf* nochmals zu *MaN* zum Höheren auf. Das wird als *Ibur Bet* (zweite Befruchtung/Empfängnis) bezeichnet. Hier empfängt er *Mochin* von *AB SaG de AK*. Dann steigt *Bchina Dalet* von *Nikwej Ejnaim* auf ihren Platz im *Pe* ab (Punkt 101), und nun erfolgt ein *Siwug* in *Bchina Dalet* auf ihrem Platz. So entstehen *Zehn Sefirot* auf der Stufe von *Keter*. Die *Kelim de ACHaP* kehren auf ihren Platz in *Rosh* zurück, womit der *Parzuf* durch die *Zehn Sefirot* in Bezug auf die Lichter und die *Kelim* vervollständigt wird. Diese *Mochin* heißen *Mochin de Gadlut* vom *Parzuf*. Das ist die Stufe des ersten *Parzuf de Azilut*, welcher *Parzuf Keter* bzw. *Parzuf Atik de Azilut* genannt wird.

123. Wir wissen bereits, dass nach dem Zerbrechen der *Kelim* alle *ACHaP* wieder von ihren Stufen abstürzten, jeweils eine Stufe tiefer (Punkt 77, Punkt 106). Nun liegen alle *ACHaP* der Stufe *Keter de Nekudim* in *GE* der Stufe von *Chochma*; und die *ACHaP* der Stufe von *Chochma* sind in *GE* der Stufe von *Bina* usw. Daher stiegen, während *Ibur Bet de Gadlut* von dem ersten *Parzuf* von *Azilut*, der *Atik* heißt, seine *ACHaP* wieder auf *GE* der Stufe *Chochma* stiegen mit ihnen ebenfalls auf. Sie wurden samt den *ACHaP* der Stufe *Atik* korrigiert und empfingen so den ersten *Ibur*.

---
72 *Mochin*: Plural von hebr. *Moach* — Gehirn

124. Nachdem *GE de Chochma* ihre Stufe *Ibur* und *Yenika* empfangen hatten (Punkt 121), stiegen sie im *Rosh de Atik* wieder auf, wo sie den zweiten *Ibur* für *Mochin de Gadlut* empfingen. *Bchina Gimel* stieg auf ihren Platz im *Pe* ab und brachte die *Zehn Sefirot* auf der Stufe *Chochma* hervor, und ihre *Kelim de ACHaP* stiegen wieder auf ihren Platz im *Rosh* auf. So wurde *Parzuf Chochma* mit den *Zehn Sefirot* der Lichter und *Kelim* vervollständigt. Dieser *Parzuf* wird *Arich Anpin de Azilut* genannt.

125. Die *GE* der Stufe *Bina* stiegen zusammen mit diesen *ACHaP* von *AA* auf, und dort empfingen sie ihre ersten *Ibur* und *Yenika*. Danach stiegen sie zum *Rosh* von *AA* zu *Ibur Bet* auf und erhoben ihre *ACHaP*, empfingen *Mochin de Gadlut*, und *Parzuf Bina* wurde mit den *Zehn Sefirot* der Lichter und *Kelim* vervollständigt. Dieser *Parzuf* heißt *AwI* und *ISHSuT*, denn die *GaR* heißen *AwI*, und die *SaT* heißen *ISHSuT*.

126. *GE de SoN* stiegen zusammen mit diesen *ACHaP de AwI* auf, dort empfingen sie ihre ersten *Ibur* und *Yenika*. So wurden *SoN* auf der Stufe *WaK* in Form von *SA* und *Nekuda* (Punkt) in Form von *Nukwa* vervollständigt. Damit haben wir die fünf *Parzufim* vom neuen *MaH* erklärt, die in der Welt *Azilut* in ihrem konstanten Zustand entstanden, und sie heißen *Atik*, *AA*, *AwI* und *SoN*.

- *Atik entstand auf der Stufe Keter,*
- *AA auf der Stufe Chochma,*
- *AwI auf der Stufe Bina,*
- *SoN auf der Stufe WaK und Nekuda – das ist die Stufe SA.*

In diesen fünf Stufen ist keine Verminderung mehr möglich, denn die Handlungen der Unteren können niemals bis *GaR* reichen, um ihnen einen Schaden zuzufügen. Die Handlungen der Unteren erreichen *SA* und *Nukwa*, das sind ihre *Kelim de Achoraim*, die sie während *Gadlut* erfassen. Jedoch können die Handlungen der Unteren die *Kelim de Panim*, welche *GE* der Lichter von *WaK* und *Nekuda* sind, nicht erreichen. Daher werden diese fünf Stufen als konstantes *Mochin* in *Azilut* angesehen.

127. Die Reihenfolge ihrer Einkleidung ineinander und auf den *Parzuf AK* ist, dass der *Parzuf Atik de Azilut*, obwohl er aus *Rosh de SaG de AK* entstanden ist (Punkt 118), sich von *Pe de SaG de AK* abwärts nicht einkleiden kann, sondern nur unterhalb des *Tabur*. Dies liegt daran, dass man oberhalb von *Tabur Zimzum Alef* findet, *Akudim* genannt.

Da der *Parzuf Atik* der erste *Rosh* von *Azilut* ist, wird er von *Zimzum Bet* nicht beherrscht, deswegen sollte er geeignet sein sich oberhalb von *Tabur de AK* einzukleiden. Da jedoch *Zimzum Bet* bereits in seinem *Pe de Rosh* für die restlichen *Parzufim de Azilut*, von dort abwärts, eingerichtet wurde, kann er sich daher lediglich unterhalb *Tabur de AK* einkleiden.

Es zeigt sich, dass die Stufe von *Atik* bei *Tabur de AK* beginnt und in gleicher Höhe mit *Raglej de AK* endet, das heißt über dem Punkt dieser Welt. Dies liegt am

Parzuf selbst. Aufgrund seiner Verbindung mit den restlichen *Parzufim* von *Azilut*, aus deren Sicht er als in *Zimzum Bet* inkludiert gesehen wird, wird von diesem Aspekt aus davon ausgegangen, dass seine *Raglaim* oberhalb *Parssa de Azilut* enden, denn *Parssa* ist der neue *Sium* (Ende) von *Zimzum Bet* (Punkt 68).

128. Der zweite *Parzuf* in dem neuen *MaH* wird *Arich Anpin* genannt. Er entstand und tauchte aus *Pe de Rosh de Atik* auf. Seine Stufe fängt vom Punkt seines Hervorkommens an, und zwar von *Pe de Rosh de Atik*, und er kleidet sich in *SaT de Atik*, die oberhalb von *Parssa* von *Azilut* enden. Der dritte *Parzuf*, *AwI* genannt, entstand aus *Pe de Rosh de AA*, beginnt bei *Pe de Rosh de AA* und endet oberhalb *Tabur de AA*. *SoN* beginnen bei *Tabur de AA* und enden in gleicher Höhe mit *Sium* von *AA*, oberhalb von *Parssa de Azilut*.

129. Und wisse, dass jede Stufe dieser fünf *Parzufim* des neuen *MaH* jeweils einen Teil der *Kelim de Nekudim* sortierte und mit sich verbunden hat; dieser Teil wurde zu *Nukwa*. Nach dem Erscheinen von *Parzuf Atik* wurden alle *GaR de Nekudim*, die während des Zerbrechens der *Kelim* unbeschädigt geblieben waren, ausgewählt und an sich gebunden, das heißt *GE* in ihnen, die während *Katnut* erschienen und die *Kelim de Panim* heißen (Punkt 76). Denn in *Katnut* von *Nekudim* kam nur die obere Hälfte jeder Stufe mit ihnen, das sind *GE* und *Nikwej Ejnaim*. Die untere Hälfte jeder Stufe, *ACHaP* genannt, stieg auf die untere Stufe ab.

Dementsprechend nahm sich *Parzuf Atik* von *MaH* die obere Hälfte von *Keter* von den *Kelim de Nekudim* und ebenso die obere Hälfte von *CHuB* und die sieben Wurzeln von *SaT*, die in *GaR de Nekudim* enthalten sind. Diese wurden zu *Parzuf Nukwa* in Bezug auf *Parzuf Atik* der neuen Welt *MaH* und verbanden sich einer mit dem anderen. Sie werden *MaH* und *BoN de Atik de Azilut* genannt, denn der männliche Teil von *Atik* heißt *MaH*, und die *Kelim de Nekudim*, die sich angeschlossen haben, heißen *BoN* (Punkt 119). Sie sind Vorderseite zu Rückseite angeordnet: *Atik de MaH* ist in der Position *Panim*, und *Atik de BoN* ist in der Position *Achoraim*.

130. Der *Parzuf AA* des neuen [*Parzuf*] *MaH*, der auf der Stufe *Chochma* entstand, sortierte aus und band an sich die untere Hälfte von *Keter de Nekudim* – die *ACHaP de Keter* –, die während *Katnut* eine Stufe unterhalb *Keter* waren, und zwar in *Chochma* und *Bina de Nekudim* (Punkt 77). *ACHaP* wurden zu *Nukwa* für *AA* vom neuen *MaH* und sie verbanden sich miteinander. Ihre Stellung ist rechts und links: *AA de MaH*, der männliche Teil, steht auf der rechten Seite und *AA de BoN*, das ist *Nukwa*, steht auf der linken Seite.

Der *Parzuf Atik de MaH* nahm aber nicht die untere Hälfte von *Keter de Nekudim* an, weil *Atik* der erste *Rosh de Azilut* ist, dessen Stufe sehr hoch ist, sondern er schloss an sich nur die *Kelim de Panim de GaR de Nekudim* an, wo kein Schaden während des Zerbrechens der *Kelim* entstand. Jedoch sind in der unteren Hälfte von *Keter* die *ACHaP*, die während *Katnut* in *CHuB* stürzten. Nachher, während *Gadlut*, erhoben sie sich von *CHuB* und schlossen sich an *Keter de Nekudim* an (Punkt 84). Dann, nach dem Zerbrechen der *Kelim*, fielen sie nochmals von *Keter de Nekudim* und lösten sich auf. Durch den Absturz und die Auslöschung wurden sie beschädigt, und daher sind sie für *Atik* unwürdig. Deshalb wurden sie von *AA de MaH* übernommen.

131. Und der *Parzuf AwI* vom neuen *MaH* – auf der Stufe von *Bina* – sortierte aus und verband mit sich die untere Hälfte von *CHuB de Nekudim*, welche *ACHaP de CHuB* sind, die während *Katnut* [eine Stufe tiefer] in *SaT de Nekudim* gefallen sind. Doch danach, während *Gadlut de Nekudim*, stiegen sie auf und verbanden sich mit *CHuB de Nekudim* (Punkt 94). Während des Zerbrechens der Gefäße fielen sie erneut in *SaT de Nekudim* und wurden außer Kraft gesetzt (Punkt 107). Und [*Parzuf*] *AwI de MaH* sortierte sie [diese zerbrochenen *Kelim*] so, dass sie nun seine *Nukwa* sind.

Sie heißen *SaT de Chochma* und *WaT* [(*Waw Tachtonot* – sechs untere *Sefirot*)] *de Bina de BoN*, da *Chessed de Bina* mit *GaR de CHuB de BoN* im *Parzuf Atik* verblieben, und lediglich das untere *Waw* [(*Waw Tachtonot*) – sechs untere *Sefirot*], von *Gwura* abwärts [bis *Malchut*,] verblieb in der unteren Hälfte von *Bina*. Es zeigt sich, dass das Männliche von *AwI* die Stufe von *Bina de MaH* ist, und die *Nukwa de AwI* ist *SaT* von *CHuB de BoN*. Sie stehen rechts und links: *AwI de MaH* auf der rechten Seite und *AwI de BoN* auf der linken. Und *ISHSuT de MaH*, welche die [sieben unteren *Sefirot* –] *SaT de AwI* sind, bemächtigten sich der *Malchuts* von *CHuB de BoN*.

132. Und der *Parzuf SoN* des neuen *MaH* – auf der Stufe von *WaK* und *Nekuda* – sortierte aus und schloss die *Kelim de Panim* von *SaT de Nekudim*, aus ihrem Zerbrechen in BYA heraus, an sich an, das heißt die *Bchina GE* von *SaT de Nekudim* (Punkt 78). Sie wurden zu *Nukwa* für *SoN de MaH* und stehen rechts und links: *SoN de MaH* rechts und *SoN de BoN* links.

133. Somit haben wir *MaH* und *BoN* in den fünf *Parzufim* von *Azilut* aufgeklärt. Die in der Welt von *Azilut* entstandenen fünf Stufen des neuen [*Parzuf*] *MaH* sortierten die alten *Kelim*, die in *Nekudim* arbeiteten, und setzten sie in Form von *Nukwas* (Weibliche) ein, genannt *BoN*.

- *BoN de Atik* wurde aussortiert und aus der Oberen Hälfte von *GaR de Nekudim* gebildet.
- *BoN de AA* und *AwI* wurden aussortiert und geschaffen aus der unteren Hälfte von *GaR de Nekudim*, die sie [*BoN de AA* und *AwI*] während *Gadlut de Nekudim* versorgten, [und dann kamen sie zurück und zerbrachen] und wurden erneut ausgelöscht.
- *BoN de SoN* wurde aussortiert und aus den *Kelim de Panim* gemacht, die während *Katnut de Nekudim* entstanden und während *Gadlut* [von *Nekudim*] zerbrachen und samt ihren *Kelim de Achoraim* abstürzten.

EIN GROßES GESETZ BEZÜGLICH DES KONSTANTEN *MOCHIN* UND DER AUFSTIEGE DER *PARZUFIM* UND DER WELTEN IM LAUFE DER 6.000 JAHRE

134. Es wurde bereits erklärt, dass die Entstehung von *Gadlut* von *GaR* und *SaT de Nekudim* sich in drei Etappen ereignete, und zwar durch die drei Punkte *Cholam*, *Shuruk*,

Chirik (Punkt 86). Hieraus kannst du verstehen, dass es zwei Arten der Vervollständigung der *Zehn Sefirot* gibt, um *Mochin de Gadlut* zu empfangen.

Die erste [Art] ist durch den Aufstieg und die Integrierung in den Höheren, das heißt, dass *SoN de AK* das neue Licht durch den *Tabur* in *Keter de Nekudim* ausstrahlten und das untere *Hej* aus *Nikwej Ejnaim de Keter* zu ihrem *Pe* absteigen ließen. Dadurch stiegen die gefallenen *ACHaP de Keter*, die sich in *AwI* befanden, auf und kehrten auf ihre Stufe in *Keter* zurück und vervollständigten so seine *Zehn Sefirot*.

Es gilt, dass in diesem Zustand *GE de AwI*, die an *ACHaP de Keter* angeheftet waren, samt ihnen aufstiegen. Deswegen sind auch *AwI* in die zehn vollständigen *Sefirot* von *Keter* einbezogen, weil der Untere, der zum Höheren aufsteigt, ihm gleich wird (Punkt 93). Folglich gilt, dass auch *AwI* die ihnen zur Vervollständigung ihrer *Zehn Sefirot* fehlenden *ACHaP* durch ihren Einschluss in *Keter* erwarben. Dies ist die erste Art von *Mochin de Gadlut* [*ACHaP de Alija*].

135. Die zweite Art ist, wenn eine Stufe aus eigener Kraft die Vervollständigung der *Zehn Sefirot* erreicht, als *SoN de AK* das neue Licht durch *Jessod de AK*, genannt „der Punkt von *Shuruk*", in *AwI* illuminierten und das untere *Hej* aus *Nikwej Ejnaim de AwI* selbst zu ihrem *Pe* absteigen ließen. Hierdurch erhoben sie die [gefallenen] *Kelim de ACHaP de AwI* vom Platz ihres Absturzes in *SaT* zum *Rosh de AwI* und vervollständigten ihre *Zehn Sefirot*. Somit vervollständigten sich *AwI* also aus eigener Kraft, da sie nun die eigentlichen *Kelim de ACHaP* erworben hatten, an denen es ihnen mangelte.

In der ersten Art, als sie ihre Vervollständigung von *Keter* mittels *Dwekut* an *ACHaP* empfangen, mangelte es ihnen tatsächlich noch an den *ACHaP*. Aber infolge ihrer *Hitkalelut* in *Keter* erwarben sie von ihren *ACHaP* eine Illumination, die lediglich dazu ausreichte, sie zu *Zehn Sefirot* zu vervollständigen, während sie noch auf dem Platz von *Keter* waren, und überhaupt nicht, als sie von dort zu ihrem eigenen Platz verschwanden.

136. Auf die gleiche Art und Weise bestehen in *SaT* ebenso zwei Arten der Vervollständigung:

1. Während der Illumination von *Shuruk* und des Aufstiegs von *ACHaP de AwI*, zu welcher Zeit *GE de SaT*, die ihnen [*ACHaP de Aba we Ima*] anhingen, sich ebenfalls samt ihnen zu *AwI* erhoben, wo sie *ACHaP* empfingen, um ihre *Zehn Sefirot* zu vervollständigen. Diese *ACHaP* sind nicht mehr ihre wahren *ACHaP*, sondern lediglich eine Illumination von *ACHaP*, ausreichend, um die *Zehn Sefirot* zu vervollständigen, während sie sich in *AwI* befinden, und überhaupt nicht bei ihrem Abstieg auf ihre eigenen Plätze.

2. Die Vervollständigung der *Zehn Sefirot*, die *SaT* während der *Hitpashtut* von *Mochin* aus *AwI* nach *SaT* erwarben. Dadurch senkten auch sie ihr unteres abschließendes *Hej* von ihrem *Chase* zum *Sium Raglaw* von [der Welt] *AK* ab

und erhoben ihre *TaNHJ* aus [den Welten] *BYA* und verbanden sie mit ihrer Stufe in *Azilut*. Und dann, wenn sie nicht zerbrochen und gestorben wären, würden sie mit zehn vollständigen *Sefirot* aus eigener Kraft vervollständigt, da sie nun die wahren *ACHaP* erworben hätten, an denen es ihnen mangelte.

137. Sowohl in den vier *Parzufim*, die aus *AwI* in die *Kelim de CHaGaT* hervortraten, als auch in den vier *Parzufim*, die aus *ISHSuT* in die *Kelim de TaNHJM* hervorgingen (Punkt 107-109), bestehen ebenfalls diese zwei Arten der Vervollständigung der *Zehn Sefirot*. Dies ist so, da zuerst jeder von ihnen durch seine Anheftung an *ACHaP de AwI* und *ISHSuT* vervollständigt wurde, während sie sich noch im *Rosh* befanden. Dies ist die erste Art der Vervollständigung der *Zehn Sefirot*. Danach, als sie sich in [die Welten] *BYA* ausbreiteten, wollten sie sich durch die Vervollständigung der *Zehn Sefirot*, welche in der zweiten Art ist [durch ihre eigene Kraft], vervollständigen. Dies gilt ebenfalls für die *Sefirot* innerhalb der *Sefirot*.

138. Du solltest wissen, dass diese fünf [oben genannten] *Parzufim* von [der Welt] *Azilut* – *Atik*, *AA*, *AwI* und *SoN* – in Unveränderlichkeit begründet wurden und auf sie keine Verminderung zutrifft (Punkt 107-109). *Atik* entstand auf der Stufe von *Keter*; *AA* auf der Stufe von *Chochma*; *AwI* auf der Stufe von *Bina* und *SoN* auf der Stufe von *SA*, *WaK* ohne *Rosh*.

Somit wurden die *Kelim de ACHaP*, die für sie während *Gadlut* sortiert wurden [und angeschlossen worden waren], als Vervollständigung der ersten Art der *Zehn Sefirot* betrachtet, nämlich durch den Punkt von *Cholam*, der in *Keter de Nekudim* leuchtete. Zu dieser Zeit wurden auch *AwI* durch *Keter* vervollständigt und erlangten eine Illumination von *Kelim de ACHaP* (Punkt 134). Und obwohl [jeder der *Parzufim*] *Atik*, *AA* und *AwI* alle im *Rosh* zehn vollständige *Sefirot* hatten, breitete sich davon kein *GaR* in ihre *Gufim* [(Plural von *Guf*)] aus. Selbst *Parzuf Atik* hatte keinen *Guf*, sondern lediglich [die Stufe] *WaK* ohne *Rosh*, genau wie *AwI* und *AA*.

Der Grund dafür ist, dass jeder reine (*sach*) [*Parzuf*] als erster sortiert wird. Folglich wurde in ihnen [diesen *Parzufim*] lediglich die Vervollständigung der ersten Art von *Zehn Sefirot* sortiert, aus der Perspektive ihres Aufstiegs zum Höheren, das heißt die Illumination der *Kelim de ACHaP*, die ausreicht, um die *Zehn Sefirot* im *Rosh* zu vervollständigen. Es gibt jedoch noch keine *Hitpashtut* von *Rosh* zu *Guf*, denn als *AwI* in *Keter de Nekudim* eingeschlossen waren, begnügten sie sich mit der Illumination von *ACHaP* durch die Kraft von *Keter* und überhaupt nicht mit ihrer *Hitpashtut* auf ihre eigenen Plätze, von *Pe de Keter de Nekudim* abwärts (Punkt 135). Und da sich die Körper von [den *Parzufim*] *Atik*, *AA* und *AwI* auf der Stufe von *WaK* ohne *Rosh* befanden, verhält es sich mit *SoN* selbst erst recht so, die als „der allgemeine *Guf de Azilut*" gelten, der in *WaK* ohne *Rosh* in Erscheinung trat.

139. In [der Welt] *AK* jedoch war dies nicht so. Vielmehr verbreitete sich die gesamte Menge [das ganze Licht], das in den *Roshim* [(Plural von *Rosh*)] der *Parzufim* von *AK* entstand, auch in ihre *Gufim*. Daher gelten alle fünf *Parzufim* von [der Welt]

Azilut bloß als [Stufe] *WaK* der *Parzufim* von *AK*. Daher heißen sie „das neue *MaH*" oder „*MaH* von den fünf *Parzufim* von *AK*", das heißt die Stufe *SA*, die *MaH* ohne *GaR* ist. *GaR* [*Gimel Rishonot* – die ersten drei *Sefirot*] ist *Galgalta*, *AB* und *SaG*, denn das Wesen/der Kern einer Stufe (*Madrega*) wird nach dem Ausmaß ihrer Ausbreitung in *Guf* – von *Pe* abwärts – bemessen. Und da sich die drei ersten *Parzufim* nicht in *Guf* ausbreiten, sondern nur in *WaK* ohne *Rosh*, werden sie als [*Bchina*] *MaH* betrachtet, was die Stufe von *WaK* ohne *Rosh* bezüglich der fünf *Parzufim* de *AK* ist.

140. Somit gilt *Atik de Azilut*, mit der Stufe von *Keter* im *Rosh*, als *WaK* für *Parzuf Keter de AK*, und es mangelt ihm an [den Lichtern] *Neshama, Chaja, Yechida de Keter de AK*. *AA de Azilut*, in dessen *Rosh* sich die Stufe von *Chochma* befindet, gilt als *WaK* für *Parzuf AB de AK*, der *Chochma* ist, und es mangelt ihm an [den Lichtern] *Neshama, Chaja, Yechida de AB de AK*.

AwI de Azilut, mit der Stufe von *Bina* im *Rosh*, gelten als *WaK* des *Parzuf SaG de AK*, und es fehlen ihm [die Lichter] *Neshama, Chaja, Yechida de SaG de AK*. *SoN de Azilut* gilt als *WaK de Parzuf MaH* und *BoN de AK*, und es fehlen ihnen [die Lichter] *Neshama, Chaja, Yechida de MaH* und *BoN de AK*. Und *ISHSuT* und *SoN* befinden sich stets auf der gleichen Stufe [*Alef* (die erste Stufe)] – eine ist *Rosh* und die andere *Guf*.

141. Mittels *Erhebung von MaN* durch die guten Taten der Unteren (*Tachtonim*) findet die Vervollständigung der *Zehn Sefirot de ACHaP* statt, entsprechend dem zweiten Typ, das heißt die Ergänzung von *AwI* durch ihre eigene Kraft, durch den Punkt von *Shuruk*. Da lassen *AwI* selbst ihr unteres *Hej* von *Nikwej Ejnaim* absteigen und ihre *ACHaP* in ihnen aufsteigen. In diesem Zustand sind sie imstande, auch *SaT* bzw. *SoN* zu geben, das heißt ihren *Gufim* (Körper) von Oben nach unten. Denn *Galgalta we Ejnaim de SoN*, die an *ACHaP de AwI* angeheftet sind, steigen mit den letzteren zu *AwI* auf und empfangen von ihnen die Vervollständigung der *Zehn Sefirot* (Punkt 94).

Und nun wurde das ganze Ausmaß von *Mochin* in *AwI* auch an *SoN* gegeben, die samt ihren *ACHaP* zu ihnen [*AwI*] aufgestiegen waren. Wenn also die fünf *Parzufim* der Welt *Azilut* diese Vervollständigung des zweiten Typs empfangen, dann besteht *GaR* bereits in den *Gufim* der drei ersten *Parzufim* – *Atik, Arich Anpin, AwI* der Welt *Azilut* – sowie in *SoN de Azilut* – dem gemeinsamen Körper *de Azilut*.

Nun steigen die fünf *Parzufim* der Welt *Azilut* auf und kleiden sich in die fünf *Parzufim* der Welt *Adam Kadmon*. Denn während *Hitpashtut* von *GaR* in den *Gufim* der fünf *Parzufim* der Welt *Azilut* werden sie den fünf *Parzufim* der Welt *Adam Kadmon* gleichgesetzt:

- *Atik de Azilut steigt auf und kleidet sich in den Parzuf Keter de Adam Kadmon*,
- *Arich Anpin in AB de AK*,
- *AwI in SaG de AK*,
- *SoN in MaH und BoN de AK*.

Und dann empfängt jeder von ihnen *Neshama*, *Chaja* und *Yechida* aus ihrer korrespondierenden *Bchina* in AK.

142. Bezüglich *SoN de Azilut* gelten diese *Mochin* jedoch lediglich als die erste Art der Ergänzung der *Zehn Sefirot* [und zwar *ACHaP de Alija*], denn diese *ACHaP* sind keine vollständigen *ACHaP*, sondern lediglich ein schwaches Leuchten von *ACHaP* [(*Heara de ACHaP*)], welches sie durch *AwI* empfangen, während sie auf dem Platz von *AwI* sind. Aber in ihrer Ausbreitung auf ihre Plätze fehlen ihnen noch immer ihre eigenen *ACHaP* (Punkt 136).

Aus diesem Grund werden alle im Laufe von 6.000 Jahren von *SoN* empfangenen *Mochin* als „*Mochin* des Aufstieges" (*Mochin de Alija*) bezeichnet, denn sie können *Mochin de GaR* nur zur Zeit ihres Aufsteigens auf den Platz von *GaR* erhalten, denn dadurch werden sie vervollständigt. Solange sie nicht nach Oben zum Platz von *GaR* aufsteigen, sind sie nicht imstande, *Mochin* zu haben, denn *SoN* müssen die Stufe *Mochin* des zweiten Typs sortieren, und das wird nur am Ende der Korrektur – *Gmar Tikun* – passieren.

143. Nun ist es klar, dass das *Mochin* (Licht) der fünf konstanten *Parzufim* in *Azilut* von der ersten Art der Sortierung der *Kelim de AwI* sind. Dieses Leuchten wird in der Welt *Nekudim* „Erleuchtung von *Tabur*" genannt oder der „Punkt von *Cholam*". Selbst *AwI* haben nur die erste Art der Vervollständigung. Daher breitet sich kein Leuchten aus den *Roshim* (Plural von *Rosh*) von *Atik*, *Arich Anpin* und *AwI* in ihre *Gufim* sowie in *SoN* (*Seir Anpin* und *Nukwa*) aus. Denn auch *SaT de Nekudim* haben nichts von diesem Leuchten [der Stufe] *Cholam* mitbekommen (Punkt 88).

Jedoch die *Mochin* der 6.000 Jahre bis zur Endkorrektur, die mittels *Erhebung von MaN* der Unteren empfangen werden, stellen die Sortierung der *Kelim* [*de AwI*] zur Vervollständigung des zweiten Typs der *Zehn Sefirot de AwI* dar. Dieses Leuchten wird in der Welt *Nekudim* „Erleuchtung von *Jessod*" genannt oder „Punkt von *Shuruk*". Denn da lassen *AwI* selbst ihre *ACHaP* aufsteigen, an die auch *Galgalta we Ejnaim de SaT* angeheftet sind. So empfangen ebenfalls *SaT* [*de Nekudim*] die Stufe *Mochin de GaR* auf dem Platz von *AwI*. Und auf solche Weise reichen diese *Mochin* auch in die *Gufim* der fünf *Parzufim* der Welt *Azilut* und die gemeinsamen *SoN* – doch unter der Bedingung, dass sie sich Oben auf dem Platz von *GaR* aufhalten und sich in die letzteren einkleiden.

In der Zukunft, in der Endkorrektur, werden *SoN* die Vervollständigung der *Zehn Sefirot* nach dem zweiten Typ empfangen. Dadurch werden sie das abschließende untere *Hej* von ihrem *Chase* – der *Parssa de Azilut* ist – bis zum Platz *Sium Raglin* (Ende der Füße) *de AK* absteigen lassen (Punkt 136).

Dann verbinden sich *TaNHJ de SoN* von [den Welten] *BYA* mit der Stufe *SoN de Azilut*, und *Sium Raglin de Azilut* wird mit *Sium Raglin* von *Adam Kadmon* gleich. Daraufhin wird sich der König Messias (*Melech Mashiach*) enthüllen, so wie geschrieben steht: „Und Seine Füße stehen auf dem Olivenberg." Also wurde ausführlich erklärt, dass im Laufe von 6.000 Jahren keine Korrektur der Welten stattfindet - außer durch ihren Aufstieg.

DIE ERKLÄRUNG DER DREI WELTEN *BRIJA, YEZIRA* UND *ASSIJA*

144. Es sind sieben Grundlagen in den drei Welten *BYA* zu unterscheiden:

1. Woher wurde der Platz für diese drei Welten gemacht?
2. Die Niveaus der *Parzufim BYA* und der ursprüngliche Standplatz der Welten zur Zeit ihrer Erschaffung und Erscheinung aus *Nukwa* der Welt *Azilut*.
3. Sämtliche Stufen der zusätzlichen *Mochin* und den Standplatz, welchen sie vor der Sünde von *Adam haRishon* erlangt haben.
4. *Mochin*, die in die *Parzufim BYA* aufgenommen wurden, und der Platz des Absturzes der Welten nach ihrer Beschädigung durch die Sünde von *Adam haRishon*.
5. Das *Mochin de Ima*, welches von den *Parzufim BYA* nach ihrem Absturz unterhalb von *Parssa de Azilut* empfangen wurde.
6. Die *Parzufim de Achor* der fünf *Parzufim* von *Azilut*, die absteigen, sich in die *Parzufim BYA* einkleideten und für sie zu dem, was man als „*Neshama* für die *Neshama*" bezeichnet, wurden.
7. *Malchut* der Welt *Azilut*, die abgestiegen ist und zur Stufe *Atik* für die *Parzufim BYA* wurde.

145. Die erste Unterscheidung ist, wie schon erläutert (Punkt 66), dass, als Ergebnis des Aufstiegs der *Abschließenden Malchut* vom Platz unterhalb von *Sium Raglin* von *AK* zum Platz *Chase de SaT* von *Nekudot de SaG*, was während *Zimzum Bet* geschah, zwei untere Drittel von *Tiferet* und *NeHJM* unterhalb des neuen Punktes von *Sium* in *Chase de Nekudot* abstürzten. Sie waren noch nicht zum Empfangen des Höheren Lichts geeignet und bildeten den Platz für die drei Welten *BYA*:

- *Aus zwei unteren Dritteln von Tiferet wurde der Platz der Welt Brija.*
- *Aus den drei Sefirot NeHJ wurde der Platz der Welt Yezira.*
- *Aus Malchut wurde der Platz der Welt Assija.*

146. Die zweite Unterscheidung liegt in den Niveaus der *Parzufim BYA* und deren Standplatz zur Zeit ihres Hervorkommens und ihrer Geburt aus *Beten* (Bauch) *de Nukwa de Azilut*. Wisse, dass zu dieser Zeit *Seir Anpin* die Stufe *Chaja* von *Aba* erreicht hatte und *Nukwa* die Stufe *Neshama* von *Ima* erreicht hatte.

Wir wissen bereits: *SoN* empfangen *Mochin* von *AwI* lediglich durch ihren Aufstieg und die Einkleidung [in den höheren *Parzuf*] (Punkt 142). Daher kleidet sich *SA* in *Aba de Azilut*, genannt „Obere *AwI*". Und *Nukwa* kleidet sich in *Ima de Azilut*, *ISHSuT* genannt. Und nun sortierte *Nukwa de Azilut* [die passenden, noch nicht korrigierten *Kelim* aus und erschuf daraus] die Welt *Brija* mit ihren fünf *Parzufim*.

147. Da *Nukwa* auf dem Platz *Ima* steht, gilt sie als die Stufe *Ima*, denn der Untere, der zum Oberen aufsteigt, wird ihm dadurch gleich. Deswegen wird die von ihr sortierte Welt *Brija* als Stufe *Seir Anpin* definiert, während sie eine untere Stufe für *Nukwa* ist, welche die Stufe *Ima* ist. Und der Untere von *Ima* ist *Seir Anpin*. Deswegen wird die Welt *Brija*, die auf dem Platz *Seir Anpin* der Welt *Azilut* steht, das heißt unterhalb von *Nukwa de Azilut*, als die Stufe *Ima* der Welt *Azilut* definiert.

148. Auf dieselbe Weise betrachtet man, dass die Welt *Yezira*, welche von der Welt *Brija* sortiert und ausgeströmt wurde, auf der Stufe *Nukwa de Azilut* war. Dies ist so, weil sie die Stufe unter der Welt *Brija* ist, die damals die Stufe *Seir Anpin de Azilut* war. Und der Untere von *Seir Anpin* ist *Nukwa*. Jedoch sind nicht sämtliche zehn *Sefirot* der Welt *Yezira* die Stufe *Nukwa de Azilut*, sondern lediglich die ersten vier [*Sefirot*] der Welt *Yezira*. Der Grund dafür ist, dass *Nukwa* zwei Zustände hat: *Panim be Panim* (von Angesicht zu Angesicht) und *Achor be Achor* (Rücken an Rücken):

- *Im Zustand Panim be Panim mit Seir Anpin ist die Stufe von Nukwa der von Seir Anpin gleich.*
- *Im Zustand Achor be Achor nimmt die Stufe von Nukwa nur vier Sefirot TaNHJ von Seir Anpin ein.*

Da zu dieser Zeit der Zustand aller Welten ausschließlich *Achor be Achor* war, hatte die *Nukwa* lediglich diese vier *Sefirot*. Ebenso hatte die Welt *Yezira* auf dem Platz *Nukwa de Azilut* nur ihre vier ersten *Sefirot*. Die übrigen sechs unteren *Sefirot* der Welt *Yezira* waren in den sechs ersten *Sefirot* der jetzigen Welt *Brija*, entsprechend den Eigenschaften des Platzes *BYA*, erläutert in der ersten Unterscheidung (Punkt 145), wohin die Welten *BYA* nach der Sünde von *Adam haRishon* abstürzten und wo nun ihr ständiger Platz ist.

149. Die Welt *Assija*, welche durch die Welt *Yezira* sortiert [und erschaffen] wurde, wird als die jetzige Stufe *Brija* definiert. Weil die Welt *Yezira* damals auf der Stufe *Nukwa de Azilut* war, gilt ihre untere Stufe als die Welt *Assija*, das heißt auf der Stufe der Welt *Brija* von jetzt. Doch waren nur die vier ersten *Sefirot* der Welt *Yezira* auf der Stufe *Nukwa de Azilut*, und die sechs unteren *Sefirot* waren in der Welt *Brija*. Daher gab es auch in der Welt *Assija*, die unter der Welt *Yezira* liegt, nur ihre vier ersten *Sefirot* auf der Stufe der vier unteren *Sefirot* der Welt *Brija*; und die sechs unteren *Sefirot* der Welt *Assija* waren auf dem Platz der sechs ersten *Sefirot* der Welt *Yezira* von jetzt.

So wurden die vierzehn *Sefirot* – [vier *Sefirot*] *NeHJM* der jetzigen Welt *Yezira* und alle zehn *Sefirot* der jetzigen Welt *Assija* – von jeglicher *Kedusha* (Heiligkeit) entleert und wurden zu *Mador haKlipot* (Bereich der Schalen) [Ort der unreinen Kräfte]. Dies ist so, weil nur *Klipot* auf dem Platz dieser vierzehn *Sefirot* waren. Denn die Welten der *Kedusha* endeten auf dem Platz von *Chase* der jetzigen Welt *Yezira*. Nun haben wir die Niveaus der *Parzufim BYA* und deren Standplatz zur Zeit ihres erstmaligen Hervorkommens erläutert.

150. Nun erläutern wir die dritte Unterscheidung, und zwar die Niveaus der *Parzufim BYA* und ihren Standplatz, welche sie vom zusätzlichen [Licht] *Mochin* vor der Sünde von *Adam haRishon* hatten. Das zusätzliche *Shabbatleuchten* (*Hearat Tossafot Shabbat*) ermöglichte ihnen [den Welten] zwei Aufstiege:

a) Der erste Aufstieg war zur fünften Stunde am Abend des *Shabbat*, als *Adam haRishon* geboren wurde. Dann fängt das Leuchten des Zusatzes vom *Shabbat* in Form der „fünften Stunde des sechsten Tages" an. Zu dieser Zeit geschah Folgendes:

- *Seir Anpin* erreichte die Stufe *Yechida*, stieg auf und kleidete sich in *Arich Anpin de Azilut*.
- *Nukwa* erreichte die Stufe *Chaja*, stieg auf und kleidete sich in *AwI de Azilut*.
- *Brija* stieg zu *ISHSuT* auf.
- *Yezira* stieg ganz zu *Seir Anpin* auf.
- Die vier ersten *Sefirot* der Welt *Assija* stiegen zum Platz von *Nukwa de Azilut* auf.
- Die sechs unteren *Sefirot* von *Assija* stiegen auf den Platz der sechs ersten *Sefirot* der Welt *Brija* auf.

b) Am Abend des *Shabbat*, zur Abenddämmerung. Mithilfe der Zusätze des *Shabbat* stiegen auch die sechs unteren *Sefirot* von *Assija* zum Platz von *Nukwa de Azilut* auf, und die Welten *Yezira* und *Assija* standen in der Welt *Azilut*, auf dem Platz *SoN de Azilut*, im Zustand von Angesicht zu Angesicht (*Panim be Panim*).

151. Nun erläutern wir die vierte Unterscheidung, und zwar die Stufe *Mochin*, die in den Welten *BYA* verblieben war, und den Platz ihres Absturzes nach der Sünde [von *Adam haRishon*]. Denn wegen des Schadens durch die Sünde vom Baum der Erkenntnis verschwanden aus den Welten alle zusätzlichen *Mochin* [*des Shabbat*], die sie, die Welten, durch die zwei Aufstiege der Welten erreicht hatten. Und *SoN* wurden wieder zu *WaK* und *Nekuda*. Und die drei Welten *BYA* blieben nur mit den *Mochin*, mit welchen sie ursprünglich hervorgekommen waren. Die Welt *Brija* war auf der Stufe *Seir Anpin*, das heißt *WaK*, und genauso *Yezira* und *Assija*, wie oben erläutert (Punkt 148).

Zusätzlich dazu verschwand die gesamte *Bchina* von *Azilut*, und sie stürzten nach unterhalb von *Parssa de Azilut* ab – in den Platz der Welten *BYA*, der durch *Zimzum Bet* vorbereitet worden war (Punkt 145). So fielen die vier Unteren der Welt *Yezira* und die zehn *Sefirot* der Welt *Assija* und standen auf dem Platz der vierzehn *Sefirot* der *Klipot* (Punkt 149), genannt *Mador ha Klipot*.

152. Die fünfte Unterscheidung ist *Mochin de Ima*, welches die Welten *BYA* am Platz ihres Absturzes empfingen. Denn nachdem die Welten *BYA* aus der Welt *Azilut* ausgetreten und nach unterhalb von *Parssa de Azilut* abgestürzt waren, enthielten sie ausschließlich die Stufe *WaK* (Punkt 151). Da kleideten sich *ISHSuT* in *SoN de Azilut*, und *ISHSuT* paarte sich, um sich in *SoN* einzukleiden. Und sie leiteten *Mochin de Neshama* in die *Parzufim* von *BYA* zu ihren Plätzen weiter:

- *Die Welt Brija empfing von ihnen [ISHSuT] zehn vollständige Sefirot auf der Stufe Bina.*
- *Die Welt Yezira empfing von ISHSuT WaK.*
- *Die Welt Assija empfing lediglich die Bchina Rücken-an-Rücken (Achor be Achor).*

153. Die sechste Unterscheidung ist die „*Neshama* für die *Neshama*", welche die *Parzufim* der Welten *BYA* von den *Parzufim de Achoraim* der fünf *Parzufim* der Welt *Azilut* erhielten. Denn zur Zeit des abnehmenden Mondes (*Miut haYareach*) stürzte *Parzuf Achor de Nukwa de Azilut* ab und kleidete sich in die *Parzufim* von *BYA*. Er besteht nun aus drei *Parzufim*, genannt *Ibur, Yenika, Mochin*.

- *Bchinat (Unterscheidung von) Mochin fiel in [die Welt] Brija.*
- *Bchinat Yenika fiel in [die Welt] Yezira.*
- *Bchinat Ibur fiel in [die Welt] Assija.*

Sie wurden zur *Bchina* „*Neshama* für die *Neshama*" für alle *Parzufim BYA*, welche in Bezug auf diese als *Chaja* betrachtet wird.

154. Die siebente Unterscheidung ist *Nukwa de Azilut*, welche zu *RaDLA* und die Erleuchtung von *Yechida* in *BYA* wurde. Dies ist so, weil erklärt wurde, dass zur Zeit des abnehmenden Mondes die drei *Bchinot* – *Ibur, Yenika, Mochin* – vom *Parzuf Achor de Nukwa de Azilut* stürzten und sich in die Welten *BYA* kleideten. Sie sind die *Achoraim* der unteren neun [*Sefirot*] von *Nukwa*, welche *Ibur, Yenika* und *Mochin* sind:

- *NeHJ (Nezach, Hod, Jessod) heißt Ibur.*
- *CHaGaT (Chessed, Gwura, Tiferet) heißt Yenika.*
- *CHaBaD (Chochma, Bina, Daat) heißt Mochin.*

Jedoch *Achor* von *Bchinat Keter de Nukwa* wurde *Atik* für die *Parzufim* der Welten *BYA*, sodass die Lichter der jetzigen *Parzufim BYA* hauptsächlich aus den zurückgebliebenen Resten, welche nach der Sünde von *Adam haRishon* verblieben sind, bestehen, was *WaK* von jedem von ihnen ist (Punkt 151):

- *Bchinat Neshama empfingen sie von Mochin de Ima (Punkt 152).*
- *Bchinat „Neshama für die Neshama", welches die Stufe Chaja ist, empfingen sie von den unteren neun des Parzuf Achor de Nukwa.*
- *Bchinat Yechida empfingen sie von Bchinat Achor de Keter de Nukwa de Azilut.*

DIE ERKLÄRUNG DER AUFSTIEGE DER WELTEN

155. Der Hauptunterschied zwischen den *Parzufim* von *AK* und den *Parzufim* von *Azilut* ist, dass die Parzufim von *AK* aus *Zimzum Alef* (erste Einschränkung) resultieren, wobei jede ihrer Stufen aus zehn vollständigen *Sefirot* besteht. Diese *Zehn Sefirot* haben ein einziges *Kli*, das *Kli Malchut*, jedoch sind die ersten neun *Sefirot* ausschließlich Lichter.

Die *Parzufim* von *Azilut* sind indes das Ergebnis von *Zimzum Bet*, so wie es geschrieben steht: „An dem Tage, an dem der Schöpfer den Himmel und die Erde erschuf" hat Er *Rachamim* (Barmherzigkeit) und *Din* (Gericht) verbunden (Punkt 59). *Midat ha Din* (Eigenschaft des Gerichts), welche *Malchut* ist, stieg auf und verband sich mit *Bina*, das heißt mit *Midat ha Rachamim* (Eigenschaft der Barmherzigkeit), und sie wurden vereint.

Demzufolge entstand ein neuer *Sium* für das Höhere Licht auf dem Platz von *Bina*. Die den *Guf* abschließende *Malchut* stieg zu *Bina de Guf* auf, das heißt zu *Tiferet* am Platz von *Chase*, und die den *Siwug* vollziehende *Malchut* in *Pe de Rosh* stieg auf zu *Bina de Rosh*, genannt *Nikwej Ejnaim*.

Dadurch verminderten sich die Niveaus der *Parzufim* zu GE, welche *Keter Chochma de Kelim* sind, auf der Stufe *WaK* ohne *Rosh*, welche *Nefesh Ruach de Orot* ist (Punkt 74). Von den *Kelim* fehlen daher ACHaP, das heißt *Bina* und *SoN*, und von den Lichtern fehlen *Neshama*, *Chaja* und *Yechida*.

156. Wie oben erläutert (Punkt 124), empfingen die *Parzufim* der Welt *Azilut* durch das Erheben von *MaN* für den zweiten *Ibur* das Leuchten von *Mochin* von *AB SaG de AK*, welches das untere *Hej* aus *Nikwej Ejnaim* zurück auf seinen Platz in *Pe* absteigen lässt, wie bei *Zimzum Alef*. Dabei empfangen diese *Parzufim* die fehlenden *ACHaP de Kelim* und die Lichter *Neshama*, *Chaja* und *Yechida*. Doch dies nützt nur den *Zehn Sefirot de Rosh* der *Parzufim* und nicht ihren *Gufim*, denn dieses *Mochin* breitete sich von *Pe* nicht nach unten zu ihren *Gufim* aus (Punkt 138).

Daher blieben die *Gufim* selbst nach dem Empfangen der *Mochin de Gadlut* in *Zimzum Bet*, wie zur Zeit von *Katnut*. Dementsprechend werden alle fünf *Parzufim* von *Azilut* so angesehen, dass sie lediglich die Stufe der *Zehn Sefirot* haben, die aus *Awiut de Bchina Alef* hervorgekommen sind, der Stufe SA, *WaK* ohne *Rosh*, welche als „Stufe von *MaH*" bezeichnet wird. Sie kleiden sich auf die Stufe *MaH* der fünf *Parzufim* von AK, nämlich vom *Tabur* der fünf *Parzufim* von AK abwärts.

157. *Parzuf Atik* der Welt *Azilut* kleidet sich vom *Tabur* abwärts in den *Parzuf Keter de AK* und empfängt die Fülle des Lichts von der dortigen Stufe *MaH* von *Parzuf Keter de AK*. *Parzuf AA de Azilut* kleidet sich vom *Tabur* abwärts in den *Parzuf AB de AK* und empfängt die Fülle des Lichts von der Stufe *MaH de AB de AK*, welche dort ist. *AwI de Azilut* kleiden sich vom *Tabur* abwärts in den *Parzuf SaG de AK* und empfangen die Fülle des Lichts von der Stufe *MaH de SaG*, welche dort ist. *SoN* von *Azilut* kleiden sich vom *Tabur* abwärts in den *Parzuf MaH* und *BoN de AK* und empfangen die Fülle des Lichts von der Stufe *MaH de Parzuf MaH* und *BoN de AK*.

Jeder der fünf *Parzufim* von *Azilut* empfängt also von dem ihm entsprechenden *Parzuf* von *AK* lediglich das Licht *WaK* ohne *Rosh*, genannt „Stufe *MaH*". Obwohl in den *Roshim* der fünf *Parzufim* von *Azilut* die Stufe *GaR* vorhanden ist, berücksichtigen wir nur das *Mochin*, das sich vom *Pe* abwärts in ihre *Gufim* ausbreitet, und das ist lediglich die Stufe *WaK* ohne *Rosh* (Punkt 139).

158. Dies bedeutet jedoch nicht, dass jeder der fünf *Parzufim* von *Azilut* sich in die ihm entsprechende *Bchina* in *AK* einkleidet. Denn das ist unmöglich, da die fünf *Parzufim* von *AK* sich einer über den anderen kleiden – und so auch die fünf *Parzufim* der Welt *Azilut*. Sondern dies zeigt, dass die Stufe eines jeden *Parzuf* der Welt *Azilut* mit einer ihr entsprechenden *Bchina* der fünf *Parzufim* von *AK* korreliert und von dort auch seine Fülle des Lichts empfängt (*HaIlan*, Zeichnung 3).

159. Damit *Mochin* von *Pe* nach unten in die *Gufim* der fünf *Parzufim* von *Azilut* fließen können, ist das Erheben von *MaN* von den Unteren erforderlich, wie bereits oben erwähnt (Punkt 141). Dies deshalb, damit sie die Vervollständigung der *Zehn Sefirot* entsprechend der zweiten Art erlangen, die ebenfalls für die *Gufim* ausreicht.

In diesen *MaN*, welche die Unteren erheben, gibt es drei Unterscheidungen:

- *Wenn sie MaN von Awiut de Bchina Bet erheben, kommen Zehn Sefirot auf der Stufe Bina hervor, genannt „Stufe von SaG". Dies sind die Mochin des Lichts von Neshama.*
- *Wenn sie MaN von Awiut de Bchina Gimel erheben, kommen Zehn Sefirot auf der Stufe Chochma hervor, genannt „Stufe von AB". Dies sind die Mochin des Lichts von Chaja.*
- *Wenn sie MaN von Awiut de Bchina Dalet erheben, kommen Zehn Sefirot auf der Stufe Keter hervor, genannt „Stufe von Galgalta". Diese sind die Mochin des Lichts von Yechida (Punkt 29).*

160. Und wisse, dass die Unteren, die zu *MaN* fähig sind, nur *NaRaN* (*Nefesh, Ruach, Neshama*) *de Zadikim* sind, die in den Welten *BYA* schon enthalten sind und *MaN* zu *SoN de Azilut* erheben können, welche als Obere Stufe für sie gelten.

Zu diesem Zeitpunkt erheben *SoN MaN* zu ihrer Höheren Stufe, das ist *AwI*, und *AwI* erheben *MaN* noch höher, bis sie zu den *Parzufim* von *AK* gelangen.

Dann steigt das Höhere Licht von *Ejn Sof* auf die *Parzufim* von *AK* ab, basierend auf *MaN*, welche dorthin erhoben wurden, und die *Zehn Sefirot* erscheinen basierend auf dem Ausmaß von *Awiut* des erhobenen *MaN*:

- *Wenn es von Bchina Bet kommt, dann entspricht es der Stufe von Neshama.*
- *Wenn es von Bchina Gimel kommt, dann entspricht es der Stufe von Chaja usw.*

Von dort steigen dann die *Mochin* von einer Stufe zur anderen Stufe durch die *Parzufim* von *AK* ab, bis sie die *Parzufim* der Welt *Azilut* erreichen. Sie wandern ebenso von einer Stufe zur anderen durch alle *Parzufim* von *Azilut*, bis sie *SoN de Azilut* erreichen, welche diese *Mochin* an *NaRaN de Zadikim* weitergeben, welche diese *MaN* aus *BYA* erhoben haben.

Die Regel lautet: Jede Erneuerung von *Mochin* kommt ausschließlich aus *Ejn Sof*. Und keine einzige Stufe ist imstande, *MaN* zu erheben oder Fülle zu empfangen, außer von ihrem Nächsthöheren.

161. Das zeigt uns, dass es für die Unteren unmöglich ist, irgendetwas von *SoN de Azilut* zu empfangen, bevor alle Höheren *Parzufim* in der Welt *Azilut* und der Welt *AK* durch sie letztendlich *Gadlut* erreichen. Dies beruht darauf, dass es, wie bereits erwähnt, keine Erneuerung von *Mochin* gibt, außer von *Ejn Sof*.

Dennoch können *NaRaN de Zadikim* diese Lichter lediglich von ihrem Nächsthöheren empfangen, das sind *SoN de Azilut*. Deswegen muss das *Mochin* durch alle Höheren Welten und *Parzufim* absteigen, bis es *SoN* erreicht, welche es dann an *NaRaN de Zadikim* weitergeben.

Wir wissen bereits, dass es im Spirituellen keinen Verlust gibt und dass die Übertragung von einem Platz auf einen anderen keinesfalls bedeutet, dass die Objekte vom ersten Platz verschwinden und auf einem anderen Platz auftauchen, so, wie wir es aus der materiellen Welt kennen. Sondern sie verbleiben auf dem ersten Platz auch nach Erreichen des nächsten Platzes, vergleichbar mit einer Kerze, die eine andere [Kerze] anzündet, wobei die erste dadurch nicht mangelhaft wird.

Darüber hinaus gibt es den Grundsatz, dass das Wesen und die Wurzel des Lichts auf dem ersten Platz erhalten bleiben und sich lediglich ein Zweig auf den nächsten Platz erstreckt. Nun kann man begreifen, dass dieselbe Fülle, welche alle Höheren durchläuft, bis sie *NaRaN de Zadikim* erreicht, auf jeder einzelnen Stufe bleibt, die sie unterwegs passiert. So wachsen sämtliche Stufen wegen der Fülle, welche sie an *NaRaN de Zadikim* weitergeben.

162. Aus dem Gesagten ist ersichtlich, wie die Handlungen der Unteren Aufstiege und Abstiege in den Höheren *Parzufim* und Welten verursachen. Dies beruht darauf, dass, wenn sie ihre Taten verbessern und *MaN* erheben und Fülle anziehen, alle Welten und Stufen, welche die Fülle durchläuft, wegen der Fülle, welche sie weitergeben, wachsen. Wenn sie jedoch zurückkehren und ihre Handlungen wieder verderben, so verdirbt auch ihr *MaN*, und ihre *Mochin* verschwinden auch aus den Höheren Stufen, da die Weiterleitung der Fülle von ihnen zu den Unteren gestoppt wird, und dadurch steigen sie wieder ab bis zu ihrem ursprünglichen konstanten Zustand, wie zu Beginn.

163. Nun klären wir die Ordnung der Aufstiege der fünf *Parzufim* von *Azilut* zu den fünf *Parzufim* von *AK* und der drei Welten *BYA* zu *ISHSuT* und *SoN de Azilut*, beginnend mit ihrem konstanten Zustand bis zu jener Höhe, die im Laufe von 6.000 Jahren vor der Endkorrektur zu erreichen ist. Grundsätzlich gibt es drei Aufstiege, jedoch werden diese in viele Details unterteilt.

Der konstante Zustand der Welten *AK* und *ABYA* wurde schon oben erklärt: Der erste *Parzuf*, der nach *Zimzum Alef* ausgeströmt wurde, ist *Parzuf Galgalta de AK*, in den sich die vier übrigen *Parzufim* von *AK* einkleiden: *AB*, *SaG*, *MaH* und *BoN*, und *Sium Raglej* von *AK* ist über dem Punkt dieser Welt (Punkt 27 und 31). Dieser wird umkreist von den Umgebenden [Lichtern] von *AK* aus *Ejn Sof*, dessen Größe endlos und unermesslich ist (Punkt 32). Genauso wie *Ejn Sof* ihn umgibt, so kleidet er sich selbst in sein Inneres und wird als „Linie von *Ejn Sof*" bezeichnet.

164. Innerhalb von *MaH* und *BoN* von *AK* gibt es den *Parzuf TaNHJM de AK*, genannt *Nekudot de SaG de AK* (Punkt 63, Punkt 66). Zur Zeit von *Zimzum Bet* stieg die *Abschließende Malchut* auf, die oberhalb des Punktes dieser Welt stand, und setzte ihren Platz in *Chase* dieses *Parzuf* fest, das heißt unterhalb seines Oberen Drittels von *Tiferet*, wo ein neuer *Sium* für das Höhere Licht erschaffen wurde, damit es sich von dort aus nicht nach unten ausbreiten konnte. Dieser neue *Sium* heißt „*Parssa* unter *Azilut*" (Punkt 68).

Diese *Sefirot* von *Chase* abwärts des *Parzuf Nekudot de SaG de AK*, die unterhalb *Parssa* blieben, wurden zum Platz für die drei Welten *BYA*:

- *Zwei Drittel von Tiferet bis Chase wurden zum Platz der Welt von Brija.*
- *NeHJ wurden zum Platz der Welt von Yezira.*
- *Malchut wurde zum Platz der Welt Assija* (Punkt 67).

Wir sehen also, dass der Platz dieser drei Welten *BYA* unter *Parssa* beginnt und oberhalb des Punktes dieser Welt endet.

165. Daher beginnen die vier Welten *Azilut*, *Brija*, *Yezira* und *Assija* vom Platz unterhalb des *Tabur de AK* und enden oberhalb des Punktes dieser Welt. Dies deshalb, weil die fünf *Parzufim* der Welt *Azilut* beim Platz unterhalb *Tabur de AK* beginnen und oberhalb von *Parssa* enden. Vom *Parssa* abwärts bis zu dieser Welt befinden sich die drei Welten *BYA*. Das ist der konstante Zustand der Welten *AK* und *ABYA*, und eine Verminderung ist unmöglich.

Wir haben schon geklärt (Punkt 138), dass es in diesem Zustand nur *Bchina WaK* ohne *Rosh* in sämtlichen *Parzufim* und in allen Welten gibt. Dies beruht darauf, dass sogar in den drei ersten *Parzufim* von *Azilut*, die in ihren *Roshim GaR* haben, von *Pe* abwärts kein Licht weitergegeben wird; und ihre sämtlichen *Gufim* sind *WaK* ohne *Rosh*, und umso mehr in den *Parzufim BYA*. Selbst die *Parzufim* von *AK* werden bezüglich des sie Umgebenden [Lichts, *Or Makif*] als an *GaR* mangelnd angesehen (Punkt 32).

166. Es bestehen also drei generelle Aufstiege, um die Welten mit den drei ihnen fehlenden Stufen *Neshama*, *Chaja* und *Yechida* zu ergänzen. Diese Aufstiege sind davon abhängig, inwieweit die Unteren *MaN* erheben.

Der erste Aufstieg beginnt, wenn die Unteren *MaN* von *Bchinat Awiut de Bchina Bet* erheben. Dann werden die *ACHaP* der Stufe *Bina* und *Neshama* durch die Vervollständigung der *Zehn Sefirot* der zweiten Art sortiert, und zwar durch ein schwaches Leuchten vom Punkt *Shuruk* (Punkt 135). Diese *Mochin* erleuchten auch *SaT* und die *Gufim*, wie es in den *Parzufim* von *AK* war, wo das gesamte Licht der *Zehn Sefirot* in die *Roshim* der *Parzufim* von *AK* weitergeleitet wurde und sich auch in den *Gufim* ausbreitete.

167. Es zeigt sich, dass, wenn diese *Mochin* durch die *Parzufim* von *Azilut* wandern, jeder der fünf *Parzufim* von *Azilut* die Stufe *Mochin de Bina* und *Neshama* erreicht – als *Mochin de SaG* bezeichnet –, welche auch *GaR* in ihre *Parzufim* [de *Azilut*] ausbreiten, genauso wie in der Welt *AK*. So wachsen sie und erheben sich und kleiden die *Parzufim* von *AK* ein, im Ausmaß der erhaltenen *Mochin*.

168. Sobald der *Parzuf Atik* von *Azilut* diese *Mochin de Bina* erlangt, steigt er auf und kleidet sich in den *Parzuf Bina* von *AK*, welcher der Stufe *SaG* von *Parzuf Galgalta* von *AK* entspricht, und von dort wird *Bchina Neshama de Yechida de AK* empfangen, welche ebenso sein *SaT* erleuchtet.

Wenn die Mochin in den Parzuf AA de Azilut kommen, steigt er auf und kleidet sich in den *Rosh de Atik* des konstanten Zustands ein, welcher der Stufe *SaG* des *Parzuf AB de AK* entspricht, und von dort empfängt er [*Parzuf AA*] die *Bchina Neshama de Chaja de AK*, welche ebenso sein *SaT* erleuchtet.

Wenn die Mochin in den Parzuf AwI de Azilut kommen, steigen sie [*AwI*] auf und kleiden sich in *GaR de AA*, welche der Stufe *Bina* des *Parzuf SaG de Adam Kadmon* entsprechen, und von dort empfangen sie die *Bchina Neshama de Neshama de AK*, welche ebenso ihre *SaT* erleuchtet.

Wenn diese Mochin in ISHSuT und SoN de Azilut kommen, steigen sie auf und kleiden sich in *AwI* des konstanten Zustands ein, welche der Stufe *Bina* des *Parzuf MaH* und *BoN* von *AK* entsprechen, und von dort empfangen sie die *Bchina Neshama de Nefesh Ruach de AK*. Dann empfangen *NaRaN de Zadikim* die *Mochin de Neshama* der Welt *Azilut*.

Wenn die Mochin in die Parzufim der Welt Brija kommen, steigt die Welt *Brija* auf und kleidet sich in *Nukwa de Azilut* ein und empfängt von ihr die *Bchina Nefesh de Azilut*.

Wenn die Mochin in die Welt Yezira kommen, steigt sie auf und kleidet sich in die Welt *Brija* des konstanten Zustands ein und empfängt von dort die *Bchina Neshama* und *GaR de Brija*.

Wenn die Mochin in die Welt Assija kommen, steigt sie auf und kleidet sich in die Welt *Yezira* ein und empfängt von dort die *Bchina Mochin de WaK*, die in *Yezira* sind.

Somit ist der erste Aufstieg erklärt, welchen jeder *Parzuf* von *ABYA* empfing, basierend auf dem von den Unteren erhobenen *MaN de Bchina Bet* (HaIlan, Zeichnung 7).

169. Der zweite Aufstieg erfolgt, wenn die Unteren *MaN* von *Awiut de Bchina Gimel* erheben. Dann werden die *ACHaP* der Stufen von *Chochma* und *Chaja* durch die zweite Art der Vervollständigung der *Zehn Sefirot* sortiert. Diese *Mochin* erleuchten auch *SaT* und die *Gufim*, so, wie in den *Parzufim* von *AK*. Sobald diese *Mochin* die *Parzufim de ABYA* passieren, steigt durch sie jeder *Parzuf* weiter auf und wächst gemäß der empfangenen *Mochin*.

170. Sobald **die *Mochin* in den *Parzuf Atik de Azilut*** gelangen, steigt er auf und kleidet sich in *GaR de Parzuf Chochma de AK*, genannt *AB de AK*, welcher der Stufe *AB de Galgalta* von *AK* entspricht, und von dort empfängt der *Parzuf Atik* das Licht *Chaja de Yechida*.

Wenn die *Mochin* zum *Parzuf AA de Azilut* gelangen, steigt er auf und kleidet sich in *GaR de SaG de AK*, welcher der Stufe *AB de Parzuf AB de AK* entspricht, und von dort empfängt der *Parzuf AA* das Licht *Chaja de Chaja de AK*.

Und wenn die *Mochin* zum *Parzuf AwI de Azilut* kommen, steigen *AwI* auf und kleiden sich in *GaR de Atik* des konstanten Zustands, welche der Stufe *AB* des *Parzuf SaG de AK* entsprechen, und von dort empfangen *AwI* das Licht von *Chaja de Neshama de AK*, welches auch *SaT* und die *Gufim* erleuchtet.

Und wenn die *Mochin* zum *Parzuf ISHSuT de Azilut* gelangen, steigen *ISHSuT* auf und kleiden sich in *GaR de AA* des konstanten Zustands, welche der Stufe *AB* von *MaH de AK* entsprechen, und empfangen von dort das Licht von *Chaja de MaH de AK*.

Wenn die *Mochin* in den *Parzuf SoN de Azilut* kommen, steigen *SoN* zu *GaR de AwI* auf, welche der Stufe *AB de BoN de AK* entsprechen, und empfangen von dort das Licht von *Chaja de BoN de AK*. Und von *SoN* erhalten sie die Seelen der Gerechten.

Wenn die *Mochin* in die Welt *Brija* kommen, steigt die Welt auf und kleidet sich in *SA de Azilut* und empfängt von dort die *Bchina Ruach de Azilut*.

Wenn die *Mochin* in die Welt *Yezira* kommen, steigt die Welt *Yezira* auf und kleidet sich in *Nukwa de Azilut* und empfängt von dort das Licht von *Nefesh de Azilut*.

Und wenn die *Mochin* in die Welt *Assija* kommen, steigt sie auf und kleidet sich in die Welt *Brija* ein und empfängt von dort die *Bchinat GaR* und *Neshama de Brija*. Dann wird die Welt *Assija* durch sämtliche *NaRaN de BYA* vervollständigt. Somit haben wir den zweiten Aufstieg von jedem *Parzuf* der *Parzufim ABYA* geklärt, die durch *MaN* von *Bchina Gimel* gewachsen sind, welche *NaRaN de Zadikim* erhoben haben (*HaIlan*, Zeichnung 8).

171. Der dritte Aufstieg erfolgt, wenn die Unteren *MaN* von *Awiut de Bchina Dalet* erheben. Zu diesem Zeitpunkt werden die *ACHaP* der Stufe *Keter de Yechida* sortiert, basierend auf der zweiten Art der Vervollständigung der *Zehn Sefirot*. Diese *Mochin* breiten sich auch in *SaT* und in ihren *Gufim* aus, so, wie in den *Parzufim* von *AK*. Sobald diese *Mochin* die *Parzufim ABYA* passieren, steigt jeder *Parzuf* auf und wächst und kleidet seinen Oberen, gemäß dem Ausmaß dieser *Mochin*.

172. Wenn die *Mochin* in den *Parzuf Atik* der Welt *Azilut* gelangen, steigt er auf und kleidet sich in *GaR de Parzuf Galgalta de AK* und empfängt dort das Licht von *Yechida de Yechida*.

Wenn die *Mochin* in den *Parzuf AA* der Welt *Azilut* gelangen, steigt er auf und kleidet sich in *GaR de Parzuf AB de AK* und empfängt von dort das Licht *Yechida de Chaja de AK*.

Wenn die *Mochin* den *Parzuf AwI de Azilut* erreichen, steigen *AwI* auf und kleiden sich in *GaR de SaG de AK* und empfangen von dort das Licht *Yechida de Neshama de AK*.

Wenn die *Mochin* in den *Parzuf ISHSuT* kommen, steigen *ISHSuT* auf und kleiden sich in *GaR de MaH de AK* und empfangen von dort das Licht *Yechida de MaH de AK*.

Wenn die *Mochin* zum *Parzuf SoN de Azilut* gelangen, steigen *SoN* auf und kleiden sich in *GaR de BoN de AK* und empfangen von dort das Licht *Yechida de BoN de AK*. Dann empfangen *NaRaN de Zadikim* das Licht *Yechida* von *SoN de Azilut*.

Wenn die *Mochin* in die Welt *Brija* kommen, steigt *Brija* auf und kleidet sich in den *Parzuf ISHSuT de Azilut* und empfängt von dort *Neshama de Azilut*.

Wenn die *Mochin* in die Welt *Yezira* kommen, steigt *Yezira* auf und kleidet sich in den *Parzuf SA de Azilut* und empfängt von ihm das Licht *Ruach de Azilut*.

Wenn die *Mochin* in die Welt *Assija* kommen, steigt *Assija* auf und kleidet sich in *Nukwa de Azilut* und empfängt von ihr das Licht *Nefesh de Azilut* (HaIlan, Zeichnung 9).

173. Es zeigt sich nun, dass während des dritten Aufstiegs jeder der fünf *Parzufim* von *Azilut* sich durch die drei Stufen *Neshama*, *Chaja* und *Yechida* von *AK* vervollständigte, die ihm im konstanten Zustand fehlten. Es wird daher in Betracht gezogen, dass diese fünf *Parzufim* von *Azilut* aufstiegen und sich in die fünf *Parzufim* von *AK* kleideten, jeder in eine ihm entsprechende *Bchina* in den *Parzufim* von *AK*.

Auch *NaRaN de Zadikim* empfangen *GaR*, die ihnen fehlten. Die drei Welten *BYA*, die unterhalb des *Parssa de Azilut* lagen, hatten im konstanten Zustand lediglich *NaRaN* des Lichts *Chassadim* und waren von *Chochma* durch die Kraft des oberhalb liegenden *Parssa* getrennt. Nun stiegen sie über *Parssa* auf und kleideten sich in *ISHSuT* und *SoN de Azilut*, und sie besitzen *NaRaN de Azilut*, wobei das Licht von *Chochma* in ihren *Chassadim* leuchtet.

174. Man muss wissen, dass *NaRaN de Zadikim* sich in permanenter Form nur in die *Parzufim BYA* einkleiden, welche unterhalb vom *Parssa* liegen:

- *Nefesh* kleidet sich in die Zehn Sefirot der Welt *Assija*.
- *Ruach* kleidet sich in die Zehn Sefirot der Welt *Yezira*.
- *Neshama* kleidet sich in die Zehn Sefirot der Welt *Brija*.

Obwohl sie [die *Zehn Sefirot*] von *SoN de Azilut* empfangen, gelangen sie [*NaRaN de Zadikim*] dennoch nur durch die *Parzufim BYA* zu ihnen, in die sie sich einkleiden. Auch *NaRaN de Zadikim* steigen im gleichen Maß mit den Aufstiegen der drei Welten *BYA* auf. Es zeigt sich, dass auch die Welten *BYA* nur gemäß dem empfangenen Licht von *NaRaN de Zadikim* wachsen, das heißt basierend auf dem von ihnen erhobenen *MaN*.

175. Wir haben bereits geklärt, dass es im konstanten Zustand in allen Welten und in allen *Parzufim* nur *WaK* ohne *Rosh* gibt und jeweils basierend auf der jeweiligen *Bchina*. Sogar *NaRaN de Zadikim* sind lediglich *WaK*. Obwohl sie *GaR de Neshama* aus der Welt *Brija* haben, gelten diese *GaR* bloß als *WaK*, verglichen mit der Welt *Azilut*, weil sie als Licht von *Chassadim* angesehen werden, welche von *Chochma* getrennt sind.

Obwohl die *Parzufim* der Welt *Azilut GaR* in ihren *Roshim* haben, gelten sie dennoch bloß als *WaK*, da sich das Licht nicht in ihre *Gufim* ausbreitet. Die ganzen *Mochin*, die zu den Welten gelangen und die mehr als *WaK* sind, kommen lediglich durch das *MaN*, das die *Zadikim* erheben.

Doch diese *Mochin* können von den *Parzufim* nur durch den Aufstieg des Unteren auf den Platz seines Höheren empfangen werden. Obwohl sie als die zweite Art der Vervollständigung der *Zehn Sefirot* gelten, gelten sie bezüglich der *Gufim* und *SaT* selbst einstweilen noch nicht als Vervollständigung der ersten Art von *ACHaP*. Sie werden nicht auf ihren Plätzen selbst vervollständigt, sondern einzig und allein, wenn sie auf den Höheren Platz aufsteigen (Punkt 142). Deshalb können die fünf *Parzufim* von *Azilut* [die Lichter] *Neshama*, *Chaja* und *Yechida de AK* nicht empfangen – ausgenommen, wenn sie sich erheben und einkleiden.

Auch können *NaRaN* und die drei Welten *BYA NaRaN de Azilut* nicht empfangen – ausgenommen, wenn sie sich erheben und in *ISHSuT* und *SoN* der Welt *Azilut* einkleiden. Dies liegt daran, dass diese *ACHaP* der zweiten Art, die zu *SaT* gehören und sich von Oben nach unten bis zum Platz von *SaT* ausbreiten, erst in der Endkorrektur sortiert werden. Wenn daher die drei Welten *BYA* aufsteigen und sich in *ISHSuT* und *SoN de Azilut* einkleiden, sehen wir, dass ihr konstanter Platz von *Parssa* abwärts total leer vom Licht der *Kedusha* bleibt.

Es gibt einen Unterschied zwischen von *Chase* aufwärts in der Welt von *Yezira* und von *Chase* abwärts. Dies liegt, wie oben bereits erklärt, daran, dass von *Chase* von der Welt von *Yezira* abwärts der ständige Platz der *Klipot* ist (Punkt 149). Infolge der Sünde von *Adam haRishon* stiegen die vier unteren *Sefirot* von *Yezira de Kedusha* und die *Zehn Sefirot* von *Assija de Kedusha* ab und kleideten sich dort ein (Punkt 156). Während des Aufstiegs der Welten *BYA* in die Welt *Azilut* gibt es von *Chase de Yezira* aufwärts weder *Kedusha* noch *Klipot*. Jedoch von *Chase de Yezira* abwärts gibt es die *Klipot*, weil hier ihr Bereich ist.

176. Da die zusätzlichen *Mochin* von der Stufe *WaK* ausschließlich mithilfe von *MaN* der Unteren kommen, befinden sie sich nicht ständig in den *Parzufim*, da sie von den Handlungen der Unteren abhängig sind. Wenn sie ihre Taten verderben, dann verschwinden auch die *Mochin* (Punkt 162). Doch die konstanten *Mochin* in den *Parzufim*, die vom Ausströmenden selbst eingerichtet wurden, werden sich keinesfalls verändern, denn sie wachsen nicht durch die Unteren und können daher von ihnen auch nicht beschädigt werden.

177. Wir dürfen uns jedoch nicht wundern, dass *AA de BoN* als *Keter de Azilut* angesehen wird und *AwI* als *AB* (Punkt 130). Das ergibt sich daraus, dass *AA* die untere Hälfte von *Keter de BoN* ist und *AwI* die untere Hälfte von *CHuB de Nekudim*. Daher sollte der *Parzuf Keter* von *AK* der *Bchina de AA* in *AK* entsprechen, und die der *Bchina* entsprechende *AwI* von *AK* sollte *AB de AK* sein.

Die Antwort ist, dass die *Parzufim* von *BoN* weiblich sind, also von sich aus nicht empfangen können, ausgenommen, was die männlichen - die *Parzufim* von *MaH* - ihnen geben. Daher sind alle diese Unterscheidungen in den Aufstiegen, die ein Empfangen der *Mochin* von dem Oberen sind, nur bei den Männlichen unterscheidbar, welche *Parzufim* von *MaH* sind. Da *AA de MaH* nichts von der *Bchina Keter* hat, sondern nur die Stufe von *Chochma*, und *AwI de MaH* nichts von der Stufe *Chochma* haben, sondern lediglich die Stufe von *Bina* (Punkt 126), wird angenommen, dass *AB de AK* die entsprechende *Bchina* in *AK* ist und *SaG de AK* für *AwI*. *Parzuf Keter de AK* wird nur *Atik* zugeordnet, welcher die ganze Stufe von *Keter de MaH* eingenommen hat.

178. Man muss verstehen, dass die Reihenfolge der Stufen, so, wie sie in den konstanten *Mochin* ist, sich aufgrund der oben erwähnten Aufstiege nie ändern wird. Es wurde bereits erklärt, dass der Grund sämtlicher Aufstiege war, dass *NaRaN de Zadikim*, welche in *BYA* stehen, nichts empfangen können, bevor alle Höheren *Parzufim* es aus *Ejn Sof* an sie weiterleiten. Demgemäß wachsen die Höheren selbst bis zu *Ejn Sof* und steigen auch jeder zu seinem Höheren auf (Punkt 161).

Daraus folgt, dass im Ausmaß des Aufstiegs einer Stufe auch sämtliche Stufen bis *Ejn Sof* ebenfalls mit aufsteigen müssen. Wenn beispielsweise *SoN* von seinem ständigen Platz unterhalb *Tabur de AA* aufsteigt und sich von *Chase de AA* abwärts einkleidet, dann steigt gleichzeitig auch *AA* eine Stufe von seinem ständigen Platz - von *Pe de Atik* abwärts - auf und kleidet sich in *GaR de Atik* ein. Danach steigen seine sämtlichen inneren Einzelstufen ebenfalls auf: Seine *CHaGaT* steigen auf den Platz vom konstanten *GaR* auf, und sein [Platz] von *Chase* bis *Tabur* steigt auf den Platz vom konstanten *CHaGaT* auf, und sein [Platz] von *Tabur* abwärts steigt auf den Platz von *Chase* bis *Tabur* auf.

Demgemäß ist *SoN* auf den Platz von *Chase* bis *Tabur* des ständigen *AA* aufgestiegen, welcher noch immer unterhalb *Tabur de AA* ist. Denn zu dieser Zeit stieg der [Bereich] unterhalb *Tabur de AA* bereits auf den Platz von *Chase* bis *Tabur* auf (HaIlan, Zeichnung 4: die Aufstiege von *SoN* im konstanten Zustand der fünf *Parzufim* von *Azilut*, die aufsteigen und sich während des Empfangens von *Neshama* in *GaR de ISHSuT* einkleiden, somit über *Pe de AwI abwärts*, also über *Chase de AA abwärts*).

Jedenfalls steigen zu dieser Zeit alle *Parzufim* von *Azilut* ebenfalls auf (*HaIlan*, Zeichnung 7). Deshalb kleidet sich *SoN* noch immer von *Pe* abwärts in *ISHSuT*, über *Chase de AwI* abwärts, und somit über *Tabur de AA* abwärts. Die Reihenfolge der Stufen hat sich beim Aufstieg überhaupt nicht geändert. Genauso ist es auch bei allen anderen Aufstiegen (*HaIlan*, ab Zeichnung 3 bis zu Ende).

179. Man muss auch verstehen, dass sogar nach den Aufstiegen der *Parzufim* sie ihre sämtlichen Stufen auf dem konstanten Platz zurücklassen - oder auf jenem Platz, auf dem sie von Anfang an waren, da es im Spirituellen keinen Verlust gibt (Punkt 96). Indem *GaR de AwI* zu *GaR de AA* aufsteigen, bleiben nichtsdestotrotz *GaR de AwI* auf ihrem ständigen Platz von *Pe de AA abwärts*. *ISHSuT* steigt auf, über *CHaGaT* des erhöhten *AwI*, und empfängt nun vom aktuellen *GaR de AwI*, die dort bereits vor dem Aufstieg waren.

Darüber hinaus wird in Betracht gezogen, dass dort nun drei Stufen zusammen sind. Die erhöhten *GaR de AwI* befinden sich auf dem Platz des ständigen *GaR de AA* und leiten das Licht auf ihren ständigen Platz von *Pe* abwärts weiter, wo sich *ISHSuT* befinden. So leuchten *GaR de AA* und *AwI* und *ISHSuT* gleichzeitig und am selben Platz.

Dies ist genauso mit allen *Parzufim de AK* und *ABYA* zur Zeit ihrer Aufstiege. Deswegen sollten wir beim Aufstieg eines *Parzuf* immer das Ausmaß des Aufstiegs in Bezug auf die Höheren in ihrem konstanten Zustand berücksichtigen; und auch ihren Wert gegenüber den Höheren, die ebenfalls eine Stufe höher aufgestiegen sind. (Das alles ist im Buch *HaIlan* zu finden. Auf der dritten Zeichnung sieht man den Zustand der *Parzufim* in ihrem konstanten Zustand. Die drei Aufstiege von *SA* in Bezug auf die fünf konstanten *Parzufim* von *Azilut* findet man auf den Zeichnungen 4-6. Die drei Aufstiege sämtlicher fünf *Parzufim* von *Azilut* bezüglich der fünf konstanten *Parzufim* von *AK* sieht man auf den Zeichnungen 7-9. Und die drei Aufstiege sämtlicher fünf *Parzufim* von *AK* bezüglich der Linie des permanenten *Ejn Sof* sieht man auf den Zeichnungen 10-12).

DIE AUFTEILUNG JEDES *PARZUF* IN *KETER* UND *ABYA*

180. Man muss wissen, dass das Gesamte und das Detail einander gleich sind. Alles, was es im Gesamten gibt, ist ebenfalls in seinen Einzelteilen, sogar bis ins kleinste Detail, vorhanden. Die ganze Wirklichkeit wird für gewöhnlich in fünf Welten *AK* und *ABYA* wahrgenommen, weswegen die Welt von *AK* als *Keter* aller Welten gilt, und die vier Welten *ABYA* werden als *CHuB SoN* angesehen (Punkt 3). Gleichermaßen gibt es keinen einzigen Bestandteil in allen vier Welten *ABYA*, der seinerseits nicht aus diesen fünf Welten bestehen würde: Der *Rosh* jedes *Parzuf* gilt als sein *Keter* und entspricht der Welt *AK*; und der *Guf*, von *Pe* bis *Chase*, gilt als *Azilut* in ihm. Der Platz von *Chase* bis *Tabur* gilt als sein *Brija*, und von *Tabur* abwärts bis *Sium Raglaw* gilt als sein *Yezira* und *Assija*.

181. Man muss wissen, dass es viele Bezeichnungen für die *Zehn Sefirot* gibt: *KaCHaB*, *CHaGaT* und *NeHJM*. Manchmal bezeichnet man sie als *GE* und *ACHaP* oder *KaCHaB* und *SoN* oder *NaRaNCHaY* oder die Spitze des *Yud* oder die vier Buchstaben *Yud-Hej-Waw-Hej* oder einfaches *HaWaYaH* und *AB*, *SaG*, *MaH* und *BoN*, welche die vier [Licht-]Füllungen in *HaWaYaH* darstellen:

- *Die Füllung von AB ist Yud, Hej, Waw, Hej (das Alef in Waw wird durch ein Yud ersetzt);*
- *die Füllung von SaG ist Yud, Hej, Waw, Hey;*
- *die Füllung von MaH ist Yud, Hej (Alef ersetzt das Yud), Waw, Hej;*
- *die Füllung von BoN ist Yud, Hej (Hej ersetzt das Yud), Waw, Hej.*

Ebenso werden sie *AA*, *AwI* und *SoN* genannt. Dabei stellt *AA Keter* dar, *Aba* ist *Chochma*, *Ima* ist *Bina*, *SA* ist *CHaGaT NeHJ*, und *Nukwa de SA* ist *Malchut*.

Sie werden auch *AK* und *ABYA* oder *Keter* und *ABYA* genannt. *Malchut de Keter* heißt *Pe*; *Malchut de Azilut* heißt *Chase*; *Malchut de Brija* heißt *Tabur*; *Malchut de Yezira* wird *Ateret Jessod* genannt; und die allgemeine *Malchut* heißt *Sium Raglin*.

182. Und wisse, dass bei der Veränderung der unterschiedlichen Namen der *Zehn Sefirot* immer zwei Richtlinien hervorzuheben sind:

1. die Gleichheit zur *Sefira*, auf die sich der Name bezieht;
2. der Unterschied zur *Sefira*, auf die er sich bezieht und woraus die neue, besondere Bezeichnung resultiert.

Zum Beispiel *Keter* der *Zehn Sefirot* des Direkten Lichts ist *Ejn Sof*, und jeder *Rosh* eines *Parzuf* heißt ebenfalls *Keter*. Und alle fünf *Parzufim* von *AK* heißen ebenfalls *Keter*. Auch *Parzuf Atik* heißt *Keter* und *AA* ebenfalls. Daher sollten wir Folgendes berücksichtigen: Wenn sie alle *Keter* sind, warum ändern sich ihre Namen und woher stammen diese Bezeichnungen? Und auch: Wenn sie sich alle auf *Keter* beziehen, sollten sie dann nicht *Keter* gleichen?

In einer Hinsicht sind sie alle *Keter* gleich, nämlich dass sie als *Ejn Sof* betrachtet werden, da die Regel lautet: Solange das Höhere Licht sich nicht in das *Kli* eingekleidet hat, gilt es als *Ejn Sof*. Daher werden alle fünf *Parzufim* von *AK* bezüglich der Welt des *Tikun* als Licht ohne *Kli* angesehen, denn wir haben keinerlei Erkenntnis an den *Kelim de Zimzum Alef*. Deswegen gelten uns gegenüber diese Lichter als *Ejn Sof*.

Atik und *AA de Azilut* entsprechen beide *Keter de Nekudim*. Jedoch sind sie aus einem anderen Blickwinkel voneinander entfernt, denn *Keter de Or Yashar* ist eine *Sefira*, aber in *AK* sind fünf vollständige *Parzufim* enthalten, von denen jeder *Rosh*, *Toch* und *Sof* beinhaltet (Punkt 142). *Parzuf Atik* entspricht nur der oberen Hälfte von *Keter de Nekudim*, und *Parzuf AA* entspricht der unteren Hälfte der Stufe *Keter* de *Nekudim* (Punkt 129). Daher müssen diese zwei Unterscheidungen bei allen Bezeichnungen der *Sefirot* berücksichtigt werden.

183. Und wisse, dass der spezielle Grund für diese Bezeichnungen der *Zehn Sefirot* als *Keter* und *ABYA* darin liegt, dass sie auf die Einteilung der *Zehn Sefirot* in *Kelim de Panim* und *Kelim de Achoraim* verweisen, die als Resultat von *Zimzum Bet* entstand (Punkt 60). Dann stieg die *Abschließende Malchut* auf den Platz *Bina de Guf* auf, genannt „*Tiferet* auf dem Platz von *Chase*", wo sie die Stufe beendete. Und sie erschuf einen neuen *Sium*, genannt „*Parssa* unterhalb *Azilut*" (Punkt 68).

Die *Kelim* von *Chase* abwärts traten aus *Azilut* aus, und sie heißen *BYA*. Die zwei Drittel von *Tiferet* von *Chase* bis *Sium* heißen *Brija*, *NeHJ* heißen *Yezira*, und *Malchut* heißt *Assija*. Wir haben bereits erklärt, dass aus diesem Grund jede Stufe in *Kelim de Panim* und *Kelim de Achoraim* unterteilt wurde: Vom *Chase* nach oben werden sie *Kelim de Panim* und von *Chase* nach unten werden sie *Kelim de Achoraim* genannt.

184. Da der *Parssa* sich auf dem Platz *Chase* befindet, werden jede Stufe, jede *Sefira* und jeder *Parzuf* in vier besondere Einzelstufen eingeteilt, die *ABYA* heißen: die Welt *Azilut* bis zum *Chase* und die Welten *Brija*, *Yezira* und *Assija* vom *Chase* abwärts. Die Grundsätze dieser Einteilung sind in der Welt *Adam Kadmon* bereits zu sehen, doch dort stieg der *Parssa* bis zum *Tabur* [de AK] ab (Punkt 68). Somit gilt seine Stufe *Azilut* als *AB SaG*, der oberhalb des *Tabur* endet.

Von seinem *Tabur* abwärts sind seine *BYA*, das heißt der Platz seiner zwei *Parzufim MaH* und *BoN*. So werden die fünf *Parzufim* von *AK* über *ABYA* eingeteilt durch die Kraft des *Sium de Zimzum Bet*, welche *Parssa* heißt - wobei *Galgalta Rosh* ist, und *AB SaG* bis zu seinem *Tabur Azilut* ist, und *MaH* und *BoN* von *Tabur* abwärts *BYA* sind.

185. In gleicher Weise werden die fünf *Parzufim* von *Azilut* in *Keter* und *ABYA* unterteilt:

- *AA* ist *Rosh* der ganzen Welt *Azilut*.
- Die Oberen *AwI*, die *AB* sind, kleiden sich von *Pe de AA* abwärts bis *Chase* ein und sind *Azilut*. Und dort, im Punkt von *Chase*, steht *Parssa* und schließt die *Bchina Azilut* der Welt *Azilut* ab.
- *ISHSuT*, welche *SaG* sind, kleiden sich von *Chase de AA* bis *Tabur* ein und sind *Brija de Azilut*.
- *SoN*, welche *MaH* und *BoN* sind, kleiden sich von *Tabur de AA* bis *Sium Azilut* ein und sind *Yezira* und *Assija* von *Azilut*.

Auch die Welt *Azilut* mit ihren fünf *Parzufim* wird in *Rosh* und *ABYA* unterteilt, ähnlich wie die fünf *Parzufim* von *AK*. Jedoch steht hier der *Parssa* auf seinem Platz in *Chase de AA*, welcher sein wahrer Platz ist (Punkt 127).

186. Generell werden jedoch in allen Welten alle drei *Parzufim Galgalta*, *AB* und *SaG de AK* als allgemeiner *Rosh* definiert. Und die fünf *Parzufim* der Welt *Azilut*, die sich von *Tabur de AK* abwärts bis zum allgemeinen *Parssa* einkleiden – jenem *Parssa*, welcher in *Chase* von *Nekudot de SaG* entstand (Punkt 66) –, stellen die allgemeine [Welt] *Azilut* dar. Von *Parssa* abwärts befinden sich die allgemeinen drei Welten BYA (Punkt 67-68).

187. Genau auf dieselbe Weise wird jede einzelne Stufe in jeder der Welten von ABYA in *Rosh* und ABYA unterteilt, sogar *Malchut de Malchut de Assija*, welche *Rosh* und *Guf* beinhaltet.

- *Guf* wird in *Chase*, *Tabur* und *Sium Raglin* unterteilt.
- *Parssa*, unterhalb von *Azilut* derselben Stufe, steht in *Chase* und schließt *Azilut* ab.
- Von *Chase* bis *Tabur* ist *Brija* dieser Stufe, welche der Punkt von *Tabur* dort abschließt.
- Von *Tabur* abwärts bis *Sium Raglin* sind *Yezira* und *Assija* dieser Stufe.

Seitens der *Sefirot* werden *CHaGaT* bis *Chase* als *Azilut* angesehen, die unteren zwei Drittel *Tiferet* von *Chase* bis *Tabur* gelten als *Brija*, *NeHJ* ist *Yezira*, und *Malchut* ist *Assija*.

188. Daher wird der *Rosh* jeder Stufe der *Bchinat Keter* zugeordnet oder *Yechida* bzw. *Parzuf Galgalta*. *Azilut* in ihr (von *Pe* bis *Chase*) gehört zu *Chochma*, zum Licht *Chaja* oder zum *Parzuf AB*. *Brija* in ihr (von *Chase* bis *Tabur*) gehört zu *Bina*, zum Licht *Neshama* oder zum *Parzuf SaG*. *Yezira* und *Assija* in ihr (von *Tabur* abwärts) gehören zu *SoN*, zu den Lichtern *Ruach Nefesh* oder zum *Parzuf MaH* und *BoN* (*HaIlan*, ab Zeichnung 3 bis zum Ende; man kann die Unterteilung jedes *Parzuf* gemäß den oben erwähnten *Bchinot* sehen).

Abbildungen der Spirituellen Welten

(ENTSPRECHEND DER ANORDNUNG VON „PTICHA LE CHOCHMAT HA KABBALA"

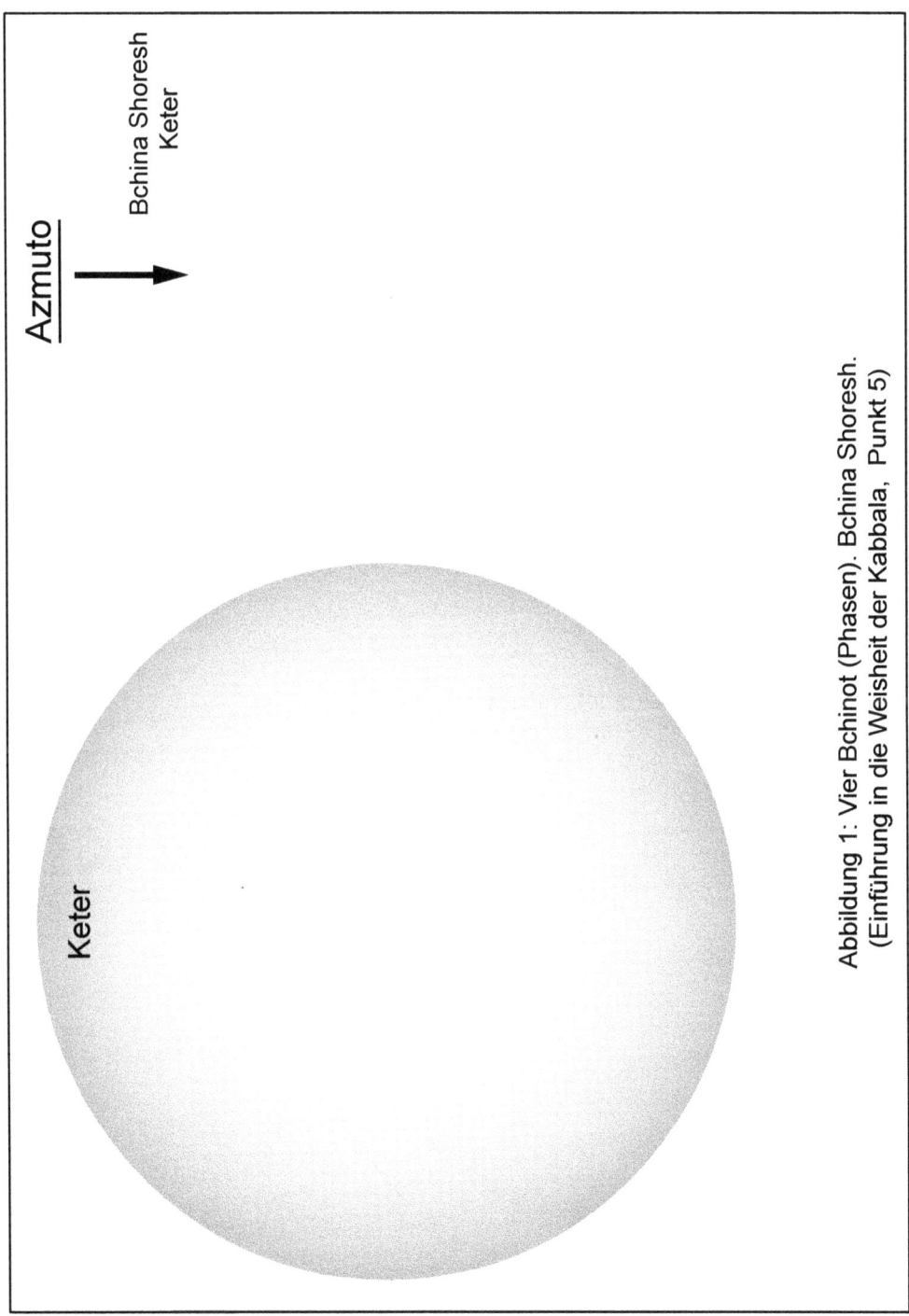

Abbildung 1: Vier Bchinot (Phasen). Bchina Shoresh. (Einführung in die Weisheit der Kabbala, Punkt 5)

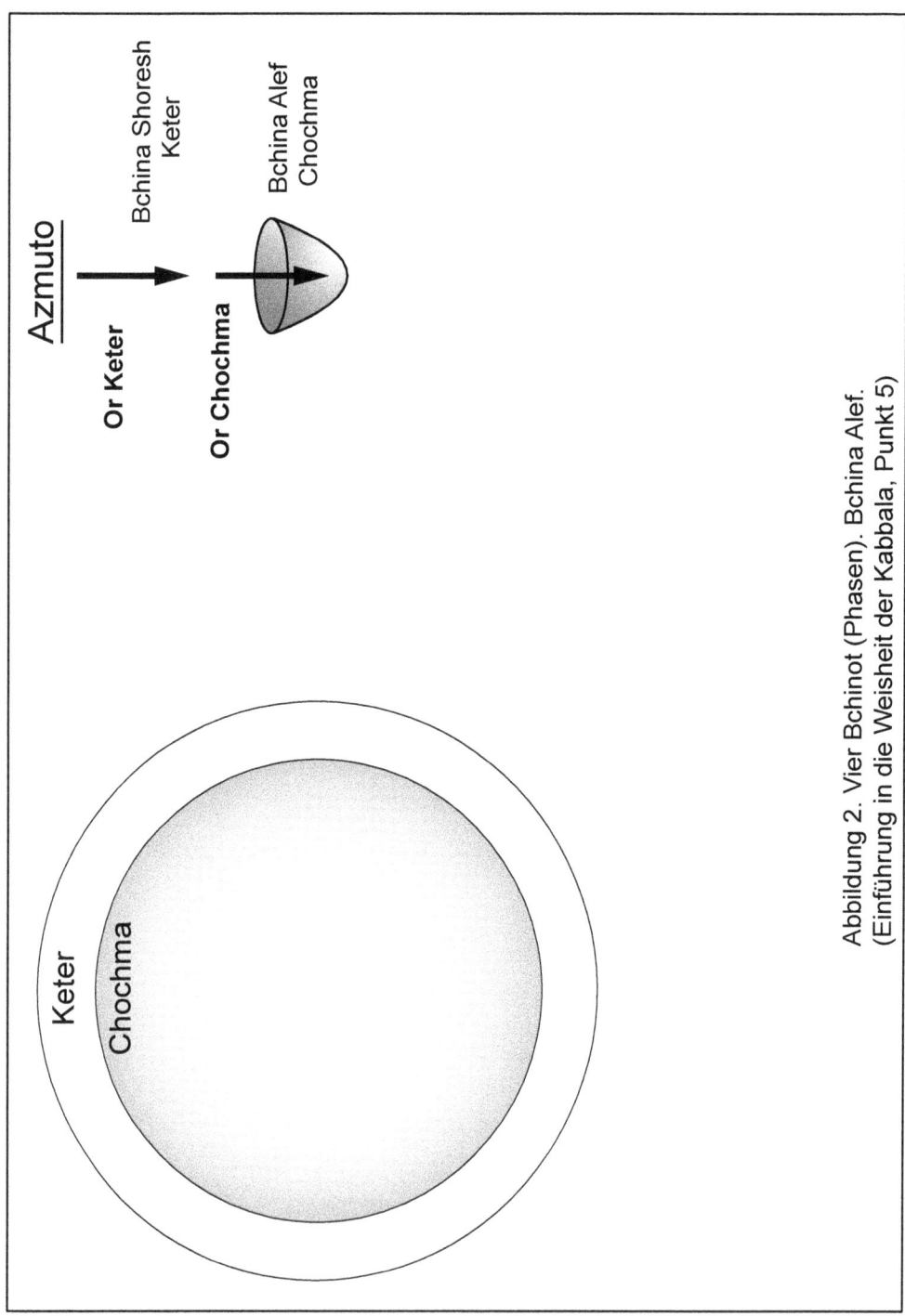

Abbildung 2. Vier Bchinot (Phasen). Bchina Alef.
(Einführung in die Weisheit der Kabbala, Punkt 5)

ABBILDUNGEN DER SPIRITUELLEN WELTEN

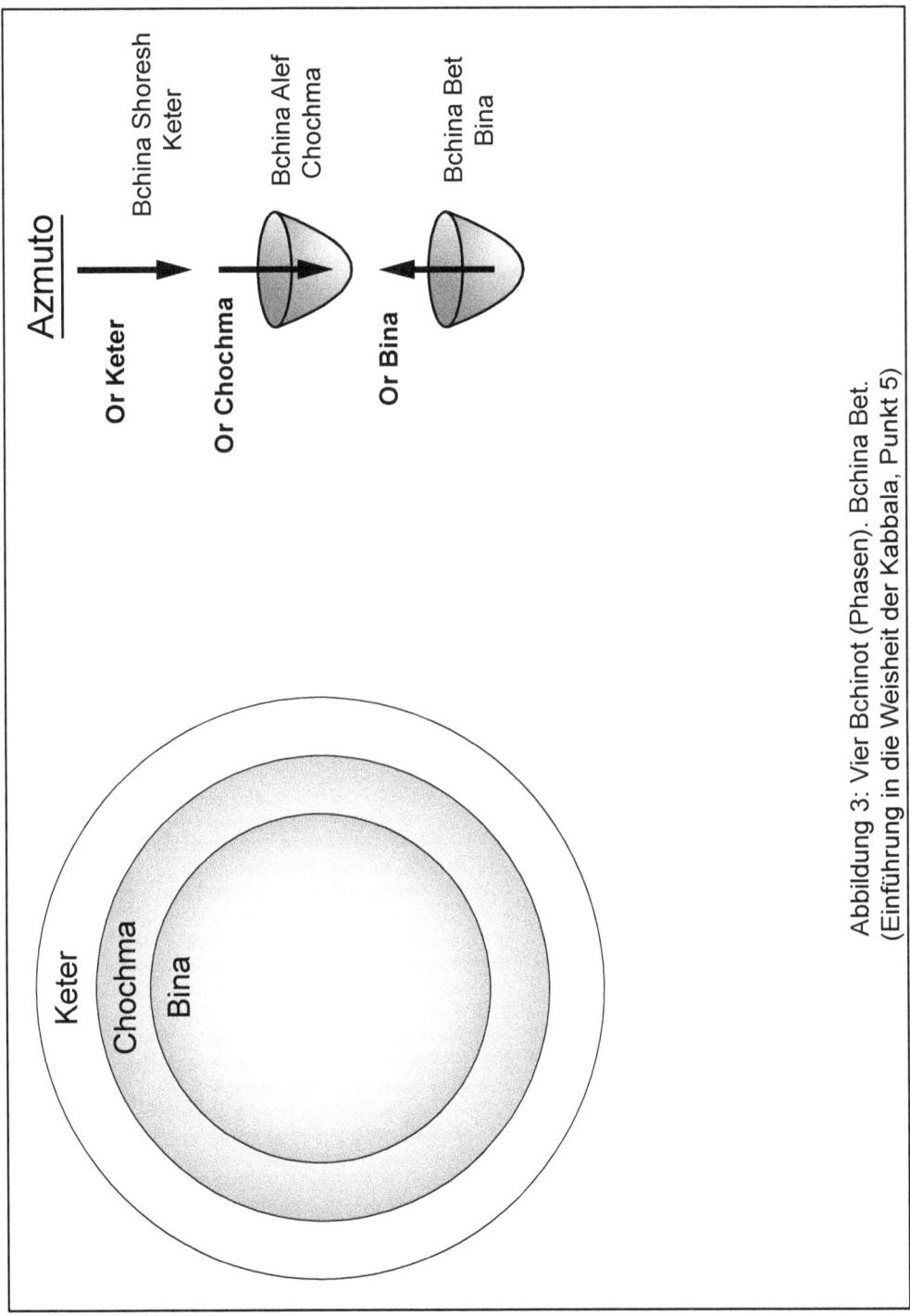

Abbildung 3: Vier Bchinot (Phasen). Bchina Bet.
(Einführung in die Weisheit der Kabbala, Punkt 5)

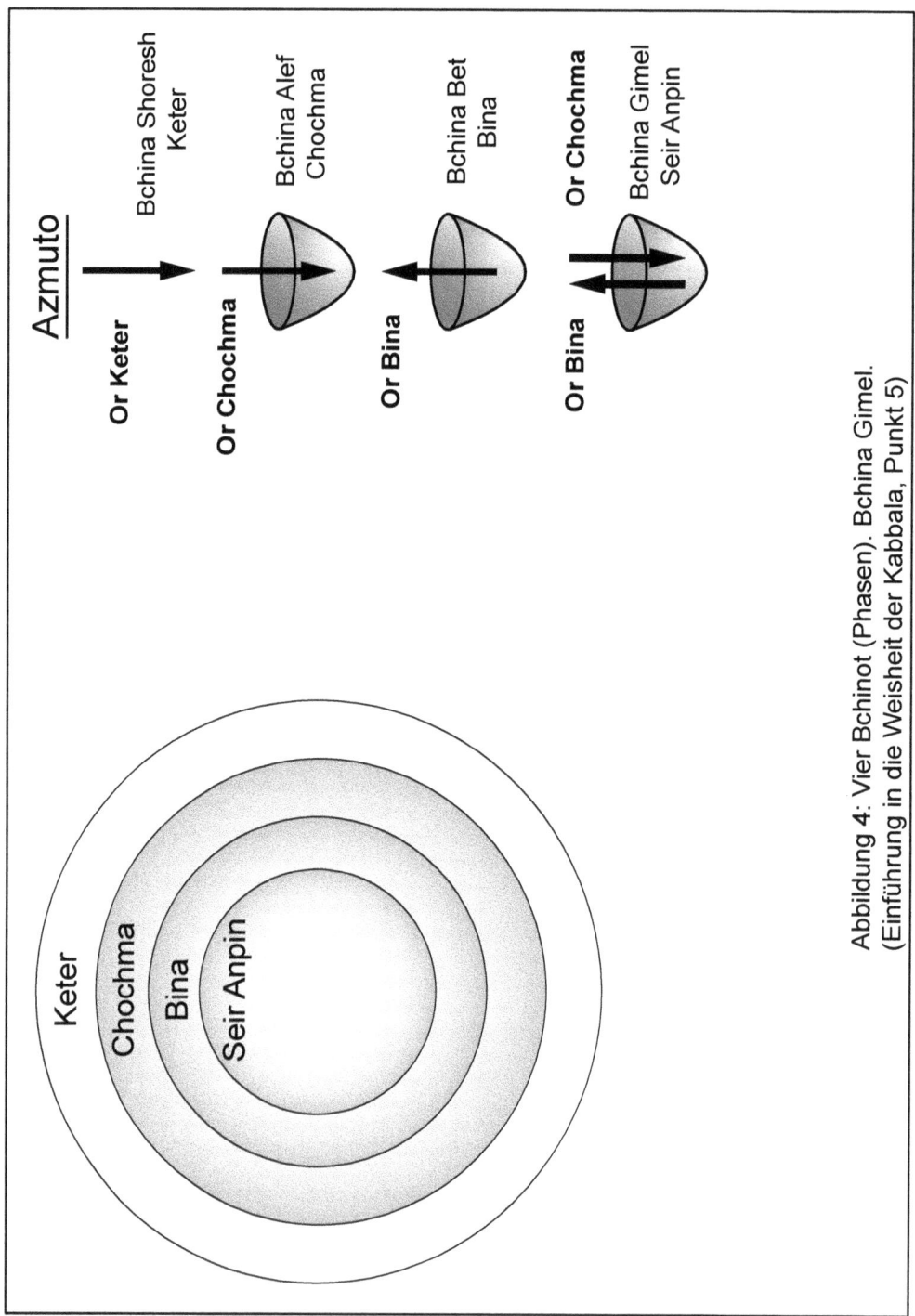

Abbildung 4: Vier Bchinot (Phasen). Bchina Gimel. (Einführung in die Weisheit der Kabbala, Punkt 5)

ABBILDUNGEN DER SPIRITUELLEN WELTEN

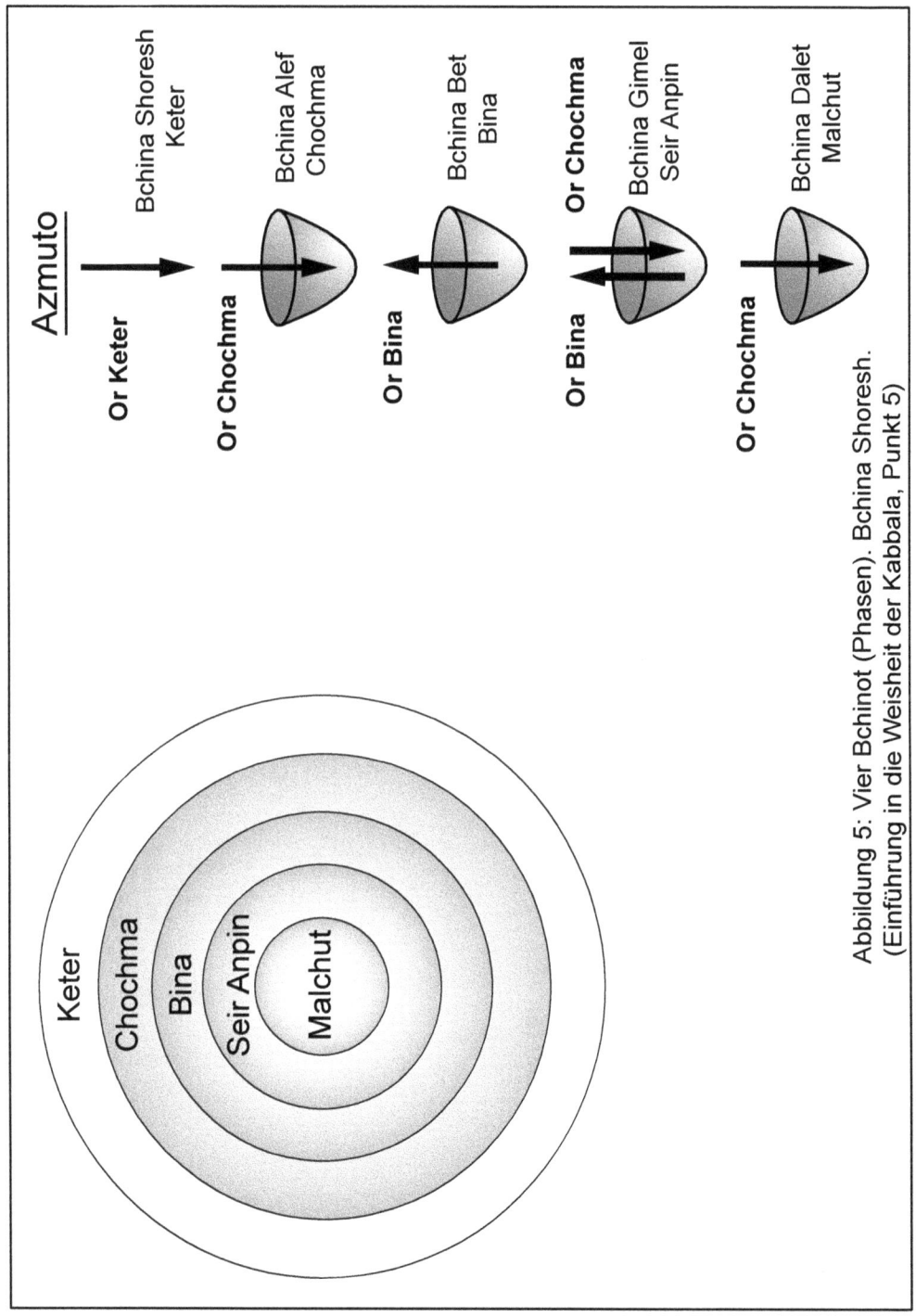

Abbildung 5: Vier Bchinot (Phasen). Bchina Shoresh.
(Einführung in die Weisheit der Kabbala, Punkt 5)

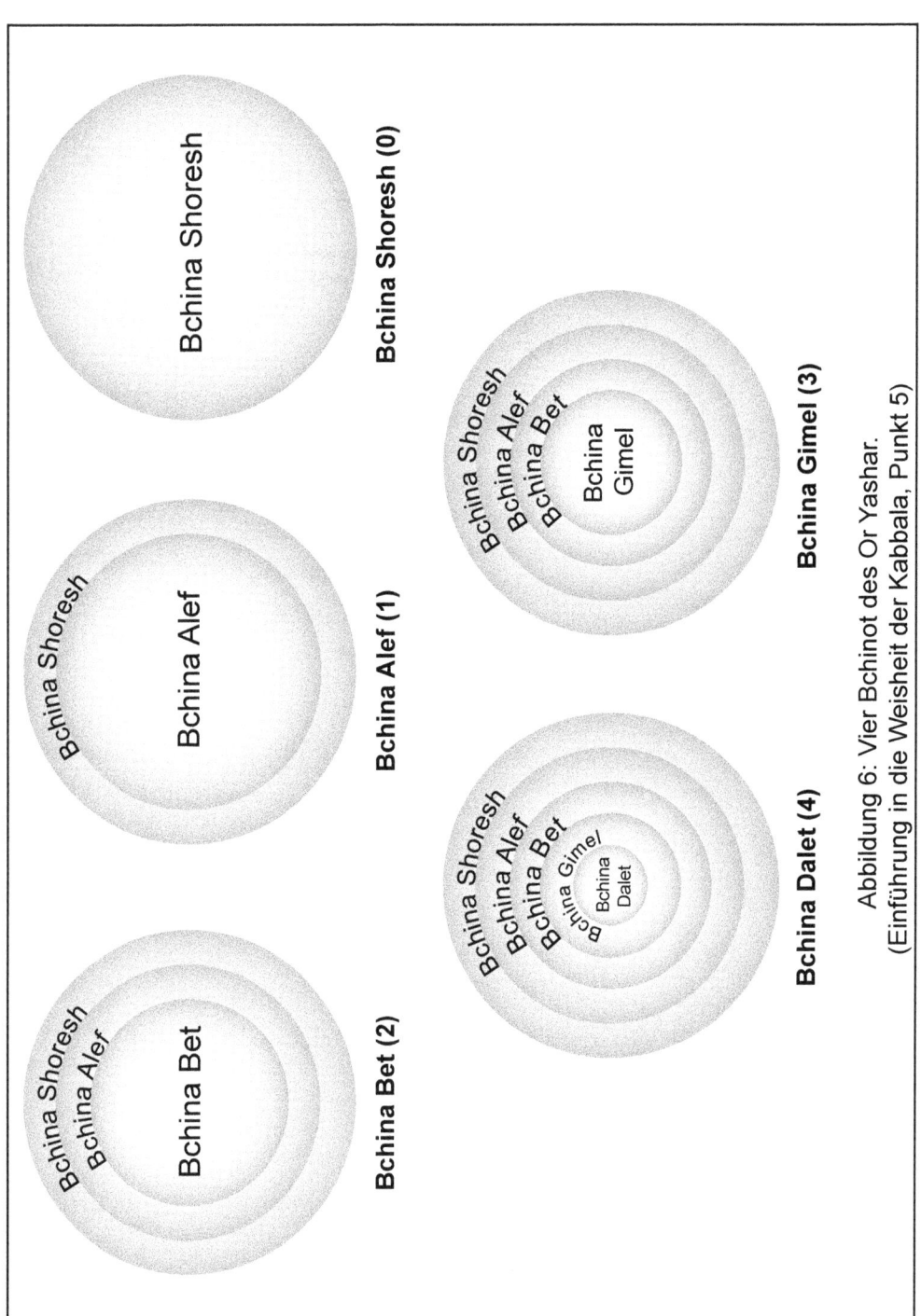

Abbildung 6: Vier Bchinot des Or Yashar.
(Einführung in die Weisheit der Kabbala, Punkt 5)

ABBILDUNGEN DER SPIRITUELLEN WELTEN

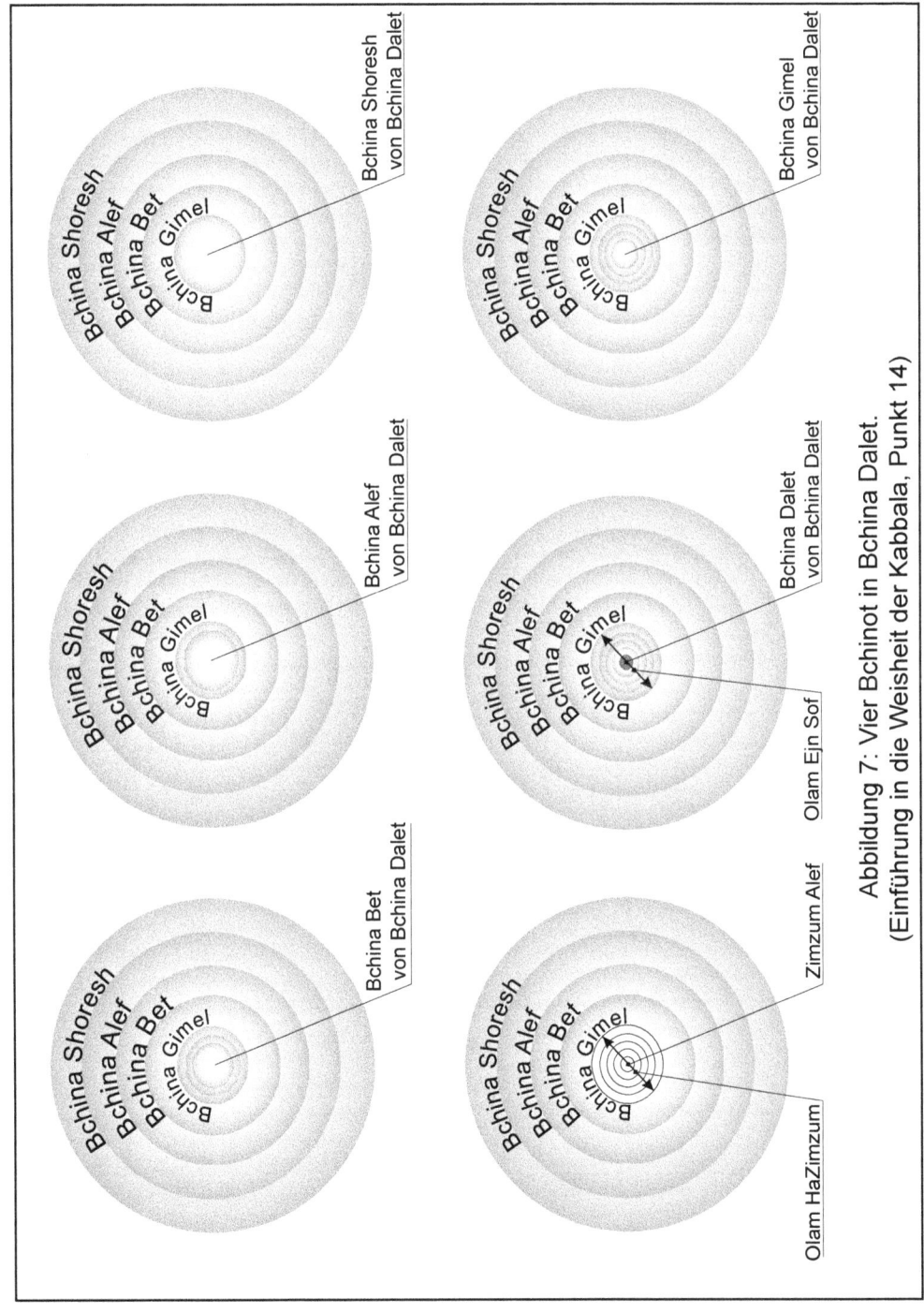

Abbildung 7: Vier Bchinot in Bchina Dalet.
(Einführung in die Weisheit der Kabbala, Punkt 14)

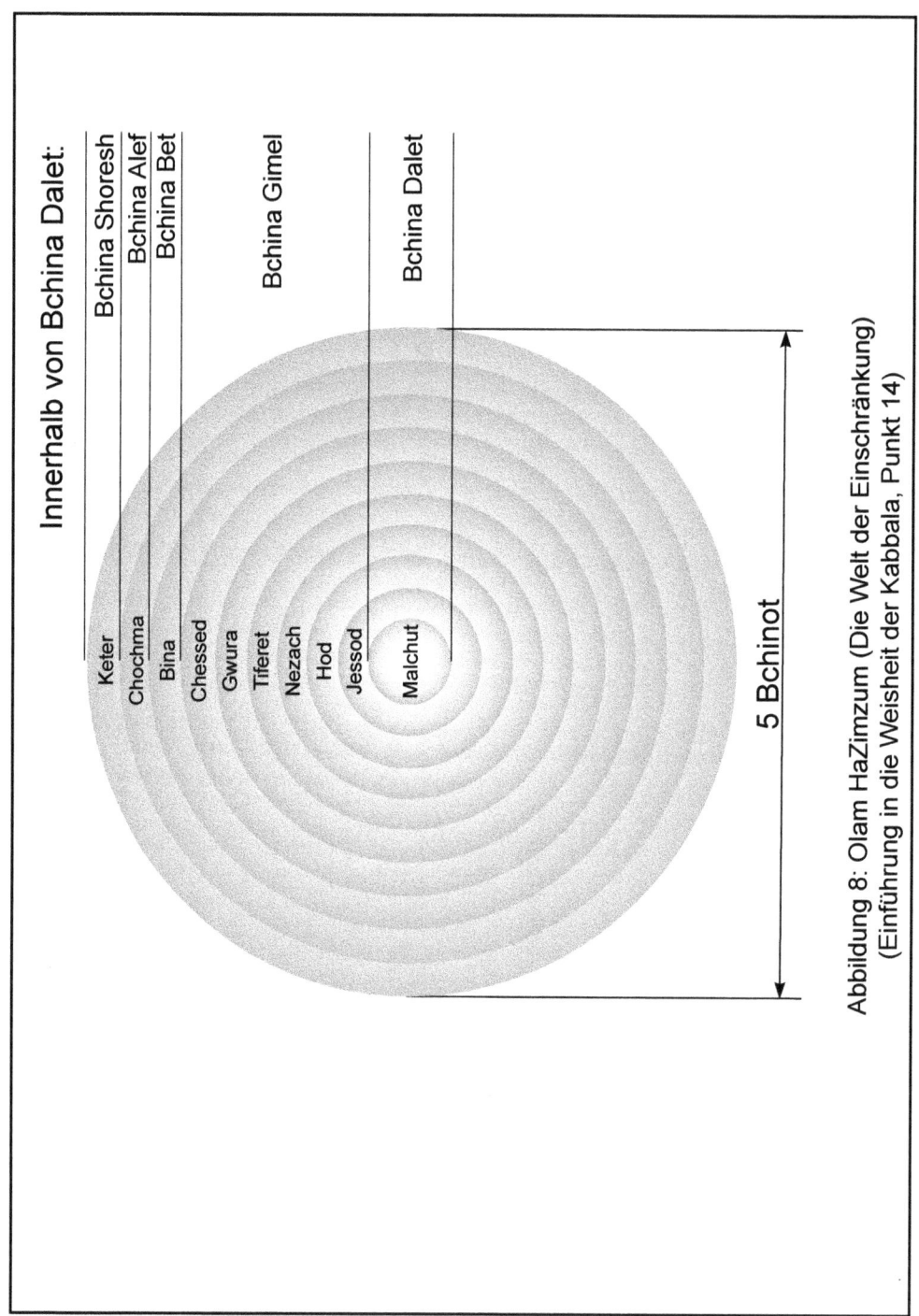

Abbildung 8: Olam HaZimzum (Die Welt der Einschränkung) (Einführung in die Weisheit der Kabbala, Punkt 14)

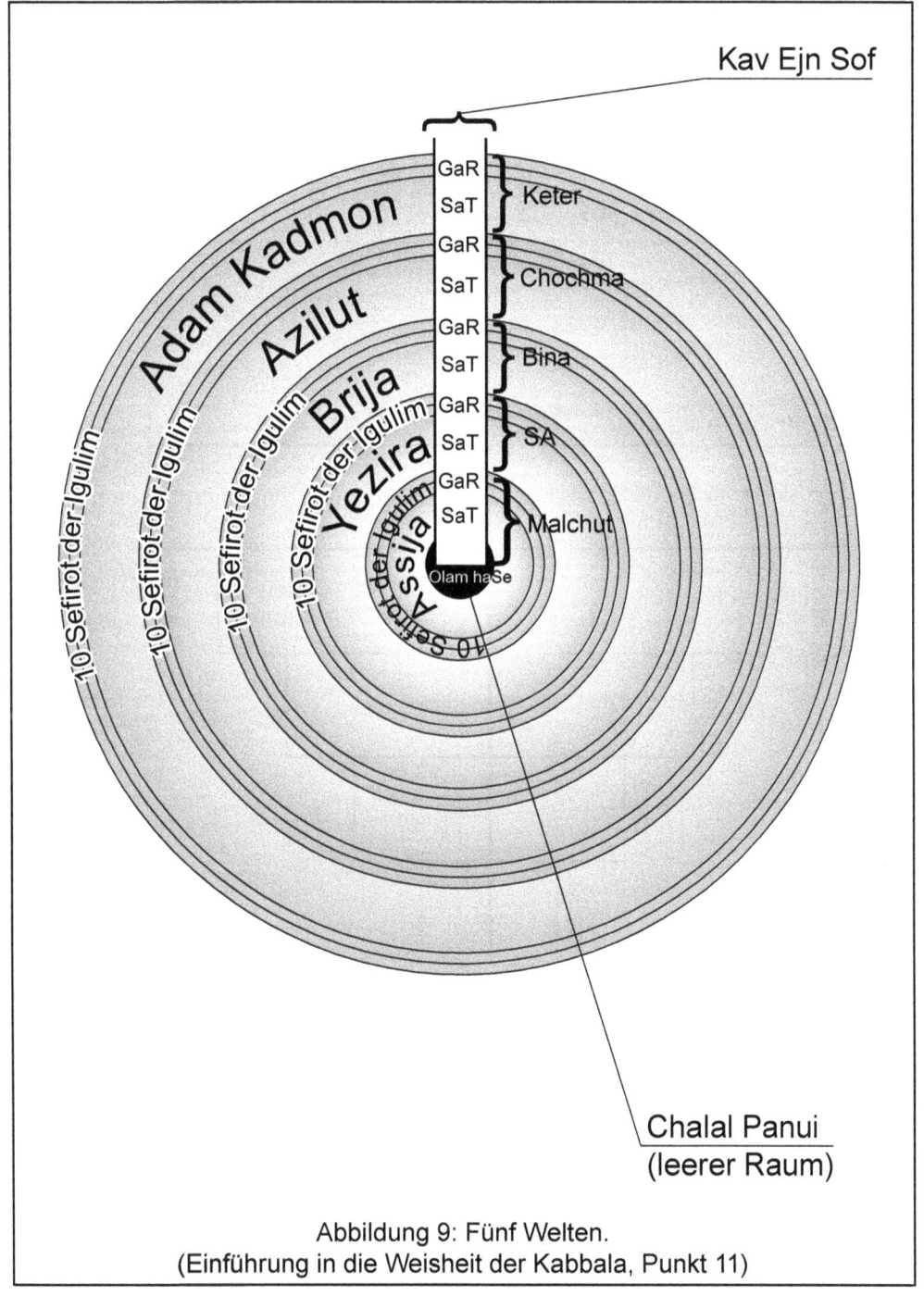

Abbildung 9: Fünf Welten.
(Einführung in die Weisheit der Kabbala, Punkt 11)

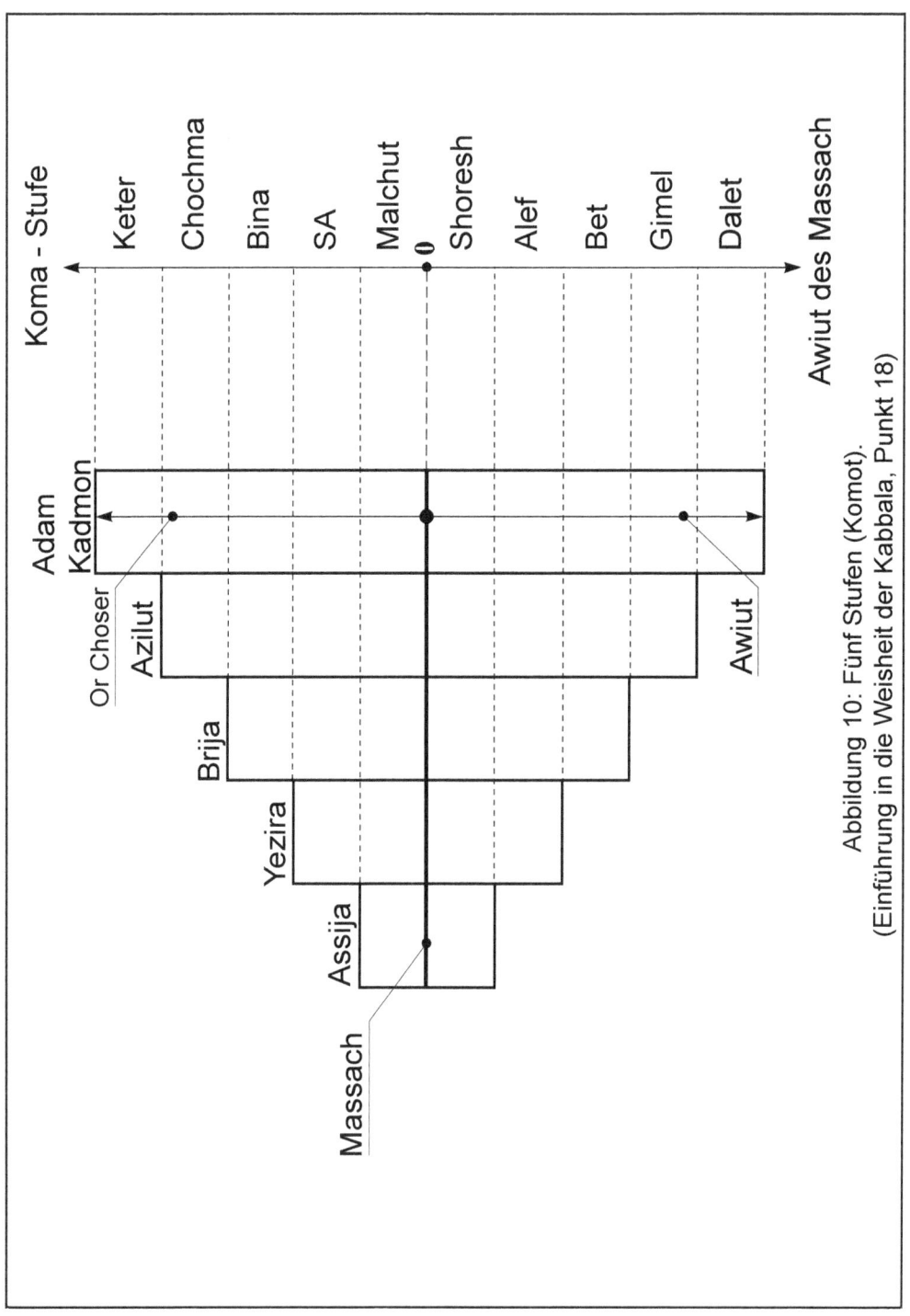

Abbildung 10: Fünf Stufen (Komot).
(Einführung in die Weisheit der Kabbala, Punkt 18)

ABBILDUNGEN DER SPIRITUELLEN WELTEN

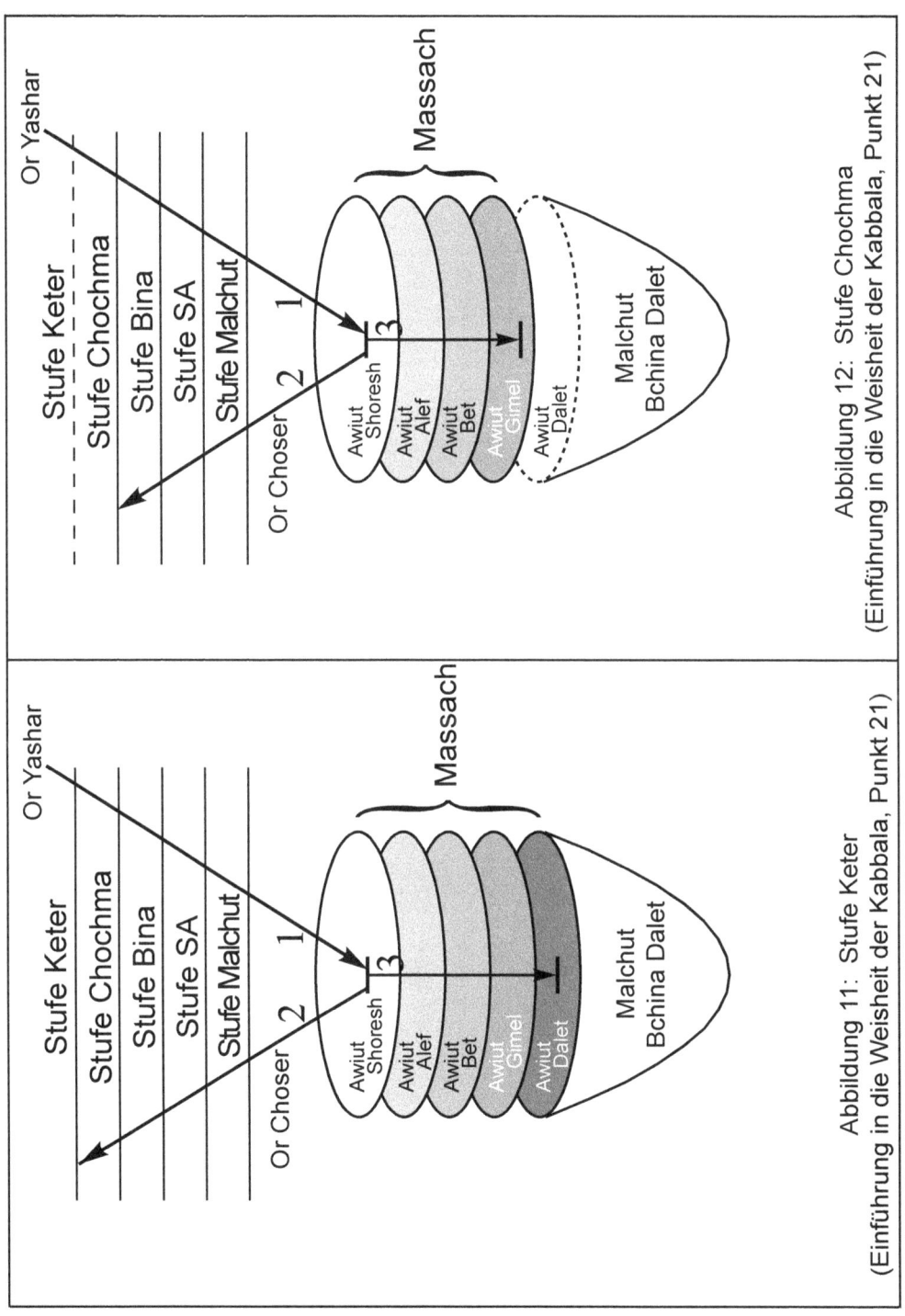

Abbildung 12: Stufe Chochma
(Einführung in die Weisheit der Kabbala, Punkt 21)

Abbildung 11: Stufe Keter
(Einführung in die Weisheit der Kabbala, Punkt 21)

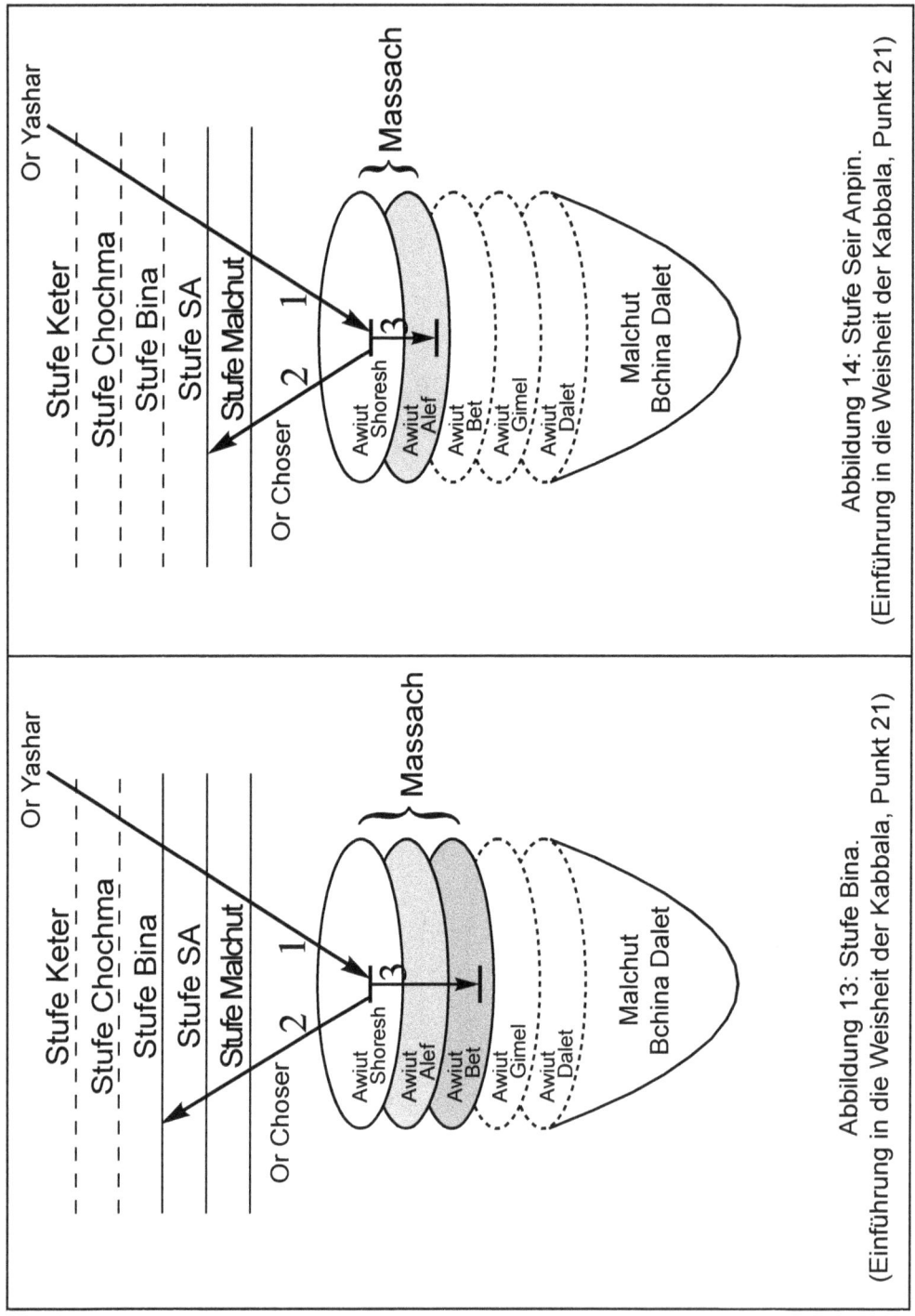

Abbildung 14: Stufe Seir Anpin.
(Einführung in die Weisheit der Kabbala, Punkt 21)

Abbildung 13: Stufe Bina.
(Einführung in die Weisheit der Kabbala, Punkt 21)

ABBILDUNGEN DER SPIRITUELLEN WELTEN

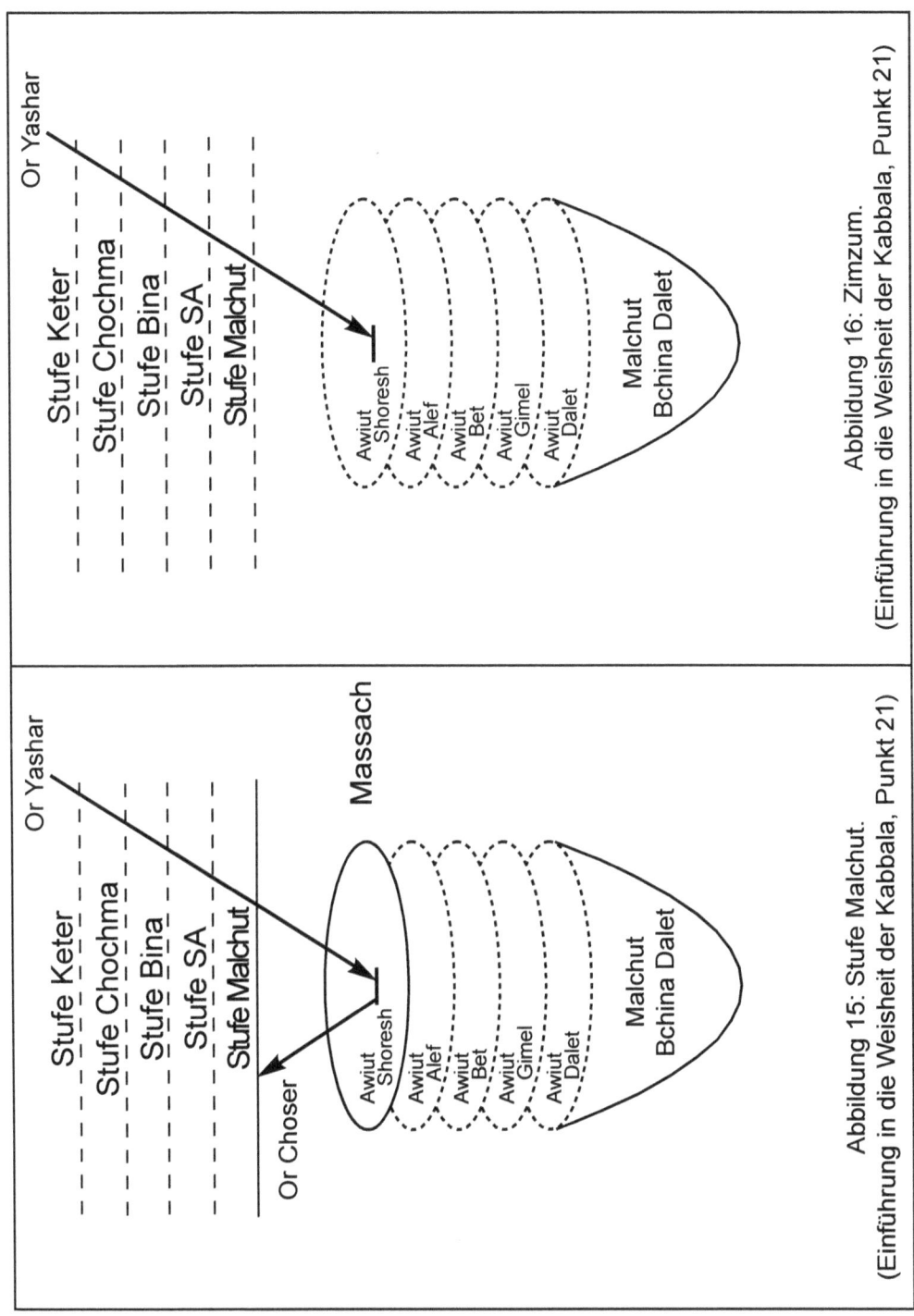

Abbildung 16: Zimzum.
(Einführung in die Weisheit der Kabbala, Punkt 21)

Abbildung 15: Stufe Malchut.
(Einführung in die Weisheit der Kabbala, Punkt 21)

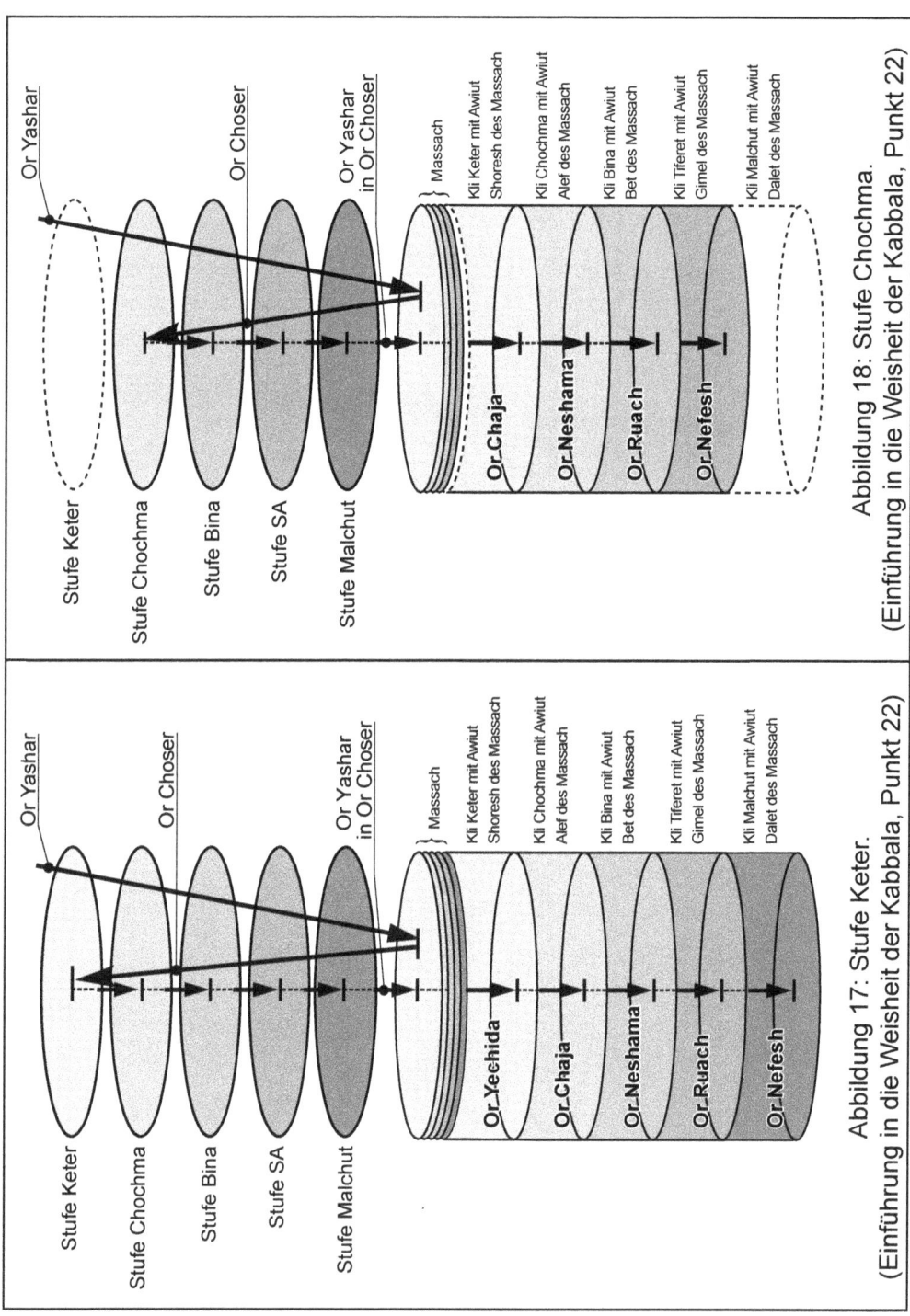

Abbildung 18: Stufe Chochma.
(Einführung in die Weisheit der Kabbala, Punkt 22)

Abbildung 17: Stufe Keter.
(Einführung in die Weisheit der Kabbala, Punkt 22)

ABBILDUNGEN DER SPIRITUELLEN WELTEN

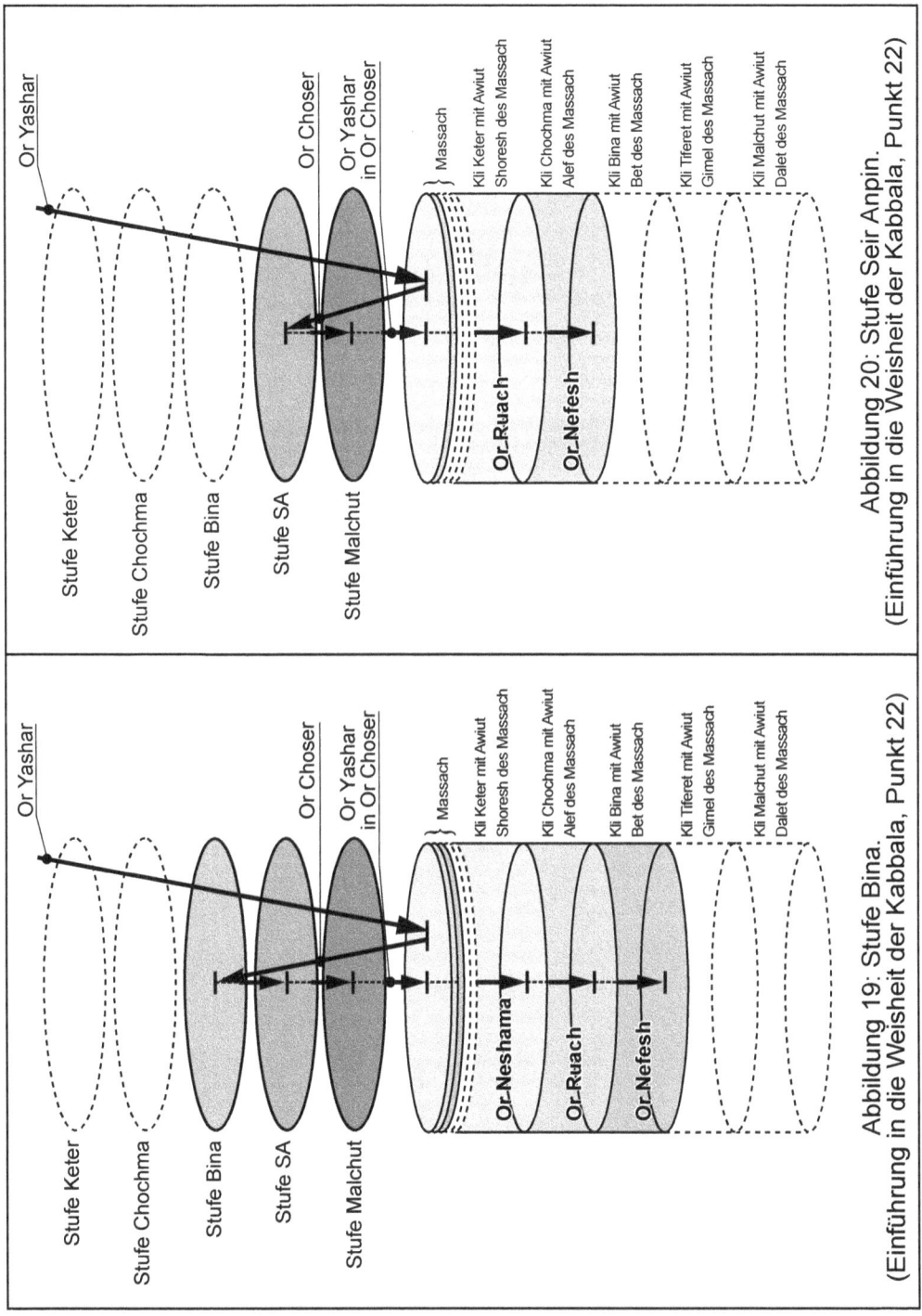

Abbildung 20: Stufe Seir Anpin.
(Einführung in die Weisheit der Kabbala, Punkt 22)

Abbildung 19: Stufe Bina.
(Einführung in die Weisheit der Kabbala, Punkt 22)

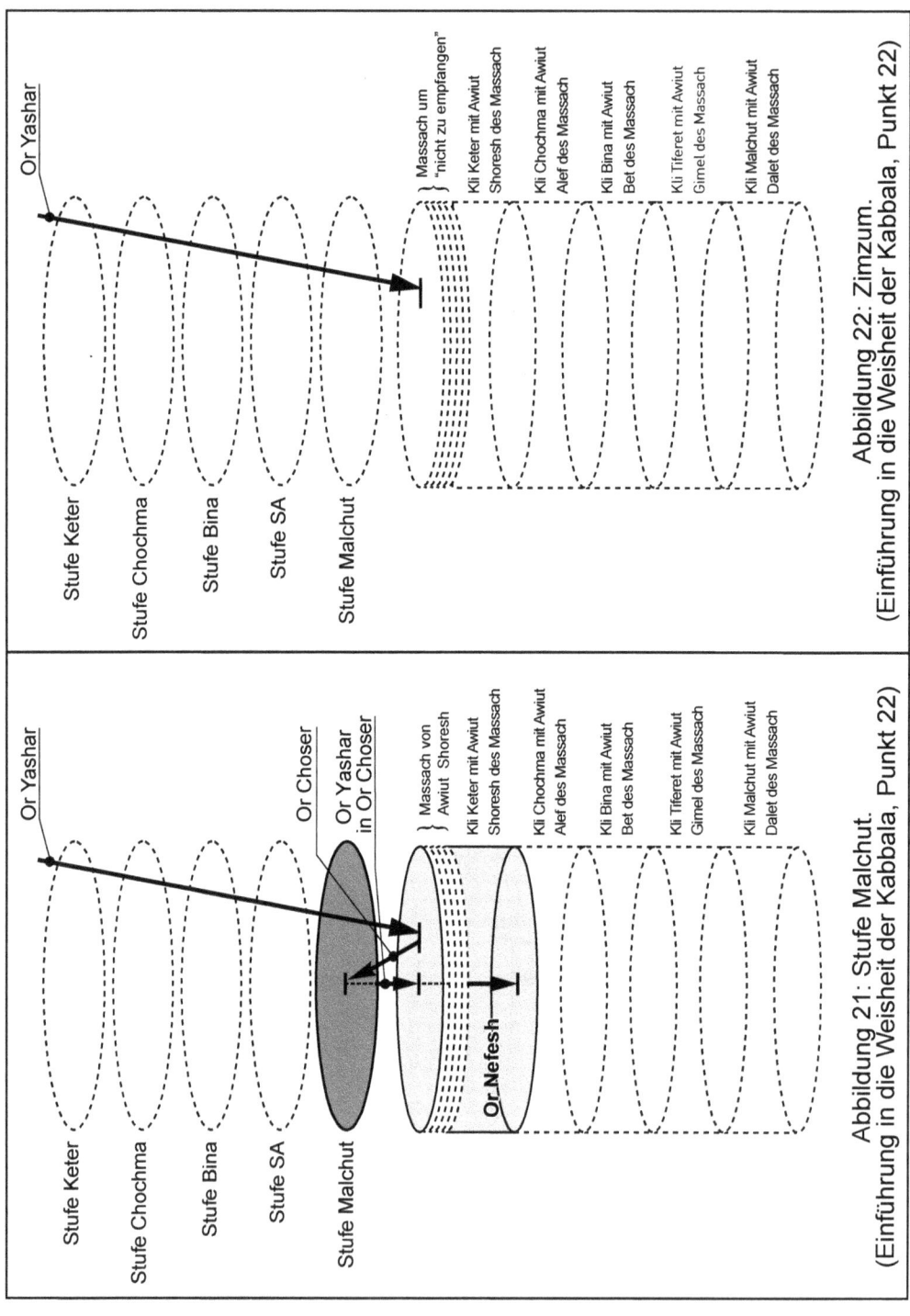

Abbildung 22: Zimzum.
(Einführung in die Weisheit der Kabbala, Punkt 22)

Abbildung 21: Stufe Malchut.
(Einführung in die Weisheit der Kabbala, Punkt 22)

ABBILDUNGEN DER SPIRITUELLEN WELTEN

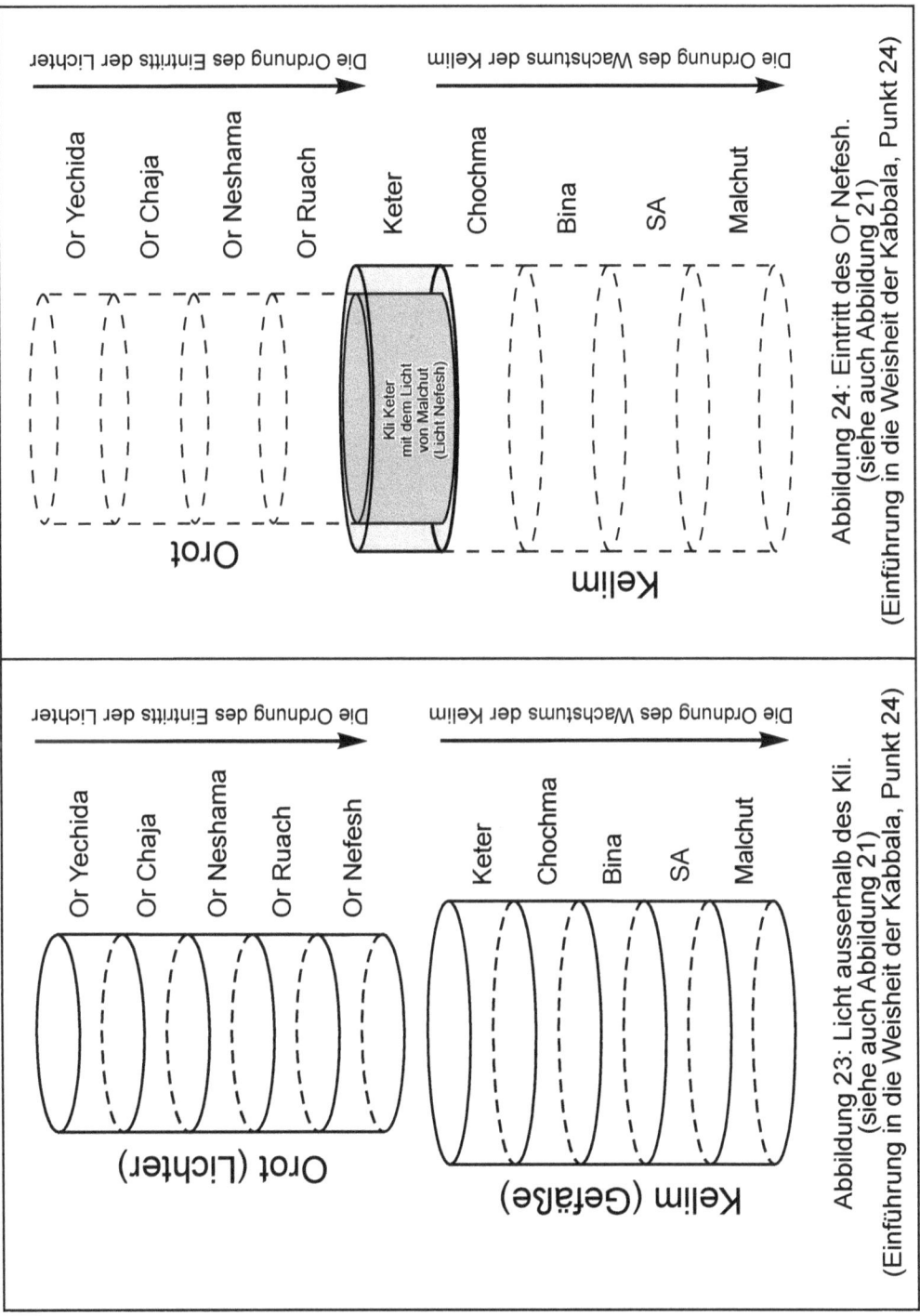

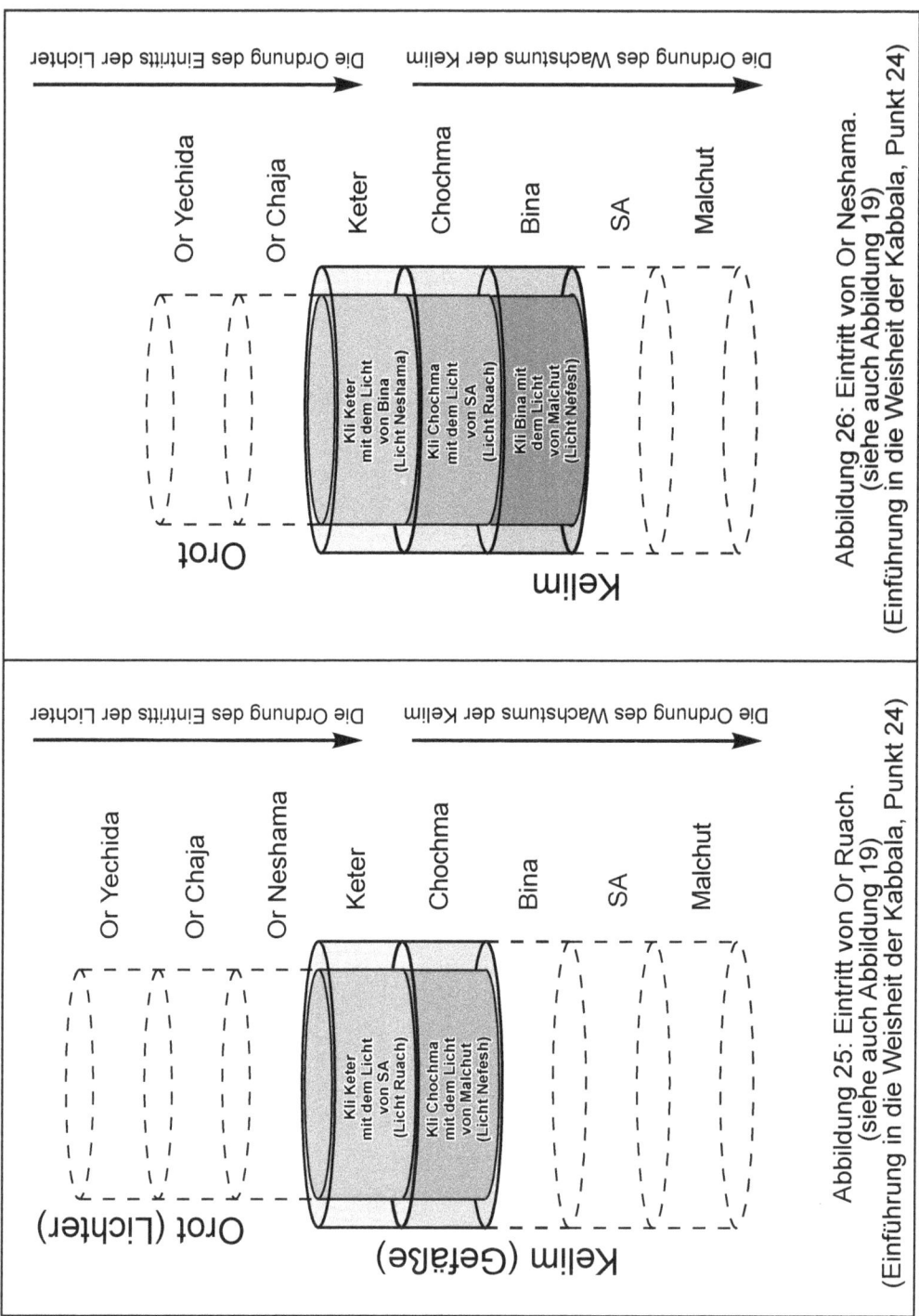

Abbildung 26: Eintritt von Or Neshama.
(siehe auch Abbildung 19)
(Einführung in die Weisheit der Kabbala, Punkt 24)

Abbildung 25: Eintritt von Or Ruach.
(siehe auch Abbildung 19)
(Einführung in die Weisheit der Kabbala, Punkt 24)

ABBILDUNGEN DER SPIRITUELLEN WELTEN

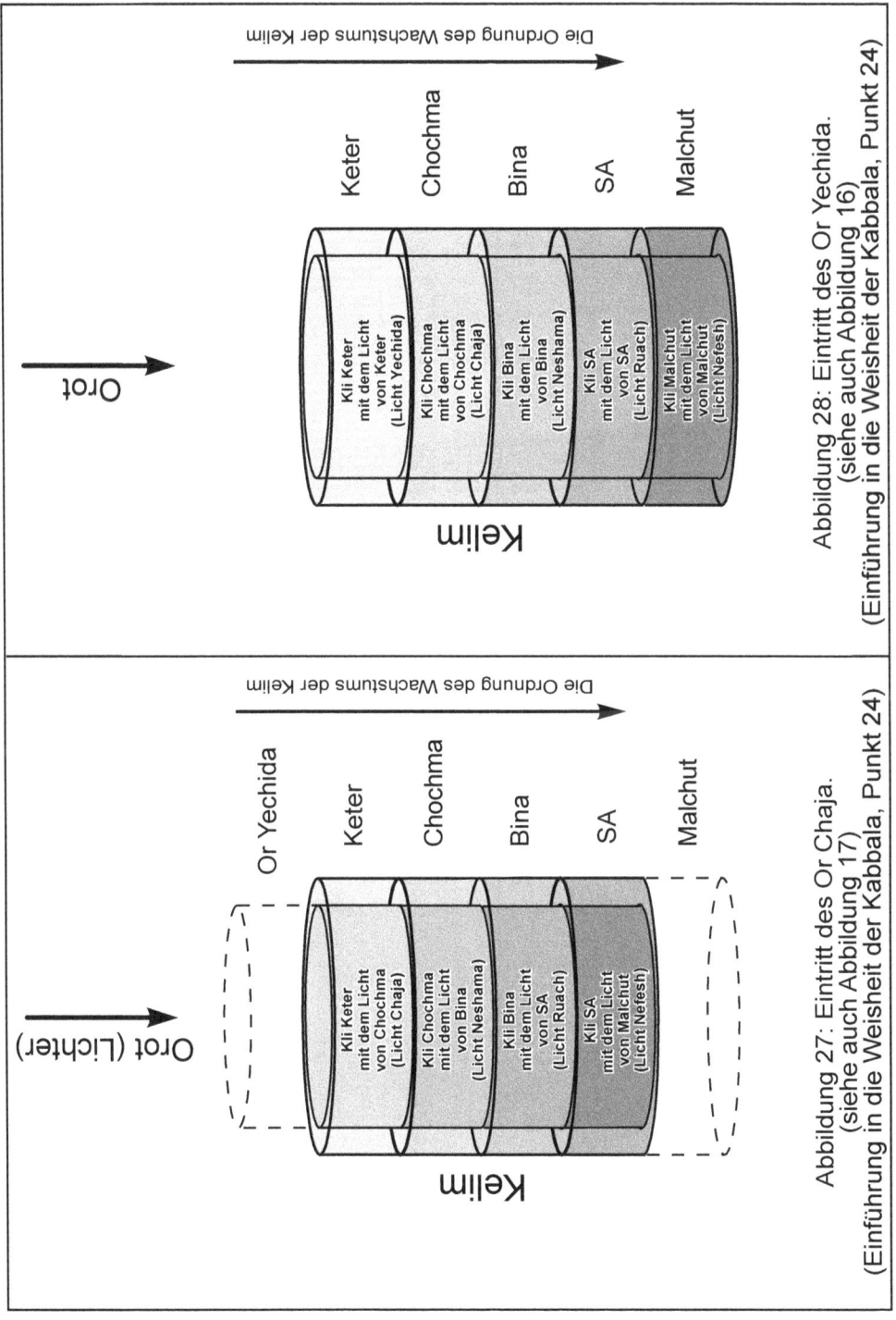

Abbildung 28: Eintritt des Or Yechida.
(siehe auch Abbildung 16)
(Einführung in die Weisheit der Kabbala, Punkt 24)

Abbildung 27: Eintritt des Or Chaja.
(siehe auch Abbildung 17)
(Einführung in die Weisheit der Kabbala, Punkt 24)

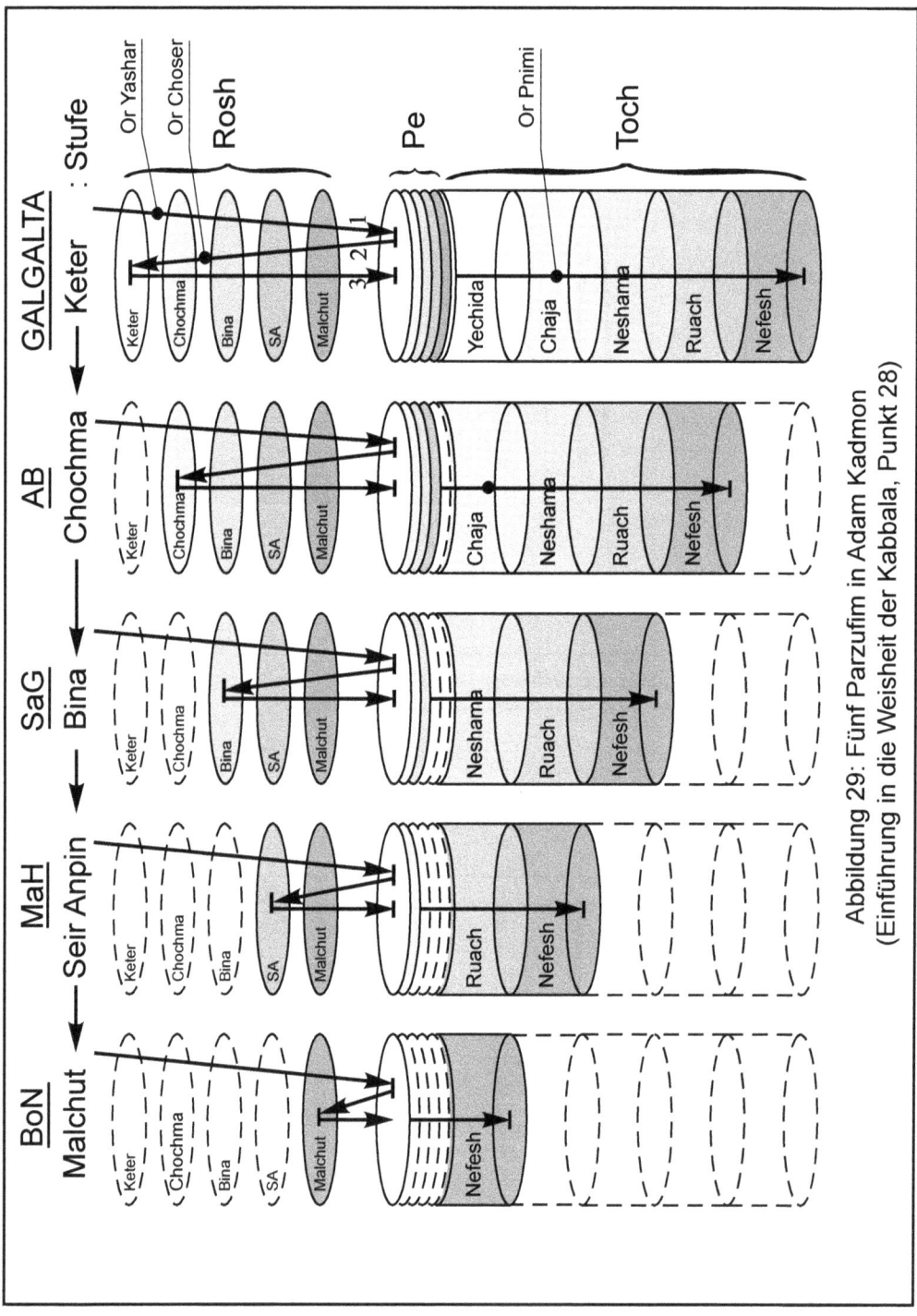

Abbildung 29: Fünf Parzufim in Adam Kadmon (Einführung in die Weisheit der Kabbala, Punkt 28)

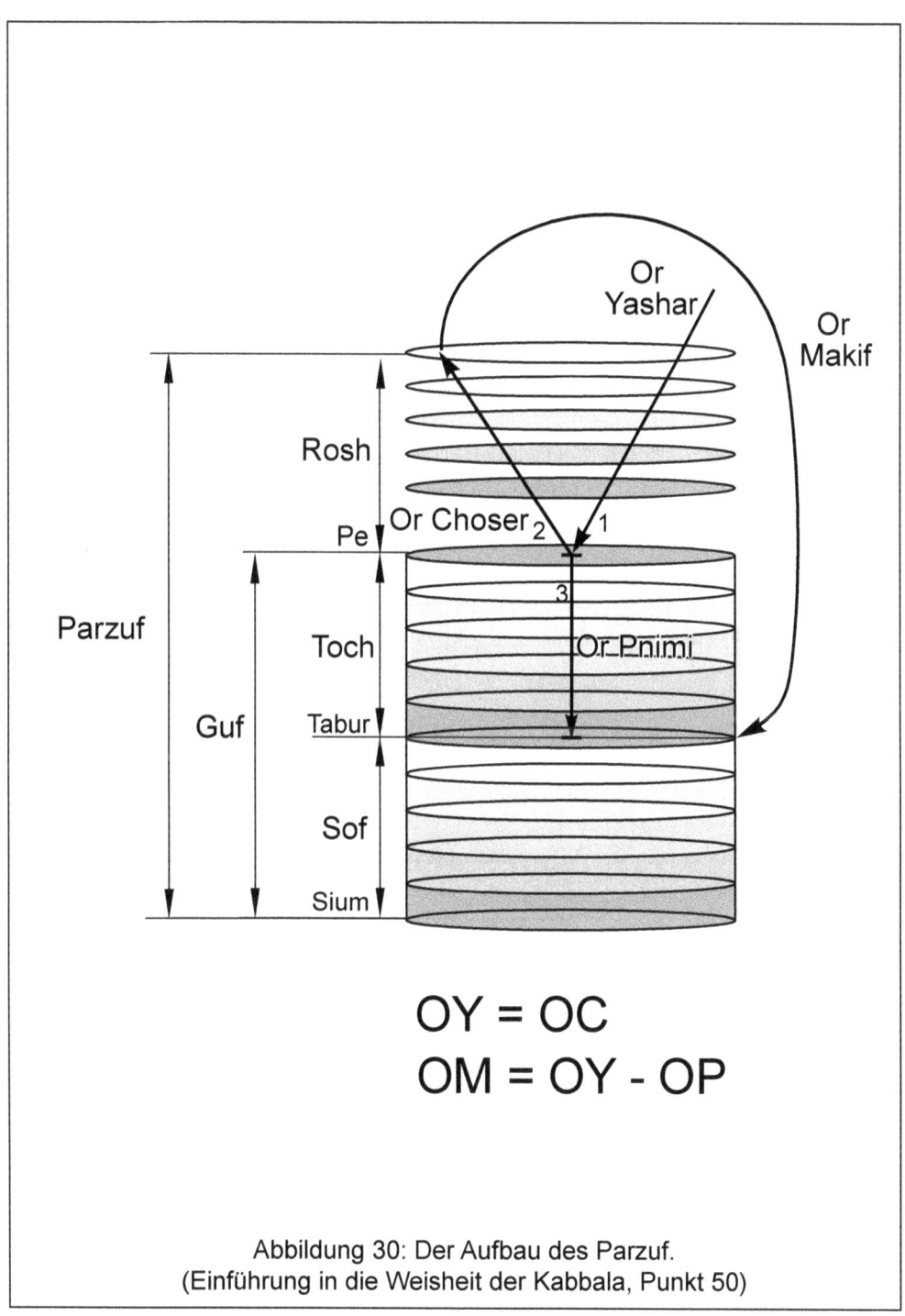

Abbildung 30: Der Aufbau des Parzuf.
(Einführung in die Weisheit der Kabbala, Punkt 50)

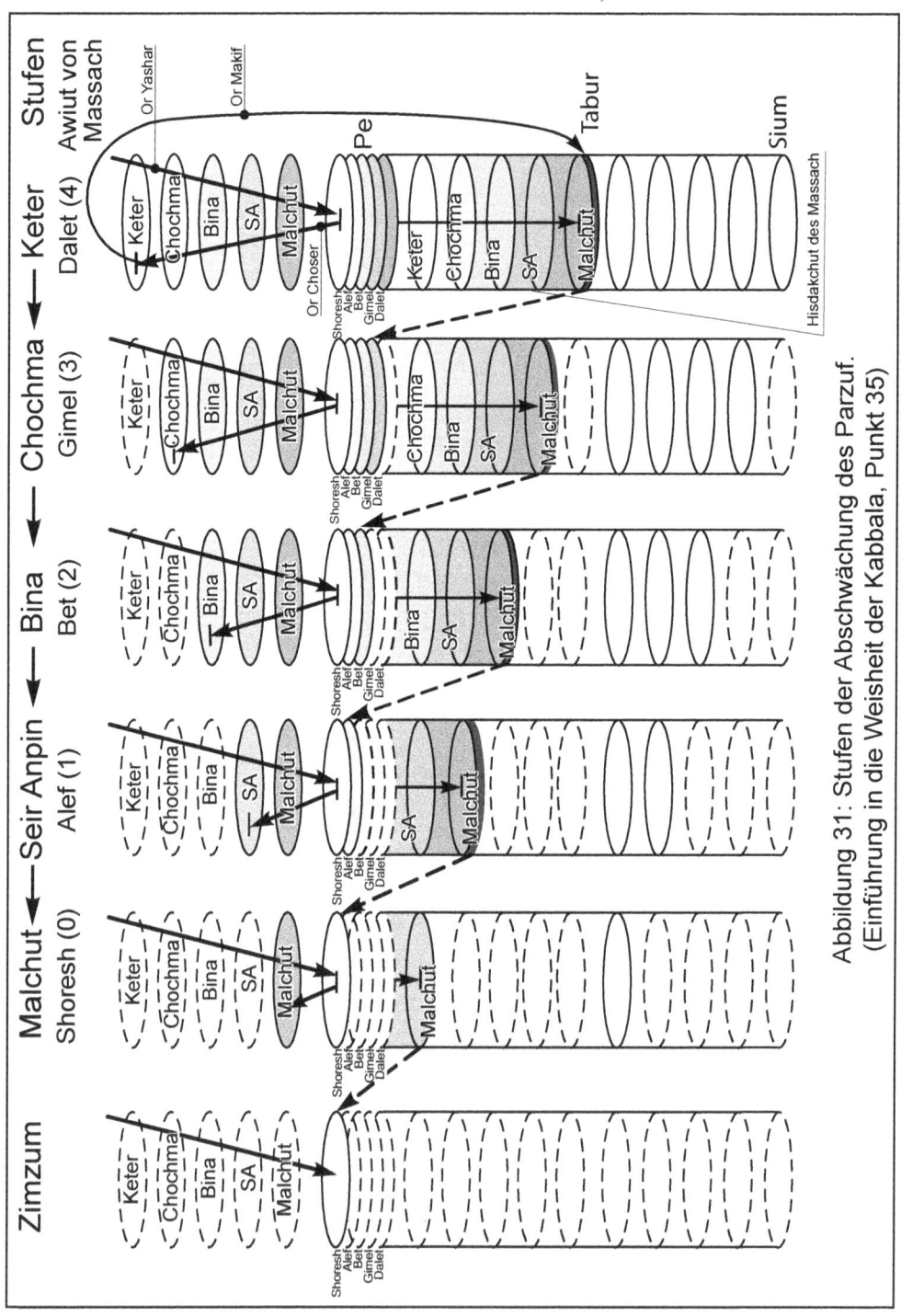

Abbildung 31: Stufen der Abschwächung des Parzuf. (Einführung in die Weisheit der Kabbala, Punkt 35)

ABBILDUNGEN DER SPIRITUELLEN WELTEN

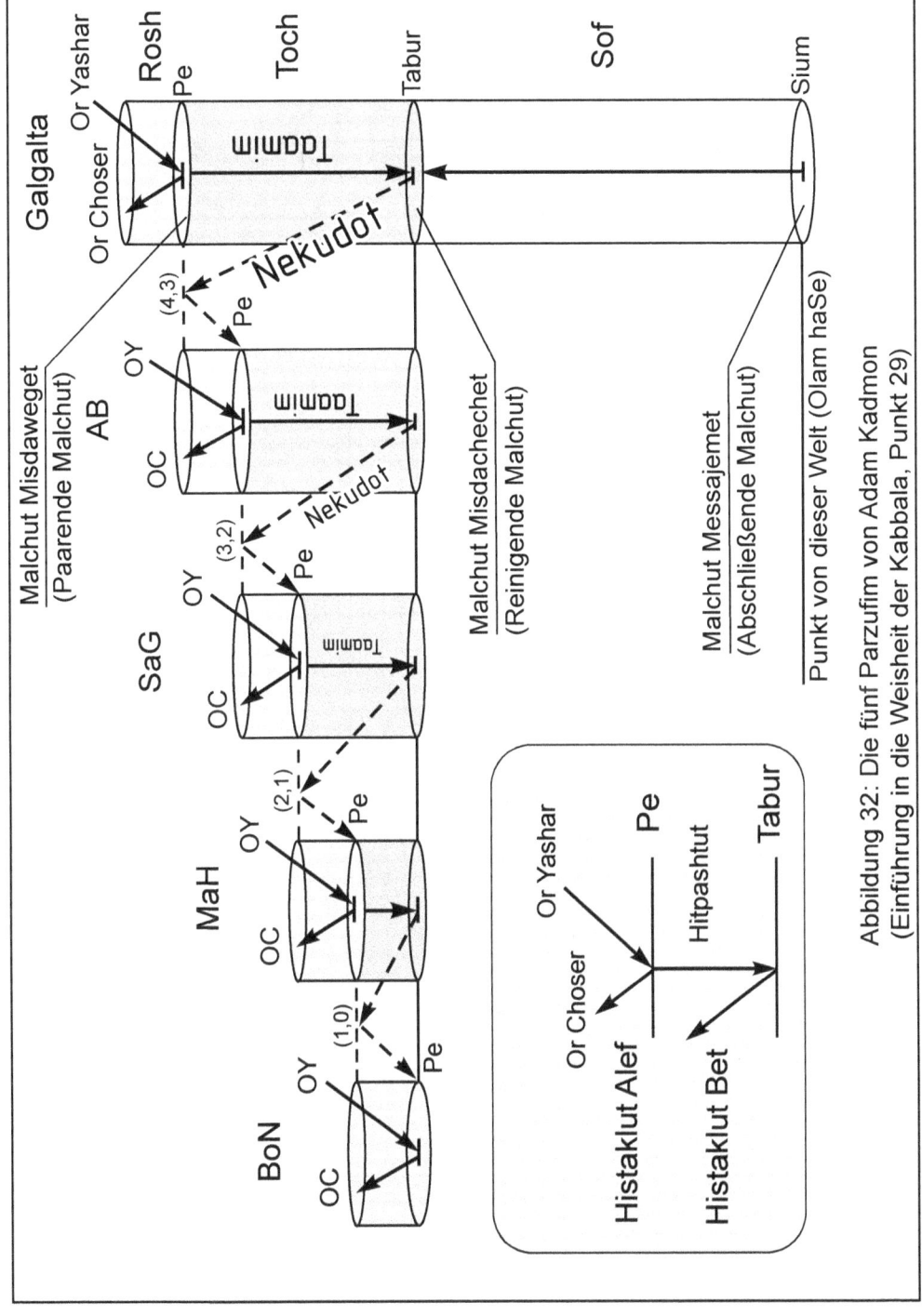

Abbildung 32: Die fünf Parzufim von Adam Kadmon (Einführung in die Weisheit der Kabbala, Punkt 29)

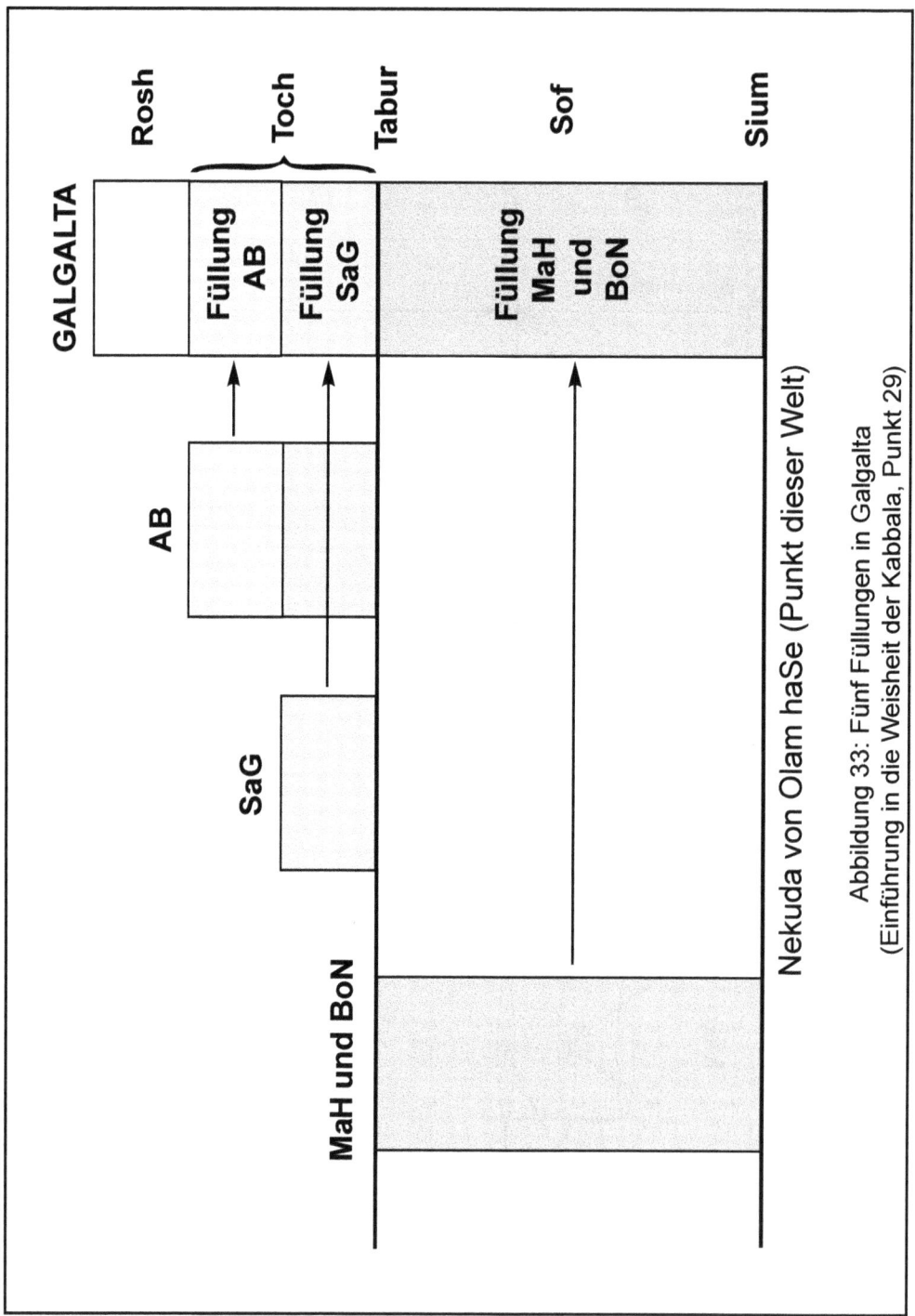

Abbildung 33: Fünf Füllungen in Galgalta
(Einführung in die Weisheit der Kabbala, Punkt 29)

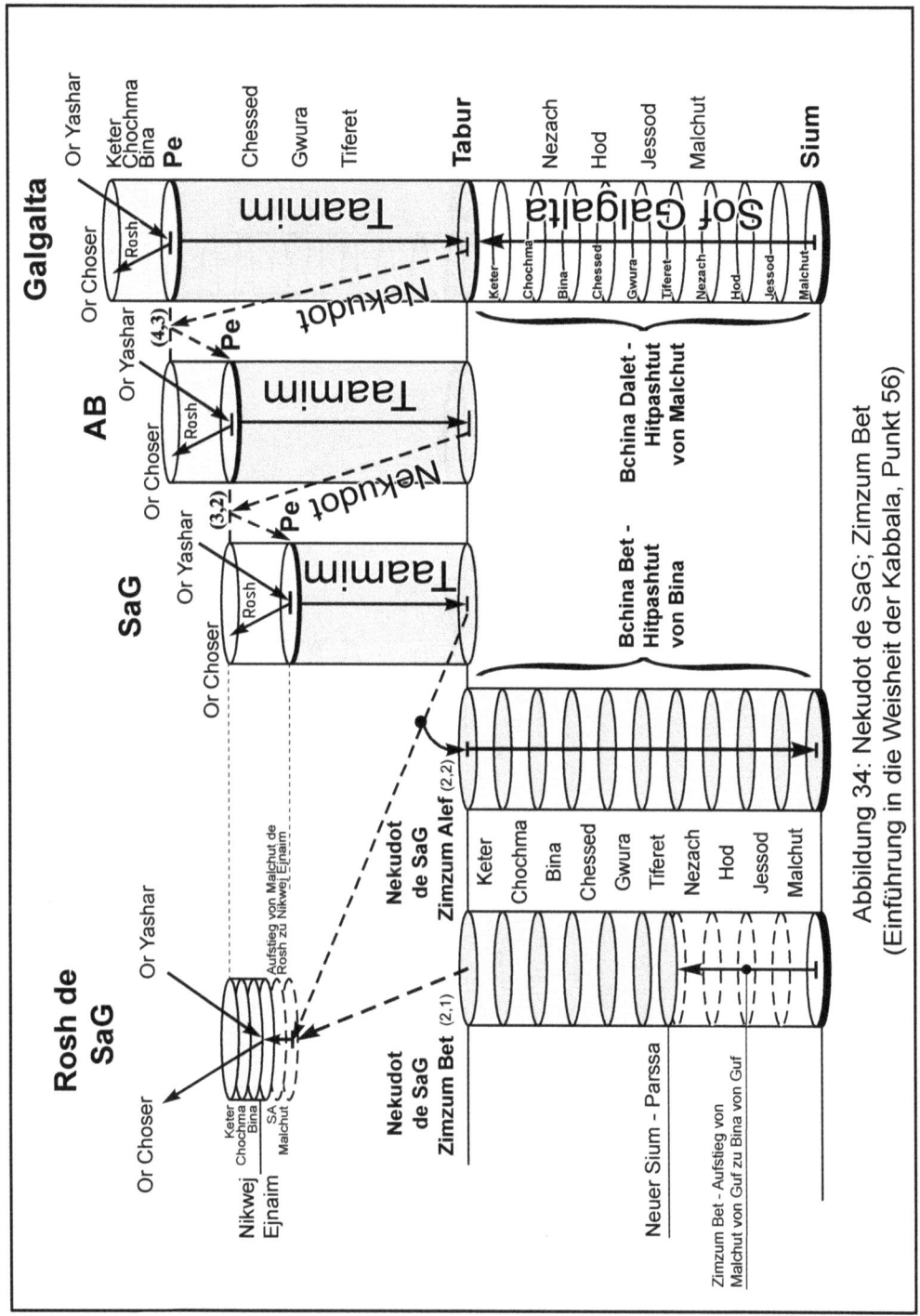

Abbildung 34: Nekudot de SaG; Zimzum Bet (Einführung in die Weisheit der Kabbala, Punkt 56)

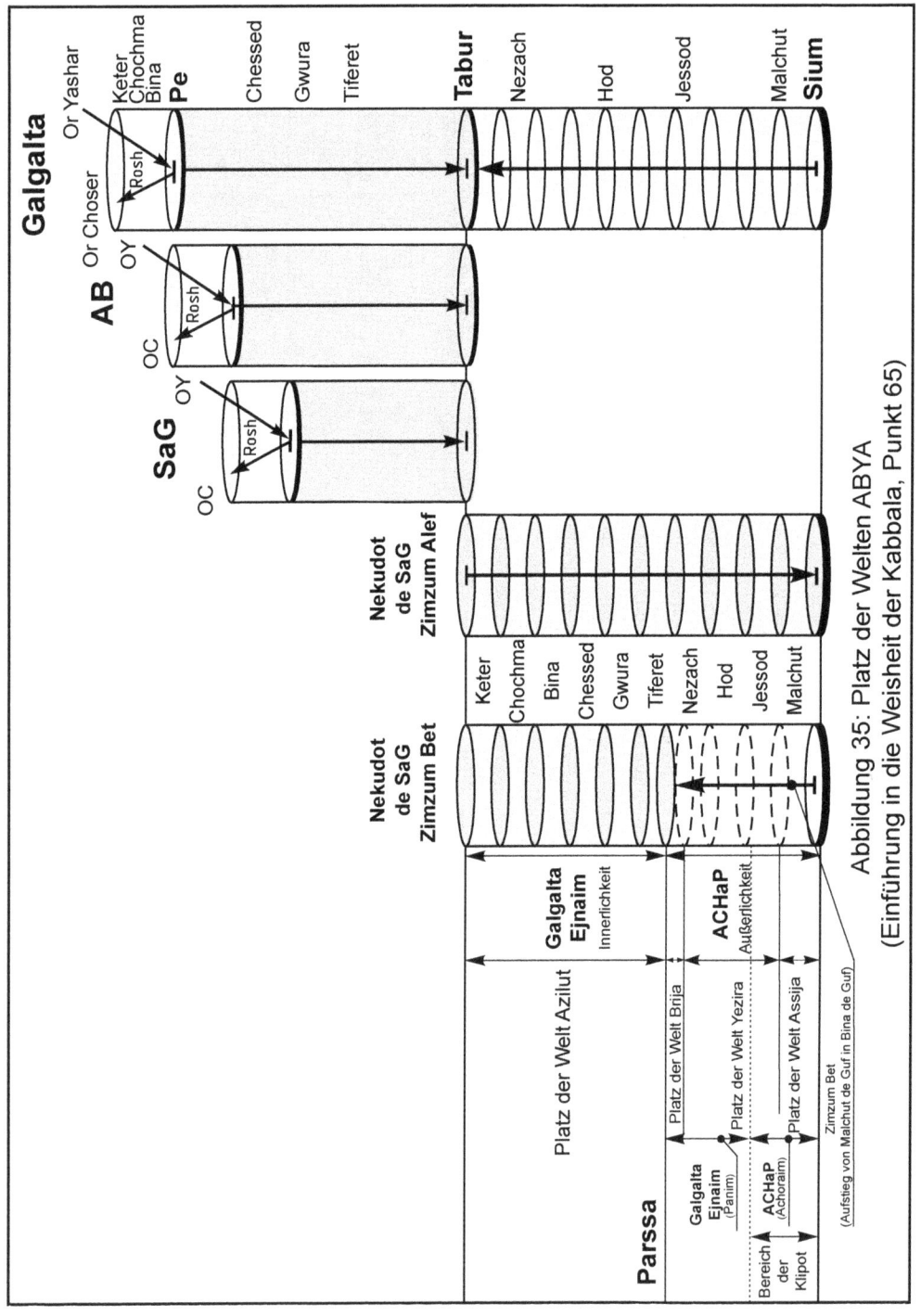

Abbildung 35: Platz der Welten ABYA
(Einführung in die Weisheit der Kabbala, Punkt 65)

ABBILDUNGEN DER SPIRITUELLEN WELTEN

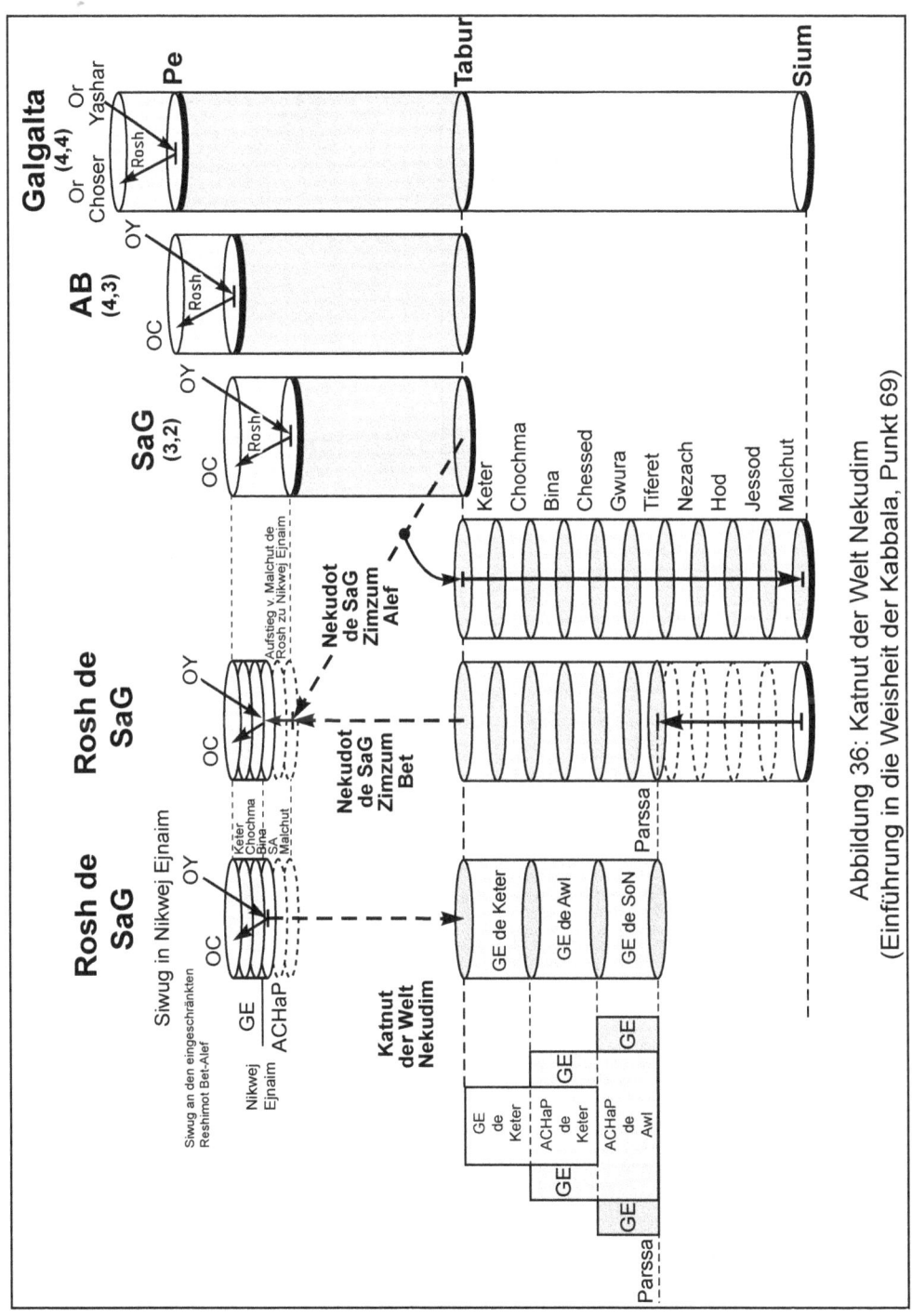

Abbildung 36: Katnut der Welt Nekudim
(Einführung in die Weisheit der Kabbala, Punkt 69)

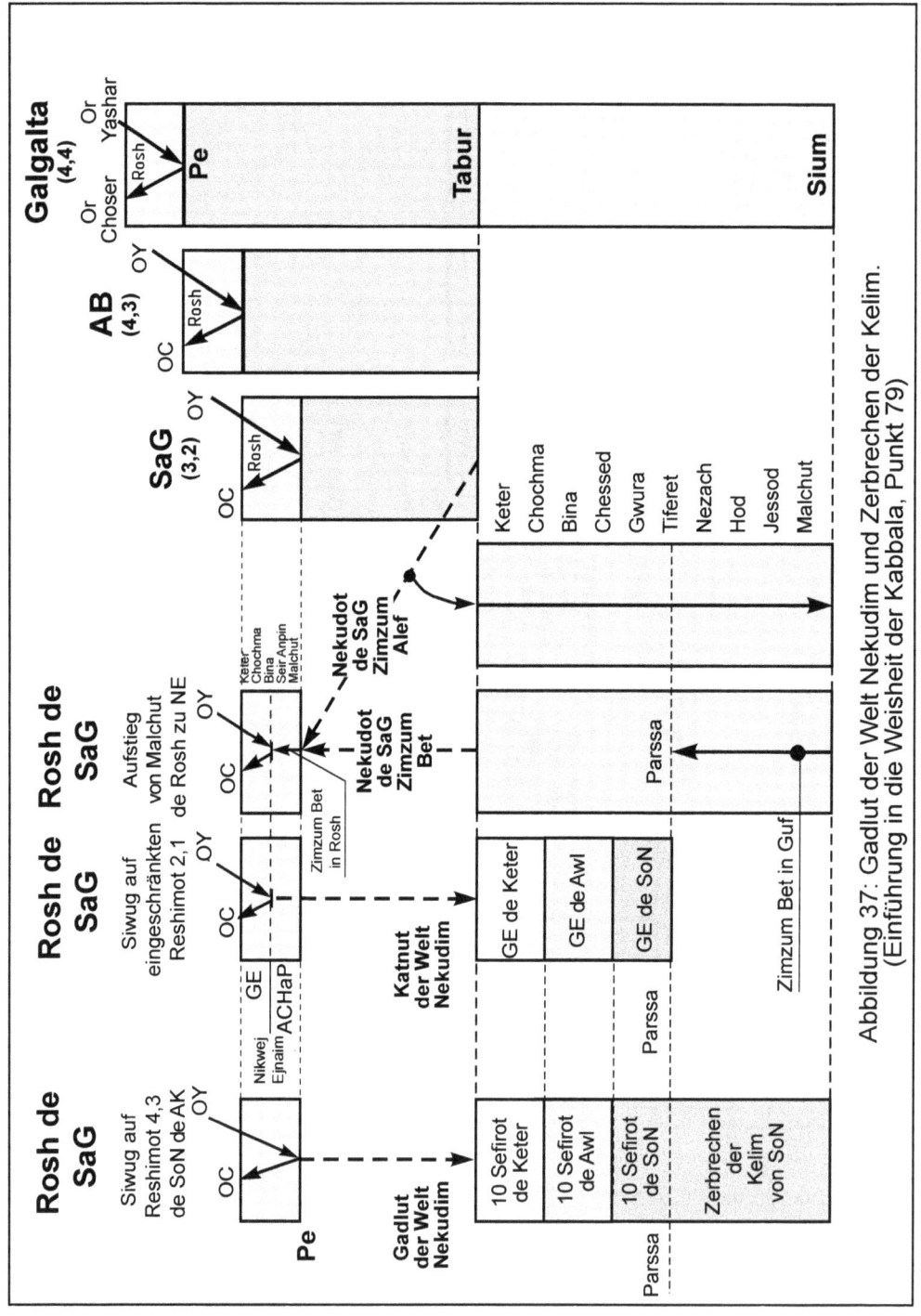

Abbildung 37: Gadlut der Welt Nekudim und Zerbrechen der Kelim. (Einführung in die Weisheit der Kabbala, Punkt 79)

ABBILDUNGEN DER SPIRITUELLEN WELTEN

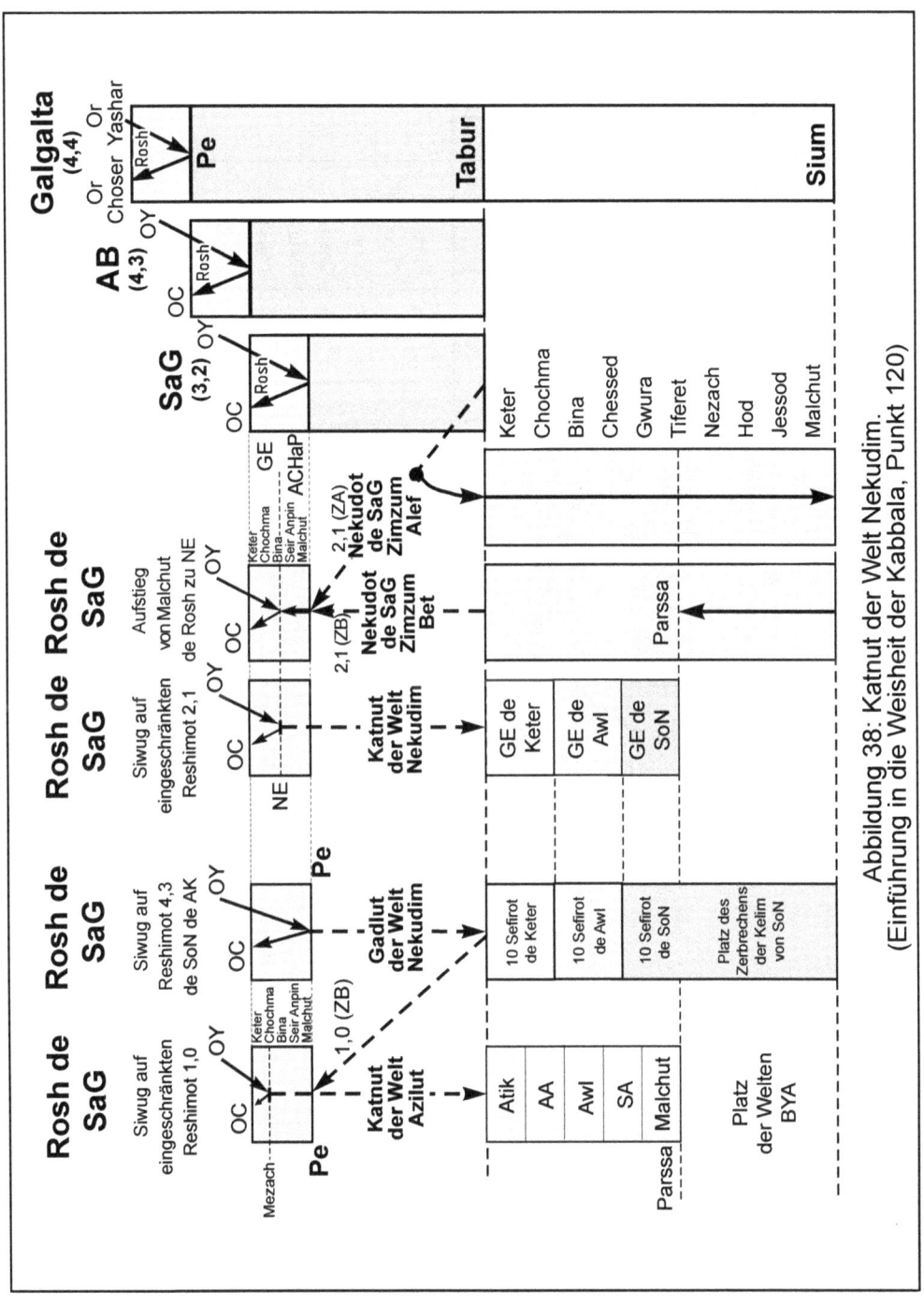

Abbildung 38: Katnut der Welt Nekudim.
(Einführung in die Weisheit der Kabbala, Punkt 120)

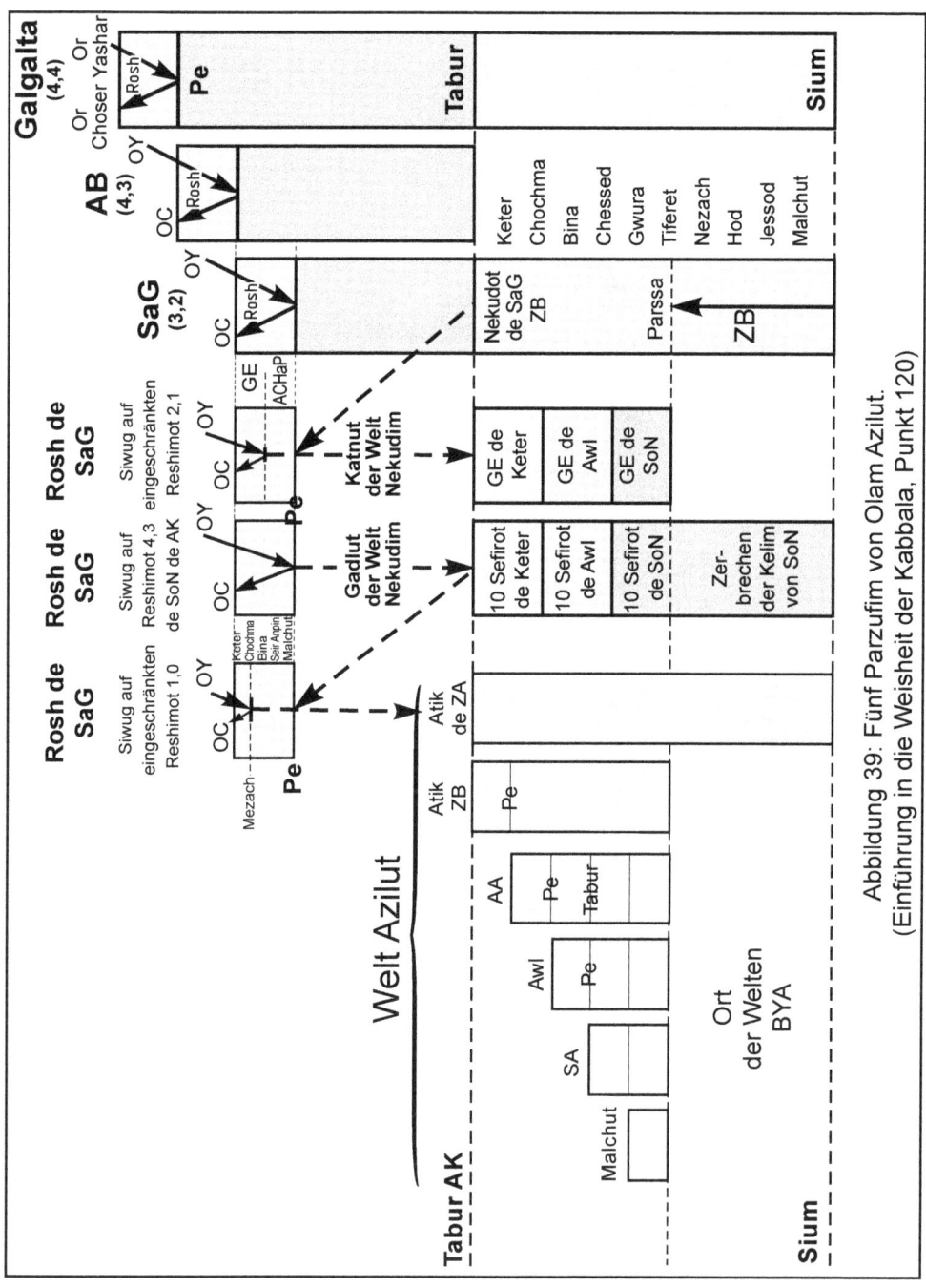

Abbildung 39: Fünf Parzufim von Olam Azilut.
(Einführung in die Weisheit der Kabbala, Punkt 120)

ABBILDUNGEN DER SPIRITUELLEN WELTEN

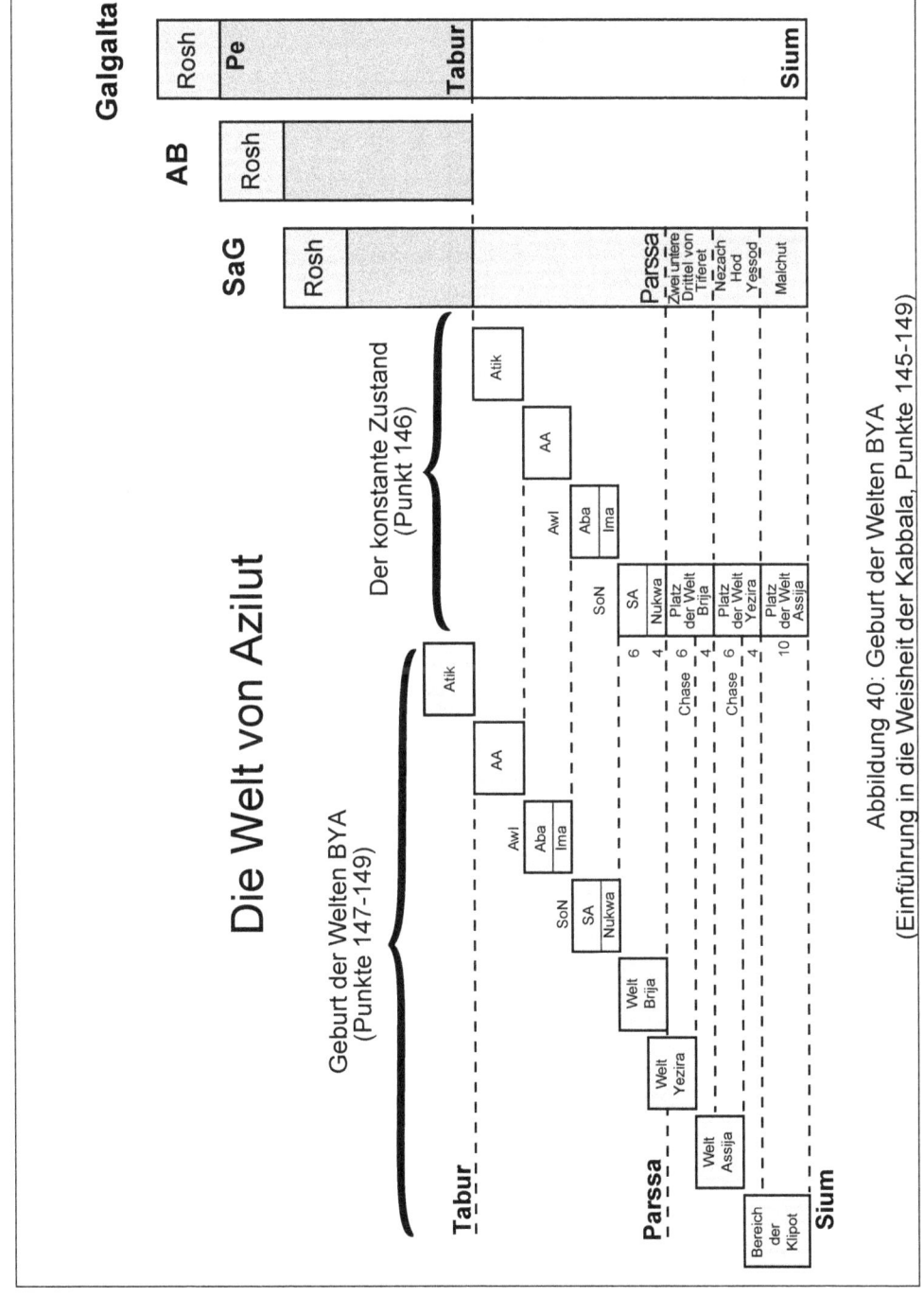

Abbildung 40: Geburt der Welten BYA
(Einführung in die Weisheit der Kabbala, Punkte 145-149)

LEHRBUCH DER KABBALA

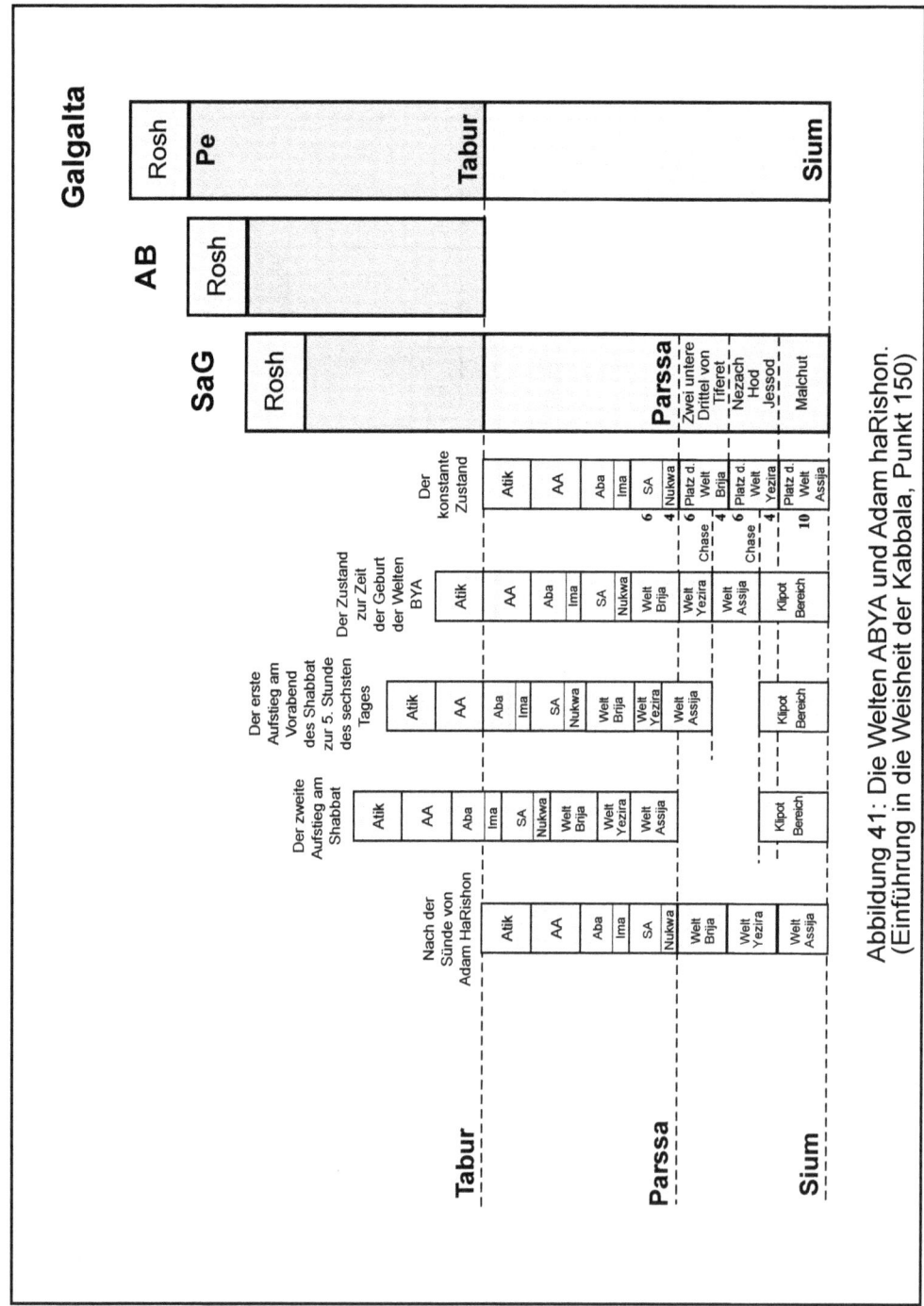

Abbildung 41: Die Welten ABYA und Adam haRishon.
(Einführung in die Weisheit der Kabbala, Punkt 150)

ABBILDUNGEN DER SPIRITUELLEN WELTEN

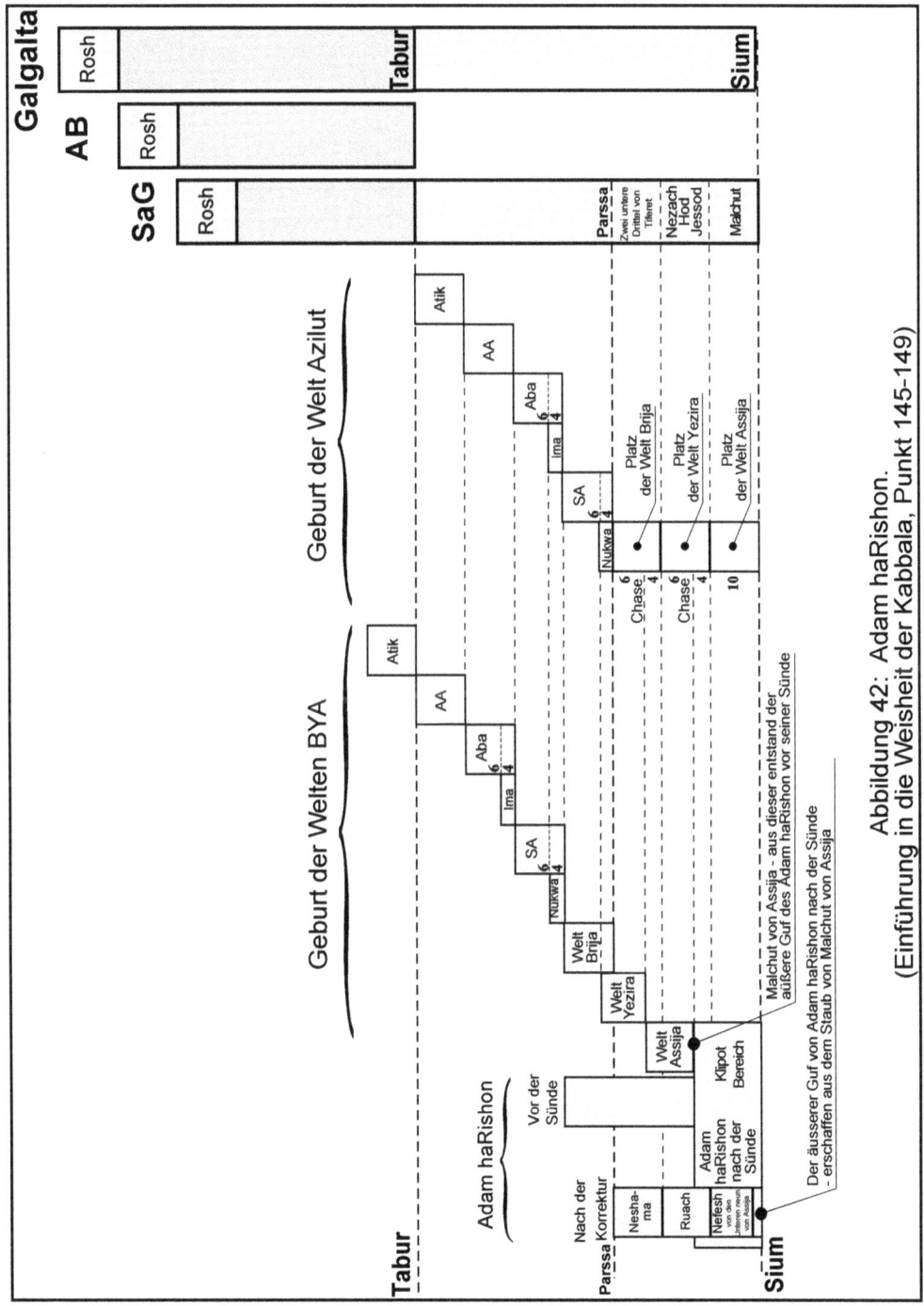

Abbildung 42: Adam haRishon.
(Einführung in die Weisheit der Kabbala, Punkt 145-149)

LEHRBUCH DER KABBALA

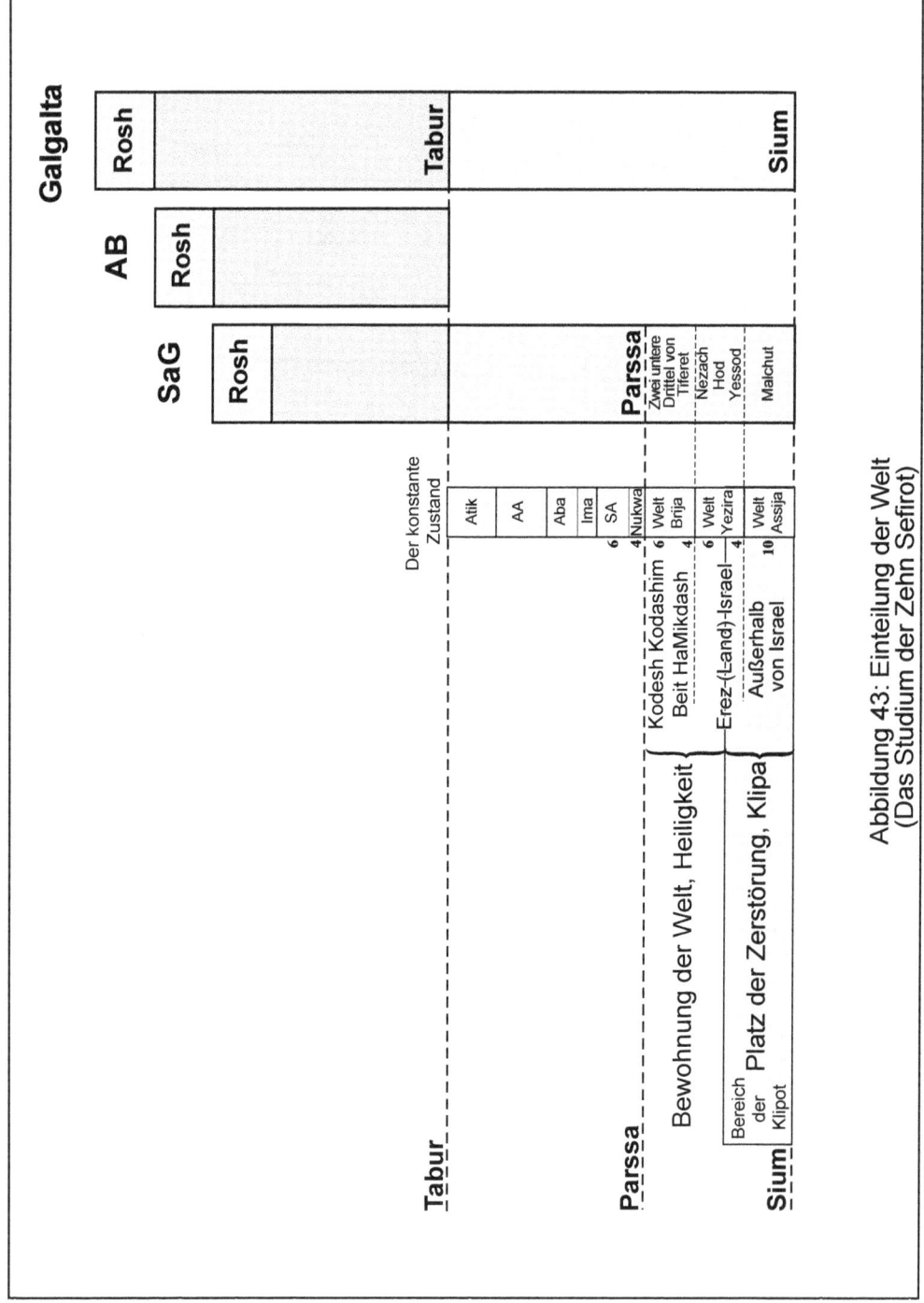

Abbildung 43: Einteilung der Welt
(Das Studium der Zehn Sefirot)

ABBILDUNGEN DER SPIRITUELLEN WELTEN

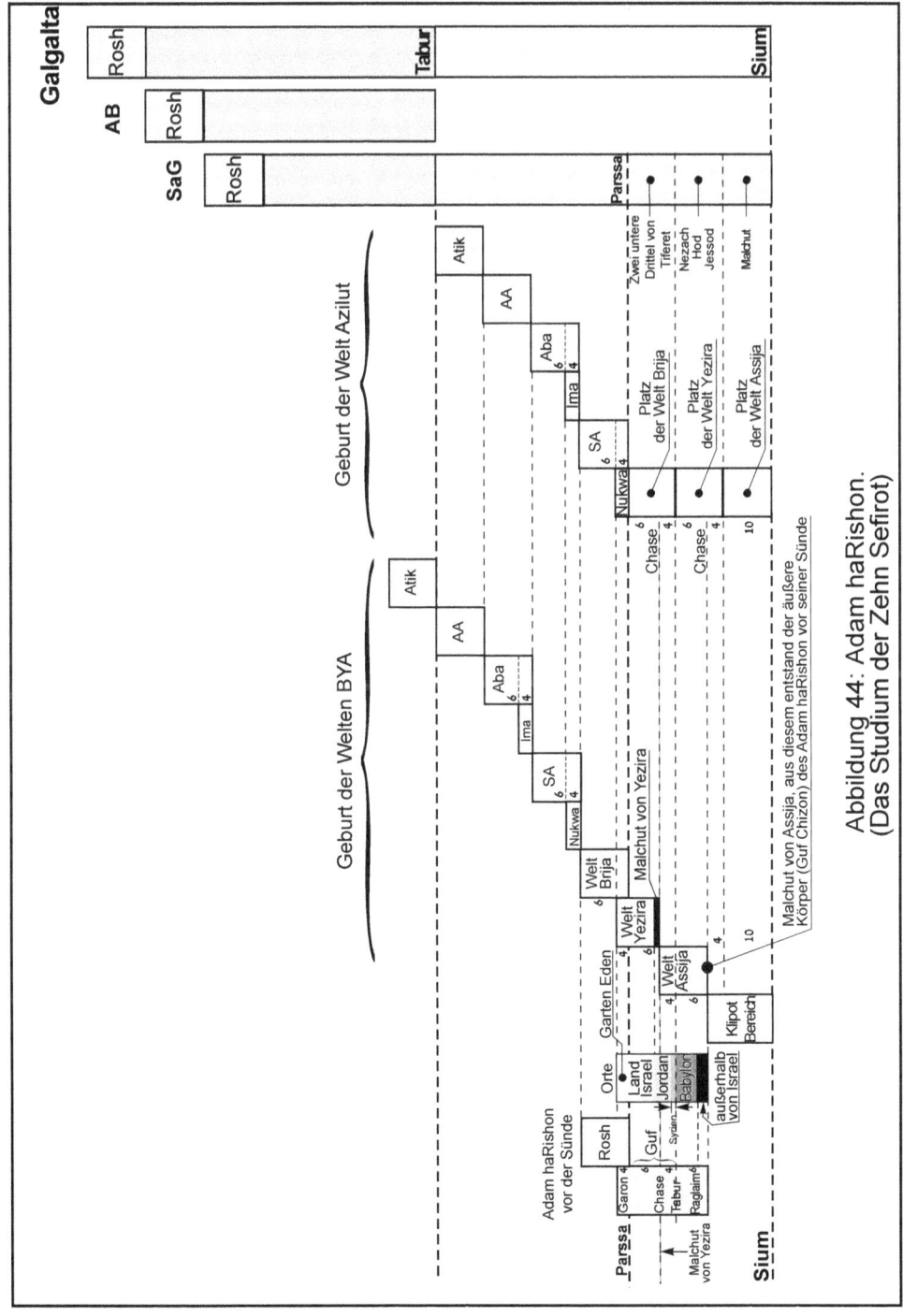

Abbildung 44: Adam haRishon.
(Das Studium der Zehn Sefirot)

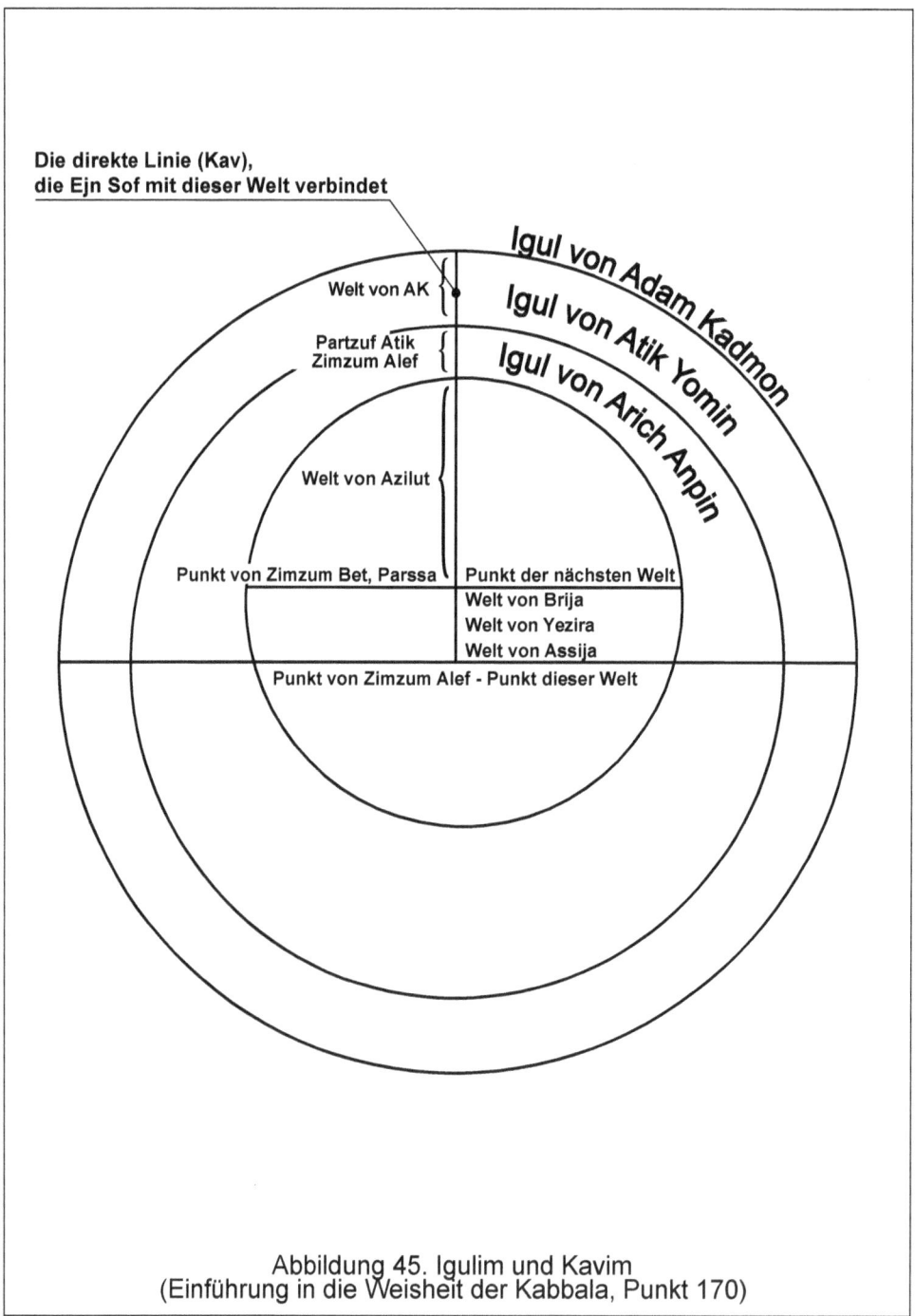

Abbildung 45. Igulim und Kavim
(Einführung in die Weisheit der Kabbala, Punkt 170)

Abbildungen der Spirituellen Welten

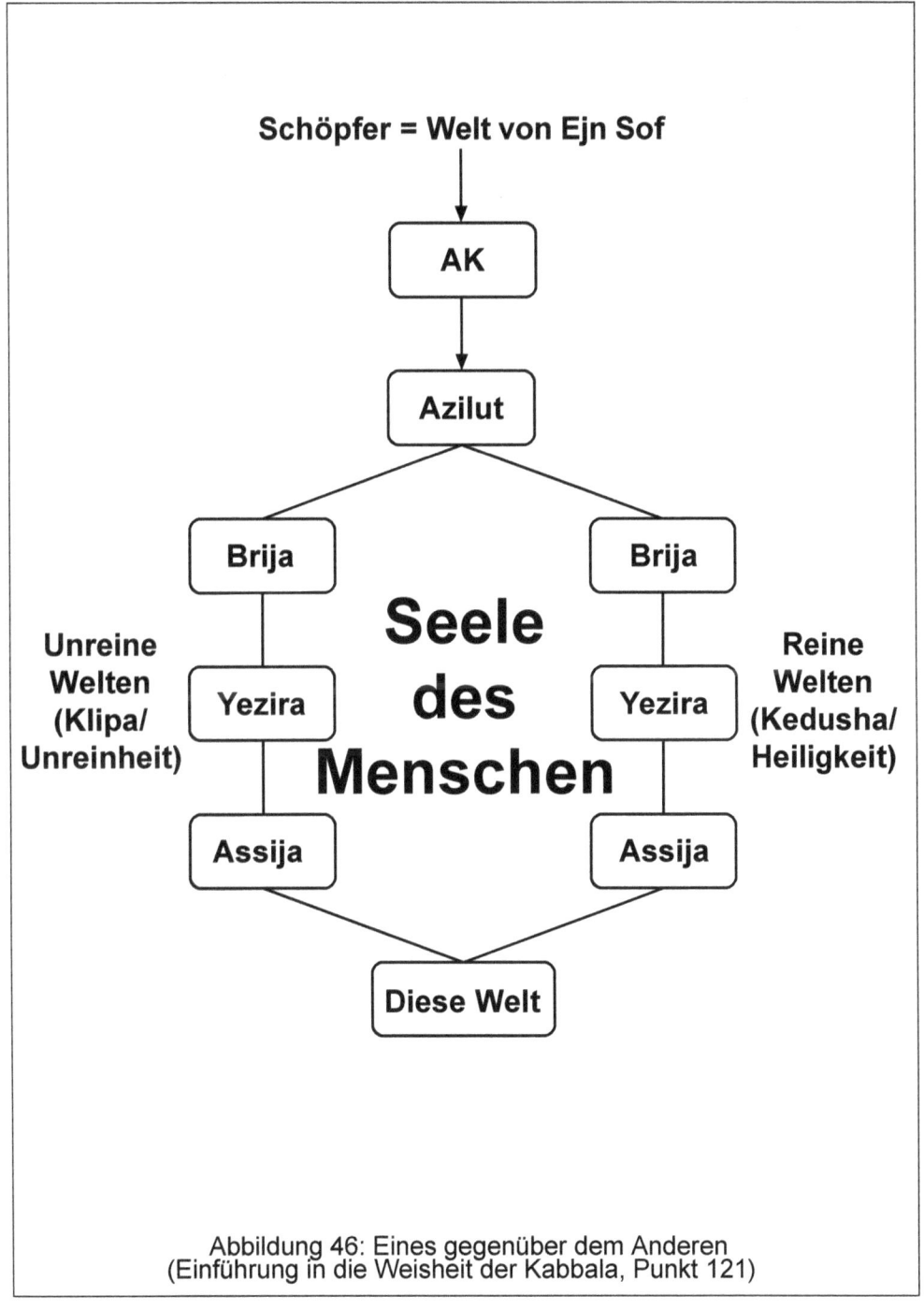

Abbildung 46: Eines gegenüber dem Anderen
(Einführung in die Weisheit der Kabbala, Punkt 121)

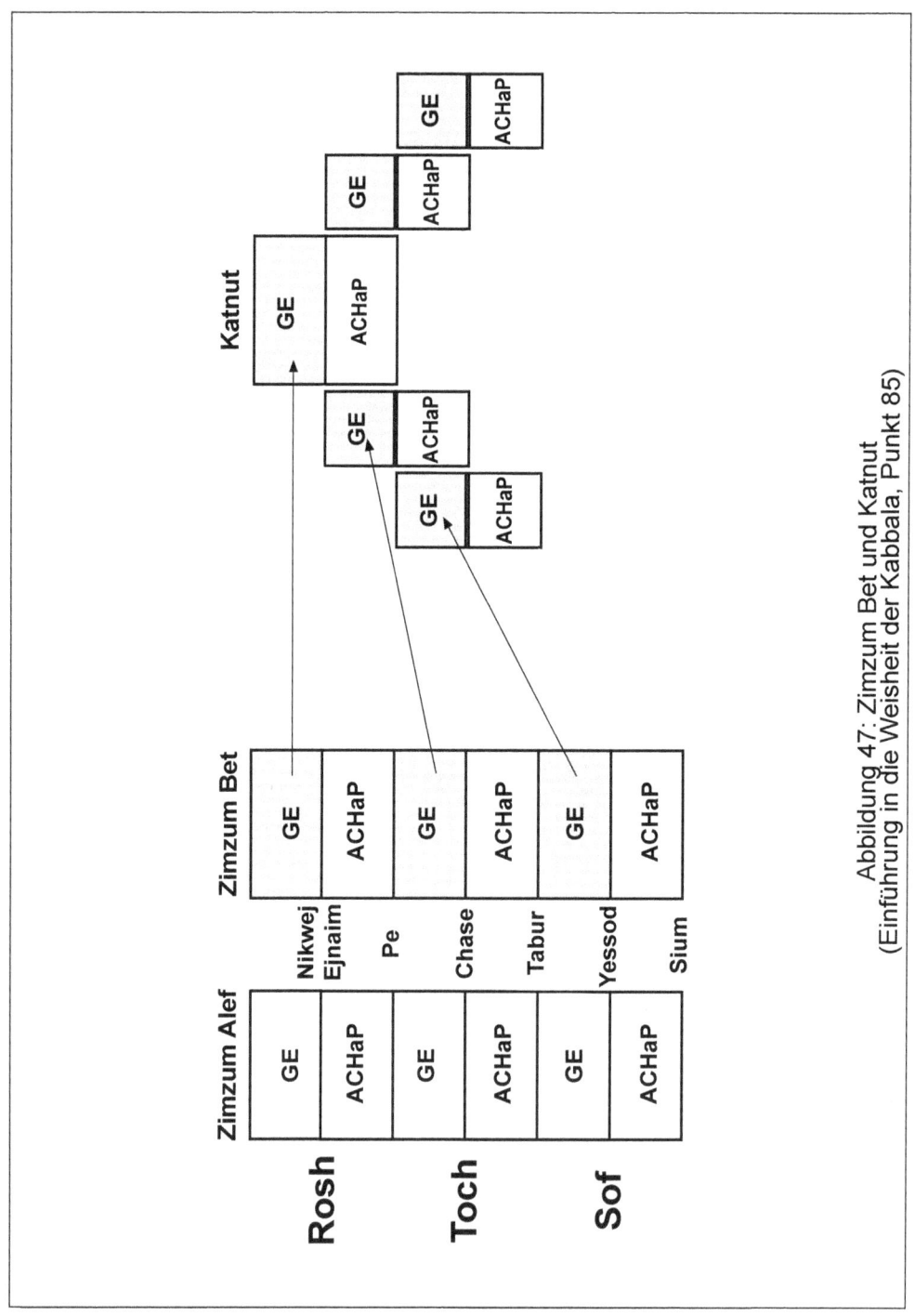

Abbildung 47: Zimzum Bet und Katnut
(Einführung in die Weisheit der Kabbala, Punkt 85)

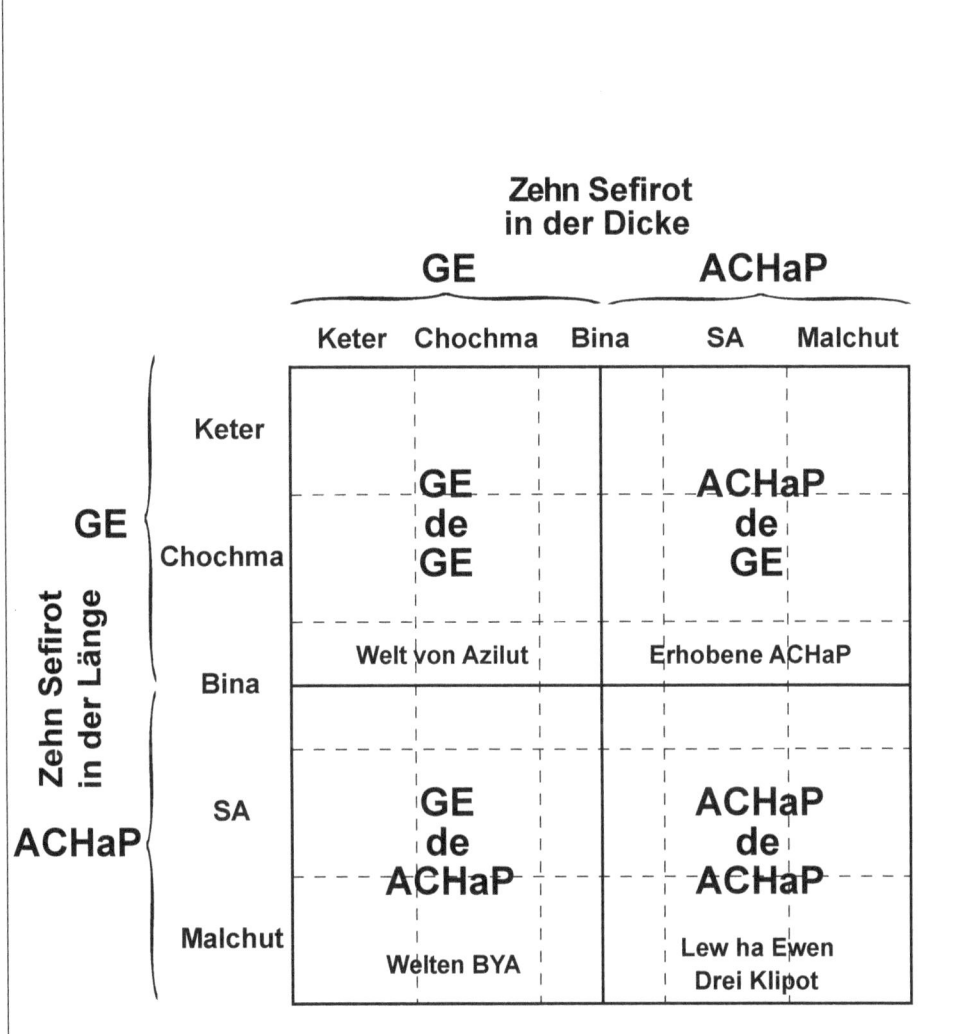

Abbildung 48: Vier Unterscheidungen in der Korrektur der Kelim
(Einführung in die Weisheit der Kabbala, Punkt 120)

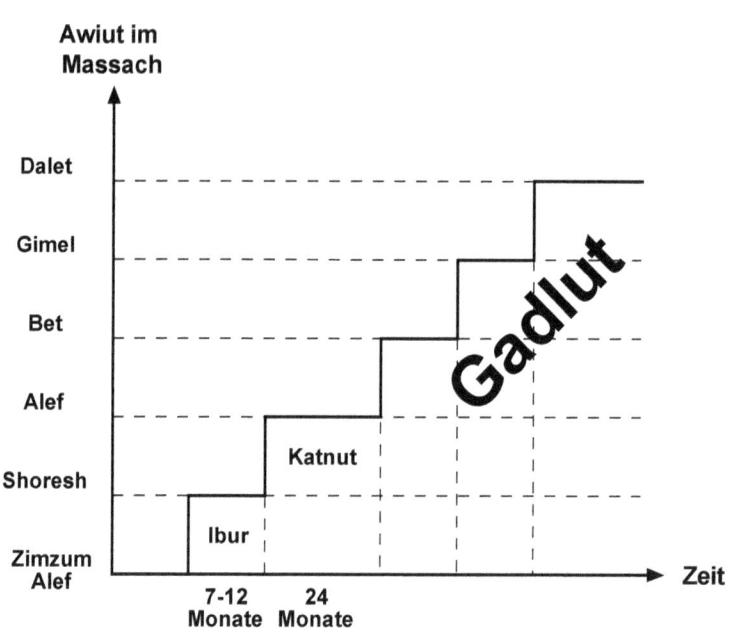

Abbildung 49: Etappen in der Entwicklung des Parzuf
(Einführung in die Weisheit der Kabbala, Punkt 121)

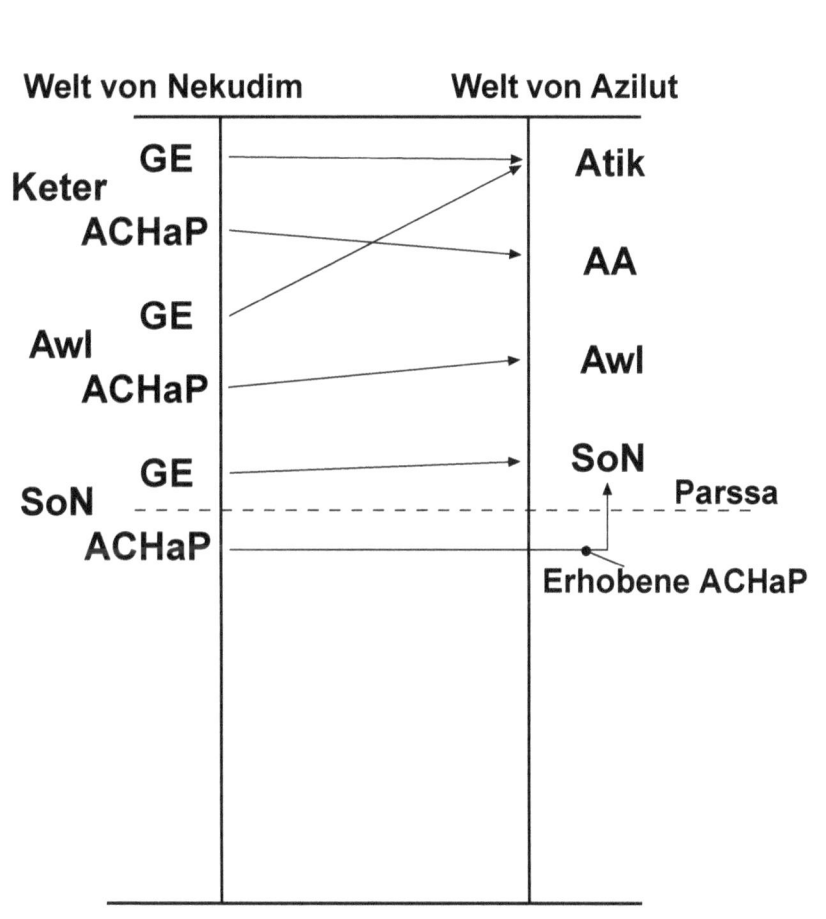

Abbildung 50: Sortieren der Kelim nach dem Zerbrechen
(Einführung in die Weisheit der Kabbala, Punkt 101)

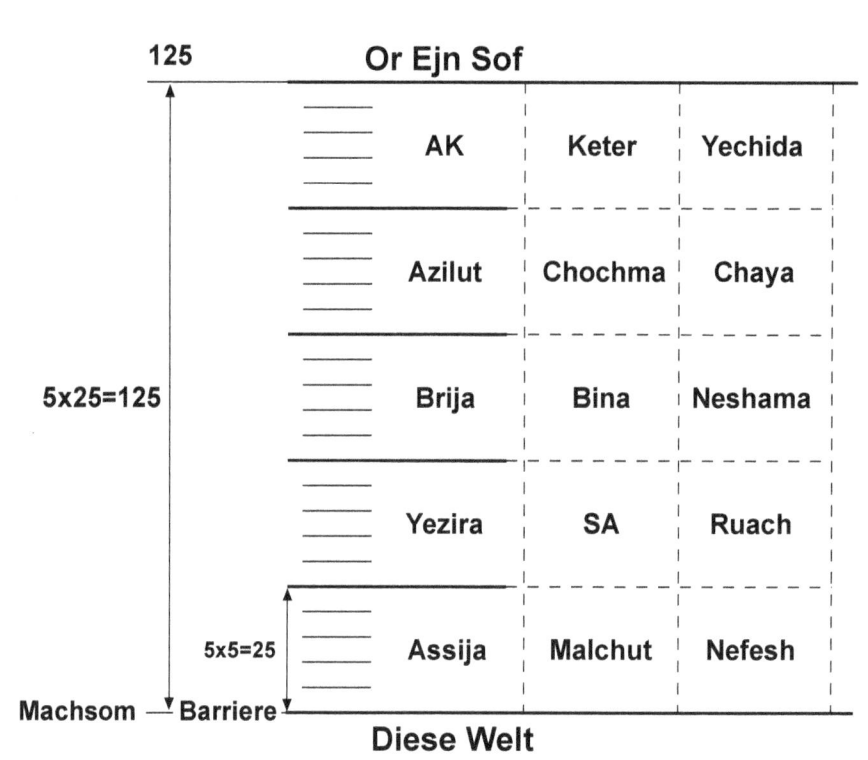

Abbildung 51: 125 Sprossen der Leiter
(Einführung in die Weisheit der Kabbala, Punkt 6)

ABBILDUNGEN DER SPIRITUELLEN WELTEN

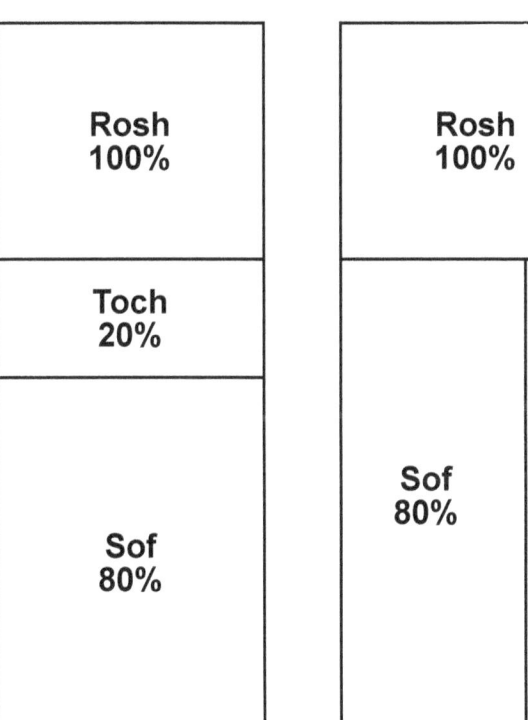

Abbildung 52: Einteilung des Parzuf
(Einführung in die Weisheit der Kabbala, Punkt 50)

LEHRBUCH DER KABBALA

Bchinot	HaWaYaH	Sefirot	Teile des Rosh	Sinne	Parzufim	Welten	Lichter	TaNTa	Vier Bchinot in der Natur	Vier Bchinot im Menschen	Zwischenstufen im Menschen	Spiritualität im Menschen	Körper des Menschen	Kleidung des Menschen	Haus des Menschen	BPTM	Zwischenstufe in der Natur	Richtungen
Shoresh	Spitze von Yud	Keter	Gulgolet (Schädel)		Galgalta	Adam Kadmon	Yechida			(Shoresh) (Wurzel)		Yechida						
Alef	Yud	Chochma	Ejnaim (Augen)	Sehen	AB	Azilut	Chaja	Taamim	Feuer	Neshama (Innerer Mensch)		Chaja	Azamot (Knochen)	Kutonet (Hemd)	Bait (Haus)	Sprechend		Süden (heiß und trocken)
Bet	Hej	Bina	Osen (Ohr)	Hören	SaG	Brija	Neshama	Nekudot	Wind	Guf (Körper)	Dam (Blut)	Neshama	Gidin (Sehnen)	Michnasajim (Hosen)	Chazer (Hof)	Tierisch	Affe	Norden (kalt und feucht)
Gimel	Waw	Seir Anpin	Chotem (Nase)	Schmecken	MaH	Yezira	Ruach	Tagin	Wasser	Lewush (Kleidung)	Se'arot (Haare) Zipornaim (Nägel)	Ruach	Bassar (Fleisch)	Miznefet (Hut)	Sade (Feld)	Pflanzlich	Hund des Feldes	Westen (heiß und feucht)
Dalet	Hej	Malchut	Pe (Mund)	Sprechen	BoN	Assija	Nefesh	Otiot	Staub	Bait (Haus)	Ohalim (Zelte)	Nefesh	Or (Haut)	Awnet (Gürtel)	Midbar (Wüste)	Bewegungslos	Korallen	Osten (kalt und trocken)

Abbildung 53: Allgemeine Bezeichnungen
(Talmud Esser Sefirot, Band 3, Kapitel 4-5)

Anhang A: Glossar kabbalistischer Begriffe

2.000 Amma, Bereich von Shabbat	Der eigentliche Platz der Welten ähnelt der zweiten *Bchina* vor dem Sündenfall: SA befindet sich auf dem Platz von AA; *Malchut* – auf dem Platz von *AwI*; *Brija* – auf dem Platz von *ISHSuT* und *Yezira* auf dem Platz von SA. Die ersten vier *Sefirot* von *Assija* liegen an der Stelle von *Nukwa*, und sie kleiden die Welt von *Yezira*.
	Die letzten sechs *Sefirot* von *Assija* sind auf dem Platz der sechs *Sefirot* der Welt von *Brija*. Die ersten sechs *Sefirot* des Platzes der Welt *Brija*, vom *Parssa* bis zum *Chase* der Welt *Brija*, werden die „Außenbezirke der Stadt" genannt. Sie gehören zur Stadt *Azilut*, da dort die unteren sechs von *Assija* während des Aufsteigens zurückgeblieben sind. Von *Chase* von *Brija* bis zum *Sium* verblieben vierundzwanzig *Sefirot* in einem lichtlosen Raum.
	Der *Shabbat*-Bereich sind die *Zehn Sefirot* von *Chase de Brija* bis zu *Chase de Yezira*, welche 2.000 *Amma* ist. Die vierzehn *Sefirot* von *Chase de Yezira* bis zum *Sium* werden *Mador haKlipot* (die Schalenzone) genannt. Die Stadt ist die Welt von *Azilut*, *Parssa* – der Stadtrand.
32 (Lamed Bet) Götter des Schöpfungsaktes	Zweiunddreißig Wege von *Chochma*, die aus *Bina* kommen und *Elokim* (Gott) genannt werden. Es filtert *Resh-Pe-Chet* (288) von den *Shin-Chaf* (320) *Nizozin* aus, welche die oberen neun *Sefirot* sind, und lässt *Malchut* als Abfall unten.
320	siehe: ShaCh

6.000 Jahre	Die Welt von *Assija* wird „2.000 Jahre *Tohu*" genannt, da *Tohu Klipot* sind, und die gesamte Welt von *Assija* sich in den *Klipot* befindet. Die Welt von *Yezira* wird „2.000 Jahre *Tora*" genannt, da *Yezira* als *SA* erachtet wird, welche die geschriebene *Tora* (Gesetz ist). Die Welt von *Brija* heißt die „2.000 Jahre der Tage des Messias", da *Brija* die *Bchina Bina* (*Ima*) ist, welche „Leah, die Mutter des Messias, Sohn von David", ist, und von ihr kommt die gesamte Erlösung.
AA א״א Arich Anpin אריך אנפין	*wörtl.* Langes Gesicht Ein *Parzuf*, dessen Wesen das Licht *Or Chochma* ist. Ein schwaches Leuchten von *Chochma* (heb. *Hearat Chochma*) wird *Seir Anpin* genannt.
AB ע״ב	*Parzuf* von *Chochma* in *Adam Kadmon* (AK)
Aba אבא	*wörtl.* Vater
Aba we Ima אבא ואמא Abk. AwI או״א	*wörtl.* Vater und Mutter
Abfall (Psolet) פסולת	Die *Sigim*, die nach dem Sortieren überblieben.
Abfall reinigen (Nikuj Psolet) ניקוי פסולת	Das *Awiut* in *MaN* des Unteren erhebt sich und wird in den *Siwug* des Höheren *Parzuf* mit eingeschlossen, wo es vom *Massach* des Höheren sortiert und korrigiert wird. Zu diesem Zeitpunkt wird auch der Untere eines *Siwug* würdig. All dies hängt vom *Siwug* des Höheren ab: Wenn der *Siwug* im *Massach* auf *Awiut Alef* stattfindet, dann wird nur *Bchina Alef* des gesamten *Awiut* sortiert. Der Rest der *Bchinot* wird nicht sortiert und scheidet als Abfall aus, denn der *Massach* hatte sie nicht korrigiert. Darum wird der *Siwug* als „Abfallreiniger" bezeichnet. Nur die Menge an Abfall, die der *Massach* aufnimmt, wird korrigiert und eines *Siwug* würdig.
Abstieg von der Stufe	In der zweiten *Hitpashtut*, als das *Or Chochma* kommt und sich in das *Kli Keter* kleidet. Daraus folgt, dass die Stufe *Keter* zur Stufe *Chochma*, *Chochma* zu *Bina* usw. abgestiegen ist.

Anhang A: Glossar kabbalistischer Begriffe

Abstieg zu den Klipot (Yerida le Klipot) ירידה לכליפות	Durch *MaN*, welches die Seelen zu *SoN* erheben, steigt *SoN* zu *AwI* auf, um neues Licht zu erhalten. Wenn die Seelen ihre Handlungen verderben, dann verliert *SoN* das Licht (*Mochin*). Das Licht kommt zu *SoN* nur durch das *MaN* der Seelen, welches den Aufstieg der *Kelim* aus *BYA*, die sortiert werden und sich über *SoN* kleiden, verursacht. Wenn sich *MaN* jedoch entfernt, so scheidet auch das Licht, und *SoN* kehren an ihre Plätze zurück. Dann fallen die *Kelim* von *NeHJ de SA* und die unteren neun *Sefirot* von *Nukwa*, die von *BYA* aufgestiegen und *SoN* gekleidet haben, in die *Klipot*.
Absturz der Organe	Der Absturz der Seelen in die *Klipot*. In den *Kelim* wird der Absturz in die *Klipot* „Zerbrechen" genannt.
Absturz der Organe von Adam haRishon	*siehe: Neshirat Ewarim von Adam haRishon*
Abwesenheit	Die Verhüllung von *Or Chochma* wird „Abwesenheit" genannt. Die Gegenwart von *Or Chochma* heißt „Gegenwart".
ABYA der Klipot (ABYA de Klipot) אבי״ע דכליפות	Gegenüber von *ABYA de Kedusha*, (Heiligkeit, Reinheit), nur gegenüberliegend von *SoN de Azilut* und darunter. Die *Klipot* befinden sich unterhalb der *Kedusha*, am Ort von *Chalal Panui*, unter dem *Sium des Kav*, unter *Malchut*, welches alles von der *Kedusha* abschließt. Nach *Zimzum Alef* befindet sich der Platz der *Klipot* unter den *Raglaim* von *AK*. In *Zimzum Bet*, wenn die abschließende *Malchut* zu *Bina* aufsteigt, welche im *Guf* von *Nekudot* von *SaG* ist, breitet sich dort der *Parssa* aus, welcher die *Kedusha* abschließt. Unter dem *Parssa* wurde ein Raum von *Chalal Panui* für die Welten von *BYA* geschaffen. Weil dieser Raum sich von der *Kedusha* entleert hat, hat die *Klipa* den ganzen Platz eingenommen. Das Zerbrechen (*Shwira*) ereignet sich, da das *Or Chochma* vom *Rosh* von *SaG* gekommen ist und sich unter dem *Parssa* bis zum *Sium* von *Galgalta* in allen *Zehn Sefirot* ausbreiten wollte, so, wie es vor *Zimzum Bet* war. Dies geschah, da *GE* sich mit *ACHaP* zusammenschlossen - sowohl im *Rosh* als auch im *Guf* vom *Parzuf Nekudim*. Bevor das Licht jedoch zum *Chalal Panui* überging, zerbrachen

	und starben die *Kelim*, da der *Parssa* nicht aufgehoben wurde. Das Licht entfernte sich und stieg hinauf, und die *Kelim* fielen unter den *Parssa* und vermischten sich mit den *Klipot*, welche am Ort von BYA vorgefunden wurden. Unter den *Parssa* fallen nur die *Kelim* von ACHaP vom *Guf* von *Nekudim* und nicht die *Kelim* von ACHaP vom *Rosh*. Deshalb beginnen die *Klipot* nur ab SoN de *Azilut* und darunter.
ACHaP אח״פ	*Abk. Osen – Chotem – Pe*
Acher אחר	ein(e) Andere(r)
Achisa אחיזה	*wörtl.* Festhalten, Anhaltspunkt So wie der Zweig durch seinen Anhaltspunkt Lebenskraft heranzieht, genau so hält sich die *Klipa* an einem Ort ohne *Kedusha* fest. Der Mangel (heb. *Chissaron*) ist das Rohr (*Zinor*) der *Klipa*, durch welches sie Kraft und Lebensenergie gemäß der Größe des Mangels der *Kedusha* heranzieht.
Achishena אחישנה	*wörtl.* Ich beschleunige die Zeit.
Achor (Sing.) אחור Achoraim (Pl.) אחוריים	*wörtl.* Rücken, Rück- oder Hinterseite Ein *Kli*, in welches sich kein *Or Chochma* kleidet. Ein *Kli*, oder ein Teil vom *Kli*, welcher nicht im Sinne von geben oder empfangen agiert. Ein Teil vom *Kli* unter dem *Chase*
Achor be Achor אחור באחור Ach' be Ach אח׳ באח׳ Ab"A אב״א AbA אב״א	*Abk. Achor be Achor, wörtl.* Rücken an Rücken Eine Korrektur, die mit Hilfe des Lichts *Bina* (*Chafez Chessed*) gemacht wird. Wenn es im *Kli* einen Mangel an Licht von *Chochma* gibt, dann empfängt das *Kli* eine Korrektur mittels des Lichts von *Bina*, welches das *Kli* vervollständigt.
Achor be Panim אחור בפנים Ab×P אב״פ AbP אב״פ	*wörtl.* Rücken an Gesicht Korrektur für *Nukwa*: *Panim* von *Malchut* ist nur *Chochma*. Deshalb konnte sie kein *Or Chochma* empfangen, denn das *Or Chochma* kann man nur im *Or de Chassadim* empfangen. Deshalb korrigiert SA sie mittels des *Siwug* von *Achor be Panim*, indem er ihrem *Panim Or Chassadim* von seinem *Achoraim* gibt.

Anhang A: Glossar kabbalistischer Begriffe

Achoraim von Nukwa אחוריים דנוקבה	*wörtl.* Rückseite von *Nukwa* Die *Sefirot* von *NeHJ* von *Nukwa* beenden *Azilut* und sind deshalb an die *Klipot* angrenzend. Die *Klipot* beginnen unterhalb von ihnen. Die *Klipot* halten sich vor allem an *Achoraim* fest, solange es dort einen Mangel an *Chochma* gibt.
Achsadraim אכסדרין	*wörtl.* Äußere Räume; *NeHJ* von *Seir Anpin*, welches ein „*Hearat* von *Chochma*" (Leuchten von *Chochma*) hat, welches es enthüllen möchte. Die Offenbarung von *Hearat* von *Chochma* wird „äußere Räume" genannt *siehe:* Idrin
Adam haRishon אדם הראשון	Der erste Mensch
Adam Kadmon, AK א"ק, אדם קדמון	*wörtl.* Der Urmensch Die erste Welt, welche nach *Zimzum Alef* neu entsteht, von *Ejn Sof* empfängt und sich von dort bis zu *Olam haSe* erstreckt. Sie wird *Adam* genannt, da ihre *Sefirot de Yosher* (Geradheit) zusammen mit ihrem Licht „des Gebens", die Wurzeln des Menschen (heb. *Adam*) dieser Welt sind. Sie wird *Kadmon* (*wörtl.* ursprünglich, frühzeitig, sehr alt) genannt, da *Zimzum Alef* in ihr wirksam ist.
Agada אגדה	Sammelbegriff für die ethischen Aussprüche und nicht gesetzlichen Teile des *Talmud* Erzähltext der mündlichen Überlieferung
agol עגול	*wörtl.* rund Wenn es keine Unterscheidung zwischen Oben nach Unten und zwischen den vier *Bchinot* des Verlangens zu empfangen gibt. Deshalb werden die vier *Bchinot* „die vier runden Kreise" genannt (heb. *Igulim*), einer in dem anderen. Zwischen ihnen gibt es kein Oben und kein Unten. *siehe:* Igul, Yashar
Ahava אהבה	*wörtl.* Liebe
Alef א	1. Buchstabe, numerischer Wert = 1

Alija עליה	*wörtl.* Erhebung, Erhöhung, Aufstieg Eine *Hisdakchut* (Verfeinerung), weil es sich mittels der Angleichung der Form an *Ejn Sof* erhebt. Die Regel lautet: Je feiner und reiner etwas ist, desto höher ist es; je gröber etwas ist, desto niedriger ist es.
Alijat MaN עלית מ"ן	Erhebung von *MaN*
Alma de Itgalja עלמא דאתגליא	aramäisch: offenbarte Welt
Alma de Itkassja עלמא דאתכסיא	aramäisch: verborgene Welt
Altes Licht	*siehe: Or Jashan*
Anaf ענף	Zweig
Andere Götter (Elokim Acherim) אלוקים אחרים	Der Halt der *Klipot* an den *Achoraim de Nukwa*, da sie noch nicht vollständig vor dem *Gmar Tikun* sortiert sind.
Ani אני	*wörtl.* Ich *siehe:* Ich
ARI אר"י	Rabbi Izchak Luria (1534 -1572) heb. haAri – „Adoneinu Rabbi Izchak" (Luria, „Unser Herr Rabbi Izchak")
Arich Anpin אריך אנפין	*siehe: AA*
Armeen von Malchut (Chajalot haMalchut) חילות המלכות	*Parzufim*, die aus *Malchut* in den Welten *BYA* hervorkommen.
aroch ארוך	*wörtl.* lang – ein Reichtum an *Chochma* *kazar* (*wörtl.* kurz) – ein Mangel an *Chochma* *rachaw* (*wörtl.* weit) – ein Reichtum an *Chassadim* *zar* (*wörtl.* eng) – ein Mangel an *Chassadim*
Assija עשיה	*wörtl.* Handlung, Tun Die *Zehn Sefirot* der Stufe von *Malchut*, welche sie von *Seir Anpin* empfängt.

Anhang A: Glossar kabbalistischer Begriffe

Atik עתיק	*wörtl.* alt 1. *Parzuf* der Welt *Azilut*
Aufstieg	*siehe:* Alija
Ausland (Chuz leArez) \ חוץ לארץ	Dies ist die Welt von *Assija*. *Brija* ist der Ort des Tempels, und *Yezira* ist *Erez Israel*.
Abwerfen (Früchte vom Baum) Hashala (השלה)	Die *Kelim* von *NeHJ de Ima*, welche sie *SA* gibt. *SA* empfängt sein Licht in diesen *Kelim*.
Äußerlichkeit (Chizoniut) חיצוניות	Das Reinste im *Kli* wird „Äußerlichkeit" genannt und ist das *Kli* für das *Or Makif*, welches von der Weite scheint.
Austritt des Lichts durch Ejnaim	Wenn *Malchut* zu *NE* aufsteigt, wird auf ihr ein *Siwug* vollzogen, und das Licht strömt vom *Siwug* durch *NE* und nicht durch *Pe*.
Austritt nach Außen	*siehe:* Yezia le Chuz
Ausströmender	*siehe:* Maazil
AwI אוי״א	*siehe:* Aba we Ima
Awir אוויר	*wörtl.* Luft Licht *Ruach*, andere Bezeichnung für *Or Chassadim*
Awir Rejkani אוויר ריקני	*wörtl.* leere Luft *Or Chassadim*, bevor es *Or Chochma* kleidet.
Awiut (f.) עביות	*wörtl.* Grobheit, Ungeschliffenheit, Dicke Das Ausmaß des Wunsches mit einem großen Verlangen zu empfangen. Dies ist das *Kli*, um das Licht anzuziehen. Deshalb wird es als „Innerlichkeit (*Pnimiut*) des *Klis*" genannt.
Awoda עבודה	*wörtl.* Arbeit Spirituelle Arbeit der Korrektur
Awon עוון	*wörtl.* Frevel, Sünde
Awot (Pl.)\ אבות	*wörtl.* Die (Ur-)Väter Die *Sefirot* von *CHaGaT*, die hinsichtlich der *Sefirot NeHJ* ihre „Väter" sind.

Ayin עין	*wörtl.* Auge 16. Buchstabe des hebräischen Alphabets, numerischer Wert = 70
Azamot עצמות	*wörtl.* Knochen *Chochma*
Azmut עצמות	*Or Chochma* wird so genannt, weil es die Lebensgrundlage und Essenz (*Azmut*) des Ausgeströmten ist.
Azmuto Itbarach עצמותו יתברך	Wesen des Schöpfers
Baal HaSulam בעל הסולם	*wörtl.* Herr der Leiter, Rabbi Yehuda Ashlag (1884-1954)
Bajit בית	*wörtl.* Haus oder *Heichal* – *wörtl.* Palast Der Aspekt von *Malchut*, der sich von den inneren *Kelim* trennt und ein *Kli* für das *Or Makif* wird.
Balak בלק	Ein König von Moab
Baruch Hu ברוך הוא	*wörtl.* Gepriesen sei Er
Bassar בשר	*wörtl.* Fleisch *Bchina Gimel*, genannt *Seir Anpin*, wird als „*Bassar*" bezeichnet. Die Bezeichnung trifft nur in den *Zehn Sefirot*, deren Grad gleich ist, zu. Vom Inneren zum Äußeren ist: *Mocha, Azamot, Gidin, Bassar* und *Or* (*wörtl.* Haut – nicht zu verwechseln mit „*Or*" *wörtl.* Licht).
Bauch (Beten) בטן	Das letzte Drittel von *Tiferet* in jedem *Parzuf*. In *Nukwa* ist dies der Ort der Empfängnis und der Geburt.
Baum (Ez) עץ	*Jessod de SA*, die Mittlere Linie, der Ort des *Siwug*.
Baum der Erkenntnis von Gut und Böse (Ez haDaat Tov we Ra) עץ הדעת טוב ורע	Von *Chase de SA* abwärts. Dort gibt es ein Leuchten von *Chochma*, weshalb sich die *Klipot*, welche „böse" genannt werden, dort festklammern (*siehe: Achisa*) können.

Anhang A: Glossar kabbalistischer Begriffe

Baum des Lebens (Ez haChaim) עץ החיים	Der Ort von *Chase* abwärts. Dort gibt es verdeckte *Chassadim*, das Licht von *Achoraim* von *Bina*, weshalb es kein Festklammern (*siehe: Achisa*) der *Klipot* gibt.
Baum des Wissens (Ez haDaat) עץ הדעת	Der Ort von *Chase* nach unten, welcher *Assija* genannt wird. Sein Hauptteil ist *Jessod*, welches die Mittlere Linie, genannt *Ez* (Baum), ist.
Bchina (Sing.) בחינה Bchinot (Pl.) בחינות	*wörtl.* Aspekt, Phase, Stufe, Kategorie
Be'er באר	*wörtl.* Quelle *Jessod* von *Nukwa*, von wo das *Or Choser* nach oben geht, wie von einer Quelle.
Beit haMikdash בית המיקדש	*wörtl.* Der Tempel *Brija* von *Olam haSe*, siehe: BYA
beKiruv בקירוב	In der Nähe
beKoach בכוח	Potenziell
belebt/lebendig	*siehe: chaj*
Ben בן	*wörtl.* Sohn Das Niedrigere bezüglich des Höheren
Ben we Tolada בן ותלדה	Sohn und Erzeugnis
Berührung (Nogea) נוגע	Wenn die Unterschiedlichkeit der Form unzureichend ist, um eine Stufe von Ihrer Wurzel zu trennen, so bezeichnet man dies als „Berührung" der Wurzel.
Bet ב	*wörtl.* Haus 2. Buchstabe, numerischer Wert = 2
Bet Shlishim deTiferet ב' שלישים דתפארת	Die zwei oberen Drittel von *Tiferet*
Bewegung	*siehe: Tnua*

Bina בינה	wörtl. Verständnis, Intelligenz, Unterscheidungsvermögen 3. *Sefira*, Die Beobachtung der Folge von Ursache und Wirkung.
Bina Ilaa בינה עילאה	Obere *Bina*
Birur (Sing.) בירור Birurim (Pl) בירורים	*wörtl.* Auswahl, Klärung, Analyse, Einordnung und *Tikun* (*wörtl.* Korrektur) *Birur* wird die Reduzierung, Minderung der 32 *Nizozim* genannt, den 32 *Malchujot* im Aspekt von *Psolet*, sodass nur 288 *Nizozin* für das Bilden der *Kedusha* verbleiben. Man bildet die *Kedusha* mittels der Erleuchtung von *Aba*, und dies wird „die Klärung der Lichter" genannt. Jedoch gibt es ohne *Malchut* keine Stufe, weshalb man vom *Massach* von *Ima* die Einbeziehung des Ersten *Hej* und des Niedrigeren *Hej* (siehe: *Miluim*) empfängt, und dies wird die Verbindung der Eigenschaft von *Din* mit der Eigenschaft *Rachamim* genannt. Durch Einbeziehung werden die 32 neuen *Malchujot* bis zu den 320 *Nizozim* vollendet. Ein *Birur* ist nur mittels des Lichts von *Aba* möglich, da es nicht die *Bchina Dalet* erleuchtet, und auf diese Art wird das *Psolet* geklärt. *Tikun* wird mittels des Lichts von *Ima* gebildet. *Birur* soll die Teile von *Bchina Dalet* auswählen, die die Aufnahme des Höheren Lichts stören.
Bitush Pnimi u Makif ביטוש פנימי ומקיף	*Bitush* = Zusammentreffen, Druck Druck, der von *Or Pnimi* (Inneres Licht) und von *Or Makif* (Äußeres Licht) auf den *Tabur* ausgeübt wird.
Blut an der Quelle (Dam sheBaMakor) דם שבמקור	*Dam* (Blut) – *Awiut* in *Malchut*, welches sich unter *Zimzum Alef* befindet, damit es bei sich kein Licht empfangen kann. In diesem Zustand ist *Malchut* ruhig (*domemet*), vom Lichtempfangen abgehalten, und sie wird daher „*Dam*" genannt. Wenn dieses *Awiut* sich in *NeHJ* befindet, wird es „Blut an der Quelle" genannt und ihm wird gänzlich verboten, Licht zu empfangen. Wenn jedoch diese *Awiut* zu *CHaGaT* aufsteigt, welche nicht ihr Platz ist, dann wird sie versüßt und verwandelt sich in Milch.

Anhang A: Glossar kabbalistischer Begriffe

Bohu בוהו	Es wird *AA* (*Arich Anpin*) genannt, denn in ihm ist die Enthüllung der Erkenntnis. *Tohu* wird auch *Atik* genannt und dort gibt es kein Erfassen. *siehe*: *Tohu*
bolet בולט	*wörtl.* herausragen Eine *Hearat* von *Chochma*
BoN ב"ן	5. *Parzuf* von *Adam Kadmon*
Bore, (Bore Itbarach) בורא יתברך	*wörtl.* Schöpfer (gepriesen sei Er) Dieser Name ist nur für die Innovation des Verlangens zu empfangen, welches aus Nichts zu etwas Existentem wurde, anwendbar. *siehe*: *Jesh*
Bracha ברכה	*wörtl.* Segen
breit	Fülle von *Chassadim*. Eng — Mangel an *Chassadim*. Mangel an *Chochma* wird „kurz" und Fülle von *Chochma* wird „lang" genannt.
Brija בריאה	*wörtl.* Schöpfung Welt zwischen *Azilut* und *Yezira*, Eine Schöpfung, eine Neuheit, etwas aus dem Nichts, welches sich unter dem *Parssa* als *Awiut* und Wille zu Empfangen offenbart.
Brit ברית	*wörtl.* Bündnis, Abkommen Der Platz des *Massach* und der *Awiut*, in welcher ein *Siwug* mit dem *Or Eljon* stattgefunden hat.
Brüste (Shadaim) שדיים	In den *Dadim* (jungen Brüsten) gibt es *Or Chassadim*. Wenn *Or Chochma* auftaucht, dann werden sie *Shadaim* (reife Brüste) genannt.
Bündnis, Abkommen	*siehe*: *Brit*
BYA בי"ע	*Abk.* für die drei Welten: *Brija*, *Yezira*, *Assija* Der Ort von *Mikdash* ist *Brija*; *Erez Israel* ist *Yezira*. Außerhalb von *Erez Israel* ist *Assija*; *Churwa* sind die *Klipot* in *Olam haSe*.

BYA de Tuma ביי״ע דטומאה	Die drei Welten der Unreinheit: *Brija*, *Yezira* und *Assija*.
BYA in dieser Welt	Der Ort des Tempels – *Brija*; *Erez Israel* – *Yezira*; im Ausland (außerhalb von *Israel*) – *Assija*; Verfall – *Klipot*.
CHaBaD חב״ד	*Chochma*, *Bina*, *Daat*
Chaf כ, ך׳	11. Buchstabe; numerischer Wert: 20
Chaf-Bet (22) כ״ב	Die 22 Buchstaben des Alphabets. Buchstaben sind *Kelim*, in welche sich das Licht kleidet. Es gibt zweiundzwanzig Hauptunterscheidungen, durch welche alle *Parzufim* unterschieden werden.
Chafez Chessed חפץ חסד	*wörtl.* Der Wunsch nach Güte; wunschlos glücklich sein; kein Interesse, *Or Chochma* zu empfangen
Chaf-Sajin (27) כ״ז	*Chaf-Sajin* (27) Die siebenundzwanzig Buchstaben des Alphabets – zweiundzwanzig Buchstaben des Alphabets plus fünf Endbuchstaben *MaNZePaCh* (Mem, Nun, Zadi, Pe, Chaf). Wenn man die fünf *Bchinot Sium* des *Massach* am *Rosh* verwendet, dann erstrecken sich die Lichter zum *Guf* und erzeugen *Kelim*, das heißt den Rest der zweiundzwanzig Buchstaben. Man nennt sie die „fünf Öffnungen des Mundes" des *Parzuf*, und sie werden nur geschrieben, aber nicht ausgesprochen.
CHaGaT חג״ת	*Abk.* Chessed – Gwura – Tiferet
Chaj חי	*wörtl.* Lebewesen, lebendig, numerischer Wert = 18 *Chaj* ist *Jessod*, weil es neun *Sefirot* von *Or Choser* erhebt und darin neun *Sefirot* von *Or Yashar* erhält
Chaja חיה	*wörtl.* Tier, lebendig
Chaja חיה	*Or Chochma*
Chajut חיות	*wörtl.* Vitalität, Lebenskraft
Chalal חלל	*wörtl.* Raum

Anhang A: Glossar kabbalistischer Begriffe

Chalal Panui חלל פנוי	*wörtl.* Leerer Raum oder Vakuum Mit Wirkung von *Zimzum Alef* bringt *Malchut* das Höhere Licht zu einem Ende (*Sium*). Dieses Ende befindet sich oberhalb des Punktes von *Olam haSe*. Mittels *Zimzum Bet* steigt der Ort des *Zimzum* von *Sium* des *Parzuf* von *Galgalta* zu *Chase* des *Parzuf* von *Nekudim* auf und dort und darunter entstehen der *Chalal Panui* und der Platz der *Klipot*. Als ein Ergebnis des Abfallens der *Kelim* des Gebens zum Ort von *BYA*, unterhalb von *Chase*, verbleiben nur 14 *Sefirot* für *Mador haKlipot*. Als ein Ergebnis der Sünde von *Adam haRishon* steigt der Punkt von *Sium* der *Kedusha* zu *Bina* von *Malchut* der Welt von *Assija* herab, was als der „Boden des Unteren Gartens *Eden*" bezeichnet wird, und von dort wird der Ort von *Chalal Panui* gemacht. Daraus folgt, dass als Ergebnis des Zerbrechens der *Kelim* und der Sünde von *Adam haRishon* der leere Raum reduziert wird, da der Ort des *Parssa* zu *Bina* von *Malchut* von *Assija* herabsteigt. Dennoch erhalten die *Klipot* die Kraft, die vier Welten zu bilden. *siehe:* ABYA
Chalaw חלב	*wörtl.* Milch Lichter von *Chassadim*, welche *Bina Seir Anpin* nach seiner Geburt (*siehe: Leida*) gibt und die zu SA zurückkehren, um wieder *Chochma* zu werden, dies wird „*Chalaw* verwandelt sich in *Dam* (Blut)" genannt.
Chalon חלון	*wörtl.* Fenster Die Kraft des *Or Choser*, welches den Empfang von Licht im *Kli* ermöglicht.
Chama beNartika חמה בנרתיקה	*wörtl.* Die Sonne in ihrer Hülle *NeHJ* von *Seir Anpin*, welche sich in *Nukwa* kleiden.
Chase חזה	*wörtl.* Brust Der *Sium* von *Zimzum Bet*. Deshalb wirkt *Zimzum Bet* nicht oberhalb von *Chase*, in den *Kelim de Panim*.
Chassadim חסדים	*siehe: Or Chassadim*

Chawa חוה	Eva
Chessed חסד	*wörtl.* Güte, Barmherzigkeit 4. *Sefira*
Chet ח	8. Buchstabe, numerischer Wert = 8
Chet חטא	Sünde, Verfehlung
Chibuk חיבוק	*wörtl.* Umarmung
Chibuk Smol חיבוק שמאל	*wörtl.* Linksseitige Umarmung Die Gabe der Kraft von *Seir Anpin* an *Malchut*, sodass *Malchut* das untere *Hej* (siehe: *Miluim*) herabsenken und *ACHaP* anheben kann.
Chissaron (Sing.) \ חיסרון Chissronot (Pl.)\ חיסרונות	Mangel
Chizoniut חיצוניות	*wörtl.* Äußerlichkeit, Äußeres Der verfeinerte (siehe: *Hisdakchut*) Teil des *Kli*, welches selbst das *Kli* für das *Or Makif* ist.
Chochma חכמה	*wörtl.* Weisheit 2. *Sefira* Die Kenntnis der zielgerechten Resultate aus allen Einzelheiten in der Wirklichkeit. Das Licht der Essenz des ausgestrahlten Wesens.
Chochma der 32 Wege	Das Licht *Chochma*, welches *Bina* für *SoN* empfängt, welches 22 Buchstaben von *Bina* und *Zehn Sefirot* für *SoN* in *Bina* enthält.
Chochma Ilaa חכמה עילאה	Oberes *Chochma* *Chochma*, welche in *Seir Anpin* ist.
Chochma Kduma חכמה קדומה	*Chochma* in *AA*, welche nicht in *Azilut* scheint. Dort scheint nur *Chochma* der 32 Wege.
Chochma Tataa חכמה תתאה	siehe: Untere *Chochma*

Anhang A: Glossar kabbalistischer Begriffe

Cholam חולם	Hebräischer Akzent über den Buchstaben, der einen Vokal „o" anzeigt. Das Licht bis *Tabur* Die Lichter über den Buchstaben (*Otiot*).
Choma shel haIr חומה של העיר	Stadtmauer
Chomer חומר	*wörtl.* Material *Awiut*, welche in einem *Parzuf* ist und von *Bchina Dalet* des Willens kommt. Es hat ebenso Länge, Weite, Tiefe und 6 *Kzawot* (*siehe: WaK*): Oben, Unten, Osten, Westen, Norden, Süden.
Choshech חושך	*wörtl.* Dunkelheit *Bchina Dalet* im Wunsch zu empfangen, welche als ein Resultat vom *Zimzum* Licht empfängt.
Chotam חותם	*wörtl.* Stempel, Siegel *Or Choser*, welches oberhalb des *Massach* aufsteigt und sich in die *Zehn Sefirot* des *Rosh* kleidet. *Nechtam* (Abdruck) – jene *Zehn Sefirot*, die vom *Rosh* zum *Guf* übergehen.
Chotem חוטם	*wörtl.* Nase Die *Sefira* von *Seir Anpin* von *Rosh*
CHuB חו״ב	*Abk. Chochma* und *Bina*
Churwa (חורבה)	*wörtl.* Ort der Zerstörung, Zusammenbruch, Ruine *siehe* auch *Midbariot* (Wüsten) Der Ort der *Klipot* in *Olam haSe*
Daat דעת	*wörtl.* Wissen, Erkenntnis, Weisheit
Dach	*siehe: Gag*
Dadei Behema דדי בהמה	*wörtl.* Euter des Viehs Erleuchtung von *Malchut* ohne die Versüßung von *Rachamim*. Die unteren Drittel von *NeH* von *Atik*, die in der Welt von *Brija* stehen.

Dadim (Pl.) דדים	*wörtl.* Brüste Der mittlere Aspekt zwischen dem Oberen und dem Niederen. Die Einstellung des Oberen dem Niederen gegenüber, auch wenn dieser eines Aufstiegs zum Höheren nicht würdig ist.
Dalet ד	*wörtl.* Tür 4. Buchstabe, numerischer Wert = 4
Dam דם	*wörtl.* Blut *Awiut*, welche in *Malchut* ist. Auf diese *Awiut* trifft *Zimzum Alef* zu, sodass sie kein Licht in sich empfangen kann. Dies veranlasst (hebr. *Domem*, dieselbe Wurzel wie *Dam*) *Malchut*, sich ruhig zu verhalten und kein Licht zu empfangen, und deshalb wird sie „*Dam*" genannt. Wenn diese *Awiut* in *NeHJ* ist, wird sie „*Dam*, welches in der Quelle ist" genannt, über welche *Din* herrscht, um nicht zu empfangen. Wenn jedoch diese *Awiut* zu *CHaGaT* aufsteigt, wo nicht ihr Platz ist, wird sie versüßt (*siehe: Mituk*) und in Milch (*siehe: Chalaw*) umgewandelt.
Dam Leida דם לידה	*wörtl.* Blut der Geburt Wenn *MaN* von *Seir Anpin* zu *AwI* aufsteigen, steigen diese gemeinsam mit *MaN* von allen *Parzufim*, die in der Zukunft erscheinen, von *SA* zum letzten *Parzuf* auf, welcher in der Welt *Assija* ist. Während der Monate von *Ibur* (Schwangerschaftsmonate) werden *MaN* von *Seir Anpin* vom Rest des *MaN* herausgefiltert. Basierend auf *MaN* von *Seir Anpin* erscheinen ihre *Parzufim* des *Ibur* und danach werden sie geboren. Während der Geburt kommen alle *MaN*, welche nicht zu *Seir Anpin* gehören, als *Dam Leida* (Geburtsblut) heraus. Das *Dam Leida* wird auch „*Dam Tame*" (unreines Blut) genannt.
Dam sheBaMakor דם שבמקור	*wörtl.* Blut, welches in der Quelle ist. *siehe:* Blut an der Quelle
Dam Tame דם טמא	*wörtl.* Unreines Blut, auch *Dam* von *Leida* (Geburt) genannt.

Anhang A: Glossar kabbalistischer Begriffe

Danach (Acharkach) אחר כך	„Vorher" bedeutet „Grund, Ursache"; „danach" ist seine Folge.
Das Klammern/ Kleben der Klipot (Hitdabkut haKlipot) התדבקות הקליפות	Die *Klipot* kleben an den *Achoraim* von *Malchut*, da sie das Höhere Licht aufhält, sodass es von ihr abwärts dunkel ist. Aus diesem Grund gibt es dann an dem Punkt von *Sium* in *Malchut* Gleichheit der Form mit den *Klipot*. Dies wird als Kleben/Klammern der *Klipot* bezeichnet.
Das Zerbrechen der Gefäße	*siehe: Shwirat Kelim*
Der Schöpfer (Bore) בורא	Dieser Name ist nur für die Innovation des Verlangens zu empfangen, welches aus Nichts zu etwas Existentem wurde, anwendbar. *siehe: Jesh*
Derech Zad דרך צד	*wörtl.* Nebenweg Eine eingeschränkte Schenkung
Dibur דיבור	*wörtl.* Sprache, Rede *Zehn Sefirot* des Lichts, welches von *Malchut* des *Rosh*, welche *Pe* genannt wird, bis zu *Toch* gehen. Der innere *Parzuf* von *Nukwa* wird *Dibur* genannt. Wenn er herausgeht und *Nukwa* nur mit dem äußeren *Parzuf* bleibt, wird er *Ilem* (stumm) genannt, weil der innere *Parzuf GaR* ist und der äußere *WaK*. *Zehn Sefirot* des Lichts, welche durch *Malchut* gehen und herabsteigen bis hinunter zum *Guf*.
Die abschließende/ beendende Malchut (Malchut Messajemet) מלכות מסימת	*Malchut de Guf.*
Dieser Welt wurde gesagt: Genug! Dehn dich nicht weiter aus.	*Malchut*, welche *Hitpashtut* des Oberen Lichts in *Chase* der Welt von *Yezira* beendet, setzt hier ihre Grenzen fest.

Din (Sing.) דין Dinim (Pl.) דינים	*wörtl.* Gerichtsurteil, Gericht, Gesetz
Dmaot דמעות	*wörtl.* Tränen
Dmut דמות	*wörtl.* Schein, Abbild *Dmut* sind *Lewushim* von *Mochin* von *Nukwa*. Die Buchstaben *Yud – Hej – Waw* des Namens *HaWaYaH* sind *Zelem*; und das letzte *Hej* von *HaWaYaH* ist *Dmut*.
Dormita דורמיטא (Schlaf)	Wenn ein *Parzuf* zu seinem Höheren aufsteigt wie in *MaN*, verlassen ihn alle seine Lichter, und dieser *Parzuf* wird als unten bleibend mit wenig Lebenskraft erachtet. Diese Lebenskraft wird als Schlaf bezeichnet.
Dreieck (Meshulash) משולש	Eine Stufe, die nur die ersten drei *Bchinot* im Verlangen hat.
Dunkelheit (Choshech) חושך	*Bchina Dalet* im Willen zu empfangen, welche aufgrund der Kraft des *Zimzum* kein Licht empfängt.
Dwekut דבקות	*wörtl.* Verschmelzung Die Gleichheit der Form zwischen zwei spirituellen Wesenheiten, Instanzen
Echad אחד	*wörtl.* Das Eine, Eins Das Höhere Licht, welches sich von Seiner Essenz (*Azmuto*) ausbreitet, von Oben nach unten, ohne die Form zu ändern.
Eden Eljon עדן עליון	*wörtl.* Höheres *Eden* *Jessod* der Welt von *Brija*
Eden Tachton עדן תחתון	*wörtl.* Unteres *Eden* *Jessod* der Welt von *Assija*
Eichut haMakom איכות המקום	Die Qualität des Ortes ist die Wichtigkeit des Niveaus (Stufen), welches an diesem Ort vorgefunden wird. *siehe Kamut haMakom*
Eins	*siehe: Echad*
Einzig	*siehe: Yachid*

Anhang A: Glossar kabbalistischer Begriffe

Ejn אין	*wörtl.* Nichts, nicht existierend Die Verborgenheit des Lichts *Chochma* *siehe:* Ejn Sof
Ejn Header be Ruchaniut אין העדר ברוחניות	Es gibt kein Verschwinden in der Spiritualität.
Ejn Sof אין סוף	*wörtl.* ohne Ende, das Unbegrenzte, die Unendlichkeit
Ejn Sof (Baruch Hu) אין סוף ברוך הוא	*wörtl.* Das Unbegrenzte, Unendlichkeit, ohne Ende Das Licht der Welt der Unendlichkeit; die unfassbare Unendlichkeit
Eljon עליון	*wörtl.* Höheres, Oberes, Oben, Oberes Niveau, das Oberste, das Höchste, Höherer Grad Der Wichtigere
Emet אמת	*wörtl.* Wahrheit
Empfängnisort	*siehe:* Makom haHerayon
eng (zar) צר	Knappheit von *Chassadim*. Breit – Überfluss an *Chassadim*. Mangel an *Chochma* wird „kurz" genannt, und Fülle an *Chochma* heißt „lang."
Engelseelen (Neshamot Malachim) נשמות מלכים	Die inneren *Kelim* von *Azilut* sind *KaCHaB*, genannt *Mocha*, *Azamot* und *Gidin* mit Lichtern von *NaRaN*. Die Lichter von *Chaja* und *Yechida* kleiden sich innerhalb der Lichter von *Neshama*. Die *Kelim SA* und *Malchut* trennten sich vom *Parzuf*, daher werden sie *Bassar* und *Or* genannt. Diese sind nicht wirkliche, vollständige *Kelim*, sondern umkreisen nur die *Kelim* vom *Guf* von außen. Ihre inneren Lichter, *Ruach* und *Nefesh*, empfangen sie von den inneren *Kelim*. Deshalb gibt es die Lichter von *Ruach-Nefesh* in den inneren *Kelim* und Lichter von *Ruach-Nefesh* in den äußeren *Kelim*. Die Seelen der Menschen werden vom *Siwug* der inneren *Kelim* geboren und die Seelen von Engeln aus dem *Siwug* der äußeren *Kelim*.

	Deshalb werden die Seelen der Menschen als Innerlichkeit der Welten angesehen, da sie aus den inneren *Kelim* des *Parzuf* hervorkommen. Engel gelten als das Äußere der Welten, da sie aus den äußeren *Kelim* vom *Parzuf* hervorkommen.
Entfernung (Harchaka) הרחקה	Korrektur, in welcher das *Kli* sich vom Empfang des *Or Chochma* fernhält und das *Or Chassadim* wählt.
Entfernung vom Höheren Licht (Hitrachkut mi Or Eljon) התרחקות מעליון	Je näher es sich zum leeren Raum (*Chalal Panui*) befindet, desto weiter ist es vom Höheren Licht (*Or Eljon*) entfernt.
Erde (Boden)	*Malchut* jeden Grades oder einer Welt
Erech Hafuch Orot we Kelim ערך הפוך אורות והכלים	*wörtl.* Das umgekehrte Verhältnis zwischen Lichtern und Gefäßen
Erez Edom ארץ אדום	*wörtl.* Das Land von *Edom* Wenn *Malchut* sich in *Bina* einbringt, dann wird *Bina* „*Erez Edom*" genannt.
Erez Eljona ארץ עליונה	*wörtl.* Oberes Land, *Bina*
Erez Israel ארץ ישראל	*wörtl.* Das Land *Israel* *Yezira* dieser Welt
Erez Israel shel Maala ארץ ישראל של מעלה	Das Obere Land von *Israel*
Erez Israel shel Mata ארץ ישראל של מטה	Das untere Land von *Israel*
Erez Tachtona ארץ תחתונה	*wörtl.* Unteres Land, *Malchut*
Ergänzung von Shabbat (Tossefet Shabbat) תוספת שבת	Der Aufstieg der Welten von der fünften Stunde am Abend des *Shabbat*

Anhang A: Glossar kabbalistischer Begriffe

Erneuerung der Seelen (Hitchadshut haNeshamot) התחדשות הנשמות	Das Geben von *Or Chochma* an die Seelen, wie sie es während *Gadlut* der Welt von *Nekudim* gewohnt waren und welches durch das Zerbrechen entzogen wurde. Es ist auch so, wie sie es zum zweiten Mal gewohnt waren, vor der Sünde von *Adam haRishon* und dem zweiten Scheiden durch den Absturz der Organe (*Ewarim*) der Seele.
Esh אש	*wörtl.* Feuer
Esser haSefirot עשר הספירות	die *Zehn Sefirot*
Et את	Präposition im Akkusativ, wird *Alef-Taw* (את) geschrieben. *Malchut* wird *Et* genannt, da es alle Buchstaben von *Alef* (dem ersten Buchstaben des Hebräischen Alphabets) bis *Taw* (dem letzten Buchstaben des Hebräischen Alphabets) beinhaltet.
Et Razon עת רצון	*wörtl.* Zeit des Willens, Wunsches, Verlangens, (wird mit *Ayin* geschrieben) Diese taucht während *Siwug* von *Gadlut* auf, wenn mittels des Lichts von *AB-SaG* das Licht von *Chochma* leuchtet und die *Searot* verschwinden und sich *Mezach* des Verlangens enthüllt.
Etrog אתרוג	Frucht, Zitrusfrucht
Ewarim אברים	*wörtl.* Glieder, Organe *Sefirot* von *Guf*.
Existenz	*siehe:* Jesh
Ejnaim עינים	Augen
Ez עץ	*wörtl.* Baum *Jessod* von *Seir Anpin*; Die Mittlere Linie; Ort eines *Siwug*
Ez haChaim עץ החיים	*siehe:* Baum des Lebens
Ez haDaat עץ הדעת	*siehe:* Baum des Wissens
Ez haDaat Tov we Ra עץ הדעת טוב ורע	*siehe:* Baum der Erkenntnis von Gut und Böse

Fall, Sturz	Wenn *SA* es würdig wird, dann steigt *Twuna* zu *Ima* auf, vollzieht einen *Siwug* auf *Awiut Bet* und gibt an *SA*. Dieses wird „die gestürzten Unterstützen" genannt, *SoN*, da sie sie ihren *GaR* geben.
Fenster (Chalon) חלון	Die Kraft von *Or Choser*, welche den Empfang des Lichts im *Kli* ermöglicht.
Flügel	siehe: *Knafaim*
Form (Zura) צורה	Die vier *Bchinot* von *Awiut* in *Malchut*, welche *Chochma*, *Bina*, *Seir Anpin* und *Malchut* genannt werden, oder die „vier Formen".
Frau, Weib, Weiblich (Nukwa) נוקבה	siehe: *Nukwa*
Frei (Panui) פנוי	Ein Ort, der zur Korrektur und zur Erlangung von Vollkommenheit bereit ist.
Freier Platz und ein Platz (Makom Panui) מקום פנוי	Wenn *SA* zu *AA* aufsteigt, welches sein richtiger Platz aus der Sicht von *Nekudim* ist, dann verbleibt ein freier Platz in *BYA*, denn dort gibt es kein Licht der Vollkommenheit von *Azilut*, weil der *Parssa* die Ausbreitung des Lichts stoppt.
Freier/Leerer Raum	siehe: *Chalal Panui*
Füllung	siehe: *Milui*
Füllung der Namen	siehe: *Milui Shemot*
Fußnägel (Zipornej Raglaim) ציפורני רגלים	*Sium* eines jeden *Parzuf*
Gadlut גדלות	*wörtl.* Größe Das Licht von *Chochma* auf der jeweiligen Stufe
Gag גג	*wörtl.* Dach *Keter* in jedem Grad
Galgalta גלגלתא	*wörtl.* Schädel Der *Parzuf* von *Keter* Das *Kli*, mit dem sich das Licht von *Yechida* kleidet.

Anhang A: Glossar kabbalistischer Begriffe

Galgalta we Ejnaim גלגלתא ועיניים (Abk. GE גו״ע)	*wörtl.* Schädel und Augen
Gan Eden גן עדן	*wörtl.* Der Garten der Wonne, der Garten *Eden* *Malchut* von *Azilut*. Gan ist *Malchut*, Eden ist *Chochma*. Die ganze Welt *Azilut* ist *Chochma*, weshalb *Malchut* von *Azilut* „Gan Eden" genannt wird.
Gan Eden Eljon גן עדן עליון	*wörtl.* Der höhere Garten *Eden* In der Welt von *Brija*, was *Bina* ist.
Gan Eden Tachton גן עדן תחתון	*wörtl.* Der niedrigere Garten *Eden* *Jessod* von *Malchut* in der Welt von *Assija*
GaR (heb. Gimel Rishonot) ג״ר	*wörtl.* „Die ersten drei" [*Sefirot*]; Lichter von *Rosh*, die den *Kelim* vorausgingen. Es sind die *Sefirot* KaCHaB, genannt „Rosh des *Parzuf*".
GaR des Guf	CHaGaT
Garon גרון	Hals, Kehle, Rachen
Garten Eden	*siehe:* Gan Eden
Gashmiut גשמיות	*wörtl.* Körperlichkeit *siehe:* Körperlichkeit
GE גו״ע	*Abk.* Galgalta we Ejnaim
Geburt	*siehe:* Leida
Geburtsblut	*siehe:* Dam Leida
Gehirn	*siehe:* Moach (*aram.* Mocha)
Gehör	*siehe:* Shmia
Geruch	*siehe:* Rejach
Geula גאולה	*wörtl.* Erlösung
Gidim (heb.) גידים **Gidin** (aram.) גידין	*wörtl.* (die) Sehnen Die *Kelim* von *Bina* in den *Zehn Sefirot*, deren Stufen gleich sind. *siehe:* Innerer *Siwug*

Gimel ג	3. Buchstabe, numerischer Wert = 3
Gleichheit (Hashwaa Achat)\ השוואה אחת	Wenn es keinen Unterschied zwischen den vier Stufen des Willens zu empfangen gibt.
Glück	siehe: Masal
Gmar Tikun גמר תיקון	wörtl. Das Ende der Korrektur, die Endkorrektur
Gemara גמרא	siehe: Talmud
Goj (Sing.) גוי Gojim (Pl.) גויים	wörtl. Nation, Nationen
Grenze (Gwul) גבול	Der Massach der jeweiligen Stufe
Griff/Halten	siehe: Achisa
Groß/Erwachsen/reif (gadol) גדול	Enthüllung von Or Chochma. Das Nichtvorhandensein von Or Chochma macht einen Parzuf klein (katan).
Gsar גזר	wörtl. Schnitt Die Abtrennung des niedrigeren Hej (siehe: Miluim) von den Kelim, die zu BYA abfielen. Davon hängt die ganze Korrektur (Tikun) ab.
Guf גוף	wörtl. Körper Die wahren Kelim des Empfangens auf jeder Stufe, welche sich durch die Energie des Or Choser im Massach nach unten weiter ausbreiten. In diesen Kelim des Guf fand das tatsächliche Empfangen der Lichter statt.
Gwul גבול	siehe: Grenze
Gwura גבורה	wörtl. Strenge, Stärke, Macht, Gericht, Urteil 5. Sefira
Haare	siehe: Searot
Habatat Panim הבטת פנים	wörtl. Ins Gesicht schauen Eine Schenkung von Or Chochma.

Anhang A: Glossar kabbalistischer Begriffe

Hachana הכנה	*wörtl.* Vorbereitung Wenn ein *Parzuf* einen Schirm mit dem Maß von *Awiut* hat, welcher für den *Siwug* passend ist und Licht anzieht (Vorbereitung zum Empfangen).
Hagada הגדה	Erzählung über den Auszug aus Ägypten
Hagdala הגדלה	*wörtl.* Wachstum Der Übergang von der Situation von *Katnut* zu *Gadlut*
Hakaa הכאה	*wörtl.* Schlagen, Anstoßen, Treffen Das Zusammentreffen vom Höheren Licht mit dem Schirm, welches dem von zwei harten Objekten sehr ähnlich ist, wobei einer die Begrenzungen durchbrechen möchte, der andere widersteht und ersterem nicht erlaubt, einzutreten.
Hakdama הקדמה	Einleitung
Halacha (Sing.) הלכה Halachot (Pl.) הלכות	Das Gehen, der Weg Aus der mündlichen Überlieferung hergeleitete Möglichkeit, das Leben, Tun und Handeln entsprechend den Regeln der *Tora* einzurichten. Gesetze, Regeln der rabbinischen Literatur und Lehre. Rechtssatz, verbindliche religionsgesetzliche Überlieferung; das gültige Religionsgesetz.
Halbasha הלבשה	Einkleidung
Hamshacha המשכה	*wörtl.* Die Handlung des Heranziehens *siehe:* Nimshach
Hamtaka המתקה	*wörtl.* Versüßung Wenn die *Kelim* vom Zerbrechen (*siehe:* Shwira) beschädigt sind, benötigen sie das Licht, um ihre Bitterkeit zu süßen, namentlich die Kraft von *Din*, damit die äußeren Kräfte an ihnen keinen Halt (*Achisa*) finden. *siehe:* Achisa
Hashpaa השפעה	Schenken, Geben
Hashwaat haZura השואת הצורה	Angleichung der Form
Häufiger Siwug	*siehe:* Siwug Tadir

HaWaYaH הויה	*siehe*: Miluim Der unaussprechbare, vierbuchstabige Name des Schöpfers *Siwug Panim be Panim* von SA und *Nukwa*, angewandt im Anagram YAHDONeHJ. *Yud* von *HaWaYaH*, was SA am Anfang des Anagramms ist, deutet auf *Chochma* in SA hin. *Yud* von ADNY am Ende des Anagrams stellt *Chochma* in *Nukwa* dar.
Heara (die) הארה	*wörtl*. Leuchten, Erleuchtung Ein schwaches Leuchten.
Heichal היכל	*wörtl*. Palast Der Aspekt von *Malchut*, der sich von den inneren *Kelim* trennt und ein *Kli* für *Or Makif* wird.
Hej ה	5. Buchstabe, numerischer Wert = 5
Herausragen (Bolet)\ בולט	Leuchten von *Chochma*.
Herkunft der Lichter (Makor haOrot) מקור האורות	*siehe*: Makor haOrot
Herkunft der Seelen (Makor haNeshamot) מקור הנשמות	Der Wille zu empfangen, der in den Seelen eingeprägt war, welcher sie vom Höheren Licht trennt. Der Übergang zwischen der Welt *Azilut* und der Welt *Brija*.
Herz (Lew) לב	Das *Kli*, in welchem das Licht *Ruach* weilt, heißt „*Lew*". Es steht bei CHaGaT.
Hester הסתר	Verhüllung
Hester toch Hester הסתר תוך הסתר	Verhüllung in der Verhüllung
Hewel הבל	*Or Choser*, welches vom *Massach* nach oben hin aufsteigt.
Hisdakchut des Massach היזדככות	Reinigung, Abschwächung, Verfeinerung, Veredlung des Schirms, Klärung

Anhang A: Glossar kabbalistischer Begriffe

Hishtalshelut השתלשלות	wörtl. Verkettung, Verbindung Absteigende Ordnung der vier Phasen des Verlangens zu empfangen Die absteigende Entwicklungsordnung.
Hishtawut haZura השתוות הצורה	Gleichheit, Übereinstimmung der Form siehe: *Hashwaat haZura*
Hishtokekut השתקקות	Begierde, Streben, Sehnsucht
Histaklut הסתכלות	wörtl. Beobachtung, Betrachtung *Hitpashtut* (Ausbreiten) des Lichts von *Ejn Sof* zum Schirm. Licht, welches von *Ejn Sof* kommt, ist immer Licht von *Chochma*, oder Licht von *Ejnaim*, oder *Re'iah*, oder *Histaklut*.
Histaklut Alef הסתכלות א	wörtl. Erstes Sehen *Hitpashtut* (Ausbreiten) des Lichts von *Ejn Sof* zum Schirm. Licht, welches von *Ejn Sof* kommt, ist immer Licht von *Chochma*, oder Licht von *Ejnaim*, oder *Re'iah*, oder *Histaklut*.
Histaklut Bet הסתכלות ב	*Hitpashtut* (Ausbreiten) des Lichts von *Ejn Sof* zum Schirm, welcher vom *Tabur* zum *Pe* aufsteigt, und welcher auf dem Weg der *Hisdakchut* (Verfeinerung) *Siwugim* macht und die *Parzufim Nekudot* erzeugt.
Histalkut haOrot הסתלקות האורות	wörtl. Verschwinden der Lichter
Hitkalelut התכללות	wörtl. Einbeziehung, Einschluss, Einschließung, Umhüllung, Umkleidung, Aufnahme
Hitkashrut התקשרות	wörtl. Verbindung Die *Zehn Sefirot* von *Or Choser*, die vom *Massach* des *Rosh* aufsteigen, kleiden die *Zehn Sefirot* von *Or Yashar* und verbinden sich mit ihnen, zumal dort die Lichter den *Kelim* vorangehen.
Hitlabshut התלבשות	wörtl. Einkleidung
Hitorerut mi Mala התעוררות ממעלה	Erweckung von Oben

Hitpashtut התפשטות	*wörtl.* Ausbreitung, Ausdehnung Licht, welches vom ausstrahlenden Schöpfer (Ausströmender) ausgeht und beim ausgestrahlten Wesen ankommt - als ein Resultat des Wunsches des ausgestrahlten Wesens zu empfangen, welches das sich ausbreitende Licht anzieht, gemäß dem Maße seines Verlangens nach Licht.
Hitpashtut Alef התפשטות א	*wörtl.* Erste Ausbreitung Die Lichter von *Taamim*.
Hitpashtut Bet התפשטות ב	Der Eintritt der Lichter zum zweiten Mal, nach der *Hisdakchut* (Verfeinerung) des *Massach*. Dann gibt es bereits *Kelim*, entsprechend dem Gesetz: „Die Ausbreitung der Lichter und deren Verschwinden machen das *Kli* für seine Aufgabe würdig."
Hod הוד	*wörtl.* Glanz, Herrlichkeit 8. *Sefira*
Höherer (Eljon) עליון	Wichtiger
Höherer Garten Eden	*siehe: Gan Eden Eljon*
Höheres Chochma	*siehe: Chochma Ilaa*
Höheres Eden	*Jessod* der Welt von *Brija*
Höheres Land (Erez Eljona) ארץ עליונה	*Bina*. *Malchut* ist das untere Land. Wenn *Malchut* in *Bina* eingeschlossen ist, wird *Bina* „*Erez Edom*" genannt.
Höheres Weiß (Lowen Eljon) לובן עליון	Bevor sich das Licht in ein *Kli* kleidet, ist es weiß, denn alle Farbschattierungen kommen nur von Seiten der *Kelim*.
Hu we Shmo Echad הוא ושמו אחד	Er und Sein Name sind Eins.
Ibur עיבור	*wörtl.* Einnistung *Siwug* von *Katnut* *siehe: Yarchei Ibur*
Ibur Alef עיבור א	*Siwug* von *Katnut* für die aktuelle Existenz des *Parzuf*

Anhang A: Glossar kabbalistischer Begriffe

Ibur Bet עיבור ב	Ein *Siwug*, um dem *Parzuf Or Chochma* hinzuzufügen.
Iburo shel Ir עיבורה של עיר	*wörtl.* Außenbezirke der Stadt Die ersten sechs *Sefirot* von *Brija*, welche aus der Welt *Azilut* und hinunter herausragen. *siehe:* Bolet
Ich (Ani) אני	Wenn *Malchut* enthüllt ist, heißt sie „ich" (*Ani*). Wenn sie verhüllt ist, nennt man sie „Er" (*Hu*).
Ichud איחוד	*siehe:* Vereinigung
Itrin עטרין	*wörtl.* Innere Räume Innere Räume, *CHaGaT* von *Seir Anpin*, welches mit dem Licht *Chassadim* gefüllt ist und keine Erleuchtung von *Chochma* (hebr. *Hearat* von *Chochma*) enthüllt. Deshalb werden sie „Innere Räume" genannt. *siehe:* Achsadraim
Igulim עיגולים	*hebr.* Kreise *siehe:* Agol
Ilem אילם	*wörtl.* Stumm Die Zehn *Sefirot* des Lichts, die von *Malchut* des *Rosh*, welche „*Pe*" genannt wird, bis zu *Toch* kommen. Der innere *Parzuf* von *Nukwa* wird *Dibur* genannt, und wenn er scheidet und *Nukwa* nur mit ihrem äußeren *Parzuf* bleibt, wird sie „*Ilem*" genannt, weil der innere *Parzuf GaR* ist und der äußere *WaK*.
Im Verlangen auftauchen	*Siwug* auf einem *Massach* mit *Awiut Shoresh*
Ima אמא	*wörtl.* Mutter
Ima Tataa אמא תתאה	*wörtl.* Die untere (niedrigere) Mutter *Malchut* von *Azilut* *siehe:* Bina
In der Zukunft, zukünftig	*siehe:* leAtid lawo
Injan עינין	Konzept, Sache, Angelegenheit

Innerer Siwug von Azilut	*siehe*: Engelseelen und Menschenseelen
Innerer Siwug von Azilut	Die inneren *Kelim* von *Azilut* sind *KaCHaB*, welche *Mocha*, *Azamot* (*wörtl.* Knochen) und *Gidim* genannt werden, zusammen mit den Lichtern von *NaRaN*. Die Lichter von *Chaja* und *Yechida* sind mit dem Licht von *Neshama* bekleidet. Die *Kelim* von *Seir Anpin* und *Malchut* wurden vom *Parzuf* getrennt. Deshalb werden sie *Bassar* und *Or* (*wörtl.* Haut – nicht zu verwechseln mit „*Or*" *wörtl.* Licht) genannt, welche jedoch keine echten und kompletten *Kelim* sind, sondern das *Kli* des *Guf* von außen umkreisen. Sie empfangen die Lichter – *Ruach* und *Nefesh* –, die in ihnen sind, von den inneren *Kelim*. Aus diesem Grund sind Lichter von *Ruach* und *Nefesh* in den inneren *Kelim*, und Lichter von *Ruach* und *Nefesh* in den äußeren *Kelim*. Von dem *Siwug* der inneren *Kelim* werden die Seelen der Menschen geboren; von dem *Siwug* der äußeren *Kelim* werden die Seelen der Engel (*Malachim*) geboren. Deswegen werden die Seelen der Menschen als Innerlichkeit (*Pnimiut*) der Welten betrachtet, denn sie kommen aus den inneren *Kelim* des *Parzuf* hervor, und die Engel werden als Äußerlichkeit (*Chizoniut*) der Welten angesehen, denn sie treten aus den äußeren *Kelim* des *Parzuf* hervor.
Ins Gesicht schauen	*siehe*: Habatat Panim
Ir עיר	*wörtl.* Stadt Der Zustand der Welt *Azilut*, wenn die Welten zu ihr aufsteigen.
ISHSuT ישסו״ת	*Abk.* Israel Saba u Twuna *wörtl.* Israel, Großvater und Intelligenz Der Aspekt von *SaT* oder *ACHaP* von *AwI*. Wenn *AwI* einen *Siwug Panim be Panim* machen, werden *AwI* und *ISHSuT* als ein *Parzuf* angesehen. Wenn *AwI* einen *Siwug Achor be Achor* vollziehen, so trennen sich *ISHSuT* von *AwI* zu einem separaten *Parzuf*.
Israel ישראל Moshe und Israel	*GaR* von *Seir Anpin* oder der innere *Parzuf*

Anhang A: Glossar kabbalistischer Begriffe

Itaruta de Letata (aram.)	Erwachen von unten
Jerusalem	*siehe: Jerushalajim*
Jerushalajim ירושלים	Jerusalem Das äußere *Jessod* von *Malchut*
Jesh יש	*wörtl.* Es ist; Bestehendes, Existentes Die Existenz des Lichts *Chochma* wird *Jesh* genannt, und die Verborgenheit des *Or Chochma* wird *Ajn* (wörtl. es ist nichts) genannt.
Jesh mi Ajn יש מאין	Etwas aus Nichts Der Prozess der Schöpfung aus Nichts
Jesh mi Jesh יש מיש	Etwas aus etwas bereits Dagewesenem
Jessod יסוד	*wörtl.* Fundament, Basis 9. *Sefira*
Jezer יצר	*wörtl.* Instinkt, Trieb
Jezer haRa יצר הרע	Böser Trieb, böse Neigung
Jezer haTov יצר הטוב	Guter Trieb
Jom Kippur יום כיפור	Versöhnungstag
Josef יוסף	*siehe: Yossef*
Kabbala קבלה	Empfang, der Erhalt
KaCHaB כח״ב	*Abk. Keter – Chochma – Bina*
kadosh קדוש	heilig
haKadosh Baruch Hu הקדוש ברוך הוא	Einer der vielen Namen des Schöpfers *wörtl.* Der Heilige – gepriesen sei Er
Kamaz קמץ Interpunktionszeichen) Hebräischer Akzent unter einem Buchstaben, zeigt einen Vokal an	kommt von *Kmiza* (Zusammenpressen) Dies zeigt das Zusammenpressen der *Zehn Sefirot* von *Rosh* an, welche vor ihrer Einkleidung in den *Kelim de Guf* zusammengepresst sind. Die *Hitpashtut* der Lichter in den *Guf* wird „*Patach*" (geöffnet) genannt, da sie den Eingang zum Licht öffnet.

Kamut haMakom כמות המקום	Die Quantität des Ortes ist die Anzahl der Stufen, die an einem Ort vorgefunden werden. *siehe:* Eichut haMakom
kar קר	*wörtl.* kalt
Karka קרקע	*wörtl.* Grund, Boden *Malchut* von jeder Stufe oder von jeder Welt (*Olam*)
karov קרוב	*wörtl.* nahe *karov* meint eine starke Erleuchtung des Lichts von *Chochma* (*Hearat* von *Chochma*) *siehe:* Rachok
Kashiut קשיות	Schwere, Härte, Strenge
katan קטן	*wörtl.* klein
Katnut קטנות	*wörtl.* Kleinheit Die zwei *Parzufim* von *Ibur* und *Yenika* von jedem *Parzuf*. Sie heißen so, weil sie weder *Rosh* noch *Mochin* haben.
Kav (m., Sing.) קו Kavim (Pl.) קוים	*wörtl.* Linie Zeigt an, dass es innerlich einen Unterschied von Oben nach unten gibt (das war vorher nicht so), und dass seine Ausstrahlung viel geringer ist als sein vorheriges Niveau. Die *Zehn Sefirot* von *Yosher* werden entsprechend der *Kelim* auch Röhre (*siehe:* Zinor) genannt. Gemäß der Lichter bezeichnet man sie als Linie.
Kavana כוונה	Die Absicht, Intention
kazar קצר	*wörtl.* kurz *siehe:* lang, *aroch*
Kedusha קדושה	*wörtl.* Heiligkeit Das Gegenteil von *Tuma* (Entweihung)
Kelim Chizonim כלים חיצונים	*wörtl.* äußere Gefäße Die *Kelim* der Hinterseite, *Kelim* unterhalb von *Chase* des *Parzuf*. *siehe:* Chizoniut

Anhang A: Glossar kabbalistischer Begriffe

Kelim de Achoraim כלים אחורים	*wörtl.* *Kelim* der Rückseite *Kelim* unter *Chase* im *Parzuf*
Kelim de Hashpaa כלים דהשפעה	*Kelim* vom *Pe* bis zum *Tabur*
Kelim de Panim כלים דפנים	*Kelim* oberhalb von *Chase* im *Parzuf*
Kelim Igulim כלים עיגולים	*wörtl.* kreisförmige *Kelim*
Kesher קשר	*wörtl.* Verbindung, Zusammenhang, Beziehung *Kesher* ist ein Ausdruck für die Korrektur der Linien (*Kavim*). Dies wird so bezeichnet, weil sich alle *Sefirot* miteinander verbinden, bis es keine Gegensätze mehr unter ihnen gibt.
Kesher haSefirot קשר הספירות	Der Aufstieg des unteren *Hej* zu *Ejnaim* verbindet die *Sefirot* miteinander.
Keter (Sing.) כתר	*wörtl.* Krone 1. *Sefira* Die Eingebung von *Shoresh* auf einer Stufe wird *Keter* genannt, von dem hebräischen Wort: *Machtir* (*wörtl.* krönend; es hat die gleiche Wurzel wie *Chaf*, *Taw*, *Resh*), was bedeutet: „umkreisen", da *Keter* verfeinerter ist als jedes andere Niveau, und deshalb umkreist es den *Parzuf* von oben.
Kisse כסא	*wörtl.* Thron/Stuhl Die Welt von *Brija*. Sie kommt von dem Wort „*Kisui*" (bedecken) und „*Haalama*" (verhüllen), denn dort ist *Or Chochma* verhüllt. Es wird auch *Kisse* genannt, weil das *Or Chassadim*, welches durch den *Parssa* geht, als *Or WaK* erachtet wird, das sitzt - im Gegensatz zum *Or Chochma*, welches *Or GaR* ist und steht.
Kisse Din (Thron des Gerichts) כסא דין	*Malchut* von *Mochin de Ima*, welche sich in *Malchut* der Welt von *Brija* kleidet. Sie wird auch als „*Tchelet*" (blau) und „*Sandalfon*" genannt.
Kisse Rachamim (Thron der Gnade) כסא רחמים	Die Oberen neun von *Mochin de Ima*

Kista de Chajuta (Cista der Lebenskraft) קיסתא דחיותא	Eine *Reshimo* vom vergangenen Licht. Diese verbleibt im *Parzuf* auf seinem Platz, wenn der *Parzuf* zum Höheren aufsteigt, um *MaN* zu holen, und sein *Mochin* verschwindet.
Klal, Klalut כלל, כללות	Das Allgemeine
Kleidung	siehe: *Lewush*
Kli (Sing.) כלי Kelim (Pl.) כלים	*wörtl.* Gefäß Der Wunsch zu empfangen, der in dem ausgestrahlten Wesen ist.
Kli für Or Makif	*wörtl.* Gefäß für das Umgebende Licht Die äußere – feinere – Hälfte im *Kli*. Die innere, das heißt gröbere Hälfte im *Kli*, dient als *Kli* für das *Or Pnimi*.
Kli für Or Pnimi	*wörtl.* Gefäß für das Innere Licht Die innere, das heißt gröbere Hälfte im *Kli* dient als *Kli* für das *Or Pnimi*.
Kli Kabbala כלי קבלה	Empfangsgefäß
Kli von Malchut	*Bchina Dalet* (4. Phase) von *Or Yashar*, wo *Zimzum Alef* stattfand, mit dem Ziel, kein Licht mehr zu empfangen.
Kli, das MaN erhebt	*ACHaP* des Oberen während *Gadlut*
Klipa (Sing.) \ קליפה Klipot (Pl.)\ קליפות	*wörtl.* Schalen, Hüllen Böse Hüllen, die unreinen Kräfte Das Verlangen, welches im Gegensatz zum Höheren Licht steht [welches nur geben (schenken) kann], was dem Wunsch zu empfangen entspricht. Darum werden die *Klipot* vom Leben abgesondert und als „tot" bezeichnet.
Klipat Noga קליפת נוגה	*wörtl:* Die Noga-Schale Eine *Bchina* von *Nizozim*, welche in sich eine Mischung von Gut und Böse enthält. Wenn Noga das Licht in ihrem guten Teil empfängt, so gibt sie es auch ihrem bösen Teil.

Anhang A: Glossar kabbalistischer Begriffe

Knafaim כנפים	wörtl. Flügel *Malchut* von *Ima* ist immer im Zustand von *Katnut* und trennt zwischen *SoN* und den *Chizonim*. Dadurch schützt sie *SoN*, denn durch *Malchut* von *Ima* geht nur die Erleuchtung von *Chochma* (hebr. *Hearat Chochma*) hindurch. Auch der *Parssa* unter *Azilut* wird aus *Malchut* von *Ima* gemacht und „*Naal*" (Schuh) genannt, welcher den *Regel* (Fuß) von *SoN* beschützt und keine Erleuchtung von *Chochma* durchlässt.
Knesset Israel כנסת ישראל	wörtl. Versammlung von *Israel* *Parzuf* von *GaR* von *Malchut*, welcher Licht von *GaR de SA* sammelt, welches *Israel* heißt.
Koach כח	wörtl. Kraft, Macht, Potential, Möglichkeit Eine Phase, die dem Samenkorn gleicht, aus dem sich ein Baum entwickelt.
Koach haKlipa כח הקליפה	wörtl. Die Kraft der Schale Die *Lewushim* der Lichter verlassen ihre *Kelim* wegen der Vermischung mit dem Bösen in ihnen. So zerfallen sie zu *Klipot* mit Überresten von Licht, welches die *Klipot* stärkt.
Kol und Dibur קול ודיבור	wörtl. Stimme und Sprache Ein *Siwug* der beiden inneren *Parzufim* von *SA* und *Nukwa*. Dies wir auch *Siwug de Neshikin* (Küsse) genannt.
Koma (Sing.) קומה Komot (Pl.) קומות	Stufe, Grad, Zustand
Kopf der Füchse (Rosh leShoalim) ראש לשועלים	Der *Rosh* der unteren Stufe, ist auch der Schwanz der Löwen – der *Sium* (das Ende) der Höheren Stufe.
Körperlichkeit (Gashmiut) גשמיות	Alles, was die fünf Sinne wahrnehmen und erkennen, oder was Zeit und Raum einnimmt.
Kotel כותל	wörtl. Wand *Massach* (Schirm) von *Achoraim* von *Ima*, der mittels der Kraft von *Chafez Chessed* das Licht von *Chochma* vor der Ausbreitung zu *SoN* bewahrt, welche im Zustand von *Katnut* sind.

Kraft der Klipa	*siehe*: *Koach haKlipa*
Kreisendes Licht (Or Mitagel) אור מתעגל	Das *Or Yashar* (direktes Licht) wurde während des Abstiegs des Höheren Lichts in die *Kelim* gleich dem Maß der Sehnsucht der *Kelim* entsprechend ihrer *Bchina Dalet*. Dies ähnelt einem schweren Objekt, welches direkt auf den Boden fällt. In den *Kelim* ohne *Awiut*, das heißt ohne Sehnsucht, ist das Licht kreisend, denn sie haben keine Anziehungskraft, die es anziehen kann.
Kuf ק	19. Buchstabe, numerischer Wert = 100
Kurz (kazar) קצר	Kurz – *Zimzum* von *Chochma* Brei – reich an *Chassadim* Eng – Mangel an *Chassadim* Lang – Fülle an *Chochma*
Küssen (Neshikin) נשיקין	*Siwug* der zwei internen *Parzufim SA* und *Nukwa*, auch so genannt „*Siwug* von Stimme und Sprache".
Kozo shel Yud קוצו של יוד	Der Zipfel des hebräischen Buchstabens „*Yud*"
Lamed ל	12. Buchstabe, numerischer Wert = 30
Land Edom	*siehe*: *Erez Edom*
Land Israel	*siehe*: *Erez Israel*
Lang	*siehe*: *aroch*
Länge (Orech) עורך	Die Entfernung zwischen zwei Seiten einer Stufe, von der feinsten *Bchina* (Höchste) zur gröbsten (niedrigsten).
langsam (leat) לאט	Die allmähliche, gestufte Ausbreitung der Lichter durch Ursache und Wirkung
Lashon Kodesh לשון קודש	*wörtl.* Heilige Zunge (Sprache)
leAtid lawo לעתיד לבוא	*wörtl.* was in der Zukunft kommt Lichter der höheren *Bina* werden *leAtid lawo* genannt, da sie in *Seir Anpin* für die Zukunft bestimmt sind. *siehe*: *Olam haBa*

Anhang A: Glossar kabbalistischer Begriffe

Leber (Kaved) כבד	Idas inneres *Kli*, in welchem das Licht *Nefesh* weilt, heißt „*Kaved*" und es steht dem höheren Drittel von *NeHJ* gegenüber.
Leere Luft (Awir Rejkani) אוויר ריקני	*Or Chassadim*, bevor es das Licht *Or Chochma* kleidet.
Leida לידה	*wörtl.* Geburt Das Erkennen der *Awiut* von *Guf* von *Seir Anpin*, dass sie sich von der *Awiut* von *Ima* unterscheidet. Es wird als die Geburt von *Seir Anpin* betrachtet, das nach außen tritt (*siehe*: *Yezia le Chuz*), da es eine Veränderung der Form (*siehe*: *Zura*) gab, was einem Wechsel des Ortes in der Körperlichkeit entspricht.
Leiden/Schmerzen	*siehe*: *Sowel*
lekabel al menat lehashpia לקבל על מנת להשפיע	Empfangen, in der Absicht zu schenken
Lew haEwen לב האבן	*wörtl.* Steinernes Herz
Lewush (Sing.) לבוש Lewushim (Pl.) לבושים	*wörtl.* Bekleidung, Kleid Der Aspekt von *SA*, der sich vom *Or Pnimi* absonderte und zu *Or Makif* wurde. Ebenso wird jeder „Untere *Parzuf*" in Bezug zum „Höheren *Parzuf*" als *Lewush* bezeichnet.
Licht von Azilut (Or Azilut) אור אצילות	*Or Chochma*
Licht von Brija (Or Brija) אור בריה	*Or Chassadim* ohne *Or Chochma*
Licht von Malchut (Or Malchut) אור מלכות	Licht, welches der *Parzuf* von seinem anliegenden Höherem empfängt und nicht als Gabe von *Ejn Sof*. Es wird auch *Or Nefesh* oder „Weibliches Licht" (*Or Nekewa*) genannt.
Licht, welches vom Kli begrenzt wird (Or Mugbal baKli) אור מוגבל בכלי	Wenn das Licht festgehalten wird und vom Maß des *Awiut* im *Kli* abhängt, sodass es sich nicht mehr oder weniger als das Maß der *Awiut* im *Kli* ausbreiten kann.
Linie (Kav) קו	*siehe*: *Kav*

Linksseitige Umarmung (Chibuk Smol) חיבוק שמואל	Die Gabe der Kraft von *Seir Anpin* an *Malchut*, sodass *Malchut*, das untere *Hej* (*siehe*: *Miluim*) herabsenken und *ACHaP* erheben kann.
liShma לשמה	*wörtl.* für Ihren Namen (den Namen der *Tora*)
lo liShma לא לשמה	nicht für Ihren Namen
Lowen Eljon לובן עליון	*wörtl.* Das Weiße des Höheren Bevor sich das Licht in ein *Kli* kleidet, ist es weiß, denn alle Farbschattierungen kommen nur von Seiten der *Kelim*.
Lulaw לולב	Palmzweig
Maase Bereshit מעשה בראשית	Der Akt der Schöpfung
Maazil מאציל	*wörtl.* Ausströmender, der Schöpfer Jede Ursache in Bezug auf seine Folge. *Malchut de Rosh* wird in Bezug auf den *Guf* als *Maazil* betrachtet. So auch jeder Höhere Grad in Bezug auf seinen niederen Grad.
Machshewet haBrija מחשבת הבריאה	der Schöpfungsgedanke, die Grundidee der Schöpfung
Machsom מחסום	Barriere, Mauer, Grenze, die „unsere Welt" von der spirituellen Welt trennt.
Machzevet der Neshama מחצבת הנשמה	Der Wunsch zu empfangen, der in die Seelen eingeprägt ist, trennt und „behaut" sie aus dem Höheren Licht, weil in der Spiritualität die Unterschiedlichkeit der Form trennt. Der Grund des „Behauens" der *Neshamot* ist der Aspekt des Übergangs zwischen der Welt von *Azilut* und der Welt von *Brija*.
MaD מ"ד	*siehe*: Mejn Duchrin
Mador מדור	Bereich, Sektion
Mador haKlipot מדור הקליפות	*wörtl.* Bereich der *Klipot* – unreiner Ort
Madrega (Sing.) מדרגה Madregot (Pl.) מדרגות	Stufe
Maggid מגיד	Prediger

ANHANG A: GLOSSAR KABBALISTISCHER BEGRIFFE

MaH (Mem - Hej) מ"ה	*Parzuf* von SA in *Azilut*, numerischer Wert = 45
	Der Name *HaWaYaH* mit der Füllung (*Milui*) der Buchstaben *Alef*:
	[Yud – Waw – Dalet] – [Hej – Alef] – [Waw – Alef – Waw] – [Hej – Alef].
	Alle Formen, die in *Azilut* herauskommen, entspringen der Stufe *MaH*.
	Azilut wird in Bezug zu den Lichtern, den *Nizozim* und den *Kelim* der *Nekudim*, welche sich mit ihr verbinden, als das „*Neue MaH*" (*MaH Chadash*) bezeichnet. Sie werden als älter betrachtet, da sie schon in dem vorherigen *Parzuf* von *Nekudim* gebraucht wurden.
MaH Chadash מ"ה חדש	andere Bezeichnung für die Welt *Azilut*
	siehe: *MaH*
MaH Eljon מ"ה עליון	Höheres, *Oberes MaH*
Maim מים	*wörtl.* Wasser
Makom מקום	*wörtl.* Ort
	1. Der Wunsch zu empfangen, der im ausgestrahlten Wesen ist.
	2. Zeit (*Sman*), Bewegung (*Tnua*) und Ort – das alles ist dieselbe Sache.
Makom achisat haKlipot מקום אחיזת הקליפות	Ein Ort des Mangels in der *Kedusha*
Makom haChoshech מקום החושך	*wörtl.* Ort der Dunkelheit
	Die *Sefira Malchut*, die den *Parzuf* wegen der Kraft des *Zimzum* abschließt, schafft somit Dunkelheit aus ihr heraus.
Makom haHerayon מקום ההריון	*wörtl.* Ort der Schwangerschaft
	Das untere Drittel von der *Sefira Tiferet* von *AwI* zu der Zeit, wenn sie ein *Parzuf* mit *ISHSuT* sind.

Makom Jeshuv מקום ישוב	*wörtl.* Ort der Niederlassung Da der Ort der Welten *BYA* in *GE de BYA*, der Platz der *Kedusha* und die vierzehn *Sefirot* von *Mador haKlipot*, eingeteilt ist, genau so wird diese Welt in einen Niederlassungsort, der *BYA* beinhaltet, eingeteilt: den Ort des Tempels, *Erez Israel*, und das Ausland, den Ort der Zerstörung, welche die Wüsten sind, wo sich die Menschen nicht niederlassen.
Makor haNeshamot מקור הנשמות	*siehe:* Quelle der Seelen
Makor haOrot מקור האורות	*wörtl.* Quelle der Lichter *Malchut* von *Rosh*. Sie wird so genannt, weil sie das *Or Choser* bildet, welches das Licht bekleidet und in den *Guf* hineinlässt.
Malach מלאך	*wörtl.* Engel
Malchut (f., Sing.) מלכות	*wörtl.* Königreich 10. *Sefira* Die letzte *Bchina*. Sie hat diesen Namen aufgrund ihrer bestimmten und selbstsicheren Führung, die sie in ihrer vollkommenen Herrschaft ausströmt.
Malchut ejn la Or מלכות אין לאור	*wörtl. Malchut* hat kein Licht Dies ist so, weil der *Massach* sich verfeinert hat, und nur die *Awiut* von *Shoresh* bleibt, welche nicht genug für den *Siwug* ist, und folglich kann *Malchut* nur von dem *Siwug*, der in *Seir Anpin* vollzogen wird, empfangen.
Malchut hat kein Licht	*siehe: Malchut ejn la Or*
Malchut Messajemet מלכות מסיימת	*wörtl. Malchut*, welche abschließt; *Malchut* vom *Guf* *siehe: Sium*
Malchut Misdaweget מלכות מזדווגת	*wörtl. Malchut*, welches *Siwugim* macht; *Malchut* von *Rosh*

Anhang A: Glossar kabbalistischer Begriffe

male מלא	*wörtl.* voll, vollständig, ganz Das, was keinen Mangel hat. Etwas, das durch nichts mehr verbessert werden kann. Wenn nichts fehlt und nichts mehr zur Vollständigkeit hinzugefügt werden muss.
MaN מ"ן	*wörtl.* Wasser von *Nukwa* *siehe:* Maim/Mejn Nukwin
MaN מ"ן	GE des Unteren waren mit *ACHaP* des Höheren, während seines Abfalls, im Zustand *Katnut* auf einer Stufe verbunden. Aus der Verschmelzung während *Katnut* resultiert, dass wenn der Höhere zu *Gadlut* gelangt, indem sein *ACHaP* aufsteigt und zu neuem *NeHJ* wird, dass in seinem *ACHaP* das GE des Unteren ist. Ähnlich dem *Massach* und den *Reshimot* von AB, welche in *Rosh* von *Galgalta* eingeschlossen sind und AB gebären, so ist es auch in *Zimzum Bet* durch *Ibur*, nur, dass der *Siwug* in *Jessod* stattfindet.
Männlich	*siehe:* Sachar
Männliches Gesicht	Das Geben von *Chochma*
Manula מנעולא	*aram.* Schloss *Malchut* von *Midat ha Din*
MaNZePaCh מנצפ"ך	Mem, Nun, Zadi, Pe, Chaf (Wenn diese Buchstaben am Schluss eines Wortes stehen, haben sie eine spezielle graphische Form.) *Bchinot* und *Awiut* vom *Parzuf*, die seit der Zeit seines *Katnut* in ihm verblieben sind. *MaN* des Niederen sind an *ACHaP* vom *Parzuf Nukwa* angeheftet, an *MaN* von *Nukwa* selbst, welche für sie aus ihrem *Ibur* übrig geblieben waren. Vom *Massach* ihres *Ibur* erhält der Niedere den Grad von *Ibur*. Daher war *MaN* des *Ibur* in den *MaNZePaCh* von *Nukwa* eingeschlossen, als sie diese zu SA erhebt. Zu diesem Zeitpunkt geschah ein *Ibur* auf seinen *MaN*, und er erreicht diesen Grad.
Masal מזל	*wörtl.* (heb.) Glück *Jessod.* Es wird Masal genannt, weil es *Or Chochma* tropfenweise abgibt.

Mashiach משיח	Messias, Kraft des Messias
Masla מזלא	Aramäisch: Glück

Searot Dikna werden so genannt, weil ihre Lichter wie Tröpfchen (*Tipot*) fließen (*noslim*), bis sie den großen Lichtern in den Welten beitreten. |
| Massach מסך | *wörtl.* Schirm

Die Kraft des *Zimzum*, die im Ausgeströmten Wesen zum Höheren Licht erwachte und es vom Herabsteigen zu *Bchina Dalet* abhält. Sowie es *Bchina Dalet* erreicht und berührt, erwacht diese Kraft sofort, stößt mit ihm zusammen und stößt es zurück. Und diese Kraft wird „*Massach*" genannt. |
| Massechet מסכת | Traktat des *Talmud* |
| Mata מטה | *wörtl.* Unten

Das, was minderwertigen Grades ist, wird als „unten" unterschieden. |
| Material | *siehe:* Chomer |
| Mauer (Dofen) דופן | Die *Awiut* vom *Massach* ist das *Kli*, welches Licht empfängt. Es wird die „Mauer des *Kli*" genannt, weil das gesamte *Kli* nur seine Mauern sind. Die vier *Bchinot* von *Awiut* sind vier Schichten in der Dicke der Mauer; sie liegen aufeinander und gelten als Innen und Außen.

Die dickste *Bchina* in der Mauer des *Kli* dehnt mehr Fülle aus und gilt als Inneres des *Kli*. Der Rest der *Bchinot*, die reineren, gelten als Äußeres des *Kli*, wohingegen *Bchina Dalet* verglichen mit *Bchina Gimel* das Innerliche ist, *Bchina Gimel* ist innerlich verglichen mit *Bchina Bet*, usw. |
Mawo מבוא	*wörtl.* Vorwort
Mazaw haKawua מצב הקבוע	*wörtl.* andauernder, konstanter Zustand
Mejn Duchrin מיין דוכרין (Abk. MaD) מ"ד	*wörtl.* „Männliche Wasser"

ANHANG A: GLOSSAR KABBALISTISCHER BEGRIFFE

Mejn Nukwin מיין נוקבין (Abk. MaN) מ"ן	*wörtl.* „Weibliche Wasser", die Wasser des weiblichen Prinzips (*Nukwa*), welche von unten nach Oben aufsteigen, um als Erwiderung „*MaD*" von Oben zu erhalten. Als Ergebnis der Ausbreitung der *Nekudot* von *SaG* unterhalb des *Tabur* verbinden sich zwei *Reshimot*: das erste *Hej* von *SaG* und das untere *Hej* von *Galgalta*. Der *Massach* besteht nun aus beiden *Nekewot* (Pl. von *Nukwa*) – *Bina* und *Malchut*. Aus diesem Grund wird der *Massach* „*Mejn Nukwin*" genannt, da er ab diesem Zeitpunkt in jedem seiner *Siwugim* zwei *Nukwin* (siehe: *Nukwa*) einschließt. siehe *Maim*; *Mejn Duchrin*, *MaD*
Melafom מלאפום	*Waw* mit einem Punkt in der Mitte siehe: *Shuruk*
Melech מלך	*wörtl.* König
Melech ha Daat מלך הדעת	*wörtl.* König des Wissens *Parzuf* vom *Pe* von *AwI* und unterhalb
Mem מ, ם	13. Buchstabe, numerischer Wert = 40
Menschenseelen (Neshamot Bnei Adam) נשמות בני אדם	Die inneren *Kelim* von *Azilut* sind *KaCHaB*, genannt *Mocha*, *Azamot*, und *Gidin* mit Lichtern von *NaRaN*. Die Lichter von *Chaja* und *Yechida* kleiden sich innerhalb der Lichter von *Neshama*. Die *Kelim SA* und *Malchut* trennten sich vom *Parzuf*, daher werden sie *Bassar* und *Or* genannt. Diese sind nicht wirkliche, vollständige *Kelim*, sondern sie umkreisen nur die *Kelim* vom *Guf* von außen. Ihre inneren Lichter, *Ruach* und *Nefesh*, empfangen sie von den inneren *Kelim*. Deshalb gibt es die Lichter von *Ruach-Nefesh* in den inneren *Kelim* und Lichter von *Ruach-Nefesh* in den äußeren *Kelim*. Die Seelen der Menschen werden vom *Siwug* der inneren *Kelim* geboren und die Seelen von Engeln aus dem *Siwug* der äußeren *Kelim*. Deshalb werden die Seelen der Menschen als Innerlichkeit der Welten angesehen, da sie aus den inneren *Kelim* des *Parzuf* hervorkommen. Engel gelten als das Äußere der Welten, da sie aus den äußeren *Kelim* des *Parzuf* hervorkommen.

Menucha מנוחה	*wörtl.* Ruhe
Merkawa מרכבה	*wörtl.* Wagen
Meshulash משולש	*siehe*: Dreieck
meyuchad מיוחד	*wörtl.* einzigartig, besonders Wenn am Ende alles zu *Yachid* wird.
Mezach מצח	*wörtl.* Stirn *Bina de Keter*
Mezach des Verlangens (Mezach haRazon) מצח הרצון	Während des *Siwug* von *Gadlut*, wenn *Or Chochma* durch das Licht von *AB-SaG* scheint, scheiden die *Searot*, und die Zeit des Verlangens kommt.
mezumzam מצומצם	*wörtl.* begrenzt, beschränkt, eingeschränkt
MI מ"י	*Bina*, nachdem ihr Name in zwei Teile geteilt wurde, nämlich *MI* und *ELeH*
mi lemala leMata מלמעלה למטה	*wörtl.* von Oben nach unten Licht, welches sich vom Feinen (*siehe*: *Sakut*) zum Groben (*siehe*: *Awiut*) ausbreitet. Es heißt *Or Yashar*. Abwärtssteigend von der ersten *Bchina* zur vierten *Bchina*. Die vierte *Bchina* verbleibt ohne Licht und ist deshalb die untere. Die erste *Bchina* ist über allen anderen, weil ihr Verlangen das schwächste ist.
mi leMata lemala מלמטה למעלה	*wörtl.* von unten nach Oben Das Licht, welches sich vom Groben (*siehe*: *Awiut*) zum Feinen (*siehe*: *Sakut*) ausbreitet. Es wird *Or Choser* genannt.
Midbar (Sing.) מדבר Midbariot (Pl.) מדבריות	*wörtl.* Wüste *siehe* auch *Churwa* (Ruine): Ort der *Klipot* in *Olam haSe*
Midrash (Sing.) מדרש Midrashim (Pl.) מדרשים	*wörtl.* Deutung, Auslegung Kommt vom hebräischen Verb „*Darash*", was untersuchen, auslegen, erklären bedeutet. Teil der mündlichen Lehre Erste außertalmudische Schriftsammlung halachischen oder ägadischen Inhalts

Anhang A: Glossar kabbalistischer Begriffe

	Der Agadische *Midrash* („*Midrash-Agada*") besteht meist aus Erläuterungen bzw. Ausführungen zu den in der *Tora* und anderen Büchern der *Tora* überlieferten Erzählungen. Der halachische *Midrash* („*Midrash-Halacha*") unternimmt es, aus dem Text der *Tora* heraus nicht eindeutig genug ersichtliche Gebote anhand verschiedener Interpretationsregeln aus ihm herauszulesen und in ihrem genauen Umfang und Geltungsbereich zu bestimmen.
Miftecha מפתחא	*aram.* Schlüssel *Malchut*, die mit *Bina* verbunden ist.
Milch	*siehe: Chalaw*
Milui (Sing.) (der) מילוי	*wörtl.* Füllung (mit Licht) Das Maß an *Awiut* im *Massach*. Es wird deshalb so genannt, weil sich das *Kli* mit seiner Ursache füllt.
Milui Shemot מילוי שמות	*wörtl.* Füllung der Namen Dies zeigt den Grad der Stufe an. Die Punktierung (*Nikud*) der *Otiot* weist auf den Ursprung von jeder einzelnen Stufe hin, nämlich, ob diese Stufe eine *Hitkalelut* des Höheren (*siehe: Eljon*), des Niedrigeren (*siehe: Tachton*) oder von sich selbst ist.
Milui von HaWaYaH מילוי הויה	*wörtl.* Füllung von *HaWaYaH* Der Name von *HaWaYaH* – *Hej-Waw-Yud-Hej* – ist die *Zehn Sefirot*: *Yud* – *Chochma*, das erste *Hej*-*Bina*, *Waw* – *SA*, das untere *Hej*-*Malchut*. Dennoch zeigt dieser Name nicht den Grad der *Zehn Sefirot* an. Der Grad kann der Grad von *Nefesh*, *Ruach*, *Neshama*, *Chaja* oder *Yechida* sein. Der Grad wird durch die Füllung (*Milui*) festgelegt. Die Füllung verdeutlicht das Licht, welches in den *Zehn Sefirot* von *HaWaYaH* ist: der Grad von *Nefesh* von *HaWaYaH* ist mit dem *Milui* von *Hej* gefüllt – Gematria *BoN* (52); der Grad von *Ruach* ist mit dem *Milui* von *Alef* gefüllt – Gematria *MaH* (45); der Grad von *Neshama* ist mit dem *Milui* von *Yud* gefüllt und nur das *Waw* ist mit dem *Milui* von *Alef* gefüllt – Gematria *SaG* (63); und der Grad von *Chaja* ist komplett mit dem *Milui* von *Yud* gefüllt, einschließlich dem *Waw* von *HaWaYaH* – Gematria *AB* (72). *siehe: Miluim*

Miluim (Pl.) מילוים	*wörtl.* Füllungen Ein *Parzuf* besteht aus zehn leeren *Sefirot*: *Keter* (Spitze von *Yud*) -*Chochma* (*Yud*) – *Bina* (erstes *Hej*) – *Tiferet* (*Waw*) – *Malchut* (unteres *Hej*). Die Zeichen in dem Namen von *HaWaYaH* sind: *Yud* – *Chochma*, *Hej*-*Bina*, *Waw* – *Seir Anpin*, *Hej* – *Malchut*. Der numerische Wert ist wie folgt: *Yud-Hej-Waw-Hej* = 10+5+6+5 = 26 (*Chaf-Waw*) Dennoch zeigt dies nicht ihre Stufe an: *Nefesh, Ruach, Neshama, Chaja, Yechida*. Die Stufe wird durch die Füllung [*Milui*] mit Licht in den *Zehn Sefirot* bestimmt. 1. Auf der Stufe von *Chaja* ist es völlig mit dem *Milui* von *Yud* (=10) gefüllt, einschließlich des *Waw* von *HaWaYaH*. Der gesamte numerische Wert davon ist *AB* (**A**yin-**B**et = 72): *Yud-Hej-Wyw-Hej* von *Chaja* = (10+6+4) + (5+10) + (6+10+6) + (5+10) = 72 = *AB* 2. Auf der Stufe von *Neshama* ist es mit dem *Milui* von *Yud* (=10) gefüllt, und nur das *Waw* ist mit der *Milui* von *Alef* gefüllt (=1), und dies hat den gesamten numerischen Wert von *SaG* (*Samech-Gimel* = 63): *Yud-Hej-Waw-Hej* von *Neshama* = (10+6+4) + (5+10) + (6+1+6) + (5+10) = 63 = *SaG* 3. Auf der Stufe von *Ruach* ist es mit dem *Milui* von *Hej* (=5) gefüllt, und nur das *Waw* hat einen *Milui* von *Alef* (=1). Der gesamte numerische Wert davon ist *MaH* (*Mem-Hej*=45): *Yud-He-Waw-He* von *Ruach* = (10+6+4) + (5+1) + (6+1+6) + (5+1)= 45 = *MaH* 4. Auf der Stufe von *Nefesh* ist es mit dem *Milui Hej* (=5) gefüllt, und nur das *Waw* hat keinen *Milui*, und der gesamte numerische Wert davon ist *BoN* (*Bet-Nun* = 52): *Yud-HeH-Ww-HeH* von *Nefesh* = (10+6+4) + (5+5) + (6+6) + (5+5) = 52 = *BoN* Index zum Berechnen der numerischen Werte: Dieser Index basiert auf der hebräischen Schreibweise der vollständigen Namen der Buchstaben von dem Namen *HaWaYaH*, welche *Yud-Hej-Waw-Hej* sind. Die Schreibweise und der numerische Wert von *Yud* verbleibt unverändert, jedoch variieren diejenigen von *Hej* und *Waw*, und sie sind deshalb unterschiedlich von einer Stufe zur anderen; folglich verändert dies dementsprechend den gesamten numerischen Wert der Stufen. Die folgende Tabelle zeigt diese Variationen:

Anhang A: Glossar kabbalistischer Begriffe

	Yud
	Chaja yud+waw+dalet (10 + 6 + 4)
	Neshama yud+waw+dalet (10 + 6 + 4)
	Ruach yud+waw+dalet (10 + 6 + 4)
	Nefesh yud+waw+dalet (10 + 6 + 4)
	Hej
	Chaja hej+yud (5 + 10)
	Neshama hej+yud (5 + 10)
	Ruach hej+alef (5 + 1)
	Nefesh hej+hej (5 + 5)
	Waw
	Chaja waw+yud+waw (6 + 10 + 6)
	Neshama waw+alef+waw (6 + 1 + 6)
	Ruach waw+alef+waw (6 + 1 + 6)
	Nefesh waw+waw (6 + 6)
	Hej
	Chaja wie das 1. *Hej*
	Neshama wie das 1. *Hej*
	Ruach wie das 1. *Hej*
	Nefesh wie das 1. *Hej*
	Gesamter Numerischer Wert:
	Chaja AB = 72
	Neshama SaG = 63
	Ruach MaH = 45
	Nefesh BoN = 52
Mishna משנה	Wiederholung, Lehre Erste Fassung der Niederschrift der mündlichen Überlieferung (bis ca. ins Jahr 200 n. u. Z) Die ausführliche Fassung ist als *Gemara* bekannt (bis ca. 600 n. u. Z.)

Mita מיתה Ort von Mita	*wörtl.* Tod Wo auch immer das Licht von *Azilut* das *Kli* verlässt, wird es als tot angesehen. Deshalb wird das Licht von *Chochma* „das Licht des Lebens" (*Or Chaja*) genannt, denn das *Kli* hat keine andere *Chajut* (Lebenskraft) als das Licht von *Chochma*. Der „Ort des Todes" ist jener Ort, der unterhalb von *Sium* des Höheren Lichts ist, also unter dem Punkt von *Zimzum Bet*, unterhalb des *Parssa*. Deshalb werden *Kelim*, die unter den *Parssa* fallen, als tot bezeichnet, denn sie sind vom Licht des Lebens abgetrennt.
Mita shel Melachim מיתה של מלכים	*wörtl.* Tod der Könige Da sie kein *Or Chochma* empfangen können, sind sie von der Linie des Höheren Lichts getrennt. Dies wird als ein Fallen zu *BYA* und als deren Tod betrachtet, denn das Licht endet in *Azilut*.
mitbatel מתבטל	*wörtl.* sich auflösen, seine eigene separate Existenz aufgeben, aufgehen in etwas Wenn sich zwei spirituelle Instanzen in der Form völlig gleichen ohne jeglichen Unterschied, dann werden sie eins, und die kleinere löst sich in der größeren auf.
Mitte (Emza'i)\ אמצעי	Die Mitte ist die Verbindung und der Ausgleich von zwei weit entfernten Seiten. Hieraus kann man auch die Bedeutung der Mittleren Linie verstehen.
Mittelpunkt (Nekuda haEmzait) נקודה האמצעי	*Bchina Dalet* in *Ejn Sof* heißt deshalb so, weil sie mit dem Licht vom *Ejn Sof* vereint ist.
Mituk de Rachamim מיתוק הרחמים	*wörtl.* Versüßung der Gnade *siehe auch: Dam*
Miut haYareach מיעוט הירח	*wörtl.* Abnehmen des Mondes Der Zustand von *Malchut* in der Welt *Azilut*, in welchem sie nicht in der Lage ist, Lichter zu empfangen, weil es einen Mangel an Korrekturen (*Tikunim*) gibt.
Mizwa (Sing.) מצווה Mizwot (Pl.) מצוות	*wörtl.* Gebot, Befehl

Anhang A: Glossar kabbalistischer Begriffe

Mizwat Anashim melumada מצווה אנשים מלומדה	Eingelerntes, mechanisch erfülltes Gebot
Moach מוח Mocha (aram.) מוחא	*wörtl.* Gehirn, Verstand 1. Die *Sefira* von *Keter* in den *Zehn Sefirot*, deren Grad gleich ist. 2. *Kli* für das Licht von *Neshama*, welches sich in *GaR* befindet.
Mochin מוחין	*wörtl.* Gehirne, Verstand Lichter von *GaR* oder Lichter von *Rosh*.
Mochin de Gadlut מוחין דגדלות	Jene *Mochin*, die SA durch seinen Aufstieg zu *MaN* nach neun Jahren erhält. Dies wird sowohl *Ibur Gimel* als auch „*Mochin de Holada*" genannt, da SoN einen *Siwug Panim be Panim* vollzieht und Seelen gebären kann.
Mochin de Holada (Geburt) מוחין דהולדה	Die *Mochin*, welche SA durch seinen Aufstieg zu *MaN* neun Jahren empfängt. Gleichzeitig vollzieht SoN einen *Siwug Panim be Panim* und kann Seelen gebären. Dies wird auch *Mochin de Gadlut* und *Ibur Gimel* genannt. Es ist ebenso das Licht von *Chaja*, welches SA von *AwI* auf der Stufe von *AB* empfängt. Durch diese *Mochin* erzeugt SA die *GaR* der Seelen.
Moses und Israel	*GaR de SA* bzw. der innere *Parzuf*
Moshe משה	Moses
Motrei Mocha מותרי מוחא	*wörtl.* Überschuss des Gehirns Licht, welches *Moach* wegen eines Mangels an Korrektur nicht aushalten kann, deshalb kommt es an der Spitze von *Galgalta* heraus. Sie werden auch *Searot* (Haare) genannt.
Mussar מוסר	Moral, Ethik, Zurechtweisung, Belehrung
Naal נעל	*wörtl.* Schuh siehe: *Knafaim*
Nach Oben gerichtet	siehe: *Panim lemala*
Nach unten gerichtet	siehe: *Panim leMata*

Nachat Ruach נחת רוח	Freude, Gefallen
Nächste/Kommende Welt	siehe: Olam haBa
Nahrung (Mason) מזון	Diese muss aus einem Höheren Grad kommen, da sie ständig Stärke und Kraft für die Aufstiege und Einkleidungen in den Höheren geben muss.
Name	Eine Beschreibung dessen, wie das Licht, welches im Namen angedeutet wird, erreicht wurde. Der Name eines jeden Grades beschreibt die Art und Weise, wie dieser Grad erreicht wurde.
NaRaN נר"ן	*Abk.* Nefesh – Ruach – Neshama
NaRaNCHaY נרנח"י	*Abk.* Nefesh – Ruach – Neshama – Chaja – Yechida Die *Kelim* von den *Zehn Sefirot* werden *KaCHaB SoN* (*Keter, Chochma, Seir Anpin, Nukwa*) genannt. Die Lichter der *Zehn Sefirot* werden *Nefesh – Ruach – Neshama – Chaja – Yechida* genannt. Die *Kelim* werden von Oben nach unten aufgezählt, die Lichter von unten nach Oben, gemäß der Ordnung ihres Wachstums.
NE נ"ע	siehe: Nikwej Ejnaim
Nechtam נחתם	*wörtl.* Abdruck Jene *Zehn Sefirot*, welche vom *Rosh* zum *Guf* übergehen, denn das Siegel ist das *Or Choser*, welches vom *Massach* aufsteigt und die *Zehn Sefirot* von *Rosh* kleidet.
Neezal נאצל	*wörtl.* Ausgeströmtes Wesen; Geschöpf
Nefesh נפש	Licht, welches der *Parzuf* von seinem angrenzenden höheren Teil empfängt, jedoch nicht als eine Schenkung des *Ejn Sof*. Es wird auch *Or Nekewa* (weibliches Licht) genannt.
Nehiro נהירו	*Or Yashar*
Nehiro Dakik נהירו דקיק	Schwaches und kleines Leuchten, welches die *Klipot* belebt.
NeHJM נהי"ם	*Abk.* Nezach – Hod – Jessod – Malchut

Anhang A: Glossar kabbalistischer Begriffe

Nekewa (Sing.) נקבה Nekewot (Pl.) נקבות	*siehe*: *Nukwa/Nukwot*
Nekuda (Sing.) נקודה	*wörtl.* Punkt *Malchut*, in welcher es keinen *Siwug* gibt, und die nicht *Or Choser* erhebt, bleibt dunkel, ohne Licht, aufgrund des *Zimzum*, der im Mittleren Punkt gemacht wurde.
Nekuda Emzait נקודה אמצעי	*wörtl.* Der Mittlere Punkt Die *Bchina Dalet* in *Ejn Sof*, denn sie ist in Einheit mit dem Licht *Ejn Sof*.
Nekudot (Pl.) נקודות	*wörtl.* Punkte Die vier Grade, die bei dem *Siwug* im *Massach* zur Zeit seiner *Hisdakchut* (Verfeinerung) herauskommen: Lichter des *Tabur* – *Nekudot* über den Buchstaben (*Otiot*), auch *Cholam* genannt. Lichter von *Jessod* – *Nekudot* innerhalb der *Otiot* (Buchstaben), auch *Melafom* genannt. Licht von *Sium* von *Raglaim* – *Nekudot* unter Otiot (Buchstaben)
Neshama (Sing.) \ נשמה Neshamot (Pl.) \ נשמות	*wörtl.* Seele Licht, welches sich in das *Kli* von *Bina* kleidet, wird „*Neshima*" (Atem) genannt, vom Wort „*Linshom*" (atmen), da *Seir Anpin* das Licht des Lebensatems (hebr. *Ruach Chaim*) von *Bina* mittels des Aufsteigens und des Absteigens wie beim Atmen empfängt.
Neshamot Chadashot נשמות חשדות	*siehe*: Neue Seelen
Nesher נשר	*wörtl.* Adler
Neshikin (נשקין)	*wörtl.* Küsse *Siwug* der beiden inneren *Parzufim* von SA und *Nukwa* Es wird auch *Siwug* von „*Kol* (Stimme) und *Dibur* (Sprache)" genannt.
Neshirat Ewarim נשירת אברים	*wörtl.* Absturz der Glieder Der Fall der Seelen in die *Klipot*. In den *Kelim* wird der Fall in die *Klipot* als *Shwira* bezeichnet.

Neshirat Ewarim von Adam haRishon	*wörtl.* Absturz der Glieder des Ersten Menschen (Urseele) Vor der Sünde hatte *Adam haRishon NaRaN* von *Azilut* gehabt. Nach der Sünde stürzten die Glieder seiner Seele. Es verblieb nur das Licht von *Nefesh* in den *Kelim* von hundert *Ktarim* (Mehrzahl von *Keter*).
Nessira נסירה	*wörtl.* Das Sägen Die Trennung von *Nukwa* von *Seir Anpin*.
Neue Seelen (Neshamot Chadashot) נשמות חדשות	1) Die gänzlich Neuen [Seelen], die sich von *Chochma de Or Yashar* ausbreiten. Diese kommen nicht in die Welt der Korrektur. 2) Regenerierung (Erneuerung) der Seelen, die aus *Chochma* der 32 Wege kommen, aus der in *Chochma* eingeschlossenen *Bina*. In Bezug auf *SoN* jedoch sind sie neu, da sie aus *MaH Chadash* kommen (und nur die Seelen von *BoN* sind alt). In diesen gibt es auch zwei *Bchinot*: 1) Neue Seelen von *Panim be Panim*, die während des Tempels verwendet wurden, als *SA* permanent auf dem Grad von *AB* war, und *Brija*, welche die *Bchina* der Seelen ist, war in *Azilut*. Aus diesem Grund befanden sich auch die Seelen in der Welt von *Azilut* und galten als *Panim be Panim*. 2) Nach der Zerstörung, als *Brija* zu ihrem Platz unter dem *Parssa* herabstieg und kein Licht von *Azilut*, sondern *Achor be Achor* hat. Somit werden diese Seelen in Bezug auf *Achor be Achor* als neu betrachtet.
Neues Licht	*siehe: Or Chadash*
Nezach נצח	*wörtl.* Sieg, Ewigkeit 7. *Sefira*
Niederlassungsort/ Ort der Niederlassung	*siehe: Makom Jeshuv*
Nikud haOtiot ניקוד האותיות	*wörtl.* Die Punktierung der Buchstaben Die Punktierung (*Nikud*) der *Otiot* weist auf den Ursprung von jeder einzelnen Stufe hin, nämlich, ob diese Stufe eine *Hitkalelut* mit dem Höheren (*siehe: Eljon*), dem Niedrigeren (*siehe: Tachton*) oder von sich selbst ist. Die Füllung der Namen (*siehe: Milui Shemot*) zeigt den Grad der Stufe an.

Anhang A: Glossar kabbalistischer Begriffe

Nikuj Psolet נקוי פסולת	*siehe*: Abfall reinigen
Nikwej Ejnaim נקבי עינים (Abk. NE) נ"ע	*wörtl.* Öffnungen der Augen; Augenhöhlen, Pupillen *Bchina Alef* (erste Aspekt) in *Rosh*, da *Chochma* als *Ejnaim* bezeichnet wird, und durch die Kraft der Erhebung des unteren *Hej* in *Ejnaim* wurde ebenso in *Chochma* eine *Nukwa* geformt.
Nikwej Osen, Chotem, Ejnaim נקבי אוזן, חוטם, עינים	*wörtl.* Öffnungen der Ohren, Nasen und Augen Während *Zimzum Bet* (zweite Einschränkung) stieg *Malchut* in jeder *Sefira* bis zur *Sefira Chochma* auf und machte in ihnen Löcher (*Nekewim*) in *Osen*, *Chotem* und *Ejnaim*. Vor dem Aufstieg von *Malchut* gab es in jeder *Sefira* nur eine Öffnung in *Pe*.
nimshach נמשך	*wörtl.* gezogen Der Abstieg des Lichts durch die Kraft der *Awiut*, was bedeutet, durch die Kraft der Sehnsucht, die im ausgestrahlten Wesen ist. Dies wird „*nimshach*" (gezogen) oder „*Hamshacha*" (die Tat des Heranziehens) genannt.
Niwra נברא	*wörtl.* Geschöpf
Nizozim, Nizozin ניצוצים, ניצוצין	*wörtl.* Funken Die *Reshimot*, die von den Lichtern von *Nekudim* nach ihrem Verschwinden aus den zerbrochenen *Kelim* übrig bleiben. Sie haben zwei Arten von Lichtern in sich: 1. Ein feines, direktes Licht (*Or Yashar*), welches „Lichter" heißt, die in *Azilut* verbleiben. 2. Ein grobes, zurückkehrendes Licht (*Or Choser*) – auch „*Nizozin*" genannt, welches zusammen mit den *Kelim* in *BYA* herabsteigt.
Nukwa (Sing.) נוקבה Nukwot (Pl.) נוקבות auch Nekewa und Nekewot genannt	*wörtl.* Frau, Weib (leitet sich von *Nekew* – Loch – ab) *Malchut* der Welt *Azilut*. Sie heißt so, weil sie das Licht durch den *Chase* von *Seir Anpin* durch ein kleines Loch (*Nekew*) in seinem *Chase*, wo sich das Licht verringert, erhält. Am Höhepunkt ihres Wachstums ist sie *Panim be Panim* (*PbP*), mit *Seir Anpin* in einem *Keter* verbunden. Der kleinste Zustand von *Nukwa* ist ein Punkt unterhalb dem *Jessod* von *Seir Anpin*.

Nun נ, ן	14. Buchstabe, numerischer Wert = 50
Oben (lemala)\ למעלה	Die Gleichheit der Form des Niederen mit dem Höheren
Öffnen der Augen (Ptichat Ejnaim) פתיחת עינים	Leuchten von *Chochma*
Olam (Sing.) עולם Olamot (Pl.) עולמות	*wörtl.* Welt Der Name *Olam* beginnt beim *Parzuf* von *BoN* der Welt von *Adam Kadmon*, da *SA* und *Malchut* der inneren *Kelim* von *Bchina Dalet* verschwunden sind (hebr. das Verb *neelam*, hat die gleiche Wurzel wie *Olam*). Sie wurden zu *Kelim* für das *Or Makif*, welche *Lewush* und *Heichal* (siehe: *Bajit*) genannt werden. Die Bedeutung von *Olam* ist Verborgenheit.
Olam Ejn Sof עולם אין סוף	*wörtl.* die Welt der Unendlichkeit
Olam haBa עולם הבא	*wörtl.* Kommende Welt Lichter von *Twuna*, welche konstant in *SoN* ankommen. *siehe: leAtid lawo*
Olam haSe עולם הזה	*wörtl.* Diese Welt
Olamot we Neshamot עולמות ונשמות	*siehe:* Welten und Seelen
Or (mit Ayin geschrieben) עין	*wörtl.* Haut
Or (Sing., mit Alef geschrieben) אור Orot (Pl.) אורות	*wörtl.* Licht Licht ist „alles", was in *Bchina Dalet* (4. Aspekt) empfangen wurde. Dies beinhaltet alles - außer dem Willen zu empfangen.
Or Azilut אור אצילות	*wörtl.* Das Licht der Welt *Azilut* *Or Chochma*
Or Brija אור בריה	*wörtl.* Das Licht der Schöpfung, Licht der Welt *Brija* *Or Chassadim* ohne *Or Chochma*
Or Chadash אור חדש	*wörtl.* Neues Licht Jedes Licht, welches aus der Korrektur der *Kelim* in der Welt *Azilut* ausströmt.

Anhang A: Glossar kabbalistischer Begriffe

Or Chaja אור חיה	Licht von *Chochma* Licht, welches sich in die *Sefira* von *Chochma* kleidet.
Or Chassadim אור חסדים	*wörtl.* Das Licht der Güte Licht mit der Eigenschaft, ohne Vorbehalt zu geben. *siehe* auch Awir, Ruach.
Or Chochma אור חכמה	*wörtl.* Das Licht der Weisheit Licht, das sich vom Schöpfer bis zum erschaffenen Geschöpf ausbreitet. Es ist die generelle Lebenskraft des ausgestrahlten, erschaffenen Wesens.
Or Choser אור חוזר	*wörtl.* Das Reflektierte Licht, zurückkehrendes Licht Alles Licht, welches nicht in *Bchina Dalet* empfangen wurde und vom *Massach* zurückgewiesen wurde. Nach *Zimzum Alef* dient es in allen *Parzufim* als Empfangsgefäß, anstelle von *Bchina Dalet*. *Or Choser* ist auch Licht, welches sich von grob zu fein, genannt „von unten nach Oben", erstreckt.
Or Eljon אור עליון	Das Höhere Licht
Or Ejnaim אור עינים	*wörtl.* Das Licht der Augen Licht, welches aus dem *Massach* in NE in *Bchina Awiut Alef* hervortritt. *siehe:* Re'iah
Or Ejnaim אור עינים	Die Ausbreitung des Lichts aus *Ejn Sof* zum *Massach*. Das Licht, welches aus *Ejn Sof* kommt, ist immer *Or Chochma*; oder *Or Ejnaim*; oder *Re'iah*; oder *Histaklut*.
Or Jashan אור ישן	*wörtl.* Das Alte Licht Licht, das nach dem Zerbrechen der *Kelim* in der Welt *Nekudim* verbleibt.
Or Makif אור מקיף	*wörtl.* Das Umgebende Licht Ein Licht, welches wegen der Schwäche des *Massach* daran gehindert wird, im *Sof* des *Parzuf* empfangen zu werden. Es verbleibt außerhalb des *Parzuf* und drückt auf den *Massach*, um sich in Zukunft in den *Parzuf* zu kleiden.

Or Malchut אור מלכות	*wörtl.* Das Licht vom Königreich Licht, welches der *Parzuf* von seinem angrenzenden höheren Teil empfängt, nicht als eine Schenkung von *Ejn Sof*. Es wird auch *Or Nefesh* oder *Or Nekewa* genannt.
Or Mashiach אור משיח	Licht des Messias
Or Mitagel אור מתעגל	*wörtl.* Kreisendes Licht *siehe:* Kreisendes Licht
Or Nefesh אור נפש	*siehe:* Or Malchut
Or Nekewa אור נקבה	*wörtl.* Weibliches Licht Licht, welches der *Parzuf* von seinem anliegenden Höheren empfängt, aber nicht als Gabe von *Ejn Sof*. Es wird auch *Or Nefesh* oder *Or Malchut* genannt.
Or Panim אור פנים	*wörtl.* Das Licht des Gesichtes *siehe:* Or Chochma
Or Pnimi אור פנימי	*wörtl.* Das Innere Licht Jenes Licht, welches in das *Kli* aufgenommen wird.
Or Reshimo אור רשימו	*wörtl.* Licht der Eingravierung, Aufzeichnung Das, was übrig bleibt, wenn das Licht das *Kli* verlässt.
Or Taamim אור טעמים	*wörtl.* Licht der Geschmäcker
Or Yashar אור ישר	*wörtl.* gerades Licht, Direktes Licht 1. Licht, welches von *Ejn Sof* zu den *Parzufim* strömt. Es füllt nicht die *Igulim*, sondern nur die *Sefirot de Yosher*, entsprechend dem Willen zu empfangen in ihnen. Der Geber gibt dem gröberen Verlangen, das heißt der *Bchina Dalet*. 2. Licht, welches sich vom Feinen zum Groben ausbreitet, was „von Oben nach unten" genannt wird.
Orech אורך	*siehe:* Länge
Organe	*Sefirot de Guf.* *siehe:* Ewarim

Anhang A: Glossar kabbalistischer Begriffe

Ort der Dunkelheit	*siehe*: Makom haChoshech
Ort von BYA	Der Platz für *BYA* wurde während *Zimzum Bet* vorbereitet.
Ort, an dem sich die Klipot festhalten	*siehe*: Makom achisat haKlipot
Osen אוזן	*wörtl.* Ohr Die Stufe der *Zehn Sefirot de Rosh* in *Bchina Bet*, was *Bina* ist.
Ot (Sing.) אות Otiot (Pl.) אותיות	Buchstabe, *Kli* *Kelim*
Otiot אותיות (Buchstaben)	Zeigt die Herkunft eines jeden Grades innerhalb von ihnen an, sei es von *Hitkalelut* mit dem Höheren, mit dem Niederen oder mit sich selbst. Das Geben der Namen zeigt den Grad einer jeden Stufe an.
Panim פנים	*wörtl.* Gesicht, Vorderseite Der für den Empfang oder das Geben vorgesehene Ort im *Kli*.
Panim be Achor פנים באחור (Abk. PbA) פב״א	*wörtl.* Angesicht an Rücken
Panim be Panim פנים בפנים (Abk. PbP) פב״פ	*wörtl.* Von Angesicht zu Angesicht (Antlitz) Der Zustand, wenn *Nukwa* die Höheren Lichter vom *Panim* des *Sachar* in die *Kelim* ihres eigenen *Panim* empfängt.
Panim leMala פנים למעלה	*wörtl.* Gesicht nach Oben, hoch Im *Hisdakchut* des *Massach* ist *Panim* nach Oben gerichtet, weil es sich an eine feinere *Awiut* wendet.
Panim leMata פנים למטה	*wörtl.* Gesicht nach unten, runter Wenn das Licht gemäß der *Gadlut* von *Awiut* gegeben wird, damit es sich in die *Awiut* kleidet.
Panim von Nekewa	*wörtl.* Gesicht der Frau (weibliches Gesicht) Die *Kelim* vom *Panim*, welche für den Empfang von *Chochma* vorgesehen sind.
Panim von Sachar	*wörtl.* Gesicht des Mannes (männliches Gesicht) Die Schenkung von *Chochma*

Panui פנוי	*wörtl.* leer, frei, unbesetzt Ein Ort, der bereit ist, *Tikunim* (Korrekturen) zu empfangen.
Parssa פרסא	Trenngrenze (zwischen *Azilut* und *Brija*) Eine Begrenzung, die den *Parzuf* in Gefäße des Gebens und Empfangens teilt.
Parzuf (m., Sing.) פרצוף Parzufim (Pl.) פרצופים	*wörtl.* Gesicht *Zehn Sefirot*, eine unter der anderen, welche mittels des Aufstiegs von *Malchut* zum Schöpfer (Maazil) erscheinen.
pashut פשוט	*wörtl.* einfach Wenn es keinen Unterschied von Stufen und Seiten gibt.
Patach פתח	*wörtl.* Öffnen Hebräischer Akzent unter einem Buchstaben; zeigt einen Vokal an. Das Ausbreiten der Lichter im *Guf*. Dies wird so genannt, weil es dem Licht einen Eingang öffnet. *siehe: Kamaz*
Patriarchen	*siehe: Awot*
Pdut פדות	*wörtl.* Befreiung, Erlösung
Pe פה	17. Buchstabe, numerischer Wert = 80
Pe פה	*wörtl.* Mund *Malchut* von *Rosh*
Pea פאה	*wörtl.* Schläfenlocke; Ecke des Ackers; (für die Armen) übriggelassenes Getreide *Malchut* wird „*Pea*" genannt, da sie die letzte der *Zehn Sefirot* ist, vergleichbar mit dem übriggelassenen Getreide auf dem Acker.
Pesha פשע	*wörtl.* Sünde, Schuld
Pfad (Shwil) שביל	*Jessod de Aba* wird so genannt, weil es lang und eng ist.
Pidjon פדיון	Lösegeld, Erlös
Platz/Ort	*siehe: Makom*

Anhang A: Glossar kabbalistischer Begriffe

Pnimi פנימי	*wörtl.* Innen Die *Parzufim* von *Ibur*, *Yenika* und *Mochin* kleiden sich so, dass je größer ein *Parzuf* ist, desto mehr ist er im Inneren.
Pnimiut פנימיות	*wörtl.* Innerlichkeit, der innere Teil Die *Awiut*, welche im *Massach* ist. Dies wird so genannt, da dies der Ort des Erhalts von Überfluss (*Or Chochma*) ist.
Prat פרט	Das Einzelne, das Detail, das Besondere
Psolet פסולת	*wörtl.* Abfall, Mist, Minderwertiges *Sigim* (Unrat), welche nach den *Birurim* (Klärungen) bleiben.
Pticha פתיחה	*wörtl.* Öffnung, Eröffnung, Einführung
Quelle (Wasser)	*siehe: Be'er*
Rachamim רחמים	*wörtl.* Gnade, Milde, Mitgefühl
rachaw רחב	*wörtl.* weit Die Schenkung von *Chassadim* *zar* (*wörtl.* eng) – eine Beschränkung von *Chassadim* Die Beschränkung von *Chochma* wird *kazar* genannt (*wörtl.* kurz). Die Schenkung von *Chochma* wird *aroch* genannt (*wörtl.* lang).
Rachel רחל	Frau des Yaakov (Jakob) *Nukwa* von *Seir Anpin*, welche sich von *Chase* aus darunter ausbreitet.
rachok רחוק	*wörtl.* weit entfernt Ein Wechsel der Form im größten Maß. Eine kleine *Heara* von *Chochma*. *siehe: karov*
Räder (Galgalim) גלגלים	*Sefirot de Igulim* (Kreise) werden so genannt, weil die Lichter in ihnen rund werden, da es dort keine *Sakut* (Reinheit, Feinheit) und *Awiut* (Grobheit) gibt.
RaDLA רדל"א	*Abk. Reisha de lo Etjada* רישא דלא אתידא *wörtl.* Der Kopf, der nicht gekannt wird. Die *Zehn Sefirot* des *Rosh* von *Atik* werden „Reisha *de lo* Etjada" genannt, denn sie nutzen *Malchut* von *Zimzum Alef*.

Rakia רקיע	*wörtl.* Himmel, Firmament
	Jessod von *SA*. Es wird deshalb so bezeichnet, weil es der *Sium* von *SA* ist, das höhere (obere) Wasser, und der Anfang von *Nukwa*, dem niedrigen (unteren) Wasser.
RaTaS רת״ס	*Rosh, Toch, Sof*
Raum/Leere (Chalal) חלל	*Bchina Dalet*, welche aufgrund des *Zimzum Alef* leer an Licht ist, ist noch beim Ausgeströmten, aber es gibt in ihr einen leeren Raum ohne Licht.
Razon רצון	*wörtl.* Der Wille, das Verlangen
Razon lehashpia רצון להשפיע	*wörtl.* Der Wille zu geben
Razon lekabel רצון לקבל	*wörtl.* Der Wille zu empfangen
Re'iah (Sicht) ראיה	*wörtl.* Sicht
	Hitpashtut des Lichts von *Ejn Sof* zum *Massach*. Ein Licht, welches aus *Ejn Sof* kommt, ist immer *Or Chochma* oder *Or Ejnaim*, oder *Re'iah* (Sicht), oder *Histaklut*, *Or Chochma de Rosh*.
Regel (Sing.) רגל Raglaim (Pl.) רגלים	*wörtl.* Fuß, Bein
	siehe: Knafaim
Rejach ריח	*wörtl.* Geruch
	Das Licht in *SA de Rosh*, genannt *Chotem* (Nase).
Resh ר	20. Buchstabe, numerischer Wert = 200
Reshimo (Sing.) רשימו Reshimot (Pl.) רשימות	*wörtl.* Aufzeichnung, Erinnerung, Gravur, Abdruck
	Das, was das Licht nach seinem Verschwinden zurückgelassen hat. Dies ist der Kern und die Wurzel für die Geburt eines weiteren *Parzuf* aus ihm.
Rippe	*siehe: Zela*
Rivka רבקה (Rebekka)	Frau des Izchak (Isaak)

Anhang A: Glossar kabbalistischer Begriffe

Rosh ראש	*wörtl.* Kopf Der Teil im Ausgeströmten Wesen, der mit *Shoresh* am meisten übereinstimmt. Ebenso die *Zehn Sefirot* des Höheren Lichts, welche sich zum *Massach* in *Malchut* ausdehnen, um *Or Choser* zu erheben. Sie werden so genannt, weil sie dem *Massach* und dem *Or Choser* vorangehen. Ebenfalls die *Zehn Sefirot de Or Yashar*, die sich in die *Zehn Sefirot de Or Choser* kleiden.
Rosh leShoalim ראש לשועלים	*siehe:* Kopf der Füchse
Ruach רוח	*wörtl.* Wind *Ruach* ist *Or Chassadim*. Ein Licht, welches sich in das *Kli* von SA kleidet, um durch SA zu *Bina* aufzusteigen und von ihr Licht heranzuziehen, um dann wieder herabzusteigen und es *Malchut* zu geben.
Ruach haKodesh רוח קודש	*wörtl.* Heiliger Geist Der *Ruach*, der von Oben kommt; die Inspiration
Ruchaniut רוחניות	*siehe:* Spiritualität
Rund	*siehe: agol*
SA ז"א	*siehe: Seir Anpin*
sach (Adjektiv) זך	*wörtl.* fein, rein
Sachar זכר	*wörtl.* Männlich Ein *Kli*, welches von seinem Höheren die Lichter empfängt, die so vollständig wie im Höheren sind.
SaG ס"ג	*Parzuf* von *Bina* in *Adam Kadmon* (AK)
Sajin ז	7. Buchstabe, numerischer Wert = 7
Sajin Melachim ז' מלכים	*wörtl.* Sieben Könige
Sakut (die) זכות	*wörtl.* Feinheit, Reinheit
Samech ס	15. Buchstabe, numerischer Wert = 60
samuch סמוך	*wörtl.* angrenzend, benachbart Etwas, das in seiner Form dem anderen nahe ist.

SaT ז"ת	hebr. *Sajin Tachtonot* *wörtl.* Die sieben unteren *Sefirot*
Saugen der Klipot	*siehe:* Yenikat haKlipot
Schlaf (Shejna) שינה	Wenn ein *Parzuf* für *MaN* aufsteigt, dann wird sein eigener Zustand als Schlummer, ohne *Mochin*, bezeichnet. Er verbleibt mit *Kista de Chajuta* (Cista der Lebenskraft).
Schneiden, stutzen	*siehe:* Gsar
Schöpfung	*siehe:* Brija
Schwangerschafts- monate	*siehe:* Yarchei Ibur
Schwanz der Löwen (Sanaw leArajot) זנב לאריות	Das Ende (*Sium*) der Höheren Stufe, welche zur Stufe „Kopf der Füchse"- zum *Rosh* der unteren Stufe – wurde.
Searot שערות	*wörtl.* Haare Jene Lichter, welche *Moach* wegen eines Mangels an *Tikunim* (Korrekturen) nicht aushalten kann, werden *Searot* genannt. Deshalb kommen sie an der höchsten Stelle von *Galgalta* heraus. Sie werden auch *Motrei Mocha* (Überfluss von *Mocha*) genannt.
Searot Dikna שערות דיקנא	*wörtl.* Haare des Bartes
Sechut זכות	Verdienst
Seelen von Adam haRishon	Vor dem Sündenfall – *NaRaN* von *BYA* in *Azilut*. Nach der Sünde verblieb das Licht von *Nefesh* im *Kli de Keter* von jeder der *Sefirot de BYA*, außer *AwI* von *Brija*.
Sefira (Sing.) ספירה Sefirot (Pl.) ספירות	*wörtl.* Erleuchtung, strahlend, leuchtend, glänzend *Zehn Sefirot de Or Yashar*, gekleidet in die *Zehn Sefirot de Or Choser*, die aus einem *Siwug* stammen, werden „eine *Sefira*" genannt, nach der Höchsten *Sefira* auf dem Grad, obwohl sie *Zehn Sefirot* in Länge und Dichte enthält.
Segol סגול	Ein Anzeichen dessen, dass es drei *Nekudot CHaBaD* gibt, wenn *Chochma* und *Bina Panim be Panim* sind.
Segula סגולה	*wörtl.* Hilfsmittel, Heilmittel

ANHANG A: GLOSSAR KABBALISTISCHER BEGRIFFE

Seir Anpin זעיר אנפין SA ז״א	*wörtl.* Kleines Gesicht beachte: der [*Parzuf*] *Seir Anpin* ≠ die [*Sefira*] *Seir Anpin* Es wird „Kleines Gesicht" genannt, weil *Seir Anpin* hauptsächlich das Licht von *Chassadim* und im geringen Maß Licht von *Chochma* ist. Deshalb bezeichnet man *Keter* als *Arich Anpin*, was großes (langes) *Panim* (Gesicht) bedeutet, zumal es *Or Chochma* enthält.
ShaCh ש״ך	*Shin* und *Chaf*, Numerischer Wert = 320 Buchstabe *Shin* = 300 und Buchstabe *Chaf* = 20
Shadaim שדים	*siehe:* Brüste
Shana שנה	*wörtl.* Jahr
She'ar שאר	*siehe:* Überbleibsel
Shechina שכינה	*wörtl.* Die göttliche Allgegenwart, Gottes Herrlichkeit, das weibliche Prinzip Gottes *Malchut* der Welt *Azilut*
Shefa שפע	*wörtl.* Fülle, Freigiebigkeit, Lebenskraft, die durch die *Sefirot* in unsere Welt hinabsteigt.
Shejna שינה	*siehe:* Schlaf
Sheker שקר	*wörtl.* Lüge
Shin ש	21. Buchstabe, numerischer Wert = 300
Shinui שינוי	*wörtl.* Veränderung
Shmia שמיעה	*wörtl.* Gehör Das Licht von *Bina de Rosh*.
Shoresh שורש	*wörtl.* Wurzel Alle *Bchinot* (Aspekte), die in *Keter* enthalten sind. Die *Zehn Sefirot de Rosh*
Shuruk שורוק	Das Licht von *Jessod de AK*
Shwil שביל	*siehe:* Pfad

Shwira שבירה	*wörtl.* Bruch, Zerbrechen Die Aufhebung der Grenze, die im *Massach* ist. Der Fall der *Kelim* in die *Klipot*. Der Fall der *Neshamot* in die *Klipot* wird „*Neshirat Ewarim*" genannt.
Shwirat Kelim שבירת כלים	*wörtl.* Zerbrechen der Gefäße Wenn ein *Kli* für das Empfangen des Lichts ungeeignet ist.
Siba u Messubav סיבה ומסובב	Ursache und Wirkung, Ergebnis
Sich paarende Malchut (Malchut Misdaweget) מלכות מזדווגת	*Malchut de Rosh*
Sicht	*siehe: Re'iah*
Siegel (Chotam) חותם	*Or Choser*, welches vom *Massach* aufwärts steigt und die *Zehn Sefirot de Rosh* kleidet. *Nechtam* (Abdruck) – die gleichen *Zehn Sefirot*, wie sie vom *Rosh* zum *Guf* kommen.
Sigim סיגים	*wörtl.* Unrat, Schmutz Unteres *Hej*, welches sich mit den sieben *Melachim* (Königen) vermischte und den Zerfall der Welt von *Nekudim* verursachte.
Sigim (Schmutz) trennen	*Sigim* sind das untere *Hej*, welches sich mit den sieben *Melachim* (Könige) vermischte und das Zerbrechen der Welt von *Nekudim* verursachte. Daher stellt der *Tikun* die Notwendigkeit dar, das untere *Hej* aus allen zerbrochenen *Kelim* zu entfernen. Dieses wird von *Or Chochma*, dem Licht von *Aba*, getan. Diese Korrektur (*Tikun*) wird die „Trennung der *Sigim*" genannt. Ebenso: eine Korrektur, welche durch *Or Chochma*, Licht von *Aba*, geschieht, welches das untere *Hej* aus all den zerbrochenen *Kelim* entfernt. Weil *Sigim* das untere *Hej* ist, welches mit den sieben *Melachim* vermischt war und das Zerbrechen der Welt von *Nekudim* verursachte.
Simchat Tora שימחת תורה	Das Torafreudenfest am 7. Tag von *Sukkot*
Sitra Achra סיטרא אחרא	*wörtl.* Die andere (schlechte) Seite, die *Klipot*, steht der guten Seite (*Kedusha*) gegenüber.

Anhang A: Glossar kabbalistischer Begriffe

Sium סיום	siehe: Sof
Sium (der) סיום	wörtl. Das Ende (des Parzuf)
Sium Kelim de Panim סיום כלים דפנים	Chase
Sium Raglaim von Adam Kadmon	wörtl. Ende der Füße Der Punkt von Sium (Ende) dieser Welt (Olam haSe). Dort ist der Sium des Kav (Linie) von Ejn Sof und der Mittelpunkt aller Welten.
Sium Raglaim von Azilut	wörtl. Ende der Füße von Azilut Bina von NeHJ von Adam Kadmon
Sium von Zimzum Alef	Oberhalb des Punktes dieser Welt (Olam haSe)
Sium von Zimzum Bet	Der Parssa, der Azilut endet.
Siwug (der), (Sing.) זיווג Siwugim (Pl.)\ זיווגים	wörtl. Paarung, Kopplung
Siwug de Hakaa זיווג דהכאה	wörtl. Kopplung des Schlagens Die Handlung des Massach, um das Licht von Bchina Dalet (4. Phase) abzuhalten und es zu seiner Wurzel zurückzudrücken. Bei dieser Handlung gibt es zwei gegensätzliche Handlungen: zuerst das Licht zurückzuweisen und dann einen Siwug auszuführen. Dies verursacht, dass das Licht in einem Kli empfangen wird, weil das Licht, welches von Bchina Dalet (4. Phase) zurückgestoßen wurde, zum Or Choser wurde, und ein kleidendes Kli wurde und Licht im Parzuf enthüllt.
Siwug Gufani זיווג גופני	wörtl. Körperliche Kopplung Ein kompletter Siwug – Siwug von AwI, um den Seelen Licht und Geburt (siehe: Leida) für SoN zu geben.
Siwug Jessodot זיווג יסודות	wörtl. Kopplung der Grundlagen Korrigiert die SaT (sieben unteren Sefirot) von einem Parzuf. Dies wird auch „unterer Siwug" oder „Siwug Gufani" genannt.

Siwug Neshikin זיווג נשיקין	*wörtl.* Kopplung der Küsse Ein *Siwug*, welcher vom *Rosh* des *Parzuf SaG* bis zum *Rosh* von *Nekudim* entsteht, und welcher *GaR* des *Parzufs* von *Nekudim* korrigiert, sich jedoch nicht bis zum *Guf* von *Nekudim* ausbreitet. Er wird auch *Siwug Ruchani* (spiritueller *Siwug*) genannt.
Siwug Ruchani זיווג רוחני	*wörtl.* Spirituelle Kopplung Ein *Siwug*, welcher vom *Rosh* des *Parzuf SaG* bis zum *Rosh* von *Nekudim* entsteht, und welcher *GaR* des *Parzufs* von *Nekudim* korrigiert, sich jedoch nicht bis zum *Guf* von *Nekudim* ausbreitet. Er wird auch *Siwug Neshikin* (Kopplung der Küsse) genannt.
Siwug Tadir זיווג תדיר	*wörtl.* Häufige Kopplung *Siwug* von *AwI* in ihrem Ort.
Slik Bruta סליק ברעותא	Ein *Siwug* auf dem *Massach* von *Awiut Shoresh*
Sman זמן	*wörtl.* Zeit Eine bestimmte Anzahl an Phasen, welche sich eine nach der anderen weiterentwickelt, in der Folge von Ursache und Wirkung.
Sof haKli סוף הכלי	Der Teil des Gefäßes, der leer bleibt, weil der *Massach* nicht die Kraft hat, das Licht zu empfangen.
Sof oder Sium (der) סוף,סיום	*wörtl.* Ende, Abschluss Dies wird von der Kraft der Zurückhaltung von *Bchina Dalet* (4. Phase) bewirkt. Das Höhere Licht hört auf, dort zu leuchten, da *Bchina Dalet* es nicht empfängt. *Bchina Dalet* wird „Sium" genannt, weil sie aufhört, das Höhere Licht zu empfangen, sodass es sich nicht darin ausbreitet. Dadurch schließt sie diese Stufe ab.
Suhama זוהמה	*wörtl.* Verschmutzung, Verunreinigung, Besudelung
SoN ז"ן	*Abk. Seir Anpin* und *Nukwa*
SoN der Klipa	*wörtl. SoN* der Schale Wenn nur die *Kelim* von *SaT* zerschlagen werden.
Sonne in ihrer Hülle	*siehe: Chama be Nartika*

Anhang A: Glossar kabbalistischer Begriffe

Sortieren und korrigieren	*siehe*: Birur
Sewel סבל	*wörtl.* Leiden, Schmerzen Wo ein *Kli* würdig ist, das Licht einzukleiden, es jedoch aufgrund seiner eigenen Wahl nicht tut.
Sowew סובב	*wörtl.* Ursache Verursacht einen *Siwug*
Spiritualität (Ruchaniut) רוחניות	Das, was von allen körperlichen Gegebenheiten wie Zeit, Raum Bewegung oder Einbildung losgelöst ist.
Sprache (Dibur)\ דיבור	*Zehn Sefirot* von Licht, die von *Malchut de Rosh*, genannt *Pe*, in den *Toch* gelangen. Der innere *Parzuf* von *Nukwa* wird „Sprache" genannt. Wenn der *Parzuf* scheidet und sie nur mit dem äußeren *Parzuf* verbleibt, wird es „Stummheit" genannt, weil der innere *Parzuf GaR* ist und der äußere *WaK*.
Stadt	*siehe*: Ir
Stadtvororte	*siehe*: Iburo shel Ir
Stärke	*siehe*: Koach
Stimme und Sprache	*Siwug* der beiden internen *Parzufim SA* und *Nukwa*. Es wird auch *Siwug de Neshikin* (Küsse) genannt.
Stummheit – Sprache	*siehe*: Ilem, Sprache
Sukka סוכה	Hütte, Laubhütte
Sukkot סוכות	Laubhüttenfest
Taamei Tora טעמי תורה	*wörtl.* Geschmäcker der *Tora* Die Lichter, die im *Guf* enthüllt werden.
Taamim טעמים	*wörtl.* Geschmäcker Hitpashtut (Ausbreitung) des Lichts von Oben nach unten, vom *Pe* zum *Tabur*.
Ta'anug תענוג	Freude, Genuss
Tabur טבור	*wörtl.* Nabel *Malchut* von *Guf*. Hier beginnen die Begrenzung und die aktive Abstoßung des Lichts.

Tabur des Herzens (Tabur haLew) טבור הלב	Der Ort von *Chase* (Brust)
Tachton תחתון	*wörtl.* Der Untere, Niedrigere
Tage des Vergangenen/Alten	*Sefirot* von *Atik*, in welchem es *Malchut* von *Zimzum Alef* gibt, welche vom Rest der *Parzufim* von *Azilut* verhüllt war.
Tagim, Tagin תגים, תגין	*wörtl.* Kronen Der oberste Teil der Buchstaben
Talmud תלמוד	*wörtl.* Studieren, Lernen, Unterricht, Lehre von hebr. *Limud* Lehre, die vor 1.500 bis 2.000 Jahren in den großen Akademien anhand der Diskussionen schriftlich fixiert wurde. Bis dahin war es eine mündliche Überlieferung. Aus sechs „Ordnungen" und insgesamt 63 Traktaten bestehendes Hauptwerk der mündlichen jüdischen Lehre, die die schriftliche Lehre (*Tora*) begleitet und erläutert. Sammlung agadischer (erzählender) und halachischer (gesetzlicher) Schriften von *Mishna* und *Gemara*. Es gibt den Babylonischen und den *Jerusalemer Talmud*. Beide wurden etwa im fünften Jahrhundert endredigiert und umfassen Diskussionen jüdischer Gelehrter aus mehr als acht Jahrhunderten. Die *Gemara* versucht, die Texte der *Mishna* zu deuten und auszulegen. Der innere Kern des *Talmud* ist die „Mishna" (eine im 2. Jh. fertiggestellte Sammlung der bis dahin nur mündlich überlieferten Gesetzesvorschriften).
TaNHJ תנה"י	*Tiferet, Nezach, Hod, Jessod*
TaNTA טנת"א	*Taamim, Nekudot, Tagin, Otiot*
Taw ת	*wörtl.* Zeichen 22. Buchstabe, numerischer Wert = 400
Tchelet תכלת	*wörtl.* hellblau, himmelblau *Malchut* von *Mochin* von *Ima*, welches in *Malchut* der Welt von *Brija* gekleidet ist.

Anhang A: Glossar kabbalistischer Begriffe

Tchiat haMetim תחיית המתים	wörtl. Wiederbelebung der Toten Eine Rückkehr von BYA zur Welt Azilut, da der Austritt von der Welt Azilut „Tod" (siehe: Mita) genannt wird.
Tchum Shabbat תחום שבת	wörtl. Grenze des Shabbat (Bereich des Shabbat) Ein Ende (Sium) für das Höhere Licht durch die Kraft von Malchut
Tefillin תפילין	Gebetsriemen Zizit sind die Searot von SA. Diese leuchten in den Rosh von Nukwa, welche in ihrem Mezach den Aspekt von Tefillin hervorbringt. siehe auch: Zizit
Tempel (Beit ha Mikdash) בית המקדש	Brija dieser Welt
Tet ט	9. Buchstabe, numerischer Wert = 9
Thron	Zehn Sefirot von Licht von Ima, welche sich durch die Welt von Brija ausbreiten: GaR wird Kisse und WaK wird „Sechs Stufen des Throns" genannt. Malchut, die sich in Malchut von Brija kleidet, wird Din, Tchelet (Blau) und Sandalfon genannt.
Thron/Stuhl	siehe: Kisse
Tiferet תפארת	wörtl. Schönheit 6. Sefira
Tikun de Kavim תיקון דקוים	wörtl. Korrektur der Linien
Tikun (Sing.) תיקון Tikunim (Pl.) תיקונים	wörtl. Korrektur
Tipat haHolada טיפת ההולדה	wörtl. Geburtstropfen Or Chessed von Aba, welches das untere Hej von Ejnaim herabsenkt.
Tnua תנועה	wörtl. Bewegung Jede Erneuerung der Form resultiert aus einer vorhergehenden Form.

Toch תוך	*wörtl.* Innen, Inneres Jener Teil des *Parzuf*, in welchem das *Or Pnimi* empfangen wird.
Tod	*siehe:* Mita
Tod der Melachim	*siehe:* Mita shel Melachim
Tohu תוהו	*Bohu* wird AA genannt, wo etwas erreicht wird, und *Tohu*, wo nichts erreicht wird.
Tora תורה	Das Licht von *Seir Anpin* Die Weisung; im engeren Sinn: Die 5 Bücher Mose.
Tossafot תוספות	*wörtl.* Hinzufügungen, Erklärungen und Zusätze zu Talmudkommentaren
Trennung	Zwei Grade ohne Gleichheit der Form von keiner Seite unter ihnen
Tropfen (wie Wasser) (Tipin) טיפין	Pulsierende Ausbreitung des Lichts für kurze Zeitspannen
TuM תו״מ	*Tiferet* und *Malchut*
Tuma טומאה	*wörtl.* Unreinheit, Entweihung, Besudelung Das Gegenteil von Kedusha (Heiligkeit)
Twuna תבונה	*wörtl.* Verstehen, Erkenntnis, Weisheit
Überbleibsel (She'ar) שאר	Ein *Siwug*, um die Welten zu erhalten.
Unreines Blut	Auch als „Geburtsblut" bekannt *siehe:* Dam Tame
Untere Chochma (Chochma Tataa) חכמה תתאה	*Chochma* in *Nukwa*
Untere Ima (Ima Tataa) אמא תתאה	*Malchut de Azilut*
Unterer Garten Eden	*Jessod de Malchut* in der Welt von Assija

Anhang A: Glossar kabbalistischer Begriffe

Unteres Eden	*Jessod* der Welt von *Assija*
Unterhalb	Im Vergleich zu anderen ein niederer Grad
Ursache	*siehe*: *Sowew*
Ur-Väter/ Väter	*siehe*: *Awot*
Verbinden	*Malchut* des Höheren wird zu *Keter* des Niederen. Dadurch verbindet sie zwei Grade, da unter ihnen nun die Gleichheit der Form stattfand. Somit wurde eine Verbindung zwischen allen Graden hergestellt.
Vereinigung (Ichud) איחוד	Zwei unterschiedliche *Bchinot*, die sich in ihrer Form aneinander angepasst haben.
Verkleinerung des Mondes	*siehe*: *Miut haYareach*
Vermehrung des Lichts	Viele *Reshimot*, die noch nicht in einem *Siwug* erneuert wurden und daher ihre Korrektur verlangen und zu *MaN* für einen neuen *Siwug* aufsteigen.
Versüßen/\ Entschärfung (Hamtaka) המתקה	*siehe*: *Hamtaka*
Vier Formen (Dalet Zurot) ד' צורות	Das *Awiut* oder das Verlangen im Geschöpf gilt als seine Substanz. Die vier *Bchinot* im *Awiut* werden „vier Formen" genannt.
Vier Grundlagen (Dalet Jessodot) ד' יסודות	*Dalet Bchinot* im *Awiut* des *Kli Malchut*
Viereck (Ribua) ריבועה	*Siwugim*, die auf *Malchut* während ihrer *Hisdakchut* von *Bchina Dalet* zu *Bchina Gimel* vollzogen wurden, bis sie an *Pe* ankommt. Ihnen wird dieser Name nach den vier Reinigungen des *Massach* gegeben.
Voll	*siehe*: *male*
Von Oben nach unten	*siehe*: *mi lemala leMata*
Von unten nach Oben	Licht, welches sich von grob zu rein erstreckt, wird *Or Choser* genannt.

Vorbereitung zum Empfangen	*siehe:* Hachana
Vorher (Terem) טרם	„Vorher" ist die Ursache und „nachher" seine Folge.
Vorher und nachher, danach (Terem we Acharkach) טרם ואחר כך	Wenn über Ursprung und Folge zwischen zwei ausgeströmten Wesen gesprochen wird, ist der Ursprung das „Vorher" und „Nachher" die Folge.
Wachstum	*siehe:* Hagdala
WaK ו"ק	*Abk.* Waw Kzawot *wörtl.* 6 Kanten (Seiten, Ränder)
WaK und Nekuda der Klipot von Azilut	Vor der Sünde von Adam haRishon, nachdem alle Welten zu Azilut emporgestiegen waren, sind die Klipot in den 14 Sefirot des Bereichs der Klipot; und sie hatten keinen Parzuf, sondern nur 6 Kanten (WaK) zu Seir Anpin der Klipa und einen Punkt (heb. Nekuda) von Nukwa der Klipa.
Waw ו	6. Buchstabe, numerischer Wert = 6
Weibliches Licht (Or Nekewa) אור נקבה	*siehe:* Or Nekewa
Weibliches Gesicht	*siehe:* Panim von Nekewa
Weit/entfernt	Wenn es einen großen Unterschied in den Formen gibt. Ebenso ein kleineres Leuchten von Or Chochma. Nahe bedeutet auch ein starkes Leuchten von Or Chochma.
Welt	*siehe:* Olam
Welten und Seelen (Olamot we Neshamot) עולמות ונשמות	AwI machten zwei Siwugim: 1) Achor be Achor, um die Welten mit Or Chassadim zu beleben und 2) Panim be Panim, um Seelen zu erzeugen. Vom ersten äußeren Siwug erstreckt sich ein Lewush. Vom zweiten inneren Siwug erstreckt sich Or Chochma zu den Seelen. Aus diesem Grund gibt es drei Parzufim: den äußeren und mittleren – vom ersten Siwug, und den innerlichen – vom zweiten Siwug.

Anhang A: Glossar kabbalistischer Begriffe

Wiederbelebung/ Erweckung der Toten (Tchiat haMetim) תחיית המתים	Eine Rückkehr von *BYA* zur Welt *Azilut*, da der Austritt von der Welt *Azilut* „Tod" (*siehe: Mita*) genannt wird.
Wüste (Midbar) מידבר	Der Ort der *Klipot* in dieser Welt
Yaakov יעקב	*wörtl.* Jakob *WaK* von *Seir Anpin*, oder der äußere *Parzuf* (*siehe: Chizoniut*)
Yachid יחיד	*wörtl.* Einzig Das Höhere Licht, welches eine Vielzahl an Stufen zur Gleichheit bringt.
Yam ים	*wörtl.* Meer
Yarchei Ibur ירחי עיבור	*wörtl.* Monate der Schwangerschaft (ebenso zur Zeit der Empfängnis). Zeit und Raum sind Neuerungen der Form. Ein *Parzuf* wird durch viele *Parzufim* und Lichter, die sieben, neun oder zwölf Monate lang sein können – je nach der Anzahl der Lichter, die dazukommen – vollständig.
Yashar ישר	*wörtl.* Direkt, unverfälscht Licht, welches sich von Ein *Sof* in die *Parzufim* ausbreitet. Es hat keinen Einfluss auf die *Igulim* (Kreise), sondern nur auf die *Sefirot* von *Yosher* (Gradlinigkeit), entsprechend ihrer Verlangen zu empfangen: Der Geber gibt *Bchina Dalet* ein gröberes Verlangen. Ebenso Licht, welches sich von rein zu grob ausdehnt, genannt „von Oben nach unten". *siehe: Agol*
Yechida יחידה	*wörtl.* allein stehend, einzig Licht, welches sich in die *Sefira* von *Keter* kleidet.
Yenika יניקה	Saugen

Yenika der Klipot	*wörtl.* Das Saugen der *Klipot* Die Substanz der *Klipot* ist vollständig böse; sie können kein Licht empfangen. Allerdings fielen beim Zerbrechen der Gefäße (*siehe: Shwira*) *Kelim* des Gebens in die *Klipot*, die dadurch zu ihrer Seele und Lebensnahrung wurden.
Yeshiva ישיבה	*wörtl.* Sitzung, Talmudschule
Yezia le Chuz יציאה לחוץ	*wörtl.* Austritt nach Außen Wechseln der Form (*siehe: Zura*) Wenn eine Änderung (Modifikation) der Form in einem Teil des *Parzuf* auftritt, gilt, dass dieser Teil aus dem *Parzuf* nach außen ausgetreten ist - mit einer neuen Herrschaft über sich selbst. Trotzdem findet keine Änderung im ersten *Parzuf* statt.
Yezira יצירה	Welt zwischen *Brija* und Assija
Yosher יושר	hebr. Gradlinigkeit *siehe: Kav, Yashar*
Yossef יוסף	*wörtl.* Josef *Jessod* von *Seir Anpin*
Yozer יוצר	*wörtl.* Schöpfer Ein Schenken des Lichts an die Welten; es beinhaltet alles, außer dem Wunsch zu empfangen.
Yud י	10. Buchstabe, numerischer Wert = 10
Yud-Alef (11) Zeichen des Weihrauches	Funken von Licht, die zur Belebung des Steinernen Herzens da sind.
Zadi צ, ץ	18. Buchstabe, numerischer Wert = 90
Zadik (der) צדיק	Der Gerechte, der Tugendhafte
zar צר	*wörtl.* eng *siehe:* eng
Zedaka צדקה	Wohltätigkeit

Anhang A: Glossar kabbalistischer Begriffe

Zeire יצירה	Hebräischer Akzent unter einem Buchstaben, zeigt einen Vokal an, erscheint als zwei Punkte in einer Reihe. Ein Hinweis auf *CHuB*, wenn *Bina* mit dem Rücken (*Achoraim*) zu *Chochma* ist, und sie keinen Punkt *Daat* unterhalb haben, welches einen *Siwug* zwischen ihnen machen könnte. *Bina* wird auch *Zeire* genannt, weil alle *Ewarim* (Organe) von *SA* ihre Form (*Zura*) durch den *Massach* von *Awiut* von *Bina* empfangen.
Zeit	*siehe: Sman*
Zeit des Wohlwollens (Mezach haRazon) מצח הרצון	Während des *Siwug* von *Gadlut*, wenn *Or Chochma* durch das Licht von *AB-SaG* scheint, scheiden die *Searot*, und die Zeit des Verlangens kommt.
Zela צלע	*wörtl.* Rippe Dies ist der Name von *Nukwa*, wenn sie *Achor be Achor* hinter *Chase* von *Seir Anpin* angeheftet ist, „weil sie an seinen *Guf* angeheftet ist und beide ein gemeinsames *Keter* benutzen".
Zelem צלם	*wörtl.* Abbild Ein *Or Choser*, welches aufsteigt, vom *Hitkalelut* (Einschluss) des *MaN* des Unteren (*Tachton*) an den *Massach* und die *Awiut* des Höheren (*Eljon*), und die *Zehn Sefirot* des *Or Yashar* bekleidet. Dieses *Or Choser* gehört zum Höheren. Da der Höhere für den Unteren einen *Siwug* auf der *Awiut* des Unteren macht, steigt dieses *Or Choser* zusammen mit dem *Or Yashar* zum Unteren ab. Um dieses *Or Choser* zu bekommen, muss der Untere sich um drei Stufen vermindern, welche **M**em-**L**amed-**Z**adi, oder -wenn man es von unten nach oben liest – **Zelem** (hebräische Buchstaben *Zadi-Lamed-Mem*) genannt werden.
Zerbrechen (Shwira) שבירה	*siehe: Shwira*
Zeugungstropfen (Tipat haHolada) טיפת ההולדה	*siehe: Tipat haHolada*

Zimzum (Sing.) צימצום Zimzumim (Pl.) צימצומים	wörtl. Einschränkung, Beschränkung, Zurückziehung Wer seine Wünsche erobert. Wer sich selbst zurückhält und nicht empfängt, obwohl er sich sehr danach sehnt zu empfangen.
Zimzum Alef צימצום א	wörtl. Erste Einschränkung Zimzum (Einschränkung) von Malchut in der Bchina Dalet (4. Phase). Deshalb endete die Linie (Kav) von Ejn Sof im Malchut des NeHJ.
Zimzum Bet צימצום ב	wörtl. Zweite Einschränkung Zimzum (Einschränkung) von NeHJ des Adam Kadmon (AK); Zimzum auf Bchina Bet (eine Einschränkung in der 2. Phase). Deshalb endete die Linie (Kav) von Ejn Sof in Bina von NeHJ von AK. Aus ihnen wird der Raum der Welten BYA. Zimzum Bet ist die Verbindung von Midat haRachamim, Bina, mit Midat haDin, Malchut.
Zinor צינור	wörtl. Röhre, Weiterleitung Die Kelim von Yosher werden so genannt, da sie das Licht anziehen und es innerhalb ihrer Begrenzung einschränken. siehe: Kav
Zion ציון	Das innere Jessod von Nukwa hat den Namen vom Wort „Jezia" (Ausgang).
Zizit ציצית	wörtl. Franse, Saum Searot von SA (Seir Anpin), die in den Rosh von Nukwa leuchten, welche in ihrer Mezach Bchinat Tefillin hervorbringt.
Zunahme/Wachstum (Hagdala)\ הגדלה	Der Übergang vom Zustand Katnut zu Gadlut
Zura (Sing.) צורה Zurot (Pl.) צורות	wörtl. Form Die 4 Bchinot von Awiut in Malchut, welche Chochma, Bina, Seir Anpin und Malchut genannt werden, oder die „vier Formen".

ANHANG B: AKRONYME UND ABKÜRZUNGEN

(Da sich die Akronyme von den Hebräischen Worten herleiten, ist es möglich, dass die Buchstaben in Deutsch nicht mit den Worten, für die sie stehen, übereinstimmen.)

AA א״א	Arich Anpin
AB ע״ב	HaWaYaH gefüllt mit Yud
Ach' be Ach' אח״באח	Achor be Achor
ABYA אבי״ע	Azilut, Brija, Yezira, Assija
ACHaP אח״פ	Osen, Chotem, Pe
AN ע״ן	Atik und Nukwa
ARI אר״י	Der Heilige Rabbi Izchak (Luria)
AwI או״א	Aba we Ima
BoN ב״ן	HaWaYaH gefüllt mit Hej
BYA בי״ע	Brija, Yezira, Assija
GE ג״ע	Galgalta Ejnaim
ChuB חו״ב	Chochma und Bina
CHaBaD ח ב״ד	Chochma, Bina, Daat
CHoCHeN חח״ן	Chochma, Chessed, Nezach
KaCH כ״ח	Keter, Chochma
KaCHaB כח״ב	Keter, Chochma, Bina
KaCHaB TuM כח״ב ת״מ	Keter, Chochma, Bina, Tiferet, Malchut
KaCHBaD כחב״ד	Keter, Chochma, Bina, Daat
Lamed Bet ל״ב	Zahl (32)
MaH מ״ה	HaWaYaH gefüllt mit Alef
MaD מ״ד	Mejn Duchrin
MaN מ״ן	Mejn Nukwin
Matatron מטטרון	Name eines Engels
MI מ״י	Zwei Buchstaben des Namens E-L-O-H-I-M
NE נ״ע	Nikwej Ejnaim
NeHJ נה״י	Nezach, Hod, Jessod
NeHJM נ הי״מ	Nezach, Hod, Jessod, Malchut
NaR נ״ר	Nefesh, Ruach

NaRaN נר"ן	Nefesh, Ruach, Neshama
NaRaNCHaY נרנח"י	Nefesh, Ruach, Neshama, Chaja, Yechida
OBGAM עבגא"מ	Or, Bassar, Gidin, Azamot, Mocha
O"CH או"ח	Or Choser
O"M או"מ	Or Makif
O"P או"פ	Or Pnimi
O"Y או"י	Or Yashar
PaRDeS פרד"ס	Pshat, Remes, Drush, Sod
PbA פב"א	Panim be Achor
PbP פב"פ	Panim be Panim
RaDLA רדל"ע	Reisha de lo Etjada
RAMAK רמ"ך	Rabbi Moshe Cordovero
RAMBAM רמב"ם	Rabbi Moshe ben Maimon
RAMBAN רמב"ן	Rabbi Moshe ben Nachman
Ramchal רמח"ל	Rabbi Moshe Chaim Luzzato
RaPaCH רפ"ח	Zahl (288)
Rashbi רשב"י	Rabbi Shimon Bar Yochai
Rashi רש"י	Rabbi Shlomo Izchak (1040-1105), Autor einflussreicher biblischer und talmudischer Interpretationen
RIU רי"ו	Zahl (216)
RaTaS רת"ס	Rosh, Toch, Sof
SaG ס"ג	HaWaYaH gefüllt mit Yud, und Alef im Waw
SaT ז"ת	Sieben Untere [Sefirot]; (Sajin Tachtonim)
ShaNGeLaH שנגל"ה	Shoresh, Neshama, Guf, Lewush, Heichal
TaNaCh תנ"ך	Tora, Newiim, Ktuwim (5 Bücher Mosis, Propheten, Psalter, Salomonische Schriften)
TaNTA טנת"א	Taamim, Nekudot, Tagin, Otiot
TD ת"ד	Tikunej Dikna
WaK ו"ק	Sechs Kanten; (Waw Kzawot)
WaT ו"ת	Sechs Untere [Sefirot]; (Waw Tachtonim)
ISHSuT ישסו"ת	Israel, Saba uTwuna
YCHNRN יחנר"ן	Yechida, Chaja, Neshama, Ruach, Nefesh
SA ז"א	Seir Anpin
SoN זו"ן	Seir Anpin und Nukwa

1 Elle

2 Anm. d. Übers.: In Hebräisch wird eine *Neshama* für weiblich angesehen. Im Allgemeinen besitzt jedes Objekt ein spezielles Geschlecht, doch kann sich in der Kabbala das Geschlecht jedes Ausdrucks (*Parzuf, Welt* usw.) je nach seiner Aufgabe zur gegebenen Zeit ändern: aktiv/geben ist männlich und passiv/empfangen ist weiblich.

Geschichte der Kabbala

WAS IST KABBALA?

Die Wissenschaft der Kabbala beschäftigt sich mit der Frage des Menschen nach dem Sinn seines Lebens. Sie geht den Ursachen der Handlungen und der Empfindungen des Menschen auf den Grund. Sie weist uns den Weg zum vollkommenen Glück. Sie lehrt uns *zu empfangen* (*Kabbala*, auf Hebräisch „*Empfangen*").

VON WEM LERNT MAN KABBALA?

Die Weisheit der Kabbala kann nur von einem erfahrenen Lehrer vermittelt werden, der selbst den Weg geht, über den er uns berichtet. Nur wenn wir unser Einverständnis geben, diesen Weg anzunehmen, kann er uns zu unserem Innersten führen.

Da es keinen Zwang im Spirituellen gibt, müssen wir selbst, ausgehend vom eigenen Wunsch und entsprechend unserem Empfinden, einen Lehrer finden, der uns dafür am geeignetsten erscheint. Erst dann können wir seine Konzepte annehmen: Anleitungen, die er selbst von seinem Lehrer empfangen hat, und die er mit seinen eigenen Erfahrungen ergänzt.

WER IST EIN KABBALIST?

Rav Chaim Vital schreibt darüber wie folgt:

„Die Kabbala wurde vor dem Tod von Rabbi Shimon bar Yochai (Rashbi) enthüllt und anschließend verhüllt, und jeder Kabbalist befasste sich mit ihr im Verborgenen und vermittelte sein Wissen nur an seinen Schüler, einen Einzigen in jeder Generation. Und er vermittelte es nur durch Andeutungen, „von Mund zu Mund", indem er ein Maß enthüllte und zwei verhüllte. Die Kabbala verschwand von Generation zu Generation. So setzte es sich fort bis zu Ramban, dem letzten wahren Kabbalisten. Allen Büchern zur Kabbala, die nach Ramban verfasst wurden, sollst du dich nicht nähern, weil sich nach Ramban der Weg der Weisheit vor den Weisen verbarg; und nur fragmentarische Ansätze blieben von einigen Kenntnissen zurück - ohne Wurzel - und auf ihnen erbauten die letzten Kabbalisten ihre Kabbala unter Zuhilfenahme des menschlichen Verstandes. Daher sammelte ich, Chaim Vital, die Aufzeichnungen meines Lehrers im Buch Baum des Lebens, weil ich den Vielen, die sich danach sehnen, das verborgene Wahre zurückgeben möchte (...)"

Rav Chaim Vital, Einführung zum Buch Ez Chaim, 19-20

Rav Yehuda Ashlag beschreibt die Situation in unserer Generation wie folgt:

„...Ich halte jenen Rav... nicht für einen Kabbalisten, und ich weiß nicht, wer in eben diesem Rav einen Kabbalisten vermutet. Daher denke ich, dass (...) meint, ich würde mich nach seinem Einverständnis sehnen, um meine Ansicht und meine Worte zur Tora zu bekräftigen. Und ich habe bereits geschrieben, dass ich dies nur wünsche, um Geld für den Druck der Bücher zu beschaffen...

...Die Wahrheit ist, dass ich keinen Kabbalisten in unserer Zeit sehe. Aber ich verstehe, dass Israel nicht verwitwet ist, und dass es „keine Generation ohne einen (eigenen) Abraham, Isaak und Jakob gibt". Und überhaupt ist [die Aussage] „wir sahen nicht" noch keine Sicht.

Man kann keinerlei spirituelle Stufe in ihrem Besitzer erkennen, geschweige denn in einem, der noch nicht würdig wurde. Und darüber sagten die Weisen, „auch in vierzig Jahren versteht der Mensch nicht den Sinn seines Lehrers." Und sogar im Freund kann man nichts erkennen, solange der Letztere es nicht erlaubt.

Und nun werde ich mich über seine Worte ein wenig amüsieren, darüber, was er zum Thema von „Empfangenden und Empfangenen als Eines" geschrieben hat (...)"

Rav Yehuda Ashlag, Pri Chacham, Igrot Kodesh, S.140

ZUR ENTWICKLUNG DER KABBALA

Abraham war der erste uns bekannte Kabbalist. Seine Zeitgenossen studierten die Gesetzesmäßigkeit hinter den Ereignissen in der Welt. Sie stellten sich selbst exakt dieselben Fragen wie wir - woher kommen wir, zu welchem Zweck leben wir, gibt es ein Leben nach dem Tod, wer lenkt uns, gibt es überhaupt eine Führung etc.? Im Gegensatz zu seinen Zeitgenossen gab sich Abraham mit den Antworten, die ihm die Natur gab, nicht zufrieden; er wollte sich mit der einzigen und einzigartigen Kraft verbinden, die die Natur beherrscht. Als er dessen würdig wurde, begann er diejenigen zu unterrichten, die diese Wahrheit annehmen wollten. Seine Söhne setzten die Linie fort und so wurde die Botschaft von Generation zu Generation weitergeleitet.

Die Wissenschaft der Kabbala wird in der *Tora*, den Propheten, den Schriften, in der *Mishna* und der *Gemara* sowie im Buch *Sohar* beschrieben, aber auch in den Schriften der Kabbalisten aus allen Generationen.

Die gleiche Wahrheit wurde im Lauf der Zeit in unterschiedlichen „Sprachen" niedergeschrieben - der Sprache der *Tora*, der Sprache der *Halacha* (Gesetze), der

Sprache der *Agada* (Erzählung) sowie in der Sprache der Kabbala. Alle Sprachen beschreiben die spirituellen Erkenntnisse der jeweiligen Generation. Deswegen heißt es, dass der ganze *TaNaCh* – die Heilige Schrift – die Namen des Schöpfers darstelle.

Die kabbalistischen Schriften von heute wurden im Wesentlichen im Verlauf von drei historischen Zeiträumen verfasst.

Die erste Phase umfasste die Zeit von **Rabbi Shimon Bar Yochai**, dem Rashbi, der ein Schüler von **Rabbi Akiba** war. Rashbi schuf eine vereinte Studiengruppe, in der jeder Student eine bestimmte Aufgabe hatte, entsprechend der Wurzel seiner Seele. Alle seine Schüler befanden sich in unterschiedlichen spirituellen Erkenntnisstufen. Rashbi beauftragte Rabbi Abba, das Buch *Sohar* zu verfassen, weil er wusste, dass dieser die spirituellen Erkenntnisse schildern und sie gleichzeitig vor jenen verbergen würde, die ihrer noch nicht würdig waren. Anschließend befahl Rashbi, das Buch *Sohar* zu verbergen. Zu unserer großen Freude kam es aber Jahrhunderte später ans Licht. Bis heute dient es uns als Grundlage für das Studium der Kabbala.

Darüber schreibt Rav Ashlag:

„Das erste Buch, welches uns über die Wissenschaft der Kabbala lehrt, ist **Sefer Yezira (Buch der Schöpfung)**, welches Manche **Abraham** (1812 - 1637 vor unserer Zeit) zuschreiben, und so wird es auch auf dem Umschlag des Buches abgedruckt. Doch die Mehrheit der Autoren schreibt es dem Tana Rabbi Akiba zu, und zwar weil es erst zu seiner Zeit erlaubt war, die mündliche *Tora* niederzuschreiben. Außer dem *TaNaCh* (der Heiligen Schrift) gibt es so gut wie keine Bücher aus der Zeit vor Rabbi Akiba, denn es galt das Gesetz, dass man die schriftlichen Worte nicht mündlich und die mündlichen Worte nicht schriftlich übertragen durfte.

Erst nach der Zerstörung des Tempels und der Zerstreuung des Volkes Israel war es erlaubt, die mündliche *Tora* niederzuschreiben, denn man befürchtete, die mündliche *Tora* könnte aus Israel verschwinden und vergessen werden. Daher begannen Schüler von Rabbi Akiba, die mündliche *Tora*, die sie auswendig kannten, als Gesamtwerk niederzuschreiben. Und jeder von ihnen nahm sich eines speziellen Themas an: Rabbi Meir ordnete die Mishnajot. Rabbi Yehuda ordnete die Tossafot. Und Rabbi Shimon Bar Yochai ordnete die Schriften der Kabbala, die er sehr gut kannte, und verfasste das Buch Sohar und die Tikkunim („Korrekturen").

Genauso wie die Mishnajot (Mishna) eine Reihenfolge und Sammlung von Gesetzen (Halachot) und Neuerungen aus allen Generationen bis zur Generation von Rabbi Meir ist, so stellte auch der Sohar eine Reihenfolge und Sammlung der Werke der Kabbala dar, von allen Rishonim (Ersten), die Rashbi vorausgingen. Und diese Sammlung wurde im Namen Rashbis verfasst, weil er derjenige war, der sie ordnete. Und offensichtlich gab es auch Neuerungen von ihm selbst.

Doch die Schüler von Rabbi Akiba besiegelten ihre Bücher nicht. Sie legten mit ihren Werken die Basis für ihre Nachfolger, damit jene durch eigene Erklärungen, Erleuchtungen und Neuerungen die Arbeit fortsetzten. Dies erinnert an den Weg, der üblich war, als man sich mit der mündlichen Tora beschäftigte und die Achronim (Letzten) die Themen erklärten und erhellten. Diese durften bei Gelegenheit mit den Rishonim (Ersten) streiten und Erkenntnisse zu den Ersten hinzufügen. Deswegen findest du in den Mishnajot Erneuerungen und Sprüche auch von anderen Tannaim, die nach der Zeit von Rabbi Meir kamen.

Und dies setzte sich fort bis zur Generation von Rav Yehuda Hanasi, der Rabeinu Hakadosh heißt. Dieser stellte fest, dass die Generationen kleingeistiger wurden und daher nicht mehr würdig waren, mit den Rishonim zu diskutieren. Er fürchtete auch, unaufrichtige Schüler könnten die Worte der Rishonim verfälschen. Daher unterschrieb und besiegelte er die Mishna. Und seither war es niemanden mehr erlaubt, etwas zu den Mishnajot hinzuzufügen oder ein in ihnen erwähntes Gesetz zu diskutieren.

Doch der Sohar wurde durch keinerlei Unterschrift besiegelt. Denn er wurde streng verborgen und war in der Volksmasse überhaupt nicht zu finden. Er war den Führern der Generationen vorbehalten und jeder Einzelne von ihnen fügte ihm etwas hinzu. Und dies setzte sich fort bis zur Zeit der Savoräer."

Auch *Ramchal* beschreibt die Wichtigkeit der *Buches Sohar*:

„Rashbi verfasste das Buch *Sohar* gemäß dem Leuchten, welches in der Höhle über ihn kam, und im Kern handelt das Verfasste von der Tora; es erhellt große Geheimnisse gemäß der Ordnung der Tora selbst. Und alle Bücher der Ersten, wie das Buch Rasiel oder das Buch von Chanoch, sind nicht über die Tora und gemäß den Ordnungen der Tora geschrieben. Doch dies ist ein großes und schreckliches Werk, welches in großer Klarheit die Tiefe der Geheimnisse der Tora selbst offenbart, es ist die Offenbarung der inneren Tora, wie der Schöpfer die Tora selbst in Zukunft offenbaren wird (...). Und Rashbi enthüllte die Geheimnisse der Tora und die Freunde lauschten seiner Stimme und verbanden sich mit ihm in Einheit, und jeder Einzelne antwortete seinen Teil. Wie die Mishna durch die Tannaim zusammengesetzt wurde, und Rabbeinu Hakadosh die Behauptungen aller zusammenfasste und das Buch Mishna zusammenstellte, so wollte auch Rashbi, dass ein Buch entstünde, welches alle Aussagen seiner Schüler verbinden würde, und dieses Buch sollte über die Tora verfasst werden, wie oben erklärt wurde. Denn die Werke berichten von einzelnen Themen, der Sohar aber wurde als Kommentar auf die Tora verfasst und heißt daher „Eine große Öffnung zur Gesamtheit der Tora". Und Rashbi befahl Rabbi Aba, all die Dinge, die seine Schüler sagen würden, niederzuschreiben und zu ordnen, zu jeder Zeit und an welchem Ort sie auch immer sein mögen, alles sollte er gemäß der Ordnung der *Tora* ordnen."

Ramchal, Adir Bamarom, S.24

In der **zweiten Phase**, im 16. Jahrhundert unserer Zeit, lebte **Rav Izchak Luria, der Heilige ARI (1534 - 1572).**

Der ARI stellt einen Meilenstein in der Geschichte der Kabbala dar. Er transformierte die Kabbala, damit diese Weisheit nicht länger nur einzigartigen Individuen mit göttlichen Seelen vorbehalten war. Seine Methode war eine Vorbereitung für die Neuzeit, in der viele Menschen anfingen, die Weisheit der Kabbala für ihren spirituellen Aufstieg zu nutzen.

Schon als Kind war er an heiligen Texten interessiert und widmete seine gesamte Zeit dem Studium der kabbalistischen Schriften. Sehr schnell nahm er das Wissen auf und wurde bereits im Alter von 35 Jahren ein berühmter spiritueller Lehrer.

ARI leitete eine kabbalistische Schule in der kleinen Stadt Safed in Nordisrael. Dort legte er seine spirituelle Erkenntnis und die Weisheit der Kabbala dar und präsentierte sie auf eine ganz neue Art und Weise. Später sollten Generationen von Menschen die spirituelle Welt mithilfe seiner Bücher studieren.

Wie es das Schicksal wollte, unterrichtete er nur anderthalb Jahre und starb im Alter von 36 Jahren. Von all seinen Studenten erkor er nur einen Einzigen aus, seine spirituellen Lehren weiterzuführen: Der 28 jährige **Chaim Vital (1543 - 1620)** schrieb in den anderthalb Jahren, in denen er mit ARI lernte, alles auf, was er hörte. Chaim Vital war der einzige Schüler, dem es erlaubt war, ARIs Werke weiterzuführen und zu veröffentlichen.

Alle vorhandenen Texte aus ARIs kabbalistischen Lehren beruhen auf den Notizen Chaim Vitals. Sie machen ungefähr 20 Bände aus, von denen der wichtigste *Der Baum des Lebens* ist. Dieser Text untersucht den Ursprung des Lebens und das Wesen der Schöpfung und des Menschen. Hauptsächlich jedoch spricht es von der allgemein gültigen Naturkraft, die alles lenkt und ins Leben ruft. Der ARI nennt diese Kraft „Höheres Licht". Später dienten ARIs Schriften als Grundlage für *Talmud Esser Sefirot*, der *Lehre der Zehn Sefirot*.

So beschrieb dies **Rav Moshe Chaim Luzzato (*Ramchal*) (1707-1746)**:

„In diesen unseren letzten Generationen blieben von dieser Weisheit nur wenige Reste übrig. Denn diese Weisheit war in den ersten Generationen sehr sehr groß. Und siehe die Worte des heiligen *Sohar* – sie sind über der Welt erhaben und erklären die Geheimnisse des Königs wirklich in jedem einzelnen Buchstaben. Die Geheimnisse teilen uns mit, wie verhüllt die Ratschläge des Schöpfers sind. Doch in unseren Generationen blieb kaum mehr als eine Erinnerung übrig von jener Wissenschaft, die in den vergangenen Generationen war. Und gäbe es nicht den Heiligen ARI (…), der uns in seinem heiligen Geiste die Tore des Lichts offenbarte, wäre die Weisheit bereits vollständig vergessen."

Shaarei Ramchal, S. 36

Die dritte Phase ist unsere Zeit. Die gleiche Seele, die seinerzeit in Gestalt von Rashbi im dritten Jahrhundert und später in Gestalt des ARI aufbrach und den Weg freimachte, tat es wieder durch **Rabbi Yehuda Ashlag**, genannt „Baal HaSulam" für seinen bahnbrechenden Kommentar auf den heiligen *Sohar*.

Zusätzlich zum Sulam-Kommentar verfasste Baal HaSulam auch die *Lehre der Zehn Sefirot* (*Talmud Esser Sefirot*) auf der Basis der Schriften von ARI. Ohne diese Kommentare wäre es vollkommen unmöglich, die Schriften von Rashbi und von ARI zu verstehen. Auch Baal HaSulam leitete eine Gruppe von Kabbalisten, und genauso wie seine Vorgänger pflegte er einen Teil seiner Schriften zu verbrennen, im Wissen, dass durch deren bloße Niederschrift und Vernichtung die Wahrheit bereits in die Menschheit drang. Auf diese Weise half er seinen Nachfolgern, zu spirituellen Erkenntnissen zu gelangen.

So schrieb über Baal HaSulam sein Sohn, Rav Baruch Shalom Ashlag:

„Baal HaSulam bewirkte, dass sogar ein einfacher Mensch, wenn er seinen Weg geht, der gleichen Verschmelzung mit dem Schöpfer würdig werden kann wie ein berühmter Weiser. Vor ihm dagegen musste man ein großer Weiser sein, um der Verschmelzung mit dem Schöpfer würdig zu werden. Und vor Baal Shem Tov mussten es Große der Welt sein, sonst konnten sie nicht der Erkenntnis der Göttlichkeit würdig werden".

Rabash „Dargot Sulam - 1", Art.85, „Werke der Großen der Nation"

LEBEN UND WERK VON RAV YEHUDA ASHLAG (BAAL HASULAM) (1884 - 1954)

Rabbi Yehuda Ashlag (Baal HaSulam) kommt 1884 in Warschau zur Welt und wird bereits in seinen jungen Jahren von den Lehrern als ein Mensch ausgezeichnet, der ständig nach der Enthüllung der Geheimnisse des Universums strebt.

Er fällt bei allen seinen Mentoren durch glänzende Kenntnisse aller Grundwerke des Judentums auf und liest auch im Original Werke bedeutender westlicher Philosophen, darunter Kant, Hegel, Schoppenhauer, Nietzsche und Marx. In der Folge wird er in seinen Artikeln ihre Sichtweise mit der Position der Kabbala vergleichen.

Am Ende des Ersten Weltkrieges (1921) verlässt Baal HaSulam Polen und bringt seine Familie nach Israel (Palästina). Sofort bei seiner Ankunft in Jerusalem macht er sich auf den Weg in die alte kabbalistische Schule „Beit El", die im Laufe von 200 Jahren das Zentrum des Kabbala Studiums darstellte, doch er wird schnell von Jerusalemer Kabbalisten, dem Niveau ihres Wissens und der Herangehensweise an das Studium der Kabbala enttäuscht. Baal HaSulam wird die entstandene Situation des spirituellen Verfalls der Massen bewusst. Aus dem Wunsch heraus, den Verlauf der historischen Entwicklung zu verändern, der die Ankunft einer neuen Katastrophe und einer leidvollen und entbehrungsreichen Zeit versprach, organisiert er eine Gruppe von Schülern und beginnt, Bücher zu verfassen, um Menschen die Methodik der richtigen Wahrnehmung der Realität und der vernünftigen Existenz darin zu lehren. Bereits in Polen wurde er als ein großer Kenner der Kabbala und Schüler größter Kabbalisten bekannt, die die Kette der Übermittlung kabbalistischen Wissens nach Baal Shem Tov weiterführten.

Im Jahre 1926 zieht Baal HaSulam nach London, wo er im Laufe von zwei Jahren an der Verfassung des Kommentars *Leuchtendes Antlitz* (*Panim Meirot*) zu ARIs *Baum des Lebens* arbeitet. Während dieser ganzen Zeit führt er einen regen Briefwechsel mit seinen Schülern, in welchem er ihnen die Hauptprinzipien der spirituellen Arbeit des Menschen erklärt[81]. Nach seiner Rückkehr nach Jerusalem im Jahre 1928 fährt er damit fort, Kabbala zu unterrichten und zu schreiben, und nach einigen Jahren gibt er sein monumentales Werk heraus – eine Abhandlung unter dem Namen *Lehre der Zehn Sefirot* (*Talmud Esser haSefirot* oder *TES*). Die *Lehre der Zehn Sefirot* stellt die innere Struktur des Universums dar, die seinen ganzen Bau bestimmen, einschließlich die spirituelle Welt sowie unsere Welt, die Seelen und Bewohner der Welten – alles lässt sich auf das System der Zehn Sefirot zurückführen.

Das Buch *Lehre der zehn Sefirot* besteht aus sechs Bänden, über 2.000 Seiten, und schließt in sich alles ein, was die Kabbalisten im Verlauf der Geschichte der Wissenschaft der Kabbala schufen. Im Unterschied zu seinen Vorgängern setzte Baal HaSulam dieses Werk nach dem Kanon eines akademischen Lehrbuches zusammen: Darin gibt es eine Liste von Kontrollfragen und Antworten zur Selbstprüfung, ein Wörterbuch von Definitionen und Grundbegriffen, ein alphabetisches Verzeichnis und Angaben zu literarischen Quellen.

Im ersten Teil des Buches schreibt Baal HaSulam über seine Aufgabe: „In dieser meinen Analyse habe ich mich bemüht, die Zehn Sefirot so zu erklären, wie uns das der göttliche Weise ARI lehrte, gemäß ihrer spirituellen Reinheit, frei von jeglichen greifbaren Begriffen, damit jeder Anfänger an das Studium der Wissenschaft der Kabbala herantreten könnte und keine Misserfolge aufgrund von Verdinglichung der Wortbedeutungen oder anderen Fehlern haben würde, denn das Verständnis dieser Zehn Sefirot wird auch die Möglichkeit eröffnen, zu betrachten und zu erfahren, wie andere Fragen dieser Wissenschaft zu verstehen sind"[82].

In seinen Werken strebte Baal HaSulam danach, das innere Wesen der Kabbala zum Ausdruck zu bringen, sie von primitiven mittelalterlichen Vorstellungen wie Mystik, Magie, Wundern und absurden Schattenspielen zu reinigen; in dieser Wissenschaft sah er ein mächtiges Werkzeug zur Veränderung und Perfektionierung des Menschen.

---

81 Der älteste Sohn von Baal HaSulam, Rabbi Baruch Ashlag, hat diese Briefe im Jahre 1985 im Band „Früchte der Weisheit - Band Briefe" (*Pri Chacham Igrot*) herausgegeben

82 *Ashlag Y.* Histaklut Pnimit aus Talmud Esser haSefirot, Jerusalem 1956. B 1, Teil 1, S. 13-14 (Hebräisch). Deutsch: Innere Betrachtung aus der Lehre der Zehn Sefirot

Im Jahre 1940 beginnt er, den Kommentar zum Buch *Sohar* unter dem Namen *Perush haSulam* (wörtlich „Den Kommentar der Leiter") zu verfassen. Ungeachtet seines schlechten Gesundheitszustandes arbeitet er unablässig achtzehn Stunden am Tag, dreizehn Jahre lang. Vom Zweck der Erschaffung dieses fundamentalen Kommentars schreibt Baal HaSulam im *Vorwort zum Buch Sohar*:

„Aus dem oben Gesagten kann man den Grund für die spirituelle Finsternis und Unkenntnis verstehen, die in unserer Generation vorzufinden sind, was es in den vorangegangenen Generationen nicht gab. Und zwar, weil die Menschen aufgehört haben, sich mit dem Studium der Wissenschaft der Kabbala zu befassen…

Doch ich weiß, dass der Grund dafür darin besteht, dass der Glaube schwand, insbesondere das Vertrauen in die großen Weisen der Generationen, und die Bücher der Kabbala und das Buch *Sohar* wimmeln von Beispielen, die unserer Welt entnommen sind. Daher entsteht bei jedem die Angst, es würde mehr Schaden als Nutzen geben, weil man leicht beginnen kann, sich verdinglichte Gestalten vorzustellen.

Und das ist es, was mich dazu verpflichtete, ausführliche Kommentare zu Werken des großen ARI und nun zum *Sohar* zu verfassen, und damit habe ich die Angst vollkommen zunichte gemacht, da ich alle spirituellen Begriffe erklärt habe, indem ich sie von jeglicher materiellen Vorstellung löste, und sie hinter die Schranken von Zeit und Raum führte – wie sich die Studierenden überzeugen können – um es jedem von den Massen zu erlauben, das Buch *Sohar* zu studieren und in seinem Licht den Verstand zu mehren.

Und diese Kommentare nannte ich *Sulam* (die „Leiter"), um zu zeigen, dass ihre Bestimmung dieselbe wie die einer Leiter ist, denn wenn es eine prachtvolle Höhe vor dir gibt, dann mangelt es nur an einer „Leiter", um zu ihr aufzusteigen, und dann werden alle Schätze der Welt in deinen Händen sein. Doch die „Leiter" ist kein Zweck an sich, denn wenn du auf ihren Stufen stehen bleibst und nicht aufsteigst, dann wirst du das Erforderte und Angedachte nicht erfüllen.

So auch mit meinen Kommentaren zum *Sohar* – mein Ziel war es nicht, die ganze Tiefe des *Sohar* so zu erklären, dass es nicht möglich wäre, mehr auszudrücken; sondern den Weg zu weisen und aus diesen Kommentaren eine Handlungsanleitung für jeden Menschen zu machen, damit er sich mit ihrer Hilfe erhebe, in die Tiefe dringen und das Wesen des Buches *Sohar* sehen könnte. Nur darin besteht das Ziel meiner Kommentare."[83]

Nach der Erscheinung des Buches *Perush haSulam* bekam Rabbi Yehuda Ashlag den Beinamen „Baal HaSulam" (wörtlich aus dem Hebräischen: „der Herr der Leiter" [in die spirituelle Welt]), da es unter Weisen der *Tora* üblich ist, den Menschen nicht bei seinem Namen, sondern bei seiner höchsten Errungenschaft zu bezeichnen.

---

83 Ashlag Y. Vorwort zum Buch Sohar

Nachdem er sein ganzes Leben dem Unterrichten und Verbreiten der Wissenschaft der Kabbala gewidmet und wertvollstes Material hinterlassen hat, in dem die ganze moderne kabbalistische Methodik dargelegt ist, stirbt der größte Kabbalist des 20. Jahrhunderts, Baal HaSulam, im Jahre 1954. Seine Sache wird von seinem ältesten Sohn – Rabbi Baruch Ashlag weitergeführt.

RABASH (1906 -1991)

Rav Baruch Ashlag – verkürzt Rabash – der älteste Sohn von Baal HaSulam, stellte das letzte Glied in der Kette großer Kabbalisten dar.

Rav Baruch Ashlag wurde 1906 geboren. Noch als Jugendlicher emigrierte er gemeinsam mit seinem Vater aus Polen nach Jerusalem und studierte sein Leben lang bei ihm. Nach dem Tod von Baal HaSulam setzte Rabash sein Lebenswerk fort: er gab vollständig den Kommentar *Sulam* sowie andere Schriften des Vaters heraus und begann anschließend, Artikel zu verfassen, in welchen er die exakte Methodik der inneren Arbeit eines Menschen darlegte, der danach strebt, die innere Realität zu erkennen – etwas, was noch kein Kabbalist vor ihm tat. In diesen Artikeln lieferte er eine exakte Beschreibung aller Etappen des spirituellen Weges eines Menschen – von dessen Anfang bis zum Ende. In der Folge wurde aus ihnen ein fünfbändiger Sammelband – *Shlavei HaSulam* (Etappen der Leiter) zusammengestellt. Außerdem hinterließ uns Rabash seine einzigartigen Mitschriften der Erklärungen spiritueller Zustände eines Menschen, die er von seinem Vater erhielt und die er mit einem entsprechenden Titel versah – *Shamati* (Hebräisch: „Ich hörte").

Rabash starb 1991. Seine Bücher stellen neben den Werken von Baal HaSulam die notwendigste Literatur zur Wissenschaft der Kabbala dar, deren Studium dem Menschen das wahre Bild der ihn umgebenden Wirklichkeit enthüllt und ihn auf eine qualitativ andere, höhere Stufe einer bewussten, vernünftigen Existenz führt, in Harmonie mit der Natur und bei voller Verwirklichung der höchsten Bestimmung des Menschen – der Erkenntnis des Planes der Schöpfung.

WICHTIGKEIT DER GRUPPE GEMÄß RABASH

Die wichtigste Botschaft, die Rabash an seine Schüler zu übermitteln suchte, war die Notwendigkeit des Studiums und der Arbeit in der Gruppe.

Schon immer lernten Kabbalisten in der Gruppe. Die Gruppe erlaubt ihren Mitgliedern, durch die Vereinigung und Ausrichtung ihrer Wünsche in eine einzige Richtung – das Geben an den Schöpfer – im Spirituellen fortzuschreiten.

Die Wichtigkeit der Gruppe ist so groß, dass es fast unmöglich ist, auch nur zur kleinsten spirituellen Erkenntnis ohne eine Verschmelzung und Vermischung mit der Gruppe zu gelangen.

Darüber schreibt Rabash:

„Es ist bekannt, dass unsere Arbeit darauf ausgerichtet ist, zu einem Zustand zu gelangen, in dem wir dem Schöpfer im Namen des Himmels dienen werden, und in keinster Weise Eigengenuss beabsichtigen werden. Und diese Arbeit ist überaus schwer, denn in unserer Natur ist bereits eingeprägt, dass wir keine Handlung ausführen können, außer wenn uns daraus irgendein Vorteil erwächst, und wie kann es dann Wirklichkeit werden, dass wir nur arbeiten, um zu geben? Und wie werden wir aus unserer Selbstliebe austreten können?

Und dazu gibt es den Rat, sich mit dem Geben zu beschäftigen. Dem Freund Gutes und Genüsse zu bescheren. Und das ist einfacher, als dem Erschaffer Genuss zu bereiten, denn hier braucht man keinen Glauben, denn den Freund sieht man ja vor sich. Und indem man sich daran gewöhnt, dem Freund Vergnügen zu bereiten, tritt man langsam und allmählich aus der Natur der Selbstliebe heraus und gewöhnt sich auch an das Geben.

Einen Menschen, der sich selbst respektiert, respektieren auch andere. Daher ist der Mensch gewohnt, jeden Morgen um sieben Uhr aufzustehen, und er geht beten, und lernt *Tora*, und erfüllt die Gebote, denn er tut alles aus Gewohnheit, und er analysiert sich überhaupt nicht, und daher hat er das Gefühl von Vollkommenheit und Ausgewogenheit, dass er nichts mehr an *Tora* und Geboten hinzufügen kann. Und natürlich strahlt er Ehre und Vollkommenheit (Ausgewogenheit) aus, und jeder schaut mit Ehrerbietung und Respekt auf ihn. Die Schüler dagegen, die den Weg meines Vaters, meines Lehrers, des Baal HaSulam gehen, wissen und fühlen die Wahrheit, dass sie nichts besitzen, und so haben sie vor sich keinen Respekt, und auch Andere respektieren und ehren sie nicht, denn sie strahlen auf ihre Umgebung keine Vollkommenheit und Ausgewogenheit aus, da ihre Herzen gebrochen sind und es ihnen an Vollkommenheit fehlt.

DER WEITERE WEG

Nach dem Ableben Rabashs wurde in Bnei Brak eine Studien- und Arbeitsgruppe gegründet, die sich das Ziel setzte, den Weg der Kabbalisten fortzuführen, gemäß ihrem Erbe.

Nicht umsonst gab sich die Gruppe den Namen **Bnei Baruch** – die Söhne von Baruch. **Rav Michael Laitman**, dem die Ehre zuteil wurde, zwölf Jahre an der Seite von **Rav Baruch Shalom Ashlag** zu verbringen, brachte seinen Schülern die Traditionen von Rabash bei, die Art des Studiums, die Einstellung zu Ereignissen im Lebens, die Beziehung zu Büchern, zu den Verfassern, zu Freunden und vieles mehr.

Die Mitglieder von Bnei Baruch treffen sich Tag und Nacht, an jedem Tag des Jahres, um nach der Tradition der Kabbalisten das Innerste des Menschen zu studieren.

Trotz ihres vollen Terminkalenders führen sie ein vollkommen normales gesellschaftliches Leben. Sie haben Familien, sind in den unterschiedlichsten Berufen tätig, dienen in der Armee etc.

Mitglieder der Gruppe geben Kabbala Lektionen in der ganzen Welt, gemäß der gleichen spirituellen Richtlinie, die sie selbst studiert haben.

Zusätzlich verbreiten sie Bücher, die den Weg betreffen, auf dem sie selbst gehen – das Buch *Sohar* samt des *Sulam-Kommentars*, die *Lehre der Zehn Sefirot*, die Schriften von ARI und von Baal HaSulam sowie die Schriften von Rav Baruch Shalom Ashlag und andere Bücher, die vom Studienweg berichten.

In allem versucht Bnei Baruch, den Worten von Rabash zu folgen:

„Der Mensch ist von Anfang an mit einem Gefäß erschaffen, Genüsse zu empfangen, welches als die Liebe zu sich – Egoismus – bezeichnet wird. Wenn daher der Mensch aus einer Handlung keinen Vorteil für sich selbst sieht, so hat er keine Motivation, sich auch nur für die kleinste Bewegung anzustrengen. Doch ohne Annullierung der Eigenliebe ist es nicht möglich, die Verschmelzung mit dem Schöpfer zu erreichen, das heißt, den Zustand von *Hishtawut haZura* – der qualitativen Übereinstimmung (Übereinstimmung der Eigenschaften) mit Ihm.

Da die Annullierung der Eigenliebe gegen unsere Natur ist, bedürfen wir einer Gemeinschaft von Gleichgesinnten, damit alle eine große Kraft bilden, um gemeinsam zu arbeiten und den Willen zu empfangen, welcher als das „Böse" bezeichnet wird, zu annullieren. Weil es gerade dieser Wille ist, der uns aufhält, das Ziel zu erreichen, für welches der Mensch erschaffen wurde.

Daher muss eine Gemeinschaft aus einzelnen Individuen gegründet werden, wobei alle derselben Meinung sind, dass man zu diesem Ziel gelangen muss. Als Ergebnis dieser Vereinigung entsteht eine riesige Kraft, die jedem hilft, gegen sich selbst anzukämpfen, da die kleine Kraft eines jeden mit den Kräften der anderen verschmilzt.

Folglich erhält jeder ein riesiges Verlangen danach, das Ziel zu erreichen. Doch damit die Vereinigung aller untereinander geschieht, ist es notwendig, dass jedes Mitglied der Gemeinschaft sein „Ich" gegenüber den anderen annulliert. Das kann man nur tun, indem man nicht auf die Mängel des Freundes achtet, sondern nur seinen guten Eigenschaften Aufmerksamkeit schenkt. Wenn aber jemand der Gruppe sich selbst auch nur für ein wenig besser als die anderen hält, kann er sich nicht mehr mit ihnen vereinigen.

ÜBER BNEI BARUCH

Bnei Baruch ist die größte Gruppe von Kabbalisten in Israel, die die Weisheit der Kabbala mit den Menschen der ganzen Welt teilt. Das Studienmaterial, welches 30 Sprachen umfasst, beruht auf authentischen Texten, die von Generation zu Generation überliefert wurden.

GESCHICHTE UND URSPRUNG

Rav Michael Laitman, Professor der Ontologie und Erkenntnistheorie, Doktor der Philosophie und Kabbala sowie Master of Science in medizinischer Biokybernetik, gründete Bnei Baruch im Jahre 1991, nach dem Tode seines Lehrers Rav Baruch Shalom HaLevi Ashlag (der Rabash).

Rav Laitman nannte seine Gruppe „Bnei Baruch" (die Söhne Baruchs) zum Gedenken an seinen Mentor, von dessen Seite er in den letzten Jahren seines Lebens, von 1979 bis 1991, nie wich. Rav Laitman war Ashlags wichtigster Schüler und persönlicher Assistent und wird als Nachfolger der Lehrmethode des Rabash anerkannt.

Der Rabash ist der erstgeborene Sohn und Nachfolger des größten Kabbalisten des 20. Jahrhunderts, Rabbi Yehuda Leib HaLevi Ashlag. Rabbi Yehuda Ashlag ist der Autor des maßgeblichsten und umfangreichsten Kommentars zum *Buch Sohar*, dem *Sulam-Kommentar* (Stufen der Leiter), der ersten Enthüllung der vollständigen Methode für den spirituellen Aufstieg. Das ist auch der Grund für Ashlags Beinamen „*Baal HaSulam*" (Herr der Leiter).

Bnei Baruch baut seine ganze Lehrmethode auf den Erkenntnissen dieser großen spirituellen Führer auf.

DIE LEHRMETHODE

Diese einzigartige von *Baal HaSulam* und seinem Sohn Rabash entwickelte Methode wird täglich von Bnei Baruch gelehrt und angewandt. Sie bezieht sich auf authentische Kabbala-Quellen wie z.B. Das *Buch Sohar* (von Rabbi Shimon Bar Yochai), die Schriften des *ARI*, *Talmud Esser Sefirot* (*Das Studium der Zehn Sefirot*) und auf andere Bücher von *Baal HaSulam*.

Obwohl es sich um authentische Quellen handelt, sind sie in einer einfachen Sprache verfasst und bieten einen wissenschaftlichen und zeitgenössischen Ansatz. Dadurch wurde Bnei Baruch zu einer international anerkannten Organisation, den Kabbala-Unterricht betreffend. Bnei Baruch ist in ganz Israel höchst geachtet.

Die einzigartige Kombination einer akademischen Lehrmethode mit persönlichen Erfahrungen erweitert die Perspektive der Schüler und erlaubt ihnen eine neue Wahrnehmung der Realität, in der sie leben. Der Unterricht rüstet die Studenten auf ihrem spirituellen Weg mit emotionellen Werkzeugen aus, die sie dazu befähigen, sich selbst und ihre umgebende Wirklichkeit zu erforschen.

DIE BOTSCHAFT

Bnei Baruch ist eine facettenreiche Bewegung mit vielen tausend Studenten weltweit. Jeder Student wählt seinen eigenen Weg, entsprechend seinen persönlichen Gegebenheiten und Fähigkeiten. In den letzten Jahren entwickelte sich die Gruppe zu einer Bewegung, die sich vermehrt mit freiwilligen Unterrichtsprojekten beschäftigt, indem sie die ursprünglichen Kabbala-Quellen in einer zeitgemäßen Sprache präsentiert. Die Essenz der Botschaft, die von Bnei Baruch verbreitet wird, ist folgende: Verbindung unter den Menschen, Verbindung der Völker und Liebe zwischen den Menschen.

Jahrtausende lang lehrten Kabbalisten, dass die Liebe zwischen den Menschen die Basis eines Volkes ist. Diese Liebe bestand zur Zeit Abrahams, Moses' und in den kabbalistischen Gruppen, die jene gründeten. Die Liebe war der Treibstoff, der das Volk Israel zu erstaunlichen Leistungen führte. In den Zeiten jedoch, als sich die Liebe in unbegründeten Hass verwandelte, verfiel die Nation in schwere Qualen. Wenn wir diesen alten – und doch neuen – Werten Raum geben, werden wir entdecken, dass wir die Kraft haben, unsere Differenzen beizulegen und uns zu vereinigen.

Die lange Zeit verborgene Weisheit der Kabbala tritt nun hervor. Sie wartet auf den Zeitpunkt, an dem wir ausreichend reif und bereit dafür sind, ihre Botschaft zu realisieren. Daher erscheint sie heute in Form einer Lösung, die Interessensgruppen innerhalb eines Volkes und zwischen den Völkern vereint, und uns allen, ob Individuen oder Gesellschaft, zu einer viel besseren Situation verhilft.

BNEI BARUCH AKTIVITÄTEN

Bnei Baruch wurde unter der Voraussetzung gegründet, das „wir nur durch die Verbreitung der Kabbala in der Öffentlichkeit vollständige Erlösung erlangen werden" (*Baal HaSulam*).

Daher bietet Bnei Baruch den Menschen verschiedene Hilfsmittel an, damit sie die Bedeutung ihres Lebens erforschen und entdecken – mit einer sorgsamen Anleitung für Anfänger und Fortgeschrittene.

WWW.KABBALALERNZENTRUM.INFO

Als Antwort auf die große Nachfrage von Studenten, nutzte Bnei Baruch seine große Erfahrung im Fernunterricht und Internet TV und gründete das „Online Kabbala-Lernzentrum". Im ersten Jahr seiner Tätigkeit hat das Online Bildungs-Zentrum mehr als 3000 Studenten mit bedeutungsvoller und umfassender Erfahrung in der Weisheit der Kabbala versorgt. Seit 2007 werden auch für deutschsprachige Studenten Online Kurse angeboten, welche bei den Studenten ein großes Echo finden. Im Rahmen des Kurses können die Studenten live Fragen zum Unterricht stellen, die vom Lektor unmittelbar beantwortet werden. Ein Forum für Fragen und Antworten sowie für Diskussionen steht ebenfalls zur Verfügung.

Die interaktiven Ausbildungskurse für Anfänger und mäßig fortgeschrittene Studenten bereiten den ernsthaft Studierenden auf die Fortgeschrittenen-Lehren bei Bnei Baruch vor. Alle Kurse und Materialien werden online kostenfrei zur Verfügung gestellt. Der Erfolg des Online Bildungs-Zentrums ist daran erkennbar, dass 70% der Studenten, die die Einführungskurse absolviert haben, ihre Studien fortsetzen. Zusätzlich zum Online Lehr-Angebot, bietet das Kabbala-Lernzentrum auch eine umfassende Bibliothek von Artikeln und Lehrvideos an.

WWW.KABBALAH.INFO

Die Anfängerseite auf Deutsch, www.kabbalah.info, präsentiert die Weisheit der Kabbala in Form von Artikeln. Das Material dieser Seite wurde sorgfältig ausgewählt und in Kategorien eingeteilt, welche sich zu einem klaren, verständlichen Gesamten zusammenfügen. Dies kommt dem Seitenbesucher bei seinem ersten Kontakt mit der Weisheit der Kabbala zugute. Auf dieser Internetseite gibt es weiter Bücher zum freien Download und eine Aufstellung der abgehaltenen Kurse.

Auf der Seite für Fortgeschrittene finden sich Essays, Bücher und Originaltexte. Sie beinhaltet eine einzigartige und umfangreiche Bibliothek zur Erforschung der Weisheit, genauso wie das Medienarchiv www.kabbalahmedia.info mit mehr als 18.000 Lektionen, Bücher zum Herunterladen und einen Fundus von Texten, Videos und Audiomaterial in vielen Sprachen. Der Download ist kostenlos.

KABBALA-FERNSEHEN

Bnei Baruch gründete die Produktionsfirma *ARI* Films (www.arifilms.tv), die sich weltweit auf die Herstellung von Unterrichtprogrammen in vielen Sprachen spezialisiert hat.

In Israel sendet Bnei Baruch über einen eigenen Fernsehsender täglich 24 Stunden – 7 Tage in der Woche – auf Kanal 66 (Kabel). Alle Sendungen auf diesen Kanälen sind kostenfrei und auf Anfänger ausgerichtet, die keinerlei Vorkenntnisse benötigen. Dieser bequeme Lehrvorgang wird mit Diskussionsrunden von Rav Laitman und bekannten Persönlichkeiten in Israel und auf der ganzen Welt ergänzt.

Zusätzlich legt Bnei Baruch Kurse, Dokumentationen und anderes TV-Material auf DVDs auf.

WWW.LAITMAN.DE

Auf der Blog-Seite www.laitman.de geht Rav Laitman auf alle möglichen Fragen, die gestellt werden, ein. Die Blog Posts werden in Russisch verfasst und anschließend in Englisch, Hebräisch, Deutsch, Spanisch, Litauisch, Polnisch, Ungarisch, Chinesisch und Niederländisch übersetzt.

KABBALA- BÜCHER

Rav Laitman verfasst seine Bücher, die auf den Schlüsselkonzepten *Baal HaSulams* basieren, in einer klaren und modernen Sprache. Heute dienen diese Bücher als Bindeglied zwischen den Lesern und dem Originaltext. Es gibt zwei Arten: *Kabbala und die Weisheit des Lebens* und *Kabbala in der Praxis*. Alle Bücher Laitmans stehen frei zum Herunterladen zur Verfügung oder können bei www.kabbalahbooks.info gekauft werden. Alle Unterrichte werden anschließend zum kostenlosen Download auf www.kabbalahmedia.info archiviert.

KABBALA-LEKTIONEN

Wie alle Kabbalisten der vergangenen Jahrhunderte vor ihm und als Kernstück der Bnei Baruch Aktivitäten, hält Rav Laitman täglich im Bnei Baruch-Zentrum in Israel zwischen 2:00 und 5:00 (MEZ) Unterricht ab. Die Lektionen werden simultan in sieben Sprachen übersetzt: Deutsch, Englisch, Russisch, Spanisch, Italienisch, Französisch und Türkisch. In naher Zukunft werden die Unterrichte auch in Griechisch, Polnisch, und Portugiesisch übertragen werden. Wie alle Aktivitäten von Bnei Baruch, stehen auch diese Unterrichte tausenden Studenten weltweit kostenlos zur Verfügung und können während der Unterrichtszeit live auf www.kab.tv mitverfolgt werden.

FINANZIERUNG

Bnei Baruch ist eine nicht gewinnorientierte Organisation für die Lehre und die Verbreitung der Weisheit der Kabbala. Um ihre Unabhängigkeit und integren Beweggründe zu bewahren, wird Bnei Baruch von keiner Regierung oder politischen Partei finanziert oder anderwärtig unterstützt. Da der Großteil der Aktivitäten kostenlos zur Verfügung gestellt wird, ist die Hauptquelle der Finanzierung der „zehnte Teil" des Nettoeinkommens, der von Studierenden auf freiwilliger Basis gegeben wird.

Rav Yehuda Leib HaLevi Ashlag (1884 - 1954)

Rav Baruch Shalom HaLevi Ashlag (1907- 1991)

Kontakt zu Bnei Baruch

Deutschland:
ARI-Bildungseinrichtung, e. V.
Gustav-Müller Straße 3
10829 Berlin
Telefon: +49-30-55 107 853
E-Mail: berlin@kabbalalernzentrum.info

Österreich:
Kabbalah Bildungs- und Forschungsinstitut „Baum des Lebens"
Obere Augartenstraße 52
1020 Wien
Telefon: +43-1-890 10 75
E-Mail: wien@kabbalalernzentrum.info

Israel:
Bnei Baruch
P.O. Box 584,
Bnei Brak 51105, Israel
Fax: +972-3-5781795
Mail: info@kabbalahbooks.info

Für nähere Informationen besuchen Sie die Seite
www.kabbalahbooks.info